에듀윌과 함께 시작하면,
당신도 합격할 수 있습니다!

자소서와 면접, NCS와 직무적성검사의 차이점이 궁금한
취준을 처음 접하는 취린이

대학 졸업을 앞두고 취업을 위해 바쁜 시간을 쪼개며
채용시험을 준비하는 취준생

내가 하고 싶은 일을 다시 찾기 위해
회사생활과 병행하며 재취업을 준비하는 이직러

누구나 합격할 수 있습니다.
이루겠다는 '목표' 하나면 충분합니다.

마지막 페이지를 덮으면,

에듀윌과 함께
취업 합격이 시작됩니다.

취업 대세 에듀윌!
Why 에듀윌 취업 교재

기출맛집 에듀윌!
100% 찐기출복원 수록

주요 공·대기업 기출복원 문제 수록
과목별 최신 기출부터 기출변형 문제 연습으로 단기 취업 성공!

공·대기업 온라인모의고사
+ 성적분석 서비스

실제 온라인 시험과 동일한 환경 구성
대기업 교재 기준 전 회차 온라인 시험 제공으로 실전 완벽 대비

합격을 위한
부가 자료

교재 연계 무료 특강
+ 교재 맞춤형 부가학습자료 특별 제공!

eduwill

취업 교육 1위
에듀윌 취업 무료 혜택

교재 연계 강의

• 주요 영역(수리/추리) 대표유형 무료특강(4강)

※ 2025년 1월 2일에 오픈될 예정이며, 강의명과 강의 오픈 일자는 변경될 수 있습니다.
※ 무료 특강 이벤트는 예고 없이 변동 또는 종료될 수 있습니다.

교재 연계 강의 바로가기

교재 연계 부가학습자료

다운로드 방법

STEP 1	STEP 2	STEP 3
에듀윌 도서몰 (book.eduwill.net) 로그인	도서자료실 → 부가학습자료 클릭	[20대기업 통합 기본서] 검색

• 인성검사 대비 핵심노트(PDF)
• 상식·사무지각 영역 핵심개념 & 연습문제(PDF)
• 인적성 영역별 합격전략 포켓북(PDF)

온라인모의고사 & 성적분석 서비스

온라인 응시 서비스 응시코드

응시방법

PC 접속 https://eduwill.kr/1tVe

모바일 접속 하기 QR 코드 연결

※ 온라인모의고사 응시 및 성적분석 서비스는 2026년 12월 31일까지 유효합니다.
※ 본 응시코드는 1인 1회만 사용 가능하며, 중복 사용은 불가합니다.

온라인 모의고사 신청

모바일 OMR 자동채점 & 성적분석 서비스

실시간 성적분석 방법

STEP 1	STEP 2	STEP 3
QR 코드 스캔	모바일 OMR 입력	자동채점 & 성적분석표 확인

※ 혜택 대상 교재는 본문 내 QR 코드를 제공하고 있으며, 교재별 서비스 유무는 다를 수 있습니다.
※ 응시내역 통합조회
에듀윌 문풀훈련소 → 상단 '교재풀이' 클릭 → 메뉴에서 응시확인

• 2023, 2022, 2021 대한민국 브랜드만족도 취업 교육 1위 (한경비즈니스)/2020, 2019 한국브랜드만족지수 취업 교육 1위 (주간동아, G밸리뉴스)

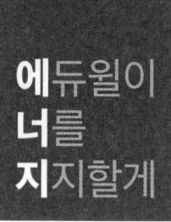

시작하는 방법은
말을 멈추고
즉시 행동하는 것이다.

– 월트 디즈니(Walt Disney)

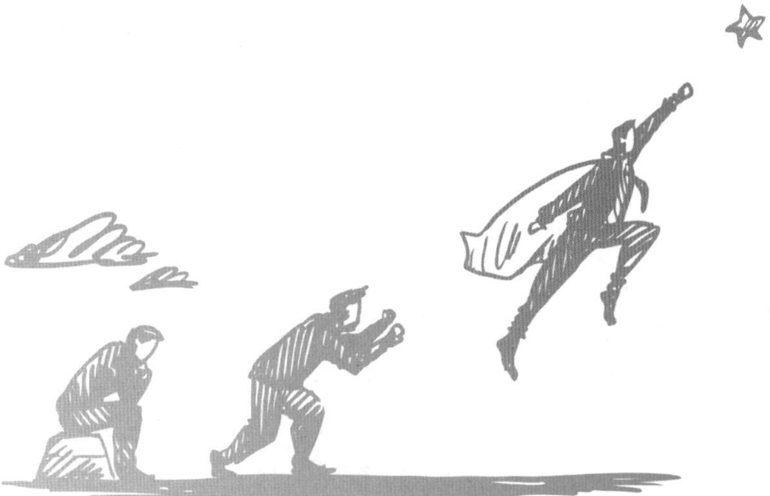

최신판

20대기업 온·오프라인 인적성 통합 기본서

eduwill

변화하는 20대기업 인적성 검사의 모든 것!

인적성 검사 영역별 특징부터 기업별 특징까지 다 모았다!

대기업 인적성 검사 개요

P. 6~8

대기업별 인적성 검사 출제 영역, 영역별 특징, 온라인 인적성 검사 시행 기업, 대기업 채용 동향 등 20대기업의 취업과 관련된 알짜배기 정보를 정리하였습니다. 자세한 내용은 '대기업 인적성 검사 개요'를 통해 확인하실 수 있습니다.

기업별 인적성 검사 상세 구성

P. 9~17

기업별 필기시험의 영역과 문항 수, 시간, 출제유형 등을 파악할 수 있도록 정리하였습니다. 자세한 내용은 '기업별 인적성 검사 상세 구성'을 통해 확인하실 수 있습니다.

대기업 인적성 검사 개요

01 대기업 인적성 검사 출제 영역 및 온라인 여부 정리표

구분	언어	수리	추리	공간지각	사무지각	상식	온라인 여부
삼성		○	○				○
SK	○	○	○				○
LG	○	○	○				○
현대자동차	△	△	△	△			○
CJ	○	○	△				○
롯데	○	○	○				○
이랜드	○	○	○				×
포스코	○	○	○	○	○	△	○
GS	○	○	○	○		△	○
KT	○	○	○	△			○
S-OIL	○	○	○				○
두산	○	○	○	○		△	○
LX	○	○	○				○
LS	○	○	△	○			○
효성	○	○	○	○	○		×
KCC	○	○	○			○	○
대우건설	○	○	○				×
삼양	○	○	○			○	○
샘표	○	○	○				△
오뚜기	○	○	○	△			○

※ 2022~2024년에 시행된 시험을 정리하여 반영하였습니다.

※ △는 최근 시험 영역에서 변동이 생겨 출제되지 않을 수 있음을 의미합니다.

※ 기업별 채용 계획에 따라 일부 변경될 수 있으며, 계열사별로 진행 방식이 다를 수 있으므로 해당 일정의 채용 공고를 반드시 확인하시기를 바랍니다.

02 인적성 검사 영역별 특징

대다수의 대기업에서 출제하고 있는 영역은 언어, 수리, 추리이며, 그다음으로 많이 출제되는 영역은 공간지각입니다. 이 외에도 일부 기업에서는 사무지각, 상식 등의 영역을 출제합니다.

구분	특징	유형	대표 출제 기업
언어	독해 문제의 비중이 매우 높으며, 다양한 소재의 지문이 출제됩니다. 어휘 문제는 넓은 범주의 단어가 출제되므로 기본적인 어휘력에 대한 학습이 필요합니다.	[독해] – 내용이해, 글 수정, 추론, 문단배열 등 [어휘] – 단어관계, 빈칸 넣기	SK, LG, CJ, 롯데 등 18개 기업
수리	크게 응용수리와 자료해석 문제가 출제됩니다. 응용수리는 방정식의 활용, 확률, 경우의 수가 주로 출제되며, 자료해석은 표나 그래프가 주어지고 이를 해석하는 문제가 출제됩니다. 응용수리는 기본적인 공식에 대한 학습이 필요하며, 자료해석은 상대적으로 풀이 시간이 오래 걸리는 유형이므로 빠르게 풀 수 있는 스킬을 연습하는 것이 중요합니다.	[응용수리] – 거리·속력·시간, 농도와 비율, 일과 일률과 같은 방정식의 활용, 경우의 수, 확률 등 [자료해석] – 단일형 자료해석, 연계형 자료해석, 도표 작성 및 변환	삼성, SK, LG, CJ, 롯데 등 19개 기업
추리	크게 명제와 논리추리로 구분되어 출제됩니다. 명제는 상대적으로 난도가 높지 않으나 논리추리는 난도가 다소 높은 편입니다.	[명제] 삼단논법, 벤다이어그램 [논리추리] – 조건추리, 진실게임, 수추리 등	삼성, SK, LG, CJ, 롯데 등 19개 기업
공간지각	크게 평면도형과 입체도형이 출제되며, 풀이 시간의 개인차가 큰 영역입니다. 출제되는 규칙을 미리 파악하고, 다양한 규칙을 접하여 문제 유형에 익숙해지는 것이 중요합니다.	[평면도형] – 전개도, 종이접기, 조각 등 [입체도형] – 블록, 투상도, 다른 도형	포스코, GS, KT, 효성 등 7개 기업
사무지각	주어진 시간 안에 빠르고 정확하게 푸는 것이 중요한 영역입니다. 어떤 패턴과 규칙으로 출제되는지 미리 파악하여 실제 문제를 접했을 때 당황하지 않고 풀 수 있도록 준비하는 것이 좋습니다.	[횟수] – 중복 찾기, 오타 찾기, 자료 비교 [정확성] – 다른 것 찾기, 없는 것 찾기	포스코, 효성
상식	학습의 범위가 넓어 준비하기 부담스러울 수 있는 영역입니다. 최근 이슈가 되고 있는 주제를 위주로 학습하는 것이 중요합니다.	역사, 경제·경영, 일반 시사상식, 한자상식	GS, 두산, KCC, 삼양

※ 대표 출제 기업은 2023~2024년을 기준으로 정리하였습니다.

03 온라인 인적성 검사 진행 방식 및 유의사항

인적성 검사의 온라인 시행은 2020년 상반기에 삼성그룹이 GSAT에서 처음으로 도입하였고 성공적으로 자리 잡았습니다. 인적성 검사를 온라인으로 시행하는 기업이 늘어나는 만큼 온라인 환경에서 실전과 같은 연습을 통해 익숙해지는 것이 합격을 가르는 중요한 요소가 되고 있습니다.

구분	프로그램 내 계산기/메모장	오답 감점	특이사항
삼성	X	O	문제풀이 용지에 필기 가능, 문제 이동 가능
SK	O	O	필기구 사용 불가, 재접속 시 이어서 풀이 가능
LG	O	X	필기구 사용 불가, 타이머 제공 및 자동 전환
현대자동차	–	–	인성검사 페이지별 제한시간 있음
CJ	O	O	필기구 사용 불가(CAT 진행 일부 계열사 기준)
롯데	O	–	실제 업무와 유사한 과제 수행하는 형식
포스코	메모장 O	X	필기구 사용 불가, 문제 이동 가능
GS	계산기 O	O	필기구 사용 가능, 문제 이동 가능
KT	O	O	필기구 사용 불가, 재접속 시 이어서 풀이 가능
S-OIL	O	O	필기구 사용 불가
두산	O	O	필기구 사용 불가
LX	O	X	필기구 사용 불가, 타이머 제공 및 자동 전환
LS	O	X	필기구 사용 불가, 타이머 제공
KCC	X	X	필기구 사용 불가, 타이머 제공 및 자동 전환
삼양	O	O	문제풀이 용지에 필기 가능
오뚜기	X	X	필기구 사용 가능

※ 2022~2024년 기준 가장 최근 시행한 온라인 인적성 검사를 기준으로 하였습니다.

04 대기업 채용 동향

2024년 하반기 기준으로 다수의 대기업이 채용 계획을 지난해보다 보수적으로 계획하는 추세이며, 공개채용보다는 수시채용과 전환형 인턴 방식으로 인재를 확보하고 있습니다.

구분	연평균 채용 규모	채용 이슈	투자 계획
삼성	16,000명	2026년까지 5년간 80,000명 신규 채용	2026년까지 5년간 450조 원
SK	10,000명	2026년까지 5년간 50,000명 직접 고용	2026년까지 5년간 247조 원
LG	10,000명	2026년까지 5년간 50,000명 직접 고용	2026년까지 5년간 국내에만 106조 원
현대자동차	20,000명	2026년까지 3년간 80,000명 직접 고용	2026년까지 3년간 국내에만 68조 원
CJ	5,000명	2026년까지 5년간 25,000명 신규 채용	2026년까지 5년간 20조 원
롯데	10,000명	2026년까지 5년간 50,000명 직접 고용	2026년까지 5년간 37조 원
포스코	5,000명	2026년까지 5년간 25,000명 직접 고용	2026년까지 5년간 53조 원
GS	4,400명	2026년까지 5년간 22,000명 신규 채용	2026년까지 5년간 21조 원
KT	5,600명	2026년까지 5년간 28,000명 직접 고용	2026년까지 5년간 27조 원
합계	67,000명	–	

※ 연평균 채용 규모는 각 기업에서 2022년 발표한 채용 계획을 바탕으로 추정한 수치입니다.

기업별 인적성 검사 상세 구성

삼성(GSAT)

구성 및 유형 온라인

구성	영역	문항	시간	출제유형
직무 적성 검사	수리논리	20문항	30분	응용수리, 자료해석
	추리	30문항	30분	명제, 조건추리, 도형추리, 도식추리, 문단배열, 독해추론

※ 2024년 기준

SK(SKCT)

구성 및 유형 온라인

구성	영역	문항	시간	출제유형
적성검사 (인지검사)	언어이해	20문항	15분	독해
	자료해석	20문항	15분	자료해석
	창의수리	20문항	15분	거/속/시, 농도와 비율, 작업량 구하기
	언어추리	20문항	15분	명제, 조건추리, 진실게임
	수열추리	20문항	15분	규칙 찾아 수치 계산
인성검사 (심층검사)	Part 1	240문항	45분	척도 표시형, 양극 선택형
	Part 2	150문항	25분	척도 표시형

※ 2023~2024년 기준으로, 일부 계열사 상이할 수 있음

LG(LG Way Fit Test)

구성 및 유형 온라인

구성	영역	문항	시간	출제유형
적성검사	언어이해	15문항	10분	독해
	언어추리	15문항	10분	명제, 진실게임
	자료해석	15문항	10분	자료이해, 자료계산, 자료변환
	창의수리	15문항	10분	수열추리, 응용계산
인성검사		약 180문항	20분	척도 표시형, 양극 선택형

※ 2024년 기준

현대자동차(HMAT)

구성 및 유형

온라인

구성	영역	문항	시간	출제유형
인성검사	I	100문항	약 30~50분	척도 표시형, 양극 선택형 (3개씩 질문 묶음 구조)
	II	300문항	약 30~50분	

※ 2023~2024년 기준으로, 일부 계열사 상이할 수 있음

※ 공개 채용 폐지 이후 수시 채용으로 전환하여 적성검사는 폐지하고 인성검사만 진행 중임

CJ

구성 및 유형

온라인

구성	영역	문항	시간	출제유형
적성검사 (CAT)	언어이해	20문항	15분	내용일치, 주제 찾기, 빈칸추론
	언어추리	20문항	15분	명제, 조건추리
	자료해석	20문항	15분	자료해석
	창의수리	20문항	15분	응용수리
인성검사(CFT)		365문항	60분	척도 표시형

※ 2024년 하반기 일부 계열사 기준

※ 2020년부터 계열사별로 채용을 진행함

- CJ ENM 엔터테인먼트: Creator–3주/일반–2주간 직무수행능력평가(지원 직무 유관 부서에서 과제 및 업무수행)를 Full Time 근무 형태로 진행
- CJ FEED&CARE: 약 2주간 인턴십 전형 진행
- CJ 올리브네트웍스: 3주간 인턴십 진행
- CJ 푸드빌(인턴 전형): 4주간 직무 인턴십(평일, 8시간 Full Time 실습) 진행, 인턴십 대상자는 합/불 없이 전원 2차 면접 진행

롯데(L-tab)

구성 및 유형

온라인

구성	영역	문항	시간	출제유형
적성검사(직무적합진단)	언어적 사고	60문항	약 3시간 [60분(신분증 촬영, 감독관 확인 및 영상시청)+120분(시험)]	이메일 회신(주로 자료해석, 언어, 응용계산)+메신저 답변(응용계산, 조건추리)+스케줄 등록 •형식: 실제 업무 상황처럼 구현된 Outlook 메일함/자료실 환경에서 이메일 및 메신저 등으로 전달된 다수의 과제 수행 •문항 유형: 실제 업무 수행 중 겪을 수 있는 다양한 과제 제시, 관련 자료 및 상황들을 종합해 문제 해결 •답변 방식: 과제에 대해 이메일 또는 메신저 형태로 답변 등록, 여러가지 형태로 답변 가능
	수리적 사고			
	문제해결능력			
인성진단		약 273문항	약 1시간	척도 표시형, 양극 선택형 ※ 약 3일 동안 자율 진행

※ 2023~2024년 기준

※ 직무별 유형 구분 없음

※ 신입사원 상시채용에서 L-TAB 진행 시 반기별 1회 응시 결과를 해당 반기 내 활용: 상반기 응시 결과는 6/30까시, 하반기 응시 결과는 12/31까지 유효

이랜드(ESAT)

구성 및 유형

구성		영역	문항	시간	출제유형
인성검사	인재 기초검사	A	100문항	40분	척도 표시형, 양극 선택형
		B			
		C			
직무적성검사	언어비평검사	언어추리	20문항	10분	오류 판별, 오류의 종류, 독해
		장문독해	25문항	22분	독해(주제, 연결어)
	수리비평검사	자료해석	25문항	24분	자료해석
상황판단검사			32문항	45분	인성검사와 유사
인재유형검사			462문항	60분	인성검사와 유사

※ 2023~2024년 기준

포스코(PAT)

구성 및 유형

온라인

구성	영역	문항	시간	출제유형
PAT1 (직무적성검사)	언어 이해	20문항	60분	주제/맥락 이해, 언어추리, 문서작성, 언어구사 등
	자료 해석	20문항		기초연산, 도표/수리자료 이해 및 분석, 수리적 자료 작성 등
	문제 해결	20문항		대안탐색 및 선택, 의사결정, 자원관리 등
	추리	20문항		명제, 수열추리 등
PAT2		450문항	50분	–

※ 2024년 하반기 기준

※ 적성검사 문제는 4지선다형

GS

구성 및 유형

온라인

구성		영역	문항	시간	출제유형
상경계	적성 검사	언어	40문항	20분	3지선다형(참/ 거짓/알 수 없음)
		수리	30문항	25분	자료해석, 응용수리
		연역적 추론	30문항	20분	규칙 적용
	인성검사		104문항	60분	양극 선택형
GS 리테일	적성 검사	기계이해	44문항	16분	중력, 톱니바퀴 등
		공간추론	36문항	15분	공간지각
		연역적 사고	30문항	20분	규칙 적용
	인성검사		104문항	–	양극 선택형

※ 2023~2024년 기준

※ 계열사별 채용을 독립적으로 진행하며, 계열사별 평가 영역 상이함

KT

구성 및 유형

온라인

구성	영역	문항	시간	출제유형
적성검사	언어	20문항	20분	문단배열, 빈칸추론, 내용일치, 반박, 추론, 장문독해 등
	언어 · 수추리	20문항	25분	언어추리, 수추리
	수리	20문항	25분	응용수리, 자료해석
	도형	15문항	20분	도형추리, 전개도, 종이접기, 조각 등
인성검사	PART 1	333문항	45분	척도 표시형, 양극 선택형
	PART 2	160문항	20분	척도 표시형

※ 2023~2024년 기준

S-OIL

구성 및 유형

온라인

구성	영역	문항	시간	출제유형
적성검사	언어	15문항	20분	독해(내용일치, 주제 찾기, 문단 배열 등)
	수리	20문항	25분	응용수리, 자료해석
	도형추리	15문항	15분	도형추리
인성검사		421문항	60분	(파트 1) 척도 표시형, 양극 선택형 (파트 2) 1질문 1대답

※ 2023~2024년 기준

두산(DCAT)

구성 및 유형

온라인

구성		영역	문항	시간	출제유형
기초적성검사	공통	언어논리	30문항	30분	독해, 언어추리
		수리자료	30문항	30분	자료해석
	이공계	공간추리	30문항	20분	도형회전(앞/옆/위 모양 제시 후 모형 파악)
	인문계	어휘유창성	30문항	20분	어휘, 어법, 한자상식
인성검사			272문항	55분	척도 표시형, 양극 선택형

※ 2023~2024년 기준

LX

구성 및 유형

온라인

구성	영역	문항	시간	출제유형
적성검사	언어이해	15문항	10분	독해
	언어추리	15문항	10분	명제추론, 참/거짓 판정
	자료해석	15문항	10분	자료이해, 자료계산, 자료변환
	창의수리	15문항	10분	수열추리, 응용계산
인성검사		약 180문항	20분	척도 표시형, 양극 선택형

※ 2023~2024년 기준

LS

구성 및 유형

온라인

구성		영역	문항	시간	출제유형
인성검사			450문항	50분	진위형
적성검사	공통	언어	28문항	20분	•독해, 단어 관계 유형 등 •세트 문항(지문당 2문제)+단일문항
		수리	24문항	25분	자료해석, 응용수리
	직무별	공간지각(이과)	28문항	15분	블록 등
		문제해결(문과)	28문항	15분	논리추론, 도형관련추론

※ 2023년 기준

효성

HYOSUNG

구성 및 유형

구성	영역	문항	시간	출제유형
인성검사		350문항	40분	진위형
직무 적성 검사	지각정확력	30문항	6분	비교/정확성
	언어유추력	20문항	5분	어휘 유의어, 반대어 등
	언어추리력	20문항	5분	주제/제목 찾기, 빈칸, 추론, 일치/불일치 등
	공간지각력	20문항	8분	전개도
	판단력	20문항	12분	독해, 자료해석
	응용계산력	20문항	10분	응용계산
	수추리력	20문항	10분	수열
	창의력	1문항	6분	제시된 한 문장을 바탕으로 생각을 자유롭게 서술

※ 2023년 기준

KCC

구성 및 유형

온라인

구성	영역	문항	시간	출제유형
적성 검사	언어영역 (인문계)	45문항	2시간 내외	언어추론
	오류찾기 (이공계)	30문항		도형추리
	자료해석	30문항		자료계산
	도식추리	30문항		문자추리, 순서도, 도식화
	상식	30문항		경영/경제, KCC인재상
인성검사		104문항	40분	척도 표시형

※ 2022~2023년 기준

대우건설

구성 및 유형

구성		영역	문항	시간	출제유형
인성검사			340문항	60분	척도 표시형, 양극 선택형
적성검사	바이오 데이터	A, B, C	120문항	100분	가벼운 인적사항 관련 문항
	언어영역 D	문서자료 이해 및 비판적 사고, 추리 등	20문항		독해, 언어추리 (일반 적성검사와 유사)
	수리영역 E	수치자료 정리 및 추리 등	20문항		자료해석, 응용계산 (일반 적성검사와 유사)
	상황판단 F	일상생활에서의 실제적 문제 해결	25문항		회사, 업무 중 실제 발생 가능한 문제 관련 대처 방안
	Construction	현업의 문서 자료, 공간 구조 등의 이해 및 해석	15문항		독해, 자료해석 (건설 관련 복합 문항 구성), 긴 지문의 영어 문제

※ 2023~2024년 기준

※ 오답 시 감점 존재

오뚜기

구성 및 유형

온라인

구성	영역	문항	시간	출제유형
적성검사	언어(파트 1~2)	160문항	50분	언어추리, 명제추론
	수리(파트 3~5)			응용수리, 자료해석
	추리(파트 6~8)			도형찾기, 전개도
인성검사		113문항	50분	척도 표시형, 양극 선택형

※ 2023~2024년 기준

샘표

구성 및 유형

구성	영역	문항	시간	출제유형
적성검사	언어	20문항	30분	독해, 어휘
	수리	20문항	30분	응용계산, 자료해석
	도형추리	20문항	30분	도형추리
인성검사		85문항	약 60분	척도 표시형

※ 2023~2024년 기준

※ 오답 시 감점 존재

삼양

구성 및 유형

온라인

구성		영역	문항	시간	출제유형
직무능력검사	공통	언어	40문항	20분	짧은 지문+지문별 3~4개의 T/F 문제 푸는 유형(보기 형태: 참, 거짓, 알 수 없음)
		수리	30문항	25분	자료해석
	자연·이공계	연역적 판단	30문항	20분	도형추리, 도식추리(규칙을 바탕으로 결괏값 도출)
	인문·상경계	도식적 추론	30문항	20분	도식추리(문자 중복, 마지막 숫자 삭제, 순서 뒤집기 등)
상식		한자/한국사	20문항	20분	한자어, 역사상식
인성검사			104문항×4세트	40분	양극 선택형

※ 2023년 기준

온·오프라인 인적성 검사 학습 전략

1 영역별 핵심 이론

다수의 대기업 인적성 검사에서 출제되는 언어/수리/추리/공간지각 영역의 유형별 핵심 이론과 합격 스킬을 정리하였습니다.

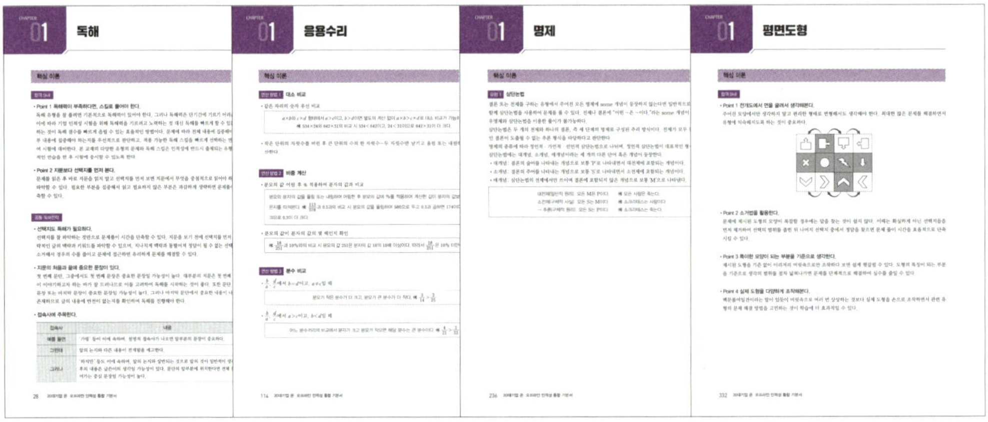

2 대표유형 분석

인적성 검사를 처음 준비하는 사람도 쉽게 이해할 수 있도록 영역별 출제 빈도가 높은 유형을 세분화하여 구성하였습니다. 개념 숙지와 풀이시간 단축을 동시에 학습할 수 있도록 대표유형 예제의 상세한 해설 및 문제 해결 TIP을 수록하였습니다.

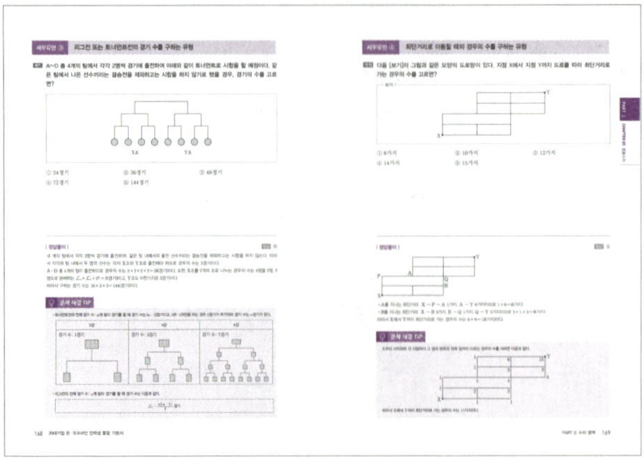

3 유형별 연습 문제

대표유형에서 학습한 내용을 집중 연습할 수 있도록 다양한 문제를 수록하였습니다. 대표유형을 확실하게 연습하여 기본기를 튼튼히 할 수 있도록 구성하였습니다.

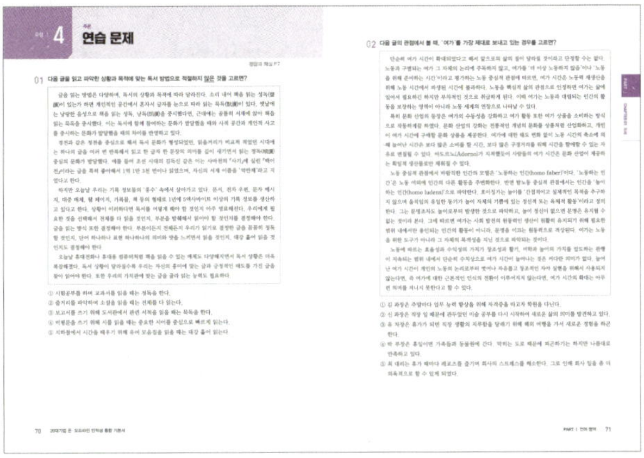

4 실전모의고사

실전 감각 향상을 위해 최신 출제경향을 반영한 총 3회분의 실전모의고사를 실제와 유사한 구성으로 구현하여 수록하였습니다. 또한 온라인 인적성 검사 완벽 대비를 위해 전 회차 온라인 응시 서비스를 제공합니다.

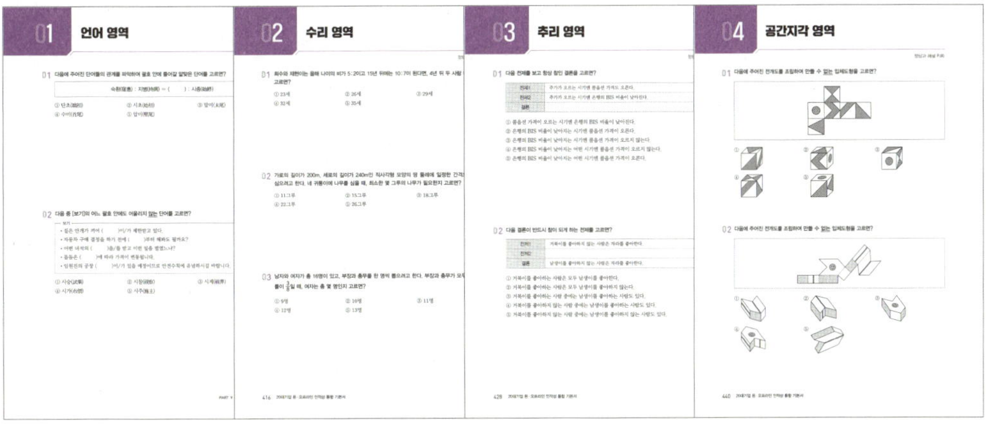

"언어, 수리, 추리, 공간지각 영역의 핵심 이론부터
유형별 세부유형 예제, 연습 문제, 실전모의고사까지 단계별 학습을 통해 실력을 다지다."

20대기업 통합 기본서

PART Ⅰ 언어 영역

CHAPTER 01 독해

CHAPTER 02 어휘

PART Ⅱ 수리 영역

CHAPTER 01 응용수리

CHAPTER 02 자료해석

PART Ⅲ 추리 영역

CHAPTER 01 명제

CHAPTER 02 논리추리

'합격'을 위한 완벽 스터디 플랜

나의 목표기업

목표기업을 정하고 해당 기업의 채용 일정을 미리 파악해 두자!

1순위 기업:	2순위 기업:
• 서류접수: __월 __일부터 __월 __일까지	• 서류접수: __월 __일부터 __월 __일까지
• 필기시험: __월 __일	• 필기시험: __월 __일
• 1차 면접: __월 __일	• 1차 면접: __월 __일
• 2차 면접: __월 __일	• 2차 면접: __월 __일

12일 학습 플랜

에듀윌이 추천하는 12일 학습 플랜으로 대기업 인적성 시험 완벽 대비하기!

1일 ☐	2일 ☐	3일 ☐	4일 ☐
PART Ⅰ 언어 영역 CHAPTER 01 독해 유형 1 내용이해 유형 2 글 수정 유형 3 문단배열 유형 4 추론	PART Ⅰ 언어 영역 CHAPTER 01 독해 유형 5 빈칸 넣기 유형 6 서술방식 유형 7 비판·반론 CHAPTER 02 어휘 유형 1 단어관계 유형 2 빈칸 넣기	PART Ⅱ 수리 영역 CHAPTER 01 응용수리 유형 1 거리·속력·시간 유형 2 농도와 비율 유형 3 일과 일률 유형 4 원가·정가·할인가 유형 5 집합	PART Ⅱ 수리 영역 CHAPTER 01 응용수리 유형 6 방정식과 부등식의 활용 유형 7 수열 유형 8 경우의 수 유형 9 확률 유형 10 통계
5일 ☐	**6일 ☐**	**7일 ☐**	**8일 ☐**
PART Ⅱ 수리 영역 CHAPTER 02 자료해석 유형 1 단일형 자료해석 유형 2 연계형 자료해석 유형 3 도표 작성 및 변환	PART Ⅲ 추리 영역 CHAPTER 01 명제 유형 1 삼단논법 유형 2 벤다이어그램 CHAPTER 02 논리추리 유형 1 조건추리	PART Ⅲ 추리 영역 CHAPTER 02 논리추리 유형 2 진실게임 유형 3 수추리 유형 4 문자추리 유형 5 도식추리 유형 6 도형추리	PART Ⅳ 공간지각 영역 CHAPTER 01 평면도형 유형 1 전개도 유형 2 종이접기 유형 3 조각 유형 4 다른 도형
9일 ☐	**10일 ☐**	**11일 ☐**	**12일 ☐**
PART Ⅳ 공간지각 영역 CHAPTER 02 입체도형 유형 1 블록 유형 2 투상도 유형 3 다른 도형	PART Ⅴ 실전모의고사 CHAPTER 01 실전모의고사 1회	PART Ⅴ 실전모의고사 CHAPTER 02 실전모의고사 2회	PART Ⅴ 실전모의고사 CHAPTER 03 실전모의고사 3회

나만의 학습 플랜

나만의 공부 스타일에 맞춘 학습 플랜으로 대기업 인적성 시험 완벽 대비하기!

- 나의 목표를 적고 그에 맞춰 일정을 계획해 보세요.
- 나의 목표: ______일 내에 ________________ (예: 10일 내에 인적성 검사 수리, 추리 영역 끝내기, 35일 내에 2회독 하기)

1일 ☐	2일 ☐	3일 ☐	4일 ☐	5일 ☐	6일 ☐	7일 ☐
8일 ☐	9일 ☐	10일 ☐	11일 ☐	12일 ☐	13일 ☐	14일 ☐
15일 ☐	16일 ☐	17일 ☐	18일 ☐	19일 ☐	20일 ☐	21일 ☐
22일 ☐	23일 ☐	24일 ☐	25일 ☐	26일 ☐	27일 ☐	28일 ☐
29일 ☐	30일 ☐	31일 ☐	32일 ☐	33일 ☐	34일 ☐	35일 ☐

☑ 기업별 출제 유형

인적성 언어 영역은 독해와 어휘 총 2가지로 크게 구분되며, 대다수의 기업들이 인적성 검사에서 어휘보다 독해에 더 큰 비중을 두고 있습니다.
SK, LG, 롯데, CJ, 이랜드, 포스코, GS, KT, S-OIL, 두산, LS, 효성, 삼양, 샘표, 대우건설 등의 기업에서 출제하고 있습니다.

PART Ⅰ

언어 영역

PART Ⅰ

언어 영역

CHAPTER

01

독해

학습 포인트

언어 영역에서는 독해 문제의 비중이 매우 높다. 최근에는 독해 지문의 소재가 인문, 사회, 경제, 경영, 과학, IT 등 매우 다양하고, 익숙하지 않은 소재인 전문 분야의 글도 출제되어, 지문의 길이가 짧더라도 독해가 쉽지 않을 수 있다. 문제의 소재와 형식이 점점 다양하게 출제되는 만큼 여러 소재와 형태들의 문제를 접하여 미리 대비하는 것이 중요하다.

출제 유형

내용이해	▶	지문을 읽고 내용을 이해하여 글의 주제, 제목을 고르거나 내용의 일치 여부를 판단하는 문제가 주로 출제된다. 지문보다 선택지를 먼저 확인하거나 지문의 처음과 마지막 문장을 먼저 확인하여 중요한 내용을 빠르게 파악하는 것이 좋다.
글 수정	▶	주어진 지문 또는 문서를 맥락과 형식에 따라 올바르게 수정하는 유형이다. 글의 목적을 빠르게 파악하는 것이 중요하다.
문단배열	▶	주어진 여러 개의 문단을 글의 흐름에 따라 자연스럽게 배열하는 유형이다. 글의 화제를 빠르게 파악하고, 문단의 접속사 또는 지시어를 확인하여 단계적으로 문제를 해결한다.
추론	▶	지문의 내용을 읽고 올바르게 추론한 것을 고르는 유형이다. 지문의 내용만으로 추론을 해야 하므로 배경지식을 활용한 추측으로 답을 고르지 않도록 주의해야 한다.
빈칸 넣기	▶	주어진 지문의 빈칸에 들어갈 알맞은 내용을 고르는 유형이다. 일반적으로 빈칸에 들어갈 내용이 주어진 글의 주제인 경우가 많다는 것을 미리 염두에 두어야 하며, 빈칸의 앞, 뒤 문장 또는 문단과 자연스럽게 연결되는 것을 찾도록 한다.
서술방식	▶	주어진 지문의 알맞은 서술방식을 고르는 유형이다. 서술방식은 여러 종류가 있으므로 서술방식별 특징을 미리 알아두는 것이 좋다.
비판·반론	▶	주어진 지문의 내용에 대해 적절하거나 적절하지 않은 비판·반론을 고르는 유형이다. 주어진 내용을 확실하게 비판하거나 반박하는 것을 골라야 하므로 지문의 핵심 내용을 정확하게 파악하는 것이 중요하다.

CHAPTER 01

독해

핵심 이론

합격 Skill

• Point 1 독해력이 부족하다면, 스킬로 풀어야 한다.

독해 유형을 잘 풀려면 기본적으로 독해력이 있어야 한다. 그러나 독해력은 단기간에 기르기 어려운 능력이다. 이에 따라 기업 인적성 시험을 위해 독해력을 기르려고 노력하는 것 대신 독해를 빠르게 할 수 있는 스킬을 익히는 것이 독해 점수를 빠르게 올릴 수 있는 효율적인 방법이다. 문제에 따라 전체 내용에 집중해야 하는지, 세부 내용에 집중해야 하는지를 우선적으로 판단하고, 적용 가능한 독해 스킬을 빠르게 선택하는 연습을 반복하여 시험에 대비한다. 본 교재의 다양한 유형의 문제와 독해 스킬은 인적성에 반드시 출제되는 유형이므로 집중적인 연습을 한 후 시험에 응시할 수 있도록 한다.

• Point 2 지문보다 선택지를 먼저 본다.

문제를 읽은 후 바로 지문을 읽지 말고 선택지를 먼저 보면 지문에서 무엇을 중점적으로 읽어야 하는지 빠르게 파악할 수 있다. 필요한 부분을 집중해서 읽고 필요하지 않은 부분은 과감하게 생략하면 문제풀이 시간을 단축할 수 있다.

공통 독해전략

• 선택지도 독해가 필요하다.

선택지를 잘 파악하는 것만으로 문제풀이 시간을 단축할 수 있다. 지문을 보기 전에 선택지를 먼저 확인하면 대략적인 글의 맥락과 키워드를 파악할 수 있으며, 지나치게 맥락과 동떨어져 정답이 될 수 없는 선택지들을 먼저 소거해서 경우의 수를 줄이고 문제에 접근하면 유리하게 문제를 해결할 수 있다.

• 지문의 처음과 끝에 중요한 문장이 있다.

첫 번째 문단, 그중에서도 첫 번째 문장은 중요한 문장일 가능성이 높다. 대부분의 지문은 첫 번째 문장에서 글이 이야기하고자 하는 바가 잘 드러나므로 이를 고려하여 독해를 시작하는 것이 좋다. 또한 문단 안에서는 첫 문장 또는 마지막 문장이 중요한 문장일 가능성이 높다. 그러나 마지막 문단에서 중요한 내용이 나오는 경우도 존재하므로 글의 내용에 반전이 없는지를 확인하며 독해를 진행해야 한다.

• 접속사에 주목한다.

접속사	내용
예를 들면	'가령' 등이 이에 속하며, 설명적 접속사가 나오면 앞부분의 문장이 중요하다.
그런데	앞의 논지와 다른 내용이 전개됨을 예고한다.
그러나	'하지만' 등도 이에 속하며, 앞의 논지와 상반되는 것으로 앞의 것이 일반적이 생각이라면 이후의 내용은 글쓴이의 생각일 가능성이 있다. 문단의 앞부분에 위치한다면 전체 문단을 이끌어가는 중심 문장일 가능성이 높다.

따라서	'그래서', '그러므로', '그리하여', '결국', '마침내', '이런 점에서' 등이 이에 속하며, 이 경우 인과관계를 나타내는 접속사로 이 문장에는 글의 요지와 글쓴이의 주장이 담겨져 있다.
그리고	'또한', '게다가', '뿐만 아니라', 등이 이에 속하며, 대등한 내용을 병렬하여 열거하거나 부연 또는 첨가할 때 사용된다.
요컨대	'이처럼' 등이 이에 속하며, 서술한 내용을 요약하며 결론을 유도하는 경우가 많다.

• **중요하지 않은 부분은 괄호로 표기하며 넘어간다.**

글의 흐름이나 주제를 파악할 때는 예시, 비유, 열거, 부연, 첨가 등의 종속적인 문장이 나오면 괄호로 표기해 구분하는 것이 좋다. 자연스럽게 글의 중심이 되는 뼈대 문장들만 파악하기 쉬우며, 중심 문장만 연결해도 글의 주제를 이해할 수 있다.

유형별 독해전략

• **분석 유형**

대부분의 독해 문제는 분석 유형에 속한다.

구분	내용
전략	선택지를 먼저 파악한 다음 이와 관련된 내용을 지문에서 확인한다.
방법	① 문제 유형을 보고, 독해 분석 유형임을 확인한다. ② 선택지를 먼저 확인한다. ③ 선택지의 중요 키워드를 지문에서 찾아 동그라미 등 기호를 활용하여 표시한다. ④ 선택지의 중요 키워드를 찾은 지문의 주변 부분에서 내용을 대조하여 정답 유무를 판단한다. ⑤ 선택지가 정답이면 정답 체크 후 다음 문제로 넘어가고, 아니라면 다음 선택지를 앞선 방법대로 다시 진행한다.

• **추론, 표현, 비판 유형**

분석 유형 다음으로 출제 비중이 높다.

구분	내용
전략	지문을 빠르게 읽고, 선택지를 파악한 후에 다시 관련 내용을 지문에서 확인한다.
방법	① 문제 유형을 보고, 분석 유형이 아닌 추론, 표현, 비판 유형임을 확인한다. ② 지문을 먼저 확인하면서 전체적인 글의 흐름을 파악한다. ③ 부연 설명에 해당하는 어구 또는 문장은 괄호로 표기한다. 가급적 어떤 내용인지만 파악한 뒤 넘어가고, 중심 문장을 중심으로 글의 뼈대를 생각하며 글을 읽는다. ④ 접속사가 등장하는 경우 동그라미 등으로 표시하고, 이에 따른 글의 흐름과 글의 구성을 생각한다. 문단별 주제와 핵심어를 파악하면서 각 문단의 역할을 생각한다. ⑤ 선택지를 확인한다. ⑥ 지문에서 연관된 부분을 찾아 확인하여 정답을 고른다.

유형 | 1

내용이해

출제 포인트

✓ 독해의 첫 번째 유형으로 지문을 읽고 글의 주제, 제목을 고르거나 내용의 일치 여부를 판단하는 문제가 출제된다.

세부유형 ① 세부 내용 찾기

예제 다음 글의 내용으로 적절하지 않은 것을 고르면?

한국, 중국 등 동아시아 사회에서 오랫동안 유지되었던 과거제는 세습적 권리와 무관하게 능력주의적인 시험을 통해 관료를 선발하는 제도라는 점에서 합리성을 갖추고 있었다. 정부의 관직을 두고 정기적으로 시행되는 공개시험인 과거제가 도입되어, 높은 지위를 얻기 위해서는 신분이나 추천보다 시험 성적이 더욱 중요해졌다.

과거제는 여러 가지 사회적 효과를 가져왔는데, 특히 학습에 강력한 동기를 제공함으로써 교육의 확대와 지식의 보급에 크게 기여했다. 그 결과 통치에 참여할 능력을 갖춘 지식인 집단이 폭넓게 형성되었다. 시험에 필요한 고전과 유교 경전이 주가 되는 학습은 도덕적인 가치 기준에 대한 광범위한 공유를 이끌어냈다. 또한 최종 단계까지 통과하지 못한 사람들에게도 국가가 여러 특권을 부여하고 그들이 지방 사회에 기여하도록 하여, 경쟁적 선발 제도가 가져올 수 있는 부작용을 완화하고자 노력했다.

동아시아에서 과거제가 천 년이 넘게 시행된 것은 과거제의 합리성이 사회적 안정에 기여했음을 보여 준다. 과거제는 왕조의 교체와 같은 변화에도 불구하고 동질적인 엘리트층의 연속성을 가져왔다. 그리고 이러한 연속성은 관료 선발 과정뿐 아니라 관료제에 기초한 통치의 안정성에도 기여했다.

① 과거제에서 가장 중요한 것은 시험 성적이다.
② 과거제는 학습의 강력한 동기를 제공하여 교육의 확대와 지식의 보급에 기여했다.
③ 과거제로 인한 고전과 유교 경전의 학습은 도덕적인 가치 기준을 공유하게 했다.
④ 과거제에서 1등을 하지 못하더라도 국가는 여러 특권을 부여하여 지방 사회에 기여하도록 했다.
⑤ 과거제는 왕조 교체 같은 변화가 일어나면 그 방법을 바꾸어 지배계층과 피지배계층의 계층 이동을 쉽게 만들었다.

| 정답풀이 | 정답 ⑤

3문단에서 과거제는 왕조의 교체와 같은 변화에도 불구하고 동질적인 엘리트층의 연속성을 가져왔다고 했다. 즉, 과거제가 지배계층과 피지배계층의 계층 이동을 쉽게 만들었다고 볼 수 없다.

| 오답풀이 |

① 1문단에서 과거제로 인해 높은 지위를 얻기 위해서는 신분이나 추천보다 시험 성적이 더욱 중요해졌다고 하였다.

② 2문단에서 과거제는 여러 가지 사회적 효과를 가져왔는데, 특히 학습에 강력한 동기를 제공함으로써 교육의 확대와 지식의 보급에 크게 기여했다고 하였다.

③ 2문단에서 과거 시험에 필요한 고전과 유교 경전이 주가 되는 학습은 도덕적인 가치 기준에 대한 광범위한 공유를 이끌어 냈다고 하였다.

④ 2문단에서 과거 시험의 최종 단계까지 통과하지 못한 사람들에게도 국가가 여러 특권을 부여하고 그들이 지방 사회에 기여하도록 하여, 경쟁적 선발 제도가 가져올 수 있는 부작용을 완화하고자 노력했다고 하였다.

문제 해결 TIP

질문을 읽고 세부 내용을 찾아야 하는 문제임을 파악한다. 다음으로 각 선택지의 주요 키워드를 체크해 지문에서 찾는다. 이때 지문에서 찾은 키워드 중심으로 읽으면서 선택지의 정답 여부를 빠르게 파악한다.

세부유형 ② 중심 내용 찾기

예제 다음 글을 이끌어내는 질문으로 가장 적절한 것을 고르면?

> 고양이는 다른 동물들과 달리 지붕 위나 담벼락에서 뛰어내릴 때도 큰 부상을 입지 않는다. 이는 고양이의 유연한 척추와 뛰어난 균형 감각 그리고 강력한 근육 구조 덕분이다. 고양이의 척추는 다른 동물들에 비해 더 많은 유연성을 제공하며, 이로 인해 점프 후 착지할 때 충격을 분산시킬 수 있다.
>
> 고양이는 뛰어내릴 때 발이 땅에 먼저 닿도록 신속하게 몸을 돌릴 수 있는 '고양이 회전 반사' 능력을 가지고 있다. 이 반사는 고양이가 어떤 각도에서 떨어지더라도 착지할 때 발이 먼저 땅에 닿게 하여 충격을 최소화한다. 이러한 자연스러운 회전 능력 덕분에 고양이는 높은 곳에서도 안전하게 착지할 수 있는 것이다.
>
> 또한, 고양이의 다리는 점프 후 충격을 흡수하는 데 중요한 역할을 한다. 고양이의 앞다리는 충격을 분산시키는 완충 장치 역할을 하며, 뒤로 젖혀지는 특성 덕분에 낙하 충격이 효과적으로 흡수된다. 특히, 고양이는 발바닥에 있는 패드가 충격을 완화하는 데 큰 도움을 준다. 고양이는 뛰어내릴 때 체중을 다리에 균형 있게 분산시키고, 발바닥 패드를 통해 충격을 흡수해 부상의 위험을 줄인다. 이런 신체적 특징이 고양이가 높은 곳에서 뛰어도 다치지 않는 이유로, 특히 발달된 유연성과 근육 덕분에 고양이들은 인간보다 훨씬 더 안전하게 높은 곳에서 착지할 수 있다.

① 고양이는 왜 발바닥 패드를 가지고 있을까?
② 고양이는 왜 높은 곳에서 뛰어도 다치지 않을까?
③ 고양이가 회전 반사를 할 수 없는 상황은 무엇인가?
④ 고양이의 척추 유연성이 얼마나 중요한 역할을 하는가?
⑤ 고양이의 점프 능력은 사람과 비교했을 때 얼마나 우수한가?

| 정답풀이 |

정답 ②

이 글은 고양이가 높은 곳에서 뛰어내릴 때 다치지 않는 이유에 대해 척추의 유연성, 고양이 회전 반사, 다리의 충격 흡수 능력 등을 설명하고 있다. 따라서 이를 이끌어내는 질문으로 가장 적절한 것은 ②이다.

| 오답풀이 |

① 발바닥 패드는 언급되지만, 전체 내용을 이끄는 핵심 질문은 아니다.
③ 회전 반사는 고양이의 착지 능력의 일부일 뿐, 지문에서 회전 반사를 할 수 없는 상황에 대해서는 설명하지 않고 있다.
④ 척추 유연성은 중요한 역할을 하지만, 이 글 전체에서 다루고 있는 고양이가 다치지 않는 이유 중 하나일 뿐이다.
⑤ 고양이와 사람의 점프 능력 비교는 주어진 글에서 다루지 않은 내용이다.

문제 해결 TIP

질문을 읽고 전체 내용을 파악해야 하는 유형임을 확인한다. 각 문단의 뼈대가 되는 핵심 문장을 찾은 뒤 밑줄을 긋고 각 문단의 접속사는 동그라미 등으로 표시한다. 각각의 중심 문장을 연결하여 종합하면 가장 적절한 중심 내용을 찾을 수 있다. 가능하다면 종속적인 내용은 괄호로 표시하고 넘어가는 것도 풀이 시간을 단축시킬 수 있는 중요한 방법 중 하나이다.

내용이해

연습 문제

정답과 해설 P.2

01 다음 글의 제목으로 가장 적절한 것을 고르면?

> 플라톤은 소크라테스가 철학 즉, 진리를 설파했다는 이유로 사형당했다고 생각하여, 철학이나 진리를 죽이는 아테네의 현실 정치는 잘못된 것임을 주장하고 '이상 국가'에 희망을 걸게 된다. 그는 철학과 정치의 관계에서 균형이 파괴되어 있음을 간파하고, 개개인의 덕성이 조화를 이루는 상태를 정의라 규정하면서 균형 정치의 이상을 제시한다. 플라톤은 자신의 저작『국가론』에서 소크라테스의 입을 통하여 이상 국가의 공적 영역에서 여성의 존재를 인정한다. 그의 주장은 다음과 같다. 남성과 여성은 모두 동등하게 국가를 통치하는 철학자의 반열에 오를 수 있으며, 여성의 출산과 여성의 공적 활동에 대해 어떠한 연관성도 제시해서는 안 된다는 것이다.
>
> 한편, 소크라테스의 이상 국가는 모든 시민들을 적재적소에 배치하여 국가 경쟁력의 극대화를 꾀한다. 따라서 그동안 배제되어 왔던 여성이 여기에 포함되는 것은 지극히 당연하다. 또한 이 논의에서 여성의 능력이 남성의 그것과 동등하다는 전제를 발견할 수 있다. 잘못된 관행을 바로잡아 국가 경쟁력의 극대화를 꾀하자는 소크라테스의 이상 정치 이념은 오늘날에도 그 적실성을 보여 주고 있다.

① 소크라테스가 생각한 이상 국가
② 그리스 고전에 나타난 균형 정치의 이상
③ 플라톤의 국가론과 당대 아테네의 정치 현실
④ 아테네 철학자들의 이상 이념과 여성의 정치 참여
⑤ 플라톤과 소크라테스의 여권 신장 방법에 관한 생각 차이

02 다음 글의 내용과 부합하지 않는 것을 고르면?

> 위와 십이지장에서 발생한 궤양은 소화와 관련이 있어 소화성 궤양이라고 한다. 이런 소화성 궤양은 오랫동안 인류의 가장 흔한 질병들 중 하나였고, 스트레스와 잘못된 식습관 때문에 생긴다고 알려져 왔다.
>
> 임상 병리학자인 로빈 워런 박사는 위내시경 검사를 마친 많은 환자의 위 조직 표본에서 나선형 박테리아를 발견했다. 이 박테리아는 위의 상피 세포와 결합하여 두꺼운 점액층의 도움을 받고 있었기 때문에 위산의 공격에도 위 조직에 존재하고 있었다. 워런 박사는 이 박테리아가 위염의 원인이라고 주장하였다.
>
> 마셜 박사는 워런 박사가 발견한 박테리아들을 배양했지만 모두 실패하고 말았다. 그러다가 실수로 배양기에 넣어 두었던 것에서 워런 박사의 것과 동일한 박테리아가 콜로니를 형성한 것을 관찰하였고, 이를 '헬리코박터 파일로리'라고 명명하였다. 이 두 박사가 임상실험을 실시한 결과 궤양을 앓고 있는 환자들 대부분의 위에서 헬리코박터 파일로리균이 발견되었으며, 이 균이 점막에 염증을 일으킨다는 것도 알게 되었다.
>
> 헬리코박터균과 궤양의 관계가 분명해지기 전까지 이 질병은 만성적이었지만, 이제는 항생제를 사용해 위에서 이 박테리아를 제거하면 이 질병을 완치할 수 있게 된 것이다.

① 헬리코박터균이 배양된 것은 우연의 결과이다.
② 궤양과 헬리코박터균의 상관관계는 밀접하다.
③ 소화성 궤양은 근대 사회에 들어서면서 발견된 질병이다.
④ 박테리아가 위 조직에 존재하는 것은 위의 상피 세포와의 결합 때문이다.
⑤ 소화성 궤양은 만성적 질병에 해당하지만 완치할 수 있다.

03 다음 글의 제목으로 가장 적절한 것을 고르면?

통계의 초기 형태들은 인구와 무역의 규모를 국부의 기준으로 삼았던 중상주의적 사유의 산물이었으며, 그 핵심은 인구와 경제 부문에 있었다. 그 내용은 왕의 필요에 따라 수시로 변했으며 당연히 일반인들의 관심은 배제되었다. 그런데 근대 국민 국가에 들어와 통치권의 형태가 바뀌면서 이러한 통계의 내용 역시 변화를 보였다.

이전의 비과학성, 임의성을 고려한다면 근대적 통계는 '앎'과 '통치'가 결합된 근대 국민 국가 특유의 지식 형태이다. 국가가 주권을 가진 동등한 국민으로 구성되어 있고 통치 제도로서 국가와 구별된다. 그 바탕이 되는 시민 사회의 영역이 존재한다면, 통치는 더 이상 군주 등의 자의(恣意)에 맡겨질 수 없다. 시민 사회의 법칙을 따르는 합법칙적 통치가 되어야 했기에 그것은 일종의 학문으로 인정받게 된다. 근대 국민 국가의 통치는, 무질서해 보이지만 실은 거시적 차원의 규칙성에 따르는 시민사회 영역에 대한 정확한 지식을 필요로 했던 것이다.

반면, 추상적이고 동질적인 인민이라야 모든 국민을 헤아리는 근대적 통계의 조사 대상이 될 수 있었다. 계량화(計量化)는 질적인 차이의 배제를 전제로 하기 때문이다. 이런 점에서 시민 사회는 존재했지만 '시민'은 존재하지 않았다.

이를 바탕으로 늦어도 19세기 후반 대부분의 서유럽 국가들이 경쟁적으로 본국과 식민지에서 인구와 자원에 대한 통계 조사를 실시하였고, 중앙 통계 기구를 정비하였다. 식민지 경영을 전제로 한 통치의 틀 속에서는 정보의 공개와 공유도 새로운 의미를 가졌다. 각국은 이전까지 비밀에 부쳤던 각종 조사 자료들을 널리 공간(公刊)하였을 뿐 아니라, 통계의 국가 간 정보 교환을 위해 국제적 통계 단체까지 창설하였다. 이때에도 본국인과 피식민지인의 차이는 전혀 고려되지 않았다. 단지 효율적인 식민 통치를 위해 통계 자료의 교환이 필수적인 절차로 여겨졌을 뿐이다.

이처럼 근대 국민 국가의 통계는 시민 사회의 합법칙성을 인정하는 방식이면서도 시민 각자의 질적인 차이는 고려하지 않음으로써 '군주'만 사라졌을 뿐 실제로는 국민이 소외된 국가 운영을 이어가고 있었다.

① 국가 주도 통계 조사의 형태
② 근대 국민 국가와 지식의 필요성
③ 근대 국민 국가의 존속 가능성
④ 통계의 학문적 속성과 그 발전 과정
⑤ 근대 국민 국가의 통치와 통계의 의미

04 다음 글의 내용과 일치하지 않는 것을 고르면?

우리나라를 비롯한 원유 소비국은 석유 구입 시 미국 달러를 사용한다. 석유 거래는 미국 달러로만 해야 한다는 보이지 않는 원칙이 있기 때문이다. 그렇다면 석유를 미국 달러로만 거래해야 하는 이유는 무엇일까? 바로 미국 정부가 군사력을 토대로 이를 강제했기 때문이다.

그러면 미국은 왜 이런 요구를 할까? 2차 세계 대전 후 미국이 전 세계의 중심 국가가 되면서 미국 달러가 기축 통화로 자리를 잡았다. 특히 미국 달러는 언제든지 금과 교환할 수 있어 미국 정부가 보증하고 있었다. 그런데 1970년대 초반 유럽과 아시아 국가들의 경제력이 커지고 상대적으로 미국의 경기가 나빠지면서, 달러화의 안정성에 불안함을 느낀 일부 국가들이 미국에 자국이 보유한 달러화를 모두 금으로 바꿔달라는 요구를 하게 된다. 그런데 1971년에 미국은 오히려 달러를 금으로 교환하는 걸 중단하였고, 이로 인해 많은 국가들은 미국 달러를 외환 보유액으로 사용하는 걸 불안해했다.

그러나 미국은 중동 국가들과의 협상을 통해 석유 거래 시 미국 달러만 받는 원칙을 세우면서 '달러를 가져야 할 이유'를 만들었다. 석유를 구입하지 않고는 살 수 없는 수많은 나라들은 석유를 구입하기 위해 달러가 필요했으므로 달러가 믿음직하지 않더라도 외환 보유액으로 달러를 사용할 수밖에 없게 됐다.

① 미국 달러는 기축 통화이다.
② 유로화로는 석유를 구매하기 어렵다.
③ 1960년대에 미국 달러는 언제든지 금으로 교환이 가능했다.
④ 1970년대 미국의 경기 침체는 다른 국가들이 달러의 안정성에 대해 의문을 갖게 했다.
⑤ 미국 달러의 가치가 떨어지면 외환 보유액으로 다른 나라의 화폐를 이용하는 것이 더 유리하다.

05 **다음 글의 주제로 가장 적절한 것을 고르면?**

> 인간은 집단생활을 하기 때문에 분쟁이 발생할 수밖에 없다. 그래서 분쟁이 발생하는 것을 예방하거나 분쟁을 원만히 해결하기 위해 규칙을 만든다. 여러 규칙 중 사회 구성원들의 합의에 따라 만들어지고 강제성을 가진 규칙을 '법'이라고 한다. 이때 강제성은 공공의 이익을 실현하기 위해 사회 구성원들이 동의할 때만 발휘될 수 있다.
>
> 이러한 법은 몇 가지 특징이 있는데 먼저 법은 행동의 결과를 중시한다. 왜냐하면 다른 사람이 행동을 평가할 수 있고 그 변화도 확인할 수 있어야 하기 때문이다. 그리고 법은 국민의 자유와 권리를 보호한다. 만약 법이 없다면 권력자나 국가 기관이 멋대로 권력을 휘두를 수 있을 것이다. 마지막으로 법은 최소한의 간섭만 한다. 개인이 처리해도 되는 일까지 법이 간섭한다면 사람들은 숨이 막혀 평온하게 살기 힘들 것이다.

① 법과 집단생활의 관계
② 법이 남용될 때 문제점
③ 변화된 사회와 법의 미래
④ 인간 사회에서 법의 중요성
⑤ 법 제정의 이유와 법의 특징

06 다음 글의 내용과 일치하는 것을 고르면?

소쉬르의 구조 언어학은 언어를 이루는 구성 요소 그 자체보다 요소들 간의 관계적 구조를 강조한다. 그중에서도 두 가지 유형의 관계, 즉 연쇄체적 관계와 계열체적 관계를 특히 중요시한다. 연쇄체적 관계는 문장을 구성하는 어휘들 간의 통시적 관계를 뜻하고, 특정 어휘는 그것에 선행하거나 후속하는 다른 어휘들과 수평적 혹은 통시적 관계를 갖는다. 이때 문장이나 언설을 구성하는 어휘들 간의 수평적 혹은 통시적 위치 배정에 따라 해당 문장의 의미가 달라질 수 있다. 가령 "홍길동은 매우 영리하나 인간성은 나쁘다."라는 문장과 "홍길동은 인간성은 나쁘나 매우 영리하다."라는 문장은 구성 어휘는 같지만, 어휘들 간의 연쇄체적 관계의 차이로 그 의미가 전혀 다르게 된다.

계열체적 관계는 문장에 나타나 있지는 않으나 문장에 나타나 있는 특정 어휘와 대치되어 나타날 수 있는 잠재적 어휘들 간의 관계를 뜻한다. 예컨대 "카운슬러가 그 학생을 지도하였다."라는 문장에서 카운슬러라는 특정 어휘에 심리 치료사, 교사 혹은 상담사 같은 어휘가 대치되어 들어가도 이 문장의 문법적 체계에는 하등의 문제가 없다. 이때 '카운슬러'의 뜻은 문장에 나타나 있지는 않지만, 심리적 연상 작용에 의하여 상호 관련지을 수 있는 '심리 치료사, 교사, 상담사 …' 등의 다른 어휘들과의 차이를 통해서 결정된다.

① 소쉬르는 언어를 이루는 구성 요소의 본질을 탐구했다.
② 계열체적 관계는 어휘들의 위치 관계를 중요하게 여긴다.
③ 연쇄체적 관계는 어휘들의 유의어 관계를 중요하게 여긴다.
④ 어휘가 같아도 그 배열이 다르면 문장의 의미가 달라질 수 있다.
⑤ 소쉬르는 특정 어휘에 비슷한 유형의 어휘가 대체된다면, 문법적 체계에 문제가 생긴다고 보았다.

07 다음 글의 제목으로 가장 적절한 것을 고르면?

> 인체는 에너지를 이용하여 생존하는데, 이 과정에서 여러 가지 노폐물이 발생하고 이 노폐물들은 인체 밖으로 배출되어야 한다. 그래야만 몸이 늘 일정한 상태, 즉 항상성을 유지하게 된다. 인체 내에서 노폐물을 몸 밖으로 내보내는 역할은 주로 신장이 한다.
>
> 신장의 주 역할은 노폐물을 걸러내어 오줌으로 내보내는 것이다. 이 일이 진행되는 곳은 네프론이라는 장치인데, 신장 하나에 100만 개 정도가 있다. 네프론은 사구체, 보먼주머니, 세뇨관으로 이루어지는데 이곳에서 노폐물이 여과되고, 필요한 영양분, 즉 포도당, 수분 등이 재흡수되기도 한다. 포도당은 100% 재흡수되는데, 당이 재흡수되지 않고 소변에 섞여 나오면 당뇨병을 의심해 볼 수 있다. 또한 몸 안의 수분량에 따라 수분을 재흡수하는 양이 결정되는데, 몸 안의 수분이 적으면 배출하는 수분의 양을 줄인다. 이 때문에 소변이 노랗게 되는 것이며, 이것은 몸의 수분이 적다는 신호이다.

① 신장의 구조
② 신장의 역할
③ 신장과 당뇨병
④ 신장 건강의 중요성
⑤ 수분 섭취가 중요한 이유

08 다음 글의 표제와 부제로 가장 적절한 것을 고르면?

> 운동에만 의존하는 다이어트는 효과를 보기 어렵다. 운동을 많이 할수록 입맛이 좋아져 식사량이 늘기 때문이다. 35분간 2.8km 걷기, 15분간 2.4km 달리기와 같은 운동은 매일 하기도 벅차지만 한 번에 소모되는 에너지는 고작 150kcal에 불과하다. 체중 감량의 적정 속도인 월 2kg을 빼기 위해서는 매일 500kcal 정도가 더 소모되어야 하는데, 이 정도를 운동으로 할 수 있는 사람은 운동을 직업으로 하는 사람들 외에는 거의 없다고 해도 과언이 아니다.
>
> 또 몇몇 사람들은 요가나 필라테스 같은 운동을 통해 다이어트를 시도하기도 한다. 이들은 체조와 같은 유연성 운동이다. 요가나 필라테스를 1시간 내내 힘들게 한다고 하더라도 소모되는 에너지는 200~250kcal에 불과하다. 청량음료 1잔과 아이스크림 2개 등 간단한 스낵으로도 그 고생이 수포로 돌아갈 위험이 높다. 몸매를 가꾸기 위해 요가나 필라테스를 열심히 하는 것은 일리가 있으나, 살찐 사람이 체중을 빼는 방법으로는 어림없는 일이다. 그러니 차라리 운동은 적당히 하고 먹는 칼로리를 줄이는 것이 다이어트에 훨씬 효과적이다.

① 현대인의 체중 감량
　－다양한 다이어트 방법

② 현대인들의 다이어트 열풍
　－체형미를 가꾸기 위한 노력

③ 운동을 통한 다이어트 효과
　－과학적 기준으로 보는 허와 실

④ 다이어트 실패의 과학적 원인
　－부적절한 통계 수치 수용의 문제점

⑤ 통계로 보는 체중 감량의 현주소
　－객관적 자료를 통한 체중 감량 방법

09 다음 글의 내용과 일치하는 것을 고르면?

> 계약에서 계약의 성립을 제안하는 것은 '청약'이라고 하고, 청약을 받은 이가 그 청약을 그대로 수락하는 것은 '승낙'이라고 한다. 만약 청약을 받은 이가 청약 내용의 변경을 요구한다면 이는 새로운 청약을 한 것이 된다. 청약과 승낙의 합치에 의해 성립하는 계약이 실시간 의사소통에 의해 이루어질 때는 청약자가 청약을 받은 이에게서 승낙의 의사가 담긴 말을 들은 시점에 계약이 성립한다. 그러나 실시간 의사소통이 불가능한 이들 간의 계약에서는 승낙의 의사표시가 청약자에게 발송된 시점에 계약이 성립하는 것으로 본다. 이때 승낙의 의사표시가 승낙 기간 내에 청약자에게 도달하지 못한다면 계약의 효력은 발생하지 않는다. 한편, 승낙의 의사표시가 승낙자의 과실이 아닌 부득이한 사유로 기간 내에 도달하지 못하고 연착하는 경우가 있을 수 있다. 이때 승낙의 의사표시를 받은 청약자가 승낙자에게 연착 사실을 즉시 알리지 않으면, 승낙자는 승낙 기간 내에 승낙의 의사표시가 청약자에게 전달된 것으로 간주할 것이므로 계약의 효력은 발생한다.

① 청약을 받은 이가 청약 내용의 변경을 요구한다면 새로운 청약이 발생한 것이다.
② 실시간 의사소통이 불가능하다면 승낙의 의사표시가 청약자에게 도달한 시점에 계약이 성립된다.
③ 실시간 의사소통이 이루어진다면 청약자가 승낙자에게 승낙의 의사가 담긴 말을 듣지 않아도 계약이 성립한다.
④ 승낙자가 승낙의 의사표시를 발송했다면, 청약자가 승낙자의 승낙의 의사표시가 연착했음을 알리더라도 계약이 성립된다.
⑤ 실시간 의사소통이 되지 않는 경우를 배제하기 위해 계약은 직접 대면하여 실시간으로 진행하는 것이 옳다.

10 다음 글의 내용과 일치하는 것을 고르면?

> 국가는 자국의 힘이 외부의 군사적 위협을 견제하기 충분치 않다고 판단할 때나 역사의 전통 등의 가치가 위협받는다고 느낄 때 다른 나라와 동맹을 맺는다. 동맹을 결성하는 핵심적인 이유는 동맹을 통해서 확보되는 이익이며, 이는 동맹 관계 유지의 근간이 된다.
>
> 동맹의 종류는 그 형태에 따라 방위 조약, 중립 조약, 협상으로 나눌 수 있다. 먼저 방위 조약은 조약에 서명한 국가 중 어느 한 국가가 침략을 당했을 경우, 다른 모든 서명국이 공동 방어를 위해서 참전하기를 약속하는 것이다. 그다음으로 중립 조약은 서명국 중 한 국가가 제3국으로부터 침략을 받더라도 서명국 간에 전쟁을 선포하지 않고 중립을 지킬 것을 약속하는 것이다. 마지막으로 협상은 서명국 중 한 국가가 제3국으로부터 침략을 당했을 경우, 서명국 간에 공조 체제를 유지할 것인지에 대해 차후에 협의할 것을 약속하는 것이다.
>
> 정리하면 세 가지 유형 중 방위 조약의 경우는 동맹국의 전쟁에 개입해야 한다는 강제성이 있기에 동맹국 간의 정치·외교적 관계의 정도가 맹신에 가깝다. 또한, 조약의 강제성으로 인해 전쟁 발발 시 동맹 관계 속에서 국가가 펼칠 수 있는 정치·외교적 자율성은 매우 낮다. 즉, 방위 조약은 동맹국 간의 자율성이 가장 낮고, 다음으로 중립 조약, 협상 순으로 자율성이 높아진다.

① 동맹의 종류 중 자율성이 가장 높은 동맹의 종류는 방위 조약이다.
② 다른 나라로부터 얻을 수 있는 이익이 없더라도 동맹을 맺을 수 있다.
③ 동맹국의 전쟁에 개입해야 한다는 강제성이 있는 조약은 중립 조약이다.
④ 동맹국과 정치·외교적 관계의 정도가 가장 약한 동맹의 종류는 협상이다.
⑤ 서명국 중 한 국가가 제3국으로부터 침략을 받더라도 서명국 간에 전쟁을 선포하지 않겠다는 조약은 방위 조약이다.

11 다음 글의 제목으로 가장 적절한 것을 고르면?

최초의 핵무기들은 B−52와 같은 폭격기에 실려 투하될 수밖에 없었다. 그러나 이러한 대형 폭격기는 적군의 감시와 요격을 피할 수 없었으므로 핵무기 운송 수단으로서 미사일의 필요성이 대두되었다. 이에 미국과 소련의 과학자들은 제2차 세계 대전 당시 독일이 사용했던 V−2 로켓에 주목했다. 미국은 V−2 로켓을 개발한 독일인 폰 브라운 박사를 미국으로 데려와 신형 로켓의 개발에 열을 올렸고, 소련도 미사일 개발에 박차를 가했다. 특히 부피가 크고 중량도 1톤에 육박하는 핵탄두를 적국으로 보내기 위해서는 거대한 미사일이 필요했는데, 이를 위해 개발된 것이 대륙간탄도미사일(Intercontinental Ballistic Missile, ICBM)이다. 최초의 ICBM 시험 발사는 소련에 의해 1954년에 실시됐고, 미국은 1957년 말 첫 시험 발사에 성공했다. ICBM은 탄두에 예외 없이 강력한 핵폭탄을 장착하고 있으며, 통상 5,500km 이상의 사정거리와 함께 지구상 어느 곳의 목표라도 30분 이내에 초토화할 수 있는 위력을 갖추고 있다.

① 대륙간탄도미사일의 원리
② 대륙간탄도미사일의 위력 비교
③ 대륙간탄도미사일의 종류와 구조
④ 대륙간탄도미사일의 과거와 현재
⑤ 대륙간탄도미사일의 탄생 배경과 위력

12 다음 글의 내용과 일치하지 않는 것을 고르면?

책은 인간이 가진 그 독특한 네 가지 능력의 유지, 심화, 계발에 도움을 주는 유효한 매체이다. 하지만, 문자를 고안하고 책을 만들고 책을 읽는 일은 결코 '자연스러운' 행위가 아니다. 인간의 뇌는 애초부터 책을 읽으라고 설계된 것이 아니기 때문이다. 문자가 등장한 역사는 6천 년이지만, 지금과 같은 형태의 책이 등장한 역사는 6백여 년에 불과하다. 책을 쓰고 읽는 기능은 생존에 필요한 다른 기능들을 수행하도록 설계된 뇌 건축물의 부수적 파생 효과 가운데 하나이다. 말하자면 그 능력은 덤으로 얻어진 것이다.

그런데 이 '덤'이 참으로 중요하다. 책이 없이도 인간은 기억하고 생각하고 상상하고 표현할 수 있기는 하나, 책과 책 읽기는 인간이 이 능력을 키우고 발전시키는 데 중대한 차이를 낳기 때문이다. 또한 책을 읽는 문화와 책을 읽지 않는 문화는 기억, 사유, 상상, 표현의 층위에서 상당한 질적 차이를 가진 사회적 주체들을 생산한다. 그렇기는 해도 모든 사람이 맹목적인 책 예찬자가 될 필요는 없다.

그러나 중요한 것은, 인간을 더욱 인간적이게 하는 소중한 능력들을 지키고 발전시키기 위해서 책은 결코 희생할 수 없는 매체라는 사실이다. 그 능력을 지속적으로 발전시키는 데 드는 비용은 적지 않다. 무엇보다 책 읽기는 결코 손쉬운 일이 아니기 때문이다. 책 읽기에는 상당량의 정신 에너지와 훈련이 요구되며, 독서의 즐거움을 경험하는 습관 또한 요구된다.

① 책 읽기는 별다른 훈련이나 노력 없이도 마음만 먹으면 가능한 일이다.
② 책을 쓰고 읽는 기능은 인간 뇌의 본래적 기능은 아니다.
③ 책과 책 읽기는 인간의 기억, 사유, 상상 등과 관련된 능력을 키우는 데 상당히 중요한 변수로 작용한다.
④ 독서 문화는 특정 층위에서 사회적 주체들의 질적 차이를 유발한다.
⑤ 책을 읽기 위해서는 많은 에너지와 훈련이 필요하다.

13 **다음 글의 주제로 가장 적절한 것을 고르면?**

영화에서 줄거리나 기교의 발전이 독자나 관객에게 불안과 긴장을 주어, 관객들의 흥미를 북돋워주는 기법을 '서스펜스 기법'이라고 한다. 일반적으로 영화 속 서스펜스는 다음과 같은 방식으로 만들어진다. 첫째, 여러 갈등 상황이 심화되면 자연히 기대감, 호기심, 긴박감, 긴장감 등의 서스펜스가 발생한다. 둘째, 주인공 역할보다 상대방이 더 큰 비중과 힘을 갖고 있을 때 서스펜스가 발생한다. 셋째, 액션·모험물에서 많이 쓰는 위기－해결식의 연속적 구조 속에서 서스펜스가 발생한다. 위기가 해결되었다고 마음 놓는 관객은 아무도 없고 곧이어 주인공에게 큰 위기가 닥쳐올 것을 누구나 예상할 때 발생하는 것이다. 넷째, 등장인물은 모르고 관객만 아는 이야기가 전개될 때 관객은 서스펜스를 느낀다. 다섯째, 영화 속 사건이 복잡하게 교차된다는 생각과 더불어 앞으로의 불길함이 예고되면 관객의 서스펜스가 증가하게 된다.

① 서스펜스를 제작하는 목적
② 서스펜스가 영화에 주는 효과
③ 서스펜스를 제작할 때 겪는 어려움
④ 서스펜스를 제작하는 여러 가지 방법
⑤ 서스펜스가 관객들의 흥미를 북돋워 주는 이유

14 다음 글의 내용과 일치하지 않는 것을 고르면?

문화재 보존이란 더 이상의 손상을 막기 위한 모든 조치로, 문화재로부터 주로 손상을 일으키는 원인을 제거하거나 차단한다. 가령 금속 재질 문화재는 녹과 염분을 제거하고, 서적을 비롯한 목제품이나 섬유 제품은 해충이나 곰팡이가 발생하지 못하도록 온도, 습도 등의 환경을 조절한다. 복원은 문화재의 훼손 정도가 심각해 원형에 가깝도록 보충 및 보수하는 것을 말한다. 먼저 정확한 고증을 해야 하고, 그다음에 문화재의 재질을 파악해 복원에 들어가야 한다. 최근에는 문화재의 훼손을 막기 위해 X선을 이용한 비파괴 검사를 많이 한다.

디지털 기술이 발달하면서 디지털 보존·복원도 활발해지고 있다. 디지털 보존·복원이 특히 빛을 발하는 부분은 무형 문화재이다. 기존의 보존 방법은 도제 시스템에 의한 전수가 거의 전부였고, 간접적으로 미디어 기기를 이용해 녹화 보존을 하기도 했다. 그러나 도제 시스템은 후계자가 없을 경우 그 맥이 끊길 위험이 크다. 하지만 이제는 컴퓨터 그래픽에서 인체의 동작을 구현하고 모션 캡처 기술을 응용하는 수준에 이르렀다. 춤사위나 군무의 동작 자체를 자료화하여 보존하는 것이다. 또한 디지털 기술은 건축물과 같은 대형 문화재를 자료화하여 이를 사이버 공간에서 재현할 수도 있다. 남아 있는 부분은 3차원 스캐닝 기술로 입체적인 모델을 만들고, 소실된 부분은 남아 있는 사료와 도면을 기초로 제작해 이를 합치는 것이다.

① 보존과 복원은 다른 개념이다.
② 복원하기 위해서는 정확한 고증이 전제되어야 한다.
③ 최근 문화재를 복원할 때 쓰이는 기술은 비파괴 검사이다.
④ 디지털 보존·복원이 가장 잘 이용되는 분야는 무형 문화재이다.
⑤ 대형 문화재의 소실된 부분을 디지털 복원할 때는 상상력을 기초로 한다.

15 다음 글의 표제와 부제로 가장 적절한 것을 고르면?

> 최근 예술 분야에서는 과학 기술을 이용하여 새로운 장르를 개척하려는 시도가 이루어지고 있다. 이러한 배경을 바탕으로 등장한 예술의 하나가 바로 '엑스레이 아트(X-ray Art)'이다. 엑스레이 아트는 엑스레이 사진을 활용하여 만든 예술 작품을 의미한다.
>
> 엑스레이 아트의 거장인 닉 베세이는 엑스레이를 활용하여 오브제 내부에 주목한 작품을 만들었다. 그는 「튤립」이라는 작품을 통해 꽃봉오리에 감추어진 암술과 수술을 드러냄으로써 꽃의 보이지 않는 내부의 아름다움을 탐색하였다. 또한 「셀피」라는 작품을 통해 현대 사회의 외모지상주의를 비판하기도 했다. 이 작품은 자기 얼굴을 찍는 사람의 모습을 엑스레이로 촬영한 것으로 엑스레이로 인체를 촬영할 경우 외양이 드러나지 않는 점을 이용하여 창작 의도를 나타낸 것이다.

① 엑스레이 아트의 등장 배경
　－엑스레이 아트의 창작 의도를 중심으로
② 엑스레이 아트의 개념과 사례
　－닉 베세이의 작품을 중심으로
③ 엑스레이 아트가 각광을 받는 이유
　－닉 베세이의 작품을 중심으로
④ 엑스레이 아트를 예술로 인정하는 기준
　－엑스레이 아트의 오브제를 중심으로
⑤ 엑스레이 아트의 뜻과 관련 작품
　－엑스레이 아트를 통한 상업 미술의 활성화

16 다음 글의 내용과 일치하는 것을 고르면?

세계 각국이 발행하는 신권들에서 눈에 띄는 공통점은 보는 각도에 따라 색이 달라 보이는 시변각 잉크와 기울이면 미세한 물체가 나타났다 사라지는 홀로그램 형태의 시변각 장치를 사용한다는 것이다. 이는 위조 방지를 위해 기존과 다른 새로운 형태의 지폐를 만들어 내려는 노력의 결과이다. 우리 화폐도 위조 문제를 해결하기 위해 홀로그램을 사용하고 있는데, 화폐 외에도 신용카드나 인증서 등에서도 홀로그램이 사용되고 있다.

홀로그래피를 만들기 위해서는 우선 레이저 발진기에서 나오는 레이저광을 반투명한 거울을 이용해 반사되는 빛(참조광)과 투과되는 빛(주광)으로 나누고, 투과된 빛은 렌즈를 이용해 물체의 크기 정도로 벌려서 물체에 비춘다. 물체의 표면은 굴곡이 있으므로 물체에 비친 레이저광은 여러 가지 방향으로 반사(확산)되고, 이 물체 근처에 놓인 사진 건판으로 빛이 들어온다. 동시에 반투명한 거울에서 반사된 참조광을 다른 렌즈를 통해 확산시켜 사진 건판에 비추면, 물체에서 반사된 빛과 참조광이 사진 건판상에서 겹쳐서 간섭을 일으키고 복잡한 간섭무늬가 생긴다. 이 간섭무늬를 사진 건판에 기록한 것이 홀로그램이다.

① 홀로그램은 결국 참조광과 주광을 겹쳐서 만든 것이다.
② 세계 각국에서는 모든 지폐에 홀로그램을 입혀 발행하고 있다.
③ 화폐에 홀로그램 기술을 사용하는 이유는 미적인 이유에서이다.
④ 홀로그래피에서 반투명 거울을 투과한 주광은 참조광보다 더 중요한 역할을 한다.
⑤ 홀로그래피를 만들기 위해서는 반투명 거울에 반사된 참조광을 물체에 비춰야 한다.

17 **다음 글이 나올 수 있는 궁극적인 질문으로 가장 적절한 것을 고르면?**

> 지구에 사는 모든 생명체는 태양으로부터 필요한 에너지와 생존 환경을 부여받기 때문에, 지구의 운명은 곧 태양에 달려있다. 우리와 가장 가까운 별인 태양의 중심에서는 현재 수소 핵융합 반응이 안정된 상태에서 진행되고 있으므로 오랫동안 현재의 상태를 유지할 것이다. 그러나 언젠가는 수소 핵융합 반응에 필요한 연료인 수소가 태양의 중심부에서 모두 고갈될 것이고, 그렇게 되면 태양도 중심부의 중력 붕괴 이후에 겪게 되는 적색 거성과 적색 초거성으로 부풀게 된다. 태양이 적색 거성이 되면 지금보다 50배나 더 크게 부풀고 150배나 더 많은 에너지를 방출하기 때문에, 지구는 점차 뜨거워져서 모든 물이 말라 버리고 말 것이다. 적색 초거성이 되면 태양은 엄청나게 부풀어 올라 지구와 화성의 궤도 사이에 이르기까지 커지게 된다. 결국 지구는 뜨거운 태양 속으로 빨려 들어가 결국 모든 것이 녹아 버리는 운명을 맞이할 수밖에 없을 것이다.

① 태양은 왜 소멸되는 것일까?
② 지구는 언제 멸망하게 될까?
③ 태양과 지구의 운명은 어떻게 전개될까?
④ 지구 이외의 행성들의 최후는 어떻게 될까?
⑤ 적색 거성과 적색 초거성의 차이점은 무엇일까?

18 다음 글을 통해 알 수 없는 내용을 고르면?

> 새로 지은 건물의 경우 건축 재료나 벽지에 포함된 포름알데히드와 휘발성 유기화합물, 기타의 유해 물질 등으로 인하여 실내 공기가 오염되는 사례가 증가하고 있다. 이러한 실내 오염 물질은 실내 거주자에게 만성적인 두통, 구토, 어지럼증, 알레르기 등 다양한 증상을 유발할 뿐만 아니라, 집중력 저하를 일으키거나 쉽게 피로감을 느끼게 하고 신경계의 균형을 무너뜨리기도 한다. 특히 유아나 노약자와 같은 저항력이 약한 사람들은 실내 오염 물질로 인해 건강에 심각한 위협을 받고 있다.
>
> 1983년 세계보건기구(WHO)에서는 건물을 새로 지을 때 사용하는 건축 자재 등에서 나오는 유해 물질이 거주자들의 건강에 이상을 일으키거나 불쾌감을 주는 증상을 '새집 증후군'이라고 명명하였다. 이러한 새집 증후군을 방지하기 위해서는 건축 재료에 유해 물질을 사용하는 것을 원천적으로 금지하는 것이 가장 이상적이나 이는 현실적으로 매우 어려운 문제이다. 이러한 물질들은 건축 재료의 내구성이나 난연성 등의 성능을 확보하기 위해 어쩔 수 없이 사용해야 하기 때문이다. 만약 이러한 물질의 사용을 금지한다면 건축 재료의 제조 생산이 원천적으로 불가능하거나 안전상의 문제, 건축 자재 가격의 급격한 상승 등과 같은 부작용을 불러올 것이다.

① 새집 증후군의 증상
② 새 건물의 실내 공기가 오염되는 이유
③ 새집 증후군에 잘 걸리는 사람의 유형
④ 새집 증후군을 원칙적으로 차단하기 어려운 이유
⑤ 새집 증후군의 원인을 제공하는 물질 사용 금지에 대한 부작용

19 다음 글의 주제로 가장 적절한 것을 고르면?

> 정부는 환경 문제를 해결하는 방법으로 규제를 선호하지만, 그보다 나은 방법도 매우 많다. 그중 한 가지는 소유자들이 자원들을 잘 보존할 수 있도록 물과 어장, 숲 등에 대한 소유권을 분명히 하는 것이다. 실제로 국제 자연 보호 협회와 같은 사적 자연 보호 기관이 자연을 잘 보호하고 있으며, 현재 이러한 기관이 전 세계적으로 1,200개 이상 활동하고 있다.
>
> 정부 규제 이외에 공해 문제를 해결할 수 있는 또 다른 방법은 시장 기구를 이용하는 것이다. 예를 들면, 대기 오염의 경우 오염 배출권 거래제 등을 시행하는 것이다. 오염 배출권 거래제는 특정 오염 물질에 대해 일정량의 배출권을 설정한 후, 정해진 방식에 따라 배출권을 배분하고 그 배출권을 가진 기업이 다른 기업에게 그 권리를 팔도록 허용하는 것이다. 이 제도는 시장에서 형성되는 배출권의 가격에 따라 주어진 오염 물질의 총배출량이 효율적으로 배분될 수 있도록 한다. 생소하게 여겨지는 오염 배출권 거래제는 이미 미국과 유럽에서 활용되어 오염률을 성공적으로 감소시키는 효과를 얻었다. 또한 미국의 배출권 거래 제도는 명령과 강제 방식을 통한 환경 규제보다 50~95% 수준의 비용 절감 효과를 거두기도 하였다.

① 환경 문제의 뜻과 사례
② 오염 배출권의 개념과 효과
③ 정부의 규제가 아닌 환경 문제 해결 방법
④ 환경 문제를 해결하기 위한 선진국의 노력
⑤ 환경 문제를 해결하기 위한 정부 규제의 한계

20 다음 글의 내용과 일치하지 않는 것을 고르면?

> 인간의 신경 조직을 수학적으로 모델링하여 컴퓨터가 인간처럼 기억, 학습, 판단할 수 있도록 구현한 것을 인공 신경망 기술이라고 한다. 신경 조직의 기본 단위는 뉴런인데, 인공 신경망에서는 뉴런의 기능을 수학적으로 모델링한 퍼셉트론을 기본 단위로 사용한다.
>
> 퍼셉트론은 입력값들을 받아들이는 여러 개의 입력 단자와 이 값을 처리하는 부분, 처리된 값을 내보내는 한 개의 출력 단자로 구성되어 있다. 퍼셉트론은 각각의 입력 단자에 할당된 가중치를 입력값에 곱한 값들을 모두 합하여 가중합을 구한 후, 고정된 임계치보다 가중합이 작으면 0, 그렇지 않으면 1과 같은 방식으로 출력값을 내보낸다. 이러한 퍼셉트론은 출력값에 따라 두 가지로만 구분하여 입력값들을 판정할 수 있을 뿐이다. 이에 비해 복잡한 판정을 할 수 있는 인공 신경망은 다수의 퍼셉트론을 여러 계층으로 배열하여 한 계층에서 출력된 신호가 다음 계층에 있는 모든 퍼셉트론의 입력 단자에 입력값으로 입력되는 구조로 이루어진다. 이러한 인공 신경망에서 가장 처음에 입력값을 받아들이는 퍼셉트론들을 입력층, 가장 마지막에 있는 퍼셉트론들을 출력층이라고 한다.

① 인공 신경망에서 인간의 뉴런 역할을 하는 것은 퍼셉트론이다.
② 인공 신경망은 하나의 퍼셉트론을 통해 복잡한 판정을 할 수 있도록 설계되어 있다.
③ 퍼셉트론은 여러 개의 입력값을 받아도, 그 입력값을 두 가지로만 구분하여 판정한다.
④ 수학적 모델링은 인간의 신경 조직을 인간 신경망 기술로 구현하도록 해주는 가교 구실을 한다.
⑤ 퍼셉트론은 가중합이 고정된 임계치보다 작으면 0, 크거나 같으면 1과 같은 방식으로 출력값을 내보낸다.

21 **다음 글의 표제와 부제로 가장 적절한 것을 고르면?**

> 행정에 대한 불만을 해소할 수 있는 가장 좋은 방법은 행정으로 인한 권리 침해가 일어나지 않도록 예방하는 것이다. 이러한 방법으로는 청문과 민원 처리 두 가지 방법이 있다.
>
> 청문은 정책을 결정하기 전에 정책과 관련된 당사자나 이해관계인 등을 미리 불러 정책에 대한 다양한 의견을 듣는 것을 말한다. 청문의 대표적인 예가 공청회인데, 공청회에는 행정 기관은 물론 전문가와 당사자, 이해관계인이 모두 참여하여 미리 발생할 수 있는 문제에 대해 토론하고 의견을 조율하기 때문에 문제의 발생을 예방할 수 있다.
>
> 한편 민원 처리는 어떤 행정으로 인해 피해가 예상되는 국민이 국가 기관에 신청하면, 국가에서 조사한 후 행정 기관에 민원의 내용을 알려 주어 문제를 해결하도록 권고하거나 조치를 취하게 하는 것을 말한다. 이 두 가지 방법은 행정 집행으로 국민에게 피해가 발생하지 않도록 예방하는 데 도움을 줄 수 있다.

① 행정 피해가 일어나는 까닭
　－청문과 민원 처리를 중심으로
② 행정 피해 발생을 예방하기 위한 제도
　－공청회를 중심으로
③ 행정 피해 발생을 예방하기 위한 제도
　－청문과 민원 처리를 중심으로
④ 행정 피해를 구제받기 위한 제도
　－청문과 민원 처리를 중심으로
⑤ 행정 피해를 구제받기 위한 제도
　－공청회를 중심으로

22 다음 글에서 역사 연구를 위해 가장 강조하고 있는 사항을 고르면?

역사라는 학문은 과거에 있었던 역사적 사실들을 찾아내거나, 그 사실들을 수집, 기록하는 것으로만 끝나지 않는다. 물론 역사적 자료의 발굴과 수집이 역사 연구의 출발점이라는 것은 부인할 수 없다. 그러나 모든 역사적 사실을 모은다는 것 자체가 불가능할뿐더러, 그 모든 역사적 사실을 안다고 해도 현재의 우리가 살아가는 데 크게 도움이 되지는 않는다.

학문이란 여러 가지 지식을 획득하는 데 있는 것이 아니라, 우리의 현재 삶에 도움을 줄 수 있을 때 가치가 있는 것이다. 따라서 역사에 있어서도 단순한 역사적 사실보다도 그 사실에 대한 의미 해석이 중요하다. 그리고 그러한 작업을 통해서 역사적 흐름의 원리를 구성하거나, 역사적 교훈을 이끌어 내 현재의 삶이나 미래의 삶을 경영하는 데 이바지하는 것이 역사학의 본질이 될 것이다.

그러므로 역사를 연구하는 데에는 일정한 관점이 전제될 수밖에 없고, 우리는 그러한 관점에 따라 나름대로의 역사상을 정립하는 것이다. 우리가 역사를 바라보고 해석하는 올바른 시각을 지녔을 때 역사적 사실에 대한 올바른 인식도 가능해지고, 우리의 역사에 대한 발전적인 파악도 이루어질 것이다.

① 많은 사료(史料)의 수집
② 올바른 사관(史觀)의 정립
③ 새로운 역사적 사실의 발굴
④ 역사적 사실에 대한 의미 해석
⑤ 역사적 사실에 관한 왜곡의 폐단

글 수정

출제 포인트

✓ 주어진 지문, 문서 등을 맥락과 목적, 맞춤법 등에 맞도록 알맞게 수정하는 유형이다.

세부유형 ① 새로운 글감을 활용하여 문서를 수정하는 유형

예제 '재생에너지 확대'에 대한 글을 쓰기 위해 개요를 작성한 뒤, 다음과 같은 새로운 글감을 접하게 되었다. 이를 활용하여 개요를 수정하는 방안으로 적절하지 않은 것을 고르면?

[개요]

- 주제: 재생에너지 확대 필요성
- 서론: 재생에너지 현황과 필요성
  1. 세계적인 재생에너지 확대 흐름
  2. 한국의 재생에너지 비율과 그 문제점
- 본론: 재생에너지 확대의 장점과 방법
  Ⅰ. 재생에너지 확대의 장점
    1. 탄소 배출 감소 효과
    2. 지속 가능성 확보
    3. 에너지 자립 달성
  Ⅱ. 재생에너지 확대를 위한 방법
    1. 정부 정책 및 지원 확대
    2. 신기술 도입 및 혁신적인 에너지 인프라 구축
- 결론: 재생에너지는 미래 에너지 문제 해결의 열쇠로, 조속한 확대가 필요하다.

[새로 접한 글감]

A. 한국의 재생에너지 발전 비율은 2023년 기준 7.6%로, 독일은 40%를 넘는다.
B. 태양광 및 풍력 발전은 향후 10년 내 생산 단가가 기존 화석연료보다 낮아질 전망이다.
C. 한국의 2024년 재생에너지 투자 증가율은 15%로 예상된다.
D. 주요 선진국은 2050년까지 탄소 중립을 목표로 설정했다.
E. 한국의 전력 공급의 경우 화석연료 의존도는 70%이며, 재생에너지 관련 정책이 미흡하다.

① A를 서론 2에 활용해 한국의 재생에너지 비율이 선진국보다 낮음을 설명한다.
② B를 본론 Ⅰ－2에 활용해 재생에너지가 지속 가능성을 보장하는 경제적 효율성을 설명한다.
③ C를 본론 Ⅱ－1에 활용해 정부 정책에 따른 재생에너지 투자 확대를 설명한다.
④ D를 서론 1에 활용해 주요 선진국의 재생에너지 확대 흐름을 설명한다.
⑤ E를 본론 Ⅰ－1에 활용해 한국의 재생에너지 기술 발전 속도가 진전되고 있음을 보여준다.

| 정답풀이 | 정답 ⑤

글감 E에서는 한국의 전력 공급의 경우 화석연료 의존도가 높고, 재생에너지 정책이 미흡하다는 점을 지적하고 있다. 이는 본문 Ⅰ－1과는 연관이 없으며, 한국의 재생에너지 기술 발전 속도가 진전되고 있음을 뒷받침하는 내용도 아니다.

| 오답풀이 |

① 글감 A에는 한국의 재생에너지 비율이 선진국에 비해 낮다는 내용이 명시되어 있어, 서론 2에 이를 반영하는 것은 적절하다.
② 글감 B는 재생에너지가 향후 10년 내 화석연료보다 낮은 생산 단가를 가질 것이라는 경제적 효율성에 대해 설명하고 있으므로, 지속 가능성과 연결할 수 있다.
③ 글감 C는 한국의 재생에너지 투자 증가율에 대한 내용이므로, 정부 정책 및 지원 확대 방안에 이를 활용하는 것은 적절하다.
④ 글감 D는 선진국의 탄소 중립 목표 설정을 언급하고 있으므로, 이를 서론 1에 반영하는 것은 적절하다.

문제 해결 TIP

제시된 개요를 빠르게 눈으로 읽으며 글의 목적이 무엇인지 먼저 파악한 후 문제를 푸는 것이 좋다.

세부유형 ② 주어진 지문, 문서를 수정하는 유형

예제 다음 글의 밑줄 친 ㉠~㉤을 수정한 내용으로 적절하지 않은 것을 고르면?

> 스위스는 전 세계적으로 유명한 시계 제조 강국으로, 고품질의 기계식 시계를 만드는 데 수많은 특허를 ㉠갖은, 그야말로 독보적인 위치를 차지하고 있다. 스위스 시계 산업의 역사는 16세기로 거슬러 올라가며, 시계 제조 기술은 그때부터 꾸준히 발전해왔다. 특히, 18세기에는 장인들이 정밀한 기계식 시계를 만들기 시작하며, 스위스는 시계 산업의 중심지로 자리 잡게 되었다.
>
> 스위스 시계 산업의 성공 비결은 우수한 기술력과 장인의 손길에 있다. 스위스 시계는 정밀한 부품과 뛰어난 설계로 유명하며, 특히 고가의 시계 브랜드들은 대부분 수작업으로 제작되기 때문에 ㉡여간 까다로운 공정을 거친다. 이러한 점은 스위스 시계를 단순한 시간 측정 도구가 아닌 예술 작품으로 인식하게 만든다. 스위스 시계의 명성은 '정확성'과 '내구성'으로 정의되며, 전 세계적으로 수많은 애호가를 보유하고 있다. ㉢그리고 스위스 시계 산업도 여러 위기에 직면해왔다. 1970년대에 일본에서 등장한 쿼츠 시계는 가격 경쟁력과 대량생산의 장점을 앞세워 기계식 시계를 ㉣위협한다. 스위스 시계 제조사들은 이러한 변화에 빠르게 대응하기 위해 제품군을 다각화하고, 전통적인 기계식 시계의 품질을 더욱 강화하는 전략을 취했다. 이를 통해 스위스 시계 산업은 위기를 기회로 삼아 지속적인 성장세를 유지할 수 있었다.
>
> 최근에는 스마트워치와 같은 첨단 기술 기반의 시계가 등장하면서 또 다른 변화의 바람이 불고 있다. 스위스 시계 제조사들은 기술과 전통을 결합한 새로운 제품 개발을 통해 이 새로운 시장에서도 경쟁력을 유지하려고 노력하고 있다. ㉤특히, 스마트워치와 기계식 시계를 접목한 하이브리드 제품이 소비자들의 관심을 끌고 있다. 스위스 시계 산업은 전통과 혁신을 동시에 추구하며, 고유의 가치를 지키면서도 현대의 변화에 발맞추어 나아가고 있다.

① ㉠을 '가진'으로 고쳐야 한다.
② ㉡을 '여간 까다로운 공정을 거치는 것이 아니다'로 고쳐야 한다.
③ ㉢을 '그러나'로 고쳐야 한다.
④ ㉣을 '위협했다'로 고쳐야 한다.
⑤ ㉤을 '그럼에도 불구하고'로 고쳐야 한다.

| 정답풀이 |

정답 ⑤

'그럼에도 불구하고'는 앞뒤 문장의 대조를 강조하는 의미로 사용되는데, 앞 문장에서는 스위스 제조사들의 노력이 긍정적으로 서술되어 있고, 뒤 문장 역시 긍정적인 내용을 담고 있기 때문에 적절하지 않다. 원래 문장에 사용된 '특히'를 유지하는 것이 문맥상 적절하다.

| 오답풀이 |

① '갖은'은 '여러 가지의'라는 뜻으로 '갖은 양념'과 같이 활용되며, 여기서는 '가진'으로 고쳐야 옳은 표현이다.
② '여간'은 부정의 서술어와 호응하므로 '아니다'와 같은 표현으로 고쳐야 한다.
③ 스위스 시계 산업의 도전과 위협에 관한 내용이 뒤에 이어지므로, '그리고'가 아닌 '그러나, 하지만' 등의 접속어가 문맥상 적절하다.
④ 과거의 사건을 설명하는 문맥이므로, 시제는 과거형이 되어야 적절하다.

문제 해결 TIP

접속사, 부사, 조사 등의 문장 성분의 기능과 역할을 미리 학습하면 문제 해결에 큰 도움이 된다.

글 수정
연습 문제

정답과 해설 P.6

01 다음 개요의 수정 방안에 대한 설명으로 적절하지 않은 것을 고르면?

[개요]

- 주제: 유전자 조작 작물의 무분별한 개발과 생산을 규제해야 한다.
- 서론: 유전자 조작 작물의 개념과 생산 현황
- 본론 Ⅰ: 유전자 조작 작물 개발을 옹호하는 논리
  1. 유전자 조작 작물 개발의 역사 …… ㉠
  2. 인체에 유익한 작물 개발로 인류의 건강 증진에 기여
  3. 병해충에 강한 작물 개발로 농약 및 화학 비료 사용 억제
- 본론 Ⅱ: 유전자 조작 작물의 문제점
  1. 인체에 대한 안정성 입증 곤란
  2. 동물 실험 과정에서 부작용 사례 발생 …… ㉡
  3. 내성을 가진 해충과 잡초의 등장으로 생태계 파괴 가능성
- 본론 Ⅲ: 유전자 조작 작물 개발의 대안 …… ㉢
  1. 유전자 조작 작물을 개발 · 생산 · 유통하는 과정의 엄격한 기준 마련
  2. 각국의 실정에 맞는 육종 및 농업 기술 개발
  3. 생산량 증대로 인한 곡물 가격 하락 …… ㉣
- 결론: 유전자 조작 작물 폐기 운동 전개에 동참 촉구 …… ㉤

① ㉠－상위 항목의 내용과 어울리지 않으므로 '서론'에 포함시켜 간략히 진술한다.
② ㉡－'본론Ⅱ－1'의 사례에 해당하므로 삭제 후 '본론Ⅱ－1'의 내용에 포함시킨다.
③ ㉢－하위 항목을 고려하여 '유전자 조작 작물 개발의 규제와 대안'으로 수정한다.
④ ㉣－문제점에 해당하는 내용이므로 '본론Ⅱ'로 옮긴다.
⑤ ㉤－전체 글의 흐름과 어울리지 않으므로 '무분별한 유전자 조작 작물 개발에 대한 경각심 환기'로 수정한다.

02 다음 글의 ㉠~㉤ 중 문맥에 맞게 수정한 것을 고르면?

조선 왕조는 신왕조를 개창한 이후 개성 주민들을 한양으로 강제 이주시키는 정책을 취하였다. 이 정책에 호응하지 않고 개성에 잔류한 자들은 신왕조에 충성하지 않는 자들로 지목되었기 때문에 이들에게는 과전(科田)의 혜택도 부여되지 않았다. 또한 개성부의 ㉠토지도 다른 군현에 비해 훨씬 적었으므로 개성 주민들은 장사를 하지 않으면 살아갈 수 없었다.

개성 주민들의 상업 활동은 개성의 상권을 무대로 한 것이 아니라 전국적인 행상을 통해 이루어지고 있었다. 그러므로 대부분의 남성은 겨울철을 제외한 대부분의 시간에 떠돌아다니는 것이 일반적이었다. 이러한 이유로 개성 주민들이 행상으로 자리를 비운 사이에 개성부의 승려들이 여염에 드나들면서 부녀자들을 희롱하는 것이 풍속을 어지럽힌다는 우려도 조정에서 논의될 정도였다. ㉡이렇듯 개성 주민들은 대부분 전국을 떠돌며 장사를 하게 되었다. 주로 행상에 나가는 자들은 가난한 자들이었고, 부자들은 행상에 참여하기보다는 행상들에게 자본을 대여하고, 그 이자를 받아 부를 축적했다. 이른바 상업과 금융업이 일찍부터 분리되어 있었던 것이다. 이러한 사정으로 인해 개성에서는 다른 어떤 고장보다 채무관계 소송이 많았다. 원래 조선의 행정기관 중 채무관계 소송을 전담하는 부서는 한성부지만, 이러한 특수성으로 인해 개성부에서도 채무소송에 관해 관할권을 인정해주기도 했다.

한편, 이처럼 개성 주민 대부분이 농사를 짓기보다는 봄철에 행상을 나가 가을 무렵에야 돌아오는 사람들이었기 때문에 ㉢개성부의 재정운영도 다른 지역의 재정운영과 다를 수밖에 없었다. 요컨대 조선 시대 대부분의 군현의 재정은 농민들에게 징수하는 전세와 군역, 공납으로 이루어졌지만, 개성부 주민들의 경우 농사짓는 사람들이 별로 없었기 때문에 이와 같은 전세, 군역, 공납으로 재정을 충당할 수 없었다. 그러므로 개성부에서는 개성 주민 중에 부자들을 뽑아 부거안(富居案)이라는 장부를 만들어 이들로부터 거둔 비용을 가지고 개성부의 재정에 충당하였다. 그러므로 조선 왕조가 상업을 철저하게 억제하는 농본억말(農本抑末) 정책을 폈음에도 개성 지역에서만큼은 상업이 번성할 수 있었고, 이러한 사회적 분위기 속에서 ㉣개성 지역 상인들은 조선 시대를 대표하는 상인으로 성장할 수 있었던 것이다.

이처럼 조선 초기부터 개성 주민들은 상업으로 생계를 유지했으나, 조선 전기까지 이들은 전국을 무대로 ㉤농민들이 필요로 하는 의류나 농기류 등을 판매하는 소상인에 불과하였다. 소규모 자본으로 전국을 무대로 행상 활동을 하던 개성 상인이 오늘날 거대 자본을 축적하고 합리적 상업 활동을 전개한 대표적인 상인 집단으로 각인된 것은 조선 후기부터였다.

① ㉠을 '토지 규모가 다른 군현과 비슷한 수준이었으므로'로 수정한다.
② ㉡을 '그러나 개성 주민 모두가 장사를 한 것은 아니었다'로 수정한다.
③ ㉢을 '개성부의 재정운영은 다른 지역의 재정운영과 매우 흡사한 형태를 띠게 되었다'로 수정한다.
④ ㉣을 '개성 지역 상인들은 조선 시대 정책 속에서 상인의 역할을 제대로 수행할 수 없었다'로 수정한다.
⑤ ㉤을 '농기구뿐 아니라 귀족들의 사치품도 판매하는 거상이었다'로 수정한다.

PART Ⅰ CHAPTER 01 독해

03 '기부 활성화'에 대한 글을 쓰기 위해 개요를 작성한 뒤, 다음과 같은 새로운 글감을 접하게 되었다. 이를 활용하여 개요를 수정하는 방안으로 적절하지 않은 것을 고르면?

[개요]

• 주제문: 기부를 활성화하자.
• 서론: 우리나라의 기부 현황
  – 기부 금액, 기부 횟수가 적음
• 본론
  1. 기부가 활성화되지 않는 이유
    (1) 제도적인 측면
      ① 기부금에 대한 세제 혜택이 미흡함
      ② 모금 방식이 다양하지 못함
    (2) 의식적인 측면
      ① 기부 자체에 대한 인식 부족
      ② 사회적 약자에 대한 배려 부족
  2. 활성화 대책
    (1) 모금 방식의 다양성 확보
    (2) 인식 변화 프로그램 개발
    (3) 공동체 의식 강화
• 결론: 기부의 활성화를 통해 함께 사는 공동체를 만들자.

[새로 접한 글감]

A. 우리나라 사람들은 기부를 특별한 경우에만 해야 한다고 생각하고 있다.
B. 기부는 부의 사회 환원으로, 바람직한 공동체 문화를 형성하는 원동력이 된다.
C. 선진국에 비해 우리나라는 기부금에 대한 면세 혜택이 지나치게 낮은 편이다.
D. 수익금의 일정 금액을 기부하고 있는 회사는 좋은 이미지로 많은 사랑을 받고 있다.
E. 통계 조사에 따르면 우리나라 기업의 기부금 총액은 줄어드는 반면, 접대비 총액은 증가하고 있다.

① A를 '본론1–(2)–①'에 활용하여, 잘못된 기부 문화 의식을 지적한다.
② B를 '결론'에 활용하여, 기부의 가치를 강조하며 마무리한다.
③ C를 '본론1–(1)–①'에 활용하여 제도적인 측면의 이유를 보충한다.
④ D를 '본론2–(2)'에 활용하여, 기부가 기업의 성장에 도움이 됨을 강조한다.
⑤ E를 '서론'에 활용하여, 기업이 부의 사회적 환원에 인색함을 지적한다.

유형 | 3

문단배열

출제 포인트

✓ 주어진 문장 또는 문단을 글의 논리적인 흐름에 맞도록 배열하는 문제 유형이다.

세부유형 ① 문장 또는 문단을 알맞게 배열하는 유형

예제 다음 [가]~[마] 문단을 알맞게 배열한 것을 고르면?

독점기업은 이윤 극대화를 위한 가격과 생산량을 어떻게 결정할까? 시장의 유일한 공급자인 독점기업이 생산량을 줄이면 시장가격이 상승하고, 반대의 경우 시장가격이 하락한다.

[가] 즉, 해당 생산량에서 수요자가 최대로 지불할 수 있는 금액이 최종 시장가격으로 결정되는 것이다. 이처럼 독점시장에서 기업은 시장가격의 상승을 유발하여 수요자에게 부정적 영향을 끼치고, 시장의 비효율성을 유발할 수 있다.

[나] 만일 한계수입이 한계비용보다 높으면 생산량을 증가시키고, 반대의 경우 생산량을 감소시킴으로써 한계수입과 한계비용이 일치하는 지점에서 최적 생산량을 결정한다.

[다] 즉, 독점기업이 생산량을 늘리면 종전 판매 가격도 함께 낮춰야 하기 때문에, 독점기업의 한계수입은 가격보다 항상 낮다. 이때 독점기업은 이윤 극대화를 위해 한계수입과 더불어 한계비용을 고려한다. 한계비용은 제품을 한 단위 더 생산할 때 추가로 드는 비용을 말한다.

[라] 이후 독점기업은 이윤 극대화를 위해 수요자들의 최대 지불 용의를 고려하여 최적 생산량을 판매할 수 있는 최고가격을 찾아낸다.

[마] 가령 독점기업이 생산한 제품 한 단위를 100만 원에 판매할 경우, 생산량을 한 단위 더 늘려 두 단위를 판매한다면 가격을 이전보다 낮춰야 다 팔 수 있다. 이때의 가격을 90만 원이라 한다면 총수입은 180만 원이 되고, 제품을 한 단위 더 판매했을 때 추가로 얻는 한계수입은 80만 원이 된다.

① [가]－[나]－[다]－[라]－[마]
② [나]－[라]－[가]－[나]－[다]
③ [다]－[가]－[나]－[마]－[라]
④ [마]－[다]－[가]－[라]－[나]
⑤ [마]－[다]－[나]－[라]－[가]

| 정답풀이 | 정답 ⑤

우선 독점기업이 생산량을 늘리고 줄이는 것에 따라 시장 가격이 움직인다고 하였으므로, 이어서 독점기업이 생산량을 늘리면 생산 가격은 낮아져야 모든 제품이 팔릴 수 있고, 이를 통해 얻을 수 있는 한계수입을 예시로 드는 [마]가 와야 한다. [마] 뒤에는 새로운 개념인 '한계비용'을 설명해 주는 [다]가 와야 한다. 그리고 앞에서 언급된 한계수입과 한계비용의 관계를 설명해주는 [나]가 와야 하고, 이어서 독점기업이 최고가격을 찾아낸다는 [라]가 와야 한다. 마지막으로 독점기업의 가격결정이 시장의 비효율성을 야기한다는 결론인 [가]가 오면 된다. 따라서 [마]－[다]－[나]－[라]－[가] 순으로 와야 적절하다.

문제 해결 TIP

지문에 제시된 순서대로 빠르게 문단을 정리하고 화제 파악하기 → 확신이 서는 문단끼리 서로 연결하여 오답 소거하기 → 각 문단 또는 문장의 접속어와 지시어 살피기 → 문두와 문미에 올 문장을 찾아 순서 정하기

세부유형 ② 문장이 들어갈 위치 고르는 유형

예제 다음 글의 (가)~(마) 중 [보기]의 문장이 들어가기에 가장 적절한 위치를 고르면?

> 전통적인 IT 시스템과 비교해 생성형 AI 시스템은 인간 사용자에게 상대적으로 큰 영향을 준다. **(가)** 대부분의 생성형 AI 시스템은 마치 사람처럼 말하거나 반응하도록 만들어지는데 그로 인해 사용자는 기계가 아닌 사람과 의사소통하고 있다고 느낄 가능성이 커진다. **(나)**
>
> 따라서 생성형 AI 시스템 개발 기업들은 사용자가 어떤 영향을 받을지 좀 더 책임감 있게 고민할 필요가 있다. **(다)** 긍정적 영향뿐 아니라 부정적 영향까지도 예상해 이를 미리 방지하려는 노력이 개발 단계에서부터 이뤄져야 한다. **(라)** 소비자들 또한 생성형 AI 시스템이 내놓는 결과나 반응을 전적으로 수용하기보다 비판적이고 능동적인 태도로 받아들일 필요가 있다. **(마)**

보기

> Anthropomorphism, 즉 생성형 AI 시스템 개발에 적용되는 '의인화'라는 특징 때문이다.

① (가) ② (나) ③ (다)
④ (라) ⑤ (마)

| 정답풀이 | **정답** ①

[보기]의 문장은 AI 시스템이 가지고 있는 '의인화'라는 특징을 언급하고 있다. '의인화'라는 특징 때문에 AI 시스템이 전통적인 IT 시스템보다 상대적으로 큰 영향을 주는 것이라고 뒷받침해주고 있다. 따라서 주어진 문장이 들어가기에 가장 적절한 위치는 (가)이다.

| 오답풀이 |

(나)의 앞에 문장은 사람들이 AI와 소통할 때 기계가 아니라 사람과 의사소통을 하고 있다고 느낀다고 했다. AI의 의인화적 특징이 (나)보다는 앞에 언급되는 것이 적절하다. 또한 (다)~(마)가 있는 둘째 문단부터는 개발자가 의인화라는 특징을 가지고 있는 AI 시스템을 개발할 때 고려해야 하는 점들을 언급하고 있다. 따라서 주어진 문장이 (다)~(마)에 들어가는 것은 어색하다.

문제 해결 TIP

주어진 [보기]의 문장을 먼저 읽고 그에 따라 문장이 들어가기에 가장 적절한 위치를 찾는 것이 중요하다. [보기]의 문장에서 키워드를 찾고 해당 키워드가 지문의 어느 문단에 있는지 확인하여 문제를 해결하는 것이 좋다.

연습 문제

정답과 해설 P.7

01 다음 [가]~[마] 문단을 알맞게 배열한 것을 고르면?

[가] 어떤 경제 주체의 행위가 자신과 거래하지 않는 제3자에게 의도하지 않게 이익이나 손해를 주는 것을 '외부성'이라 한다. 과수원의 과일 생산이 인접한 양봉업자에게 벌꿀 생산과 관련한 이익을 준다든지, 공장의 제품 생산이 강물을 오염시켜 주민들에게 피해를 주는 것 등이 대표적인 사례이다.

[나] 전통적인 경제학은 이러한 비효율성의 해결책이 보조금이나 벌금과 같은 정부의 개입이라고 생각한다. 보조금을 받거나 벌금을 내게 되면 제3자에게 주는 이익이나 손해가 더 이상 자신의 이익과 무관하지 않게 되므로, 자신의 이익에 충실한 선택이 사회적으로 바람직한 결과로 이어진다는 것이다.

[다] 그러나 전통적인 경제학은 모든 시장 거래와 정부 개입에 시간과 노력 즉, 비용이 든다는 점을 간과하고 있다. 외부성은 이익이나 손해에 관한 협상이 너무 어려워 거래가 일어나지 못하는 경우이므로, 보조금이나 벌금뿐만 아니라 협상을 쉽게 해 주는 법과 규제도 해결책이 될 수 있다. 어떤 방식이든, 정부 개입은 비효율성을 줄이는 측면도 있지만 개입에 드는 비용으로 인해 비효율성을 늘리는 측면도 있다.

[라] 외부성은 사회 전체로 보면 이익이 극대화되지 않는 비효율성을 초래할 수 있다. 개별 경제 주체가 제3자의 이익이나 손해까지 고려하여 행동하지 않을 것이기 때문이다.

[마] 예를 들어, 과수원의 이윤을 극대화하는 생산량이 Qa라고 할 때, 생산량을 Qa보다 늘리면 과수원의 이윤은 줄어든다. 하지만 이로 인한 과수원의 이윤 감소보다 양봉업자의 이윤 증가가 더 크다면, 생산량을 Qa보다 늘리는 것이 사회적으로 바람직하다. 하지만 과수원이 자발적으로 양봉업자의 이익까지 고려하여 생산량을 Qa보다 늘릴 이유는 없다.

① [가]-[라]-[마]-[나]-[다]
② [가]-[마]-[라]-[나]-[다]
③ [나]-[가]-[라]-[마]-[다]
④ [나]-[다]-[가]-[라]-[마]
⑤ [나]-[라]-[가]-[마]-[다]

02 다음 [가]~[마] 문장을 알맞게 배열한 것을 고르면?

[가] 조의에서 국왕의 자리는 근정전 내부에 남향으로 준비됐고, 행례자 자리는 마당에 북향으로 설치됐다.

[나] 조선 시대의 조의(朝儀)는 군신(君臣)이 만나는 유교적 의식을 총칭했다. 조의의 참석자는 예를 받는 국왕과 예를 행하는 행례자(行禮者)로 구분되는데, 행례자는 조선 관품 체제에 편성된 사람이었다.

[다] 동쪽은 양(陽)을 의미하므로 우위에 있는 동반을 배치한 것이고, 반열 및 반열 내에서의 서열은 국왕과의 거리를 기준으로 한 것이었다.

[라] 이런 배치는 유교의 일반 원칙에 따른 것으로 조선 시대 내내 고정된 것이었다.

[마] 가운데 길을 기준으로 동쪽에 위치하는 문관을 동반, 서쪽에 위치하는 무관을 서반이라 했다. 동·서반에는 각각 관품별로 별도의 반열(班列)이 있었는데, 높은 관품의 반열이 앞줄이었고, 낮은 관품은 뒷줄이었다. 같은 반열 내에서의 서열은 동·서반 모두 가운데 길에 가까울수록 높았다.

① [가]－[나]－[다]－[라]－[마]
② [나]－[가]－[마]－[다]－[라]
③ [나]－[마]－[다]－[가]－[라]
④ [다]－[나]－[가]－[라]－[마]
⑤ [다]－[나]－[라]－[가]－[마]

03 다음 글의 (가)~(마) 중 [보기]의 문장이 들어갈 위치로 가장 적절한 것을 고르면?

바로크 음악까지의 음악사는 궁정이나 귀족의 거실 또는 연회장에서 연주되는 배경 음악의 역사라고 할 수 있을 만큼 음악이 하나의 병풍처럼, 심심풀이 땅콩처럼 여겨졌었다. **(가)** 이탈리아 출신의 거세된 남자 소프라노 가수 파리넬리는 불면증에 시달리는 스페인 왕 필립 5세를 위해 매일 밤 똑같은 노래 4곡을 불러 왕을 잠들게 했다. **(나)** 우리가 아는 모차르트, 하이든 음악의 대부분이 배경 음악적 상황을 위해 작곡되고 연주된 것이다. **(다)** 당시의 배경 음악은 그것을 소유한, 정확히 말해 연주자를 소유한 사람의 권력의 상징으로 받아들여졌으며, 생음악* 연주였던 까닭에 일정한 시간적, 공간적 테두리를 벗어나지 못하는 특권층의 음악이었다. **(라)**

반면에 오늘날 배경 음악은 대중이 모이는 곳이면 어디든지 존재한다. 이렇게 듣는 사람의 주의력을 끌지도 않고 부담을 주지도 않는 배경 음악은 이미 우리 환경의 일부가 되어 버렸다. **(마)**

*생음악: 녹음한 것을 트는 것이 아니라 그 자리에서 직접 연주하거나 노래하여 들려주는 음악

보기

배경 음악이 갖는 '끊임없는 반복성'은 도시 공간의 폐쇄성과 교통의 혼잡으로 인한 '기다림의 연속'의 무료함을 달래 준다.

① (가)
② (나)
③ (다)
④ (라)
⑤ (마)

04 다음 글의 [가]~[라] 문단을 알맞게 배열한 것을 고르면?

[가] "인력이 필요해서 노동력을 불렀더니 사람이 왔더라."라는 말이 있다. 인간을 경제적 요소로만 단순하게 생각했으나, 이에 따른 인권 문제, 복지 문제, 내국인과 이민자와의 갈등 등이 수반된다는 말이다. 프랑스처럼 우선 급하다고 이민자를 선별하지 않고 받으면 인종 갈등과 이민자의 빈곤화 등 많은 사회 비용이 발생한다.

[나] 이제 다문화 정책의 패러다임을 전환해야 한다. 한국에 들어온 다문화 가족을 적극적으로 지원해야 한다. 다문화 가족과 더불어 살면서 다양성과 개방성을 바탕으로 상생의 발전을 도모해야 한다. 그리고 결혼 이민자만 다문화 가족으로 볼 것이 아니라 외국인 근로자와 유학생, 북한 이탈 주민까지 큰 틀에서 함께 보는 것도 필요하다.

[다] 다문화 정책의 핵심은 두 가지이다. 첫째, 새로운 사회에 적응하려는 의지가 강해서 언어 배우기, 일자리, 문화 이해에 매우 적극적인 태도를 지닌 좋은 인력을 선별해서 입국하도록 하는 것이다. 둘째, 이민자가 새로운 사회에 잘 정착할 수 있도록 사회 통합에 주력해야 하는 것이다. 해외 인구 유입 초기부터 사회 비용을 절약할 수 있는 사람들을 들어오게 하는 것이 중요하기 때문이다.

[라] 이미 들어온 이민자에게는 적극적인 지원을 해야 한다. 언어와 문화, 환경이 모두 낯선 이민자에게는 이민 초기에 세심한 배려가 필요하다. 특히 중요한 것은 다문화 가족이 그들이 가진 강점을 활용하여 취약계층이 아닌 주류층으로 설 수 있도록 지원해야 한다. 그뿐만 아니라 이민자에 대한 지원 시기를 놓치거나 차별과 편견으로 내국인에게 증오감을 갖게 해서는 안 된다.

① [다]−[가]−[나]−[라]
② [다]−[나]−[라]−[가]
③ [라]−[나]−[다]−[가]
④ [라]−[다]−[가]−[나]
⑤ [라]−[다]−[나]−[가]

추론

출제 포인트

✓ 지문의 내용을 읽고 옳거나 옳지 않게 추론한 것을 고르는 문제 유형이다.

세부유형 ① 지문을 바탕으로 추론하는 유형

예제 다음 글을 통해 추론할 수 없는 것을 고르면?

정부가 가계부채와의 전쟁을 선포했다. 최근 금리 인하 기대감이 높아지면서 대출을 동원한 부동산 투자가 급증했기 때문이다. 특히 서울을 중심으로 전세를 끼고 주택담보대출을 받아 집을 사는 갭투자가 기승을 부리면서, 주택 관련 대출이 걷잡을 수 없이 늘어나고 있다.

GDP 대비 가계부채 비율은 코로나19가 한창 확산하던 2020년 3분기 100.5%를 기록하며 처음으로 100%를 돌파했다. 사상 처음으로 가계 빚이 우리나라 경제 규모를 넘어선 것이다. 2022년 1분기에는 105.5%까지 올라갔다가, 2024년 1분기 들어 다시 90%대로 낮아졌다. 팬데믹 당시 가계부채가 급증했다가 한국은행이 기준금리를 올리며 증가세가 한풀 꺾인 것이다. 가계부채의 규모도 문제지만, 부채의 질이 나빠지는 것도 문제이다. 부채의 질이 나빠진다는 것은 상환 여력이 낮은, 부실화된 빚이 늘어난다는 뜻이다. 팬데믹 이후 인플레이션이 지속되자 한국은행이 고금리 정책을 지속하면서 저소득층과 자영업자, 다중채무자 등 취약 차주의 대출 연체율이 점점 높아지는 중이다. 이렇게 부실채권이 늘어날 경우 금융기관의 자산 건전성을 약화시킬 것이다.

① 금리가 인하하면 부동산 가격이 올라간다.
② 금리가 인상하면 갭투자를 한 사람들은 손해를 볼 가능성이 커진다.
③ 최근 가계부채의 정점은 2022년이 가장 높았다.
④ 한국은행이 금리를 낮추는 이유는 인플레이션을 잡기 위해서이다.
⑤ 부실채권이 늘어나면 장기적으로는 우리나라의 금융 시스템까지 뒤흔들 수 있다.

| 정답풀이 |

정답 ④

펜데믹 이후 인플레이션이 지속되자 한국은행이 고금리 정책을 지속했다고 했다. 즉 인플레이션을 잡기 위해서 한국은행은 금리를 낮추기보다는 금리를 높일 것이다.

| 오답풀이 |

① 최근 금리 인하 기대감이 높아지면서 대출을 동원한 부동산 투자가 급증했다고 했다. 이를 통해 금리가 인하하면 부동산 가격이 오를 것임을 추론할 수 있다.

② 갭투자는 전세를 끼고 주택담보대출을 받아 집을 사는 것이라 했다. 즉 금리가 올라 주택담보대출의 이자가 올라가면 갭투자를 한 사람들은 손해를 볼 가능성이 커질 것이다.

③ 2020년 3분기 가계부채는 100.5%를 기록했고 2022년 1분기 105.5%였으며 2024년 1분기 들어 다시 90%대로 낮아졌다고 했다. 이를 통해 최근 가계부채는 2022년이 가장 높았음을 추론할 수 있다.

⑤ 최근 가계부채의 문제점은 부실화된 빚이 늘어나 저소득층과 자영업자, 다중채무자 등 취약 차주의 대출 연체율이 점점 높아지는 것이라 했다. 그리고 이렇게 부실채권이 늘어날 경우 금융기관의 자산 건전성을 약화시킬 것이라 했다. 이를 통해 부실채권이 늘어나면 장기적으로는 우리나라의 금융 시스템까지 뒤흔들 수 있다고 추론할 수 있다.

문제 해결 TIP

배경지식을 활용해서 정답을 추론하는 실수를 범하는 경우가 종종 있는 문제 유형이다. 오직 지문의 내용을 근거로만 추론할 수 있는 내용을 생각해야 한다는 점을 명심하여 문제에 접근하는 것이 중요하다.

연습 문제

정답과 해설 P.7

01 다음 글을 읽고 파악한 상황과 목적에 맞는 독서 방법으로 적절하지 않은 것을 고르면?

> 글을 읽는 방법은 다양하며, 독서의 상황과 목적에 따라 달라진다. 소리 내어 책을 읽는 성독(聲讀)이 있는가 하면 개인적인 공간에서 혼자서 글자를 눈으로 따라 읽는 묵독(默讀)이 있다. 옛날에는 낭랑한 음성으로 책을 읽는 성독, 낭독(朗讀)을 중시했다면, 근대에는 골똘히 서재에 앉아 책을 읽는 묵독을 중시했다. 이는 독서에 함께 참여하는 문화가 발달했을 때와 사적 공간과 개인적 사고를 중시하는 문화가 발달했을 때의 차이를 반영하고 있다.
>
> 경전과 같은 정전을 중심으로 해서 독서 문화가 형성되었던, 읽을거리가 비교적 적었던 시대에는 하나의 글을 여러 번 반복해서 읽고 한 글자 한 문장의 의미를 깊이 새기면서 읽는 정독(精讀) 중심의 문화가 발달했다. 예를 들어 조선 시대의 김득신 같은 이는 사마천의 『사기』에 실린 『백이전』이라는 글을 특히 좋아해서 1억 1만 3천 번이나 읽었으며, 자신의 서재 이름을 '억만재'라고 지었다고 한다.
>
> 하지만 오늘날 우리는 기록 정보물의 '홍수' 속에서 살아가고 있다. 문서, 전자 우편, 문자 메시지, 대중 매체, 웹 페이지, 기록물, 책 등의 형태로 1년에 5엑사바이트 이상의 기록 정보를 생산하고 있다고 한다. 상황이 이러하다면 독서를 어떻게 해야 할 것인지 아주 명료해진다. 우리에게 필요한 것을 선택해서 전체를 다 읽을 것인지, 부분을 발췌해서 읽어야 할 것인지를 결정해야 한다. 글을 읽는 방식 또한 결정해야 한다. 부분이든지 전체든지 우리가 읽기로 결정한 글을 꼼꼼히 정독할 것인지, 단어 하나하나 표현 하나하나의 의미와 맛을 느끼면서 읽을 것인지, 대강 훑어 읽을 것인지도 결정해야 한다.
>
> 오늘날 휴대전화나 휴대용 컴퓨터처럼 책을 읽을 수 있는 매체도 다양해지면서 독서 상황은 더욱 복잡해졌다. 독서 상황이 달라질수록 우리는 자신의 흥미에 맞는 글과 긍정적인 태도를 가진 글을 찾아 읽어야 한다. 또한 우리의 가치관에 맞는 글을 골라 읽는 능력도 필요하다.

① 시험공부를 하며 교과서를 읽을 때는 정독을 한다.
② 줄거리를 파악하며 소설을 읽을 때는 전체를 다 읽는다.
③ 보고서를 쓰기 위해 도서관에서 관련 서적을 읽을 때는 묵독을 한다.
④ 비평문을 쓰기 위해 시를 읽을 때는 중요한 시어를 중심으로 빠르게 읽는다.
⑤ 지하철에서 시간을 때우기 위해 유머 모음집을 읽을 때는 대강 훑어 읽는다.

02 다음 글의 관점에서 볼 때, '여가'를 가장 제대로 보내고 있는 경우를 고르면?

단순히 여가 시간이 확대되었다고 해서 앞으로의 삶의 질이 달라질 것이라고 단정할 수는 없다. 노동과 구별되는 여가 그 자체의 논리에 주목하지 않고, 여가를 '더 이상 노동하지 않음'이나 '노동을 위해 준비하는 시간'이라고 평가하는 노동 중심적 관점에 따르면, 여가 시간은 노동력 재생산을 위해 노동 시간에서 파생된 시간에 불과하다. 노동을 핵심적 삶의 관점으로 인정하면 여가는 삶에 있어서 필요하긴 하지만 부차적인 것으로 취급하게 된다. 이때 여가는 노동과 대립되는 인간의 활동을 보장하는 영역이 아니라 노동 세계의 연장으로 나타날 수 있다.

특히 문화 산업의 등장은 여가의 수동성을 강화하고 여가 활동 또한 여가 상품을 소비하는 방식으로 작동하게끔 하였다. 문화 산업의 강화는 전통적인 개념의 문화를 상품처럼 산업화하고, 개인이 여가 시간에 구매할 문화 상품을 제공한다. 여가에 대한 태도 변화 없이 노동 시간의 축소에 의해 늘어난 시간은 보다 많은 소비를 할 시간, 보다 많은 구경거리를 위해 시간을 할애할 수 있는 자유로 변질될 수 있다. 아도르노(Adorno)가 지적했듯이 사람들의 여가 시간은 문화 산업이 제공하는 획일적 생산물로만 채워질 수 있다.

노동 중심적 관점에서 바람직한 인간의 모델은 '노동하는 인간(homo faber)'이다. '노동하는 인간'은 노동 이외에 인간의 다른 활동을 주변화한다. 반면 탈노동 중심적 관점에서는 인간을 '놀이하는 인간(homo ludens)'으로 파악한다. 호이징가는 놀이를 '간접적이고 실제적인 목적을 추구하지 않으며 움직임의 유일한 동기가 놀이 자체의 기쁨에 있는 정신적 또는 육체적 활동'이라고 정의한다. 그는 문명조차도 놀이로부터 발생한 것으로 파악하고, 놀이 정신이 없으면 문명은 유지될 수 없는 것이라 본다. 그에 따르면 여가는 사회 발전의 원동력인 생산이 원활히 유지되기 위해 필요한 범위 내에서만 용인되는 인간의 활동이 아니라, 문명을 이끄는 원동력으로 격상된다. 여가는 노동을 위한 도구가 아니라 그 자체의 목적성을 지닌 것으로 파악되는 것이다.

노동에 따르는 효율성과 수익성의 가치가 창조성과 활기, 미학과 놀이의 가치를 압도하는 관행이 지속되는 범위 내에서 단순히 수치상으로 여가 시간이 늘어나는 것은 커다란 의미가 없다. 늘어난 여가 시간이 개인의 노동의 논리로부터 벗어나 자유롭고 창조적인 자아 실현을 위해서 사용되지 않는다면, 즉 여가에 대한 근본적인 인식의 전환이 이루어지지 않는다면, 여가 시간의 확대는 아무런 의미를 지니지 못한다고 할 수 있다.

① 김 과장은 주말마다 업무 능력 향상을 위해 자격증을 따고자 학원을 다닌다.
② 신 과장은 직장 일 때문에 관두었던 미술 공부를 다시 시작하여 새로운 삶의 의미를 발견하고 있다.
③ 유 차장은 휴가가 되면 직장 생활의 지루함을 달래기 위해 해외 여행을 가서 새로운 경험을 하곤 한다.
④ 박 부장은 휴일이면 가족들과 동물원에 간다. 막히는 도로 때문에 피곤하기는 하지만 나름대로 만족하고 있다.
⑤ 최 대리는 휴가 때마다 레포츠를 즐기며 회사의 스트레스를 해소한다. 그로 인해 회사 일을 좀 더 의욕적으로 할 수 있게 되었다.

03 다음 글을 읽고 내린 판단으로 적절하지 않은 것을 고르면?

난소암은 모든 연령대에서 발생할 수 있는 암으로 보통 폐경기 이후에 발병하기 쉽다. 실제로 50~70세 사이에 가장 많이 발생하며, 자궁경부암 다음으로 흔한 부인과 암이기도 하다. 난소암은 여성 생식기 암 가운데 치사율이 가장 높은 암으로, 초기에 발견하기 어려운 경우가 많다. 난소암의 발병 원인에 대해 명확하게 밝혀진 바는 없으나 가족력, 과거 병력, 배란, 흡연 등과 관련이 있는 것으로 알려져 있다. 가족 중 난소암 환자가 있으면 난소암 발병 위험이 약 10배 이상 높아지기도 한다. 그렇지만 실제 난소암 환자 중 95% 이상이 가족력이 없는 경우에 해당한다. 난소암은 가족력 외에도 본인이나 가족이 자궁내막암이나 유방암, 직장암 등의 과거 병력이 있다면 발병 가능성이 커진다. 이외에도 배란 횟수가 영향을 미치기 때문에 출산을 전혀 하지 않은 여성들에게서 난소암 발병 위험이 더 크다고 할 수 있다.

난소암은 초기일 경우 증상이 거의 나타나지 않아 스스로 찾아내기가 매우 어려우며, 일반적으로 증상이 가벼운 경우가 많아 대부분 정기적인 산부인과 검진을 통해 발견되곤 한다. 난소암이 어느 정도 진행되더라도 증상이 크게 느껴지지 않을 수 있다. 난소암 증상으로는 배에서 딱딱한 무언가가 만져지거나 복수가 차서 배가 부를 수 있고, 이로 인해 복통이나 골반통이 느껴지기도 한다. 또 갑작스럽게 소변이 마렵거나 소화불량, 피로감, 변비, 요통, 생리 변화 등의 증상이 지속해서 나타날 가능성이 있다.

난소암 치료는 기본적으로 수술을 통해 모든 종양을 제거하고 항암제를 투여하는 방식으로 진행되며, 수술은 난소암 3~4기로 판단되었을 때 시행한다. 항암치료까지 마치면 약 70~80% 정도는 완화될 수 있으나 2년 후 다시 재발할 우려가 있으므로 주의해야 한다. 또한, 수술을 통해 암 덩어리를 모두 제거해야만 항암제가 잘 듣게 되므로, 양측 난소와 자궁뿐만 아니라 전이성 종양이 있는 부위를 모두 절제해야 보다 높은 치료 효과를 기대할 수 있다.

① 가장 큰 난소암의 원인은 가족력이 아니다.
② 나이가 많지 않더라도 얼마든지 난소암에 걸릴 수 있다.
③ 항암제 치료는 난소의 암 덩어리를 제거하기 위한 목적이 아니다.
④ 다른 암에 비해 난소암은 발견 시 암이 상당히 진행되어 있는 경우가 많다.
⑤ 난소암 발병 확률은 생리 횟수가 꾸준히 많은 여성에게 더 낮다.

04 다음 글을 읽은 독자들의 반응으로 적절하지 <u>않은</u> 것을 고르면?

> 인간의 변화는 단지 성숙의 산물만은 아니다. 성숙에 의한 변화는 대체로 신체적, 성적 발달에 국한되는 경우가 많다. 인간은 자기가 속한 환경 속에서 여러 가지를 경험하고 배우며 살아간다. 이러한 경험과 배움을 학습이라고 하는데, 인간의 지적, 정의적 특성은 특히 그와 같은 후천적 학습의 영향이 크다 할 수 있다.
>
> 그런데 학습이라 할 때는 경험한 것 모두를 다 지칭하지는 않는다. 학습이란 경험의 결과 상당히 지속적으로 변화가 일어나는 경우를 두고 말한다. 약을 복용한 후나 우리 몸이 피로할 때 일어나는 일시적 변화는 학습이라 하지 않는다.
>
> 학습을 개념화하는 데는 어떤 측면을 강조하여 보느냐에 따라 약간 차이가 있을 수 있다. 행동에 초점을 맞추어 행동의 변화를 학습이라 하기도 하고, 지식에 초점을 두어 지식의 획득을 학습으로 보기도 하며, 정의적 측면을 강조하여 유의미한 인간적 경험, 예를 들면 무엇을 배운 결과 삶의 보람을 느낀 것을 학습이라 보기도 한다. 따라서 좀 더 넓은 뜻으로 학습을 정의하자면, 학습은 경험에 의한 비교적 지속적인 지적, 정서적, 행동적 변화를 의미한다고 볼 수 있다.

① 인간의 변화에는 성숙만이 아니라 학습도 있는 거야.

② 아이가 자라서 키가 커지는 것은 성숙에 의한 변화겠네.

③ 학습의 개념이 성립되려면 비교적 지속적인 변화라는 성격을 지녀야 해.

④ 과학을 배워서 보람을 느꼈다면, 이는 지적 변화에 초점을 둔 학습 개념이지.

⑤ 영어 단어시험을 보기 위해 잠깐 외웠다가 그 단어를 금세 잊어버리는 선 세내로 학습하지 않았다는 증거야.

05 다음 글을 읽고 보인 반응으로 적절하지 않은 것을 고르면?

어떤 마을에 개업 중인 의사가 같은 종류의 치료를 해 주고서도 부자에게는 높은 진료비를 받는 한편, 가난한 사람에게는 낮은 진료비를 받는다고 하자. 이와 같은 진료비 차등 징수는 그 의사가 존경을 받도록 해 주는 것은 물론이고, 모든 사람들에게 똑같은 진료비를 받는 경우보다 더 높은 수입을 가져올 수도 있다. 만약 의사가 지금의 중간 정도 수준에서 모든 환자에게 똑같은 진료비를 받기로 하고 가난한 사람에게 현재보다 더 높은 진료비를 요구한다고 해 보자. 그러면 가난한 사람들은 비싸진 진료비 때문에 어지간히 아프지 않고서는 병원을 찾으려 하지 않을 것이다. 한편 부유한 사람들은 진료비를 조금 낮춰 준다고 해서 전보다 더 찾지도 않는다. 이와 같이 독점 공급자가 이윤을 극대화하기 위해 소비자를 몇 개의 그룹으로 나누고 그룹마다 다른 가격을 매기는 것을 '가격차별'이라고 한다.

가격의 변화에 아주 민감한 반응을 보이는 소비자는 가격이 조금만 올라가도 수요량을 급격히 감소시킨다. 반면에 반응이 그리 민감하지 않은 소비자는 가격이 올라도 수요량을 별로 줄이지 않기 때문에 어느 정도 높은 가격을 받아도 상관이 없다. 가격차별을 통한 이윤의 극대화는 높은 가격을 낼 용의가 있는 사람을 골라내 더 높은 가격을 받아내는 것이 관건인데, 이를 교묘하게 이용하는 것이 백화점의 바겐세일이다.

백화점이 가격차별을 하려면 각 고객이 얼마나 높은 가격을 낼 용의가 있는지를 알 수 있어야 하고, 같은 상품에 대해 합법적으로 서로 다른 가격을 받을 수 있어야 한다. 그러나 이는 보통의 현실에선 불가능하다. 그래서 동원되는 수단이 바로 바겐세일이다. 세일을 기다리지 않고 평소 백화점을 찾는 사람들은 비교적 높은 가격을 낼 용의가 있는 사람이다. 반면에 당장 사지 않고 세일을 기다리는 사람은 높은 가격을 낼 용의가 없는 사람들이다. 이런 사람들에게 더 낮은 가격으로라도 물건을 팔겠다는 것이 세일의 속뜻이다.

① 유행이나 계절에 민감한 상품이 바겐세일에 많이 나오겠어.
② 경기가 좋다고 판단되는 시기에 바겐세일을 많이 하겠는걸.
③ 쌀과 같은 생필품은 바겐세일을 한다고 해도 이윤이 크게 늘어나지 않겠어.
④ 바겐세일은 일종의 장애물을 이용해 큰 이윤을 노리는 마케팅 전략이야.
⑤ 백화점에서 이윤을 늘리기 위해서는 사람의 심리적 성향도 연구할 필요가 있겠어.

06 다음 글을 읽고 추론할 수 없는 것을 고르면?

방화벽은 용도 및 기능에 따라 몇 가지로 나뉜다. 우선 패킷 분석형 방화벽이 있다. 패킷은 네트워크를 통해 전송하기 쉽도록 자른 데이터의 전송 단위를 의미하는데, 패킷 분석형 방화벽은 가장 오래되고 간단한 방식의 방화벽 기술이다. 이 방식은 외부에서 내부 네트워크로 트래픽이 방화벽을 통과하려고 할 때 관리자가 미리 설정한 보안 규칙과 비교하여 트래픽을 허용하거나 차단하는 기술로, 처리 속도가 빠르다는 장점이 있다. 이 방식은 패킷의 헤더 주소만을 검사하여 미리 허용된 주소에 대해서는 차단하지 않고 예외적으로 방화벽을 통과하도록 허용하는 것으로, 벽에 일종의 구멍을 내는 것과 유사하다. 이 때문에 한번 열린 포트는 계속해서 열리게 되는 단점이 있다. 다음으로 프록시 방화벽은 내부 사용자가 외부 네트워크에 접속하려고 할 때 프록시 방화벽이 중간에서 그 역할을 대신 처리해 주는 방식이다. 프록시 방화벽은 내부 네트워크 사용자와 외부 네트워크 사이에서 서로의 요청과 응답을 대신 수행해 주기 때문에, 허가되지 않은 사용자나 컴퓨터가 내부 네트워크 자원에 직접 접속하는 것을 차단할 수 있다. 따라서 패킷 분석형 방화벽보다 보안성을 높일 수 있지만 처리 속도는 느려진다.

① 패킷 분석형 방화벽은 주소가 조작되면 보안이 취약해진다.
② 패킷 분석형 방화벽은 포트가 한번 열리면 보안이 취약해진다.
③ 프록시 방화벽은 여러 대의 PC들이 하나의 주소를 공유할 때 활용할 수 있다.
④ 프록시 방화벽은 우리가 집을 사고팔 때 공인 중개사의 중개를 받는 것과 비슷하다.
⑤ 프록시 방화벽은 내부 네트워크 사용자가 외부 네트워크에 직접 접속하는 것을 막아준다.

07 다음 글을 읽고 추론할 수 없는 것을 고르면?

희곡은 대사의 순서에 의해서 주안점이 강조되지만 실제 무대 위에서는 많은 일들이 동시에 존재한다. 만일 관객들이 주인공의 손을 보고 있어야 할 때 반대편에 있는 무대 장치에 주의를 쏟는다면 그들은 주안점을 놓치게 될 것이다. 그리고 많은 관객들이 계속 주안점을 놓친다면 급기야 그 연극은 실패하게 될 것이다.

이론상으로 '주의(主意)'는 자발적 주의와 무의식적 주의가 있다. 자발적 주의는 학생이 책에 집중할 때 기울이는 것이고, 무의식적 주의는 밝은 조명, 큰 소음과 같은 어떤 강한 외부 자극에 의해 반사적으로 일어나는 것이다. 실제 관객들이 자발적 주의를 하는 경우는 드물다. 무대에서 어떤 것의 주의를 끌 때 그것을 '강세'가 있다고 말한다. 연극에서 연출가가 해야 할 가장 중요한 일은 요소들의 상대적인 중요성을 결정하는 것과 각 요소에 적당한 강세를 주는 것이다. 문제는 이 강세가 순간순간 변한다는 점이다. 강세를 부여하는 가장 좋은 방법은 주위의 것들과 대조를 이루게 하는 것이다. 이동하는 인물은 남아 있는 인물들보다 강조가 되고, 동적인 태도와 자세는 느슨한 것보다 더욱 강조된다. 그러나 이들의 효과는 역전될 수도 있다. 그러므로 어떠한 강세의 형태일지라도 변함없이 효과적일 수는 없다. 만일 어느 한 배역을 계속 강조하려 한다면, 그에 대한 강세를 지속적으로 되풀이해야 한다. 즉, 여러 강세의 유효한 수단들을 동원하여 자연스럽게 대상을 강조하다가 그 강조가 절정에 달할 경우 일단 뒤로 물렸다가 다시 강세를 부여하는 방식도 있다.

① 연극의 관객들은 무의식적 주의에 의해 크게 영향을 받는다.
② 희곡은 실제 연극 공연과 달리 사건 전개가 평면적으로 이루어진다.
③ 똑같은 내용의 희곡이라도 연출가에 의해 관객의 평가는 달라질 수 있다.
④ '강세'의 부여는 관객의 주의를 끌기 위한 연출가의 계획에 의해 이루어진다.
⑤ 주인공에 대한 관객의 주의를 유지하기 위해서는 강세를 지속적으로 더해 가야 한다.

08 다음 글을 바탕으로 추론한 내용 중 타당하지 않은 것을 고르면?

> 인간이 집단을 떠나서 혼자의 힘만으로는 살 수 없다는 사실은, 생존에 대한 욕구를 버리지 않는 한 집단 생활이 불가피하다는 결론을 뒷받침한다. 그러나 개인은 기왕 속해 있는 집단을 떠나더라도 다른 집단으로 소속을 바꿈으로써 생존을 계속할 수 있으며, 또 개인에게는 자유를 갈망하는 강한 자주 의식이 있다는 사실은, 개인과 집단의 관계는 일방적 예속의 관계가 아니라 평등한 참여의 관계로 보는 것이 옳다는 결론을 정당화한다.
>
> 개인은 생존을 위해서 어떤 집단에 '참여'할 필요는 있으나 아무 집단에도 '예속'할 필요는 없으며, 집단의 성원 각자는 평등한 자격으로 집단에 참여할 자유가 있으며, 또 그렇게 하는 것이 자주 의식이 강한 현대인을 위해서 바람직하다. 어떠한 개인도 정상적 심리 상태에서 집단에 예속되기를 자원하지 않을 것이며, 타인에게 예속되기는 더욱 바라지 않을 것이다. 그리고 원하지 않는 예속을 강요할 수 있는 권리를 가진 사람은 아무도 없으며, 그러한 강요를 정당화할 만한 이유도 전혀 없다.
>
> 그러나 만족스러운 삶의 광장의 구실을 할 사회를 건설하고 유지하는 일은 만인을 위해서 바람직한 일이며, 모든 개인은 자기가 받아들였거나 선택한 집단의 바람직한 건설과 유지에 참여할 권리와 의무를 갖는다. 그리고 한 개인의 삶의 전 과정 가운데에서 바람직한 사회의 건설과 유지를 위하여 할애하는 부분이 그 개인의 공공 생활의 영역에 해당한다. 이에 바람직한 사회를 위하여 요구되는 원리가 무엇이며, 그 사회 안에서 성원 각자의 권리와 의무가 무엇인가는 앞으로 고찰해야 할 중대한 문제인 것이다.

① 개인은 모두 사회와 평등한 관계에 있다.
② 개인은 자신의 자유 의지로 사회를 선택할 수 있다.
③ 개인은 자신이 속한 사회의 발전에 기여할 의무가 있다.
④ 개인이 원하지 않는 예속을 강요할 수 있는 사람은 없다.
⑤ 개인은 사회를 떠나서도 생존의 욕구를 충족시킬 수 있다.

유형 | 5 빈칸 넣기

출제 포인트

✓ 지문에 빈칸이 제시되며, 들어갈 내용으로 알맞은 것을 고르는 문제 유형이다.

세부유형 ① 빈칸에 들어갈 내용을 고르는 유형

예제 다음 글의 빈칸에 들어갈 내용으로 가장 적절한 것을 고르면?

미술관에서 오랫동안 움직이지 않고 서 있는 관광객 차림의 부부를 본다면 사람들은 다시 한 번 바라볼 것이다. 그리고 그것이 미술 작품이라는 것을 알면 놀랄 것이다. 이처럼 현실에 존재하는 것을 실재라고 믿을 수 있도록 재현하는 유파를 하이퍼리얼리즘이라고 한다. 관광객처럼 우리 주변에서 흔히 볼 수 있는 것을 대상으로 고르면 현실성이 높다고 하고, 그 대상을 시각적 재현에 기대어 실재와 똑같이 표현하면 사실성이 높다고 한다. 대상의 현실성과 표현의 사실성을 모두 추구한 하이퍼리얼리즘은 같은 리얼리즘 경향에 드는 팝아트와 비교하면 그 특성이 잘 드러난다.

팝아트는 대상을 함축적으로 변형했지만 하이퍼리얼리즘은 대상을 정확하게 재현하려고 하였다. 그래서 팝아트는 주로 대상의 현실성을 추구하지만, ＿＿＿＿＿＿＿＿

① 하이퍼리얼리즘은 착시라는 시각적 효과 기대어 거짓을 표현하는 환상성을 추구한다.
② 하이퍼리얼리즘은 대상의 현실성은 무시하고 대상의 본질을 과장하여 표현하는 과장성을 추구한다.
③ 하이퍼리얼리즘은 대상의 현실성보다는 실제처럼 정밀하게 재현하는 표현의 사실성만 추구한다.
④ 하이퍼리얼리즘은 대상의 현실성뿐만 아니라 실제처럼 정밀하게 재현하는 표현의 사실성도 추구한다.
⑤ 하이퍼리얼리즘은 대상의 이면에 가지고 있는 속성을 비판하기 위해 현실성과 사실성을 필요에 따라 재구조화한다.

| 정답풀이 |

정답 ④

주어진 글은 '하이퍼리얼리즘'을 설명하고 있다. 1문단에 따르면 하이퍼리얼리즘은 현실에 존재하는 대상을 실재로 믿을 수 있을 정도로 재현하는 것으로 주변에서 흔히 볼 수 있는 대상을 고르면 현실성이 높고, 이를 똑같이 재현하면 사실성이 높다고 했다. 그리고 하이퍼리얼리즘은 이 현실성과 사실성을 모두 추구하는 것이라 했다. 이를 토대로 할 때 빈칸에 들어갈 내용으로 가장 적절한 것은 현실성과 사실성을 모두 추구한다고 한 ④이다.

| 오답풀이 |

① 하이퍼리얼리즘은 착시라는 시각적 효과를 기대고 있지도 않고 환상성을 추구하고 있지도 않다.
② 하이퍼리얼리즘은 대상의 현실성은 무시하고 있지도 않고 대상의 본질을 과장하여 표현하는 과장성을 추구하지도 않는다.
③ 하이퍼리얼리즘은 대상의 현실성도 추구한다.
⑤ 하이퍼리얼리즘은 대상의 이면에 가지고 있는 속성을 비판하기 위해 현실성과 사실성을 필요에 따라 재구조화하지는 않는다.

문제 해결 TIP

빈칸의 위치에 따라 어떤 내용이 들어가야 하는지를 파악하는 것이 중요하다. 빈칸이 지문의 가장 앞 또는 가장 마지막에 위치할 경우에는 지문의 주제나 제목이 들어갈 확률이 높으며, 지문의 중간에 위치할 경우에는 빈칸을 기준으로 앞 뒤 문장의 내용이 자연스럽게 연결되는 선택지를 빠르게 파악하도록 한다.

연습 문제

정답과 해설 P.9

01 다음 글의 괄호 안에 들어갈 내용으로 가장 적절한 것을 고르면?

글씨는 먹으로 표현된 필선(筆線)과 이를 둘러싸고 있는 바탕의 여백(餘白)으로 구성된다. 곧, 종이나 천 등의 바탕에 붓으로 먹물을 어떻게 처리하였느냐와 점획 · 짜임 · 행 등을 어떻게 구성하여 여백을 처리하였느냐가 글씨의 기본 틀인 것이다.

그런데 바탕에 밴 먹물은 단순한 무채색의 검정이 아니라 다채로운 검은색을 띤다. 먹은 산소의 공급을 제한하는 상태에서 나무를 불완전 연소시켜 얻은 검댕으로 만들어지기 때문에 기본적으로는 검다. 하지만 나무의 종류나 연소 방법의 차이 또는 물과의 조합 비율에 따라 미미하게 흑자색이나 암청색 등의 다양한 색깔을 띠기도 한다. (　　　　　　　　　　)

또한 여백은 단지 글씨를 쓰고 난 뒤에 남은 것이 아니라 글씨를 쓰기 전에 전체적인 구성과 글자의 짜임 등을 고려하여 제작자의 심미안에 의해 처리되는 것이다. 곧, 먹색이 글자를 나타내는 주연이라면 여백은 그것을 지탱해 주고 감싸 주며 먹색의 효과를 한층 높여 주는 조연인 셈이다. 따라서 이 양자를 잘 조화시킨 글씨야말로 감상자의 눈을 이끄는 성공작이 된다.

① 이러한 특성 때문에 서예가들은 먹을 만들 때 검댕의 상태와 특성을 섬세하게 관찰한다.
② 이러한 특성 때문에 서예가들은 흑자색과 암청색을 얻기 위해 늘 먹을 시험해 본다.
③ 이러한 특성 때문에 서예가들은 먹색을 단순히 검정으로만 받아들이지 않고 여러 가지 색깔을 지닌 진귀한 것으로 여긴다.
④ 이러한 특성 때문에 서예가들은 먹물의 농담과 채색의 양을 다양하게 조절함으로써 감상의 영역을 확대시키려 한다.
⑤ 이러한 특성 때문에 서예가들은 여백의 미를 중요하게 여기는 우리나라의 전통 화법을 간과할 수 없는 것이다.

02 다음 글의 빈칸에 들어갈 내용으로 가장 적절한 것을 고르면?

> 케인스 이전의 경제학자들이 모델로 삼았던 사회는 생산과 소비가 균형을 이루는 사회였다. 기업은 상품 판매로 돈을 벌지만 그 돈은 임금이나 이윤, 지대, 이자 등으로 나뉘어 가계로 흘러들어 간다. 가계는 그 돈으로 다시 기업의 상품을 구매한다. 가계가 버는 돈의 총액, 즉 가계 소득 총액은 기업이 생산하는 상품의 총액과 일치한다. 그런데 여기서 문제가 생겼다. 가계가 모든 소득을 다 소비에 지출하지 않고, 미래를 위해 은행에 저축을 하는 것이다. 기업이 생산한 상품의 총액이 가계가 소비에 사용한 돈의 총액을 초과하게 되는 것이다. 케인스 이전의 학자들은 이 문제에 대한 처방을 간단하게 생각했다. 가계가 저축한 돈은 은행에서 그냥 썩는 것이 아니라 기업의 투자 기금으로 활용된다고 여겼다. 다시 말해서 가계가 저축한 돈은 은행 금고에 들어가 고여 있는 것이 아니라 기업으로 흘러 들어가므로 아무런 문제가 생기지 않는다는 것이다. 여기서 케인스와 다른 경제학자들 사이의 차이점이 생긴다. 케인스는 [   ] 그는 소득이 증가할 때 소비보다는 저축이 빠른 속도로 증가한다는 데 주목했다. 가계의 저축이 많아진다는 것은 기업이 생산한 상품을 가계가 다 소비하지 않음으로써 기업의 성장이 중지되고, 결국 노동자들을 해고하거나 기업을 파산시키는 등의 공황으로 이어질 가능성이 생긴다는 것을 의미한다.

① 생산과 소비가 자율적으로 조절되는 균형적 사회를 꿈꾸었다.

② 정부의 개입은 시장의 자율적 조절 기능을 해칠 뿐이라고 주장하였다.

③ 기업의 투자보다 가계의 저축이 많아져 가계와 기업 간의 균형이 파괴될 가능성에 주목하였다.

④ 기업의 투자가 늘어나면 가계의 소비가 촉진되어 상품 생산과 소비가 비례하여 증가할 것이라 보았다.

⑤ 기업이 생산한 상품의 총액이 가계가 소비하는 돈의 총액을 초과하는 문제를 어렵지 않게 해결할 수 있다고 하였다.

03 다음 글의 빈칸에 들어갈 내용으로 가장 적절한 것을 고르면?

20세기 연주 문화를 지난 시기의 문화와 구별해 주는 가장 큰 사건은 음향 기기의 발명이다. 음향 기기의 발명은 연주의 유통에 있어 커다란 변화를 가져왔을 뿐만 아니라, 피아니스트들이 예술적 가치와 상품적 가치를 동시에 지닌 존재로 의미를 변화시키는 결정적 요소가 되었다. 또한 녹음 기술은 시간과 함께 사라져 버렸던 연주를 붙잡을 수 있게 하여 연주를 음반에 의하여 좀 더 손쉽게 사고팔 수 있는 물건으로 바꾸어 놓았다. 그리하여 대중음악에서처럼 클래식 연주에서도 연주와 음반 산업, 청중의 관계는 이윤 추구라는 상업적 동기로 연결되게 된 것이다.

음반 산업의 발달은 피아노 연주에 있어 대부분의 레퍼토리를 고전과 낭만주의 음악으로 국한시켜 버렸다. 고전과 낭만주의 음악은 공통의 음악 언어로 되어 있으며, 성격상 보편적인 음악 면모를 갖추고 있으므로 실험성이 강한 현대 음악보다 상업주의적 동기에 잘 활용될 수 있기 때문이다. 이렇게 하여 200여 년 전의 음악이 오늘날까지 매우 대중적으로 애호되는 유례없는 현상이 나타난 것이다. 즉, 음향 기기의 발명은 [　　　　　　　　　　] 결과를 가져왔다.

① 전위적인 작곡가들이 탄생하는
② 대중음악과 클래식의 경계를 무너뜨리는
③ 보편적인 속성을 지니는 음악이 환영받는
④ 청각적인 음악의 속성에 다른 감각까지 추가시키는
⑤ 누구나 피아노 등을 사용하여 대중음악을 작곡하게 되는

04 다음 글의 빈칸에 들어갈 내용으로 가장 적절한 것을 고르면?

지도는 우리가 사는 지리적 공간을 축소된 그림으로 표현한 것으로, 지리적인 지식뿐만 아니라 일상생활에 필요한 정보까지 제공한다. 이러한 지도를 제작하기 위해서는 3차원의 공간을 2차원의 평면에 옮기는 차원 이동의 작업과 실제 크기보다 줄여야 하는 축척 작업이 필요하다. 그래서 지리학자들은 차원 이동과 축소의 과정에서 실물을 대신할 다양한 방법을 찾게 되었다. 그 방법 가운데 대표적인 것이 축척과 도법, 그리고 기호이다. 대부분의 사람들이 이를 별 의심 없이 진실로 받아들이지만, 실상 이것이 지도를 왜곡하게 만드는 주요인이 될 수도 있다. 지도에서 3차원의 공간을 2차원의 평면에 정확하고 완벽하게 표현하는 것이 사실상 불가능하기 때문이다. 즉, 지도는 [　　　　　　　　　　]

① 이들 약정된 요소를 사용할수록 지도의 정확도는 떨어지게 된다.
② 이들 약정된 요소를 통해 공간에 대해 한 치의 오차도 없이 표현하게 된다.
③ 이들 약정된 요소를 통해 2차원의 지도에서 3차원의 공간을 표현할 수 있다.
④ 이들 약정된 요소를 통해 공간에 대한 거짓말을 어쩔 수 없이 포함하게 된다.
⑤ 이들 약정된 요소를 통해 다양한 방법으로 사람들이 내용을 확인할 수 있도록 해 준다.

05 **다음 글의 빈칸에 들어갈 내용으로 가장 적절한 것을 고르면?**

> 우리는 흔히 고려청자를 아주 고도로 발달되고 장식적인 귀족적 예술품으로 인식하는 경향이 있다. 그러나 비록 그 색이 다시없이 뛰어나고 그 문양 배치가 빈틈없이 완벽하다 하더라도, 이것을 자세히 살펴보면 작품이 일정한 정도의 수준에 이르도록 하거나 균일성을 갖추도록 배려한 흔적이 없다는 것을 알 수 있다. 거기에 그리 큰 관심이 없었기 때문에 태토의 빛깔, 형태 등에 현대적 의미에서의 동일 규격품은 한 개도 없었던 것이다. 그래서 아무리 잘 된 고려청자에서도 같은 시대의 중국, 즉 송나라 자기가 보여 주는, 기계로 만든 것 같은 쑥 빠진 형태, 말끔한 굽, 또 균일한 색 등의 직업적 완벽성을 찾아볼 수 없다. 그럼에도 불구하고 이 고려청자는 보는 사람마다 탄성을 발하게 하고 있다. (　　　　　　　　)

① 인위적이지 않은 투박한 세계에서 만들어진 자연의 미를 가지고 있기 때문일 것이다.
② 장인이 가지고 있는 기교를 담아서 고려청자를 구워냈기 때문일 것이다.
③ 송나라 자기처럼 대량 생산을 하지 않고 한 개 한 개 만들어 냈기 때문일 것이다.
④ 직업에 충실한 고려인의 장인 정신이 고려자기 속에 들어가 있기 때문일 것이다.
⑤ 장인 정신이 깃들지 않은 청자를 고려청자라고 할 수 없기 때문일 것이다.

유형 | 6 서술방식

출제 포인트

✓ 지문의 논지 전개 방식에 대해 옳거나 옳지 않은 것을 고르는 문제 유형이다.

세부유형 ① 논지 전개 방식을 고르는 유형

예제 다음 글의 서술방식으로 적절한 것을 고르면?

> 제로섬은 원래 수학의 한 분야인 게임 이론에서 유래한 말이다. 이 이론에 따르면, 집단의 모든 구성원들이 얻게 되는 득과 실의 총량은 언제나 제로(혹은 다른 상수)가 된다. 여기에서는 총체적 갈등의 상황이 전제되므로 한 성원의 이익은 곧 다른 성원에게는 손해가 된다. 어느 성원이 어떤 행동을 선택하더라도 전체 성원의 득과 실은 결국 '플러스 마이너스 제로'가 되는 것이다.
>
> 제로섬은 원래 미국 경제의 특징을 분석하기 위해 창안된 개념이지만, 오늘날 모든 사회가 봉착한 문제점을 날카롭게 보여 준다. 어떤 사회가 제로 성장이 빠지게 되면 '빈익빈 부익부'가 고착화되고 에너지, 환경, 인플레이션 따위의 까다로운 문제를 해결하는 데도 어려움을 겪는다. 일반적으로 이러한 제로섬의 위기에서 벗어나기 위해서는 저축을 투자에 결부시켜 경제 성장률을 높여야 한다. 그러나 그 과정에서 환경 보존과 같은 보다 소중한 가치를 도외시할 수 있다는 문제점과 소외 계층이 발생하고 사회 통합이 힘들어질 위험성이 크다는 것은 두말할 필요가 없다.

① 상반된 입장이나 견해를 동시에 제시하여 쟁점이 무엇인지를 부각한다.
② 하나의 법칙을 적용하여 사회가 어떻게 변화하는지를 사례를 통해 설명한다.
③ 용어의 발생부터 의미의 변천까지의 과정을 다루어 그 심층적 의미를 분석한다.
④ 한정된 분야에서 쓰이던 용어를 일반적 문제 해결을 위해 확장적으로 적용한다.
⑤ 극단적 사태의 위험을 경고하고, 당면한 문제의 해결 방안을 명쾌하게 제시한다.

| 정답풀이 | 정답 ④

수학이라는 한정된 분야에서 쓰이던 제로섬이라는 용어를 미국 경제의 특징 및 사회 문제를 해결하기 위해 확장적으로 적용하고 있다.

| 오답풀이 |

① 상반된 입장이나 견해가 나오지 않는다.
② 제로섬이라는 법칙을 설명하고 있지만 이를 통해 사회가 어떻게 변화하는지 설명하고 있지는 않다.
③ 용어의 발생은 설명하고 있다고 할 수 있지만 그 의미의 변천까지의 과정을 다루고 있지는 않다.
⑤ 극단적 사태의 위험을 경고하고 있지도 않고 당면한 문제의 해결 방안을 명쾌하게 제시하고 있지도 않다.

문제 해결 TIP

논지 전개 방식의 종류는 다양하나, 자주 출제되는 것은 한정적이다. 논지 전개 방식별 특징을 미리 파악하면 빠른 시간 내에 해결할 수 있다.

연습 문제

정답과 해설 P.10

01 다음은 '김치'에 관해 쓴 글의 일부이다. [보기]의 내용 중 이 글의 논지 전개 방식에 해당하지 않는 것의 개수를 고르면?

> 우리나라 사람들에게 김치는 없어서는 안 될 음식이다. 그런데 우리는 김치에 대해 얼마나 알고 있을까? 많은 사람이 김치에 대해 잘 알고 있다고 생각하지만 실제로는 그렇지 않다. 이 글을 통해 김치에 대한 정보를 제공함으로써 우리의 음식 문화에 대한 관심을 제고하고자 한다.
>
> 우선 '김치'의 어원에 대해 생각해보자. '김치'는 '잠긴 푸성귀'라는 뜻의 '침채(沈菜)'라는 한자어가 변한 것이다. 김치만이 아니라 김치와 관련된 다른 말들 가운데도 한자어에서 온 걸로 짐작되는 말들이 여럿 있다. 예컨대 '동치미'는 '겨울 김치'라는 뜻의 '동침채(冬沈菜)'에서 마지막 음절이 떨어져 나간 뒤 변한 말이 아닐까 짐작된다. 이제 '김치'의 어원을 살펴보았으니, 김치가 역사적으로 어떻게 변천해 왔는지 알아보자.

보기

㉠ 중심 대상을 명료하게 제시한다.
㉡ 이 글 뒤에 이어질 내용을 안내한다.
㉢ 논의 대상과 대조되는 대상을 언급한다.
㉣ 글을 쓰는 목적이나 필요성을 분명하게 언급한다.

① 0개　② 1개　③ 2개
④ 3개　⑤ 4개

02 **다음 글의 논지 전개 방식으로 가장 적절한 것을 고르면?**

> 우리는 빨갛게 잘 익은 사과를 보고, "저 사과 맛있겠다. 가족과 함께 먹어야겠다."라는 판단을 한다. 이때 우리는 빨간 사과에 대한 감각 경험을 먼저 한 다음 "저기 빨간 사과가 있네."라거나 "사과가 잘 익었으니 함께 먹으면 좋겠다."라는 판단을 내린다. 이것은 보는 것이 믿는 것에 대한 선행 조건임을 의미한다. 감각 경험에 대한 판단과 추론은 고차원의 인지 과정이자 개념적 절차이고, 판단과 추론이 개입하기 이전의 감각 경험은 비개념적 내용을 가질 뿐이다. 이처럼 비개념적인 감각 경험이 먼저 주어진 후에 판단과 추론이 이어지는 것을 정상적인 과정으로 보는 견해를 '비개념주의'라고 부른다.
>
> 비개념주의는 우리가 알아채는 것보다 실제로 더 많은 것을 본다는 점에 주목한다. 예를 들어 우리는 퇴근 후 아내와 즐겁게 대화를 나누며 저녁 식사를 하면서도 아내가 그날 머리를 노랗게 염색한 것을 알아채지 못할 수 있다. 아내의 핀잔을 들은 후 염색한 사실을 새삼스럽게 깨닫고 어떻게 이를 모를 수 있었는지 의아해한다. 이렇게 현저한 변화를 알아보지 못하는 현상을 '변화맹'이라고 부른다. 우리가 이러한 특징적인 변화를 정말 보지 못했다고 생각하긴 어렵다. 새로운 시각 경험이 주어졌으나 이 경험을 인지하지 못했으며, 따라서 판단과 추론으로 이어지지 못했다는 설명이 자연스럽다. 우리는 아내의 노란 머리를 단지 알아차리지 못했을 뿐이지 보지 못했다고 말할 수는 없는 것이다.

① 개념이 가진 특징을 나열하여 제시하고 있다.
② 용어가 가진 의미를 분석하여 구체화하고 있다.
③ 다양한 사례를 통해 개념을 쉽게 설명하고 있다.
④ 복잡한 개념을 기준에 따라 나누어 설명하고 있다.
⑤ 대조되는 두 가지 개념을 비교하며 설명하고 있다.

03 다음 글의 논지 전개 방식으로 가장 적절한 것을 고르면?

> 3차원 공간상에서 한 점에서 일정한 거리에 있는 점의 자취를 '구면(球面)'이라고 하고, 이 구면을 경계로 하는 입체를 '구'라고 한다. 그리고 구의 절반을 '반구'라고 한다. 일반적인 돔은 반구형의 둥근 천장, 둥근 지붕을 가리킨다. 그런데 지오데식 돔은 일반적인 돔과 달리 삼각형의 다면체로 이루어진 반구형 또는 바닥이 일부 잘린 구형의 건축물이다.
>
> 지오데식 돔은 지오데식 라인을 따라 서로 장력이 작용하는 경량의 직선 구조재를 연결시켜 만든다. 지오데식 돔을 이루고 있는 삼각형은 가장 안정된 기하학 형태이다. 사각형, 오각형, 육각형 등과 달리 삼각형으로 만들어진 구조물에는 큰 힘이 가해지더라도 철골이 휘거나 부러지지 않는 한 전체적인 변형이 일어나지 않는다. 지오데식 돔은 많은 면에서 구(球)와 유사하다. 일반적인 돔은 구면(球面) 위의 점들이 중심으로부터 같은 거리에 있어서 힘이 모든 방향으로 골고루 분산되기 때문에, 압력에 강해 기둥을 세우지 않아도 자체의 무게를 잘 견딘다. 그런데 지오데식 돔은 면 위의 모든 부분이 중심으로부터 같은 거리에 있지는 않지만, 삼각형의 모서리와 면만으로 구성되어 응력을 분산시킬 수 있기 때문에, 기둥 없이 최소한의 소재만으로 하중(荷重)을 지탱시킬 수 있다.
>
> 일반적인 돔의 형태는 구나 반구의 모양인데, 이 형태는 부피가 일정할 때 똑같은 부피를 둘러싸는 입체 도형 중 겉넓이가 가장 작다. 지오데식 돔도 반구 형태에 가까워 겉넓이가 아주 작은 편에 속한다. 겉넓이가 작을수록 적은 재료로 넓은 공간을 얻을 수 있고 외부에 노출된 면적이 작아져서 냉난방에 유리하다.

① 설명 대상이 만들어지게 된 과정을 설명하고 있다.
② 설명 대상의 실제 사례를 예로 들어 설명하고 있다.
③ 설명 대상이 갖고 있는 수학적 지식을 전달하고 있다.
④ 설명 대상의 핵심 용어에 대해 설명하고 발전 양상을 보여 주고 있다.
⑤ 설명 대상과 비슷한 대상을 비교하면서 설명 대상의 특징을 밝히고 있다.

04 **다음 글에서 논지 전개를 위해 사용한 방법으로 적절하지 않은 것을 고르면?**

> 우리가 지금 쓰고 있는 석유 플라스틱은 불에 타기 쉽고, 수백 년 동안 썩지 않아 환경 오염을 일으키는 단점이 있다. 이 단점을 보완하기 위해 개발된 특수 플라스틱은 항균 무염료 발색, 전자파 차폐, 냄새 제거 등 특수한 기능을 가졌다. 하지만 과학자들은 여기에 그치지 않고 금속 성질의 플라스틱을 개발하고자 했다.
>
> 1977년 일본 도쿄 기술 연구소의 시라카와 박사팀은 화학 실험 중 반응 촉매를 1,000배나 넣는 실수를 했다. 뜻밖에도 반응 용액의 표면에 찬란한 은색 광택의 고분자 박막이 생겼다. 시라카와 박사팀이 찾던 순수한 트랜스 형태의 '폴리아세틸렌'이 만들어졌다. 그런데 이 플라스틱은 공기 중에 노출시키면 쉽게 부식돼 제품으로 만들 수 없었다. 또한, 전도성 고분자이지만 금속으로 볼 것이냐 하는 문제도 있었다. 이때 한국인 과학자들이 물에서 고분자를 합성하는 기존 방법 대신 물과 기름을 함께 섞어 합성하여 새로운 '폴리아닐린'이란 전도성 고분자를 개발했다.
>
> 이제 머지않아 전기가 흐르는 플라스틱의 개발로 그동안 금속으로 만들었던 전기·전자 기기들을 대체할 수 있게 될 것이다. 플라스틱은 가볍고 외부 충격에도 강하며, 마음대로 성형할 수 있는 장점을 지녔으므로, 마음대로 휘어지는 플라스틱 디스플레이, 속까지 다 비치는 투명 전자 제품, 기존의 1/10도 안 되는 무게의 전자파 차단 장치 등 그 활용은 무궁무진하다.

① 신기술의 개발 과정을 상세히 소개하고 있다.
② 실제 있었던 사례를 제시하여 글의 신뢰성을 높이고 있다.
③ 전문적인 내용의 이해를 돕기 위해 권위자의 의견을 근거로 들고 있다.
④ 기존 기술과의 비교를 통해 새로운 기술의 장점과 활용 가능성을 부각시키고 있다.
⑤ 구체적인 활용 사례들을 보여 줌으로써 새로운 기술의 실질적인 유용성을 설명하고 있다.

05 다음 글의 밑줄 친 ㉠과 같은 방법으로 내용이 전개된 것을 고르면?

> 사람의 생명과 건강을 지키는 데 서양 의술과 동양 의술이 맡고 있는 임무를 사회의 안녕과 질서를 유지하기 위해서 법률과 도덕이 맡고 있는 임무에 견줄 수 있는데, 이 둘이 보완되지 않으면 질병의 문제는 근본적으로 해결될 수 없다. 외과적 처치나 매독, 학질 등의 특효약을 보고 서양 의학을 만능이라고 믿으면서 한의학을 멸시하고 하잘 것 없이 여기는 것도 편견이며, 난치의 만성 질병이 한약을 써서 고쳐졌다고 해서 한의학을 무조건 옹호하고 서양 의학을 공격, 비난하는 것 또한 옳지 않다. 도덕은 근본적이고 법률은 응급적이듯이 동양 의학은 근본을 치료하는 의학이고 서양 의학은 두드러지는 증세를 치료하는 의학이다. ㉠치안을 위해서 부득이한 경우에는 국가 권력으로 법률을 행사해야겠지만, 대중의 생활에는 법률보다 도덕이 더 큰 영향력을 미치듯이 방역 시설이나 예방 의학들을 위해서 당국에서 서양 의술을 택하고 있으나 실제로 대중 개개인의 건강을 위해서는 한의학적 조치가 더 큰 공헌을 할 수도 있다.

① 자동차를 운전할 때는 먼저 자동차의 전후에 장애물이나 사람이 없는지를 잘 살펴본 뒤에 시동을 걸어야 한다. 그리고 핸드 브레이크를 풀고, 변속기의 기어를 1단에 놓고 가속 페달을 천천히 밟으면서 핸들을 조절하며 전진해야 한다.

② 동화는 어린이들의 무의식에 직접 작용을 하여 대리 만족의 효과를 낸다. 예를 들어, 여자 아이들이 인형을 아기로 삼고 노는 인형 놀이는 아기를 낳아 기르고 싶다는 무의식의 욕구를 대리 만족하는 수단인 것이다.

③ 어린 시절의 교육은 사람의 삶에 커다란 영향을 준다. 자연 재해를 당하고 나면 기초를 튼튼히 한 건축물은 멀쩡하고, 그렇지 않은 건축물은 무너져 버린다. 그래서 어미들은 자식들이 무너지지 않고 튼튼하게 자라도록 어린 시절의 교육에 많은 관심을 기울이는 것이다.

④ 전통은 과거로부터 이어 온 것 중 현재(現在)의 문화 창조(文化創造)에 이바지할 수 있는 것으로서, 우리가 계승해야 할 대상이다. 그러나 인습은 과거로부터 이어 온 것이기는 하지만 현재(現在)의 문화 창조(文化創造)에 이바지할 수 없기 때문에 버려야 할 대상이다.

⑤ 동양의 화가들은 누구나 알 수 있는 쉬운 방법으로 그림을 그렸기 때문에 그리는 사람이나 보는 사람이나 모두 그림 감상에 머리를 쓰지 않아도 되었지만, 서양의 화가들은 감상자인 귀족, 지식층들과 일종의 숨바꼭질을 하는 것처럼 그림을 그렸다.

비판·반론

출제 포인트

✓ 지문의 중심 내용 또는 세부 내용에 대한 비판, 반론을 고르는 문제 유형이다.

세부유형 ① 글의 내용에 대한 비판을 고르는 유형

예제 다음 글을 [보기]의 입장에서 반박하는 주장으로 가장 적절한 것을 고르면?

한국 사회는 지난 한 세기 동안 전환기의 사회였다. 친족 공동체와 마을 공동체 중심의 '정(情)의 문화'는 근대화 과정을 거치면서 '힘의 문화'로 변화되었다. 이 '힘의 문화'는 국가를 발전시키기는 하였지만 힘에 의한 지배, 힘에 의한 소외, 임과 힘의 갈등과 같은 새로운 문제들을 일으키고 있다. 이러한 힘의 문화를 극복할 문화적 대안으로 '이성의 문화'를 들 수 있다. 이성은 힘을 신봉하지 않으며, 충동과 본능, 감정과 욕망을 스스로 통제하면서 합리적으로 행동할 수 있는 능력으로 '정'과 '힘'을 배제한다기보다는 인간적 요소들을 한 단계 더 높은 차원에서 통제하고 관리할 수 있는 능력이라고 볼 수 있다.

이런 면에서 이성의 문화는 합리주의를 지향하는 문화라고 볼 수 있다. 그러므로 비판적 이성에 기초한 이성의 문화는 절대적이고 독선적인 가치를 배제하고 다양한 가치가 공존하는 사회를 추구하는 다원주의를 지향한다. 더 나아가 열린사회를 긍정하고 권위주의의 획일성이나 급진적인 배타성을 부정하며, 인간의 주체성을 존중하는 인간주의를 추구한다.

보기

심리학자 사이먼(Herbert Simon)은 인간이 각종 상황을 선별적으로 인식하며, 현실과 다르게 사고한다고 주장했다. 이성은 거울처럼 현실을 있는 그대로 인식하고 논리적, 합리적으로 판단하고 결정하지 않는다는 것이다. 인지과학자 카네먼(Daniel Kahneman)도 인간의 행동은 이성이 아닌 감정에 좌우되고, 이성은 감정을 정당화하는 보조 수단에 불과하다고 주장한다.

① 인간은 합리적으로 판단하지 못하기 때문에 '힘의 문화'가 최선의 선택이다.
② 인간은 감정적 동물이기 때문에 '정의 문화'를 되살려 전통 문화를 이어가야 한다.
③ 인간은 이성적이지 못하기 때문이 '이성의 문화'가 현실적으로 이루어지기는 어렵다.
④ 인간의 이성은 감정의 보조 수단이므로 '이성의 문화'는 '정의 문화'를 보조해야 한다.
⑤ 인간은 각종 상황을 현실과 다르게 인식하므로 '힘의 문화'를 통해 이를 바로잡아야 한다.

| 정답풀이 | 정답 ③

'힘의 문화' 중심의 사회가 지닌 문제점을 극복하기 위한 대안으로 '이성의 문화'가 중심이 되는 사회를 주장하고 있다. 여기서 전제되어야 할 점은 인간이 이성적인 존재여야 한다는 것이다. [보기]에서는 인간이 이성적이지 못하다는 것이 핵심이므로 ③이 주어진 글에 대한 반박으로 가장 적절하다.

문제 해결 TIP

선택지를 먼저 확인한 뒤 키워드를 파악하여 지문에서 각 선택지에 대한 정답 여부를 확인하면 풀이 시간을 단축시킬 수 있다.

연습 문제

정답과 해설 P.11

01 **다음 글에 대한 비판으로 적절하지 않은 것을 고르면?**

> 학생부종합전형을 비롯한 수시의 폐단이 갈수록 심해지고 있다. 일부 고교에서는 '될성부른 떡잎'만 선별해 '상 몰아주기', '스펙 쌓아주기' 등의 부정행위가 만연하다. 지역 곳곳에서는 서류 부정이나 입학사정관에 대한 청탁 등 입시비리도 난무한다. 또한 부모의 소득이 높을수록 대학의 입맛에 맞는 '스펙'을 쌓기 쉬운 것이 현실이다. 대입은 공명정대함이 제일 원칙이다. 부모의 사회적 지위와 인맥에 따라 결정되는 수시의 비중을 대폭 축소하고 시험과 점수만으로 실력을 측정하여 공정한 선발이 가능한 정시의 비중을 확대해야 한다.

① 정시의 비중이 확대되면 내신의 중요성이 낮아지는 만큼 학생들이 학교 수업을 도외시하고 교사를 무시하는 등 공교육이 붕괴할 우려가 있다.

② 통계에 따르면 부모의 소득과 수능 성적 사이에 유의미한 관계가 있음이 밝혀졌다. 따라서 무조건적인 정시로의 전환이 반드시 공정하다고는 보기 어렵다.

③ 사교육 시장이 활성화된 지역의 학생일수록 정시로 인한 대입 결과가 좋은 만큼, 교육 기회의 평등이라는 관점에서 볼 때 정시도 결코 공정하다고 보기 어렵다.

④ 정시는 누구에게나 제한 없이 기회가 열려있으며, 모두를 동일한 잣대로 평가하고, 결과가 점수로 환산되기에 누군가의 주관이 개입할 여지가 없는 객관적인 제도이다.

⑤ 수능에선 1, 2점 차이로 당락이 결정되지만, 사실 1~2점 차이로는 학생의 실력을 평가하기에 통계적으로 무의미하다. 따라서 "정시는 실력대로 대입이 결정된다."는 명제는 어찌 보면 신화에 불과하다.

02 다음 글의 '사회보험 제도를 비판하는 사람들'의 의견에 대한 반론으로 적절하지 <u>않은</u> 것을 고르면?

> 모든 사람들은 불가피하게 위험에 빠질 가능성을 안고 살아간다. 그래서 개인들은 스스로 위험에 대비하려고 하며, 시장은 이를 포착하여 생명보험, 암보험 등의 각종 보험 상품을 제공한다. 그러나 개인의 자발적 선택으로 가입하는 민간보험 상품만으로 개인들이 위험에 완전히 대처했다고 할 수는 없다. 그래서 국가는 사람들에게 전형적으로 나타나는 사회적 위험에 대비하도록 강제한다. 그 제도가 바로 사회보험이다. 이것은 개인의 선택과 관계없이 의무적으로 가입해야 하는 강제보험인데 국민건강보험, 국민연금, 고용보험, 산업재해보험 등이 여기에 해당한다.
>
> 그런데 이 강제에 대해 문제를 제기하는 사람들도 있다. 이들은 사회보험 제도는 보험 시장에 대한 국가의 부당한 개입이며, 고소득자에게 불리한 보험료에 대해 불만을 표시한다. 사회보험은 본인의 총액 소득에 일정한 비율을 곱해서 보험료를 정하기 때문에 고소득자는 보험료가 높게 책정된다. 그렇다고 해서 연금 지급액이 동일한 비율로 상승하지는 않는다. 그래서 고소득자에게는 사회보험이 민간 보험보다 수익률이 낮을 수 있다. 또 같은 혜택을 받는 국민건강보험료도 고소득자가 보험료를 더 내야 한다. 이처럼 사회보험에서 고소득자는 상대적 손실을 입게 되고 저소득자는 혜택을 보게 된다.

① 사회보험 제도는 개인들이 위험에 대처할 수 있는 최소한의 안전망이므로 어느 정도의 강제성을 가질 수밖에 없다.

② 시장의 원칙에 따라 보험비를 많이 내는 사람에게는 많은 혜택을, 적게 내는 사람에게는 적은 혜택을 주면 해결할 수 있는 문제이다.

③ 국민건강보험이나 국민연금은 국가가 추구하는 공익성을 우선시해야 하기 때문에 상업적 이익을 추구하는 민간보험 회사에 맡길 수는 없다.

④ 개인은 미래보다 현재의 욕구를, 불행보다 행운의 확률을 과대평가하는 비합리적 본능을 가지고 있으므로 이들이 대비책 없이 무너지게 되면 사회적 문제로 직결된다.

⑤ 민간의 보험 상품이 공급되기 위해서는 보험금 지급 대상 위험이 상호 독립적이어야 하는데, 고용보험과 같은 상호 의존적 성격이 강한 사항에 대해서 민간보험 회사는 보험을 제공하려 하지 않는다.

03 다음 글의 ‘이원 정부제 운용을 주장하는 견해’에 대한 비판으로 적절하지 않은 것을 고르면?

> 대통령제하에는 부통령을 두는 것이 일반적인 정부 형태지만, 대한민국에서는 대통령제하의 의원내각제적 요소로 볼 수 있는 국무총리를 둠으로써 독특한 정부 형태를 운용하고 있다. 국무총리 제도에 대한 논의는 제도의 존폐 여부에 따라 이원 정부제를 운용하자는 주장과 부통령제를 도입하자는 주장으로 나눌 수 있다. 먼저 이원 정부제 운용을 주장하는 자들은 현행 헌법에 대통령제적 요소와 의원내각제적 요소가 혼합되어 있으므로, 이를 활용하여 유연한 이원적 권력 구조를 형성해야 한다고 주장한다.
>
> 그리하여 대통령은 국민들의 직접 선거에 의하여 선출하고, 총리는 의회의 다수당이 선출함으로써 대통령과 총리가 권력 공유의 기초 위에서 그 권력을 나누어야 한다고 주장한다. 이때 대통령은 대외적 국가 원수와 국정 최고 책임자로서의 역할을 수행해야 하고, 국무총리는 대내적 행정업무의 실질적 총괄자 역할을 수행해야 한다. 그리고 대통령은 의회를 해산할 수 있는 권한을 지니며, 총리는 지속해서 의회의 지지를 받아야 한다. 이에 따르면, 이원 정부제하에서 대통령의 정당과 의회의 다수당이 동일한 정당일 경우에는 대통령제가 운영되고, 분점 정부하에서는 의원내각제가 운영될 것이므로, 두 제도의 정통성이 양립하여 충돌하는 일은 발생하지 않는다. 또한 권력이 분산되므로 정치 갈등이 완화되고 의회 정치가 정상화되는 효과도 있다.

① 대통령이 의회 해산권을 지니고 있으므로 총리의 행정 업무 권한이 제한될 수 있다.
② 대통령에 대한 의회의 견제 수단이 마련되어 있지 않다면 의회의 기능이 축소될 수 있다.
③ 대통령의 정당과 의회의 다수당이 동일한 경우 실질적인 권력 분산이 이루어지지 않을 수 있다.
④ 의회에서 선출된 총리가 실질적인 행정권을 지닌다면 국정 운영에 대한 책임을 질 사람이 사라진다.
⑤ 대통령의 정당이 의회의 다수당과 다를 경우 권력이 분산되거나 정책을 추진하는 데 있어 충돌이 잦을 수 있다.

04 다음 글에서 주장하는 내용의 반론으로 적절하지 않은 것을 고르면?

식민지 근대화론이 본격적으로 제기된 것은 1980년대 중후반 이후이다. 일부 경제학자들이 주축이 되어 주장하는 식민지 근대화론은 한국의 경제 발전을 민족주의적 관점과 대비되는 비교사적 관점에서 접근한다. 이에 따르면 전근대 사회가 근대 사회로 이행하는 본질은 자본주의의 도입과 발전이며, 한국은 비록 부분적이고 왜곡된 것이기는 하지만, 일제 강점기 시기에 이를 경험하면서 1960년대 이후의 고도 경제 성장의 기반을 마련하였다는 것이다. 이 시기에는 토지 조사 사업 실시에 의한 근대적 소유 관계 확립이 있었고, 식민지 상황에서는 이례적이라고 볼 수 있는 중화학 공업 유치도 있었다. 식민지 경제는 1911년부터 1938년까지 연평균 3.7퍼센트의 성장을 보였고, 공업 생산액이나 공장 수 등도 괄목할 정도로 늘어났다. 비교사적 관점에서 볼 때 이는 분명 장기 지속적 경제 성장이었고, 일제 강점기를 거치면서 조선의 경제는 선진 제국이 근대 경제 성장으로 진입할 때의 수준에 도달했다는 것이다.

식민지 근대화론자들은 식민지 시대의 착취나 압제에 대해 그 존재 자체를 부정하거나 관심을 약화시키려는 것이 아니라 실증적이고 계량적인 자료에 근거한 탈민족주의적 담론을 통해 역사 연구의 수준을 질적으로 향상시키려 한다고 주장하고 있다.

① 17~18세기에 자본주의 발전을 경험하기 시작했던 조선의 경제는 19세기에 정체되어 버렸다.

② 일제 강점기 초기의 통계는 왜곡되거나 누락되어 있기 때문에 식민지 시기의 경제 성장률이 과대평가되어 있다.

③ 당시 자본주의적 이행을 경험하던 무렵의 세계사적 추세로부터 조선이 결코 예외되거나 낙오되지 않았다.

④ 일제 강점기가 끝난 후 1960년대 이후의 고도 경제 성장 사이에는 많은 시간이 흘렀고, 전쟁이라는 경제의 전환점도 존재하므로 이 둘의 인과 관계는 성립하기 어렵다.

⑤ 일제 강점기 이후에 한국전쟁을 거치며 우리나라의 강점기 때 자료는 소실된 것들이 많고, 오히려 일본의 학자들에 의해 당시의 경제 상황이 부풀려져 있다는 견해가 있다.

05 다음 글의 주장에 대한 비판으로 적절하지 않은 것을 고르면?

최근 들어 도시 경쟁력 향상을 위한 새로운 전략 중 하나로 창조 도시에 대한 논의가 활발하게 진행되고 있다. 창조 도시는 창조적 인재들이 창의성을 발휘할 수 있는 환경을 갖춘 도시이다. 즉, 창조 도시는 인재들을 위한 문화 및 거주 환경의 창조성이 풍부하며, 혁신적이고도 유연한 경제 시스템을 구비하고 있는 도시라 할 수 있다.

창조 도시의 주된 동력을 창조 산업으로 볼 것인가 창조 계층으로 볼 것인가에 대해서는 견해가 다소 엇갈리고 있다. 창조 산업을 중시하는 관점에서는, 창조 산업이 도시에 인적 · 사회적 · 문화적 · 경제적 다양성을 불어넣음으로써, 도시의 재구조화를 가져오고 더 나아가 부가 가치와 고용을 창출한다고 주장한다. 창의적 기술과 재능을 소득과 고용의 원천으로 삼는 창조 산업의 예로는 광고, 디자인, 출판, 공연 예술, 컴퓨터 게임 등이 있다. 창조 계층을 중시하는 관점에서는, 개인의 창의력으로 부가 가치를 창출하는 창조 계층이 모여서 인재 네트워크인 창조 자본을 형성하고, 이를 통해 도시는 경제적 부를 축적할 수 있는 자생력을 갖게 된다고 본다. 따라서 창조 계층을 끌어들이고 유지하는 것이 도시의 경쟁력을 제공하는지가 관건이다.

창조성의 근본 동력을 무엇으로 보든, 4차 산업 사회를 대비하기 위해서라도 정부에서 나서서 창조 도시를 개발하고 발전시켜야 필요가 있다.

① 창조 도시의 동력이 무엇인지 확실하지 않으면 창조 도시 개발은 불필요하다.
② 창조 도시는 하루아침에 인위적으로 만들어지는 것이 아니므로 정부가 나선다고 바로 만들어지는 것이 아니다.
③ 창조 산업의 산출물은 그것에 대한 소비자의 수요와 가치 평가를 예측하기 어려우므로 창조 도시 개발에 위험도가 있다.
④ 창조 계층은 표준화하기 어려운 창의력을 동력으로 일하는 계층이므로 이들을 한 곳에 모아 둔다고 창의력이 발생하는 것이 아니다.
⑤ 창조 계층에 의해 형성된 창조 도시는 상대적으로 도시의 재구조화를 가져오기 어렵고, 부가가치와 고용을 창출하기 어려울 수 있다.

06 다음 글은 '어떠한 주장'에 대하여 반박한 것이다. 다음 중 '어떠한 주장'으로 가장 적절한 것을 고르면?

발효 식품에는 미생물의 효소가 많이 포함되어 있고, 소화와 흡수가 잘 되는 영양소도 많이 포함되어 있다. 그러나 효소의 주성분은 단백질이며, 단백질을 섭취하면 분자가 커서 그대로는 체내로 흡수되지 않기 때문에 소화관을 통과하는 동안 우리 몸의 소화 효소의 작용으로 아미노산으로 분해된다.

아미노산은 소장에서 흡수되어 우리 몸을 구성하는 단백질을 합성하는 재료로 이용되거나 세포호흡에 사용되어 생명 활동에 필요한 에너지를 낸다. 따라서 발효 식품에 풍부한 효소가 그대로 우리 몸에서 효소로 작용하여 면역 기능을 강화하고 물질 합성을 촉진한다고 주장하는 것은 과학적으로 타당하지 않다. 그런데도 발효 식품에 효소라는 명칭을 사용하는 것은 효소가 과학 용어이고, 효소 식품이라고 하면 된장, 고추장 같은 발효 식품과는 달리 효소가 풍부하여 몸속에 부족한 효소를 바로 공급해 줄 것이라는 잘못된 착각을 불러일으키기 때문일 것이다.

이것은 발효 식품을 건강 보조 식품으로 생각하도록 만드는 동시에 건강을 회복시키는 치료 식품으로 오해하게끔 만들어 판매량을 늘리려는 의도가 포함된 것으로 여겨진다. 과학 지식을 정확하게 알고, 광고에 사용되는 과학 용어뿐 아니라 원리가 타당한지에 대해 비판적으로 판단할 수 있어야 할 것이다.

① 발효 식품은 건강 보조 식품으로서의 지위를 가질 수 없다.
② 식품에 과학 용어를 사용할 경우 원리의 타당성을 생각해야 한다.
③ 발효 식품에 효소가 많은 까닭은 미생물이 많이 번식하기 때문이다.
④ 물질대사 능력을 키우기 위해서 발효 식품을 필수로 섭취하여야 한다.
⑤ 발효 식품을 먹어야 건강한 이유는 효소가 소화·해독 작용에 관여하기 때문이다.

07 **다음 글의 견해에 대한 반론으로 적절한 것을 [보기]에서 모두 고르면?**

사회 각 분야가 민주화되면서 예술의 민주화도 자주 거론되고 있다. 예술은 예전과 다르게 더 이상 소수 특권층의 전유물이 아니며, 작품에 대한 접근과 예술사에 대한 지식은 모든 사람이 공유할 수 있는 것이 되었다. 특히 예술 작품의 복제를 통해 대중적 보급이 가능해졌는데, 문제는 이러한 복제가 예술 작품의 독자성을 훼손할 수 있다는 점이다.

독일의 문예 미학자 발터 벤야민(W. Benjamin)은 「기술 복제 시대의 예술 작품」에서 예술 작품의 특징은 그 특유한 '아우라(Aura)'에 있다고 주장했다. 이 아우라는 작품을 직접 접해야만 느낄 수 있는 것으로 특정한 시공간과 관련된다. 이런 관점에서 볼 때, 고전 회화를 사진 복제를 통해 감상할 경우 작품의 아우라는 파괴될 것이며, 그 의미 역시 감퇴될 것이다.

나아가 예술 작품의 복제 행위는 작품을 상품으로 바꾸어 버린다는 문제가 있다. 그래서 예술 작품은 누구나 손쉽게 구하고 소유할 수 있는 물건이 되며, 지나칠 정도로 일상적 대상이 된다. 그리고 복제는 대략적인 정보만을 제공할 뿐이어서 실제로 작품을 정하여 작가의 미적 작업을 감각적으로 느끼는 경험과는 결코 대체될 수가 없다.

보기

㉠ 예술 작품의 복제는 심미안의 형성에 유용하게 쓰일 수 있다.
㉡ 예술 작품의 복제는 과거의 고답적인 예술관이 반영된 것이다.
㉢ 재생 목적의 레코딩을 통해 감상할 수 있는 음악은 복제를 통해서만 존재한다.
㉣ 복세 기술이 없다면 다양한 예술 작품을 볼 수 없어 우리의 미적 경험은 훨씬 더 제한될 것이다.

① ㉠, ㉡, ㉢　② ㉠, ㉡, ㉣　③ ㉠, ㉢, ㉣
④ ㉡, ㉢, ㉣　⑤ ㉠, ㉡, ㉢, ㉣

PART Ⅰ

언어 영역

CHAPTER

02

어휘

학습 포인트

어휘 유형은 주로 단어 간의 관계를 묻는 문제나 글의 문맥상 들어가기 적절한 단어를 고르는 문제가 출제된다. 특히 단어관계에서는 유의관계, 반의관계, 포함관계 등의 단어를 묻는 문제가 많이 출제되고, 다양한 단어가 출제되는 만큼 기본적인 어휘력에 대한 학습을 필요로 한다.

출제 유형

단어관계	주어진 단어 사이의 관계를 찾아 답을 고르는 문제 유형이다. 단어 간의 유의어와 반의어 관계를 미리 학습하는 것이 중요하다.
빈칸 넣기	주어진 지문에서 빈칸에 들어갈 알맞은 단어를 고르는 문제 유형이다. 기본적인 어휘력을 키우는 것이 중요하다.

CHAPTER 02

어휘

핵심 이론

합격 Skill

- **Point 1 유의관계와 반의관계의 단어를 연결해 학습하도록 한다.**

  기출 단어를 잘 정리한 자료를 통해 학습하는 것이 가장 빠르고 쉽게 이 유형을 대비하는 방법이다. 유의어와 반의어를 구분한 별도의 단어집을 스스로 만들어 정리하거나 본 교재의 부록인 '인적성 전략 포켓북'을 활용하여 학습하는 것을 권장한다.

- **Point 2 국립국어원 표준국어대사전을 활용한다.**

  국어사전을 들고 다니지 않아도 인터넷만 접속할 수 있다면 언제든 단어의 정확한 뜻을 확인할 수 있다. 보다 명확한 학습이 필요할 때는 국립국어원 사이트(https://stdict.korean.go.kr/main/main.do)에 접속하여 어휘의 뜻을 빠르게 확인할 수 있으니 인터넷을 활용하는 것도 좋은 방법이다.

유형 | 1

단어관계

출제 포인트

✓ 단어관계는 유의관계와 반의관계, 포함관계가 주로 출제된다.
✓ 기본적인 어휘력을 필요로 하는 유형이므로 빈출 단어는 반드시 미리 학습해두는 것이 중요하다.

세부유형 ① 유의어/반의어

예제 **다음 주어진 단어들의 관계를 파악하여 괄호 안에 들어갈 알맞은 단어를 고르면?**

눈치 : (　　　) = 사랑 : 애정

① 기색　② 낌새　③ 정서
④ 각오　⑤ 깨달음

| 정답풀이 |　정답 ②

'사랑 : 애정'은 유의어 관계이다. '눈치'는 '남의 마음을 그때그때 상황으로 미루어 알아내는 것'을 의미하므로 괄호에는 '어떤 일을 알아차릴 수 있는 눈치'라는 의미인 '낌새'가 들어가야 한다.

세부유형 ② 포함관계

예제 **다음 중 나머지 단어들의 뜻을 모두 포함하는 단어를 고르면?**

① 뛰다　　② 일하다　　③ 활동하다
④ 나아가다　　⑤ 달아나다

| 정답풀이 |

정답 ①

'뛰다'는 나머지 단어들의 뜻을 모두 포함한다.

| 오답풀이 |

② 어떤 자격으로 일하다. 예 그는 프로 야구 선수로 뛰었다.
③ 적극적으로 활동하다. 예 그는 현장에서 발로 뛰는 기자였다.
④ 발을 몹시 재게 움직여 빨리 나아가다 예 그는 집으로 마구 뛰었다.
⑤ '달아나다'를 속되게 이르는 말 예 도둑은 경찰을 보자 냅다 뛰었다.

세부유형 ③ 관계 비교

예제 다음 중 단어 쌍의 관계가 나머지와 다른 것을 고르면?

① 영겁(永劫) — 찰나(刹那)
② 소란(騷亂) — 적막(寂寞)
③ 유실(遺失) — 습득(拾得)
④ 공용(共用) — 전용(專用)
⑤ 차용(借用) — 임차(賃借)

| 정답풀이 | 정답 ⑤

'차용(借用)'은 '물건을 빌리거나 돈을 꾸어 씀'이고, '임차(賃借)'는 '돈을 내고 남을 물건을 빌려 씀'으로, 두 단어는 유의 관계이며 나머지는 반의 관계이다.

| 오답풀이 |

① 영겁(永劫): 극히 긴 세월.
찰나(刹那): 매우 짧은 시간.
② 소란(騷亂): 시끄럽고 어수선함.
적막(寂寞): 고요하고 쓸쓸함.
③ 유실(遺失): 잃어버림.
습득(拾得): 주워서 얻음.
④ 공용(共用): 함께 씀.
전용(專用): 혼자서만 씀.

단어관계

연습 문제

정답과 해설 P.13

01 다음에 주어진 단어들의 관계를 파악하여 괄호 안에 들어갈 알맞은 단어를 고르면?

상당 : 상응 = 자취 : (　　　)

① 단서　　② 흔적　　③ 갈피
④ 그림자　　⑤ 잔상

02 다음에 주어진 단어들의 관계를 파악하여 괄호 안에 들어갈 알맞은 단어를 고르면?

닥나무 : 한지 = 갈대 : (　　　)

① 가래　　② 족자　　③ 지붕
④ 울타리　　⑤ 삿자리

03 다음에 주어진 단어들의 관계를 파악하여 괄호 안에 들어갈 알맞은 단어를 고르면?

연필 : 필기구 = (　　　) : 포유류

① 펭귄　　② 도롱뇽　　③ 상어
④ 박쥐　　⑤ 도마뱀

04 다음에 주어진 단어들의 관계를 파악하여 괄호 안에 들어갈 알맞은 단어를 고르면?

배우다 : 사사하다 = 완고하다 : (　　　)

① 목도하다　② 완곡하다　③ 간과하다
④ 양지하다　⑤ 고루하다

05 다음에 주어진 단어들의 관계를 파악하여 괄호 안에 들어갈 알맞은 단어를 고르면?

(A) : 줄 = 군도 : (B)

	A	B
①	열도	다리
②	반도	영화
③	열도	무리
④	선	무리
⑤	자	영화

06 다음에 주어진 단어들의 관계를 파악하여 괄호 안에 들어갈 알맞은 단어를 고르면?

가멸다 : (A) = (B) : 메마르다

	A	B
①	부유하다	엉성하다
②	부유하다	비옥하다
③	가난하다	기름지다
④	가난하다	박약하다
⑤	가난하다	건조하다

07 다음에 주어진 단어들의 관계를 파악하여 괄호 안에 들어갈 알맞은 단어를 고르면?

안개 : (A) = (B) : 상고대

	A	B		A	B
①	해미	서리	②	해미	된서리
③	날씨	무서리	④	날씨	비
⑤	바람	누룽지			

08 다음 중 단어 쌍의 관계가 나머지와 다른 것을 고르면?

① 보은—배은
② 분장—분담
③ 좌장—말단
④ 영전—좌천
⑤ 해갈—고갈

09 다음 중 단어의 관계가 나머지와 다른 것을 고르면?

① 마법사—관객—무대
② 기장—승객—항공기
③ 교수—학생—강의실
④ 가이드—관광객—관광지
⑤ 의사—환자—병원

10 다음 중 나머지 단어들의 뜻을 모두 포함하는 단어를 고르면?

① 돌다 ② 퍼지다 ③ 나타나다
④ 유통되다 ⑤ 작용하다

11 다음 중 나머지 단어들의 뜻을 모두 포함하는 단어를 고르면?

① 펴다 ② 벌리다 ③ 베풀다
④ 넓히다 ⑤ 주장하다

12 다음 중 나머지 단어들의 뜻을 모두 포함하는 단어를 고르면?

① 달하다 ② 오르다 ③ 떠나다
④ 놓이다 ⑤ 옮다

유형 | 2

빈칸 넣기

출제 포인트

✓ 주어진 문장의 빈칸에 들어갈 알맞은 단어를 찾는 유형의 문제이다.

세부유형 ① 빈칸에 들어갈 알맞은 단어를 찾는 유형

예제 다음 중 괄호 안에 들어갈 말을 순서대로 바르게 나열한 것을 고르면?

- 무거운 책상을 들기 위해 아래에 나무판을 (　　　).
- 횡단보도를 건너던 던 중, 도로를 지나던 자전거에 (　　　).
- 신하들은 임금께 각지에서 온 진상품을 (　　　).

① 받쳤다 – 바쳤다 – 받혔다
② 받혔다 – 받쳤다 – 바쳤다
③ 받쳤다 – 받혔다 – 바쳤다
④ 받혔다 – 바쳤다 – 받쳤다
⑤ 바쳤다 – 받혔다 – 받쳤다

| 정답풀이 | 정답 ③

- 바치다: 정중하게 드리다. 예) 음식을 만들어 바치기로 했다.
- 받치다: 물건의 밑이나 옆 따위에 다른 물체를 대다. 예) 쟁반에 커피를 받치고 조심히 들고 나왔다.
- 받히다: 세차게 부딪히다. 예) 농부가 소에게 받혀서 앓아 누웠다.

따라서 첫 번째 문장의 괄호 안에는 '받치다'가 들어가야 하고, 두 번째 문장의 괄호 안에는 '받히다'가 들어가야 하며, 세 번째 문장의 괄호 안에는 '바치다'가 들어가야 한다.

연습 문제

정답과 해설 P.14

01 다음 중 괄호 안에 들어갈 말을 순서대로 바르게 나열한 것을 고르면?

- 이 책상은 아이들의 키에 맞추어 높낮이를 (　　　)할 수 있다.
- 일부 사람들의 과소비로 인해 사회 전반에 계층 간의 위화감이 (　　　)되었다.
- 시험 성적을 (　　　)하고 합격자 명단에 자신의 이름을 올린 수험생이 체포되었다.

① 조성(造成) - 조작(造作) - 조절(調節)
② 조성(造成) - 조절(調節) - 조작(造作)
③ 조작(造作) - 조절(調節) - 조성(造成)
④ 조절(調節) - 조작(造作) - 조성(造成)
⑤ 조절(調節) - 조성(造成) - 조작(造作)

02 다음 글의 (A)~(D) 안에 들어갈 가장 적절한 단어를 [보기]에서 찾아 순서대로 나열한 것을 고르면?

토지공개념의 헌법 (A)은/는 1990년대 초에 시행됐다가 위헌 (B)을/를 받았던 토지초과이득세와 택지소유상한제를 부활시키고 개발이익 환수제를 강화하기 위한 포석이다. 강력한 부동산 (C)을/를 내놓고도 (D)이/가 없자 헌법을 손봐서라도 부동산 불로소득을 환수하겠다는 것이다. 그렇다면 임대소득과 마찬가지인 이자나 주식 배당과 같은 불로소득은 왜 환수하지 않는가?

보기

㉠ 조치　㉡ 효과　㉢ 성과　㉣ 명시　㉤ 지지　㉥ 규제　㉦ 판정

	(A)	(B)	(C)	(D)
①	㉡	㉦	㉥	㉢
②	㉡	㉦	㉥	㉤
③	㉢	㉥	㉠	㉡
④	㉣	㉥	㉠	㉢
⑤	㉣	㉦	㉥	㉡

☑ 기업별 출제 유형

인적성 수리 영역은 응용수리와 자료해석 총 2가지로 크게 구분되며, 대다수의 기업들이 인적성 검사에서 응용수리보다 자료해석에 더 큰 비중을 두고 있습니다.
삼성, SK, LG, 롯데, CJ, 이랜드, 포스코, GS, KT, S-OIL, 두산, LS, 효성, 삼양, 대우건설, 샘표 등의 기업에서 출제하고 있습니다.

PART Ⅱ

수리 영역

PART Ⅱ

수리 영역

CHAPTER

01

응용수리

학습 포인트

대기업 인적성의 응용수리 영역은 다양한 상황을 활용하여 출제되며, SK나 LS 등 몇몇 기업에서는 사고력을 요하는 매우 어려운 난도로 출제되기도 했으나, 온라인으로 시험이 전환되며 난도가 평이해진 편이다. 기초연산능력과 응용계산능력, 기초통계능력을 평가하는 문제는 출제되는 형태와 활용하는 공식이 많이 유형화되어 있으므로 충분한 연습을 통해 풀이 시간을 단축하고 문제 해결 능력을 키우는 방향으로 학습해야 한다.

출제 유형

거리·속력·시간	거리, 속력, 시간의 기본 공식인 '(거리)=(속력)×(시간)'과 변형 공식을 암기하여 반복 계산해보도록 한다.
농도와 비율	• 농도 유형은 기본 농도 공식인 '(농도)=$\frac{(\text{용질의 양})}{(\text{용액의 양})}\times 100$'과 변형 공식을 암기하여 반복 계산해보도록 한다. • 비율 유형은 전년 또는 전월 대비 비율을 주고 계산하거나 비를 주고 계산하는 문제가 출제된다. $a:b=c:d$일 때 $ad=bc$임을 이용해야 한다.
일과 일률	정해진 기간과 단위 시간당 할 수 있는 일의 양 등을 통해 답을 구하는 문제가 출제된다. 해야 하는 전체 일의 양이 주어지지 않았다면, 이를 1로 표준화하여 해결한다.
원가·정가·할인가	제품의 원가, 정가, 할인 등을 통해 제품의 가격 또는 할인율 등을 구하는 문제가 출제된다. 원가와 정가, 할인가의 개념과 관계를 이해하고 있어야 한다.
집합	교집합이 존재하는 집합이 2개 또는 3개일 때 합집합의 원소 개수를 구하는 공식을 숙지하고 있어야 한다.
방정식과 부등식의 활용	방정식 또는 부등식을 활용하여 답을 구하는 일반적인 수리형의 문제가 출제된다. 빠르게 변수를 지정하고 식을 세우는 연습을 해야 한다.
수열	나열된 숫자들의 규칙을 파악하는 문제가 출제된다. 일정한 수를 더하거나(등차) 곱하거나(등비) 그 외(계차, 피보나치) 다양한 수열을 숙지해두도록 한다.
경우의 수	주어진 조건의 경우의 수를 구하는 문제가 출제된다.
확률	주어진 조건의 확률을 구하는 문제가 출제된다. 일부 문제는 사고력을 요구하기 때문에 공식 암기로만 해결하려 하지 말고 문제 해결의 원리를 파악해야 한다.
통계	통계 용어를 이해 및 활용하여 계산하는 문제가 출제된다. 평균, 중앙값, 최빈값, 편차, 분산, 표준편차 등의 용어를 이해하고 공식을 숙지하도록 한다.

CHAPTER 01

응용수리

핵심 이론

연산 방법 1 대소 비교

• 같은 자리의 숫자 우선 비교

$a\times b$와 $c\times d$ 형태에서 $a>c$이고, $b>d$이면 별도의 계산 없이 $a\times b>c\times d$로 대소 비교가 가능하다.
㉵ 534×24와 642×31의 비교 시 $534<642$이고, $24<31$이므로 642×31이 더 크다.

• 작은 단위의 자릿수를 버린 후 큰 단위의 수의 한 자릿수~두 자릿수만 남기고 올림 또는 내림하여 어림 계산한다.

연산 방법 2 비중 계산

• 분모의 값 어림 후 % 적용하여 분자의 값과 비교

분모와 분자의 값을 올림 또는 내림하여 어림한 후 분모의 값에 %를 적용하여 계산한 값이 분자의 값보다 큰지 작은지를 따져본다. ㉵ $\frac{113}{578}$과 0.3과의 비교 시 분모의 값을 올림하여 580으로 두고 0.3과 곱하면 174이다. 113보다 크므로 0.3이 더 크다.

• 분모의 값이 분자의 값의 몇 배인지 확인

㉵ $\frac{18}{251}$과 10%와의 비교 시 분모의 값 251은 분자의 값 18의 10배 이상이다. 따라서 $\frac{18}{251}$은 10% 미만이다.

연산 방법 3 분수 비교

• $\frac{b}{a}$, $\frac{d}{c}$에서 $b=d$이고, $a\neq c$일 때

분모가 작은 분수가 더 크고, 분모가 큰 분수가 더 작다. ㉵ $\frac{3}{14}>\frac{3}{25}$

• $\frac{b}{a}$, $\frac{d}{c}$에서 $a>c$이고, $b<d$일 때

어느 분수끼리의 비교에서 분자가 크고 분모가 작으면 해당 분수는 큰 분수이다. ㉵ $\frac{4}{21}>\frac{2}{33}$

• $\frac{b}{a}$, $\frac{d}{c}$에서 $a>c$, $b>d$일 때

분자 또는 분모만을 비교하는 방법과 증가율로 비교하는 방법이 있다.

[분자 또는 분모만을 비교]

분모가 비슷한 경우, 분자끼리만 비교한다. 반대로 분자가 비슷하면 분모만 비교한다.

예 $\frac{124}{345}$와 $\frac{132}{512}$의 비교: 분자인 124와 132가 비슷하므로 분모만을 비교하면 345보다 512가 더 크다. 따라서 $\frac{124}{345}>\frac{132}{512}$이다.

예 $\frac{133}{508}$과 $\frac{175}{512}$의 비교: 분모인 512와 508이 비슷하므로 분자만을 비교하면 133보다 175가 더 크다. 따라서 $\frac{133}{508}<\frac{175}{512}$이다.

[증가율로 비교]

분자 증가율과 분모 증가율을 계산 및 비교하여 더 큰 비율로 증가한 분모 또는 분자를 파악한다. 분자가 더 큰 비율로 커지면 분수가 커지고, 분모가 더 큰 비율로 커지면 분수는 작아진다.

예 $\frac{124}{345}$와 $\frac{104}{241}$를 비교하는 경우: 분자의 감소분은 20이므로 20% 미만 감소이고, 분모의 감소분은 104로 30% 이상 감소이다. 분모의 감소율이 더 크므로 분수 전체의 값이 더 커짐을 의미한다. 따라서 $\frac{124}{345}<\frac{104}{241}$이다.

[네 자리 수의 분수 비교]

유효숫자를 세 개만 가지도록 어림한 후 계산한다.

예 $\frac{7,137}{6,512}$과 $\frac{8,217}{8,133}$의 비교: $\frac{7,137}{6,512} \rightarrow \frac{7,140}{6,510} \rightarrow \frac{714}{651}$로 어림하고, $\frac{8,217}{8,133} \rightarrow \frac{8,220}{8,130} \rightarrow \frac{822}{813}$로 어림한 후 $\frac{714}{651}$와 $\frac{822}{813}$를 비교하면, 분자는 714에서 822로 108만큼 증가하여 15%정도 증가이고, 분모는 651에서 813으로 162만큼 증가하여 25% 정도 증가이므로, $\frac{714}{651}>\frac{822}{813}$이다.

• $\frac{b}{a}$, $\frac{d}{c}\left(=\frac{b+k}{a+k}\right)$와 같이 두 분수의 분자 · 분모 차이가 동일할 때

진분수인 경우: $a>b$라면 $\frac{b}{a}<\frac{b+k}{a+k}$

가분수인 경우: $a<b$라면 $\frac{b}{a}>\frac{b+k}{a+k}$

유형 1 거리 · 속력 · 시간

- 거리 · 속력 · 시간과의 관계

$$(\text{거리})=(\text{속력})\times(\text{시간}),\quad (\text{시간})=\frac{(\text{거리})}{(\text{속력})},\quad (\text{속력})=\frac{(\text{거리})}{(\text{시간})}$$

※ 단위가 시간인지 분인지, km인지 m인지 반드시 확인하여 단위를 통일해야 한다.

- 평균속력: 속력 a로 l_1만큼, 속력 b로 l_2만큼 이동했을 때

$$(\text{평균속력})=\frac{(\text{전체 이동거리})}{(\text{전체 소요 시간})}=\frac{l_1+l_2}{\frac{l_1}{a}+\frac{l_2}{b}}$$

$\left(\text{단, } l_1=l_2\text{라면 평균속력은 } \frac{2ab}{a+b}\right)$

유형 2 농도와 비율

- 농도
  - 용액 100g 속에 녹아 있는 용질의 양을 나타낸 것을 '농도'라고 한다. 농도를 구하는 문제는 계산이 복잡하기 때문에 빠른 계산력이 필요하다.

$$(\text{농도})=\frac{(\text{용질의 양})}{(\text{용액의 양})}\times100=\frac{(\text{용질의 양})}{(\text{용매의 양})+(\text{용질의 양})}\times100,\quad (\text{용질의 양})=(\text{용액의 양})\times\frac{(\text{농도})}{100}$$

용질 → ㉑ 소금, 설탕 등　　용매 → ㉑ 물 등　　(용액)=(용질)+(용매) → ㉑ 소금물, 설탕물 등

  - 두 소금물 A와 B를 하나로 섞는다면 다음의 세 가지 상황에 따른 각각의 식을 세울 수 있다.

(A+B의 소금의 양)=(A의 소금의 양)+(B의 소금의 양)

(A+B의 소금물의 양)=(A의 소금물의 양)+(B의 소금물의 양)

$$(\text{A+B의 농도})=\frac{(\text{A+B의 소금의 양})}{(\text{A+B의 소금물의 양})}\times100$$

  - 소금물 A를 가열했을 때

(가열한 후의 소금의 양)=(가열 전의 소금의 양)

(가열한 후의 소금물의 양)=(가열 전의 소금물의 양)−(증발한 물의 양)

  - 소금물 A에 물만 넣었을 때

(물을 넣은 후의 소금의 양)=(물을 넣기 전의 소금의 양)

(물을 넣은 후의 소금물의 양)=(물을 넣기 전의 소금물의 양)+(넣은 물의 양)

- 비율

x가 $a\%$ 증가하면: $x\left(1+\frac{a}{100}\right)$

x가 $a\%$ 감소하면: $x\left(1-\frac{a}{100}\right)$

유형 3 일과 일률

전체 일의 양을 1로 놓고 방정식을 세운다. 일을 완성하는 데 a일이 걸린 경우 일의 양을 1로 놓으면 하루에 할 수 있는 일의 양은 $1 \div a = \frac{1}{a}$이다.

유형 4 원가 · 정가 · 할인가

$$(\text{정가에서 } x\%\text{를 할인한 가격}) = (\text{정가}) \times \left(1 - \frac{x}{100}\right)$$

$$(\text{원가에서 } y\% \text{ 이윤을 적용한 정가}) = (\text{원가}) \times \left(1 + \frac{y}{100}\right)$$

유형 5 집합

- 집합: 같은 성질을 가진 대상들의 모임
- 합집합($A \cup B$): 두 집합 A, B에 대하여 A에 속하거나 B에 속하는 모든 원소로 이루어진 집합
- 교집합($A \cap B$): 두 집합 A, B에 대하여 A에도 속하고 B에도 속하는 모든 원소로 이루어진 집합
- 차집합($A - B$): 두 집합 A, B를 생각할 때, A에 속하고 B에는 속하지 않는 원소 전체로 된 집합을 A에 대한 B의 차집합이라 함
- 여집합(A^C): 전체집합에서 주어진 집합의 원소를 제외한 원소들의 집합

유형 6 방정식과 부등식의 활용

- 방정식 또는 부등식의 활용 문제는 다음과 같은 순서로 문제를 해결하도록 한다.

① 미지수를 x로 정하기: 문제에서 구해야 하는 것을 우선 파악한 다음 구하려는 값을 미지수 x로 놓는다.
② 방정식 또는 부등식 세우기: 대상 간의 관계를 파악하여 x에 대한 방정식 또는 부등식을 세운다.
③ 방정식 또는 부등식의 해를 구하기: 방정식 또는 부등식을 푼다.

- 수(최대공약수, 최소공배수 등), 나이, 도형, 자릿수, 연속하는 수, 개수의 많고 적음을 이용한 과부족에 대한 문제 등이 출제된다.

유형 7 수열

- 등차수열: 일정한 수를 더하거나 빼서 반복되는 수열로, 일정한 수를 공차라고 함
- 등비수열: 일정한 수를 곱하거나 나눠서 반복되는 수열, 일정한 수를 공비라고 함
- 계차수열: 어떤 수열의 항과 그 바로 앞의 항의 차를 계차라고 하는데, 이 계차들이 일정한 규칙을 가지는 수열
- 피보나치수열: 처음 두 항을 1과 1로 한 후, 그 다음 항부터는 바로 앞의 두 개의 항을 더해 만드는 수열

유형 8 경우의 수

- 경우의 수: 사건이 일어나는 가짓수로 사건 A가 일어나는 경우의 수를 a, 사건 B가 일어나는 경우의 수를 b라 하면 합의 법칙과 곱의 법칙은 다음과 같다.

> 합의 법칙: 사건 A 또는 B가 일어나는 경우 $(a+b)$
> 곱의 법칙: 사건 A와 사건 B가 동시에 일어나는 경우 $(a\times b)$

- 순열: 서로 다른 n개 중 r개를 골라 순서를 고려해 나열하는 방법의 수는 다음과 같다.

$$_{n}\mathrm{P}_{r}=n\times(n-1)\times(n-2)\times(n-3)\times\cdots\times(n-r+1)=\frac{n!}{(n-r)!}\ (\text{단, } 0\le r\le n)$$
$$_{n}\mathrm{P}_{n}=n!=n\times(n-1)\times(n-2)\times\cdots\times3\times2\times1,\quad _{n}\mathrm{P}_{0}=1,\quad 0!=1$$

- 원순열: 서로 다른 n명의 사람을 원형으로 배열하는 방법의 수는 다음과 같다.

$$\frac{n!}{n}=(n-1)!$$

- 중복순열: 서로 다른 n가지의 대상 중에서 중복을 허용하여 r개를 선택하여 순서대로 배열하는 방법의 수는 다음과 같다.

$$_{n}\Pi_{r}=\underbrace{n\times n\times\cdots\times n}_{r\text{개}}=n^{r}$$

- 같은 것이 있는 순열: n개에서 서로 같은 것이 각각 p, q, ⋯, r개씩 있을 때 모두 택하여 일렬로 나열하는 방법의 수를 구하면 다음과 같다.

$$\frac{n!}{p!\times q!\times\cdots\times r!}\ (\text{단, } p+q+\cdots+r=n)$$

- 조합: n개 중 순서를 고려하지 않고 서로 다른 r개를 선택하는 방법의 수는 다음과 같다.

$$_{n}\mathrm{C}_{r}=\frac{n!}{r!(n-r)!}\ (\text{단, } 0\le r\le n)$$
$$_{n}\mathrm{C}_{0}=1,\quad _{n}\mathrm{C}_{n}=1,\quad _{n}\mathrm{C}_{1}=n,\quad _{n}\mathrm{C}_{r}={}_{n}\mathrm{C}_{n-r}$$

- 중복조합: 서로 다른 n개에서 중복을 허락하여 r개를 택하는 방법의 수는 다음과 같다.

$$_{n}\mathrm{H}_{r}={}_{n+r-1}\mathrm{C}_{r}=\frac{(n+r-1)!}{r!(n-1)!}$$

유형 9 확률

- 확률: 모든 경우의 수에 대한 어떤 사건이 일어날 수 있는 가능성을 수치로 표현한 것으로, 사건 A가 일어날 확률은 다음과 같다.

> 두 사건 A에 대하여
>
> $$\mathrm{P}(A)=\frac{(\text{사건 } A\text{가 일어날 경우의 수})}{(\text{모든 경우의 수})}\ (\text{단, } 0\le \mathrm{P}(A)\le 1)$$

- 확률의 덧셈정리

> 두 사건 A, B에 대하여
>
> $$\mathrm{P}(A\cup B)=\mathrm{P}(A)+\mathrm{P}(B)-\mathrm{P}(A\cap B)$$
>
> 배반사건으로 두 사건 A, B가 동시에 일어나지 않는 경우: $\mathrm{P}(A\cup B)=\mathrm{P}(A)+\mathrm{P}(B)$

- 사건 A에 대하여 A가 발생하지 않는 사건을 A의 여사건이라 하며, 사건 A가 일어날 확률을 p라 할 때 사건 A가 일어나지 않을 확률은 $(1-p)$로, 다음과 같이 나타낼 수 있다.

> $$\mathrm{P}(A^{C})=1-\mathrm{P}(A)=1-p$$

- 조건부 확률: 두 사건 A, B에 대하여 사건 A가 일어났다고 가정했을 때 사건 B가 일어날 확률을 조건부확률 $\mathrm{P}(B|A)$이라 하며 다음과 같이 나타낼 수 있다.

> $$\mathrm{P}(B|A)=\frac{\mathrm{P}(A\cap B)}{\mathrm{P}(A)}$$

유형 10 통계

- 대푯값: 자료 전체를 대표하는 값

> 평균: 전체 변량의 총합을 변량의 개수로 나눈 값
>
> 중앙값: 각 변량을 크기순으로 나열하였을 때 중앙에 오는 값
>
> 최빈값: 자료의 값 중 가장 많이 나타난 값
>
> 계급값: 각 계급 양 끝 값의 평균

- 분산과 표준편차

> 편차: 자료값 또는 변량과 평균의 차이를 나타내는 수치로, (변량)−(평균)
>
> 분산: 자료가 얼마나 퍼져 있는지를 알려주는 수치로, $\frac{\{(\text{편차})^2\text{의 총합}\}}{(\text{변량의 개수})}$
>
> 표준편차: 분산의 양의 제곱근으로, $\sqrt{(\text{분산})}$

유형 | 1

거리·속력·시간

출제 포인트

✓ 응용계산편의 가장 빈번한 유형 중 하나인 거리 · 속력 · 시간의 관계를 이해하고 계산할 수 있는지를 평가하는 문제가 출제된다.

✓ 중간에 속력이 바뀌는 경우, 시간차가 생기는 경우, 시간차를 두고 출발하는 경우, 같은 방향으로 출발하여 처음 다시 만나는 경우, 마주 보고(반대 방향에서) 출발하는 경우, 기차가 다리(철교)를 완전히 통과하는 경우, 강물에서 움직이는 경우 등 다양한 유형으로 출제된다.

세부유형 ① 중간에 속력이 바뀌는 유형

예제 **김 부장은 건강을 위해 등산로의 길이가 편도 24km인 산에 올라갔다 내려왔다. 올라갈 때의 속력보다 내려올 때의 속력이 시속 2km 더 빨랐고 총 10시간이 걸렸을 때, 올라가는 데 걸린 시간을 고르면?**

① 4시간 40분 ② 6시간 ③ 6시간 20분
④ 6시간 40분 ⑤ 8시간

| 정답풀이 |

정답 ②

올라갈 때의 속력을 $x$km/h라고 하면 내려갈 때의 속력은 $(x+2)$km/h이다. 올라갈 때의 시간과 내려올 때의 시간을 합해서 10시간이 걸렸으므로 다음과 같은 식을 세울 수 있다.

$\frac{24}{x}+\frac{24}{x+2}=10$

$\rightarrow \frac{12(x+2+x)}{x(x+2)}=5$

$\rightarrow 24x+24=5x^2+10x$

$\rightarrow 5x^2-14x-24=(x-4)(5x+6)=0$

속력은 양수이므로 $x=4$이다.

따라서 올라가는 데 걸린 시간은 $\frac{24}{4}=6$(시간)이다.

문제 해결 TIP

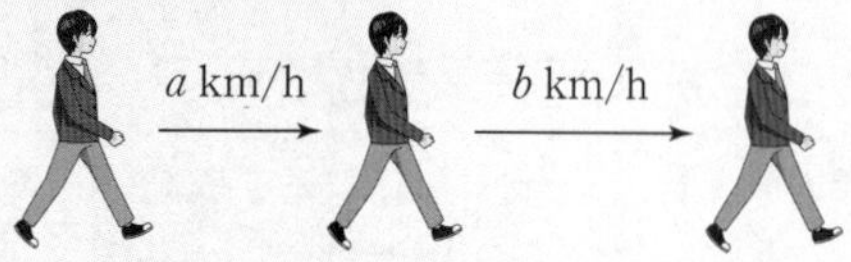

중간에 속력이 바뀌는 유형은 '(처음 속력(a km/h)으로 가는 데 걸린 시간)+(변화한 속력(b km/h)으로 가는 데 걸린 시간)=(총 걸린 시간)'으로 접근한다.

세부유형 ② 시간차가 생기는 유형

예제 김 대리의 집에서 직장까지의 거리는 2.5km이다. 김 대리가 집에서 8시 30분에 출발하여 4km/h로 걷다가 지각을 할 것 같아 10km/h로 뛰었더니 8시 54분에 직장에 도착하였다. 이때 김 대리가 달린 거리는 총 몇 km인지 고르면?

① 0.8km　② 0.9km　③ 1km
④ 1.2km　⑤ 1.5km

| 정답풀이 |　정답 ⑤

$4\text{km/h}=\frac{4\text{km}}{60\text{분}}$이고, $10\text{km/h}=\frac{10\text{km}}{60\text{분}}$이다. 집에서 회사까지 가는 데 총 24분이 걸렸으므로 걸어간 시간을 x분이라고 한다면 뛰어간 시간은 $(24-x)$분이 된다. 이에 따라 집에서 회사까지의 거리를 기준으로 다음과 같은 식을 세울 수 있다.

$\frac{4x}{60}+\frac{10(24-x)}{60}=2.5$

$\rightarrow 4x+10(24-x)=150$

$\rightarrow -6x=-90$

$\therefore x=15$

따라서 걸어간 시간은 15분, 뛰어간 시간은 $24-15=9$(분)이므로, 달려간 거리는 $\frac{10}{60}\times 9=1.5$(km)가 된다.

문제 해결 TIP

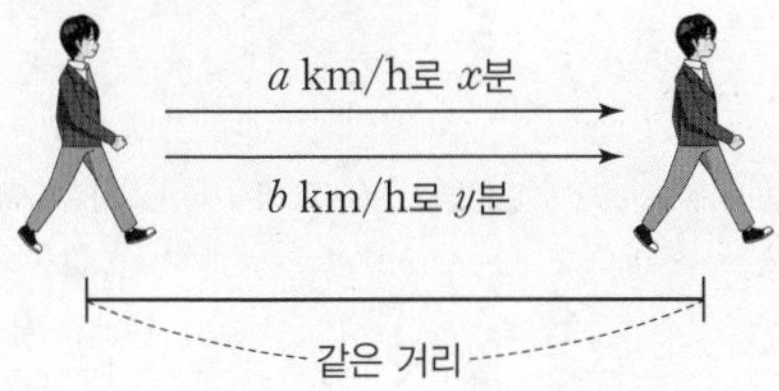

시간차가 생기는 유형은 '(느린 속력으로 가는데 걸린 시간)−(빠른 속력으로 가는데 걸린 시간)=(시간차)'로 접근한다.

세부유형 ③ 시간차를 두고 출발하는 유형

예제 동일한 출발 지점에 서 있는 A, B 두 사람 중 A가 6m/s의 속도로 먼저 달리기 시작했고, B는 A가 출발하고서 10초 뒤에 8m/s의 속도로 달리기 시작했다. 이때 두 사람이 다시 만난 지점은 출발 지점에서 몇 m 떨어진 곳인지 고르면?

① 180m　　② 190m　　③ 200m
④ 220m　　⑤ 240m

| 정답풀이 |　　정답 ⑤

A가 출발한 지 t초 지났을 때 A가 이동한 거리는 $6t$m이고 B가 이동한 거리는 $8(t-10)$m이다. 두 사람이 만난 지점은 두 사람이 이동한 거리가 같을 때이므로 $6t=8t-80$으로부터 $t=40$초 후임을 알 수 있다. 따라서 두 사람이 만난 지점은 $6\times40=240$(m)이다.

문제 해결 TIP

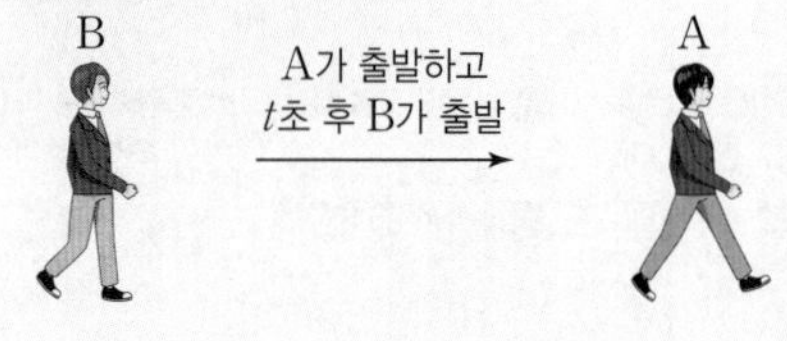

시간차를 두고 출발하는 유형은 '(먼저 출발한 사람(A)의 이동거리)=(나중에 출발한 사람(B)의 이동거리)'로 접근한다.

세부유형 ④ 같은 방향으로 출발하는 유형

예제 둘레의 길이가 720m인 운동장을 상렬이와 세윤이가 같은 방향으로 돌고 있다. 동시에 두 사람이 오후 2시 정각에 같은 지점에서 출발하였고, 오후 3시 30분에 세윤이가 상렬이를 세 번째로 따라잡아서 만나게 되었다. 상렬이가 1분에 50m를 이동했다면, 이때 세윤이의 속력을 구하면?

① 74m/분 ② 76m/분 ③ 78m/분
④ 80m/분 ⑤ 82m/분

| 정답풀이 | 정답 ①

세윤이가 1시간 30분 동안 세 번째로 상렬이를 따라잡았으므로 30분에 한 바퀴를 따라잡은 것이다. 이때, 세윤이의 속력을 am/분이라고 하면 30분 뒤 두 사람의 거리의 차가 운동장 한 바퀴인 720m이므로 다음과 같이 식을 세울 수 있다.

$(30\times a)-(30\times 50)=720$

$\therefore a=74$

따라서 세윤이의 속력은 74m/분이다.

문제 해결 TIP

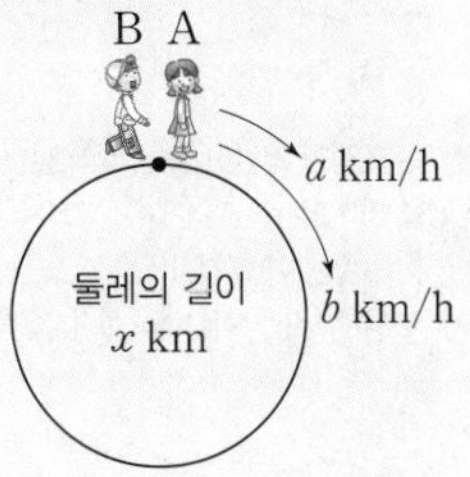

같은 방향으로 출발할 때 속력이 빠른 사람과 느린 사람 사이가 처음에 점점 벌어지다가 두 사람이 다시 만난다면 이는 둘의 거리의 차이가 1바퀴가 됨을 의미한다. 이와 같은 상황을 그림으로 도식화하면 보다 쉽게 이해할 수 있다.

'(빠른 사람이 이동한 거리)−(느린 사람이 이동한 거리)=(둘레의 길이)' 식이 성립하므로, A와 B의 속력을 각각 $a$km/h, $b$km/h라 하고, 걸리는 시간을 t, 둘레의 길이를 $x$km라 하면 B가 A보다 더 빨리 걷는 경우 '$bt-at=x$' 식이 성립한다.

세부유형 ⑤ 마주 보고(반대 방향에서) 출발하는 유형

예제 둘레의 길이가 2,700m인 호숫가를 A, B 두 사람이 어느 한 지점에서 서로 반대 방향으로 동시에 출발하였다. A는 60m/분, B는 90m/분의 속력으로 걸었을 때, 두 사람이 출발한 지 몇 분 후에 두 번째로 만나는지 고르면?

① 36분 후　　② 40분 후　　③ 44분 후
④ 48분 후　　⑤ 52분 후

| 정답풀이 |　　　　**정답** ①

두 사람이 처음으로 다시 만난 시간을 x분 후라고 하면, 두 사람이 x분 동안 걸은 거리의 합은 호숫가의 둘레의 길이와 같으므로 다음과 같이 식을 세울 수 있다.

$60x+90x=2,700$　→ $150x=2,700$

$\therefore x=18$

따라서 A와 B 두 사람은 18분 후에 처음 만나므로 두 사람이 두 번째로 만나는 시간은 출발한 지 $18\times2=36$(분) 후가 된다.

문제 해결 TIP

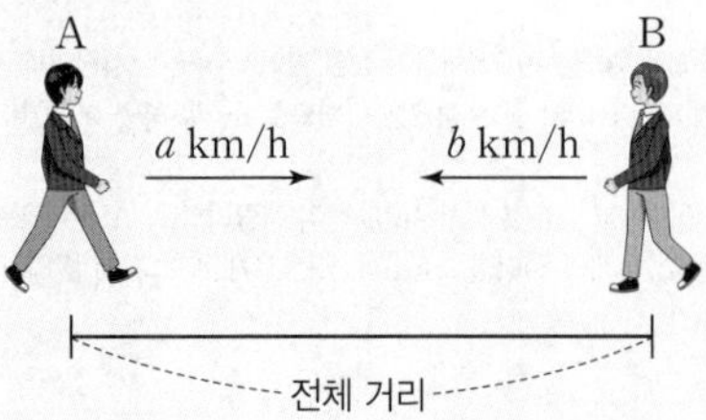

두 명이 양 끝점에서 서로를 향해 걷기 시작하여 일정한 시간이 지난 후에 만난다면, 이는 둘이 이동한 거리의 합이 전체 거리가 됨을 의미한다.
(A가 이동한 거리)+(B가 이동한 거리)=(전체 거리) 식이 성립하므로, A와 B의 속력을 각각 $a$km/h, $b$km/h라 하고, 걸리는 시간을 t시간, 전체 길이를 $x$km라 하면 '$at+bt=x$' 식이 성립한다.

세부유형 ⑥ 기차가 다리(철교)를 완전히 통과하는 유형

예제 길이가 120m인 기차가 터널을 완전히 빠져나가는 데 40초가 걸렸다. 이 기차의 속력이 시속 90km일 때, 터널의 길이를 구하면?

① 800m ② 840m ③ 880m
④ 920m ⑤ 960m

| 정답풀이 | **정답** ③

터널의 길이를 $h$km라고 하면 기차가 터널을 완전히 빠져나갈 때까지 이동한 거리는 ($h+0.12$)km이다.

기차의 속력은 [시속 90km=분속 $\frac{90}{60}$km=초속 $\frac{90}{60\times60}$km]이고, (거리)=(시간)×(속력)이므로 다음과 같이 식을 세울 수 있다.

$h+0.12=40\times\frac{90}{60\times60} \rightarrow h+0.12=1$

$\therefore h=1-0.12=0.88$(km)

따라서 터널의 길이는 880m이다.

문제 해결 TIP

기차가 다리(철교)를 완전히 통과하는 유형은 '(기차가 터널을 완전히 빠져나가는데 이동한 전체 거리)=(터널의 길이)+(기차의 길이)'로 접근한다.

세부유형 ⑦ 강물에서 움직이는 유형

예제 **일정한 유속 4km/h로 흐르는 강이 있다. 배를 타고 강의 하류에서 상류로 오를 때에는 5시간이 걸리고, 상류에서 하류로 내려갈 때는 3시간이 걸린다고 한다. 이때 강의 길이를 고르면?**(단, 배의 속력은 일정하다고 가정한다.)

① 40km　② 45km　③ 50km　④ 55km　⑤ 60km

| 정답풀이 | 정답 ⑤

강의 길이를 $x$km, 배의 속력을 $v$km/h라고 하면 다음과 같이 식을 세울 수 있다.

$\frac{x}{v-4}:\frac{x}{v+4}=5:3$

$\frac{5x}{v+4}=\frac{3x}{v-4} \rightarrow 5v-20=3v+12$

$\therefore v=16$(km/h)

이때 강의 길이인 x는 $\frac{x}{v-4}=5$를 통해 구할 수 있다. 따라서 $\frac{x}{16-4}=5$이므로 $x=60$(km)이다.

문제 해결 TIP

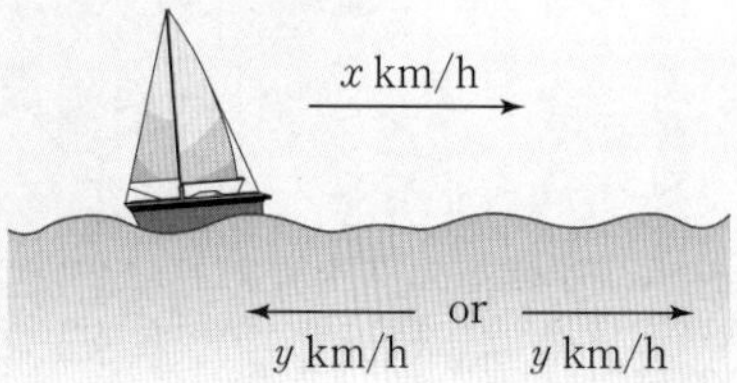

강물이 흐르는 경우에는 강물의 속력까지 고려해서 문제에 접근해야 한다. 강을 거슬러 올라가는 경우 강물은 반대쪽으로 흐르기 때문에 강물의 속력을 빼줘야 하며, 강물을 타고 내려올 때의 배의 실제 움직이는 속력은 강물의 속력을 더해야 한다.
따라서 강물도 움직인다는 점을 고려해야 하며, 배의 속력을 $x$km/h로 하고, 강물의 속력은 $y$km/h로 한 다음 아래의 두 식으로 연립방정식을 세워 해결하도록 한다.
- 배가 강물을 거슬러 올라갈 때: (배의 실제 속력)=(배의 속력)−(강물의 속력)
- 배가 강을 따라 내려올 때: (배의 실제 속력)=(배의 속력)+(강물의 속력)

거리 · 속력 · 시간

연습 문제

정답과 해설 P.16

01 자동차로 출근하는 갑은 항상 같은 시각에 집에서 나온다. 갑이 첫째 날은 평균 시속 60km로 달려 출근 시각보다 5분 빨리 회사에 도착하였다. 다음 날은 평균 시속 50km로 달렸더니 출근 시각보다 5분 늦게 도착하여 지각하였다. 갑이 출근 시각보다 15분 빨리 도착하기 위한 평균 속력을 고르면?

① 65km/h ② 72km/h ③ 75km/h
④ 80km/h ⑤ 100km/h

02 K는 회사에서 출발하여 사업 개발 예정지가 있는 곳까지 25km의 거리를 주변 도로와 시설을 살피느라 30분을 소요하며 이동하였다. 현장에 도착하자마자 주변 지역 16km의 거리를 사업 개발 예정지로 오던 속도보다 10km/h를 감속하여 둘러보았다. 이때 K가 현장 주변 지역을 둘러보는 데 걸린 시간을 고르면?

① 20분 ② 22분 ③ 24분
④ 26분 ⑤ 28분

03 길이가 1,400m인 터널을 기차가 완전히 통과하는 데 80초가 걸리고, 600m인 철교를 완전히 지나는 데는 30초가 걸린다고 한다. 기차의 속력이 일정할 때, 기차의 속력을 고르면?

① 10m/s ② 12m/s ③ 14m/s
④ 16m/s ⑤ 18m/s

04 대한이는 0.5m/s, 민국이는 0.75m/s의 속도로 동시에 공원의 반대 지점에서 서로를 향해 출발하여 걷기 시작하였다. 두 사람이 출발한 지 30분 후에 만났을 때, 처음 둘 사이의 거리를 고르면?

① 2.25km ② 2.30km ③ 2.35km
④ 2.40km ⑤ 2.45km

05 둘레의 길이가 1,500m인 연못을 명규와 성미가 같은 지점에서 동시에 출발하여 서로 같은 방향으로 걷고 있다. 명규는 분속 60m, 성미는 분속 80m로 걷는다고 할 때, 두 사람은 출발한 지 몇 분 후에 처음으로 만나게 되는지 고르면?

① 55분 후 ② 65분 후 ③ 75분 후
④ 85분 후 ⑤ 95분 후

06 갑과 을은 다음 [보기]와 같은 정삼각형 모양의 공원 둘레를 꼭짓점 A에서 동시에 반대 방향으로 출발해 일정한 속력으로 공원 둘레를 돌았다. 이 공원을 한 바퀴 도는 데 걸리는 시간은 갑의 경우 15분, 을의 경우 21분이다. 그렇다면 갑과 을이 네 번째로 만날 때는 출발한 지 몇 분 후인지 고르면?

보기

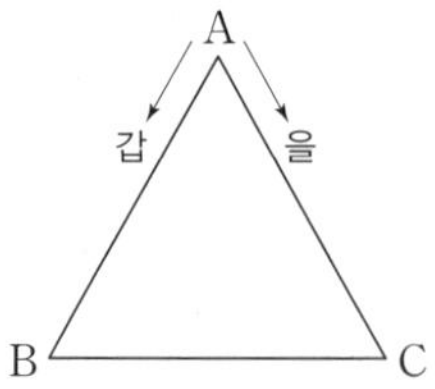

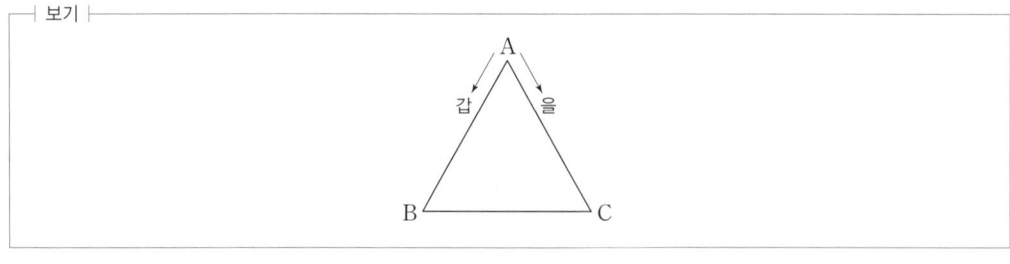

① 21분 후 ② 24분 후 ③ 32분 후
④ 35분 후 ⑤ 51분 후

07 **진주와 희진이가 원형 모양의 호수를 호수의 둘레를 따라 돌고 있다. 진주는 4분에 600m를 갈 수 있는 속력으로 돌고 있고, 희진이는 3분에 600m를 갈 수 있는 속력으로 돌고 있다. 진주와 희진이가 동일한 지점에서 서로 반대 방향으로 도는데 희진이가 출발한 지 2분 뒤에 진주가 출발하였고, 진주가 출발한 지 36분 뒤에 진주와 희진이가 처음으로 만났다. 만약 진주와 희진이가 동일한 지점에서 같은 방향으로 출발했다면, 2시간 30분 후 진주와 희진이의 거리 차가 얼마인지 고르면?** (단, 거리는 호수의 둘레를 따라 측정하고 가능한 짧은 거리를 측정한다.)

① 5.5km ② 6km ③ 6.5km
④ 7km ⑤ 7.5km

08 **마포대교에서 한강을 거슬러 올라가 올림픽대교를 갔다가 다시 마포대교로 되돌아오는 유람선이 있다. 이 유람선은 저녁 8시에 마포대교에서 출발하여 한강을 거슬러 올라가다가 중간에 배가 고장이나 20분간 강물을 따라 떠내려갔다가 다시 출발하여 올림픽대교에 저녁 9시 10분에 도착하였고, 마포대교로 돌아왔을 때 시각은 저녁 9시 30분이었다. 만약 배가 정상 운행했다면, 밤 8시에 마포대교를 출발하여 올림픽대교에 도착하는 시각이 언제인지 고르면?** (단, 올림픽대교와 마포대교의 거리는 20km이고, 한강의 유속과 배의 속력은 일정하다. 초 단위는 반올림하여 계산한다.)

① 저녁 8시 20분 ② 저녁 8시 27분 ③ 저녁 8시 35분
④ 저녁 8시 40분 ⑤ 저녁 8시 50분

유형 | 2

농도와 비율

출제 포인트

✓ 농도와 비율에 대한 개념을 이해하고 계산할 수 있는지를 평가하는 문제가 출제된다.
✓ 농도 관련 방정식 문제는 물을 증발시켜서 소금물의 농도를 높이거나 물을 넣어서 소금물의 농도를 낮추는 경우, 소금을 넣는 경우, 농도가 다른 두 소금물을 섞는 경우 등의 문제가 주로 출제된다.
✓ 비율 관련 방정식 문제는 비와 비율, 백분율에 대한 개념의 이해를 확인하는 문제가 주로 출제된다.

세부유형 ① 물을 증발시켜서 소금물의 농도를 높이는 유형

예제 **농도가 30%인 소금물 600g과 농도가 20%인 소금물 400g을 섞은 소금물을 며칠 놔두어 물 200g을 증발시켰을 때, 이 소금물의 농도를 고르면?**

① 31.0% ② 32.5% ③ 34.0%
④ 35.5% ⑤ 37.0%

| 정답풀이 | 정답 ②

농도가 30%인 소금물에서 소금의 양은 600×0.3= 180(g)이고, 농도가 20%인 소금물에서 소금의 양은 400×0.2=80(g)이다. 따라서 물 200g을 증발시켰을 때 소금물의 농도는 $\frac{180+80}{600+400-200}\times100=\frac{260}{800}\times100=32.5(\%)$이다.

문제 해결 TIP

물을 넣거나 증발시키더라도 소금의 양은 그대로이므로, '(a% 소금물에 들어 있는 소금의 양)=(b% 소금물에 들어 있는 소금의 양)'을 활용하여 식을 세운다.

세부유형 ② 물을 넣어서 소금물의 농도를 낮추는 유형

예제 **농도 8%의 설탕물 600g이 있다. 여기에서 100g의 설탕물을 덜어내고 100g의 물을 부었다. 또 다시 100g의 설탕물을 덜어내고 100g의 물을 부었을 때, 설탕물의 농도가 몇 %인지 고르면?** (단, 소수점 둘째 자리에서 반올림한다.)

① 5.6% ② 6.2% ③ 6.4%
④ 6.5% ⑤ 6.9%

| 정답풀이 | 정답 ①

8%의 설탕물 600g에는 $600\times\frac{8}{100}=48(g)$의 설탕이 들어 있다. 이 설탕물 100g에는 $100\times\frac{8}{100}=8(g)$의 설탕이 들어 있으므로 첫 번째 설탕물 100g을 덜어내고 물 100g을 넣은 설탕물 600g에는 설탕이 $48-8=40(g)$ 남는다.

이에 따라 한 차례 작업을 거친 설탕물 100g에는 설탕 $\frac{40}{6}=\frac{20}{3}(g)$이 녹아 있게 되는데, 이 600g 설탕물에서 100g을 퍼내면 설탕 $\frac{20}{3}$g이 줄어들므로 물 100g을 넣은 설탕물 600g에는 결국 $40-\frac{20}{3}=\frac{100}{3}(g)$의 설탕이 녹아 있게 된다.

따라서 두 차례 작업을 거친 설탕물의 농도는 $\frac{\frac{100}{3}}{600}\times100=\frac{100}{1,800}\times100 ≒ 5.6(\%)$가 된다.

세부유형 ③ 소금을 넣는 유형

예제 **20%의 소금물 300g에 물 200g을 섞은 후 150g을 버리고 다시 물 70g과 소금 30g을 더하여 섞었다. 이때 소금물의 농도는 몇 %가 되는지 고르면?**

① 16%　　② 17%　　③ 18%
④ 19%　　⑤ 20%

| 정답풀이 |　　　　정답 ①

20%의 소금물 300g에 녹아 있는 소금의 양은 $\frac{20}{100}\times300=60(g)$이다. 여기에 물 200g을 더하면 소금물 500g에 들어 있는 소금의 양은 여전히 60g이다. 여기서 150g을 버리면 소금은 $\frac{150}{500}=\frac{3}{10}$만큼인 $60g\times\frac{3}{10}=18(g)$이 줄어들게 된다. 다시 물 70g과 소금 30g을 더하여 섞었다고 했으므로, 소금물의 양은 $350+70+30=450(g)$이 되고, 소금의 양은 $60-18+30=72(g)$이 된다.
따라서 소금물의 농도는 $\frac{72}{450}\times100=16(\%)$가 된다.

문제 해결 TIP

- 소금물의 농도(%)$=\frac{\text{소금의 양}}{\text{소금물의 양}}\times100$
- 소금의 양$=\frac{\text{소금물의 농도}}{100}\times$소금물의 양

세부유형 ④ 농도가 다른 두 소금물을 섞는 유형

예제 비커 A와 B에는 각각 15% 농도의 소금물 400g과 14% 농도의 소금물 500g이 있다. 비커 A에서 100g과 비커 B에서 200g을 퍼내고, 두 비커에 남아있는 소금물을 새로운 비커에 섞었을 때, 새로운 비커에 들어있는 소금물에서 소금의 양을 고르면?

① 85g ② 87g ③ 89g
④ 91g ⑤ 93g

| 정답풀이 |

정답 ②

비커 A에서 소금물 100g을 퍼내고 비커 B에서는 200g을 퍼냈으므로 비커 A와 비커 B에 남아 있는 소금물의 양은 똑같이 300g이다. 즉, 비커 A의 소금물 300g에 들어있는 소금의 양은 300g×0.15=45(g)이고, 비커 B의 소금물 300g에 들어있는 소금의 양은 300g×0.14=42(g)이다. 따라서 이 두 소금물을 섞은 새로운 비커에 있는 소금의 양은 45+42=87(g)이다.

문제 해결 TIP

농도가 다른 두 소금물을 섞는 경우 '(a% 소금물에 들어 있는 소금의 양)+(b% 소금물에 들어 있는 소금의 양)=(c% 소금물에 들어 있는 소금의 양)'로 접근한다. 이때 c% 소금물은 a% 소금물과 b% 소금물을 합한 것이다.

세부유형 ⑤ 비와 비율을 통해 계산하는 유형

예제 어느 회사의 전체 직원 남녀 성비가 19 : 12이다. 이번 신입사원 선발에서 여자 신입사원 선발 인원을 추가할 경우 남녀 성비가 20 : 13이 되고, 여기에 다시 남자 신입사원 선발 인원을 추가하면 남녀 성비가 30 : 19로 바뀐다고 한다. 남자 신입사원 수가 여자 신입사원 수보다 30명 더 많다고 할 때, 신입사원 인원까지 포함한 전체 직원 수는 몇 명인지 고르면?

① 4,900명　② 5,390명　③ 5,420명
④ 5,910명　⑤ 6,370명

| 정답풀이 |　　**정답** ⑤

회사 전체 남자 직원 수를 $19x$명, 여자 직원 수를 $12x$명이라 하고, 여자 신입사원 수를 y명이라 하면, 남자 신입사원 수는 $(y+30)$명이 된다. 이때 여자 신입사원 선발 인원을 추가할 경우 남녀 성비가 20 : 13이 된다고 하였으므로 다음과 같이 식을 세울 수 있다.

$19x:(12x+y)=20:13$　$\rightarrow 240x+20y=247x$

$\therefore 7x=20y$　…… ㉠

그리고 여기에 다시 남자 신입사원 선발 인원을 추가하면 남녀 성비가 30 : 19로 바뀐다고 하였으므로 다음과 같이 식을 세울 수 있다.

$(19x+y+30):(12x+y)=30:19$　$\rightarrow 360x+30y=361x+19y+570$

$\therefore x=11y-570$　…… ㉡

㉡을 ㉠에 대입하면 $77y-3{,}990=20y$　$\therefore y=70$

$y=70$을 ㉡에 대입하면 $x=200$

따라서 신입사원을 포함한 전체 직원 수는 $19x+12x+y+(y+30)=3{,}800+2{,}400+70+(70+30)=6{,}370$(명)이다.

문제 해결 TIP

- 비: 두 수의 양을 기호 ':'을 사용하여 나타내는 것으로, '$a:b$'에서 a는 비교하는 양, b는 기준량을 의미한다.
- 비율: 기준량에 대한 비교하는 양의 크기를 의미한다.

$$(\text{비율})=\frac{(\text{비교하는 양})}{(\text{기준량})},\quad (\text{비교하는 양})=(\text{비율})\times(\text{기준량}),\quad (\text{기준량})=(\text{비교하는 양})\div(\text{비율})$$

- 비례식: 비율이 같은 두 비를 기호 '='를 사용하여 나타낸 식으로, 비례식에서 안쪽에 있는 두 항을 내항, 바깥쪽에 있는 두 항을 외항이라 한다.

$$a:b=c:d \rightarrow a\times d=b\times c$$ (외항의 곱=내항의 곱)

(내항: b, c / 외항: a, d)

- 할푼리: 비율을 소수로 나타낼 때 각 자리의 숫자가 '할, 푼, 리'를 의미한다.

예

비	분수	소수	백분율	할푼리
2:5	$\frac{2}{5}$	0.4	40%	4할

세부유형 ⑥ 백분율을 통한 계산 유형

예제 A, B 두 회사가 판매하는 가전제품의 월 평균 시장 점유율을 조사해 보니 판매 대수는 A, B 회사의 제품이 각각 전체 시장 판매 대수의 25%와 30%를 차지하였고, 판매 금액으로는 A, B 회사 제품이 각각 전체 시장 판매 금액의 20%와 25%를 차지하였다. 이때 B회사의 가전제품 가격 대비 A회사 가전제품 가격의 비율은 얼마인지 고르면?

① 1.30　② 1.25　③ 1.20
④ 0.98　⑤ 0.96

| 정답풀이 |　정답 ⑤

A회사와 B회사의 판매 가격을 각각 P, Q라 하면, 구하고자 하는 답은 $\frac{P}{Q}$를 의미한다.

월 평균 시장 전체의 판매 대수를 a개, 전체 판매 금액을 b원이라고 하면, $P=\frac{b\times0.2}{a\times0.25}=\frac{b}{a}\times\frac{4}{5}$이고, $Q=\frac{b\times0.25}{a\times0.3}=\frac{b}{a}\times\frac{5}{6}$이다.

따라서 $\frac{P}{Q}=\left(\frac{b}{a}\times\frac{4}{5}\right)\div\left(\frac{b}{a}\times\frac{5}{6}\right)=\frac{4b}{5a}\times\frac{6b}{5a}=\frac{24}{25}=0.96$이다.

문제 해결 TIP

백분율(%)은 '(백분율)=(비율)×100'로, 기호로 %를 사용하며, 기준량이 100일 때의 비율을 의미한다.

농도와 비율

연습 문제

정답과 해설 P.17

01 농도가 10%인 소금물 400g을 가열하여 물을 증발시켰더니 소금물의 농도가 16%가 되었을 때, 증발한 물의 양을 고르면?

① 90g ② 110g ③ 130g
④ 150g ⑤ 170g

02 10%의 소금물에 물을 추가했더니 4%의 소금물 800g이 만들어졌다. 이때 추가한 물의 양을 고르면?

① 480g ② 500g ③ 520g
④ 540g ⑤ 560g

03 농도가 12%인 소금물 A 500g과 9%인 소금물 B 400g이 있다. 소금물 A의 물을 100g 증발시키고 소금물 B에는 물을 200g 추가한 뒤, 소금물 A 100g과 소금물 B 200g을 섞어 소금물 C를 만들었다. 이때 소금물 C의 농도를 고르면?

① 8% ② 9% ③ 10%
④ 11% ⑤ 12%

04 소금물 A와 소금물 B를 2 : 3의 비율로 섞어 농도가 5%인 소금물 500g을 만들려고 하는데 실수로 소금물 A와 소금물 B를 3 : 2의 비율로 섞어 소금물 500g을 만들었고, 여기에 물 100g을 추가하였더니 농도가 5%인 소금물이 되었다. 이때 소금물 A의 농도를 고르면?

① 5% ② 6% ③ 8%
④ 9% ⑤ 10%

05 어느 병원에서 식사를 하지 못하는 환자에게 적절한 영양을 공급하기 위해 환자에게 필요한 농도의 포도당 용액을 조제하고 있다. 이 환자에게 필요한 10% 포도당 용액 500g을 조제하기 위하여 8% 포도당 용액과 14%의 포도당 용액을 섞은 뒤 물을 추가하였다. 8% 포도당 용액과 물을 1 : 1의 비율로 섞었다고 할 때, 14% 포도당 용액은 몇 g을 섞었는지 고르면?

① 100g ② 150g ③ 200g
④ 250g ⑤ 300g

06 농도가 다른 두 소금물 A, B를 각각 100g씩 섞으면 7%의 소금물이 되고, A를 100g, B를 300g 섞으면 5.5%의 소금물이 된다고 한다. 이때 소금물 B의 농도를 고르면?

① 4% ② 5% ③ 7%
④ 10% ⑤ 11%

07 어느 동호회에서 동호회장을 선출할 때, 단일 후보 A씨의 찬성표가 반대표보다 20표가 많아 전체 투표수의 60%를 차지하였다. 무효표와 기권표의 합이 4표라고 할 때, 반대표의 수를 고르면?

① 28표　② 29표　③ 30표
④ 31표　⑤ 32표

08 제품 A와 제품 B의 생산량이 작년보다 각각 10%, 5% 증가하였다. 작년의 제품 A와 제품 B 생산량의 합이 2,300개이고, 올해 제품 B의 생산량이 1,890개라고 할 때, 작년과 올해의 총생산량 차이는 몇 개인지 고르면?

① 120개　② 130개　③ 140개
④ 150개　⑤ 160개

09 철수와 영희가 가진 귤의 비율은 3 : 1이다. 철수가 영희에게 귤 6개를 줘서 그 비율이 9 : 7로 바뀌었을 때, 철수가 처음에 가지고 있던 귤은 몇 개인지 고르면?

① 21개　② 22개　③ 23개
④ 24개　⑤ 25개

10 구리와 주석을 4 : 1의 비율로 포함하고 있는 청동 A와 구리와 주석을 1 : 1의 비율로 포함하고 있는 청동 B가 있다. 청동 A와 청동 B를 함께 녹여 구리의 비율이 70%인 청동 C를 120kg 제작한다고 할 때, 청동 A를 청동 B보다 몇 kg 더 녹여야 하는지 고르면?

① 20kg ② 40kg ③ 60kg
④ 80kg ⑤ 100kg

11 작년의 신입사원 수는 45명이었고 올해는 59명이다. 신입사원 중 안경을 쓴 사람은 작년보다 올해 20% 더 많았고, 안경을 쓰지 않은 사람은 40% 더 많았다. 이때 올해 안경을 쓰지 않은 신입사원이 작년보다 얼마나 더 많은지 고르면?

① 6명 ② 8명 ③ 9명
④ 10명 ⑤ 11명

12 A대학은 수시 전형에서 1차로 논술 시험을 치르고, 논술 시험에 합격한 학생들을 대상으로 면접을 치러 최종 합격자를 선발한다. A대학의 수시 전형에서 1차 논술 시험 합격자와 불합격자의 비는 5 : 6이고, 논술 시험 합격자의 남자와 여자 비는 8 : 7이다. 1차를 통과한 사람 중 면접 합격자의 남자와 여자 비는 7 : 8, 면접 불합격자의 남자와 여자 비는 5 : 4이다. 면접을 합격한 학생의 수가 75명이라고 할 때, A대학의 수시 전형에 지원한 학생의 수를 고르면? (단, 논술 시험에 합격한 학생은 모두 면접을 치렀다.)

① 600명 ② 630명 ③ 660명
④ 690명 ⑤ 720명

유형 | 3

일과 일률

출제 포인트

✓ 일과 일률에 대한 개념을 이해하고 계산할 수 있는지를 평가하는 문제가 출제된다.
✓ 2~3인의 개별적인 일률을 주고 함께 일한 후 마쳤을 때 걸린 시간을 구하는 문제, 2~3인이 함께 일한 상황에서 각자의 개별적인 일률을 구하는 문제, 2~3개의 펌프를 이용하여 물통(수조)의 물을 채우는 경우 얼마나 소요되는지 경과 시간을 묻는 문제 등이 주로 출제된다.

세부유형 ① 2~3인의 개별적인 일률을 주고 함께 일해서 일을 마치는 유형

예제 혼자 일을 하면 A는 15일, B는 12일이 걸리는 일이 있다. A가 혼자 일을 하다가 중간에 B가 합류해 같이 일을 했을 때, A가 혼자 일하기 시작한 날로부터 총 10일이 걸렸다. 이때 A가 혼자 일을 한 기간을 고르면?

① 5일 ② 6일 ③ 7일
④ 8일 ⑤ 9일

| 정답풀이 | 정답 ②

전체 일의 양을 1이라고 하면 A가 하루에 하는 일의 양은 $\frac{1}{15}$, B가 하루에 하는 일의 양은 $\frac{1}{12}$이다.

A가 혼자 일을 한 기간을 x일이라고 하면 다음과 같은 식이 성립한다.

$\frac{1}{15}x+\left(\frac{1}{15}+\frac{1}{12}\right)\times(10-x)=1$

따라서 $x=6$이므로 A가 혼자 일을 한 기간은 6일이다.

문제 해결 TIP

A가 혼자서 일을 마치는 데 a일이 걸리고, B가 혼자서 일을 마치는 데 b일이 걸린다면 A가 하루동안 할 수 있는 일의 양은 $\frac{1}{a}$이고, B가 하루동안 할 수 있는 일의 양은 $\frac{1}{b}$이다. 따라서 A와 B가 둘이서 하루동안 할 수 있는 일의 양은 $\left(\frac{1}{a}+\frac{1}{b}\right)$이고, n일 동안 하여 일을 마친다면 $\left(\frac{1}{a}+\frac{1}{b}\right)\times n=1$의 식을 세울 수 있다.

세부유형 ② 2~3인이 함께 일한 상황을 통해 각자의 개별적인 일률을 구하는 유형

예제 어느 회사에서 신입사원 A와 B는 같은 프로젝트를 맡았다. A와 B가 혼자 프로젝트를 마무리하는 데 필요한 기간은 각각 8일, 16일이다. A와 B가 함께 3일 동안 프로젝트를 진행하고, 나머지 일을 B가 혼자 마무리했을 때, B가 혼자 마무리하는 데 필요한 기간을 고르면?

① 7일 ② 8일 ③ 9일
④ 10일 ⑤ 11일

| 정답풀이 | **정답** ①

프로젝트 일의 양을 1로 두고 신입사원 A와 B가 3일 동안 같이 진행하고, 나머지 B사원이 일을 진행하여 마무리한 것을 식으로 나타내면 다음과 같다.

$\left(\frac{1}{8}+\frac{1}{16}\right)\times 3+\frac{1}{16}\times x=1 \rightarrow \frac{3}{16}\times 3+\frac{x}{16}=1 \rightarrow x=16-9=7$

따라서 B사원이 프로젝트를 혼자 마무리하는 데 필요한 시간은 7일이다.

문제 해결 TIP

단위 시간(하루 또는 시간) 동안 할 수 있는 일의 양을 미지수로 두고 접근한다. 만약 1시간 동안 할 수 있는 일의 양을 A의 경우 a, B의 경우 b라고 하면, A와 B 두 사람이 함께 했을 경우 k시간 만에 끝낸다는 상황에서 $k(a+b)=1$이라는 식을 세울 수 있다.
A, B, C 세 사람이 함께 일하고 있는 상황이 제시되고 A와 B가 함께 일할 때 k시간, B와 C가 함께 일할 때 p시간, A와 C가 함께 일할 때 r시간이 소요된다는 조건이 주어지면, 두 사람씩 함께 일을 한 양을 1로 두고, $k(a+b)=1$, $p(b+c)=1$, $r(a+c)=1$ 식을 세워 세 사람 A, B, C의 개별적인 일률을 구할 수 있다.

세부유형 ③ 2~3개의 펌프를 이용하여 물통(수조)의 물을 채우는 유형

예제 어떤 물통에 물을 가득 채우는 데 A, B호스로는 각각 3시간, 4시간씩 걸리며, 또 가득 찬 물을 C호스로 다 빼는 데는 6시간이 걸린다고 한다. A, B호스로 물을 넣는 동시에 C호스로 물을 뺄 때, 물통에 물을 가득 채우는 데 걸리는 시간을 고르면?

① 2시간 ② 2시간 12분 ③ 2시간 24분
④ 2시간 36분 ⑤ 2시간 48분

| 정답풀이 | 정답 ③

물통에 물을 가득 채우는 데 걸리는 시간을 x시간이라고 할 때, 식을 세우면 $\frac{x}{3}+\frac{x}{4}-\frac{x}{6}=1$이다.

이 식을 정리하면, $4x+3x-2x=12 \rightarrow 5x=12 \rightarrow x=\frac{12}{5}$

따라서 물을 가득 채우는 데 2시간 24분이 걸린다.

문제 해결 TIP

2개 또는 3개의 호스로 물통에 물을 채울 때 걸리는 시간을 묻는 유형이다. A호스 하나로 물을 채울 때 걸리는 시간, B호스 하나로 물을 채울 때 걸리는 시간을 주고 두 호스를 동시에 사용하여 물을 채울 때 걸리는 시간을 묻거나, 반대로 여러 호스끼리 함께 물을 채울 때 걸리는 시간을 주고 하나의 호스만 사용하여 물을 채울 때 걸리는 시간을 묻는 경우도 있다. 해당 유형은 사람이 호스로 바뀌었을 뿐 근본적으로 세부유형 ①, ②와 같으므로 동일한 풀이 방법을 사용하도록 한다.

연습 문제

정답과 해설 P.20

01 어떤 작업을 A 혼자 하면 1시간 20분 동안 3개를 처리하고, A, B가 함께하면 3시간 동안 12개를 처리한다고 한다. 이때 B 혼자 7개를 처리하는 데 걸리는 시간을 고르면?

① 3시간 40분 ② 4시간 ③ 4시간 20분
④ 4시간 30분 ⑤ 4시간 40분

02 A, B 2대의 기계를 이용하여 공장에서 제품 4,030개를 만드는 데 10시간이 걸렸다. A기계가 20분 동안 제품 56개를 생산할 수 있다면, B기계가 1시간 동안 생산할 수 있는 제품은 몇 개인지 고르면?

① 215개 ② 220개 ③ 225개
④ 230개 ⑤ 235개

03 A, B 두 사람은 사내 행사를 위하여 선물을 포장하는 일을 하고 있다. 360개의 선물을 포장해야 하는데, A가 50분 동안 포장한 후 뒤이어 B가 55분 동안 포장하면 끝난다고 한다. A와 B가 함께 30분 동안 포장하다가 B에게 일이 생겨 20분 동안 A 혼자 포장하였다. 20분 뒤 돌아온 B가 혼자서 나머지를 모두 포장하여 일을 끝냈을 때, B가 혼자서 나머지를 모두 포장하는 데 걸린 시간을 고르면?

① 20분 ② 25분 ③ 30분
④ 35분 ⑤ 40분

04 A펌프로 18분 동안 수조에 물을 채우니 75%를 채울 수 있었다. 수조의 물을 전부 뺀 후에 다시 A펌프로 15분 동안 물을 채우다가, A펌프보다 물을 채우는 속도가 2배 빠른 B펌프로만 물을 채우기 시작했다. 이때 B펌프로 남은 수조를 가득 채우는 데 걸리는 시간을 고르면?

① 4분 ② 4분 30초 ③ 5분
④ 5분 30초 ⑤ 6분

05 3개의 수도관 A, B, C가 있다. 수도관 A로만 5시간 동안 물을 받으면 물탱크를 가득 채울 수 있고, 두 개의 수도관 A와 B로 동시에 4시간 동안 물을 받으면 물탱크를 가득 채울 수 있으며, 두 개의 수도관 A와 C로 동시에 3시간 동안 물을 받으면 물탱크를 가득 채울 수 있다. 두 개의 수도관 B와 C로 동시에 물을 5시간 동안 받다가 수도관 C는 잠그고 수도관 B로만 일정 시간 동안 물을 받았더니 물탱크를 가득 채울 수 있었을 때, 수도관 B만으로 물을 받은 시간을 고르면?

① 45분 ② 60분 ③ 80분
④ 100분 ⑤ 130분

06 **홍보부에서는 신제품 카탈로그가 잘못 인쇄된 것을 발견하였다. 잘못 인쇄된 카탈로그는 총 3박스이고, 김 대리와 이 대리가 잘못 인쇄된 부분에 수정 스티커를 붙이는 작업을 진행하였다. 첫 번째 박스는 김 대리 혼자 20분 동안 작업한 후, 나머지를 이 대리 혼자 50분 동안 작업하여 끝마쳤고, 두 번째 박스는 김 대리와 이 대리가 함께 30분 동안 작업을 하여 끝마쳤다. 마지막 박스는 이 대리 혼자 작업하였을 때, 마지막 박스의 작업을 끝마치는 데 걸리는 시간을 고르면?** (단, 3박스에 들어있는 카탈로그의 개수는 동일하고, 김 대리와 이 대리의 작업 속도는 항상 일정하다.)

① 60분　② 70분　③ 80분　④ 90분　⑤ 100분

07 **복사용지를 생산하는 A, B, C 3개의 회사가 있다. 짧은 시간에 대량의 복사용지 생산을 요청한 회사가 있어서 세 회사가 함께 복사용지를 생산하기로 했다. A회사 혼자서 생산하면 5시간 만에 요청한 양의 생산을 마칠 수 있고, A회사와 B회사가 함께 생산하면 2시간 만에 마칠 수 있으며, A회사와 C회사가 함께 생산하면 4시간 만에 마칠 수 있다. A, B, C 세 회사가 함께 어느 정도의 시간 동안 복사용지를 생산한 후에 A회사는 작업을 중단하고, B회사와 C회사가 2시간을 더 작업해서 요청한 양을 모두 생산했을 때, 세 회사가 동시에 작업을 한 시간을 고르면?**

① $\frac{6}{11}$시간　② $\frac{5}{13}$시간　③ $\frac{7}{15}$시간　④ $\frac{6}{19}$시간　⑤ $\frac{5}{21}$시간

원가·정가·할인가

출제 포인트

✓ 원가, 정가, 판매가, 할인가, 이익에 대한 개념을 이해하고 계산할 수 있는지를 평가하는 문제가 출제된다.

세부유형 ① 원가, 정가, 할인율의 관계를 이용하여 계산하는 유형

예제 어떤 상품을 원가에 15%의 이익을 붙여서 정가를 정하고, 정가에서 800원 할인해서 팔았더니 한 개를 팔 때마다 원가의 5% 이익을 얻었다. 이때 상품의 원가를 고르면?

① 8,000원 ② 8,500원 ③ 9,000원
④ 9,500원 ⑤ 10,000원

| 정답풀이 | 정답 ①

원가를 x원이라 하면 다음과 같이 정가, 판매 가격, 이익을 확인할 수 있다.

(정가)$=x+\frac{15}{100}x=x+\frac{3}{20}x=\frac{23}{20}x$(원)

(판매 가격)$=\left(\frac{23}{20}x-800\right)$(원)

(이익)$=\frac{5}{100}x=\frac{1}{20}x$(원)

이때 (판매 가격)−(원가)=(이익)이므로 다음과 같은 식이 성립한다.

$\left(\frac{23}{20}x-800\right)-x=\frac{1}{20}x \rightarrow \frac{2}{20}x=800 \rightarrow x=8,000$

따라서 원가는 8,000원이다.

문제 해결 TIP

- (정가)=(원가)+(이익)
  - 정가: 제품의 정상적인 판매가
  - 원가: 제품을 만들 때 사용되는 비용
- (정가)의 $x\%$를 할인 적용한 가격=(할인가)
- (정가) 또는 (할인가)=(판매가)
- (이익)=(판매가)−(원가)
- 만약 원가 x원에 $a\%$의 이익을 정가로 정하는 경우: (정가)$=\left(1+\frac{a}{100}\right)\times x$원
- 만약 원가 x원에 $b\%$의 할인을 적용하여 판매가(할인가)로 정하는 경우: (판매가 또는 할인가)$=\left(1-\frac{b}{100}\right)\times x$원

세부유형 ② 본전을 찾기 위한 판매 개수를 계산하는 유형

예제 어느 회사에서 A제품을 만드는 데 개발비 10억 원이 들었다. 개발비와 별도로 A제품을 생산할 때 드는 원가는 개당 200만 원이고, 정가는 개당 300만 원으로 정해졌다. 처음 200개까지는 정가대로 판매한 후, 나머지는 정가에서 25% 할인하여 판매했다. 이때 손해를 보지 않기 위해선 할인된 제품을 최소한 몇 개 팔아야 하는지 고르면?

① 2,800개 ② 3,000개 ③ 3,200개
④ 3,400개 ⑤ 3,600개

| 정답풀이 | 정답 ③

처음 200개는 개당 100만 원의 이익이 발생하므로, $200 \times 100 = 20,000$(만 원)$=2$(억 원)의 이익이 생긴다. 이에 따라 할인된 제품에서 발생하는 이익으로 메꿔야 하는 개발비는 8억 원$=80,000$만 원이다.

할인된 가격은 $300 \times \frac{3}{4} = 225$(만 원)이므로 개당 25만 원의 이익이 발생한다. 이에 따라 할인된 제품 판매량을 x라고 하면 다음의 식이 성립한다.

$25x \geq 80,000 \rightarrow x \geq 3,200$

따라서 손해를 보지 않기 위해 팔아야 하는 할인된 제품의 최소 개수는 3,200개이다.

유형 | 4

원가 · 정가 · 할인가

연습 문제

정답과 해설 P.21

01 어떤 상품은 원가가 개당 5천 원이다. 원가를 주고 90개의 상품을 구입하여 10개는 개당 7천 원에 팔고, 나머지의 절반은 개당 4천 원에 판매했다. 마지막으로 남은 상품을 팔 때 손해를 보지 않는 최저 가격을 고르면?

① 5,500원　② 5,600원　③ 5,700원
④ 5,800원　⑤ 5,900원

02 원가가 20,000원인 상품에 40% 이익을 붙여서 정가를 책정했는데 판매가 잘되지 않아 할인가를 새로 책정하여 판매하였다. 상품 1개를 할인가로 판매할 때마다 원가의 12% 이익이 생길 때, 이 상품의 할인율을 고르면?

① 15%　② 20%　③ 25%
④ 30%　⑤ 35%

03 A제품과 B제품의 원가는 각각 5,000원, 4,000원이다. A제품과 B제품에 각각 일정한 이윤을 붙여 정가를 정하였다. 5명의 손님이 각각 A제품을 5개, B제품을 3개 구입하였을 때 총이윤은 20,450원이었고, 3명의 손님이 각각 A제품을 2개, B제품을 4개 구입하였을 때 총이윤은 7,260원이었다. 이때 A제품에 몇 %의 이윤을 붙여서 정가를 정하였는지 고르면?

① 9%　② 10%　③ 11%
④ 12%　⑤ 13%

04 어느 상점에서는 크리스마스를 맞이하여 제품 A는 정가에서 20%를 할인하여 판매하였고, 제품 B는 정가에서 3,000원 할인하여 판매하였다. 제품 A와 제품 B 정가의 합은 24,000원이고, 할인가의 합은 정가의 합보다 5,000원 적다. 이 상점에서 제품 A를 100개, 제품 B를 50개씩 모두 할인가로 팔았을 때, 총수입은 얼마인지 고르면?

① 130만 원　② 135만 원　③ 140만 원
④ 155만 원　⑤ 170만 원

05 어느 마트에서 유통기한이 30일 남은 달걀을 총 200판 구입하여 원가에 40% 이익을 붙여 판매하였다. 달걀의 유통기한이 10일이 남을 때까지 전체 구입량의 70%를 판매하였고, 유통기한이 10일 남은 시점부터 기존 판매가에 20%를 할인하여 판매하였다. 유통기한이 지나 폐기한 달걀 수량이 6판이고, 총판매금액이 641,200원이라고 할 때, 달걀을 판매하여 얻은 순이익이 얼마인지 고르면? (단, 유통기한이 지나 폐기한 달걀 외에는 모두 판매하였다.)

① 119,200원　② 120,200원　③ 121,200원
④ 131,200원　⑤ 141,200원

06 과일가게를 운영하는 상인이 농부에게 10kg당 20,000원인 귤을 1,000kg 구입하고, 귤을 포장하기 위해 1개당 2,000원인 상자를 100개 구입했다. 그런데 운반하던 도중에 냉장창고가 고장이 나서 상자 20개에 해당하는 귤이 모두 썩어 판매할 수 없게 되었다. 이 상인이 남은 귤을 모두 판매하여 전체 비용의 20%의 이익을 얻으려고 할 때, 귤의 판매가를 기존 10kg당 구입가에 몇 %의 이익을 붙여서 판매해야 하는지 고르면? (단, 상자 1개에 10kg의 귤을 포장할 수 있다.)

① 65%　② 70%　③ 75%
④ 80%　⑤ 85%

유형 | 5

집합

출제 포인트

- ✓ 집합에 대한 개념을 이해하고 계산할 수 있는지를 평가하는 문제가 출제된다.
- ✓ 합집합, 교집합, 차집합, 여집합에 대한 개념 숙지가 중요하며 벤다이어그램을 이용하여 풀이하면 식을 세우는 것보다 빠르게 풀 수 있다.

세부유형 ① 집합이 여러 개일 때 합집합의 원소 개수를 구하는 유형

예제 **P회사의 신입사원 40명 중 회사 근처의 음식점 A, B, C를 방문해 본 사원은 각각 20명, 15명, 25명이었고, 음식점 세 곳을 모두 가본 사원은 8명이었다. P회사의 모든 사원들이 적어도 한 곳의 음식점을 방문해본 적이 있다고 할 때, 한 곳의 음식점만을 방문한 사원의 수를 고르면?**

① 28명 ② 30명 ③ 32명
④ 34명 ⑤ 36명

| 정답풀이 | **정답** ①

음식점 세 곳 A, B, C를 방문해 본 사원들의 집합을 각각 A, B, C라 하고, 각 영역에 속하는 원소의 개수를 벤다이어그램으로 나타내면 다음과 같다.

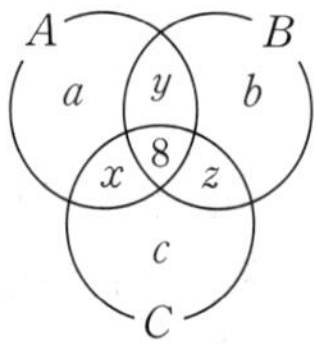

$n(A\cup B\cup C)=40$, $n(A)=20$, $n(B)=15$, $n(C)=25$이므로 다음과 같은 식이 성립한다.

$a+b+c+x+y+z=40-8=32$ … ㉠

$a+x+y=20-8=12$ … ㉡

$b+y+z=15-8=7$ … ㉢

$c+x+z=25-8=17$ … ㉣

㉡+㉢+㉣−㉠을 하면 $x+y+z=4$ … ㉤

㉤을 ㉠에 대입하면 $a+b+c=32-4=28$

따라서 한 곳의 음식점만을 방문한 사원의 수는 28명이다.

문제 해결 TIP

유한집합 A, B, C의 원소의 개수를 $n(A)$, $n(B)$, $n(C)$라 할 때, 합집합의 원소의 개수는 다음과 같이 구할 수 있다.

- 집합 2개: $n(A\cup B)=n(A)+n(B)-n(A\cap B)$
- 집합 3개: $n(A\cup B\cup C)=n(A)+n(B)+n(C)-n(A\cap B)-n(B\cap C)-n(A\cap C)+n(A\cap B\cap C)$

연습 문제

정답과 해설 P.22

01 A연구소에서는 신입 연구원 50명을 대상으로 연구 윤리, 연구실 안전, 연구노트 작성 강의를 수강하도록 하였다. 현재까지 강의를 하나도 수강하지 않은 신입 연구원은 3명이고, 연구 윤리를 수강한 신입 연구원은 22명, 연구실 안전을 수강한 신입 연구원은 16명이다. 연구 윤리와 연구실 안전을 모두 수강한 신입 연구원이 4명일 때, 현재까지 연구노트 작성만 수강한 신입 연구원의 수를 고르면?

① 10명 ② 12명 ③ 13명
④ 14명 ⑤ 17명

02 A학교는 학생 80명을 대상으로 ○, × 퀴즈를 풀게 하였다. 문항 수는 총 2개이며 1번 문제에 ○를 표시한 학생은 38명, 2번 문제에 ×를 표시한 학생은 54명이었다. 1번 문제의 답이 ○, 2번 문제의 답이 ×라고 할 때 1번과 2번 문제를 모두 틀린 학생은 15명이다. 이때 두 문제를 모두 맞힌 학생은 총 몇 명인지 고르면?

① 15명 ② 18명 ③ 21명
④ 24명 ⑤ 27명

유형 | 6 방정식과 부등식의 활용

출제 포인트

- ✓ 방정식과 부등식을 세워 구하고자 하는 값을 도출할 수 있는지 평가하는 문제가 출제된다.
- ✓ 최대공약수와 최소공배수의 개념을 이해하고 있는지 묻는 문제, 2~3인의 나이 관계를 통해 특정인의 나이를 계산하는 문제, 도형을 활용하여 계산하는 문제, 그 밖에도 자릿수, 연속하는 수, 과부족 등과 관련된 다양한 유형의 문제가 출제된다.

세부유형 ① 최대공약수 개념의 이해를 묻는 유형

예제 **택배 차량 적재함은 가로, 세로 높이가 각각 112cm, 168cm, 140cm인 정육면체 모양이다. 이 적재함을 동일한 크기의 정육면체 물품 박스로 채워 남는 공간이 없도록 하고자 한다. 정육면체 물품 박스 크기를 최대한 큰 것으로 채울 때, 적재함의 가로, 세로, 높이별로 각각 쌓을 수 있는 적재 수량을 순서대로 바르게 나열한 것을 고르면?**

① 2개, 3개, 4개 ② 2개, 4개, 5개 ③ 3개, 4개, 5개
④ 4개, 6개, 5개 ⑤ 4개, 5개, 6개

| 정답풀이 | 정답 ④

물품 박스가 정육면체이므로 먼저 112, 168, 140의 최대공약수를 구하여야 한다. $112=28\times4$, $168=28\times6$, $140=28\times5$이므로 최대공약수는 28이 되어 가장 큰 박스는 한 변의 길이가 28cm인 정육면체가 된다.
따라서 쌓을 수 있는 적재 수량은 가로의 경우 $112\div28=4$(개), 세로의 경우 $168\div28=6$(개), 높이의 경우 $140\div28=5$(개)이다.

문제 해결 TIP

- 최대공약수: 두 정수의 공약수 중 가장 큰 것(공약수: 두 정수의 공통 약수)
- 최대공약수 개념을 실생활에 활용한 예: 어떤 물건들을 가능한 한 많은 사람에게 똑같이 나누어 주는 경우, 특정 도형의 둘레에 일정한 간격으로 나무를 심을 때, 나무 사이의 간격이 최대가 되도록 하는 경우 등이 있다. 특히 나무 심기 관련 유형은 양 끝에 심거나 심지 않는 경우, 원의 둘레에 심는 경우로 구분할 수 있다.
  - 나무를 양 끝(길 한쪽의 처음과 나중)에 심는 경우: (나무의 수)=(간격의 수)+1
  - 나무를 양 끝에 심지 않는 경우: (나무의 수)=(간격의 수)−1
  - 나무를 원의 둘레에 심는 경우: (나무의 수)=(간격의 수)
- 최대공약수와 최소공배수를 구하는 법
  - 숫자가 2개인 경우

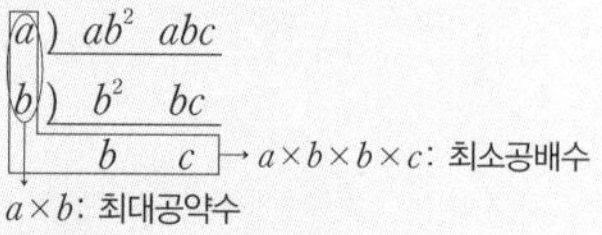

  - 숫자가 3개인 경우

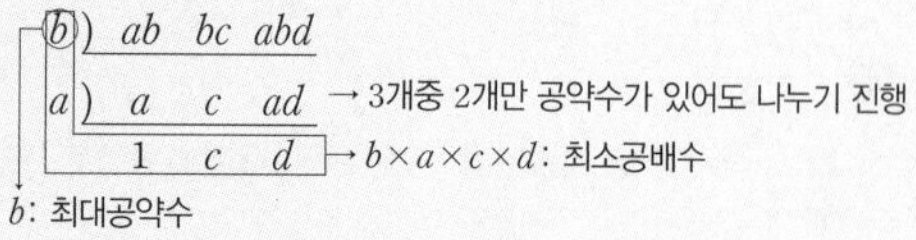

b) ab bc abd
a) a c ad → 3개중 2개만 공약수가 있어도 나누기 진행
1 c d → b×a×c×d: 최소공배수
b: 최대공약수

세부유형 ② 최소공배수 개념의 이해를 묻는 유형

예제 100개 이하인 볼펜을 3개씩 포장하면 1개가 남고, 4개씩 포장하면 2개가 남고, 5개씩 포장하면 3개가 남고, 6개씩 포장하면 4개가 남는다고 한다. 그렇다면 8개씩 포장할 때 남는 볼펜의 개수를 고르면?

① 1개　② 2개　③ 3개　④ 4개　⑤ 5개

| 정답풀이 |　정답 ②

볼펜을 3개씩 포장할 때 1개가 남으므로 2개가 모자란다고 생각할 수 있다.
볼펜을 4개씩 포장할 때 2개가 남으므로 2개가 모자란다고 생각할 수 있다.
볼펜을 5개씩 포장할 때 3개가 남으므로 2개가 모자란다고 생각할 수 있다.
볼펜을 6개씩 포장할 때 4개가 남으므로 2개가 모자란다고 생각할 수 있다.
즉, 볼펜의 개수는 3, 4, 5, 6의 공배수보다 2 부족한 수이다.
3, 4, 5, 6의 최소공배수가 60이고 볼펜의 개수가 100개 이하이므로 볼펜의 수는 $60-2=58$(개)이다.
따라서 볼펜을 8개씩 포장하면 $\frac{58}{8}=7 \cdots 2$이므로 남는 볼펜의 개수는 2개이다.

문제 해결 TIP

- 최소공배수: 양의 공배수 중 가장 작은 것(공배수: 두 정수의 공통 배수)
- 최소공배수 개념을 실생활에 활용한 예: 배차 간격이 다른 두 버스가 동시에 출발하여 처음으로 다시 만나는 시각을 구하는 경우, 톱니 수가 다른 두 톱니바퀴가 처음으로 다시 같은 톱니에서 맞물릴 때까지 회전한 톱니 수를 구하는 경우 등이 있다.

세부유형 ③ 2~3인의 나이를 통해 특정인의 나이를 계산하는 유형

예제 어머니의 나이는 딸의 나이의 2배 이상이며, 40대로 7의 배수이다. 할머니는 60대이며, 어머니와 딸의 나이의 합보다 10살 적다. 딸의 나이가 21살일 때, 할머니의 나이를 고르면?

① 60살 ② 61살 ③ 62살
④ 63살 ⑤ 64살

| 정답풀이 | 정답 ①

어머니의 나이는 40대이며, 7의 배수이므로 42살, 49살 둘 중 하나인데, 딸의 나이 21살의 2배 이상이라고 했으므로 42살 또는 49살 모두 가능하다. 할머니의 나이는 60대로 어머니와 딸의 나이 합보다 10살 적으므로 어머니와 딸의 나이 합이 70살 이상이어야 한다. 어머니가 42살일 경우 어머니와 딸의 나이 합이 63살이므로 불가능하다.
따라서 어머니는 49살이어야 할머니의 나이는 $21+49-10=60$(살)이 되어 조건을 만족한다.

문제 해결 TIP

올해 나이가 x세일 때
- a년 전의 나이: $(x-a)$세
- b년 후의 나이: $(x+b)$세

세부유형 ④ 길이, 넓이, 부피 등 도형을 활용하여 계산하는 유형

예제 어느 정사각형에서 가로 방향의 변의 길이를 2cm 늘이고 세로 방향의 변의 길이를 3cm 줄여서 직사각형을 만들었더니 그 넓이가 24cm^2가 되었다. 이때 처음 정사각형의 둘레의 길이를 구하면?

① 20cm ② 24cm ③ 28cm
④ 32cm ⑤ 36cm

| 정답풀이 |

정답 ②

처음 정사각형의 한변의 길이를 $x$cm라고 하면 가로 방향의 변의 길이는 $(x+2)$cm, 세로 방향의 변의 길이는 $(x-3)$cm이다. 이때, 직사각형의 넓이가 24cm^2라고 하였으므로 다음과 같은 식이 성립한다.

$(x+2)(x-3)=24$

식을 정리하면 $x^2-x-6=24$에서

$x^2-x-30=(x+5)(x-6)=0$

$\therefore x=6$ ($\because x>0$)

따라서 처음 정사각형의 둘레의 길이는 $6\times4=24$(cm)이다.

문제 해결 TIP

- (직사각형의 둘레의 길이) $=2\times$(가로와 세로의 길이의 합)
- (직사각형의 넓이) $=$ (가로의 길이)$\times$(세로의 길이)
- (사다리꼴의 넓이) $=\frac{1}{2}\times$(윗변과 아랫변의 길이의 합)$\times$(높이)
- (삼각형의 넓이) $=\frac{1}{2}\times$(밑변)$\times$(높이)
- (평행사변형의 넓이) $=$ (밑변)$\times$(높이)

세부유형 ⑤ 자릿수에 관한 유형

예제 두 자리 자연수가 있다. 십의 자리 숫자와 일의 자리 숫자의 합은 7이고, 십의 자리와 일의 자리 숫자를 서로 바꾼 수는 처음 수의 2배보다 2만큼 크다고 할 때, 처음 자연수를 고르면?

① 16 ② 25 ③ 34
④ 43 ⑤ 54

| 정답풀이 |

정답 ②

처음 수의 십의 자리 숫자를 a, 일의 자리 숫자를 b라고 하면 십의 자리 숫자와 일의 자리 숫자의 합은 7이므로

$a+b=7 \rightarrow b=7-a$ ⋯⋯ ㉠

십의 자리와 일의 자리 숫자를 서로 바꾼 수는 처음 수의 2배보다 2 크다고 하였으므로

$10b+a=2(10a+b)+2 \rightarrow 19a-8b=-2$ ⋯⋯ ㉡

㉠을 ㉡에 대입하면 $19a-8(7-a)=-2$ $\therefore a=2$

따라서 $b=5$이므로 처음 자연수는 25이다.

문제 해결 TIP

- 두 자리의 자연수: $10\times$(십의 자리의 수)$+1\times$(일의 자리의 수)
- 세 자리의 자연수: $100\times$(백의 자리의 수)$+10\times$(십의 자리의 수)$+$(일의 자리의 수)

세부유형 ⑥ 연속하는 수에 관한 유형

예제 연속하는 세 홀수가 있다. 가장 작은 수와 두 번째로 작은 수의 합이 57보다 크고, 세 수의 합이 96보다 작을 때, 가장 큰 홀수를 고르면?

① 29 ② 31 ③ 33
④ 35 ⑤ 37

| 정답풀이 |

정답 ③

연속하는 세 홀수를 $a-2$, a, $a+2$라고 하자.
가장 작은 수와 두 번째로 작은 수의 합이 57보다 크다고 하였으므로

$(a-2)+a>57 \rightarrow 2a-2>57 \quad \therefore a>\frac{59}{2} \quad \cdots\cdots$ ㉠

세 홀수의 합이 96보다 작다고 하였으므로

$(a-2)+a+(a+2)<96 \rightarrow 3a<96 \quad \therefore a<32 \quad \cdots\cdots$ ㉡

㉠, ㉡에 의해 $\frac{59}{2}<a<32$

이때, a가 홀수이므로 부등식을 만족하는 a의 값은 31이다.
따라서 가장 큰 홀수는 $31+2=33$이다.

문제 해결 TIP

- 연속하는 두 짝수(홀수)의 경우: x, $x+2$ 또는 $x-2$, x
- 연속하는 세 자연수(정수)의 경우
  - 가장 작은 수를 x라고 할 때: x, $x+1$, $x+2$
  - 가운데 수를 x라고 할 때: $x-1$, x, $x+1$
  - 가장 큰 수를 x라고 할 때: $x-2$, $x-1$, x

세부유형 ⑦ 개수의 많고 적음을 이용한 과부족에 관한 유형

예제 A기업은 신입사원들에게 줄 입사 선물로 볼펜을 포함한 사무용품 세트를 준비하려고 한다. 다음 [조건]에 따라 볼펜의 개수로 가능한 것을 고르면?

조건

- 사무용품 한 세트에 볼펜을 5개씩 담았더니 볼펜이 4개 남았다.
- 사무용품 한 세트에 볼펜을 7개씩 담았더니 사무용품 세트 상자가 4개 남았다.
- 두 번째 [조건]에서 볼펜을 7개씩 담은 마지막 한 세트에는 몇 개의 볼펜을 담았는지 알 수 없으나, 적어도 1개의 볼펜이 있었고 최대 7개까지 담을 수 있다.

① 81개 ② 82개 ③ 83개
④ 84개 ⑤ 85개

| 정답풀이 | 정답 ④

사무용품 세트 상자의 개수를 x개라고 하면, 사무용품 세트 1개에 볼펜을 5개씩 담았더니 볼펜이 4개 남았다고 하였으므로 볼펜의 개수는 $(5x+4)$개이다. 그런데 사무용품 세트 1개에 볼펜을 7개씩 담았더니 사무용품 세트 상자가 4개 남았다고 하였으므로 볼펜의 개수는 $7(x-5)$개보다 많아야 하고 $7(x-4)$개보다 적거나 같아야 한다. 즉, 부등식 $7(x-5)<5x+4\leq 7(x-4)$을 만족해야 한다.

이때, 이 부등식은 다음과 같이 연립부등식으로 나눌 수 있다.

$$\begin{cases} 7(x-5)<5x+4 & \cdots\cdots ㉠ \\ 5x+4\leq 7(x-4) & \cdots\cdots ㉡ \end{cases}$$

㉠을 정리하면, $7(x-5)<5x+4 \quad \therefore x<\frac{39}{2}=19.5$

㉡을 정리하면, $5x+4\leq 7(x-4) \quad \therefore x\geq 16$

$\therefore 16\leq x<19.5$

따라서 사무용품 세트 상자의 개수로 가능한 것은 16, 17, 18, 19이므로 볼펜의 개수로 가능한 것은 $16\times 5+4=84$(개), $17\times 5+4=89$(개), $18\times 5+4=94$(개), $19\times 5+4=99$(개)이다.

문제 해결 TIP

- 사람의 수를 x로 놓고, 상품을 한 사람에게 a개씩 나누어 줄 때 b개가 남는 경우: (상품의 개수)$=ax+b$
  사람의 수를 x로 놓고, 상품을 한 사람에게 a개씩 나누어 줄 때 b개가 모자르는 경우: (상품의 개수)$=ax-b$
- n명씩 앉는 의자 x개에 사람이 앉았는데
  - 앉지 못한 사람이 k명일 때 사람의 수$=nx+k$
  - 서 있는 사람도 없고 빈 의자도 없을 때 사람의 수$=n(x-1)+a$ (단, $1\leq a\leq n$)
  - 의자가 k개 남을 때 사람의 수$=n\{x-(k+1)\}+a$ (단, $1\leq a\leq n$)

연습 문제

정답과 해설 P.23

01 연속하는 세 짝수의 곱이 세 짝수의 합의 4배일 때, 세 짝수 중 가장 작은 수를 고르면? (단, 세 짝수는 모두 양수이다.)

① 2　② 4　③ 6　④ 8　⑤ 10

02 A톱니바퀴, B톱니바퀴, C톱니바퀴의 톱니 개수는 각각 16개, 20개, 24개이다. A톱니바퀴와 B톱니바퀴가 서로 맞닿아 있고, B톱니바퀴와 C톱니바퀴가 서로 맞닿아 있는 상태에서 B톱니바퀴를 돌렸을 때, 세 톱니바퀴가 모두 톱니바퀴를 돌리기 전의 상태로 돌아오기 위해 B톱니바퀴를 최소한 몇 바퀴 돌려야 하는지 고르면?

① 10바퀴　② 12바퀴　③ 15바퀴　④ 16바퀴　⑤ 20바퀴

03 A사에서는 가로의 길이가 270m, 세로의 길이가 234m인 직사각형 모양의 회사 정원 테두리에 나무를 심으려고 한다. 우선 정원의 네 모퉁이에 나무를 심고, 가장자리를 따라 동일한 간격으로 최소한의 나무를 심으려고 할 때, 필요한 나무의 개수를 고르면?

① 48그루　② 52그루　③ 56그루　④ 60그루　⑤ 64그루

04 실험실에서 세포를 배양하고 있다. 세포는 1시간이 지날 때마다 세포 1개가 2개로 분열한다고 한다. 한편 세포배양액은 1시간 동안은 줄어들지 않다가 2시간 후엔 $\frac{1}{4}$배, 3시간 후엔 $\frac{1}{9}$배로, 흐른 시간의 제곱의 역수배로 서서히 줄어들고 있다. 현재 세포의 수는 1개, 세포배양액은 196mL일 때, 남은 세포배양액 1mL 대비 세포의 수가 32개인 시점은 현재로부터 몇 시간 후인지 고르면?

① 7시간 후　② 9시간 후　③ 12시간 후
④ 14시간 후　⑤ 15시간 후

05 어느 대기업에서 채용설명회를 개최하였다. 아래의 내용을 바탕으로 할 때, 정원이 37명인 장소에서 설명회에 참석한 인원이 몇 명인지 고르면?

- 설명회는 10개의 장소에서 동시에 이루어졌다.
- 설명회 장소는 정원이 37명인 곳이 몇 군데 있고, 정원이 39명인 곳이 몇 군데 있다.
- 설명회에는 고등학생이 전체 참석 인원의 $\frac{5}{17}$를 차지했다.
- 설명회는 성황리에 종료되어 빈자리가 남아있지 않았다.

① 111명　② 185명　③ 222명
④ 259명　⑤ 296명

06 A~C 세 회사가 각자 출자하여 합작 회사를 세우려고 한다. B는 A보다 20억 원을 더 투자했고, C가 투자한 금액은 A의 2배였다. 전체 투자 금액에서 A의 투자액 비중이 24%일 때, B의 투자액 비중을 고르면?

① 26%　② 28%　③ 30%　④ 32%　⑤ 34%

07 어느 햄버거 가게에서 A~C 세트 메뉴를 판매하고 있다. A세트는 햄버거 3개, 콜라 1개, 감자튀김 1개를 원래 가격에서 400원을 할인하여 18,200원에 판매하고 있고, B세트는 햄버거 2개, 콜라 2개, 감자튀김 2개를 800원 할인하여 18,000원에 판매하며, C세트는 햄버거 4개, 콜라 2개, 감자튀김 3개를 1,000원 할인하여 29,600원에 판매하고 있다. 김 씨가 B세트와 햄버거 1개, 감자튀김 1개를 단품으로 주문했을 때 지불해야 하는 금액이 얼마인지 고르면?

① 25,200원　② 25,400원　③ 25,600원　④ 25,800원　⑤ 26,000원

08 어떤 삼각형의 세 변의 길이가 $x$cm, 10cm, 15cm이라고 할 때, x가 될 수 있는 자연수 중에서 최댓값과 최솟값의 합을 고르면?

① 26　② 27　③ 28　④ 29　⑤ 30

09 어느 놀이동산에서 소풍을 온 학교를 위하여 선물 2,000개를 나눠주려고 한다. 한 학급에 38개씩 나눠주면 선물이 부족할 때, 소풍을 온 학교는 적어도 몇 개의 학급으로 되어 있는지 고르면?

① 50개 ② 51개 ③ 52개
④ 53개 ⑤ 54개

10 A~C 3가지 부품을 각각 트럭에 실으려고 한다. A부품은 트럭 한 대에 10개, B부품은 20개, C부품은 12개씩 실을 수 있으며, 총 트럭의 수는 25대이다. A부품을 실은 트럭의 수가 B부품을 실은 트럭 수의 5배일 때, 모든 트럭에 실을 수 있는 전체 부품 개수의 최댓값을 고르면? (단, 한 트럭에는 같은 종류의 부품만 실을 수 있으며, 모든 부품은 최소 1대의 트럭에는 실려야 한다.)

① 294개 ② 296개 ③ 298개
④ 300개 ⑤ 302개

유형 | 7

수열

출제 포인트

✓ 수열의 개념과 종류를 제대로 알고 활용할 수 있는지 평가하는 문제가 출제된다.
✓ 숫자의 규칙을 파악하여 등차수열, 등비수열, 계차수열, 피보나치수열 등 다양한 수열의 성질을 반영하여 문제를 해결하는 것이 중요하다.

세부유형 ① 숫자의 규칙을 파악하여 특정 위치의 수를 구하는 유형

예제 x_1, x_2, x_3, $\cdots$, x_{55}까지의 수열에서 연속하는 7개 항의 합이 항상 일정할 때, $x_{46}+x_{49}$의 값을 고르면?

(단, $x_{15}=10$, $x_{25}=20$, $x_{35}=30$, $x_{45}=40$, $x_{55}=50$)

① 30 ② 40 ③ 50
④ 60 ⑤ 70

| 정답풀이 |

정답 ③

연속하는 7개 항의 합이 항상 일정하므로 다음과 같이 나타낼 수 있다.

$x_1+x_2+x_3+x_4+x_5+x_6+x_7=x_2+x_3+x_4+x_5+x_6+x_7+x_8$

$\therefore x_1=x_8$

같은 방법으로 하면 $x_1=x_8$, $x_2=x_9$, $x_3=x_{10}$, $\cdots$을 만족한다.

즉, $1\leq n\leq 48$일 때, $x_n=x_{n+7}$이다.

따라서 $x_{46}=x_{39}=x_{32}=x_{25}=20$이고 $x_{49}=x_{42}=x_{35}=30$이므로, $x_{46}+x_{49}=20+30=50$이다.

문제 해결 TIP

- 앞의 두 수의 합이 바로 뒤의 수가 되는 수의 배열을 '피보나치수열'이라 한다.
- 빈출 수열
  - 등차수열: 일정한 수를 더해서 얻어지는 수열로 첫째항을 a_1, 항의 개수를 n, 공차를 d라고 했을 때

일반항 $a_n=a_1+(n-1)d$

일반항의 합 $S_n=\dfrac{n(a_1+a_n)}{2}=\dfrac{n\{2a_1+(n-1)d\}}{2}$

a, b, c가 차례로 등차수열인 경우 등차중항 $b=\dfrac{a+c}{2}$

  - 등비수열: 일정한 수를 곱해서 얻어지는 수열로 첫째항을 a_1, 항의 개수를 n, 공차를 r이라고 했을 때

일반항 $a_n=a_1r^{n-1}$

합 $S_n=\dfrac{a_1(r^n-1)}{r-1}=\dfrac{a_1(1-r^n)}{1-r}$ (단, $r\neq1$)

a, b, c가 차례로 등비수열인 경우 등비중항 $b^2=ac$

  - 계차수열: 어떤 수열의 항과 그 바로 앞의 항의 차를 계차라고 하는데 이 계차들이 규칙을 이루는 수열

수열

연습 문제

정답과 해설 P.25

01 서류에는 지원한 15팀의 인원수가 적혀 있다. 세 번째 팀부터의 인원수는 바로 앞 두 개의 팀의 인원수를 합한 것과 같다. 네 번째 팀의 인원수가 17명이고, 여섯 번째 팀의 인원수가 43명이라 할 때, 여덟 번째 팀의 인원수를 고르면?

① 42명 ② 73명 ③ 81명
④ 95명 ⑤ 112명

02 다음 [표]는 A, B가 일정한 규칙에 따라 변화하는 것을 나타낸 자료이다. 이에 따를 때, 10주에 A, B의 값으로 알맞은 것을 고르면?

[표] A, B의 변화

구분	1주	2주	3주	4주	5주	6주	7주	…
A	10	30	50	90	150	250	410	…
B	2	4	8	16	32	64	128	…

	A	B
①	1,090	512
②	1,090	1,024
③	1,770	512
④	1,770	1,024
⑤	2,870	1,024

유형 | 8

경우의 수

출제 포인트

✓ 경우의 수의 개념을 이해하고 계산할 수 있는지 확인하는 문제가 출제된다.

✓ 이웃하거나 마주 보고 자리에 앉는 경우의 수, 악수하는 경우의 수, 리그전 또는 토너먼트전의 경기 수, 최단거리로 이동할 때의 경우의 수 등을 구하는 문제가 주로 출제된다.

세부유형 ① 이웃하거나 마주 보고 앉는 경우의 수를 구하는 유형

예제 4명의 어른과 2명의 아이가 원탁에 둘러 앉을 때 아이끼리 이웃하지 않도록 앉는 경우의 수를 고르면?

① 24가지 ② 48가지 ③ 72가지

④ 144가지 ⑤ 256가지

| 정답풀이 | **정답** ③

여사건으로 풀면 우선 전체 경우의 수는 원순열이므로 $(6-1)!=120$(가지)이다. 아이가 붙어있는 경우를 생각하기 위해 하나의 묶음으로 하고 원순열을 구해보면 $(5-1)!\times2=48$(가지)이므로 아이끼리 이웃하지 않도록 앉는 경우의 수는 $120-48=72$(가지)이다.

문제 해결 TIP

- n명이 일렬로 자리에 앉는 경우: 첫 번째 사람이 선택 가능한 자리의 수는 n개, 두 번째 사람이 선택 가능한 자리의 수는 $(n-1)$개, …, n번째 사람이 선택 가능한 자리의 수는 1개이므로

$$n!=n\times(n-1)\times(n-2)\times\cdots\times3\times2\times1$$

- n명 중 r명끼리 서로 이웃하여 줄을 서는 경우: 서로 붙어 다니는 사람들은 1명으로 취급하므로

$(n-r+1)!\times r!$=(r명을 1명으로 취급하여 전체 인원수가 $(r-1)$명 줄어든 상태에서 줄 세우는 상황)×(r명끼리 안에서 줄 세우는 상황)

- n개 중 서로 같은 것이 있을 때 줄을 서는 경우: 동일한 것끼리는 순서를 바꿔도 하나의 경우로 친다. 총 n개 중 동일한 것이 p개, q개, r개 있다면

$$\frac{n!}{p!\times q!\times r!}$$

- r명이 n개의 자리에 앉는 경우: 첫 번째 사람이 앉을 수 있는 자리의 수는 n개, 두 번째 사람이 앉을 수 있는 자리의 수는 $(n-1)$개, …, r번째 사람이 앉을 수 있는 자리의 수는 $(n-r+1)$개이므로

$${}_nP_r=n\times(n-1)\times(n-2)\times\cdots\times(n-r+1)$$

- 일렬로 앉을 때 특정한 2인이 서로 이웃하지 않는 경우: 특정 2인이 서로 붙어있는 경우의 수를 구하여 전체 경우의 수에서 빼면 서로 떨어져 앉는 경우의 수가 나오므로 여사건을 활용하면

(전체 경우의 수)−(특정 2인이 서로 붙어있는 상태로 앉는 경우의 수)=(특정 2인이 서로 이웃하지 않는 경우의 수)

세부유형 ② 모임에서 한 번씩 악수할 때의 경우의 수를 구하는 유형

예제 남학생 4명, 여학생 6명으로 구성된 동아리가 있다. 동아리 첫 모임에서 만나 악수하는데 남학생들은 모두 여학생들하고만 한 번씩 악수를 하였고, 여학생들은 모든 동아리 학생들과 한 번씩 악수를 하였다. 이 모임의 학생들이 악수한 총 횟수를 고르면?

① 19번　　② 20번　　③ 29번
④ 30번　　⑤ 39번

| 정답풀이 | 정답 ⑤

남학생들은 여학생들하고만 한 번씩 모두 악수하므로 남학생 4명이 악수한 횟수는 $4\times6=24$(번)이다.
여학생들이 자신을 제외한 모든 동아리 학생들과 한 번씩 악수한 횟수는, 남학생들과 악수한 상황은 중복되므로 제외하고 여학생들과 악수한 경우만 생각해야 한다. 그러므로 여학생들끼리 악수한 횟수인 ${}_6C_2=\frac{6\times5}{2}=15$(번)이다. 따라서 이 모임의 학생들이 악수한 총 횟수는 $24+15=39$(번)이다.

문제 해결 TIP

악수는 2명이서 하는 것이다. 따라서 전체 n명 중에서 순서를 생각하지 않고 2명을 뽑는 경우의 수와 같으므로 ${}_nC_2=\frac{n(n-1)}{2}$로 계산할 수 있다.

세부유형 ③ 리그전 또는 토너먼트전의 경기 수를 구하는 유형

예제 A~D 총 4개의 팀에서 각각 2명씩 경기에 출전하여 아래와 같이 토너먼트로 시합을 할 예정이다. 같은 팀에서 나온 선수끼리는 결승전을 제외하고는 시합을 하지 않기로 했을 경우, 경기의 수를 고르면?

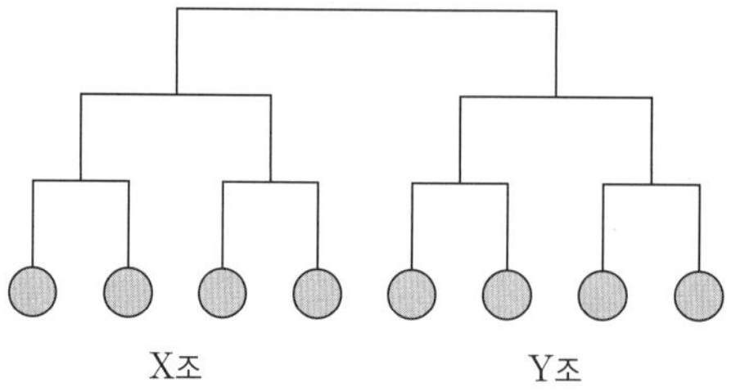

① 24경기 ② 36경기 ③ 48경기
④ 72경기 ⑤ 144경기

| 정답풀이 | 정답 ⑤

네 개의 팀에서 각각 2명씩 경기에 출전하며, 같은 팀 내에서의 출전 선수끼리는 결승전을 제외하고는 시합을 하지 않는다. 따라서 각각의 팀 내에서 두 명의 선수는 각자 X조와 Y조로 출전해야 하므로 경우의 수는 2경기이다.

A~D 총 4개의 팀이 출전하므로 경우의 수는 $2\times2\times2\times2=16$(경기)이다. 또한, X조를 2개의 조로 나누는 경우의 수는 4명을 2명, 2명으로 분배하는 ${}_4C_2\times{}_2C_2\div2!=3$(경기)이고, Y조도 마찬가지로 3경기이다.

따라서 구하는 경기 수는 $16\times3\times3=144$(경기)이다.

문제 해결 TIP

• 토너먼트전의 전체 경기 수: n개 팀이 경기를 할 때 경기 수는 $(n-1)$경기이고, 3위 · 4위전을 하는 경우 1경기가 추가되어 경기 수는 n경기가 된다.

2강	4강	8강
경기 수: 1경기 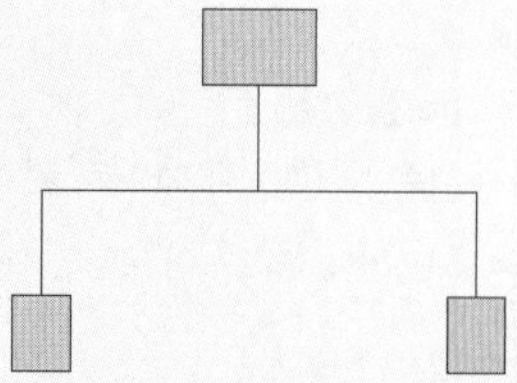	경기 수: 3경기 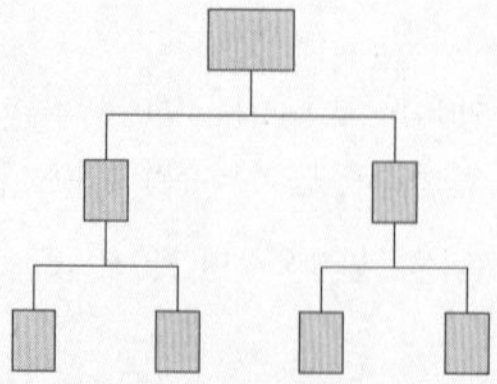	경기 수: 7경기 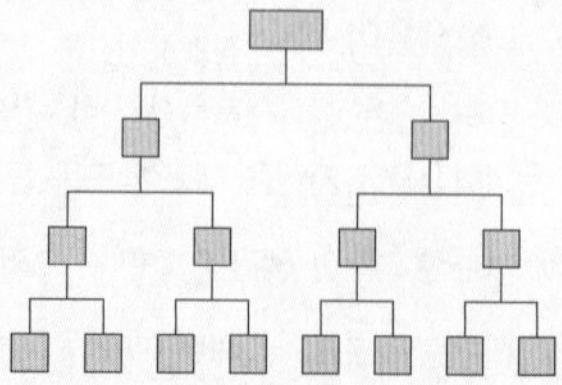

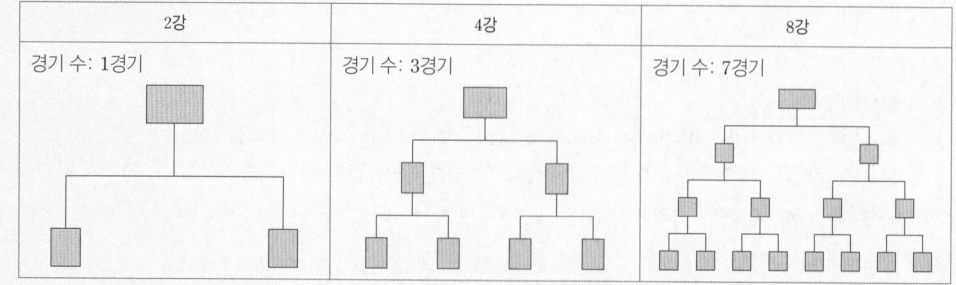

• 리그전의 전체 경기 수: n개 팀이 경기를 할 때 경기 수는 다음과 같다.

$${}_nC_2=\frac{n(n-1)}{2}\text{경기}$$

세부유형 ④ 최단거리로 이동할 때의 경우의 수를 구하는 유형

예제 다음 [보기]의 그림과 같은 모양의 도로망이 있다. 지점 X에서 지점 Y까지 도로를 따라 최단거리로 가는 경우의 수를 고르면?

보기

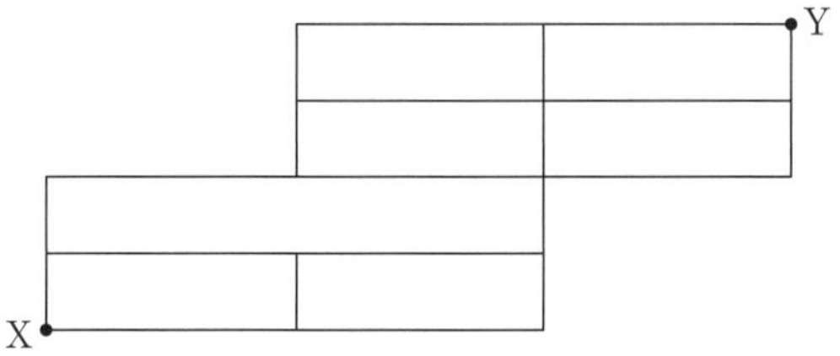

① 8가지 ② 10가지 ③ 12가지
④ 14가지 ⑤ 15가지

| 정답풀이 | 정답 ⑤

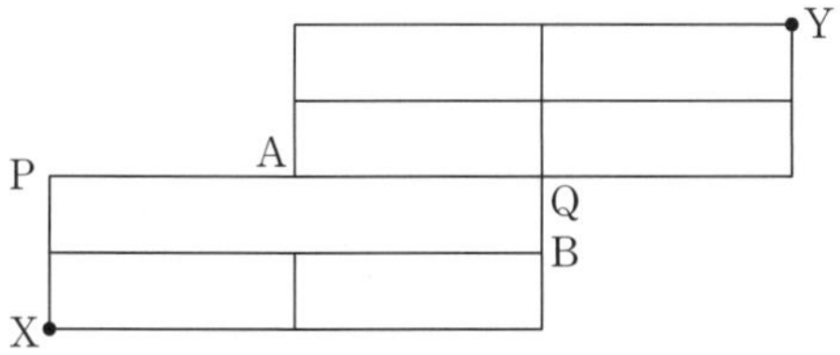

• A를 지나는 최단거리: X → P → A 1가지, A → Y 6가지이므로 $1\times6=6$(가지)
• B를 지나는 최단거리: X → B 3가지, B → Q 1가지, Q → Y 3가지이므로 $3\times1\times3=9$(가지)
따라서 X에서 Y까지 최단거리로 가는 경우의 수는 $6+9=15$(가지)이다.

문제 해결 TIP

X부터 시작하여 각 지점마다 그 점의 왼쪽과 위쪽 점까지 이르는 경우의 수를 더하면 다음과 같다.

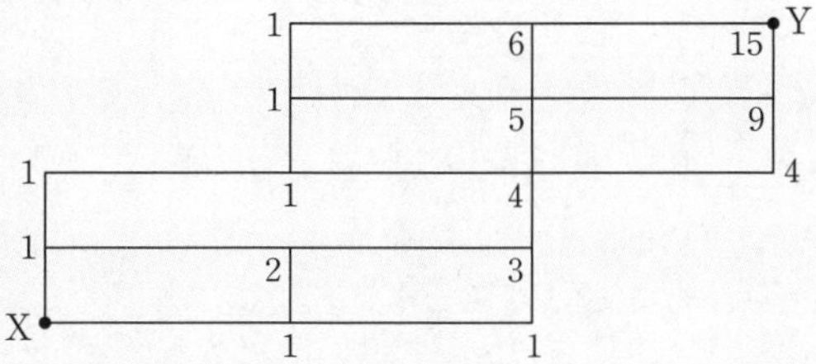

따라서 X에서 Y까지 최단거리로 가는 경우의 수는 15가지이다.

연습 문제

정답과 해설 P.25

01 어느 정기 모임에서 n쌍의 부부가 참석하여 여자들은 자신의 남편을 제외한 모든 참석자와 악수를 하였고, 남자들끼리는 서로 악수를 하지 않았다. 참석한 사람들이 악수를 한 횟수가 총 315번이라 할 때, 총 몇 쌍의 부부가 참석하였는지 고르면?

① 11쌍 ② 13쌍 ③ 15쌍
④ 17쌍 ⑤ 19쌍

02 재무팀에서 3명(부장, 차장, 대리), 영업팀에서 2명(차장, 대리), 개발팀에서 2명(차장, 과장), 홍보팀에서 1명(부장) 총 8명이 원탁에 일정한 간격으로 둘러앉아 회의를 하려고 한다. 이때 같은 팀끼리는 서로 이웃하여 앉으면서 부장끼리는 서로 이웃하지 않게 앉는 경우의 수를 고르면?

① 96가지 ② 112가지 ③ 144가지
④ 152가지 ⑤ 168가지

03 3개의 프로젝트 X, Y, Z가 있는데 X프로젝트는 대리만, Y프로젝트는 사원만 담당할 수 있으며 Z프로젝트는 대리와 사원 모두 담당할 수 있다. 대리 3명과 사원 2명이 각자 담당할 프로젝트를 하나씩 선택하는데, 한 프로젝트를 여러 명이 담당해도 되고 아무도 담당하지 않는 프로젝트가 발생해도 무방하다. 이때 발생할 수 있는 경우의 수를 고르면?

① 16가지 ② 24가지 ③ 31가지
④ 32가지 ⑤ 54가지

04 철수와 영희가 1부터 9까지 적힌 9장의 카드에서 3장을 뽑아 그 합이 누가 더 큰지 겨루는 게임을 하고 있다. 먼저 철수가 1, 4, 5를 뽑고 다시 카드를 돌려놓은 후 영희가 카드 3장을 뽑았을 때, 영희가 뽑은 카드 숫자 합이 더 큰 경우의 수를 고르면?

① 73가지 ② 74가지 ③ 75가지
④ 76가지 ⑤ 77가지

05 A부서와 B부서에서 각각 2명씩 경기에 참여하여 준결승에 올라온 상황이다. 같은 부서의 직원이 결승전에서 붙게 될 경우의 수를 고르면?

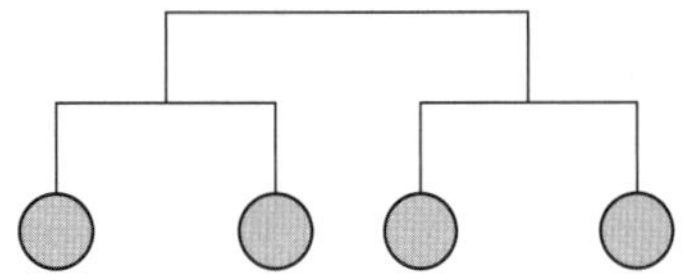

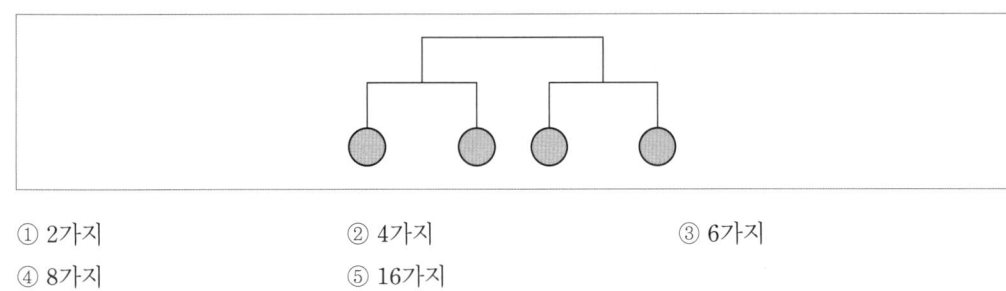

① 2가지 ② 4가지 ③ 6가지
④ 8가지 ⑤ 16가지

06 다음 그림의 A 지점에서 B 지점까지 최단 경로로 가려고 한다. P 지점을 반드시 지나고, Q 지점을 반드시 지나지 않는 경우의 수는 몇 가지인지 고르면?

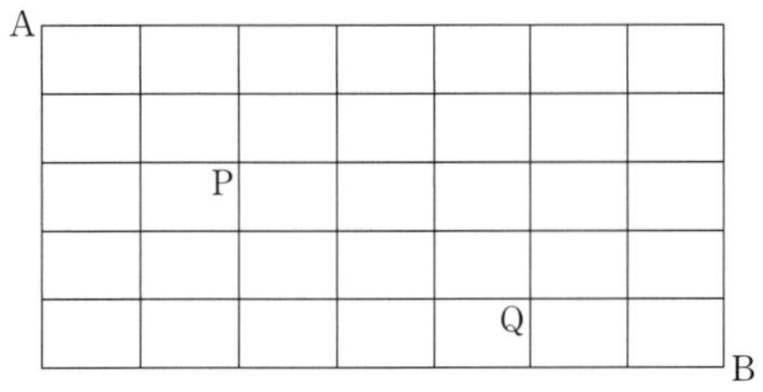

① 98가지 ② 104가지 ③ 126가지
④ 142가지 ⑤ 156가지

유형 | 9

확률

출제 포인트

✓ 확률의 개념을 이해하고 계산할 수 있는지 확인하는 문제가 출제된다.
✓ 특정인을 선출할 확률, 테이블을 둘러싸고 앉아 회의할 때의 특정 자리에 앉을 확률, 조건부(특정 물건 뽑기 등) 확률, 경기에서 이기거나 질 확률 등을 구하는 문제가 주로 출제된다.

세부유형 ① 어떠한 모임에서 특정인을 선출할 확률을 계산하는 유형

예제 **남자 5명, 여자 4명으로 구성된 어느 모임에서 대표 2명을 뽑으려고 한다. 대표 2명 중 여자가 1명 이상 포함될 확률을 고르면?**

① $\frac{2}{3}$　② $\frac{25}{36}$　③ $\frac{13}{18}$

④ $\frac{3}{4}$　⑤ $\frac{7}{9}$

| 정답풀이 |

정답 ③

남자 5명, 여자 4명 중 2명을 뽑는 경우의 수는 $_9C_2=\frac{9\times8}{2}=36$(가지)이다.

i) 여자를 2명 뽑는 경우: $_4C_2=\frac{4\times3}{2}=6$(가지)

ii) 여자를 1명 뽑는 경우: $_5C_1\times{}_4C_1=5\times4=20$(가지)

따라서 구하는 확률은 $\frac{6+20}{36}=\frac{13}{18}$이다.

문제 해결 TIP

남자 a명, 여자 b명으로 총 $(a+b)$명이 있으며 역할1과 역할2를 각각 한 명씩 뽑는 경우, 역할을 맡는 2명이 모두 여자일 확률은 $\frac{b\times(b-1)}{(a+b)\times(a+b-1)}$이고, 모두 남자일 확률은 $\frac{a\times(a-1)}{(a+b)\times(a+b-1)}$이며, 남녀 각각 1명씩일 확률은 $\frac{a\times b}{(a+b)\times(a+b-1)}$이다.

세부유형 ② 회의에서 자리에 앉을 때 특정 상황에 대한 확률을 계산하는 유형

예제 **제품사업 팀원 A~F 총 6명은 제품 출시 및 홍보를 위해 회의를 할 예정이다. 원 모양의 테이블에 팀원이 모두 둘러앉는다고 할 때, 팀원 E와 F가 이웃하여 앉을 확률을 구하면?** (단, 회전하여 일치하면 같은 것으로 본다.)

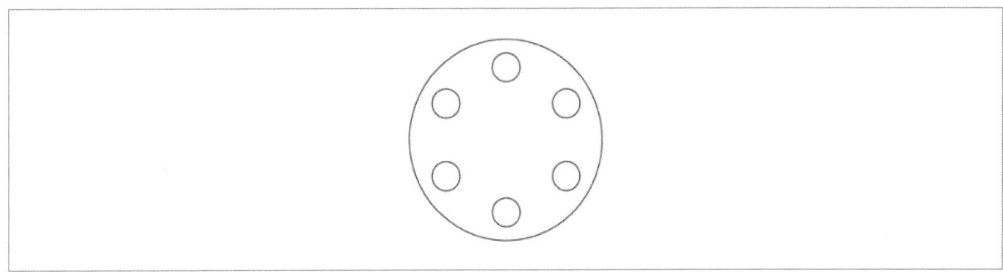

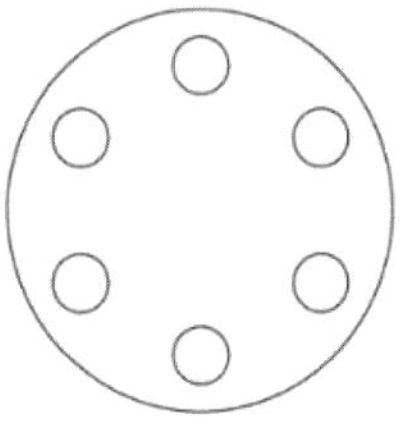

① $\frac{1}{5}$ ② $\frac{2}{5}$ ③ $\frac{3}{5}$

④ $\frac{3}{4}$ ⑤ $\frac{4}{5}$

| 정답풀이 |

정답 ②

제품사업 팀원 A~F 총 6명이 원 모양의 테이블에 둘러앉으므로, 앉을 수 있는 경우의 수는 $(6-1)!=5!=5\times4\times3\times2\times1=120$(가지)이다. 그중 팀원 E와 F가 이웃하여 앉는 경우의 수는 E와 F를 합쳐서 1명으로 간주하면 총 5명으로 보여지기 때문에 5명이 원 모양의 테이블에 둘러앉는 경우 $(5-1)!=4!=4\times3\times2\times1=24$(가지)이고, E와 F가 서로 자리를 바꾸는 경우 2가지가 있으므로 총 $24\times2=48$(가지)이다.

따라서 팀원 E와 F가 이웃하여 앉을 확률은 $\frac{48}{120}=\frac{2}{5}$이다.

문제 해결 TIP

n명을 일렬로 배치하는 경우의 수는 $n!$이다. 만약 n명을 원순열의 형태로 배치하면 회전하여 총 n개의 동일한 경우의 수가 나오므로 n명이 원순열로 배치하는 경우의 수는 $\frac{n!}{n}=(n-1)!$이다.

세부유형 ③ 조건부 확률을 계산하는 유형

예제 빨간공 7개, 노란공 5개, 파란공 4개가 들어 있는 주머니에서 무작위로 4개의 공을 꺼냈을 때, 빨간공 1개, 노란공 2개, 파란공 1개를 꺼낼 확률을 고르면?

① $\frac{1}{7}$ ② $\frac{2}{13}$ ③ $\frac{4}{15}$

④ $\frac{4}{13}$ ⑤ $\frac{5}{16}$

| 정답풀이 | 정답 ②

공은 총 $7+5+4=16$(개)가 있고, 여기서 4개의 공을 뽑았을 때 빨간공 1개, 노란공 2개, 파란공 1개를 뽑을 확률은 다음과 같다.

$$\frac{{}_7C_1\times{}_5C_2\times{}_4C_1}{{}_{16}C_4}=\frac{280}{1,820}=\frac{2}{13}$$

문제 해결 TIP

A주머니엔 흰 공 a개, 검은 공 b개가 들어 있고, B주머니엔 흰 공 c개, 검은 공 d개가 들어 있다. 주사위를 던져 특정 숫자가 나오면 A주머니에서 공을 1개 뽑고, 다른 숫자가 나오면 B주머니에서 공을 1개 뽑는다. 주사위를 던져 뽑은 공이 흰 공일 때, 그 흰 공이 A주머니에서 나왔을 확률은 다음과 같다.

$$\frac{\frac{(\text{특정 숫자 개수})}{6}\times\frac{a}{a+b}}{\frac{(\text{특정 숫자 개수})}{6}\times\frac{a}{a+b}+\frac{(\text{다른 숫자 개수})}{6}\times\frac{c}{c+d}}$$

세부유형 ④ 다양한 가능성의 확률을 계산하는 유형

예제 프로야구팀 A에서 최 씨가 투수로 등판할 확률은 $\frac{4}{5}$이고, 등판했을 때 이길 확률은 $\frac{3}{4}$, 비길 확률은 $\frac{1}{6}$이라 한다. 최 씨가 등판하지 않았을 때 이길 확률은 $\frac{2}{5}$, 비길 확률은 $\frac{1}{5}$일 때, 어느 팀과 시합하여 프로야구팀 A가 이기거나 비길 확률을 고르면?

① $\frac{11}{15}$ ② $\frac{16}{25}$ ③ $\frac{21}{25}$

④ $\frac{64}{75}$ ⑤ $\frac{68}{75}$

| 정답풀이 | 정답 ④

최 씨가 등판했을 때 이기거나 비길 확률은 $\frac{3}{4}+\frac{1}{6}=\frac{9+2}{12}=\frac{11}{12}$이고, 등판하지 않았을 때 이기거나 비길 확률은 $\frac{2}{5}+\frac{1}{5}=\frac{3}{5}$이다.

따라서 프로야구팀 A가 이기거나 비길 확률은 $\frac{4}{5}\times\frac{11}{12}+\frac{1}{5}\times\frac{3}{5}=\frac{11}{15}+\frac{3}{25}=\frac{55+9}{75}=\frac{64}{75}$이다.

문제 해결 TIP

A, B, C라는 결과가 나올 확률이 각각 p, q, r(단, $p+q+r=1$)인 어떤 행위를 n번 반복하여 A라는 결과가 a번, B라는 결과가 b번, C라는 결과가 c번 나올 확률은 다음과 같다(단, $a+b+c=n$).

$${}_{n}C_{a}\times{}_{n-a}C_{b}\times{}_{n-a-b}C_{c}\times p^{a}q^{b}r^{c}$$

연습 문제

정답과 해설 P.27

01 A주머니에는 흰 공 4개, 검은 공 1개가 들어있고, B주머니에는 흰 공 3개, 검은 공 2개가 들어있다. 주사위를 던져 3의 배수가 나오면 A주머니에서, 다른 숫자가 나오면 B주머니에서 공을 꺼낸다. 주사위를 던져 공을 꺼냈더니 흰 공이 나왔을 때, 이 흰 공이 A주머니에서 나왔을 확률을 고르면?

① $\frac{2}{5}$ ② $\frac{3}{7}$ ③ $\frac{4}{9}$

④ $\frac{4}{7}$ ⑤ $\frac{3}{5}$

02 김 씨는 한 회차당 당첨 확률이 $\frac{1}{8}$인 경품 이벤트에 응모하였다. 이 이벤트는 경품을 한 번 받으면 다음 회차에 추첨 대상자에서 제외되는데, 회차별로 똑같은 8명이 응모하였다. 이벤트는 총 4회에 걸쳐 추첨이 진행될 때, 김 씨가 두 번 당첨될 확률을 고르면?

① $\frac{5}{98}$ ② $\frac{1}{14}$ ③ $\frac{9}{98}$

④ $\frac{11}{98}$ ⑤ $\frac{13}{98}$

03 A팀을 포함한 4개의 팀이 나머지 팀들과 한 번씩 경기하는 리그전을 펼치는데, A팀은 상대방이 어떤 팀이든지 간에 이길 확률이 40%, 비길 확률이 20%, 질 확률이 40%라고 한다. 승리할 경우 승점 3점, 비길 경우 승점 1점이 추가되고 패배할 경우 승점 1점이 깎일 때, A가 승점 7점 이상을 얻을 확률을 고르면?

① 6.4% ② 8% ③ 9.6%
④ 11.2% ⑤ 16%

04 아래의 표는 어느 기업의 직원을 대상으로 운전면허 소지 여부를 조사하여 나타낸 것이다. 이 중에서 임의로 택한 한 명이 여직원이었을 때, 그 직원이 운전면허를 소지했을 확률을 고르면?

구분	남자	여자
운전면허 소지	40명	25명
운전면허 없음	20명	15명

① $\frac{9}{16}$ ② $\frac{5}{8}$ ③ $\frac{11}{16}$
④ $\frac{3}{4}$ ⑤ $\frac{13}{16}$

05 어느 공장에서 기계 A와 기계 B로 제품 P를 생산하고 있다. 기계 A는 기계 B보다 제품 P를 생산하는 속도가 1.5배가 빠르고, 기계 A의 불량률은 4%, 기계 B의 불량률은 3%이다. 기계 A와 기계 B를 통해 동일한 시간 동안 제품 P를 생산하였고, 이 중 불량품을 하나 골랐을 때, 이 불량품이 기계 B에서 생산되었을 확률은 얼마인지 고르면? (단, 기계 A와 기계 B를 통해 생산되는 제품 P의 개수는 자연수이다.)

① $\frac{1}{5}$ ② $\frac{1}{4}$ ③ $\frac{1}{3}$
④ $\frac{2}{5}$ ⑤ $\frac{2}{3}$

06 A의사는 사람의 눈만 보고 전날 밤 잠이 부족했는지를 확률적으로 알 수 있다. A의사가 실제로 잠이 부족한 사람을 보고 잠이 부족하다고 판단할 확률은 99%이고, 실제로 잠이 부족하지 않은 사람을 보고 잠이 부족하지 않다고 판단할 확률은 90%이다. A의사가 실제로 전날 밤 잠이 부족했던 사람 500명과 잠이 부족하지 않았던 사람 500명으로 구성된 총 1,000명 중 임의로 한 사람을 선택할 때, 그 사람이 잠이 부족한 사람이라고 판단 받은 사람일 확률은 얼마인지 고르면?

① 52.5% ② 54.5% ③ 55.0%
④ 55.4% ⑤ 56.5%

07 K는 유명 인터넷 강사의 고등수학2 강좌를 수강하고 있다. 이 강좌는 매회 강의마다 2개의 O, X 퀴즈와 2개의 사지선다 퀴즈를 제공한다. K가 O, X 퀴즈를 풀 때 O와 X를 선택할 확률이 동일하고, 사지선다 퀴즈를 풀 때 네 개의 선택지를 선택할 확률이 동일하다고 한다. K가 3번째 강의 수강 후 퀴즈를 풀 때, 적어도 2개 이상을 맞힐 확률은 얼마인지 고르면? (단, K는 3번째 강의 퀴즈만 풀고, O, X 퀴즈와 사지선다 모두 정답은 하나이다.)

① $\frac{27}{64}$　② $\frac{29}{64}$　③ $\frac{31}{64}$
④ $\frac{33}{64}$　⑤ $\frac{35}{64}$

08 다음 그림과 같이 세 개의 스위치 A, B, C가 있는 전기회로가 있다. 주어진 [조건]을 바탕으로 할 때, 어느 순간 이 회로에 전기가 흐를 확률을 고르면?

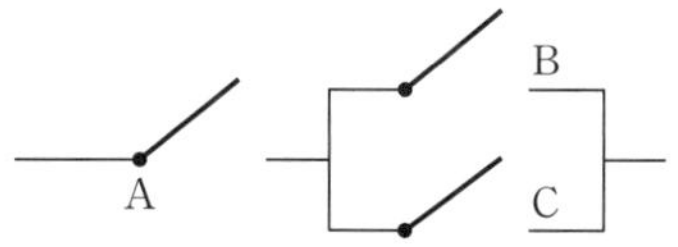

조건

(1) 두 스위치 A, B는 서로 독립적으로 작동하고, 임의의 순간 두 스위치가 닫혀있을 확률은 각각 $\frac{1}{3}$이다.

(2) 스위치 A가 닫혀있을 때, 스위치 C도 닫혀있을 확률은 $\frac{2}{3}$이다.

① $\frac{1}{9}$　② $\frac{4}{27}$　③ $\frac{5}{27}$
④ $\frac{2}{9}$　⑤ $\frac{7}{27}$

PART Ⅱ CHAPTER 01 응용수리

유형 | 10

통계

출제 포인트

✓ 통계 관련 용어를 이해하고 계산할 수 있는지 확인하는 문제가 출제된다.
✓ 최근에는 가중평균을 활용한 문제가 주로 출제되고 있다.

세부유형 ① 평균을 계산하는 유형

예제 **1학년이 30명, 2학년이 20명, 3학년이 50명인 학교에서 2학년의 영어 과목 평균 점수는 1학년보다 20점 높으며, 3학년의 평균 점수는 1학년의 평균 점수의 2배보다 20점 낮고, 2학년의 평균 점수보다 10점 높다. 영어 과목에 대한 전체 학생의 평균 점수는 몇 점인지 고르면?**

① 69점 ② 70점 ③ 72점
④ 74점 ⑤ 75점

| 정답풀이 | 정답 ①

영어 과목에 대한 1학년의 평균 점수를 x점이라 하면, 2학년의 평균 점수는 $(x+20)$점이다. 3학년의 평균 점수는 $2x-20=x+20+10$이므로 $2x-20=x+30$

$\therefore x=50$

이에 따라 1학년, 2학년, 3학년의 평균 점수는 각각 50점, 70점, 80점이다. 전체 학생 100명의 평균을 구하기 위해서는 학년별 총점을 구해야 하며, 1학년, 2학년, 3학년의 총점은 각각 $30\times50=1{,}500$(점), $20\times70=1{,}400$(점), $50\times80=4{,}000$(점)이다.
따라서 전체 학생의 영어 평균 점수는 $6{,}900\div100=69$(점)이다.

문제 해결 TIP

• 대푯값: 자료 전체를 대표하는 값으로, 이를 나타내는 방법에는 평균, 중앙값, 최빈값 등이 있다.
– 평균: 전체 변량의 총합을 변량의 개수로 나눈 값

(평균)$=\dfrac{(\text{변량의 총합})}{(\text{변량의 개수})}$

산술평균의 경우: 두 양수 a, b에 대하여 $\dfrac{a+b}{2}$

조화평균의 경우: 두 양수 a, b에 대하여 $\dfrac{2ab}{a+b}$

– 중앙값

자료의 개수가 홀수인 경우: $\dfrac{n+1}{2}$번째 자료의 값

자료의 개수가 짝수인 경우: $\dfrac{n}{2}$번째와 $\dfrac{n+2}{2}$번째 자료의 값의 평균

– 최빈값: 자료의 값 중에서 가장 많이 나타난 값
• 분산과 표준편차

(편차)$=$(변량)$-$(평균)　　(분산)$=\dfrac{\{(\text{편차})^2\text{의 총합}\}}{(\text{변량의 개수})}$　　(표준편차)$=\sqrt{(\text{분산})}$

연습 문제

정답과 해설 P.28

01 기획팀의 팀원 5명 중 3명의 연말 실적 점수는 86점, 80점, 75점이다. 5명의 연말 실적 평균 점수는 80.2점이고 남은 2명의 점수는 최고점도 최저점도 아니라고 할 때, 남은 2명의 점수 차이로 가능하지 않은 것을 고르면? (단, 5명의 점수는 서로 다른 자연수이다.)

① 2점 ② 4점 ③ 6점
④ 8점 ⑤ 10점

02 다음 [표]는 P회사에 근무하는 A씨의 근무 평점 자료이다. A씨의 근무 평점에 대한 평균은 프로젝트 1 점수보다 2점 높다. 기존 근무 평점에 대한 항목에 프로젝트 2가 추가되어 A씨의 근무 평점에 대한 평균이 0.5점 내려갔을 때, A씨의 프로젝트 2에 대한 근무 평점을 고르면?

[표] A씨의 근무 평점 (단위: 점)

구분	근무 태도	영업 실적	프로젝트 1	교육 이수	평균
점수	76	80	(　　)	68	(　　)

① 70점 ② 70.5점 ③ 71점
④ 71.5점 ⑤ 72점

PART Ⅱ

수리 영역

CHAPTER

02

자료해석

학습 포인트

대다수의 기업들이 인적성 검사에서 응용수리보다 자료해석에 더 큰 비중을 두고 평가한다. 표나 그래프 등 자료의 내용을 충분히 이해하기에는 시간이 넉넉하지 않을 뿐만 아니라 표와 그래프, 문제를 동시에 연관 지어 파악해야 하기 때문에 시험에 앞서 자료를 해석하는 데 충분히 익숙해질 필요가 있다. 그러기 위해서는 다양한 자료를 많이 접해보아야 하며, 표의 단위와 그래프의 좌표, 수치 등을 꼼꼼하게 확인하는 연습도 필요하다.

더불어 자료의 최소한의 정보로 풀어나가는 연습을 통해 능률을 올려놓은 후 시험에 응하면 효과를 극대화할 수 있을 것이다. 수치를 계산하여 답을 구하는 문제를 풀 때는 자료의 수를 파악하여 수의 간격이 어느 정도 되는지 보고, 문제에 주어진 수를 단순화하여 대략적으로 구하는 연습을 하는 것이 좋다.

출제 유형

단일형 자료해석 연계형 자료해석 ▶	도표(표, 그래프, 그림 등) 분석을 통해 자료의 의미를 파악하고 필요한 정보를 해석할 수 있는지 확인하는 문제가 출제된다. 표 또는 그래프의 수치를 읽고 대소를 비교하거나 연도 및 분류에 따른 수치의 변화를 제대로 파악 및 분석하여 설명할 수 있는지를 확인한다. 그 과정에서 자료 내 주어진 수치를 토대로 특정 값을 계산하는 형태가 나오는데, 기초적이면서 필수적인 사칙연산과 계산 방법을 적용할 수 있어야 한다. '전년 대비 성장률/증가율/감소율/상승률/하락률(%)'과 같은 표현과 'A 대비 B 비율', 'A가 B보다 % 증가/감소', 'A는 B의 % 초과/미만/이상/이하'와 같은 표현에 대한 계산 연습이 필요하다. 또한, 문제와 선택지의 자료를 모두 해석해야 하는 유형도 출제되므로, 부족한 시험 시간 안에서 빠르게 답을 찾아내기 위해 판별이 쉬운 선택지부터 소거법으로 정답 여부를 가려내면서 정답을 찾는 연습도 필요하다.
도표 작성 및 변환 ▶	도표(표, 그래프, 그림 등)를 이용하여 도출 가능한 결과를 효과적으로 제시할 수 있는지를 확인한다. 주어진 자료를 해석하여 도출할 수 있는 결과(표 또는 그래프)의 일치/불일치를 묻거나 해당 자료의 내용을 표나 그래프로 적절하게 표현하였는지를 묻는 문제가 주로 출제된다.

CHAPTER 02

자료해석

핵심 이론

유형 1 자료해석(단일형 · 연계형)

• 구조

[발문 형태] 주어진 자료(표, 그래프 등)에 대한 소개 1~2가지+옳은 것/옳지 않은 것

예 다음은 연도별 노지채소 재배면적(자료 1)과 10a당 생산량(자료 2)에 관한 자료이다. 이에 대한 설명으로 옳지 않은 것을 고르면?

[자료 구성] 1개 구성(표, 그래프) 또는 2개 구성(표 2개, 그래프 2개, 표 1개+그래프 1개) 또는 3개 구성

[단위 표현] 금액, 무게, 인원, 비중 또는 증가/감소율, 시간, 수명/연령대, 길이, 수량, 건수, 점수

구분	종류	구분	종류
금액	원, 천 원, 만 원, 천만 원, 백만 원, 조 원, 불, 백만 불	수명/연령대	세, 대
무게	mg, g, kg, t	길이	km
인원	명, 천 명, 만 명	부피	mL, L, m^3
비중 또는 증가/감소율	%	건수	건
시간	분, 시간	점수	점

[선택지 구성] 4지, 5지선다형으로 단일 문장 구성, [조건] 또는 [보기] 4~5가지(㉠~㉣ 또는 ㉠~㉤) 제시 후 모두 고르는 형태

선택지가 ①~④, ①~⑤로 구성되고 선택지별 단일 문장 중 옳은 것/옳지 않은 것을 고르는 경우

예 ① 딸기 생산량은 매년 감소하고 있다.
② 매년 오이의 10a당 생산량이 가장 많다.
③ 2018년 오이의 생산량은 딸기와 참외를 합친 것보다 많다.
④ 수박의 재배 면적이 가장 큰 해에 오이의 재배 면적은 가장 작다.
⑤ 2016년 총생산량은 참외가 가장 적고, 딸기－오이－수박 순이다.

[조건] 또는 [보기]가 ㉠~㉣ 또는 ㉠~㉤으로 구성되고, 옳은 것/옳지 않은 것을 모두 고르는 경우

예 [보기]
㉠ 2017년 고혈압 진료 인원은 3년 전에 비해 약 49만 명 증가하였다.
㉡ 2017년 심혈 관계 관련 의약품 중 지질 완화 약물이 가장 비싸다.
㉢ 2017년 베타 차단제 총판매액은 2013년에 비해 감소하였다.
㉣ 2017년 고혈압 진료 인원 중 60%가 이뇨제를 복용한다고 할 때, 이뇨제의 총판매액은 1,718만 원이다.

• 자주 나오는 공식

[증감률] 기준과 비교 대상을 정확히 세운 후 식을 세워야 함

$$\frac{(\text{비교 대상})-(\text{기준})}{(\text{기준})}\times 100=\left(\frac{(\text{비교 대상})}{(\text{기준})}-1\right)\times 100=((\text{배율})-1)\times 100$$

[비율] 어떤 수나 양의 다른 수나 양에 대한 비

$$\frac{(\text{비교하는 양})}{(\text{기준량})}$$

[비중] 전체에서 해당 내용이 차지하는 부분

$$\frac{(\text{해당 내용})}{(\text{전체})}\times 100$$

[지수] 기준 시점의 수치(기준량) 대비 해당 시점의 수치(비교량)을 표시한 것으로, 기준량은 100을 주로 사용함

$$\frac{(\text{비교량})}{(\text{기준량})}\times 100$$

• 자주 나오는 표현

[시계열] 연도별, 반기별, 분기별, 월별, 주별, 일별 등

상반기		하반기	
1분기	2분기	3분기	4분기
1월, 2월, 3월	4월, 5월, 6월	7월, 8월, 9월	10월, 11월, 12월

[변화율] 증가율, 감소율, 증감률, 상승률, 하락률, 변동률

[변화폭] 증가폭, 감소폭, 증감폭, 상승폭, 하락폭, 변동폭

[비교] (현재 2021년 1분기인 경우)

– 전기 대비: 2020년 4분기 대비

– 전년 동기 대비: 2020년 1분기 대비

유형 2 **도표 작성 및 변환**

• 선 그래프로 표현하는 유형: 시간의 경과에 따라 수량에 의한 변화의 상황을 나타내는 그래프로, 비교하거나 분포도, 상관 관계 등을 나타내고자 할 때 주로 활용된다. 시간적 추이를 표시하고자 할 때 주로 활용한다.

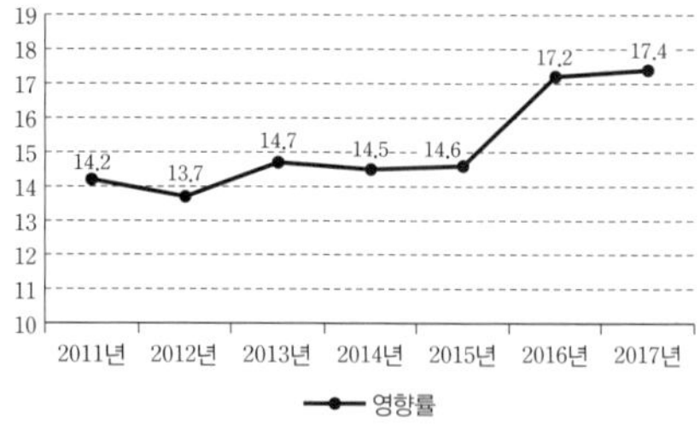

• 원 그래프로 표현하는 유형: 일반적으로 내역이나 내용의 구성비를 분할하여 나타내고자 할 때 주로 활용한다.

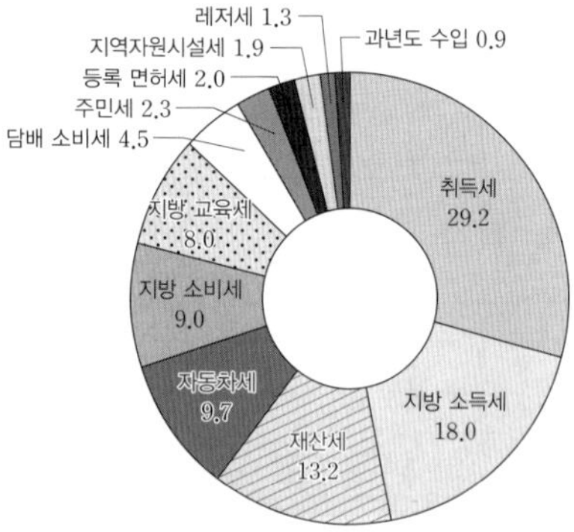

• 막대 그래프로 표현하는 유형: 비교하고자 하는 수량을 막대 길이로 표시하여, 그 길이를 비교함으로써 수량 간의 대소 관계를 나타내고자 할 때 주로 막대 그래프로 나타낸다. 선 그래프와 함께 가장 기본적인 그래프이며, 비교하거나 경과 정도, 도수 등을 표시할 때 주로 활용한다. 가로 막대와 세로 막대가 있다.

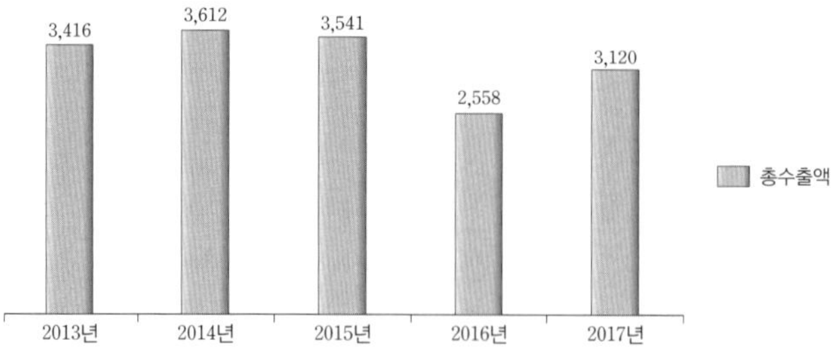

• 층별 그래프로 표현하는 유형: 합계와 각 부분의 크기를 백분율로 나타내고 시간적 변화를 보고자 하는 경우, 또는 합계와 각 부분의 크기를 실수로 나타내고 시간적 변화를 보고자 하는 경우에 주로 활용한다.

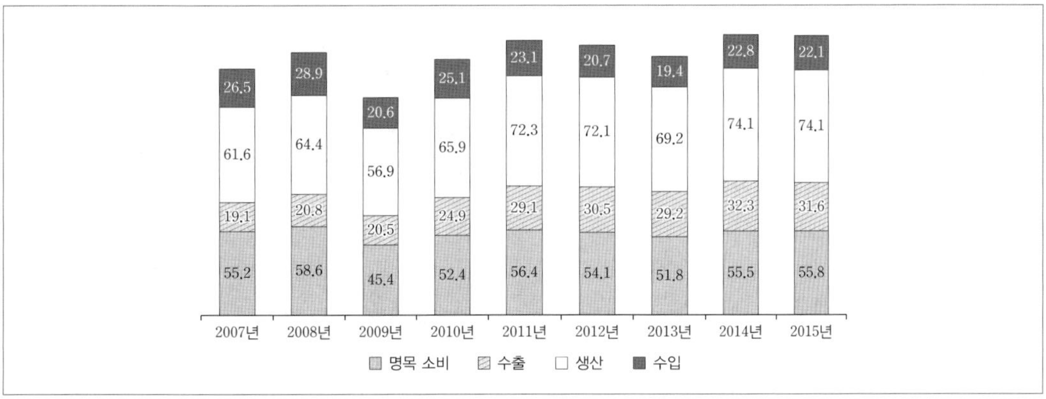

• 방사형 그래프(레이더 차트, 거미줄 그래프)로 표현하는 유형: 다양한 요소를 비교할 때, 경과를 나타낼 때 주로 활용한다.

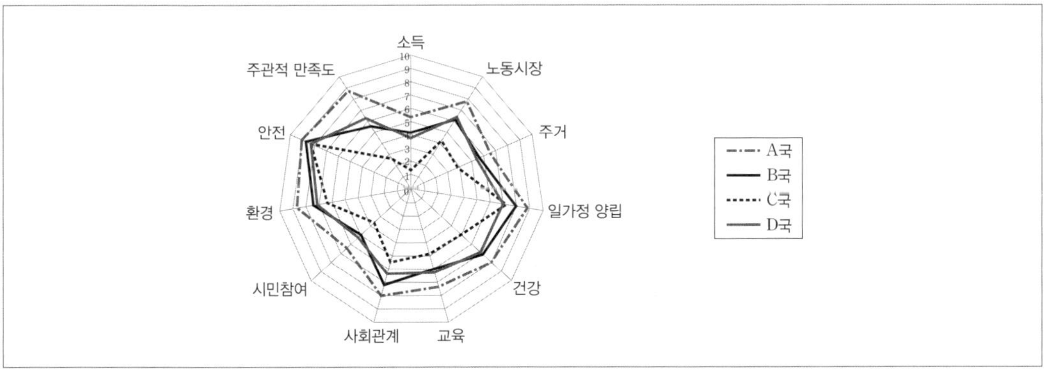

• 점 그래프로 표현하는 유형: 지역 분포를 비롯하여 도시, 지방, 기업, 상품 등의 평가나 위치, 성격을 표시하는 데 주로 활용한다.

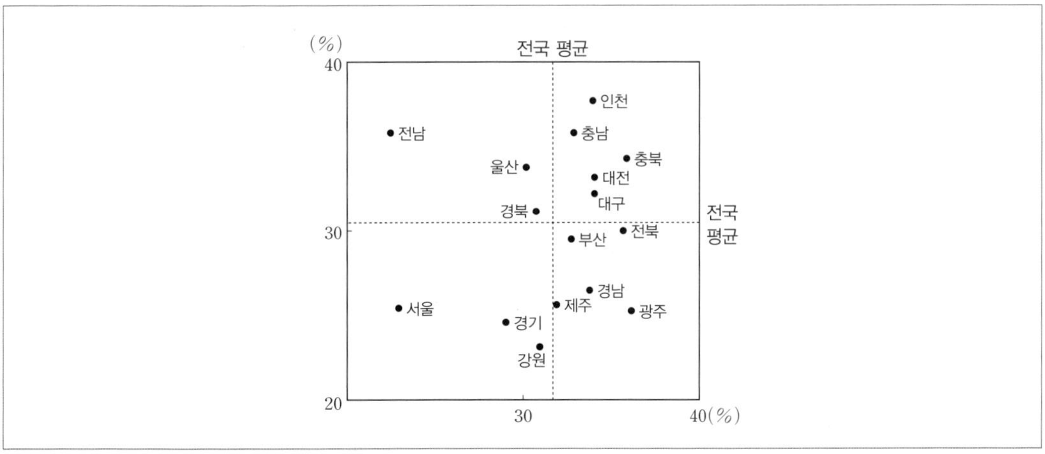

유형 | 1

단일형 자료해석

출제 포인트

✓ 자료(표 또는 그래프)가 하나 제시되는 경우로 옳은 것 또는 옳지 않은 것을 고르는 질문과 함께 선택지가 ①~④ 또는 ①~⑤로 단일 문장으로 구성된 유형이 나오거나, 선택지가 ㉠~㉣ 또는 ㉠~㉤으로 [보기]가 제시되어 알맞은 [보기]를 모두 고르는 유형이 대부분 출제된다.

✓ 그 외에도 주어진 자료를 읽고 파악하여 자료 내 빈칸의 수치를 추론하는 유형이 나오거나 빈칸에 들어갈 알맞은 키워드를 찾아서 순서대로 나열하였을 때 잘 연결한 것을 고르는 유형이 나온다. 또한, 자료와 [보고서]가 함께 나와 이를 토대로 해석하였을 때 적절하게 표현한 그래프를 고르는 유형이 출제되기도 한다.

세부유형 ① 선택지 ①~⑤ 유형

예제 **다음 [표]는 2018~2022년 전체 입출국자 수 현황에 대한 자료이다. 이에 대한 설명으로 옳은 것을 고르면?**

[표] 2018~2022년 전체 입출국자 수 (단위: 명)

구분	2018년	2019년	2020년	2021년	2022년
총이동자 수	1,479,941	1,466,601	1,233,617	886,774	1,124,057
입국자	817,974	749,188	673,215	410,398	606,043
출국자	661,967	717,413	560,402	476,376	518,014

※ 총이동자 수=입국자 수+출국자 수

※ 순이동자 수=입국자 수−출국자 수

① 조사기간 동안 입국자 수는 꾸준히 감소하고 있다.

② 2018년 대비 2022년 출국자 수 증가 폭은 20만 명 이상이다.

③ 조사기간 동안 순이동자 수는 항상 양수이다.

④ 추세로 봤을 때 당분간 총이동자 수는 꾸준히 감소할 것이다.

⑤ 5년간 출국자 수는 평균 50만 명을 넘는다.

| 정답풀이 | 정답 ⑤

2018～2022년 출국자 수는 총 661,967+717,413+560,402+476,376+518,014=2,934,172(명)이므로, 평균 $\frac{2,934,172}{5}$ ≒ 586,834(명)≒58만 7천 명이다. 따라서 평균 50만 명을 넘는다.

| 오답풀이 |

① 2019～2021년까지는 입국자 수가 감소하다가 2022년에 195,645명 증가했다. 따라서 조사기간 동안 입국자 수는 꾸준히 감소하고 있다는 해석은 옳지 않다.

② 2018년 출국자 수는 661,967명이고, 2022년 출국자 수는 518,014명으로, 2018년 대비 2022년 출국자 수 증가 폭은 143,953명인 약 15만 명이다.

③ 두 번째 주석을 참고하면, '순이동자 수는 입국자 수와 출국자 수의 차'이다. 따라서 항상 양수이려면 '입국자 수>출국자 수'여야 하는데, 2021년의 경우 입국자 수가 41만정도로 출국자 수인 약 47만 6천 명보다 적다. 따라서 항상 양수라고 볼 수 없다.

④ 총이동자 수는 2018년 약 148만 명에서 2021년 약 89만 명으로 매년 감소했으나 2022년에 112만 4천 명 정도로 늘어났다. 따라서 추세로 봤을 때 총이동자 수가 꾸준히 감소할 것으로 예상하기는 어렵다.

문제 해결 TIP

역으로 평균 50만 명을 넘으려면, 5개년 기준으로 출국자 합계가 250만 명이 나오는지를 살펴보면 된다. 계산하기 쉬운 방향으로 어림잡아 살펴보면, 2018년 65만 명, 2019년 70만 명, 2020년 55만 명, 2021년 50만 명, 2022년 50만 명이므로 충분히 250만 명 이상이 나온다는 것을 알 수 있다.

세부유형 ② 보기 ㉠~㉣ 또는 ㉠~㉤가 주어지는 유형

예제 다음 [표]는 2019~2022년 성별 및 연령집단별 현재흡연율을 조사한 자료이다. 이에 대한 설명으로 옳은 것을 [보기]에서 모두 고르면?

[표] 2019~2022년 성별 및 연령집단별 현재흡연율 (단위: %)

구분		2019년	2020년	2021년	2022년
전체		21.5	20.6	19.3	17.7
성	남자	35.7	34.0	31.3	30.0
	여자	6.7	6.6	6.9	5.0
연령집단	19~29세	24.8	21.9	22.3	18.7
	30~39세	24.0	23.0	18	17.2
	40~49세	22.4	24.0	22.4	20.4
	50~59세	20.3	19.2	19.7	19.4
	60~69세	16.8	15.5	15.1	15.7
	70세 이상	8.4	7.2	7.2	7.1

보기

㉠ 조사기간 동안 한국 성인의 흡연율은 지속해서 하락하고 있다.
㉡ 조사기간 동안 남녀 흡연율 차이는 갈수록 좁혀졌다.
㉢ 연령별로 살펴보면, 2022년 흡연율은 40대가 가장 높다.
㉣ 연도별로 살펴보면, 나이가 들수록 흡연율은 낮아지는 경향을 보인다.

① ㉠, ㉡ ② ㉡, ㉢ ③ ㉠, ㉡, ㉢
④ ㉡, ㉢, ㉣ ⑤ ㉠, ㉡, ㉢, ㉣

| 정답풀이 | 정답 ③

㉠ 2019~2022년 전체 흡연율을 살펴보면, 21.5%를 시작으로 20.6%, 19.3%, 17.7%로 지속해서 하락하고 있다.
㉡ 2019~2022년 남녀 흡연율 차이를 구하면 다음과 같다.

2019년	2020년	2021년	2022년
35.7−6.7=29(%p)	34.0−6.6=27.4(%p)	31.3−6.9=24.4(%p)	30.0−50.0=25.0(%p)

따라서 남녀 흡연율 차이는 2021년까지 좁혀지다가 2022년에 그 격차는 다시 벌어졌다.
㉢ 2022년 흡연율을 연령대별로 살펴보면, 40대(20.4%)>50대(19.4%)>19~29세(18.7%)>30대(17.2%)>60대(15.7%)>70세 이상(7.1%) 순으로 높다.

| 오답풀이 |

㉣ 2020~2022년 동안 40대 흡연율이 연령대 중 가장 크지만, 전반적으로 2019년부터 2022년까지 19~29세, 30~39세, 50~59세, 60~69세, 70세 이상 순으로 나이가 들수록 흡연율이 낮아지는 경향을 보인다.

세부유형 ③ 자료 안의 수치를 추론하는 유형

예제 다음 [표]는 어느 대학교의 학년별 학생 수 및 교직원 수를 나타낸 자료이다. 이 자료를 바탕으로 할 때, 빈칸에 해당하는 값을 바르게 나타낸 것을 고르면?

[표] 학년별 학생 수 및 교직원 수

구분	1학년	2학년	3학년	4학년
학생 수	1,200	1,800	1,440	(a)
교직원 수	60	(b)	80	100

※ (교직원 수)=(학생 수)÷$a-b$

	a	b
①	12	30
②	12	40
③	12	50
④	15	40
⑤	15	50

| 정답풀이 | 정답 ②

1학년의 학생 수와 교직원 수를 주어진 산식에 대입하면 $60=1{,}200\div a-b$

3학년의 학생 수와 교직원 수를 주어진 산식에 대입하면 $80=1{,}440\div a-b$

아래의 식에서 위의 식을 변끼리 빼면 $20=240\div a$ $\therefore a=12$

$a=12$를 위의 식에 대입하면 $60=1{,}200\div 12-b$ $\therefore b=40$

세부유형 ④ 주어진 자료 내 빈칸에 해당하는 것을 찾아 매칭하는 유형

예제 다음 [표]는 국제결혼 현황을 연도별로 나타낸 자료이다. 이 자료에 대한 설명으로 옳지 않은 것을 고르면?

[표] 연도별 국제결혼 현황

(단위: 건, %)

구분		2012년	2013년	2023년
전체 결혼 건수		327,073	(　　)	(　　)
국제결혼	건수	28,325	25,963	(　　)
	구성비	(　　)	8.0	10.1
외국인 아내	건수	20,637	(　　)	14,710
	구성비	6.3	5.7	7.6
외국인 남편	건수	(　　)	7,656	5,007
	구성비	2.4	2.4	2.6

① 2023년 국제결혼 건수는 19,800건 미만이다.

② 2012년 국제결혼 중 남편이 외국인인 건수는 7,688건이다.

③ 2023년 전체 결혼 건수는 10년 전 대비 13만 건 이상 감소하였다.

④ 2012년 전체 결혼 건수 중 국제결혼이 차지하는 비중은 8.7%이다.

⑤ 2013년 국제결혼 중 아내가 외국인인 결혼 건수가 남편이 외국인인 결혼 건수보다 2배 이상 많다.

| 정답풀이 |

정답 ③

2023년 전체 결혼 건수는 19,717÷0.101≒195,218(건)이고, 2013년 전체 결혼 건수는 25,936÷0.08≒324,538(건)이다. 따라서 2023년 전체 결혼 건수는 10년 전 대비 324,538－195,218＝129,320(건) 증가하였으므로 13만 건 미만으로 증가하였다.

| 오답풀이 |

① 2023년 국제결혼 건수는 14,710＋5,007＝19,717(건)이므로 19,800건 미만이다.

② 2012년 국제결혼 중 남편이 외국인인 건수는 28,325－20,637＝7,688(건)이다.

④ 2012년 전체 결혼 건수 중 아내가 외국인인 결혼 건수의 구성비가 6.3%이고 남편이 외국인인 결혼 건수의 구성비가 2.4%이므로 국제결혼이 차지하는 비중은 6.3＋2.4＝8.7(%)이다.

⑤ 2013년 국제결혼 중 아내가 외국인인 결혼 건수가 25,963－7,656＝18,307(건)이다.이때 7,656×2＜18,307이므로 아내가 외국인인 건수가 남편이 외국인인 건수보다 2배 이상 많다.

문제 해결 TIP

2012년 전체 결혼 건수 중 국제결혼이 차지하는 비중을 $\frac{28,325}{327,073} \times 100 \fallingdotseq 8.7(\%)$로 계산할 수도 있지만, 주어진 자료를 통해 시간을 절약할 수 있는지의 여부를 먼저 확인하면 좋다. 제시된 자료에서 외국인이 배우자인 경우의 구성비가 제시되어 있으므로 국제결혼에 관한 구성비를 각각의 구성비의 합으로 구할 수 있음을 알 수 있다.

세부유형 ⑤ 주어진 자료를 분석한 보고서의 내용을 확인하는 유형

예제 다음 [그래프]는 2023년부터 6월부터 10월까지 어느 지역의 주류 판매량을 나타낸 자료이다. 이 자료를 바탕으로 작성한 [보고서]의 내용 중 옳지 않은 것을 고르면?

[그래프] 2023년 6~10월 주류 판매량 (단위: 개)

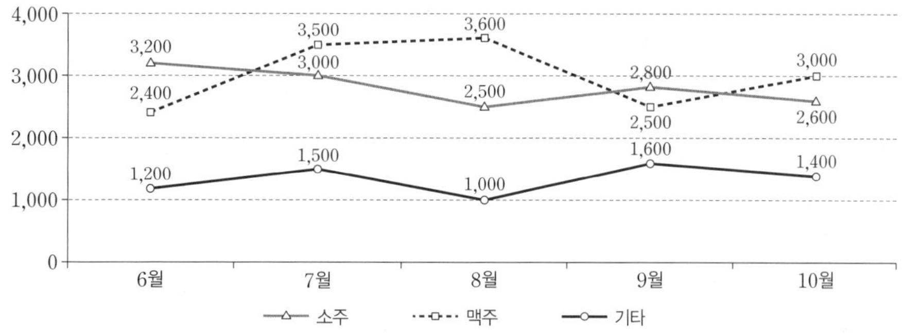

[보고서]

해당 지역은 계절의 영향에 따라 소주와 맥주의 판매량 차이가 큰 것으로 확인된다. ① 소주의 경우 8월 판매량은 두 달 전 대비 20% 이상 감소한 반면, ② 맥주의 경우에는 오히려 50% 이상 증가하였음을 알 수 있다. 물론 ③ 맥주는 기온이 낮아지기 시작하는 9월에 판매량이 급감하였는데, 전월 대비 판매량은 30% 이상 감소하였다. 역시 ④ 소주는 맥주와는 반대로 판매량이 전월 대비 15% 이상 증가한 상황이다. 한편, 탁주나 위스키 등의 기타 주류는 계절의 영향을 크게 받지 않는 것으로 확인됐다. ⑤ 기타 주류는 5개월 동안 평균 1,340개가 판매되며 꾸준한 모습을 나타냈다.

| 정답풀이 |

정답 ④

소주의 9월 판매량은 전월 대비 $\frac{2,800-2,500}{2,500}\times 100=12(\%)$ 증가하였으므로 15% 미만으로 증가하였다.

| 오답풀이 |

① 소주의 8월 판매량은 2달 전 대비 $\frac{3,200-2,500}{3,200}\times 100 \fallingdotseq 21.9(\%)$ 감소하였으므로 20% 이상 감소하였다.

② 맥주의 8월 판매량은 2달 전 대비 $\frac{3,600-2,400}{2,400}\times 100 \fallingdotseq 50(\%)$ 증가하였다.

③ 맥주의 9월 판매량은 전월 대비 $\frac{3,600-2,500}{3,600}\times 100 \fallingdotseq 30.6(\%)$ 감소하였으므로 30% 이상 감소하였다.

⑤ 기타 주류의 5개월 전체 판매량은 $1,200+1,500+1,000+1,600+1,400=6,700$(개)이므로 평균 판매량은 $6,700\div 5=1,340$(개)이다.

문제 해결 TIP

주어진 [그래프]의 수치가 모두 백의 자리에서 반올림되어 있으므로, 증가율이나 감소율을 계산하거나 실제 수치를 계산할 때 십의 자리와 일의 자리를 모두 생각하지 않고 계산하면 시간을 조금이라도 단축하면서 계산 실수를 줄일 수 있다. 예를 들어, 소주의 9월 판매량은 전월 대비 $\frac{28-25}{25}\times 100=12(\%)$ 증가하였다고 계산할 수 있다.

단일형 자료해석

연습 문제

정답과 해설 P.29

01 다음 [표]는 2010~2019년 에너지원별 가구당 연료비 추이를 조사한 자료이다. 이에 대한 설명 중 옳지 않은 것을 고르면?

[표] 에너지원별 가구당 연료비 추이 (단위: 원/월)

구분	전기	도시가스	LPG	등유	연탄	공동난방	기타	합계
2010년	37,164	26,754	3,415	8,644	365	5,664	1,115	83,121
2011년	37,852	26,109	3,222	7,300	415	5,056	1,123	81,077
2012년	40,008	29,998	4,028	6,938	511	5,197	1,212	87,892
2013년	40,736	32,314	4,647	7,119	738	5,448	613	91,615
2014년	44,662	38,095	4,993	9,254	1,040	5,728	406	104,178
2015년	44,900	40,393	5,650	9,464	901	5,786	401	107,495
2016년	46,429	44,696	5,621	9,489	805	5,335	358	112,733
2017년	47,366	46,836	4,945	8,320	915	5,305	501	114,188
2018년	44,590	44,005	4,306	7,098	559	4,762	589	105,909
2019년	43,909	41,476	3,705	5,597	575	3,860	585	99,707

① 연탄의 가구당 연료비가 가장 높은 해는 2014년이다.
② 연탄이 전체 연료비에서 차지하는 비중은 매년 1% 이하이다.
③ 전기료가 전체 연료비에서 차지하는 비중은 2011년에 가장 높다.
④ 가구당 연료비를 구성하는 에너지원 순위는 기타를 제외하면 매년 동일하다.
⑤ 2010년에서 2019년까지 10년간의 가구당 월 연료비 평균은 10만 원 미만이다.

02 다음 [표]는 2017~2018년 조직 형태별 사업체 수와 종사자 수를 조사한 자료이다. 이에 대한 [보기]의 설명 중 옳은 것을 모두 고르면?

[표] 조직 형태별 사업체 수 및 종사자 수 (단위: 개, 명)

구분	사업체 수			종사자 수		
	2017년	2018년	증가폭	2017년	2018년	증가폭
전체	4,019,872	4,102,540	82,668	21,626,904	22,195,082	568,178
개인사업체	3,197,878	3,247,792	49,914	8,156,480	8,277,718	121,238
회사법인	565,580	592,904	27,324	9,640,798	9,918,692	277,894
회사이외법인	124,197	127,091	2,894	3,222,166	3,341,628	119,462
비법인단체	132,217	134,753	2,536	607,460	657,044	49,584

보기

㉠ 회사이외법인과 비법인단체를 합친 사업체 수는 두 해 모두 전체의 5% 이상이다.
㉡ 조직 형태 중 종사자 수의 전년 대비 2018년 증가율은 회사이외법인이 가장 높다.
㉢ 2018년 1개 사업체당 종사자 수는 회사이외법인, 회사법인, 비법인단체, 개인사업체 순으로 많다.
㉣ 2018년 기준 전년 대비 사업체 수가 더 많이 증가한 조직형태일수록 종사자 수도 더 많이 증가하였다.

① ㉠, ㉡ ② ㉠, ㉢ ③ ㉡, ㉢
④ ㉡, ㉣ ⑤ ㉢, ㉣

03 다음 [표]는 2017년부터 2022년까지 A국가의 바이오산업 실태를 조사하여 나타낸 자료이다. 이 자료에 대한 설명으로 옳지 않은 것을 고르면?

[표] 바이오산업 실태조사 (단위: 조 원)

구분	2017년	2018년	2019년	2020년	2021년	2022년
생산	7.14	7.51	7.59	8.50	9.26	10.13
내수	5.53	5.73	5.59	5.63	6.09	6.62
수출	3.05	3.16	3.40	4.29	4.63	5.15
수입	1.43	1.39	1.40	1.41	1.46	1.65

※ (무역수지)=(수출)−(수입)
※ (공급)=(생산)+(수입)
※ (수요)=(내수)+(수출)
※ (생산)=(국내 판매)+(수출)

① A국가 바이오산업의 무역수지 흑자 금액은 꾸준히 증가하였다.
② 2022년 A국가의 바이오산업 생산 규모 중 수출 비중은 약 50.8%이다.
③ 2020년 A국가 바이오산업 공급 시장에서의 생산 규모 비중은 약 85.8%이다.
④ 2017~2022년 A국가 바이오산업의 국내 판매 수익이 점점 늘어나고 있다.
⑤ 2019년 이후 A국가 바이오산업의 생산 및 내수 규모는 지속해서 성장하였다.

04 다음 [그래프]는 2006년부터 10년 동안의 중고등학생의 흡연 및 음주 실태를 조사하여 나타낸 자료이다. 이 자료에 대한 설명으로 옳은 것을 고르면?

[그래프] 중고등학생 흡연 및 음주율 (단위: %)

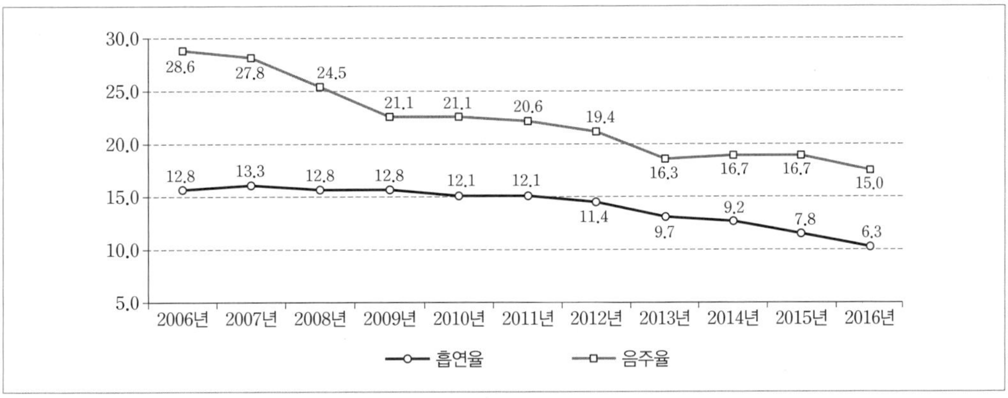

① 2006~2016년 중 음주와 흡연을 동시에 하는 중 · 고등학생의 비율은 항상 20% 이상이었다.
② 2006~2016년 중 음주는 하지만 흡연은 하지 않는 중 · 고등학생의 비율은 2013년에 가장 높았다.
③ 2006~2016년 중 흡연을 하는 중 · 고등학생은 2007년에 가장 많았다.
④ 2016년 중 · 고등학생의 음주율은 10년 전에 비해 15% 이상 감소하지는 않았다.
⑤ 2016년 중 · 고등학생의 흡연율은 10년 전에 비해 절반 이하로 감소하였다.

05 다음 [그래프]는 시도별 등록 외국인 수와 주민등록 인구 대비 비율을 조사한 자료이다. 이에 대한 설명 중 옳은 것을 고르면?

[그래프] 시도별 등록 외국인 수 및 주민등록 인구 대비 비율 (단위: 천 명, %)

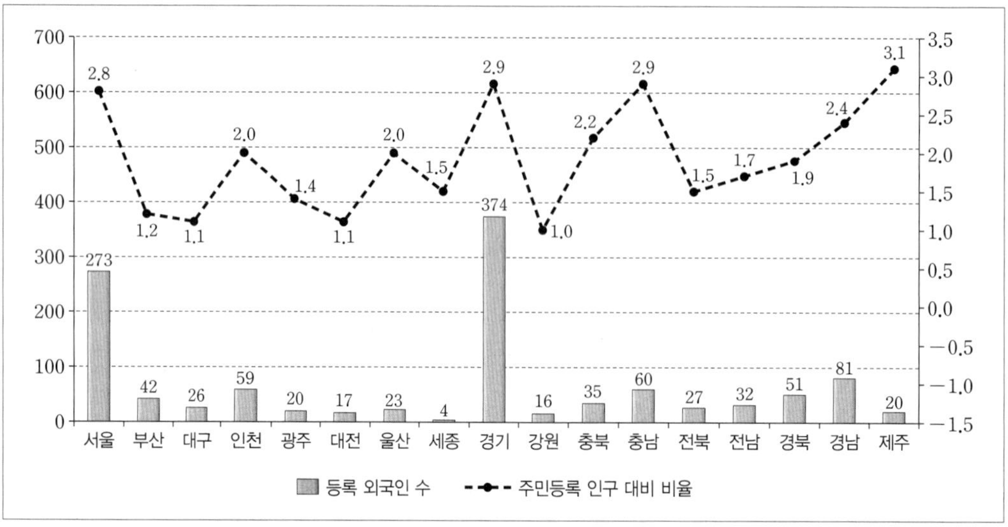

① 주민등록 인구수는 대전이 강원보다 많다.

② 세종시의 주민등록 인구수는 30만 명 이상이다.

③ 서울과 경기의 등록 외국인 수는 전국의 절반에 미치지 못한다.

④ 주민등록 인구 대비 외국인 비율이 높을수록 등록 외국인의 수도 많다.

⑤ 주민등록 인구수가 더 많은 지역이라도, 등록 외국인의 수가 더 많은 것은 아니다.

06 다음 [표]는 2018년 월별 제1군 법정감염병 발생 현황에 관한 자료이다. 다음 [조건]을 바탕으로 할 때, [표]의 C에 해당하는 법정감염병을 고르면?

[표] 2018년 월별 제1군 법정감염병 발생 현황 (단위: 건)

구분	1월	2월	3월	4월	5월	6월	7월	8월	9월	10월	11월	12월
콜레라	0	0	0	0	0	0	2	0	0	0	0	0
(A)	30	34	27	38	10	13	8	9	8	14	12	10
(B)	3	2	2	3	1	3	4	7	8	7	5	2
(C)	47	22	13	7	4	9	25	29	6	11	8	10
(D)	4	2	6	12	1	19	27	22	7	10	4	7
(E)	293	283	261	244	240	148	166	137	139	160	161	205

조건

- A형 간염의 발생 건수는 매달 가장 많다.
- 1년간 세균성 이질 발생 건수는 장티푸스 발생 건수와 50건 미만으로 차이 난다.
- 장출혈성 대장균감염증 발생 건수가 가장 적은 달에 파라티푸스 발생 건수도 가장 적다.
- 파라티푸스 발생 건수가 가장 많은 달에 장티푸스 발생 건수와 파라티푸스 발생 건수가 동일하다.

① 장티푸스 ② A형 간염 ③ 파라티푸스
④ 세균성 이질 ⑤ 장출혈성 대장균감염증

07 다음 [표]는 2017년부터 2022년까지 주요 사망 원인별 사망률을 조사하여 나타낸 자료이다. 이 자료를 바탕으로 작성한 [보고서]의 내용 중 옳지 않은 것을 모두 고르면?

[표] 주요 사망 원인별 사망률

(단위: 명/십만 명)

구분	2017년	2018년	2019년	2020년	2021년	2022년
전체	513.6	530.8	526.6	527.3	541.5	549.4
악성 신생물	142.8	146.5	149.0	150.9	150.8	153.0
당뇨병	21.5	23.0	21.5	20.7	20.7	19.2
고혈압성 질환	10.1	10.4	9.4	10.0	9.9	10.6
심장 질환	49.8	52.5	50.2	52.4	55.6	58.2
뇌혈관 질환	50.7	51.1	50.3	48.2	48.0	45.8
운수사고	12.6	12.9	11.9	11.2	10.9	10.1
자살	31.7	28.1	28.5	27.3	26.5	25.6

[보고서]

㉠ 2022년의 주요 사망 원인별 사망자 수는 악성 신생물이 가장 많고, 다음으로 심장질환, 뇌혈관 질환 순이다. ㉡ 2017년과 비교하여 2022년 뇌혈관 질환 사망자 수는 감소하고, 심장 질환 사망자 수는 증가하여, 2위, 3위가 바뀐 것을 볼 수 있다. ㉢ 사회적 이슈로 대두되고 있는 자살로 인한 사망률은 매년 감소하고 있으며, 2022년 자살 사망률은 2017년에 비해 약 19.2%가 감소하였다. 당뇨병 및 고혈압성 질환 등 만성 질환으로 인한 사망률은 매년 비슷한 수치를 보이고 있으며, ㉣ 2022년을 제외하고 매년 전체 사망자들 중 고혈압성 질환으로 인한 사망자 수가 가장 적다.

① ㉠, ㉡　② ㉠, ㉣　③ ㉡, ㉢
④ ㉠, ㉡, ㉢　⑤ ㉡, ㉢, ㉣

08 다음 [표]는 2016~2018년 전국 장애 유형별, 성별 등록 장애인 수에 관한 자료이다. 다음 [조건]을 바탕으로 할 때, [표]의 A~C에 들어갈 수 있는 값으로 옳게 짝지어진 것을 고르면?

[표] 2016~2018년 전국 장애 유형별, 성별 등록 장애인 수 (단위: 명)

구분	2016년		2017년		2018년	
	남성	여성	남성	여성	남성	여성
지체	732,667	534,507	725,384	528,746	716,788	521,744
시각	150,752	102,042	150,364	(A)	150,315	102,642
청각	147,749	124,094	162,319	139,684	182,240	160,342
언어	(B)	5,509	14,590	5,731	14,909	5,835
지적	117,725	77,558	121,167	79,736	124,746	82,171
뇌병변	143,359	107,097	144,706	108,113	(C)	108,078
자폐성	19,419	3,434	20,972	3,726	22,629	4,074

조건

- 여성 시각 장애인 수는 매년 증가하고 있고, 전체 시각 장애인 수는 2017년에 가장 적다.
- 매년 남성 언어 장애인 수는 여성 언어 장애인 수의 2배 이상이고, 전체 언어 장애인 수는 남성 자폐성 장애인 수보다 적다.
- 매년 남성 뇌병변 장애인은 남성 지적 장애인보다 많고, 여성 지적 장애인의 두 배 미만이다.

	A	B	C
①	102,024	10,081	114,746
②	102,134	11,008	154,328
③	102,257	12,325	114,746
④	102,389	13,452	154,328
⑤	102,453	14,510	114,746

PART Ⅱ CHAPTER 02 자료해석

유형 I 2

연계형 자료해석

출제 포인트

✓ 자료(표 또는 그래프)가 두 개 이상 제시되는 경우로 선택지의 유형은 동일하게 출제된다.

✓ 표 2개 또는 그래프 2개가 제시되는 유형, 표 1개와 그래프 1개가 제시되는 유형이 가장 많이 출제되는 유형이며, 드물지만 표 3개가 제시되는 유형, 그래프 3개가 제시되는 유형이 출제되기도 한다.

세부유형 ① 표 2개가 제시되는 유형

예제 **다음 [표]는 2019년 1분기와 2분기 광역시 간 이동자 수에 관한 자료이다. 이에 대한 [보기]의 설명 중 옳은 것을 모두 고르면?**

[표1] 2019년 1분기 광역시 간 이동자 수 (단위: 명)

전출지＼전입지	부산	대구	인천	광주	대전	울산
부산	—	1,407	986	283	710	2,885
대구	1,621	—	684	172	759	867
인천	676	485	—	385	758	215
광주	331	188	599	—	485	125
대전	590	508	754	386	—	203
울산	3,219	979	384	98	227	—

[표2] 2019년 2분기 광역시 간 이동자 수 (단위: 명)

전출지＼전입지	부산	대구	인천	광주	대전	울산
부산	—	960	682	224	402	2,046
대구	1,064	—	468	123	445	620
인천	466	336	—	338	521	183
광주	258	115	476	—	261	76
대전	367	326	568	234	—	131
울산	2,051	577	270	72	159	—

※ (순 이동자 수)=(전입자 수)−(전출자 수)

보기

㉠ 2019년 1분기 광주의 광역시 간 순 이동자 수는 양수이다.

㉡ 2019년 1분기 대전에서 타 광역시로 이동한 사람의 수는 인천에서 타 광역시로 이동한 사람보다 적다.

㉢ 2019년 2분기 타 광역시에서 부산으로 전입한 사람의 수는 1분기에 비해 감소하였다.

㉣ 2019년 2분기 타 광역시에서 대구로 전입한 사람의 수는 울산으로 전입한 사람보다 많다.

① ㉠, ㉡ ② ㉠, ㉢ ③ ㉡, ㉢

④ ㉡, ㉣ ⑤ ㉢, ㉣

| 정답풀이 |

정답 ③

㉡ 대전 전출자 수는 590+508+754+386+203=2,441(명)이고, 인천 전출자 수는 676+485+385+758+215=2,519(명)이므로, 인천에서 타 광역시로 이동한 사람이 더 많다.

㉢ 타 광역시에서 부산으로 전입한 사람의 수가 1분기에 1,621+676+331+590+3,219=6,437(명)이고, 2분기에는 1,064+466+258+367+2,051=4,206(명)이므로 1분기에 비해 2,231명 감소하였다.

| 오답풀이 |

㉠ 전출자 수는 331+188+599+485+125=1,728(명)이고, 전입자 수는 283+172+385+386+98=1,324(명)이다. 전출자 수가 전입자 수보다 많으므로 2019년 1분기 광주의 광역시 간 순 이동자 수는 음수이다.

㉣ 대구 전입자 수는 960+336+115+326+577=2,314(명)이고, 울산 전입자 수는 2,046+620+183+76+131=3,056(명)이므로 울산으로 전입한 사람이 더 많다.

문제 해결 TIP

계산하기 전 숫자 비교를 통해 확인하도록 한다. ㉡의 경우 2019년 1분기 전입지가 대구와 광주인 경우에만 인천이 전출지인 경우보다 대전이 전출지인 경우 이동자 수가 더 많으며 대전에서 대구, 광주로 전입한 사람 수와 인천에서 대구, 광주로 전입한 사람 수의 차이는 23명이다. 반면 대구와 광주를 제외한 나머지 전입지역 중 가장 차이가 큰 부산만 확인하더라도 차이가 86명으로 23명보다 훨씬 더 크다. 따라서 이동자 수는 인천이 대전보다 많을 것이다. ㉢의 경우 모든 광역시에서 1분기보다 2분기의 부산 전입자 수가 더 적으므로 옳은 설명이다. ㉣의 경우 2019년 2분기 부산에서 울산으로 전입한 사람은 대구로 전입한 사람보다 1,000명 이상 더 많다. 또한 대구에서 울산으로 전입한 사람이 울산에서 대구로 전입한 사람보다 많다. 인천, 광주, 대전에서 대구로 전입한 사람이 울산으로 전입한 사람보다 많지만 1,000명을 넘지 않으므로 타 지역에서 울산으로 전입한 사람이 대구로 전입한 사람보다 많다.

세부유형 ② 그래프 2개가 제시되는 유형

예제 다음 [그래프]는 2019년부터 2023년까지 세 제품 A, B, C의 판매량과 2023년 제품별 구매자 연령대에 관한 자료이다. 이 자료를 바탕으로 할 때, [보기]의 내용 중 옳은 것을 모두 고르면? (단, 구매자는 제품을 1개씩 구매했다고 가정한다.)

[그래프1] 연도별 제품 판매량 (단위: 천 개)

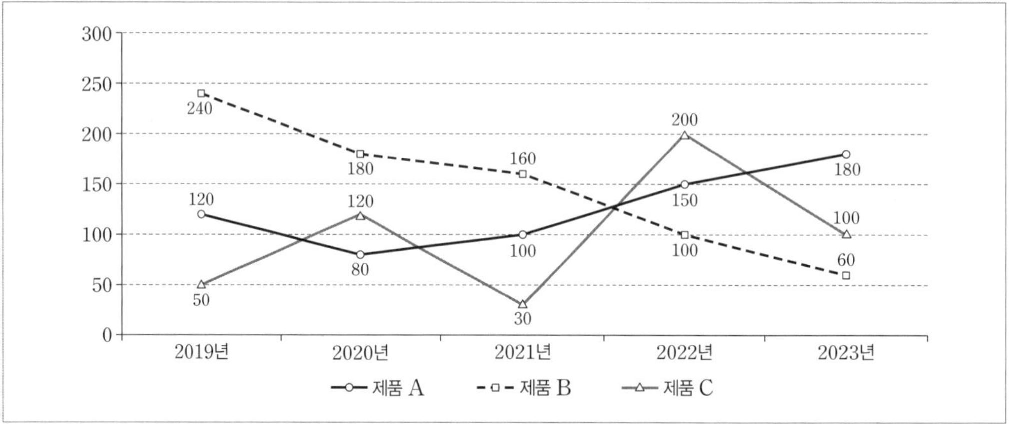

[그래프2] 2023년 제품별 구매자 연령대 (단위: %)

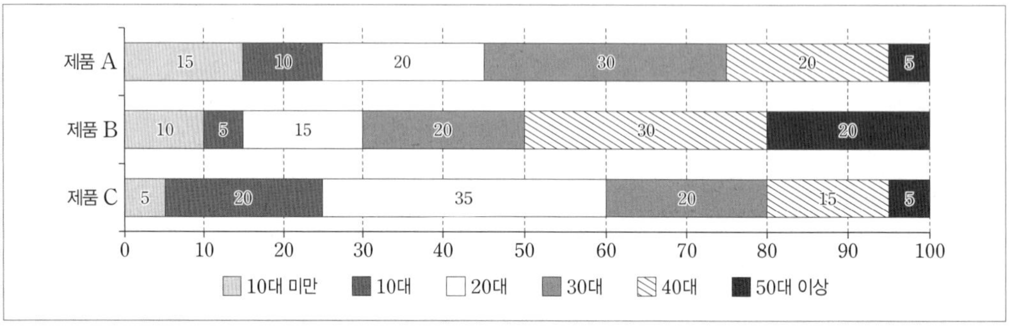

보기

㉠ 세 제품의 총판매량이 가장 많은 해는 2019년이다.

㉡ 2023년 제품 C의 구매자 중 20대는 3만 5천 명이다.

㉢ 2023년 제품 A의 20대 구매자 수는 제품 B의 40대 이상 구매자 수보다 3천 명 적다.

① ㉠ ② ㉡ ③ ㉠, ㉢

④ ㉡, ㉢ ⑤ ㉠, ㉡, ㉢

| 정답풀이 | 정답 ④

㉡ 2023년 제품 C의 판매량은 10만 개이고 구매자의 35%가 20대이다. 따라서 2023년 제품 C의 구매자 중 20대는 $10 \times 0.35 = 3.5$(만 명), 즉 3만 5천 명이다.

㉢ 2023년 제품 A의 20대 구매자 수는 $180 \times 0.15 = 27$(천 명)이고 제품 B의 40대 이상 구매자 수는 $60 \times 0.5 = 30$(천 명)이므로 $30 - 27 = 3$(천 명) 적다.

| 오답풀이 |

㉠ 세 제품의 총판매량을 연도별로 확인하면 다음과 같다.

- 2019년: $240 + 120 + 50 = 410$(천 개)
- 2020년: $180 + 120 + 80 = 380$(천 개)
- 2021년: $160 + 100 + 30 = 290$(천 개)
- 2022년: $200 + 150 + 100 = 450$(천 개)
- 2023년: $180 + 100 + 60 = 340$(천 개)

따라서 세 제품의 총판매량이 가장 많은 해는 2022년이다.

세부유형 ③ 표 1개와 그래프 1개가 제시되는 유형

예제 다음 [표]와 [그래프]는 2020~2023년 국가등록문화유산 현황에 관한 자료이다. 이에 대한 [보기]의 설명 중 옳지 않은 것을 모두 고르면?

[표] 2020~2023년 종교별 종교 문화재 지정 및 등록 건수 (단위: 건)

구분	2020년	2021년	2022년	2023년
불교	1,567	1,597	1,659	1,688
유교	118	124	106	106
천주교	58	58	57	59
개신교	36	36	41	41
단군신앙	3	4	2	2

[그래프] 전체 문화재 지정 및 등록 건수 (단위: 건)

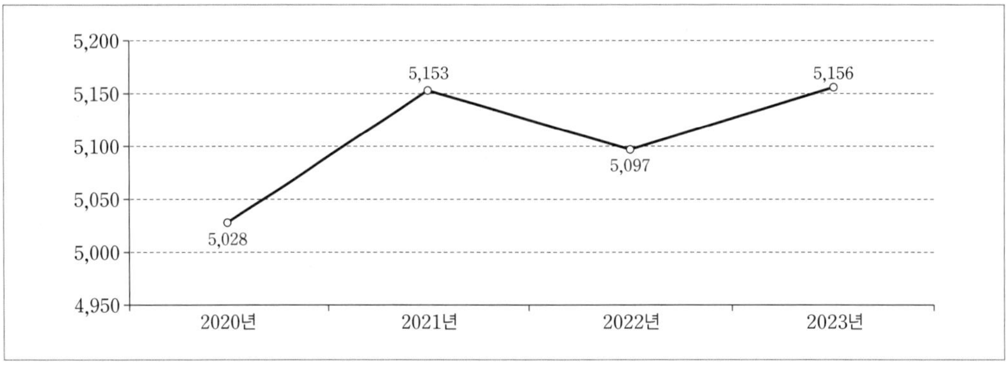

※ 전체 문화재 지정 및 등록 건수는 종교 문화재와 비종교 문화재를 모두 포함함

보기

㉠ 2023년 종교 문화재 지정 및 등록 건수는 전체 문화재의 40% 미만이다.
㉡ 조사기간 동안 전체 문화재 지정 및 등록 건수 증감폭이 가장 컸던 시기는 2021년이다.
㉢ 매년 유교 문화재 지정 및 등록 건수는 천주교 문화재 지정 및 등록 건수의 2배 이상이다.

① ㉠　② ㉢　③ ㉠, ㉡
④ ㉡, ㉢　⑤ ㉠, ㉡, ㉢

| 정답풀이 | 정답 ②

㉢ 2022～2023년 유교 문화재 지정 및 등록 건수는 각각 106건으로, 천주교 문화재 지정 및 등록 건수인 57건(2022년), 59건(2023년)의 2배 미만이다.

| 오답풀이 |

㉠ 2023년 종교 문화재 지정 및 등록 건수는 1,688＋106＋59＋41＋2＝(1,688＋2)＋106＋(59＋41)＝1,690＋106＋100＝1,690＋206＝1,896(건)이다. [그래프]를 참고하면, 2023년 전체 문화재 지정 및 등록 건수는 5,156건이므로 전체의 $\frac{1,896}{5,156}\times 100 \fallingdotseq 37(\%)$를 차지한다.

㉡ 2021～2023년 전체 문화재 지정 및 등록 건수 증감폭을 계산하면 다음과 같다.

- 2021년: 5,153－5,028＝125(건)
- 2022년: 5,153－5,097＝56(건)
- 2023년: 5,156－5,097＝59(건)

따라서 2021년 전체 문화재 지정 및 등록 건수 증감폭이 가장 크다는 것을 알 수 있다.

문제 해결 TIP

㉠의 경우 40% 미만이려면 2023년 5,000건(약 5,156건을 어림잡으면)의 40%는 2,000건인데 이보다 종교 문화재 지정 및 등록 건수는 적으므로 40% 미만임을 알 수 있다.

㉡의 경우 '증감폭'의 개념을 물어보고 있으므로 꺾은선 그래프상 높이 차가 가장 큰 시기가 언제인지를 확인하면 된다.

세부유형 ④ 표 3개가 제시되는 유형

예제 **다음 표는 2020년부터 2023년까지 세 제품 A, B, C의 수출입액을 나타낸 자료이다. 이 자료에 대한 설명 중 옳지 않은 것을 고르면?** (단, 무역수지는 수출액에서 수입액을 뺀 값이다.)

[표1] 2020~2023년 제품 A의 수출입액 현황 (단위: 천만 원)

구분	2020년	2021년	2022년	2023년
수출	103	80	152	115
수입	92	65	49	71

[표2] 2020~2023년 제품 B의 수출입액 현황 (단위: 천만 원)

구분	2020년	2021년	2022년	2023년
수출	178	107	169	64
수입	51	78	101	92

[표3] 2020~2023년 제품 C의 수출입액 현황 (단위: 천만 원)

구분	2020년	2021년	2022년	2023년
수출	120	115	110	82
수입	87	56	104	115

① 4년간 평균 수출액이 가장 큰 제품은 B이다.

② 4년간 총수입액은 제품 C가 제품 A보다 8억 5천만 원 많다.

③ 제품 C의 2023년 수입액은 전년 대비 10% 이상 증가하였다.

④ 세 제품 중 연도별로 수출액이 수입액보다 항상 많은 제품이 있다.

⑤ 제품 B의 2021년 무역수지는 2020년 대비 10억 원 이상 감소하였다.

| 정답풀이 | 정답 ⑤

제품 B의 2020년 무역수지는 178－51＝127(천만 원)이고 2021년 무역수지는 107－78＝29(천만 원)이다. 따라서 제품 B의 2021년 무역수지는 2020년 대비 127－29＝98(천만 원), 즉 9억 8천만 원 감소하였으므로 10억 원 미만으로 감소하였다.

| 오답풀이 |

① 4년간 평균 수출액을 제품별로 확인해 보면 다음과 같다.
- 제품 A: (103＋80＋152＋115)÷4＝112.5(천만 원)
- 제품 B: (178＋107＋169＋64)÷4＝129.5(천만 원)
- 제품 C: (120＋115＋110＋82)÷4＝106.75(천만 원)

따라서 4년간 평균 수출액이 가장 큰 제품은 B이다.

② 4년간 총수입액을 제품별로 확인해 보면 다음과 같다.
- 제품 A: 92＋65＋49＋71＝277(천만 원)
- 제품 B: 51＋78＋101＋92＝322(천만 원)
- 제품 C: 87＋56＋104＋115＝362(천만 원)

따라서 4년간 총수입액은 제품 C가 제품 A보다 362－277＝85(천만 원), 즉 8억 5천만 원 많다.

③ 제품 C의 2023년 수입액은 전년 대비 $\frac{115-104}{104}\times 100 \fallingdotseq 10.6(\%)$ 증가하였으므로 10% 이상 증가하였다.

④ [표1]에서 제품 A는 연도별로 수출액이 수입액보다 항상 많다.

연습 문제

정답과 해설 P.32

01 다음 [표]는 스마트폰 평균 이용 시간 및 빈도와 스마트폰 이용 용도를 조사하여 나타낸 자료이다. 이 자료에 대한 설명 중 옳은 것을 고르면?

[표1] 스마트폰 평균 이용 시간 및 빈도 (단위: 시간, %)

구분		주 평균 이용 시간	스마트폰 이용 빈도			
			1일 1회 이상	1주 1회 이상	1달 1회 이상	1달 1회 미만
2020년	10대	14.4	95.2	4.7	0.1	—
	20대	20.5	99.3	0.7	—	—
2021년	10대	14.5	94.6	5.3	0.1	—
	20대	21.0	99.8	0.2	—	—
2022년	10대	15.4	93.9	5.6	0.3	0.2
	20대	22.8	99.6	0.4	—	—

[표2] 2022년 스마트폰 이용 용도 (단위: 시간, %)

구분	커뮤니케이션	여가활동	자료 및 정보 획득	홈페이지 등 운영	교육 · 학습	직업 · 직장
10대	95.1	97.5	88.4	51.5	72.4	7.9
20대	97.9	98.5	99.8	74.7	60.4	32.2

① 2020년에는 10대가 20대보다 주 평균 6.1시간 스마트폰을 더 이용했다.

② 2022년에 10대와 20대 모두 여가활동에 스마트폰을 가장 많이 사용한다.

③ 2020~2022년 3년에 걸쳐 하루에 1회 이상 스마트폰을 이용하는 10대의 수는 감소하고 있다.

④ 2021년 대비 2022년 20대의 스마트폰 주 평균 이용 시간 증가율은 동일한 시기의 10대보다 높다.

⑤ 2022년 홈페이지 등을 운영하는 용도와 함께 교육 · 학습 용도로도 스마트폰을 이용하는 20대의 수는 직업 · 직장 용도를 위해 스마트폰을 이용하는 20대의 수보다 적다.

02 **다음은 연도별 자동차 산업 동향과 2022년 국가별 자동차 생산량에 관한 자료이다. 이 자료에 대한 설명 중 옳은 것을 고르면?**

[표] 연도별 자동차 산업 동향 (단위: 천 대, 억 불)

구분	2014년	2015년	2016년	2017년	2018년	2019년	2020년	2021년	2022년
생산	3,513	4,272	4,657	4,562	4,521	4,524	4,556	4,229	4,115
내수	1,394	1,465	1,475	1,411	1,383	1,463	1,589	1,600	1,560
수출	371.0	544.0	684.0	718.0	747.0	756.0	713.0	657.0	648.0
수입	58.7	84.9	101.1	101.6	112.2	140.0	155.0	160.0	165.0

※ (무역수지)=(수출)−(수입)

[그래프] 2022년 국가별 자동차 생산량 (단위: 천 대)

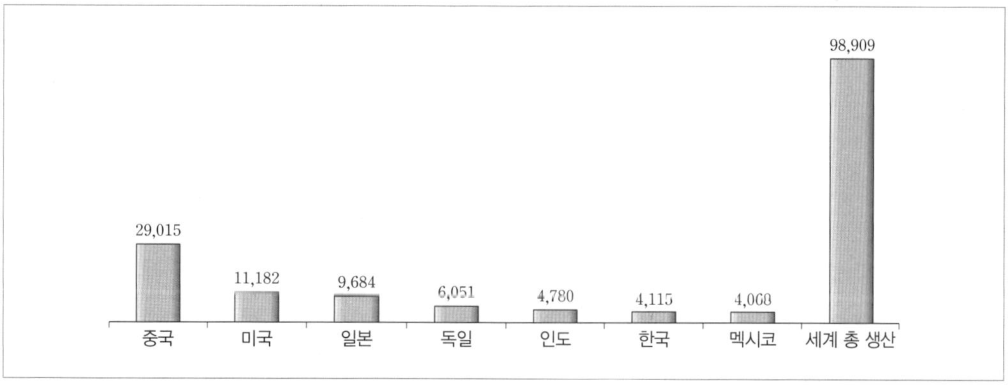

① 2022년 자동차 세계 총 생산량 대비 한국의 생산량은 4% 이상이다.

② 2019년에 자동차 무역수지가 최대가 된다.

③ 2015년 대비 2022년 자동차 수출액 증가량은 수입액 증가량보다 적다.

④ 2020년 자동차 생산량 대비 내수량은 2014년에 비해 증가하였다.

⑤ 2022년 일본의 자동차 생산량은 독일의 자동차 생산량에 비해 353만 3천 대 더 많다.

03 **다음 [표]는 부모와 자녀 사이의 관계에 대해 설문조사를 실시하여 긍정적인 답변의 비율을 조사한 자료이다. 이에 대한 [보기]의 설명 중 옳은 것을 모두 고르면?** (단, 두 질문 모두 같은 모집단을 대상으로 하였으며, 무응답 없이 '긍정적' 또는 '부정적' 2가지 답변만 가능하다.)

[표1] 부모의 재산을 자녀가 물려받을 권리가 있는가? (단위: %)

구분	2017년	2018년	2019년	2020년
전체	42.6	42.0	36.4	36.7
10대	46.1	46.5	36.1	35.9
20대	41.5	39.9	36.3	35.9
30대	45.8	44.0	35.9	36.5
40대	43.9	44.3	37.7	38.2
50대	41.9	40.3	38.3	38.1
60세 이상	39.0	39.1	34.2	35.0

[표2] 자녀 교육을 위해 부모가 희생을 감수해야 하는가? (단위: %)

구분	2017년	2018년	2019년	2020년
전체	48.1	49.2	45.6	46.2
10대	53.4	54.1	46.9	47.1
20대	46.8	49.6	47.2	45.7
30대	46.6	51.6	40.2	41.4
40대	54.0	54.0	50.3	51.7
50대	49.4	48.6	51.1	51.6
60세 이상	41.2	39.9	40.4	41.3

보기

㉠ 전체 설문 대상자 중에서 '부모의 재산을 자녀가 물려받을 권리가 있는가?'라는 질문에 긍정적으로 답변한 사람보다 부정적으로 답변한 사람이 매년 더 많다.

㉡ 두 질문 모두 긍정적으로 답변한 10대가 2018년에 적어도 1명 존재한다.

㉢ 2018년 '자녀 교육을 위해 부모가 희생을 감수해야 하는가?'라는 질문에 긍정적인 답변이 더 많은 연령대 수가 부정적인 답변이 더 많은 연령대 수보다 더 적다(단, 60세 이상은 하나의 연령대로 간주함).

㉣ 2019년 30대 이하 설문 대상자 중에서 '자녀 교육을 위해 부모가 희생을 감수해야 하는가?'라는 질문에 긍정적으로 답변한 사람보다 부정적으로 답변한 사람이 많다.

① ㉠, ㉣ ② ㉡, ㉢ ③ ㉢, ㉣
④ ㉠, ㉡, ㉢ ⑤ ㉠, ㉡, ㉣

04 **다음 [그래프]와 [표]는 여름 휴가에 대해 조사한 자료이다. 이에 대한 [보기]의 설명 중 옳지 않은 것을 모두 고르면?**

[그래프] 여름 휴가 여행 일정 계획 (단위: %)

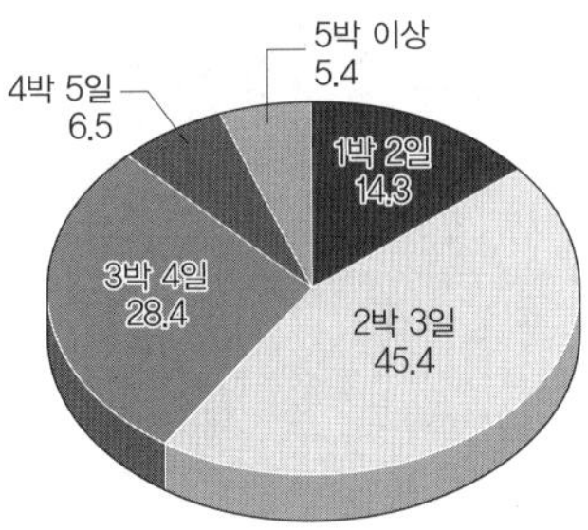

[표] 연령별 여름 휴가 고려 장소 (단위: 명, %)

구분	인원	바다	산	휴양지/리조트	강	기타
전체	1,000	45.4	21.6	9.0	8.1	15.9
20대	231	61.8	15.5	9.4	5.8	7.5
30대	239	44.7	16.8	14.1	9.3	15.1
40대	229	35.1	22.7	10.2	9.2	22.8
50대 이상	301	31.1	34.3	5.9	8.0	20.7

보기

㉠ 응답자 가운데 3박 4일 이상을 계획하는 사람은 1박 2일을 계획하고 있는 사람들의 2배에 미치지 못한다.

㉡ 모든 연령대에서 휴가 장소로 고려하고 있는 곳으로 기타를 제외하고 응답자 수가 가장 적은 곳은 강이다.

㉢ 여름 휴가 장소 가운데 바다는 연령이 낮을수록 선호하는 비중이 높고 산은 연령이 높을수록 선호하는 비중이 높다.

㉣ 휴가 장소를 바다라고 응답한 사람 가운데 가장 많은 수를 차지하는 연령대는 50대 이상이다.

① ㉣ ② ㉠, ㉡ ③ ㉡, ㉢
④ ㉢, ㉣ ⑤ ㉠, ㉡, ㉣

[05~07] 다음 [표]는 2017~2018년 육상운송업, 수상운송업, 항공운송업의 업종별 현황을 나타낸 자료이다. 이어지는 질문에 답하시오.

[표1] 육상운송업 업종별 현황 (단위: 개, 명, 십억 원)

구분	기업체 수		종사자 수		매출액	
	2017년	2018년	2017년	2018년	2017년	2018년
육상운송업	354,266	362,877	934,394	939,692	64,252	65,386
철도운송	18	18	56,697	57,897	8,828	9,032
육상여객	168,190	168,550	433,539	428,693	19,871	19,886
도로화물	185,861	194,107	443,106	451,614	35,348	36,159
기타운송	197	202	1,052	1,488	205	309

[표2] 수상운송업 업종별 현황 (단위: 개, 명, 십억 원)

구분	기업체 수		종사자 수		매출액	
	2017년	2018년	2017년	2018년	2017년	2018년
수상운송업	606	583	23,682	23,990	27,416	28,329
외항운송	152	148	14,825	15,588	25,375	26,467
내항운송	300	284	6,316	5,908	1,595	1,438
기타항만	154	151	2,541	2,494	446	424

[표3] 항공운송업 업종별 현황 (단위: 개, 명, 십억 원)

구분	기업체 수		종사자 수		매출액	
	2017년	2018년	2017년	2018년	2017년	2018년
항공운송업	38	41	38,440	39,846	22,670	25,006
항공여객	29	30	33,474	34,814	18,368	20,272
항공화물	9	11	4,966	5,032	4,302	4,734

05 다음 중 운송업종별 현황을 바르게 요약한 것을 고르면?

① 3개 운송업종의 기업체 수, 종사자 수, 매출액은 모두 전년보다 증가하였다.

② 2018년 항공운송업의 1개 기업체당 평균 종사자 수는 전년보다 증가하였다.

③ 육상운송업은 기업체 수, 종사자 수, 매출액이 모두 전년보다 증가하였으나, 수상운송업과 항공운송업은 기업체 수가 전년보다 감소하였다.

④ 육상운송업과 항공운송업은 기업체 수, 종사자 수, 매출액이 모두 전년보다 증가하였으나, 수상운송업은 기업체 수가 전년보다 감소하였다.

⑤ 육상운송업과 항공운송업은 기업체 수, 종사자 수, 매출액이 모두 전년보다 증가하였으나, 수상운송업은 기업체 수와 종사자 수가 전년보다 감소하였다.

06 다음 중 주어진 지표의 대소 관계로 옳지 않은 것을 고르면?

① 기타운송의 증감률: 종사자 수＜매출액
② 내항운송의 기업체 수 구성비: 2017년＞2018년
③ 항공여객의 기업체 수 구성비: 2017년＜2018년
④ 기업체 수 증가율: 항공여객＜항공화물
⑤ 항공운송업의 증가율: 기업체 수＞종사자 수

07 다음 중 자료에 대한 설명으로 옳지 않은 것을 고르면?

① 2018년 외항운송의 1개 기업체당 평균 매출액은 전년보다 더 증가하였다.
② 2018년 기타운송의 1개 기업체당 평균 종사자 수는 전년보다 감소하였다.
③ 2018년 철도운송의 1개 기업체당 평균 매출액은 전년보다 100억 원 이상 증가하였다.
④ 2018년 철도운송의 1개 기업체당 평균 종사자 수는 전년보다 증가하였다.
⑤ 육상운송업의 4개 업종 중 종사자 수와 매출액이 전년보다 증가한 업종은 모두 3개 업종이다.

08 다음 [그래프]는 2010~2019년 혼인 및 이혼 현황에 관한 자료이다. 이에 대한 설명으로 옳은 것을 고르면?

[그래프1] 연도별 총혼인 건수 및 조혼인율 (단위: 천 건, 인구 1천 명당 건)

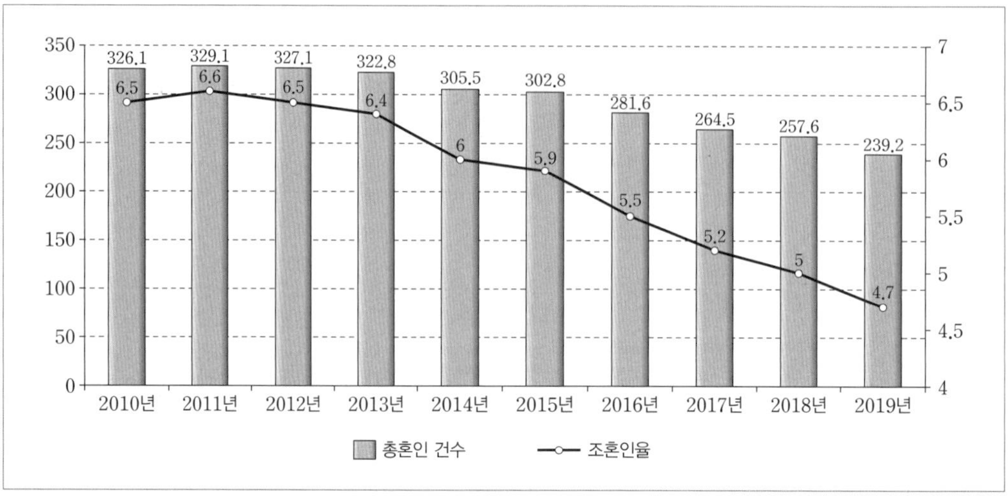

[그래프2] 연도별 총이혼 건수 및 조이혼율 (단위: 천 건, 인구 1천 명당 건)

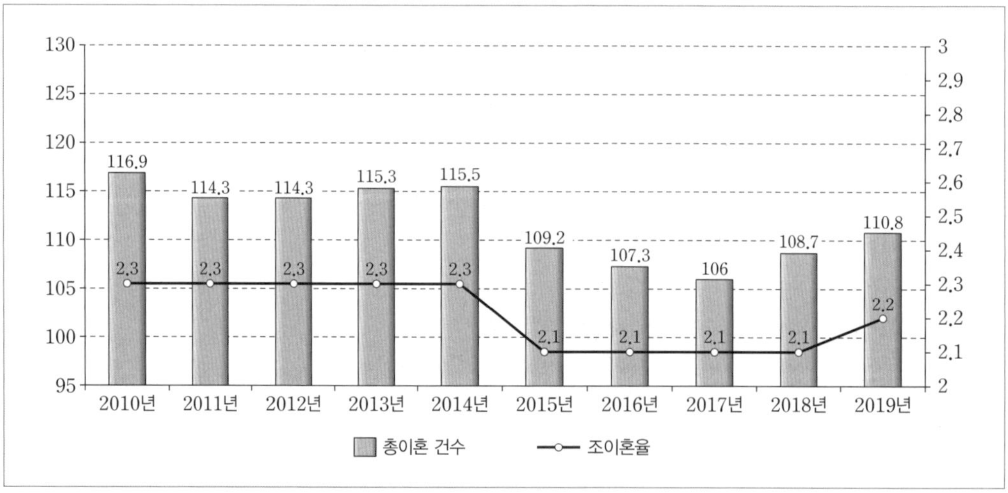

※ (조혼인율) $= \frac{\text{(연간 혼인 건수)}}{\text{(총인구수)}} \times 1{,}000$

※ (조이혼율) $= \frac{\text{(연간 이혼 건수)}}{\text{(총인구수)}} \times 1{,}000$

① 2019년 혼인 건수는 전년 대비 약 18,500건 감소하였다.
② 2019년 조이혼율은 2010년 대비 16% 감소하였다.
③ 2019년 남자 조혼인율은 전체 조혼인율보다 높다.
④ 2018년 총인구수는 5,100만 명을 넘는다.
⑤ 2019년 전체 혼인 건수 대비 전체 이혼 건수는 9년 전 대비 약 0.1건 감소하였다.

유형 | 3

도표 작성 및 변환

출제 포인트

✔ 대부분 [표]와 [보고서]의 내용이 함께 제시되고 이를 토대로 도출할 수 있는 결과에 대한 [그래프] 중 적절한 것 또는 적절하지 않은 것을 고르는 유형이 출제된다.

✔ 특정 대상에 대한 그래프를 찾을 때 선, 원, 막대, 점, 층별 등 여러 종류의 그래프로 선지가 제시된다.

세부유형 ① 선 그래프로 표현하는 유형

예제 **다음 [표]는 2022년 4분기부터 2023년 4분기까지 두 기업의 매출액을 나타낸 자료이다. 이 자료를 바탕으로 2023년 두 기업의 전 분기 대비 매출액 증가율을 그래프로 나타냈을 때 옳은 것을 고르면?**

[표] 기업별 매출액 현황 (단위: 억 원)

구분	2022년 4분기	2023년 1분기	2023년 2분기	2023년 3분기	2023년 4분기
S기업	120	150	100	180	210
L기업	200	240	250	160	180

①
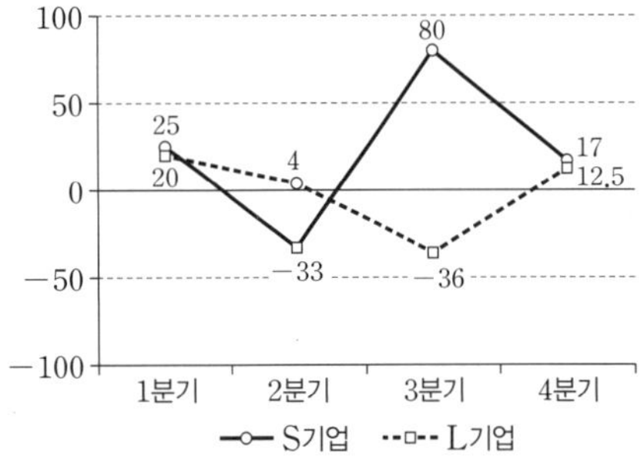

②
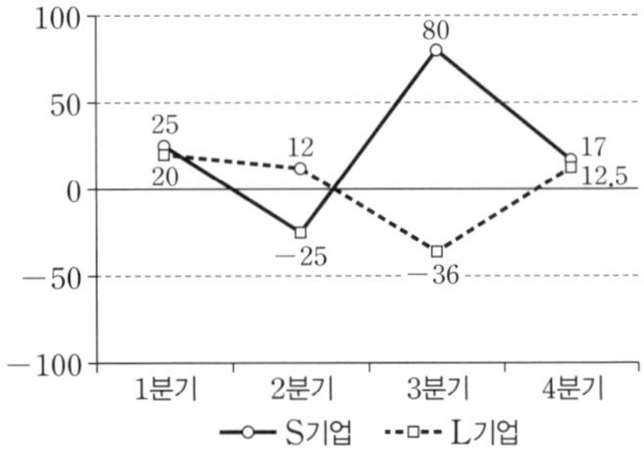

③
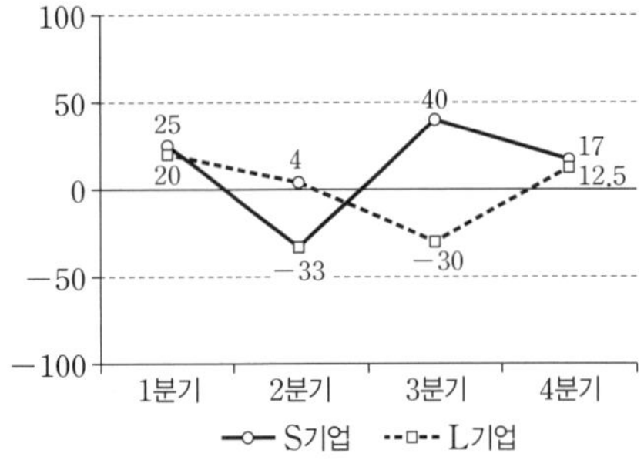

④
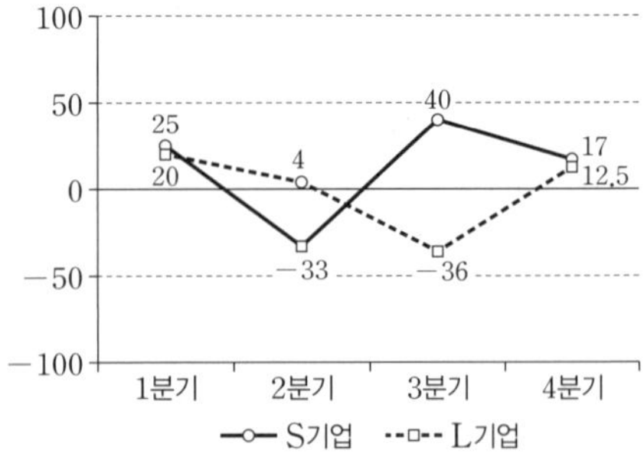

⑤
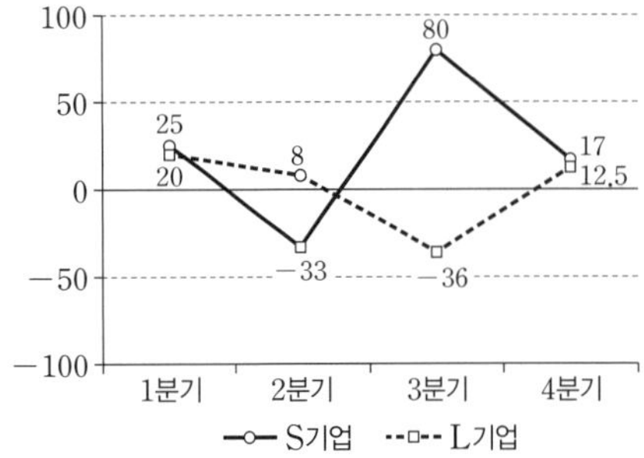

| 정답풀이 | 정답 ①

기업별로 전 분기 대비 매출액 증가율을 구하면 다음과 같다.

구분	S기업	L기업
1분기	$\frac{150-120}{120}\times 100=25(\%)$	$\frac{240-200}{200}\times 100=20(\%)$
2분기	$\frac{100-150}{150}\times 100 \fallingdotseq -33(\%)$	$\frac{250-240}{240}\times 100 \fallingdotseq 4(\%)$
3분기	$\frac{180-100}{100}\times 100=80(\%)$	$\frac{160-250}{250}\times 100=-36(\%)$
4분기	$\frac{210-180}{180}\times 100 \fallingdotseq 17(\%)$	$\frac{180-160}{160}\times 100=12.5(\%)$

따라서 2023년 두 기업의 전 분기 대비 매출액 증가율을 나타낸 그래프로 옳은 것은 ①이다.

문제 해결 TIP

이러한 유형의 문항은 전체 기간에 대하여 모든 수치를 구하여 비교하지 말고, 특정 구간의 수치를 구하여 비교해 보면 좋다. 예를 들어 계산하기 간단하게 S기업의 3분기의 증가율을 구하면 $\frac{180-100}{100}\times 100=80(\%)$이므로 주어진 선택지에서 ①, ②, ⑤만 확인하면 되는 것이다.

세부유형 ② 원 그래프로 표현하는 유형

예제 다음 [표]는 어느 회사의 직급별 직원 수를 나타낸 자료이다. 이 자료를 바탕으로 할 때, 직급별 구성비를 나타낸 그래프로 옳은 고르면?

[표] 직급별 직원 수 현황 (단위: 명)

구분	사원	주임	대리	과장	차장	부장	임원
인원수	246	127	98	66	30	27	13

①
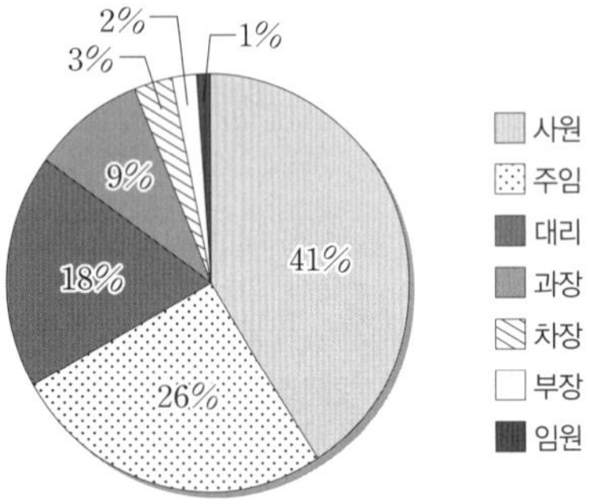

②
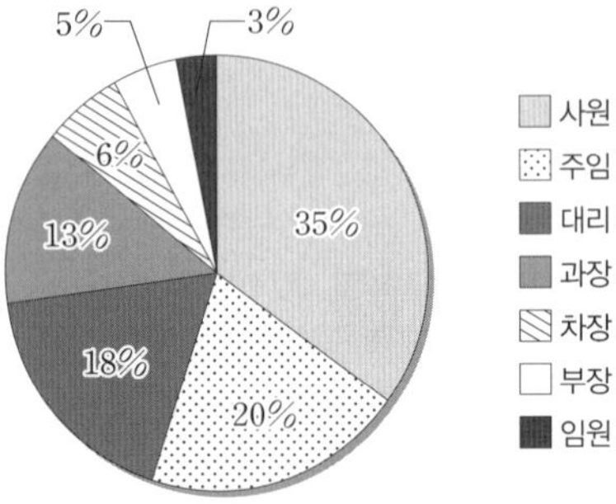

③
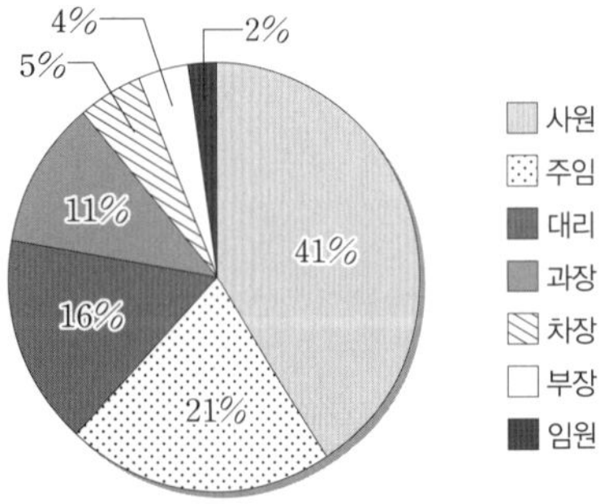

④
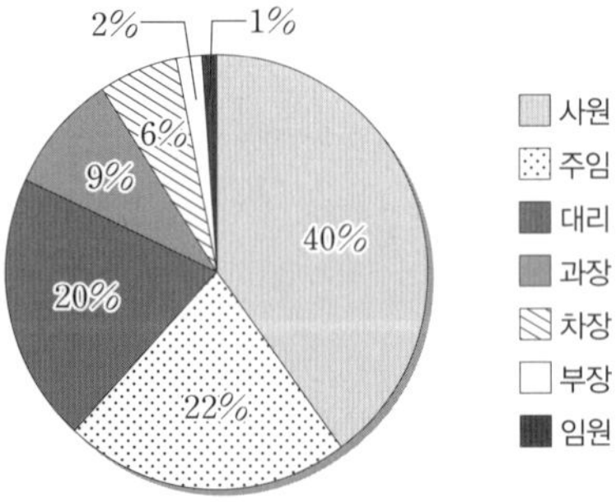

⑤
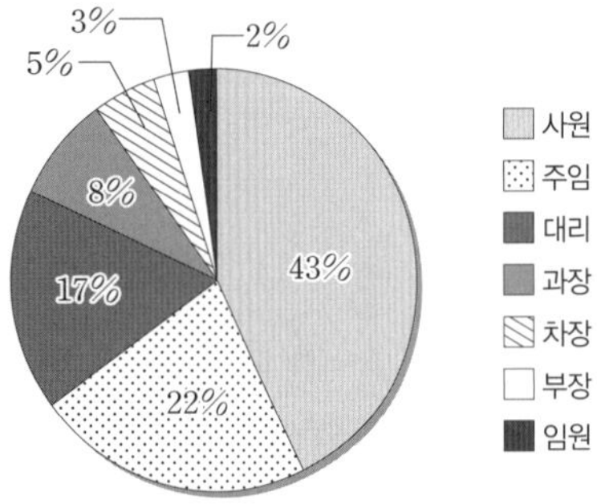

| 정답풀이 |

정답 ③

해당 회사의 전체 직원 수가 $246+127+98+66+30+27+13=607$(명)이므로 직급별 구성비를 확인해 보면 다음과 같다.

- 사원: $\frac{246}{607}\times 100 \fallingdotseq 41(\%)$
- 주임: $\frac{127}{607}\times 100 \fallingdotseq 21(\%)$
- 대리: $\frac{98}{607}\times 100 \fallingdotseq 16(\%)$
- 과장: $\frac{66}{607}\times 100 \fallingdotseq 11(\%)$
- 차장: $\frac{30}{607}\times 100 \fallingdotseq 5(\%)$
- 부장: $\frac{27}{607}\times 100 \fallingdotseq 4(\%)$
- 임원: $\frac{13}{607}\times 100 \fallingdotseq 2(\%)$

따라서 직급별 구성비를 나타낸 그래프로 옳은 것은 ③이다.

문제 해결 TIP

전체 직원 수가 607명이라는 것이 확인되었을 때, 직급이 과장인 직원 수가 66명이므로 전체의 10% 이상임을 알 수 있다. 따라서 주어진 선택지 중 ①, ④, ⑤를 제외하고 ②와 ③ 중에서 선택해야 한다. 이때, 가장 인원수가 많은 사원 직급의 직원 수에 대한 구성비를 구해 보면 정답이 ③이라는 것을 쉽게 찾을 수 있다.

세부유형 ③ 막대 그래프로 표현하는 유형

예제 다음 [그래프]는 G기업의 연도별 매출액 및 매출총이익률을 나타낸 자료이다. 이 자료를 바탕으로 할 때, 이 회사의 연도별 매출원가를 나타낸 그래프로 옳은 것을 고르면?

[그래프] G기업의 연도별 매출총이익률 및 매출원가 (단위: 억 원, %)

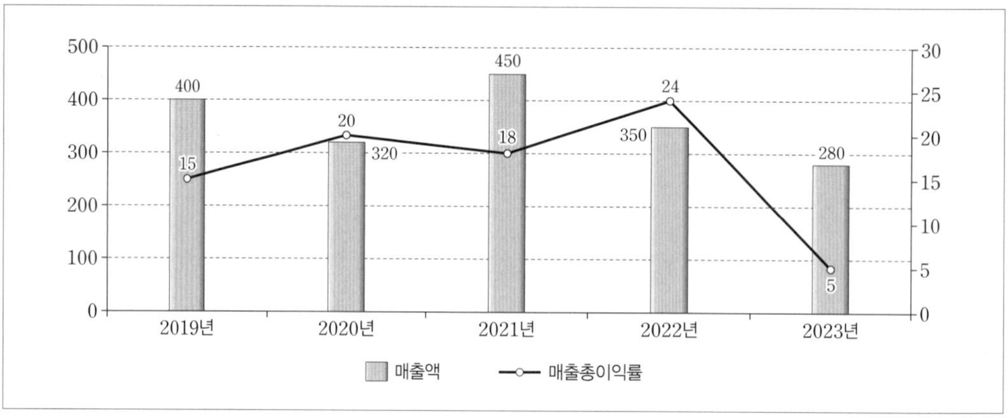

※ (매출총이익)=(매출액)−(매출원가)

※ (매출총이익률)(%)=(매출총이익)÷(매출액)×100

①
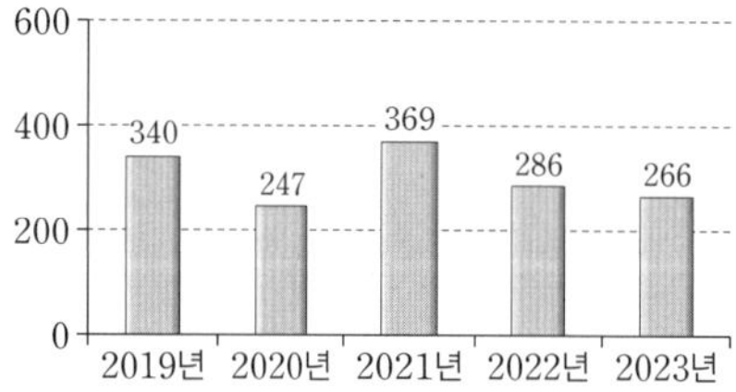

②
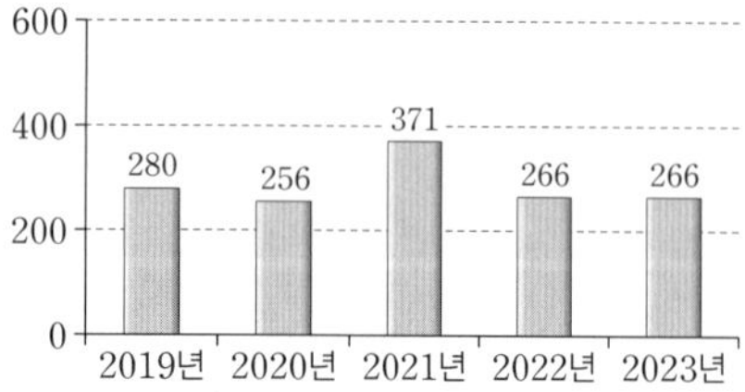

③
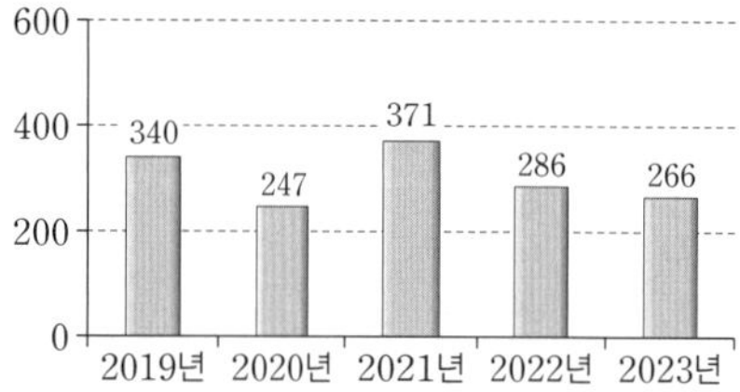

④
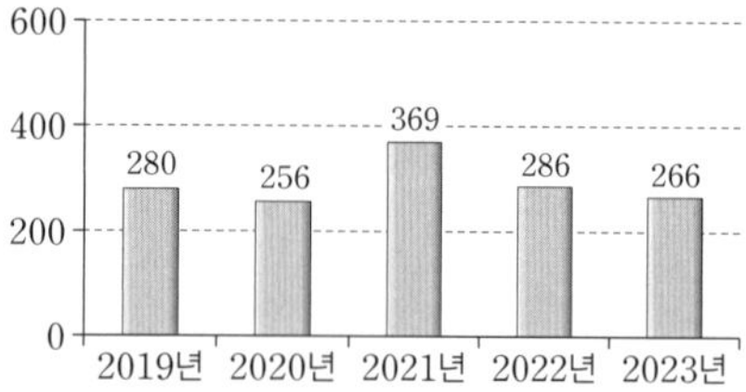

⑤
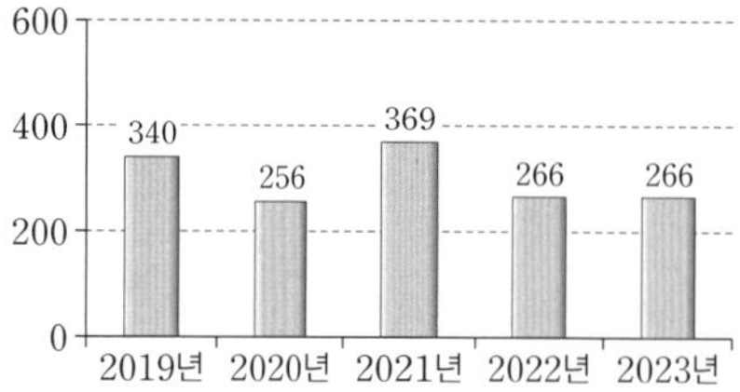

| 정답풀이 | 정답 ⑤

두 번째 각주의 산식을 통해 연도별로 G기업의 매출총이익을 구하면 다음과 같다.

• 2019년: $15 \div 100 \times 400 = 60$(억 원)
• 2020년: $20 \div 100 \times 320 = 64$(억 원)
• 2021년: $18 \div 100 \times 450 = 81$(억 원)
• 2022년: $24 \div 100 \times 350 = 84$(억 원)
• 2023년: $5 \div 100 \times 280 = 14$(억 원)

이를 바탕으로 첫 번째 각주의 산식을 통해 연도별로 G기업의 매출원가를 구하면 다음과 같다.

• 2019년: $400 - 60 = 340$(억 원)
• 2020년: $320 - 64 = 256$(억 원)
• 2021년: $450 - 81 = 369$(억 원)
• 2022년: $350 - 84 = 266$(억 원)
• 2023년: $280 - 14 = 266$(억 원)

따라서 G기업의 연도별 매출원가를 나타낸 그래프로 옳은 것은 ⑤이다.

문제 해결 TIP

이러한 유형의 문항은 전체 기간에 대하여 모든 수치를 구하여 비교하지 말고, 특정 구간의 수치를 구하여 비교해 보면 좋다. 예를 들어 2019년과 2020년의 매출원가만 구해도 바로 답을 특정할 수 있다.

세부유형 ④ 복합형 그래프로 표현하는 유형

예제 **다음 [표]는 2022~2023년 국내 자동차부품 수출액 및 수입액 현황에 관한 자료이다. 이를 바탕으로 그래프를 작성한 것 중 옳지 않은 것을 고르면?** (단, 소수점 첫째 자리에서 반올림한다.)

[표] 2022~2023년 국내 자동차부품 수출액 및 수입액 현황 (단위: 백만 불)

구분	2022년		2023년	
	수출액	수입액	수출액	수입액
아시아	5,970	3,830	5,580	4,120
북미	8,323	305	8,343	358
유럽	5,080	2,044	5,203	1,792
중남미	2,930	563	2,770	622
기타	1,005	21	1,058	15
합계	23,308	6,763	22,954	6,907

① 국내 자동차부품 전체 수출액 및 수입액 (단위: 백만 불)

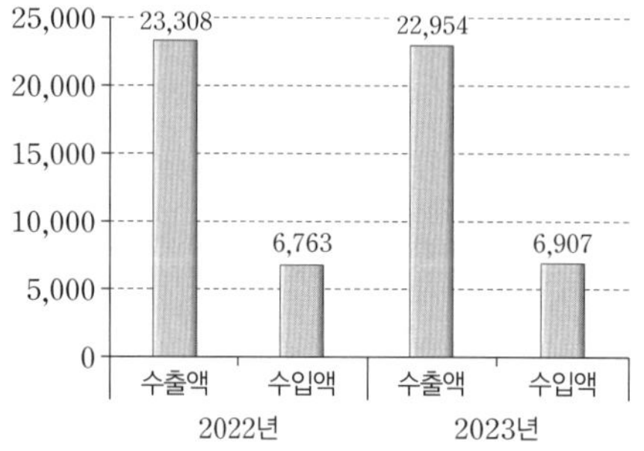

② 아시아 지역으로의 국내 자동차부품 수출액 및 수입액 (단위: 백만 불)

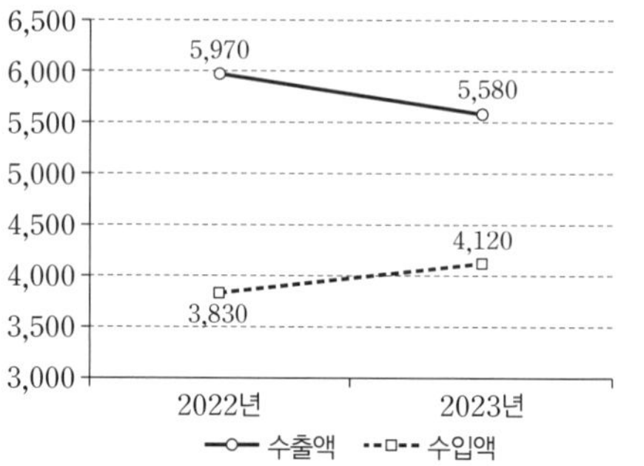

③ 2022년 대비 2023년 유럽 지역으로의 국내 자동차부품 수출액 및 수입액 증가율 (단위: %)

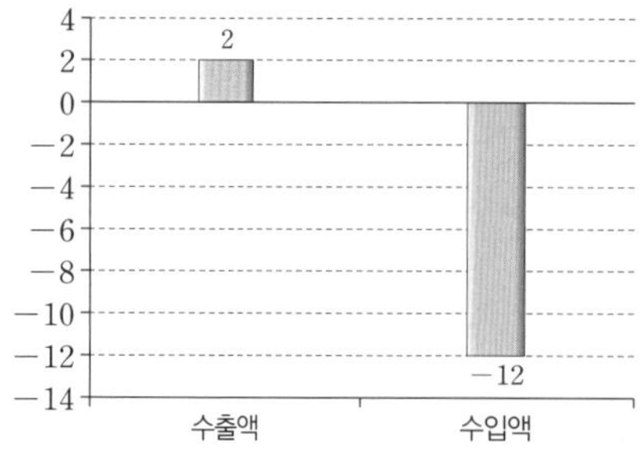

④ 2022년 대비 2023년 북미 및 중남미 지역으로의 국내 자동차부품 수출액 증감량 (단위: 천만 불)

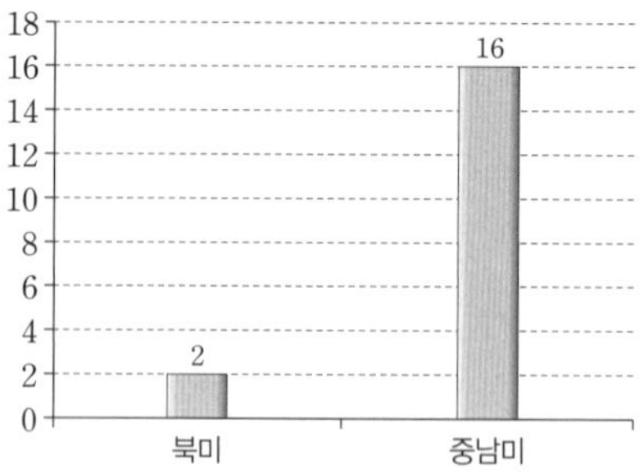

⑤ 2023년 지역별 국내 자동차부품 수입액 비중

(단위: %)

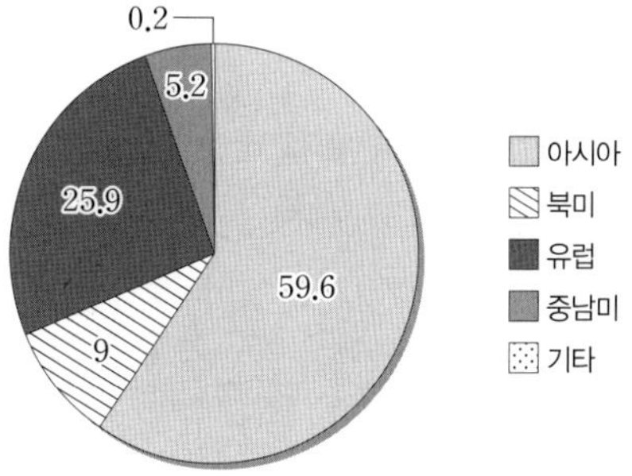

| 정답풀이 | 정답 ⑤

2023년 지역별 국내 자동차부품 수입액이 많은 지역부터 순서대로 나열하면, 아시아, 유럽, 중남미, 북미, 기타이다. 수입액 비중을 정확히 계산하지 않아도, 북미 지역보다 중남미 지역의 비중이 더 클 것을 예상할 수 있으나 선택지에서는 반대로 표현했으므로 옳지 않다.
추가로 2023년 지역별 국내 자동차부품 수입액 비중을 구하면 다음과 같다.

구분	수입액	비중
아시아	4,120백만 불	$\frac{4,120}{6,907} \times 100 ≒ 59.6(\%)$
북미	358백만 불	$\frac{358}{6,907} \times 100 ≒ 5.2(\%)$
유럽	1,792백만 불	$\frac{1,792}{6,907} \times 100 ≒ 25.9(\%)$
중남미	622백만 불	$\frac{622}{6,907} \times 100 ≒ 9(\%)$
기타	15백만 불	$\frac{15}{6,907} \times 100 ≒ 0.2(\%)$
합계	6,907백만 불	

| 오답풀이 |

③ 2022년 대비 2023년 유럽 지역으로의 국내 자동차부품 수출액 증가율과 수입액 증가율을 구하면 다음과 같다.

- 수출액의 경우: $\frac{5,203-5,080}{5,080} \times 100 ≒ 2(\%)$
- 수입액의 경우: $\frac{1,792-2,044}{2,044} \times 100 ≒ -12(\%)$

④ 북미 지역으로의 국내 자동차부품 수출액은 2022년 대비 2023년에 8,323백만 불 → 8,343백만 불로 20백만 불 즉, 2천만 불 증가하였다. 중남미 지역으로의 국내 자동차부품 수출액은 2022년 대비 2023년에 2,930백만 불 → 2,770백만 불로 160백만 불 즉, 16천만 불 감소하였다.

연습 문제

정답과 해설 P.34

01 **다음 [표]는 A고등학교 졸업생들의 졸업 후 진로 현황에 관한 자료이다. 이를 바탕으로 A고등학교 졸업생의 취업률과 진학률을 그래프로 나타냈을 때 옳은 것을 고르면?** (단, 그래프의 단위는 %이다.)

[표] A고등학교 졸업생들의 졸업 후 진로 현황 (단위: 명)

구분	진학자	취업자	입대자	미상
2014년	280	65	15	50
2015년	292	48	15	55
2016년	267	60	23	60
2017년	270	54	18	68
2018년	260	70	20	60

※ (졸업생 수)(명)=(진학자)+(취업자)+(입대자)+(미상)

※ (취업률)(%)=$\frac{\text{(취업자)}}{\text{(졸업자)}-\text{(진학자)}-\text{(입대자)}}\times 100$ ※ (진학률)(%)=$\frac{\text{(진학자)}}{\text{(졸업자)}}\times 100$

①
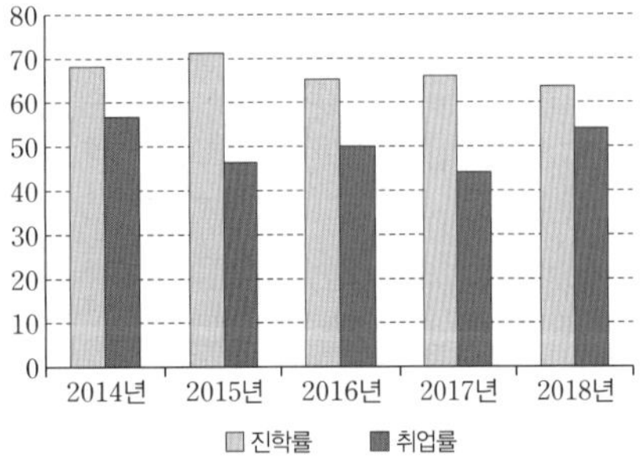

②
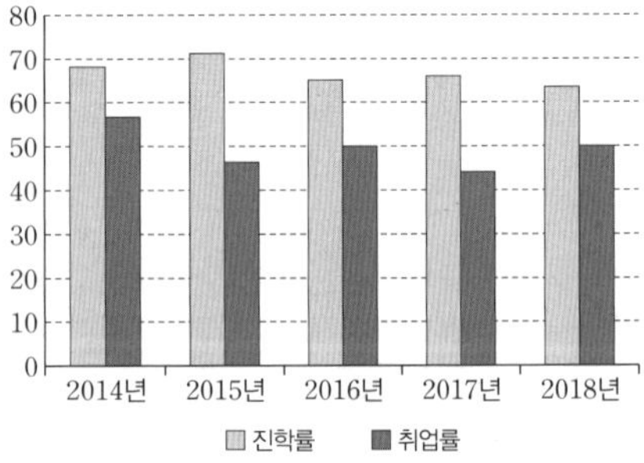

③
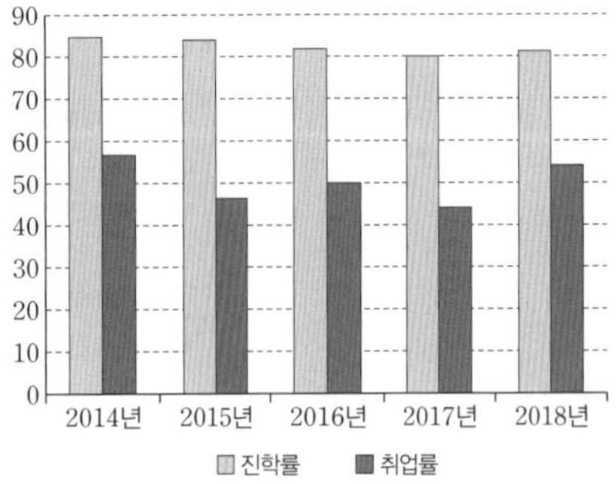

④
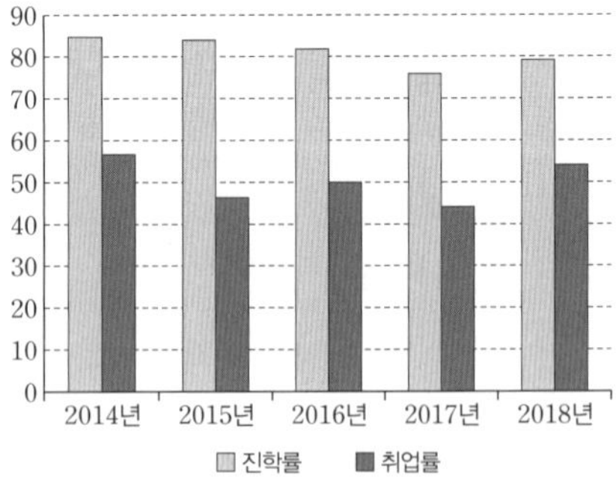

⑤
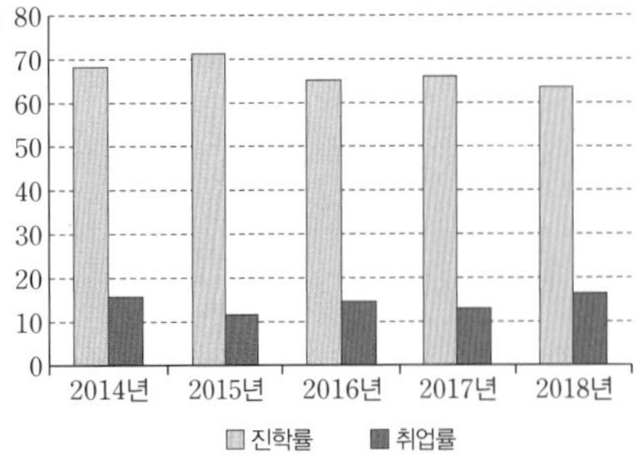

02 **다음 [표]는 적용 기간별 최저 임금 현황에 관한 자료이다. 이를 바탕으로 영향률을 계산하여 그래프로 나타냈을 때 옳은 것을 고르면?** (단, 그래프의 단위는 %이다.)

[표] 적용 기간별 최저 임금 현황 (단위: 원, 천 명)

구분	2012년	2013년	2014년	2015년	2016년	2017년	2018년	2019년	2020년
시간급 최저 임금	4,580	4,860	5,210	5,580	6,030	6,470	7,530	8,350	8,590
적용 대상 근로자 수	17,048	17,510	17,734	18,240	18,776	19,312	19,627	20,006	20,045
수혜 근로자 수	2,343	2,582	2,565	2,668	3,420	3,366	4,625	5,005	4,153

※ (영향률)(%)$=\frac{\text{(수혜 근로자 수)}}{\text{(적용 대상 근로자 수)}}\times 100$

①

②
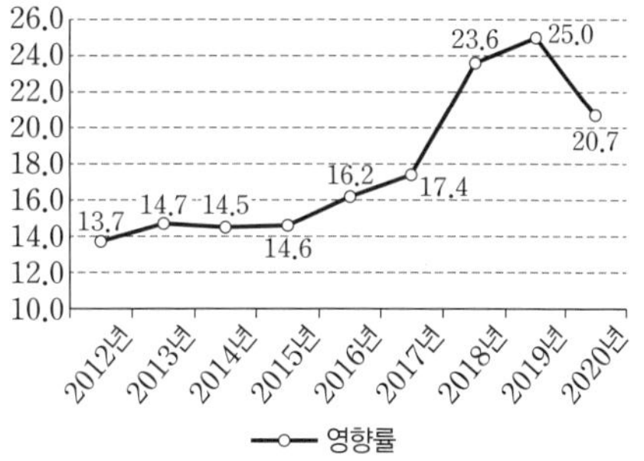

③

④

⑤
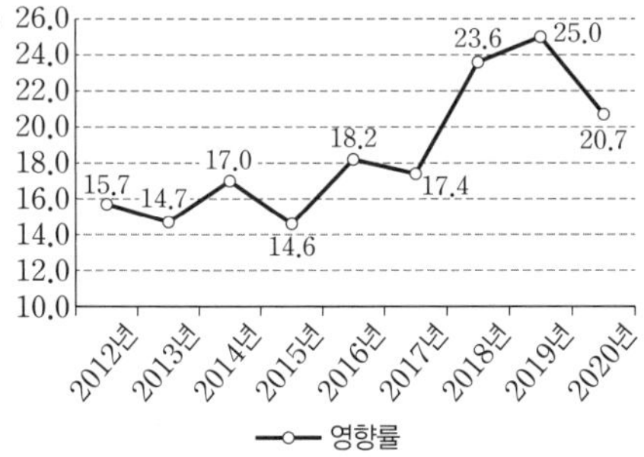

03 다음 [표]는 2014~2017년 외래 관광객 설문조사 응답 자료이다. 이를 바탕으로 작성한 그래프 중 옳지 않은 것을 고르면?

[표1] 월별 외래 관광객 응답자 수 (단위: 명)

구분	2014년	2015년	2016년	2017년
1월	717	922	758	1,259
2월	771	1,061	797	1,300
3월	968	1,238	978	1,276
4월	1,060	1,363	1,032	1,113
5월	1,042	1,314	1,030	1,000
6월	1,022	676	1,080	1,025
7월	1,124	584	1,183	1,039
8월	1,213	1,001	1,154	1,147
9월	1,051	1,153	1,046	1,122
10월	1,133	1,333	1,103	1,221
11월	972	1,128	906	1,146
12월	951	1,109	937	1,195

[표2] 거주국별 외래 관광객 응답자 수 (단위: 명)

구분	2014년	2015년	2016년	2017년
일본	2,180	2,007	1,763	2,615
중국	5,379	6,092	6,020	4,585
홍콩	536	574	499	743
대만	619	568	639	1,049
태국	399	359	324	510
미국	696	799	630	933

[표3] 방한 목적별 외래 관광객 응답자 수 (단위: 명)

구분	2014년	2015년	2016년	2017년
여가/위락/휴가	6,982	7,293	7,180	7,182
사업/전문 활동	2,387	2,413	1,797	2,631
교육	429	470	480	799
종교/순례	111	89	51	64
기타	6	5	11	39
친구/친지 방문	785	1,177	888	1,388
쇼핑	1,201	1,294	1,521	1,566
뷰티/건강/치료	122	140	75	171

① 2017년 월별 외래 관광객 응답자 수

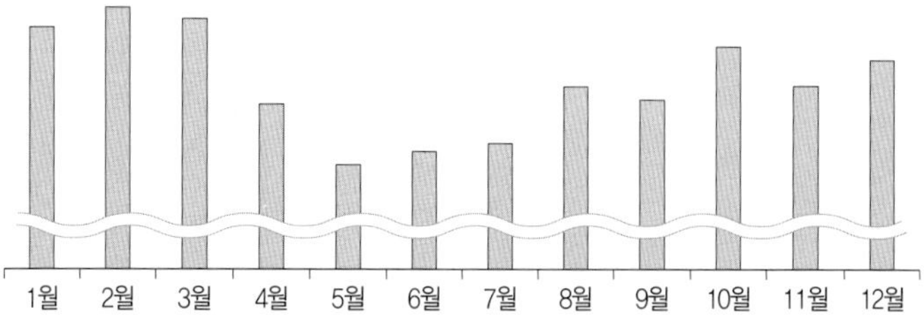

② 2014~2017년 4분기 외래 관광객 응답자 수

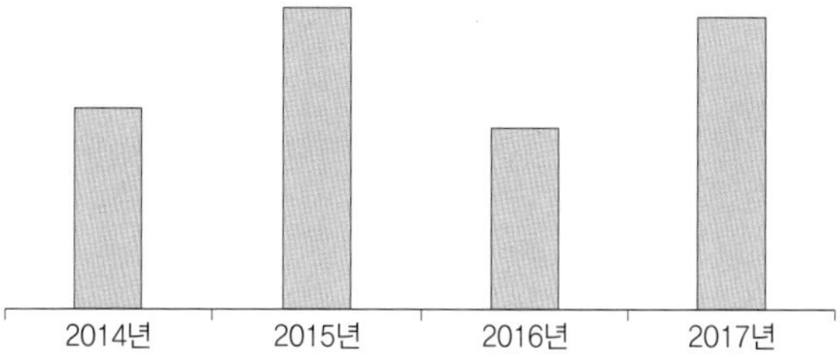

③ 2017년 거주국별 외래 관광객 응답자 수

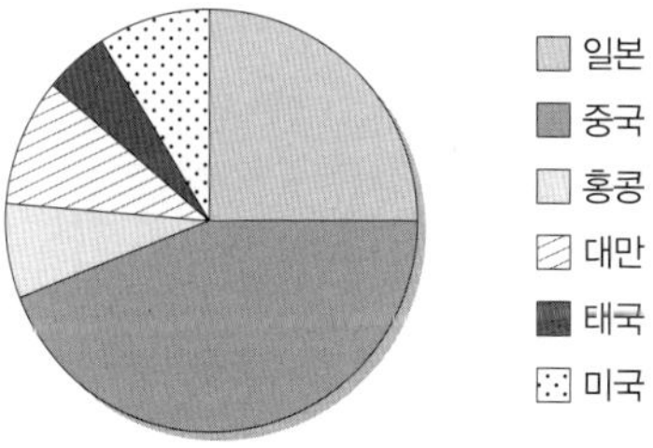

④ 전년 대비 중국 관광객 응답자 수 변화량

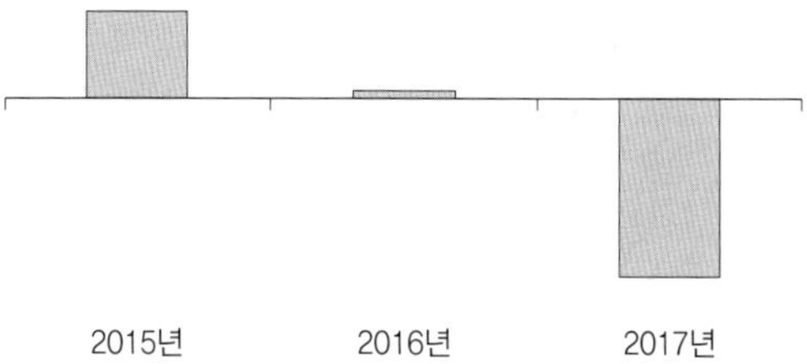

⑤ 2014~2017년 방한 목적별 외래 관광객 응답자 수

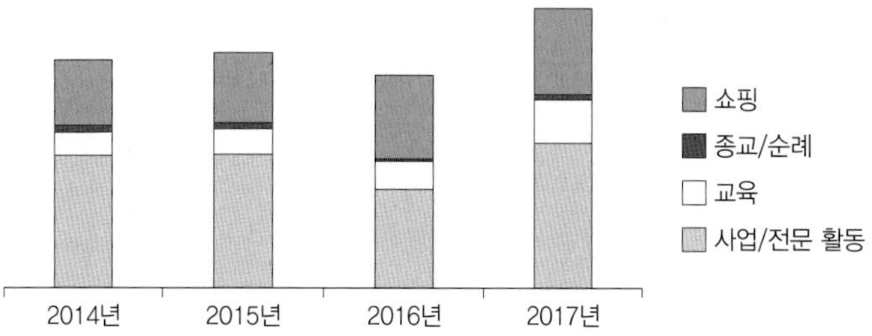

바람이 돕지 않는다면 노를 저어라.

– 윈스턴 처칠(Winston Churchill)

☑ 기업별 출제 유형

인적성 추리 영역은 명제와 논리추리 총 2가지로 크게 구분되며 세부유형 중 명제, 조건추리, 진실게임의 출제 비중이 큰 편입니다.
삼성, SK, LG, 롯데, CJ, 이랜드, 포스코, GS, KT, S-OIL, 두산, 삼양, 샘표, 대우건설 등의 기업에서 출제하고 있습니다.

PART Ⅲ

추리 영역

PART Ⅲ

추리 영역

CHAPTER

01

명제

유형 1 삼단논법

유형 2 벤다이어그램

학습 포인트

인적성에서 출제되는 거의 모든 명제 문제는 벤다이어그램을 사용하여 해결할 수 있다. 그러나 특정한 조건을 만족하면 벤다이어그램을 그리지 않고도 삼단논법만을 사용하여 문제를 해결할 수도 있다. 삼단논법을 활용한 풀이는 벤다이어그램보다 풀이시간이 더 짧은 편이므로 빠르게 답을 찾아 시간을 확보할 수 있도록 한다. 벤다이어그램만으로 해결할 수 있는 유형은 벤다이어그램을 활용한 풀이법이 익숙하지 않으면 매우 어려우므로 반드시 미리 숙지해두어야 한다. 충분한 유형 연습을 통해 문제를 접했을 때 삼단논법으로 접근해야 하는지, 벤다이어그램으로 접근해야 하는지를 빠르게 구분하는 것이 중요하다.

출제 유형

삼단논법	여러 명제를 조합하여 새로운 결론을 도출하는 첫 번째 풀이법이다. 삼단논법은 특수한 경우에만 사용할 수 있는데, 삼단논법을 사용할 수 있는 경우에는 벤다이어그램을 활용하지 않고 삼단논법만을 활용하는 것이 문제 풀이 시간을 단축할 수 있는 방법이다.
벤다이어그램	여러 명제를 조합하여 새로운 결론을 도출하는 두 번째 풀이법이다. 인적성에서 출제되는 거의 모든 문제는 벤다이어그램으로 해결할 수 있다. 즉, 벤다이어그램이 좀 더 보편적인 풀이법이다.

CHAPTER 01

명제

핵심 이론

유형 1 삼단논법

결론 또는 전제를 구하는 유형에서 주어진 모든 명제에 some 개념이 등장하지 않는다면 일반적으로 대우명제와 함께 삼단논법을 사용하여 문제를 풀 수 있다. 전제나 결론에 "어떤 ~은 ~이다."라는 some 개념이 들어가면 대우명제와 삼단논법을 이용한 풀이가 불가능하다.

삼단논법은 두 개의 전제와 하나의 결론, 즉 세 단계의 명제로 구성된 추리 방식이다. 전제가 모두 참일 때 거짓인 결론이 도출될 수 없는 추론 형식을 타당하다고 판단한다.

명제의 종류에 따라 정언적 · 가언적 · 선언적 삼단논법으로 나뉘며, 정언적 삼단논법이 대표적인 형식이다. 정언 삼단논법에는 대개념, 소개념, 매개념이라는 세 개의 다른 단어 혹은 개념이 등장한다.

- 대개념: 결론의 술어를 나타내는 개념으로 보통 'P'로 나타내면서 대전제에 포함되는 개념이다.
- 소개념: 결론의 주어를 나타내는 개념으로 보통 'S'로 나타내면서 소전제에 포함되는 개념이다.
- 매개념: 삼단논법의 전제에서만 쓰이며 결론에 포함되지 않은 개념으로 보통 'M'으로 나타낸다.

대전제(일반적 원리): 모든 M은 P이다.	㉠ 모든 사람은 죽는다.
소전제(구체적 사실): 모든 S는 M이다.	㉠ 소크라테스는 사람이다.
→ 추론(구체적 원리): 모든 S는 P이다.	㉠ 소크라테스는 죽는다.

유형 2 벤다이어그램

가장 보편적인 풀이법이다. 대우명제와 삼단논법을 사용하여서도 결론 또는 전제를 구하는 문제를 풀기 어려운 경우(전제나 결론에 some 개념이 있는 경우) 벤다이어그램을 활용하게 된다.

• 결론 구하기: 주어진 전제로부터 발생할 수 있는 모든 경우에서 성립되는 명제가 결론이다.

예

전제1	모든 A는 B이다.
전제2	어떤 A는 C이다.
결론	

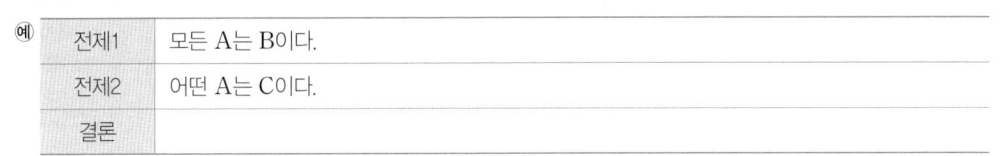

전제1과 전제2로부터 발생할 수 있는 모든 경우는 다음과 같다.

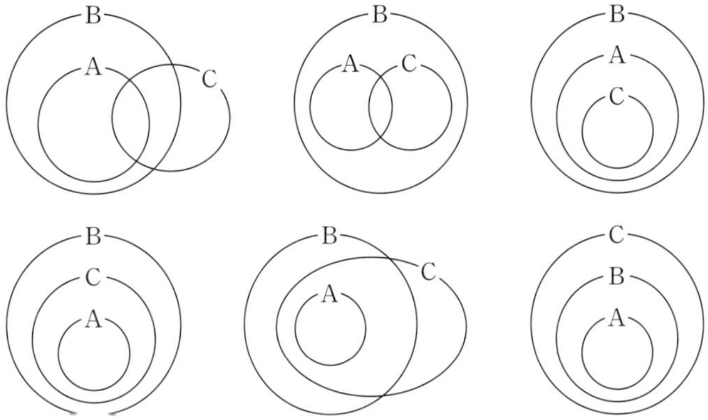

위의 발생할 수 있는 모든 경우에 B와 C는 서로 공통된 영역을 공유하고 있으므로 결론은 “어떤 B는 C이다.” 또는 “어떤 C는 B이다.”가 적절하다.

• 전제 구하기: 어떤 전제를 세웠을 때 발생할 수 있는 모든 경우에서 결론이 성립되어야 타당한 전제다.

예

전제1	모든 A는 B이다.
전제2	
결론	어떤 B는 C이다.

A가 C를 포함하고 있으면 다음과 같이 발생할 수 있는 모든 경우에서 결론이 성립된다.

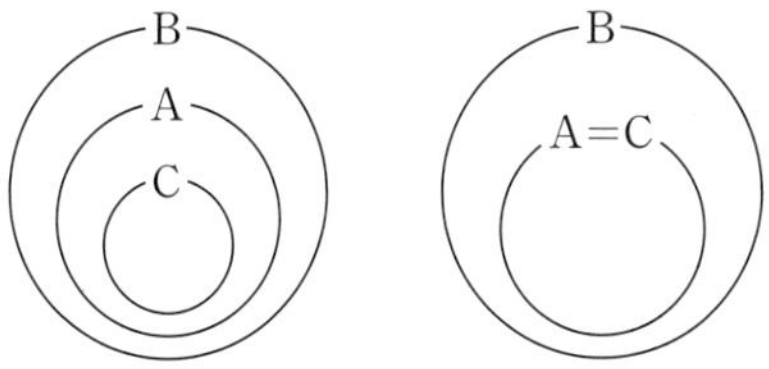

위의 경우를 정리하면 “모든 C는 A이다.”가 전제2로 타당하다. 그 외에도 “모든 A는 C이다.”, “어떤 A는 C이다.”, “어떤 C는 A이다.”가 전제2로 타당하다.

유형 | 1

삼단논법

출제 포인트

✓ all 개념 명제가 여러 개 등장하면 삼단논법을 사용하여 논리의 흐름을 만들어 문제를 해결할 수 있다.

✓ 전제1과 전제2가 제시되고 이를 통해 결론을 도출하는 유형과 전제1 또는 전제2와 결론을 알려주고 이를 통해 남은 전제를 도출하는 유형이 주로 출제된다. some 개념이 등장하지 않는 경우 삼단논법을 이용하여 결론을 도출할 수 있어야 한다.

세부유형 ① 주어진 조건의 명제가 모두 참일 때 항상 옳은 것 또는 옳지 않은 것을 고르는 유형

예제 다음 [조건]의 명제가 모두 참일 때, 항상 옳은 것을 고르면?

조건

- 배가 아픈 사람은 식욕이 좋지 않다.
- 배가 아프지 않은 사람은 홍차를 좋아하지 않는다.
- 웃음이 많은 사람은 식욕이 좋다.

① 식욕이 좋지 않은 사람은 배가 아프다.

② 배가 아프지 않은 사람은 웃음이 많다.

③ 배가 아픈 사람은 홍차를 좋아한다.

④ 홍차를 좋아하는 사람은 웃음이 많지 않다.

⑤ 식욕이 좋은 사람은 웃음이 많다.

| 정답풀이 | 정답 ④

두 번째 명제를 '배 아픔 × → 홍차 ×'로 표현하면 이에 대한 대우명제는 '홍차 → 배 아픔'으로 표현할 수 있고, 마찬가지로 세 번째 명제를 '웃음 → 식욕'으로 표현하면 이에 대한 대우명제는 '식욕 × → 웃음 ×'로 표현할 수 있다. 따라서 이 명제들과 첫 번째 명제를 모두 연결하면 '홍차 → 배 아픔 → 식욕 × → 웃음 ×'가 도출되므로, '홍차를 좋아하는 사람은 웃음이 많지 않다.'는 항상 옳은 명제가 된다.

| 오답풀이 |

① 첫 번째 명제의 역이므로 반드시 참이라고 할 수 없다.

② '배 아픔 → 웃음 ×'이므로 이 명제의 이인 '배 아픔 × → 웃음'은 반드시 참이라고 할 수 없다.

③ 두 번째 명제의 이이므로 반드시 참이라고 할 수 없다.

⑤ 세 번째 명제의 역이므로 반드시 참이라고 할 수 없다.

문제 해결 TIP

언어로 된 명제를 간단히 기호로 변환하도록 하며, 각 명제의 대우명제를 만들어 연결한다. 또한 대우명제끼리 연결한 명제를 대우명제로 다시 도출할 수 있다. 예를 들어 대우명제 1(A → B)과 대우명제 2(B → C)를 연결하여 'A → B → C'의 관계로 연결하면, 연결된 명제의 대우명제인 '~C → ~B → ~A'의 관계도 도출할 수 있다.

세부유형 ② 전제를 보고 삼단논법을 이용하여 항상 참인 결론을 고르는 유형

예제 다음 전제를 보고 항상 참인 결론을 고르면?

전제1	센스가 좋은 모든 사람은 머리가 좋다.
전제2	잔재주가 있지 않은 모든 사람은 머리가 좋지 않다.
결론	

① 센스가 좋은 모든 사람은 잔재주가 있다.
② 센스가 좋지 않은 어떤 사람은 잔재주가 있다.
③ 잔재주가 있지 않은 어떤 사람은 센스가 좋다.
④ 잔재주가 있지 않은 모든 사람은 센스가 좋다.
⑤ 센스가 좋은 모든 사람은 잔재주가 있지 않다.

| 정답풀이 |

정답 ①

전제2에서 잔재주가 있지 않은 모든 사람이 머리가 좋지 않다고 하였으므로 이에 대한 대우인 머리가 좋은 모든 사람은 잔재주가 있다는 명제도 성립한다. 또한 전제1에서 센스가 좋은 모든 사람이 머리가 좋다고 했으므로 삼단논법에 의해 센스가 좋은 모든 사람은 잔재주가 있다는 명제가 도출된다. 따라서 항상 참인 결론은 '센스가 좋은 모든 사람은 잔재주가 있다'이다.

| 오답풀이 |

② 센스가 좋지 않은 모든 사람은 잔재주가 있지 않을 수 있으므로 항상 참인 결론은 아니다.
③, ④ 잔재주가 있지 않은 모든 사람은 센스가 좋지 않으므로 항상 거짓인 결론이다.
⑤ 센스가 좋은 사람은 잔재주가 있으므로 항상 거짓인 결론이다.

연습 문제

정답과 해설 P.35

01 다음 명제가 모두 참일 때, 옳지 않은 것을 고르면?

- 영어 사용이 가능한 로봇은 중국어를 사용할 수 없다.
- 불어 사용이 가능한 로봇은 독일어를 사용할 수 없다.
- 독일어 사용이 가능하지 않은 로봇은 중국어 사용이 가능하다.
- 일본어 사용이 가능하지 않은 로봇은 불어 사용이 가능하다.

① 영어 사용이 가능한 로봇은 일본어 사용이 가능하다.
② 중국어 사용이 가능하지 않은 로봇은 불어를 사용할 수 없다.
③ 불어 사용이 가능한 로봇은 영어를 사용할 수 없다.
④ 독일어 사용이 가능하지 않은 로봇은 영어를 사용할 수 없다.
⑤ 중국어 사용이 가능하지 않은 로봇은 일본어를 사용할 수 없다.

02 다음 전제를 보고 항상 참인 결론을 고르면?

전제1	아이가 있는 집은 공기청정기가 있다.
전제2	공기청정기가 있는 집은 환경에 관심이 많다.
결론	

① 환경에 관심이 많지 않은 집은 아이가 없다.
② 공기청정기가 있는 집은 아이가 있다.
③ 환경에 관심이 많은 집은 공기청정기가 없다.
④ 공기청정기가 없는 집은 환경에 관심이 없다.
⑤ 환경에 관심이 많지 않은 집은 아이가 있다.

03 다음 결론이 반드시 참이 되게 하는 전제를 고르면?

전제1	고전 소설을 즐겨 읽는 사람은 베르테르를 읽었다.
전제2	
결론	뮤지컬을 좋아하지 않는 사람은 고전 소설을 즐겨 읽지 않는다.

① 뮤지컬을 좋아하는 사람은 베르테르를 읽었다.
② 뮤지컬을 좋아하지 않는 사람은 베르테르를 읽었다.
③ 뮤지컬을 좋아하지 않는 사람은 베르테르를 읽지 않았다.
④ 뮤지컬을 좋아하는 사람 중에 베르테르를 읽은 사람이 있다.
⑤ 뮤지컬을 좋아하지 않는 사람 중에 베르테르를 읽지 않은 사람이 있다.

04 다음 전제를 보고 항상 참인 결론을 고르면?

전제1	운이 좋지 않은 날에는 짜장면을 먹을 수 없다.
전제2	머피를 만나는 날에는 운이 좋지 않다.
결론	

① 머피를 만나는 날에는 짜장면을 먹을 수 없다.
② 머피를 만나는 날에는 짜장면을 먹을 수 있다.
③ 머피를 만나지 않는 날에는 짜장면을 먹을 수 없다.
④ 짜장면을 먹을 수 있는 어떤 날에는 머피를 만난다.
⑤ 짜장면을 먹을 수 없는 날에는 머피를 만난다.

유형 | 2

벤다이어그램

출제 포인트

✓ 주어진 전제들 중에 some 개념이 포함되어 있을 때 벤다이어그램으로 해결할 수 있는지를 묻는 문제가 가장 일반적으로 출제된다.

✓ 전제1과 전제2 모두 some 개념이 등장하지 않아 삼단논법을 우선 적용 후에도 매개념이 매개의 역할을 하지 못할 경우 벤다이어그램을 그려 전제 또는 결론을 도출할 수 있는지를 묻는 문제가 출제되기도 한다.

세부유형 ① 벤다이어그램을 이용하여 결론이 반드시 참이 되기 위한 전제를 고르는 유형

예제 다음 결론이 반드시 참이 되게 하는 전제를 고르면?

전제1	요리하는 어떤 사람은 여행을 가지 않는다.
전제2	
결론	요리하는 어떤 사람은 설거지한다.

① 여행을 가지 않는 모든 사람은 설거지한다.

② 여행을 가지 않는 어떤 사람은 설거지한다.

③ 여행을 가는 모든 사람은 설거지하지 않는다.

④ 설거지하는 어떤 사람은 여행을 가지 않는다.

⑤ 설거지하지 않는 어떤 사람은 여행을 가지 않는다.

| 정답풀이 | 정답 ①

요리하는 어떤 사람이 여행을 가지 않고, 여행을 가지 않는 모든 사람이 설거지한다면 요리하는 사람 중에서 설거지하는 사람이 반드시 존재하게 된다. 따라서 '여행을 가지 않는 모든 사람은 설거지한다.'가 타당한 전제이다.

| 오답풀이 |

요리하는 사람을 A, 여행을 가지 않는 사람을 B, 설거지하는 사람을 C라고 하면 다음과 같이 나타낼 수 있다.

②, ④ 요리하는 어떤 사람이 여행을 가지 않고, 설거지하는 어떤 사람이 여행을 가지 않거나 여행을 가지 않는 어떤 사람이 설거지한다면 요리하는 모든 사람이 설거지하지 않을 수도 있으므로 결론이 반드시 참이 되게 하는 전제가 아니다.

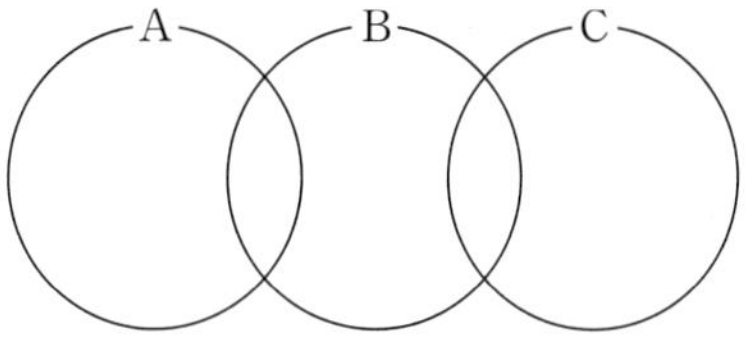

③ 여행을 가는 모든 사람이 설거지하지 않는다는 것은 설거지하는 모든 사람이 여행을 가지 않는다는 것이므로 다음과 같은 경우도 가능하다. 이 경우 요리하는 모든 사람이 설거지하지 않을 수도 있으므로 결론이 반드시 참이 되게 하는 전제가 아니다.

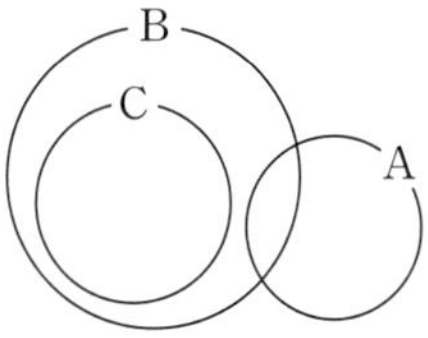

⑤ 요리하는 어떤 사람이 여행을 가지 않고, 설거지하지 않는 어떤 사람이 여행을 가지 않는다면 다음과 같은 경우도 가능하다. 이 경우 요리하는 모든 사람이 설거지하지 않을 수도 있으므로 결론이 반드시 참이 되게 하는 전제가 아니다.

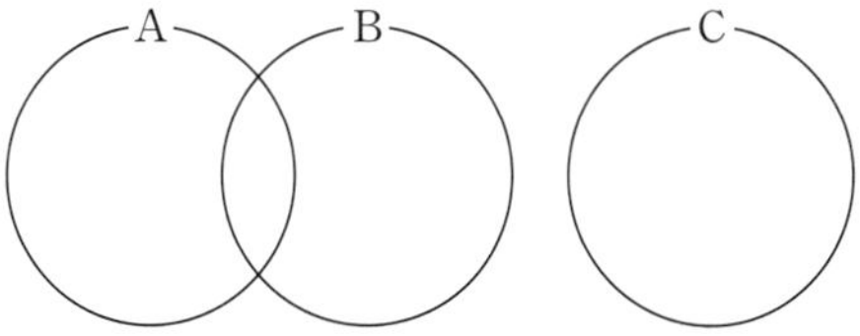

세부유형 ② 주어진 전제를 보고 벤다이어그램을 이용하여 항상 참인 결론을 고르는 유형

예제 다음 전제를 보고 항상 참인 결론을 고르면?

전제1	흥미로운 주제의 어떤 책은 가독성이 좋지 않다.
전제2	두께가 얇은 모든 책은 가독성이 좋다.
결론	

① 흥미로운 주제의 어떤 책은 두께가 얇다.
② 두께가 얇은 모든 책은 흥미로운 주제이다.
③ 흥미로운 주제의 어떤 책은 두께가 얇지 않다.
④ 흥미로운 주제의 모든 책은 두께가 얇지 않다.
⑤ 흥미롭지 않은 주제의 모든 책은 두께가 얇지 않다.

| 정답풀이 |

정답 ③

[전제2]의 대우 명제가 '가독성이 좋지 않은 모든 책은 두께가 얇지 않다'이므로 전제1과 연결하면 '흥미로운 주제의 어떤 책이 가독성이 좋지 않으면 두께가 얇지 않다.'라는 명제가 성립한다. 즉, '흥미로운 주제의 어떤 책은 두께가 얇지 않다'가 타당한 결론이다.

| 오답풀이 |

흥미로운 주제의 책을 A, 가독성이 좋은 책을 B, 두께가 얇은 책을 C라고 하면 다음과 같이 나타낼 수 있다.

① 두께가 얇은 모든 책이 가독성이 좋다는 것은 가독성이 좋지 않은 모든 책은 두께가 얇지 않다는 것이고, 흥미로운 주제의 어떤 책이 가독성이 좋지 않으면 흥미로운 주제의 모든 책은 두께가 얇지 않은 책일 수도 있는데, 다음과 같은 경우도 가능하다. 따라서 반드시 참인 결론이 아니다.

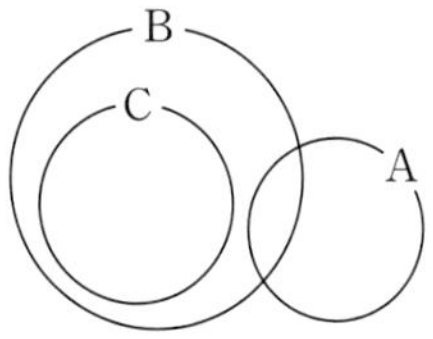

② 두께가 얇은 모든 책이 가독성이 좋다는 것은 가독성이 좋지 않은 모든 책은 두께가 얇지 않다는 것이고, 흥미로운 주제의 어떤 책이 가독성이 좋지 않으면 두께가 얇은 어떤 책은 흥미롭지 않은 주제일 수도 있는데, 다음과 같은 경우도 가능하다. 따라서 반드시 참인 결론이 아니다.

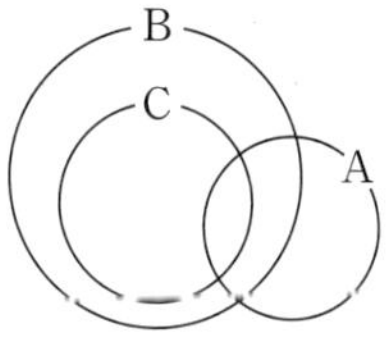

④, ⑤ 두께가 얇은 모든 책이 가독성이 좋다는 것은 가독성이 좋지 않은 모든 책은 두께가 얇지 않다는 것이고, 흥미로운 주제의 어떤 책이 가독성이 좋지 않으면 흥미롭지 않은 주제의 어떤 책은 두께가 얇거나 흥미로운 주제의 어떤 책은 두께가 얇은 책일 수도 있는데, 다음과 같은 경우도 가능하다. 반드시 참인 결론이 아니다.

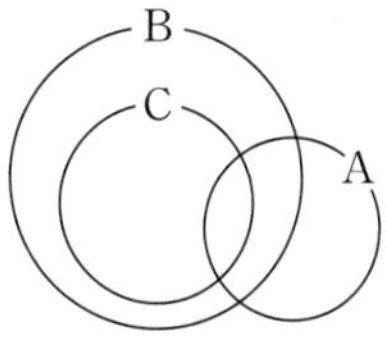

연습 문제

정답과 해설 P.36

01 다음 명제들을 통해 도출할 수 있는 결론으로 옳은 것을 고르면?

- 모든 갑 지역은 어떤 을 지역이다.
- 어떤 을 지역은 병 지역이다.
- 모든 병 지역은 갑 지역이 아니다.
- 어떤 병 지역은 을 지역이 아니다.

① 모든 병 지역은 을 지역이다.
② 모든 을 지역은 갑 지역이다.
③ 어떤 갑 지역은 병 지역이다.
④ 어떤 을 지역은 갑 지역이 아니다.
⑤ 어떤 병 지역은 어떤 갑 지역이면서 모든 을 지역이다.

02 다음 결론이 반드시 참이 되게 하는 전제를 고르면?

전제1	어떤 냉혈동물은 잡식을 한다.
전제2	
결론	어떤 공룡은 잡식을 하는 냉혈동물이다.

① 모든 잡식동물은 공룡이다.
② 어떤 공룡은 냉혈동물이 아니다.
③ 어떤 냉혈동물은 공룡이다.
④ 모든 냉혈동물은 잡식을 한다.
⑤ 모든 공룡은 냉혈동물이다.

03 다음 전제를 보고 항상 참인 결론을 고르면?

전제1	모든 전쟁 참전 용사는 연금을 받는다.
전제2	담배를 피우는 모든 사람은 전쟁 참전 용사가 아니다.
결론	

① 연금을 받는 사람 중 담배를 피우는 사람이 있다.
② 연금을 받지 않는 모든 사람은 전쟁 참전 용사이다.
③ 담배를 피우는 어떤 사람은 연금을 받을 수도 있고 받지 못할 수도 있다.
④ 담배를 피우는 모든 사람은 연금을 받지 않는다.
⑤ 담배를 피우는 사람 중 연금을 받는 사람이 반드시 있다.

04 다음 전제를 보고 항상 참인 결론을 고르면?

전제1	시력이 좋은 사람은 렌즈를 끼지 않는다.
전제2	안경을 쓰는 사람 중에 시력이 좋은 사람이 있다.
결론	

① 안경을 쓰는 어떤 사람은 렌즈를 낀다.
② 렌즈를 끼지 않는 사람은 모두 안경을 쓴다.
③ 렌즈를 끼지 않는 어떤 사람은 안경을 쓴다.
④ 안경을 쓰는 사람은 모두 렌즈를 끼지 않는다.
⑤ 렌즈를 끼지 않는 어떤 사람은 안경을 쓰지 않는다.

05 다음 전제를 보고 항상 참인 결론을 고르면?

전제1	클라리넷을 연주할 줄 아는 어떤 사람은 노래를 잘 부른다.
전제2	노래를 잘 부르는 모든 사람은 피아노를 칠 줄 안다.
결론	

① 클라리넷을 연주할 줄 아는 모든 사람은 피아노를 칠 줄 안다.
② 클라리넷을 연주할 줄 모르는 모든 사람은 피아노를 칠 줄 안다.
③ 클라리넷을 연주할 줄 아는 어떤 사람은 피아노를 칠 줄 안다.
④ 클라리넷을 연주할 줄 아는 어떤 사람은 피아노를 칠 줄 모른다.
⑤ 클라리넷을 연주할 줄 모르는 어떤 사람은 피아노를 칠 줄 안다.

PART Ⅲ

추리 영역

CHAPTER

02

논리추리

✓ 학습 포인트

논리추리는 다수의 기업에서 출제되는 유형이며, 처음 접한다면 매우 생소하게 느껴지는 유형이다. 말 그대로 논리적으로 추리해서 해결하는 유형이므로 논리적인 접근이 중요하며, 기업별로 특징적인 유형이 존재하므로 해당 유형의 접근 방법을 미리 연습하는 것이 중요하다.

조건추리 유형은 가장 많이 출제되는 대표적인 유형으로, 대부분 조건을 주고 해결하는 문제, 순서나 위치를 고려하여 해결하는 문제 등이 출제된다. 인적성에서 논리추리를 다루는 대다수의 기업에서 출제하는 유형이므로 완벽하게 학습하는 것이 중요하다. 진실게임 유형에는 참과 거짓을 구분하여 추리하는 문제 등이 출제된다. 조건추리와 유사하지만 풀이 방식이 어느 정도 정형화되어 있기 때문에 익숙해진다면 빠른 풀이가 가능하다. 수추리 유형은 여러 개의 수가 나열된 수열에서 규칙을 찾아 해결하는 유형이다. 등차수열, 등비수열, 계차수열, 피보나치수열, 군수열 등 수열의 종류를 미리 학습하는 것이 중요하다. 문자추리 유형은 문자를 순서대로 수로 치환한 뒤 규칙을 찾아 해결하는 유형이며, 도식추리와 도형추리는 문자와 도형이 변하는 형태를 보고 변형 규칙을 찾아 해결하는 유형이다. 문자추리, 도식추리, 도형추리는 규칙을 빠르게 파악한다면 정말 쉽게 해결할 수 있는 유형이지만, 빠르게 파악하지 못 한다면 해결에 시간이 다소 걸릴 수 있는 유형이다. 여러 가지 문제를 해결하면서 다양한 규칙을 미리 접한다면 실제 시험에서 규칙을 빠르게 파악하는 데 큰 도움이 될 것이다.

✓ 출제 유형

조건추리	▶	주어진 조건을 통해 올바른 답을 찾는 다양한 형태의 문제, 순서를 찾는 문제, 위치를 찾는 문제 등이 출제된다.
진실게임	▶	주어진 조건을 통해 참과 거짓을 가려내는 문제가 출제된다.
수추리	▶	수가 일정하게 증가 또는 감소하는 수열의 규칙을 따르는 '등차 · 등비수열', 수의 차가 일정한 규칙을 따르는 '계차수열', 수의 묶음이 일정한 규칙을 따르는 '군수열', 바로 앞 2개의 항을 더해서 다음 항이 이어지는 규칙을 따르는 '피보나치수열', 그 외에도 수의 규칙이 다양한 변칙 형태로 구성된 나열의 기타수열 등이 출제된다.
문자추리	▶	문자를 순서대로 수로 치환했을 때 일정한 규칙을 따르는 문제가 출제된다.
도식추리	▶	흐름에 따라 문자의 변형 규칙을 찾아 답을 고르는 문제가 출제된다.
도형추리	▶	흐름에 따라 도형의 변형 규칙을 찾아 답을 고르는 문제가 출제된다.

CHAPTER 02

논리추리

핵심 이론

유형 1 조건추리

• 추상적인 개념의 구체화

문제의 조건을 읽고 나면 머릿속에서 정리가 되지 않아 생각이 복잡해진다. 그러나 실마리가 되는 기준이 문제 내 숨어 있으며, 그 기준을 빠르게 찾기 위해서는 추상적인 개념을 구체적으로 표현한다. 추상적인 개념을 구체적으로 표현하는 방법은 표나 그림 또는 벤다이어그램 등을 이용하여 도식화하는 방법이 유용하다. 조건들의 관계를 시각적으로 구체화시키면 전체 맵을 볼 수 있게 되고, 그렇게 시각화된 정보에서부터 차근차근 문제를 해결해 나가도록 한다.

• 조건을 적용하는 순서의 중요성

다양한 조건 중 먼저 적용해야 하는 조건과 나중에 적용해야 하는 조건이 있다. 조건을 전개하는 순서가 중요하므로 그룹, 결합, 위치를 결정할 때 고정된 조건을 기준으로 적용하는 것이 경우의 수를 줄이는 데 유리하다.

• 간단한 기호로 표현화

조건을 간단한 기호로 표현함으로써 도식화하는 방법은 시간을 절약하면서 쉽고 정확하게 풀이하는 데 가장 효과적이다.

유형 2 진실게임

• 참 · 거짓 구분하기

주어진 진술이 참인지, 거짓인지 가려서 유추하는 유형과 주어진 진술을 통해 선택지가 참인지, 거짓인지 판단하는 유형으로 구분할 수 있다. 어떤 진술이 참인지, 거짓인지에 따라 여러 가지 경우의 수를 판단해 봐야 하므로 복잡한 경우의 수를 모두 검증해 봐야 하는 경우도 있다. 확실한 것부터 먼저 찾고 경우의 수를 좁혀 가도록 한다.

유형 3 수추리

• 등차수열: 같은 값을 계속해서 더하거나 빼면서 반복되는 수열

3 5 7 9 11 13 15
(+2 +2 +2 +2 +2 +2)

34 29 24 19 14 9
(−5 −5 −5 −5 −5)

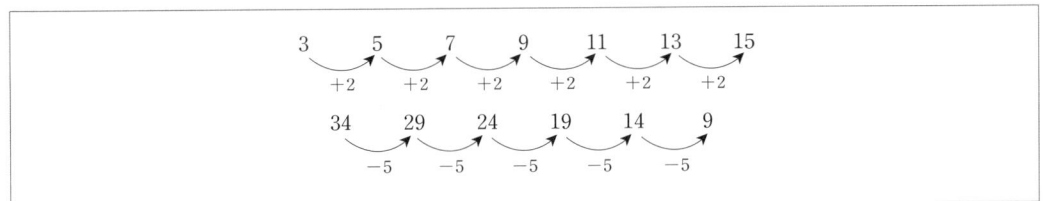

• 등비수열: 같은 값을 계속해서 곱하거나 나누면서 반복되는 수열

2 4 8 16 32 64 128
(×2 ×2 ×2 ×2 ×2 ×2)

192 96 48 24 12 6 3
(÷2 ÷2 ÷2 ÷2 ÷2 ÷2)

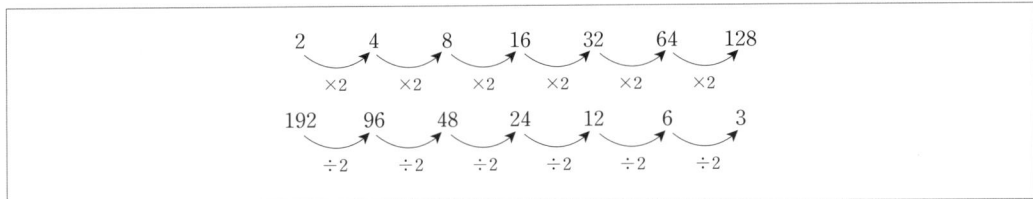

• 계차수열: 앞뒤 두 항의 차가 일정한 규칙으로 수열을 이루는 수열

1 4 8 10 15 16 22
(+3 +4 +2 +5 +1 +6)
(+1 −2 +3 −4 +5)

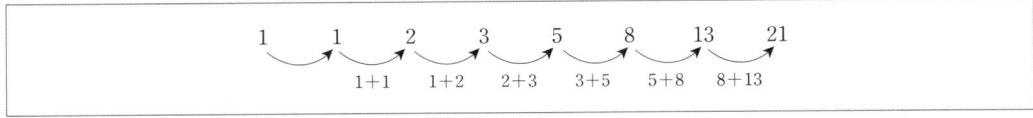

※ 수열추리에서 비교적으로 자주 출제되는 수열 중 하나로, 앞뒤 두 항의 차를 비교해서 규칙이 발견되지 않을 때 앞뒤 두 항의 차들의 수열에서 규칙성을 찾아보도록 한다.

• 군수열: 다수의 수의 조합으로 규칙성을 이루는 수열

20 18 4　　6 2 16　　7 2 25 → A B C

A, B, C 사이에는 다음과 같은 관계가 있다.

$(A-B)^2=C$

• 피보나치수열: 바로 앞 2개의 항을 더해 만드는 수열

1 1 2 3 5 8 13 21
(1+1 1+2 2+3 3+5 5+8 8+13)

• 그 외 수열: 독립적인 2개의 수열이 번갈아가며 배치된 수열, 독립적인 2개의 규칙이 번갈아가며 적용된 수열 등

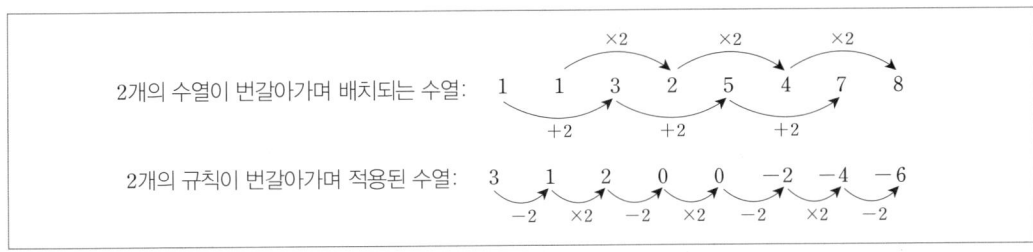

2개의 수열이 번갈아가며 배치되는 수열: 1 1 3 2 5 4 7 8
(×2 ×2 ×2)
(+2 +2 +2)

2개의 규칙이 번갈아가며 적용된 수열: 3 1 2 0 0 −2 −4 −6
(−2 ×2 −2 ×2 −2 ×2 −2)

유형 4 문자추리

• 알파벳 – 숫자 대응

알파벳을 이용한 수열

A	B	C	D	E	F	G	H	I	J	K	L	M	N
1	2	3	4	5	6	7	8	9	10	11	12	13	14
O	P	Q	R	S	T	U	V	W	X	Y	Z		
15	16	17	18	19	20	21	22	23	24	25	26		

• 한글 자음 – 숫자 대응

한글 자음을 이용한 수열

ㄱ	ㄴ	ㄷ	ㄹ	ㅁ	ㅂ	ㅅ	ㅇ	ㅈ	ㅊ	ㅋ	ㅌ	ㅍ	ㅎ
1	2	3	4	5	6	7	8	9	10	11	12	13	14

ㄱ	ㄲ	ㄴ	ㄷ	ㄸ	ㄹ	ㅁ	ㅂ	ㅃ	ㅅ	ㅆ	ㅇ	ㅈ	ㅉ
1	2	3	4	5	6	7	8	9	10	11	12	13	14
ㅊ	ㅋ	ㅌ	ㅍ	ㅎ									
15	16	17	18	19									

• 한글 모음 – 숫자 대응

한글 모음을 이용한 수열

ㅏ	ㅑ	ㅓ	ㅕ	ㅗ	ㅛ	ㅜ	ㅠ	ㅡ	ㅣ
1	2	3	4	5	6	7	8	9	10

유형 5 도식추리

- 기호 규칙 추론

문자와 숫자를 변환시키는 기호의 규칙성을 파악하여 빈칸에 들어갈 알맞은 기호 찾기 주요 패턴은 순서 바꿈(ABCD→DCBA), 숫자 연산(34CD→43EF), 문자와 숫자의 변환(B3A1→2B4C)

- 해 · 달 · 별 모양

해 · 달 · 별 모양과 흰색 · 회색 · 검은색의 모양 색, 배경 색으로 구성된 도형이 여러 가지 규칙에 따라 변화하며, Yes/No의 명령어를 통해 최종적으로 도달했을 때의 도형 찾기

- 도로표지판

도로 시작점을 기준으로 차선을 따라 이동하는 상황이 주어지고, 교차로 규칙을 바탕으로 변화하면서 이동할 때의 적용 결과 목적지에 나올 수 있는 모양 찾기

- 일기기호

풍향, 운량, 풍속이 구성된 일기기호와 북동남서 방향을 알려주고, 일기기호가 변화하는 경우 특정 지점에서의 모양 찾기

- 화살표 모형

퍼즐 안 도형의 위치 · 모양과 도형 색 · 배경 색이 변화하는 상황에서 특정 행과 열을 나타낸 좌표를 주고 규칙에 따라 변화했을 때의 특정 지점에서의 도형 찾기

- 악보 모형

계이름과 박자에 대한 정보를 알려주고, 주어진 두 가지 정보가 변화할 때 특정 지점에서의 모양 찾기

- 4×4 박스형

4×4 형태로 이루어진 도형의 변화규칙을 토대로 변화했을 때 특정 지점에서의 도형 찾기

유형 6 도형추리

• 3×3 박스형의 도형 변환: 주어진 도형을 보고 적용된 규칙을 찾아 특정 지점에 해당하는 도형 찾기

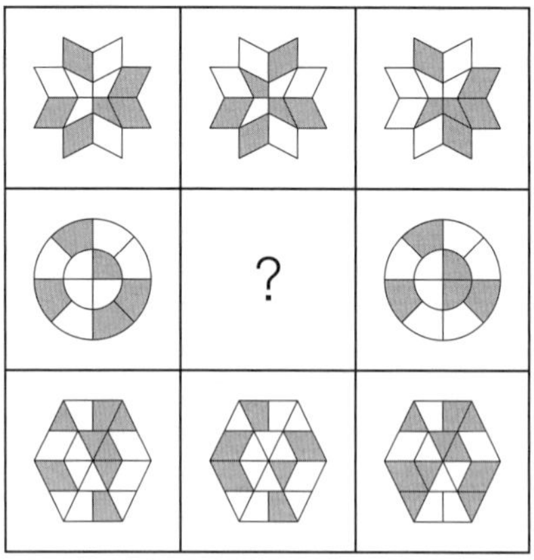

• 복합 기호: 여러 종류의 도형과 도형 색, 배경 색으로 구성된 2×2 복합 도형들이 대칭, 회전, 색 반전 등의 규칙과 (+ × = ∨)와 같이 정의된 기호 규칙을 통해 변화할 때 특정 지점에 해당하는 도형 찾기

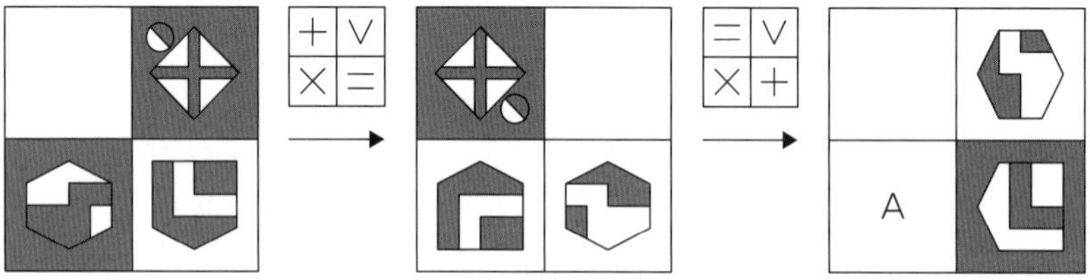

• 2×2 복합 도형: 도형 회전 · 대칭 · 이동 · 색의 변화 등 4가지 구분에 따른 공통규칙과 개별규칙을 적용했을 때 특정 지점에 해당하는 도형 찾기

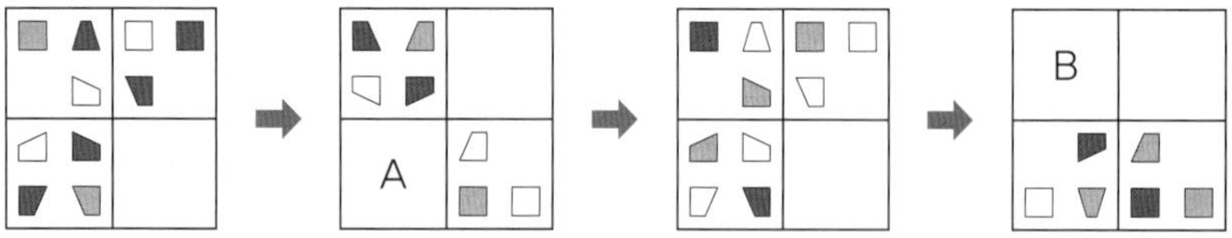

(공통규칙: 도형 대칭/개별규칙: 도형 색 변화)

• 신호등: 3×3 사각형 오른쪽에 주어진 원의 규칙에 따라 도형이 변할 때, 특정 지점에 해당하는 도형 찾기

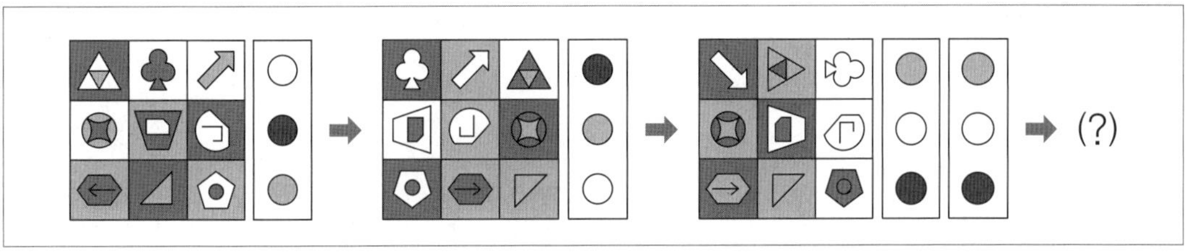

PART Ⅲ CHAPTER 02 논리추리

유형 | 1 조건추리

출제 포인트

✓ 주어진 조건에 따라 여러 가지 경우의 갈림길이 생기게 되는데 이때의 나올 수 있는 경우에 따라 논리적으로 전개하여 모순이 되는 경우는 제외하고, 다수의 결론이 생기는 경우 그 결론을 모두 수용하여 문제의 뜻에 맞는 경우만을 도출할 수 있는지 묻는 문제가 출제된다.

✓ 차에 탑승하기, 특정 지역으로 출장가기, 등장인물들과 대응되는 대상 매칭하기, 일렬로 앉거나 원탁의 테이블에 둘러앉기 등의 상황이 주로 주어진다.

세부유형 ① 등장인물들이 2×3 또는 2×4 직사각형 배열로 앉는 유형

예제 **A~F의 6명이 다음 [조건]에서와 같이 승합차를 타고 출장을 가는 중이다. 이를 바탕으로 할 때, 옳은 것을 고르면?**

조건

- 운전면허는 B와 E만 갖고 있어, 둘 중 한 명이 운전하고 있다.
- D는 뒷줄에 앉았고, 바로 앞에 B가 앉아 있다.
- C는 뒷줄에 앉지 않았고, F는 조수석 바로 뒷자리에 앉아 있다.

	운전석	조수석
앞줄		
뒷줄		

① C의 옆자리에 E가 앉아 있다.
② A는 D의 앞자리에 앉아 있다.
③ D는 조수석 쪽 뒷줄에 앉아 있다.
④ 가능한 모든 경우의 수는 2가지이다.
⑤ E가 운전석에 앉았다면 가능한 경우는 2가지이다.

| 정답풀이 |

정답 ①

운전석에는 B 또는 E가 앉을 수 있는데, 뒷줄에 앉은 D의 바로 앞에 B가 앉아 있다고 하였으므로 운전석에 앉는 사람은 E이다. 또한 F가 조수석 바로 뒷자리에 앉아 있다고 하였으므로 D가 운전석 쪽의 뒷줄이고 B가 운전석 쪽 앞줄이 된다. 이를 정리하면 다음과 같다.

운전석 E	조수석
B	F
D	

이때 C가 뒷줄에 앉지 않았다고 하였으므로 조수석에 C가 앉아 있고, 다음과 같이 자리가 배치되었음을 알 수 있다.

운전석 E	조수석 C
B	F
D	A

따라서 C의 옆자리에 E가 앉아 있다는 내용만 옳다.

| 오답풀이 |

② A는 D의 옆자리에 앉아 있다.
③ D는 운전석 쪽 뒷줄에 앉아 있다.
④ 가능한 모든 경우의 수는 1가지이다.
⑤ E가 운전석에 앉았을 때 가능한 경우는 1가지이다.

세부유형 ② 등장인물들이 특정 지역으로 출장을 가는 유형

예제 A~E의 5명은 광주, 대전, 부산, 인천, 대구 중 각각 한 군데씩을 맡아서 출장을 가게 되었다. 다음 [조건]을 바탕으로 할 때, 항상 옳은 것을 고르면?

조건

- A는 광주 또는 인천으로 출장을 간다.
- B는 대전 또는 대구로 출장을 가지 않는다.
- C는 인천 또는 부산으로 출장을 가지 않는다.
- D는 광주 또는 대전으로 출장을 가지 않는다.
- E는 대구 또는 인천으로 출장을 간다.

① E는 대구로 출장을 간다.
② 가능한 모든 경우의 수는 3가지이다.
③ 출장지가 확실히 결정되는 사람은 1명이다.
④ A가 광주로 출장을 가면 B는 부산으로 출장을 간다.
⑤ A가 광주로 출장을 가는 경우의 수는 2가지이다.

| 정답풀이 | 정답 ③

A가 광주로 출장을 가고 E는 대구로 출장을 간다고 하면 다음과 같이 나타낼 수 있다.

구분	A	B	C	D	E
광주	○	×	×	×	×
대전	×	×	○	×	×
부산	×	○/×	×	×/○	×
인천	×	×/○	×	○/×	×
대구	×	×	×	×	○

A가 광주로 출장을 가고 E는 인천으로 출장을 간다고 하면 다음과 같이 나타낼 수 있다.

구분	A	B	C	D	E
광주	○	×	×	×	×
대전	×	×	○	×	×
부산	×	○	×	×	×
인천	×	×	×	×	○
대구	×	×	×	○	×

A가 인천으로 출장을 간다고 하면 E는 인천으로 출장을 갈 수 없으므로 대구로 출장을 가게 되며, 이는 다음과 같이 나타낼 수 있다.

구분	A	B	C	D	E
광주	×	○	×	×	×
대전	×	×	○	×	×
부산	×	×	×	○	×
인천	○	×	×	×	×
대구	×	×	×	×	○

따라서 출장지가 확실히 결정되는 사람은 C뿐이므로 1명이다.

| 오답풀이 |

① E는 대구 또는 인천으로 출장을 갈 수 있으므로 항상 옳은 것은 아니다.
② 가능한 모든 경우의 수는 4가지이다.
④ A가 광주로 출장을 갈 때, B는 부산 또는 인천으로 출장을 가게 되므로 항상 옳은 것은 아니다.
⑤ A가 광주로 출장을 가는 경우의 수는 3가지이다.

문제 해결 TIP

주어진 조건들을 고려하였을 때 경우의 수가 많이 발생하면 나올 수 있는 상황을 파악하는 과정에서 일부를 놓칠 수 있으므로, 조건마다 가장 많이 언급되는 대상을 찾아 기준으로 삼고 따져보도록 한다.

세부유형 ③ 등장인물들이 2가지 종류의 대상을 두고 종류별로 한 종류씩 선택하여 매칭하는 유형

예제 A~E 5명은 카페에서 간식과 음료를 하나씩 주문하려고 한다. 간식으로는 샌드위치, 햄버거, 토스트 중 하나씩을 주문하고, 음료로는 커피 또는 주스 중 하나씩을 주문한다. 다음 [조건]을 바탕으로 할 때, 주문 내용으로 항상 옳은 것을 고르면?

조건
- 간식과 음료는 각각 종류별로 적어도 하나 이상씩 주문되었다.
- 주스와 햄버거를 함께 주문한 사람은 C뿐이다.
- A는 샌드위치를 주문하지 않았고, B와 같은 음료를 주문하였다.
- D와 E는 서로 다른 음료를 주문했지만, 둘 다 토스트를 주문했다.
- 커피를 주문한 사람은 3명이고, 샌드위치를 주문한 사람은 1명이다.

	간식	음료
① A −	햄버거	커피
② A −	토스트	주스
③ B −	햄버거	커피
④ B −	샌드위치	커피
⑤ E −	토스트	주스

| 정답풀이 | 정답 ④

주스와 햄버거를 함께 주문한 사람은 C뿐이고, A는 샌드위치를 주문하지 않았다. 그리고 D와 E가 토스트를 주문하였으므로 다음과 같이 표로 나타낼 수 있다.

구분	음료		간식		
	커피	주스	샌드위치	햄버거	토스트
A			×		
B					
C		○		○	
D					○
E					○

이때 샌드위치를 주문한 사람이 1명 있다고 했는데, B가 샌드위치를 주문하지 않으면 샌드위치를 주문한 사람이 아무도 없다. 즉, B는 샌드위치를 주문했다. 그리고 커피를 주문한 사람은 3명이라고 했는데, A와 B 두 사람이 주스를 주문했다면 주스를 주문한 사람이 3명이 되므로 모순이다. 따라서 A와 B는 커피를 주문하였음을 알 수 있다. 이를 표로 나타내면 다음과 같다.

구분	음료		간식		
	커피	주스	샌드위치	햄버거	토스트
A	○		×		
B	○		○		
C		○		○	
D					○
E					○

따라서 B는 어떤 경우라도 커피와 샌드위치를 주문하였으므로 항상 옳은 내용이다.

| 오답풀이 |

①, ② A는 음료로 커피를 주문하였지만, 간식은 햄버거와 토스트 중 알 수 없다.

③ B는 간식으로 샌드위치를 주문하였다.

⑤ E는 음료를 알 수 없다.

세부유형 ④ 등장인물들이 원탁의 테이블에 앉아 회의하는 유형

예제 **어느 회사의 직원 6명이 원탁에 둘러앉아 회의 중이다. 다음 [조건]을 바탕으로 할 때, 2번 자리에 앉은 사람을 고르면?**

조건

- 회의 참석자는 총무팀 한 차장, 기획팀 박 대리, 물류팀 김 과장, 개발팀 진차장, 개발팀 박 과장, 마케팅팀 이 과장이다.
- 물류팀 김 과장은 1번 자리에 앉아 있고, 개발팀 박 과장과 서로 반대편에 앉아 있다.
- 기획팀 박 대리의 양옆에 개발팀 직원 2명이 앉아 있다.
- 총무팀 한 차장의 오른쪽에는 물류팀 김 과장이 앉아 있고, 왼쪽에는 마케팅팀 이 과장이 앉아 있다.

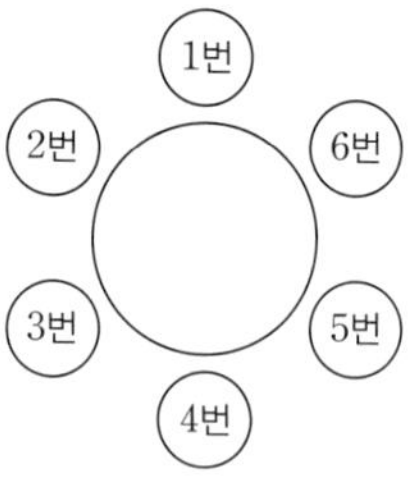

① 총무팀 한 차장 ② 기획팀 박 대리 ③ 개발팀 진 차장
④ 개발팀 박 과장 ⑤ 마케팅팀 이 과장

| 정답풀이 | 정답 ③

물류팀 김 과장이 1번 자리에 앉아 있고, 개발팀 박 과장과 서로 반대편에 앉아 있다고 하였으므로 우선 다음과 같이 정리할 수 있다.

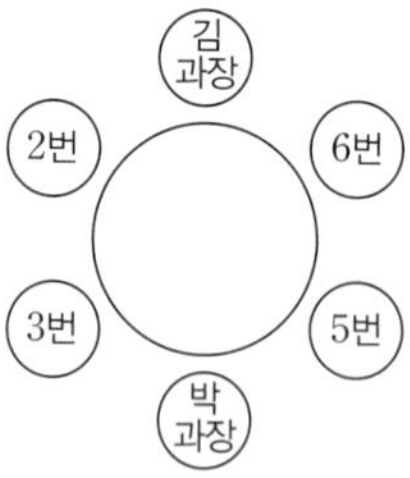

이때 총무팀 한 차장의 오른쪽에 물류팀 김 과장이 앉아 있다고 하였으므로 한 차장이 6번 자리이고, 한 차장의 왼쪽에 마케팅팀 이 과장이 앉았다고 하였으므로 이 과장의 자리는 5번이 된다. 그리고 기획팀 박 대리의 양옆에 개발팀 직원 2명이 앉아 있다고 하였으므로 다음과 같이 자리가 채워진다.

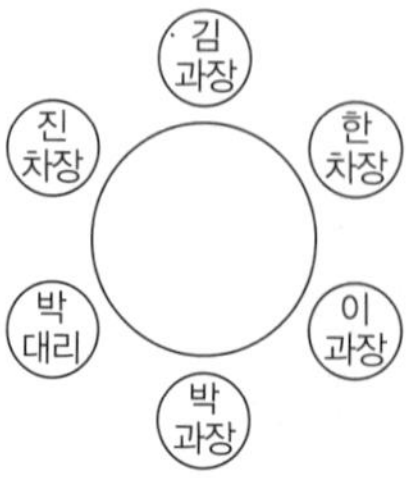

따라서 2번 자리에 앉은 사람은 개발팀 진 차장이다.

세부유형 ⑤ 등장인물들이 일렬로 앉는 유형

예제 A~F 6명은 극장에 일렬로 앉아 영화를 보았다. 다음 [조건]을 바탕으로 할 때, 항상 옳은 것을 고르면?

조건
- B와 C 사이에는 2명이 앉았다.
- F의 바로 양옆에는 B와 D가 앉았다.
- A는 D보다 오른쪽에 앉았고, 바로 오른쪽에 E가 앉았다.

스크린

⋮

H1	H2	H3	H4	H5	H6

① C는 H6 좌석에 앉았다.
② F는 H2 좌석에 앉았다.
③ B와 E 사이에 1명이 앉았다.
④ 6명이 앉는 경우의 수는 3가지이다.
⑤ 좌석을 명확히 알 수 있는 사람은 1명이다.

| 정답풀이 | 정답 ④

F의 바로 양옆에는 B와 D가 앉아 있는데, A는 D보다 오른쪽에 앉았고, 바로 오른쪽에 E가 앉았다고 하였으므로 F는 H2 또는 H3 좌석에 앉아야 한다. 그리고 B와 C 사이에 2명이 앉도록 자리를 배치하면 다음과 같다.

H1	H2	H3	H4	H5	H6
B	F	D	C	A	E

H1	H2	H3	H4	H5	H6
D	F	B	A	E	C

H1	H2	H3	H4	H5	H6
C	D	F	B	A	E

따라서 가능한 경우의 수는 3가지이다.

| 오답풀이 |

① C가 H6 좌석에 앉지 않을 수 있으므로 항상 옳은 것은 아니다.
② F가 H2 좌석에 앉지 않을 수 있으므로 항상 옳은 것은 아니다.
③ B와 E 사이에 4명이 앉을 수 있으므로 항상 옳은 것은 아니다.
⑤ 좌석을 명확히 알 수 있는 사람은 0명이므로 항상 옳지 않다.

연습 문제

정답과 해설 P.39

01 성인 A, B, C, D, 어린이 E, F가 정육각형 모양의 탁자에 일정한 간격으로 둘러앉아 담소를 나누고 있다. 다음 [조건]을 바탕으로 할 때, 항상 옳은 것을 고르면?

조건
- C의 바로 옆자리에는 어린이가 앉지 않는다.
- A와 C는 서로 마주 앉는다.

① B와 E는 서로 마주 앉지 않는다.
② B와 F는 서로 마주 앉지 않는다.
③ D와 E는 서로 마주 앉지 않는다.
④ D와 F는 서로 마주 앉지 않는다.
⑤ E와 F는 서로 마주 앉지 않는다.

02 회사원 A~D는 교육 프로그램을 이수해야 한다. 다음 [조건]을 바탕으로 할 때, 반드시 옳지 <u>않은</u> 것을 고르면?

조건
- 교육 프로그램은 글로벌, 정보, 환경 3가지이다.
- 교육 프로그램 중 한 사람당 반드시 2개를 선택해야 한다.
- A는 글로벌을 선택하지 않았다.
- 글로벌을 선택한 사람은 1명뿐이다.
- C가 선택한 2개의 프로그램과 A가 선택한 2개의 프로그램 중 1개만 겹친다.

① 글로벌을 선택한 사람은 C이다.
② 정보를 선택한 사람은 4명이다.
③ 환경을 선택한 사람은 3명이다.
④ B와 D는 서로 동일한 프로그램을 이수한다.
⑤ D가 선택한 2개의 프로그램과 A가 선택한 2개의 프로그램 중 1개만 겹친다.

03 김, 이, 박, 최, 정이 카페에서 각자 음료와 케이크를 하나씩 주문하였다. 다음 [조건]을 바탕으로 할 때, 정이 먹는 음료와 케이크로 알맞게 짝지은 것을 고르면?

조건

- 음료는 주스, 커피, 녹차, 홍차, 밀크티가 있고, 케이크는 당근케이크, 초코케이크, 치즈케이크가 있다.
- 모든 음료와 케이크는 1명 이상이 주문하였다.
- 홍차를 마시는 사람은 케이크를 먹지 않는다.
- 당근케이크를 먹는 사람은 주스를 마신다.
- 초코케이크를 먹는 사람은 밀크티를 마시지 않는다.
- 정은 홍차를 마시지 않고, 당근케이크를 먹지 않는다.
- 이는 커피를 마시고, 박과 같은 맛의 케이크를 먹는다.
- 치즈케이크를 먹는 사람은 커피를 마시지 않는다.

① 커피 – 초코케이크 ② 녹차 – 초코케이크 ③ 녹차 – 치즈케이크
④ 밀크티 – 치즈케이크 ⑤ 밀크티 – 케이크를 먹지 않는다.

04 A 중학교에 7명의 친구인 수희, 안나, 한슬, 지영, 은별, 예지, 다래가 입학하였는데, 1~7반까지 서로 다른 반이 되었다. 다음 [조건]을 바탕으로 할 때, 항상 거짓인 것을 고르면?

조건

- 7개의 학급은 아래 그림과 같이 복도를 사이에 두고 왼쪽에 1~4반, 오른쪽에 5~7반으로 나뉘어 일렬로 위치해 있다.
- 지영이는 짝수반이 아니고, 안나는 5반이다.
- 은별이는 2반이 아니며, 복도를 기준으로 왼쪽에 있다.
- 예지는 홀수반이며, 다래와 옆 반이 아니다.
- 한슬이는 가장 마지막 반이며, 수희와 옆 반이 아니다.

1반	2반	3반	4반	복도	5반	6반	7반

① 수희는 2반이다.
② 다래는 7반이 아니다.
③ 예지는 한슬이와 옆 반이다.
④ 수희와 지영이는 옆 반이다.
⑤ 은별이와 한슬이는 옆 반이 아니다.

05 어느 식당에서는 일요일을 시작으로 일주일에 하나씩 식자재를 구입한다. 구입하는 식자재가 양파, 무, 당근, 감자, 콩나물, 대파, 호박일 때, 다음 [조건]을 바탕으로 대파를 구입하는 요일을 고르면?

조건

- 수요일에는 양파를 구입한다.
- 무와 당근은 연속으로 구입한다.
- 감자를 구입하고 2일 뒤에 호박을 구입한다.
- 당근을 구입한 다음 날 양파를 구입한다.
- 콩나물과 무는 연속으로 구입한다.

① 일요일　② 월요일　③ 목요일
④ 금요일　⑤ 토요일

06 5명의 직원 A~E가 시험을 쳐서 80점, 85점, 90점, 95점, 100점 중 한 점수를 받았다. 다음 [조건]을 바탕으로 할 때, E의 점수와 점수가 높은 직원을 순서대로 나열한 것을 고르면?

조건

- 모두 다른 점수를 받았다.
- E의 점수는 B와 C의 평균 점수이다.
- A의 점수는 100점은 아니지만 D보다 높다.
- B는 가장 낮은 점수를 받았다.

① 85점, C−A−D−E−B
② 90점, C−A−E−D−B
③ 90점, E−A−C−D−B
④ 90점, B−D−E−A−C
⑤ 95점, C−D−E−A−B

07 일곱 명의 신입사원 A~G가 재무부, 해외사업부, 개발부에 배정받았다. 다음 [조건]을 바탕으로 할 때, 옳은 것을 고르면?

조건

- A~G의 전공은 경제학, 기계공학, 영문학, 물리학 중 하나이다.
- 각 부서에는 2명 이상 배정받았다.
- 경제학과는 각 부서에 1명씩 배정받았다.
- 개발부에는 3명이 배정받았고, 모두 다른 전공이다.
- A는 B와 같은 전공이다.
- 기계공학과는 2명이다.
- 기계공학과는 해외사업부에 배정받지 않았고, F는 해외사업부에 배정받았다.
- D는 기계공학과이고, 재무부가 아니다.
- E는 개발부이고, 물리학과가 아니다.
- G는 재무부이고, B와 같은 부서가 아니다.
- 영문학과는 기계공학과와 같은 부서가 아니다.

① C는 물리학과이다.
② F는 경제학과이다.
③ 재무부에는 경제학과와 영문학과가 있다.
④ 개발부에는 물리학과가 없다.
⑤ A는 해외사업부이다.

08 어느 회사의 워크숍 참석자들이 호텔 11층을 사용 중이다. 다음 [조건]을 바탕으로 할 때, 이 과장이 사용하는 방을 고르면?

조건

엘리베이터	1101호	1102호	1103호	1104호	계단
	복도				
	1105호	1106호	1107호	1108호	

- 참석자는 유 부장, 김 차장, 양 차장, 조 과장, 이 과장, 박 대리, 한 대리, 서 사원이다.
- 유 부장은 엘리베이터 옆 방을 사용하고, 조 과장은 계단 옆 방을 사용한다.
- 한 대리와 서 사원의 방은 복도를 사이에 두고 마주 보고 있다.
- 박 대리는 서 사원의 옆 방을 사용하고, 양 차장은 1102호를 사용한다.
- 김 차장의 방 번호는 홀수이며, 3의 배수가 아니다.
- 이 과장의 방은 복도를 기준으로 유 부장의 방과 같은 쪽에 있다.
- 박 대리의 방은 계단 옆이 아니다.

① 1101호　② 1103호　③ 1104호
④ 1107호　⑤ 1108호

09 A~H 8명의 직원의 외근 일정이 다음 [조건]과 같다. 매일 2명씩 짝을 지어 외근을 가며, 각 직원은 외근을 한 번 또는 두 번 간다고 할 때, 항상 옳은 것을 고르면? (단, 외근은 주중에만 간다.)

조건

- B는 2일 연속 외근을 간다.
- G는 C가 외근한 전날 외근을 간다.
- E는 A, C와 함께 외근을 간다.
- 금요일에 C가 외근을 간다.
- A는 수요일에 외근을 가지 않는다.
- B는 G와 외근을 가지 않는다.
- F는 D보다 늦게 외근을 간다.

① E는 화요일과 금요일에 외근을 간다.
② H가 화요일에 외근을 가면 F는 목요일에 외근을 간다.
③ F가 수요일에 외근을 가면 D는 월요일에 외근을 간다.
④ B는 월요일과 화요일에 외근을 간다.
⑤ G는 B보다 빨리 외근을 간다.

10 A~H 8명의 직원이 정사각형 모양의 탁자 2개에 4명씩 나누어서 앉았다. 다음 [조건]을 바탕으로 할 때, 항상 옳은 것을 고르면?

조건

- 탁자의 형태는 다음과 같다.

- A는 1번 자리, B는 5번 자리, D는 8번 자리에 앉았다.
- C는 2번 또는 3번 자리에 앉았다.
- H와 D는 서로 다른 탁자에 앉았다.
- E는 B의 맞은편에 앉았다.
- H는 4번 자리에 앉지 않았다.

① F와 G는 서로 다른 탁자에 앉았다.
② B와 C는 서로 같은 탁자에 앉았다.
③ H는 A의 맞은편에 앉았다.
④ D는 F의 맞은편에 앉았다.
⑤ G는 H의 맞은편에 앉았다.

11 A~D는 교통수단을 이용해 쇼핑몰에 갔다. 다음 [조건]을 바탕으로 할 때, 반드시 옳지 않은 것을 고르면?

조건

- 교통수단으로 지하철 혹은 버스를 이용했다.
- 쇼핑을 할 때 모자, 셔츠, 청바지 중 하나를 샀다.
- A가 산 것은 C가 사지 않았다.
- A와 B는 서로 다른 교통수단을 이용했다.
- B는 지하철을 타고 청바지를 샀다.
- 셔츠를 산 사람은 1명이고, 셔츠를 산 사람은 버스를 탔다.
- D는 B와 같은 물품을 구입하였고, C와 같은 교통수단을 이용했다.
- A는 셔츠를 사지 않았다.

① A는 모자를 샀다.
② A와 B는 같은 물품을 샀다.
③ D는 버스를 타고 청바지를 샀다.
④ C는 버스를 타고 청바지를 샀다.
⑤ A는 C와 같은 교통수단을 이용했다.

12 E 기업은 2개 동으로 된 신축 건물로 회사를 이전 중이다. 다음 [조건]을 고려할 때, 항상 옳은 것을 고르면?

조건

- B동 1층은 식당이므로 어떤 팀도 배정할 수 없다.
- 각 층에는 영업 1/2팀, 기획 1/2팀, 재무 1/2팀, 인사팀이 배정된다.
- 재무 1팀과 기획 2팀은 한 동에 위치한다.
- 기획 1팀과 인사팀은 한 동에 있고, 서로 인접해 있다.
- 재무 2팀은 3층에 있다.
- 인사팀은 A동 2층, 재무1팀은 A동 3층에 있다.

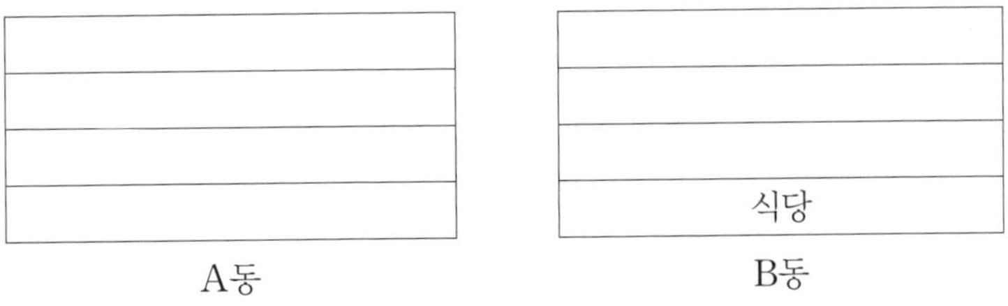

① 영업 1팀은 B동 4층에 있다.
② 재무 2팀은 B동 3층에 있다.
③ 영업 2팀은 B동 2층에 있다.
④ 기획 1팀은 A동 4층에 있다.
⑤ 기획 2팀은 A동 1층에 있다.

유형 | 2

진실게임

출제 포인트

✓ 등장인물의 발언에서 '~의 말은 참이다' 혹은 '~의 말은 거짓이다' 류의 조건을 판별할 수 있는지 묻는 문제가 출제된다.

✓ 등장인물의 발언에서 서로 모순된 말을 하는지 파악 후 해당 인물들의 발언을 기준으로 경우를 나눌 수 있는지 묻는 문제가 출제된다.

세부유형 ① 등장인물의 각기 다른 주장과 그들의 주장 중 일부가 진실, 일부는 거짓인 유형

예제 **L기업에 근무 중인 A~E 5명은 점심으로 파스타 또는 돼지국밥 중 하나씩을 먹었다. 점심 식사에 대해 5명이 다음과 같이 말하였는데, 돼지국밥을 먹은 사람은 참말을 하였고 파스타를 먹은 사람은 거짓말을 하였다. 다음 대화 내용을 바탕으로 할 때, 파스타를 먹은 사람을 모두 고르면?**

- A: "B는 돼지국밥을 먹었어."
- B: "돼지국밥을 먹은 사람은 3명이야."
- C: "D와 E는 모두 돼지국밥을 먹었어."
- D: "A와 B는 서로 다른 음식을 먹었어."
- E: "A와 나는 같은 음식을 먹었어."

① A, B　② C, D　③ D, E
④ A, C, E　⑤ B, C, D

| 정답풀이 | 정답 ②

만약 A의 발언이 거짓말이라면 B는 파스타를 먹었다는 뜻이므로 B의 발언은 거짓말이다. 그리고 E의 발언이 사실이라면 A와 E는 둘 다 파스타를 먹은 것이므로 모순이다. 즉, E는 거짓말을 하였고, 그는 파스타를 먹은 것인데, A와 같은 음식을 먹었으므로 이 또한 모순이다. 따라서 A의 발언은 참말이어야 한다.
A의 발언이 참말이므로 B는 돼지국밥을 먹었고, B의 발언이 참이므로 돼지국밥을 먹은 사람은 A, B를 포함하여 3명이다. 그리고 C와 D의 발언은 거짓말이므로 두 사람은 파스타를 먹었고, 이에 따라 E는 돼지국밥을 먹었음을 알 수 있다.
따라서 파스타를 먹은 사람은 C, D이고 돼지국밥을 먹은 사람은 A, B, E이다.

세부유형 ② 등장인물 중 1명만이 참 또는 거짓을 말하고, 나머지는 모두 거짓 또는 참인 유형

예제 A~D 4명은 S기업의 입사 전형 중 지필 시험에서 1~4등을 차지한 지원자이다. 이번 지필 시험에 대하여 4명이 다음과 같이 대화하였는데, 이들 중 1명이 거짓말을 하였고 나머지 3명은 참말을 하였다. 다음 대화 내용을 바탕으로 할 때, 4명의 등수를 차례대로 바르게 나열한 것을 고르면?

- A: "D가 1등이거나 B가 3등이다."
- B: "C는 D보다 점수가 높다."
- C: "B는 2등이고 A는 4등이다."
- D: "B는 나의 바로 다음 등수이다."

① A-B-C-D ② B-A-C-D ③ B-D-C-A
④ C-A-B-D ⑤ D-B-C-A

| 정답풀이 | 정답 ⑤

등수를 차례대로 나열하였을 때 D-B-C-A라면 A, C, D는 참말을 한 것이고, B는 거짓말한 것이 된다. 따라서 1명이 거짓말을 하였고 나머지 3명은 참말을 했다는 조건에 부합하므로 정답은 ⑤이다.

| 오답풀이 |

①, ② 등수를 차례대로 나열하였을 때 A-B-C-D 또는 B-A-C-D라면 B만 참말을 한 것이고, A, C, D가 거짓말한 것이 되므로 모순이다.
③ 등수를 차례대로 나열하였을 때 B-D-C-A라면 A, B, C, D 모두가 거짓말한 것이 되므로 모순이다.
④ 등수를 차례대로 나열하였을 때 C-A-B-D라면 A, B는 참말을 한 것이고 C, D는 거짓말한 것이 되므로 모순이다.

진실게임

연습 문제

정답과 해설 P.42

01 5명의 친구 A~E가 만나서 생일 파티를 하고 있다. 생일 당사자가 아닌 나머지 4명이 생일 당사자를 위해 각자 선물을 준비하였는데, 이 중에서 1명은 반드시 거짓을 말하고 나머지 4명은 반드시 참을 말한다. 다음 [조건]을 바탕으로 할 때, 생일인 사람을 고르면?

조건

- A: "나는 오늘 C를 위해 선물을 준비했어."
- B: "D는 오늘 생일이 아니야."
- C: "나는 오늘 선물을 준비하지 않았어."
- D: "나는 E를 위해 선물을 준비하지 않았어."
- E: "오늘은 A의 생일이야."

① A ② B ③ C
④ D ⑤ E

02 지민, 찬미, 은영, 혜린이는 기획부 대리, 기획부 주임, 영업부 대리, 영업부 주임 중 한 명이다. 다음 [조건]의 발언이 자신과 같은 부서 직원에 대한 발언이라면 부서와 직위가 모두 참, 다른 부서 직원에 대한 발언이라면 부서와 직위가 모두 거짓이라고 할 때, 옳은 것을 고르면?

조건

- 지민: "찬미는 기획부이다."
- 찬미: "은영이는 영업부 주임이다."
- 은영: "혜린이는 영업부이다."
- 혜린: "지민이는 기획부 대리이다."

① 지민이는 기획부 주임이다.
② 찬미는 영업부 주임이다.
③ 은영이는 영업부 주임이다.
④ 혜린이는 기획부 대리이다.
⑤ 혜린이는 영업부 대리이다.

03 L회사에서는 개발부 직원 A~F 중 산업 스파이가 있다는 것을 알게 되었다. 이에 대해 A~F를 추궁하였고, 각 직원들이 다음 [조건]과 같이 발언하였다. 각 직원들의 발언 중 한 가지는 참이고, 한 가지는 거짓이라고 할 때, 산업 스파이인 직원과 아닌 직원의 조합으로 알맞게 짝지어진 것을 고르면?

조건

- A: "D는 산업 스파이이고, F는 산업 스파이가 아니야."
- B: "나는 산업 스파이가 아니고, A도 산업 스파이가 아니야."
- C: "B는 산업 스파이이고, E는 산업 스파이야."
- D: "나는 산업 스파이가 아니고, E도 산업 스파이가 아니야."
- E: "C는 산업 스파이이고, A는 산업 스파이가 아니야."
- F: "나는 산업 스파이가 아니고, C도 산업 스파이가 아니야."

① A, B ② A, E ③ B, D
④ B, F ⑤ D, F

PART III CHAPTER 02 논리추리

04 A~E 중 2명이 주말 당직이다. A~E가 당직 일정에 대해 이야기를 나누는데 주말 당직은 항상 거짓을, 당직이 아닌 사람은 항상 참을 이야기한다. 다음 [조건]에 따라 주말에 당직인 사람끼리 알맞게 짝지은 것을 고르면?

조건

- A: "나는 주말 당직이 아니야."
- B: "C는 주말 당직이야."
- C: "D는 주말 당직이 아니야."
- D: "E는 주말 당직이 아니고, B는 주말 당직이야."
- E: "A는 주말 당직이고, D는 주말 당직이 아니야."

① A, B ② A, C ③ C, D
④ C, E ⑤ D, E

05 **5명의 직원 A~E가 각자 하나씩 프로젝트를 제안하였는데 2명의 프로젝트는 통과되었고, 나머지 3명의 프로젝트는 통과되지 않았다. 5명의 직원 중 2명은 반드시 거짓을 말하고 나머지 3명은 반드시 참을 말한다. 다음 [조건]을 바탕으로 할 때, 프로젝트가 통과되었으면서 거짓을 말하는 사람을 고르면?** (단, 거짓을 말하는 사람의 진술은 모두 거짓이다.)

조건

- A: "내 프로젝트는 통과되지 않았어."
- B: "내 프로젝트는 통과되었고, D의 프로젝트도 통과되었어."
- C: "D는 거짓말을 하고 있어."
- D: "E의 프로젝트는 통과되었어."
- E: "내 프로젝트는 통과되었고, A의 프로젝트도 통과되었어."

① A ② B ③ C
④ D ⑤ E

06 **어느 동호회에서 동호회 회장과 부회장 선출 투표를 하고 있다. 후보로 나온 회원은 아윤, 진희, 수정, 정훈, 상민 5명이고, 이 중에서 득표수가 가장 많은 사람이 회장, 그 다음으로 득표수가 많은 사람이 부회장이 된다. 5명 중 2명은 반드시 거짓을 말하고, 나머지 3명은 반드시 참을 말한다고 한다. 다음 [조건]을 바탕으로 할 때, 회장이 된 후보를 고르면?**

조건

- 아윤: "나는 정훈이보다 더 많이 득표했어."
- 진희: "아윤이는 회장이야."
- 수정: "상민이는 아윤이보다 더 많이 득표했어."
- 정훈: "나보다 더 많이 득표한 사람은 없어."
- 상민: "나는 부회장이고, 정훈이 다음으로 득표했어."

① 아윤 ② 진희 ③ 수정
④ 정훈 ⑤ 상민

07 어느 제약회사에서는 코로나19 확진자 중 증상이 있는 사람 A~D를 대상으로 오한, 고열, 인후통, 두통에 관한 조사를 하였다. 각 증상은 1명 이상에게 나타났고, 네 개의 증상이 모두 나타난 사람은 없으며, 이들 4명에게 나타난 증상은 네 증상 중 일부이다. 다음 [조건]을 바탕으로 할 때, 항상 옳은 것을 고르면?

조건

- C와 D는 한 가지 증상이 겹친다.
- 오한을 느낀 사람은 고열도 나타났다.
- 고열이 나타난 사람은 두통도 나타났다.
- A는 고열이 있었고, 오한과 인후통을 겪지 않았다.
- B는 한 가지 증상이 나타났고, 두통을 느끼지 않았다.
- 오한을 느낀 사람은 1명이고, 두통을 느낀 사람은 3명이다.

① B가 인후통을 겪은 경우의 수는 5가지이다.
② D가 한 가지 증상을 겪은 경우의 수는 1가지이다.
③ C가 오한 증상을 겪은 경우의 수는 3가지이다.
④ D가 고열을 겪으면 C는 인후통을 겪는다.
⑤ A가 세 가지 증상을 겪은 경우의 수는 3가지이다.

08 A~F 6명의 직원들이 출근 순서에 대해 대화를 나누고 있다. 이 중 2명이 거짓을 말하고, 나머지 4명은 진실을 말한다고 한다. 다음 [조건]을 바탕으로 할 때, 가장 늦게 출근한 직원을 고르면? (단, 동시에 출근하는 경우는 없다.)

조건

- A: "나는 D 바로 다음에 출근했어."
- B: "나는 C 바로 다음에 출근했어."
- C: "F가 가장 마지막으로 출근했어."
- D: "나는 마지막으로 출근했어."
- E: "나보다 늦게 출근한 사람은 없어."
- F: "E는 가장 늦게 출근하지 않았어."

① A ② C ③ D
④ E ⑤ F

09 새 학년이 되어 새롭게 반 편성이 되었다. 6명의 친구 중 1반에 3명, 2반에 3명이 배정되었다. 1반에 배정된 친구들은 거짓을, 2반에 배정된 친구들은 진실을 말하고 있다. 다음 [조건]을 바탕으로 할 때, 2반에 속한 사람을 고르면?

조건

- 우성: "나는 태석이랑 같은 반이야."
- 태석: "나는 2반이야."
- 영기: "나는 용희와 다른 반이야."
- 웅희: "범전이와 태석이는 같은 반이야."
- 범전: "영기는 1반이야."
- 용희: "우성이는 2반이야."

① 용희, 태석, 우성　② 범전, 영기, 우성　③ 우성, 용희, 웅희
④ 범전, 태석, 용희　⑤ 범전, 태석, 웅희

10 A~F는 최근 치른 졸업 시험 결과에 대해 이야기를 나누고 있다. 졸업 시험을 통과한 학생은 항상 진실을 말하고, 졸업 시험을 통과하지 못한 학생은 항상 거짓을 말한다고 한다. 다음 [조건]을 바탕으로 할 때, 졸업 시험을 통과하지 못한 학생을 고르면? (단, 6명 중 3명 이상이 졸업 시험을 통과하였다.)

조건

- A: "나는 졸업 시험을 통과했어."
- B: "E는 졸업 시험을 통과했어."
- C: "D는 거짓을 말하고 있어."
- D: "F는 졸업 시험을 통과하지 못했어."
- E: "졸업 시험을 통과한 학생은 총 4명이야."
- F: "졸업 시험을 통과하지 못한 학생은 1명밖에 없어."

① C, E　② C, F　③ D, E
④ A, C, F　⑤ B, D, E

11 **두 사람이 "YES" 또는 "NO"로 대답 가능한 다섯 가지 질문을 통해 1~50까지의 자연수 중 하나의 수를 맞히는 게임을 하고 있다. 답변 중 하나가 거짓이고 나머지 넷은 참일 때, 다음 [조건]을 바탕으로 정답이 될 수 <u>없는</u> 수를 고르면?**

조건

- 질문1: 이 수는 짝수인가요?
  답변1: YES.
- 질문2: 이 수는 3의 배수인가요?
  답변2: YES.
- 질문3: 이 수는 5의 배수인가요?
  답변3: YES.
- 질문4: 이 수는 6의 배수인가요?
  답변4: NO.
- 질문5: 이 수는 30보다 큰 수인가요?
  답변5: NO.

① 10　② 15　③ 20　④ 24　⑤ 30

12 **여섯 명의 친구들이 '마피아 게임'을 하고 있다. 이 게임 참가자는 모두 시민 또는 마피아인데, 시민은 진실만을 말하고 마피아는 거짓말만 한다. 6명의 친구가 말한 다음 [조건]의 내용을 바탕으로 할 때, 항상 참인 문장을 고르면?** (단, 참가자들은 마피아 인원수를 알 수 없다.)

조건

- 수희: "안나는 마피아야."
- 안나: "주옥이는 거짓을 말하고 있어."
- 주옥: "나는 시민이야."
- 지영: "다래와 나는 시민이야."
- 선규: "다래는 마피아야."
- 다래: "지영이는 시민이야."

① 지영이가 마피아라면 다래는 시민이다.
② 마피아가 2명이라면 수희와 안나이다.
③ 다래가 시민이라면 주옥이도 시민이다.
④ 주옥이는 시민이 아니다.
⑤ 선규와 다래 중 마피아는 한 명 이상이다.

유형 | 3 수추리

출제 포인트

- ✓ 주어진 숫자들의 일정한 배열 규칙을 찾아 특정 자리의 값을 구하는 문제가 출제된다.
- ✓ 일정한 값을 더하여 얻어지는 등차수열, 일정한 값을 곱하여 얻어지는 등비수열, 앞뒤 두 항의 차가 일정한 규칙을 이루는 계차수열, 적절한 그룹을 만들어 규칙을 찾아내는 군수열, 앞의 두 항을 더하여 다음의 항을 구하는 피보나치수열 등 다양한 수열의 개념을 학습하여 적용할 수 있는지를 묻는다.
- ✓ 기업별로 다양한 형태의 수추리가 출제되므로 복합적인 조합 속 이루어진 수열의 규칙을 파악하도록 한다.

세부유형 ① 주어진 수의 나열 속에서 일정한 규칙을 찾아 특정 자리의 값을 구하는 유형

예제 다음 [보기]의 수들이 일정한 규칙을 따를 때, 100번째에 들어갈 알맞은 숫자를 고르면?

보기

5 13 21 29 37 45 53 61 69 77 …

① 797 ② 799 ③ 801
④ 803 ⑤ 805

| 정답풀이 |

정답 ①

주어진 숫자들을 참고하여 규칙을 파악하면 아래와 같은 규칙을 따른다.

5 → 13 → 21 → 29 → 37 → 45 → …
+8 +8 +8 +8 +8 +8

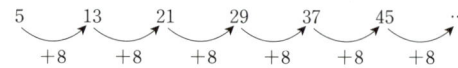

즉, 첫 번째 항 $a_1=5$이고, 일정한 숫자(공차 d) 8을 더해서 얻어지는 등차수열임을 알 수 있다.

따라서 등차수열의 일반항 $a_n=a_1+(n-1)d=5+(n-1)\times8=8n-3$이므로, 100번째 항 $a_{100}=8\times100-3=797$이다.

세부유형 ② 외부 · 내부 동심원의 숫자들의 일정한 규칙을 찾아 특정 자리의 값을 구하는 유형

예제 다음 [보기] 속 외부 동심원과 내부 동심원의 숫자들이 시계 방향으로 모두 동일한 규칙이 적용되어 변화하고 있다. 이때 A + B + C − D의 값을 고르면?

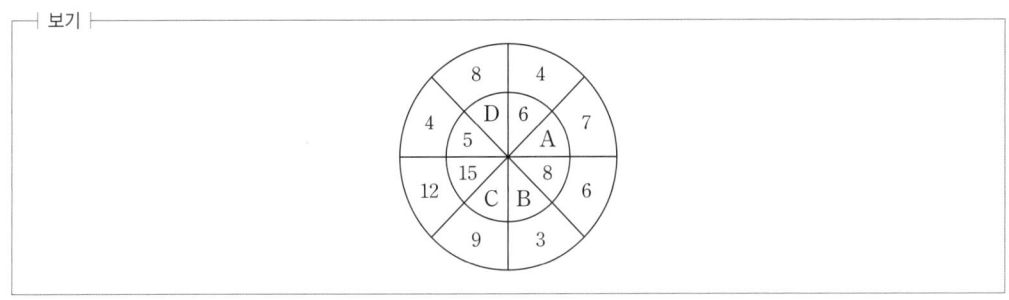

보기

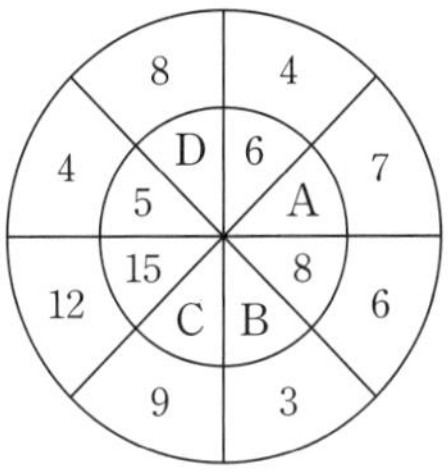

① 6　　② 9　　③ 12

④ 15　　⑤ 18

| 정답풀이 | 　　정답 ④

숫자 간 규칙을 파악하기 위해 8개의 숫자가 모두 주어진 외부 동심원의 숫자들을 먼저 순서대로 나열해보면 4, 7, 6, 3, 9, 12, 4, 8, 4인데, 내부 동심원에 주어진 숫자들을 참고하여 규칙을 파악하면 이 수열은 아래와 같은 규칙을 따른다.

4　7　6　3　9　12　4　8　4

+3　−1　÷2　×3　+3　÷3　×2　−4

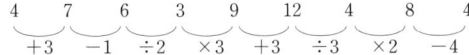

위 규칙을 내부 동심원의 수열에 동일하게 적용하면 다음과 같다.

6　(9)　8　(4)　(12)　15　5　(10)　6

+3　−1　÷2　×3　+3　÷3　×2　−4

따라서 $A+B+C-D=9+4+12-10=15$이다.

문제 해결 TIP

숫자 간 규칙을 파악하기 위해 8개의 숫자가 모두 주어진 외부 동심원의 숫자들을 순서대로 우선 나열한다. 완성형 수열인 경우 숫자 간의 규칙을 파악하여 표시한다. 그다음 내부 동심원에 주어진 숫자들 또한 나열하여 내부 동심원의 수열에 적용하면 특정 자리의 값을 구할 수 있다.

세부유형 ③ 시계 모양 안의 숫자들의 일정한 규칙을 찾아 특정 자리의 값을 구하는 유형

예제 다음 [보기] 속 시계 모양 안의 숫자들은 일정한 규칙을 가지고 있다. 시계 중 가운데 비어 있는 부분의 수를 A라 하고, 분침이 없는 시계에 분침을 새로 추가할 때 가리키는 부분의 수를 B라고 할 때, A + B의 값을 고르면?

보기

① 13 ② 14 ③ 15

④ 16 ⑤ 17

| 정답풀이 | 정답 ①

시계 모양의 가운데 숫자 간 규칙을 파악하기 위해 숫자를 나열해보면 15, 14, A, 9, 5인데, 이 수열은 아래와 같은 규칙을 따른다.

15 14 A 9 5

−1 −2 −3 −4

−1 −1 −1

따라서 $A=14-2=12$이다.

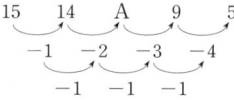

그다음으로 시계 모양 내부의 숫자 간 규칙을 파악하기 위해 (가운데, 시침, 분침) 순으로 해당 숫자를 나열하면 다음과 같다.

- 첫 번째 시계: 15, 12, 7
- 두 번째 시계: 14, 12, 6
- 세 번째 시계: 12, 3, 10
- 네 번째 시계: 9, 6, 5
- 다섯 번째 시계: 5, 6, B

위의 수열들은 $(3\times\text{가운데})-(2\times\text{시침})=(3\times\text{분침})$과 같은 규칙을 따른다.

- 첫 번째 시계: $(3\times15)-(2\times12)=(3\times7)$
- 두 번째 시계: $(3\times14)-(2\times12)=(3\times6)$
- 세 번째 시계: $(3\times12)-(2\times3)=(3\times10)$
- 네 번째 시계: $(3\times9)-(2\times6)=(3\times5)$
- 다섯 번째 시계: $(3\times5)-(2\times6)=(3\times B)\rightarrow15-12=3B\rightarrow B=1$

따라서 $A=12$, $B=1$이므로 $A+B=13$이다.

세부유형 ④ 기타 유형(퍼즐, 톱니바퀴, 가지치기, 화살표 등)에 따른 숫자들의 일정한 규칙을 찾아 특정 자리의 값을 구하는 유형

예제 다음 [조건]을 바탕으로 [보기] 속 3×3 퍼즐 안의 숫자들이 일정한 규칙을 가지고 변화하고 있을 때, A + B의 값을 고르면?

조건

[보기] 속 퍼즐의 전체적인 수열의 나열은 1행−1열을 시작으로 2행−1열 → 3행−1열 → 1행−2열 → (……) 순서로 진행된다.

보기

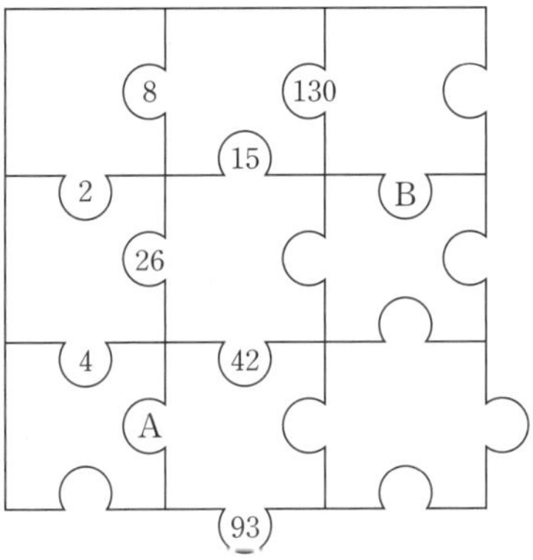

① 224　② 228　③ 232
④ 236　⑤ 240

| 정답풀이 | 　정답 ⑤

하나의 퍼즐을 기준으로 볼록한 돌기 부분에 숫자가 있으며 돌기의 '위 → 왼쪽 → 오른쪽 → 아래' 순서로 수열이 진행된다. 이를 바탕으로 주어진 숫자를 나열하면 다음과 같다.

2　4　8　15　26　42　A　93　130　B

+2　+4　+7　+11　+16　+22　+29　+37　+46

+2　+3　+4　+5　+6　+7　+8　+9

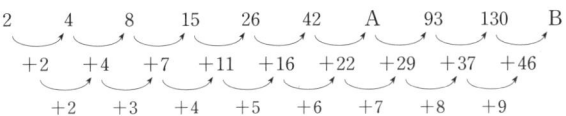

따라서 $A=42+22=64$이고, $B=130+46=176$이므로 $A+B=240$이다.

세부유형 ⑤ 전개도 속 숫자들의 일정한 규칙을 찾아 특정 자리의 값을 구하는 유형

예제 다음 [보기] 속 전개도의 숫자들이 일정한 규칙을 가지고 있을 때, 빈칸에 들어갈 알맞은 값을 고르면?

보기

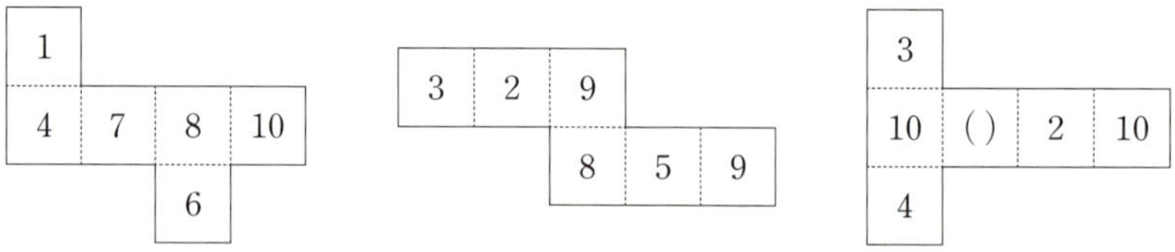

① 5 ② 6 ③ 7

④ 8 ⑤ 9

| 정답풀이 | 정답 ③

주어진 전개도는 전개도별로 마주 보는 면의 숫자의 합이 일정한 규칙을 가지고 있는 전개도이다.

첫 번째 전개도의 마주 보는 면의 숫자의 합을 살펴보면 1+6=7, 4+8=12, 7+10=17로 7, 12, 17의 형태를 띤다.

두 번째 전개도의 마주 보는 면의 숫자의 합을 살펴보면 2+5=7, 3+9=12, 8+9=17로 7, 12, 17의 형태를 띤다.

첫 번째와 두 번째 전개도의 수열이 모두 7, 12, 17이므로 세 번째 전개도의 수열도 같을 것이라고 예상할 수 있다. 이를 바탕으로 세 번째 전개도의 마주 보는 면의 숫자의 합을 살펴보면 3+4=7, 2+10=12, ( )+10=17로 7, 12, 17의 형태가 되어야 한다. 따라서 빈칸에 들어갈 숫자는 7이다.

연습 문제

정답과 해설 P.46

01 다음과 같이 일정한 규칙으로 수를 나열하였을 때, 빈칸에 들어갈 알맞은 수를 고르면?

7	14	42	168	840	( )

① 1,250　② 3,320　③ 4,860
④ 5,040　⑤ 6,260

02 다음과 같이 일정한 규칙으로 수를 나열하였을 때, 빈칸에 들어갈 알맞은 수를 고르면?

7	17	38	81	168	( )	694

① 302　② 321　③ 343
④ 357　⑤ 386

03 다음 [보기] 속 외부 동심원과 내부 동심원의 숫자들이 시계 방향으로 모두 동일한 규칙이 적용되어 변화하고 있다. 이때 A+B−C+D의 값을 고르면?

보기

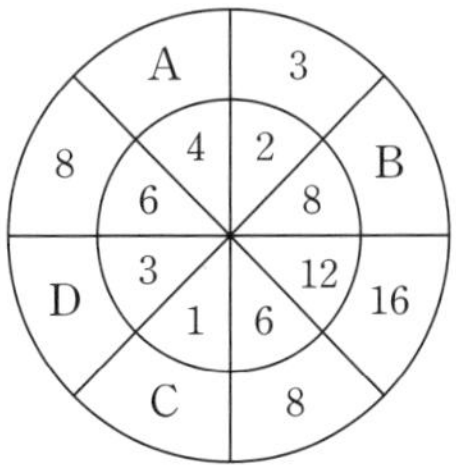

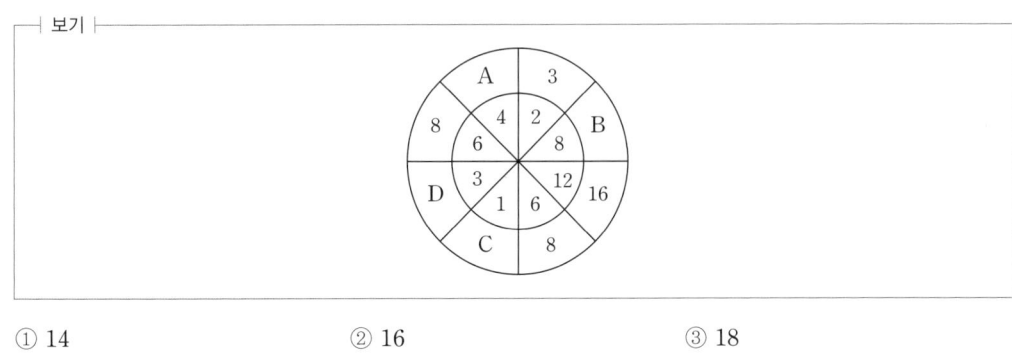

① 14　② 16　③ 18
④ 20　⑤ 22

04 다음 [보기] 속 시계 모양 안의 숫자들은 일정한 규칙을 가지고 있다. 시계 중 가운데 비어 있는 부분의 수를 A라 하고, 분침이 없는 시계에 분침을 새로 추가할 때 가리키는 부분의 수를 B라고 할 때, A+B의 값을 고르면?

보기

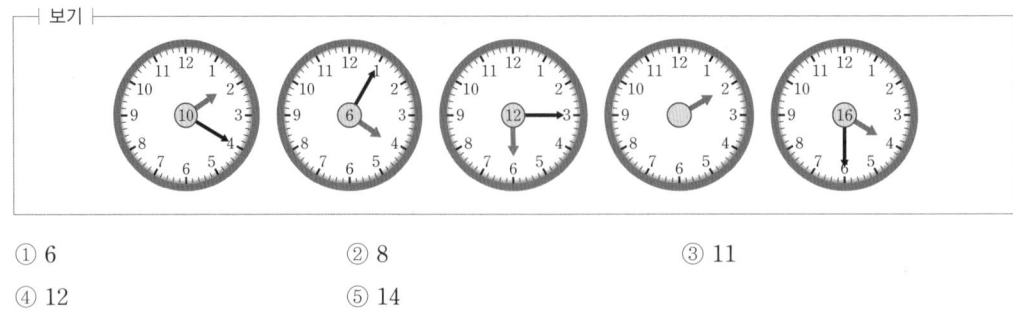

① 6 ② 8 ③ 11
④ 12 ⑤ 14

05 다음 [보기] 속 톱니바퀴의 숫자들은 내톱니, 외톱니마다 각각의 규칙을 가지고 변화하고 있다. 이때 A+B의 값을 고르면?

보기

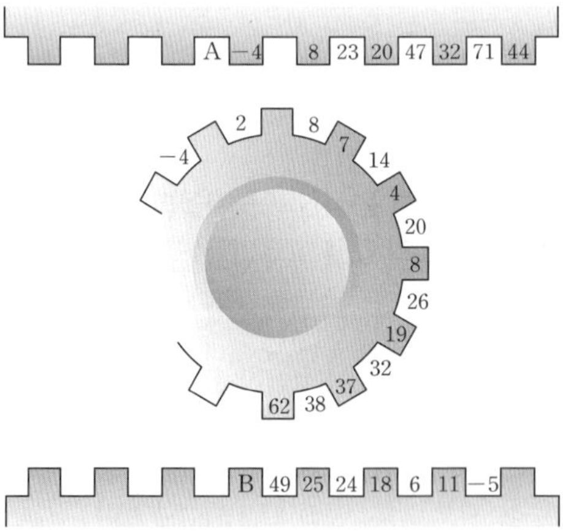

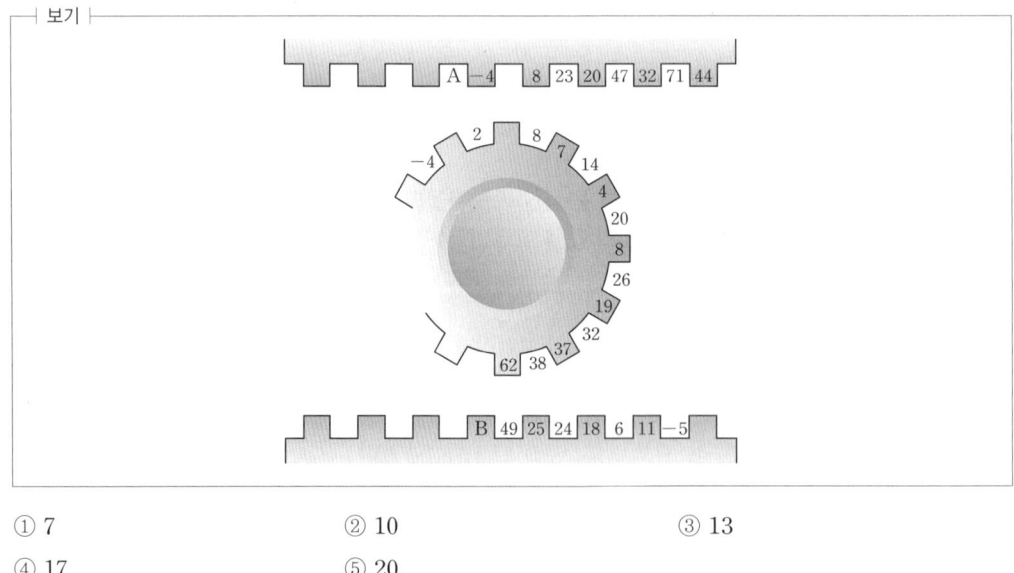

① 7 ② 10 ③ 13
④ 17 ⑤ 20

06 다음 [보기] 속 전개도의 숫자들이 일정한 규칙을 가지고 있을 때, A에 들어갈 알맞은 값을 고르면?

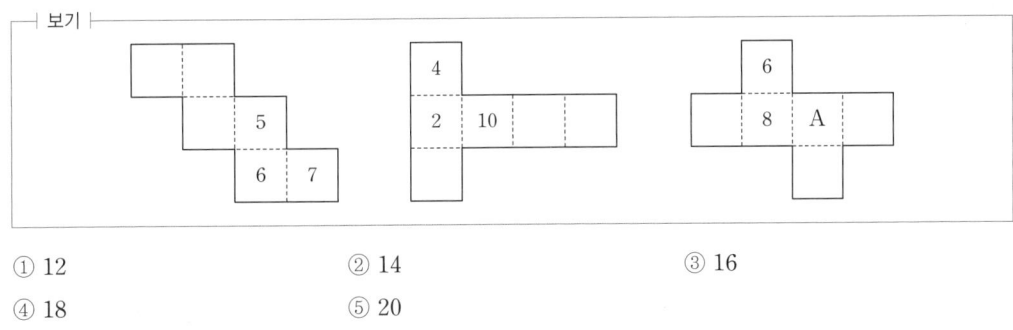

보기

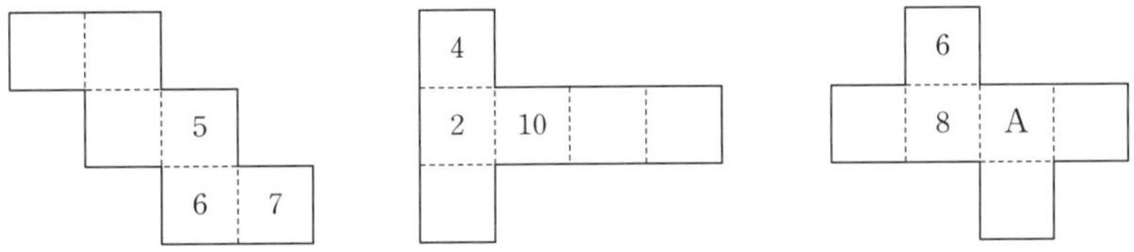

① 12　　② 14　　③ 16

④ 18　　⑤ 20

07 다음 [보기]의 정육면체 전개도에서 각 면에 쓰인 수가 일정한 규칙을 가지고 있을 때, a+b−c의 값을 고르면? (단, a, b, c는 각각 10보다 작은 수이다.)

보기

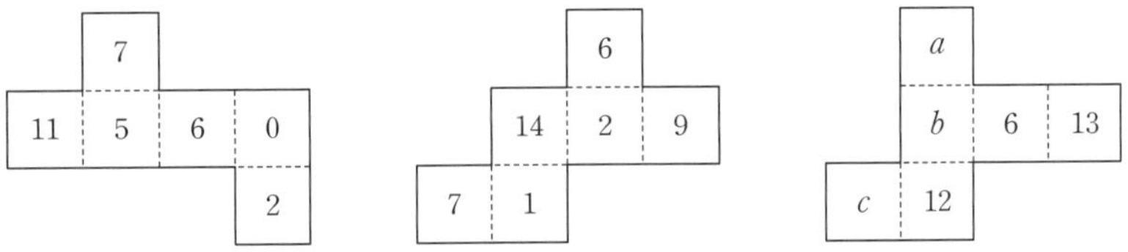

① 14　　② 15　　③ 16

④ 17　　⑤ 18

유형 | 4

문자추리

출제 포인트

✓ 알파벳과 숫자를 대응하였을 때 구성되는 수의 규칙을 파악하도록 한다.
✓ 한글 자음 또는 모음과 숫자를 대응하였을 때 구성되는 수의 규칙을 파악하도록 한다.

세부유형 ① 일정한 규칙으로 문자를 나열하는 경우 특정 자리에 들어갈 문자를 고르는 유형

예제 다음 [보기]의 문자들이 일정한 규칙을 가질 때, 빈칸에 들어갈 알맞은 문자를 고르면?

보기

C D G K R C ( )

① T ② U ③ V
④ W ⑤ X

| 정답풀이 |

정답 ②

먼저 알파벳을 순서대로 수와 대응해 보면 다음과 같다.

A	B	C	D	E	F	G	H	I	J	K	L	M
1	2	3	4	5	6	7	8	9	10	11	12	13
N	O	P	Q	R	S	T	U	V	W	X	Y	Z
14	15	16	17	18	19	20	21	22	23	24	25	26

[보기]에 제시된 문자를 숫자로 변환하면 C(3), D(4), G(7), K(11), R(18), C(29), ( )이다.
따라서 배열 규칙은 첫 번째 항과 두 번째 항의 값을 더하면 세 번째 항의 값이 나오는 피보나치수열임을 알 수 있다. 3, 4, $3+4=7$, $4+7=11$, $7+11=18$, $11+18=29$, $18+29=47$, …이므로 빈칸에 들어갈 문자는 47에 해당하는 U이다.

문제 해결 TIP

알파벳을 순서대로 수와 대응해 보면 Z(26)이 끝나는 경우 A(27)로 다시 순환된다. 따라서 47과 대응하는 알파벳은 A(27) 기준으로 21번째인 U임을 알 수 있다.

문자추리

연습 문제

정답과 해설 P.48

01 다음 [보기]의 문자들이 일정한 규칙을 가질 때, 빈칸에 들어갈 알맞은 문자를 고르면?

보기

ㅎ ㅍ ㅋ ㅇ ( )

① ㄴ ② ㄹ ③ ㅂ
④ ㅇ ⑤ ㅊ

02 다음 [보기]의 문자들이 일정한 규칙을 가질 때, 빈칸에 들어갈 알맞은 문자를 고르면?

보기

다 E 라 G 바 ( ) 자

① E ② G ③ I
④ J ⑤ L

03 다음 [보기]의 문자들이 일정한 규칙을 가질 때, 빈칸에 들어갈 알맞은 문자를 고르면?

보기

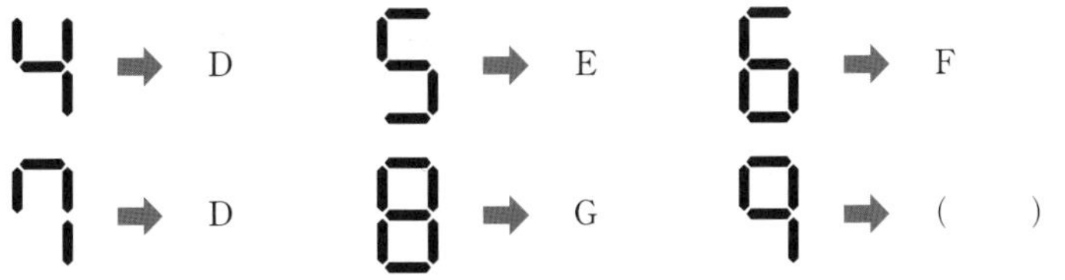

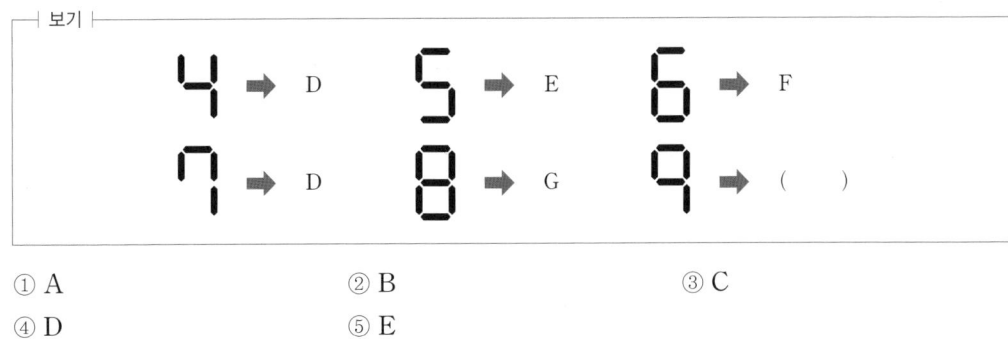

① A ② B ③ C
④ D ⑤ E

도식추리

출제 포인트

✓ 문자를 일정한 규칙에 따라 변환하여 최종적으로 알맞은 문자열을 찾을 수 있는지 추리하는 문제가 출제된다.

✓ 자료 1개에 2~4문제가 딸린 세트 문제로 결괏값을 찾거나 입력값을 찾는 기호 규칙 추론 문제가 출제된다.

✓ 그 밖에도 특정 모양(해 · 달 · 별, 일기기호, 도로 표지판, 화살표, 악보, …)과 특정 색(흰색, 회색, 검은색, …) 등의 정보를 알려주고 알려준 정보가 변화했을 때 특정 지점에서의 도형을 찾을 수 있는지 추리하는 문제가 출제된다.

세부유형 ① 기호들의 규칙을 추론하는 유형

예제 **기호들이 하나의 규칙을 가지고 아래와 같이 문자나 수를 변화시킨다고 한다. 이때, (?)에 들어갈 알맞은 것을 고르면?**

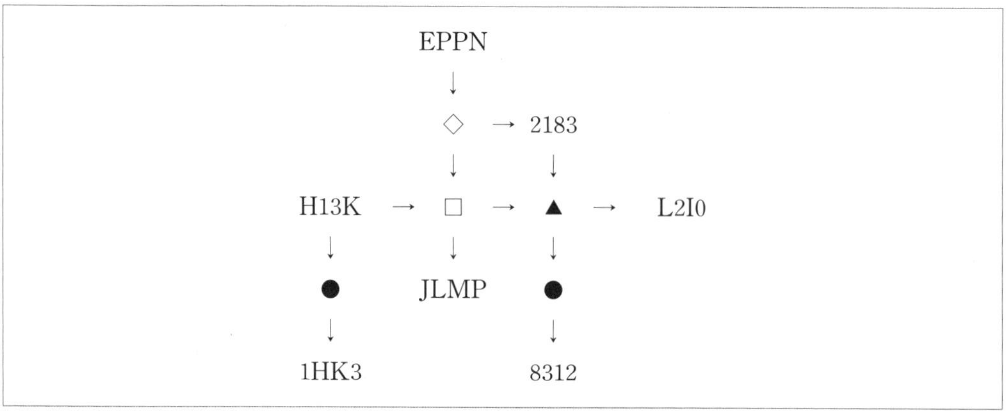

2416 → □ → 3307 → ▲ → (?)

① 7033　② 7303　③ 7330

④ 0733　⑤ 0373

| 정답풀이 | 정답 ①

문자표를 먼저 적으면 다음과 같다.

A	B	C	D	E	F	G	H	I	J	K	L	M
N	O	P	Q	R	S	T	U	V	W	X	Y	Z

도식에서 ●, ▲, □, ◇ 순으로 규칙을 파악해야 한다.

- ●: H13K → 1HK3을 통해 순서 바꾸기 규칙임을 알 수 있다. 즉, ABCD → BADC의 규칙이다.
- ▲: 8312에 ●을 역으로 적용하면 3821이므로, ▲는 2183 → 3821으로 변환하는 순서 바꾸기 규칙임을 알 수 있다. 즉, ABCD → DCAB의 규칙이다.
- □: L2I0에 ▲를 역으로 적용하면 I02L이므로, □는 H13K → I02L으로 변환하는 숫자연산 규칙임을 알 수 있다. 즉, (+1, −1, −1, +1)의 규칙이다.
- ◇: JLMP에 □을 역으로 적용하면 IMNO이므로, ◇은 EPPN → IMNO으로 변환하는 숫자연산 규칙임을 알 수 있다. 즉, (+4, −3, −2, +1)의 규칙이다.

이를 정리하면 다음과 같다.

기호	●	▲	□	◇
규칙	ABCD → BADC	ABCD → DCAB	(+1, −1, −1, +1)	(+4, −3, −2, +1)

따라서 2416 → □ → 3307 → ▲ → 7033이다.

세부유형 ② 해 · 달 · 별 모양

예제 **다음 도형은 3×3 형태로 이루어져 있으며, 해당 도형은 아래와 같은 [조건]이 적용된다. 주어진 [보기]의 도형이 [조건]과 [규칙]을 바탕으로 도식에 따라 변할 때, (?)에 최종적으로 해당하는 도형을 고르면?** (단, 도형은 사각형 내 모양과 모양 색, 배경색 모두 포함한다.)

조건

1. 도형은 해 · 달 · 별의 세 가지 모양과 흰색 · 회색 · 검은색의 세 가지 색으로 이루어져 있다.
2. 가로를 행, 세로를 열이라 하며, X · Y · Z의 행과 열로 구성되어 있다.
3. [비교규칙]에 해당하는 3개의 칸 내 도형끼리 비교할 때 ① 해 · 달 · 별 모양, ② 모양 색, ③ 배경색의 세 가지 비교의 경우가 존재한다.
4. 점수 N은 세 가지 방법으로 획득할 수 있으며, ①, ②, ③ 각각의 방법에서 3개의 칸 내 도형이 모두 같거나 모두 다르면 1점이 추가되고, 이외의 경우는 0점이 부여된다.

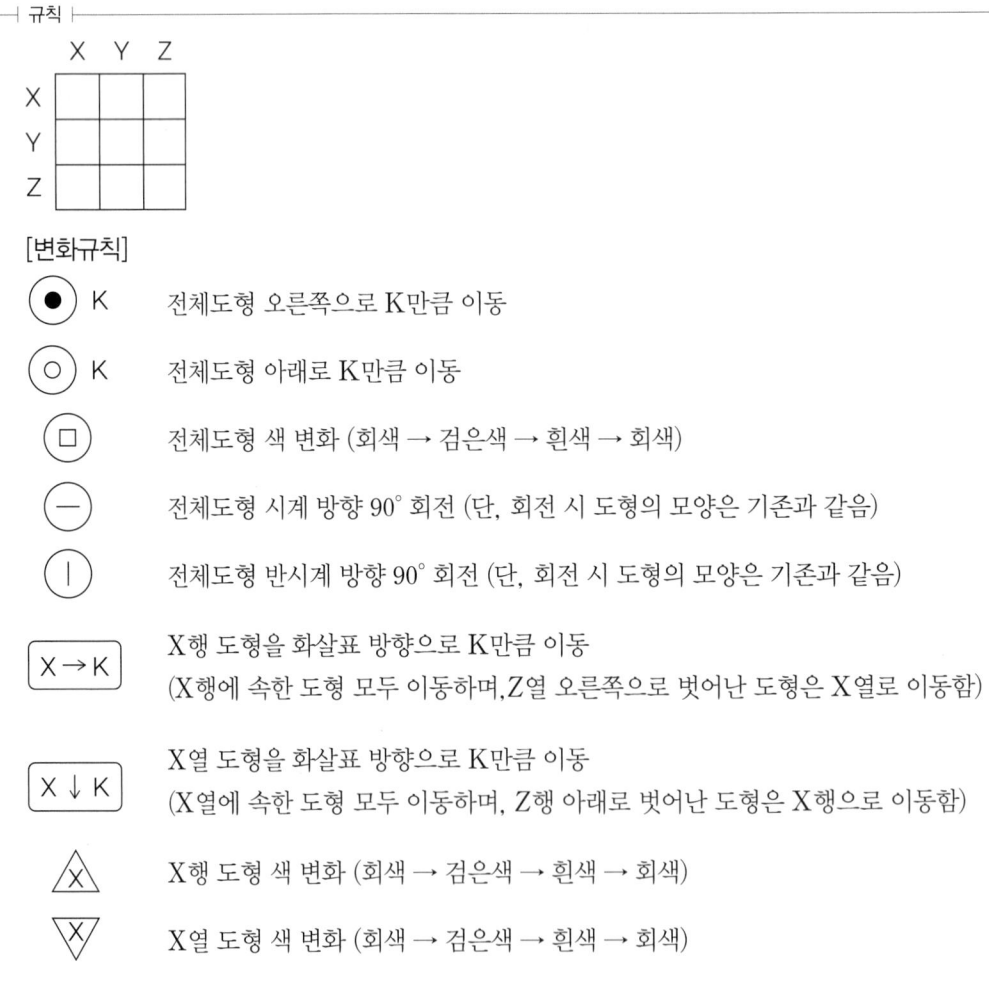

규칙

	X	Y	Z
X			
Y			
Z			

[변화규칙]

 K 전체도형 오른쪽으로 K만큼 이동

 K 전체도형 아래로 K만큼 이동

 전체도형 색 변화 (회색 → 검은색 → 흰색 → 회색)

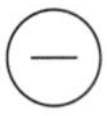 전체도형 시계 방향 90° 회전 (단, 회전 시 도형의 모양은 기존과 같음)

 전체도형 반시계 방향 90° 회전 (단, 회전 시 도형의 모양은 기존과 같음)

X → K X행 도형을 화살표 방향으로 K만큼 이동
(X행에 속한 도형 모두 이동하며,Z열 오른쪽으로 벗어난 도형은 X열로 이동함)

X ↓ K X열 도형을 화살표 방향으로 K만큼 이동
(X열에 속한 도형 모두 이동하며, Z행 아래로 벗어난 도형은 X행으로 이동함)

X행 도형 색 변화 (회색 → 검은색 → 흰색 → 회색)

X열 도형 색 변화 (회색 → 검은색 → 흰색 → 회색)

[비교규칙]

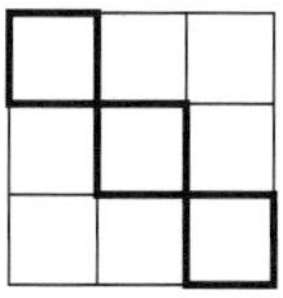

표시된 칸의 도형을 기준으로 점수 비교

보기

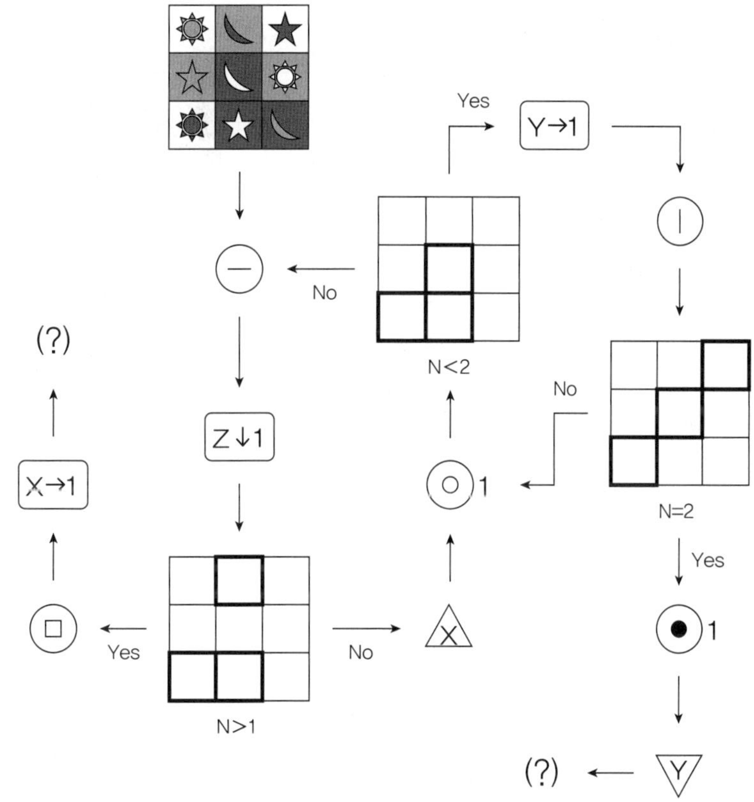

① 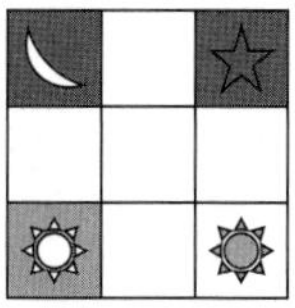

② 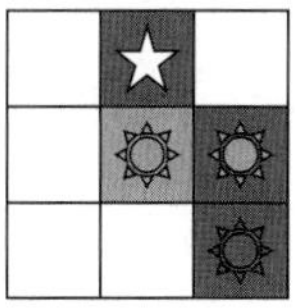

③ 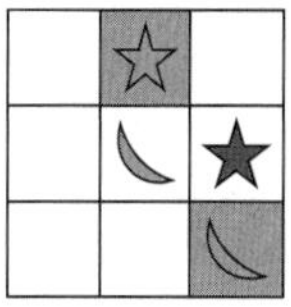

④ 

⑤ 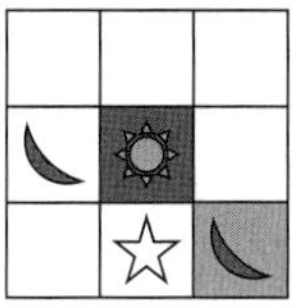

| 정답풀이 | 정답 ①

다음과 같은 과정을 거친다.

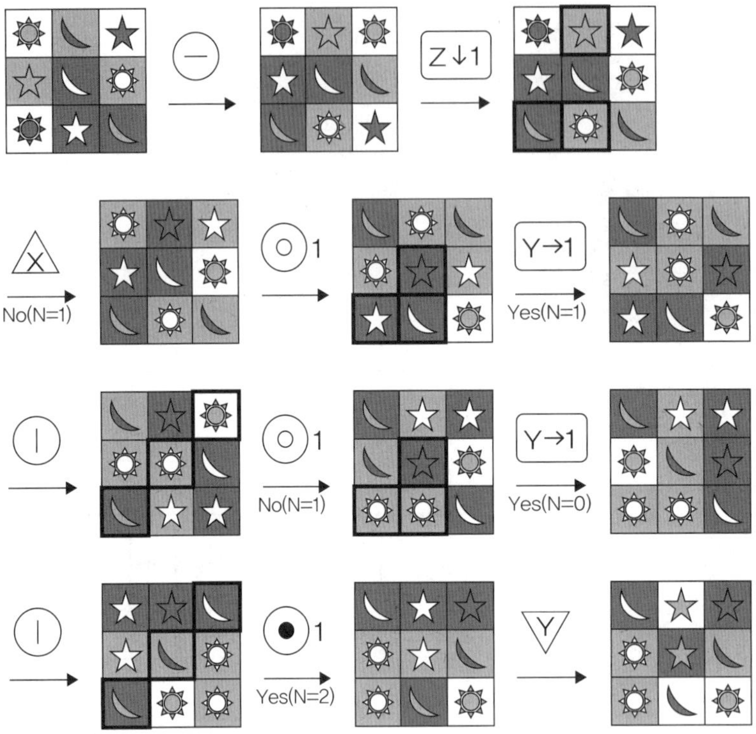

세부유형 ③ 도로 표지판

예제 **다음 도형은 아래의 [조건]에서와 같이 도로 시작점을 기준으로 차선을 따라 이동하면서, 교차로 [규칙]에 따라 변화하면서 이동한다. 주어진 [보기]의 도형이 [조건]과 [규칙]을 바탕으로 도로를 이동할 때, 목적지 A와 B에 알맞은 모양을 고르면?** (단, 왼쪽 도로표지판과 오른쪽 도로표지판은 동일하다.)

조건

1. 도형은 출발점을 기준으로 해당 차선을 따라 이동한다.
2. 각 도형이 같은 차선에서 서로 반대 방향으로 온다면, 부딪치지 않고 각 도형의 방향대로 지나가면서 이동한다.
3. 도형은 차선을 따라 이동해 해당 목적지에 도착하게 되면, 더 이상 움직일 수 없다. 또한 도형은 도로에서 벗어난 순간 이동했던 도로로 다시 돌아올 수 없다.
4. 각각 다른 출발점에서 시작한 도형들의 목적지가 같을 경우, 먼저 도착한 도형부터 순차적으로 축적된다.(최종 목적지가 같은 목적지에 같은 차선일 경우, 도형이 밀리면서 다음 도형이 쌓이게 된다.)

규칙

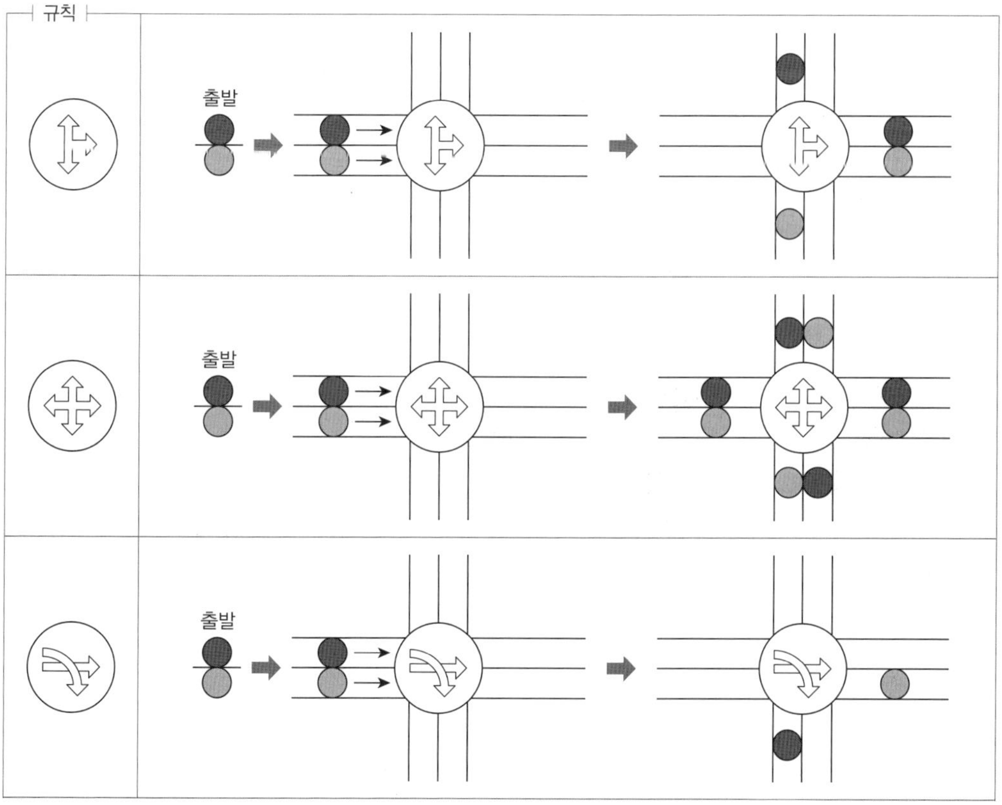

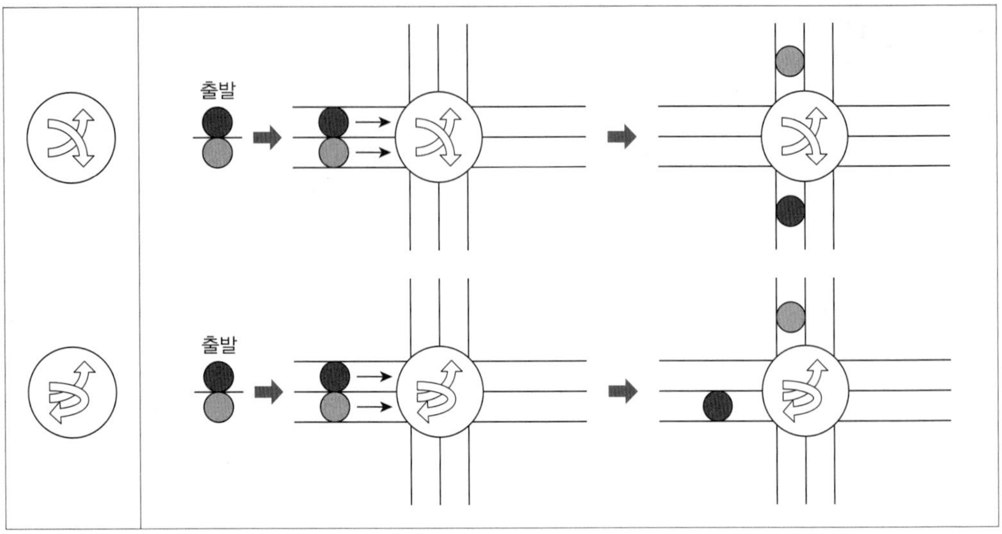

보기

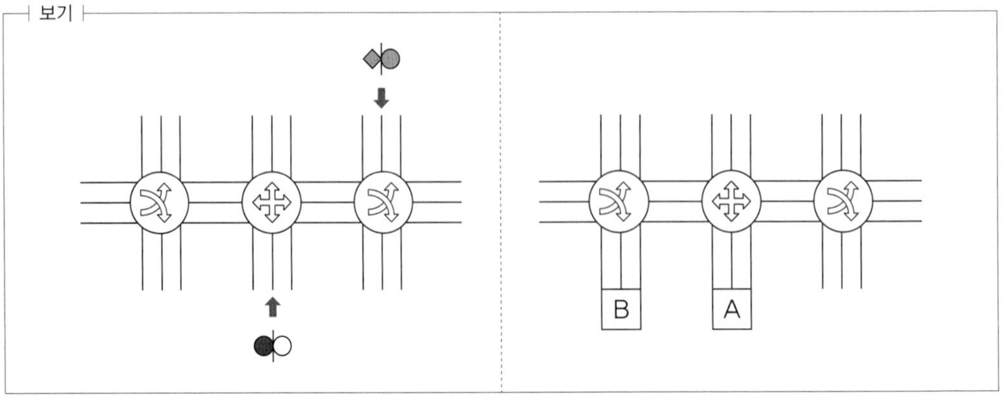

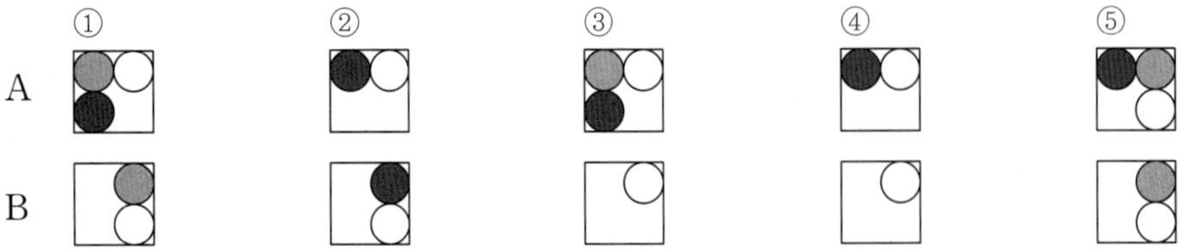

| 정답풀이 |

정답 ①

다음과 같이 변화한다.

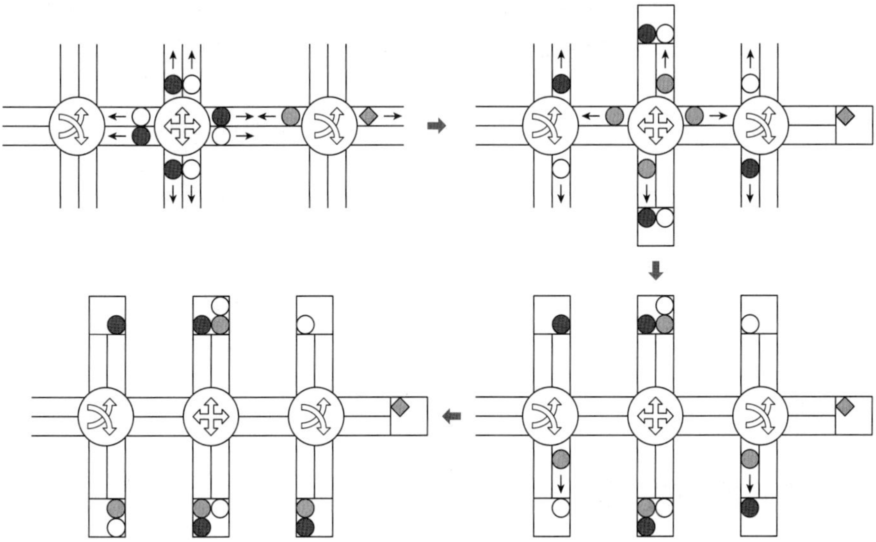

세부유형 ④ 일기기호

예제 모든 일기기호는 운량과 풍속, 풍향으로 구성되어 있고, 다음 [조건]에 따라 일기기호가 변화한다. 주어진 일기기호가 다음 [보기]와 같이 변할 때, (?)에 들어갈 알맞은 모양을 고르면?

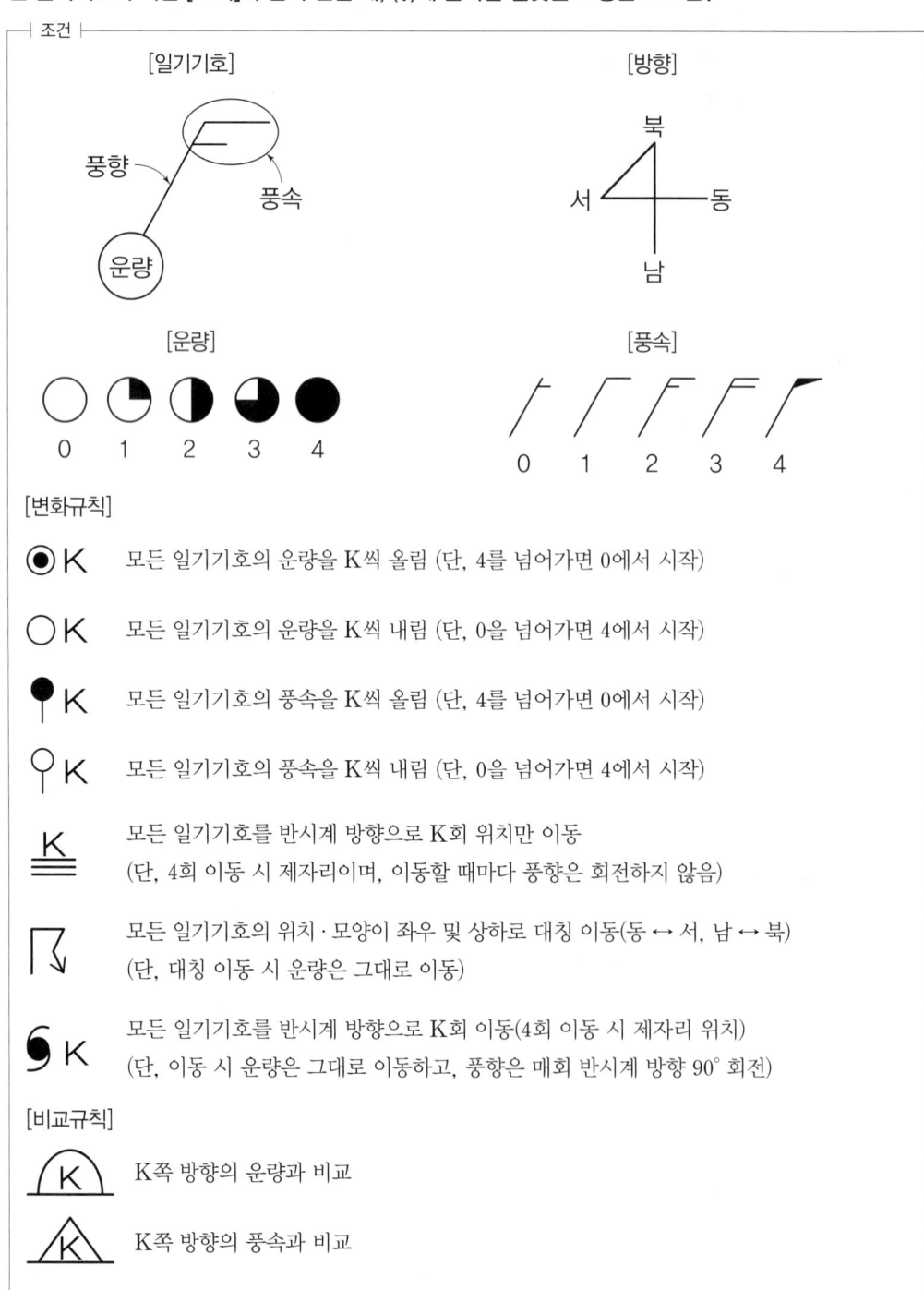

조건

[일기기호]

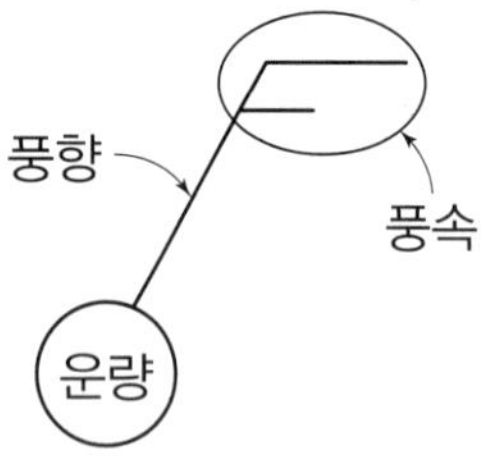

[방향]

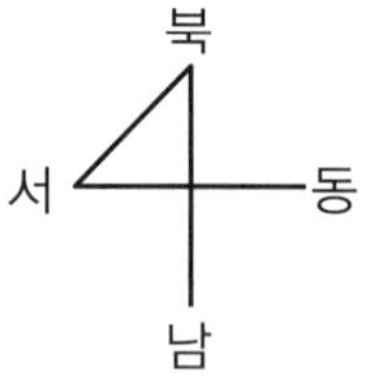

[운량]

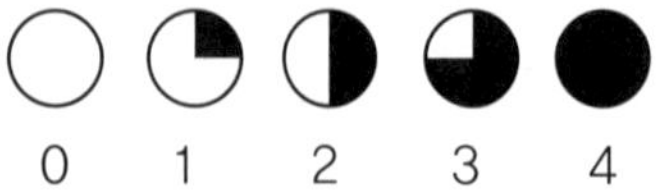

[풍속]

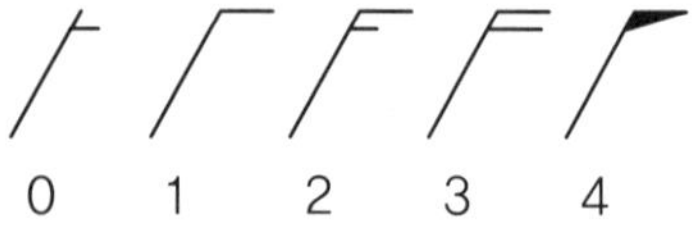

[변화규칙]

 모든 일기기호의 운량을 K씩 올림 (단, 4를 넘어가면 0에서 시작)

 모든 일기기호의 운량을 K씩 내림 (단, 0을 넘어가면 4에서 시작)

 모든 일기기호의 풍속을 K씩 올림 (단, 4를 넘어가면 0에서 시작)

 모든 일기기호의 풍속을 K씩 내림 (단, 0을 넘어가면 4에서 시작)

 모든 일기기호를 반시계 방향으로 K회 위치만 이동
(단, 4회 이동 시 제자리이며, 이동할 때마다 풍향은 회전하지 않음)

 모든 일기기호의 위치 · 모양이 좌우 및 상하로 대칭 이동(동 ↔ 서, 남 ↔ 북)
(단, 대칭 이동 시 운량은 그대로 이동)

 모든 일기기호를 반시계 방향으로 K회 이동(4회 이동 시 제자리 위치)
(단, 이동 시 운량은 그대로 이동하고, 풍향은 매회 반시계 방향 90° 회전)

[비교규칙]

 K쪽 방향의 운량과 비교

 K쪽 방향의 풍속과 비교

보기

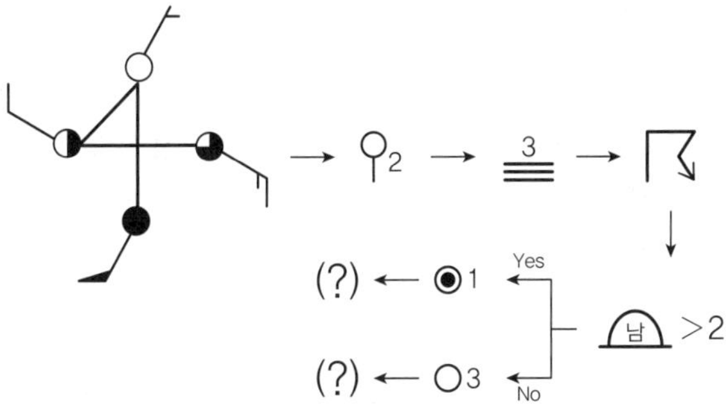

① 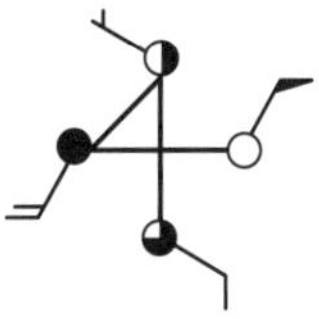

② 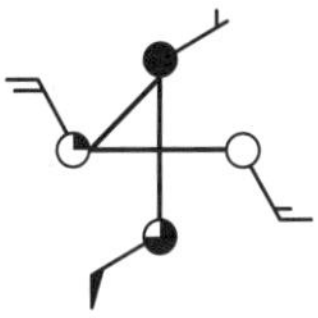

③ 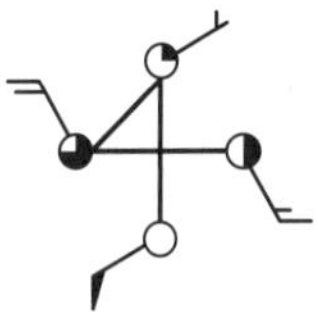

④ 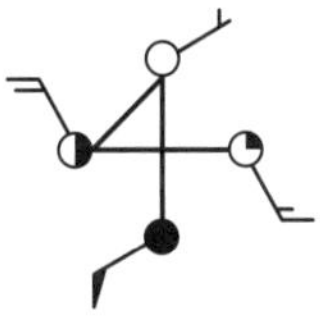

⑤ 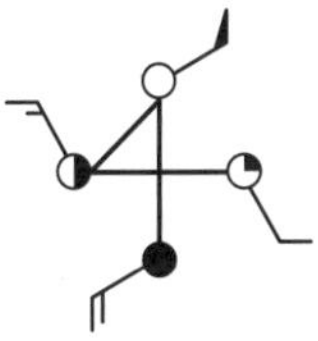

| 정답풀이 | 정답 ④

다음과 같은 과정을 거친다.

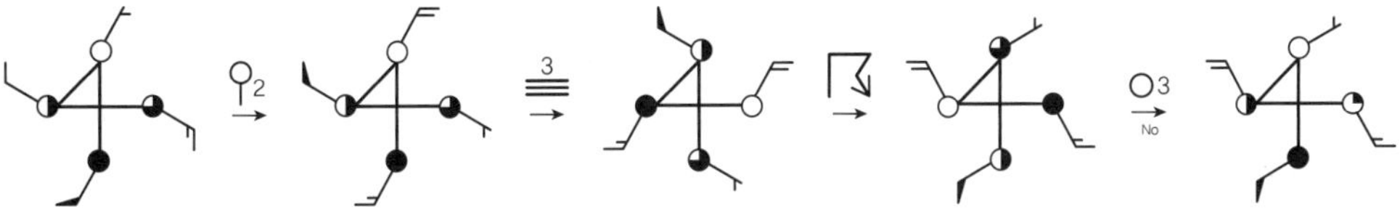

세부유형 ⑤ 화살표 모형

예제 퍼즐 안의 도형은 다음 [조건]에 따라 도형의 위치 · 모양과 도형 색 · 배경 색이 변화한다. 가장 왼쪽 위의 위치를 (1, 1)이라 하고 a행, b열을 (a, b)라 하자. 주어진 도형이 [보기]의 순서로 진행하여 변화할 때, X, Y에 들어갈 알맞은 도형을 고르면? (단, 해당 규칙은 처음 지정된 도형을 기준으로 다음 도형이 지정되기 전까지 계속해서 적용되며, 모든 규칙에 의한 변화는 두 도형의 상호 작용으로 이루어진다.)

조건

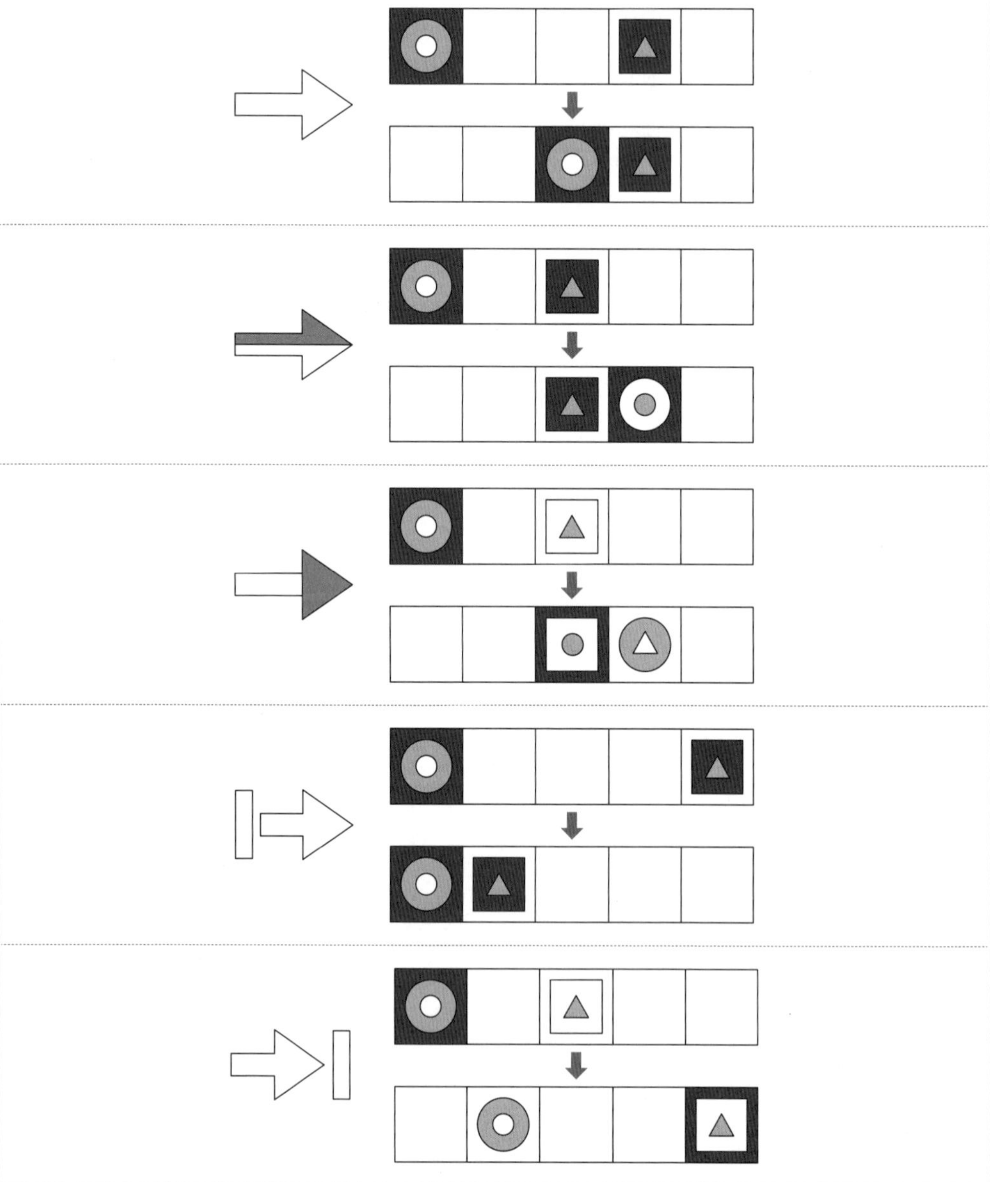

보기

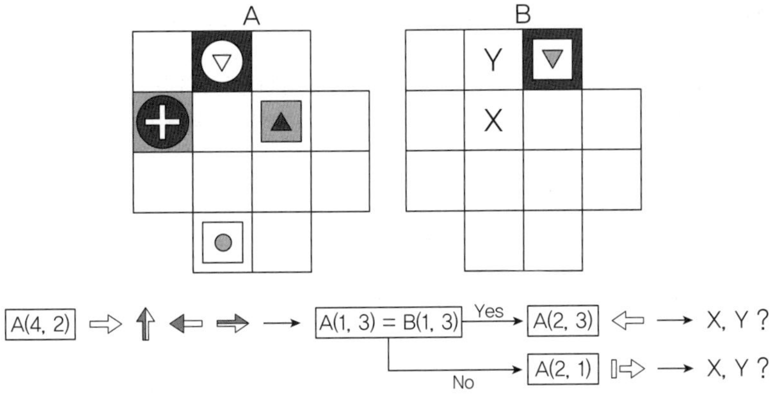

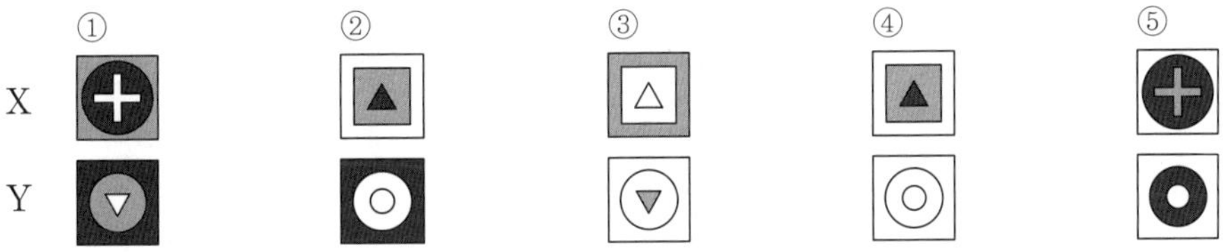

| 정답풀이 | 정답 ④

주어진 [조건]의 화살표 규칙은 다음과 같다.

⇨: 끝까지 이동

➡: 일직선상에 있는 도형을 뛰어넘으면서 움직이는 도형의 내부·외부 색 교환

⇨▶: 일직선상에 있는 도형을 뛰어넘으면서 움직이는 도형의 내부 도형과 고정 도형의 내부 도형 모양 교환 & 도형 외부의 배경 색 교환

▯⇨: 일직선상의 도형을 끌어 당김

⇨▯: 움직이는 도형이 고정 도형을 밀치면서 도형 외부의 배경 색 교환

이러한 화살표 규칙을 통해 다음과 같은 과정을 거친다.

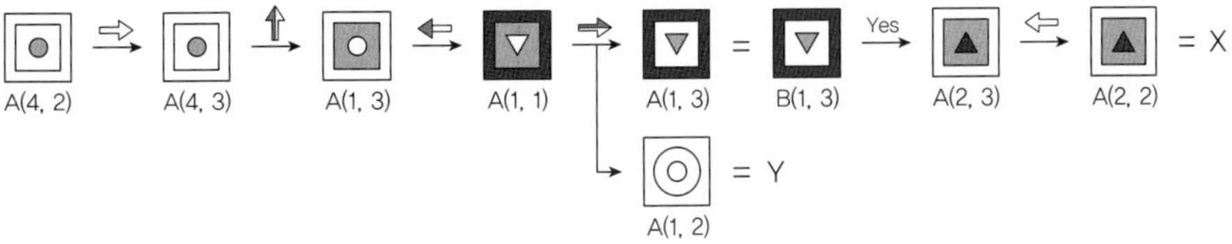

세부유형 ⑥ 악보 모형

예제 모든 음표는 계이름과 박자로 구성되어 있고 다음 [조건]에 따라 계이름과 박자가 변화한다. 주어진 음표가 다음 [보기]와 같이 변할 때, (?)에 들어갈 알맞은 모양을 고르면?

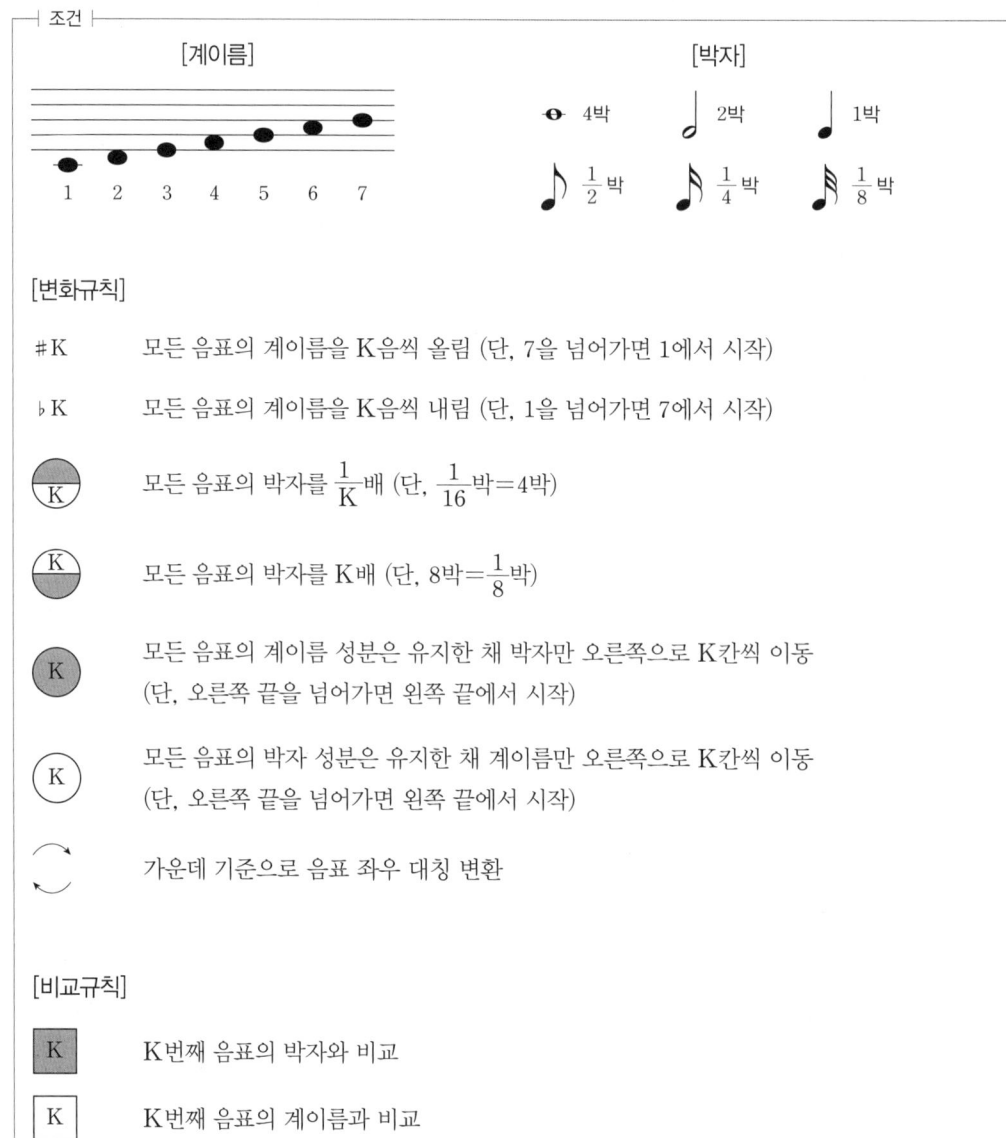

조건

[계이름]

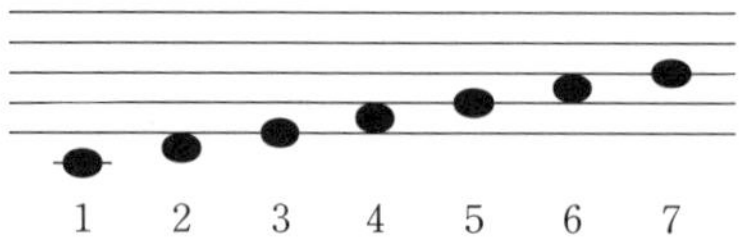

[박자]

[변화규칙]

♯K 모든 음표의 계이름을 K음씩 올림 (단, 7을 넘어가면 1에서 시작)

♭K 모든 음표의 계이름을 K음씩 내림 (단, 1을 넘어가면 7에서 시작)

모든 음표의 박자를 $\frac{1}{K}$배 (단, $\frac{1}{16}$박=4박)

모든 음표의 박자를 K배 (단, 8박=$\frac{1}{8}$박)

모든 음표의 계이름 성분은 유지한 채 박자만 오른쪽으로 K칸씩 이동
(단, 오른쪽 끝을 넘어가면 왼쪽 끝에서 시작)

모든 음표의 박자 성분은 유지한 채 계이름만 오른쪽으로 K칸씩 이동
(단, 오른쪽 끝을 넘어가면 왼쪽 끝에서 시작)

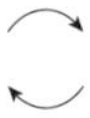
가운데 기준으로 음표 좌우 대칭 변환

[비교규칙]

K번째 음표의 박자와 비교

K번째 음표의 계이름과 비교

보기

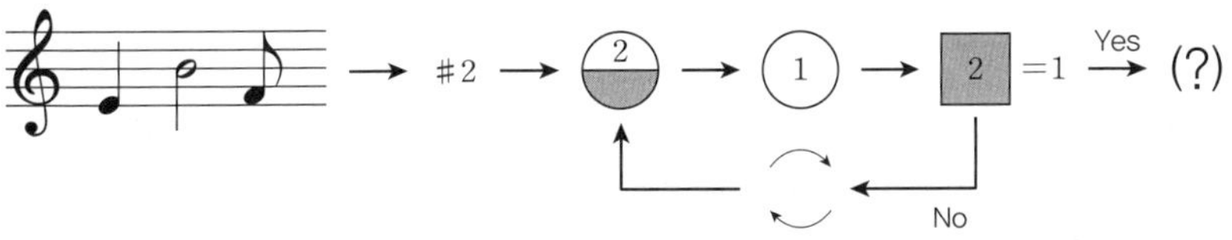

① 

② 

③ 

④ 

⑤ 

| 정답풀이 |

정답 ①

다음과 같은 과정을 거친다.

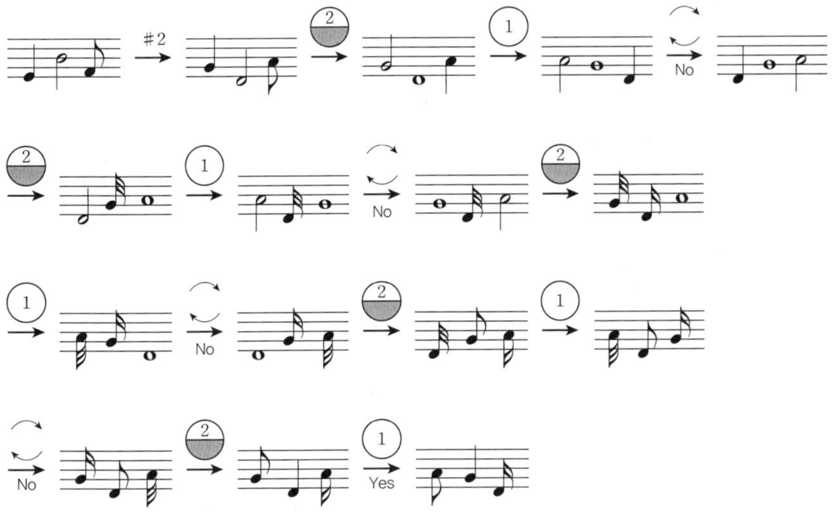

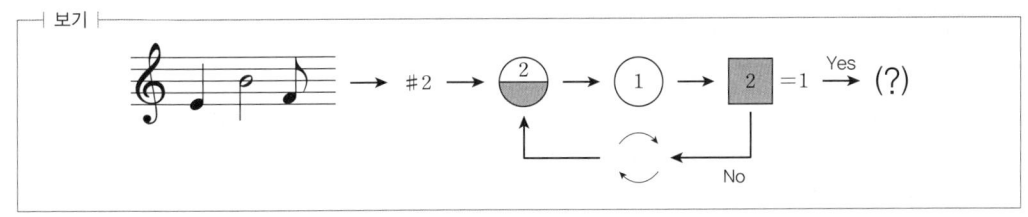

예제 **다음 도형은 4×4 형태로 이루어져 있으며, [조건]의 규칙을 바탕으로 변화한다. 주어진 [보기]의 도형이 [조건]을 바탕으로 도식에 따라 변화할 때, (?)에 들어갈 알맞은 도형을 고르면?** (단, 내부 도형은 사각형 내 모양과 배경색 모두를 포함하며, 2×2 도형은 Ⅰ, Ⅱ, Ⅲ, Ⅳ가 가리키는 도형이다.)

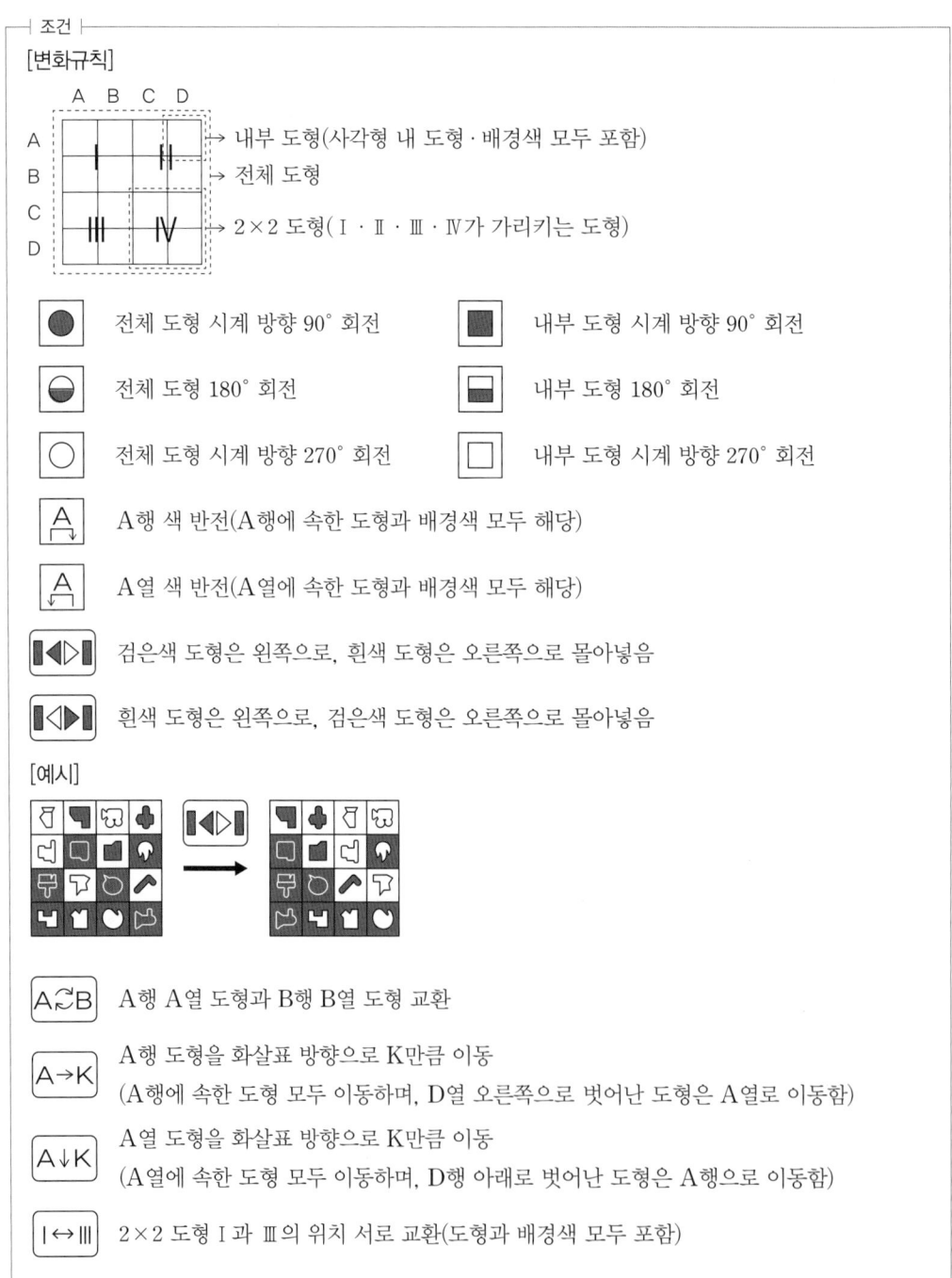

조건

[변화규칙]

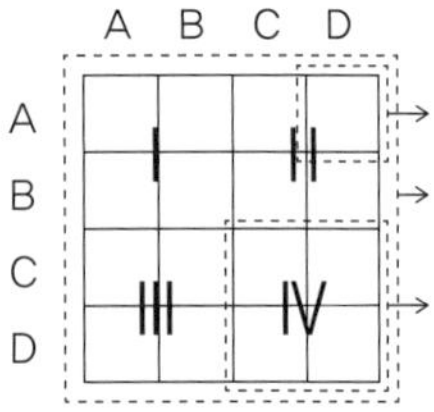

 전체 도형 시계 방향 90° 회전

 내부 도형 시계 방향 90° 회전

 전체 도형 180° 회전

 내부 도형 180° 회전

 전체 도형 시계 방향 270° 회전

 내부 도형 시계 방향 270° 회전

 A행 색 반전(A행에 속한 도형과 배경색 모두 해당)

 A열 색 반전(A열에 속한 도형과 배경색 모두 해당)

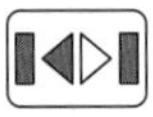 검은색 도형은 왼쪽으로, 흰색 도형은 오른쪽으로 몰아넣음

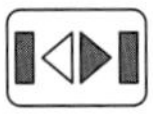 흰색 도형은 왼쪽으로, 검은색 도형은 오른쪽으로 몰아넣음

[예시]

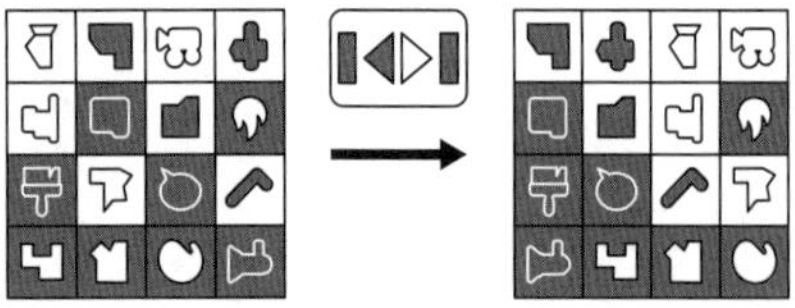

A⇄B A행 A열 도형과 B행 B열 도형 교환

A→K A행 도형을 화살표 방향으로 K만큼 이동
(A행에 속한 도형 모두 이동하며, D열 오른쪽으로 벗어난 도형은 A열로 이동함)

A↓K A열 도형을 화살표 방향으로 K만큼 이동
(A열에 속한 도형 모두 이동하며, D행 아래로 벗어난 도형은 A행으로 이동함)

Ⅰ↔Ⅲ 2×2 도형 Ⅰ과 Ⅲ의 위치 서로 교환(도형과 배경색 모두 포함)

[비교규칙]

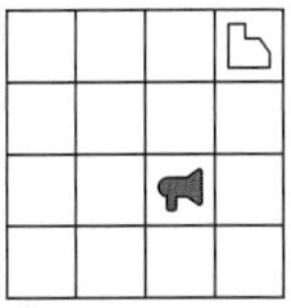

변환된 도형과 표시된 위치의 도형 모양 및 색이 일치하면 Yes, 일치하지 않으면 No(배경색은 관계 없음)

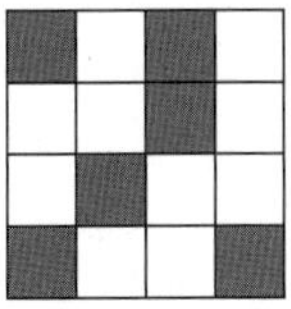

변환된 도형과 배경색이 일치하면 Yes, 일치하지 않으면 No

보기

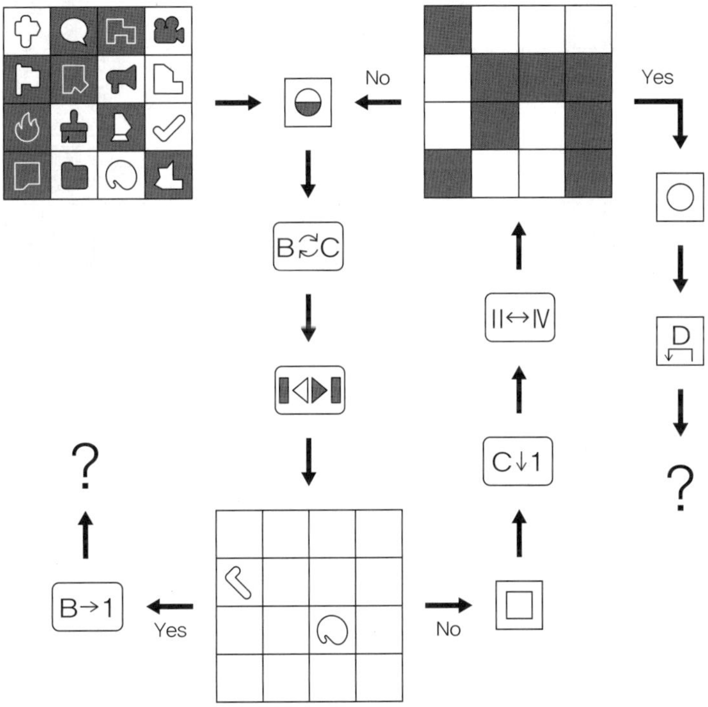

①

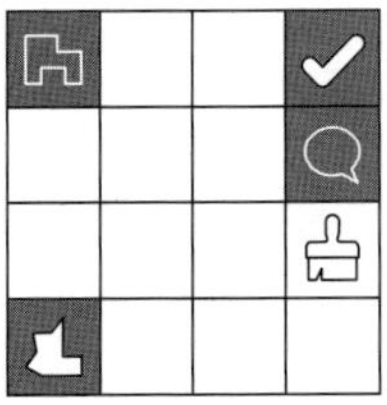

②

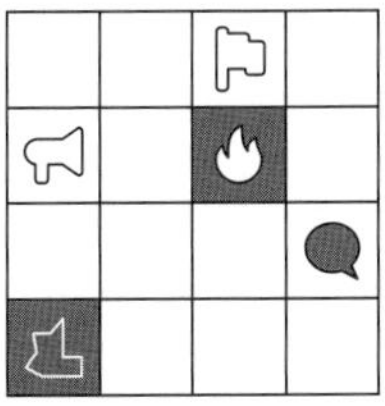

③

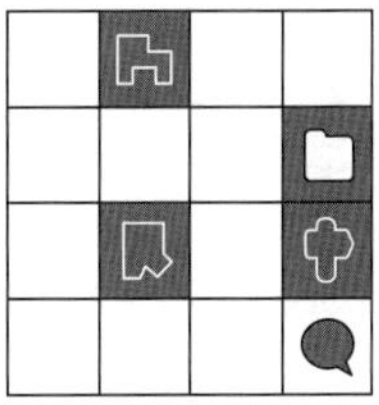

④

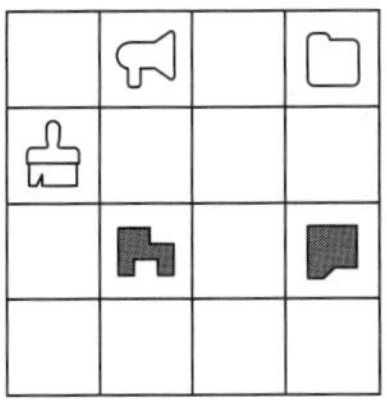

⑤

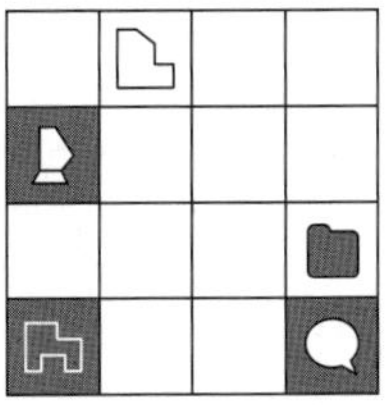

| 정답풀이 | 정답 ③

다음과 같은 과정을 거친다.

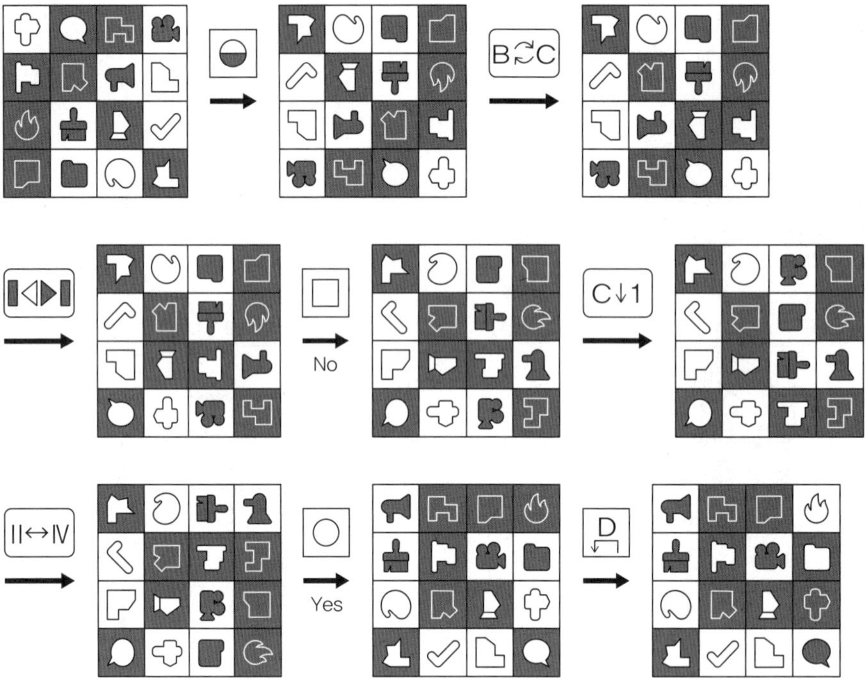

유형 | 5

도식추리

연습 문제

정답과 해설 P.48

[01~02] 기호들이 하나의 규칙을 가지고 아래와 같이 문자나 숫자를 변화시킨다고 한다. 이때 (?)에 들어갈 알맞은 것을 고르시오. (단, 가로와 세로 중 한 방향으로만 이동한다.)

		TCPY				
		↓				
BXFJ	→	○	→	★	→	IXFA
		↓				↓
		▽				▽
		↓				↓
		PYCT				FIXA

01

6EM2 → ▽ → ○ → (?)

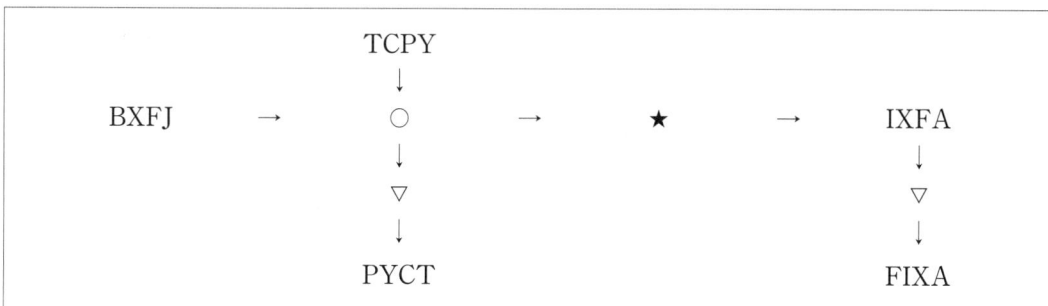

① M2E6　② 26EM　③ 1EM5
④ M5E1　⑤ M6E2

02

N3R9 → ▽ → ★ → ○ → (?)

① QN38　② 9N3R　③ R93N
④ 8N3Q　⑤ 8M3R

[03~04] 기호들이 하나의 규칙을 가지고 아래와 같이 문자나 숫자를 변화시킨다고 한다. 이때 (?)에 들어갈 알맞은 것을 고르시오. (단, 가로와 세로 중 한 방향으로만 이동한다.)

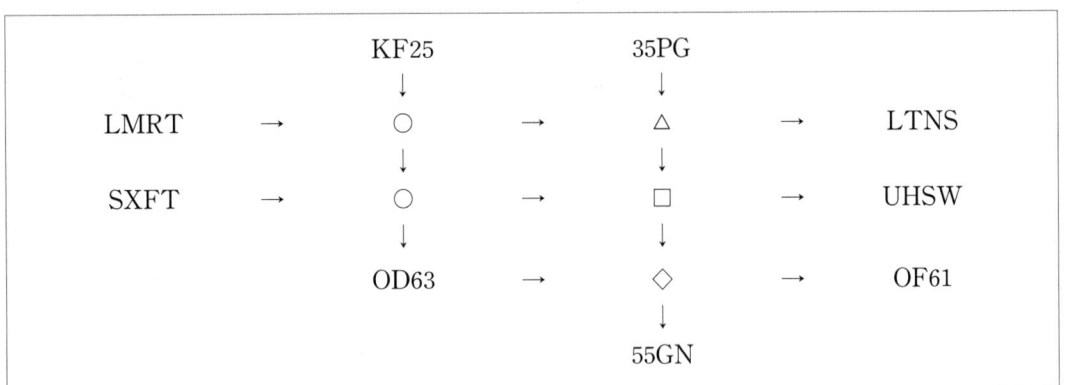

		KF25		35PG		
		↓		↓		
LMRT	→	○	→	△	→	LTNS
		↓		↓		
SXFT	→	○	→	□	→	UHSW
		↓		↓		
		OD63	→	◇	→	OF61
				↓		
				55GN		

03

SUEF → □ → △ → (?)

① EFSU ② UCIF ③ EMND
④ LAOE ⑤ SUFE

04

(?) → □ → ◇ → 6MV3

① 5KV6 ② 65KV ③ 6K5V
④ 6KV5 ⑤ KV56

[05~06] 다음 도형은 3×3 형태로 이루어져 있으며, 해당 도형은 아래와 같은 [조건]이 적용된다. 주어진 도형이 [조건]과 [규칙]을 바탕으로 도식에 따라 변할 때, 이어지는 질문에 답하시오. (단, 도형은 사각형 내 모양과 모양 색, 배경색 모두 포함한다.)

조건

1. 도형은 해 · 달 · 별의 세 가지 모양과 흰색 · 회색 · 검은색의 세 가지 색으로 이루어져 있다.
2. 가로를 행, 세로를 열이라 하며, X · Y · Z의 행과 열로 구성되어 있다.
3. [비교규칙]에 해당하는 3개의 칸 내 도형끼리 비교할 때, ① 해 · 달 · 별 모양, ② 모양 색, ③ 배경색의 세 가지 비교의 경우가 존재한다.
4. 점수 N은 세 가지 방법으로 획득할 수 있으며, ①, ②, ③ 각각의 방법에서 3개의 칸 내 도형이 모두 같거나 모두 다르면 1점이 추가되고, 이외의 경우는 0점이 부여된다.

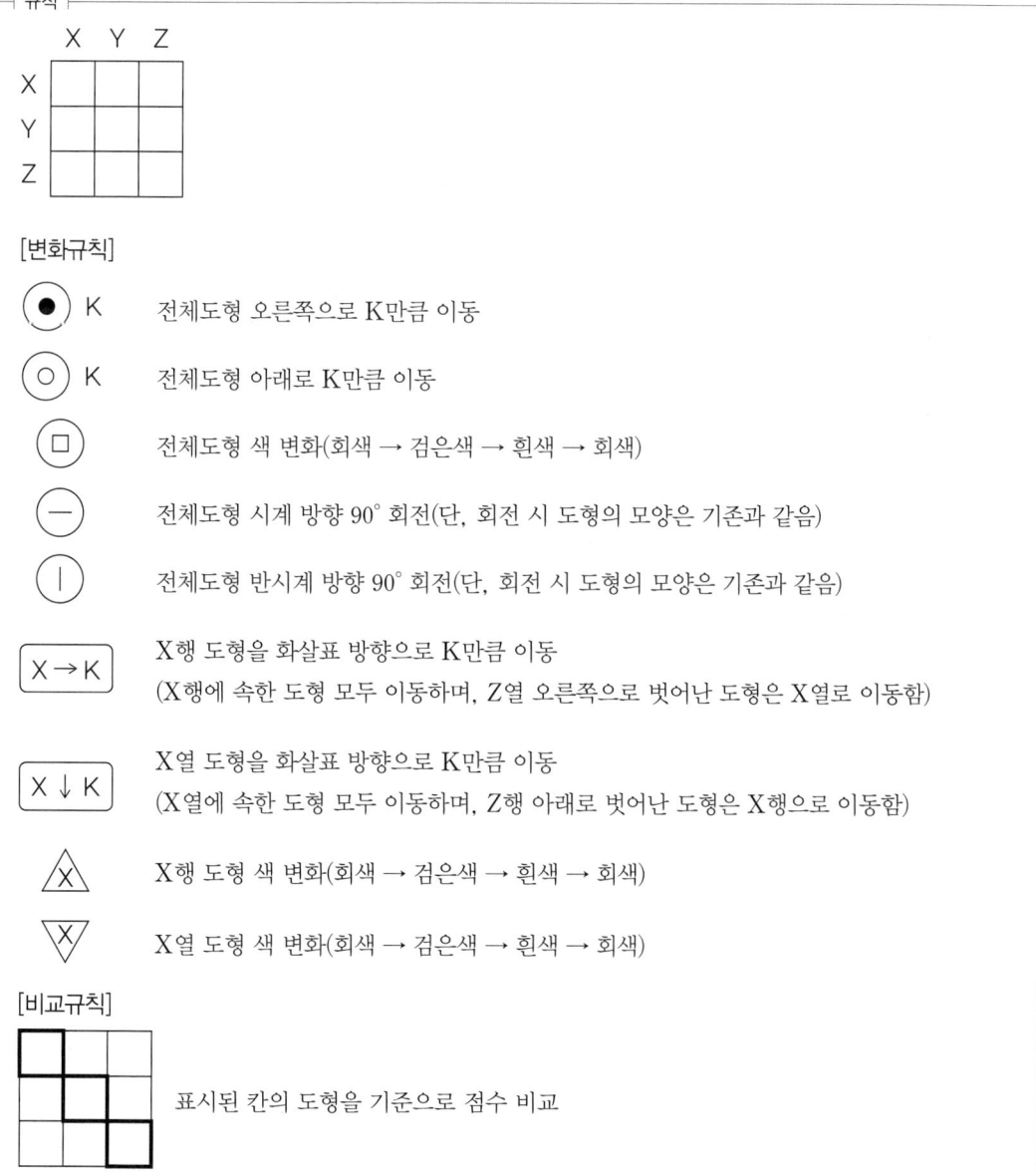

규칙

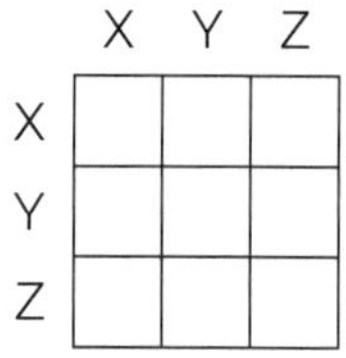

[변화규칙]

 전체도형 오른쪽으로 K만큼 이동

 전체도형 아래로 K만큼 이동

 전체도형 색 변화(회색 → 검은색 → 흰색 → 회색)

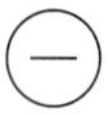 전체도형 시계 방향 90° 회전(단, 회전 시 도형의 모양은 기존과 같음)

 전체도형 반시계 방향 90° 회전(단, 회전 시 도형의 모양은 기존과 같음)

X→K X행 도형을 화살표 방향으로 K만큼 이동
(X행에 속한 도형 모두 이동하며, Z열 오른쪽으로 벗어난 도형은 X열로 이동함)

X↓K X열 도형을 화살표 방향으로 K만큼 이동
(X열에 속한 도형 모두 이동하며, Z행 아래로 벗어난 도형은 X행으로 이동함)

 X행 도형 색 변화(회색 → 검은색 → 흰색 → 회색)

 X열 도형 색 변화(회색 → 검은색 → 흰색 → 회색)

[비교규칙]

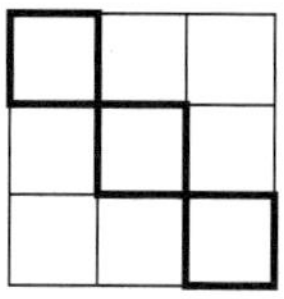 표시된 칸의 도형을 기준으로 점수 비교

05 주어진 [보기]의 도형이 [조건]과 [규칙]을 바탕으로 도식에 따라 변할 때, (?)에 최종적으로 해당하는 도형을 고르면?

보기

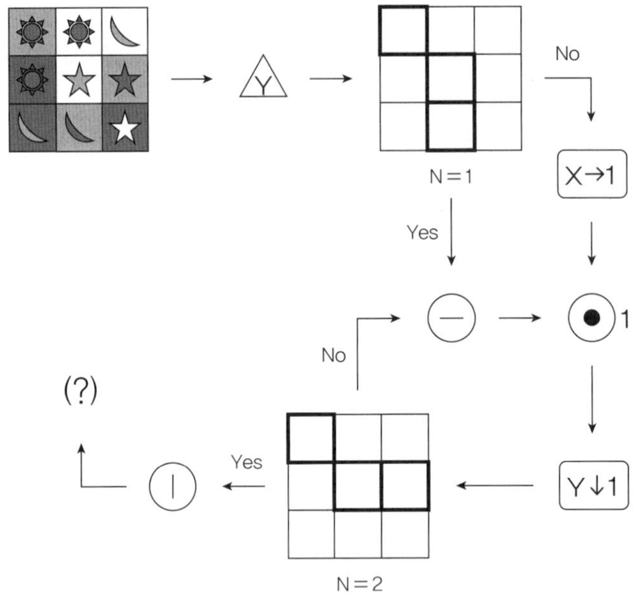

①
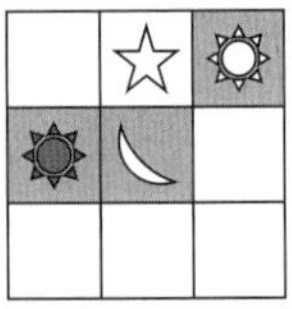

②
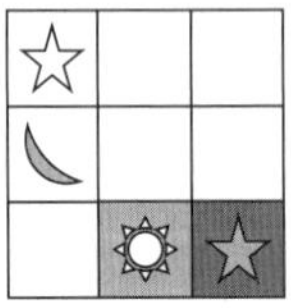

③
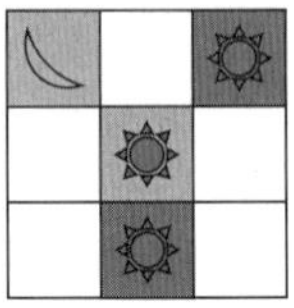

④

⑤

06 주어진 [보기]의 도형이 [조건]과 [규칙]을 바탕으로 도식에 따라 변할 때, (?)에 최종적으로 해당하는 도형을 고르면?

보기

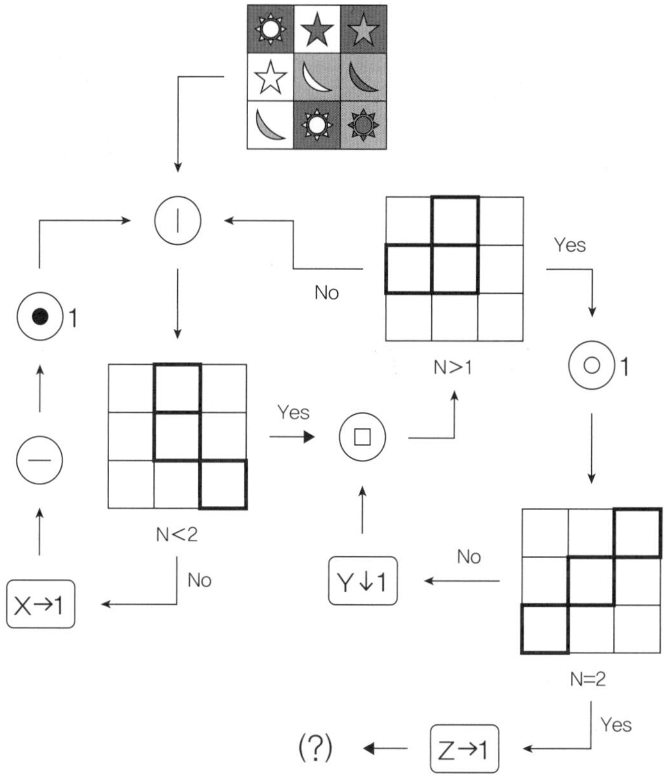

① 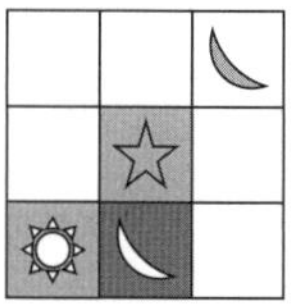

② 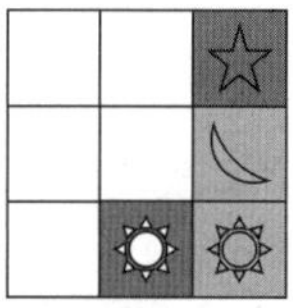

③ 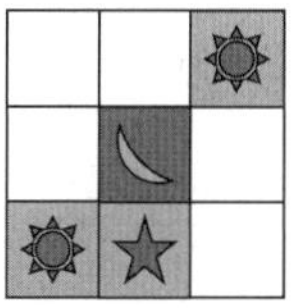

④ 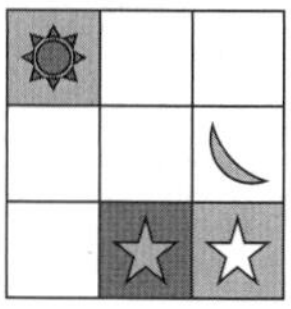

⑤ 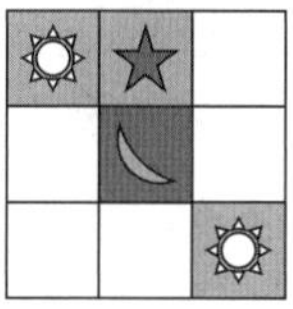

07 모든 일기기호는 운량과 풍속, 풍향으로 구성되어 있고, 다음 [조건]에 따라 일기기호가 변화한다. 주어진 일기기호가 다음 [보기]와 같이 변할 때, (?)에 들어갈 알맞은 모양을 고르면?

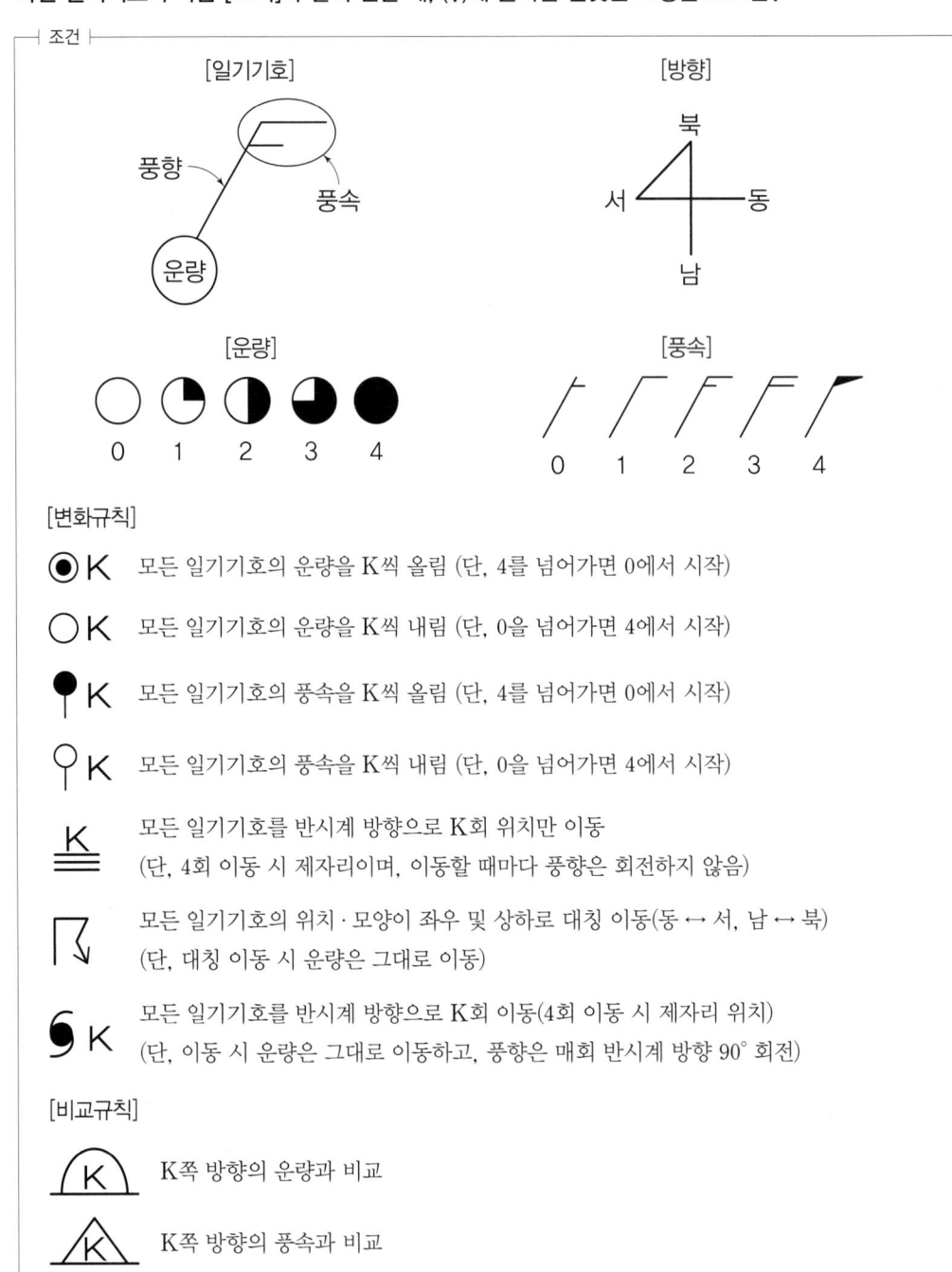

조건

[일기기호]

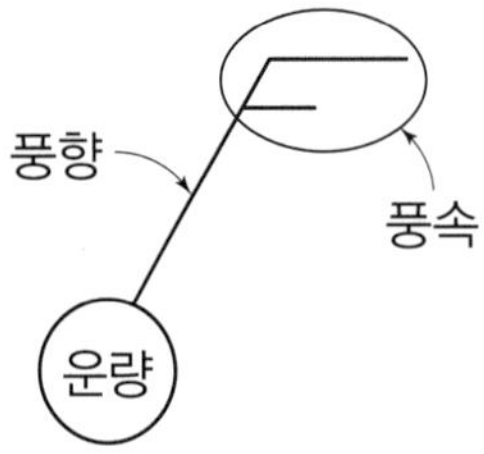

[방향]

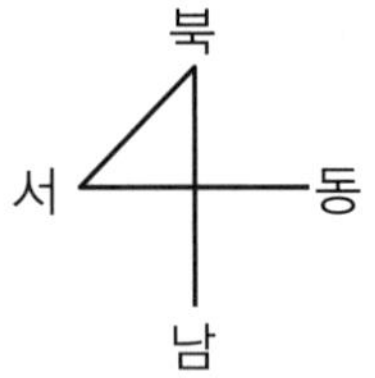

[운량]

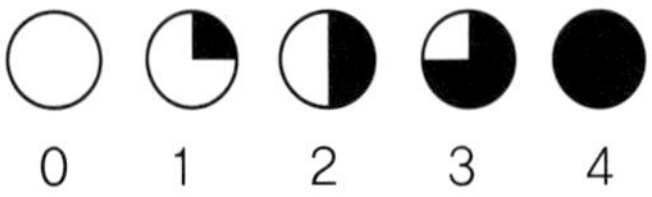

[풍속]

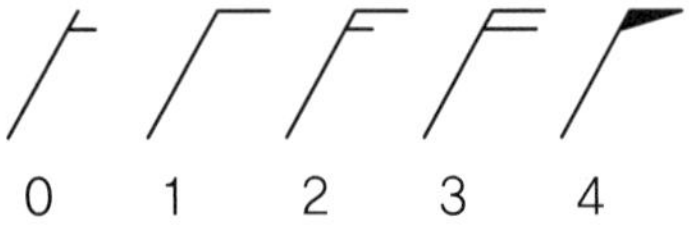

[변화규칙]

모든 일기기호의 운량을 K씩 올림 (단, 4를 넘어가면 0에서 시작)

모든 일기기호의 운량을 K씩 내림 (단, 0을 넘어가면 4에서 시작)

모든 일기기호의 풍속을 K씩 올림 (단, 4를 넘어가면 0에서 시작)

모든 일기기호의 풍속을 K씩 내림 (단, 0을 넘어가면 4에서 시작)

모든 일기기호를 반시계 방향으로 K회 위치만 이동
(단, 4회 이동 시 제자리이며, 이동할 때마다 풍향은 회전하지 않음)

모든 일기기호의 위치 · 모양이 좌우 및 상하로 대칭 이동(동 ↔ 서, 남 ↔ 북)
(단, 대칭 이동 시 운량은 그대로 이동)

모든 일기기호를 반시계 방향으로 K회 이동(4회 이동 시 제자리 위치)
(단, 이동 시 운량은 그대로 이동하고, 풍향은 매회 반시계 방향 90° 회전)

[비교규칙]

K쪽 방향의 운량과 비교

K쪽 방향의 풍속과 비교

보기

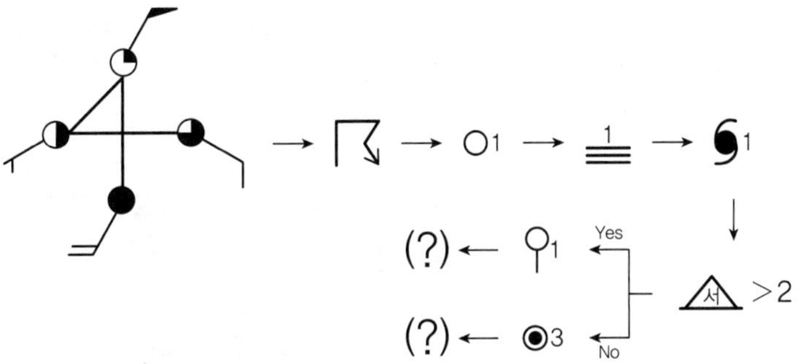

① 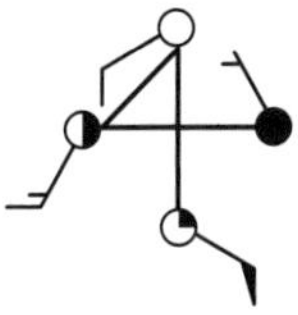

② 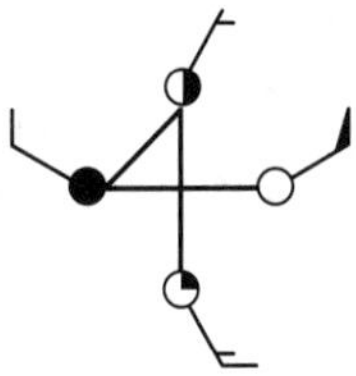

③ 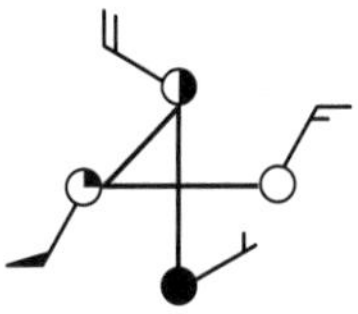

④ 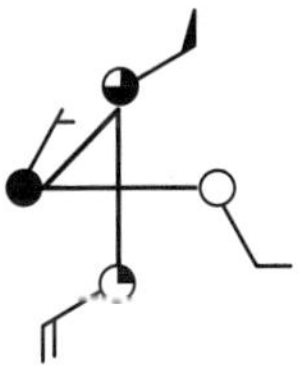

⑤ 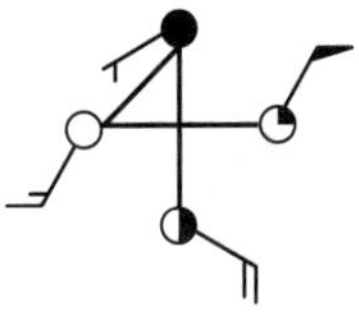

08 **퍼즐 안의 도형은 다음 [조건]에 따라 도형의 위치 · 모양과 도형 색 · 배경 색이 변화한다. 가장 왼쪽 위의 위치를 (1, 1)이라 하고 a행, b열을 (a, b)라 하자. 주어진 도형이 [보기]의 순서로 진행하여 변화할 때, X, Y에 들어갈 알맞은 도형을 고르면?** (단, 해당 규칙은 처음 지정된 도형을 기준으로 다음 도형이 지정되기 전까지 계속해서 적용되며, 모든 규칙에 의한 변화는 두 도형의 상호 작용으로 이루어진다.)

조건

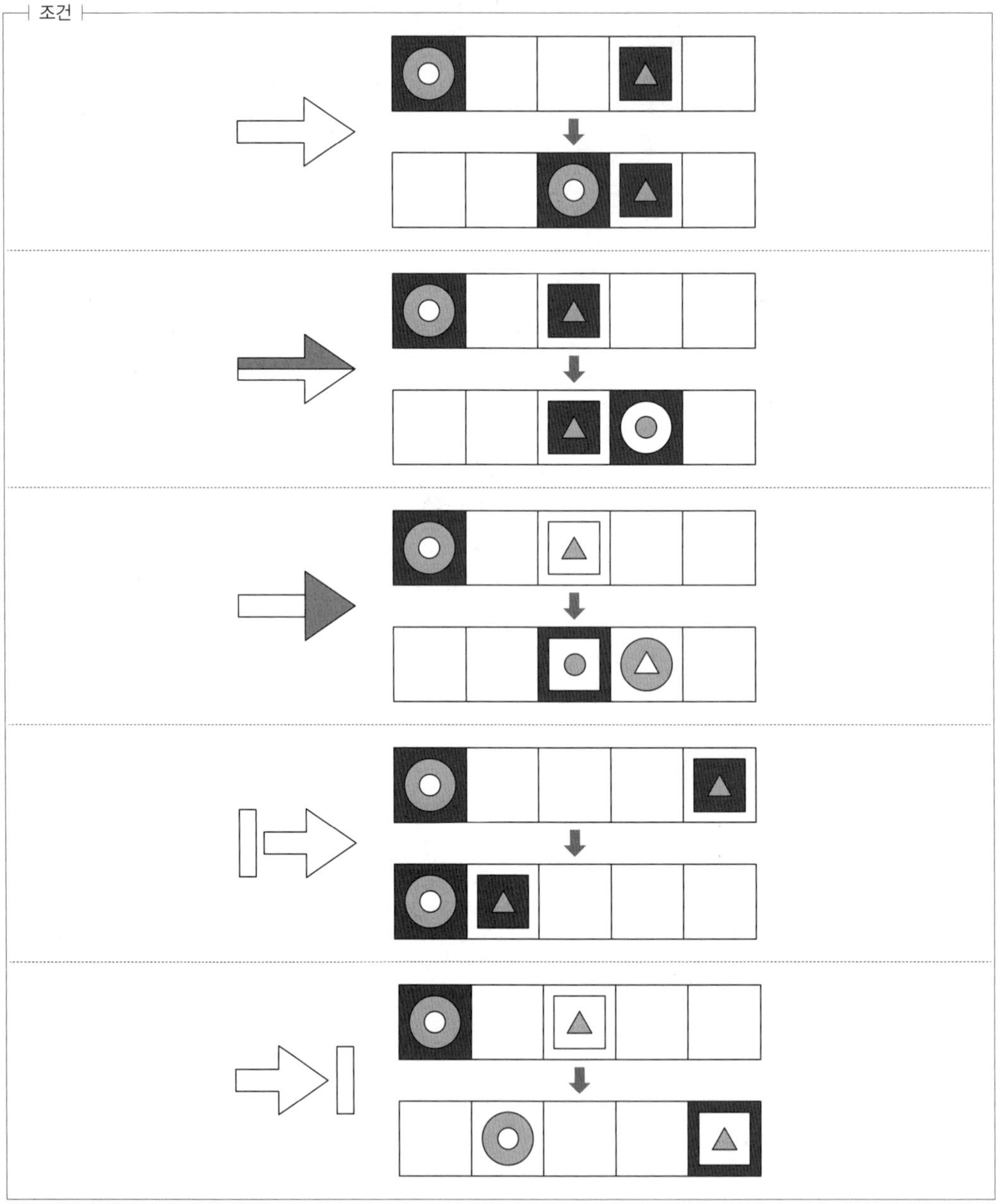

보기

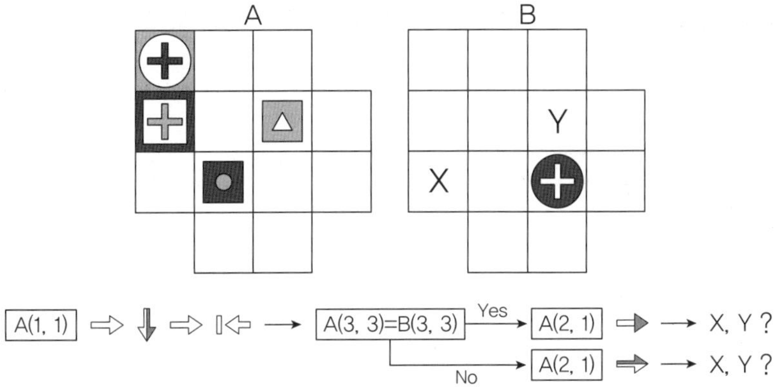

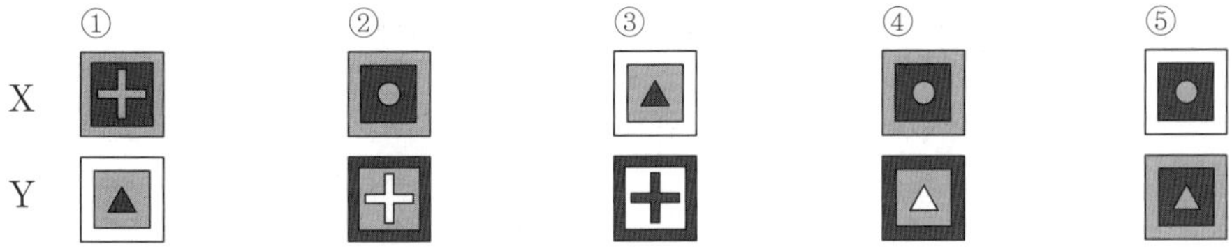

09 모든 음표는 계이름과 박자로 구성되어 있고 다음 [조건]에 따라 계이름과 박자가 변화한다. 주어진 음표가 다음 [보기]와 같이 변할 때, (?)에 들어갈 알맞은 모양을 고르면?

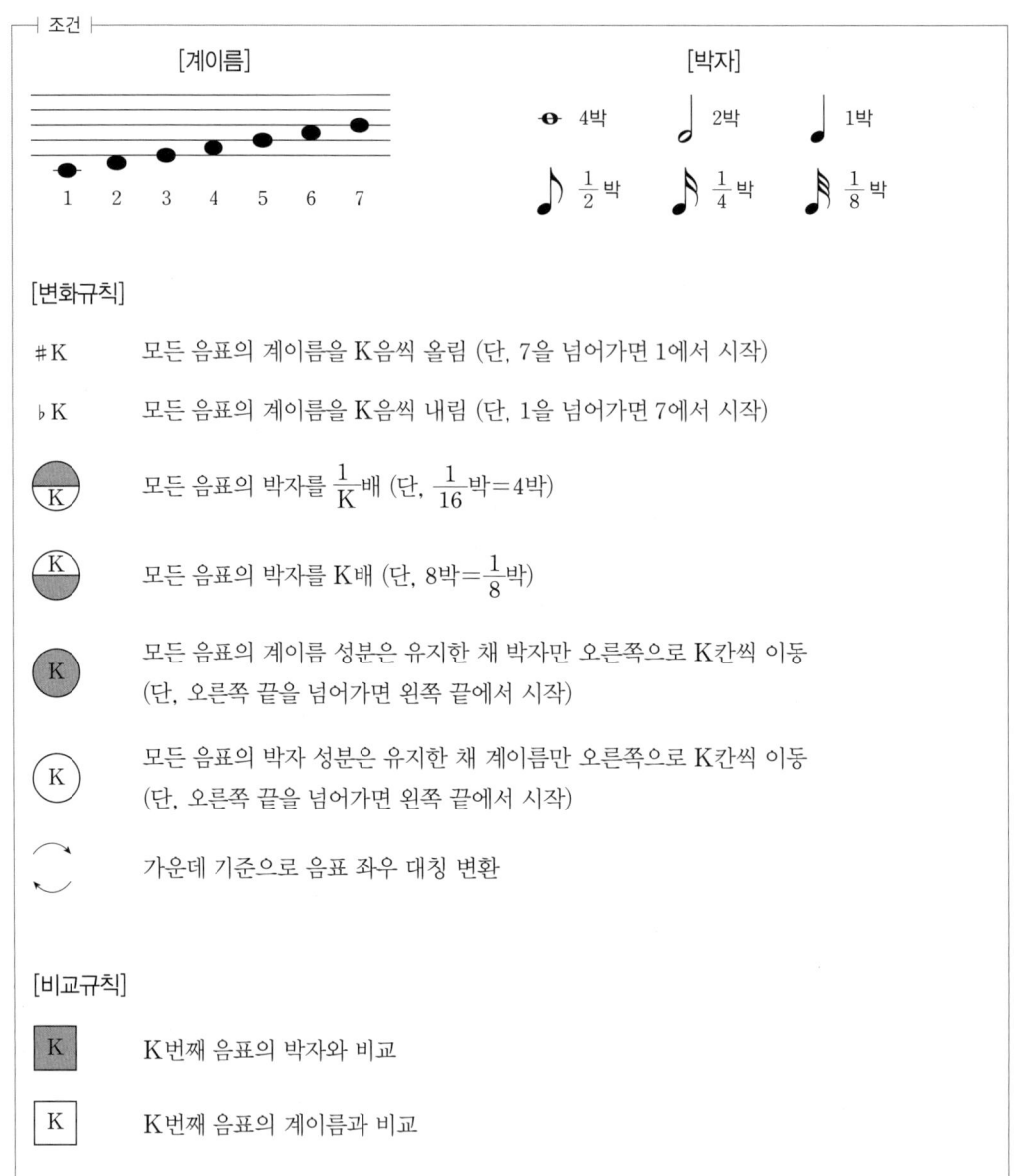

조건

[계이름]

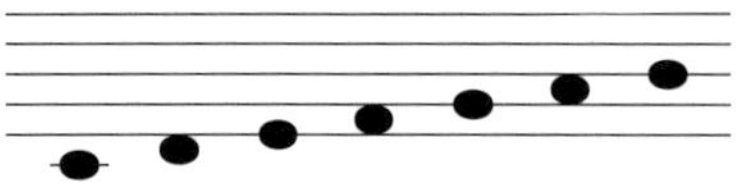

[박자]

[변화규칙]

#K 모든 음표의 계이름을 K음씩 올림 (단, 7을 넘어가면 1에서 시작)

♭K 모든 음표의 계이름을 K음씩 내림 (단, 1을 넘어가면 7에서 시작)

모든 음표의 박자를 $\frac{1}{K}$배 (단, $\frac{1}{16}$박=4박)

모든 음표의 박자를 K배 (단, 8박=$\frac{1}{8}$박)

모든 음표의 계이름 성분은 유지한 채 박자만 오른쪽으로 K칸씩 이동 (단, 오른쪽 끝을 넘어가면 왼쪽 끝에서 시작)

모든 음표의 박자 성분은 유지한 채 계이름만 오른쪽으로 K칸씩 이동 (단, 오른쪽 끝을 넘어가면 왼쪽 끝에서 시작)

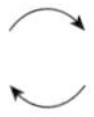
가운데 기준으로 음표 좌우 대칭 변환

[비교규칙]

K번째 음표의 박자와 비교

K번째 음표의 계이름과 비교

보기

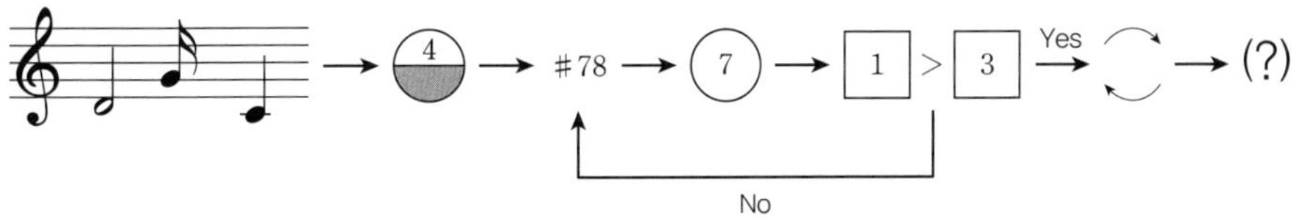

① 

② 

③ 

④ 

⑤ 

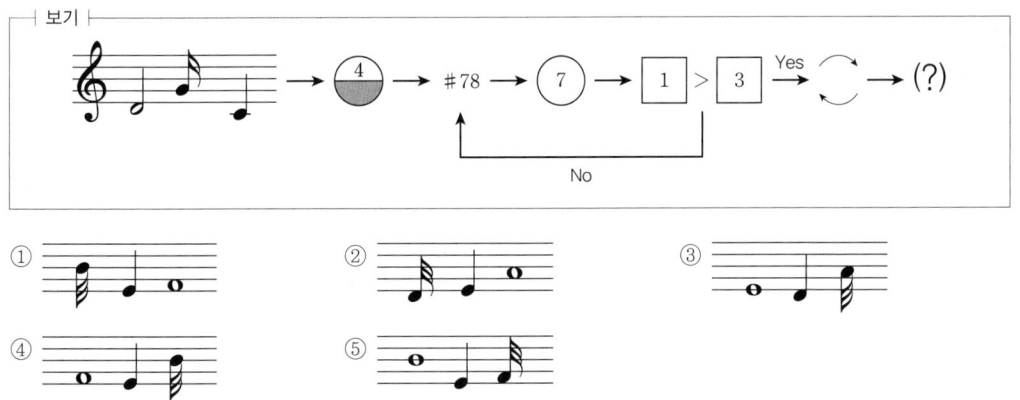

유형 | 6

도형추리

출제 포인트

✓ 가로 또는 세로 중 한쪽을 기준으로 잡았을 때 같은 형태가 있다면, 회전 또는 자리 이동(상하좌우, 대각선) 중 해당하는 경우를 살펴보고 알맞은 도형을 찾을 수 있는지 추리하는 문제가 출제된다.

✓ 만약 같은 형태가 없다면, 두 개의 도형을 합치거나 뺌으로써 남은 하나의 도형이 나오는지를 살펴보고 알맞은 도형을 찾을 수 있는지 추리하는 문제가 출제된다.

세부유형 ① 3×3 박스형의 도형 변환

예제 다음 [보기]의 도형 변환 규칙을 참고하여 '?'에 들어갈 알맞은 도형을 고르면?

보기

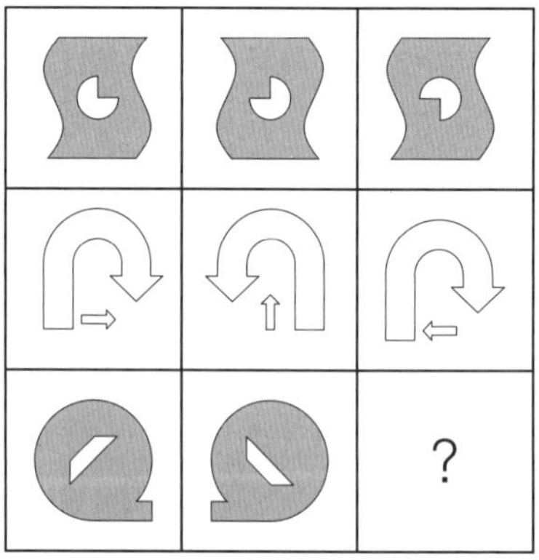

①

②

③

④

⑤

| 정답풀이 | 정답 ①

9개의 도형을 3개의 가로줄로 구분하여 살펴보면, 각 가로줄에는 좌측, 중앙, 우측에 세 개씩의 도형이 있으며 모든 도형은 큰 도형과 작은 도형으로 이루어져 있다. 좌측에서 우측으로 이동하면서 큰 도형은 좌우 반전이, 작은 도형은 시계 반대 방향으로 90°씩 회전하는 규칙이 적용되며, 이는 3개의 가로줄에 모두 동일하게 적용되고 있다. 따라서 빈칸에는 선택지 ①과 같은 도형이 들어가야 한다.

문제 해결 TIP

'가로 방향의 규칙 → 세로 방향의 규칙' 순서로 규칙성을 찾거나 '세로 방향의 규칙 → 가로 방향의 규칙' 순서로 규칙성을 찾는다. 박스 2개가 상호 작용을 통해 규칙성이 발견되는 유형도 출제된다.

세부유형 ② 복합 기호

예제 다음 [조건]을 바탕으로 [보기]의 도형이 변화할 때, A에 들어갈 알맞은 모양을 고르면?

조건

1. [보기]의 도형은 1~4사분면의 2×2 형태로 구성되어 있다.
2. 1~4사분면의 각 사분면의 도형에만 적용되는 규칙을 개별규칙, 1~4사분면의 2×2 전체도형에 적용되는 규칙을 전체규칙이라 한다.
3. 규칙은 ① 대칭(좌우 · 상하), ② 회전(시계 · 반시계), ③ 색 반전의 세 가지 규칙이 존재하며, 각 규칙은 (+ × = ∨)의 기호로 표시한다.
4. 도형이 변화할 때 개별규칙과 전체규칙 모두 적용된다.
5. 각 사분면의 도형은 동일 사분면에 위치한 규칙에 적용되어 변화한다.
6. 2×2 도형에서 도형이 없는, 빈칸이 있는 사분면에 위치한 규칙 기호는 전체규칙에 해당한다.
7. 개별규칙과 전체규칙 중 전체규칙은 개별규칙 적용 이후 마지막에 적용된다.

보기

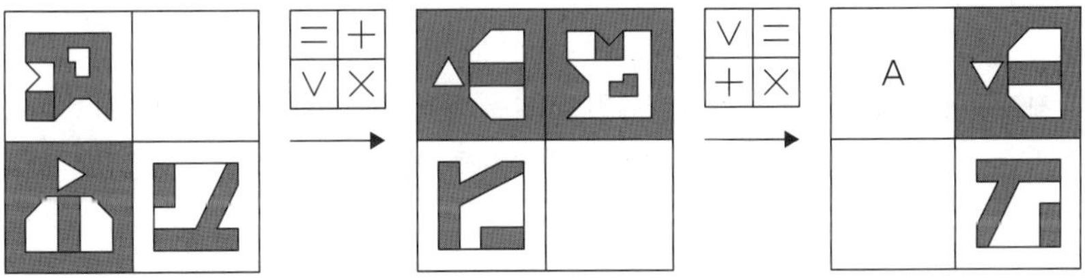

①

②

③

④

⑤

| 정답풀이 |

정답 ③

다음과 같은 규칙을 갖는다.

- +: 시계 방향 90° 회전
- ×: 좌우 대칭
- =: 색 반전
- ∨: 시계 방향(반시계 방향) 180° 회전

세부유형 ③ 2×2 복합 도형

예제 다음 [그림]에 주어진 도형은 전체도형과 요소도형의 두 가지 형태로 이루어져 있으며, 이 도형은 다음과 같은 [조건]을 바탕으로 이동한다. 다음 [규칙]을 바탕으로 주어진 도형이 [보기]와 같이 변화할 때, A와 B에 들어갈 알맞은 도형을 고르면?

그림

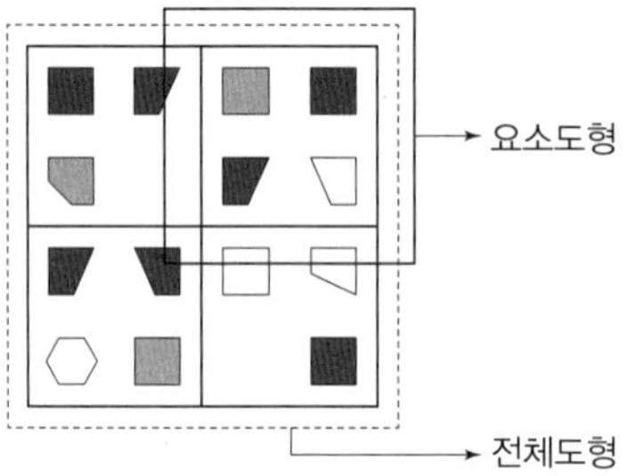

조건

1. 전체도형을 2×2로 하였을 때 가로를 행, 세로를 열이라 한다.
2. 위 도형이 변화할 때 전체도형과 요소도형 모두 변화한다.
3. 전체도형에 해당하는 규칙을 공통규칙, 요소도형에 해당하는 규칙을 개별규칙이라 한다.
4. 위 도형은 다음 주어진 [규칙]을 바탕으로 변화한다.

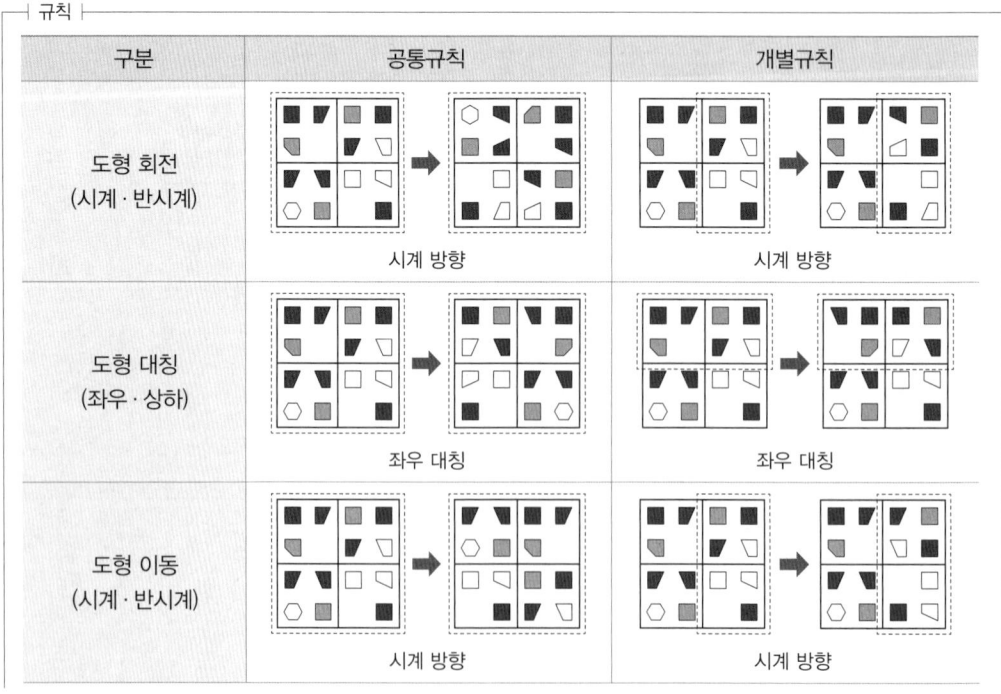

규칙

구분	공통규칙	개별규칙
도형 회전 (시계 · 반시계)	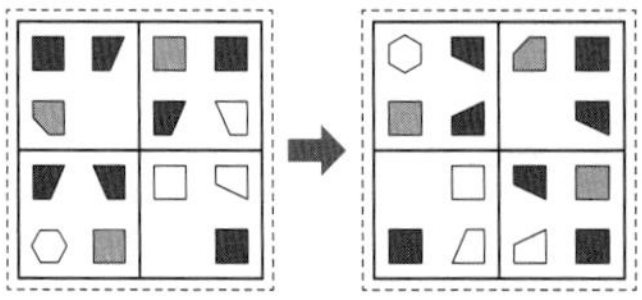 시계 방향	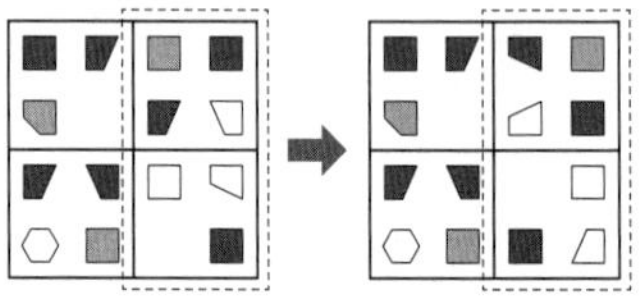 시계 방향
도형 대칭 (좌우 · 상하)	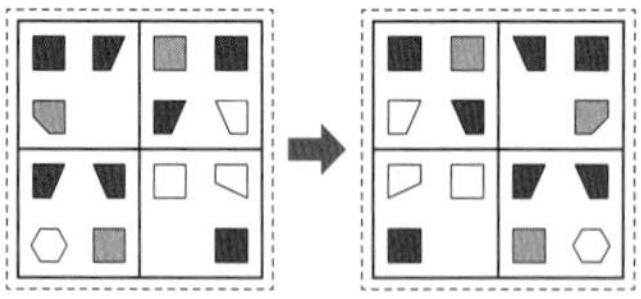 좌우 대칭	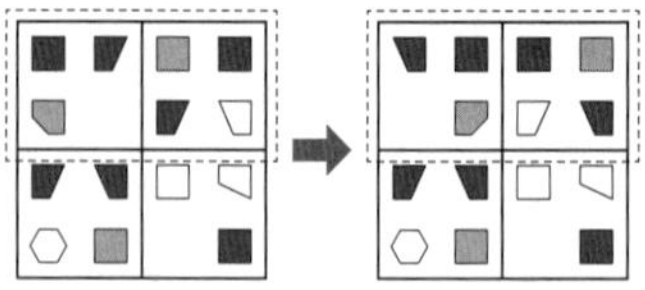 좌우 대칭
도형 이동 (시계 · 반시계)	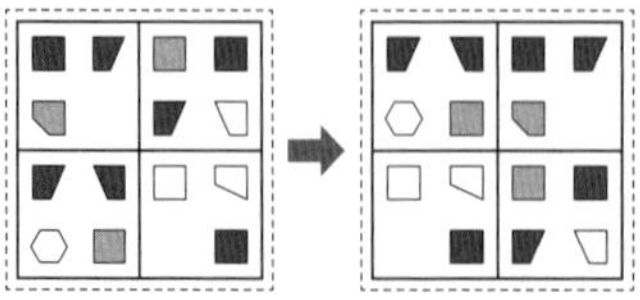 시계 방향	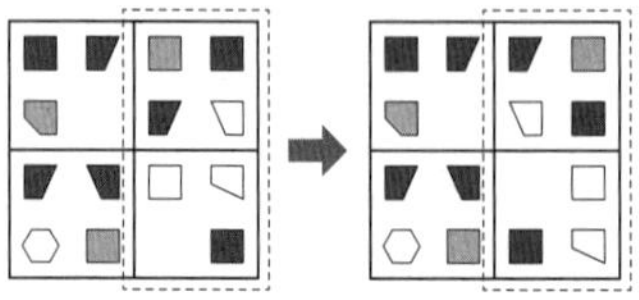 시계 방향

도형 색 변화 (회색 → 검은색 → 흰색 → 회색)	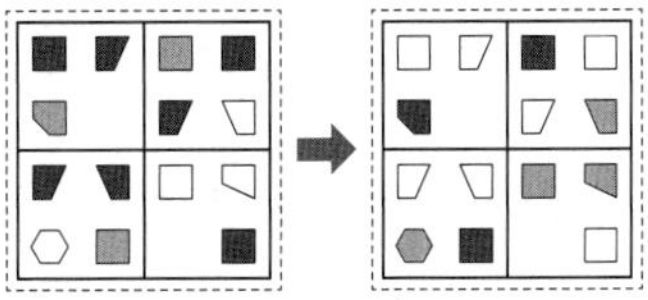 색 변화	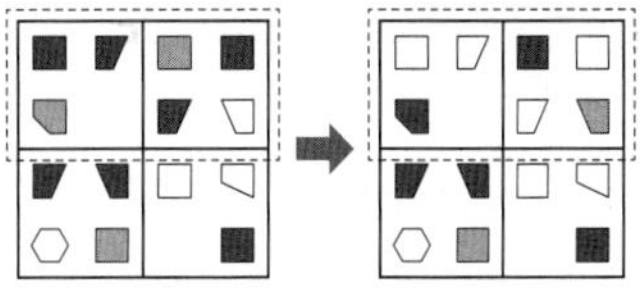 색 변화

보기

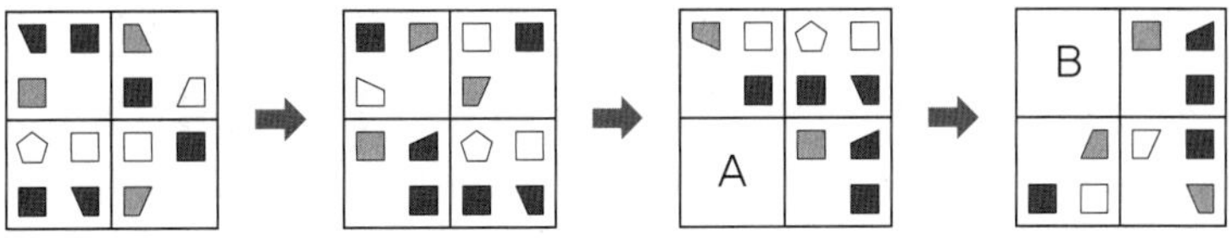

(공통규칙: 도형 이동/개별규칙: 도형 회전)

	①	②	③	④	⑤
A	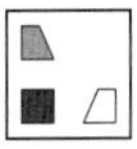				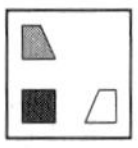
B	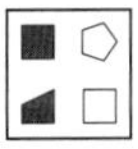		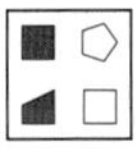	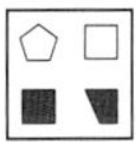	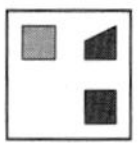

| 정답풀이 |

정답 ③

다음과 같은 규칙을 갖는다.

- 공통규칙: 반시계 방향으로 이동
- 개별규칙: 시계 방향으로 회전(1열)

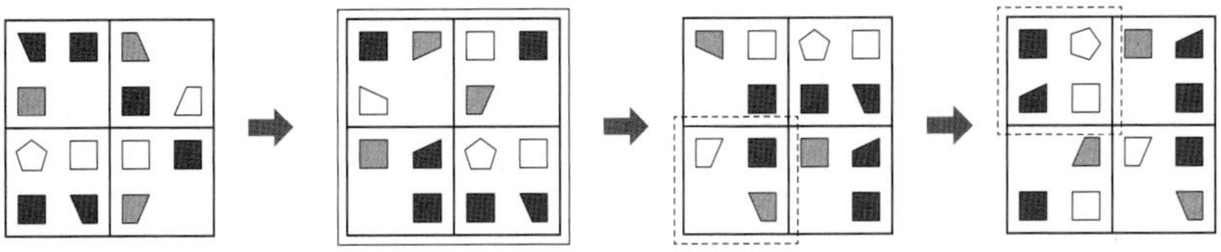

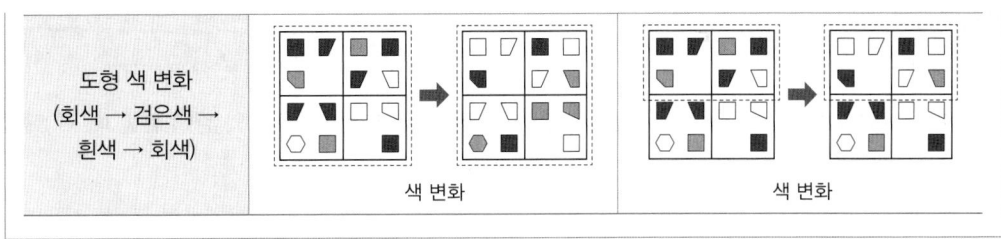

예제 다음 3×3 사각형 오른쪽에 주어진 각 원의 규칙에 따라 도형이 [보기]와 같이 변할 때, (?)에 들어갈 알맞은 모양을 고르면?

보기

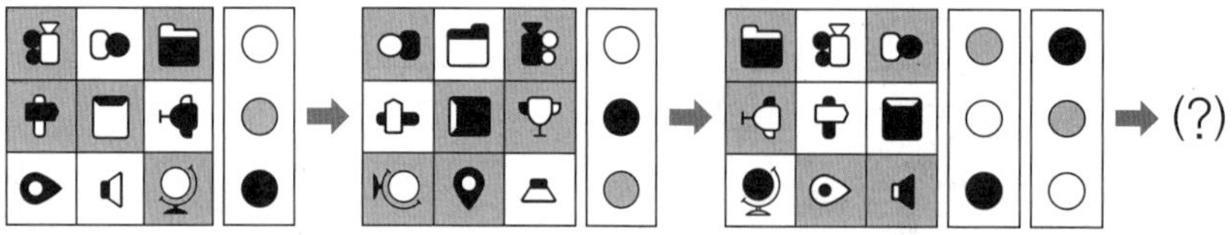

①

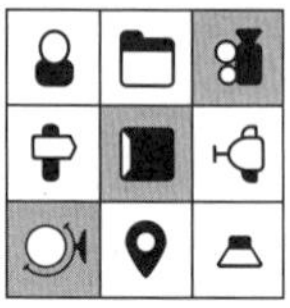

②

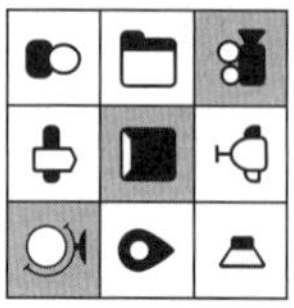

③

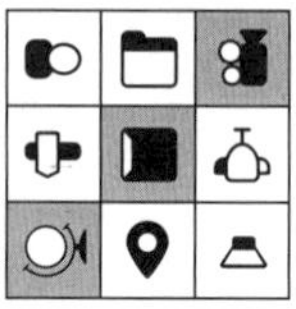

④

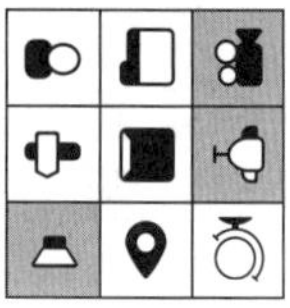

⑤

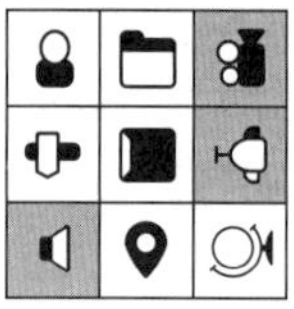

| 정답풀이 |

정답 ③

다음과 같은 규칙을 갖는다.

○: 도형 색 반전, 도형 좌우 대칭, 도형 왼쪽 1칸 이동

◍: 도형 색 반전, 도형 반시계 방향 90° 회전, 배경 색 오른쪽 1칸 이동

●: 도형 시계 방향 90° 회전, 도형 오른쪽 1칸 이동, 배경 색 변환(흰색 ↔ 회색)

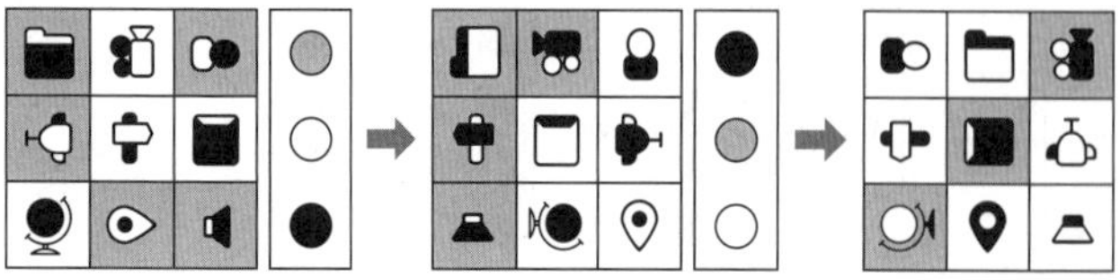

연습 문제

정답과 해설 P.50

01 다음 [보기]의 도형 변환 규칙을 참고하여 '?'에 들어갈 알맞은 도형을 고르면?

보기

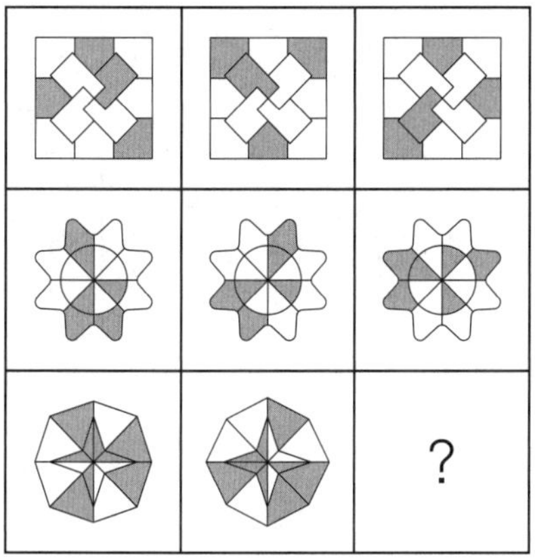

① 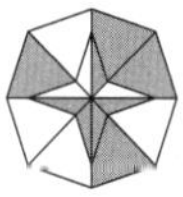
② 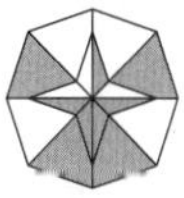
③ 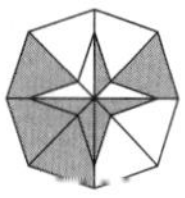
④ 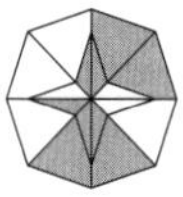
⑤ 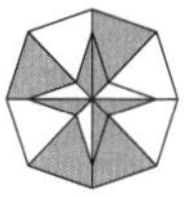

02 다음 [보기]의 도형 변환 규칙을 참고하여 '?'에 들어갈 알맞은 도형을 고르면?

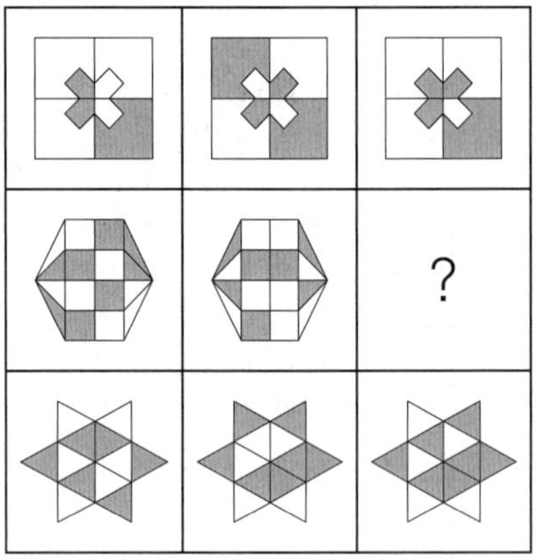

①

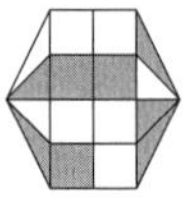

②

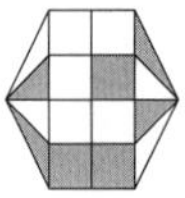

③

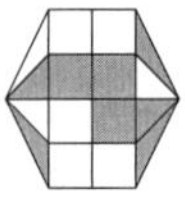

④

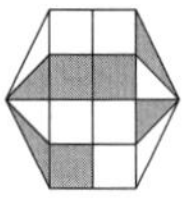

⑤

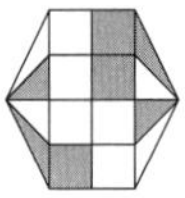

03 다음 3×3 사각형 오른쪽에 주어진 각 원의 규칙에 따라 도형이 [보기]와 같이 변할 때, (?)에 들어갈 알맞은 모양을 고르면?

보기

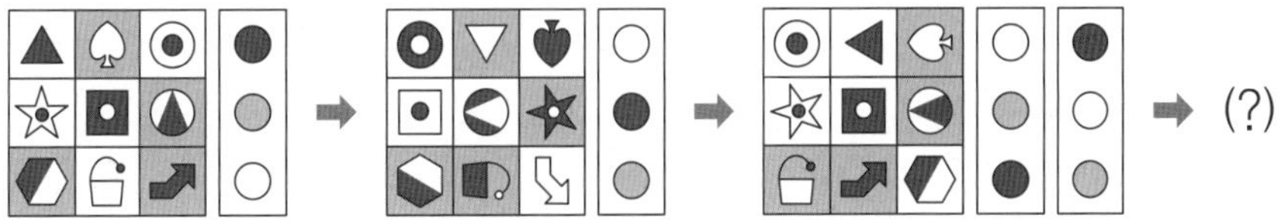

①
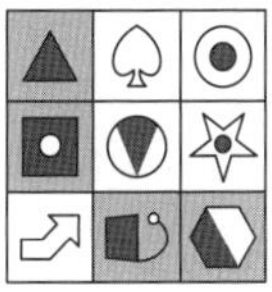

②

③
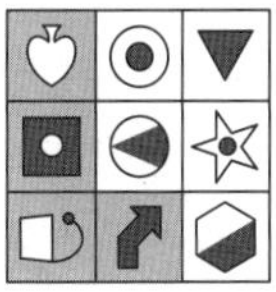

④

⑤
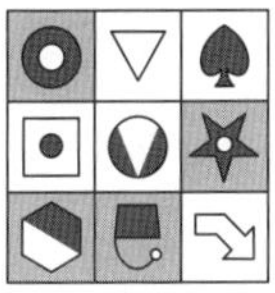

04 다음 3×3 사각형 오른쪽에 주어진 각 원의 규칙에 따라 도형이 [보기]와 같이 변할 때, (?)에 들어갈 알맞은 모양을 고르면?

보기

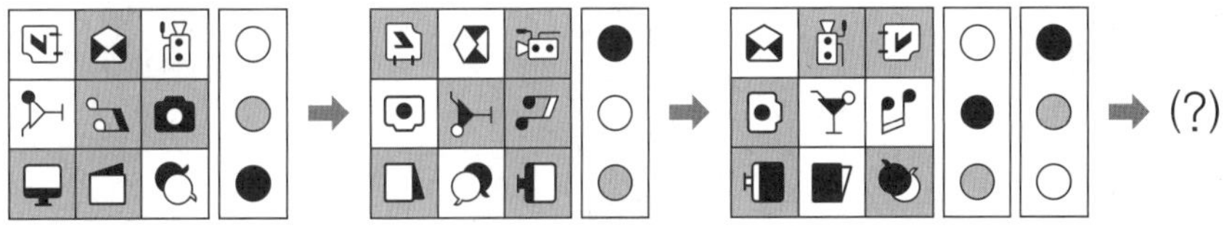

①
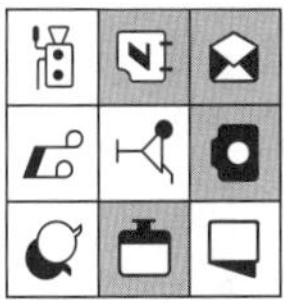

②
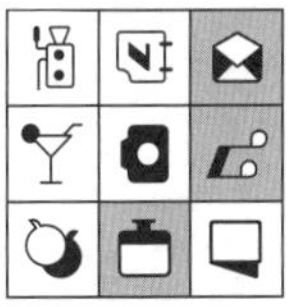

③
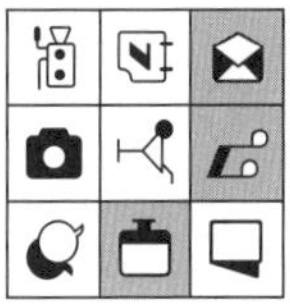

④
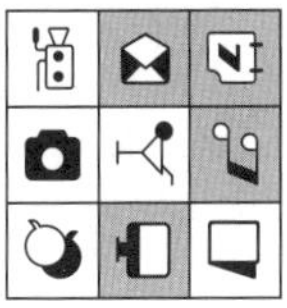

⑤
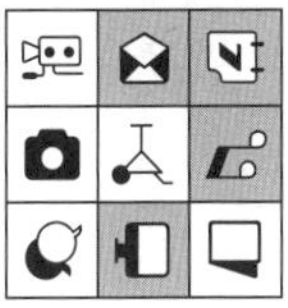

[05~07] 다음 [조건]을 바탕으로 이어지는 질문에 답하시오.

조건

1. [보기]의 도형은 1~4사분면의 2×2 형태로 구성되어 있다.
2. 1~4사분면의 각 사분면의 도형에만 적용되는 규칙을 개별규칙, 1~4사분면의 2×2 전체도형에 적용되는 규칙을 전체규칙이라 한다.
3. 규칙은 ① 대칭(좌우 · 상하), ② 회전(시계 · 반시계), ③ 색 반전의 세 가지 규칙이 존재하며, 각 규칙은 (+ × = ∨)의 기호로 표시한다.
4. 도형이 변화할 때 개별규칙과 전체규칙 모두 적용된다.
5. 각 사분면의 도형은 동일 사분면에 위치한 규칙에 적용되어 변화한다.
6. 2×2 도형에서 도형이 없는, 빈칸이 있는 사분면에 위치한 규칙 기호는 전체규칙에 해당한다.
7. 개별규칙과 전체규칙 중 전체규칙은 개별규칙 적용 이후 마지막에 적용된다.

05 주어진 [조건]을 바탕으로 [보기]의 도형이 변화할 때, A에 들어갈 알맞은 모양을 고르면?

보기

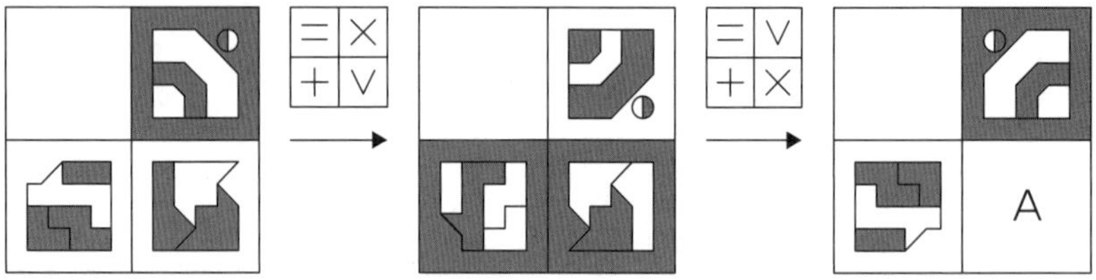

①

②

③

④

⑤

06 주어진 [조건]을 바탕으로 [보기]의 도형이 변화할 때, A에 들어갈 알맞은 모양을 고르면?

보기

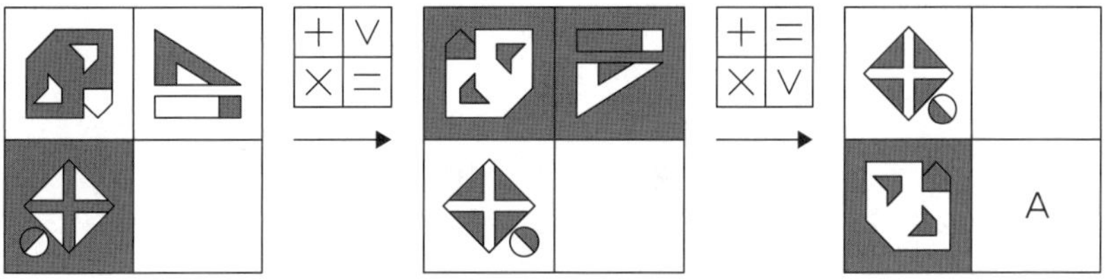

① 

② 

③ 

④ 

⑤ 

07 주어진 [조건]을 바탕으로 [보기]의 도형이 변화할 때, A에 들어갈 알맞은 모양을 고르면?

보기

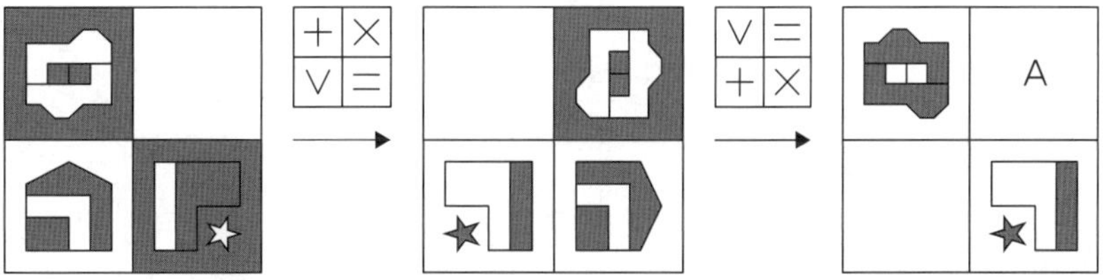

① 

② 

③ 

④ 

⑤ 

08 다음 [그림]에 주어진 도형은 전체도형과 요소도형의 두 가지 형태로 이루어져 있으며, 이 도형은 다음과 같은 [조건]을 바탕으로 이동한다. 다음 [규칙]을 바탕으로 주어진 도형이 [보기]와 같이 변화할 때, A와 B에 들어갈 알맞은 도형을 고르면?

그림

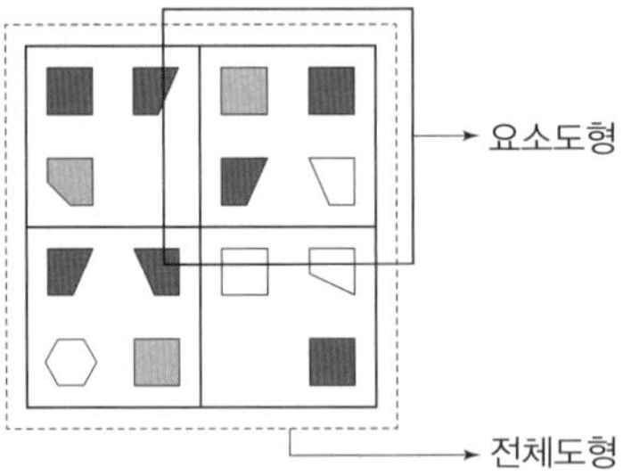

조건

1. 전체도형을 2×2로 하였을 때, 가로를 행, 세로를 열이라 한다.
2. 위 도형이 변화할 때 전체도형과 요소도형 모두 변화한다.
3. 전체도형에 해당하는 규칙을 공통규칙, 요소도형에 해당하는 규칙을 개별규칙이라 한다.
4. 위 도형은 다음 주어진 [규칙]을 바탕으로 변화한다.

규칙

구분	공통규칙	개별규칙
도형 회전 (시계 · 반시계)	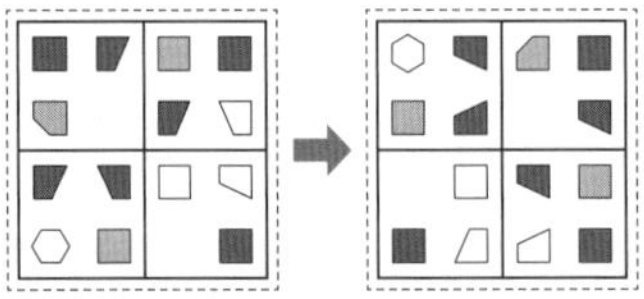 시계 방향	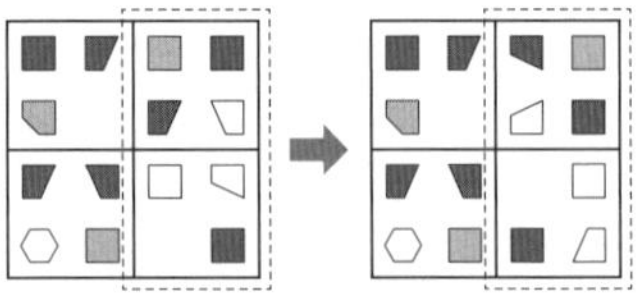 시계 방향
도형 대칭 (좌우 · 상하)	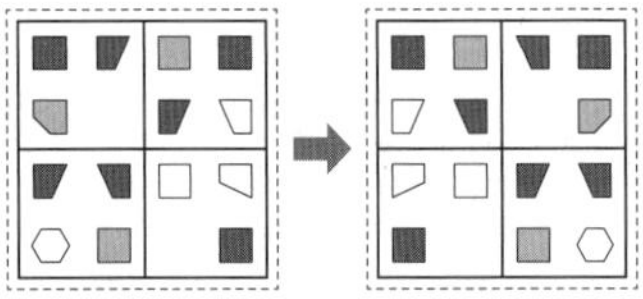 좌우 대칭	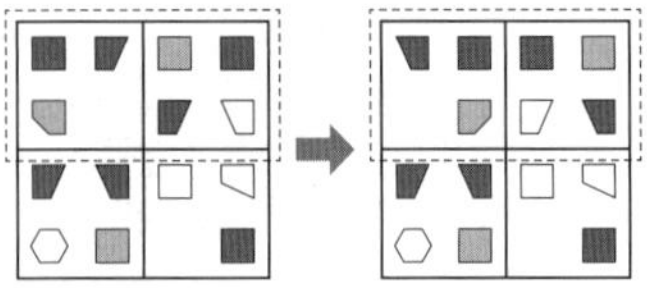 좌우 대칭
도형 이동 (시계 · 반시계)	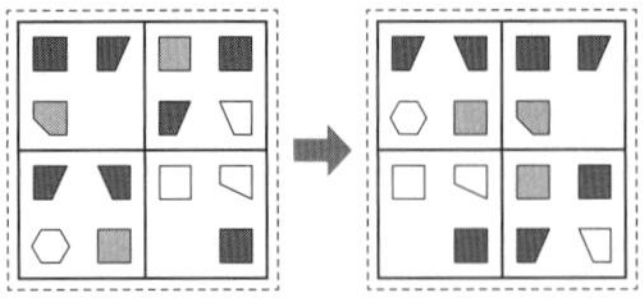 시계 방향	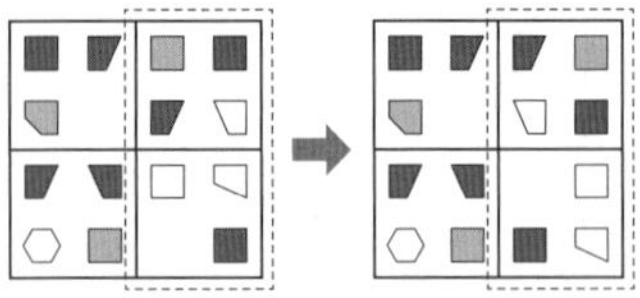 시계 방향
도형 색 변화 (회색 → 검은색 → 흰색 → 회색)	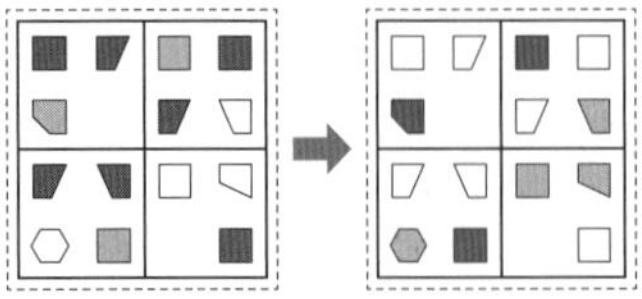 색 변화	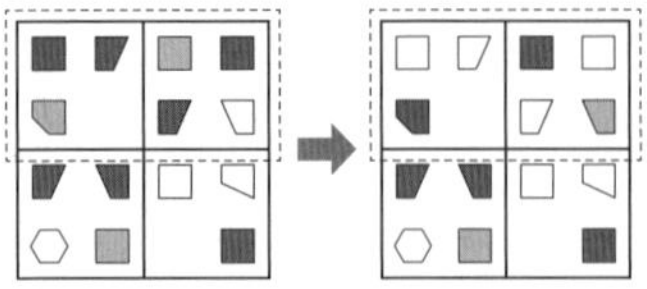 색 변화

보기

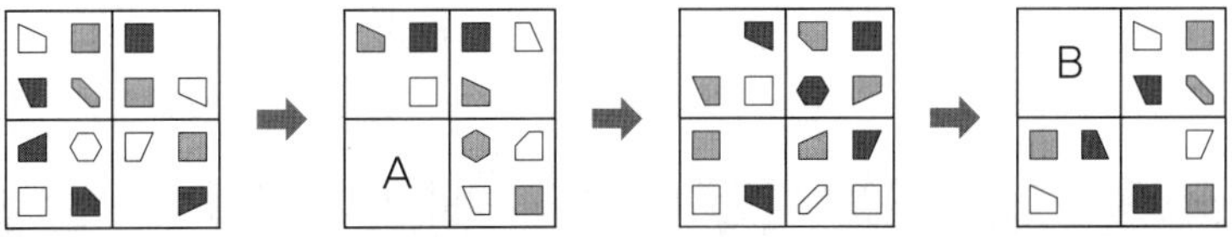

(공통규칙: 도형 회전 · 도형 색 변화/개별규칙: 도형 회전)

	①	②	③	④	⑤
A	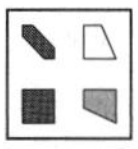			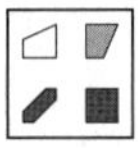	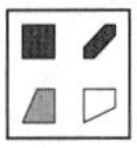
B	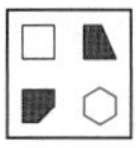	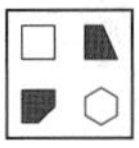	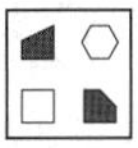	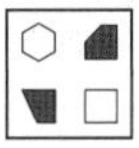	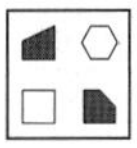

☑ 기업별 출제 유형

인적성 공간지각 영역은 평면도형과 입체도형 총 2가지로 크게 구분되며 기업별로 다소 상이하지만 세부유형 중 전개도, 종이접기, 다른 도형의 출제 비중이 큰 편입니다.
포스코, GS, 두산, LS, 효성 등의 기업에서 출제하고 있습니다.

PART Ⅳ

공간지각 영역

PART Ⅳ

공간지각 영역

CHAPTER

01

평면도형

유형 1 전개도
유형 2 종이접기
유형 3 조각
유형 4 다른 도형

학습 포인트

평면도형에서 주로 출제되는 유형들은 머릿속으로 상상해서 전개도나 종이를 접어서 어떤 결과물이 나오는지 추측해야 한다. 개인차에 따라 문제의 난도가 크게 달리 느껴질 수 있는 유형이므로 최대한 많은 문제를 미리 접해보는 것이 중요하다. 필요하다면 실제로 전개도나 종이를 접어서 어떤 모양이 나오는지 다양하게 관찰하면 실제 시험에서 문제를 풀 때에도 큰 도움이 될 수 있다.

출제 유형

전개도 ▶	주어진 전개도를 접어서 만들 수 있는 입체도형을 고르거나 여러 개의 전개도를 접어서 만든 입체도형들 중 모양이 다른 것을 고르는 문제가 주로 출제된다. 보통 전개도의 각 면에 특정 무늬가 그려져 있으므로 한 면을 기준으로 잡고 문제를 해결하는 것이 중요하다.
종이접기 ▶	종이를 접은 후 펼쳤을 때 접힌 무늬 찾기, 종이를 접은 상태에서 구멍을 뚫거나 가위로 자른 뒤 펼쳤을 때의 모양을 찾는 문제가 주로 출제된다. 많이 헷갈릴 수 있는 유형이며 종이를 접었을 때 생기는 대칭성을 이용한 문제이므로 대칭성을 생각하며 문제를 해결하는 것이 좋다.
조각 ▶	평면도형을 선으로 나눌 때 생기는 조각들을 비교하여 그 모양이 있는지 여부를 파악하거나 주어진 여러 조각들로 만들 수 있는 도형을 찾는 문제이다. 특징이 있는 조각을 기준으로 생각하는 것이 중요하다.
다른 도형 ▶	여러 도형 중 다른 하나를 찾는 유형의 문제이다. 주어진 도형에서 특징적인 부분을 기준으로 다른 도형들과 비교하는 것이 좋다.

CHAPTER 01

평면도형

핵심 이론

합격 Skill

• **Point 1 전개도에서 면을 굴려서 생각해본다.**

주어진 모양에서만 생각하지 말고 편리한 형태로 변형해서도 생각해야 한다. 최대한 많은 문제를 해결하면서 유형에 익숙해지도록 하는 것이 중요하다.

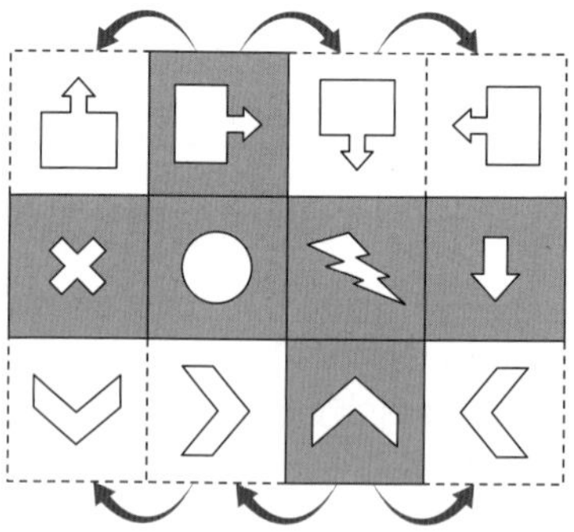

• **Point 2 소거법을 활용한다.**

문제에 제시된 도형의 모양이 복잡할 경우에는 답을 찾는 것이 쉽지 않다. 이때는 확실하게 아닌 선택지들을 먼저 제거하여 선택의 범위를 좁힌 뒤 나머지 선택지 중에서 정답을 찾으면 문제 풀이 시간을 효율적으로 단축시킬 수 있다.

• **Point 3 특이한 모양이 되는 부분을 기준으로 생각한다.**

제시된 도형을 기준 없이 이리저리 머릿속으로만 조작하다 보면 쉽게 헷갈릴 수 있다. 도형의 특징이 되는 부분을 기준으로 생각의 범위를 점차 넓혀나가면 문제를 단계적으로 해결하여 실수를 줄일 수 있다.

• **Point 4 실제 도형을 다양하게 조작해본다.**

백문불여일견이라는 말이 있듯이 머릿속으로 여러 번 상상하는 것보다 실제 도형을 손으로 조작하면서 관련 유형의 문제 해결 방법을 고민하는 것이 학습에 더 효과적일 수 있다.

전개도

출제 포인트

✓ 전개도 문제는 주어진 전개도를 접어서 만들 수 없는 입체도형을 고르는 문제, 주어진 전개도를 접었을 때 만들어진 입체도형 중 다른 하나를 고르는 문제 등이 출제된다.

세부유형 ① 전개도를 접어서 만들 수 없는 입체도형을 고르는 유형

예제 다음에 주어진 전개도를 조립하여 만들 수 없는 입체도형을 고르면?

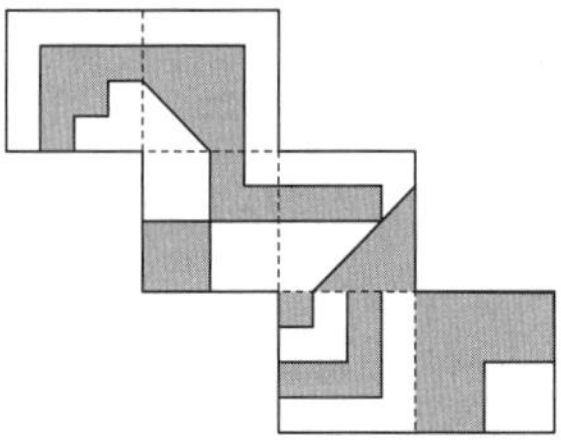

①

②

③

④

⑤
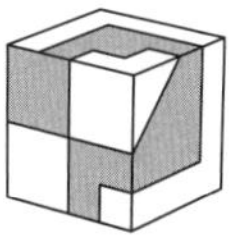

| 정답풀이 |

정답 ②

②의 경우 전개도를 접었을 때 나올 수 없는 모양으로, 올바른 모양은 다음과 같다.

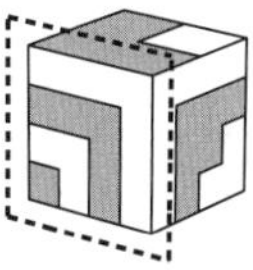

따라서 정답은 ②이다.

문제 해결 TIP

특징이 되는 면을 선택한 뒤 그 주변을 위주로 접어서 선택지와 비교하며 정답을 좁혀가는 방법을 활용한다.

세부유형 ② 전개도를 접었을 때 만들어진 입체도형 중 다른 하나를 고르는 유형

예제 다음에 주어진 전개도를 접어서 만들 수 있는 입체도형이 나머지 넷과 다른 하나를 고르면?

①

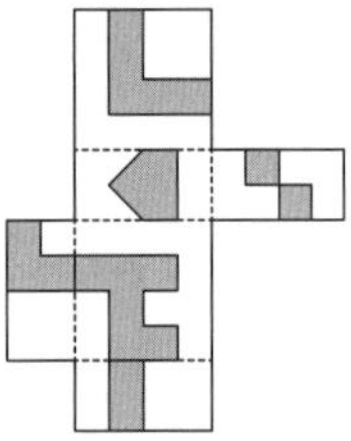

②

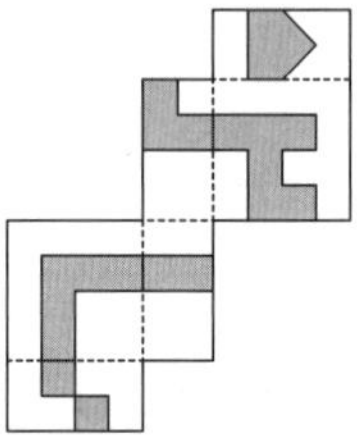

③

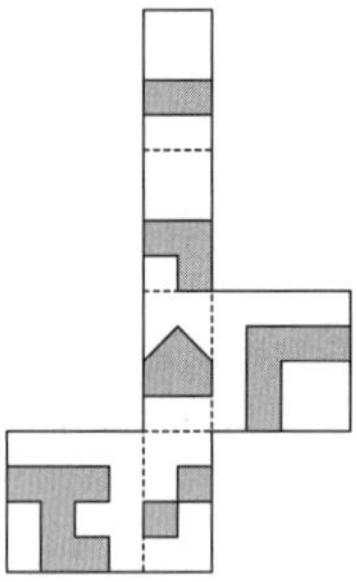

④

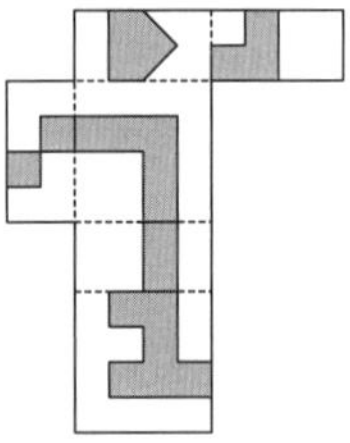

⑤

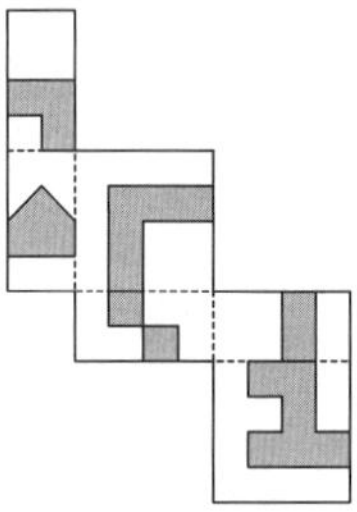

| 정답풀이 | 정답 ②

나머지 전개도와 같은 모양이 되려면 ②의 전개도는 다음과 같이 바뀌어야 한다.

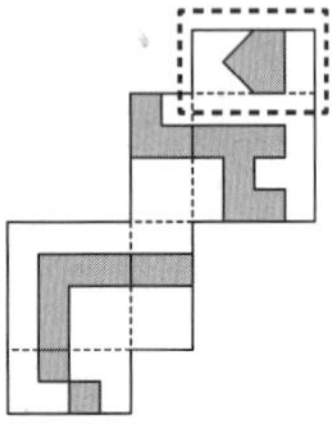

따라서 정답은 ②이다.

연습 문제

정답과 해설 P.52

01 다음에 주어진 전개도를 조립하여 만들 수 없는 입체도형을 고르면?

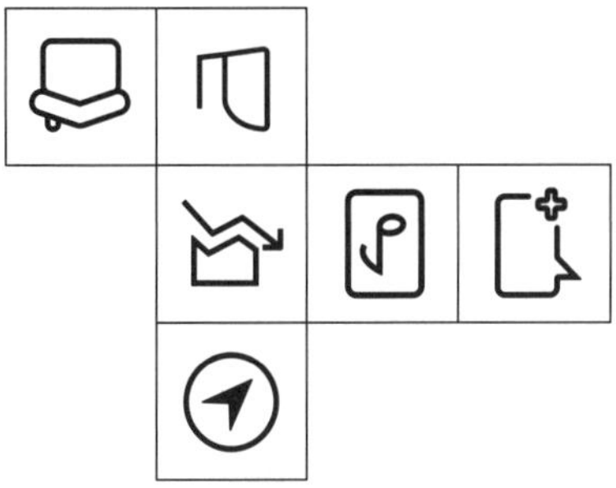

①

②

③

④

⑤

02 다음에 주어진 전개도를 조립하여 만들 수 없는 입체도형을 고르면?

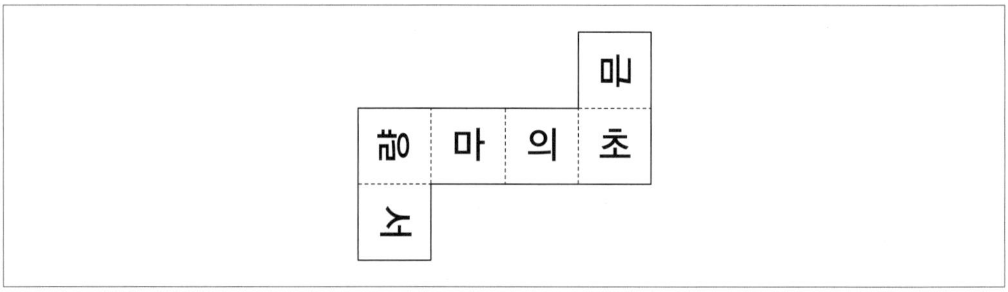

① 

② 

③ 

④ 

⑤ 

03 다음에 주어진 전개도를 조립하여 만들 수 없는 입체도형을 고르면?

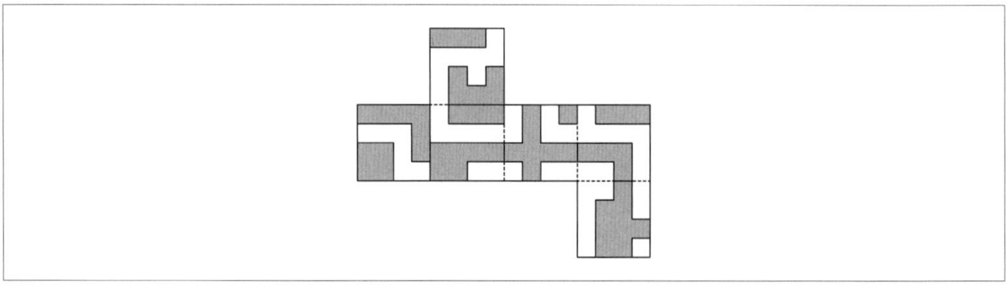

① 

② 

③ 

④ 

⑤ 

04 다음에 주어진 전개도를 조립하여 만들 수 <u>없는</u> 입체도형을 고르면?

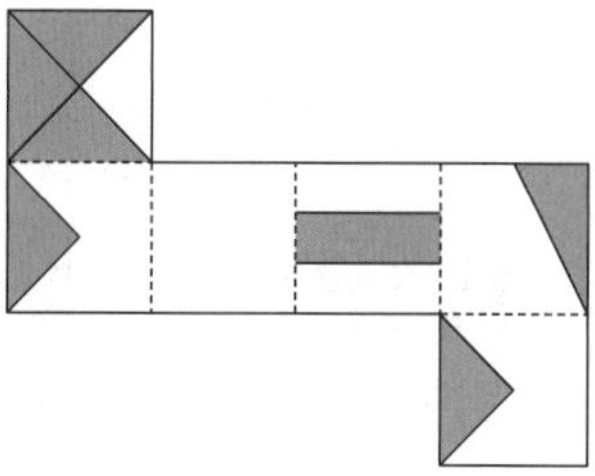

① 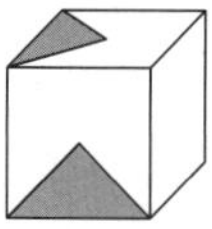

② 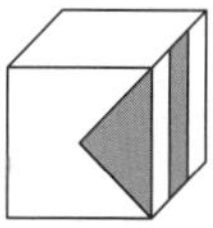

③ 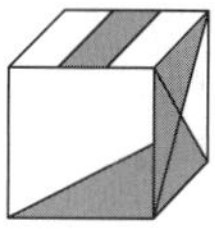

④ 

⑤ 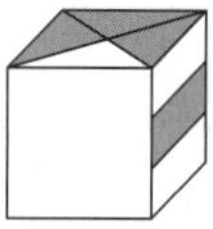

05 다음에 주어진 전개도를 조립하여 만들 수 <u>없는</u> 입체도형을 고르면?

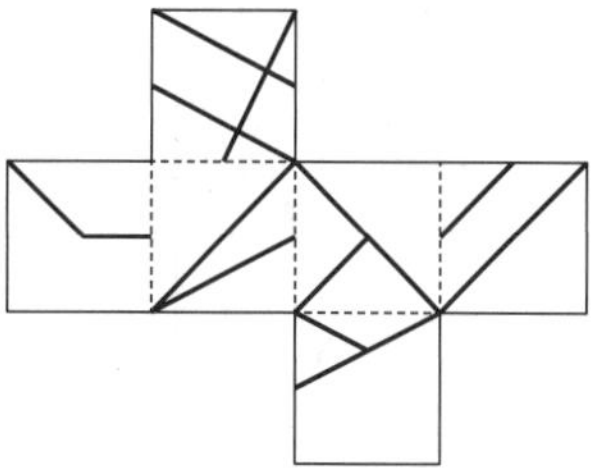

① 

② 

③ 

④ 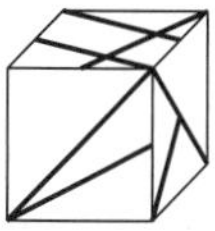

⑤ 

06 다음에 주어진 전개도를 조립하여 만들 수 <u>없는</u> 입체도형을 고르면?

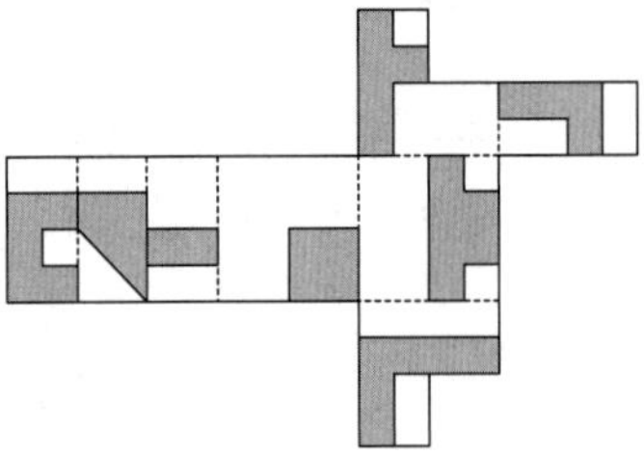

① 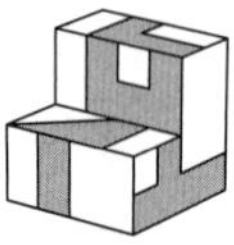

② 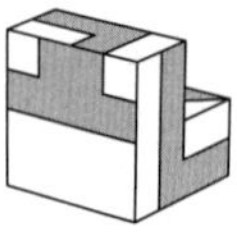

③ 

④ 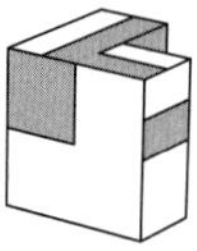

⑤ 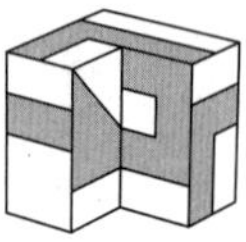

07 다음에 주어진 전개도를 조립하여 만들 수 <u>없는</u> 입체도형을 고르면?

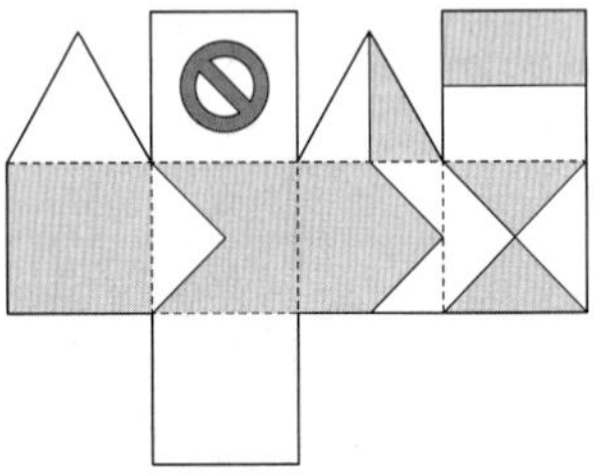

① 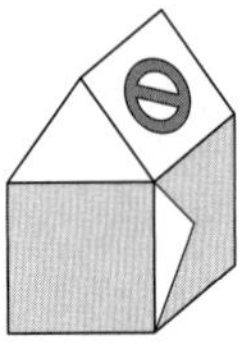

② 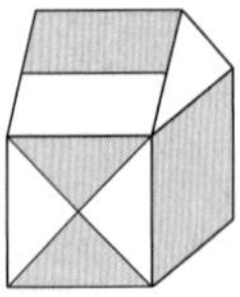

③ 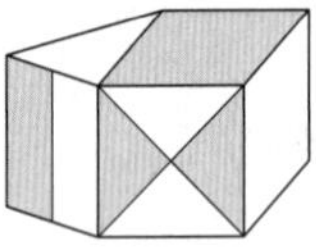

④ 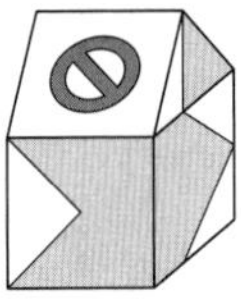

⑤ 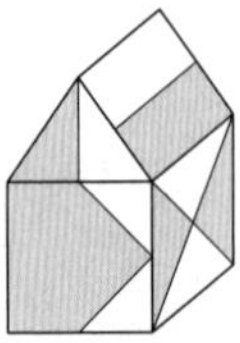

08 다음에 주어진 전개도를 조립하여 만들 수 <u>없는</u> 입체도형을 고르면?

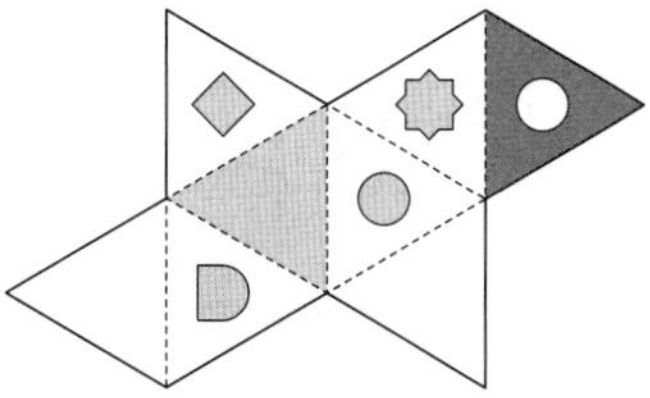

①
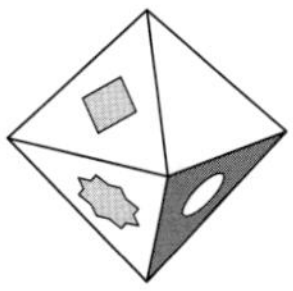

②
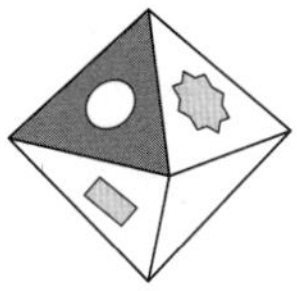

③
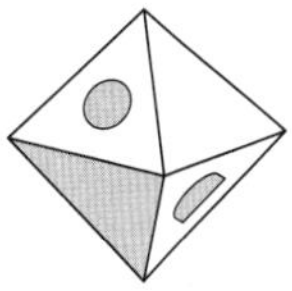

④
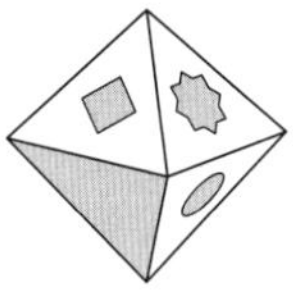

⑤
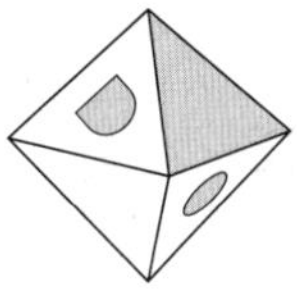

09 다음에 주어진 전개도를 조립하여 만들 수 <u>없는</u> 입체도형을 고르면?

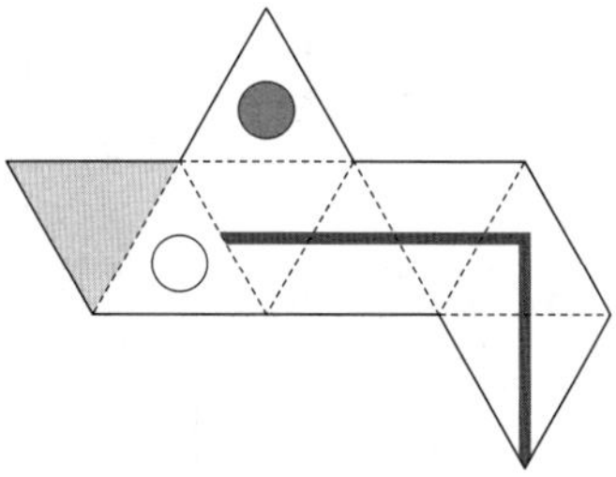

①
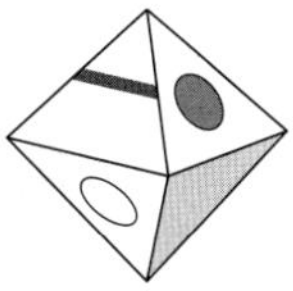

②
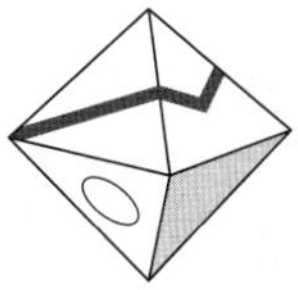

③

④
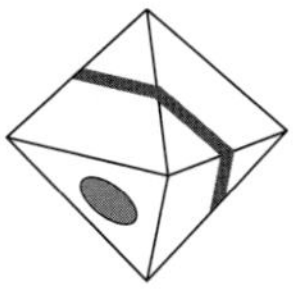

⑤

10 다음에 주어진 전개도를 조립하여 만들 수 없는 입체도형을 고르면?

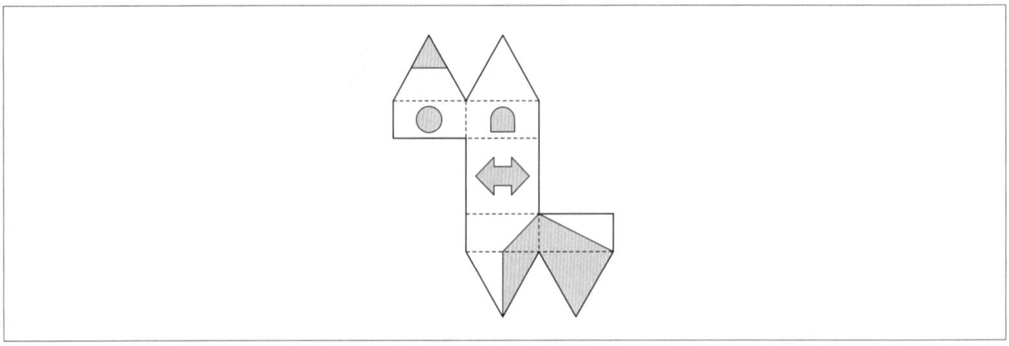

①

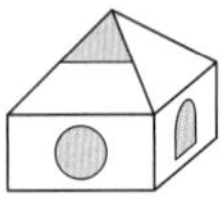

②

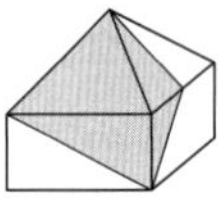

③

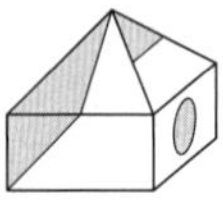

④

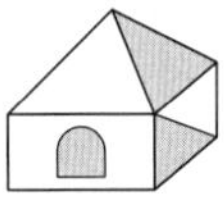

⑤

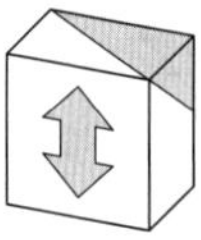

11 다음에 주어진 전개도를 조립하여 만들 수 없는 입체도형을 고르면?

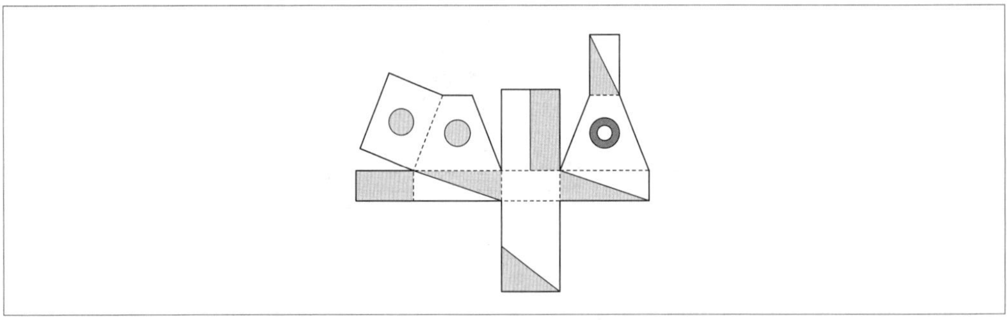

①

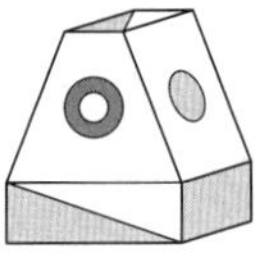

②

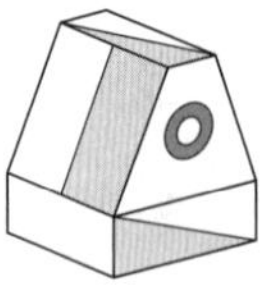

③

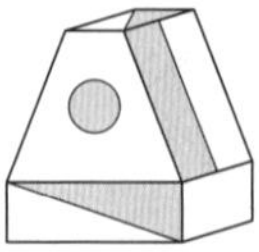

④

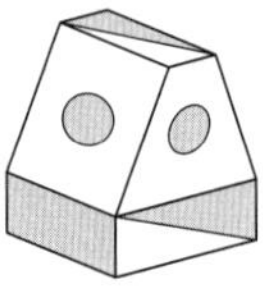

⑤

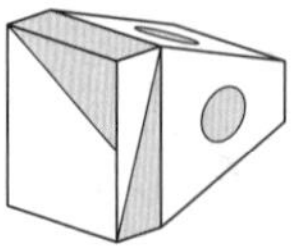

12 다음에 주어진 전개도를 조립하여 만들 수 없는 입체도형을 고르면?

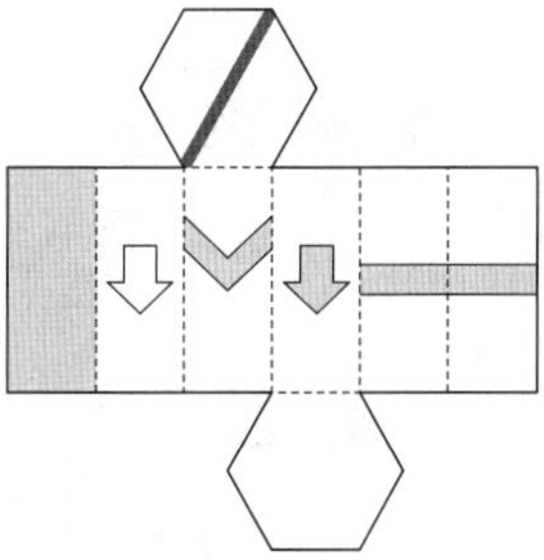

①

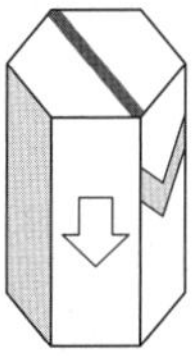

②

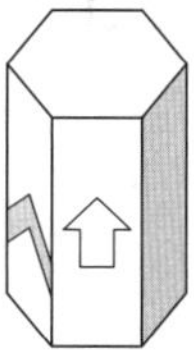

③

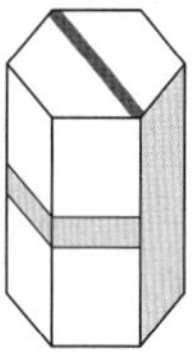

④

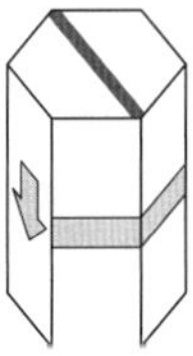

⑤

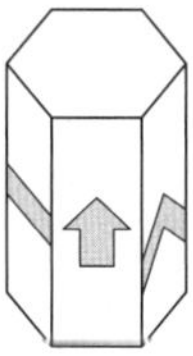

13 다음에 주어진 전개도를 접어서 만들 수 있는 입체도형이 나머지 넷과 다른 하나를 고르면?

①
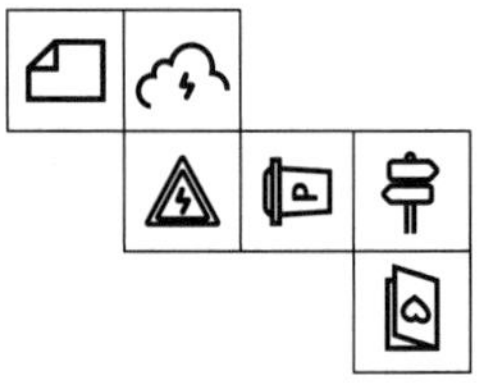
②
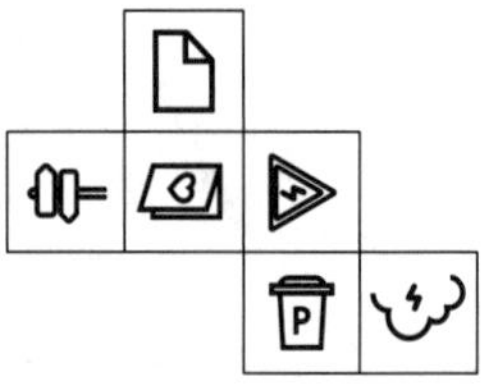
③
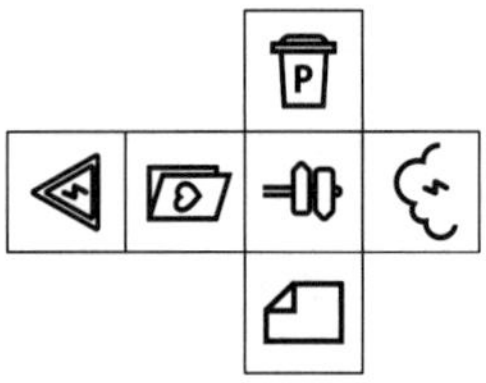
④
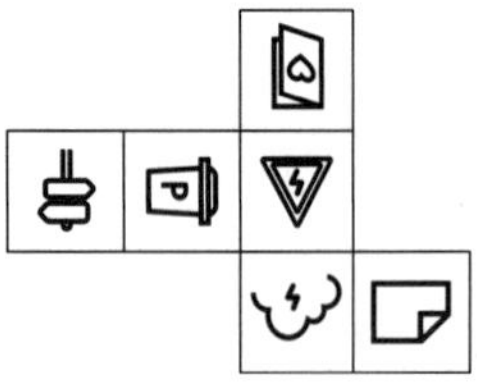
⑤
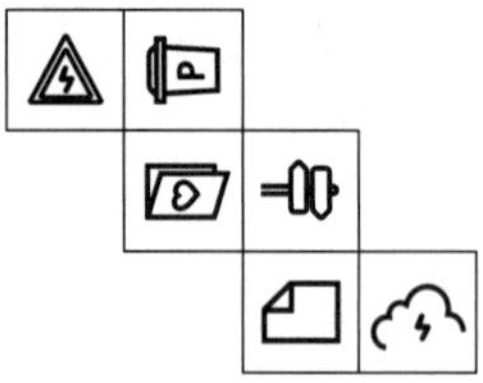

14 다음에 주어진 전개도를 접어서 만들 수 있는 입체도형이 나머지 넷과 다른 하나를 고르면?

①
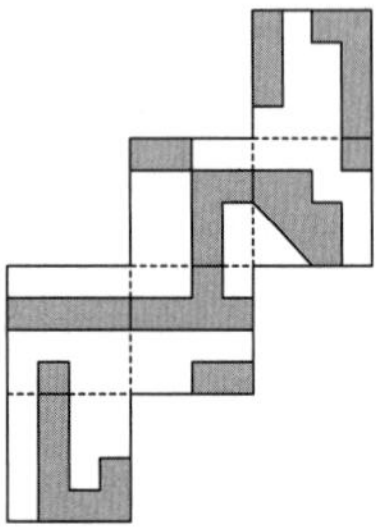
②
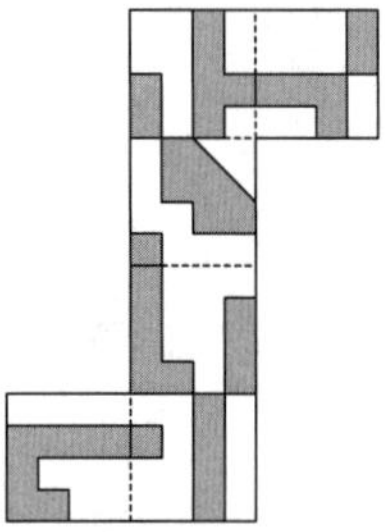
③
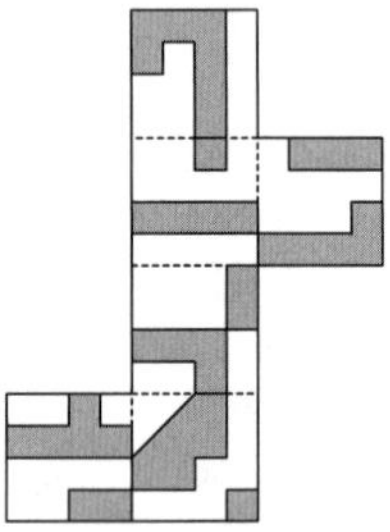
④
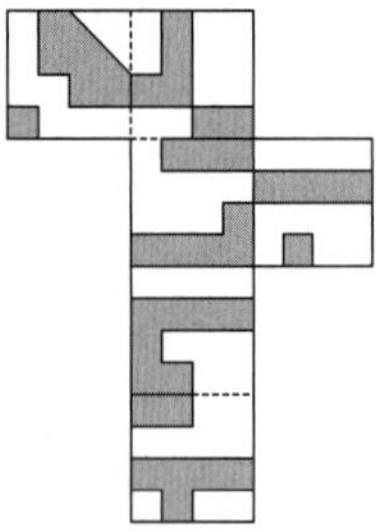
⑤
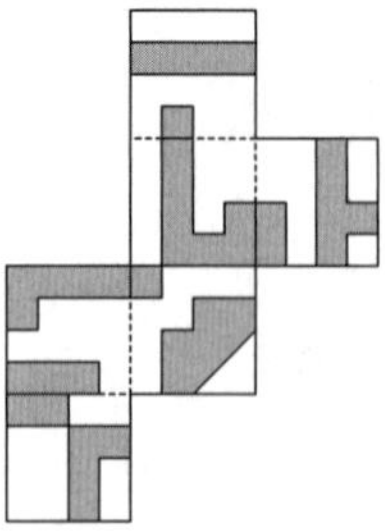

15 다음에 주어진 전개도를 접어서 만들 수 있는 입체도형이 나머지 넷과 다른 하나를 고르면?

①
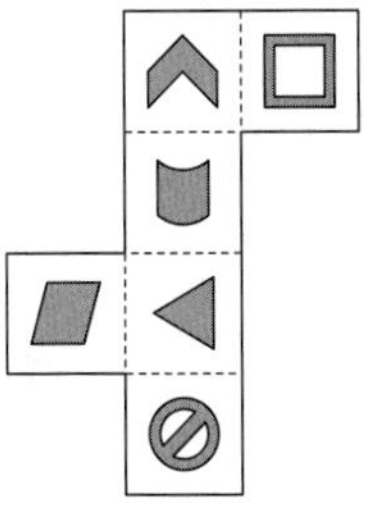

②
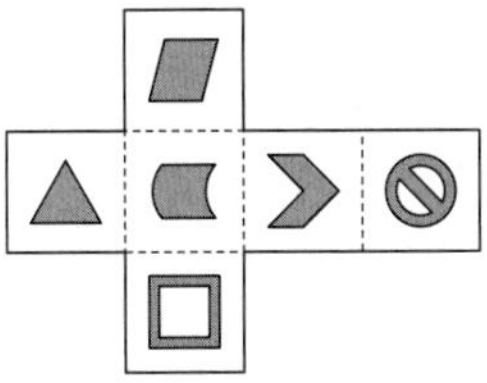

③
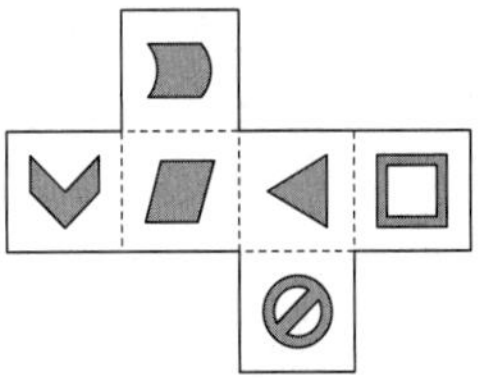

④
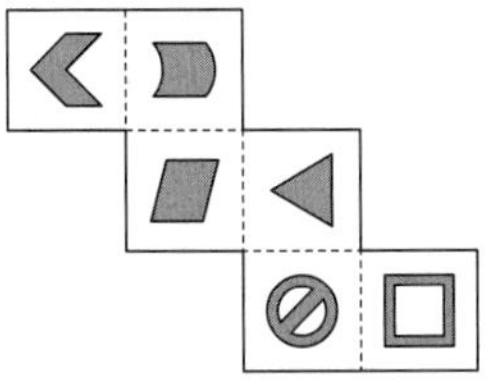

⑤
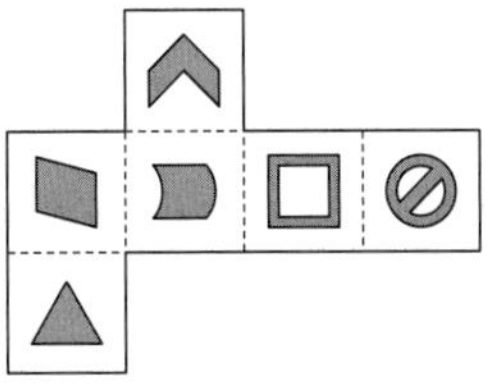

16 다음에 주어진 전개도를 접어서 만들 수 있는 입체도형이 나머지 넷과 다른 하나를 고르면?

①
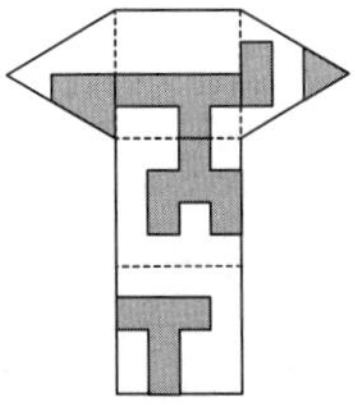

②
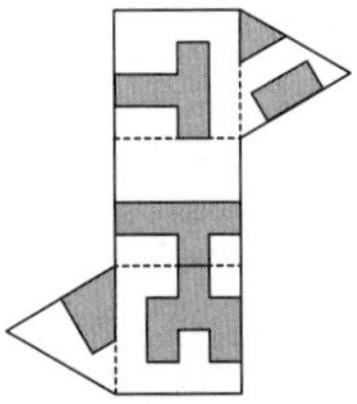

③
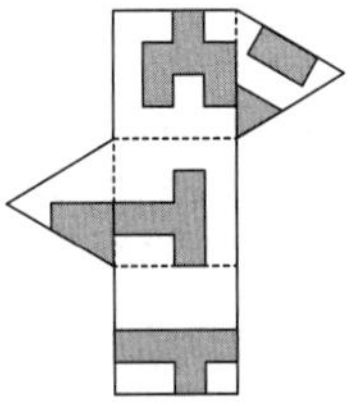

④
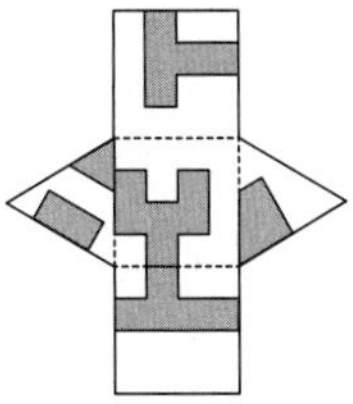

⑤
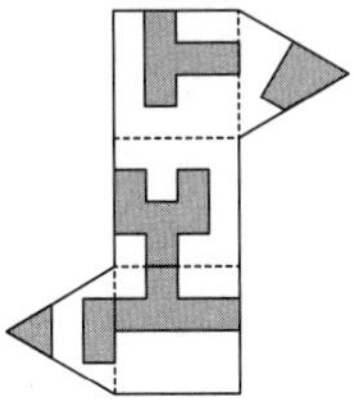

17 다음에 주어진 전개도를 접어서 만들 수 있는 입체도형이 나머지 넷과 다른 하나를 고르면?

①

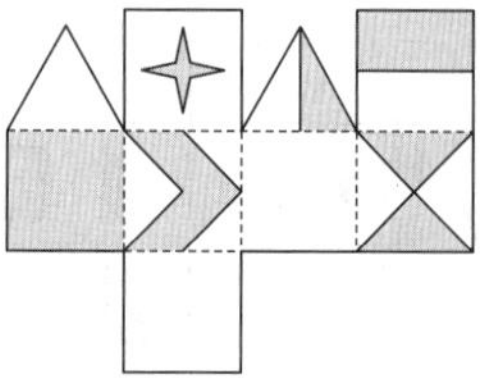

②

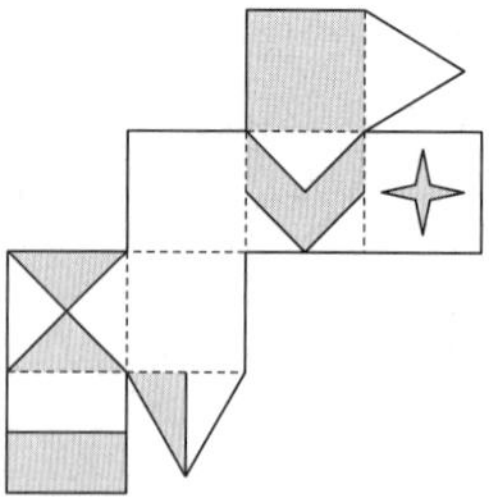

③

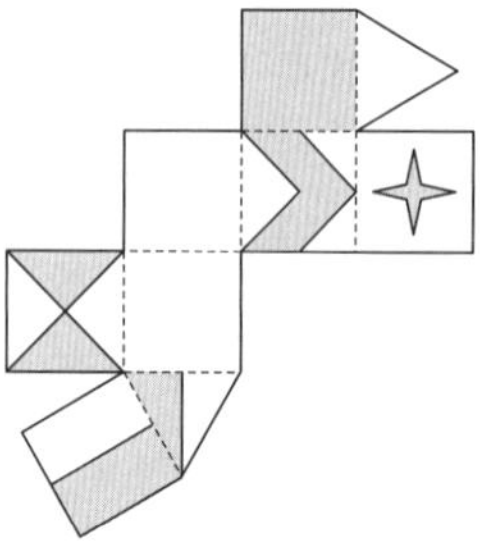

④

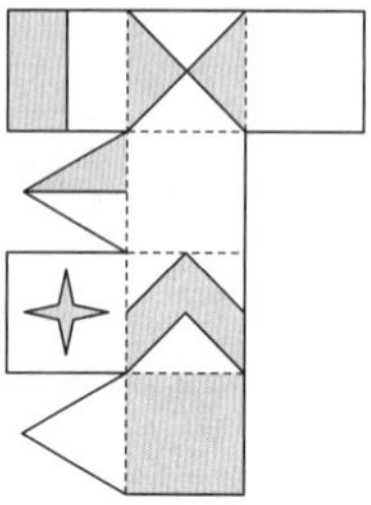

⑤

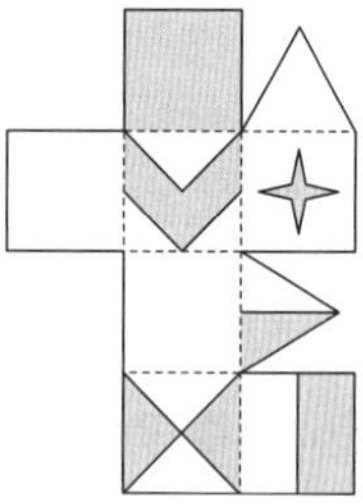

18 다음에 주어진 전개도를 접어서 만들 수 있는 입체도형이 나머지 넷과 다른 하나를 고르면?

① 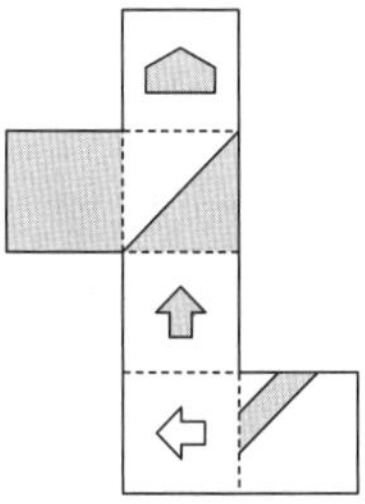

② 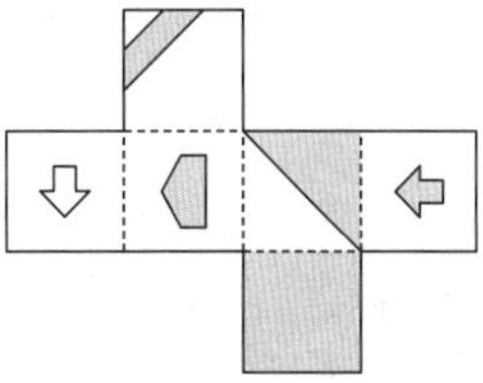

③ 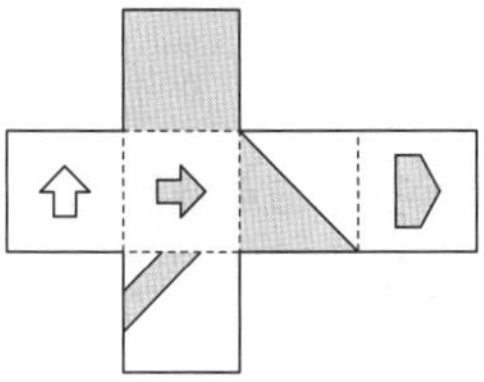

④ 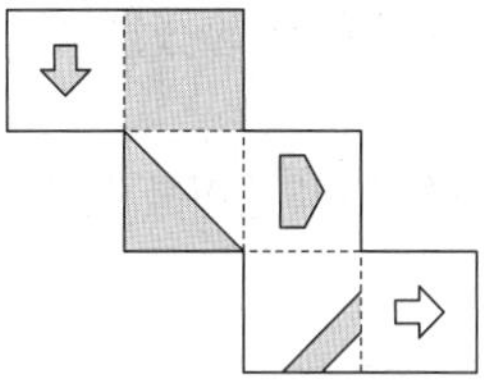

⑤ 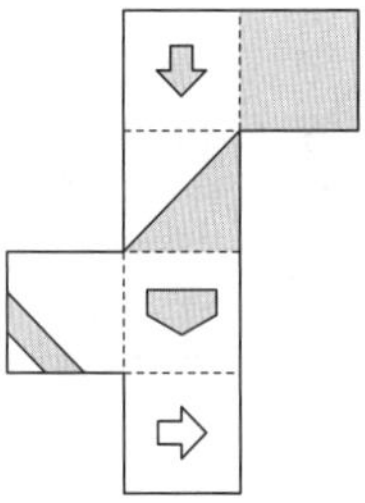

유형 | 2

종이접기

출제 포인트

✓ 종이접기 문제는 종이를 접은 후 펼쳤을 때 접혀진 무늬 찾기, 종이를 접은 상태에서 구멍을 뚫거나 가위로 자른 뒤 펼쳤을 때의 모양을 찾는 문제 등이 출제된다.

세부유형 ① 종이를 접은 후 펼쳤을 때의 모양을 찾는 유형

예제 다음에 주어진 그림을 따라 종이를 접은 후 펼쳤을 때의 모양으로 옳은 것을 고르면?

(단, 점선은 안으로 접고, 실선은 밖으로 접는다.)

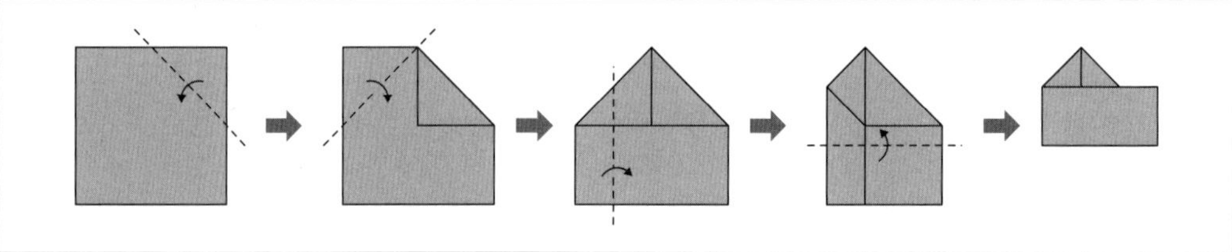

①

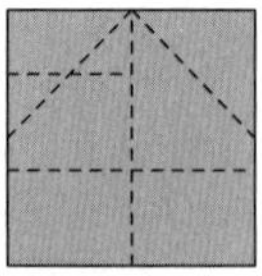

②

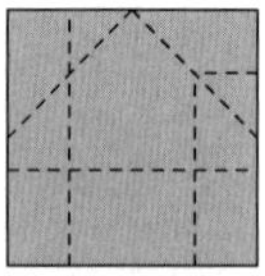

③

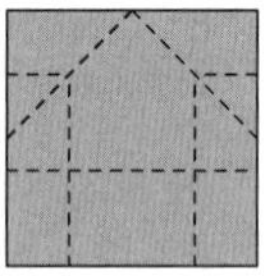

④

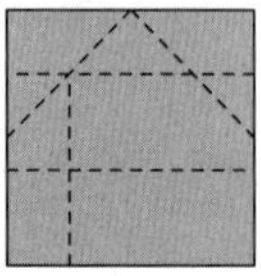

⑤

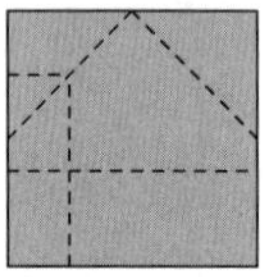

| 정답풀이 |

정답 ⑤

접힌 부분을 하나씩 펼쳐보면 다음과 같은 모양이 된다. 따라서 정답은 ⑤이다.

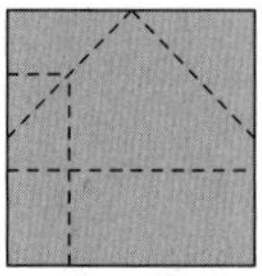

문제 해결 TIP

아래와 같이 단계별로 그려 본다.

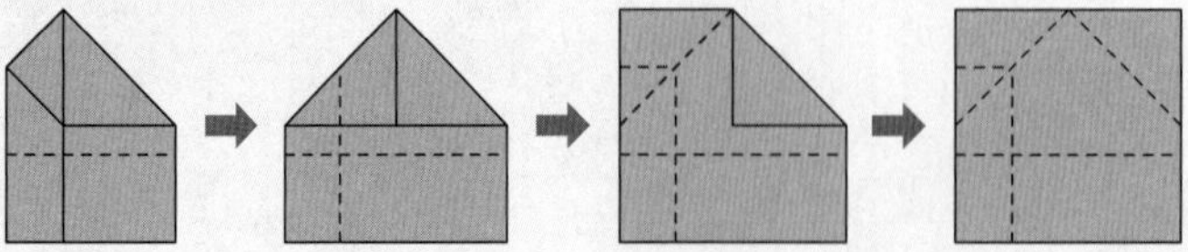

단계가 진행될수록 모양을 유추하기가 어렵지만 두 번째 모양을 통해 ②를 지울 수 있고, 세 번째 모양을 통해 ①과 ③을 지울 수 있다. 이렇게 선지를 지워가며 답의 범위를 좁히며 문제를 풀어 본다.

세부유형 ② 종이를 접은 후 구멍을 뚫고 펼쳤을 때의 모양을 찾는 유형

예제 **다음에 주어진 그림을 따라 종이를 접은 후 구멍을 뚫고 펼쳤을 때의 모양으로 옳은 것을 고르면?**

(단, 점선은 안으로 접고, 실선은 밖으로 접는다.)

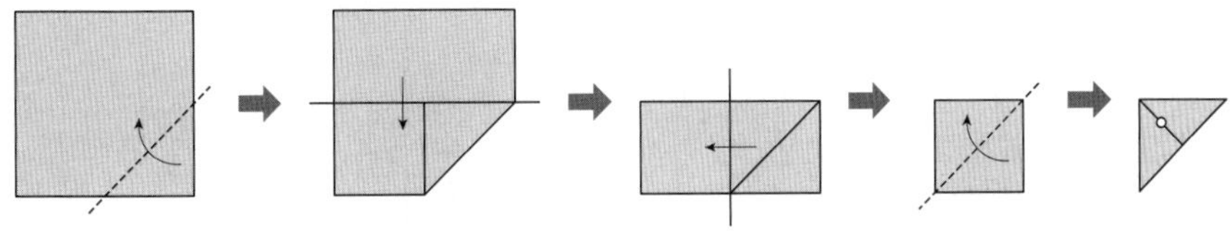

①
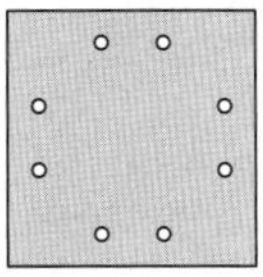

②
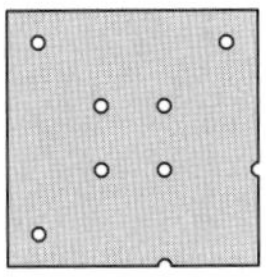

③
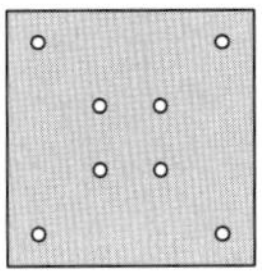

④
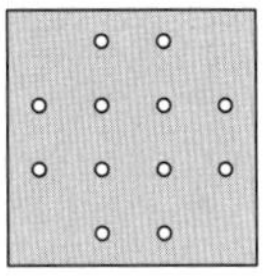

⑤
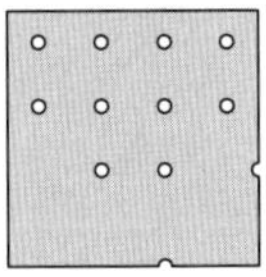

| 정답풀이 |

정답 ①

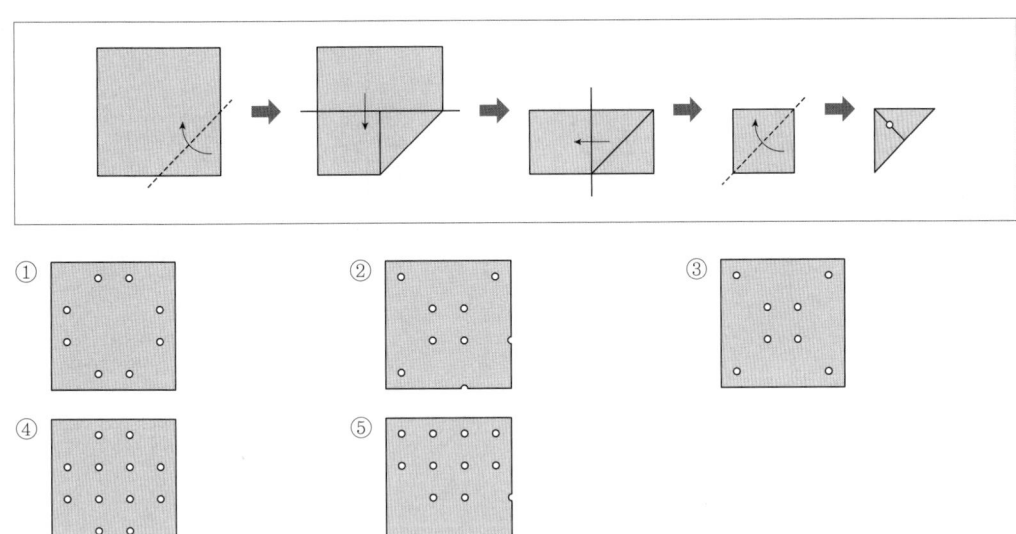

마지막 단계에서부터 접는 선과 대칭이 되도록 새로운 구멍을 그려가며 종이를 펴면 다음과 같다.

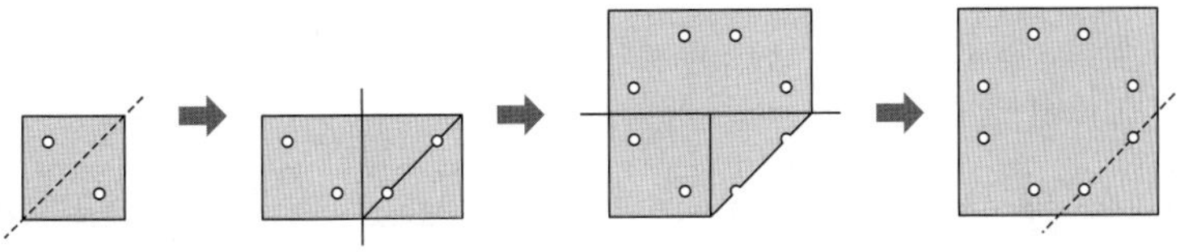

따라서 정답은 ①이다.

세부유형 ③ 종이를 접은 후 뒤집었을 때의 모양을 찾는 유형

예제 다음에 주어진 그림을 따라 종이를 접은 후 좌우로 뒤집었을 때의 모양으로 옳은 것을 고르면?

(단, 점선은 안으로 접고, 실선은 밖으로 접는다.)

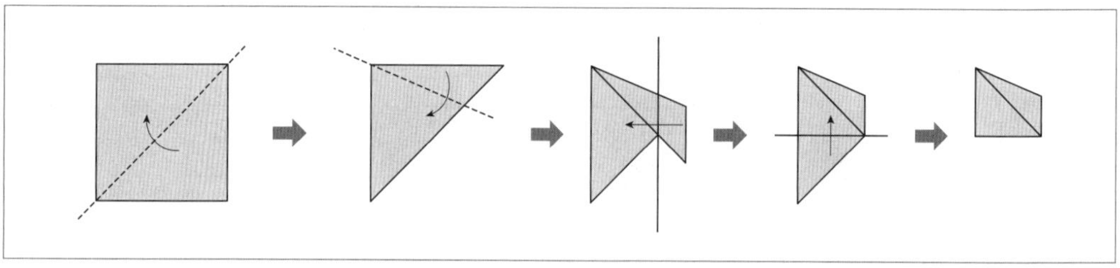

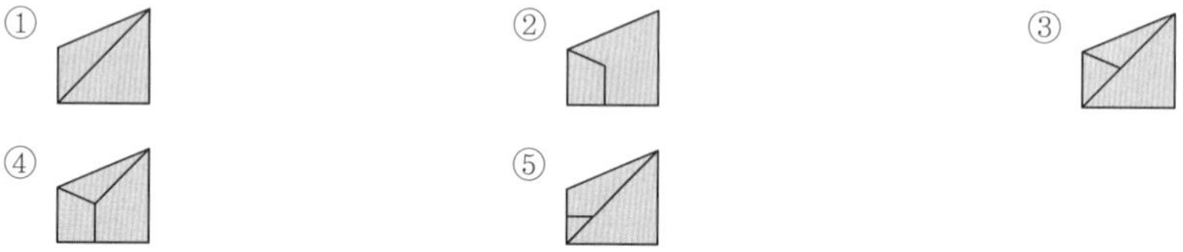

| 정답풀이 | 정답 ③

종이를 접어감에 따라 뒷면은 다음과 같이 변한다.

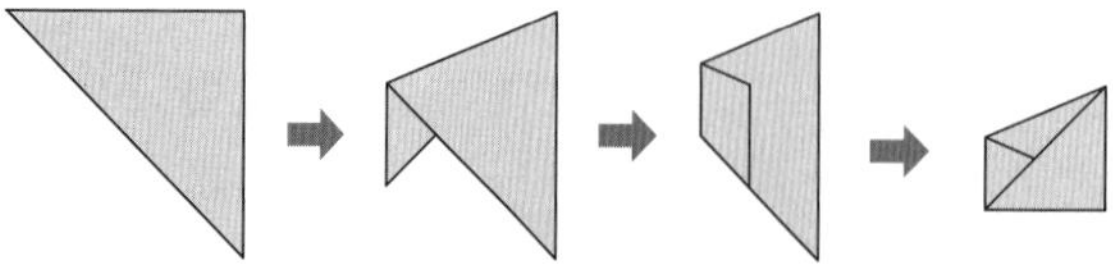

따라서 정답은 ③이다.

문제 해결 TIP

머릿속으로 종이를 접는 단계마다 그 뒷모양을 유추하며 접어야 한다. 머릿속으로 그리기가 복잡하다면 중간 단계를 종이에 그려서 연습하는 것도 좋은 방법 중 하나이다.

종이접기

연습 문제

정답과 해설 P.54

01 다음에 주어진 그림을 따라 종이를 접은 후 펼쳤을 때의 모양으로 옳은 것을 고르면?
(단, 점선은 안으로 접고, 실선은 밖으로 접는다.)

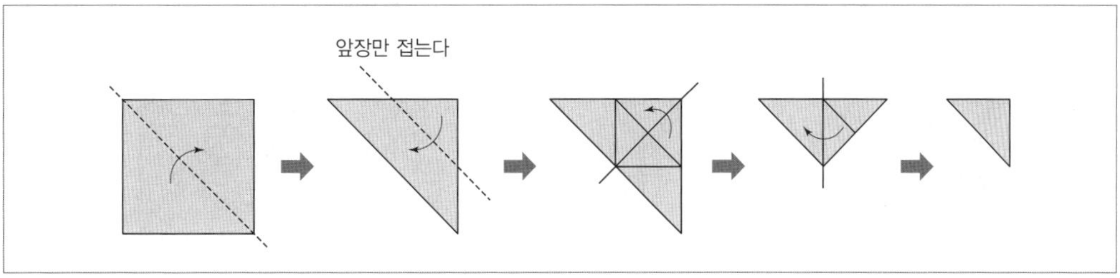

① 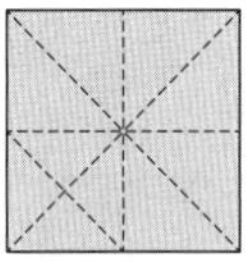
② 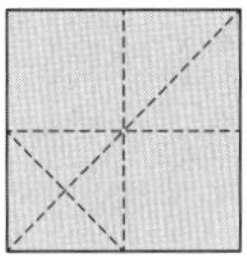
③ 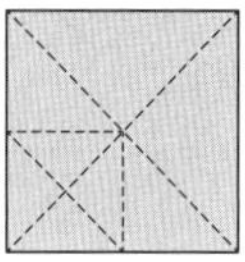
④ 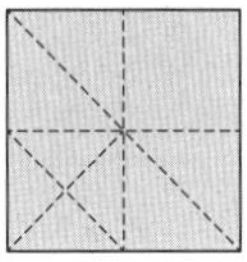
⑤ 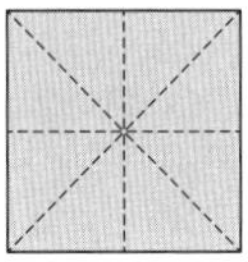

02 다음에 주어진 그림을 따라 종이를 접은 후 펼쳤을 때의 모양으로 옳은 것을 고르면?
(단, 점선은 안으로 접고, 실선은 밖으로 접는다.)

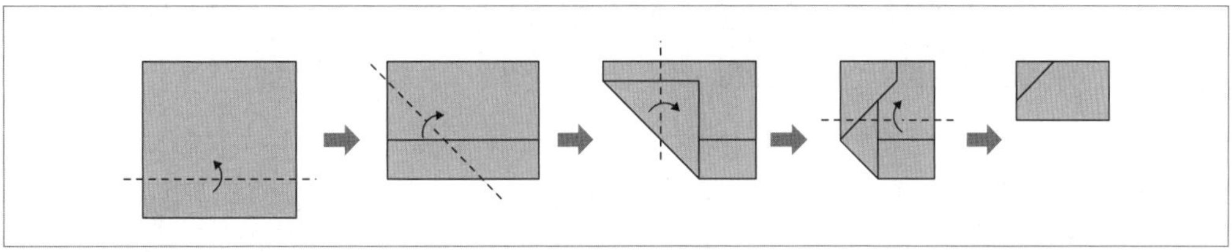

① 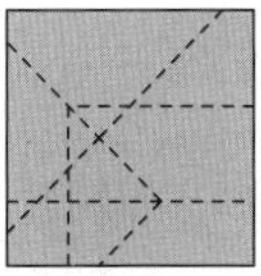
② 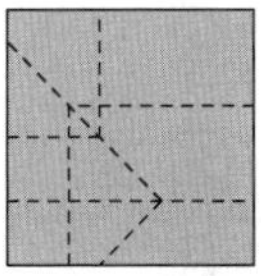
③ 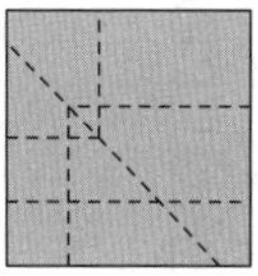
④ 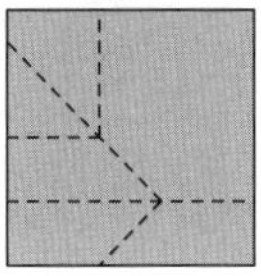
⑤ 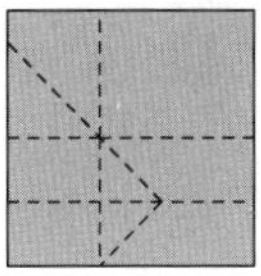

03 다음에 주어진 그림을 따라 종이를 접은 후 구멍을 뚫고 펼쳤을 때의 모양으로 옳은 것을 고르면?

(단, 점선은 안으로 접고, 실선은 밖으로 접는다.)

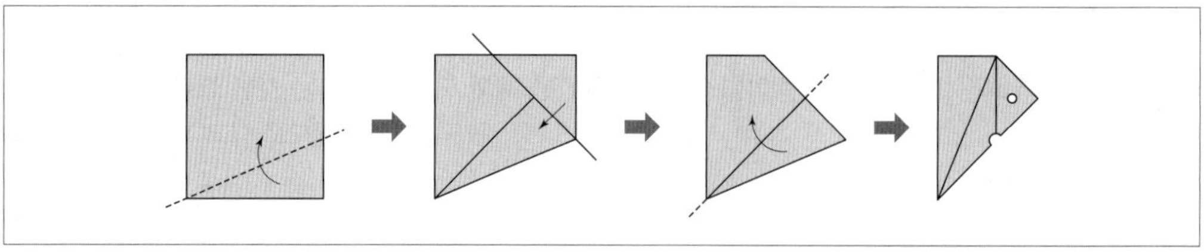

① 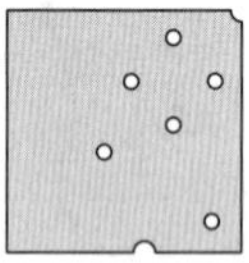

② 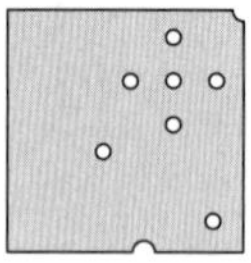

③ 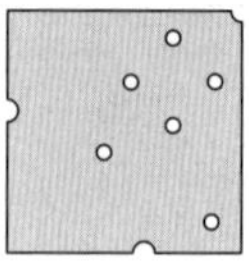

④ 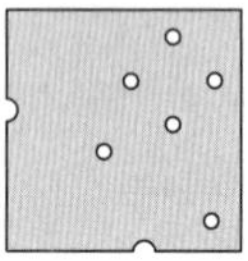

⑤ 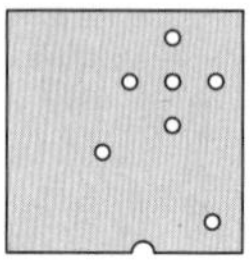

04 다음에 주어진 그림을 따라 종이를 접은 후 구멍을 뚫고 펼쳤을 때의 모양으로 옳은 것을 고르면?

(단, 점선은 안으로 접고, 실선은 밖으로 접는다.)

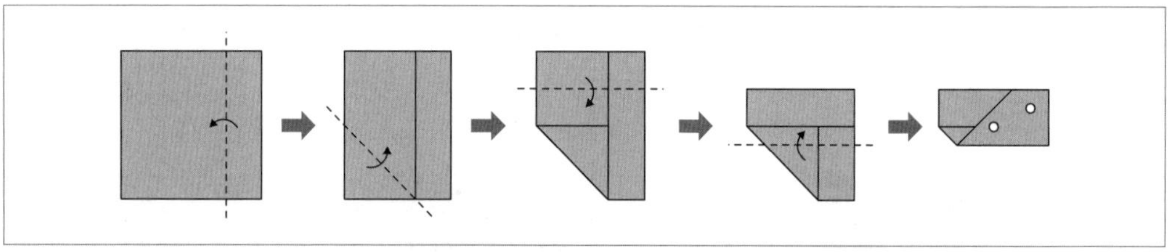

① 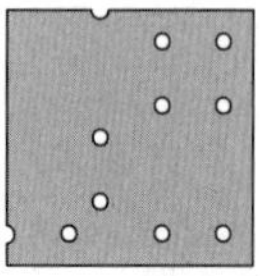

② 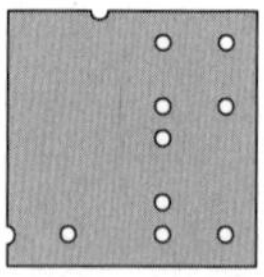

③ 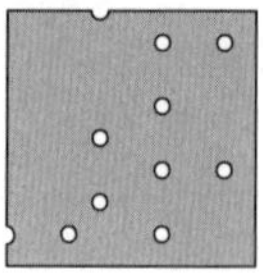

④ 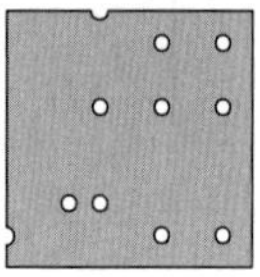

⑤ 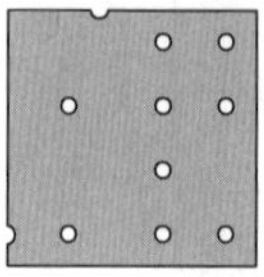

05 다음에 주어진 그림을 따라 종이를 접은 후 가위로 자르고 펼쳤을 때의 모양으로 옳은 것을 고르면?

(단, 점선은 안으로 접는다.)

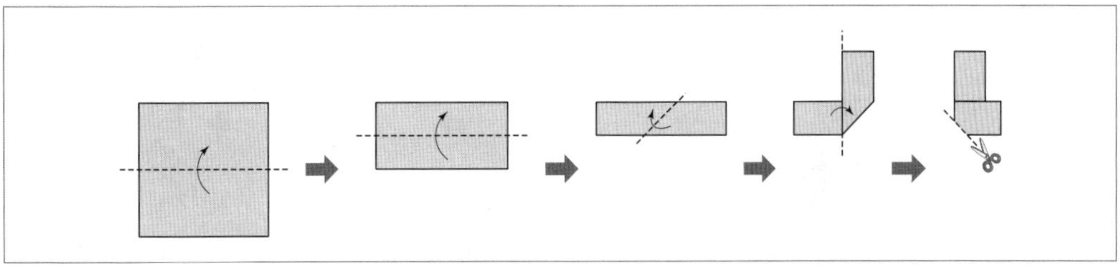

① 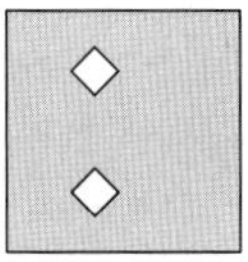

② 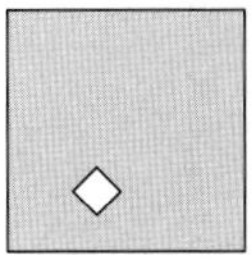

③ 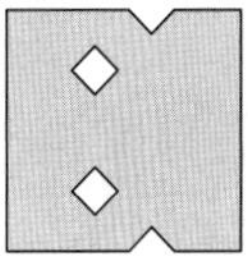

④ 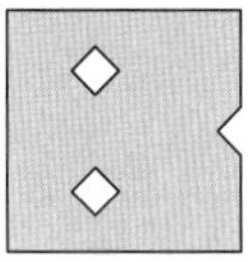

⑤ 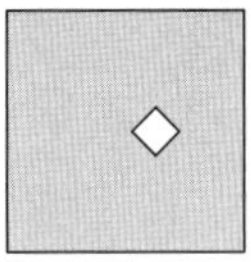

06 다음에 주어진 그림을 따라 종이를 접은 후 가위로 자르고 펼쳤을 때의 모양으로 옳은 것을 고르면?

(단, 점선은 안으로 접는다.)

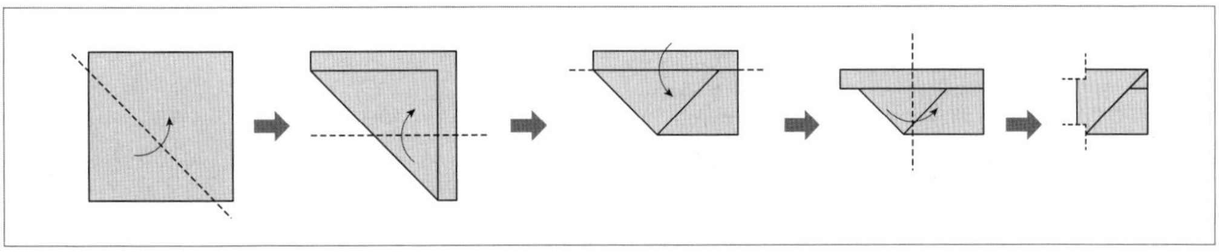

① 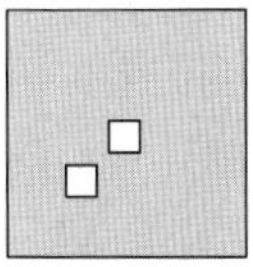

② 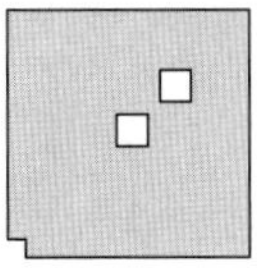

③ 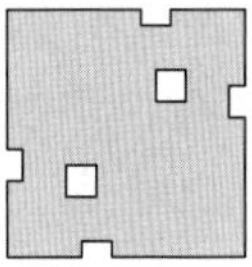

④ 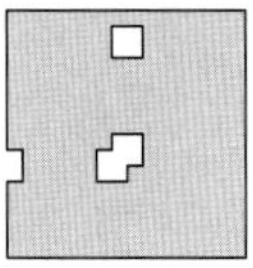

⑤ 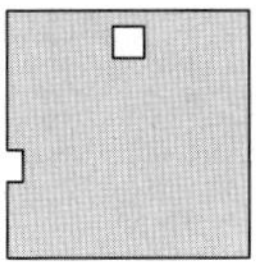

07 다음에 주어진 그림을 따라 종이를 접은 후 구멍을 뚫고 펼쳤을 때의 모양으로 옳은 것을 고르면?

(단, 점선은 안으로 접고, 실선은 밖으로 접는다.)

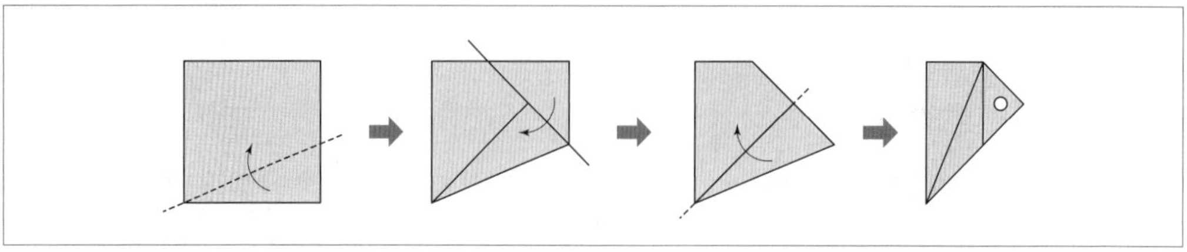

①
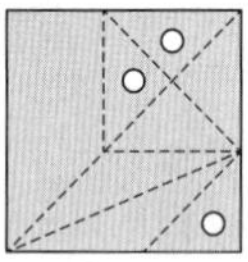

②
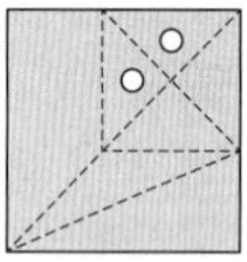

③
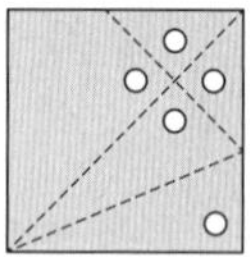

④
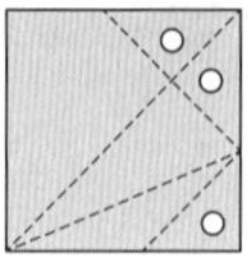

⑤
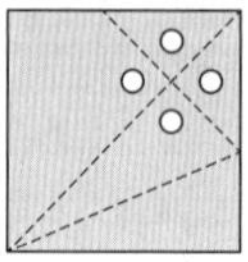

08 다음에 주어진 그림을 따라 종이를 접은 후 구멍을 뚫고 펼쳤을 때의 모양으로 옳은 것을 고르면?

(단, 점선은 안으로 접고, 실선은 밖으로 접는다.)

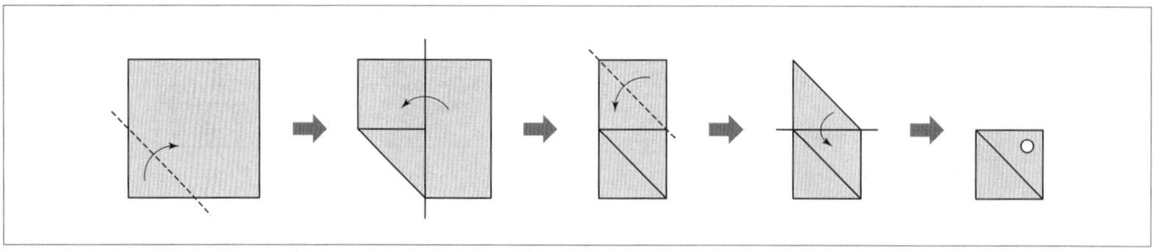

①
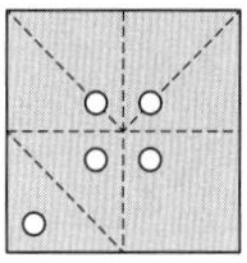

②
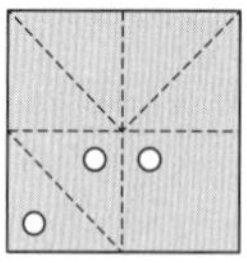

③
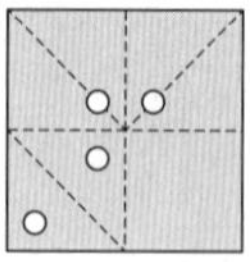

④
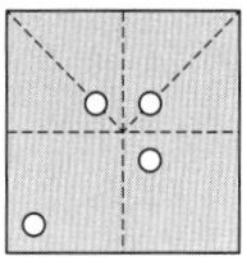

⑤
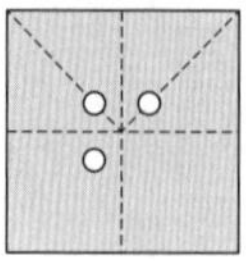

09 다음에 주어진 그림을 따라 종이를 접은 후 구멍을 뚫고 펼쳤을 때의 모양으로 옳은 것을 고르면?
(단, 점선은 안으로 접고, 실선은 밖으로 접는다.)

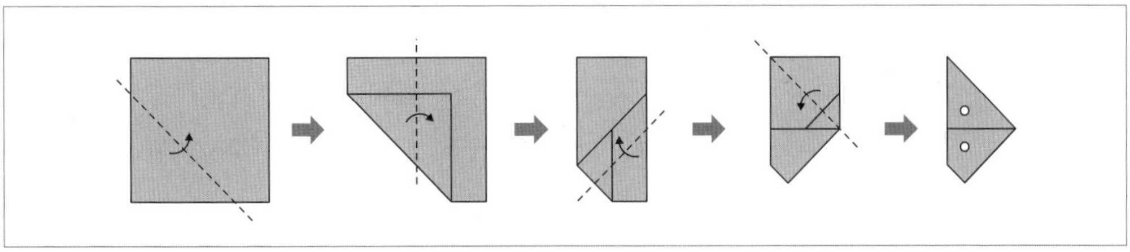

① 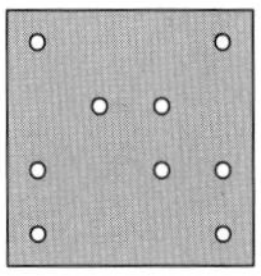
② 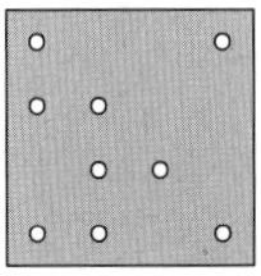
③ 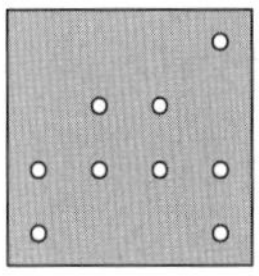
④ 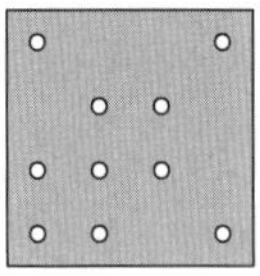
⑤ 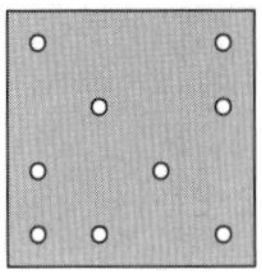

10 다음에 주어진 그림을 따라 종이를 접은 후 가위로 자르고 펼쳤을 때의 모양으로 옳은 것을 고르면?
(단, 점선은 안으로 접고, 실선은 밖으로 접는다.)

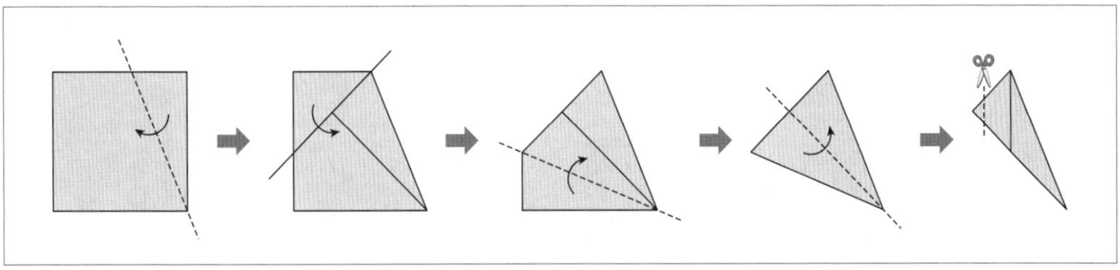

① 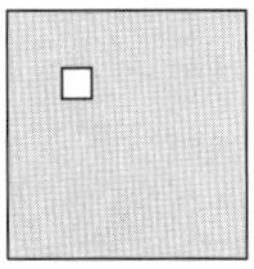
② 
③ 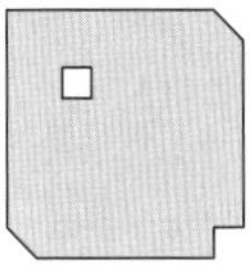
④ 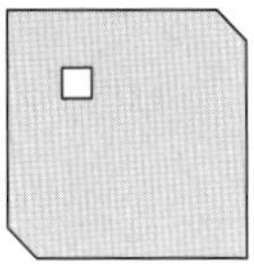
⑤ 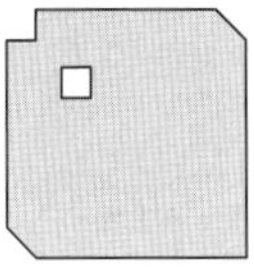

11 다음에 주어진 그림을 따라 종이를 접은 후 가위로 자르고 펼쳤을 때의 모양으로 옳은 것을 고르면?

(단, 점선은 안으로 접고, 실선은 밖으로 접는다.)

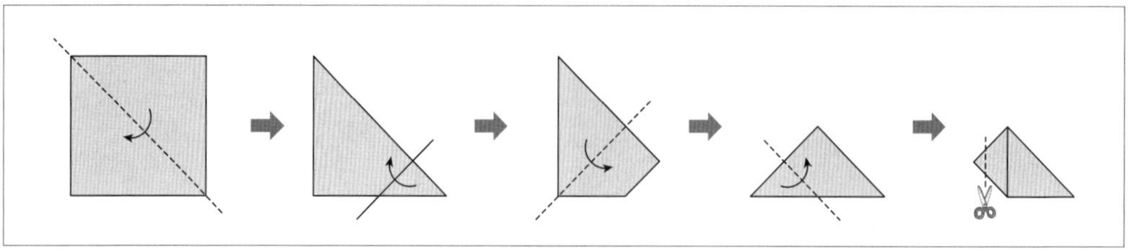

① 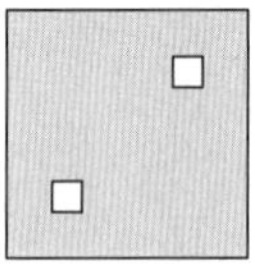

② 

③ 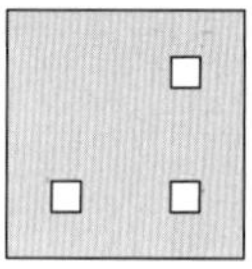

④ 

⑤ 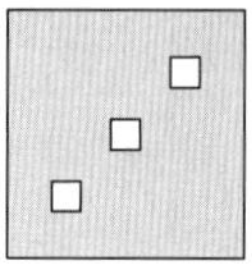

12 다음에 주어진 그림에 따라 종이를 접은 후 좌우로 뒤집었을 때의 모양으로 옳은 것을 고르면?

(단, 점선은 안으로 접고, 실선은 밖으로 접는다.)

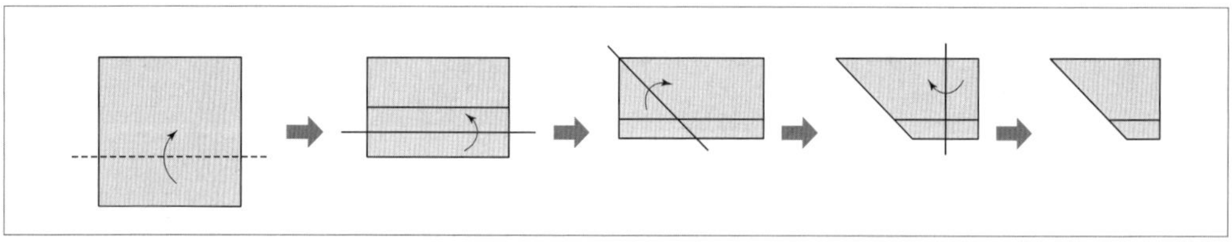

① 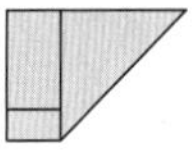

② 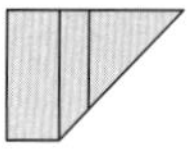

③ 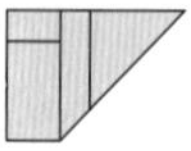

④ 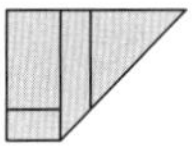

⑤ 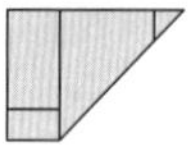

13 다음에 주어진 그림을 따라 종이를 접은 후 좌우로 뒤집었을 때의 모양으로 옳은 것을 고르면?

(단, 점선은 안으로 접고, 실선은 밖으로 접는다.)

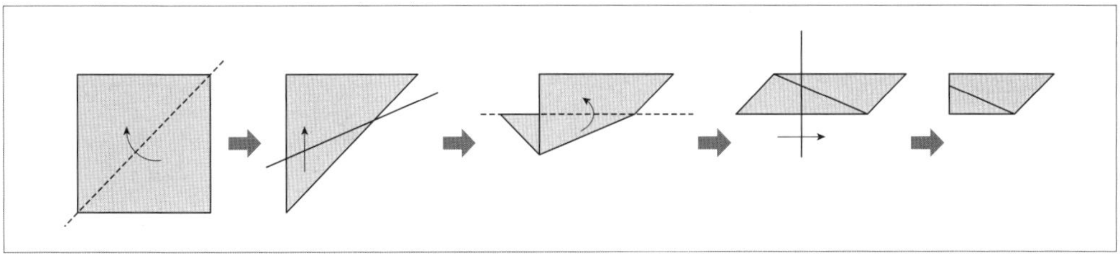

① 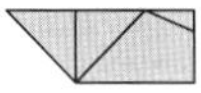

② 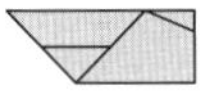

③ 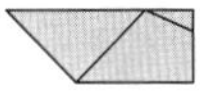

④ 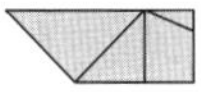

⑤ 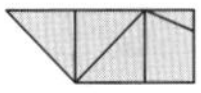

14 다음에 주어진 그림을 따라 종이를 접은 후 좌우로 뒤집었을 때의 모양으로 옳은 것을 고르면?

(단, 점선은 안으로 접고, 실선은 밖으로 접는다.)

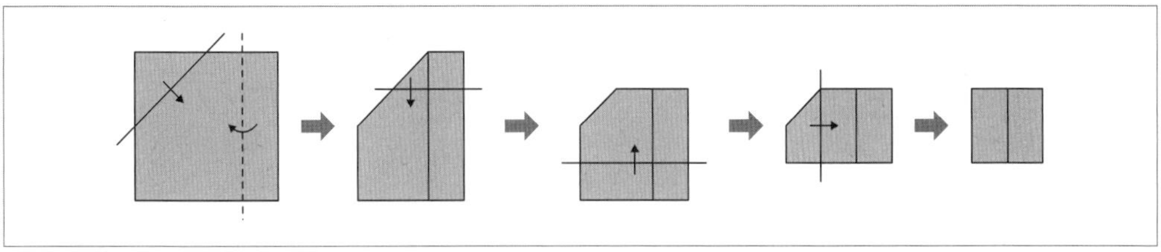

① 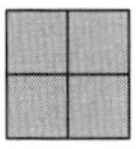

② 

③ 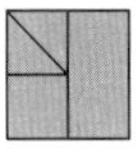

④ 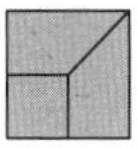

⑤ 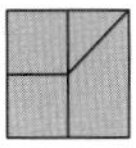

유형 | 3 조각

출제 포인트

✓ 조각 문제는 주어진 도형에 포함되지 않는 도형 찾기, 주어진 도형 조각으로 만들 수 없는 것을 고르는 문제 등이 출제된다.

세부유형 ① 주어진 도형에 포함되지 않는 도형을 고르는 유형

예제 **다음에 주어진 도형에 포함되지 않는 도형을 고르면?** (단, 두 개 이상의 조각이 붙은 경우도 가능하다.)

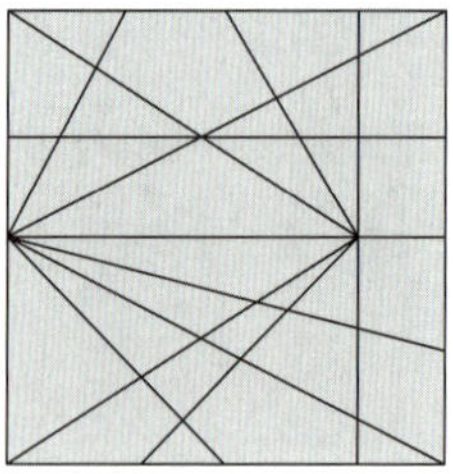

①
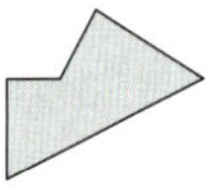

②
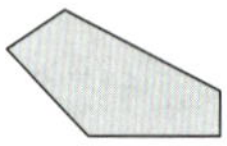

③
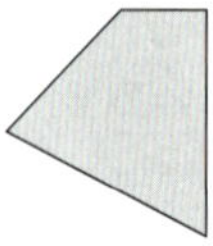

④
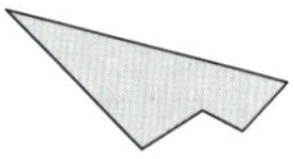

⑤
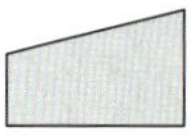

| 정답풀이 |

정답 ⑤

선택지에 제시된 도형을 찾으면 다음과 같다.

①
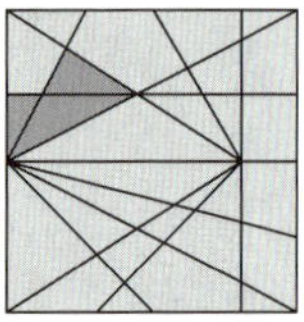

②
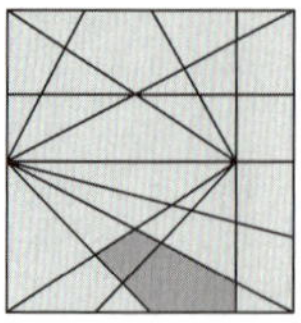

③
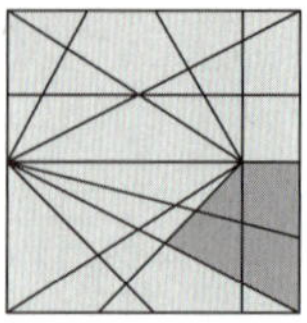

④
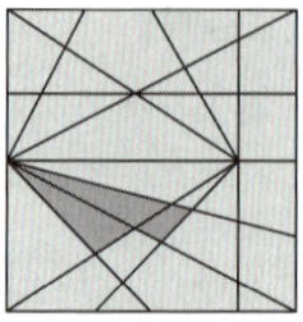

따라서 포함되지 않는 도형은 ⑤이다.

문제 해결 TIP

특징이 강한 모양은 찾기 쉬우므로 우선적으로 찾는다. 찾은 도형은 선택지에서 제거하여 경우의 수를 줄이면서 문제를 해결하는 것이 좋다.

세부유형 ② 주어진 도형 조각으로 만들 수 없는 도형을 고르는 유형

예제 다음에 주어진 도형 조각을 모두 한 번씩 사용하여 만들 수 없는 것을 고르면?

(단, 조각을 뒤집을 수는 없으며, 회전은 가능하다.)

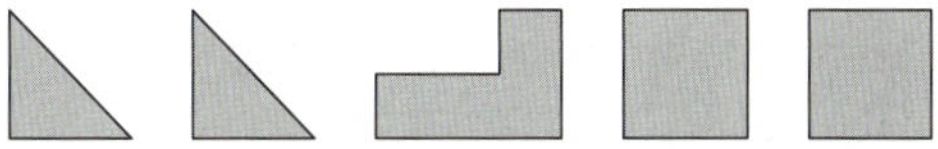

①

②
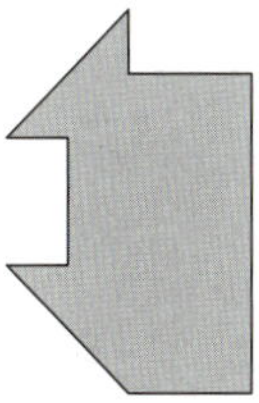

③
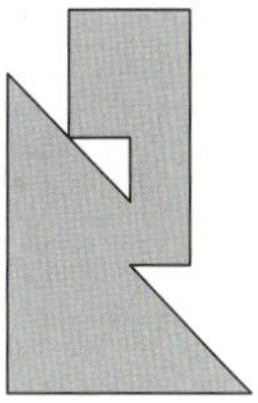

④
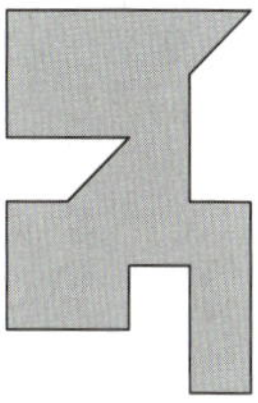

⑤

| 정답풀이 |

정답 ①

주어진 도형 조각을 모두 한 번씩 사용하여 다음과 같이 만들 수 있지만 ①은 만들 수 없다.

②
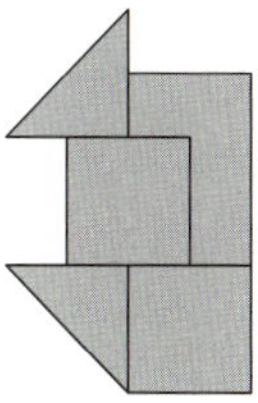

③
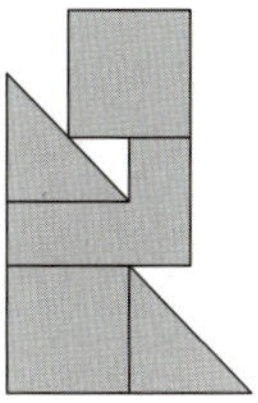

④
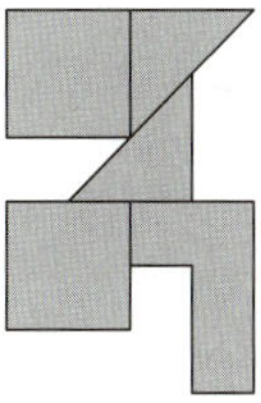

⑤
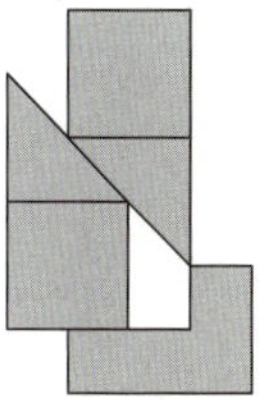

따라서 정답은 ①이다.

연습 문제

정답과 해설 P.56

01 다음에 주어진 도형에 포함되지 않는 도형을 고르면? (단, 두 개 이상의 조각이 붙은 경우도 가능하다.)

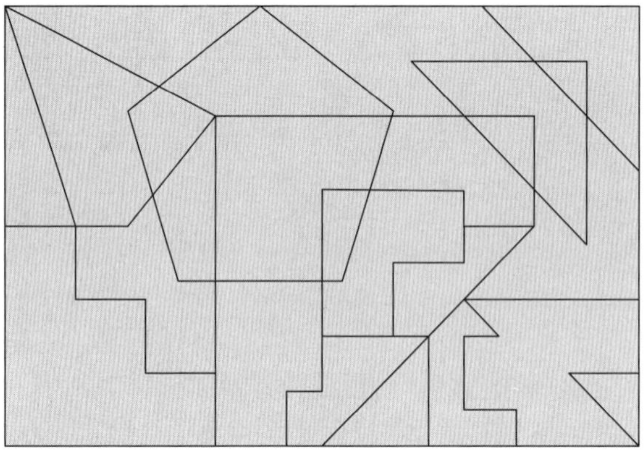

① 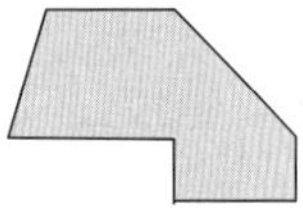

② 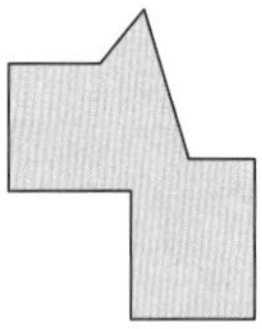

③ 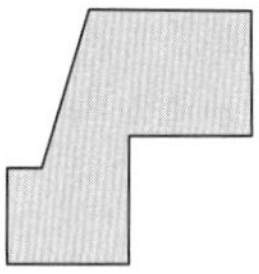

④ 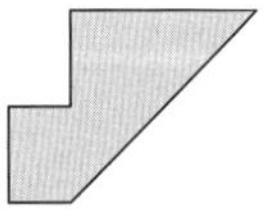

⑤ 

02 **다음에 주어진 도형에 포함되지 <u>않는</u> 도형을 고르면?** (단, 두 개 이상의 조각이 붙은 경우도 가능하다.)

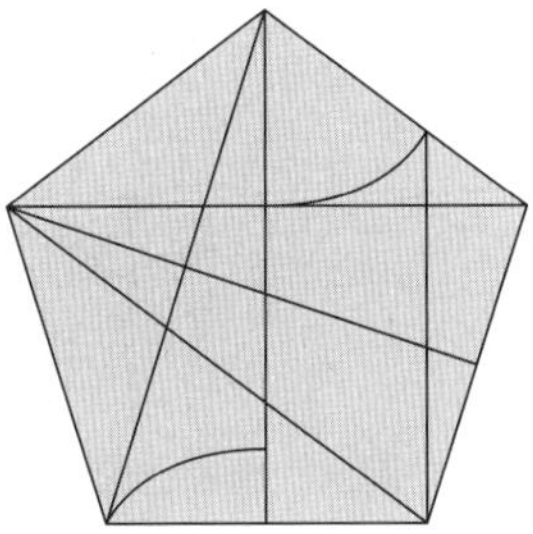

① 

② 

③ 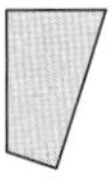

④ 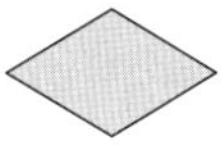

⑤ 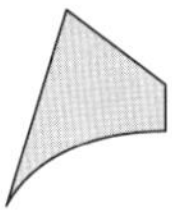

03 **다음에 주어진 도형에 포함되지 <u>않는</u> 도형을 고르면?** (단, 두 개 이상의 조각이 붙은 경우도 가능하다.)

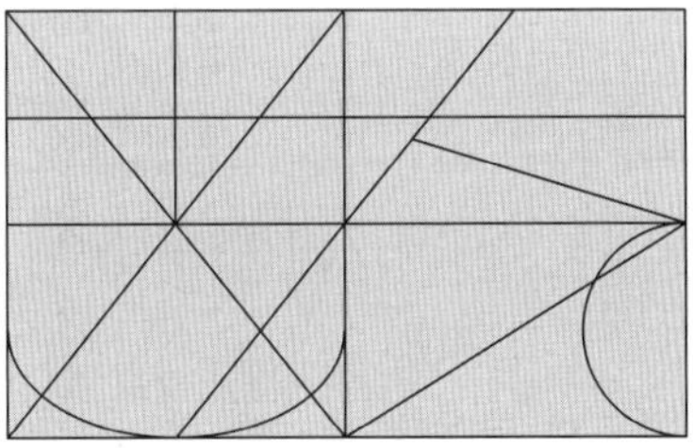

① 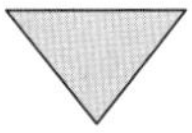

② 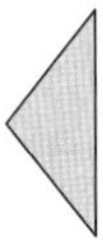

③ 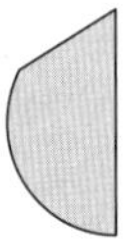

④ 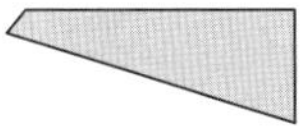

⑤ 

04 **다음에 주어진 도형에 포함되지 <u>않는</u> 도형을 고르면?** (단, 두 개 이상의 조각이 붙은 경우도 가능하다.)

① 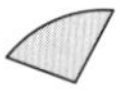

② 

③ 

④ 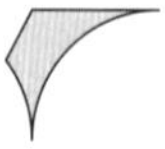

⑤ 

05 **다음에 주어진 도형에 포함되지 <u>않는</u> 도형을 고르면?** (단, 두 개 이상의 조각이 붙은 경우도 가능하다.)

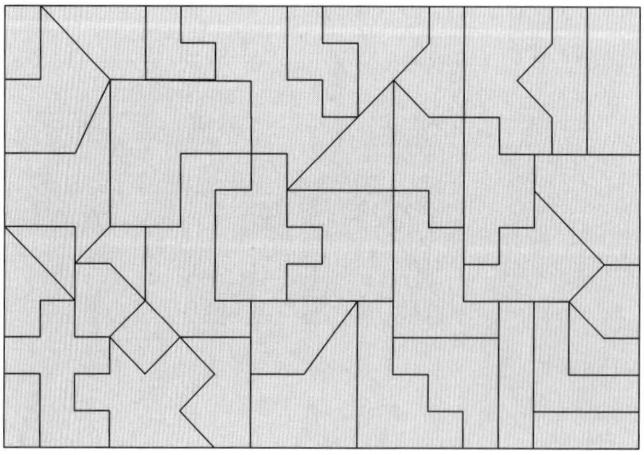

① 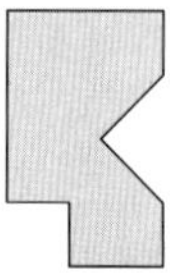

② 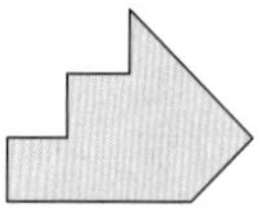

③ 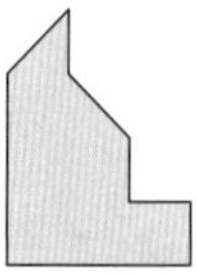

④ 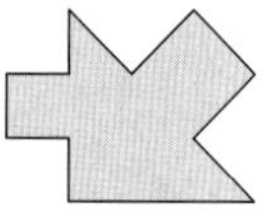

⑤ 

06 **다음에 주어진 도형에 포함되지 않는 도형을 고르면?** (단, 두 개 이상의 조각이 붙은 경우도 가능하다.)

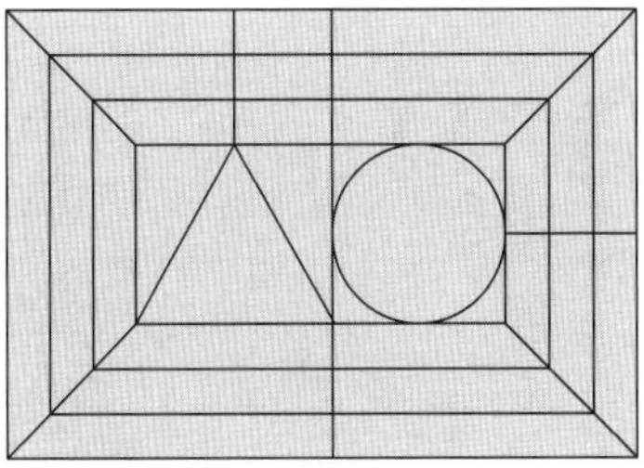

① 
② 
③ 
④ 
⑤ 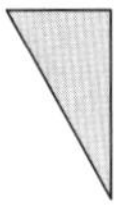

07 **다음에 주어진 도형 조각을 모두 한 번씩 사용하여 만들 수 없는 것을 고르면?**
(단, 조각을 뒤집을 수는 없으며, 회전은 가능하다.)

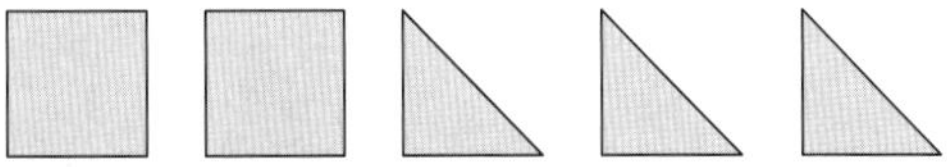

① 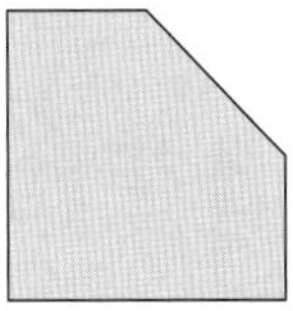
② 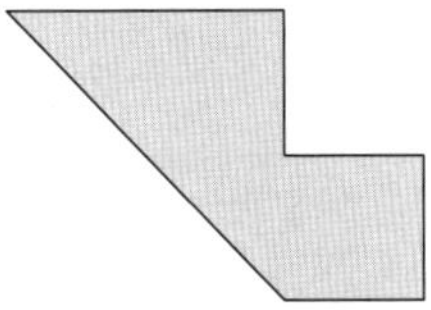
③ 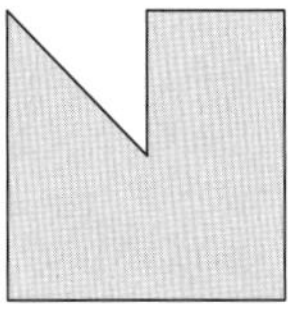
④ 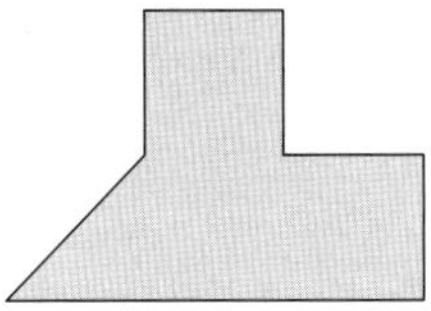
⑤ 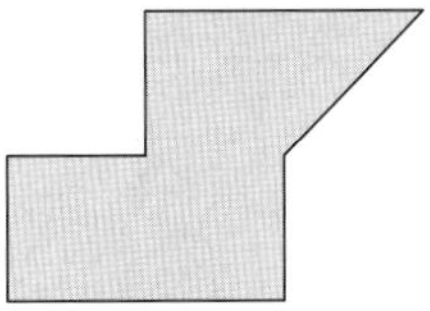

08 다음에 주어진 도형 조각을 모두 한 번씩 사용하여 만들 수 없는 것을 고르면?
(단, 조각을 뒤집을 수는 없으며, 회전은 가능하다.)

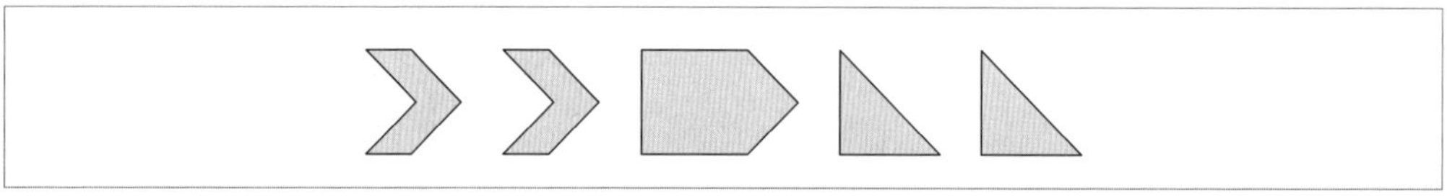

① 
② 
③ 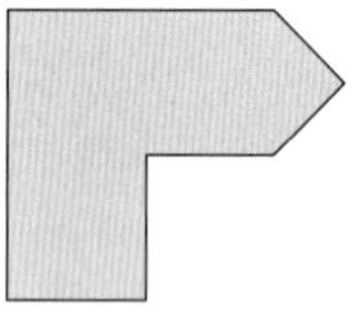
④ 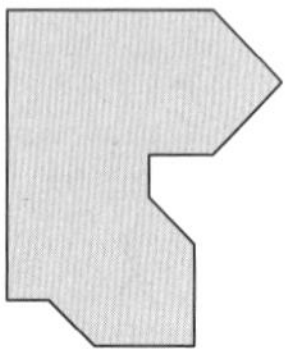
⑤ 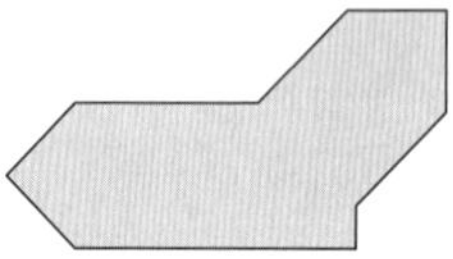

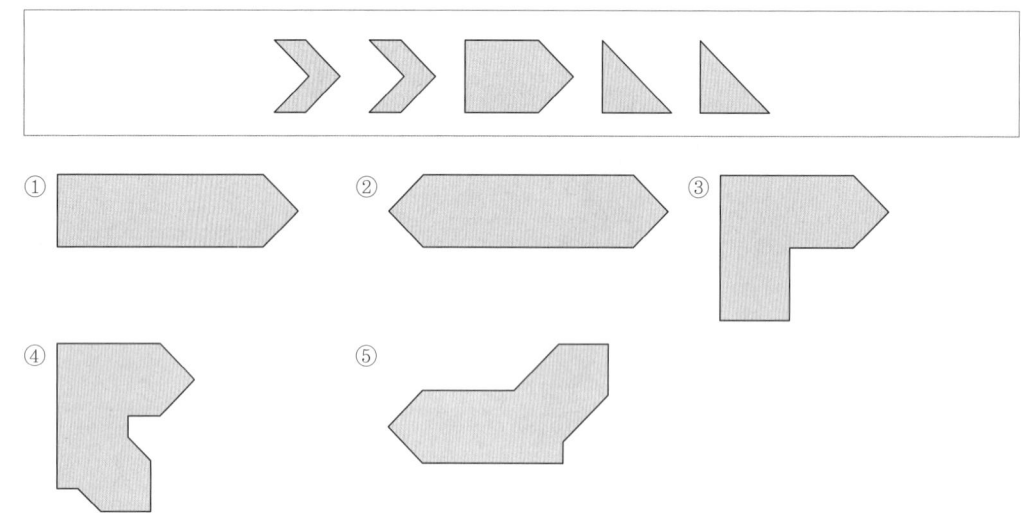

09 다음에 주어진 도형 조각을 모두 한 번씩 사용하여 만들 수 없는 것을 고르면?
(단, 조각을 뒤집을 수는 없으며, 회전은 가능하다.)

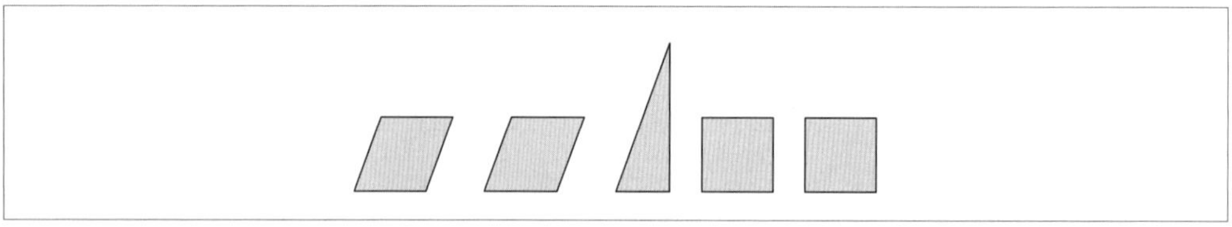

① 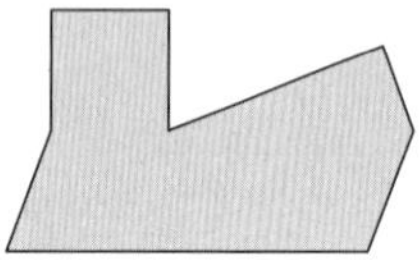
② 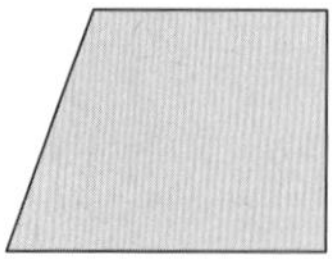
③ 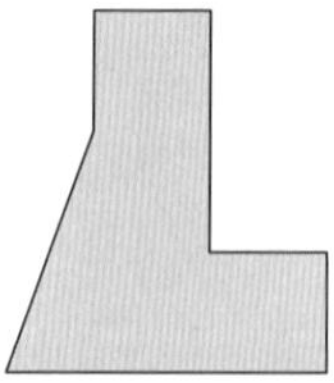
④ 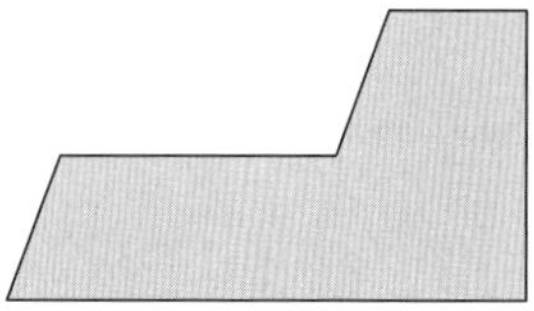
⑤ 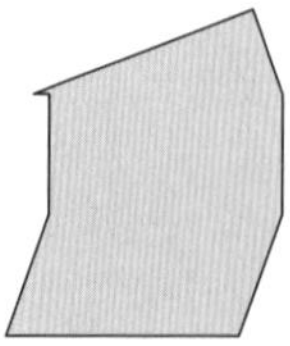

10 다음에 주어진 도형 조각을 모두 한 번씩 사용하여 만들 수 <u>없는</u> 것을 고르면?

(단, 조각을 뒤집을 수는 없으며, 회전은 가능하다.)

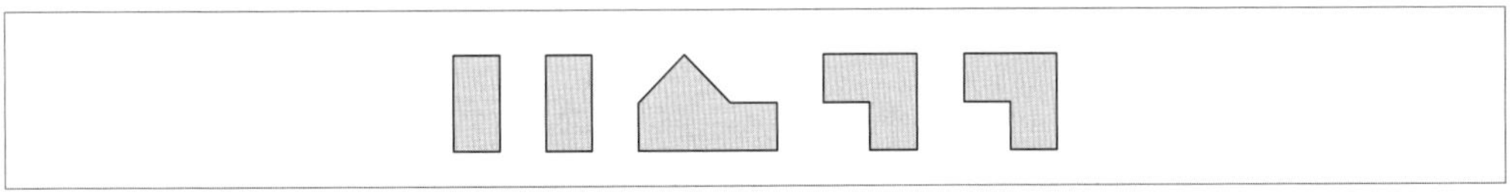

①
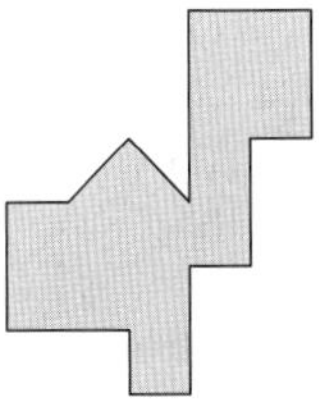

②
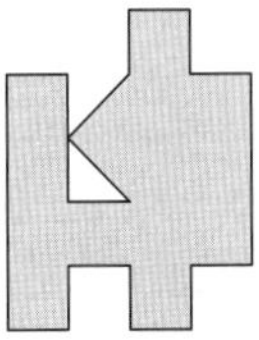

③
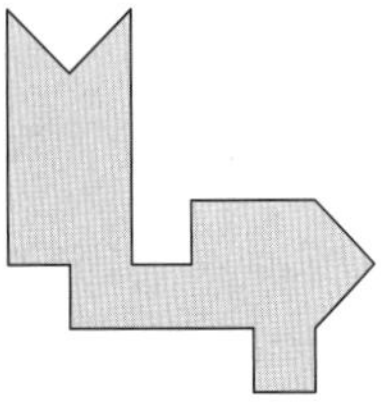

④
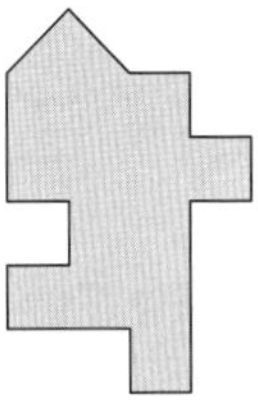

⑤
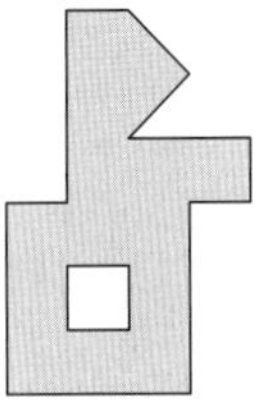

11 다음에 주어진 도형 조각을 모두 한 번씩 사용하여 만들 수 <u>없는</u> 것을 고르면?

(단, 조각을 뒤집을 수는 없으며, 회전은 가능하다.)

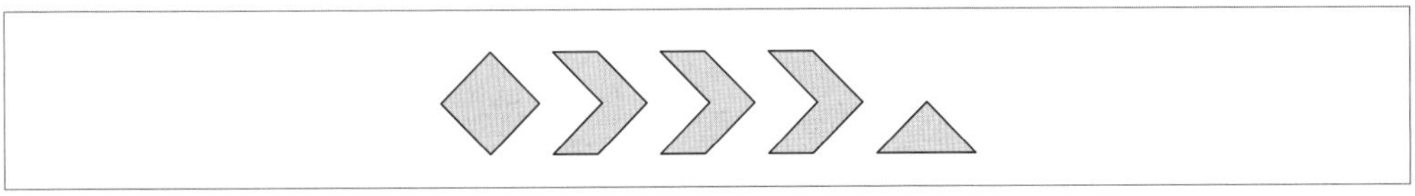

①
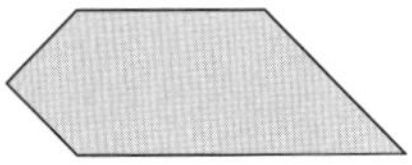

②
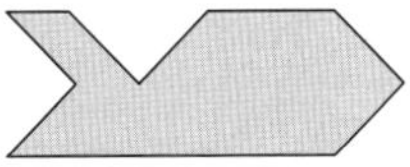

③
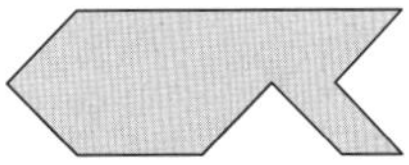

④
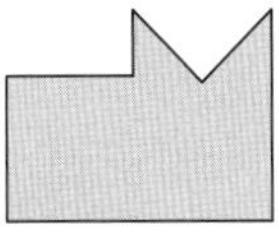

⑤
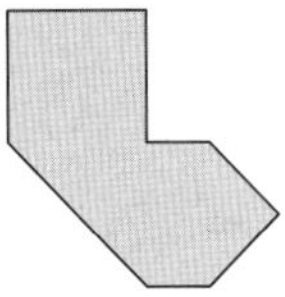

12 다음에 주어진 도형 조각을 모두 한 번씩 사용하여 만들 수 <u>없는</u> 것을 고르면?

(단, 조각을 뒤집을 수는 없으며, 회전은 가능하다.)

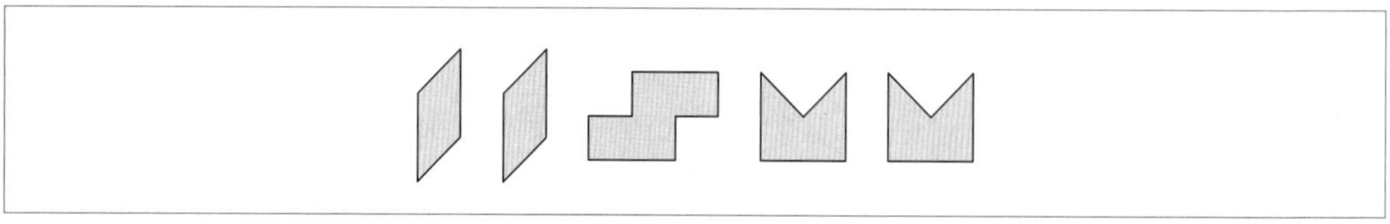

①

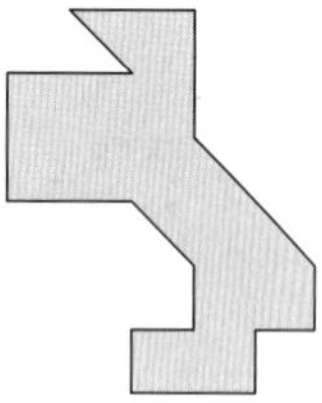

②

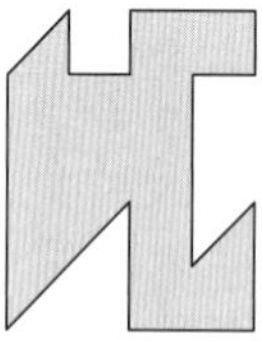

③

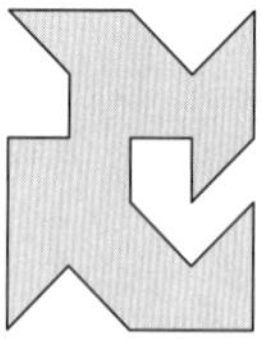

④

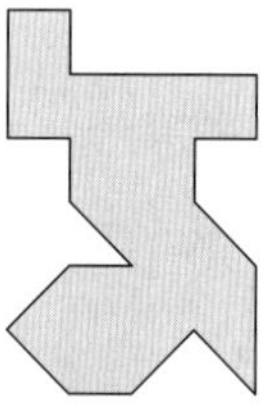

⑤

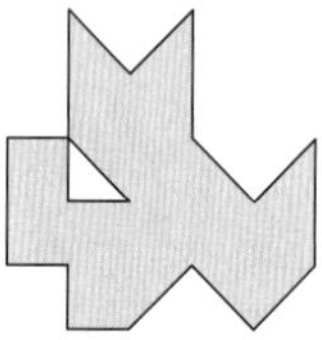

13 다음에 주어진 도형 조각을 모두 한 번씩 사용하여 만들 수 <u>없는</u> 것을 고르면?

(단, 조각을 뒤집을 수는 없으며, 회전은 가능하다.)

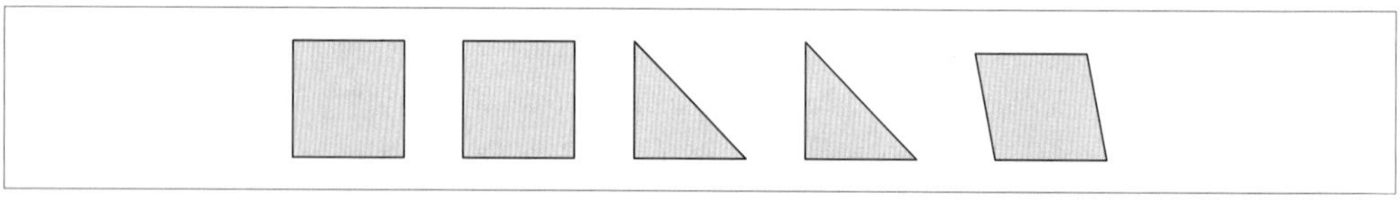

①

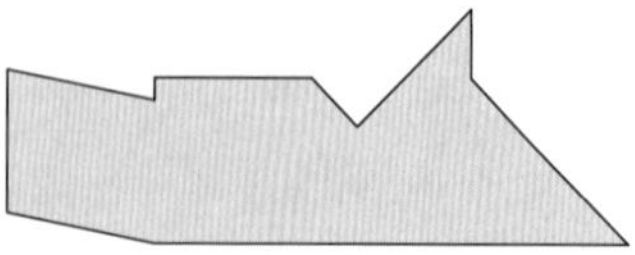

②

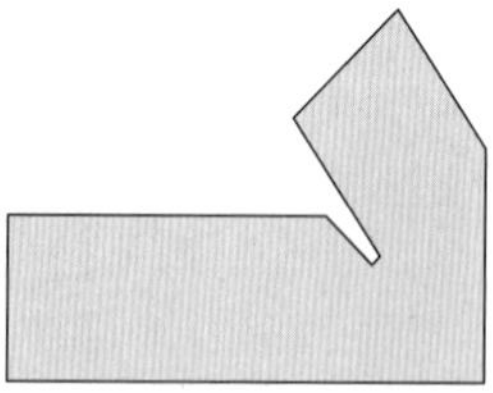

③

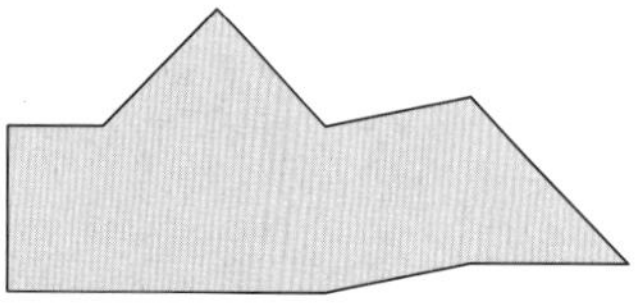

④

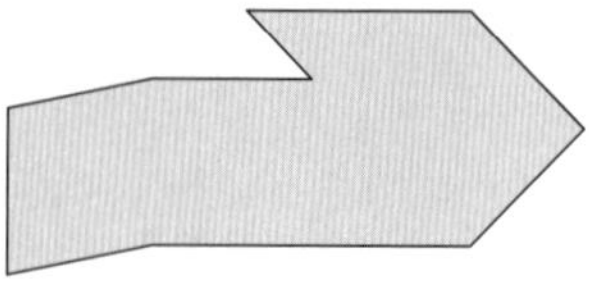

⑤

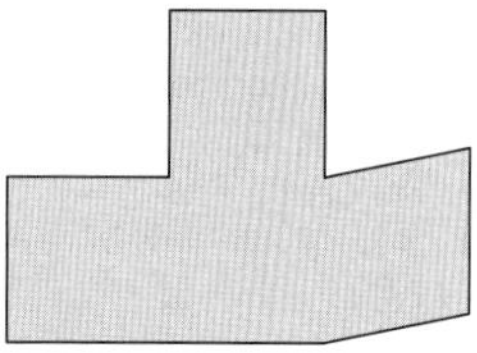

유형 | 4

다른 도형

출제 포인트

✓ '다른 도형'은 5개의 선택지에서 다른 하나의 도형을 찾는 문제 유형이다.
✓ 주어진 도형의 특징을 찾아서 그 부분을 나누어 보는 것이 중요하다.

세부유형 ① 모양이 다른 하나를 고르는 유형

예제 **다음 중 다른 도형 하나를 고르면?** (단, 회전은 허용하지만, 뒤집는 것은 허용하지 않는다.)

①

②

③

④
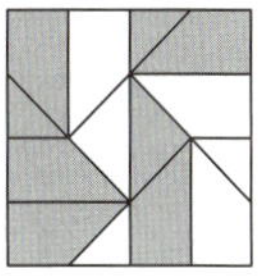

⑤
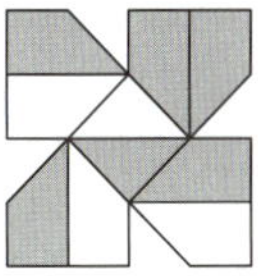

| 정답풀이 |

정답 ④

①을 기준으로 시계 방향으로 90도 회전하면 ⑤, 180도 회전하면 ③, 270도 회전하면 ②가 된다.
따라서 정답은 ④이다.

문제 해결 TIP

도형의 전체를 보기보다는 부분적으로 쪼개어 보는 연습이 필요하다.

유형 | 4

다른 도형
연습 문제

정답과 해설 P.58

01 **다음 중 <u>다른</u> 도형 하나를 고르면?** (단, 회전은 허용하지만, 뒤집는 것은 허용하지 않는다.)

①

②

③

④

⑤

02 **다음 중 <u>다른</u> 도형 하나를 고르면?** (단, 회전은 허용하지만, 뒤집는 것은 허용하지 않는다.)

①
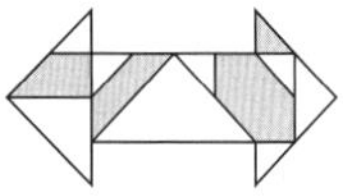

②
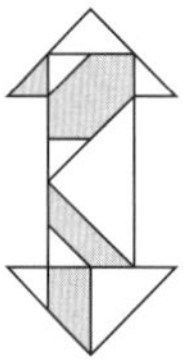

③
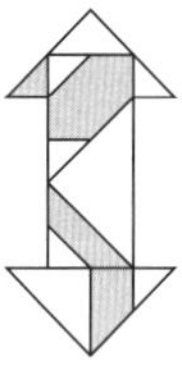

④
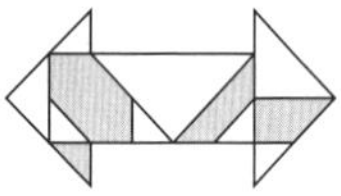

⑤

03 다음 중 <u>다른</u> 도형 하나를 고르면? (단, 회전은 허용하지만, 뒤집는 것은 허용하지 않는다.)

①
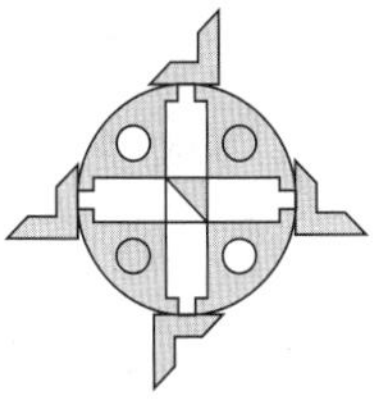
②

③

④

⑤

04 다음 중 <u>다른</u> 도형 하나를 고르면? (단, 회전은 허용하지만, 뒤집는 것은 허용하지 않는다.)

①

②

③

④

⑤

PART Ⅳ

공간지각 영역

CHAPTER

02

입체도형

학습 포인트

입체도형에서 주로 출제되는 유형들은 블록이나 투상도와 관련된 문제들이며 평면도형과 마찬가지로 개인의 공간지각 능력에 따라 체감 난도의 개인차가 큰 유형이다. 최대한 많은 문제를 접하면서 단계적으로 문제를 해결하는 연습을 하는 것이 중요하며, 필요하다면 쌓기나무 관련 애플리케이션을 활용하여 실제로 입체도형을 조작하면서 입체도형에 대한 개념을 다지는 것도 좋다.

출제 유형

블록	쌓기나무로 만든 입체도형이 주어지며 이러한 입체도형들을 합치거나 분리했을 때 가능한 모양의 입체도형을 고르는 문제가 주로 출제된다. 각 입체도형에서 특징이 될 만한 부분을 기준으로 접근하는 것이 좋다.
투상도	입체도형을 세 가지 방향에서 봤을 때 나타나는 모양을 바탕으로 원래의 입체도형을 고르는 문제가 주로 출제된다. 한 방향의 투상도를 기준으로 선택지의 입체도형들을 비교한 뒤 선택지를 소거하면서 정답에 접근하는 것이 좋다.
다른 도형	여러 도형 중 다른 하나를 찾는 유형의 문제이다. 주어진 도형에서 특징적인 부분을 기준으로 다른 도형들과 비교하는 것이 좋다.

CHAPTER 02

입체도형

핵심 이론

합격 Skill

• **Point 1 결합 유형에서는 한 개의 블록을 먼저 찾는다.**

두 개의 블록이 결합한 전체 모양에 집중하기보다는 결합된 모양에서 우선 한 개의 블록을 찾는 데에 집중하는 것이 좋다. 한 개의 블록을 먼저 찾으면 두 개의 블록을 구별해서 보기가 쉽기 때문이다. 모양이 평범한 블록보다 모양이 더 특이한 블록을 고르고 그 블록부터 결합된 모양에서 찾아보는 것이 좋다.

• **Point 2 분리 유형에서는 각각의 블록 조각을 회전시켜 생각한다.**

결합하기 전의 블록은 문제에 제시된 각도로만 결합되지 않으며, 각도에 따라 보이지 않는 부분이 생기고 다른 모양으로 착각하기도 쉬울 수 있다. 보는 방향에 따라 보이는 면과 보이지 않는 면이 달라지기 때문에 문제에 제시된 모양을 여러 방향으로 보았을 때의 모양까지 유추하는 것이 중요하다.

• **Point 3 복잡한 입체도형일수록 '부분'에 집중한다.**

복잡한 형태의 입체도형은 전체를 파악하기 어렵다. 그러므로 특징적인 부분을 나누어 부분적으로 비교해야 문제 풀이에 효과적이다. 한 부분을 집중해서 본 뒤 틀린 부분이나 찾고자 하는 부분을 확인해 나가는 것이 좋다.

• **Point 4 쌓기나무 관련 애플리케이션을 활용한다.**

문제에 제시된 블록이나 입체도형을 머릿속으로 조작한 모양을 상상했을 때 그 모양이 옳은 모양인지는 확인하기 어렵다. 이때 쌓기나무 관련 애플리케이션을 활용하면 문제에 제시된 입체도형을 여러 가지 방법으로 조작하면서 스스로 상상한 모양이 맞는지 확인할 수 있고, 실제 문제 해결에도 큰 도움이 된다. 단, 애플리케이션에 너무 의존하면 실제 문제를 풀 때 어려움을 느낄 수 있으므로 학습의 보조 수단으로만 사용하고 스스로 해결하는 연습을 꾸준히 하는 것이 중요하다.

유형 | 1 블록

출제 포인트

✓ 블록 문제는 주어진 입체도형을 합쳤을 때 만들 수 없는 도형을 고르는 문제, 여러 개의 블록 덩어리를 조합하여 만든 입체도형을 보고 일부 블록 덩어리를 고르는 문제 등이 출제된다.

세부유형 ① 주어진 입체도형을 합쳤을 때 만들 수 없는 도형을 고르는 유형

예제 다음에 주어진 2개의 입체도형을 합쳤을 때, 만들 수 없는 도형을 고르면?

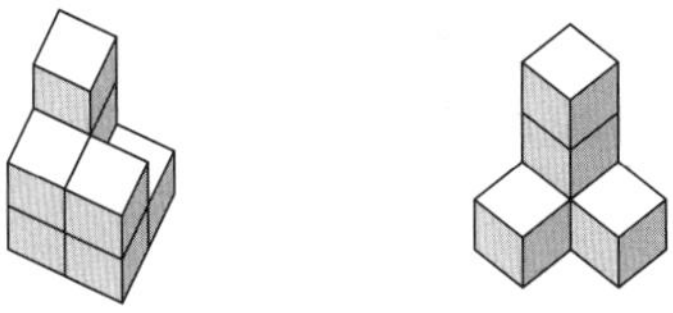

①
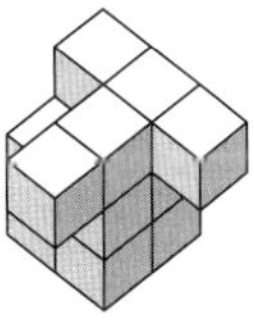

②

③

④

⑤

| 정답풀이 | 정답 ③

선택지에 제시된 도형을 다음과 같이 두 개로 나눌 수 있지만 ③은 만들 수 없다.

①

②
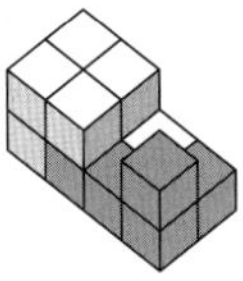

④

⑤
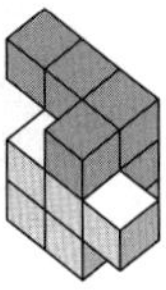

따라서 정답은 ③이다.

문제 해결 TIP

문제에 제시된 두 개의 입체도형 중 하나를 고른 다음 선택지의 결합되어 있는 모양에서 그 모양을 찾아 분리하는 방법으로 하나씩 찾아서 문제를 해결한다.

세부유형 ② 만들어진 직육면체를 보고 조립에 사용한 블록을 고르는 유형

예제 3개의 블록 덩어리를 조합하여 정육면체를 만들 때, '?'에 들어갈 알맞은 모양을 고르면?

정육면체 모양	블록1	블록2	블록3
	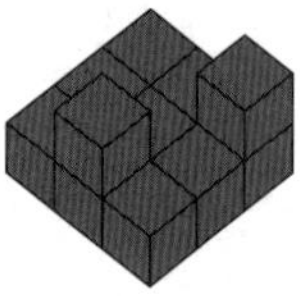	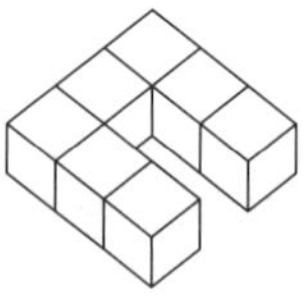	?

① 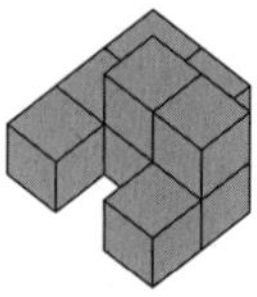

② 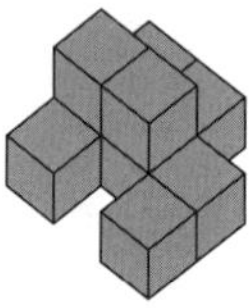

③ 

④ 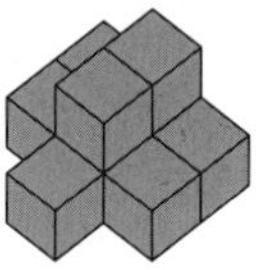

⑤ 

| 정답풀이 |

정답 ①

주어진 정육면체 모양의 블록을 분리하면 다음과 같다.

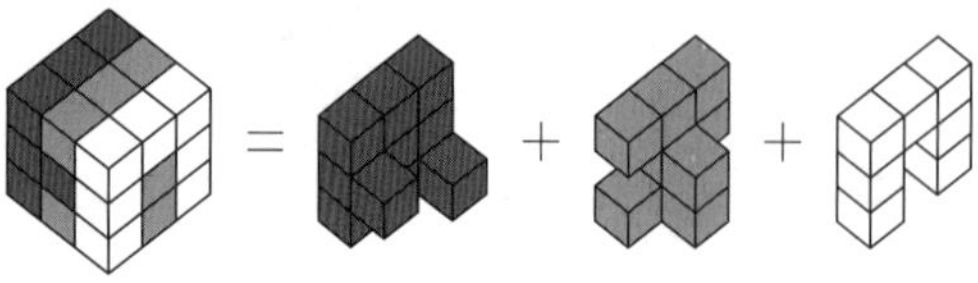

[정육면체] [블록1] [블록3] [블록2]

따라서 정답은 ①이다.

문제 해결 TIP

문제에 제시된 두 개의 블록을 먼저 맞추어 보고 정육면체의 모양을 고려하여 나머지 블록을 찾는 방법으로 풀어야 한다.

블록

연습 문제

정답과 해설 P.59

01 다음에 주어진 2개의 입체도형을 합쳤을 때, 만들 수 없는 도형을 고르면?

①

②
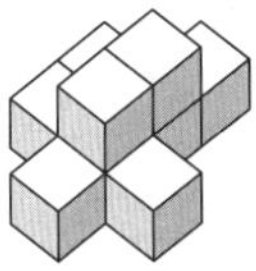

③
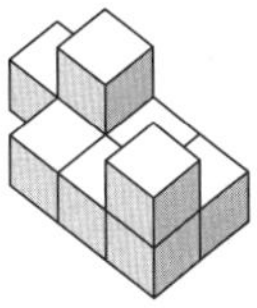

④
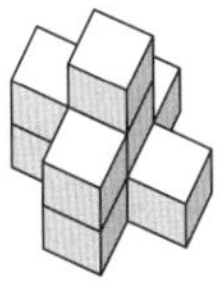

⑤

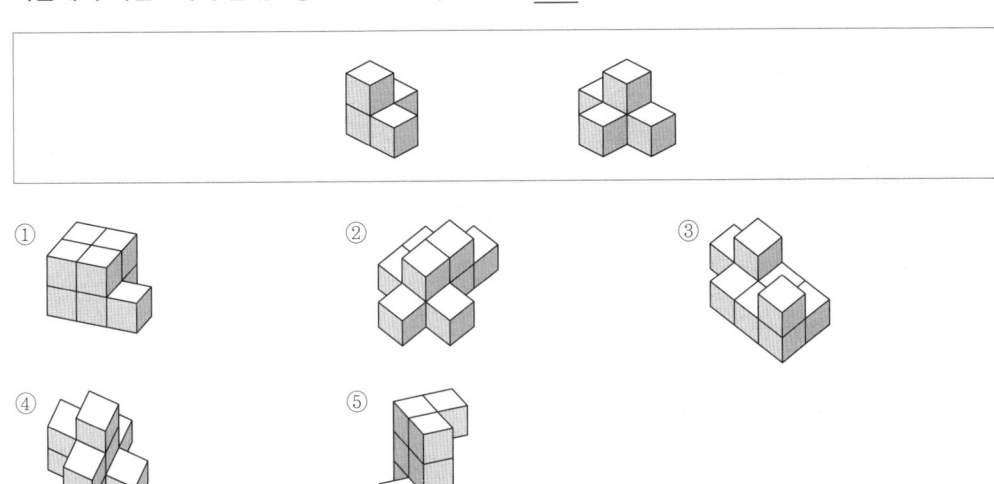

02 다음에 주어진 2개의 입체도형을 합쳤을 때, 만들 수 없는 도형을 고르면?

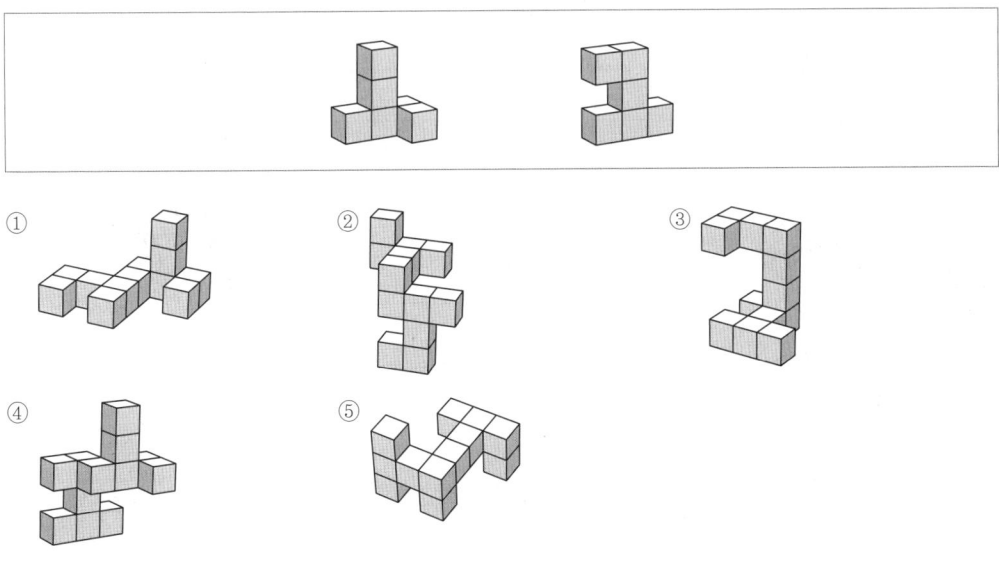

①
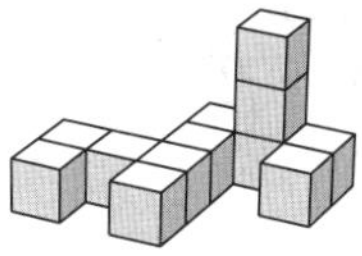

②
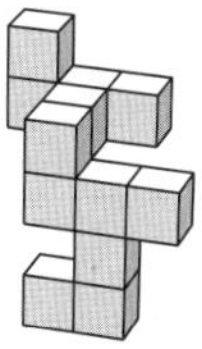

③

④
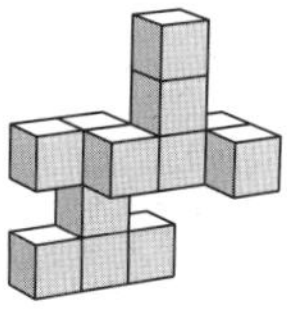

⑤
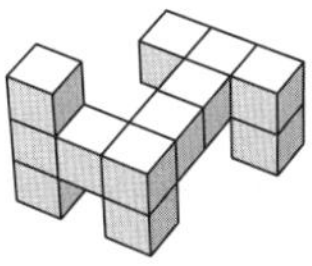

03 다음에 주어진 2개의 입체도형을 합쳤을 때, 만들 수 없는 도형을 고르면?

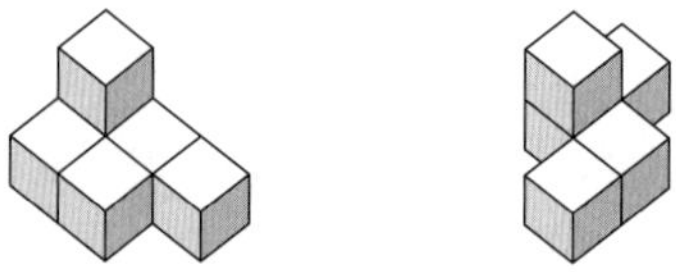

① 

② 

③ 

④ 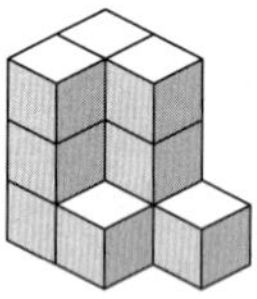

⑤ 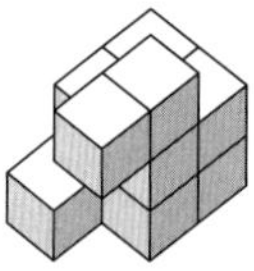

04 다음에 주어진 2개의 입체도형을 합쳤을 때, 만들 수 없는 도형을 고르면?

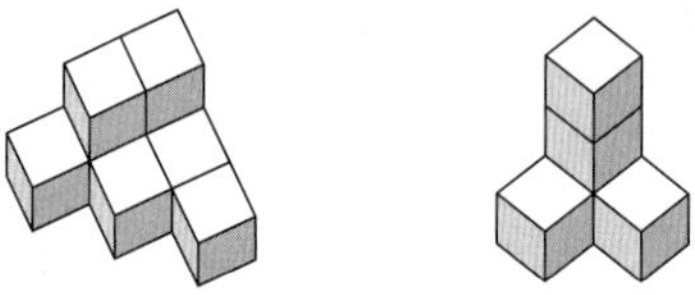

① 

② 

③ 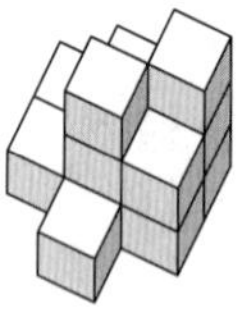

④ 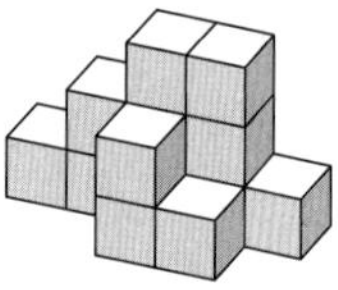

⑤ 

05 다음에 주어진 2개의 입체도형을 합쳤을 때, 만들 수 있는 도형을 고르면?

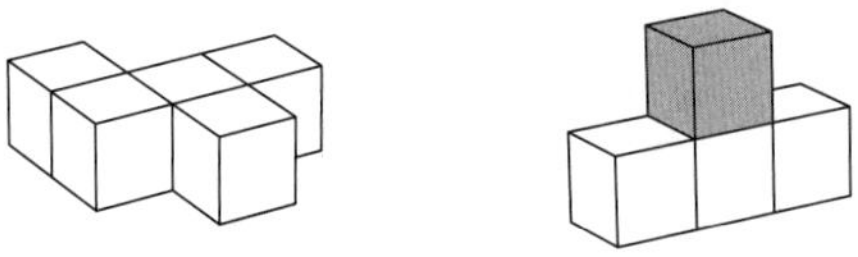

①
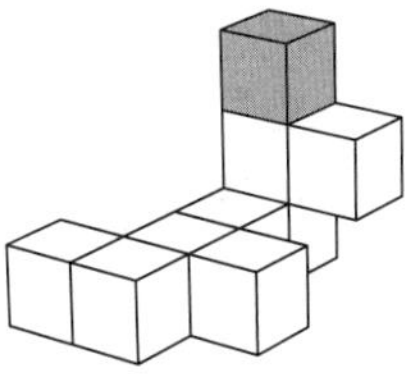

②
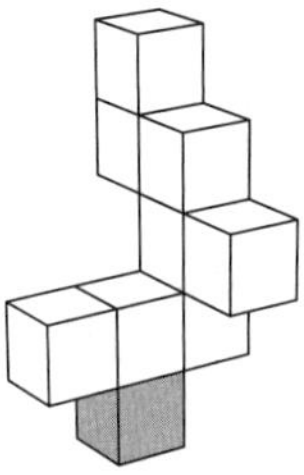

③
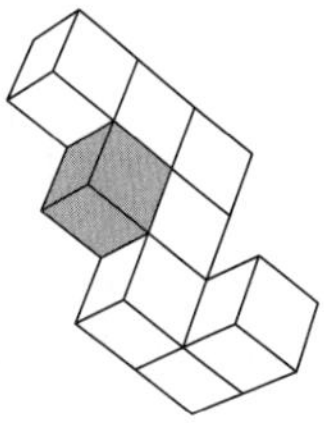

④
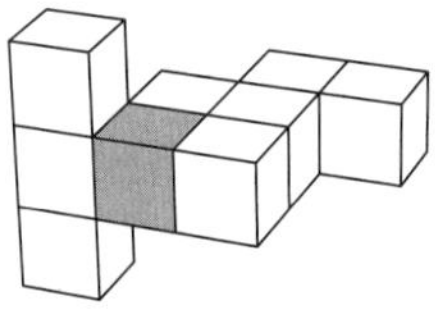

⑤
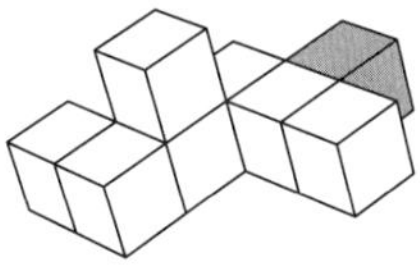

06 다음에 주어진 2개의 입체도형을 합쳤을 때, 만들 수 있는 도형을 고르면?

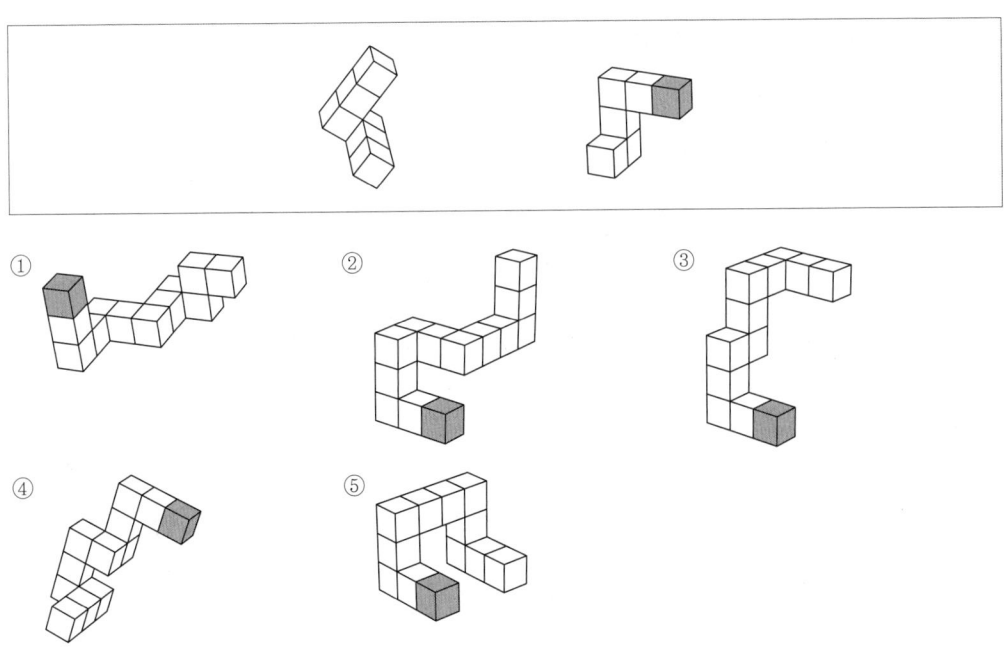

①
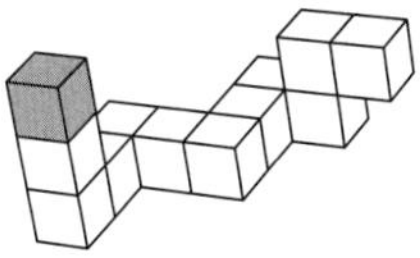

②
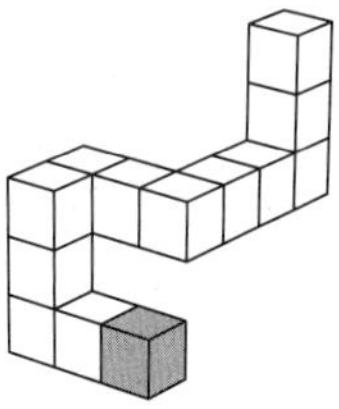

③
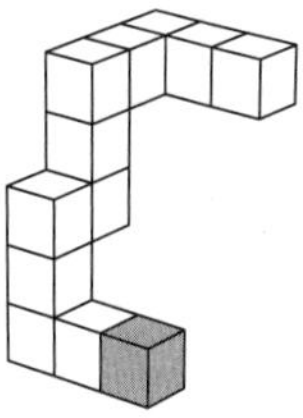

④
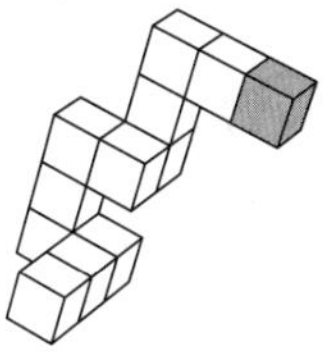

⑤
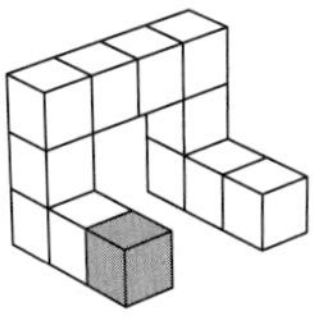

07 다음에 주어진 2개의 입체도형을 합쳤을 때, 만들 수 있는 도형을 고르면?

① 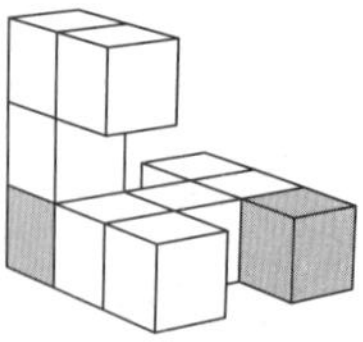

② 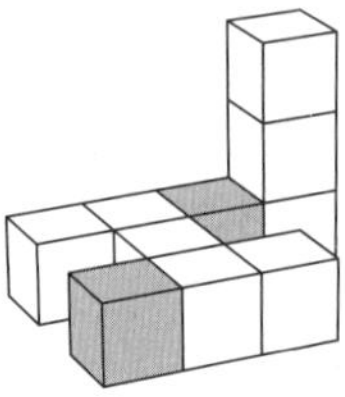

③ 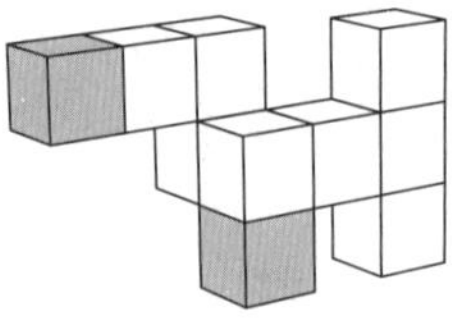

④ 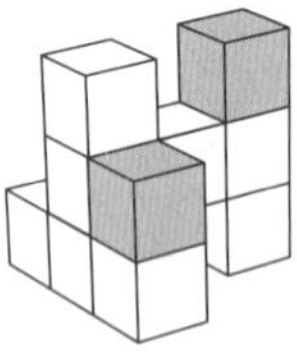

⑤ 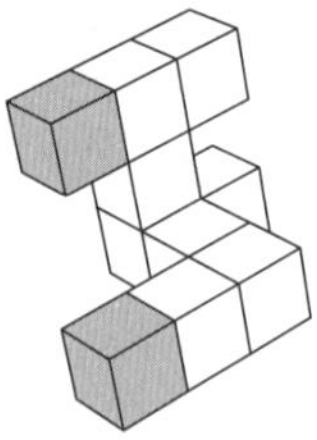

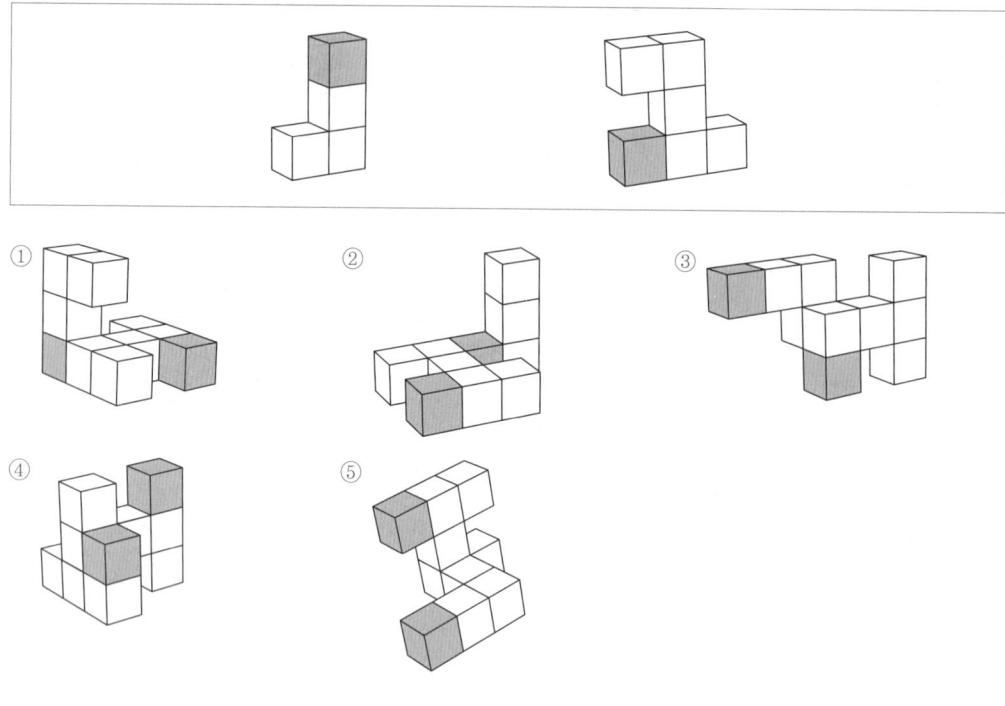

08 다음에 주어진 2개의 입체도형을 합쳤을 때, 만들 수 있는 도형을 고르면?

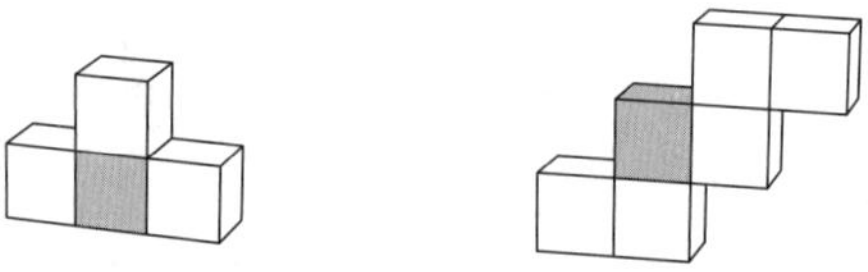

① 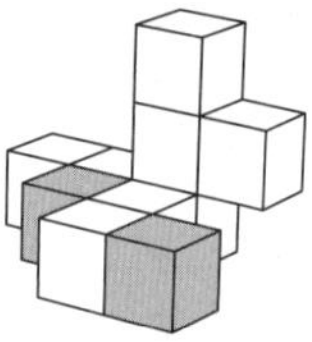

② 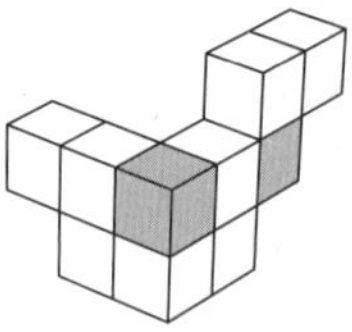

③ 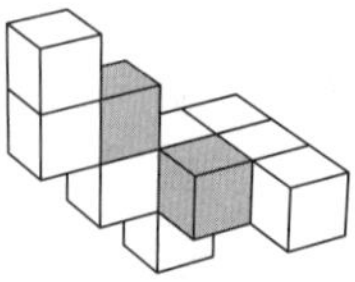

④ 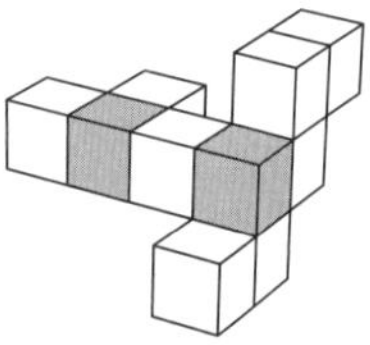

⑤ 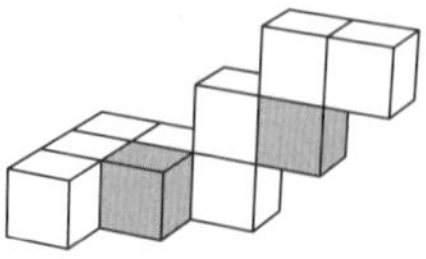

09 3개의 블록 덩어리를 조합하여 직육면체를 만들 때, '?'에 들어갈 알맞은 모양을 고르면?

직육면체의 모양	블록1	블록2	블록3
	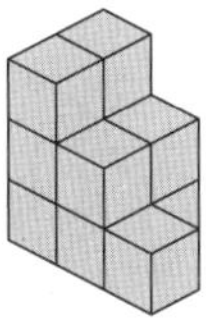	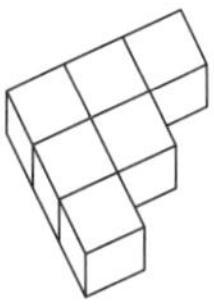	?

① 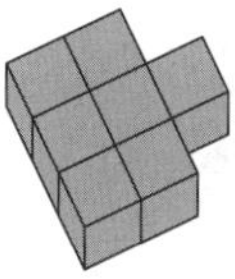

② 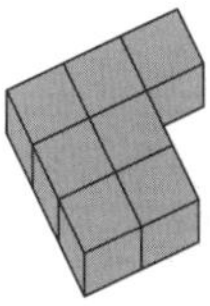

③ 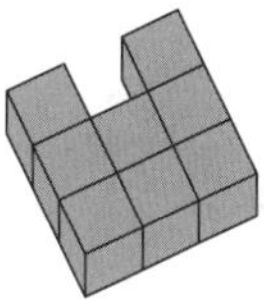

④ 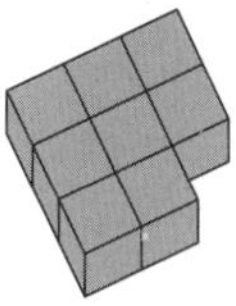

⑤ 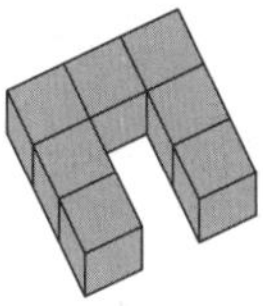

10 3개의 블록 덩어리를 조합하여 직육면체를 만들 때, '?'에 들어갈 알맞은 모양을 고르면?

직육면체의 모양	블록1	블록2	블록3
	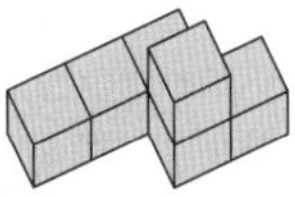	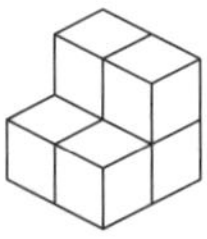	?

① 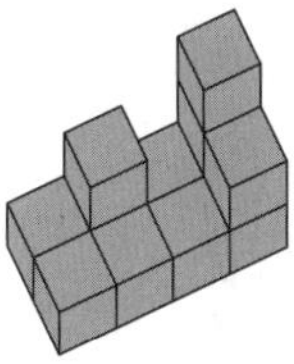

② 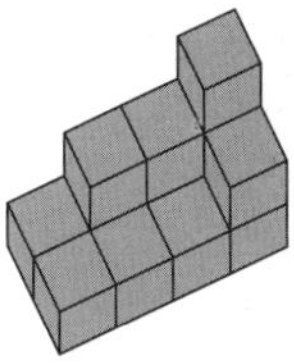

③ 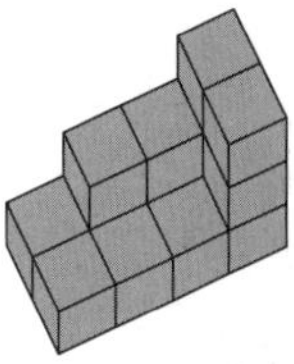

④ 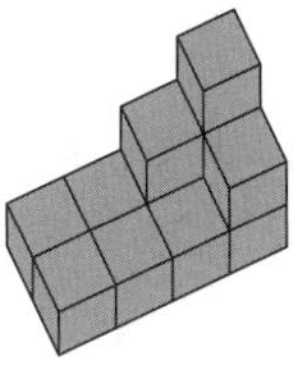

⑤ 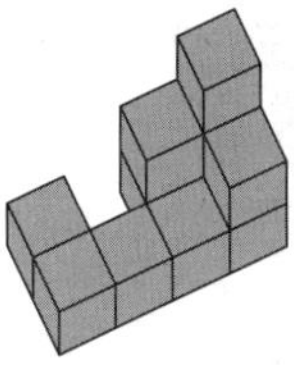

11 3개의 블록 덩어리를 조합하여 직육면체를 만들 때, '?'에 들어갈 알맞은 모양을 고르면?

직육면체의 모양	블록1	블록2	블록3
	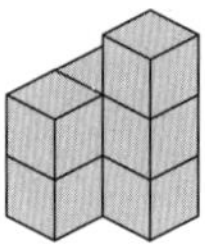	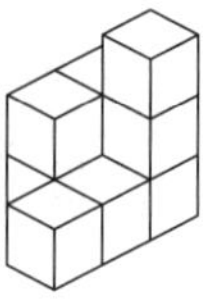	?

① 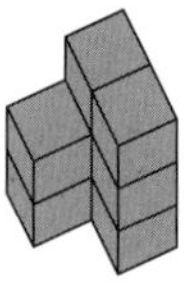
② 
③ 
④ 
⑤ 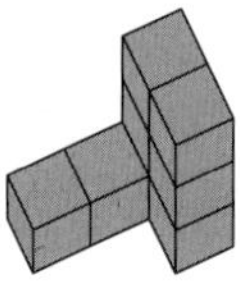

12 3개의 블록 덩어리를 조합하여 직육면체를 만들 때, '?'에 들어갈 알맞은 모양을 고르면?

직육면체의 모양	블록1	블록2	블록3
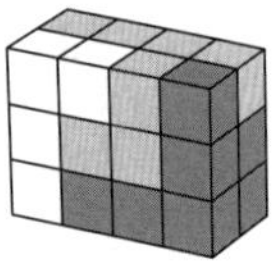	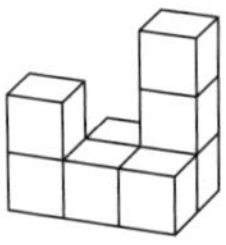	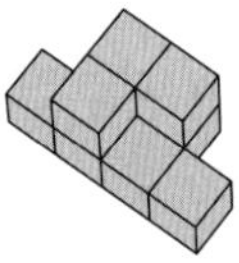	?

① 
② 
③ 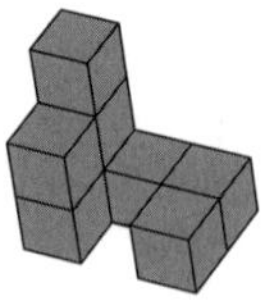
④ 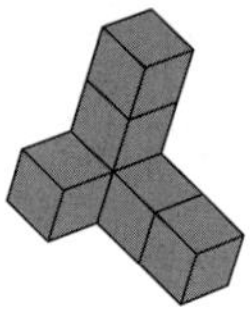
⑤ 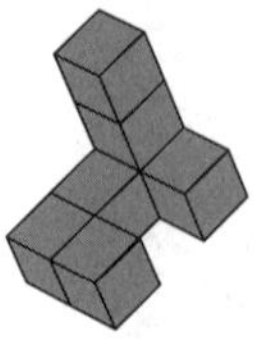

13 3개의 블록 덩어리를 조합하여 입체도형을 만들 때, '?'에 들어갈 알맞은 모양을 고르면?

입체도형	블록1	블록2	블록3
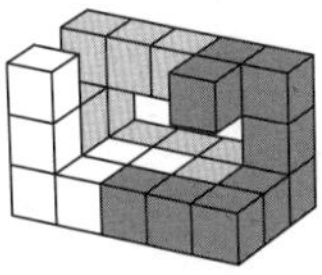	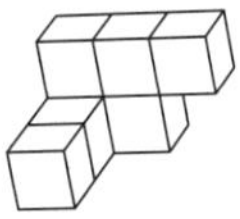	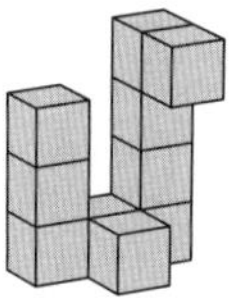	?

① 

② 

③ 

④ 

⑤ 

14 3개의 블록 덩어리를 조합하여 입체도형을 만들 때, '?'에 들어갈 알맞은 모양을 고르면?

입체도형	블록1	블록2	블록3
	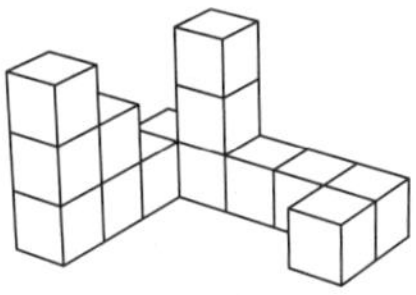		?

① 

② 

③ 

④ 

⑤ 

유형 | 2

투상도

출제 포인트

✓ 투상도 문제는 여러 투상도를 보고 입체도형을 고르는 문제, 입체도형의 앞, 옆, 위에서 본 모습을 보고 원래의 입체도형을 고르는 문제 등이 출제된다.

세부유형 ① 여러 방향의 투상도를 보고 입체도형을 고르는 유형

예제 다음은 어떤 입체도형을 여러 방향에서 바라본 투상도를 나타낸 것이다. 아래에 제시된 투상도의 입체도형으로 적절한 것을 고르면?

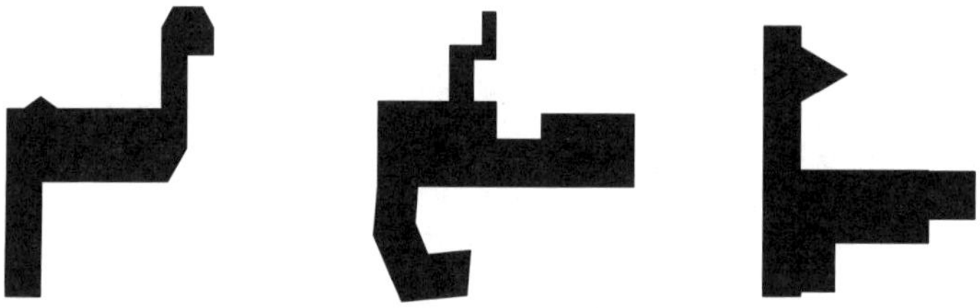

①

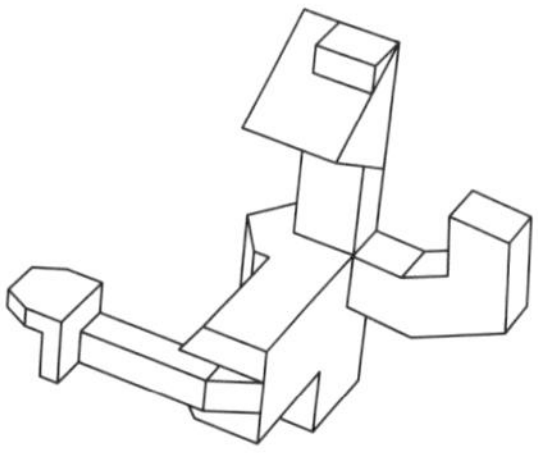

②

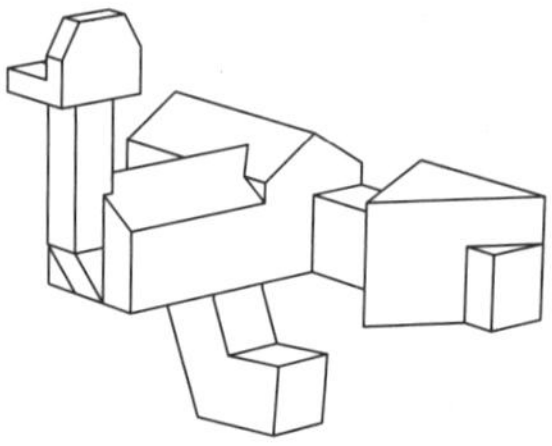

③

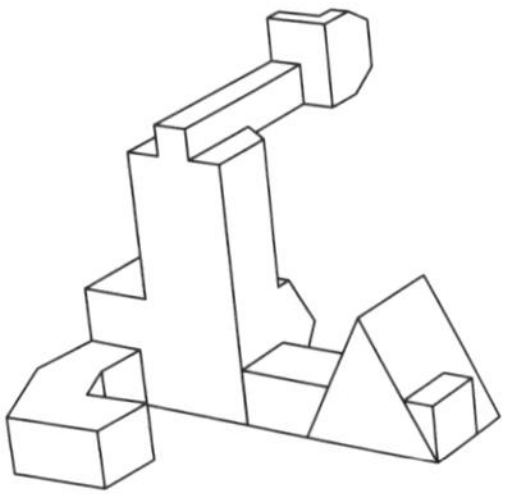

④

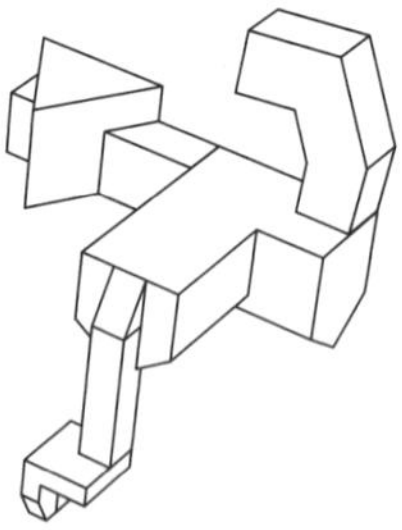

⑤

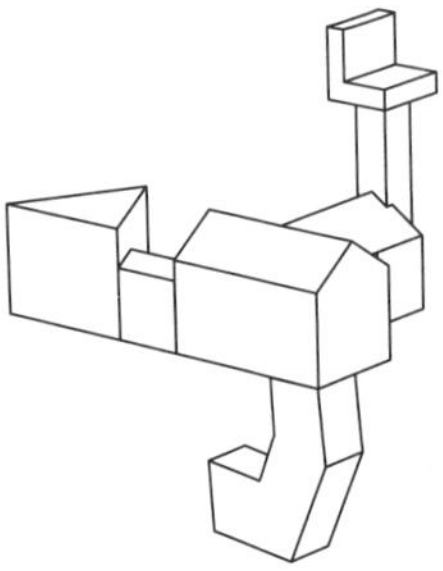

| 정답풀이 |

정답 ②

제시된 투상도는 ②를 [1], [2], [3] 방향에서 바라본 모습이다.

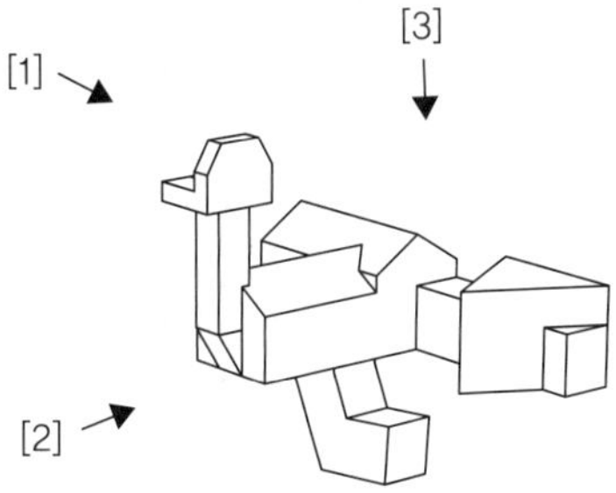

따라서 정답은 ②이다.

| 오답풀이 |

각 입체도형에서 투상도와 맞지 않는 부분은 다음과 같다.

①

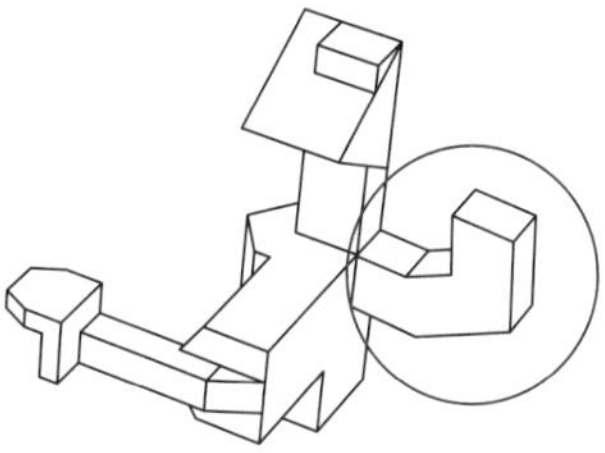

③

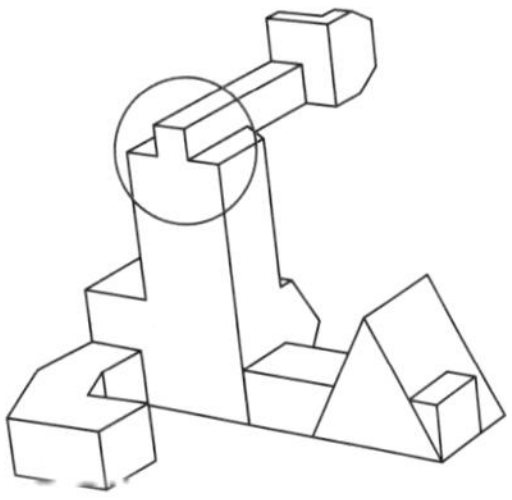

④

⑤

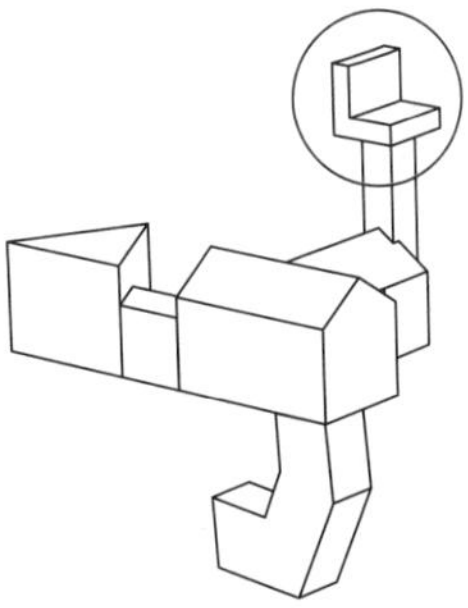

문제 해결 TIP

선택지와 문제에 주어진 각 방향의 투상도를 하나씩 비교하면서 찾아보고 해당하는 모양이 없다면 소거하면서 답을 찾아간다.

세부유형 ② 입체도형의 앞, 옆, 위에서 본 모습으로 원래의 입체도형을 고르는 유형

예제 다음에 주어진 앞, 옆, 위에서 본 모습을 고려하여 원래의 입체도형으로 가능한 것을 고르면?

(단, 앞면이 어느 방향인지는 알 수 없다.)

㉠	㉡	㉢
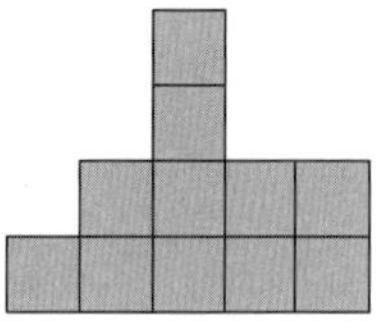	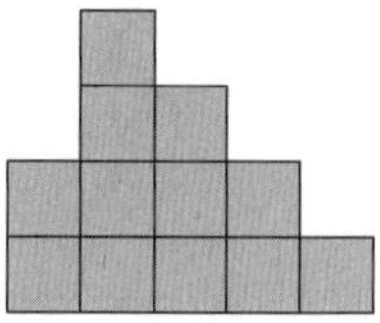	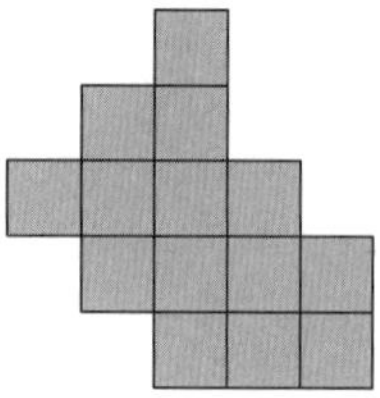

① 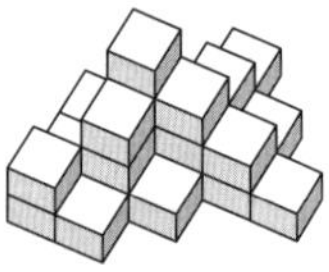

② 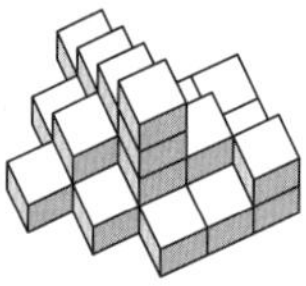

③ 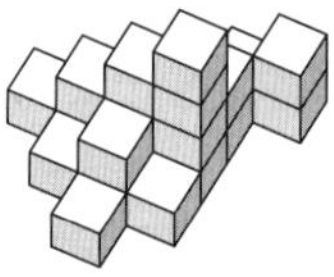

④ 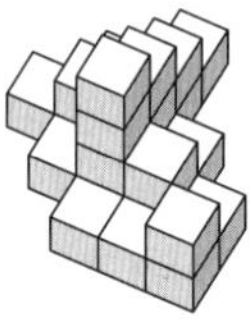

⑤ 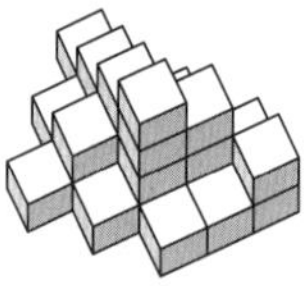

| 정답풀이 | 정답 ②

선택지에 주어진 입체도형은 ②를 제외하고 모두 어느 한 방향에서 본 모습이 다르다. 제시된 세 방향에서 본 모습은 ②를 각각 다음과 같은 방향으로 본 모습과 같다.

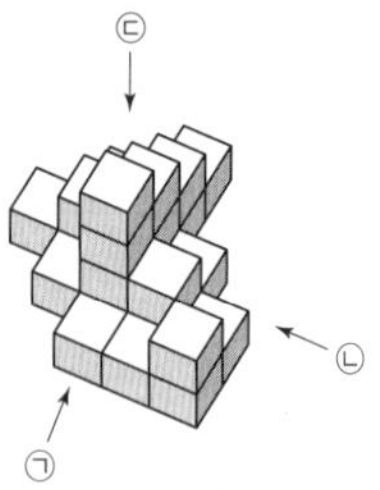

따라서 정답은 ②이다.

| 오답풀이 |

① 위에서 본 모양이 불가능하다.
③ 옆에서 본 모양이 불가능하다.
④ 앞에서 본 모양이 불가능하다.
⑤ 위에서 본 모양이 불가능하다.

투상도

연습 문제

정답과 해설 P.61

01 다음은 어떤 입체도형을 여러 방향에서 바라본 투상도를 나타낸 것이다. 아래에 제시된 투상도의 입체도형으로 알맞은 것을 고르면?

①

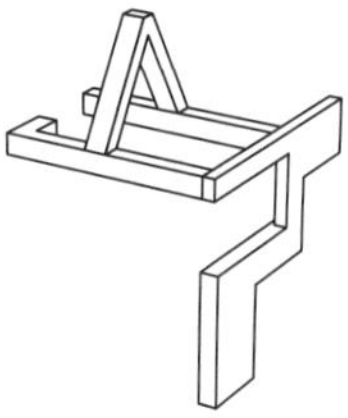

②

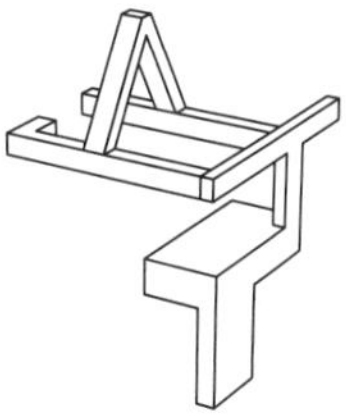

③

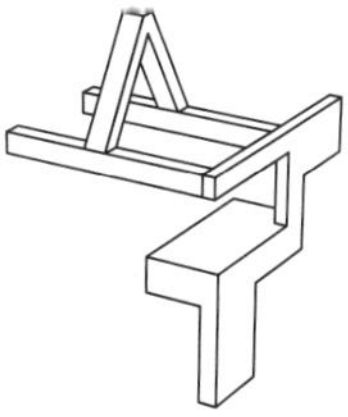

④

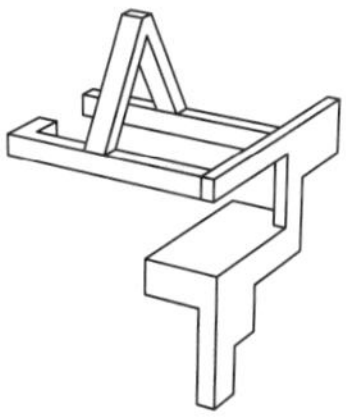

⑤

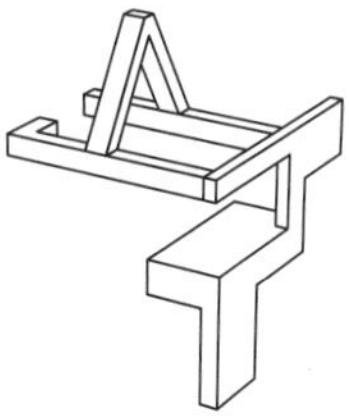

02 다음은 어떤 입체도형을 여러 방향에서 바라본 투상도를 나타낸 것이다. 아래에 제시된 투상도의 입체도형으로 알맞은 것을 고르면?

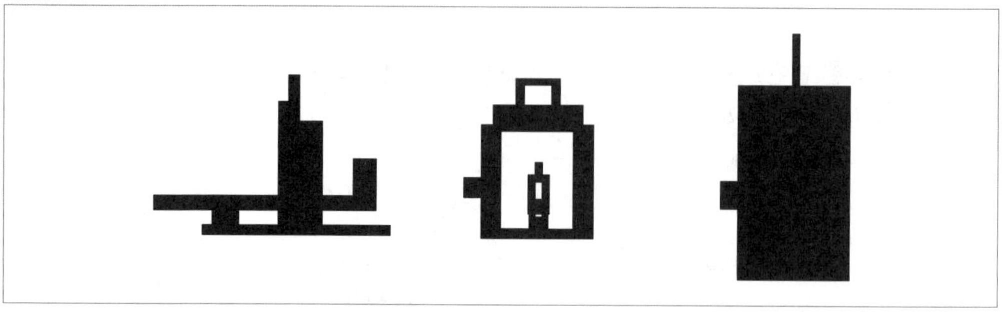

①

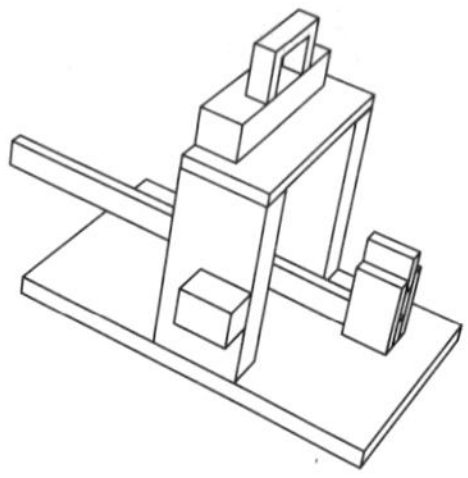

②

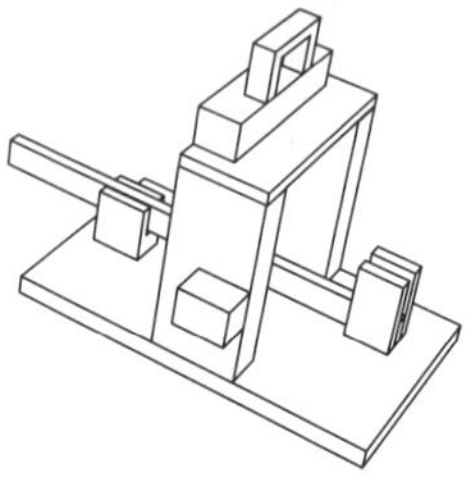

③

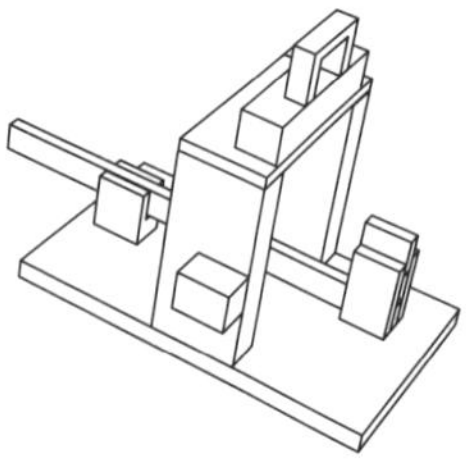

④

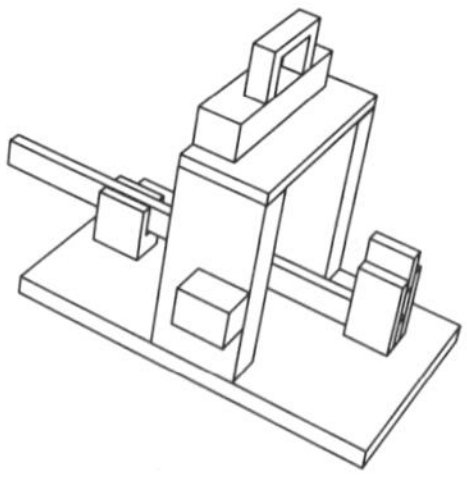

⑤

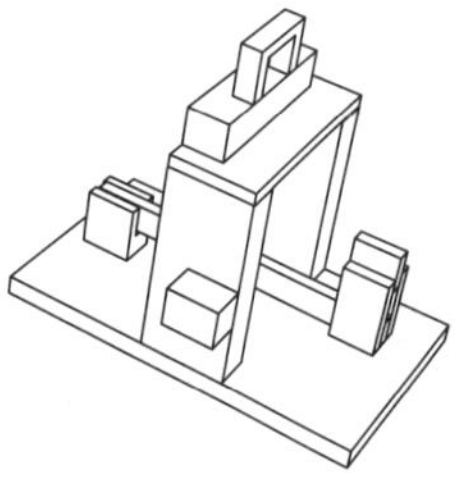

03 다음은 어떤 입체도형을 여러 방향에서 바라본 투상도를 나타낸 것이다. 아래에 제시된 투상도의 입체도형으로 알맞은 것을 고르면?

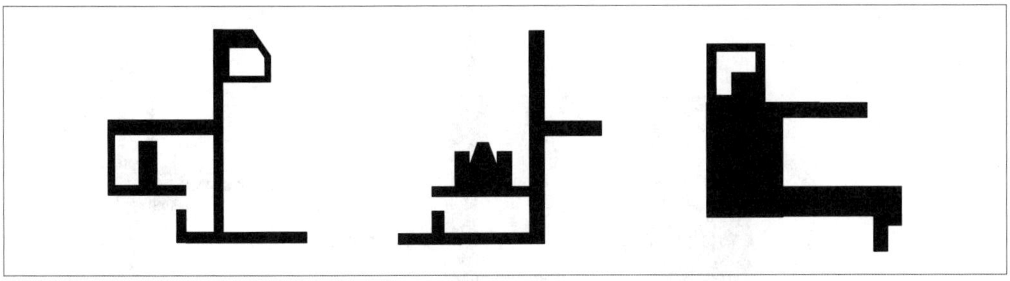

①

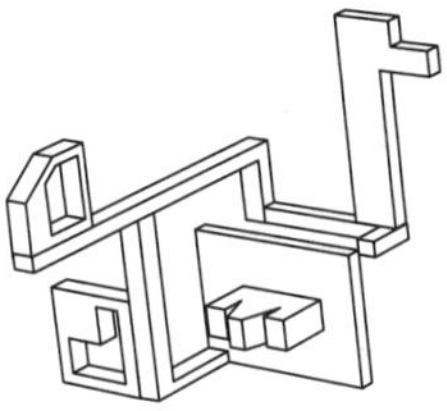

②

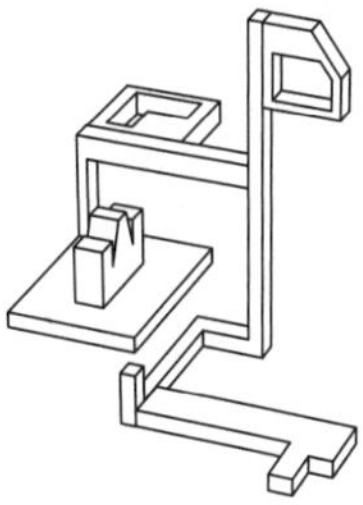

③

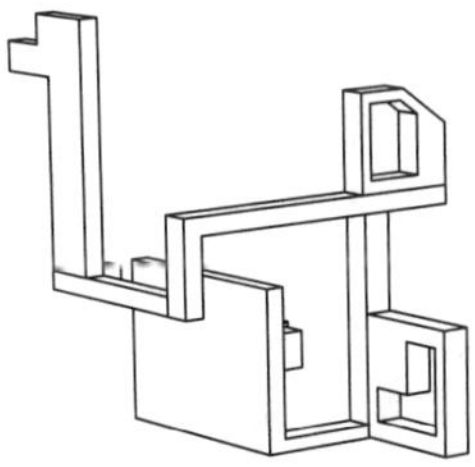

④

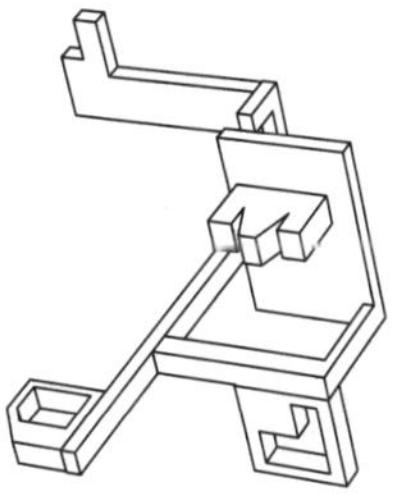

⑤

04 다음은 어떤 입체도형을 여러 방향에서 바라본 투상도를 나타낸 것이다. 아래에 제시된 투상도의 입체도형으로 알맞은 것을 고르면?

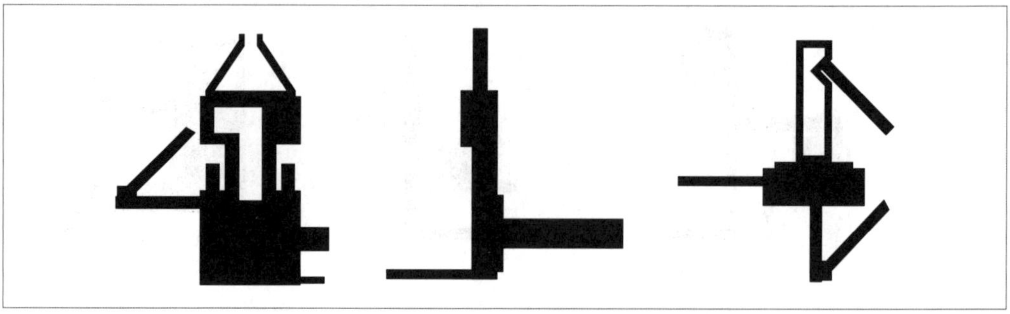

①

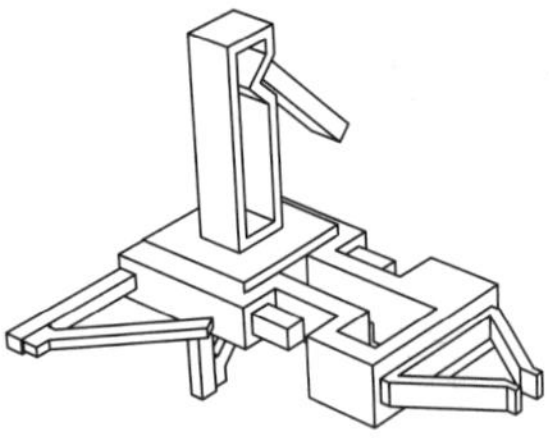

②

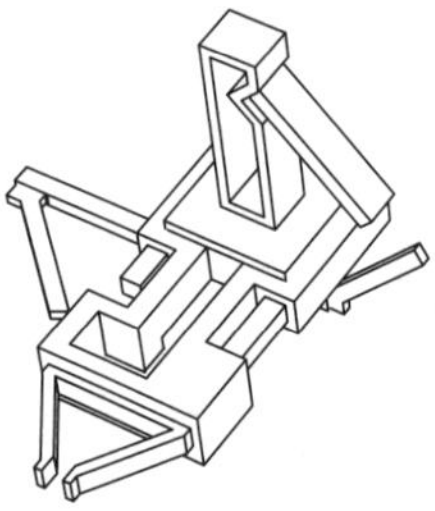

③

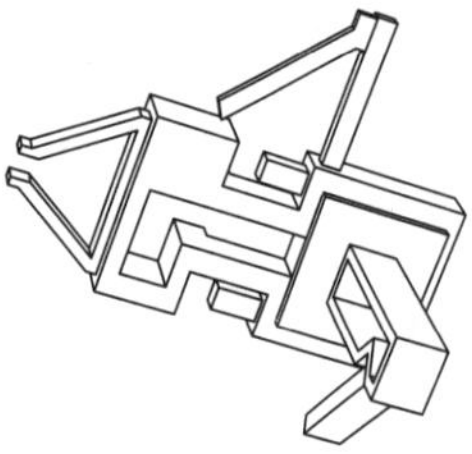

④

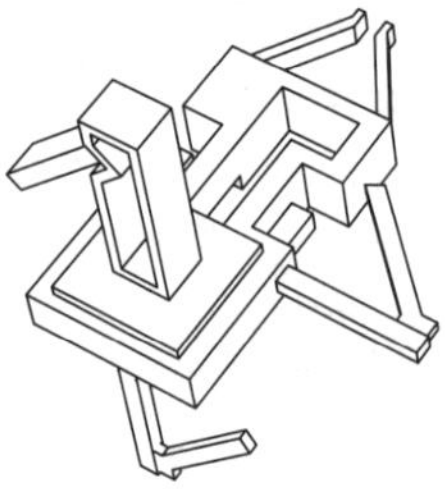

⑤

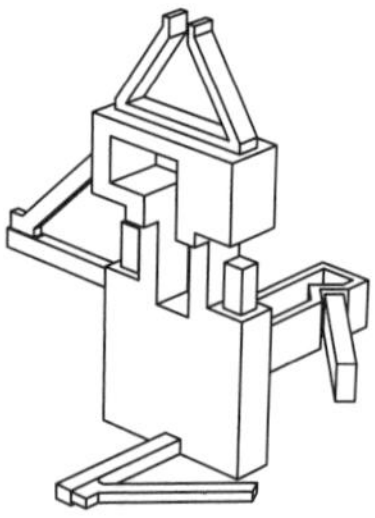

05 다음은 어떤 입체도형을 여러 방향에서 바라본 투상도를 나타낸 것이다. 아래에 제시된 투상도의 입체도형으로 알맞은 것을 고르면?

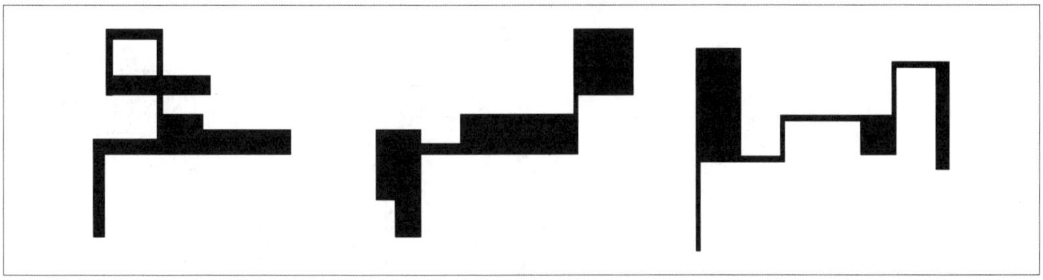

①

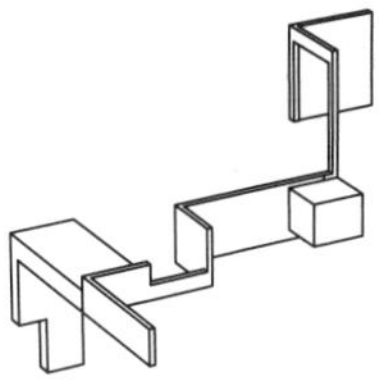

②

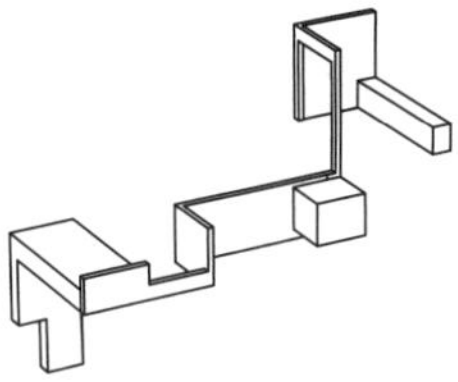

③

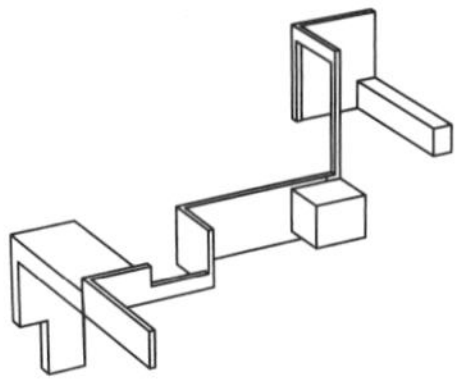

④

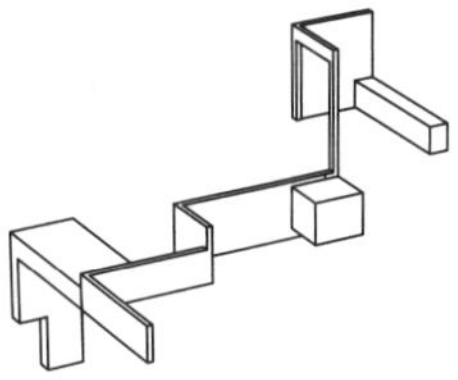

⑤

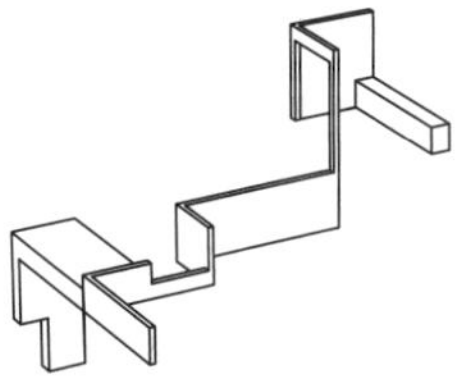

06 다음에 주어진 앞, 옆, 위에서 본 모습을 고려하여 원래의 입체도형으로 가능한 것을 고르면?

앞	옆	위
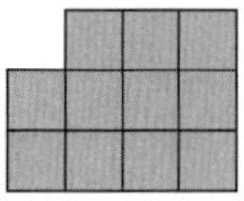	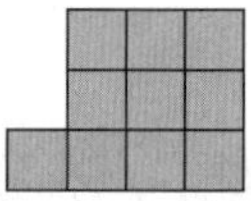	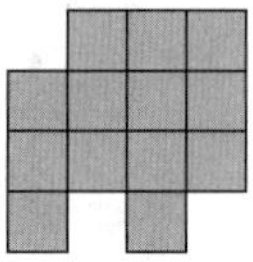

① 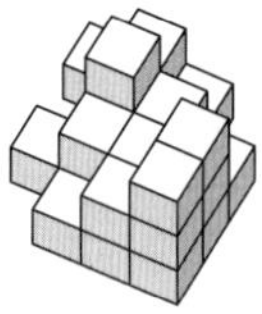
② 
③ 
④ 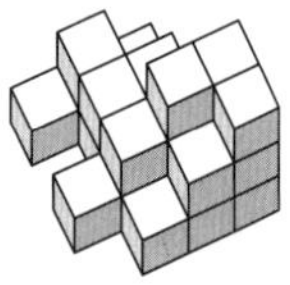
⑤ 

07 다음에 주어진 앞, 옆, 위에서 본 모습을 고려하여 원래의 입체도형으로 가능한 것을 고르면?

앞	옆	위
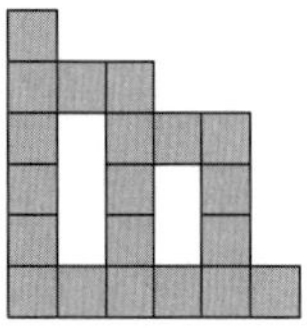	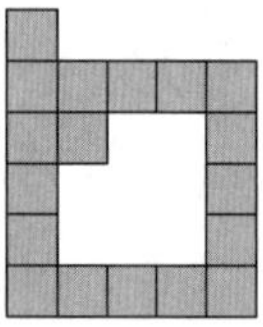	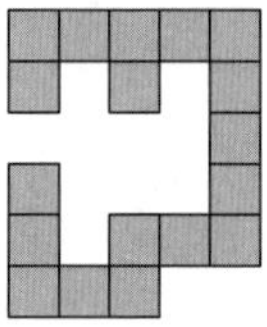

① 
② 
③ 
④ 
⑤ 

08 다음에 주어진 앞, 옆, 위에서 본 모습을 고려하여 원래의 입체도형으로 가능한 것을 고르면?

(단, 앞면이 어느 방향인지는 알 수 없다.)

㉠	㉡	㉢
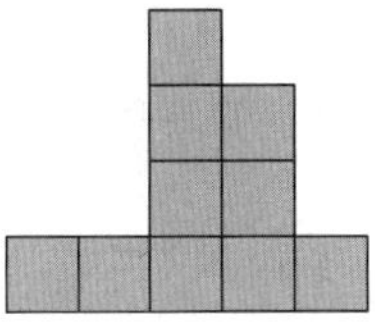	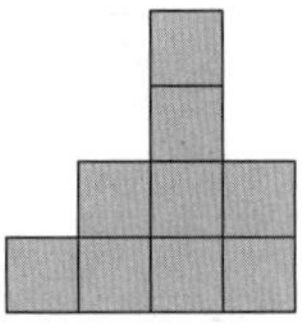	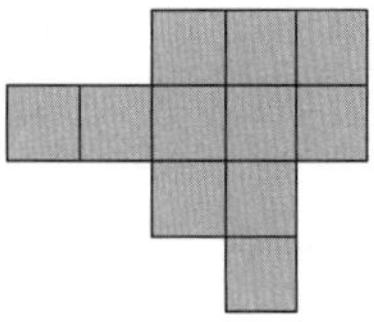

①

②

③
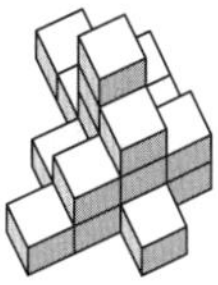

④
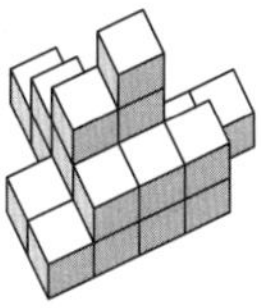

⑤
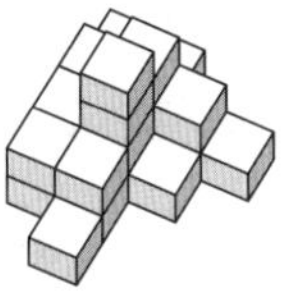

09 다음에 주어진 앞, 옆, 위에서 본 모습을 고려하여 원래의 입체도형으로 가능한 것을 고르면?

(단, 앞면이 어느 방향인지는 알 수 없다.)

㉠	㉡	㉢
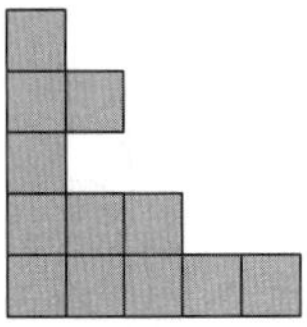	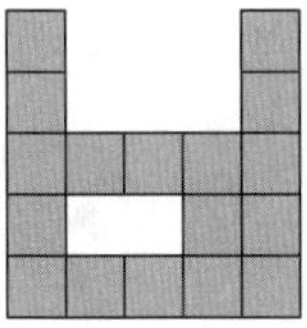	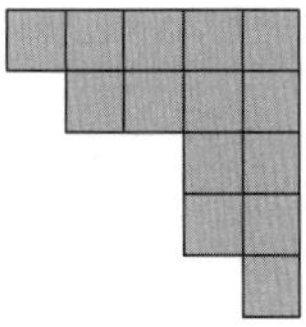

①

②

③

④

⑤

유형 | 3

다른 도형

출제 포인트

✓ 다른 도형 문제는 주어진 입체도형 중 다른 네 개의 입체도형과 모양이 다른 하나를 고르는 문제 등이 출제된다.

세부유형 ① 모양이 다른 하나를 고르는 유형

예제 다음 중 나머지 네 개의 입체도형과 모양이 다른 하나를 고르면?

①
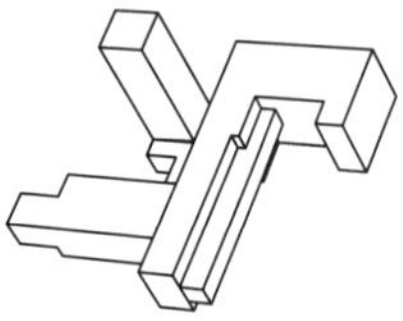

②
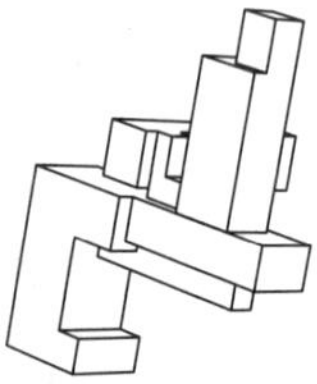

③
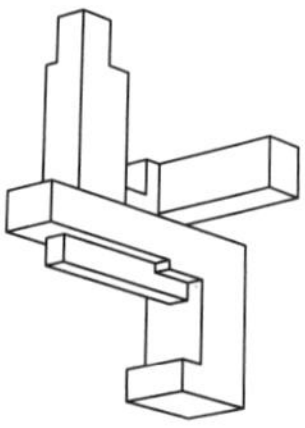

④
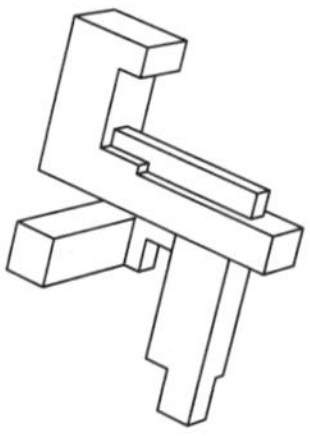

⑤
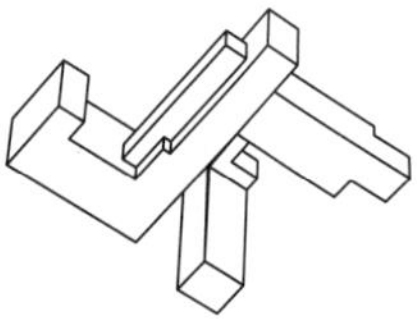

| 정답풀이 |

정답 ①

①은 표시된 부분의 길이가 다르다. 나머지와 같아지기 위해선 다음과 같이 바뀌어야 한다.

따라서 정답은 ①이다.

연습 문제

정답과 해설 P.65

01 다음 중 나머지 네 개의 입체도형과 모양이 다른 하나를 고르면?

①
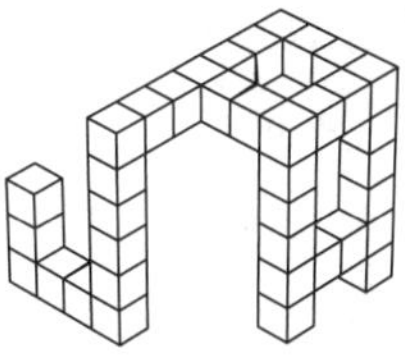

②

③
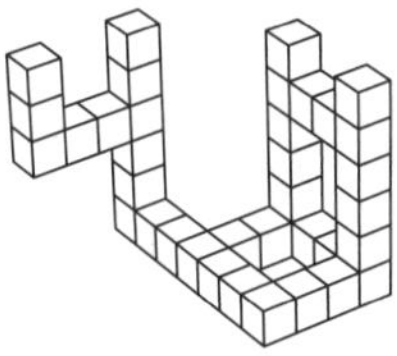

④
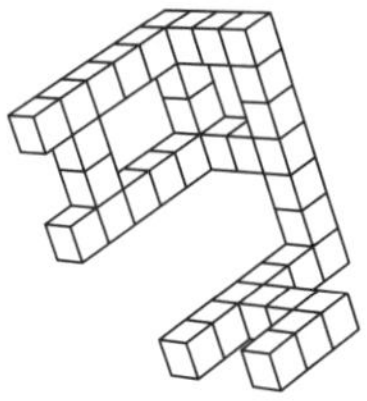

⑤
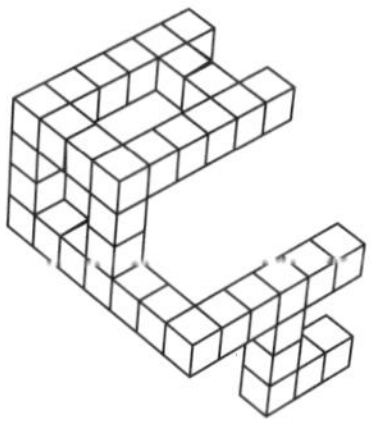

02 다음 중 나머지 네 개의 입체도형과 모양이 다른 하나를 고르면?

①

②
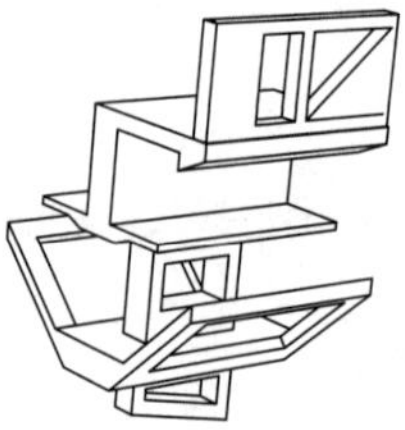

③
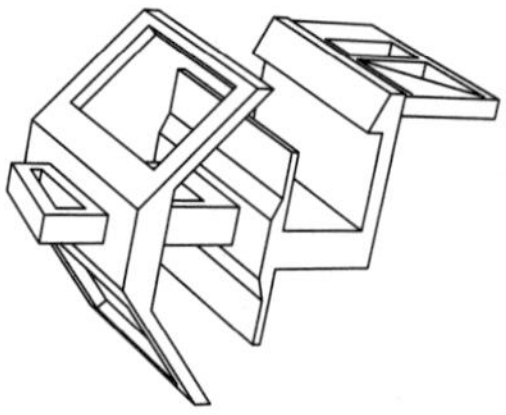

④

⑤
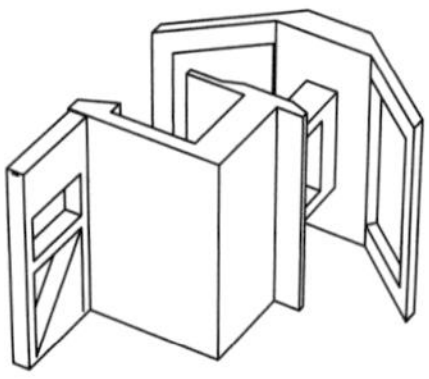

03 다음 중 나머지 네 개의 입체도형과 모양이 다른 하나를 고르면?

①
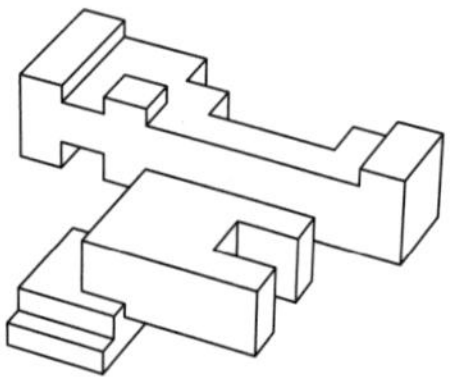

②
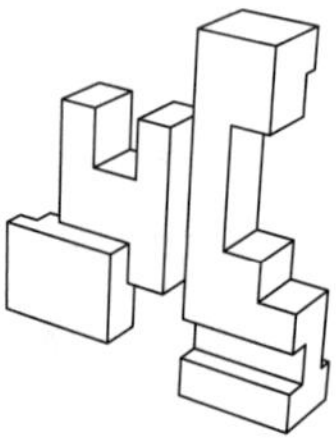

③
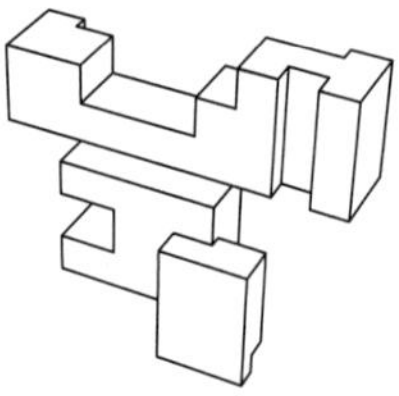

④
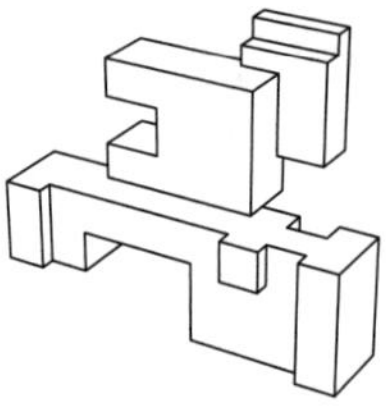

⑤
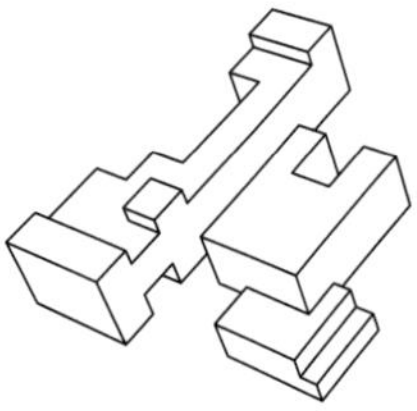

04 다음 중 나머지 네 개의 입체도형과 모양이 다른 하나를 고르면?

①
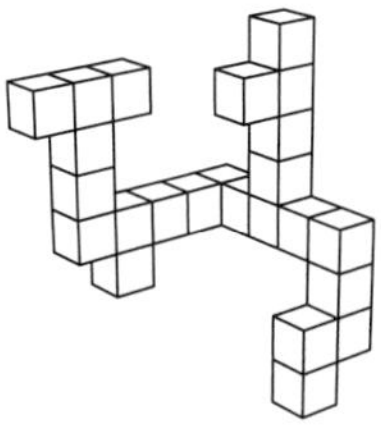

②

③
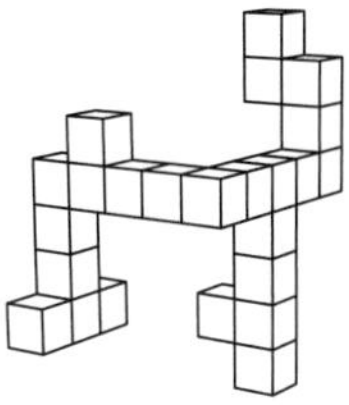

④

⑤

05 다음 중 나머지 네 개의 입체도형과 모양이 다른 하나를 고르면?

①
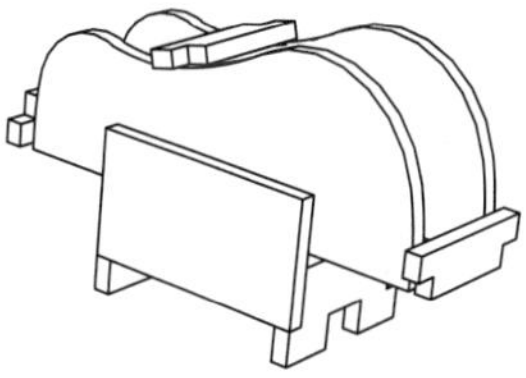

②
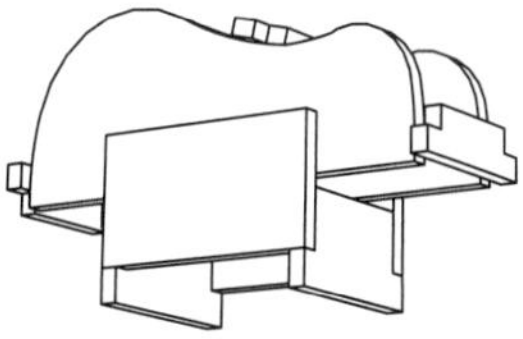

③
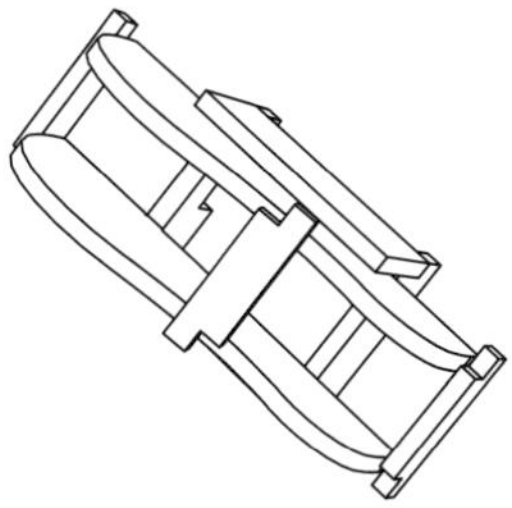

④
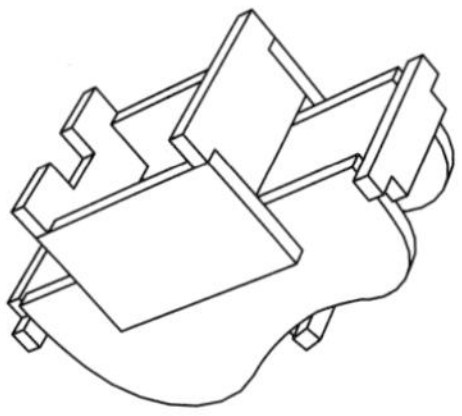

⑤
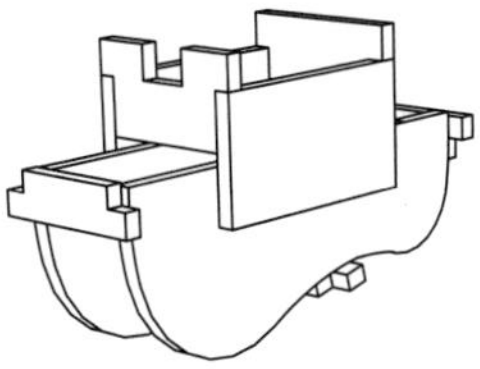

06 다음 중 나머지 네 개의 입체도형과 모양이 다른 하나를 고르면?

①
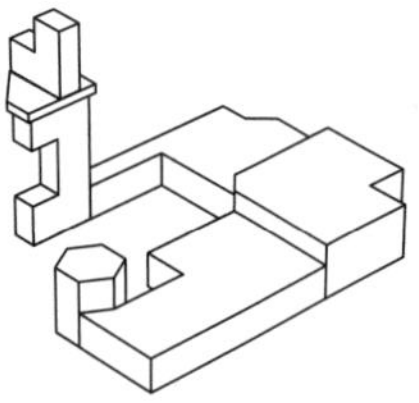

②
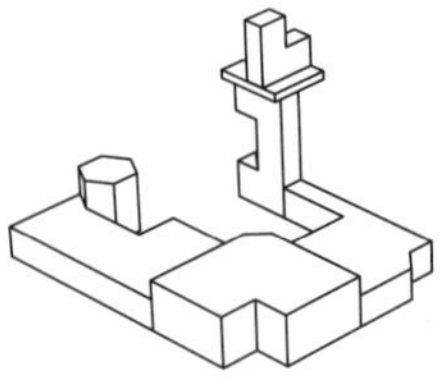

③
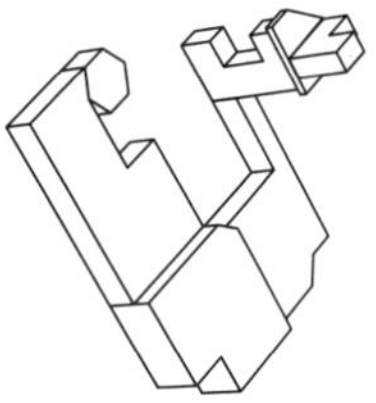

④
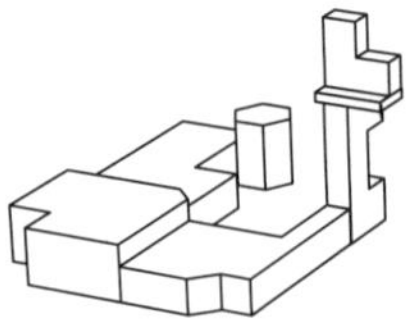

⑤
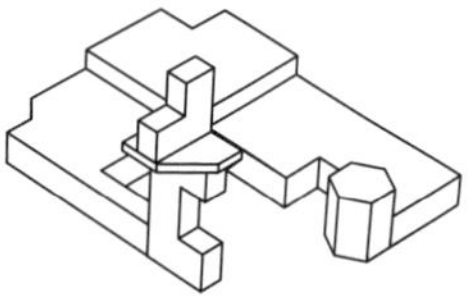

07 다음 중 나머지 네 개의 입체도형과 모양이 다른 하나를 고르면?

①
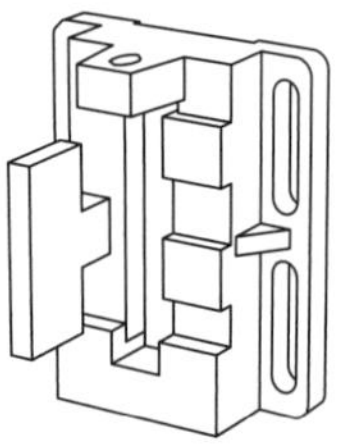

②
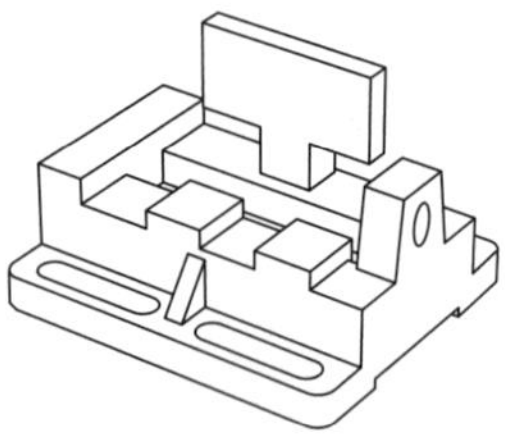

③
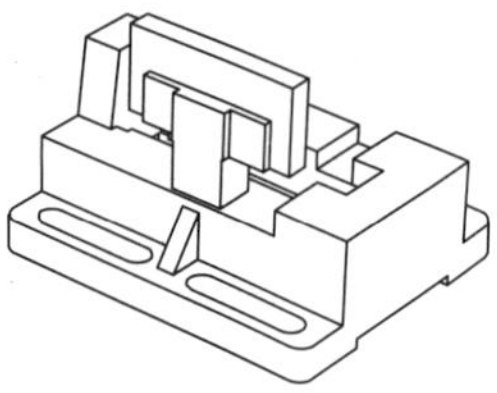

④
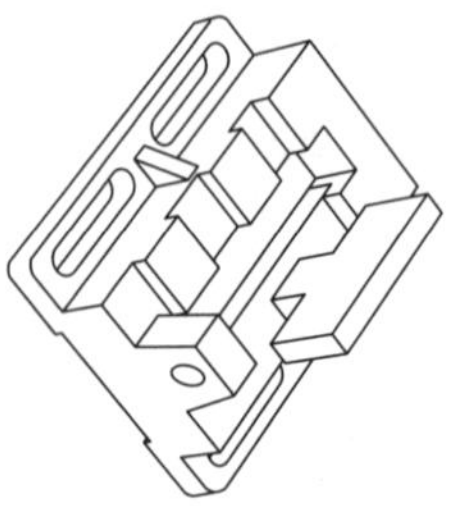

⑤
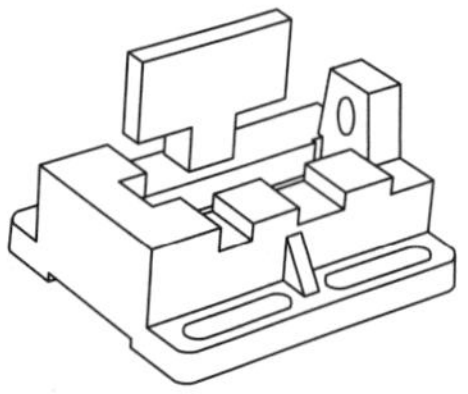

08 다음 중 나머지 네 개의 입체도형과 모양이 다른 하나를 고르면?

①
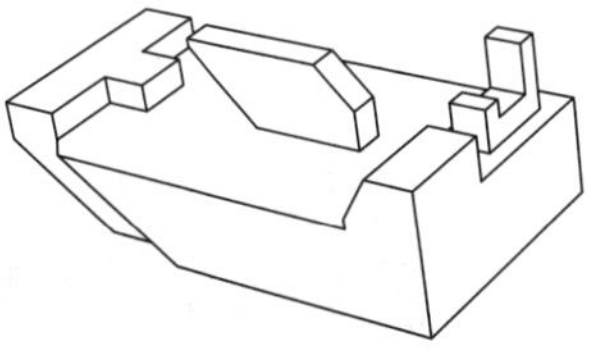

②
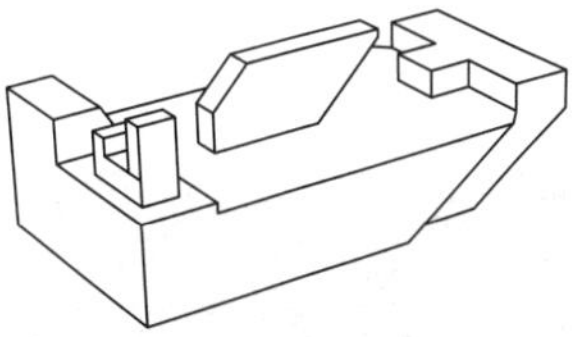

③
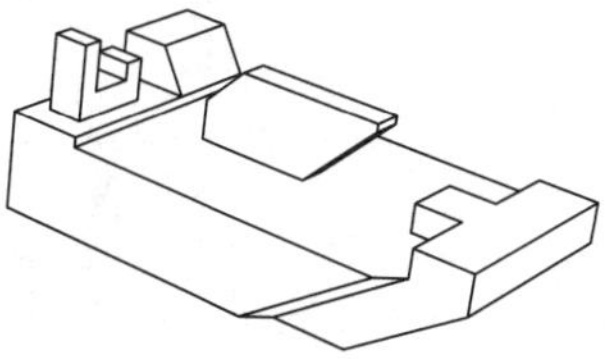

④
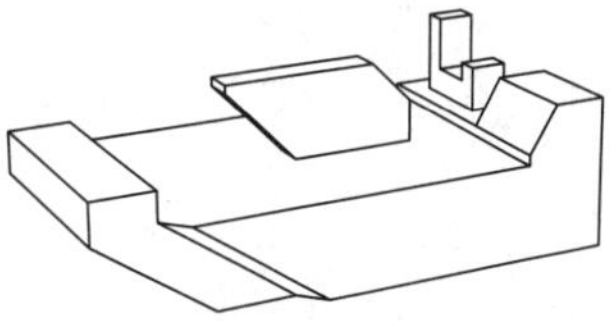

⑤
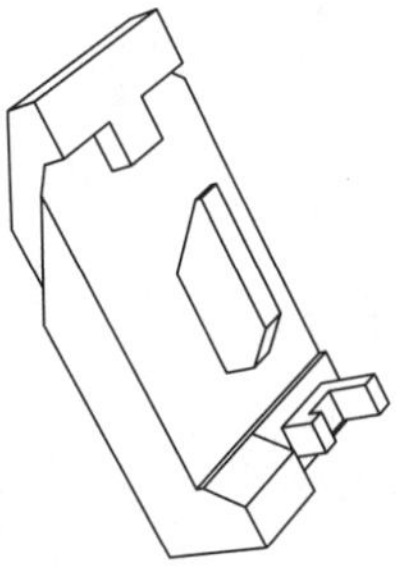

09 다음 중 나머지 네 개의 입체도형과 모양이 다른 하나를 고르면?

①
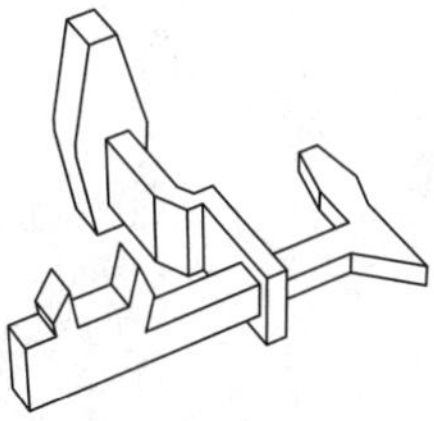

②
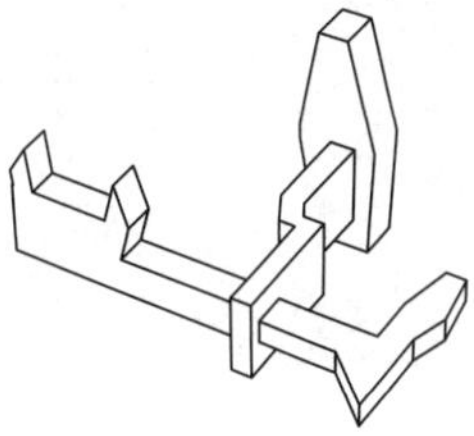

③
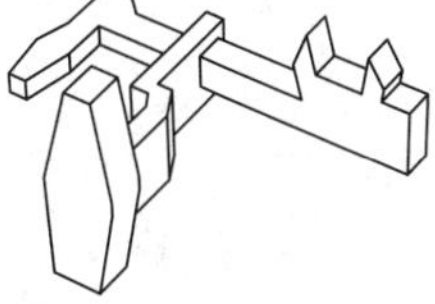

④
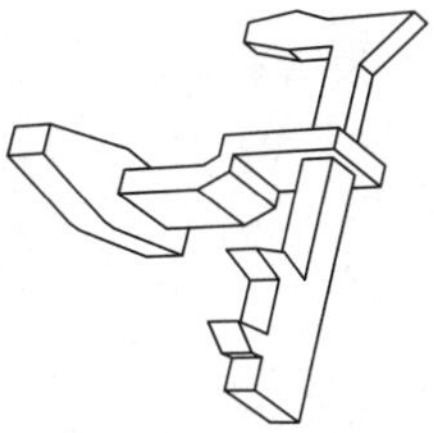

⑤
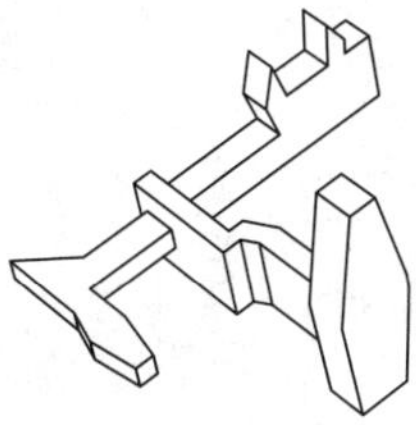

구분		문항 수	시간
실전모의고사 1회	언어 영역	20문항	25분
	수리 영역	20문항	25분
	추리 영역	20문항	25분
	공간지각 영역	20문항	25분
실전모의고사 2회	언어 영역	20문항	25분
	수리 영역	20문항	25분
	추리 영역	20문항	25분
	공간지각 영역	20문항	25분
실전모의고사 3회	언어 영역	15문항	20분
	수리 영역	15문항	20분
	추리 영역	15문항	20분

PART Ⅴ

실전 모의고사

PART Ⅴ

실전 모의고사

CHAPTER

01

실전모의고사 1회

01 언어 영역

정답과 해설 P.67

01 다음에 주어진 단어들의 관계를 파악하여 괄호 안에 들어갈 알맞은 단어를 고르면?

숙환(宿患) : 지병(持病) = (　　　) : 시종(始終)

① 단초(端初)　② 시초(始初)　③ 말미(末尾)
④ 수미(首尾)　⑤ 압미(壓尾)

02 다음 중 [보기]의 어느 괄호 안에도 어울리지 않는 단어를 고르면?

보기
- 짙은 안개가 끼어 (　　　)이/가 제한받고 있다.
- 자동차 구매 결정을 하기 전에 (　　　)부터 해봐도 될까요?
- 어떤 녀석의 (　　　)을/를 받고 이런 일을 벌였느냐?
- 돌돔은 (　　　)에 따라 가격이 변동됩니다.
- 임원진의 공장 (　　　)이/가 있을 예정이므로 안전수칙에 유념하시길 바랍니다.

① 시승(試乘)　② 시찰(視察)　③ 시계(視界)
④ 시가(市價)　⑤ 시주(施主)

03 다음 글의 밑줄 친 부분을 대체할 수 있는 문장으로 가장 적절한 것을 고르면?

> 순(舜)은 밭 갈고 질그릇 굽고 물고기 잡는 데서부터 임금이 되기까지 남이 잘하는 것을 취(取)하지 않은 바가 없었다. 공자(孔子)는 "나는 어렸을 때 천(賤)하게 지내서 더러운 일에도 능(能)한 것이 많다"라고 하였다. 공자가 말한 그 더러운 일이란 역시 밭 갈고 질그릇 굽고 물고기 잡는 일 따위다. 그러나 비록 순과 공자가 성스러움과 재주를 가지고서도 <u>사물에 접(接)한 다음에야 솜씨를 배우기 시작하고 일에 다다라서야 기구를 만들려고 하였다면</u>, 날마다 힘을 다해도 오히려 부족할 것이며, 지혜에 있어서도 막히는 데가 있었을 것이다. 그러므로 순과 공자가 성인이 된 것은 남에게 묻기를 좋아하고 잘 배운 데에 불과한 것이다.

① 배움에 상대를 구분했다면
② 모르는 것을 알려고 하지 않았다면
③ 배움에 있어서 장소와 때를 가렸다면
④ 미천한 일 배우기를 꺼리고 피했다면
⑤ 모르는 것은 스스로 깨우치려고 노력했더라면

04 다음 글의 ㉠~㉤ 중 [보기]의 내용이 들어가기에 가장 적절한 곳을 고르면?

우리나라는 전통적으로 농경 생활을 해 왔다. (㉠) 이런 이유로 우리나라에서 소는 경작을 위한 중요한 필수품이지 식용 동물로 생각할 수가 없었으며, 단백질 섭취 수단으로 동네에 돌아다니는 개가 선택되었다. (㉡) 프랑스 등 유럽의 여러 나라에서도 우리처럼 농경 생활을 했음에 틀림없지만 그들은 오랜 기간 수렵을 했기 때문에 개가 우리의 소처럼 중요한 동물이 되었고 당연히 수렵한 결과인 소 등을 통해 단백질을 섭취했다. (㉢) 그러나 식생활 문화를 달리하는 힌두교도들은 쇠고기를 먹는 서유럽 사람들에게 혐오감을 느낄 것이다. (㉣) 또 이슬람교도나 유대교도들도 서유럽에서 돼지고기를 먹는 식생활에 대해 거부감을 느낄 것이다. (㉤)

보기

일반적으로 개고기를 먹는 데 혐오감을 나타내는 민족들은 이와 같은 서유럽의 나라이다. 그들은 쇠고기와 돼지고기를 즐겨 먹는다.

① ㉠　② ㉡　③ ㉢
④ ㉣　⑤ ㉤

05 다음 글의 [가]~[마] 문단을 알맞게 배열한 것을 고르면?

[가] 따라서 어린이집의 급식은 영유아의 영양 상태의 개선뿐만 아니라 음식에 대한 기호의 충족과 함께 음식에 대한 만족감을 느끼게 함으로써 심리적인 안정감을 줄 수 있어야 한다. 즉, 어린이집의 급식은 성장기 영유아들에게 필요한 영양을 균형 있게 공급하여 심신의 건강한 발달을 도모하고, 편식 교정 등 올바른 식습관을 형성하도록 해야 하는 것이다.

[나] 어린이집의 급식은 식단 작성만이 아닌 적정 영양의 공급과 식품 및 시설 관리 등의 위생을 실제적으로 관리하는 것이 중요하고, 개인위생 및 주방 시설과 기기 안전 관리 등에 대한 기준 및 관리 체계를 확립하는 것이 필요하다. 어린이집에서의 급식은 영양 면에서 균형 있는 식사를 통해 성장과 발육에 필요한 영양소를 섭취할 수 있고, 가정에서 부족하기 쉬운 영양소를 보충할 수 있다. 현대 영유아들의 가정은 소득과 가족 구성원이 다르며, 음식의 기호 및 식생활에 따라 일부 영양소는 과잉 또는 부족되기 쉽다.

[다] 또한, 부모의 입장에서는 개인이 음식을 준비하여 영유아에게 제공하는 것보다 음식비와 수고를 줄일 수 있다. 그러나 국가적인 차원에서는 바람직한 식품의 소비를 유도함으로써 식품의 생산과 소비를 균형 잡힌 방향으로 유도할 수 있다. 우리나라 어린이집의 증가와 영유아들의 증가로 볼 때, 이들의 급식과 식생활 교육은 매우 중요하게 대두되고 있다.

[라] 더불어 어린이집의 급식은 협동심과 질서 의식, 공동체 의식 함양에 기여하므로 건강하고 건전한 민주 시민을 육성하고 나아가 국민 식생활 개선과 국가 식량 정책에 기여한다고 볼 수 있다. 어린이집에서의 급식이 위생적이고 합리적으로 이루어질 경우, 전체적인 영양개선 효과를 기대할 수 있을 것이다. 또한 영유아의 바람직한 식생활 습관의 형성과 개선을 유도할 수 있으며, 실제적 보육활동을 통한 통합보육으로 효과를 극대화할 수 있고, 경제적인 측면에서 급식의 단가를 조율할 수 있는 등의 장점을 기대할 수 있다.

① [가]－[다]－[라]－[나]
② [나]－[가]－[라]－[다]
③ [나]－[다]－[라]－[가]
④ [다]－[가]－[라]－[나]
⑤ [다]－[라]－[가]－[나]

06 다음 글을 읽고 추론할 수 없는 것을 고르면?

> 심장은 우심방과 우심실, 좌심방과 좌심실로 구성되어 있다. 각 심방과 심실 사이에는 방실판막이 있고, 우심실과 폐동맥 사이, 좌심실과 대동맥 사이에는 동맥 판막이 있다. 여기서 판막은 혈액을 한 방향으로만 흐르게 하는 역할을 한다는 점에서 마치 한쪽으로만 열리는 출입문에 비유될 수 있다. 방실 판막은 심방에서 심실로만 열리는데, 심방의 압력이 심실의 압력보다 높을 경우에서만 열린다. 동맥 판막 역시 압력의 차이로 인해 심실에서 동맥으로만 열린다. 그리고 혈액의 순환 과정은 다음과 같다. 혈액은 몸 전체의 세포와 조직에 산소를 공급하고 이들로부터 이산화탄소를 받은 후 우심방, 우심실을 거쳐 폐동맥을 통해 폐로 이동된다. 이후 폐에서 산소를 공급받은 혈액은 좌심방으로 되돌아와 좌심실을 거쳐 대동맥을 통해 몸 전체로 나가게 된다. 이 과정에서 우심실과 좌심실은 동시에 수축됨으로써 같은 양의 혈액을 폐나 몸 전체로 내보내는데, 혈액을 폐로 보내는 것보다 몸 전체로 보낼 때 더 강한 힘이 필요하므로 좌심실 벽이 우심실 벽보다 두껍다.

① 심장의 판막은 4개가 있다.

② 몸에 혈액을 보내는 역할을 하는 심실의 벽이 폐로 혈액을 보내는 역할을 하는 심실의 벽보다 더 두껍다.

③ 심방의 압력이 심실의 압력보다 낮으면 방실 판막은 열리지 않는다.

④ 폐에 들어가는 혈액의 양이 몸 전체로 들어가는 혈액의 양보다 적다.

⑤ 동맥 판막이 심실에서 동맥으로만 열리는 이유는 압력의 차이 때문이다.

07 다음 글의 제목으로 가장 적절한 것을 고르면?

물 위기를 해결하기 위하여 다국적 물 기업들이 도입한 첨단 과학 기술의 절정은 바로 '해수의 담수화'이다. 지구 표면의 약 70%는 물이 차지하고 있고, 지구상에는 13.9억 km^3의 많은 물이 있다. 그중 3%가 육지의 물이고 97%는 바닷물이다. 육지의 물은 대부분 빙산과 빙하로 되어 있어 사람들이 쉽게 쓸 수 있는 물의 양은 지구 전체의 물의 0.03%밖에 되지 않는다. 해수의 담수화 기술은 바로 지구 전체에 있는 물의 97%를 차지하는 바닷물을 담수로 만드는 기술이다.

다국적 물 기업들은 해수의 담수화가 물 부족 문제를 모두 해결할 수 있는 것처럼 과장하고 있다. 그러나 해수의 담수화 시설은 에너지 고비용 기술로 막대한 온실가스를 방출하여 물 부족을 악화시킨다. 또 바닷물을 끌어오는 과정에서 플랑크톤, 생물의 알, 유생(幼生), 물고기와 수서 식물들을 죽인다. 마지막으로 담수화 시설은 생산 과정에 사용된 화학 물질과 중금속이 농축된 독성 화합물을 배출한다. 물 1리터마다 독성 물질 1리터가 바다에 버려지는데 실제로 제3세계 나라들은 폐수의 90%를 처리 없이 방류하고 있다. 결국 담수화 시설은 오염 물질을 끊임없이 바다로 내보낸 후, 그 물을 다시 끌어와 염분을 제거하여 공급하는 기술이라 할 수 있다.

① 해수 담수화의 문제점
② 물 위기 극복 방법
③ 해수 담수화의 필요성
④ 해수 담수화의 발전 정도
⑤ 해수 담수화의 개발 요건

08 다음 글을 통해 대답할 수 <u>없는</u> 질문을 고르면?

> 화석을 통해 지질 시대의 정보를 알아내는 원리는 '동물군 천이의 법칙'에 바탕을 두고 있는데, 이 법칙은 19세기 프랑스의 고생물학자 도비니의 연구에 의해 확립되었다. 동물군 천이의 법칙은 특정한 시대에는 특정한 동식물군만 존재한다는 사실에 바탕을 둔 것으로, 다음과 같은 구체적 내용을 포함한다. 지질 시대의 특정한 시기에는 그 시기에만 나타나는 특정한 화석군이 있으며, 화석에 나타나는 한 종(種)의 동식물은 시대를 달리해서 다시 나타나는 법이 없다는 것이 그것이다. 이처럼 특정 지질 시대를 대표하는 화석군을 표준 화석이라 한다. 표준 화석이 되려면 그 동식물의 생존 기간이 짧고, 널리 분포하며, 개체 수가 많아야 한다는 조건을 충족해야 한다. 왜냐하면 생존 기간이 길면 정확한 시대를 알 수 없고, 널리 분포하지 않으면 멀리 떨어진 지층과 대하는 데 어려움이 있으며, 개체 수가 적으면 화석으로 보존될 확률이 적기 때문이다. 고생대 캄브리아기 삼엽충, 오르도비스기의 필석, 페름기의 방추충, 중생대의 암몬조개, 신생대의 유공충 등은 이런 조건을 충족하는 대표적인 표준 화석들이다.

① 표준 화석이 되기 위한 조건은 무엇인가?
② 대표적인 표준 화석의 예로는 어떤 것이 있는가?
③ 개체 수가 적은 종(種)은 왜 표준 화석이 될 수 없는가?
④ '동물군 천이의 법칙'은 누구에 의해 확립되었으며, 어떤 사실에 바탕을 두었는가?
⑤ 화석에 나타나는 한 종(種)의 동식물은 왜 시대를 달리해서 다시 나타나지 않는가?

09 다음 글의 주제로 가장 적절한 것을 고르면?

> 좋은 컴퓨터란 자신이 사용하고자 하는 목적에 맞는 컴퓨터이다. 자신에게 적당한 컴퓨터를 선택하여 그 기능을 100% 활용하는 것이 사용자에게 좋은 일이다. 비싼 가격을 지불하고 여러 가지 기능이 첨가된 비싼 컴퓨터를 들여놓고 제대로 사용하지 못하고 있다면 그건 낭비일 뿐이다. 시간이 지나면서 자신에게 필요한 새로운 기능들을 첨가하고 늘려 나가는 것이 좋다.
>
> 그러므로 좋은 컴퓨터를 구입하기 위해서 컴퓨터 매장에서 상담하거나 아니면 컴퓨터를 잘 아는 주위 사람에게 부탁할 때 자신이 어떤 목적으로 컴퓨터를 구입하는지 정확하게 설명하는 것이 중요하다. 컴퓨터는 돈에 맞춰서 얼마든지 만들 수 있기 때문이다. 컴퓨터와 부품의 종류는 요지경 속이라서 신문 광고나 잡지 광고에 나오는 컴퓨터가 전부라고 생각하면 안 된다.

① 좋은 컴퓨터를 구입하는 방법
② 좋은 컴퓨터를 구입할 수 있는 적절한 시기
③ 좋은 컴퓨터를 싸게 구입하는 요령
④ 좋은 컴퓨터를 활용할 수 있는 방안
⑤ 좋은 컴퓨터의 정의

10 다음 글의 내용과 일치하지 않는 것을 고르면?

> 국내 안드로이드 사용자 기준으로 2017년 유튜브 재생 시간은 257억 분이었으며, 전 세계 사람들은 하루 10억 시간 이상 유튜브를 보는 것으로 알려졌다. 빅데이터 조사 전문 회사 ㈜다음소프트는 10~20대 젊은이들이 밤에 취침하기 전 가장 많이 하는 행동 중 하나가 모바일 기기로 유튜브를 시청하는 것이라는 조사 결과를 발표했다. 미국이나 영국과 같이 스낵 콘텐츠에 개방적인 나라뿐 아니라 한국에서도 유튜브 시청이 일반적인 현상으로 자리 잡은 것이다. 그렇다면 상대적으로 보수적인 한국 미디어 이용자들이 '유튜브'를 사랑하게 된 배경은 무엇일까?
>
> 한국인은 '나'나 '너'로 대표되는 단수 개념과는 거리가 먼 민족이며 오히려 '우리' 또는 '너희'와 같은 복수 정서에 매우 가까운 사람들이다. 유튜브는 이용자들의 복수 정서 공동체를 형성하여 이용자 간에 막강한 감정이입을 발생시킨다. 일례로 최근 50대 이상의 네티즌들이 유튜브 공간에 몰리는 큰 원인 중 하나는 '정치 콘텐츠'의 증가와 관련이 있다. 보수 성향의 콘텐츠나, 진보 성향의 콘텐츠들 모두가 영상 1개당 10만 뷰 이상의 시청률을 자랑한다. 이들 콘텐츠는 수용자들이 받아들이기 쉽게 정치 이슈를 잘게 쪼개어 주는 것은 물론, 지상파 방송에서 경험할 수 없었던 거친 말투나 욕설 등도 신선한 소재로 활용한다는 특징이 있다. 일반적으로 '방송용 회화'가 '아나운서의 언어' 또는 '단수 개념의 언어'로 읽힌다면 '유튜브의 회화'는 '복수 정서의 언어'로 읽힌다. 그래서 스마트폰 조작과 소셜 미디어 사용에 익숙하지 않은 50대 이상 중·노년층도 유튜브 콘텐츠를 통해 충분히 사회 이슈에 공감할 수 있고, 자신도 변화에 동참할 수 있다는 자신감을 느끼게 되는 것이다.

① 유튜브의 회화는 복수 정서의 언어로 볼 수 있다.
② 50대 이상 중·노년층은 유튜브에서 정치 콘텐츠를 많이 시청한다.
③ 많은 10~20대 젊은이들이 밤에 취침하기 전에 유튜브를 본다.
④ 유튜브의 정치 콘텐츠는 일반 방송보다 더 질 좋은 정보를 제공해 준다.
⑤ 한국 미디어 이용자들이 유튜브를 좋아하는 이유는 유튜브의 감정이입 능력 때문이다.

[11~13] 다음 글을 읽고 질문에 답하시오.

게임 이론은 언제 어떻게 사용할까? 완전 경쟁 시장에서 소비자 한 명의 행동은 시장에 거의 영향을 주지 못한다. 이와 달리 게임 이론은 참가자의 행동이 다른 참가자에게 영향을 주는 상호 작용적 상황(interactive situation)에 적합한 분석 틀이다. 경제학에서 과점적 경쟁(oligopolistic competition)에 게임 이론을 많이 적용하는 것도 이러한 이유 때문이다.

게임 참가자들 사이의 상호 작용은 구체적인 행동의 결과도 있지만, 그 의미에 대한 인식 혹은 교감을 통해서도 이루어진다. 이런 인식 혹은 교감의 과정은 참가자 간의 커뮤니케이션과 신호의 전달 및 처리(signaling)로 이해된다. 요약하면, 게임 이론 참가자들이 상호 작용하면서 변화해 가는 상황을 이해하는 데 도움을 준다. 그 상호 작용이 어떻게 전개될 것이며, 어떻게 행동하면 더 이득을 취할 수 있는지를 객관적으로 분석해 주기 때문이다.

전략적 상황 분석에서 가장 중요한 것은 상대의 의도와 전략을 읽고 대응하는 것이다. 이것은 전쟁이든 기업 경영이든 전략의 첫걸음이다. 도청, 스파이, 운용 등의 첩보전이나 상대의 구체적 행동(투자 패턴, 병력 배치, 공개된 행동과 말)을 통해 유추할 수 있다. 서로 만나서 솔직하게 물어보는 방법도 있다. 이 경우, 가능한 수단은 다 써야 하며 상대의 입장에서 생각해 보는 것이 가능하다. 각각의 상황에서 상대방이 정말로 어떤 선택을 할 것인가를 예상하여 자신의 행동을 결정하는 것이 게임 이론의 출발점이다.

합리적 상황 분석이 좀 더 체계적인 정보 수집과 판단으로 뒷받침되면 승률은 더 높게 된다. 또한 꾸준한 훈련과 경험 축적을 통해서 마음먹은 대로 전략을 펼칠 수 있다면 더욱 유리하다. 합리적 분석을 넘어 상대방의 의도와 행동에 숨어 있는 의도적, 비의도적, 비합리성까지 분석하고 대응할 수 있다면 더욱 유리해진다. 투수와 타자의 게임을 예로 들어 보자. 타자의 특징이나 능력을 무시하고 아무 데나 던지는 투수가 이길 확률은 적다. 게임 전체의 상황과 주자의 위치 등을 생각하면 어떤 공이 더 효과적인가를 판단할 수 있다. 나아가 상대팀에게서 나올 수 있는 의도적, 비의도적인 전략까지 고려해서 전략을 세운다면 더욱 유리할 것이다. 여기에는 꾸준한 훈련을 통해서 마음먹은 대로 공을 던질 수 있고, 다른 수비 선수들과도 정확하게 손발이 맞는다는 전제가 있어야 한다.

현실 세계의 게임은 더 복잡하다. 전쟁은 수많은 사람의 목숨과 재산을 건 엄청난 일이다. 전쟁의 공포는 사람의 이성을 마비시키고 심리적 중압감은 합리적 의사 결정을 힘들게 한다. 그럴수록 게임 이론에서 얻은 직관력과 분석력은 더 좋은 의사 결정을 위한 길잡이가 된다. 물론 게임 이론 책과 달리 현실에서는 정보 자체를 수집하고 전략을 실행하는 것에 많은 노력이 필요하다. 따라서 게임 이론이 주는 답이 전략의 모든 것은 아니다. 그러나 기업이나 국가의 미래를 건 의사 결정에서 몇 가지 생각할 점들을 알려 주는 것만으로도 그 의미는 엄청나다. 게임 이론을 공부한다고 주어진 상황에 딱 맞는 답을 제시할 수는 없다. 다만 게임 이론은 상황을 좀 더 체계적으로 헤아려 보는 데 도움이 되고, 무엇을 어떻게 살펴봐야 할 것인지 더 깊이 생각할 수 있게 해 준다. 화투나 바둑을 할 때 마구 생각나는 대로 수를 두는 것보다 꼼꼼하게 따지고 헤아려서 하는 게임이 승률이 높은 것은 당연하다.

11 다음 중 주어진 글의 주제로 가장 적절한 것을 고르면?

① 게임 이론의 개념
② 게임 이론의 발전 전망
③ 게임 이론의 뜻과 사용 방법
④ 게임 이론에 사용될 수 있는 적절한 사례
⑤ 게임 이론의 의미와 중요 요소 및 한계

12 다음 중 주어진 글의 논지 전개 방법으로 가장 적절한 것을 고르면?

① 전문가의 말을 인용하고 있다.
② 상반적 견해에 대하여 절충적 대안을 제시하고 있다.
③ 일반적인 통념을 비판하며 새로운 주장을 제기하고 있다.
④ 예시를 통해 어려운 내용을 이해하기 쉽게 설명하고 있다.
⑤ 게임 이론의 장단점을 비교하여 독자의 이해를 돕고 있다.

13 다음 중 주어진 글의 내용과 일치하지 않는 것을 고르면?

① 상대방의 비의도적, 비합리적 행동은 상황 분석의 관심 영역이 아니다.
② 게임 이론은 상호 작용적 상황에 적합한 분석 틀이다.
③ 상황 분석이 체계적인 정보 수집과 판단으로 뒷받침되면 승률은 높아진다.
④ 게임 이론이 주어진 상황에 가장 적절한 답을 제시할 수 있는 것은 아니다.
⑤ 게임 이론에 참가한 사람들은 상호작용하며 객관적인 분석 결과를 얻을 수 있다.

14 다음 글이 나올 수 있는 궁극적인 질문으로 가장 적절한 것을 고르면?

꿈에서는 특정한 일이 계속 반복되는 경우가 있는데, 이는 신경 생리학을 통해 설명할 수 있다. 누군가 꿈에서 나를 쫓아오지만 내 몸을 움직일 수 없는 경우가 그러한 예다. 이는 역설수면 중에 지속되는 마비 현상, 즉 움직일 수 없는 상태를 꿈에서 일시적으로 지각한 탓에 나타나는 현상일 가능성이 높다. 시간과 공간에 대한 기준이 없어지고, 비판 감각이 약해지는 것도 꿈의 특성이다.

역설수면 중의 뇌를 분석해 보면, 시각 영역과 감정 영역을 비롯한 몇몇 영역에서는 활발한 활동을 하고 있는 한편, 다른 영역에서는 반대로 활동이 줄다 못해 억제된 것을 볼 수 있다. 특히 계획, 비교, 비판과 같은 복잡한 기능을 담당하는 영역의 활동이 억제된다. 꿈속에서 비판 감각이 없어지는 것은 역설수면 중에 전두엽의 기능이 저하되는 사실과 관계 있을 것이다. 이것은 역설수면 중에 자의식이 없어지는 원인이기도 하다. 즉, 수면자는 자신이 꿈을 꾸는 중이라는 사실을 모른다는 것인데, 자신이 무엇을 하고 있는지를 아는 것은 전두엽이 관리하는 영역이기 때문이다.

① 꿈은 왜 꾸는 것일까?
② 꿈에서는 왜 이상한 일이 벌어질까?
③ 꿈은 우리의 뇌에 어떤 영향을 미칠까?
④ 꿈을 꿀 때와 안 꿀 때 뇌의 작용은 얼마나 다를까?
⑤ 꿈을 꾸는 것과 피곤함을 느끼는 것은 무슨 관계가 있을까?

15 다음 글의 빈칸에 들어갈 내용으로 가장 적절한 것을 고르면?

한 할인매장에서 품질 검사 과정 중 사소한 결함으로 떨어진 유명 브랜드의 청바지를 정가의 절반 가격으로 판매하고 있다. 그런데 이 제품에는 결함이 전혀 없다. 청바지에 전혀 결함이 없는데도 제조업체가 결함이 있다고 속이면서까지 싼값에 판매하는 이유가 무엇일까? 그것은 유명 브랜드의 청바지를 싼값에 구입하기를 원하는 사람들에게도 제품을 팔기 위해서이다. 그런데 여기서 발생하는 문제는 청바지의 가격이 낮아지면 이 청바지를 비싸게 주고 사는 일종의 명품족들이 대중화된 제품을 거들떠보지도 않을 거라는 점이다. 결론적으로 제조업체는 명품족에게서 정가로 받고, 서민들에게는 청바지에 결함이 있는 척하여 절반 가격을 받는 것이 가장 좋은 방법이 된다. 이런 식으로 그들은 가격 정책을 망치는 일 없이 보다 넓은 범위의 구매층을 공략할 수 있다. 이 경우 B품 청바지에 정말로 결함이 있느냐 하는 문제는 부차적인 문제가 된다. 중요한 것은 ( ) 그래야 두 제품에 서로 다른 가격을 매기는 것이 정당화될 수 있기 때문이다.

① 실제로 두 청바지가 서로 품질이 다를 수밖에 없다는 것이다.
② 고객들이 두 청바지를 서로 다른 제품이라고 인식하는 것이다.
③ 서로 다른 가격을 매기기 위해 일부러 만들어 낸 결함이라는 것이다.
④ 청바지의 결함이 소비자가 알아채지 못할 정도로 미미하다는 점이다.
⑤ 청바지의 결함에 대하여 얼마든지 서비스 응대를 할 수 있다는 것이다.

16 다음 글을 읽고 추론한 내용으로 가장 적절한 것을 고르면?

온도란 과연 무엇일까? 우리는 흔히 온도를 뜨거움을 느끼는 정도로 생각하기 쉽다. 하지만 꼭 그런 것만은 아니다. 예컨대 45℃ 목욕물은 상당히 뜨겁게 느껴지는데, 사우나 안에 들어가면 80℃ 이상에서도 별로 뜨겁다고 느껴지지 않는다. 우리가 뜨겁고 차갑게 느끼는 감각은 사실 물질의 온도보다 열의 유입량 또는 유출량과 더 관계가 있기 때문이다. 열은 온도 차이에 의해 유입되기도 하고 유출되기도 한다. 사우나 안의 온도가 목욕물의 온도보다 높아도 상대적으로 덜 뜨겁게 느껴지는 이유는 수증기의 분자 밀도가 물의 분자 밀도보다 1,000분의 1 정도로 작으므로 우리 몸에 전달되는 열의 유입량이 훨씬 적기 때문이다. 더욱이 사우나 안에서는 우리 몸에서 땀으로 많은 수분이 나와 증발하면서 뜨거움을 덜 느끼게 된다. 따라서 이와 같은 온도를 우리가 느낄 때 뜨겁고 차가운 감각으로만 설명하기는 어렵다.

그러면 온도를 어떤 방법으로 설명할 수 있을까? 온도 역시 원자나 분자와 같은 입자의 운동을 이용하여 설명할 수 있다. 즉, 온도는 물질을 구성하는 원자나 분자의 열운동 정도를 나타내는 지표라고 할 수 있다. 온도가 높다는 것은 열운동이 활발하다는 것이고 온도가 낮다는 것은 열운동이 약하다는 것이다. 그러므로 온도는 여러 방향으로 운동하는 여러 입자가 가진 격렬함의 평균값이라고 할 수 있다.

① 우리가 사용하는 절대온도는 사실상 잘못된 개념이다.
② 열을 내는 물체는 수분을 통해 에너지를 공급받게 된다.
③ 온도가 ~~높을수록~~ 그 물질을 구성하는 입사의 개수가 많다.
④ 45℃ 목욕물은 80℃ 이상 사우나보다 열의 유입량이 훨씬 적다.
⑤ 하나의 물질을 구성하는 입자들의 격렬함은 같은 온도 속에서도 일정하지 않다.

17 다음 글의 밑줄 친 ㉠에 해당하는 사례로 적절하지 않은 것을 고르면?

1960년대 전후에 진행되었던 녹색 혁명에 의해, 과거 절대다수가 기아에 허덕이던 상황에서 현재는 농산물 생산 과잉의 시대를 구가하고 있다. 그러나 이러한 농산물 생산 과잉 시대는 그리 오래가지 않을 것으로 전망된다. 녹색 혁명 이후 비약적으로 높아지던 농산물 생산 증가율이 최근 급격히 감소하는 반면, 인구 증가에 의한 농산물 수요가 매우 빠르게 증가하고 있기 때문이다. 이러한 현실에서 식물 형질 전환법을 이용한 농생명 공학의 발전이 식량 문제를 해결하기 위한 대책을 제시하고 있다.

식물 형질 전환을 수행하는 방법은 다음과 같다. 우선 제한 효소를 통해 식물체에 도입할 유전자를 적당하게 자른다. 그리고 적당하게 자른 유전자를 Ti 플라스미드 내에 있는 T−DNA 부위에 연결 효소를 통해 삽입한다. 그렇게 만들어진 재조합 플라스미드 DNA를 아그로박테리움 속에 삽입하고, 이 아그로박테리움을 조직 배양 중인 식물 세포에 감염시킨다. 그러고 나서 적당한 항생제를 써서 아그로박테리움을 제거하고 원하는 유전자가 삽입된 식물 세포를 선별한다. 이렇게 선별된 세포에 적당한 호르몬을 제공하면 뿌리와 줄기가 분화되어 새로운 식물체로 배양할 수 있다.

이에 대해 일부 ㉠우려 섞인 목소리도 무시할 수는 없지만, 식물 형질 전환법을 통해 인류는 농산물의 생산량을 획기적으로 증가시킬 수 있다. 그뿐만 아니라 오염 물질을 쉽게 흡수할 수 있는 유전자를 도입한 형질 개선 식물을 이용하면 오염된 지역의 정화도 가능해질 것이다. 다만 생산량을 증가시키고 다양하게 활용하기 위해서는 이용할 수 있는 유용 유전자가 필요한데, 이들을 확보하는 것은 과학자들의 몫이다.

① 형질 전환이 식물의 독소 생성을 촉발하여 예상하지 못한 유해 성분을 배출할 수 있습니다.
② 형질 전환 과정을 통해 병충해에 저항성을 가지는 식물이 생겨날 수 있습니다.
③ 형질 전환 과정에서 위험성을 가진 알레르기 물질이 현재의 검출 시스템을 뚫고 들어올 수 있습니다.
④ 작물에만 작용해야 할 형질 전환이 주변의 잡초에도 영향을 미쳐 제초제에 견딜 수 있는 잡초가 생길 수 있습니다.
⑤ 유전자 식물로 식량 문제를 해결할 수는 있지만 이를 섭취한 인간들이 해를 입을 가능성도 무시할 수 없습니다.

18 다음 글에 제시된 '미시사'에 대한 비판으로 가장 적절하지 않은 것을 고르면?

> 미시사는 글자 그대로 해석하면 '작은 것의 역사', '작은 것을 통해 보는 역사'일 것이다. 미시사는 특수한 연구 방법을 가진 고유의 분야로 과거에 실재했던 평범한 작은 사람들에 대한 구체적인 관심을 규범화시킨 연구의 경향을 말한다.
>
> 미시사에서 대상으로 삼는 개인은 역사의 그늘 속으로 흔적 없이 사라져 갔던 인물들로서, 이들의 입장에서 쓴 글은 많이 남아 있지 않을 것이다. 그들의 삶을 복원시키려는 이유는 그 보잘것없는 사람들의 삶을 미화시키려는 것이 아니다. 미시사가들은 그들의 삶을 통해 상층의 지배 문화와 하층의 민중 문화 사이의 간극을 밝히면서 그 갈등과 대립 및 절충의 사회적 관계를 밝히려는 것을 목표로 삼고 있다. 그리고 미시사는 지역 단위의 사례 연구와 본질적인 면에서 다르다. 지역 단위의 사례 연구는 거시적이고 인과적인 틀에 근거하는, 이미 정해져 제시되어 있는 가설에 증거를 제공한다. 그러나 미시사가들은 구체적이고 개인적인 수준의 사례들이 그 자체로 역사가 될 수 있다고 주장한다. 개인적 차원에서의 이야기를 통하여 과거의 세계관을 추적해 가는 방법을 지향하는 것이다. 미시사는 궁극적으로 개인들의 구체적인 이야기를 다룸으로써 이야기체 역사의 부활에 이바지하였다.

① 미시사 연구에 사용되는 사료들이 적고 질적으로 왜곡되어 있을 가능성이 크다.
② 미시사가의 입장을 고수한다면 전체적인 역사의 흐름에 맞지 않는 역사가 전개될 수 있다.
③ 역사적 단위를 축소시키려는 경향은 학문적인 이유보다 정치적 · 이념적 이유에 더 큰 영향을 받았다.
④ 개인이 지니고 있는 특이한 사선에 대한 기록이 그가 속한 집단이나 사회를 대표하기에는 어려움이 있다.
⑤ 미시사는 한 인물의 출생부터 죽음에 이르기까지의 실제 인생을 다뤄 읽는 이에게 감동과 교훈을 주는 종래의 전기(傳記)와 다를 바 없다.

19 다음 글에 제시된 '공급자 중심 주택 제도'의 문제점으로 가장 적절하지 <u>않은</u> 것을 고르면?

> 주거권이란 모든 사람이 적절한 주거를 공급받고 현재의 주거를 안정적으로 유지하고 향유할 권리이다. 이러한 주거권을 제대로 누리지 못하는 사람들을 위해 정부는 주택 정책을 통해서 기본적인 주거 욕구를 충족시킬 수 있도록 도움을 제공한다. 주택 정책은 정부나 정부의 위탁을 받은 기관이 수요자에게 주택 서비스를 제공하는 공급자 중심 전달 체계와 수요자의 선호를 반영하여 수요자에게 서비스 선택권을 제공하는 수요자 중심 전달 체계로 나누어진다.
>
> 공급자 중심 전달 체계는 정부가 직접 주택을 건설하여 공급하는 공공 임대 주택이 대표적이다. 이는 저렴한 주택이 부족한 상황에서 정부나 위탁 기관이 양질의 주택을 저렴한 가격으로 저소득층에게 임대하는 것이다. 이를 위해서는 공공 임대 주택의 공급 물량이 일정한 수준으로 유지되어야 하므로, 정부는 재원을 지속적으로 마련해야 한다.

① 공공 임대 주택의 환경이나 조건에 대해 불만이 제기될 수 있다.

② 공공 임대 주택의 공급으로 인해 전체적으로 주택 가격이 상승되거나 임대료가 오를 수 있다.

③ 공공 임대 주택 마련을 위한 재원이 지속적으로 투입되어야 하므로 정부에서 재정적 어려움을 겪을 수 있다.

④ 국가가 공공 임대 주택을 특정 지역에 밀집하여 공급하면, 수요자들이 문화적으로 소외감과 고립감을 느낄 수 있다.

⑤ 국가가 수요자들의 요구와는 다르게 공공 임대 주택을 편의에 따라 공급하면 수요자들의 실질적 선택권이 보장되지 않을 수 있다.

20 다음 글의 주장에 대해 제기할 수 있는 비판적 의문으로 가장 적절한 것을 고르면?

> 국어처럼 사회, 계급, 지위, 연령의 차이에 따라 화법이 엄격히 구분된 언어도 드물다. 겸양법의 정도에 따라 동사 어미가 바뀌며, 이것이 존대법과 결부되어 사용되기도 한다. 그뿐만 아니라 상당수의 어휘가 '밥:진지, 먹다:잡수시다, 주다:드리다, 나:저, 집:댁' 등으로 분화되어 있다. 이에 따라 백성이 임금께 진지를 드릴 수도 있고, 임금께서 백성에게 밥을 주실 수도 있으나 백성께서 임금에게 밥을 주실 수도 없고, 임금이 백성에게 진지를 드릴 수도 없다.
>
> 여기서 우리는 국어의 경어법에 대해 잠시 생각해 볼 필요가 있다. 동방예의지국의 특성이라고 자랑하며 길이 보존해야 할 것인가? 요즘 젊은이들에게서 경어법이 점차 사라져가는 현상을 통탄해야 할 것인가? 언어가 사회 구조를 반영하는 이상, 국어의 경어법은 계급 의식이 철두철미했던 봉건 사회의 전통 및 유물이라고 생각할 수밖에 없다. 이러한 사실에 비추어 볼 때, 경어법은 그리 자랑할 것도 못 되고 교육을 철저히 해 보존해야 할 만큼 바람직한 현상도 아니다. 세계의 모든 언어에서 부모와 자식끼리, 교수와 학생끼리, 또 부부끼리 '너, 나'로 주고받으며 대화할 수 있는데, 어느 한쪽만 경어를 쓰는 것은 자연스럽지 않은 대화법이다.

① '울쌤직찍쌩얼도지대ㅋㅋ'와 같은 인터넷 언어 사용에서 보듯이 문법이나 경어법을 무시하고 자신의 방식대로 언어를 구사한다면 의사소통에 큰 혼란이 발생하지 않을까요?

② 우리가 잘 알지 못하는 것일 뿐, 대부분의 외국에서도 우리나라와 마찬가지로 경어를 사용합니다. 그러니 우리나라도 예부터 꾸준히 사용해온 경어법을 계속 유지해야 하지 않을까요?

③ 경어법은 봉건 시대의 지배층이 백성을 억누르기 위한 도구로 사용한 것이므로 자랑거리가 아니라는 데는 동의하기 어렵네요. 그러기에 앞서 외국은 경어법이 없었는지 먼저 살펴봐야 하지 않을까요?

④ 교수에게 '님'이라는 호칭을 붙이는 이유는 스승에 대한 예의와 존경의 표시죠. 경어법이 평등과 상호 존중의 의식을 낳을 수 없다고 하지만, 평등과 상호 존중은 서로 간의 예의에서 출발하는 것이 아닐까요?

⑤ 어떤 사람들은 경어법을 없애야 진정한 민주화를 이룰 수 있다고까지 말하는데 우리말의 특징인 경어법이 없다면 그건 우리말이 아니죠. 경어법을 대폭 간소화하면 될 것을 너무 확대하여 말하는 것은 아닌가요?

02 수리 영역

정답과 해설 P.71

01 희수와 재현이는 올해 나이의 비가 5 : 2이고 15년 뒤에는 10 : 7이 된다면, 4년 뒤 두 사람 나이의 합을 고르면?

① 23세 ② 26세 ③ 29세
④ 32세 ⑤ 35세

02 가로의 길이가 200m, 세로의 길이가 240m인 직사각형 모양의 땅 둘레에 일정한 간격으로 나무를 심으려고 한다. 네 귀퉁이에 나무를 심을 때, 최소한 몇 그루의 나무가 필요한지 고르면?

① 11그루 ② 15그루 ③ 18그루
④ 22그루 ⑤ 26그루

03 남자와 여자가 총 16명이 있고, 부장과 총무를 한 명씩 뽑으려고 한다. 부장과 총무가 모두 여자일 확률이 $\frac{3}{8}$일 때, 여자는 총 몇 명인지 고르면?

① 9명 ② 10명 ③ 11명
④ 12명 ⑤ 13명

04 8명의 사람들을 2명씩 짝을 지어 4개조로 편성하는 경우의 수를 고르면?

① 64가지 ② 81가지 ③ 105가지
④ 128가지 ⑤ 256가지

05 어느 회사의 직원 100명을 대상으로 사내교육 두 과목 A, B에 대한 선호도를 조사하였다. 조사 결과 과목 A를 좋아하는 직원은 조사 대상자 전체의 60%였고, 과목 B를 좋아하는 직원은 조사 대상자 전체의 24%였다. 100명 중 선호도 조사에 응답하지 않은 사람은 없을 때, 두 과목 A, B를 모두 좋아하지 않는 직원 수의 최댓값과 최솟값의 합을 고르면?

① 14 ② 22 ③ 36
④ 48 ⑤ 56

06 어느 중학교에서 전교생을 대상으로 1학기 신체검사를 시행하였는데, 1학년 학생들의 평균 키는 156cm, 2학년 학생들의 평균 키는 160cm, 3학년 학생들의 평균 키는 169cm이었다. 1학년 학생 수는 2학년 학생 수보다 10% 적고, 3학년 학생 수는 2학년 학생 수보다 10% 더 많을 때, 전교생의 평균 키를 고르면?

① 160.6cm ② 161.8cm ③ 162.1cm
④ 163.6cm ⑤ 165.2cm

07 **갑은 그릇 가게를 운영한다. 공장에서 그릇 1,000개를 사서 가게로 운반하던 도중에 실수로 그릇 60개를 떨어뜨려 깨뜨렸다. 처음에 예상했던 이익은 그릇 한 개에 k%였는데 깨뜨리고 남은 그릇을 팔아서 처음에 생각했던 이익과 똑같은 이익을 얻으려고 한다. 처음 생각했던 그릇 한 개당 이익의 몇 %만큼 늘려야 하는지 고르면?** (단, 소수점 첫째 자리에서 반올림한다.)

① 4% ② 5% ③ 6%
④ 7% ⑤ 8%

08 **전체 직원 수가 65명인 어느 회사에서 남자 직원의 $\frac{7}{11}$과 여자 직원의 $\frac{3}{4}$이 자가용을 가지고 있다. 자가용을 가진 직원이 전체 직원의 $\frac{9}{13}$일 때, 이 회사의 여자 직원 수를 고르면?**

① 32명 ② 34명 ③ 35명
④ 36명 ⑤ 40명

09 **사원과 대리가 같은 작업을 수행하고 있다. 이 작업을 사원 3명과 대리 1명이 함께 하면 40분 만에 일을 끝낼 수 있고, 이 작업을 사원 4명과 대리 3명이 함께 하면 20분 만에 일을 끝낼 수 있다. 만약 사원 5명이 이 작업을 수행하면 얼마 만에 일을 끝낼 수 있는지 고르면?** (단, 사원들의 작업 속도는 모두 동일하고, 대리들의 작업 속도도 모두 동일하다.)

① 20분 ② 25분 ③ 30분
④ 40분 ⑤ 50분

10 **A가 목적지를 향해 시속 4km의 속력으로 18분 동안 걸어간 후, 시속 36km인 버스에 탑승하여 8분 동안 달려 목적지에 도착했다. 같은 경로를 B는 자전거로 20분 동안 달려 목적지에 도착하였을 때, B의 속력을 고르면?** (단, A가 버스를 타는 데 걸리는 시간은 고려하지 않는다.)

① 12km/h ② 14km/h ③ 16km/h
④ 18km/h ⑤ 20km/h

11 **총무팀에서 신제품 홍보 팸플릿 상자 3개 분량을 인쇄하려고 한다. 두 인쇄기 A, B로 팸플릿을 인쇄하는데, 먼저 두 인쇄기를 모두 사용하여 4분 동안 인쇄한 뒤 인쇄기 A만으로 6분 동안 인쇄하여 첫 번째 팸플릿 상자 분량을 인쇄하였다. 다시 두 인쇄기를 모두 사용하여 5분 동안 인쇄한 뒤 인쇄기 B만으로 3분 동안 인쇄하여 두 번째 팸플릿 상자 분량을 인쇄하였다. 마지막 상자는 인쇄기 B로만 인쇄한다고 할 때, 남은 한 상자 분량을 인쇄하는 데 걸리는 시간을 고르면?** (단, 모든 상자에 들어가는 팸플릿의 수는 동일하고, 두 인쇄기의 인쇄 속도는 각각 일정하다.)

① 12분 ② 13분 ③ 14분
④ 15분 ⑤ 16분

12 **다음 [표]는 A시의 학교급별 교육 여건에 관한 자료이다. 이에 대한 설명으로 옳지 <u>않은</u> 것을 고르면?**

[표] A시의 학교급별 교육 여건 현황 (단위: 개, 시간, 명)

구분	학교 수	학교당 학급 수	주당 수업 시수	학급당 학생 수	학급당 교원 수	교원당 학생 수
초등학교	150	30	28	32	1.3	25
중학교	70	36	34	35	1.8	19
고등학교	60	33	35	32	2.1	15

① A시의 초등학생과 중학생 수의 차이는 중학생과 고등학생 수의 차이보다 크다.
② 초등학교의 교원 수는 중학교와 고등학교의 교원 수의 합보다 크다.
③ 초등학교의 주간 수업 시수의 합은 중학교의 주간 수업 시수의 합보다 크다.
④ 고등학교의 교원당 주간 수업 시수는 17시간 이하이다.
⑤ 교원당 학생 수가 가장 많은 학교는 초등학교이다.

13 다음 [그래프]는 2017~2018년 시기별 수출입 실적을 나타낸 자료이다. 이에 대한 설명으로 옳지 않은 것을 고르면?

[그래프] 시기별 수출입 실적 (단위: 만 달러)

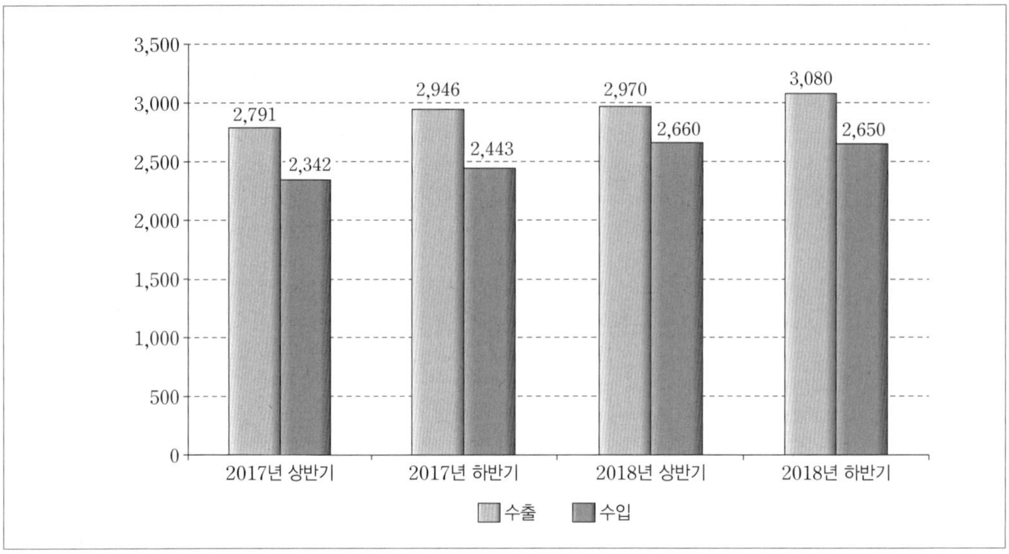

※ (무역수지)=(수출)−(수입)

① 매 시기 무역수지는 증감을 반복하고 있다.

② 전기 대비 수출 증가율은 모두 양수(+)이다.

③ 전기 대비 수입 증가율은 계속 증가하고 있다.

④ 전년 동기 대비 무역수지 증가율은 모두 음수(−)이다.

⑤ 전년 동기 대비 수입 증가율은 2018년 하반기가 상반기보다 더 작다.

14 다음 [표]는 2012~2017년 국민 해외 관광객 및 한국 관광 수지에 관한 자료이다. 이에 대한 설명으로 옳지 <u>않은</u> 것을 고르면?

[표1] 2012~2017년 국민 해외 관광객 (단위: 백만 명)

구분	2012년	2013년	2014년	2015년	2016년	2017년
관광객 수	13.7	14.8	16.1	19.3	22.4	26.5

[표2] 2012~2017년 한국 관광 수지

구분	관광 수입(백만 달러)	1인당 관광 수입(달러)	관광 지출(백만 달러)
2012년	13,357	1,199	16,495
2013년	14,525	1,193	17,341
2014년	17,712	1,247	19,470
2015년	15,092	1,141	21,528
2016년	17,200	998	23,689
2017년	13,324	999	27,073

※ $(\text{1인당 관광 수입})=\frac{(\text{관광 수입})}{(\text{방한 외래 관광객})}$

※ $(\text{1인당 관광 지출})=\frac{(\text{관광 지출})}{(\text{국민 해외 관광객})}$

※ (관광 수지)=(관광 수입)−(관광 지출)
(단, 양수는 흑자, 음수는 적자)

① 국민 해외 관광객과 관광 지출은 모두 매년 증가하였다.
② 1인당 관광 지출은 매년 증가하였다.
③ 2013년 방한 외래 관광객은 2012년보다 증가하였다.
④ 2017년 1인당 관광 지출은 1인당 관광 수입보다 더 많다.
⑤ 관광 수지 적자가 가장 작은 해는 2014년이다.

15 다음은 2000년부터 2020년까지 성별 고용률 및 실업률을 조사하여 나타낸 자료이다. 이에 관한 설명으로 옳지 않은 것을 고르면?

[그래프1] 성별 고용률

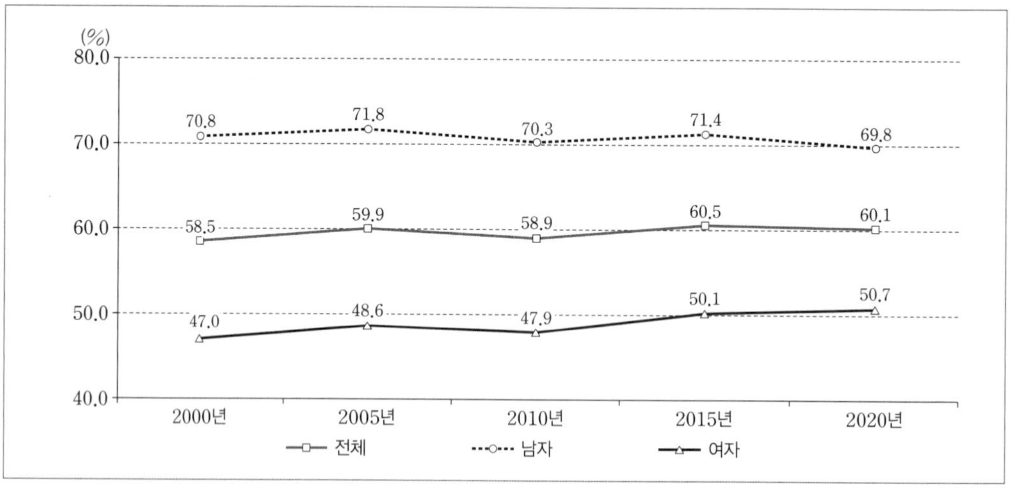

[그래프2] 성별 실업률

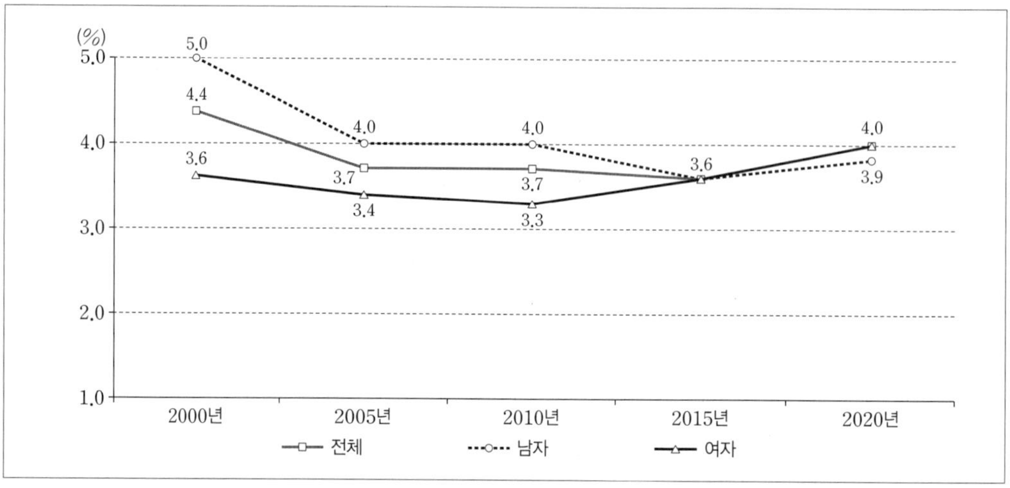

① 2015년 대비 2020년 전체 고용률과 실업률의 증감율은 각각 4%씩이다.

② 2015년 대비 2020년 여자 고용률은 증가하였으나 남자 고용률은 감소하였다.

③ 2020년 남자의 고용률은 69.8%로 제시된 기간 중 처음으로 70% 미만을 기록하였다.

④ 제시된 기간 중 전체 실업률이 최저인 해와 남자 실업률이 최저인 해는 같다.

⑤ 제시된 기간 중 여자의 실업률이 남자의 실업률보다 높은 해는 2020년뿐이다.

16 **다음 [표]는 지역별 65세 이상 노령 인구 현황 및 예상 추이에 대한 자료이다. 이를 바탕으로 할 때, 연도별 · 지역별 65세 이상 고령 인구 비율의 그래프로 옳지 <u>않은</u> 것을 고르면?** (단, 모든 그래프의 단위는 %이다.)

[표] 지역별 65세 이상 고령 인구 현황 및 예상 추이 (단위: 천 명, %)

구분	2019년	비율	2025년	비율	2035년	비율	2045년	비율
서울	1,402	14.5	1,862	19.9	2,540	28.4	2,980	35.3
부산	591	17.5	784	24.4	1,004	33.4	1,089	39.7
인천	370	12.6	550	18.4	867	28.4	1,080	36.3
광주	193	12.9	261	18.0	377	27.3	452	35.2
대전	193	12.8	270	18.4	392	27.7	471	35.0

①
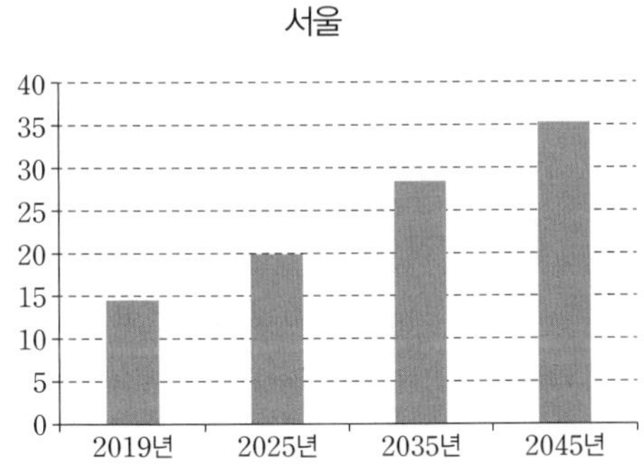

②
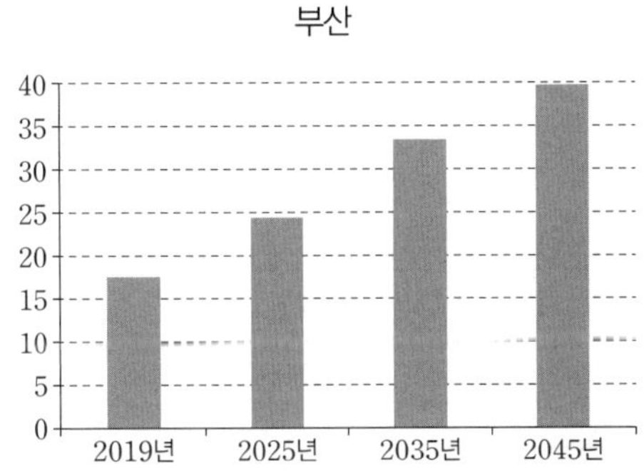

③
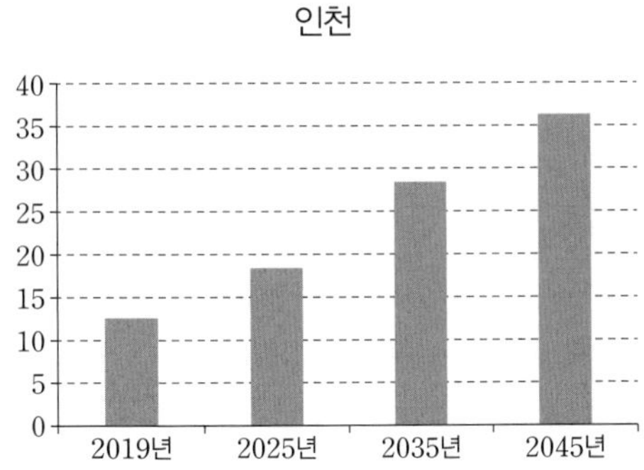

④
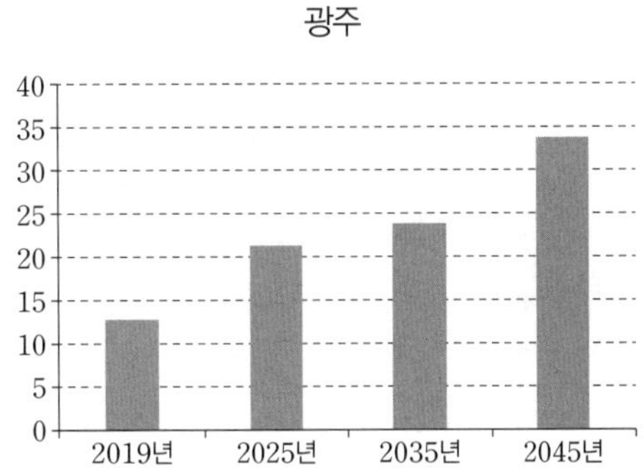

⑤
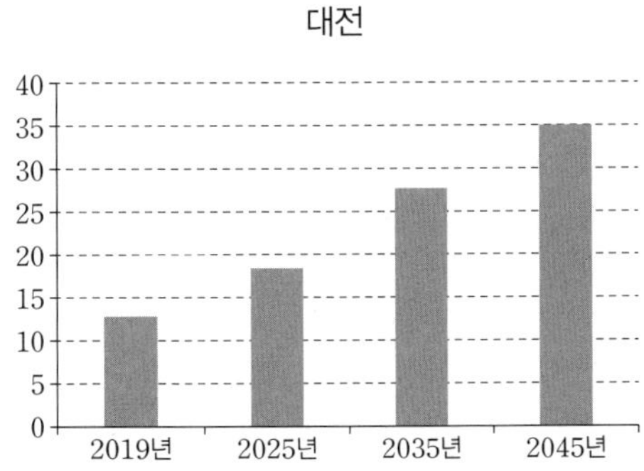

17 **다음 [표]는 2017~2018년 운수 및 창고업의 업종별 매출액 현황에 대한 자료이고, [그래프]는 2012~2018년 운수 및 창고업의 매출액 추이에 대한 자료이다. 이에 대한 설명으로 옳은 것을 고르면?**

[표] 2017~2018년 운수 및 창고업의 업종별 매출액 현황 (단위: 십억 원, %)

구분		2017년	2018년	구성비
운수 및 창고업		142,225	146,932	100.0
	육상운송업	64,252	65,386	44.5
	수상운송업	27,416	28,329	19.3
	항공운송업	22,670	25,006	17.0
	창고 및 운송 관련 서비스업	27,887	28,211	19.2

[그래프] 2012~2018년 운수 및 창고업의 매출액 추이

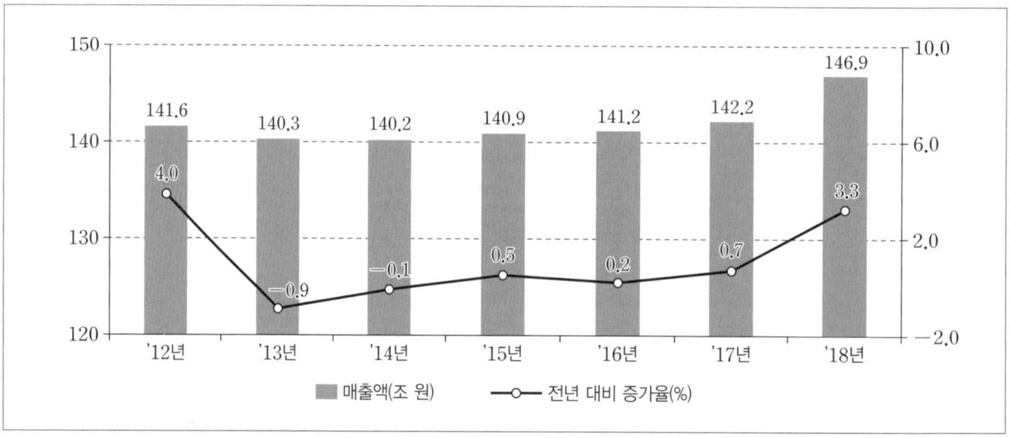

① 전년 대비 2018년 매출액이 가장 많이 증가한 운수 및 창고업 업종은 육상운송업이다.
② 2017년 대비 2018년 항공운송업의 매출액 증가율은 10% 미만이다.
③ 2018년 수상운송업의 매출액은 전년과 비교해서 1조 원 이상 증가하였다.
④ 2015~2018년 동안 운수 및 창고업에 대한 매출액은 증가세를 보였다.
⑤ 창고 및 운송 관련 서비스업의 2016년 매출액은 27,693십억 원이다.

18 다음 [그래프]와 [표]는 2013년부터 2017년까지 서울시 초등학생 및 초등학교 수 현황과 초등학교 돌봄교실 현황을 조사하여 나타낸 자료이다. 이 자료를 바탕으로 작성한 [보고서]의 밑줄 친 ㉠~㉤ 중 옳지 않은 것을 모두 고르면?

[그래프] 서울시 초등학생 및 초등학교 수 현황 (단위: 명, 개)

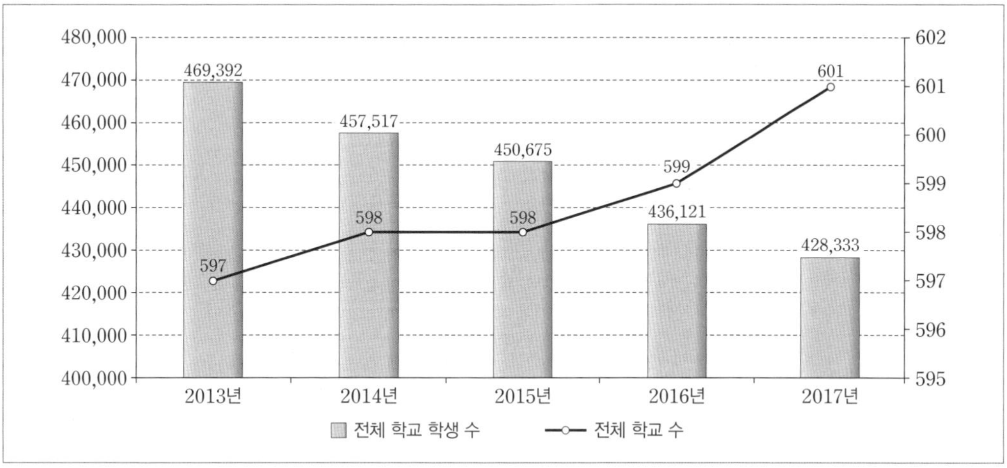

[표] 서울시 초등학교 돌봄교실 현황 (단위: 개, 명)

구분	운영 학교 수	운영 교실 수	참여 학생 수
2013년	533	759	14,531
2014년	569	1,413	27,375
2015년	571	1,465	30,670
2016년	572	1,471	31,042
2017년	575	1,443	31,135

[보고서]

서울시는 인구 감소 및 학교 교육의 질적 향상에 관한 대책을 마련 중이다. ㉠2013년부터 2017년까지의 조사에 따르면 서울시의 초등학생 수는 해마다 꾸준히 감소하고 있다. 하지만 ㉡서울시는 해당 기간에 초등학교 수를 꾸준히 증가시켜 학교 교육의 환경과 관련하여 질적 향상을 위해 노력하고 있다. 또한 ㉢해당 기간에 돌봄교실을 운영하는 초등학교 수도 꾸준히 늘어났고, ㉣돌봄교실 수도 해마다 증가하였다. 특히 2014년은 전년 대비 돌봄교실 수가 2배 가까이 증가하였다. 이에 따라 ㉤돌봄교실에 참여하는 학생 수 또한 계속해서 증가하였다. 이는 맞벌이 부모인 환경 탓도 있지만, 돌봄교실 운영이 잘 되고 다양한 내용으로 잘 설계되었다는 반증이다.

① ㉠, ㉢ ② ㉠, ㉣ ③ ㉡, ㉣
④ ㉠, ㉢, ㉤ ⑤ ㉡, ㉣, ㉤

19 다음 [표]는 1970년부터 2060년까지 10년 주기로 우리나라의 성별 · 연령별 인구 변화를 정리한 자료이다. 이에 대한 [보기]의 설명 중 옳은 것을 모두 고르면?

[표] 우리나라의 성별 · 연령별 인구 변화 (단위: %)

구분		1970년	1980년	1990년	2000년	2010년	2020년	2030년	2040년	2050년	2060년
전 연령	남성	50.6	50.5	50.3	50.3	50.2	50.1	50.1	50.0	49.9	50.1
	여성	49.4	49.5	49.7	49.7	49.8	49.9	49.9	50.0	50.1	49.9
14세 이하	남성	51.9	51.8	52.0	52.9	52.1	51.4	51.3	51.3	51.3	51.3
	여성	48.1	48.2	48.0	47.1	47.9	48.6	48.7	48.7	48.7	48.7
15~64세	남성	50.1	50.5	50.6	50.8	51.2	51.4	51.7	52.0	52.2	51.8
	여성	49.9	49.5	49.4	49.2	48.8	48.6	48.3	48.0	47.8	48.2
65세 이상	남성	41.2	37.4	37.4	38.3	40.9	43.2	45.4	46.1	46.5	47.7
	여성	58.8	62.6	62.6	61.7	59.1	56.8	54.6	53.9	53.5	52.3

보기

㉠ 조사기간 동안 65세 이상 인구의 남녀 비율 격차는 매년 줄어들었다.
㉡ 조사기간 동안 15~64세 여성은 2040년에 가장 낮은 비율을 보인다.
㉢ 1970년부터 2040년까지는 전 연령 남녀 인구 비율의 격차가 전반적으로 줄어들었다.
㉣ 1970년 대비 2060년 남녀 각각의 인구 비율은 65세 이상에서 가장 큰 변화를 보인다.

① ㉠, ㉢ ② ㉠, ㉣ ③ ㉢, ㉣
④ ㉠, ㉡, ㉢ ⑤ ㉡, ㉢, ㉣

20 다음 [표]는 2011년부터 2018년까지의 요양 기관 종별 인력 현황에 대한 자료이다. 이에 대한 [보기]의 설명 중 옳은 것을 모두 고르면?

[표] 2011~2018년 요양 기관 종별 인력 현황 (단위: 백 명)

구분	계	상급 종합병원	종합 병원	병원	요양 병원	의원	치과	한방	보건 기관	약국
2011년	2,674	459	544	329	122	476	197	172	91	284
2012년	2,751	463	562	343	138	483	203	178	88	293
2013년	2,791	480	575	346	147	487	207	181	87	281
2014년	2,986	548	631	364	181	493	212	187	90	280
2015년	3,144	600	666	384	209	506	217	191	90	281
2016년	3,292	621	705	403	254	516	224	195	89	285
2017년	3,556	694	808	422	291	532	231	199	89	290
2018년	3,689	708	834	418	335	550	242	205	91	306

보기

㉠ 매년 인력이 증가한 요양 기관은 총 6곳이다.
㉡ 매년 인력이 가장 많은 요양 기관은 종합병원이다.
㉢ 매년 인력이 가장 많은 3개 요양 기관의 인력 수 순위는 동일하다.
㉣ 2011년 대비 2018년 인력 증가율은 치과가 한방보다 높다.

① ㉠, ㉡　　② ㉡, ㉣　　③ ㉠, ㉡, ㉢
④ ㉠, ㉡, ㉣　　⑤ ㉡, ㉢, ㉣

PART Ⅴ

CHAPTER 01 실전 1회

03 추리 영역

정답과 해설 P.75

01 다음 전제를 보고 항상 참인 결론을 고르면?

전제1	주가가 오르는 시기엔 콜옵션 가격도 오른다.
전제2	주가가 오르는 시기엔 은행의 BIS 비율이 낮아진다.
결론	

① 콜옵션 가격이 오르는 시기엔 은행의 BIS 비율이 낮아진다.
② 은행의 BIS 비율이 낮아지는 시기엔 콜옵션 가격이 오른다.
③ 은행의 BIS 비율이 낮아지는 시기엔 콜옵션 가격이 오르지 않는다.
④ 은행의 BIS 비율이 낮아지는 어떤 시기엔 콜옵션 가격이 오르지 않는다.
⑤ 은행의 BIS 비율이 낮아지는 어떤 시기엔 콜옵션 가격이 오른다.

02 다음 결론이 반드시 참이 되게 하는 전제를 고르면?

전제1	거북이를 좋아하지 않는 사람은 자라를 좋아한다.
전제2	
결론	남생이를 좋아하지 않는 사람은 자라를 좋아한다.

① 거북이를 좋아하는 사람은 모두 남생이를 좋아한다.
② 거북이를 좋아하는 사람은 모두 남생이를 좋아하지 않는다.
③ 거북이를 좋아하는 사람 중에는 남생이를 좋아하는 사람도 있다.
④ 거북이를 좋아하지 않는 사람 중에는 남생이를 좋아하는 사람도 있다.
⑤ 거북이를 좋아하지 않는 사람 중에는 남생이를 좋아하지 않는 사람도 있다.

03 다음 [보기] 속 톱니바퀴 모양에 쓰인 수들이 일정한 규칙으로 나열되어 있을 때, A−B의 값을 고르면?

보기

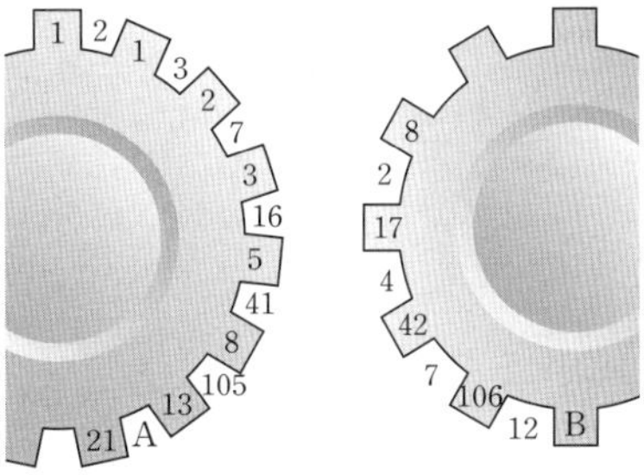

① −1 ② 0 ③ 1

④ 2 ⑤ 3

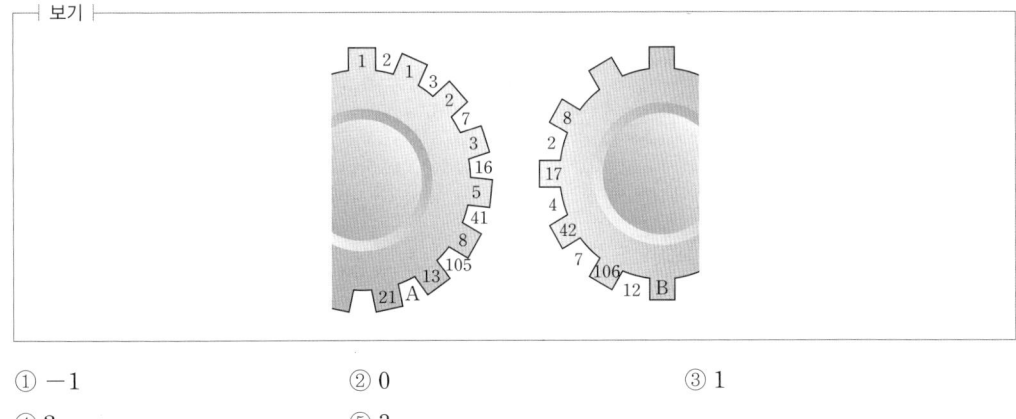

04 다음 [보기] 속 그림의 수들이 일정한 규칙으로 나열되어 있을 때, "?"에 들어갈 알맞은 수를 고르면?

보기

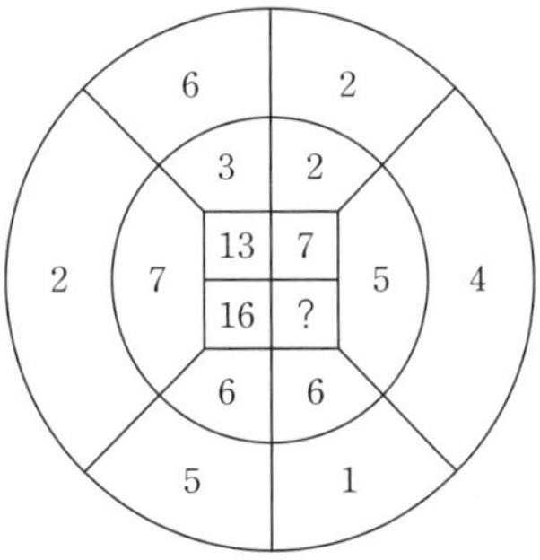

① 9 ② 10 ③ 11

④ 12 ⑤ 13

05 다음 [보기]에서 일정한 규칙으로 문자를 나열할 때, 빈칸에 들어갈 알맞은 문자를 고르면?

보기

B ㄴ E ㄹ H ㅇ K ㄴ N ( )

① ㄱ ② ㄹ ③ ㅈ
④ ㅊ ⑤ ㅎ

06 어느 대기업의 최종 면접 후보자 A~E 5명이 차례로 대기 중이다. 이들은 최종 면접 순서와 상관없이 경영학, 컴퓨터공학, 생명과학, 정치학, 국문학을 전공하였다. 다음 [조건]을 바탕으로 할 때, 항상 옳은 것을 고르면?

조건

- A는 가장 먼저 면접을 보지 않았다.
- 생명과학을 전공한 후보자는 네 번째로 면접을 보았다.
- D는 A보다 늦게 면접을 보았고, B보다는 빨리 면접을 보았다.
- 컴퓨터공학을 전공한 후보자보다 면접을 빨리 본 사람은 없다.
- B는 국문학을 전공한 후보자보다 빨리 면접을 보았고, 정치학을 전공한 후보자보다 늦게 면접을 보았다.

① A는 경영학을 전공하였다.
② B는 생명과학을 전공하였다.
③ C는 컴퓨터공학을 전공하였다.
④ D는 정치학을 전공하였다.
⑤ E는 국문학을 전공하였다.

07 A~E의 5명은 서로 누가 사과를 먹었는지에 대하여 다음 [조건]과 같이 진술하였다. 이들 중 실제로 사과를 먹은 사람의 말은 진실이고, 먹지 않은 사람의 말은 거짓이라고 할 때, 항상 옳은 것을 고르면?

조건

- A: "C와 E 중 적어도 1명은 사과를 먹었다."
- B: "E와 A 중 적어도 1명은 사과를 먹었다."
- C: "D가 사과를 먹지 않았으면 A는 사과를 먹었다."
- D: "A는 사과를 먹지 않았다."
- E: "우리 5명 중 적어도 2명은 사과를 먹었다."

① 사과를 먹은 사람은 3명이다.
② A가 사과를 먹었으면 E도 사과를 먹었다.
③ C가 사과를 먹었으면 E는 사과를 먹지 않았다.
④ B와 D는 함께 사과를 먹었거나 함께 먹지 않았다.
⑤ A, D, E는 함께 사과를 먹었거나 함께 먹지 않았다.

08 A과장, B과장, C대리, D대리, E대리, F대리, G사원, H사원이 원형 테이블쪽을 바라보며 일정한 간격으로 둘러 앉아 회의를 하고 있다. 다음 [조건]을 바탕으로 할 때, F대리의 맞은편에 앉은 직원을 고르면?

조건

- 과장은 서로 마주 보고 앉아 있다.
- 사원은 서로 이웃하여 앉아 있다.
- C대리 양 옆에는 대리가 앉아 있다.
- A과장은 대리 사이에 앉아 있다.
- G사원은 D대리의 바로 오른쪽에 앉아 있다.
- F대리는 B과장과 이웃하지 않는다.

① C대리 ② D대리 ③ E대리
④ G사원 ⑤ H사원

09 어느 대기업 재무팀에서 범죄가 발생하였고, 용의자인 영자 주임, 지영 대리, 진우 과장 중 한 명이 범인이라는 것이 확인되었다. 법정에서 세 명의 증인 '갑', '을', '병'이 범인에 대하여 다음과 같이 진술하였는데, 한 명이 거짓말을 하였고, 다른 두 명은 참말을 하였다. 이때, 항상 옳지 않은 것을 고르면?

- 갑: "지영 대리가 범인이거나 영자 주임이 범인이다."
- 을: "영자 주임이 범인이거나 진우 과장이 범인이다."
- 병: "지영 대리가 범인이 아니거나 또는 진우 과장은 범인이 아니다."

① 영자 주임이 범인이다.
② 지영 대리가 범인이다.
③ 진우 과장이 범인이다.
④ 진우 과장은 범인이 아니다.
⑤ 영자 주임은 범인이 아니다.

10 어느 건물은 다음 주 월요일~금요일에 건물 내의 사무실을 오전, 오후로 나누어 하루에 두 군데씩 방역하려고 한다. 다음 [조건]을 바탕으로 할 때, 방역 일정으로 옳은 것을 고르면?

조건
- 이 건물에는 101호, 102호, 103호, 201호, 202호, 203호, 301호, 302호, 303호가 있다.
- 수요일 오후에는 방역을 하지 않는다.
- 1층에 있는 사무실은 모두 오전에 방역한다.
- 3층의 사무실은 연달아 방역한다.
- 202호는 201호와 다른 날 방역하고, 201호보다 빨리 방역한다.
- 203호는 103호와 더불어 화요일에 방역한다.
- 금요일 오전에는 302호가 방역한다.
- 101호를 방역한 날 301호도 방역한다.

① 102호는 수요일 오전에 방역한다.
② 203호는 201호보다 늦게 방역한다.
③ 303호는 목요일 오후에 방역한다.
④ 202호는 월요일 오후에 방역한다.
⑤ 가장 마지막으로 방역하는 곳은 301호이다.

11 네 명의 학생 A~D 중 한 명이 꽃병을 깨뜨려서 선생님이 학생들에게 누가 꽃병을 깼는지 물어보았다. 학생들은 다음 [조건]과 같이 대답하였는데, 네 명 중 한 명은 거짓말을 하였고 나머지는 참말을 하였다. 거짓말을 한 학생과 꽃병을 깬 학생을 바르게 짝지은 것을 고르면?

조건
- A: "D가 꽃병을 깨지 않았어요."
- B: "D가 꽃병을 깼어요."
- C: "B가 꽃병을 깼어요."
- D: "A가 꽃병을 깨지 않았어요."

	거짓말한 학생	꽃병을 깬 학생
①	A	B
②	A	D
③	B	B
④	C	A
⑤	D	C

12 어느 통신사 대리점에서는 S사의 신형 스마트폰 출시 기념으로 선주문한 고객 중 네 명을 추첨하여 사은품을 제공한다. 사은품으로 준비된 것은 이어폰(분홍색 1개, 흰색 1개, 검은색 2개), 휴대용 충전기(흰색 1개, 검은색 2개), 무선 충전기(흰색 2개, 검은색 1개), 거치대(은색 1개, 분홍색 1개)이고, 당첨자마다 서로 다른 종류의 사은품을 세 가지 받는다. 당첨된 윤아, 이준, 예리, 주영이 자신이 받은 사은품에 대해 아래의 [조건]과 같이 이야기하였을 때, 항상 옳지 않은 것만을 [보기]에서 모두 고르면?

조건

- 윤아: "나는 모두 다른 색의 사은품을 받았다."
- 이준: "나는 모두 흰색의 사은품을 받았어."
- 예리: "나는 무선 충전기를 받지 않았어."
- 주영: "나는 휴대용 충전기를 받지 않았어."

보기

㉠ 윤아는 분홍색 이어폰을 받았다.
㉡ 주영이는 흰색 무선 충전기를 받았다.
㉢ 예리는 분홍색 거치대를 받았다.

① ㉠　② ㉡　③ ㉢
④ ㉠, ㉡　⑤ ㉡, ㉢

13 영업부에서는 월요일~금요일 중 직원 A~D가 모두 일정이 없는 날에 회의하려고 한다. 다음 [조건] 중 1명의 발언은 반드시 거짓이고, 3명의 발언은 반드시 참이라고 할 때, 회의하는 요일을 고르면?

조건

- A: "나는 목요일에만 출장을 가."
- B: "나는 월요일에만 회의를 할 수 없어."
- C: "나는 다른 요일은 특별한 일정이 없고, 수요일과 금요일에 거래처에 방문을 해야 해."
- D: "나는 월요일과 화요일에만 다른 일정이 없어."

① 월요일　② 화요일　③ 수요일
④ 목요일　⑤ 금요일

[14~15] 다음 [조건]을 바탕으로 [보기]의 도형이 변화할 때, 이어지는 질문에 답하시오.

조건

1. [보기]의 도형은 1~4사분면의 2×2 형태로 구성되어 있다.
2. 1~4사분면의 각 사분면의 도형에만 적용되는 규칙을 개별규칙, 1~4사분면의 2×2 전체도형에 적용되는 규칙을 전체규칙이라 한다.
3. 규칙은 ① 대칭(좌우 · 상하), ② 회전(시계 · 반시계), ③ 색 반전의 세 가지 규칙이 존재하며, 각 규칙은 (+ × = ∨)의 기호로 표시한다.
4. 도형이 변화할 때 개별규칙과 전체규칙 모두 적용된다.
5. 각 사분면의 도형은 동일 사분면에 위치한 규칙에 적용되어 변화한다.
6. 2×2 도형에서 도형이 없는, 빈칸이 있는 사분면에 위치한 규칙 기호는 전체규칙에 해당한다.
7. 개별규칙과 전체규칙 중 전체규칙은 개별규칙 적용 이후 마지막에 적용된다.

14 주어진 [조건]을 바탕으로 [보기]의 도형이 변화할 때, A에 알맞은 모양을 고르면?

보기

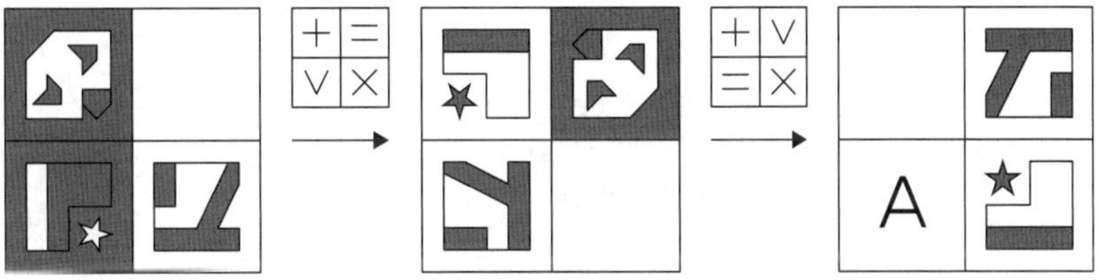

① 
② 
③ 
④ 
⑤ 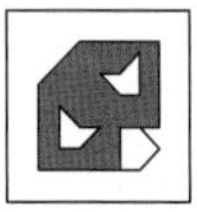

15 주어진 [조건]을 바탕으로 [보기]의 도형이 변화할 때, A에 알맞은 모양을 고르면?

보기

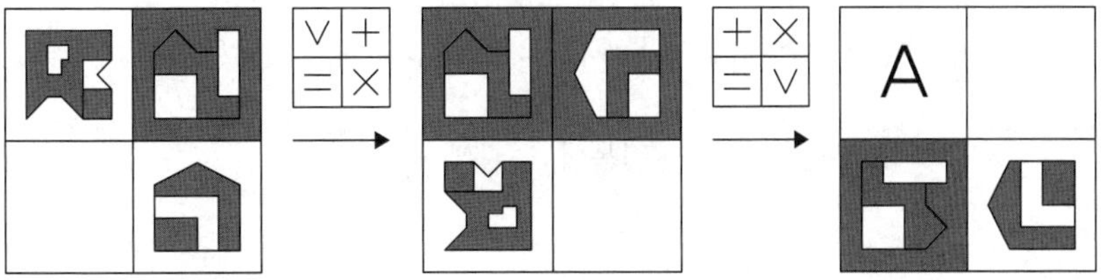

① 
② 
③ 
④ 
⑤ 

[16~17] 다음 도형은 3×3 형태로 이루어져 있으며, 해당 도형은 아래와 같은 [조건]이 적용된다. 도형이 주어진 [조건]과 [규칙]을 바탕으로 도식에 따라 변할 때, 다음 질문에 답하시오.

(단, 도형은 사각형 내 모양과 모양 색, 배경색 모두 포함한다.)

조건

1. 도형은 해 · 달 · 별의 세 가지 모양과 흰색 · 회색 · 검은색의 세 가지 색으로 이루어져 있다.
2. 가로를 행, 세로를 열이라 하며, X · Y · Z의 행과 열로 구성되어 있다.
3. [비교규칙]에 해당하는 3개의 칸 내 도형끼리 비교할 때, ① 해 · 달 · 별 모양, ② 모양 색, ③ 배경색의 세 가지 비교의 경우가 존재한다.
4. 점수 N은 세 가지 방법으로 획득할 수 있으며, ①, ②, ③ 각각의 방법에서 3개의 칸 내 도형이 모두 같거나 모두 다르면 1점이 추가되고, 이외의 경우는 0점이 부여된다.

규칙

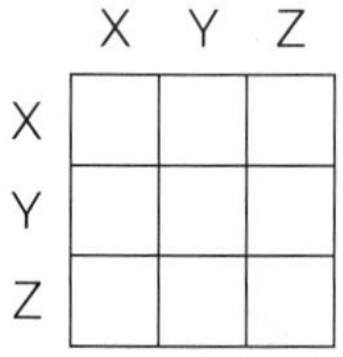

[변화규칙]

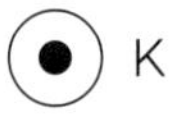

전체도형 오른쪽으로 K만큼 이동

전체도형 아래로 K만큼 이동

전체도형 색 변화(회색 → 검은색 → 흰색 → 회색)

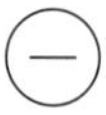
전체도형 시계 방향 90° 회전(단, 회전 시 도형의 모양은 기존과 같음)

전체도형 반시계 방향 90° 회전(단, 회전 시 도형의 모양은 기존과 같음)

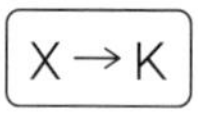

X행 도형을 화살표 방향으로 K만큼 이동
(X행에 속한 도형 모두 이동하며, Z열 오른쪽으로 벗어난 도형은 X열로 이동함)

X열 도형을 화살표 방향으로 K만큼 이동
(X열에 속한 도형 모두 이동하며, Z행 아래로 벗어난 도형은 X행으로 이동함)

X행 도형 색 변화(회색 → 검은색 → 흰색 → 회색)

X열 도형 색 변화(회색 → 검은색 → 흰색 → 회색)

[비교규칙]

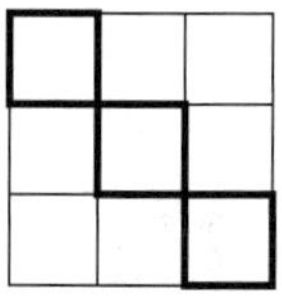
표시된 칸의 도형을 기준으로 점수 비교

16 주어진 [보기]의 도형이 [조건]과 [규칙]을 바탕으로 도식에 따라 변할 때, (?)에 최종적으로 해당하는 도형을 고르면?

보기

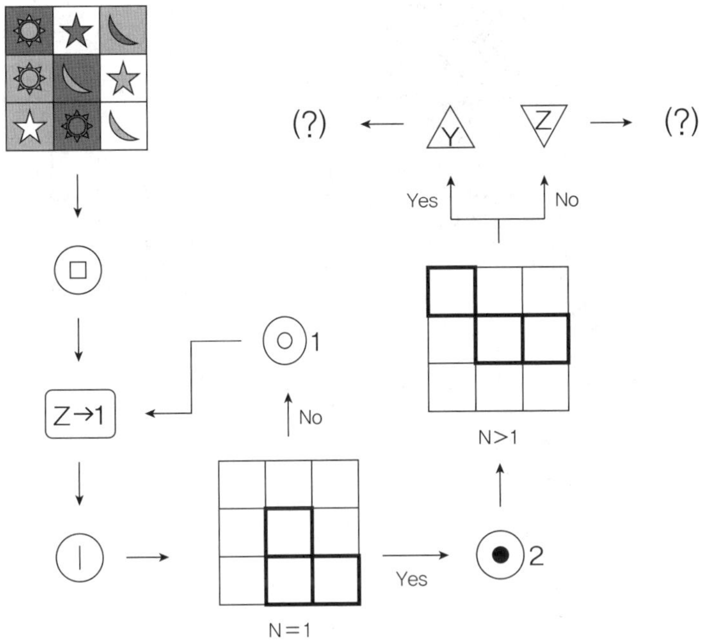

①
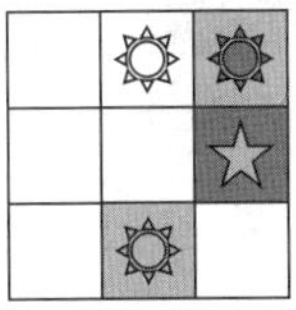

②
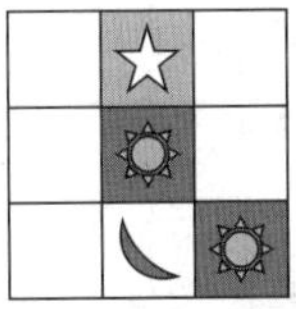

③
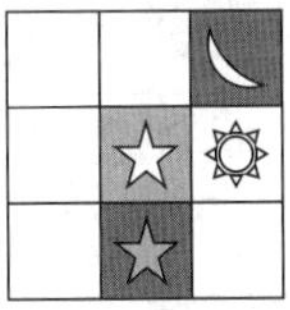

④
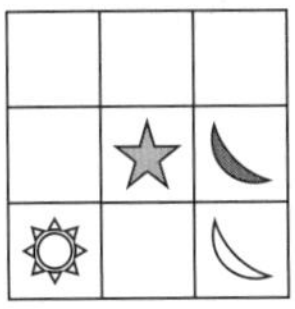

⑤
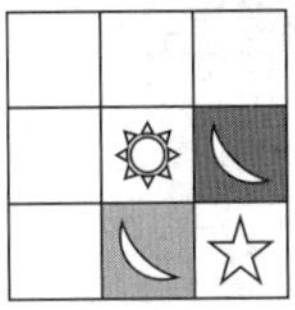

17 주어진 [보기]의 도형이 [조건]과 [규칙]을 바탕으로 도식에 따라 변할 때, (?)에 최종적으로 해당하는 도형을 고르면?

보기

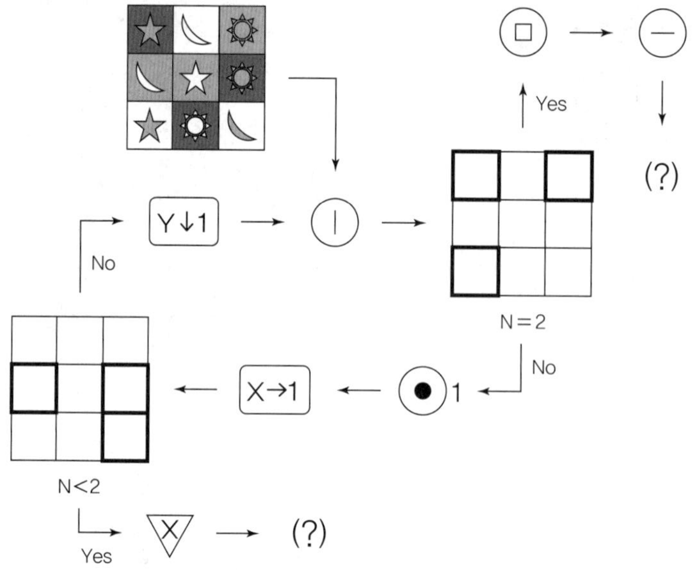

① 

② 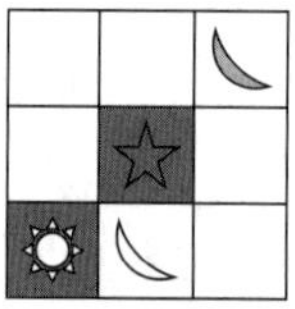

③ 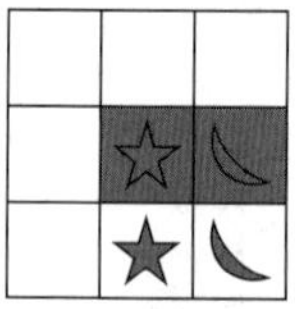

④ 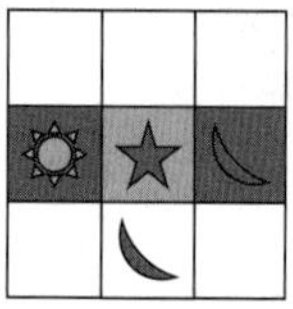

⑤ 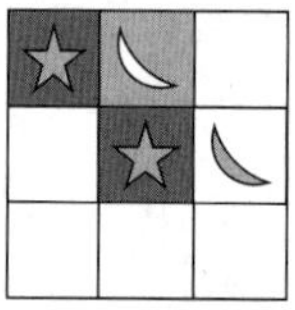

[18~20] 기호들이 하나의 규칙을 가지고 아래와 같이 문자나 수를 변화시킨다고 한다. 이때 다음 (?)에 들어갈 알맞은 것을 고르시오. (단, 가로와 세로 중 한 방향으로만 이동한다.)

		4W8G				
		↓				
AUDX	→	○	→	UADX		
		↓				
RSFG	→	△	→	□	→	FETS
		↓				
75OJ	→	□	→	○	→	OJ57
		↓				
		F75X				

18

WNBR → ○ → △ → (?)

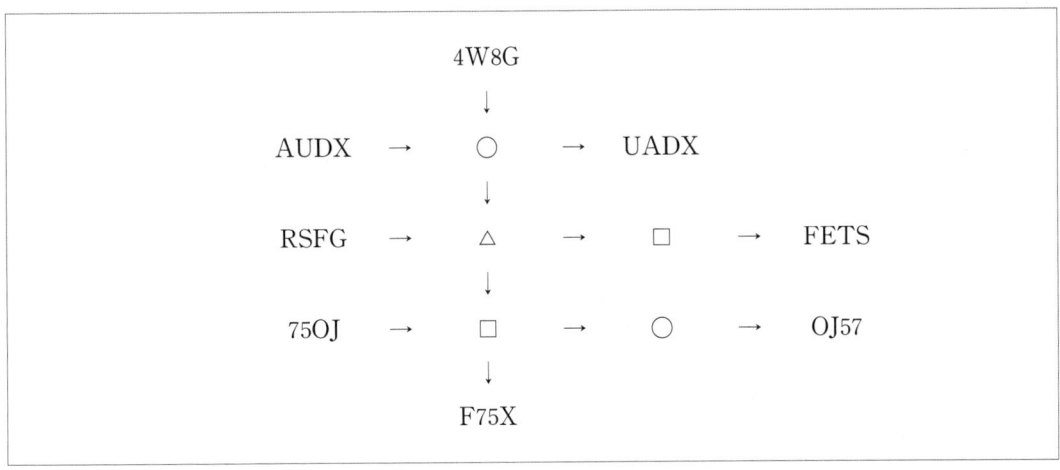

① OXAQ ② AVPO ③ JDAF
④ WJRK ⑤ IQEW

19

KORC → □ → △ → (?)

① VIGK ② ONLK ③ DSNJ
④ OVIE ⑤ ASDS

20

SOUP → ○ → □ → △ → (?)

① JHVI ② QVRN ③ JGKJ
④ KJHV ⑤ LKSF

04 공간지각 영역

정답과 해설 P.80

01 다음에 주어진 전개도를 조립하여 만들 수 없는 입체도형을 고르면?

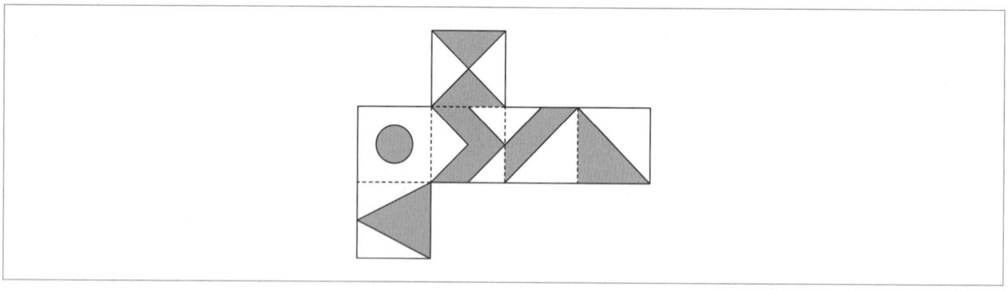

①

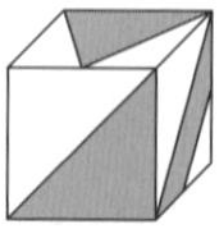

②

③

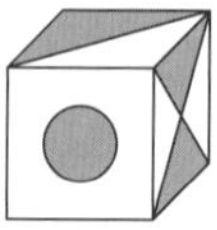

④

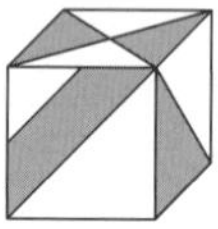

⑤

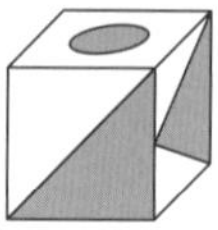

02 다음에 주어진 전개도를 조립하여 만들 수 없는 입체도형을 고르면?

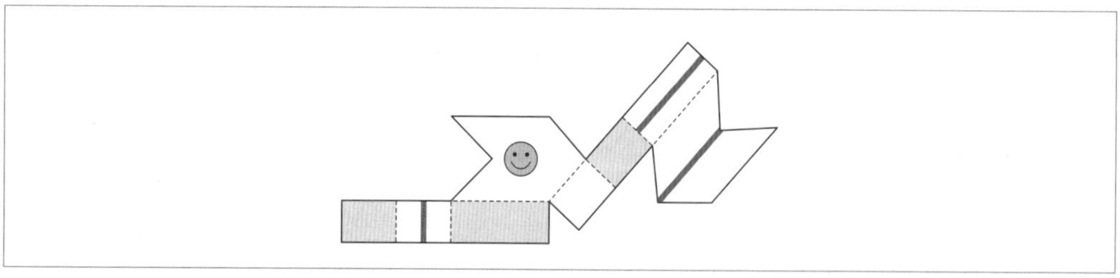

①

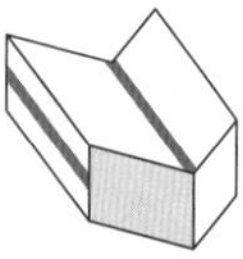

②

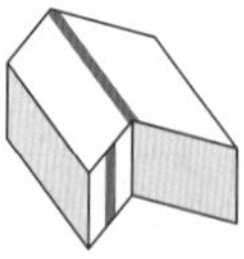

③

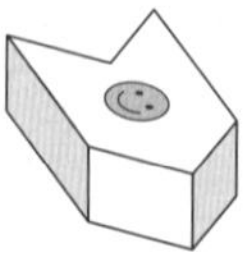

④

⑤

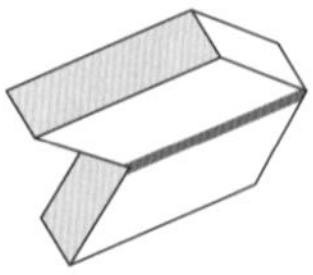

03 다음에 주어진 전개도를 조립하여 만들 수 <u>없는</u> 입체도형을 고르면?

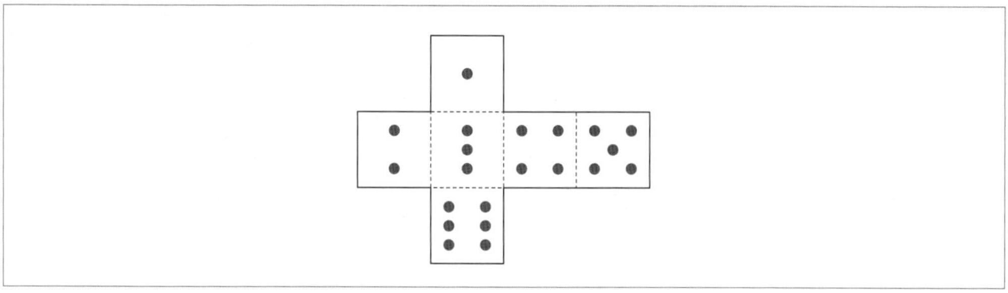

① 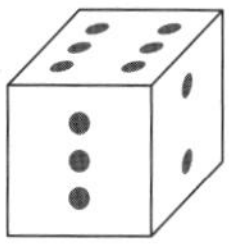

② 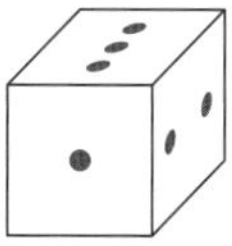

③ 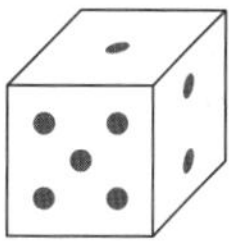

④ 

⑤ 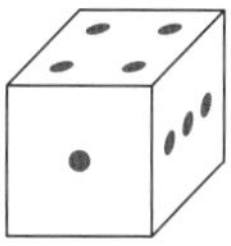

04 다음에 주어진 전개도를 접어서 만들 수 있는 입체도형이 나머지 넷과 <u>다른</u> 하나를 고르면?

① 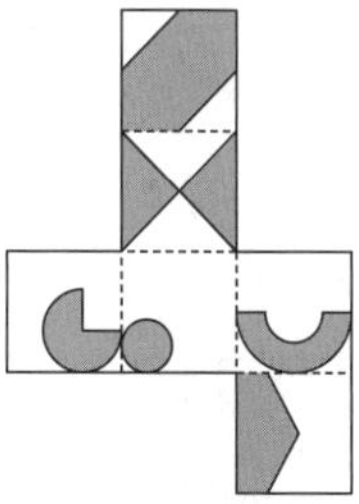

② 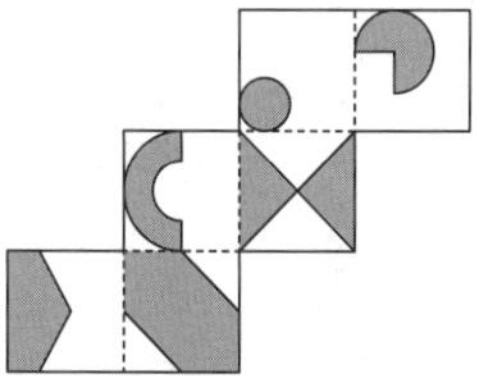

③ 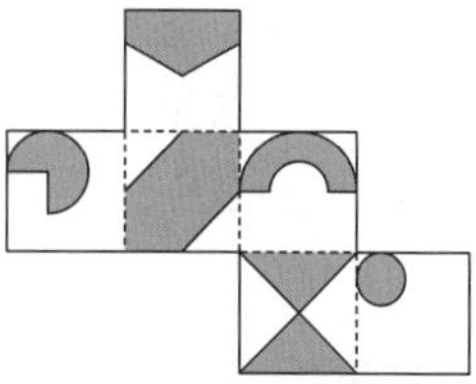

④ 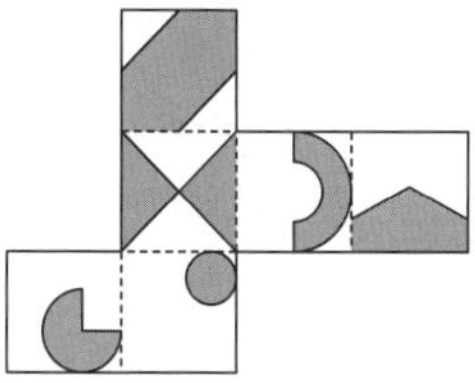

⑤ 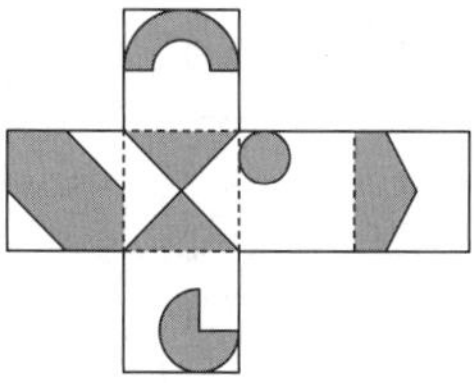

05 다음에 주어진 그림을 따라 종이를 접은 후 좌우로 뒤집었을 때의 모양으로 옳은 것을 고르면?

(단, 점선은 안으로 접고, 실선은 밖으로 접는다.)

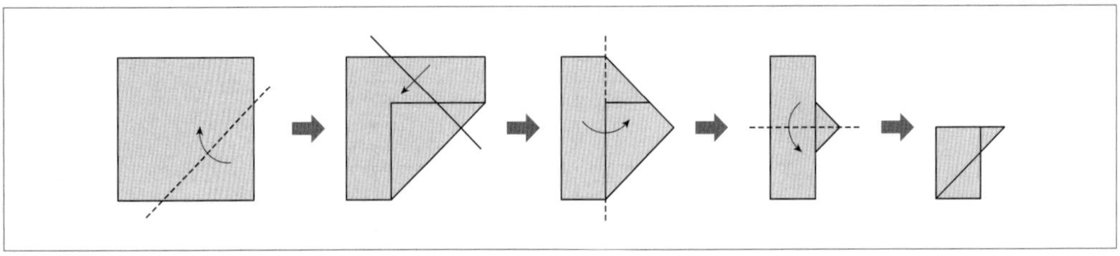

① 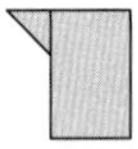
② 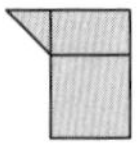
③ 
④ 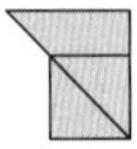
⑤ 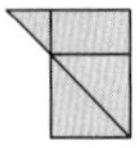

06 다음에 주어진 그림을 따라 종이를 접은 후 펼쳤을 때의 모양으로 옳은 것을 고르면?

(단, 점선은 안으로 접는다.)

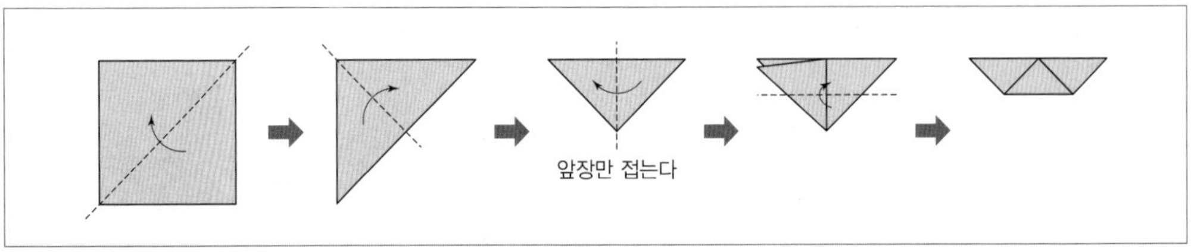

① 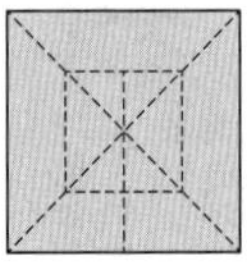
② 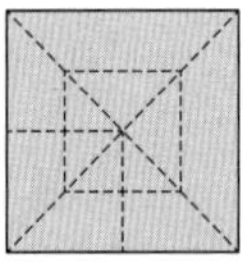
③ 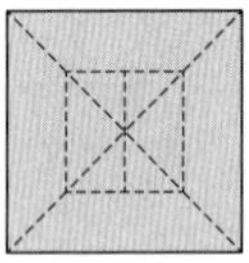
④ 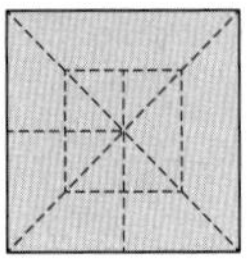
⑤ 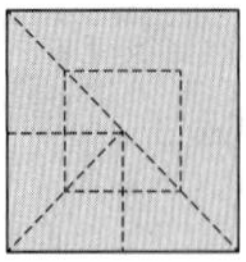

07 다음에 주어진 그림을 따라 종이를 접은 후 구멍을 뚫고 펼쳤을 때의 모양으로 옳은 것을 고르면?

(단, 점선은 안으로 접고, 실선은 밖으로 접는다.)

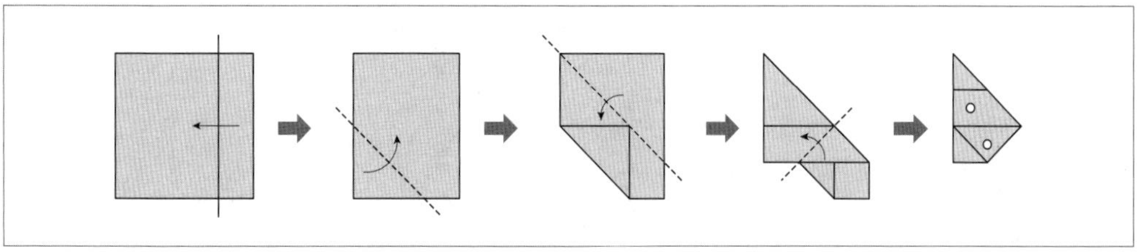

①
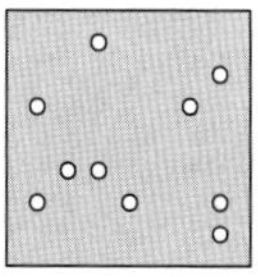

②
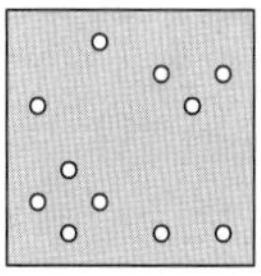

③
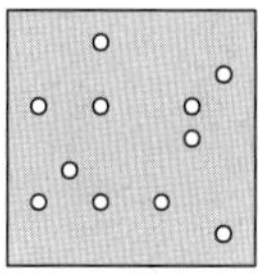

④
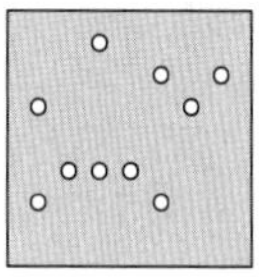

⑤
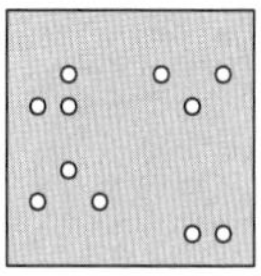

08 다음에 주어진 그림을 따라 종이를 접은 후 가위로 자르고 펼쳤을 때의 모양으로 옳은 것을 고르면?

(단, 점선은 안으로 접고, 실선은 밖으로 접는다.)

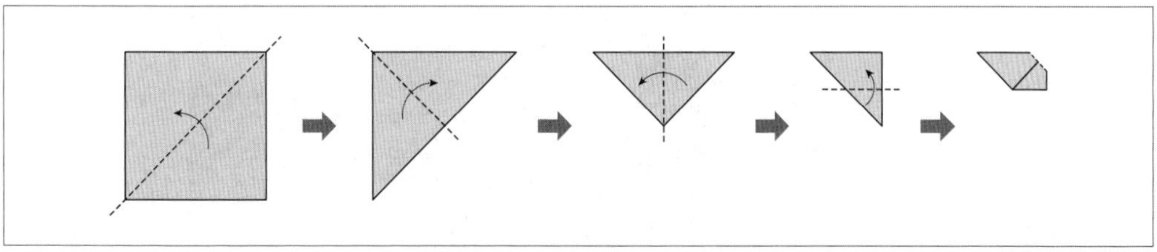

①
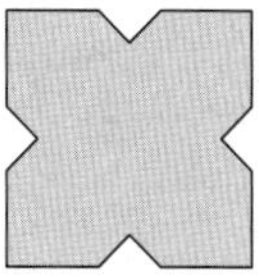

②
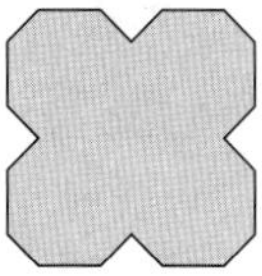

③
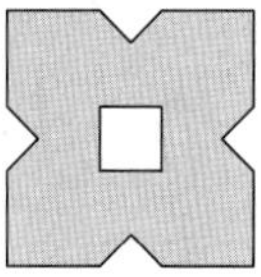

④
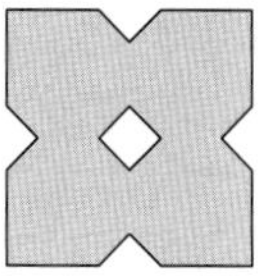

⑤
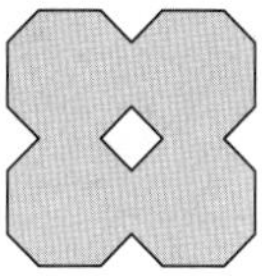

09 **다음에 주어진 도형에 포함되지 <u>않는</u> 도형을 고르면?** (단, 두 개 이상의 조각이 붙은 경우도 가능하다.)

① 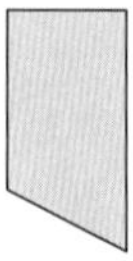

② 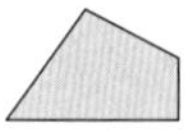

③ 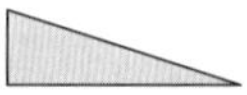

④ 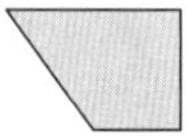

⑤ 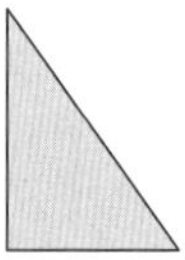

10 **다음에 주어진 도형에 포함되지 <u>않는</u> 도형을 고르면?** (단, 두 개 이상의 조각이 붙은 경우도 가능하다.)

① 

② 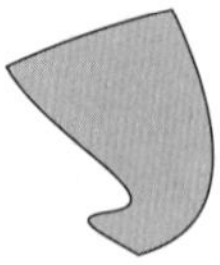

③ 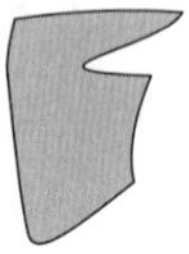

④ 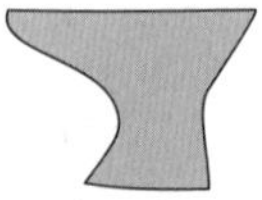

⑤ 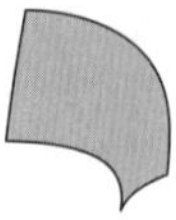

11 다음에 주어진 도형을 만들기 위해 사용하지 <u>않은</u> 도형 조각을 고르면?

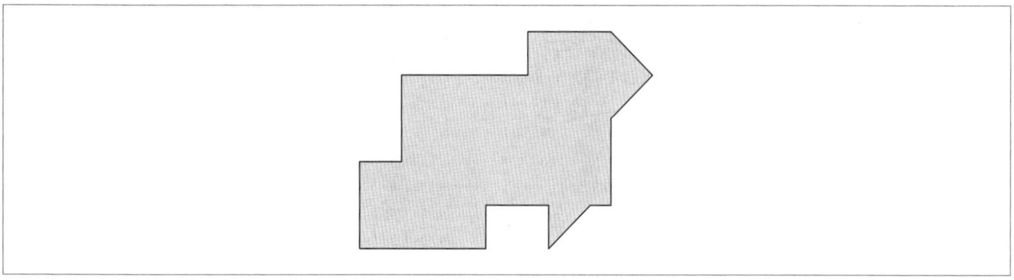

①
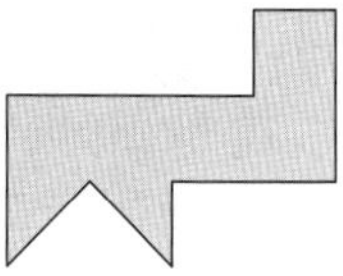

②
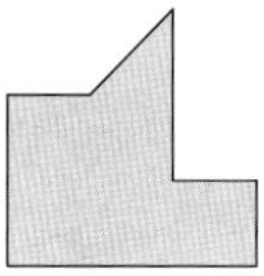

③
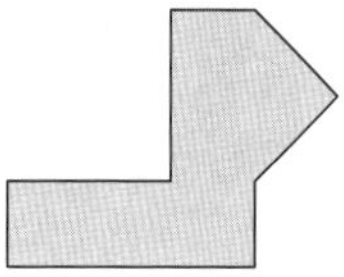

④
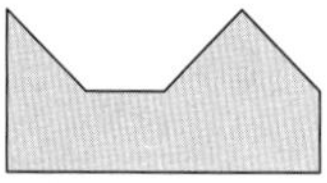

⑤
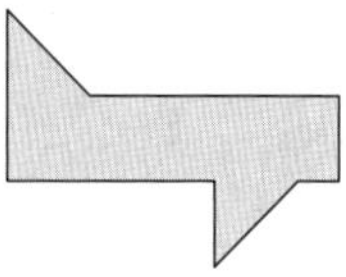

12 다음 중 <u>다른</u> 도형 하나를 고르면? (단, 회전은 허용하지만, 뒤집는 것은 허용하지 않는다.)

①
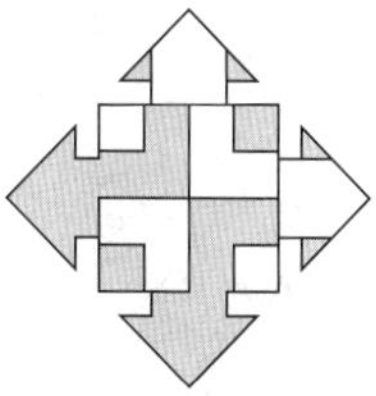

②
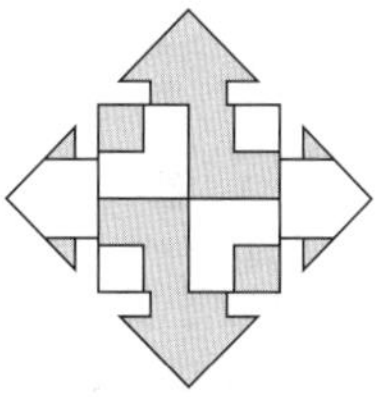

③
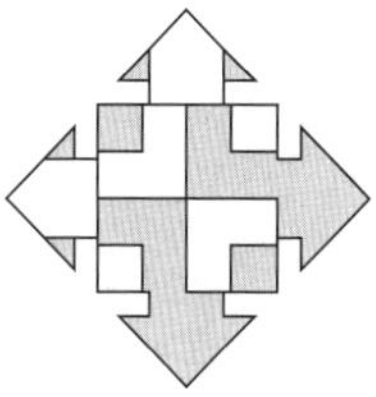

④
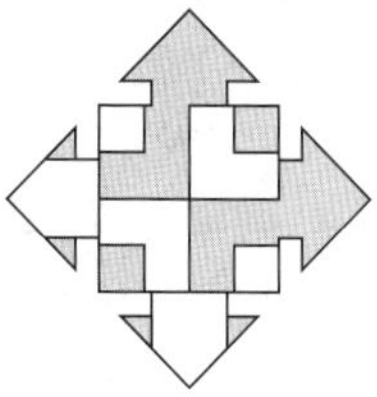

⑤
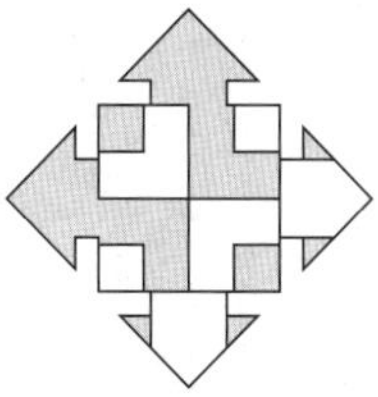

13 다음에 주어진 2개의 입체도형을 합쳤을 때, 만들 수 <u>없는</u> 도형을 고르면?

①

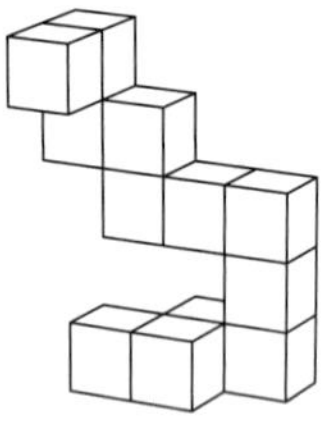

②

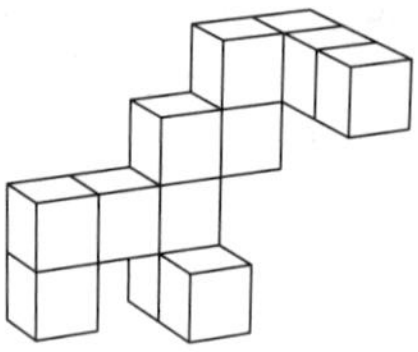

③

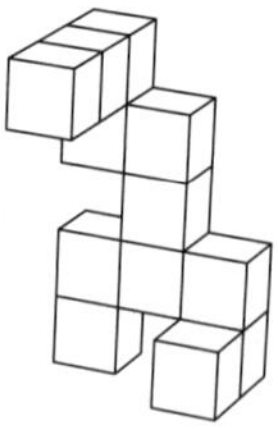

④

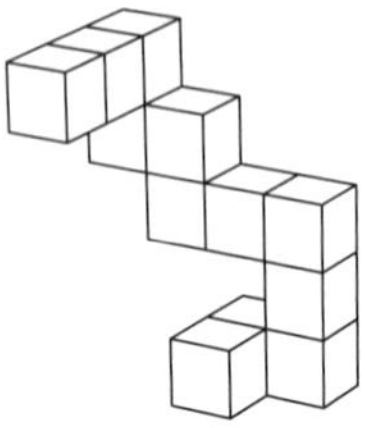

⑤

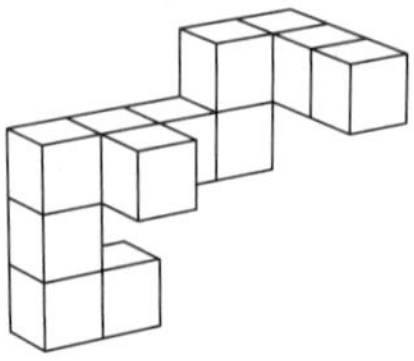

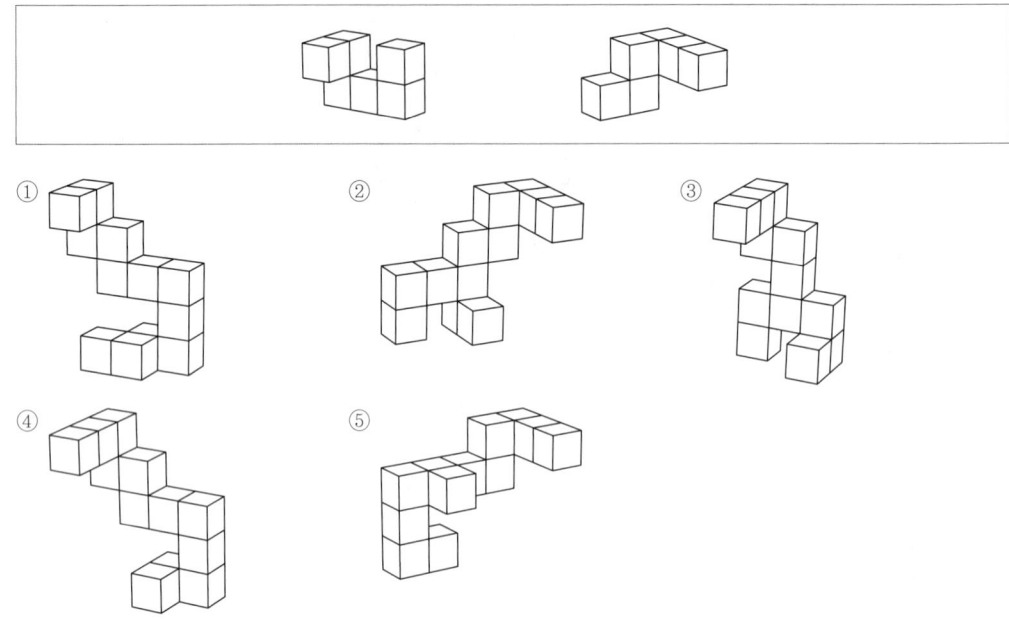

14 다음에 주어진 2개의 입체도형을 합쳤을 때, 만들 수 <u>없는</u> 도형을 고르면?

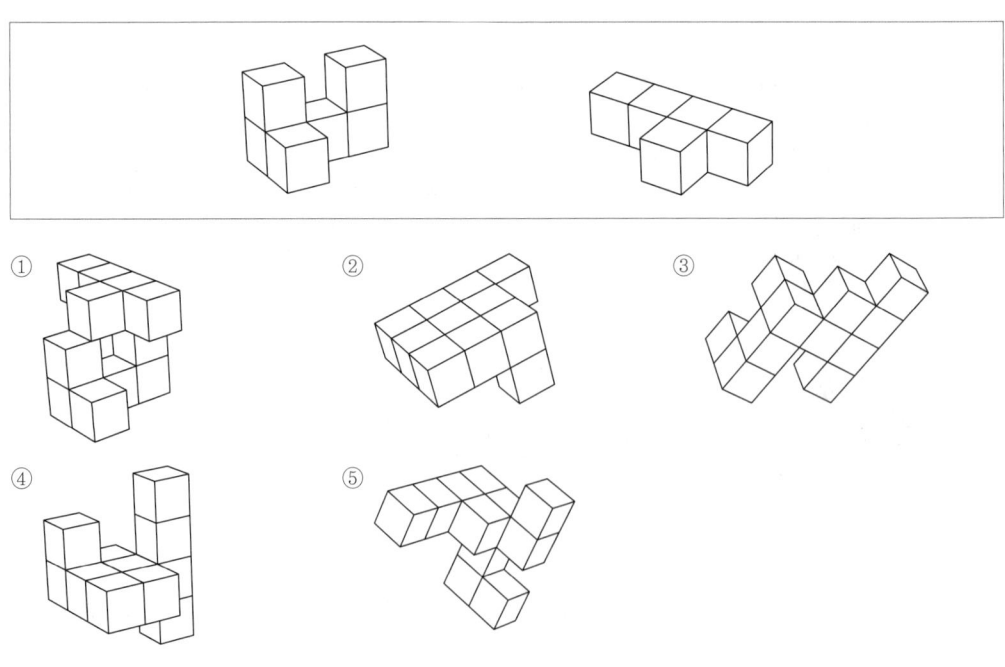

①

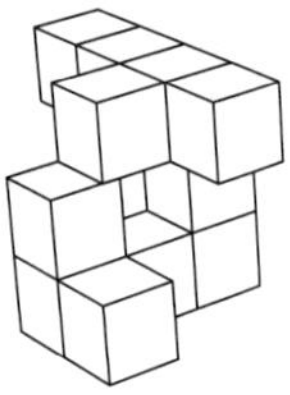

②

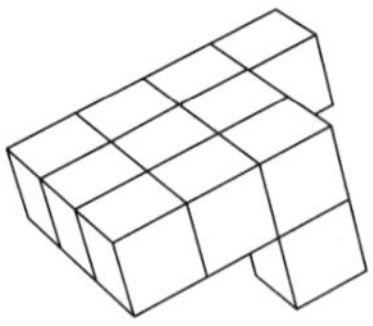

③

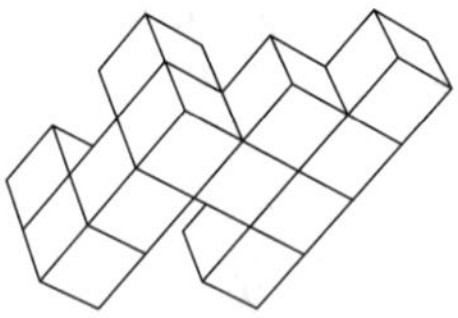

④

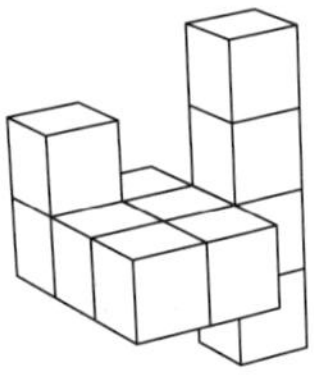

⑤

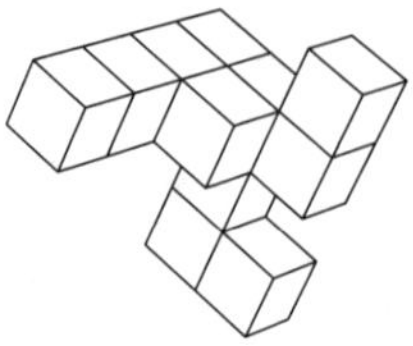

15 3개의 블록 덩어리를 조합하여 직육면체를 만들 때, '?'에 들어갈 알맞은 모양을 고르면?

직육면체의 모양	블록1	블록2	블록3
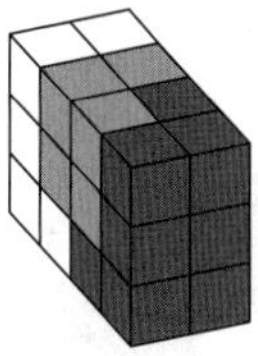	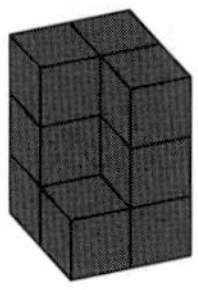		?

① 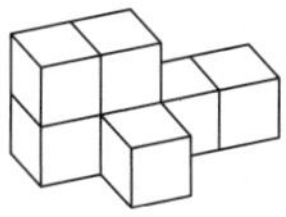
② 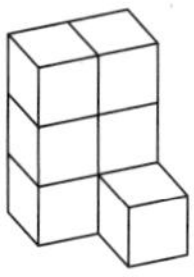
③ 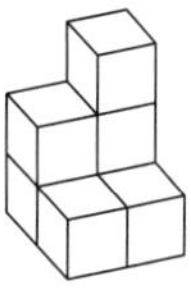
④ 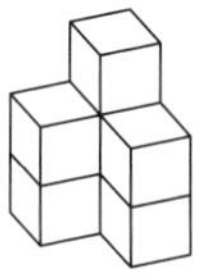
⑤ 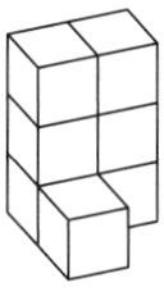

16 3개의 블록 덩어리를 조합하여 직육면체를 만들 때, '?'에 들어갈 알맞은 모양을 고르면?

직육면체 모양	블록1	블록2	블록3
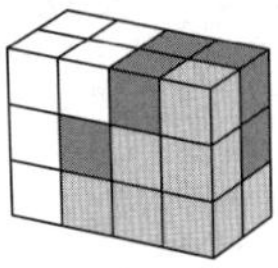	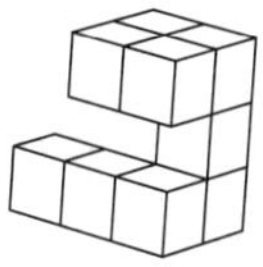	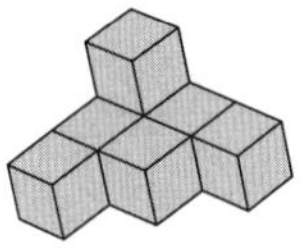	?

① 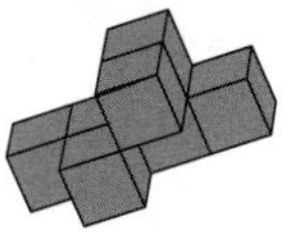
② 
③ 
④ 
⑤ 

17 다음은 어떤 입체도형을 여러 방향에서 바라본 투상도를 나타낸 것이다. 아래에 제시된 투상도의 입체도형으로 적절한 것을 고르면?

①

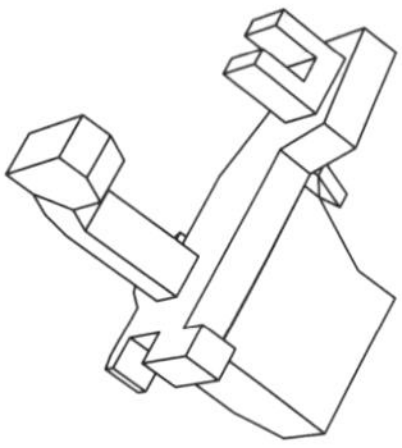

②

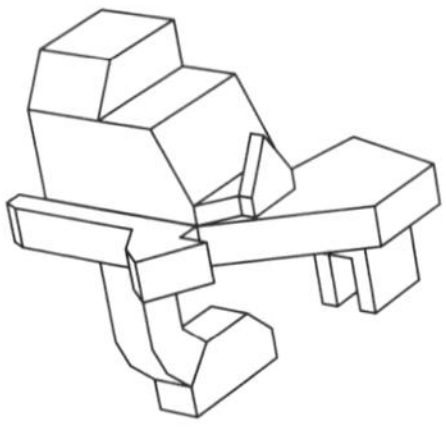

③

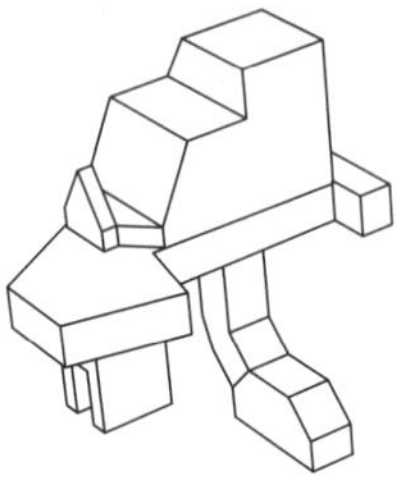

④

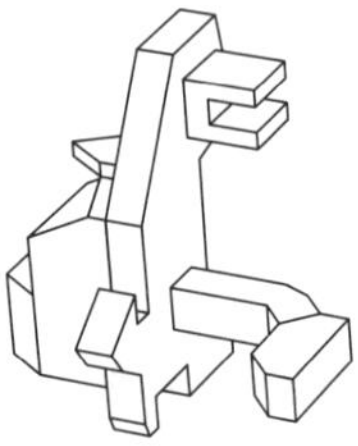

⑤

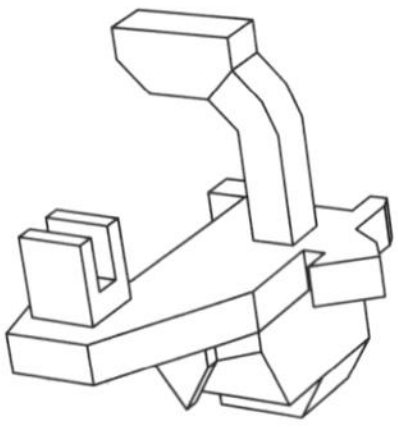

18 다음에 주어진 앞, 옆, 위에서 본 모습을 고려하여 원래의 입체도형으로 가능한 것을 고르면?

앞	옆	위
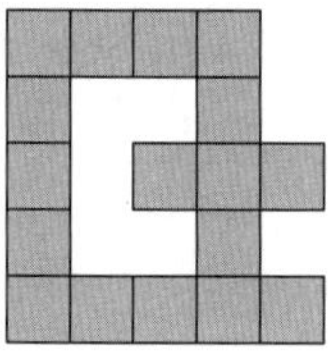	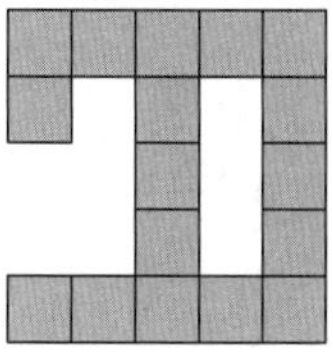	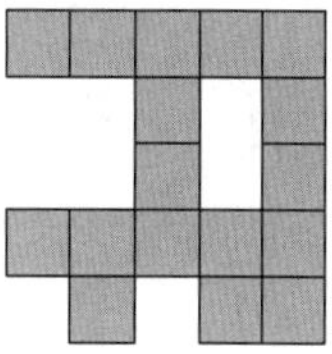

①

②

③

④

⑤

19 다음 중 나머지 네 개의 입체도형과 모양이 다른 하나를 고르면?

①

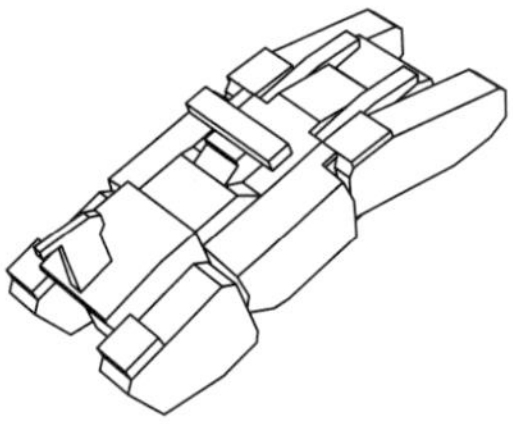

②

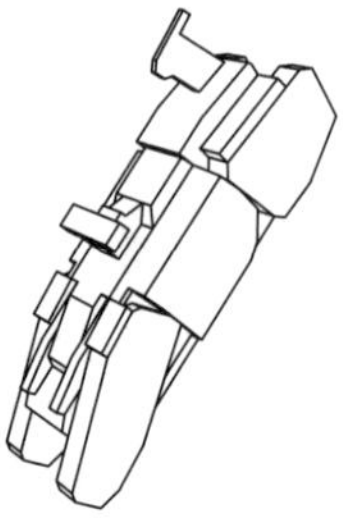

③

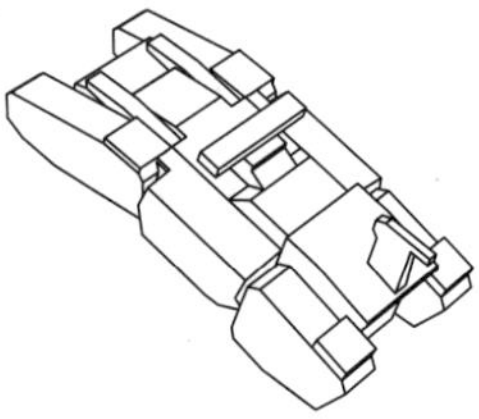

④

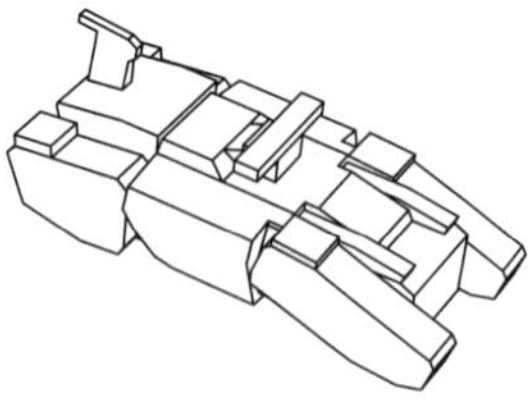

⑤

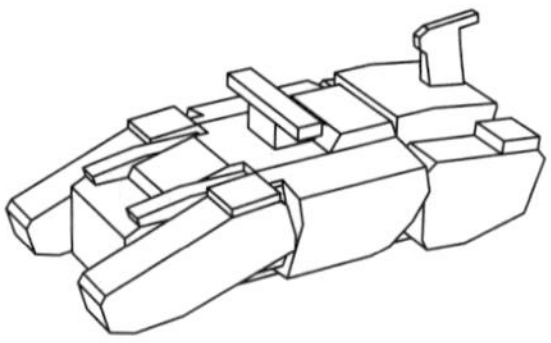

20 다음 중 나머지 네 개의 입체도형과 모양이 다른 하나를 고르면?

①

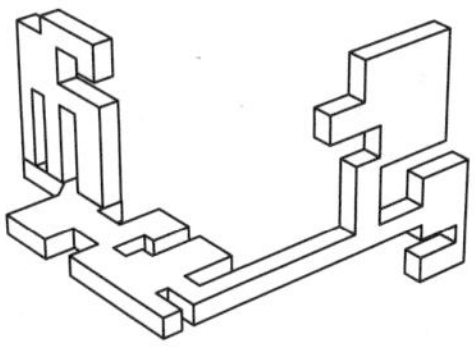

②

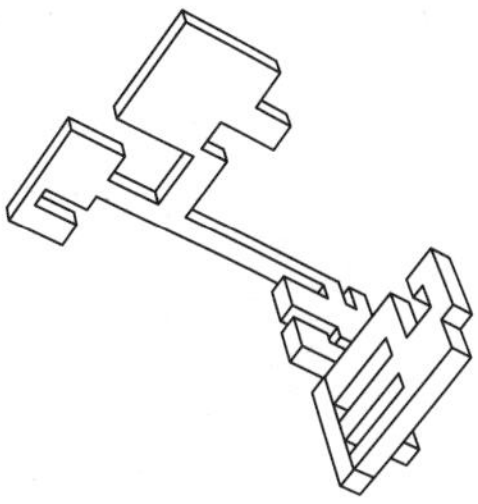

③

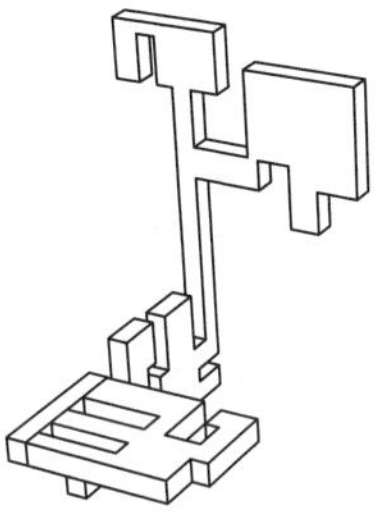

④

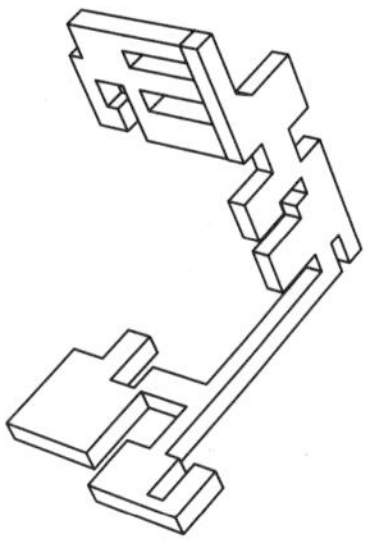

⑤

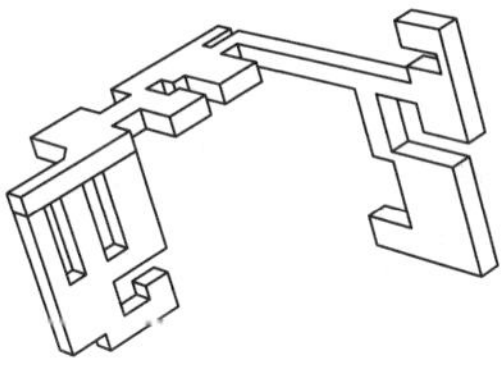

CHAPTER

02

실전모의고사 2회

01 언어 영역

정답과 해설 P.84

01 다음 [보기]에 주어진 단어의 관계를 파악하여 괄호 안에 들어갈 알맞은 단어를 고르면?

보기

신명 : 감흥(感興) = (A) : (B)

(A)	(B)
① 가명(假名)	본명(本名)
② 염세(厭世)	낙천(樂天)
③ 지병(持病)	고질(痼疾)
④ 진보(進步)	보수(保守)
⑤ 사과(沙果)	홍옥(紅玉)

02 다음 중 괄호 안에 들어갈 말을 순서대로 바르게 나열한 것을 고르면?

- 홍보용 책자 10만 부를 각 지역구로 (   )하였다.
- 요즈음은 소비자가 주문한 상품을 집으로 직접 (   )해 주는 통신 판매가 유행이다.
- 소방 당국은 사고가 잦은 주요 등산로 464곳에 소방관과 의용 소방대원들을 (   )하기로 했다.

① 배포(配布) — 배치(配置) — 배달(配達)
② 배포(配布) — 배달(配達) — 배치(配置)
③ 배달(配達) — 배치(配置) — 배포(配布)
④ 배치(配置) — 배포(配布) — 배달(配達)
⑤ 배치(配置) — 배달(配達) — 배포(配布)

03 다음 글의 밑줄 친 ㉠~㉤을 수정한 내용으로 적절하지 않은 것을 고르면?

한 사람만을 제외하고 모든 인류가 동일한 견해를 지니고 있다고 가정해 보자. 단 한 사람이 반대되는 견해를 가지고 있다고 하여 인류가 그 한 사람으로 하여금 그의 견해를 말하지 못하게 하는 것은 부당하다. 이것은 마치 어떤 한 사람이 힘을 가지고 있어서 모든 인류를 ㉠침묵하게 하는 것도 마찬가지다. 만일 어떤 의견이라는 것이 그 의견의 소유자 이외에는 아무런 가치가 없는 개인적 소유물이라 해도, 또한 그 의견으로 인해 방해받는 것이 단 한 사람의 손해일 뿐이라고 해도 그 손해가 소수에 의해 주어진 것이냐, 다수에 의해 주어진 것이냐는 중요하다.

의견을 말할 수 있는 자유를 억압함으로써 생기는 ㉡손익은 그것이 전 인류에게서 행복을 빼앗는다는 사실에 있다. 그러한 행위는 현세대뿐만 아니라 후세의 세대, 또 그 의견을 지지하는 사람들뿐만 아니라 그것을 반대하는 사람들로부터도 행복을 약탈하는 행위이기 때문이다. 만약 그 억압받고 있는 의견이 올바른 것이라면, 사람들은 스스로의 ㉢오류와 진리를 추구할 수 있는 기회를 빼앗기게 된다. 또한 그 의견이 틀린 것이라면, 진리와 오류의 충돌로부터 생겨날 수 있는 한층 더 명확한 진리의 인식이나 한층 더 생생한 인상 등의 경험을 ㉣잃어버리게 될지도 모른다.

㉤이상과 같은 근거로 인해 개인의 의견은 침묵을 강요당할 수 없다. 첫째, 어떤 의견이 침묵을 강요당한다 할지라도 그 의견은 진리일지도 모른다. 이러한 사실을 부정하는 것은 우리 자신의 절대 무오류성을 가정하는 것이다. 둘째, 침묵을 강요당한 의견이 잘못된 것이라 할지라도 그것은 진리의 일부를 포함하고 있을지도 모르며 실제로 포함하고 있는 것이 보통이다. 그리고 일반적이거나 지배적인 의견은 거의 또는 결코 완전한 진리가 될 수 없기 때문에 진리의 나머지 부분이 보충될 수 있는 기회는 서로 반대되는 의견이 충돌될 때에만 주어진다. 셋째, 일반에게 널리 인정되는 의견이 진리일 뿐만 아니라 진리의 전체라고 할지라도 그것에 대해서 활발하고 진지하게 논쟁하는 것이 허용되지 않고 실제로 논쟁하지 않는다면 그러한 의견을 받아들인 사람들의 대다수는 편견을 품듯이 마음속에 품게 됨으로써 그것에 대한 합리적인 근거를 이해하고 실감하는 일은 거의 없을 것이다.

① ㉠–앞 문장과의 관계를 고려해 '침묵하게 하는 것이 부당한 것과 마찬가지다'로 고쳐야 한다.
② ㉡–단어의 사용이 적절하지 않으므로 '해악'으로 고쳐야 한다.
③ ㉢–문장의 호응이 적절하지 않으므로 '오류를 인정하고'로 고쳐야 한다.
④ ㉣–단어의 사용이 적절하지 않으므로 '잊어버리게'로 고쳐야 한다.
⑤ ㉤–글의 흐름에 맞지 않으므로 '다음과'로 고쳐야 한다.

04 다음 [보기]의 문장이 들어갈 위치로 가장 적절한 것을 고르면?

16세기 유럽, 인종, 문화, 종교의 차이에서 발생하는 갈등을 해소하려는 인식에서 등장한 톨레랑스는 몇 가지 원리들이 바탕을 이루고 있다. **(가)** 우선 톨레랑스는 자기 생각만 고집하는 편협함을 버릴 것을 요구한다. 그래서 프랑스의 사회학자 필리프 사시에는 '톨레랑스는 자기중심주의의 포기'라고 얘기한다. **(나)** 자기라는 중심을 버릴 때 또 다른 자아인 타자를 받아들이고, 그 목소리를 들을 수 있다는 것이다. **(다)** 하지만 모든 차이와 다양성을 조건 없이 받아들이는 것은 아니다. **(라)** 사시에는 톨레랑스가 정착하려면 차이의 질서뿐만 아니라 다른 것들의 평화적인 공존을 전제하는 유사성의 질서도 있어야 한다고 보았다. **(마)** 다르다는 것은 소중하지만 단순히 '차이'만을 존중할 경우에 톨레랑스는 모든 폭력적인 행위마저 차이의 표현으로 인정하는 위험에 빠질 수 있기 때문이다.

보기

이 원리들은 개별적이고 독립적인 것이 아니라 밀접하게 연관되어 있는데, 그 근본정신은 인간의 완전함에 대한 부정이다.

① (가) ② (나) ③ (다)
④ (라) ⑤ (마)

05 다음 글의 내용과 일치하지 않는 것을 고르면?

현대 경제에서 화폐는 국가가 화폐를 독점적으로 발행하고 법률로 강제적 통용력을 부여함으로써 그 가치를 갖는다. 그러나 화폐의 기능이 국가의 강제력만으로 확보되는 것은 아니며, 자신이 갖고 있는 화폐를 상대방에게 주면 언제든 재화나 서비스를 받을 수 있다는 믿음이 더욱 중요하다. 예를 들어 물가가 급격히 오르는 하이퍼인플레이션이 발생하면 사람들은 보유한 화폐를 던져 필사적으로 상품을 사들이게 되는데, 이는 상대방이 나중에 그 화폐를 받고 상품을 줄 것이라는 믿음이 없기 때문이다. 극단적인 경우 법적 통용력이 없음에도 불구하고 지역공동체가 발행한 화폐나 미국의 달러가 법정화폐를 대신해 쓰이기도 한다. 즉 가장 중요한 화폐 제도의 기틀은 신뢰인 것이다.

① 하이퍼인플레이션이 일어난 국가의 화폐는 실질적 가치가 없다.
② 현대 경제에서 화폐의 가치는 금화나 은화가 가지고 있는 가치와 비슷하다.
③ 현대 경제의 화폐의 가치는 국가의 통용력보다 국민의 신뢰가 더욱 중요하다.
④ 하이퍼인플레이션이 일어난 상황에서 사람들은 자국의 화폐에 대한 신뢰가 없다.
⑤ 하이퍼인플레이션이 일어난 국가에서 달러를 쓰는 이유는 달러가 신뢰할 만한 화폐이기 때문이다.

06 다음 글의 제목으로 가장 적절한 것을 고르면?

사람들은 어떤 결과에는 항상 그에 상응하는 원인이 존재한다고 생각한다. 원인과 결과의 필연성은 개별적인 사례들을 통해 일반화될 수 있다. 가령 A라는 사람이 스트레스로 병에 걸렸고, B도 스트레스로 병에 걸렸다면 이런 개별적인 사례들로부터 "스트레스가 병의 원인이다."라는 일반적인 인과를 도출된다. 이때 개별적인 사례에 해당하는 인과를 '개별자 수준의 인과'라 하고, 일반적인 인과를 '집단 수준의 인과'라 한다. 사람들은 오랫동안 이러한 집단 수준의 인과가 성립하면 그와 반대되는 개별자 수준의 인과가 존재하지 않는, 필연성을 지닌다고 믿어왔다.

그런데 집단 수준의 인과를 필연적인 것이 아니라 개연적인 것으로 파악해야 한다고 주장하는 사람들이 있다. 가령 "스트레스가 병의 원인이다."라는 진술에서 스트레스는 병의 필연적인 원인이 아니라 단지 병을 발생시킬 확률을 높이는 요인일 뿐이라고 말한다. A와 B가 스트레스를 받은 후 특정한 병에 걸렸다 하더라도 집단 수준에서는 그 병의 원인을 스트레스로 단언할 수 없다는 것이다. 그렇게 본다면 스트레스와 병은 필연적인 관계가 아니라 개연적인 관계에 놓인 것으로 설명된다. 이에 따르면 "스트레스가 병의 원인이다."라는 집단 수준의 인과는 'A가 스트레스를 받았지만, 병에 걸리지 않은 경우'나 'A가 스트레스를 받았고 병에 걸리기도 했지만, 병의 실제 원인은 다른 것인 경우' 등의 개별자 수준의 인과와 동시에 성립될 수 있다. 이렇게 되면 개별자 수준의 인과와 집단 수준의 인과는 별개로 존재하게 되는 것이다.

① 집단 수준의 인과에 대한 상반된 견해
② 집단 수준의 인과에 대한 다양한 사례
③ 집단 수준의 인과가 가지고 있는 필연성
④ 집단 수준의 인과가 가지고 있는 개연성
⑤ 집단 수준의 인과가 사회에 미치는 영향

07 다음 글의 내용과 일치하지 않는 것을 고르면?

'자연권(自然權)'이란 인간이 태어날 때부터 자연적으로 가지는 천부(天賦)의 권리를 말한다. 역사적으로 형성되거나 실정법에 의해 창설된 여러 권리와 대응되는데, 근대 자연법론에 의하여 형성·확립된 개념으로서 인간의 천부불가양(天賦不可讓)의 권리라고 일컬어진다. 실정법론(법 실정주의)에서는 권리란 법률로써 인정되는 경우에만 성립되므로 법률 이전의 자연권의 개념이 인정되지 않으나, 자연법론에서는 인간의 자연권은 법률 이전의 천부의 권리라고 하며, 국가가 법률로써도 이를 제한하거나 침해할 수 없다고 한다.

자연법사상에 그 기초를 두고 있는 자연권사상은 고대에도 존재하였다. 근대적인 자연권사상은 홉스의 자기 보존권과 자연적 자유권, 로크의 재산권과 저항권, 루소의 평등권 사상 등 근대 자연법론과 국가 계약설에 의해 형성되면서 17~18세기 영국·미국·프랑스에서 일어난 시민 혁명의 사상적 지도 이념이 되었으며, 근대 입헌 민주주의 헌법상의 기본적 인권 보장으로 성문화되고 확립되었다.

우리나라 헌법상에서는 제10조의 '모든 국민은 인간으로서의 존엄과 가치를 가지며, 행복을 추구할 권리를 가진다. 국가는 개인이 가지는 불가침의 기본적 인권을 확인하고 이를 보장할 의무를 진다.'라고 밝힌 부분에서 자연권사상을 확인할 수 있다.

① 자연권사상은 홉스 등장 이전에는 존재하지 않았다.
② 우리나라 헌법에서도 자연권을 인정하는 부분이 있다.
③ 자연권은 인간이 태어날 때부터 가지고 있는 권리이다.
④ 자연권사상은 유럽의 시민 혁명과 근대 민주주의에서도 확인할 수 있다.
⑤ 자연법론에 따르면 자연권은 국가가 법률로도 제한하거나 침해할 수 없다.

08 다음 글을 통해 대답할 수 <u>없는</u> 질문을 고르면?

블루 이코노미란 단순히 친환경적인 소재나 기술의 개발이 아닌, 보다 능동적으로 자연 생태계의 순환 시스템을 모방한 방식이다. 이에 따라 최소한의 에너지 사용만으로도 충분한 효과를 거두는 시스템들이 개발되고 있다. 유럽에서 유행하기 시작한 '블루 이코노미'가 주목받기 시작한 것은 최근의 일이지만, 사실 이러한 시스템은 오래전부터 이미 사용되고 있었다.

이란의 '야즈'라는 도시에 가면 연기가 나오지 않는 오래된 굴뚝들이 많이 서 있는 모습을 볼 수 있다. 이 굴뚝들은 집 안을 시원하게 하거나, 얼음을 보관하는 창고의 냉각 장치로도 이용되는 것으로 '바람탑'이라 불린다. 바람이 불어오는 방향으로 '바람탑'의 입구를 내면, 외부의 시원한 바람이 집 안으로 들어오게 된다. 그러면 집 안의 뜨거운 공기는 위로 상승하여 '바람탑'의 출구를 통해 외부로 배출되는 것이다. 이는 건물 내부와 외부 공기의 온도 차와 관련된 대류 현상을 이용한 것으로, 외부에서 들어온 차가운 공기가 집 안을 시원하게 유지해 주어 다른 에너지의 소비 없이 냉방을 가능하게 한다.

① '바람탑'이란 무엇인가?
② '바람탑'의 원리는 무엇인가?
③ '바람탑'의 기원은 어디인가?
④ '바람탑'의 역할은 무엇인가?
⑤ '블루 이코노미'란 무엇인가?

[09~11] 다음 글을 읽고 질문에 답하시오.

1874년 프랑스의 공상 과학 소설가 쥘 베른은 그의 소설『신비의 섬』에서 지구상에 석탄이 고갈된 다음에는 물을 전기 분해하여 얻은 수소가 에너지원으로 사용될 것이라고 예언하였다. 그의 예언이 있은 지 127년 후 미국의 석유 회사 로열 더치 셸(Royal Dutch Shell)의 와츠 회장은 밀 에너지 포럼에서 머지않은 탄소 에너지의 종말을 대비하는 대책을 강구하는 중이라고 밝혔다. 그는 석유, 석탄, 천연가스 등 화석 연료가 세계를 산업 시대로 이끈 위대한 에너지였다고 말했다. 그러나 21세기에 들어서는 화석 연료가 수소 에너지로 대체될 것이라고 주장하며, 이를 개발하기 위해 10억 달러를 투자할 계획이라고 밝혔다. 수소는 우주에서 가장 풍부한 원소로 우주 분자의 90%를 차지한다. 그러므로 수소를 연료로 사용할 경우 인류에게는 거의 무한한 에너지원이 생기게 되는 셈이다.

수소 에너지 개발은 에너지의 탈탄소화(脫炭素化)라는 점에서 커다란 의미를 지닌다. 탈탄소화란 석탄, 석유, 천연가스 순으로 에너지원의 단위 질량당 탄소 수가 적어지는 것을 말한다. 인류 역사상 오래전부터 사용되어 온 나무는 수소 대 탄소 원자의 비율이 가장 높다. 나무 연료는 수소 원자 한 개당 탄소 원자 열 개로 이루어진다. 석탄은 수소 원자 한 개당 탄소 원자 한두 개가 결합하고, 석유는 수소 원자 두 개와 탄소 원자 한 개가 결합하며, 천연가스는 수소 원자 네 개와 탄소 원자 한 개가 결합한다. 다시 말해 에너지원이 나무에서 천연가스로 변화하면서 단위 질량당 이산화탄소 방출량이 적어졌다는 뜻이다. 지구 온난화의 범인인 이산화탄소의 방출량이 적은 연료 쪽으로 지구의 에너지 체계가 변화해 왔는데, 이러한 탈탄소화 여정의 끝에 수소가 자리 잡고 있는 것이다.

수소에는 탄소가 전혀 포함되지 않는다. 수소가 미래의 중요 에너지원으로 등장한다는 것은 인류 역사를 오랫동안 지배해 온 탄화수소 에너지의 종말이나 마찬가지이다. 태양 에너지원인 수소가 태양 질량 중 30%를 차지하는 데서 알 수 있듯이 수소는 인류의 영원한 발전을 위한 희망이다. 수소는 모든 유행의 에너지원 가운데 가장 가볍고 가장 비물질적인 연료로 연소 효율도 뛰어나다. 또한 수소는 독성이 없고 다른 물질과 반응을 일으키는 반응성이 좋아 단위 질량당 에너지양이 가솔린의 약 4배로 활용 가치가 매우 높다.

현재 수소를 연료로 사용하려는 연구가 가장 앞선 분야는 자동차인데 수소를 자동차의 연료로 사용하는 방법은 크게 두 가지이다. 하나는 현재 사용하는 가솔린 기관의 연료인 가솔린을 직접 수소로 바꾸는 것인데 수소의 폭발 위험성을 해결하는 문제가 커다란 걸림돌로 작용하고 있다. 다른 하나는 수소의 산화로 생기는 화학 에너지를 전기 에너지로 전환하는 수소 연료 전지이다. 수소 연료 전지를 이용한 자동차는 현재 운행 초기 단계이지만 늦어도 10년 이내에 화석 연료 자동차를 제치고 자동차 시장의 주도권을 잡을 것으로 예상된다.

에너지의 형태가 고체에서 액체로, 액체에서 다시 기체로 바뀌는 경우 에너지의 처리 속도는 빨라지고 효율은 높아진다. 석유는 철로로 운송되는 석탄보다 파이프라인을 통해 더 신속하게 움직이며, 가스는 액체인 석유보다 훨씬 가볍고 빠르게 이동한다. 에너지 형태가 무거운 것에서 가벼운 것으로, 물질적인 것에서 비물질적인 것으로 꾸준히 진보하면서 산업 활동의 무게도 가벼워졌다. 산업 자본주의 초기에 증기 기관이라는 육중한 기계에서 21세기 정보 시대의 가벼운 기계로 발전해 온 것이다. 에너지의 탈물질화는 경제 활동의 탈물질화를 수반하게 마련인데 21세기에 이르러 산업 중심에서 기술, 서비스, 문화 부문으로의 이동은 이러한 현상을 잘 보여 준다. 앞으로 수소 에너지 사용으로 변화가 가속화될 것이므로 수소 에너지가 사회 변화의 중심에 자리 잡고 있다고 해도 과언이 아니다.

09 다음 중 주어진 글의 주제로 가장 적절한 것을 고르면?

① 미래의 대체 에너지 개발 계획
② 미래의 대체 에너지로 수소가 가지는 문제점과 한계
③ 미래의 대체 에너지로 유일하게 수소가 가능한 까닭
④ 미래의 대체 에너지로 주목받는 에너지원의 변천 과정
⑤ 미래의 대체 에너지로 주목받는 수소 에너지의 장점과 전망

10 다음 중 주어진 글에 나타난 서술 방법으로 가장 적절하지 않은 것을 고르면?

① 객관적 수치를 드러내어 글의 전반적 신뢰도를 높이고 있다.
② 구체적인 사례를 통하여 설명 대상에 대한 논의를 심화하고 있다.
③ 다른 대상들과의 비교를 통하여 설명 대상의 특성을 부각하고 있다.
④ 대상의 다양한 요소들을 분석하여 대상의 구조적 특성을 밝히고 있다.
⑤ 여러 분야의 사람들의 말을 인용하여 중심 화제에 대한 관심을 이끌어 내고 있다.

11 다음 중 수소 에너지에 대한 설명으로 가장 적절하지 않은 것을 고르면?

① 단위 질량당 에너지양이 높다.
② 우주에서 가장 풍부한 원소이다.
③ 에너지 처리 속도와 효율성을 높일 수 있다.
④ 탄소의 결합 방식이 달라서 탄소 방출량이 적다.
⑤ 수소 에너지는 탄화수소 에너지를 대체할 수 있다.

12 다음 글이 나올 수 있는 궁극적인 질문으로 가장 적절한 것을 고르면?

변성 작용에 영향을 주는 여러 요인에서 중요한 요인 중 하나는 온도이다. 밀가루, 소금, 설탕, 이스트, 물 등을 섞어 오븐에 넣으면 높은 온도에 의해 일련의 화학 반응이 일어나 새로운 화합물인 빵이 만들어진다. 이와 마찬가지로 암석이 가열되면 그 속에 있는 광물 중 일부는 재결정화되고 또 다른 광물들은 서로 반응하여 새로운 광물들을 생성하게 되는데, 그 최종 산물로 변성암이 생성된다. 암석에 가해지는 열은 대개 지구 내부에서 공급되며, 섭입이나 대륙 충돌과 같은 지각 운동에 의해 암석이 지구 내부로 이동할 때, 이러한 열의 공급이 많이 일어난다.

암석의 변성 작용을 일으키는 또 하나의 중요한 요인은 압력이다. 모든 방향에서 일정한 힘이 가해지는 압력을 '균일 응력'이라 하고, 어느 특정한 방향으로 더 큰 힘이 가해지는 압력을 '차등 응력'이라고 하는데, 변성암의 경우 주로 차등 응력 조건에서 생성되며 그 결과로 뚜렷한 방향성을 갖는 조직이 발달된다.

① 변성암의 특징은 무엇인가?
② 변성암에는 왜 줄무늬가 있는가?
③ 암석의 변성 작용이란 무엇인가?
④ 변성암을 만드는 요인은 무엇인가?
⑤ 변성암과 퇴적암의 차이는 무엇인가?

13 다음 글을 바탕으로 추론할 수 있는 내용을 고르면?

인문지리학자들에 따르면 '중심지'는 배후지에 재화와 서비스를 제공하는 곳을 말하며, '배후지'는 중심지로부터 재화와 서비스를 제공받는 곳을 말한다. 중심지의 예는 식당, 슈퍼마켓 혹은 백화점, 동네 병원 혹은 대학 병원이다. 그리고 '최소요구치'는 중심지 기능이 유지되기 위한 최소한의 수요를 말한다. 가령 어떤 중국집이 하루에 자장면 50그릇을 팔아야 본전이 유지된다면 최소요구치는 50그릇이다. 그리고 이 50그릇에 대한 수요 인구가 분포하는 범위를 '최소요구치 범위'라고 부른다. 또 '재화도달 범위'는 중심지 기능이 미치는 최대의 공간 범위를 말한다. 위의 중국집의 경우 재화도달 범위는 배달권으로 해석 가능하다.

① 인구가 줄면 중심지 수가 배후지 수를 능가할 것이다.
② 인구밀도가 증가하면 최소요구치 범위는 확대될 것이다.
③ 수요자들의 소득 향상은 최소요구치 범위를 확대시킬 것이다.
④ 중심지 수와 배후지 수는 인구의 증가와는 상관없이 존재한다.
⑤ 중심지가 성립하기 위해서는 최소요구치 범위가 재화도달 범위 안에 있어야 한다.

14 다음 글의 입장과 가장 부합하는 견해를 고르면?

> 아침에는 부석거리며 일어나서 흙 삼태기를 메고 동네에 들어가서 뒷간을 쳐 나르고, 9월이 되어 비 · 서리가 내리고 10월이 되어 엷은 얼음이 얼면, 뒷간의 남은 찌꺼기와 말똥 · 쇠똥 또는 횃대 밑의 닭 · 개 · 거위 따위의 똥이나, 또는 입회령 · 좌반룡 · 완월사 · 백정향 따위를 취하기를 마치 주옥(珠玉)처럼 소중히 여겼으나 이는 그 사람의 청렴한 인격에는 아무런 손상을 가져오지 않았을뿐더러, 혼자 그 이익을 차지하였으나 아무런 정의(情誼)에도 해로울 것이 없으며, 아무리 탐하여 많이 얻기 힘들다고 하더라도 남들은 그에게 '사양할 줄 모른다'고 책하지 않는다.

① 마치 오케스트라가 교향곡을 연주하듯, 사회를 구성하는 각 성원들은 각자의 맡은 곳에서 그 역할을 다해야 하며, 이를 통해 인간 사회는 발전한다.

② 인간에게는 평등을 지향하는 심성이 있게 마련이며, 이는 결과적으로 성취동기를 고취함으로써 개인의 도약은 물론 사회의 발전을 견인하게 된다.

③ 노동의 가치는 신성한 것이며, 고단한 매일의 노동 속에서 느끼는 현세의 고달픔을 극복하고 절제와 청렴을 실천하는 삶이야말로 내세의 복락을 가능하게 할 것이다.

④ 사람을 평가하고 판단함에 있어 그 사람이 하는 일을 준거로 삼는 것은 옳지 못하며, 그의 언행과 성품, 태도를 먼저 고려해야 한다.

⑤ 사회의 가장 어둡고 비루한 곳에는 등불과도 같은 사람들이 있게 마련이며, 이들이야말로 사회의 부조리를 타파하는 동력이라 할 수 있다.

15 다음 글을 읽고 추론한 내용으로 가장 적절하지 않은 것을 고르면?

앙부일구는 세종 16년에 장영실, 이천, 김조 등이 만들었던 해시계로 시계 판이 가마솥같이 오목하고, 이 솥이 하늘을 우러르고 있다고 해서 이런 이름이 붙었다. 반구의 정중앙에 위치한 시침의 끝부분이 만들어 내는 해그림자는 1년 중의 24절기에 따라 각각의 절기선을, 하루 낮 동안에는 시각선을 각각 가리키며 움직이게 된다. 춘추분 날에는 적도선인 춘추분의 절기선을 따라 이동할 것이다. 해그림자는 절기가 변함에 따라 남북으로 이동하는데, 시침의 해그림자가 따라 움직이는 절기선을 읽으면 그것이 바로 그날의 절기이다. 하루 중에는 해가 동쪽으로 뜰 때 해그림자가 시반면의 서쪽 묘시(卯時) 시각선을 가리킨 이후, 서서히 오른쪽으로 이동해 동쪽의 유시(酉時) 시각선에서 해가 짐에 따라서 해그림자도 없어진다. 따라서 눈금이 가리키는 지점의 시각을 읽으면 된다. 그런데 앙부일구에 새겨진 시각 눈금은 현재의 시계와는 사뭇 다르다. 하루를 시각에 따라 나누는 전통 시법(時法)이 현재와 다르기 때문이다. 원래 전통 시법은 하루를 12시 100각으로 나누었는데, 세종 때의 역법을 담은 「칠정산내편」도 이것을 따르고 있다. 이러한 12시 100각법은 서양식 천문 계산법을 담은 '시헌력(時憲曆)'을 1653년에 채택하면서 12시 96각법으로 바뀌었다. 현재 유물로 남아 있는 앙부일구에 새겨진 눈금은 모두 12시 96각법에 의한 것이다.

① 앙부일구는 1년 중의 절기와 하루의 시각을 동시에 잴 수 있다.
② 현존하는 앙부일구는 모두 1653년 시헌력 시행 이후에 제작된 것이다.
③ 세종 때 만들어진 앙부일구에 새겨진 시각의 눈금은 100각법에 따른 것이다.
④ 앙부일구의 시침이 나타내는 해그림자는 하루 시각의 변화에 남북으로 이동한다.
⑤ 앙부일구에서 시침의 끝부분이 만들어내는 해그림자를 통해 그날의 절기를 알아낼 수 있다.

16 다음 글을 읽고 추론한 내용으로 가장 적절하지 않은 것을 고르면?

인격권은 권리자와 분리할 수 없는 인격에 관한 권리로서 성명권, 초상권, 명예권 등이 그 대표적인 예이다. 보도 목적 또는 사적으로 유명인의 성명이나 초상을 이용하는 경우에 인격권 침해가 발생할 수 있다. 그러나 유명인의 성명이나 초상의 이용은 표현 자유권 내지 알 권리와 관련하여 어느 수준까지는 허용할 필요가 있다. 그렇다고 하여 유명인의 성명이나 초상을 이용해서 상품을 선전하거나 상품에 부착하여 판매하는 경우까지 보도 목적이나 사적인 이용과 동일하게 다룰 수는 없다. 유명인의 성명이나 초상을 무단으로 이용한 경우, 인격권 침해 여부와는 별개로 해당 유명인의 성명, 초상이 가지고 있는 경제적 이익이 침해된다. 그러므로 유명인의 성명, 초상, 기타 주체성을 표시하는 상징이 가진 경제적·금전적 가치를 권리로써 인정해야 할 필요가 있다. 이 권리를 퍼블리시티권이라 한다. 다시 말해 퍼블리시티권은 성명이나 초상 그 자체가 아니라 성명이나 초상이 가진 재산권적 측면을 보호하고자 한다는 것이며, 이는 인격권과 대비된다.

① 유명인의 성명을 무단으로 이용하였을 때, 상황에 따라 처벌의 수위가 달라질 수 있다.
② 퍼블리시티권으로 인해 사람들은 자신의 성명이나 초상의 경제적 가치를 높이기 위해 노력할 것이다.
③ 퍼블리시티권은 유명인이 자신의 성명, 초상 등으로 경제적 이익을 발생시켰다면 사후에도 존속되는 권리이다.
④ 유명인의 성명이나 초상 등이 상품에 부착되거나 서비스업에 이용되면 상품 판매와 영업 활동을 촉진하는 효과를 준다.
⑤ 유명인의 성명, 초상이 잠재적인 경제적 가치를 지니면 실제 경제적 이익이 발생하지 않았어도 퍼블리시티권의 보호 대상이 된다.

17 **다음 글의 빈칸에 들어갈 내용으로 가장 적절한 것을 고르면?**

> 만화의 구성상 최소 단위는 칸이다. 많은 사람들이 만화에서 칸을 프레임이라고도 부르는데, 영화에서 프레임의 연속을 통해 움직임이 나오는 것처럼 만화에서도 칸의 연속을 통해 움직임과 흐름이 생성되기 때문이다. 그러나 영화에서 사용된 프레임의 경우 각 프레임이 모여 하나의 움직임을 이루는 데 반해, 만화는 독립된 하나의 칸을 통해 스스로 움직임을 표현하고 시간의 흐름을 표현할 수 있다. 주로 그것은 대사나 지문, 내레이션 등을 통해 해결되며, 좌에서 우로 움직이는 시각적 흐름을 통해 해결된다.
>
> [　　　　　　　　　　　　　　　　　　　　　　　　　] 칸은 문학에서의 단어나 문장, 혹은 문단처럼 독립된 그림 단위로 작용하기 때문에 만화를 이해한다는 것은 칸을 이해하는 것과 다름없다. 물론 만화를 전체적으로 분석할 때 하나의 칸만을 통해 작품 전체를 볼 수는 없다. 만화는 분절된 칸들의 연속을 통해 수용자의 상상력 속에서 재구성되는 예술이기 때문이다.

① 만화에서 칸은 작가 또는 독자에게 많은 의미를 지닌다.
② 만화에서 칸은 여러 개를 별도로 분석하여 만화 예술의 본질을 파악할 수 있다.
③ 만화에서 칸은 영화에서의 미장센과 동일하게 작품의 연출에 큰 영향을 주지 않는다.
④ 만화 구성의 최소 단위인 칸은 만화에서 가장 중요한 역할을 하고 있다고 해도 과언이 아니다.
⑤ 만화에서 칸은 사이를 통해 이미지가 연속되는 분절된 공간이기 때문에 하나로서 독립적인 의의가 있다.

18 다음 글의 ㉠에 들어갈 문장으로 적절하지 않은 것을 고르면?

루카스는 '합리적 기대 이론'으로 경제 주체가 주어진 정보를 어떻게 처리하여 행동하는지를 규명해 1995년 노벨경제학상을 수상했다. 그는 두 가지 주장을 통해 정부의 시장 개입과 조정이 왜 실패하는지에 대한 해답을 내놓고 있다.

첫 번째 주장은 시장은 상황 변동이 발생해도 즉각적으로 이를 수용하여 수급 균형을 달성한다는 것이고, 두 번째는 경제 주체는 언제나 취득 가능한 모든 정보를 분석하여 합리적으로 경제적 결정을 내릴 뿐만 아니라, 체계적 오류를 반복하지 않는다고 보았다. 새로운 정보가 생겼을 경우 이를 신속하게 미래의 예측에 반영하여 새롭게 행동을 조정한다는 것이다. 그는 이 이론을 바탕으로 경제 주체들이 알려진 정부 정책의 정보를 바탕으로 행동을 바꾸기 때문에 정부의 정책 효과는 작아질 수밖에 없다고 설명하였다. 따라서 그는 '정부 실패론', '작은 정부론'을 지향하며 이러한 주장은 오늘날까지 인용되고 있다.

이처럼 합리적 기대 이론은 모든 문제에 대해 신속하고도 단호한 대답을 갖출 것처럼 보인다. 그러나 이 이론은 다양한 한계에 노출되어 있다. (㉠) 증권 시장의 움직임을 설명하는 데에 합리적 기대 이론이 매우 효과적인 힘을 발휘하는 것은 사실이다. 하지만 누구나 쉽게 사고팔 수 있고 거래 비용도 거의 들지 않는 증권 시장과는 달리, 재화와 용역을 사고파는 거시 경제학의 시장은 훨씬 복잡하고 경직되어 있다. 또 시장에는 '계약'으로 인해 유동성과 유연성의 제한이 있을 수밖에 없다. 그래서 경영자들은 합리적 기대를 하더라도 즉각적으로 행동의 변화를 줄 수 없는 경우가 자주 발생한다. 결론적으로 합리적 기대 이론은 현실과 거리가 있다고 할 수밖에 없을 것이다.

① '과연 경제 주체들이 매번 가진 정보를 총동원하여 합리적으로 선택을 조정할 수 있을 것인가?' 하는 점들이다.
② '과연 경제 주체들이 과거에 했던 실수를 참고하여 같은 실수를 반복하지 않을까?' 하는 점들이다.
③ '과연 결정을 내리는 경제 주체인 우리가 항상 가장 합리적인 결정만을 반복할 수 있을까?' 하는 점들이다.
④ '과연 우리가 아무런 제약 없이 가장 합리적이라고 생각하는 결정을 실행에 옮길 수 있을까?' 하는 점들이다.
⑤ '과연 전문가들이 빠르게 미래를 예측하여 반응하는 주식시장 등 금융 시장 안에서 실효성을 거둘 수 있을 것인가?' 하는 점들이다.

19 다음 글의 '컨스터블의 그림'에 대해 비판한 것으로 가장 적절한 것을 고르면?

건초 더미를 가득 싣고 졸졸 흐르는 개울물을 건너는 마차, 수확을 앞둔 밀밭 사이로 양 떼를 몰고 가는 양치기 소년과 개, 이른 아침 농가의 이층 창밖으로 펼쳐진 청록의 들녘 등 이런 평범한 시골 풍경을 그린 컨스터블(1776~1837)은 오늘날 영국인들에게 사랑을 받은 영국의 국민 화가이다. 현대인들은 그의 풍경화를 통해 영국의 전형적인 농촌 풍경을 떠올리지만, 사실 컨스터블이 활동하던 19세기 초반까지 이와 같은 소재는 풍경화의 묘사 대상이 아니었다. 그렇다면 평범한 농촌의 일상 정경을 그린 컨스터블은 왜 영국의 국민 화가가 되었을까?

컨스터블의 그림은 당시 풍경화의 주요 구매자였던 영국 귀족의 취향에서 어긋난 형태로 그다지 인기를 끌지 못했다. 당시 유행하던 픽처레스크 풍경화는 도식적이고 이상화된 풍경 묘사에 치중했지만, 컨스터블의 그림은 평범한 시골의 전원 풍경을 사실적으로 묘사한 것처럼 보인다. 이 때문에 그의 풍경화는 자연에 대한 과학적이고 객관적인 관찰을 바탕으로, 아무도 눈여겨보지 않았던 평범한 농촌의 아름다운 풍경을 포착하여 표현한 결과물로 여겨져 왔다. 객관적 관찰과 사실적 묘사를 중시하는 관점에서 보면, 컨스터블은 당대 유행하던 화풍과 타협하지 않고 독창적인 화풍을 추구한 화가이다.

① 컨스터블의 작품은 후대의 작가들이 패러디할 수 없을 정도로 정적이어서 풍자의 여지를 남겨 두지 않았다.

② 컨스터블은 유행을 거부하였다고 했지만 그의 그림이 사람들에게 인기가 많았다는 것은 그만큼 유행에 민감했음을 의미한다.

③ 19세기 전반 영국의 농촌은 매우 불안했으며 가난했는데, 컨스터블은 이를 외면하고 당시 농촌의 모습을 있는 그대로 그리지 않았다.

④ 컨스터블은 풍경화에 담긴 풍경과 실제로 자신의 눈의 풍경이 사진과 같이 동일해야만 한다고 생각했으나 실제 미술은 그렇지 않았다.

⑤ 컨스터블은 소수의 귀족을 대상으로 그림을 판매하지 않고, 다수의 농민과 중산층을 대상으로 그림을 판매하여 큰 수익을 내었기에 대중적인 화가로 불리는 것이다.

20 다음 글의 반론으로 적절하지 않은 것을 고르면?

> 일반적으로 법률에서는 일정한 법률 효과와 함께 그것을 일으키는 요건을 규율한다. 이를테면, 민법 제750조에서는 불법 행위에 따른 손해 배상 책임을 규정하는데, 그 배상 책임의 성립 요건을 다음과 같이 정한다. '고의나 과실'로 말미암은 '위법 행위'가 있어야 하고, '손해가 발생'하여야 하며, 바로 그 위법 행위 때문에 손해가 생겼다는, 이른바 '인과 관계'가 있어야 한다. 이 요건들이 모두 충족되어야 법률 효과로서 가해자는 피해자에게 손해를 배상할 책임이 생기는 것이다.
>
> 소송에서는 이런 요건들을 입증해야 한다. 대체로 어떤 사실이 존재함을 증명하는 것이 존재하지 않음을 증명하는 것보다 쉽다. 이 둘 가운데 어느 한 쪽에 부담을 지워야 한다면, 쉬운 쪽에 지우는 것이 공평할 것이다. 이런 형평성을 고려하여 특정한 사실의 발생을 주장하는 이에게 그 사실의 존재에 대한 입증책임을 지도록 하였다. 그리하여 상대방에게 불법 행위의 책임이 있다고 주장하는 피해자는 소송에서 원고가 되어, 앞의 민법 조문에서 규정하는 요건들이 이루어졌다고 입증해야 한다.

① 공해 등의 환경 오염으로 피해를 받아 소송을 하는 경우 현재의 과학 수준으로 해명되지 않는 경우가 많다.
② 대기업과 개인이 소송할 경우 가해자인 기업은 월등한 지식과 기술을 가지고 훨씬 더 쉽게 원인 조사를 할 수 있다.
③ 의료사고와 같이 전문가와 비전문가가 소송을 할 경우 정보의 부족으로 피해자인 원고에게 더 불리하다.
④ 성범죄의 경우 입증책임이 피해자에게 넘겨지고, 입증하지 못할 경우 피해자가 비난받을 위험성이 있다.
⑤ 자신의 권리를 주장하는 민사 사건의 경우 권리를 주장하려는 자에게만 엄중한 부담감을 지우게 되므로 형평성에 문제가 있다.

02 수리 영역

정답과 해설 P.88

01 둘레의 합이 46cm이고 넓이가 $120cm^2$인 직사각형이 있다. 가로의 길이가 세로의 길이보다 더 길다고 할 때, 가로의 길이는 몇 cm인지 고르면?

① 10cm ② 12cm ③ 15cm
④ 18cm ⑤ 20cm

02 어떤 문제의 정답을 맞히면 5점이 가산되고, 틀리면 4점이 감점된다. 여러 문제를 풀던 중간에 점수를 계산해 보니 78점이었다. 정답을 맞힌 개수가 틀린 개수의 2배라면, 지금까지 푼 문제의 개수는 몇 개인지 고르면?

① 37개 ② 38개 ③ 39개
④ 40개 ⑤ 41개

03 다음 [조건]에 따라 알파벳 A, B, C와 숫자 1, 2, 3을 나열하여 6자리의 문자열을 만드는 방법의 수를 고르면?

조건
- 1~3번째 자리는 영문자가 와야 하고, 4~6번째 자리는 숫자가 와야 한다.
- 각 영문자와 숫자를 중복으로 사용할 수 있다.
- 동일한 영문자는 연이어 사용할 수 없다. 예 BAB(○), BBA(×)

① 64가지 ② 169가지 ③ 225가지
④ 324가지 ⑤ 400가지

04 별다방과 해다방에서 새해 기념 이벤트를 열었다. 두 커피점에서는 똑같은 원두를 1g당 70원에 팔고 있다. 별다방에서는 커피 원두를 구매하면 200g를 더 주는 이벤트를, 해다방에서는 커피 원두를 구매하면 12%를 할인하는 이벤트를 열었다. 커피 애호가인 정 씨가 별다방 이벤트를 선택하여 같은 가격에 더 많은 원두를 얻었을 때, 정 씨가 구매한 커피 원두가 최대 몇 g인지 고르면?

① 1,364g　② 1,398g　③ 1,432g
④ 1,466g　⑤ 1,500g

05 다음 [표]는 '갑' 사의 채용 시험 응시자 30명에 대하여 A, B, C 3개의 자격증 중 해당 자격증을 갖지 않은 응시자의 수를 나타낸 것이다. 주어진 자료를 참고할 때, 3개의 자격증을 모두 가진 응시자는 몇 명인지 고르면?

[표] A, B, C 3개의 자격증 중 해당 자격증을 갖지 않은 응시자의 수　(단위: 명)

자격증	A	B	C	A, B	A, C	B, C	A, B, C
응시자	20	13	18	9	13	10	8

① 1명　② 2명　③ 3명
④ 4명　⑤ 5명

06 두 제품 A, B를 각각 100개씩 총 36만 원에 구입하여, 제품 A는 30%, 제품 B는 20%의 이익을 붙여 정가를 정하여 판매하였더니, 일주일 동안 제품 A는 20개, 제품 B는 30개만 판매되었다. 이에 제품 A는 정가에서 10%, 제품 B는 정가에서 200원 할인하여 판매하였더니 두 제품을 모두 금방 판매할 수 있었다. 두 제품을 모두 판매하여 57,200원의 순이익을 얻었을 때, 두 제품 A, B의 1개당 원가의 차를 고르면?

① 200원　② 300원　③ 400원
④ 500원　⑤ 600원

07 6개의 사무실 앞에 각각의 사무실에서 내어 놓은 화분이 있는데 로비 청소를 하다가 6개의 화분이 섞여 버렸다고 한다. 다시 6개의 사무실 앞에 화분을 한 개씩 배치할 때, 2개의 화분이 제대로 사무실 앞에 놓일 경우의 수를 고르면?

① 15가지 ② 30가지 ③ 96가지
④ 120가지 ⑤ 135가지

08 골프공 100개를 상자에 포장하려고 한다. 골프공 100개를 두 개의 상자에 나누어 포장한 후에 다시 각각의 상자를 두 개의 상자에 나누어 포장하기를 반복한 결과 모든 골프공이 상자마다 1개씩 담기게 되었다. 한 상자에 들어 있는 골프공을 두 상자로 나누어 포장할 때마다 두 상자에 담긴 골프공의 개수를 곱한 수를 메모장에 모두 적어 놓았을 때, 메모장에 적혀 있는 수들의 합을 고르면?

① 2,020 ② 2,525 ③ 3,225
④ 4,950 ⑤ 5,050

09 김 씨가 다음과 같은 이벤트에 2번 참여하였을 때, 기대할 수 있는 당첨금의 액수를 고르면?

- 응모자는 1부터 5까지의 숫자가 각각 하나씩 쓰인 공 5개가 들어 있는 상자에서 공을 1개 꺼냅니다.
- 해당 숫자에 1,000을 곱한 금액을 당첨금으로 드립니다.
- 꺼냈던 공을 다시 상자에 집어넣습니다.

① 5,600원 ② 5,800원 ③ 6,000원
④ 6,200원 ⑤ 6,400원

10 H통신사에는 다음과 같은 2가지 요금제가 있다. A요금제를 사용할 때의 요금이 B요금제를 사용할 때보다 비싸지지 않는 최소 통화시간을 고르면?

[표] H통신사 요금제 정보

구분	기본요금(원)	무료 통화(분)	추가 통화 요금(원/분)
A요금제	34,000	160	150
B요금제	31,000	160	180

① 100분 ② 140분 ③ 180분
④ 220분 ⑤ 260분

11 다음 [표]를 참고할 때, 2000년 대비 2016년에 증가한 전체 인구수를 고르면?

(단, 모든 계산은 소수점 이하 절사하여 정수로 표시한다.)

[표] 연도별 · 성별 노인 인구수 및 인구 비율 (단위: 천 명, %)

구분	노인 인구수	노인 인구 비율	성별 인구수	
			남성 노인	여성 노인
2000년	( )	7.3	1,288	2,084
2016년	( )	13.6	2,863	3,912

※ $(\text{노인 인구 비율})(\%)=\frac{(\text{노인 인구수})}{(\text{전체 인구수})}\times 100$

① 29만 명 ② 36만 2천 명 ③ 290만 명
④ 305만 명 ⑤ 362만 4천 명

PART V CHAPTER 02 실전 2회

12 다음 [표]는 연도별로 기간별 · 조직 형태에 따른 총 종사자 수를 정리한 자료이다. 빈칸 ㉠~㉢에 들어갈 수치를 알맞게 짝지은 것을 고르면?

[표] 기간별 · 조직 형태별 총 종사자 수 현황 (단위: 천 명)

연도 \ 조직 형태	개인 사업체	회사 법인	비회사 법인	국가 · 지자체	비법인 단체	합계
2006년	6,593	5,268	1,106	853	( )	(㉡)
2010년	6,660	5,920	1,098	1,165	305	15,148
2015년	6,900	7,669	1,245	1,405	427	17,646
2019년	(㉠)	8,722	( )	1,427	550	19,898
종사자 수 증가 현황						
2006~2010년	67	652	−8	312	15	1,038
2010~2015년	240	1,749	147	240	122	2,498
2015~2019년	758	1,053	(㉢)	22	123	2,252
2006~2019년	1,065	3,454	435	574	260	5,788

	㉠	㉡	㉢
①	7,140	14,110	296
②	7,140	20,144	296
③	7,140	20,144	435
④	7,658	14,110	296
⑤	7,658	20,144	435

13 다음 [그래프]는 2018년부터 2022년까지 식중독 신고 현황을 조사하여 나타낸 자료이다. 이 자료를 바탕으로 할 때, [보기]의 내용 중 옳은 것을 모두 고르면?

[그래프] 연도별 식중독 신고 현황 (단위: 건, 명)

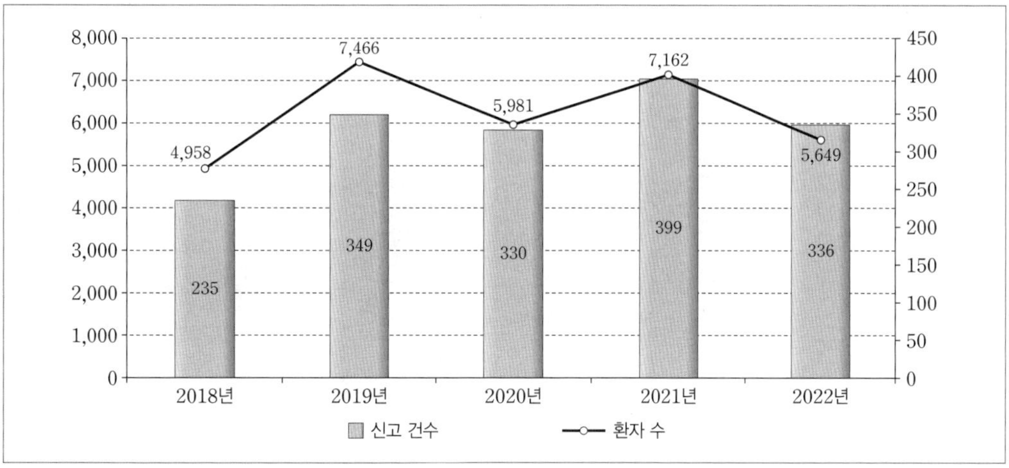

보기

㉠ 5년간 신고 건수는 총 1,650건이다.

㉡ 신고 건수와 환자 수의 전년 대비 증감 추이는 일치한다.

㉢ 신고 건수가 가장 많은 해에는 환자 수 또한 가장 많다.

㉣ 2019년부터 2021년까지 환자 수는 평균 7,000명 미만이다.

① ㉠, ㉢　② ㉠, ㉣　③ ㉡, ㉣

④ ㉠, ㉡, ㉢　⑤ ㉡, ㉢, ㉣

14 다음 [그래프]는 20세 이상 성인들을 대상으로 본인의 건강 상태와 흡연·음주율에 관한 설문조사 결과를 나타낸 자료이다. 이 자료를 바탕으로 할 때, [보기]의 내용 중 알 수 있는 것을 모두 고르면?

[그래프1] 연도별 본인 건강 평가 (단위: %)

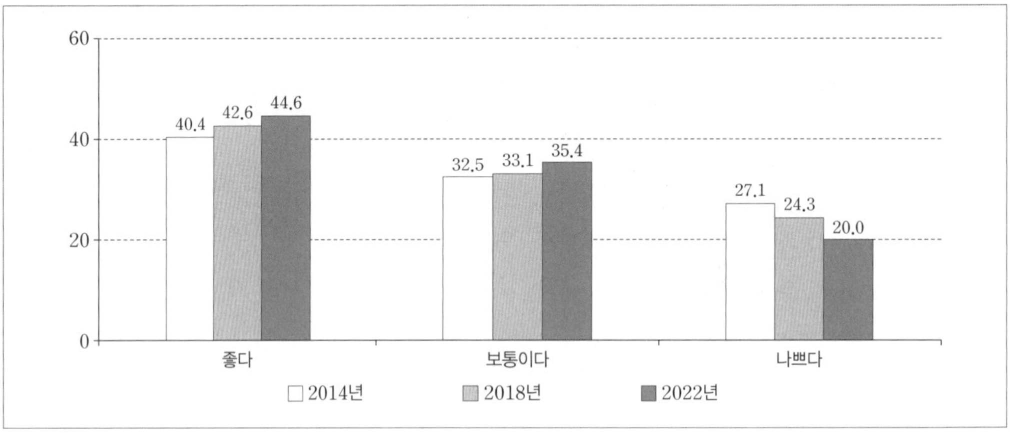

[그래프2] 연도별 흡연 및 음주율 (단위: %)

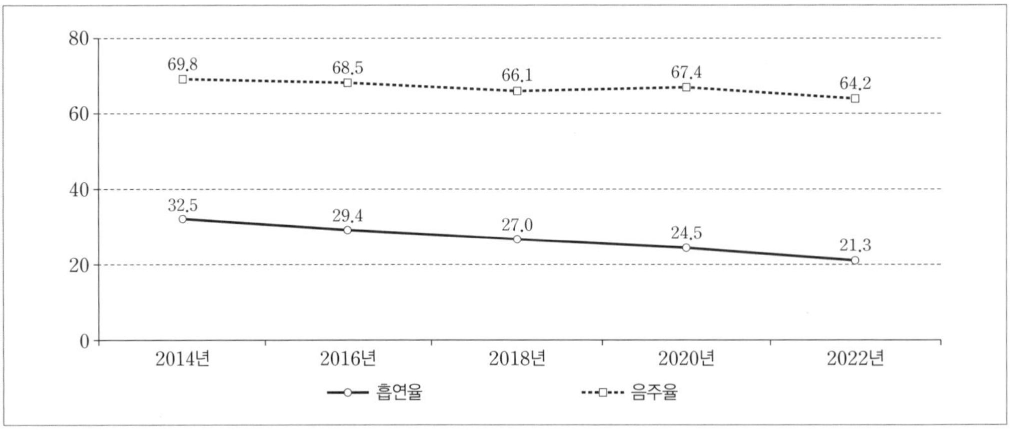

보기

㉠ 2020년 음주율은 2014년 대비 2.4%p 이상 낮아졌다.

㉡ 2014년부터 2022년까지 흡연율은 해마다 꾸준히 감소한다.

㉢ 자신의 건강 상태를 '좋다' 또는 '보통이다'라고 평가한 사람 수는 꾸준히 증가한다.

㉣ 해당 자료를 통해 사람들은 자신의 건강 상태에 대하여 이전보다 조금씩 더 신경을 쓰고 있음을 알 수 있다.

① ㉠, ㉢ ② ㉠, ㉣ ③ ㉡, ㉢

④ ㉠, ㉡, ㉣ ⑤ ㉡, ㉢, ㉣

15 다음 [보고서]는 UN이 발표한 고령화 사회 관련 자료이고, [그래프]는 우리나라의 연령별 인구 구성비의 변화를 나타낸 자료이다. 이에 대한 설명으로 옳지 않은 것을 고르면?

> [보고서]
>
> 일반적으로 65세 이상 인구가 총인구에서 차지하는 비율이 7% 이상이면 고령화 사회라 하고, 65세 이상 인구가 총인구에서 차지하는 비율이 14% 이상이면 고령 사회, 65세 이상 인구가 총인구에서 차지하는 비율이 20% 이상이면 후기 고령 사회 혹은 초고령 사회라고 한다. 추계에 의하면 2025년에 65세 이상의 인구가 총인구에서 차지하는 비율은, 일본 27.3%, 스위스 23.4%, 덴마크 23.3%, 독일 23.2%, 스웨덴 22.4%, 미국 19.8%, 영국 19.4%로 예측된다.

[그래프] 우리나라의 연령별 인구 구성비의 변화 (단위: %)

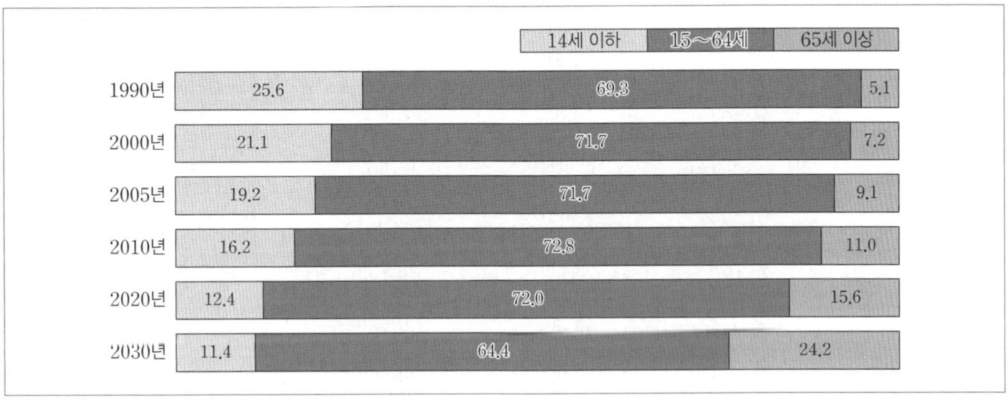

※ 2030년 그래프는 전문가에 의한 분석을 통해 2030년 인구 구성비를 예상하여 나타낸 수치이다.
※ 우리나라 인구 구성비는 꾸준히 고령화 단계로 진행 중이다.

① 고령 사회가 된 것은 2010년 이후이다.
② 초고령 사회가 된 것은 2020년 이후이다.
③ 우리나라는 2000년에 이미 고령화 사회였다.
④ 2030년 65세 이상 인구수는 1990년에 비해 4배 이상 많다.
⑤ 2030년 전체 인구에서 14세 이하가 차지하는 비율은 1990년에 비해 절반도 안 될 것으로 예상된다.

[16~17] 다음 [표]는 2013~2017년 관광객 유치 및 국적별 외국인 관광객 현황에 대한 자료이다. 이어지는 질문에 답하시오.

[표1] 2013~2017년 관광객 유치 현황 (단위: 명)

구분	2013년	2014년	2015년	2016년	2017년
내국인	8,517,417	8,945,601	11,040,135	12,249,959	13,522,632
외국인	2,333,848	3,328,316	2,624,260	3,603,021	1,230,604
계	10,851,265	12,273,917	13,664,395	15,852,980	14,753,236

[표2] 2013~2017년 국적별 외국인 관광객 현황 (단위: 명)

구분	2013년	2014년	2015년	2016년	2017년
일본	128,879	96,519	59,233	47,997	55,359
미국	21,439	19,812	16,898	33,605	32,651
대만	38,890	32,189	17,839	38,046	28,994
중국	1,812,172	2,859,092	2,237,363	3,061,522	747,315
홍콩	39,761	28,405	22,732	44,757	48,952
싱가포르	56,622	46,307	29,620	50,566	33,732
말레이시아	74,956	63,953	39,892	66,207	49,524
기타	161,129	182,039	200,683	260,321	234,077
계	2,333,848	3,328,316	2,624,260	3,603,021	1,230,604

16 다음 중 주어진 자료에 대한 설명으로 옳지 않은 것을 고르면?

① 어느 국적의 관광객 수도 매년 증가하지 않았다.
② 2014년 총 관광객 중 외국인의 비중은 30% 이하이다.
③ 5년간 내국인 관광객 수의 합은 외국인 관광객 수의 합의 4배가 넘는다.
④ 외국인 관광객 중 중국 국적의 외국인이 차지하는 비중은 매년 70% 이상이다.
⑤ 기타 국적을 제외하면, 외국인 관광객 수 상위 3개 국적은 2016년을 제외하고 모두 동일하다.

17 **다음 중 주어진 자료를 바탕으로 작성한 세부 자료로 적절하지 않은 것을 고르면?**

(단, 세부 자료의 수치는 모두 반올림한 값이다.)

① 연도별 총 관광객의 증가율 (단위: %)

2014년	2015년	2016년	2017년
5.0	23.4	11.0	10.4

② 연도별 외국인 관광객 중 말레이시아인 관광객의 비중 (단위: %)

2013년	2014년	2015년	2016년	2017년
3.2	1.9	1.5	1.8	4.0

③ 2017년 외국인 관광객의 국적별 비중 (단위: %)

일본	미국	대만	중국	홍콩	싱가포르	말레이시아	기타
4.5	2.7	2.4	60.7	4.0	2.7	4.0	19.0

④ 연도별 외국인 관광객 대비 내국인 관광객 비율 (단위: %)

2013년	2014년	2015년	2016년	2017년
3.6	2.7	4.2	3.4	11.0

⑤ 2015~2017년 기타 국가를 제외한 외국인 관광객 상위 3개 국적의 관광객 수 (단위: 명)

2015년	2016년	2017년
2,336,488	3,178,295	852,198

18 다음 내용을 바탕으로 2018년 기준의 자료를 그래프로 작성한 것 중 적절하지 않은 것을 고르면?

초·중등학교의 교육 여건의 개선과 함께 학급당 학생 수는 지속해서 감소해 왔다. 초등학교의 경우 1985년 44.7명이었던 학급당 학생 수는 이후 지속적으로 감소하여 2018년 현재는 22.4명을 나타내고 있다. 중학교는 1985년 61.7명에서 2018년 현재 27.4명을 나타내고 있으며, 고등학교는 1985년 56.9명에서 2018년 현재 29.3명을 나타내고 있다.

학급당 학생 수는 지역 규모별로 다소 차이를 보인다. 중소도시의 학급당 학생 수가 다른 지역에 비해 높게 나타난다. 2018년 중소도시의 학급당 학생 수는 초등학교는 25.0명, 중학교는 29.8명, 고등학교는 30.2명으로, 대도시가 각각 22.9명과 27.2명, 29.6명을 나타낸 것에 비해 높게 나타난다. 반면, 읍·면지역은 초등학교가 17.8명, 중학교가 23.0명, 고등학교가 26.6명으로 나타났으며, 도서 벽지는 각각 8.8명, 15.6명, 22.4명이었다.

또한, 서울은 초등학교에서 학급당 학생 수가 가장 많았으나, 중학교에서는 세종과 대구 다음으로 낮은 수치를 보였고, 고등학교에서는 광주가 33.0명으로 가장 높게 나타났다. 규모가 작은 세종은 초등학교, 중학교, 고등학교 모두에서 비교 대상 지역 중 가장 적은 학급당 학생 수를 나타내고 있으며, 부산과 광주의 고등학교 학급당 학생 수는 거의 6명에 육박할 정도의 차이를 보이고 있다.

① 전체 학교급별 학급당 학생 수

(단위: 명)

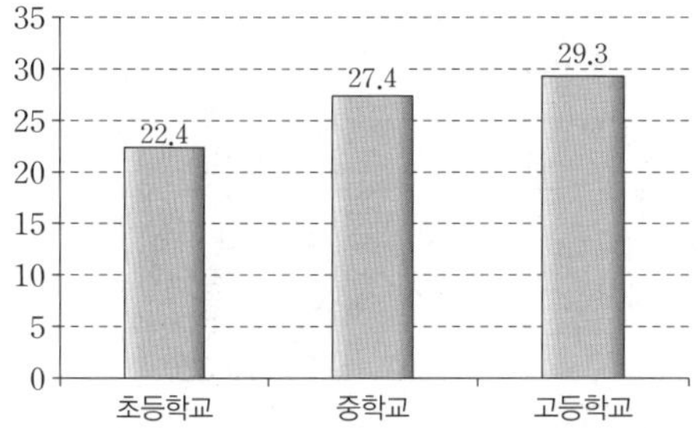

② 초등학교의 지역 규모별 학급당 학생 수

(단위: 명)

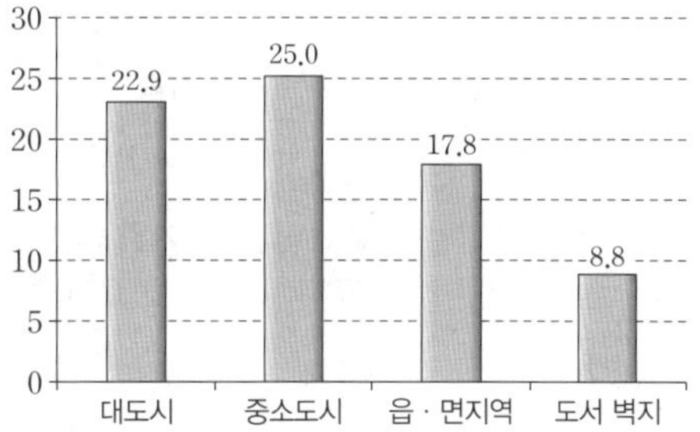

③ 대도시와 중소도시의 학교급별 학급당 학생 수

(단위: 명)

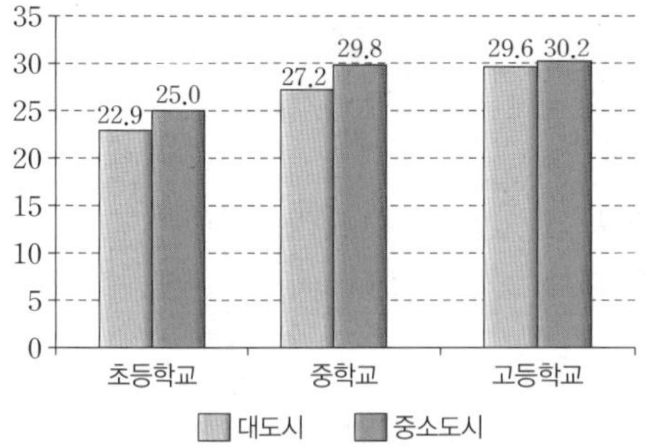

④ 지역별 중학교의 학급당 학생 수

(단위: 명)

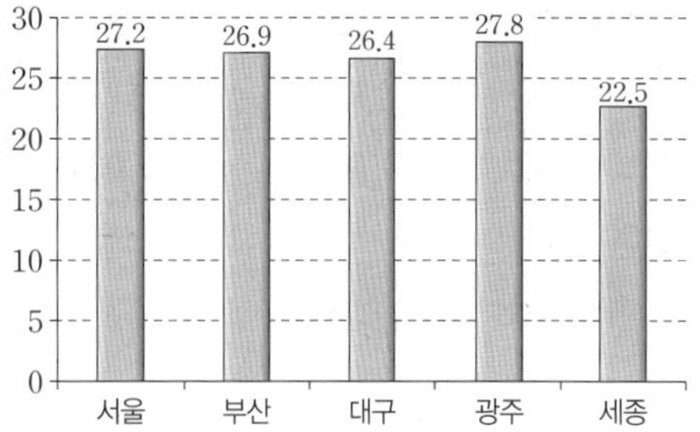

⑤ 지역별 고등학교의 학급당 학생 수

(단위: 명)

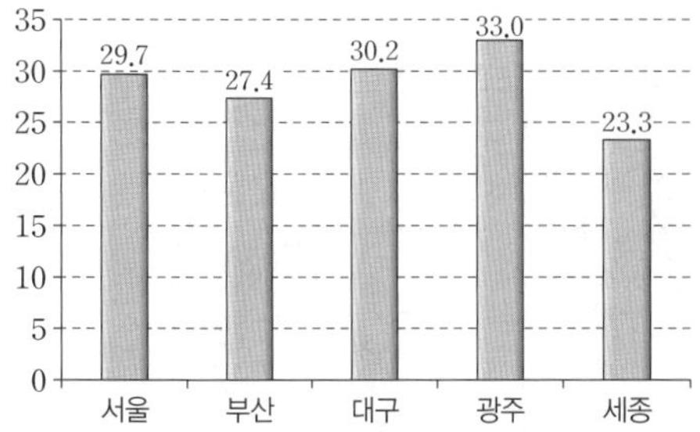

[19~20] 다음 [표]는 2017~2018년 사업장 종사자 규모별 근로자 연금 가입 현황에 관한 자료이다. 이어지는 질문에 답하시오.

[표] 사업장 종사자 규모별 근로자 연금 가입 현황 (단위: 천 명)

구분	2017년			2018년		
	전체 가입 근로자	가입 대상 근로자	가입 근로자	전체 가입 근로자	가입 대상 근로자	가입 근로자
합계	5,562	10,588	5,221	5,799	10,830	5,438
5인 미만	139	969	116	150	1,032	126
5~9인	360	1,176	311	399	1,231	344
10~29인	880	1,853	788	941	1,902	840
30~49인	437	791	401	451	797	414
50~99인	609	1,035	567	629	1,049	588
100~299인	875	1,406	834	910	1,429	867
300인 이상	2,262	3,358	2,204	2,319	3,390	2,259

※ $(\text{가입률})(\%)=\frac{(\text{가입 근로자})}{(\text{가입 대상 근로자})}\times 100$

19 **다음 중 주어진 자료에 대한 설명으로 옳지 않은 것을 고르면?**

① 2018년 합계 가입률은 전년보다 증가하였다.

② 모든 규모의 사업장에서 전년 대비 연금 가입 근로자의 수는 증가하였다.

③ 전체 가입 근로자가 가장 많이 증가한 규모의 사업장은 10~29인 규모의 사업장이다.

④ 2017년과 2018년 모두 가입 대상 근로자가 많은 규모의 사업장일수록 가입 근로자도 더 많다.

⑤ 2017년과 2018년 모두 300인 이상 규모 사업장의 가입률은 5인 미만 규모 사업장의 5배 이상이다.

20 **다음 중 2018년 가입 대상 근로자가 아닌 근로자 중 연금에 가입한 근로자에 대한 설명으로 옳은 것을 고르면?**

① 규모가 큰 사업장일수록 전년보다 더 많이 증가하였다.

② 모든 규모의 사업장에서 증가하여 합계 수치도 전년보다 증가하였다.

③ 50~99인 규모 사업장을 제외한 모든 규모의 사업장에서 전년보다 증가하였다.

④ 300인 이상 규모 사업장에서 가장 많이 증가하여 합계 수치도 전년보다 증가하였다.

⑤ 49인 이하 규모 사업장에서는 모두 감소하였지만 합계 수치는 전년보다 증가하였다.

03 추리 영역

정답과 해설 P.92

01 다음 전제를 보고 항상 참인 결론을 고르면?

전제1	사심이 없는 사람은 대의를 외치지 않는다.
전제2	사심이 있는 사람은 혼자 밥을 먹지 않는다.
결론	

① 대의를 외치는 사람은 혼자 밥을 먹는다.
② 대의를 외치지 않는 사람은 혼자 밥을 먹는다.
③ 혼자 밥을 먹는 사람은 대의를 외친다.
④ 혼자 밥을 먹는 사람은 대의를 외치지 않는다.
⑤ 혼자 밥을 먹지 않는 사람은 대의를 외치지 않는다.

02 다음 결론이 반드시 참이 되게 하는 전제를 고르면?

전제1	모든 나무는 향기가 난다.
전제2	
결론	어떤 나무는 나이테가 없다.

① 향기가 나는 것은 나이테가 있다.
② 향기가 나는 것은 나이테가 없다.
③ 향기가 나는 것 중에 나이테가 있는 것이 있다.
④ 향기가 나는 것 중에 나이테가 없는 것이 있다.
⑤ 향기가 나지 않는 것 중에 나이테가 있는 것이 있다.

03 다음 [보기] 속 전개도에 쓰인 수들이 일정한 규칙을 가지고 있을때, A의 값을 고르면?

보기

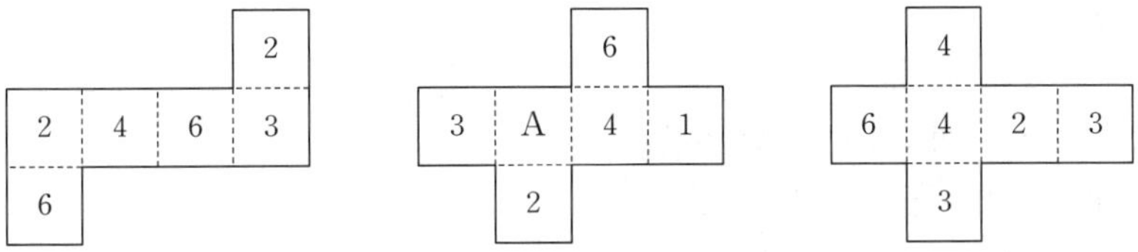

① 2　　② 4　　③ 6

④ 8　　⑤ 12

04 다음은 연산기호 △에 대하여 일정한 규칙을 적용하여 결과를 나타낸 것이다. 이때 괄호 안에 들어갈 알맞은 수를 고르면?

10△3=4	8△3=4	17△5=5
6△5=2	11△6=6	9△2=(　　)

① 2　　② 3　　③ 4

④ 5　　⑤ 6

05 영업부 직원 A~E 5명 중 2명이 기획부로 부서 이동을 하였다. 이 중 2명은 반드시 거짓을 말하고, 3명은 반드시 참을 말했다고 한다. 다음 [조건]을 바탕으로 할 때, 부서 이동을 한 사람 중 진실을 말한 사람을 고르면?

조건

- A: "C는 부서 이동을 하지 않았어."
- B: "E가 부서 이동을 했어."
- C: "A와 나는 기획부야."
- D: "나는 영업부에 남았어."
- E: "D와 나는 부서 이동을 했어."

① A ② B ③ C
④ D ⑤ E

06 S기업 총무1팀 직원들이 점심시간에 간식을 샀다. 다음 내용을 참고할 때, 항상 참인 것을 고르면?

- 껌을 산 직원은 사탕을 사지 않았다.
- 과자를 사지 않은 직원은 초콜릿을 샀다.
- 초콜릿을 산 직원은 껌을 샀다.
- 젤리를 산 직원은 과자를 사지 않았다.

① 과자를 사지 않은 직원은 젤리를 샀다.
② 젤리를 산 직원은 사탕을 샀다.
③ 껌을 사지 않은 직원은 과자를 사지 않았다.
④ 초콜릿을 산 직원은 사탕을 사지 않았다.
⑤ 젤리를 산 직원은 껌을 사지 않았다.

07 **운동장에서 축구를 하던 학생 중 한 명이 축구공으로 교무실 창문을 깨트렸다. 운동장에는 주영, 진희, 소진, 미소, 다정이가 있었고, 현재 상황에 대해 한 명씩 돌아가며 다음 [조건]과 같이 발언을 하였다. 이들 중 두 사람은 반드시 거짓을 말하고, 세 사람은 반드시 진실만을 말한다고 할 때, 창문을 깨트린 학생을 고르면?** (단, 참일 경우에 주어진 발언은 모두 진실이고, 거짓일 경우에 주어진 발언은 모두 거짓이다.)

조건

- 주영: "저는 축구를 하였고, 소진이는 범인이 아니에요."
- 진희: "저는 축구를 하였고, 축구를 한 사람은 2명이에요."
- 소진: "저는 축구를 하지 않았고, 다정이가 창문을 깼어요."
- 미소: "다정이는 축구를 하였고, 다정이는 창문을 깨트리지 않았어요."
- 다정: "미소는 축구를 하지 않았고, 주영이가 창문을 깼어요."

① 주영 ② 진희 ③ 소진
④ 미소 ⑤ 다정

08 **△△기업에서 취업박람회 진행을 위해 A부장, B차장, C과장, D대리, E주임, F사원이 3층으로 된 호텔에서 숙박하게 되었다. 다음 [조건]을 바탕으로 할 때, 항상 옳지 않은 것을 고르면?**

조건

301호	302호	303호
201호	202호	203호
101호	102호	103호

- 직원 6명은 1~3층에 2명씩 각자 다른 방에 숙박한다.
- F사원은 B차장의 바로 아래에 숙박한다.
- C과장은 202호에 숙박하고, A부장과 E주임은 3층에 숙박한다.
- A부장과 C과장의 바로 아래에는 △△기업 직원 중 아무도 숙박하지 않는다.
- B차장은 2층에 숙박하고, D대리 바로 위에는 △△기업 직원 중 아무도 숙박하지 않는다.

① A부장은 302호에 숙박한다.
② B차장은 203호에 숙박한다.
③ 가능한 경우의 수는 4가지 이상이다.
④ 102호에는 △△기업 직원 중 아무도 숙박하지 않는다.
⑤ C과장 바로 위에는 △△기업 직원 중 아무도 숙박하지 않는다.

09 직원 A~F 여섯 명의 다음 주 월요일~일요일의 당직 일정이 다음 [조건]과 같다. 다음 [조건]을 바탕으로 할 때, 항상 옳지 않은 것을 고르면?

조건

- 수요일에는 1명이 당직을 서고, 나머지 요일에는 2명씩 당직을 선다.
- 같은 직원이 이틀 연속 당직을 서지 않는다.
- C는 당직을 세 번 서고, 나머지 직원들은 당직을 두 번 선다.
- B와 D는 같은 날 당직을 선다.
- C와 F는 평일에만 당직을 선다.
- D는 화요일에 당직을 서지 않는다.

① B는 목요일에 당직을 선다.
② E는 금요일에 당직을 선다.
③ 혼자 당직을 서는 직원은 C이다.
④ F는 서로 다른 직원과 당직을 선다.
⑤ A가 월요일에 당직을 서면 F는 화요일에 당직을 선다.

10 다음 [조건]에 따라 다섯 자리의 비밀번호를 만들었을 때, 비밀번호에 대한 설명으로 항상 옳지 않은 것을 고르면?

조건

- 비밀번호를 1~9의 숫자 중 서로 다른 다섯 개의 숫자로 만들었다.
- 만의 자리 수와 천의 자리 수를 합한 수는 백의 자리 수의 두 배와 같다.
- 백의 자리 수와 일의 자리 수를 합한 수는 천의 자리 수와 같다.
- 일의 자리 수는 십의 자리 수에서 1을 더한 값과 같다.
- 만의 자리 수와 십의 자리 수의 합은 일의 자리 수와 같다.

① 백의 자리 수는 일의 자리 수보다 1만큼 더 크다.
② 천의 자리 수는 백의 자리 수보다 4만큼 더 크다.
③ 백의 자리 수는 만의 자리 수보다 2만큼 더 크다.
④ 십의 자리 수는 만의 자리 수보다 1만큼 더 크다.
⑤ 십의 자리 수와 일의 자리 수를 합한 수는 만의 자리 수와 백의 자리 수를 합한 수와 같다.

11 어느 공장에서는 제품 생산에 필요한 부품을 가, 나, 다, 라 업체 중 한 곳에서 구입하려고 한다. 업체 선정을 위해 가격, 서비스, 제품의 질 항목을 각각 1등에서 4등까지 등수를 매겼고, 각 항목마다 등수가 가장 낮은 업체에는 0점, 가장 높은 업체에는 3점으로 1점씩 차이가 나도록 점수를 부여하였다. 평가 결과가 다음 [조건]과 같을 때, [보기]의 설명 중 옳은 것을 모두 고르면?

(단, 동점인 경우 가격 항목이 높은 업체가 선정된다.)

조건

- 가격 점수가 가장 높은 업체는 가이다.
- 다와 라는 총점이 동일하다.
- 라는 두 항목에서 최하점을 받았다.
- 나는 가격 항목에서 3등을 하였다.
- 다는 서비스 항목에서 4등을 하였다.

보기

㉠ 다는 제품의 질 항목에서 2등을 하였다.
㉡ 나가 제품의 질 항목에서 1등을 하는 경우 선정되지 못한다.
㉢ 라는 서비스 항목에서 1등을 하였다.

① ㉠　② ㉡　③ ㉠, ㉡
④ ㉡, ㉢　⑤ ㉠, ㉡, ㉢

12 다음 도형을 보고 적용된 규칙을 찾아 '?'에 해당하는 적절한 도형을 고르면?

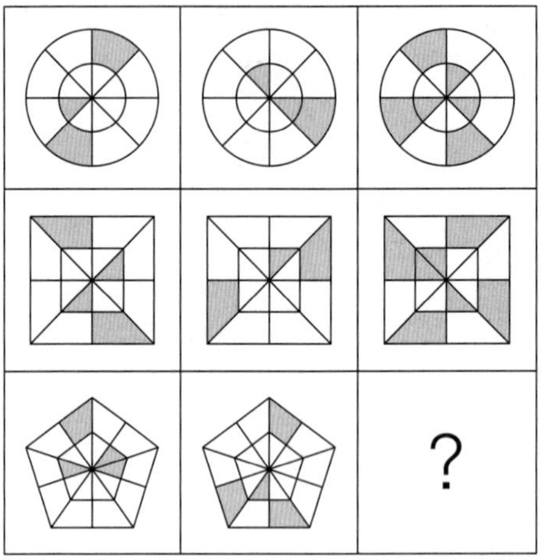

① 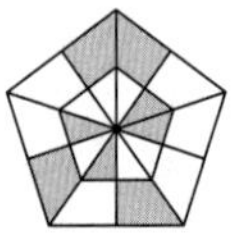

② 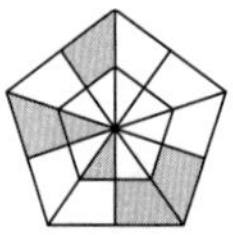

③ 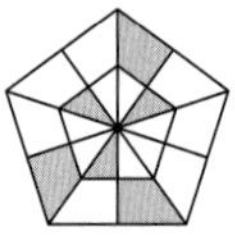

④ 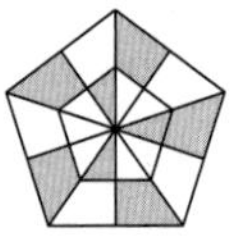

⑤ 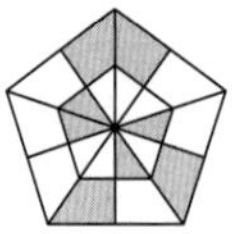

13 다음 [조건]을 바탕으로 [보기]의 도형이 변화할 때, A와 B에 알맞은 모양을 고르면?

조건

아래 사각형 내부에 있는 도형은 화살표 규칙에 따라 변화한다.

1. 화살표는 변환1, 변환2 두 가지가 있으며, 이에 해당하는 화살표는 서로 다르다.
2. 규칙은 ① 대칭(좌우 · 상하), ② 회전(시계 · 반시계), ③ 색 반전, ④ 도형 교환 네 가지의 규칙이 존재하며, 화살표당 최소 1개 이상의 규칙이 적용된다.
3. 변환1과 변환2에 적용되는 규칙은 서로 다르며, 내부 도형에 모두 적용된다.

보기

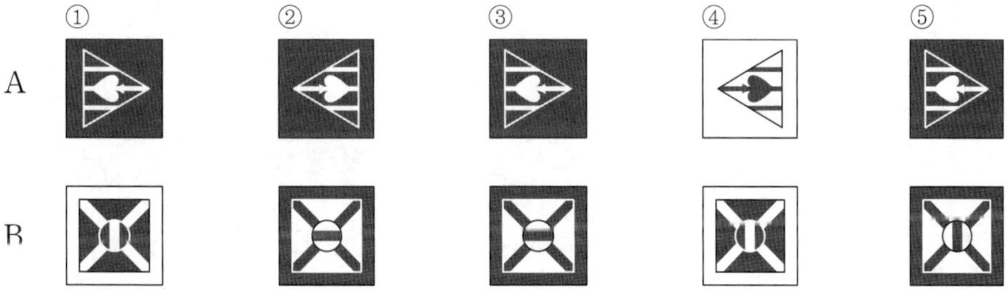

14 다음 [그림]에 주어진 도형은 전체도형과 요소도형의 두 가지 형태로 이루어져 있으며, 이 도형은 다음과 같은 [조건]을 바탕으로 이동한다. [규칙]을 바탕으로 주어진 도형이 [보기]와 같이 변화할 때, A와 B에 알맞은 도형을 고르면?

그림

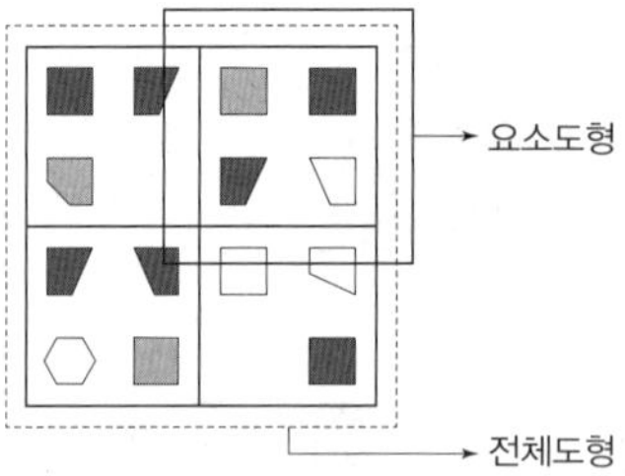

조건

1. 전체도형을 2×2로 하였을 때, 가로를 행, 세로를 열이라 한다.
2. 위 도형이 변화할 때 전체도형과 요소도형 모두 변화한다.
3. 전체도형에 해당하는 규칙을 공통규칙, 요소도형에 해당하는 규칙을 개별규칙이라 한다.
4. 위 도형은 다음 주어진 [규칙]을 바탕으로 변화한다.

규칙

구분	공통규칙	개별규칙
도형 회전 (시계 · 반시계)	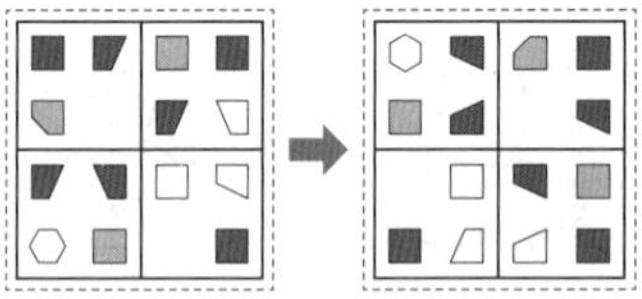 시계 방향	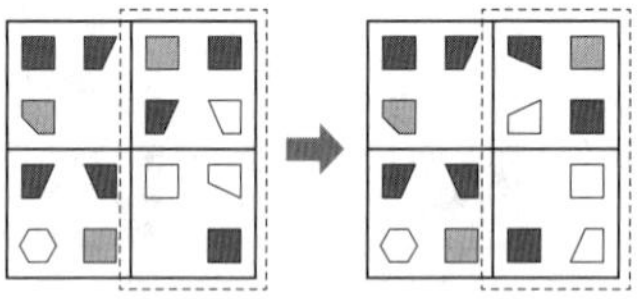 시계 방향
도형 대칭 (좌우 · 상하)	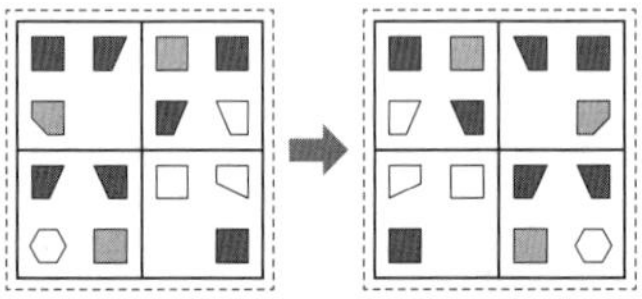 좌우 대칭	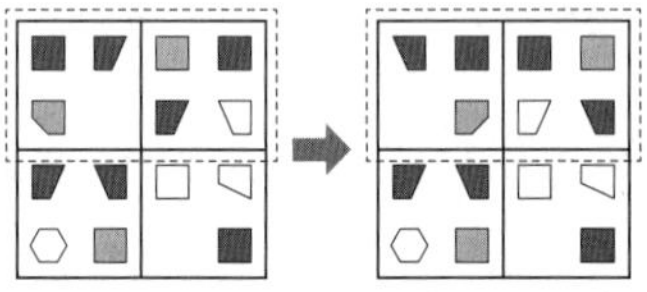 좌우 대칭
도형 이동 (시계 · 반시계)	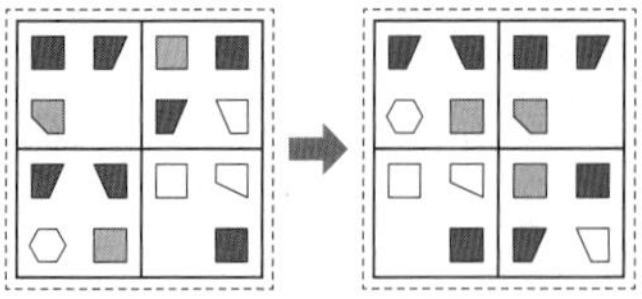 시계 방향	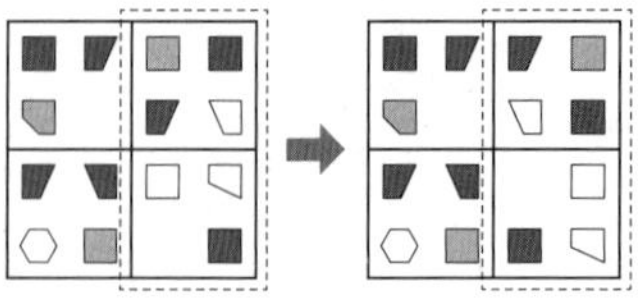 시계 방향
도형 색 변화 (회색 → 검은색 → 흰색 → 회색)	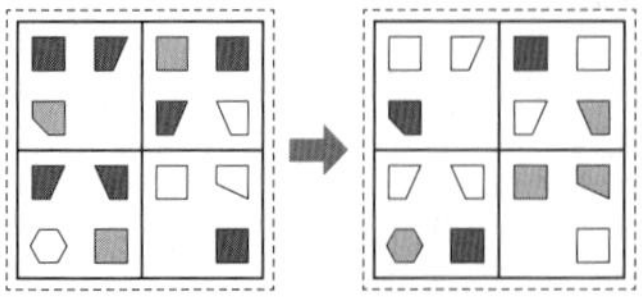 색 변화	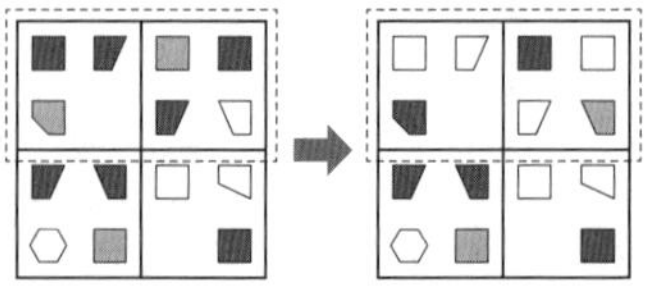 색 변화

보기

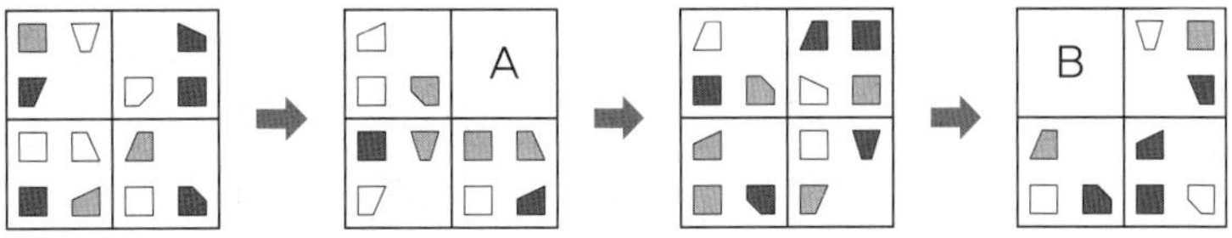

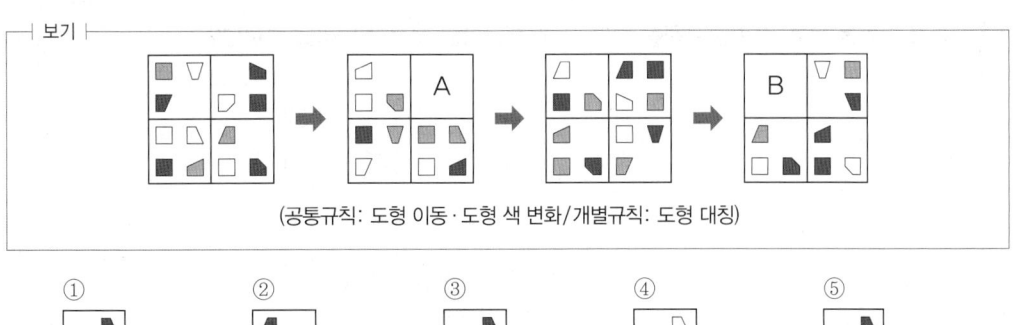

(공통규칙: 도형 이동 · 도형 색 변화/개별규칙: 도형 대칭)

① ② ③ ④ ⑤

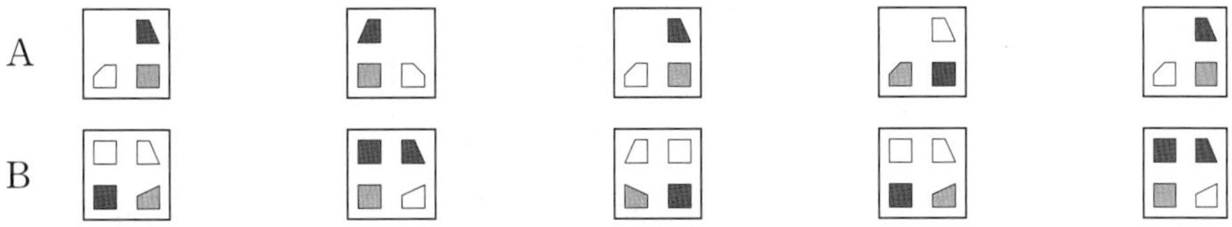

15 다음 도형을 보고 적용된 규칙을 찾아 '?'에 해당하는 적절한 도형을 고르면?

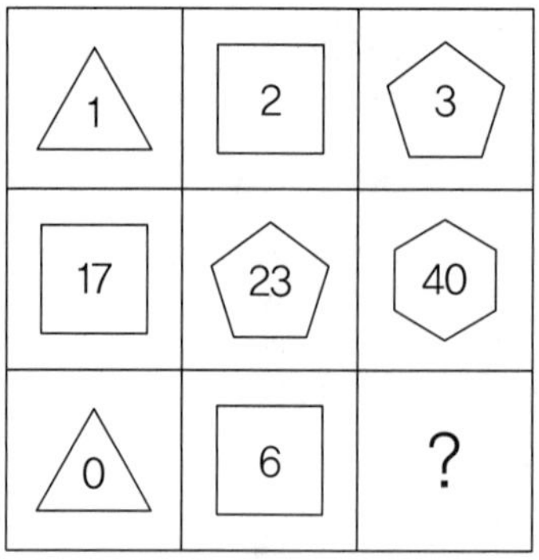

① 

② 

③ 

④ 

⑤ 

[16~18] 기호들이 하나의 규칙을 가지고 아래와 같이 문자나 수를 변화시킨다고 한다. 이때 (?)에 들어갈 알맞은 것을 고르시오. (단, 가로와 세로 중 한 방향으로만 이동한다.)

		ZJ83		BG1F		
		↓		↓		
X23C	→	⊙	→	▨	→	32CX
		↓		↓		
		▨		♣		
		↓		↓		
1F4B	→	⊙	→	♣	→	C3G0
		↓		↓		
		Z3J8		1GDD		

16

N76Y → ▨ → ⊙ → (?)

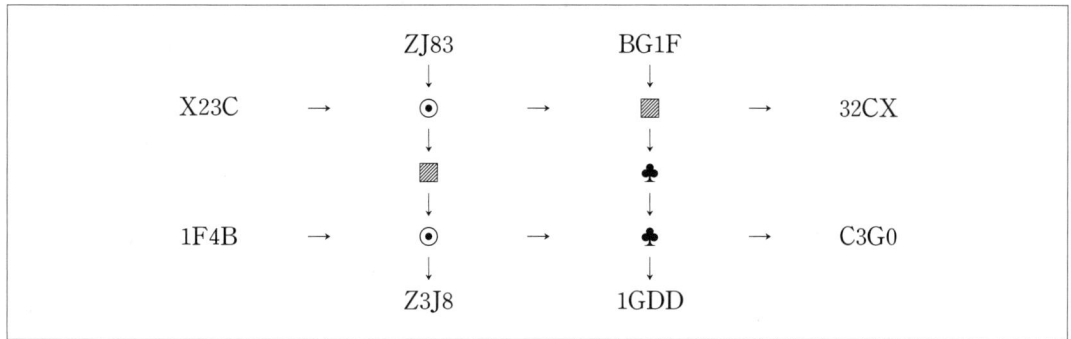

① YN67 ② 85OX ③ 67YN
④ P58W ⑤ 67OX

17

(?) → ♣ → ⊙ → TQFV

① WERS ② PGSW ③ UPGV
④ QVFT ⑤ UGPU

18

W8M7 → ⊙ → ▨ → ♣ → (?)

① L98V ② 6XN7 ③ 87MW
④ N78V ⑤ 6L9X

19 모든 일기기호는 운량과 풍속, 풍향으로 구성되어 있고, 다음 [조건]에 따라 일기기호가 변화한다. 주어진 일기기호가 [보기]와 같이 변할 때, (?)에 들어갈 알맞은 모양을 고르면?

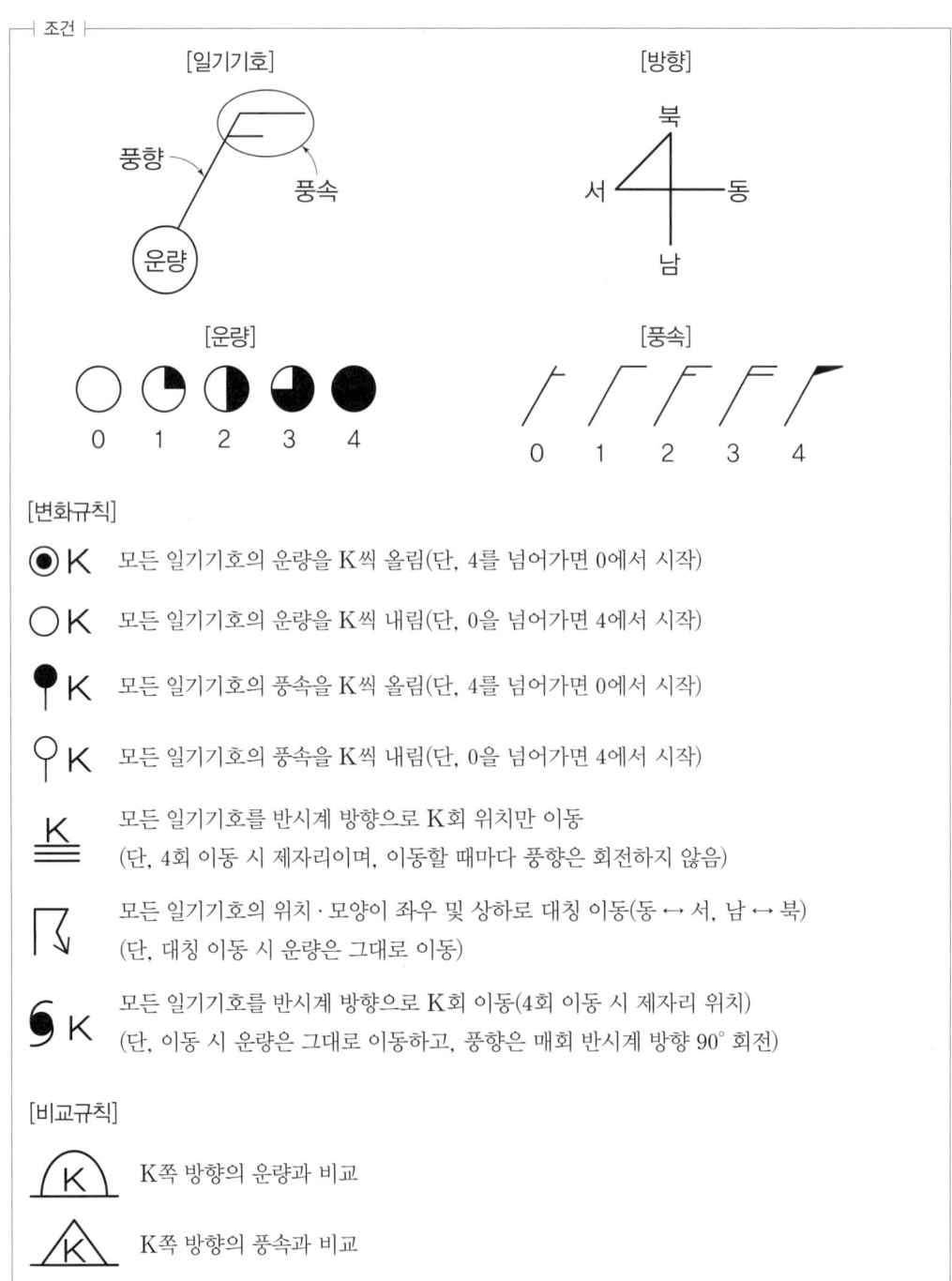

조건

[일기기호]

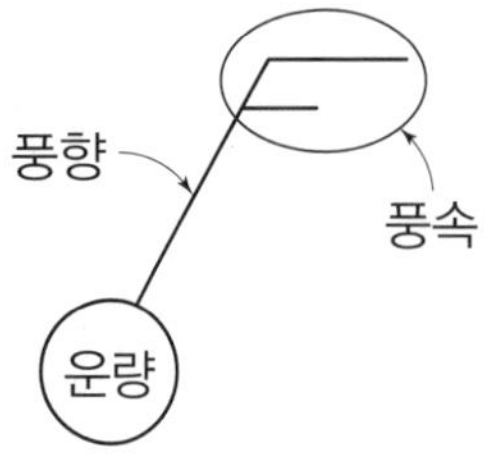

[방향]

[운량]

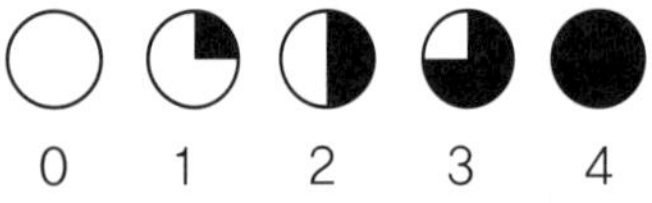

[풍속]

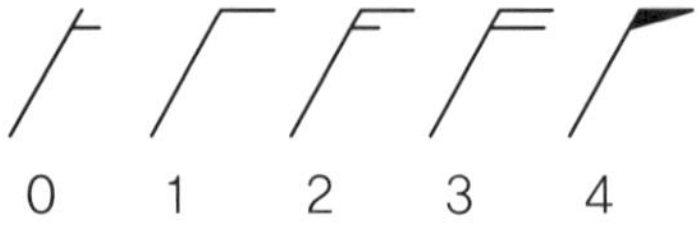

[변화규칙]

모든 일기기호의 운량을 K씩 올림(단, 4를 넘어가면 0에서 시작)

모든 일기기호의 운량을 K씩 내림(단, 0을 넘어가면 4에서 시작)

모든 일기기호의 풍속을 K씩 올림(단, 4를 넘어가면 0에서 시작)

모든 일기기호의 풍속을 K씩 내림(단, 0을 넘어가면 4에서 시작)

모든 일기기호를 반시계 방향으로 K회 위치만 이동
(단, 4회 이동 시 제자리이며, 이동할 때마다 풍향은 회전하지 않음)

모든 일기기호의 위치 · 모양이 좌우 및 상하로 대칭 이동(동 ↔ 서, 남 ↔ 북)
(단, 대칭 이동 시 운량은 그대로 이동)

모든 일기기호를 반시계 방향으로 K회 이동(4회 이동 시 제자리 위치)
(단, 이동 시 운량은 그대로 이동하고, 풍향은 매회 반시계 방향 90° 회전)

[비교규칙]

K쪽 방향의 운량과 비교

K쪽 방향의 풍속과 비교

보기

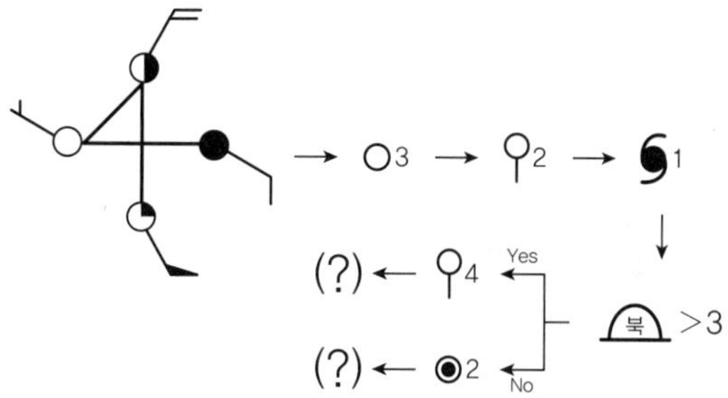

①
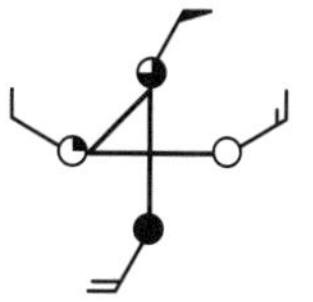

②
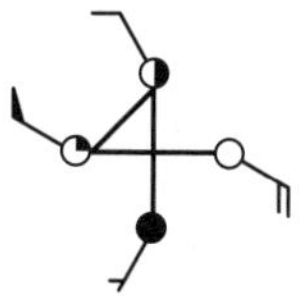

③
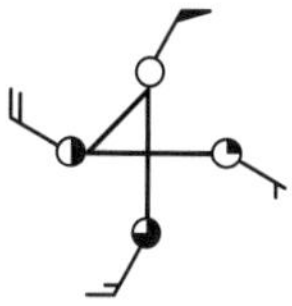

④
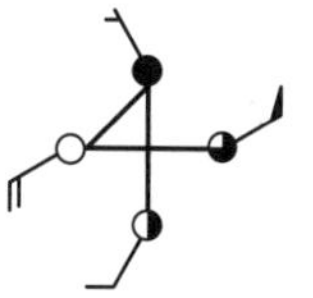

⑤

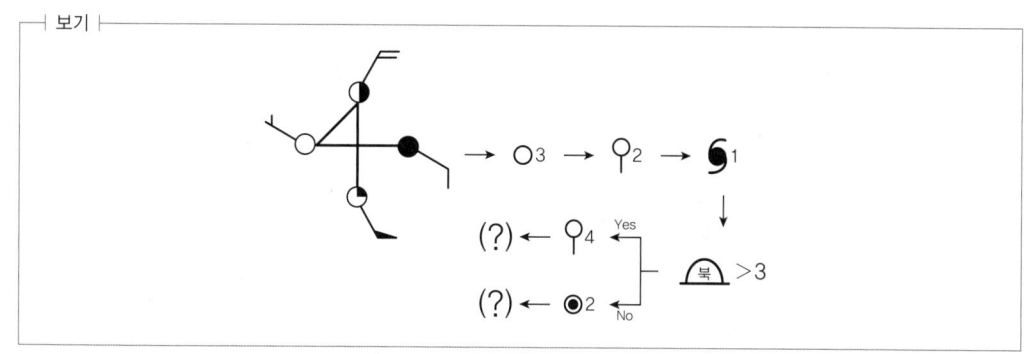

20 모든 음표는 계이름과 박자로 구성되어 있고 다음 [조건]에 따라 계이름과 박자가 변화한다. 주어진 음표가 다음 [보기]와 같이 변할 때, (?)에 들어갈 알맞은 모양을 고르면?

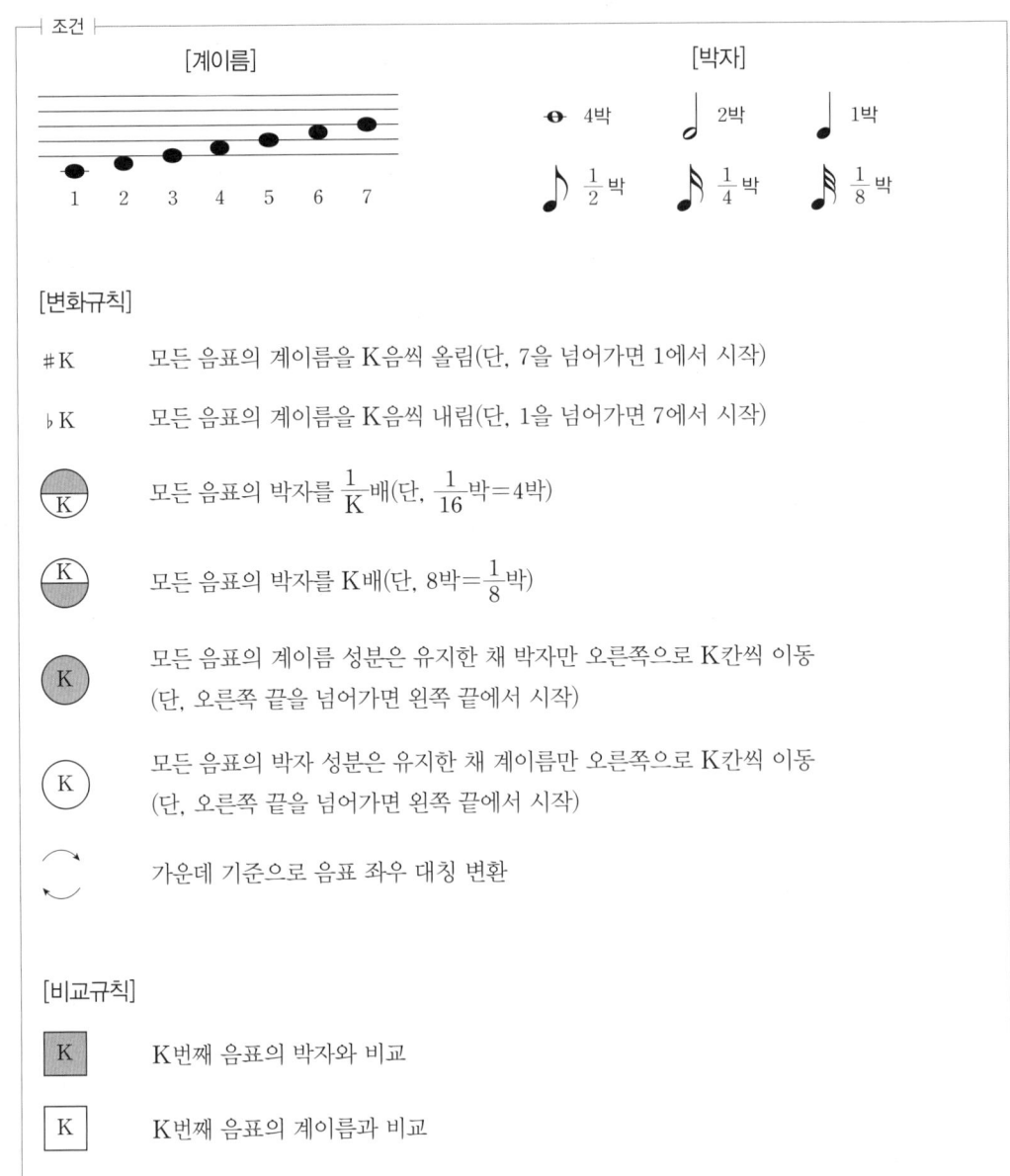

조건

[계이름]

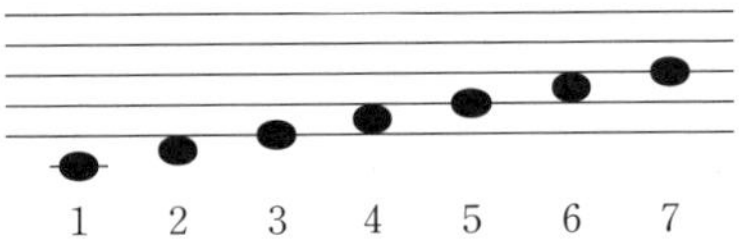

[박자]

[변화규칙]

#K 모든 음표의 계이름을 K음씩 올림(단, 7을 넘어가면 1에서 시작)

♭K 모든 음표의 계이름을 K음씩 내림(단, 1을 넘어가면 7에서 시작)

모든 음표의 박자를 $\frac{1}{K}$배(단, $\frac{1}{16}$박=4박)

모든 음표의 박자를 K배(단, 8박=$\frac{1}{8}$박)

모든 음표의 계이름 성분은 유지한 채 박자만 오른쪽으로 K칸씩 이동 (단, 오른쪽 끝을 넘어가면 왼쪽 끝에서 시작)

모든 음표의 박자 성분은 유지한 채 계이름만 오른쪽으로 K칸씩 이동 (단, 오른쪽 끝을 넘어가면 왼쪽 끝에서 시작)

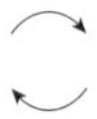
가운데 기준으로 음표 좌우 대칭 변환

[비교규칙]

K번째 음표의 박자와 비교

K번째 음표의 계이름과 비교

보기

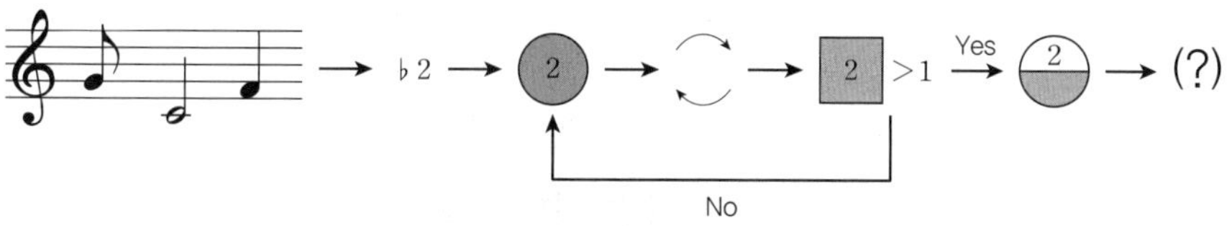

① 

② 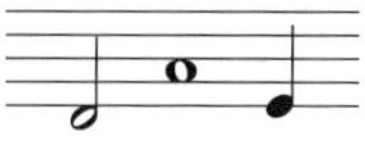

③ 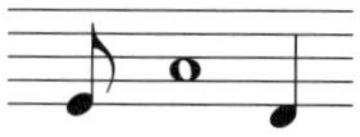

④ 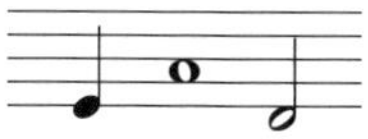

⑤ 

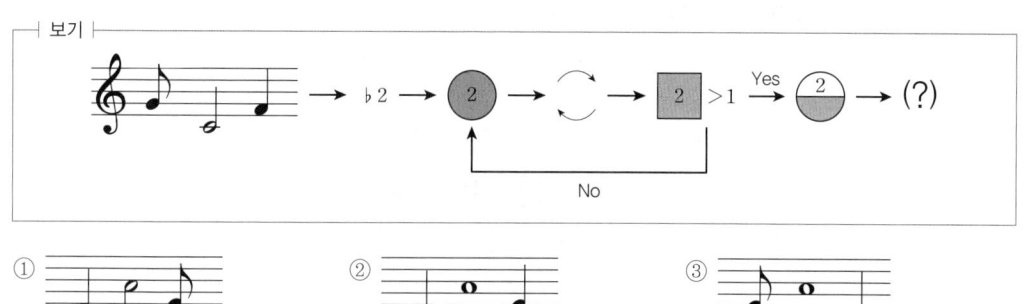

04 공간지각 영역

정답과 해설 P.97

01 다음에 주어진 전개도를 조립하여 만들 수 없는 입체도형을 고르면?

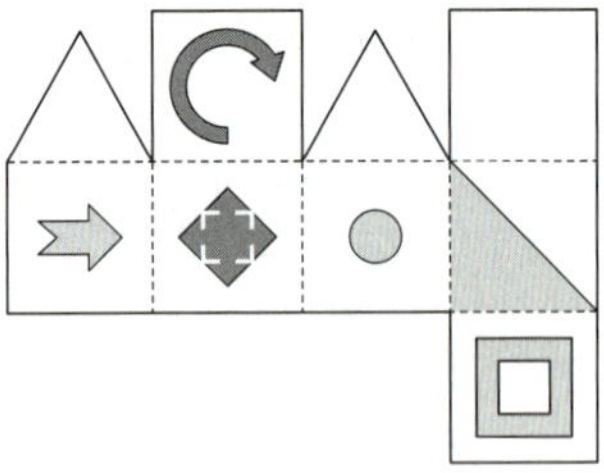

①

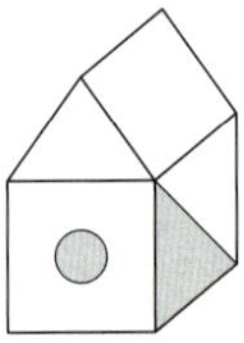

②

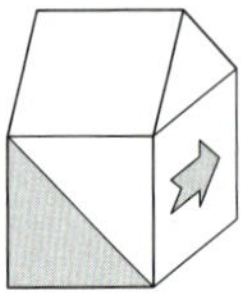

③

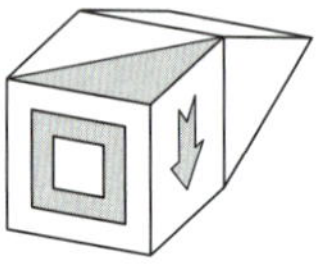

④

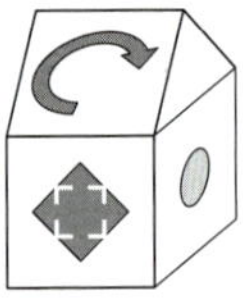

⑤

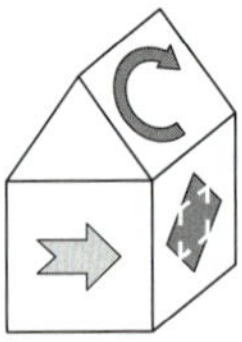

02 다음에 주어진 전개도를 조립하여 만들 수 없는 입체도형을 고르면?

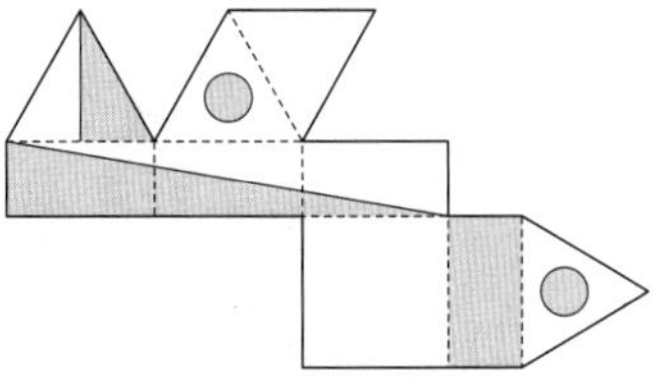

① 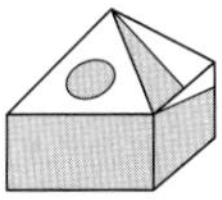
② 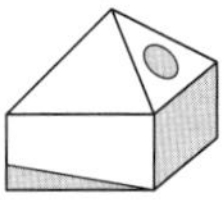
③ 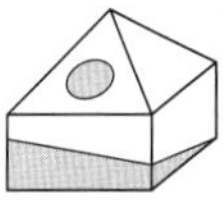
④ 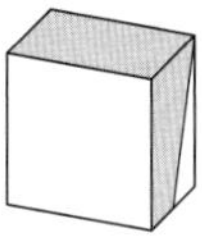
⑤ 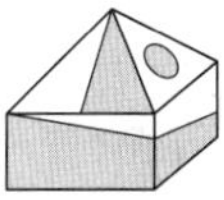

03 다음에 주어진 전개도를 조립하여 만들 수 없는 입체도형을 고르면?

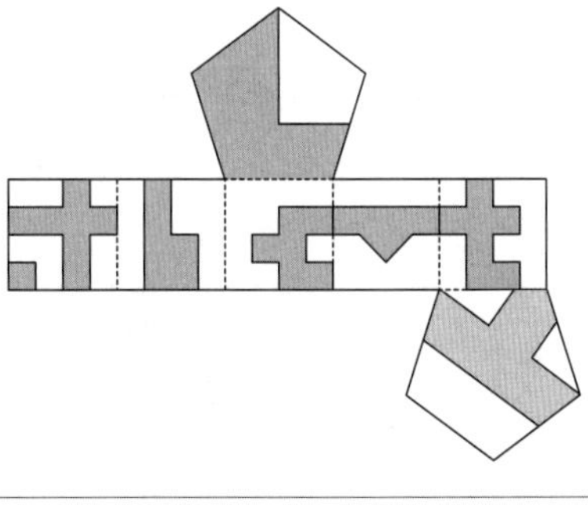

① 
② 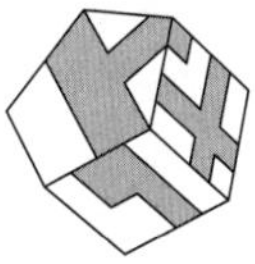
③ 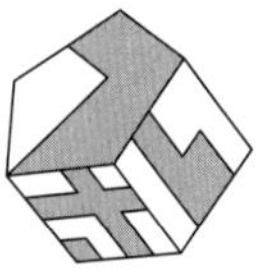
④ 
⑤ 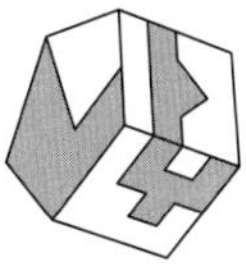

04 다음에 주어진 전개도를 접어서 만들 수 있는 입체도형이 나머지 넷과 다른 하나를 고르면?

① 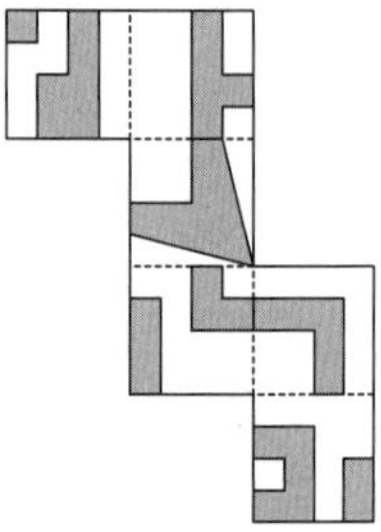

② 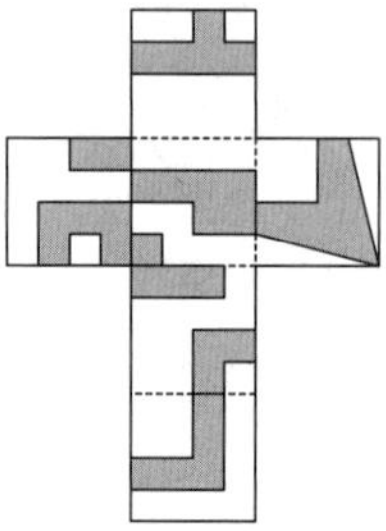

③ 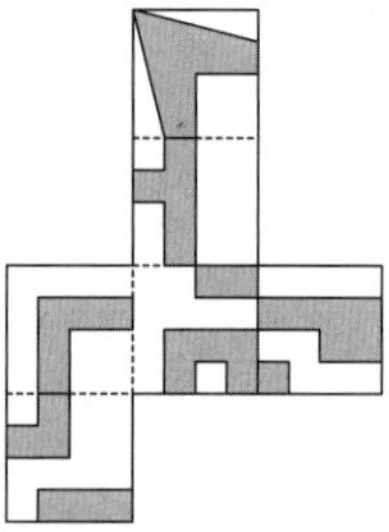

④ 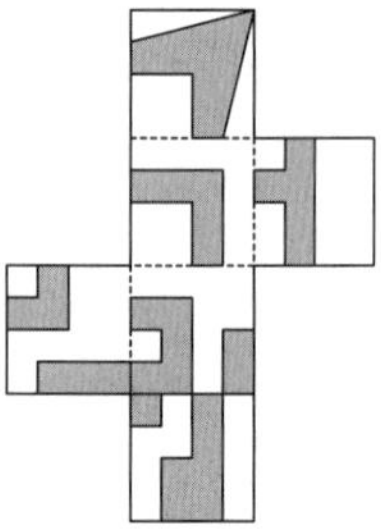

⑤ 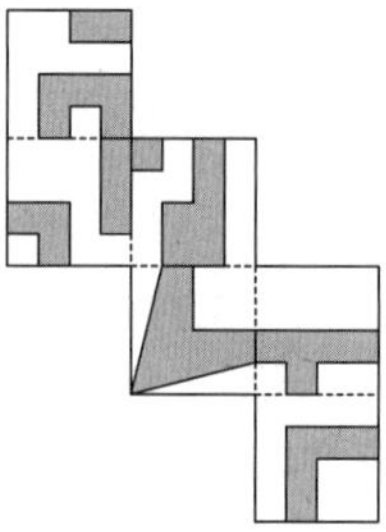

05 다음에 주어진 그림에 따라 종이를 접은 후 좌우로 뒤집었을 때의 모양으로 옳은 것을 고르면?

(단, 점선은 안으로 접고, 실선은 밖으로 접는다.)

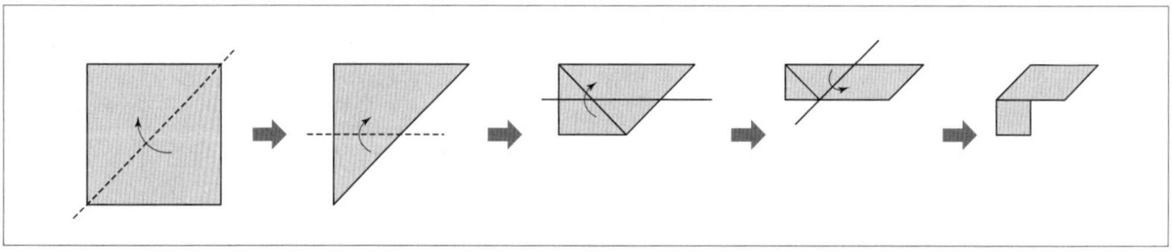

① 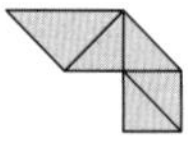

② 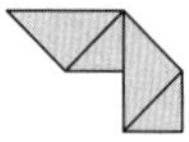

③ 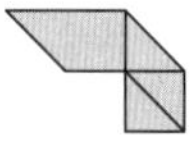

④ 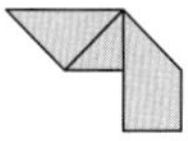

⑤ 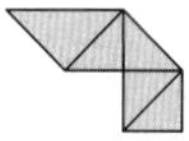

06 다음에 주어진 그림을 따라 종이를 접은 후 구멍을 뚫고 펼쳤을 때의 모양으로 옳은 것을 고르면?

(단, 점선은 안으로 접는다.)

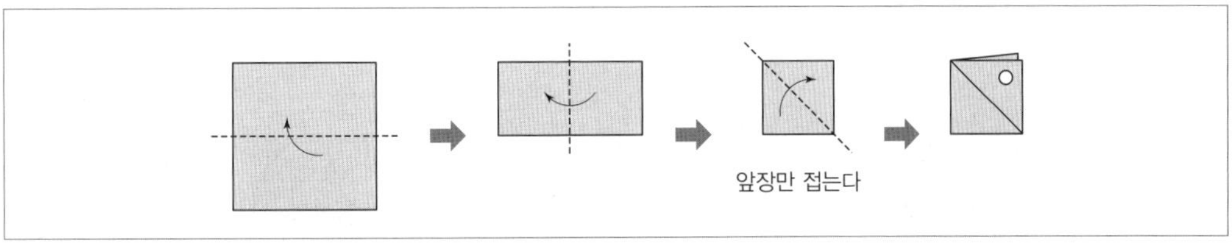

①
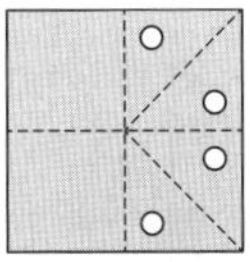

②
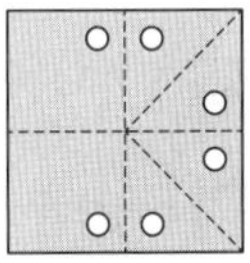

③
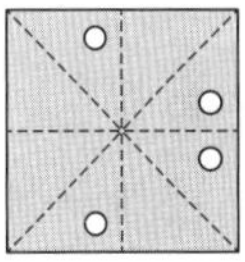

④
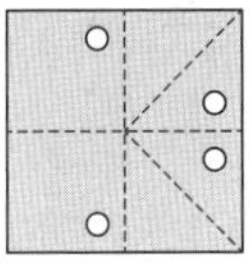

⑤
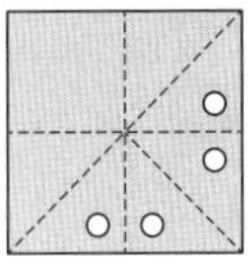

07 다음에 주어진 그림을 따라 종이를 접은 후 구멍을 뚫고 펼쳤을 때의 모양으로 옳은 것을 고르면?

(단, 점선은 안으로 접고, 실선은 밖으로 접는다.)

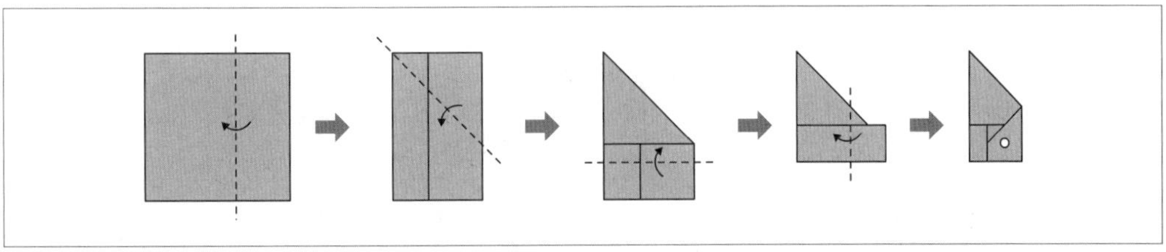

①
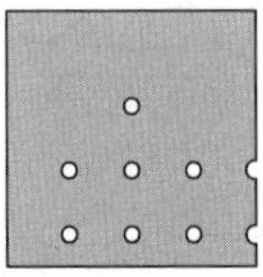

②
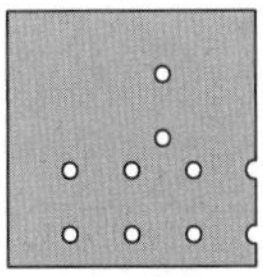

③
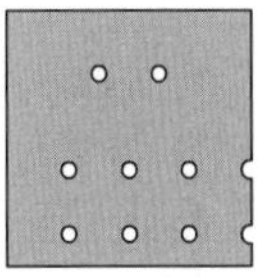

④
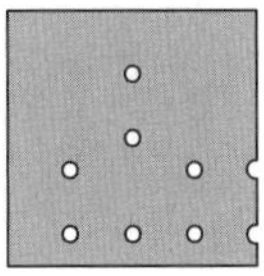

⑤
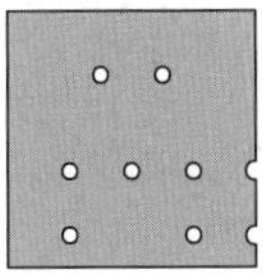

08 다음에 주어진 그림을 따라 종이를 접은 후 가위로 자르고 펼쳤을 때의 모양으로 옳은 것을 고르면?

(단, 점선은 안으로 접는다.)

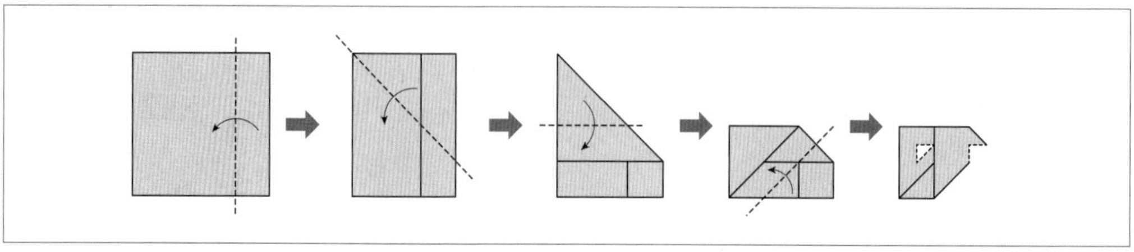

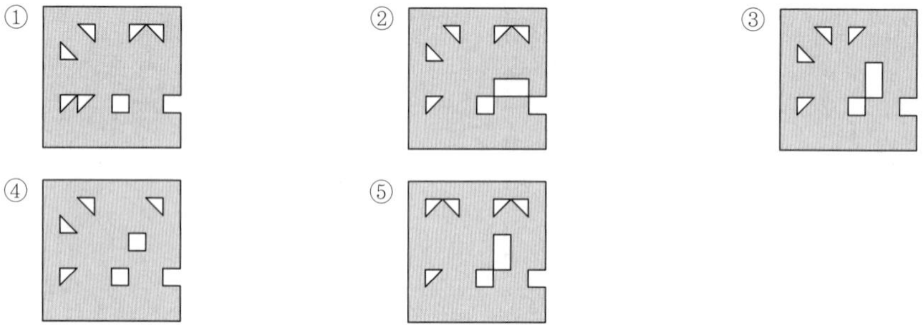

09 다음에 주어진 도형 조각을 모두 한 번씩 사용하여 만들 수 없는 것을 고르면?

(단, 조각을 뒤집을 수는 없으며, 회전은 가능하다.)

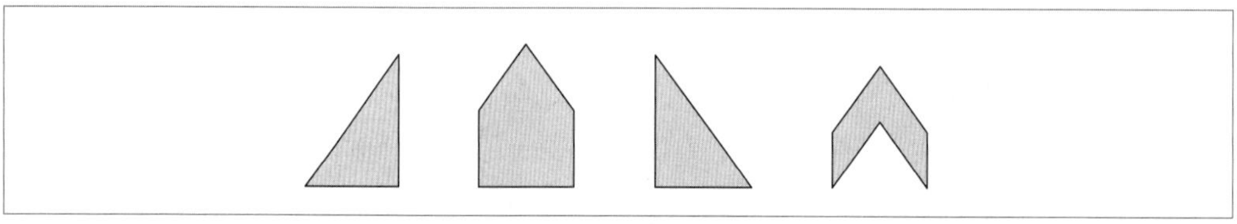

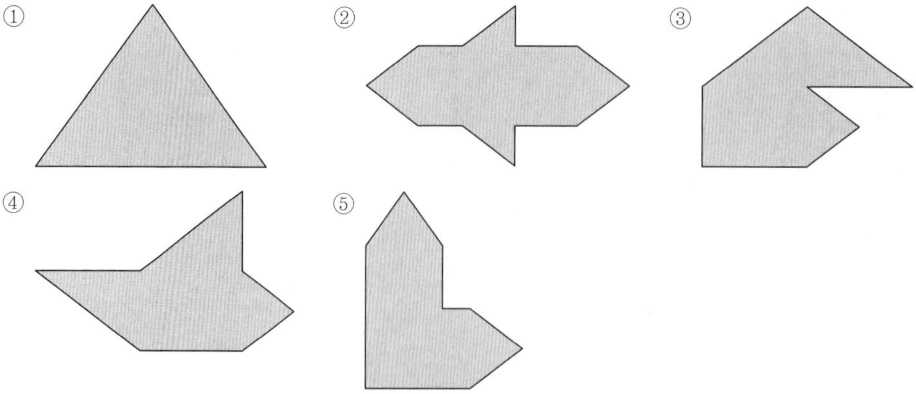

[10~11] 완성형 도형을 나타내는 다음 [그림]을 보고 질문에 답하시오.

[그림] 완성형 도형

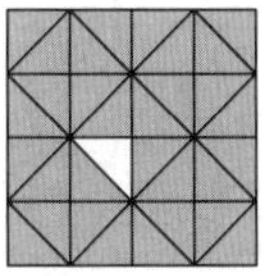

10 제시된 도형과 합쳤을 때, 완성형 도형을 만들 수 있는 도형을 고르면?

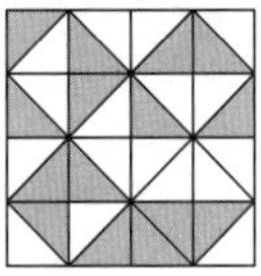

① 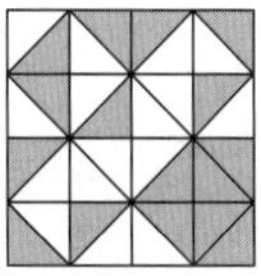

② 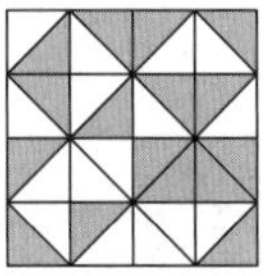

③ 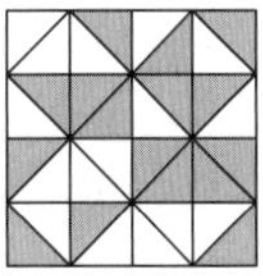

④ 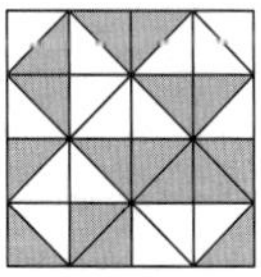

⑤ 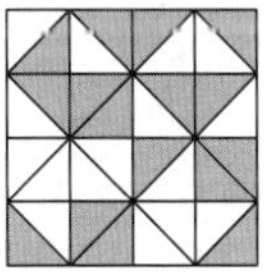

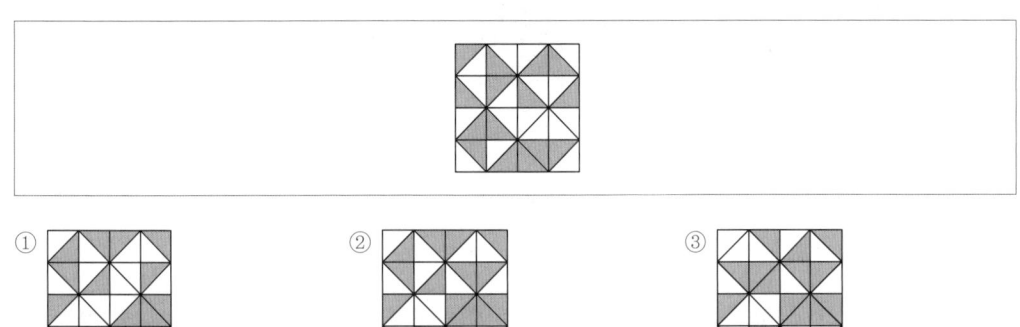

11 제시된 도형과 합쳤을 때, 완성형 도형을 만들 수 있는 도형을 고르면?

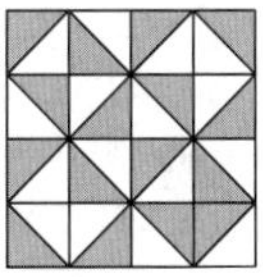

① 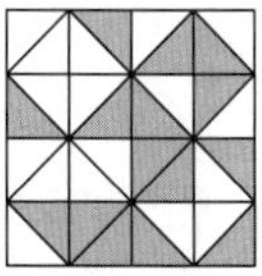

② 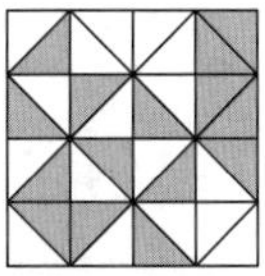

③ 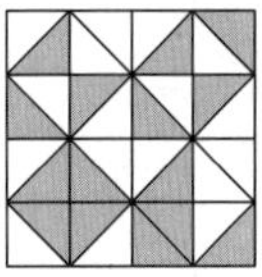

④ 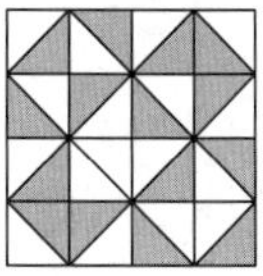

⑤ 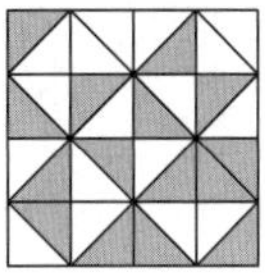

12 다음 중 <u>다른</u> 도형 하나를 고르면? (단, 회전은 허용하지만, 뒤집는 것은 허용하지 않는다.)

① 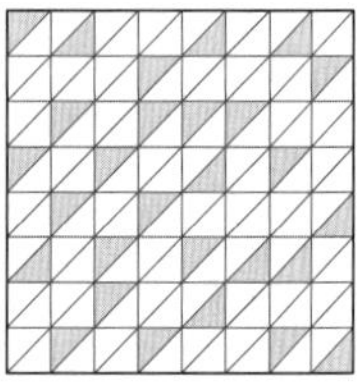
② 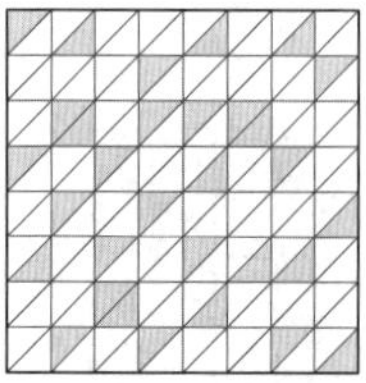
③ 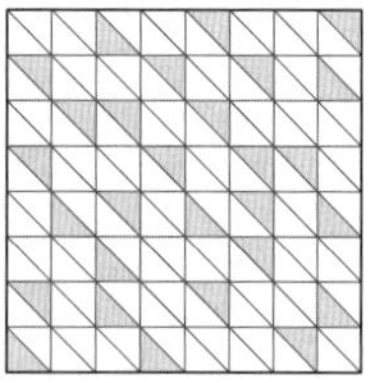
④ 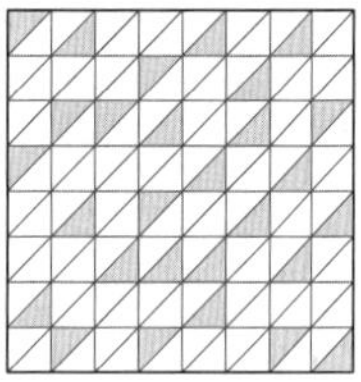
⑤ 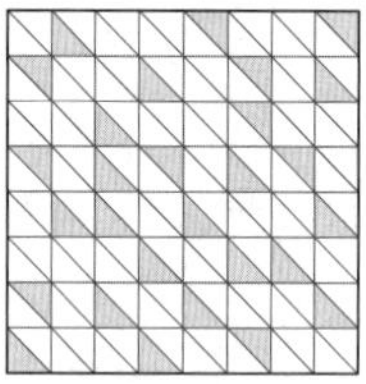

13 다음에 주어진 2개의 입체도형을 합쳤을 때, 만들 수 <u>없는</u> 도형을 고르면?

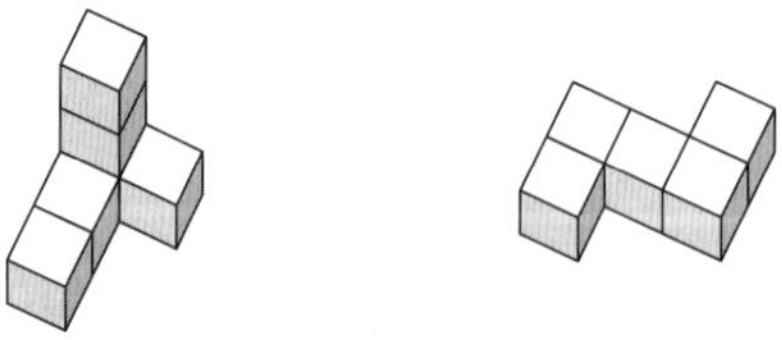

① 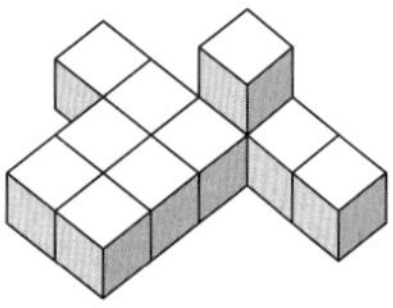
② 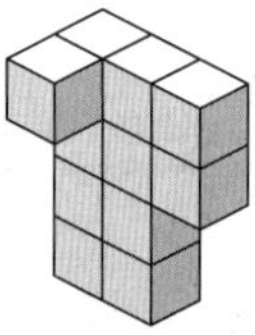
③ 
④ 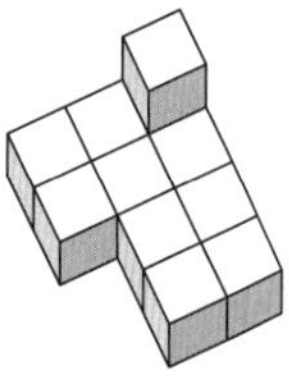
⑤ 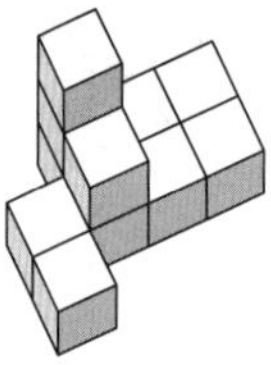

14 다음에 주어진 2개의 입체도형을 합쳤을 때, 만들 수 없는 도형을 고르면?

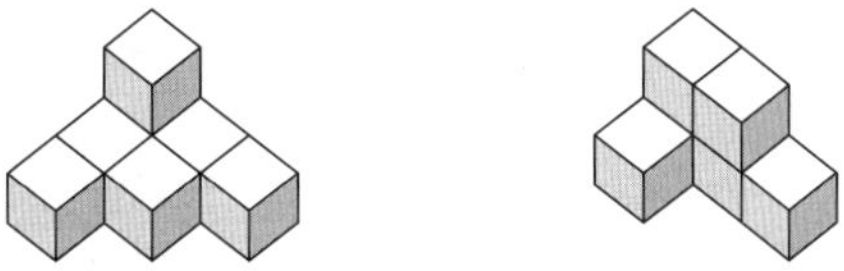

① 

② 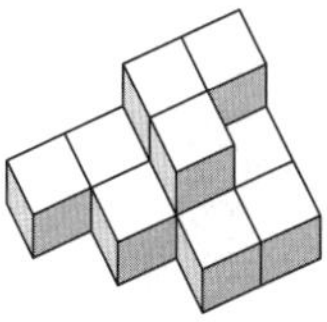

③ 

④ 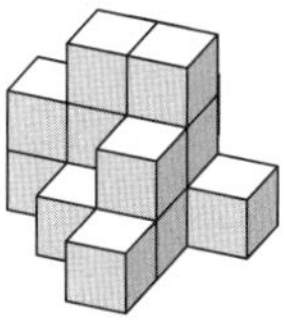

⑤ 

15 다음에 주어진 2개의 입체도형을 합쳤을 때, 만들 수 있는 도형을 고르면?

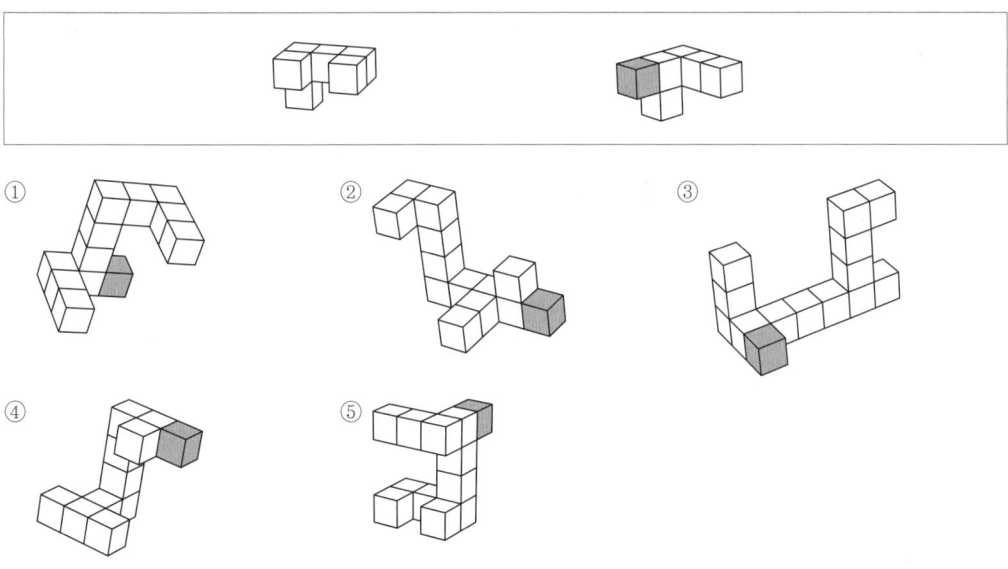

① 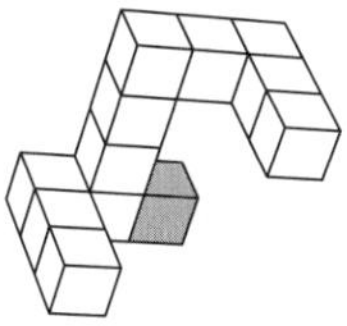

② 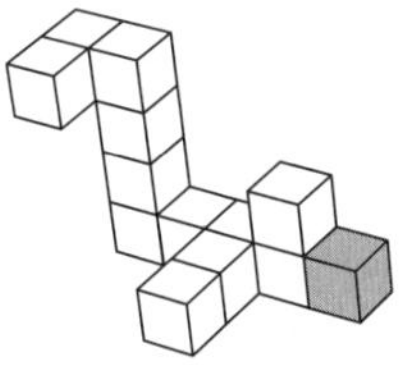

③ 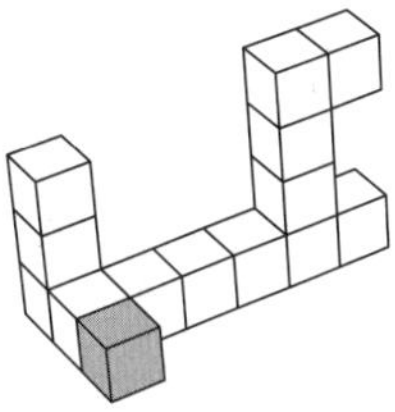

④ 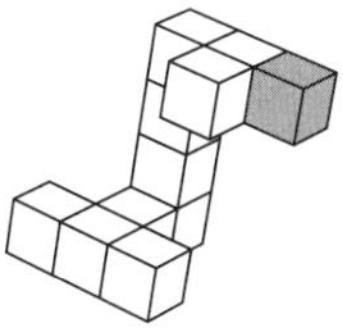

⑤ 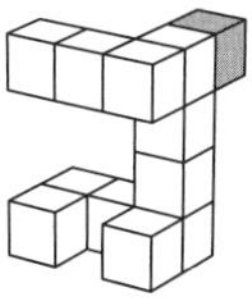

16 3개의 블록 덩어리를 조합하여 입체도형을 만들 때, '?'에 들어갈 알맞은 모양을 고르면?

입체도형	블록1	블록2	블록3
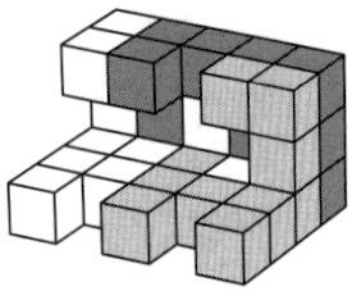	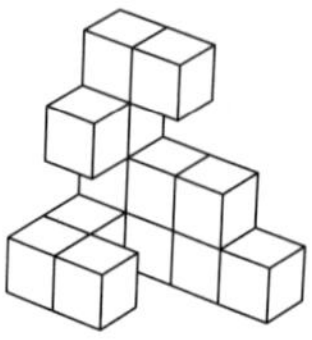	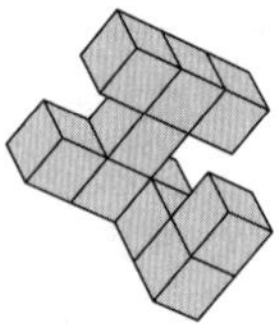	?

① 

② 

③ 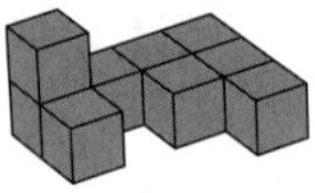

④ 

⑤ 

17 다음은 어떤 입체도형을 여러 방향에서 바라본 투상도를 나타낸 것이다. 아래에 제시된 투상도의 입체도형으로 적절한 것을 고르면?

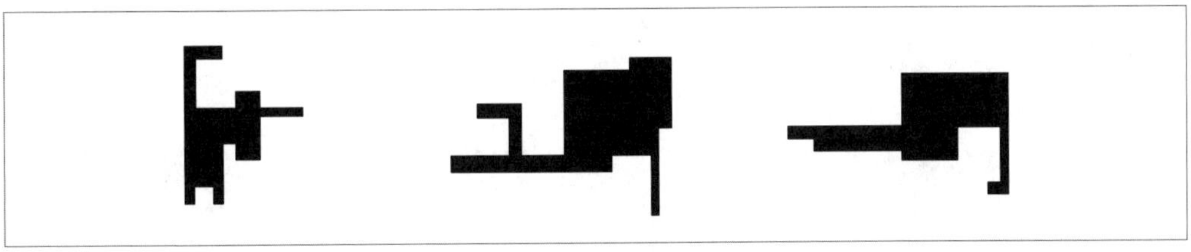

①
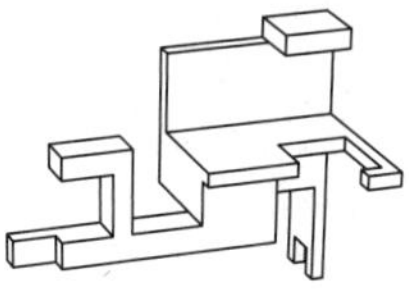

②
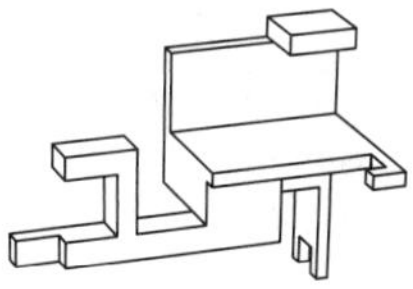

③
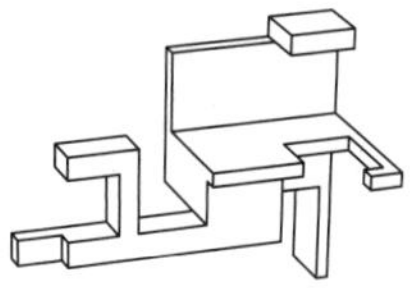

④
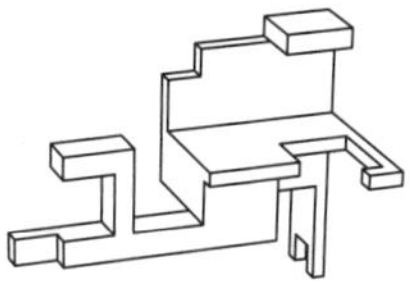

⑤
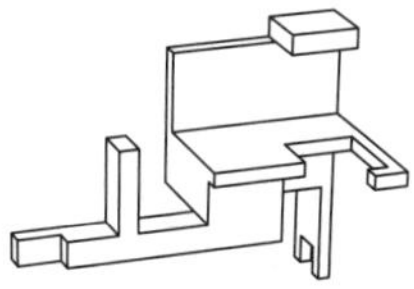

18 다음에 주어진 앞, 옆, 위에서 본 모습을 고려하여 원래의 입체도형으로 가능한 것을 고르면?

앞	옆	위
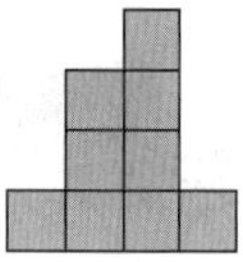	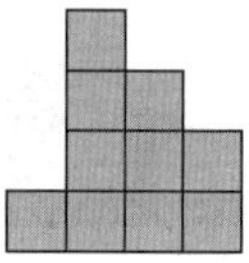	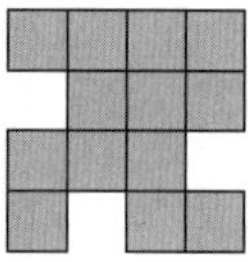

① 

② 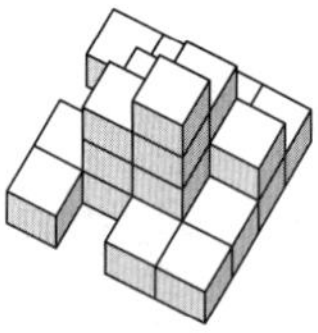

③ 

④ 

⑤ 

19 다음 중 나머지 네 개의 입체도형과 모양이 <u>다른</u> 하나를 고르면?

①
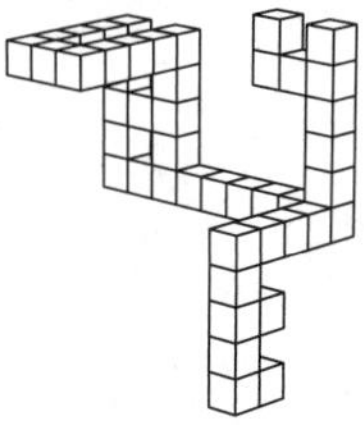

②

③

④
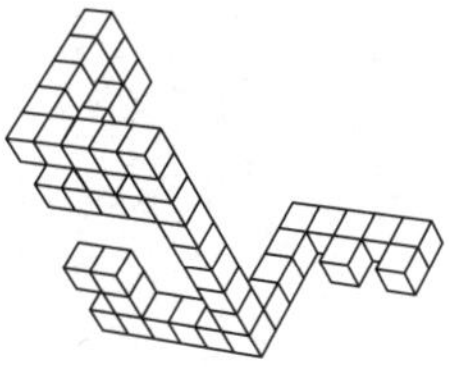

⑤

20 다음 중 나머지 네 개의 입체도형과 모양이 <u>다른</u> 하나를 고르면?

①
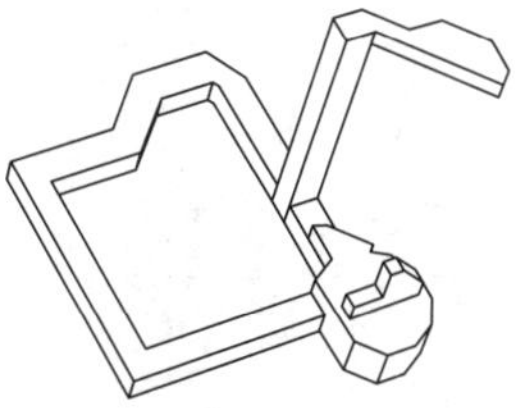

②
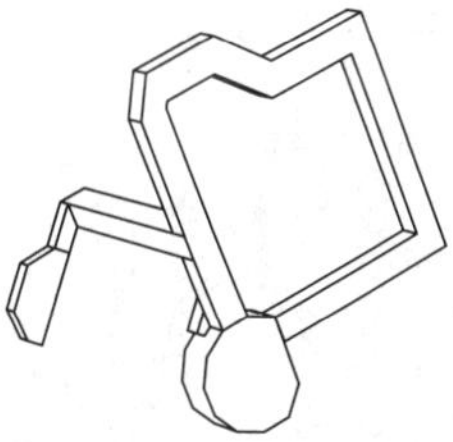

③
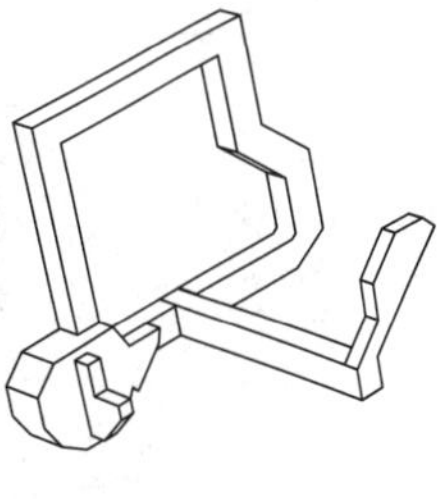

④

⑤
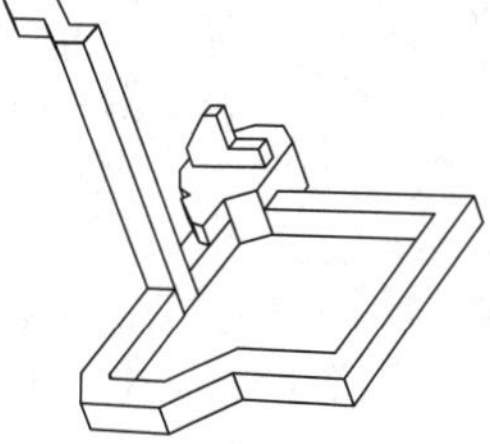

CHAPTER

03

실전모의고사 3회

01 언어 영역

정답과 해설 P.101

01 다음 글의 내용과 부합하지 않는 것을 고르면?

> 매듭은 우리 삶에서 너무나 흔히 볼 수 있다. 우리가 신고 다니는 신발의 끈, 넥타이, 그리고 배달 음식을 시켰을 때 음식을 담고 있는 비닐봉지의 매듭, 이제는 보기 힘들지만 아직 종종 사람들이 사용하는 이어폰의 줄까지. 매듭 이론은 이러한 매듭(또는 고리)들을 연구하는 수학의 한 분야이다.
>
> 수학에서 일반적으로 매듭이라 하면 우리가 생각하는 끈을 묶어 놓은 대상보다는 묶어 놓은 끈의 양 끝을 붙여 놓은 것을 다룬다. 두 개의 매듭이 있을 때, 매듭을 자르지 말고 하나의 매듭에서 다른 매듭 모양으로 바꿀 수 있으면 두 매듭은 같은 매듭이다. 예를 들어 동그란 고무줄을 이용하여 무언가를 묶었을 때, 일상생활에서는 이 고무줄이 "묶여 있다"라고 말하기도 하지만 수학에서는 이 고무줄을 끊지 않고 사용하였기 때문에 사실 같은 매듭이라고 말한다. 즉, 우리 눈으로 봤을 때 얼핏 달라 보이는 모습을 가지고 있는 매듭이라도, 그 본질은 같은 매듭일 수 있다는 것이다.

① 매듭은 일상생활에 다양한 모습으로 존재한다.
② 수학에는 매듭을 연구하는 분야가 있다.
③ 수학에서는 매듭은 양 끝을 붙여 놓은 것을 다룬다.
④ 수학에서 매듭을 자르지 않고 다른 매듭 모양으로 바꿀 수 있으면 매듭을 두 개로 본다.
⑤ 일상생활에서 달라 보이는 매듭도 수학에서는 그 본질은 같다고 볼 수도 있다.

02 다음 글의 주제로 가장 적절한 것을 고르면?

'현대 회화의 아버지'로 불리는 폴 세잔(1839-1906)은 쇠라, 고갱, 고흐 등과 함께 후기 인상주의를 대표하는 화가이다. 인상주의자들의 '빛'과 '색'을 통해 한순간의 인상을 포착하는 데 집중했다면, 후기 인상주의자들은 무계획적이고 무분별하게 보이는 인상파의 작품을 보다 본질적이고 견고하게 만들고 싶어 했다.

후기 인상주의자들 중에서도 세잔은 견고함을 넘어 거의 과학적인 회화를 지향했는데, 균형 잡힌 구도, 평면적이고 네모진 색면 구조, 단순하고 기하학적인 형태를 선보이며 영구적인 질서를 추구했다. 세잔의 미술이 당대에는 받아들여지지 못했으나 지금에 와서 추앙받는 이유는 화면의 외형을 다루는 새로운 방식 때문이다. 그는 눈에 나타나는 외관만을 모방하는 대신, 자연의 본질적인 기하학적 구조를 통찰하고자 했다. 세잔은 "자연을 원통과 구체, 원추형으로 해석하라"라는 말로 유명한데, 이처럼 그는 사물의 외형을 단순화시켜 본질에 가까운 형태로 표현했다.

① 폴 세잔 작품의 후기 인상주의적 특징
② 후기 인상주의에서 폴 세잔이 준 영향
③ 폴 세잔 작품이 당대에 인정받지 못한 이유
④ 인상주의자들과 후기 인상주의자들의 차이점
⑤ 폴 세잔과 쇠라, 고갱, 고흐의 공통점과 차이점

03 '산업 기술 유출 문제'에 관한 글을 쓰기 위해 다음과 같이 개요를 작성한 뒤, 이를 수정·보완하기 위한 의견을 [보기]에 정리하였다. [보기]의 의견 중 적절한 수정 의견이 아닌 것을 모두 고르면?

> 주제문: 국가 자원의 유출을 막기 위해 의식적·제도적 차원의 노력을 기울이자.
>
> Ⅰ. 서론: 산업 기술 유출 사태에 대한 문제 제기
>
> Ⅱ. 본론
> 1. 문제 발생의 원인
>   가. 연구 인력의 윤리 의식 부재 및 열악한 사유
>   나. 기업의 보안 의식 미흡 및 시스템 미비
>   다. 유출 방지를 위한 체계적 법적 근거 수립의 미비
> 2. 문제의 실태
>   가. 우리나라의 최근 사례
>   나. 외국의 유사 사례
> 3. 문제의 해결 방안
>   가. 연구 인력의 윤리 교육 강화
>   나. 기업의 보안 의식 제고
>   다. 유출 방지를 위한 체계적 법적 근거의 마련
>
> Ⅲ. 결론: 산업 기술 유출을 방지하기 위한 의식의 제고 및 제도적 개선의 필요성 강조

보기

㉠ 주제문에서 다루고 있는 문제의 범주가 명료하지 못하므로 분명하게 고쳐야겠군.
㉡ '문제 발생의 원인'으로 적절하지 못한 항목이 들어가 있으니 삭제해야겠군.
㉢ '문제의 실태'는 글의 논리적 흐름을 고려하여 적절한 곳으로 옮겨야겠군.
㉣ 원인 분석 항목과 해결 방안 항목이 좀 더 긴밀하게 대응하도록 수정해야겠군.
㉤ 결론이 본론의 중심 내용을 충분히 전달하지 못하므로 바로잡아야겠군.

① ㉠, ㉢　　② ㉠, ㉣　　③ ㉡, ㉤
④ ㉡, ㉣, ㉤　　⑤ ㉢, ㉣, ㉤

04 '직장인 스트레스의 원인과 예방책'에 관한 글을 쓰기 위해 다음과 같이 개요를 작성한 후 자기 점검을 해 보았다. 이때 점검 사항에 따른 수정 사항으로 가장 적절한 것을 고르면?

Ⅰ. 서론
  1. 스트레스의 개념 ········· ㉠
  2. 직장인 스트레스의 유형

Ⅱ. 직장인 스트레스의 원인
  1. 내적 원인
    가. 성취 욕구의 과다
    나. 감정의 억압 ········· ㉡
  2. 외적 원인
    가. 상사와의 갈등
    나. 과도한 업무량

Ⅲ. 직장인 스트레스의 폐해 ········· ㉢
  1. 스트레스로 인한 발병 가능성
  2. 직장 업무 효율성 감소

Ⅳ. 직장인 스트레스의 예방책
  1. 개인적 차원
    가. 과욕의 자제
    나. 감정의 적절한 표현
  2. 조직적 차원 ········· ㉣
    가. 조직적 조화로운 분위기 조성
    나. 업무량의 효율적 배분

Ⅴ. 결론: 스트레스를 해소하기 위한 운동의 생활화 ········· ㉤

점검 사항	수정 사항
① 주제에서 벗어난 내용은 없는가?	㉠을 '스트레스 진단법'으로 바꿔야겠어.
② 중복되는 내용은 없는가?	㉡을 삭제해야겠어.
③ 하위 항목을 포괄하고 있는가?	㉢을 '스트레스 형성의 사회적 배경'으로 바꿔야겠어.
④ 불충분한 내용은 없는가?	㉣의 하위 항목에 '스트레스 치료 병원의 설립'을 넣어야겠어.
⑤ 논리적 일관성이 있는가?	㉤을 '직장인 스트레스를 예방하기 위한 개인적, 조직적 차원의 노력 강조'로 바꿔야겠어.

05 다음 [가]~[마] 문장을 알맞게 배열한 것을 고르면?

[가] 아직도 뛰고 있는 뇌사자의 심장에 갑상선 호르몬을 투여하면 심장의 생존능력을 높일 수 있다는 관찰 연구 결과들이 있다. 갑상선 호르몬은 심장박동에 영향을 미치는데 뇌사 상태가 되면 갑상선 호르몬 분비가 줄어들기 때문이다.

[나] 최근 미국 워싱턴 대학 의대 신경과 전문의 라즈 다르 박사 연구팀이 장기 기증 뇌사자 838명을 대상으로 진행한 연구 결과 뇌사자에 갑상선 호르몬을 투여하는 것이 효과가 없다는 사실을 밝혀냈다.

[다] 뇌사자가 장기를 기증할 때 기증된 장기가 상태가 좋으면 뇌사 판정 후 최장 72시간 내 적출해 이식할 수 있다. 그러나 기증된 심장의 경우 약 50%가 기능이 악화돼 이식에 적합하지 않은 상태가 된다.

[라] 미국의 15개 장기 조달 기구에서 진행된 임상시험에서 이들 뇌사자를 무작위로 두 그룹으로 나누어 절반에겐 합성 갑상선 호르몬 레보티로신, 나머지 절반에겐 생리식염수가 투여됐다. 그 결과 갑상선 호르몬이 투여된 심장은 97%, 식염수가 투여된 심장은 96%가 이식 30일 후 정상 작동했다.

[마] 이를 통해 연구팀은 갑상선 호르몬 투여는 장기 기능 심장을 활동하게 하는데 효과가 없다고 연구팀은 결론을 내렸다.

① [가]－[나]－[다]－[라]－[마]
② [나]－[라]－[가]－[나]－[다]
③ [다]－[가]－[나]－[라]－[마]
④ [다]－[라]－[나]－[마]－[가]
⑤ [라]－[마]－[다]－[나]－[가]

06 **다음 글의 빈칸 (가)~(마) 중 [보기]의 문장이 들어가기에 가장 적절한 위치를 고르면?**

현대 사회에서 도시화가 급속히 진행되면서 사람들은 자연과 멀어지고 있다. 도시에서의 생활은 편리하지만, 녹지 부족으로 인해 신체적 · 정신적 건강이 악화될 수 있다. (가) 이를 해결하기 위해 최근 도시 내 자연을 복원하려는 다양한 시도가 이루어지고 있다.

도시에 자연을 도입하는 방법으로는 공원 확충과 옥상 녹화가 있다. 이들 공간은 시민들에게 휴식과 재충전의 기회를 제공하며 공기질 개선에도 기여한다. (나) 이러한 노력을 통해 도시와 자연의 조화로운 공존이 가능해진다.

그러나 예산 문제와 관리 비용이 도전 과제로 남아 있다. (다) 하지만 자연과의 공존은 장기적으로 도시의 지속 가능성을 높일 수 있다. 사람들은 자연과의 접촉을 통해 스트레스를 해소하고 건강을 증진한다. (라) 연구에 따르면, 녹지 공간 근처에 사는 사람들은 그렇지 않은 사람들보다 건강 상태가 좋다고 한다.

도시와 자연의 공존은 필수적이다. (마) 다양한 도시 계획을 통해 도시 환경을 개선할 수 있을 것이다.

보기

이로 인해 도시에 사는 사람들도 자연과의 유대감을 회복할 수 있다.

① (가) ② (나) ③ (다)
④ (라) ⑤ (마)

07 다음 글을 읽고 추론할 수 있는 것을 고르면?

> 목성은 주위에 수많은 위성이 돌고 있기 때문에 '작은 태양계'라고도 불린다. 그중 갈릴레오 갈릴레이가 발견해 '갈릴레이 위성'으로 불리는 것은 '이오', '유로파', '칼리스토', '가니메데' 등 4개다.
>
> '이오'는 갈릴레이 위성 중 목성에 가장 가까이 위치한 위성이다. 지름이 약 3,642㎞로 태양계에서 네 번째로 큰 위성인 '이오'는 다른 위성들의 조석력 때문에 활발하게 움직이는 화산의 모습을 볼 수 있다. '유로파'는 갈릴레오 위성 중 가장 작은 크기로, 달의 질량에 약 0.65배 정도 된다. 하지만 태양계에 있는 모든 위성 중에서는 여섯 번째로 크다. '칼리스토'는 갈릴레이 위성 중 목성에서 가장 멀리 떨어져 있다. 지름은 약 4,821㎞이며, 질량은 달의 약 1.5배 정도 된다. 표면은 암석과 얼음으로 구성되어 있고, 충돌구가 많이 존재한다. 앞서 세 개의 위성을 발견한 지 일주일 후, 갈릴레오는 네 번째 위성인 '가니메데'를 발견했다. '가니메데'는 태양계에서 가장 큰 위성으로 지름이 약 5,270㎞에 달한다. 지각은 얼음으로 구성되어 있는데, 표면에 융기한 부분이 많이 관측돼 과거에 지질활동이 있었다고 추정된다.

① 목성의 위성 개수는 4개이다.
② '이오'는 목성의 위성 중 네 번째로 큰 위성이다.
③ 달은 '유로파'보다는 무겁지만 '칼리스토'보다는 가볍다.
④ '칼리스토'의 충돌구는 지질학적 요인 때문이다.
⑤ 갈릴레오가 '가니메데'를 가장 늦게 발견한 이유는 목성에서 가장 멀리 떨어져 있기 때문이다.

08 다음 글을 읽고 추론할 수 있는 내용으로 적절하지 않은 것을 고르면?

> 드론은 무인 항공기로, 원격 조종 또는 자동 시스템을 통해 운항된다. 처음에는 군사용으로 개발되었지만, 최근 몇 년간 상업적 및 개인적 용도로 급속히 확산되었다. 농업, 물류, 영화 촬영, 재난 구조 등 다양한 분야에서 드론의 활용이 증가하고 있으며, 그 기술적 발전은 매우 빠르게 이루어지고 있다. 특히 농업 분야에서는 드론이 농약 살포, 작물 모니터링 등에서 중요한 역할을 하고 있다.
>
> 드론을 활용하면 넓은 농지를 효율적으로 관리할 수 있어 생산성 향상에 기여할 수 있다. 또한, 농업 외에도 물류 산업에서도 드론이 주목받고 있다. 무인 배송 시스템은 교통 체증을 줄이고, 물류 비용을 절감하는 데 큰 도움이 될 것으로 기대된다. 반면 드론이 널리 사용되면서 기술적 문제뿐만 아니라 법적·윤리적 문제도 대두되고 있다. 드론의 사생활 침해 가능성, 안전성 문제, 공역 내 다른 항공기와의 충돌 위험 등 다양한 이슈가 존재한다. 드론의 상용화는 이러한 문제들이 해결될 때 비로소 본격적으로 이루어질 수 있을 것이다.
>
> 드론 기술의 발전은 산업 전반에 긍정적인 영향을 미칠 수 있으나, 사회적 합의를 통한 법적 규제와 윤리적 고민이 수반되어야 한다. 이러한 과정을 거쳐야만 드론 기술이 안전하게 상용화될 수 있으며, 다양한 분야에서 그 잠재력을 발휘할 수 있을 것이다.

① 교통 신호체계의 전반적인 재배치가 이루어질 것이다.
② 새벽에 이루어지는 신선배송 시스템의 배송 시간이 더욱 단축될 전망이다.
③ 산업 전반에서 인건비 절감 효과와 동시에 고용 문제에 대한 심도 있는 고민이 필요하다.
④ 농촌의 기존 인력을 대체하여 농촌 인구의 일자리 문제가 발생할 수 있다.
⑤ 개인정보 및 사생활 침해 가능성으로 인해 관련 산업이 침체될 수 있다.

09 다음 글을 읽고 빈칸에 들어갈 내용으로 가장 적절한 것을 고르면?

> 전기차 배터리는 환경 보호와 지속 가능한 에너지 전환의 중요한 요소로 주목받고 있다. 배터리를 사용한 전기차는 화석 연료를 사용하는 내연 기관 차량보다 탄소 배출을 크게 줄일 수 있기 때문이다. 하지만 배터리 생산 과정에서 상당한 양의 희귀 금속과 에너지가 필요하기 때문에 환경에 부담을 줄 수 있다는 점도 지적된다. 최근 연구에서는 이러한 문제를 해결하기 위해 배터리의 재활용 및 친환경적인 소재 개발이 중요한 해결책으로 떠오르고 있다. 특히 리튬이온 배터리의 재활용 기술이 발전하면서, 버려지는 배터리에서 희귀 금속을 추출하고 이를 재사용하는 방법이 널리 연구되고 있다. 배터리 생산 시 발생하는 환경 문제를 줄이기 위해서는 친환경적인 제조 공정과 더불어, 배터리 수명 연장 및 효율적인 재활용 시스템이 필수적이다. 그러므로 (   )

① 배터리 재활용은 전기차의 환경적 문제를 해결하는 핵심 방안이다.
② 배터리 생산이 환경에 미치는 부정적인 영향은 간과될 수 없다.
③ 희귀 금속의 부족으로 배터리 생산은 한계를 맞이하게 될 것이다.
④ 배터리 재활용이 실패할 경우 환경 문제는 더욱 심각해질 위험이 있다.
⑤ 친환경적인 소재 개발은 배터리 산업의 지속 가능성에 중대한 역할을 한다.

10 다음 글의 서술방식으로 적절한 것을 고르면?

> 에볼라 백신은 DNA형 백신 또는 플라스미드 백신이라고도 불린다. 에볼라 백신은 인체에 무해한 바이러스에 에볼라의 유전자 일부를 넣은 후, 그 바이러스를 우리 몸에 넣는 것이다. 먼저 에볼라 바이러스에서 DNA를 추출해 이를 이중가닥 DNA로 만든다. 이렇게 만든 DNA 중 일부를 잘라 플라스미드에 끼워 넣어 에볼라 DNA를 가진 조합 플라스미드를 만든다. 이 플라스미드를 인체에 무해한 박테리아에 넣어 대량으로 증식시키면 에볼라 백신이 완성된다. 에볼라 백신이 우리 몸에 들어오게 되면 우리 몸속에 끊임없이 당단백질을 만들어 낸다. 이때 수지상 세포가 에볼라 당단백일 나타난 것을 백혈구의 T세포에 알리게 되면 T세포가 에볼라 당단백질을 공격하게 되고, 에볼라를 공격한 T세포의 일부가 기억세포가 되어 면역력을 갖추게 된다. 또한 백혈구의 B세포는 에볼라 당단백질에 대한 항체를 생성하게 되고, 이 역시 에볼라 감염에 대한 면역력을 형성하게 되는 것이다.

① 실제 사례를 근거로 들어 서술의 타당성을 높이고 있다.
② 설명 대상이 문제가 되는 이유를 분석하여 제시하고 있다.
③ 설명 대상의 명칭에 대한 어원을 밝혀 독자의 이해를 돕고 있다.
④ 대상의 원리를 지닌 다른 대상에 빗대어 알기 쉽게 설명하고 있다.
⑤ 원리를 중심으로 설명 대상을 만드는 과정을 자세하게 제시하고 있다.

11 다음 글을 읽고 한 비판으로 적절하지 않은 것을 고르면?

> 일본무역진흥기구(JETRO)이 발표한 보고서에 따르면 서울은 도쿄보다 임대료, 주재원파견 비용, 현지 직원을 채용하는 비용이 모두 높았다. 또 4대 보험 등 사회보험료 및 국제학교 비용 등이 도쿄보다 서울이 유리하지 않았다. 최근 원화보다 엔화 가치가 더 큰 폭으로 떨어지면서 일본의 글로벌 투자 가격 경쟁력이 더 높아지고 있는 것이다.
>
> 나아가 거주 환경 역시 도쿄가 서울보다 높은 평가를 받았다. 미국「글로벌파이낸스매거진」이 선정한 '2020 세계에서 가장 살기 좋은 도시(the World's Best Cities to Live in 2020)'에서 도쿄는 2위, 서울은 13위였다. 이런 이유로 글로벌 기업들이 서울을 떠나고 있다.

① 임대료와 같은 가격은 수요와 공급을 비롯해 모든 요소가 맞물린 결과이지 원인이 아니다.

② 일본무역진흥기구(JETRO)이 발표한 보고서에서 나온 결과로 서울과 비교해 도쿄가 가격 경쟁력이 있다고 볼 수 없다.

③ 일본의 엔화 가치가 떨어지고, 임대료가 하락한다는 것은 오히려 서울보다 일본의 경제가 침체되고 있음을 방증하는 것이다.

④ 미국「글로벌파이낸스매거진」이 선정한 거주 환경 순위가 글로벌 기업들이 서울을 떠나는 데 영향을 미치고 있다는 직접적인 근거가 되기 어렵다.

⑤ 선진국일수록 도심 임대료, 물가가 대부분 높음에도 불구하고 비용보다 더 높은 매출을 얻을 수 있거나, 원하는 인력을 채용할 수 있다면 투자 비용은 크게 중요치 않다.

12 다음 주어진 단어들의 관계를 파악하여 괄호 안에 들어갈 알맞은 단어를 고르면?

서로 어울려 화목하게 됨 : 불화(不和) = 정도나 수준이 차츰 나아짐 : (　　　)

① 비범(非凡)　② 인출(引出)　③ 이탈(離脫)
④ 퇴보(退步)　⑤ 전위(前衛)

13 다음 중 나머지 단어들의 뜻을 모두 포함하는 단어를 고르면?

① 해고하다　② 거절하다　③ 자르다
④ 끊다　⑤ 줄이다

14 다음 중 단어 쌍의 관계가 나머지와 다른 것을 고르면?

① 당면(當面) — 봉착(逢着)
② 긴장(緊張) — 이완(弛緩)
③ 매진(邁進) — 정진(精進)
④ 밀착(密着) — 접착(接着)
⑤ 조짐(兆朕) — 전조(前兆)

15 다음 중 괄호 안에 들어갈 말을 순서대로 바르게 나열한 것을 고르면?

- 프로젝트 진행 (　　)을 논의하기 위해 긴급 회의를 열었다.
- 이번 문제를 해결하려면 (　　)을 전환해야 한다.
- 부모님 댁을 (　　)해 오랜만에 편안한 시간을 보냈다.

① 방안(方案) — 방문(訪問) — 방향(方向)
② 방문(訪問) — 방향(方向) — 방안(方案)
③ 방향(方向) — 방안(方案) — 방문(訪問)
④ 방문(訪問) — 방안(方案) — 방향(方向)
⑤ 방안(方案) — 방향(方向) — 방문(訪問)

02 수리 영역

정답과 해설 P.104

01 A, B 두 친구가 원형 운동장을 돌고 있는데 B는 A보다 1.5배 빠른 속력으로 걷고 있다. A와 B가 출발 지점에서 동시에 출발하여 반시계 방향으로 일정한 속력으로 걸으면 출발한 지 1시간 20분 뒤에 처음 만난다. 두 사람이 처음 만난 시점부터 B는 시계 방향으로 돌고, A는 그대로 반시계 방향으로 돈다. B가 시계 방향으로 돌기 시작한 지 15분이 지난 후 두 사람이 다시 만나기까지 남은 거리가 1.5km였을 때, 운동장 둘레의 길이는 얼마인지 고르면?

① 10km ② 15km ③ 20km
④ 24km ⑤ 25km

02 농도가 각각 5%, 6%, 12%인 세 소금물을 모두 섞으면 농도가 7.5%인 소금물이 되고, 농도가 5%인 소금물과 12%인 소금물을 섞으면 농도가 8%인 소금물이 된다고 한다. 처음 세 소금물의 총 질량이 1,200g일 때, 농도가 6%인 소금물의 양을 고르면?

① 200g ② 240g ③ 250g
④ 300g ⑤ 320g

03 어느 상추밭에서 매일 같은 양의 상추가 자라고 있다. 이 밭에서 20명이 상추를 따면 3일 만에 모든 상추가 없어지고, 10명이 상추를 따면 9일 만에 모든 상추가 없어진다고 한다. 한 사람이 하루에 따는 양이 일정하다고 할 때, 이 상추밭을 계속 같은 양으로 유지하기 위해서는 몇 명의 사람이 일하는 것이 가장 적절한지 고르면? (단, 덜 자란 상추는 따지 않으며, 모든 사람들은 동일한 양을 수확한다.)

① 2명 ② 4명 ③ 5명
④ 7명 ⑤ 9명

04 A~D 4명은 동업을 하고 있다. 이 4명은 투자액을 회수할 때까지 투자한 비율만큼 수익을 나누어 갖기로 하였다. 만약 수익이 40억 원이라면 B와 D가 가져가는 수익의 합은 22억 원이고, 수익이 60억 원이라면 B와 C가 가져가는 수익의 합이 30억 원이다. 수익이 100억 원일 때 D가 가져가는 수익이 A가 가져가는 수익보다 20억 원이 더 많다고 할 때, 수익이 200억 원인 경우 C가 가져가는 수익을 고르면?

① 50억 원　② 60억 원　③ 70억 원
④ 80억 원　⑤ 90억 원

05 다음 [표]는 시간에 따른 박테리아 A, B의 개체 수를 조사한 자료이다. 두 박테리아의 개체 수가 일정한 규칙으로 변할 때, 박테리아 B의 개체 수가 박테리아 A의 개체 수보다 처음으로 많아지는 시기를 고르면?

[표] 박테리아 개체 수　(단위: 마리)

구분	실험 시작	1일 후	2일 후	3일 후	4일 후
박테리아 A	500	510	520	530	540
박테리아 B	400	420	440	460	480

① 9일 후　② 10일 후　③ 11일 후
④ 12일 후　⑤ 13일 후

06 개발팀 직원 3명과 마케팅팀 직원 2명이 총 다섯 개의 자리로 구성된 원탁에 일정한 간격으로 둘러앉아서 회의하려고 한다. 마케팅팀 직원끼리 서로 이웃하지 않게 앉는 경우의 수를 고르면?

① 12가지　② 18가지　③ 24가지
④ 36가지　⑤ 48가지

07 **다음 [표]는 2020~2022년 인구 십만 명당 암 사망률을 조사한 자료이다. 이에 대한 설명으로 옳지 않은 것을 고르면?** (단, 총인구는 매년 증가한다.)

[표] 2020~2022년 인구 십만 명당 암 사망률 (단위: 명/십만 명)

구분	2019년	2020년	2021년	2022년
모든 암	158.2	160.1	161.1	162.7
위암	14.9	14.6	14.1	13.9
대장암	17.5	17.4	17.5	17.9
간암	20.6	20.6	20.0	19.9
폐암	36.2	36.4	36.8	36.3
유방암	5.1	5.3	5.3	5.6
자궁암	2.6	2.5	2.7	2.5
기타암	61.3	63.3	64.7	66.5

※ 암 사망률 $= \frac{\text{암 사망자 수}}{\text{총인구}} \times 100,000$

① 모든 암에 의한 사망률은 꾸준히 증가 추세에 있다.
② 간암과 폐암 사망률은 전체의 30% 이상이다.
③ 2022년 암사망률은 폐암, 간암, 대장암, 위암, 유방암, 자궁암 순으로 높다.
④ 기타암을 제외하고, 2019년 대비 2022년 사망률이 증가한 경우는 3가지이다.
⑤ 조사기간 동안 사망률이 유지된 암의 해당 기간 동안 사망자 수는 같다.

08 다음 [표]는 2023년 지역별 · 용도별 건축물 현황을 나타낸 자료이다. 이에 대한 [보기]의 설명 중 옳지 않은 것을 모두 고르면?

[표] 2023년 지역별 · 용도별 건축물 현황 (단위: 동)

구분	합계	주거용	상업용	공업용	교육 · 사회용	기타
전국 계	7,391,084	4,576,735	1,392,582	345,087	203,489	873,191
용도별 비중(%)	100	(　　)	19	5	3	12
서울	579,408	428,325	127,876	2,322	16,367	4,518
인천	(　　)	138,739	47,743	14,723	6,664	13,914
경기	1,265,969	659,642	296,848	114,900	37,213	157,366

※ 수도권: 서울, 인천, 경기를 말함

보기

㉠ 용도별로 건축물을 살펴보면, 주거용 건축물은 60% 이상을 차지한다.
㉡ 수도권 건축물 수는 용도별로 보면, 경기, 서울, 인천 순으로 많다.
㉢ 인천의 건축물 수는 22만 동 이상이다.
㉣ 기타를 제외하고, 전국과 수도권 각각 모두 주거용, 상업용, 공업용, 교육 · 사회용 순으로 건축물 수가 많다.

① ㉠, ㉡　② ㉡, ㉣　③ ㉢, ㉣
④ ㉠, ㉡, ㉢　⑤ ㉡, ㉢, ㉣

PART Ⅴ CHAPTER 03 실전 3회

09 다음 [표]는 2020년부터 2022년 3월까지의 출생아 및 사망자에 관한 자료이다. 이 자료를 바탕으로 할 때, [보기]의 내용 중 옳은 것을 모두 고르면?

[표] 전국 출생아 및 사망자 수 현황 (단위: 조 원)

구분	2020년	2021년	2021년		2022년		
			3월	1~3월	2월	3월	1~3월
출생아 수	272,337 (−10.0)	260,494 (−4.3)	23,934 (−1.1)	70,170 (−4.7)	20,654 (−3.2)	(㉮) (−4.2)	68,177 (㉯)
사망자 수	304,948 (3.3)	317,773 (4.2)	26,550 (2.7)	77,575 (−2.7)	29,189 (22.7)	44,487 (67.6)	103,363 (33.2)

※ 괄호 안의 수치는 전년(동월) 대비 증가율을 나타냄

보기

㉠ ㉮>23,000이다.

㉡ ㉯=−3.0이다.

㉢ 2019년 출생아 수는 30만 명 이상이다.

㉣ 2022년 1월 사망자 수는 3만 명 미만이다.

① ㉠, ㉢ ② ㉡, ㉣ ③ ㉢, ㉣

④ ㉠, ㉡, ㉢ ⑤ ㉠, ㉡, ㉣

10 다음 [표]는 2019년부터 2023년까지 우리나라의 보육 교직원 현황을 나타낸 자료이다. 이 자료를 바탕으로 한 [보고서]의 밑줄 친 내용 중 옳은 것의 개수를 고르면?

[표] 2019~2023년 보육 교직원 현황 (단위: 명)

구분	2019년	2020년	2021년	2022년	2023년
계	331,444	325,669	321,116	311,996	302,800
원장	37,168	35,119	33,087	30,773	28,818
보육교사	239,973	237,966	236,085	231,304	226,134
기타	54,303	52,584	51,944	49,919	47,848

※ 수도권: 서울, 인천, 경기를 말함

[보고서]

우리나라는 출생아 수의 감소에 따른 영향으로 보육 교직원 수 또한 줄어드는 상황이다. ㉠ 보육 교직원 수는 2020년부터 4년간 해마다 꾸준히 감소하였는데, 특히 2022~2023년에는 전년 대비 1만 명 가까이 감소하였다. 2023년에도 원장, 보육교사, 기타 교사에 대하여 모든 보육 교직원 수가 전년 대비 감소하였는데, ㉡ 원장 수는 7% 이상 감소하였고, ㉢ 보육교사 또한 5,200명 이상 감소하였다. 이는 ㉣ 4년 전과 비교했을 때 전체 교직원 수가 3만 명 이상 감소한 것으로, 그 심각성을 확인할 수 있으며 ㉤ 원장 수 또한 8,500명 이상 감소한 것이다.

① 1개 ② 2개 ③ 3개
④ 4개 ⑤ 5개

11 다음 [표]는 2020년부터 2023년까지 5개의 제품 A~E의 판매량 및 가격에 관한 자료이다. 이 자료를 바탕으로 할 때, 옳지 않은 것을 고르면?

[표1] 2020~2023년 제품별 판매량 (단위: 백 개)

구분	2020년	2021년	2022년	2023년
제품 A	240	250	200	180
제품 B	400	420	380	350
제품 C	1,200	1,000	800	900
제품 D	180	200	240	150
제품 E	600	500	640	480

[표2] 제품별 개당 가격 (단위: 원)

구분	제품 A	제품 B	제품 C	제품 D	제품 E
개당 가격	4,000	3,200	800	4,500	2,000

※ (매출액)=(판매량)×(개당 가격)

① 2020년 매출액이 가장 높은 제품은 E이다.
② 제품 B의 4년간 평균 판매량은 38,750개이다.
③ 제품 A의 4년간 평균 매출액은 8,700만 원이다.
④ 5개 제품의 총판매량은 2022년보다 2021년이 110개 더 많다.
⑤ 2021년부터 2023년까지 제품 D의 총매출액은 2.5억 원 이상이다.

12 다음 [표]와 [그래프]는 2014~2022년의 경찰 인력 및 경찰 인력에 대한 전년 대비 증가율을 나타낸 자료이다. 이에 대한 설명으로 옳지 않은 것을 고르면?

[표] 2014~2017년 경찰 인력 (단위: 명)

구분	2014년	2015년	2016년	2017년	2018년
경찰 인력	110,000	113,000	115,000	117,000	120,000

[그래프] 2019~2022년 경찰 인력의 전년 대비 증가율 (단위: %)

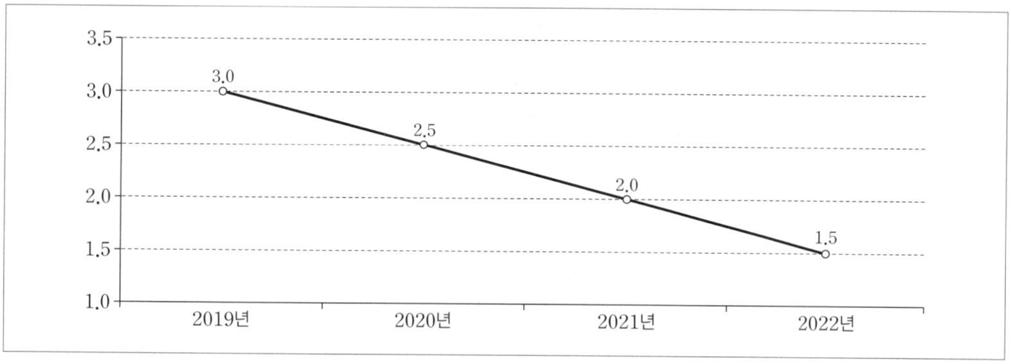

보기

㉠ 2022년 경찰 인력은 4년 전 대비 감소했다.
㉡ 2019년 경찰 인력은 2014년 대비 10% 이상 증가했다.
㉢ 2015년부터 2018년까지 경찰 인력이 전년도와 비교해서 가장 큰 폭으로 증가한 해는 2018년이다.
㉣ 2020년 이후 경찰 인력이 전년 대비 증가한 해는 3개다.

① ㉠ ② ㉠, ㉡ ③ ㉠, ㉡, ㉢
④ ㉡, ㉢, ㉣ ⑤ ㉠, ㉡, ㉢, ㉣

PART Ⅴ CHAPTER 03 실전 3회

13 다음 [그래프]는 어느 학교 학생들을 대상으로 직업별 선호도를 조사한 자료이다. 이 자료에 대한 설명으로 옳지 않은 것을 고르면?

[그래프1] 선호하는 직업별 학생 수 (단위: 명)

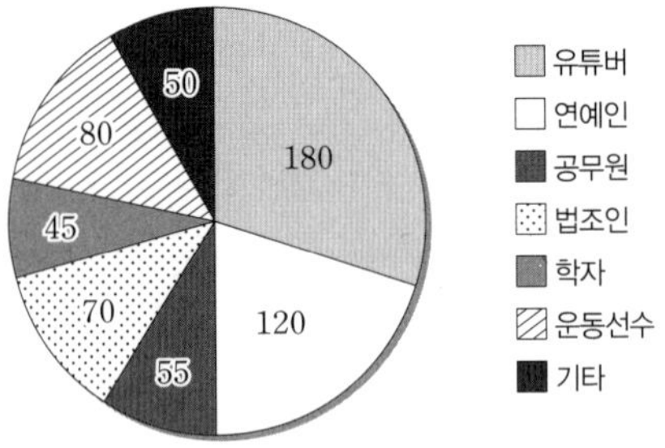

[그래프2] 유튜버를 선호하는 학생들의 세부 콘텐츠 비율

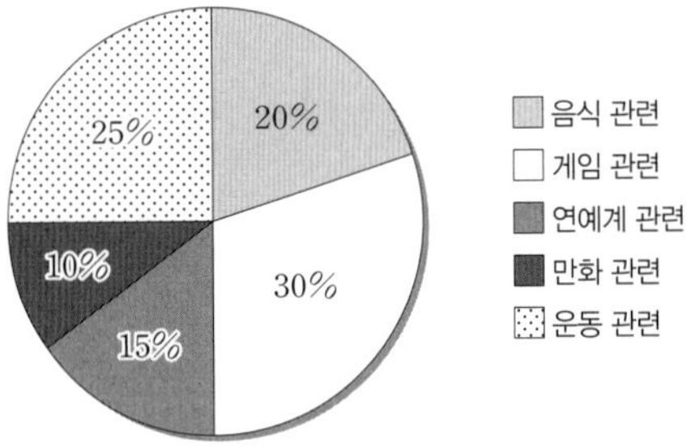

① 연예인을 선호하는 학생 수는 전체의 20%이다.

② 운동선수 또는 공무원을 선호하는 학생 수는 전체의 24%이다.

③ 유튜버 중 운동 관련 콘텐츠를 선호하는 학생 수는 학자를 선호하는 학생 수와 같다.

④ 운동선수를 선호하는 학생 수는 유튜버 중 게임 관련 콘텐츠를 선호하는 학생 수보다 26명 많다.

⑤ 전체 학생 중 법조인 또는 학자를 선호하는 학생의 비율은 유튜버 중 음식 관련 콘텐츠를 선호하는 학생의 비율보다 낮다.

14 다음 [표]는 2020~2023년 어업생산량을 나타낸 자료이다. 이를 바탕으로 작성한 [보기]의 그래프 중 옳은 것을 모두 고르면?

[표] 2020~2023년 어업생산량 (단위: 천 톤)

구분	2020년	2021년	2022년	2023년
연근해어업	934	941	889	956
해면양식	2,308	2,398	2,268	2,269
원양어업	437	439	400	410
내수면어업	34	43	49	43
합계	3,713	3,820	3,603	3,678

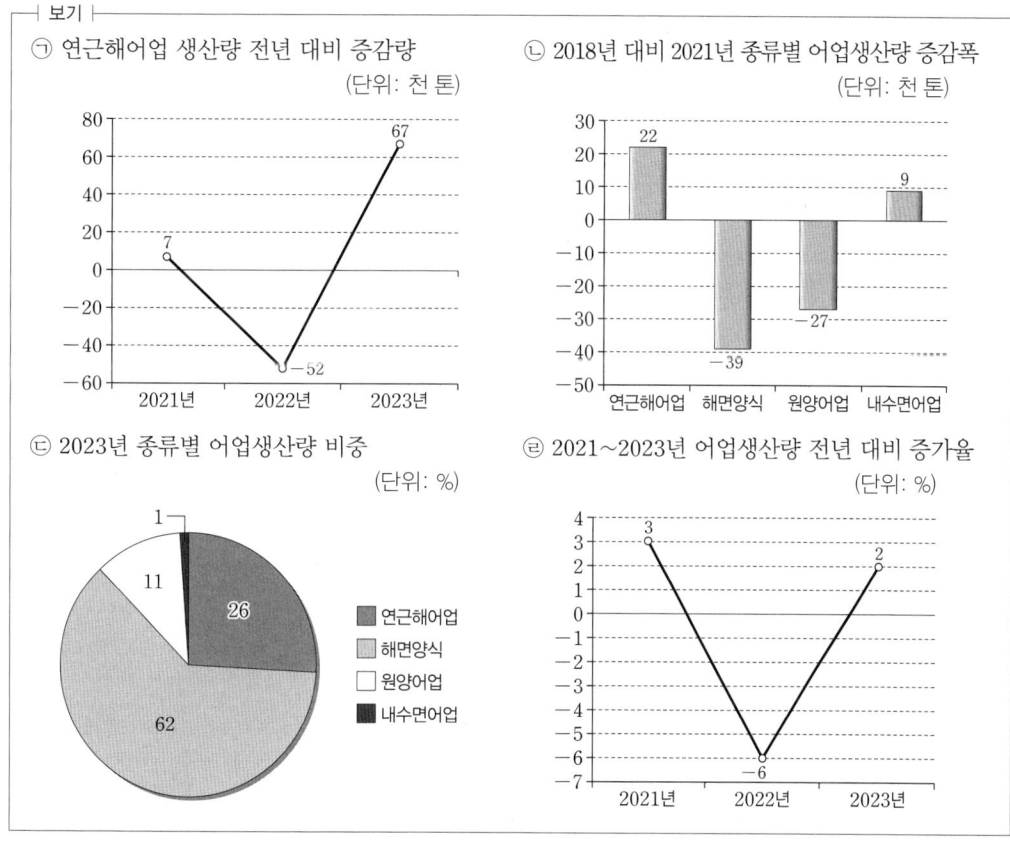

보기

㉠ 연근해어업 생산량 전년 대비 증감량
(단위: 천 톤)

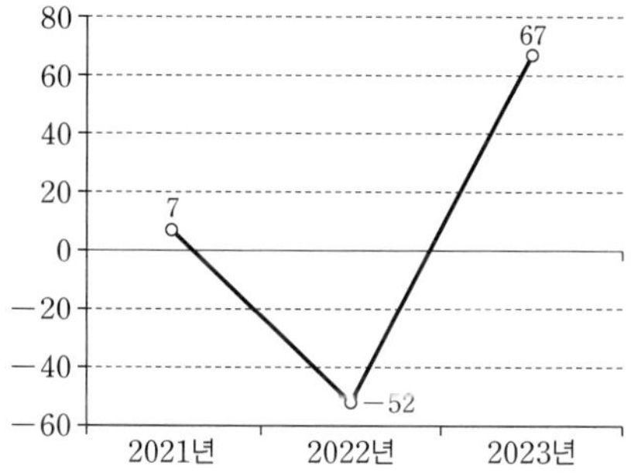

㉡ 2018년 대비 2021년 종류별 어업생산량 증감폭
(단위: 천 톤)

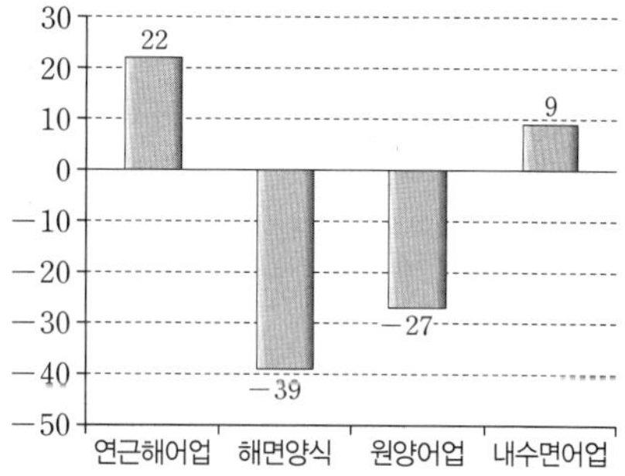

㉢ 2023년 종류별 어업생산량 비중
(단위: %)

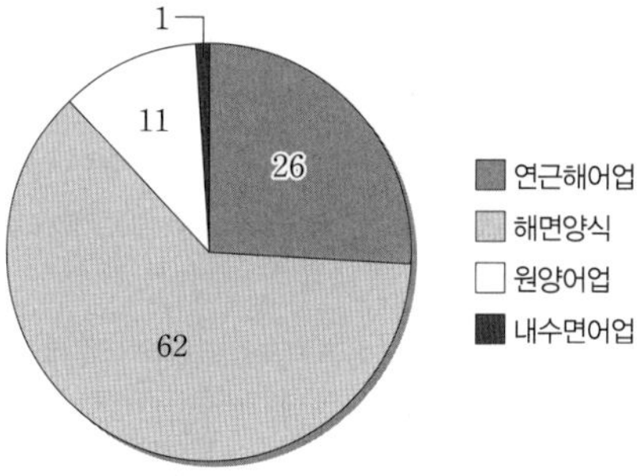

㉣ 2021~2023년 어업생산량 전년 대비 증가율
(단위: %)

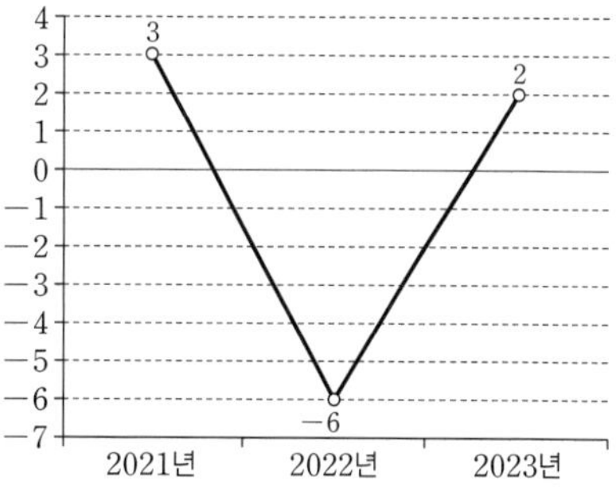

① ㉠ ② ㉠, ㉡ ③ ㉠, ㉡, ㉢
④ ㉡, ㉢, ㉣ ⑤ ㉠, ㉡, ㉢, ㉣

15 다음 [표]는 2018~2022년 방송 서비스 시장 매출액을 조사한 자료이다. 이를 바탕으로 할 때, 연도별 전년 대비 지상파방송 및 유선방송 서비스 매출액의 증가량을 그래프로 옳게 나타낸 것을 고르면?

[표] 2018~2022년 지상파방송 및 유선방송 서비스 시장 매출액 (단위: 십억 원)

구분	2018년	2019년	2020년	2021년	2022년
지상파방송 서비스	3,800	3,500	3,600	4,000	4,160
유선방송 서비스	2,100	2,020	1,900	1,860	1,800

① (단위: 십억 원)

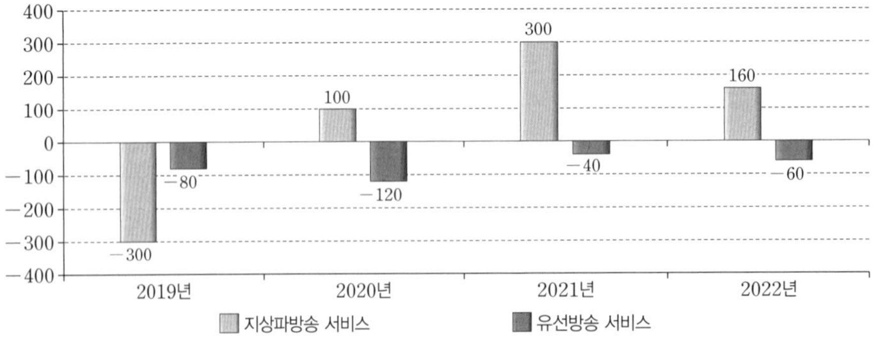

② (단위: 십억 원)

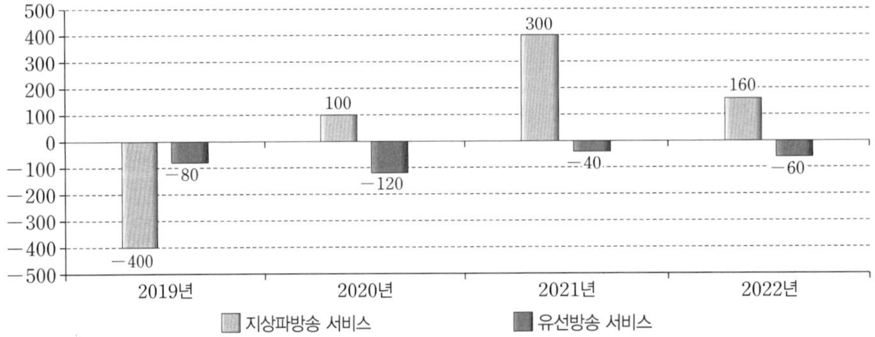

③ (단위: 십억 원)

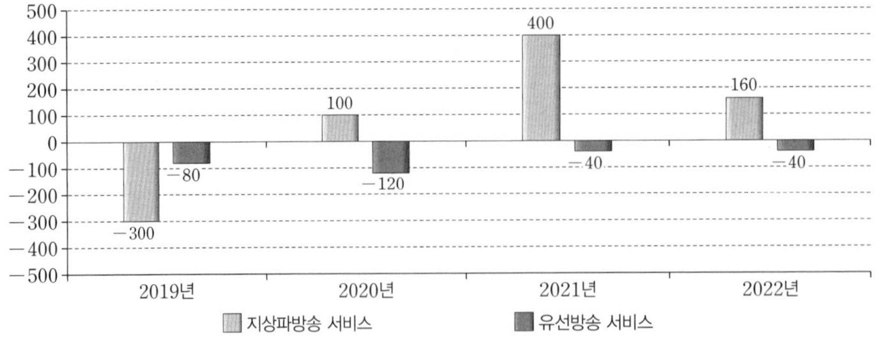

④

(단위: 십억 원)

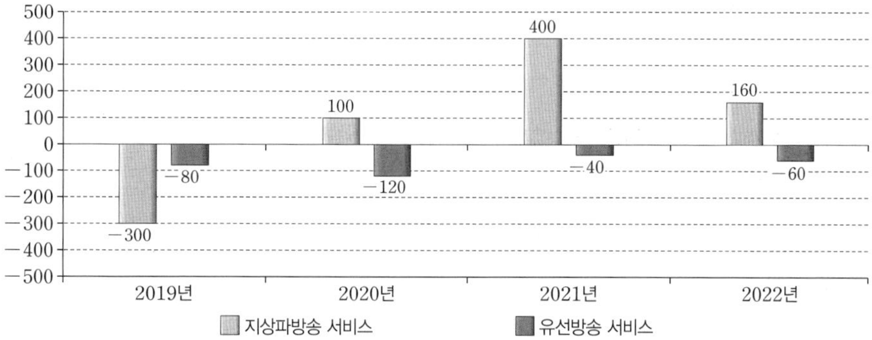

⑤

(단위: 십억 원)

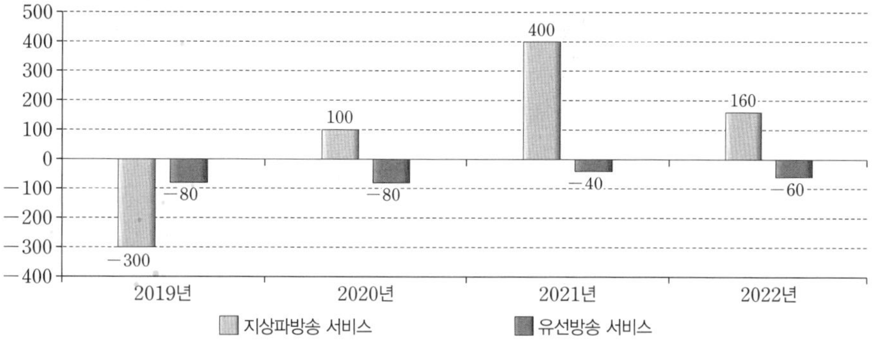

PART V

CHAPTER 03 실전 3회

03 추리 영역

정답과 해설 P.107

01 4명이 각각 빨간색, 초록색, 파란색 모자 중 하나를 쓰고 한 줄로 서 있다. 다음 [조건]을 바탕으로 할 때, 항상 옳지 않은 것을 고르면?

조건

- 두 명은 빨간색 모자를 쓰고 있고, 다른 두 명은 각각 초록색과 파란색 모자를 쓰고 있다.
- 파란색 모자를 쓴 사람의 바로 뒤에는 빨간색 모자를 쓴 사람이 서 있다.
- 초록색 모자를 쓴 사람은 맨 뒤에 서 있지 않다.
- 빨간색 모자를 쓴 두 사람은 서로 이웃하지 않게 서 있다.

① 파란색 모자를 쓴 사람이 두 번째에 서 있다.
② 맨 뒤에 서 있는 사람은 빨간색 모자를 쓴 사람이다.
③ 4명의 모자 색 순서로 가능한 경우의 수는 3가지이다.
④ 초록색 모자를 쓴 사람이 세 번째에 서 있을 때, 파란색 모자를 쓴 사람은 맨 앞에 서 있다.
⑤ 빨간색 모자를 쓴 사람이 맨 앞에 서 있을 때, 초록색 모자를 쓴 사람은 빨간색 모자를 쓴 사람 바로 뒤에 서 있다.

02 다음 전제를 보고 항상 참인 결론을 고르면?

전제1	안경을 쓴 어떤 사람은 배우이다.
전제2	모든 배우는 의사소통을 잘한다.
결론	

① 안경을 쓴 모든 사람은 의사소통을 잘한다.
② 안경을 쓴 어떤 사람은 의사소통을 잘한다.
③ 안경을 쓴 어떤 사람도 의사소통을 잘하지 않는다.
④ 의사소통을 잘하는 어떤 사람은 안경을 쓰지 않았다.
⑤ 의사소통을 잘하지 않는 어떤 사람은 안경을 썼다.

03 다음 결론이 반드시 참이 되게 하는 전제를 고르면?

전제1	새벽에 자는 모든 사람은 게임을 좋아한다.
전제2	
결론	스마트폰을 가진 어떤 사람은 새벽에 자지 않는다.

① 스마트폰을 가진 모든 사람은 게임을 좋아한다.
② 스마트폰을 가진 어떤 사람은 게임을 좋아한다.
③ 게임을 좋아하는 어떤 사람은 스마트폰을 갖고 있다.
④ 게임을 좋아하는 모든 사람은 스마트폰을 갖고 있다.
⑤ 스마트폰을 가진 어떤 사람은 게임을 좋아하지 않는다.

04 어느 회사에서 8명이 모여 제품 기획 회의를 진행 중이다. 다음 [조건]을 바탕으로 할 때, 항상 옳은 것을 고르면?

조건

- 회의 참석자 명단은 다음과 같다.
  - 기획팀: 오 과장, 신 대리
  - 마케팅팀: 한 차장, 박 주임
  - 제작팀: 김 차장, 강 과장
  - 개발팀: 최 대리, 이 주임
- 마케팅팀 2명은 서로 붙어 앉아 있다.
- 제작팀 2명은 서로 마주 보고 앉아 있다.
- 직급이 차장인 두 사람은 서로 붙어 앉아 있다.
- 이 주임은 7번 자리에 앉아 있고, 한 차장과 마주 보고 앉아 있다.
- 신 대리의 왼쪽에는 아무도 앉아 있지 않고, 오른쪽에는 강 과장이 앉아 있다.

1	2	3	4
책상			
5	6	7	8

① 신 대리의 자리는 4번이다.
② 최 대리 오른쪽에는 아무도 앉지 않았다.
③ 직급이 과장인 2명은 서로 붙어 앉아 있다.
④ 오 과장의 맞은편에는 박 주임이 앉아 있다.
⑤ 강 과장의 오른쪽에 앉은 사람의 직급은 차장이다.

05 A 부장과 B 부장은 직원 7명을 데리고 출장을 가게 되었다. 출장지는 해외 출장과 국내 출장으로 구분되며, 부장 2명은 직원들을 3명과 4명으로 나누어 각각 한 곳으로 출장을 가게 된다. 다음 [조건]을 바탕으로 할 때, 항상 옳지 않은 것을 고르면?

조건

- 출장을 가는 직원은 C 과장, D 대리, E 대리, F 주임, G 주임, H 사원, I 사원이다.
- 주임 2명은 같은 출장지로 가게 되었다.
- F 주임은 B 부장을 따라 출장을 가게 되었다.
- C 과장은 E 대리와 함께 출장을 가게 되었다.
- I 사원은 D 대리와 함께 해외 출장을 가게 되었다.

① H 사원은 해외 출장을 갈 수 없다.
② 주임 2명은 국내 출장을 가게 된다.
③ B 부장은 I 사원과 함께 출장을 갈 수 없다.
④ A 부장은 D 대리와 함께 출장을 가게 된다.
⑤ E 대리가 해외 출장을 가게 되면 B 부장과 함께 출장을 가게 된다.

06 K 기업에 근무 중인 A~F는 점심으로 피자 또는 햄버거 중 하나를 먹었다. 다음 [조건]을 바탕으로 할 때, 6명이 점심과 음료를 선택할 수 있는 모든 경우의 수를 고르면?

조건

- A~F는 음료수로 사이다, 콜라, 주스 중 하나씩을 먹었는데, 각 음료를 적어도 한 명 이상씩 마셨다.
- 피자를 먹은 사람 수와 햄버거를 먹은 사람 수는 같고, 음료 중에서는 콜라를 제일 많이 마셨다.
- A는 F는 같은 음료를 마셨다.
- B는 C와 같은 점심을 먹었고, D와 같은 음료를 마셨다.
- D와 E는 둘 다 햄버거를 점심으로 먹었고, E와 F는 둘 다 콜라를 마셨다.

① 4가지 ② 6가지 ③ 8가지
④ 12가지 ⑤ 24가지

07 **대학생 A~F는 원탁에 둘러앉아 토론하기 위해 모였는데, 도착한 순서대로 번호가 쓰인 자리에 차례대로 앉았다. 다음 [조건]을 바탕으로 할 때, 항상 옳은 것을 고르면?** (단, 동시에 도착한 사람은 없다.)

조건

- B는 세 번째로 도착했다.
- A는 E보다 늦게 도착했다.
- F는 홀수 번째로 도착했다.
- C와 D는 서로 마주 보고 앉았다.

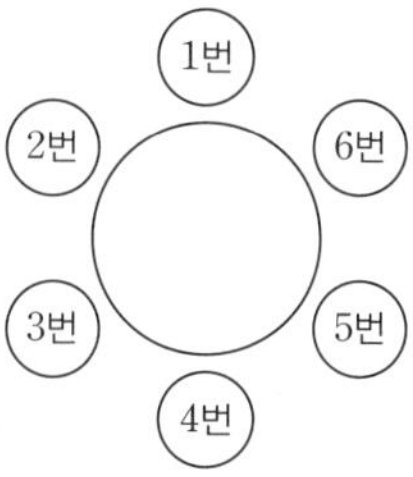

① E와 F는 서로 붙어 앉아 있다.
② C와 F는 서로 붙어 앉아 있다.
③ F는 D의 왼쪽 자리에 앉아 있다.
④ E는 C의 오른쪽 자리에 앉아 있다.
⑤ A와 B는 서로 마주 보고 앉아 있다.

08 **A~E의 5명 중 한 사람만 성과급을 받게 되었다. 성과급에 관련하여 다음과 같이 대화하였는데, 이들 중 한 명만 거짓말을 하였다. 이들의 대화를 읽고 거짓말한 한 명을 고르면?**

- A: B는 성과급을 받지 않았다.
- B: C와 D는 성과급을 받지 않았다.
- C: A는 거짓말을 하고 있다.
- D: E가 참말을 하였다면 B는 성과급을 받지 않았다.
- E: A 또는 D 중 한 명이 성과급을 받았다.

① A ② B ③ C
④ D ⑤ E

09 다음 [보기]에서 일정한 규칙으로 수를 나열할 때, 빈칸에 들어갈 알맞은 숫자를 고르면?

보기

$\frac{3}{7}$ $\frac{3}{7}$ $\frac{9}{28}$ $\frac{3}{14}$ $\frac{15}{112}$ $\frac{9}{112}$ ( )

① $\frac{1}{64}$ ② $\frac{1}{32}$ ③ $\frac{3}{64}$

④ $\frac{1}{4}$ ⑤ $\frac{5}{64}$

10 다음 [보기] 속 외부 동심원과 내부 동심원의 숫자들이 시계 방향으로 모두 동일한 규칙이 적용되어 변화하고 있다. 이때, A−B+C의 값을 고르면?

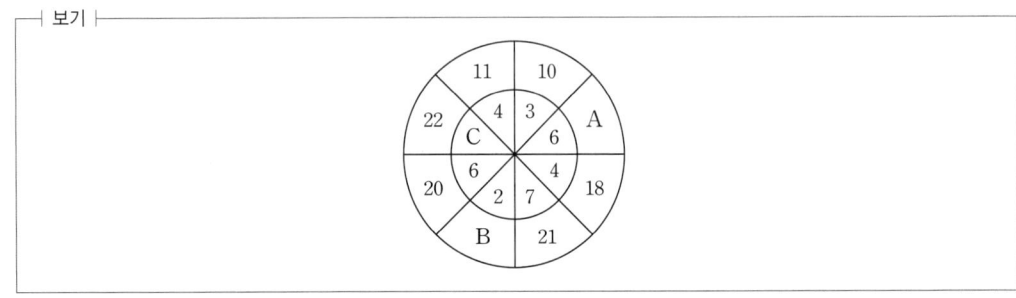

보기

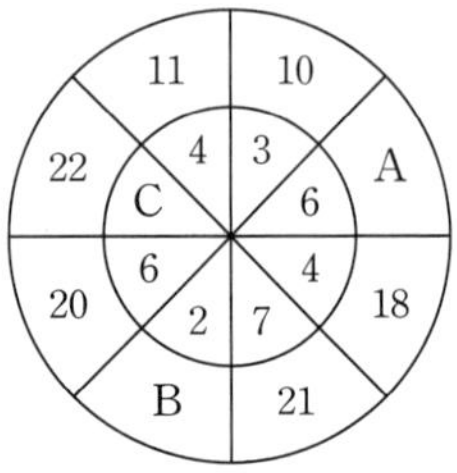

① 9 ② 10 ③ 11

④ 12 ⑤ 13

11 다음 [보기] 속 시계 모양 안의 숫자들은 일정한 규칙을 가지고 있다. 시계 중 가운데 비어 있는 부분의 수를 A라 하고, 분침이 없는 시계에 분침을 새로 추가할 때 가리키는 부분의 수를 B라 한다. 이때, A + B의 값을 고르면?

보기

① 10　② 15　③ 20
④ 25　⑤ 30

12 다음 [보기] 속 그림의 원 안의 숫자는 선마다 각각의 규칙을 가지고 변화하고 있다. 이때, A − B의 값을 고르면?

보기

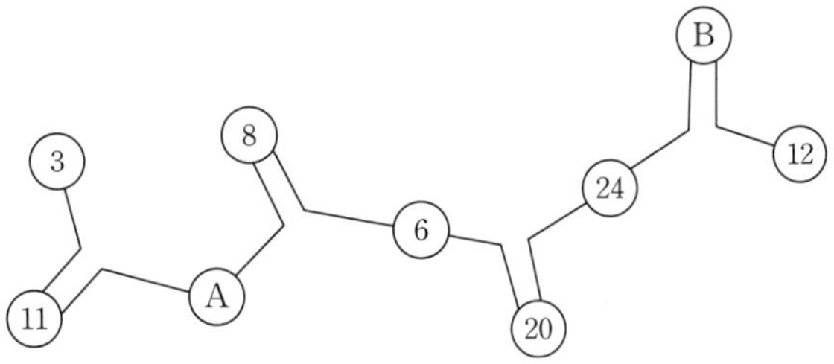

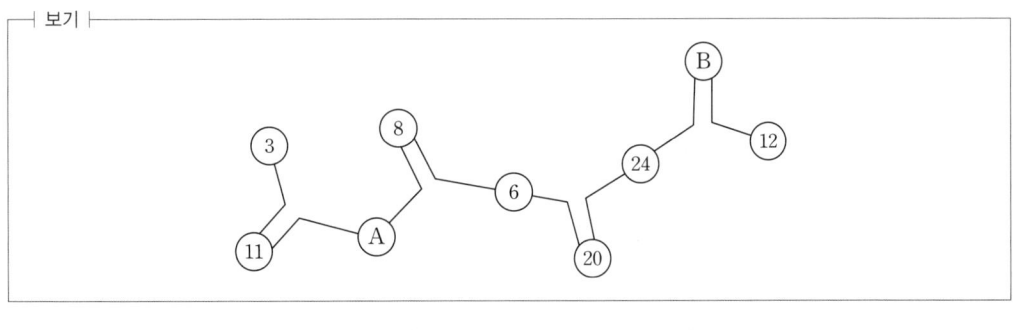

① 14　② 15　③ 16
④ 17　⑤ 18

13 다음 [보기] 속 전개도의 숫자들은 일정한 규칙을 가지고 있다. 이때, A의 값을 고르면?

보기

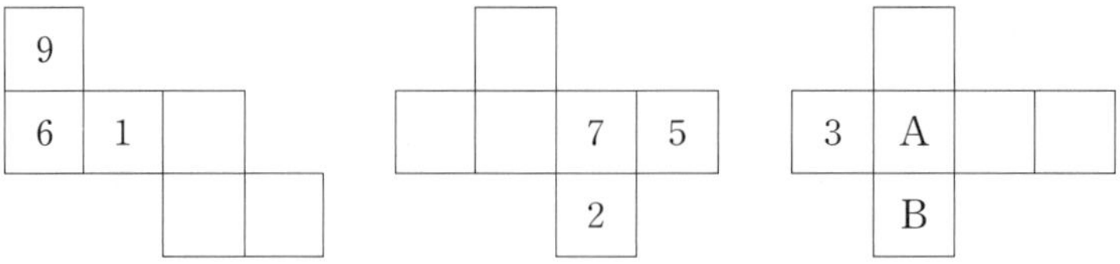

① 3 ② 4 ③ 5
④ 6 ⑤ 7

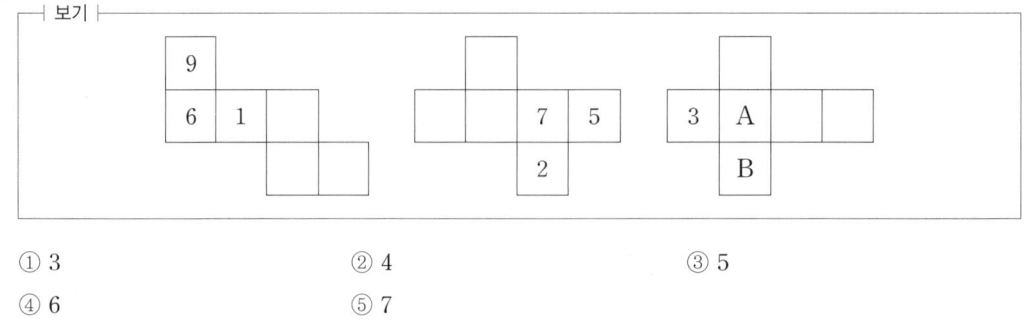

14 기호들이 하나의 규칙을 가지고 아래와 같이 문자나 수를 변화시킨다고 한다. 이때, '?'에 들어갈 알맞은 것을 고르면?

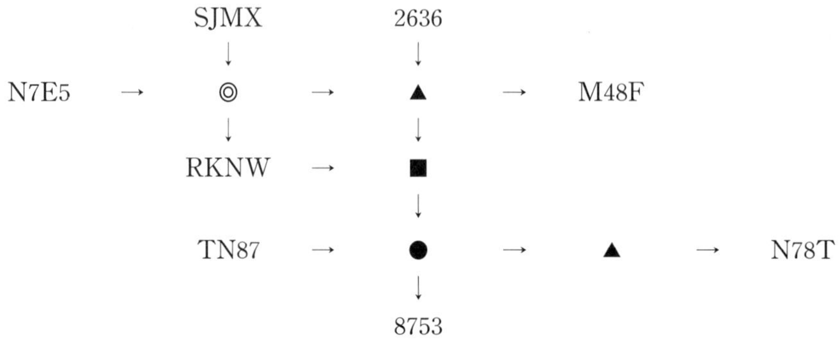

B2P5 → ◎ → A3Q4 → ● → (?)

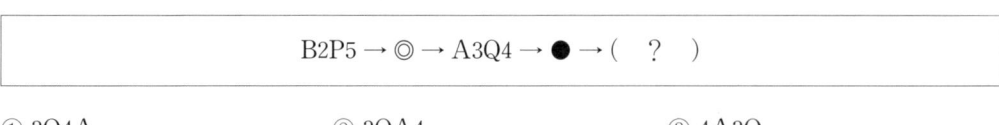

① 3Q4A ② 3QA4 ③ 4A3Q
④ A3Q4 ⑤ A43Q

15 다음 도형을 보고 적용된 규칙을 찾아 '?'에 해당하는 적절한 도형을 고르면?

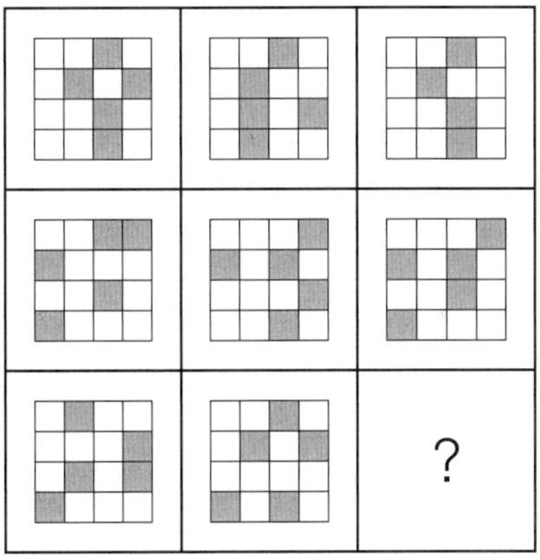

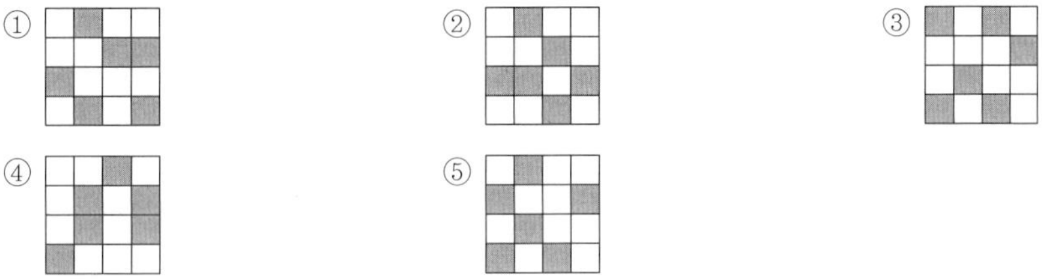

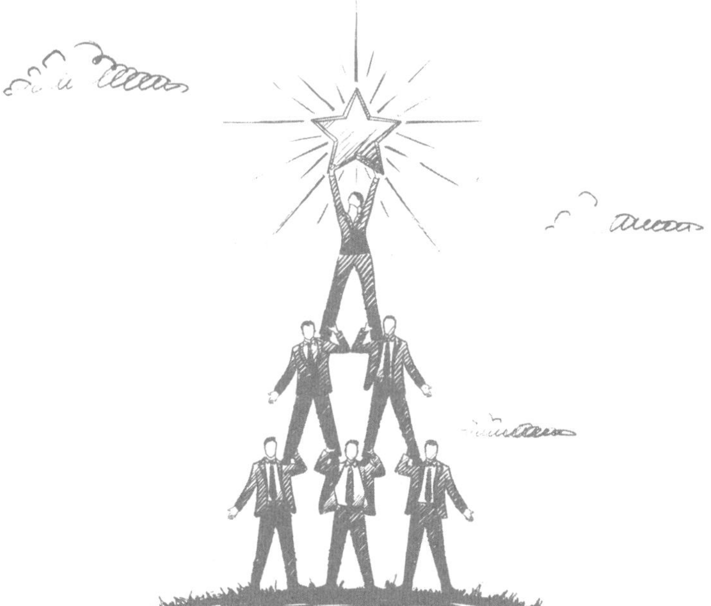

내가 꿈을 이루면
나는 누군가의 꿈이 된다.

– 이도준

여러분의 작은 소리
에듀윌은 크게 듣겠습니다.

본 교재에 대한 여러분의 목소리를 들려주세요.
공부하시면서 어려웠던 점, 궁금한 점,
칭찬하고 싶은 점, 개선할 점, 어떤 것이라도 좋습니다.

에듀윌은 여러분께서 나누어 주신 의견을
통해 끊임없이 발전하고 있습니다.

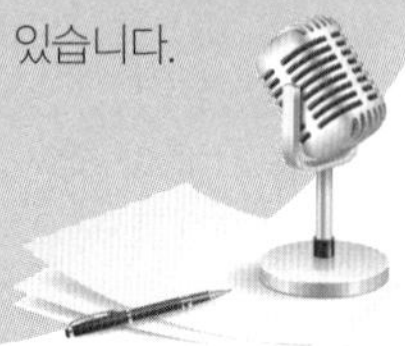

에듀윌 도서몰 book.eduwill.net
- 부가학습자료 및 정오표: 에듀윌 도서몰 → 도서자료실
- 교재 문의: 에듀윌 도서몰 → 문의하기 → 교재(내용, 출간) / 주문 및 배송

최신판 20대기업 온·오프라인 인적성 통합 기본서

발 행 일	2025년 1월 5일 초판
편 저 자	에듀윌 취업연구소
펴 낸 이	양형남
개발책임	오용철, 윤은영
개 발	이정은, 윤나라
펴 낸 곳	(주)에듀윌
ISBN	979-11-360-3580-6
등록번호	제25100-2002-000052호
주 소	08378 서울특별시 구로구 디지털로34길 55 코오롱싸이언스밸리 2차 3층

www.eduwill.net

대표전화 1600-6700

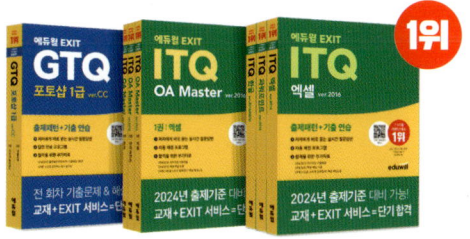

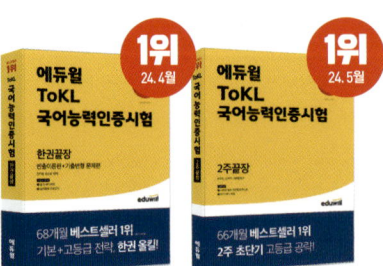

최신판

에듀윌 취업 20대기업 온·오프라인 인적성 통합 기본서

정답과 해설

eduwill

최신판

에듀윌 취업 20대기업 온·오프라인 인적성 통합 기본서

최신판

에듀윌 취업
20대기업 온·오프라인 인적성
통합 기본서

정답과 해설

eduwill

PART I

언어 영역

CHAPTER 01 독해

유형 1 | 내용이해

연습 문제 P. 34

01	④	02	③	03	⑤	04	⑤	05	⑤
06	④	07	②	08	③	09	①	10	④
11	⑤	12	①	13	④	14	⑤	15	②
16	①	17	③	18	③	19	③	20	②
21	③	22	②						

01

정답 | ④

주어진 글은 여성의 정치 참여에 대한 두 철학자의 생각을 중심으로 남녀평등에 관한 아테네의 이상 이념을 설명하고 있다.

| 오답풀이 |

① 소크라테스가 생각한 이상 국가의 모습이 주어지긴 하였으나, 해당 내용이 주어진 글의 전체를 포괄한다고 볼 수 없다.

② 균형 정치의 이상에 대한 내용은 주어진 글의 전체를 포괄한다고 볼 수 없다.

③ 플라톤의 국가론과 당대 아테네의 정치 현실은 글의 일부일 뿐 주어진 글의 전체를 포괄한다고 볼 수 없다.

⑤ 플라톤과 소크라테스가 여성의 정치 참여에 대해 긍정적인 입장이었으나, 주어진 글에 당대 여권 신장 방법에 대한 내용은 언급되지 않았다.

02

정답 | ③

1문단에서 이런 소화성 궤양은 오랫동안 인류의 가장 흔한 질병들 중 하나였다고 하였으므로, 근대 사회에 들어서면서 발병되었다는 것은 옳지 않다.

| 오답풀이 |

① 3문단에서 실수로 배양기에 넣어 두었던 것에서 워런 박사의 것과 동일한 박테리아가 콜로니를 형성한 것을 관찰하였고, 이를 '헬리코박터 파일로리'라고 명명하였다고 하였다.

② 3문단에서 궤양을 앓고 있는 환자들 대부분의 위에서 헬리코박터 파일로리균이 발견되었으며, 이 균이 점막에 염증을 일으킨다는 것도 알게 되었다고 하였다.

④ 2문단에서 이 박테리아는 위의 상피 세포와 결합하여 두꺼운 점액층의 도움을 받고 있었기 때문에 위산의 공격에도 위 조직에 존재하고 있었다고 하였다.

⑤ 마지막 문단에서 헬리코박터균과 궤양의 관계가 분명해지기 전까지 이 질병은 만성적이었지만, 이제는 항생제를 사용해 위에서 이 박테리아를 제거하면 이 질병을 완치할 수 있게 되었다고 하였으므로, 만성적이지만 완치할 수 있음을 알 수 있다.

03

정답 | ⑤

주어진 글은 중상주의 시기부터 근대까지 통계가 국가의 통치와 어떠한 방식으로 관련을 맺고 있는지를 밝히고 있는 글이다. 인구와 경제 부문에 집중되었던 통계 조사는 근대 국민 국가에 이르러 지식과 통치가 결합된 형태를 띠게 되었다는 것이 이 글의 핵심 내용이라고 할 수 있다. 여기에서 중심이 되는 내용은 근대 국민 국가에서는 통치 형태가 바뀌면서 합법칙적 통치를 요구하게 되었고 이를 통계 조사가 뒷받침하게 되었다는 것이다. 따라서 이 글의 제목으로는 ⑤가 가장 적절하다.

| 오답풀이 |

① 통계 형태에 대한 언급이 있기는 하지만 주된 내용이라고는 볼 수 없다.

② '지식'이라는 지나치게 포괄적인 개념을 제시하고 있어 제목으로 적절하지 않다.

③ 근대 국민 국가의 존속 가능성에 관한 내용은 언급하지 않고 있다.

④ 근대 국민 국가에 대한 고려가 없어 주제와 거리가 멀다.

04

정답 | ⑤

미국 달러로만 석유를 살 수 있기 때문에 석유를 구입해야 하는 국가는 미국 달러를 쟁여둘 수밖에 없는 상황이다. 이러한 이유로 달러의 가치가 떨어져도 외환 보유액 역시 달러로 저장해 두는 것이 여러모로 유리하다. 아무리 다른 나라의 화폐로 외환 보유액을 저장해 봤자 석유를 구매하기 위해서는 이 화폐를 다시 미국 달러로 바꿔야 하기 때문이다.

| 오답풀이 |

① 2차 세계 대전 후 미국이 세계의 중심 국가가 되면서 미국 달러가 기축 통화로 자리를 잡았다고 서술되어 있다.

② 석유 거래는 미국 달러로만 해야 한다는 보이지 않는 원칙이 있으므로 유로화로는 석유를 구매하기 어렵다는 것을 알 수 있다.

③ 미국은 1971년에 달러를 금으로 교환하는 걸 중단하였다고 서술되어 있으므로 1960년대에는 미국 달러를 언제든지 금으로 교환이 가능했다고 볼 수 있다.
④ 1970년대 초반 유럽과 아시아 국가들의 경제력이 커지고 상대적으로 미국의 경기가 나빠지면서, 달러화의 안정성에 불안함을 느낀 일부 국가들이 있었다고 서술되어 있다.

05

정답 | ⑤

주어진 글의 첫 번째 문단에서는 법 제정의 이유가 나와 있고, 두 번째 문단에서는 법의 세 가지 특징이 나와 있으므로 이 글의 주제로는 '법 개정의 이유와 법의 특징'이 가장 적절하다.

| 오답풀이 |

① 법이 집단생활에 필요한 것이라는 내용은 있지만, 주어진 글의 주제로 보기는 어렵다.
② 법이 개인이 처리해도 되는 일까지 간섭할 때의 문제점이 나와 있기는 하지만, 주어진 글의 주제로 보기는 어렵다.
③ 사회가 변화한다는 내용이나 이에 따라 법이 어떤 미래를 가지게 될 것이라는 내용은 언급되어 있지 않다.
④ 인간 사회에서 법이 중요하다는 것을 추론할 수는 있지만, 주어진 글의 주제로 보기는 어렵다.

06

정답 | ④

1문단에서 언급한 "홍길동은 매우 영리하나 인간성은 나쁘다."라는 문장과 "홍길동은 인간성은 나쁘나 매우 영리하다."라는 문장은 구성 어휘는 같지만, 어휘들 간의 배열이 달라 그 의미가 전혀 다르게 된다고 한 내용을 통해 알 수 있다.

| 오답풀이 |

① 소쉬르는 언어를 이루는 구성 요소의 본질보다는 요소들 간의 관계적 구조를 강조한다고 하였다.
② 계열체적 관계는 어휘들의 위치 관계가 아니라 유의어 관계를 중요하게 여긴다.
③ 연쇄체적 관계는 어휘들의 유의어 관계가 아니라 위치 관계를 중요하게 여긴다.
⑤ 소쉬르는 계열체적 관계에서 문장에 나타나 있는 특정 어휘가 대치된다 하더라도 문법적 체계에는 하등의 문제가 없으며 어휘들과의 차이를 통해서 그 차이점이 결정된다고 하였다.

07

정답 | ②

주어진 글은 신장이 몸에서 노폐물을 걸러내주는 과정을 설명하고 있다. 따라서 이 글의 제목으로는 '신장의 역할'이 가장 적절하다.

| 오답풀이 |

① 네프론이라는 장치가 신장에 있고, 네프론의 구조에 대해 나오고 있지만, '신장의 구조'를 주어진 글의 제목으로 보기는 어렵다.
③ 소변에 포도당이 나오면 당뇨병을 의심해 볼 수 있다고 언급하고 있지만, '신장과 당뇨병'을 주어진 글의 제목으로 보기는 어렵다.
④ 주어진 글을 통해 신장 건강이 중요하다는 것을 추론할 수 있지만, 이를 제목으로 보기는 어렵다.
⑤ 적절한 수분 섭취가 중요한 것은 사실이지만, 주어진 글의 제목으로는 적절하지 않다.

08

정답 | ③

주어진 글은 운동을 통한 다이어트가 실제적으로 효과가 없다는 것을 칼로리 소모량을 기준으로 논증하고 있다. 따라서 '운동을 통한 다이어트 효과' 표제와 '과학적 기준으로 보는 허와 실' 부제 모두 적절하다.

| 오답풀이 |

① 표제는 적절하다고 볼 수 있으나, 다양한 다이어트 방법을 부제로 보기는 어렵다. 주어진 글은 대부분 운동이 다이어트에 효과적이지 않다는 내용을 담고 있다.
② 표제와 부제 모두 적절하지 않다. 다이어트 '열풍'이라고 불릴 만한 상황이 주어지지 않았고, 요가나 필라테스가 체형미를 가꾸는 데 도움이 된다고는 했지만 필자가 요가나 필라테스를 언급한 이유는 이러한 운동이 다이어트에는 도움이 되지 않음을 논증하기 위해서이다.
④ 표제는 적절하다고 볼 수 있으나, 부제의 통계 수치는 주어진 글에 언급되지 않았다.
⑤ 표제는 적절하다고 볼 수 있지만, 부제가 적절하지 않다. 주어진 글은 운동을 통한 체중 감량이 효과적이지 않다는 내용을 언급하고 있을 뿐, 객관적 자료를 통한 체중 감량 방법을 제시하지 않는다.

09

정답 | ①

청약을 받은 이가 이를 승낙하지 않고, 청약 내용의 변경을 요구한다면 이는 새로운 청약을 한 것이 된다고 하였다.

| 오답풀이 |

② 실시간 의사소통이 불가능하다면 승낙의 의사표시가 청약자에게 도달한 시점이 아니라 발송된 시점에 계약이 성립된다고 하였다.
③ 실시간 의사소통이 이루어진다면 청약자가 승낙자에게서 승낙의 의사가 담긴 말을 들어야 계약이 성립한다.
④ 승낙자가 승낙의 의사표시를 발송했어도 청약자가 승낙자의 승낙의 의사표시가 연착했음을 알린다면 계약의 효력은 발생하지 않는다고 하였다. 승낙자의 승낙의 의사표시는 승낙 기

간 내에 청약자에게 도달해야 그 발송 시점부터 계약이 인정되는 것이다. 반면, 승낙의 의사표시가 도착하지 않았는데, 청약자가 연착 사실을 승낙자에게 알리지 않았다면 승낙자는 승낙의 의사표시가 청약자에게 전달된 것으로 간주할 것이므로 계약의 효력은 발생한다고 하였다.

⑤ 대면하여 계약을 진행하는 것이 일반적인 관행이지만, 계약이 항상 실시간으로 진행되는 것은 아니다. 또한, 주어진 글만으로 이 두 경우에 대하여 어느 것이 옳다고 말하기는 어렵다.

10

정답 | ④

방위 조약, 중립 조약, 협상 중 정치·외교적 관계의 정도가 가장 강한 것은 강제성을 띤 방위 조약이고, 자율성이 가장 강한 것은 협상이다. 협상은 동맹의 관계성은 낮고 자율성은 강한데, 자율성이 강하다는 것은 정치·외교적 관계의 정도가 가장 약하다는 것을 의미한다.

| 오답풀이 |

① 동맹의 종류 중 자율성이 가장 높은 동맹의 종류는 방위 조약이 아니라 협상이다.

② 주어진 글에 따르면 동맹을 결성하는 핵심적인 이유는 동맹을 통해 확보되는 이익이다.

③ 동맹국의 전쟁에 개입해야 한다는 강제성이 있는 조약은 중립 조약이 아니라 방위 조약이다.

⑤ 서명국 중 한 국가가 제3국으로부터 침략을 받더라도 서명국 간에 전쟁을 선포하지 않겠다는 조약은 방위 조약이 아니라 중립 조약이다.

11

정답 | ⑤

주어진 글은 핵무기 운송 수단으로 탄생하게 된 대륙간탄도미사일(ICBM)의 탄생 배경과 그 위력을 설명하고 있다.

| 오답풀이 |

① 대륙간탄도미사일의 원리를 설명하고 있지 않다.

② 대륙간탄도미사일의 위력을 설명하고 있으나, 그 위력이 어떻게 다른지 다른 대상과 비교하고 있지는 않다.

③ 대륙간탄도미사일의 종류와 구조를 설명하고 있지 않다.

④ 대륙간탄도미사일의 과거와 현재에 대한 설명이 아니라, 탄생 배경과 위력을 설명하고 있다.

12

정답 | ①

3문단에서 책 읽기에는 상당량의 정신 에너지와 훈련이 요구되며, 독서의 즐거움을 경험하는 습관 또한 요구된다고 한 내용과 정반대의 내용이다.

| 오답풀이 |

② 1문단에서 인간의 뇌는 애초부터 책을 읽으라고 설계된 것이 아니라고 하였다.

③ 1문단에서 책은 인간이 가진 그 독특한 네 가지 능력의 유지, 심화, 계발에 도움을 주는 유효한 매체라고 하였다.

④ 2문단에서 책을 읽는 문화와 책을 읽지 않는 문화는 기억, 사유, 상상, 표현의 층위에서 상당한 질적 차이를 가진 사회적 주체들을 생산한다고 하였다.

⑤ 3문단에서 책 읽기에는 상당량의 정신 에너지와 훈련이 요구되며, 독서의 즐거움을 경험하는 습관 또한 요구된다고 하였다.

13

정답 | ④

주어진 글은 서스펜스를 제작하는 다섯 가지 방법을 제시하고 있다.

| 오답풀이 |

① 주어진 글을 통해 서스펜스를 제작하는 목적을 간략히 확인할 수는 있지만, 전체 글의 주제로 보기는 어렵다.

② 서스펜스가 영화를 보는 관객들의 흥미를 북돋워 준다는 내용이 나와 있기는 하지만, 전체 글의 주제로 보기는 어렵다.

③ 서스펜스를 제작할 때 겪는 어려움은 나와 있지 않다.

⑤ 서스펜스가 관객들의 흥미를 북돋워 주는 이유는 관객에게 불안과 긴장을 주기 때문이라고 나와 있지만, 전체 글의 주제로 보기는 어렵다.

14

정답 | ⑤

대형 문화재를 디지털 복원할 때 소실된 부분은 남아 있는 사료와 도면을 기초로 제작한다고 하였다.

| 오답풀이 |

① 문화재 보존이란 더 이상의 손상을 막기 위한 모든 조치를 말하며, 복원은 문화재의 훼손 정도가 심각해 원형에 가깝도록 보충 및 보수하는 것을 말한다. 따라서 이 둘은 다른 개념이다.

② 복원하기 위해서는 먼저 정확한 고증을 해야 한다고 하였으므로, 고증이 복원의 전제라 할 수 있다.

③ 문화재를 복원할 때 훼손을 최소화하기 위해 최근에는 X선을 이용한 비파괴 검사를 한다고 하였다.

④ 디지털 보존·복원이 가장 잘 이용되는 분야는 무형 문화재로 도제 시스템 전수 방법의 한계를 보완해 주는 장점이 있다고 하였다.

15

정답 | ②

주어진 글은 엑스레이 아트가 무엇인지 닉 베세이의 「튤립」과 「셀피」를 그 사례로 밝히고 있다.

| 오답풀이 |

① 첫 번째 문단에서 엑스레이 아트의 등장 배경이 나오긴 하지

만 이를 전체 주제로 보기는 어려우며, 부제의 '창작 의도' 역시 부제로 보기 어렵다.
③ 엑스레이 아트가 각광을 받는 이유에 대해서는 주어진 글에 나오지 않는다.
④ 엑스레이 아트를 예술로 인정하는 기준은 주어진 글에 나오지 않았으며, 닉 베세이가 엑스레이를 활용하여 오브제 내부에 주목한 작품을 만들긴 하였으나 이를 글의 부제로 보기에는 적절하지 않다.
⑤ 표제는 적절하지만, 부제의 '상업 미술의 활성화'는 주어진 글과 관련이 없는 내용이다.

16

정답 | ①

홀로그램은 결국 반투명 거울을 투과한 주광을 물체에 반사시킨 빛과, 반투명 거울에 반사된 참조광을 렌즈에 반사시킨 빛을 사진 건판에 겹치도록 하여 만든 것이다.

| 오답풀이 |

② 세계 각국에서 발행하는 신권에 홀로그램을 사용한다고 하였지만, 모든 지폐에 홀로그램을 사용하여 발행하였는지의 여부는 알 수 없다.
③ 화폐에 홀로그램 기술을 사용하는 이유는 위조 방지를 위해서이다.
④ 홀로그래피에서 반투명 거울을 투과한 주광과 반투명 거울을 반사한 참조광은 각각의 역할이 있으므로, 무엇이 더 중요한 역할을 하는지는 알 수 없다.
⑤ 홀로그래피를 만들려면 반투명 거울에 반사된 참조광이 아니라 반투명 거울을 투과한 주광을 물체에 비춰야 한다.

17

정답 | ③

주어진 글은 태양의 중심부에서 수소가 언젠가 고갈될 것이고, 이로 인해 지구 역시 녹아 버릴 것이라는 내용을 담고 있다. 즉, 태양과 지구의 운명에 관한 글이라 할 수 있다.

| 오답풀이 |

① 태양이 소멸되는 이유는 핵융합 반응에 필요한 연료인 수소가 태양의 중심부에서 모두 고갈될 것이기 때문이다. 그러나 해당 질문은 주어진 글이 나오기 위한 궁극적인 질문이라 볼 수는 없다.
② 결국 지구가 소멸할 것이라는 언급이 있지만, 구체적인 시기에 관한 언급은 없다. 따라서 해당 질문은 주어진 글이 나오기 위한 궁극적인 질문이라고 볼 수 없다.
④ 지구 이외의 행성들의 최후는 지구와 비슷할 것이라 예상할 수는 있지만 주어진 글에서 정확하게 알 수 없다.
⑤ 적색 거성과 적색 초거성의 차이점은 크기이지만, 해당 질문은 주어진 글이 나오기 위한 궁극적인 질문이라 볼 수는 없다.

18

정답 | ③

주어진 글에 새집 증후군에 잘 걸리는 사람의 유형은 서술되어 있지 않다. 유아나 노약자와 같은 저항력이 약한 사람들은 새집 증후군에 걸리면 건강에 심각한 위협을 받을 수 있다고는 했지만, 이를 새집 증후군에 잘 걸리는 사람의 유형이라고 보기는 어렵다.

| 오답풀이 |

① 새집 증후군은 만성적인 두통, 구토, 어지럼증, 알레르기 등 다양한 증상을 유발할 뿐만 아니라, 집중력 저하를 일으키거나 쉽게 피로감을 느끼게 하고 신경계의 균형을 무너뜨리기도 한다고 하였다.
② 새로 지은 건물의 실내 공기가 오염되는 이유는 건축 재료나 벽지에 포함된 포름알데히드와 휘발성 유기화합물, 기타의 유해 물질들 때문이라고 하였다.
④ 새집 증후군을 원칙적으로 차단하기 어려운 이유는 새집 증후군 유발 물질이 내구성이나 난연성 등의 성능을 확보하는 데 필요하기 때문이다.
⑤ 새집 증후군의 원인을 제공하는 물질을 사용하지 못하게 하면 건축 재료의 제조 생산이 원천적으로 불가능하거나 안전상의 문제, 건축 자재 가격의 급격한 상승 등의 부작용을 불러올 것이라고 하였다.

19

정답 | ③

주어진 글은 정부가 환경 문제를 해결하기 위한 방법 중 규제를 제외한 다른 방법에 대해 소개하고 있다. 소유권을 분명히 하는 것, 시장 기구를 이용하는 것이 그 방법이며, 시장 기구를 이용하는 방법의 예시로 오염 배출권 거래제에 대해 설명하고 있다.

| 오답풀이 |

① 환경 문제의 뜻과 사례는 언급하지 않고 있다.
② 오염 배출권의 개념과 효과가 나와 있지만, 전체 글의 주제로 보기는 어렵다.
④ 환경 오염을 해결하기 위해 미국과 유럽에서 오염 배출권 거래제를 사용하고 있다는 내용은 있지만, 전체 글의 주제로 보기는 어렵다.
⑤ 환경 문제를 해결하기 위한 정부 규제의 한계는 언급되어 있지 않다.

20

정답 | ②

두 번째 문단을 보면, 복잡한 판정을 할 수 있는 인공 신경망은 다수의 퍼셉트론을 여러 계층으로 배열하여 한 계층에서 출력된 신호가 다음 계층에 있는 모든 퍼셉트론의 입력 단자에 입력값으로 입력되는 구조로 이루어진다고 하였다. 따라서 하나의 퍼셉트론을 통해 복잡한 판정을 한다는 것은 옳지 않다.

| 오답풀이 |

① 인간 신경 조직의 기본 단위는 뉴런인데, 인공 신경망에서는 뉴런의 기능을 수학적으로 모델링한 퍼셉트론을 기본 단위로 사용한다고 하였다.

③, ⑤ 퍼셉트론은 여러 개의 '입력값을 받아도, 가중치를 입력값에 곱한 값들을 모두 합'한 가중합이 고정된 임계치보다 작으면 0, 크거나 같으면 1과 같은 방식으로 출력값을 내보낸다. 즉, 그 입력값들을 0과 1, 두 가지로만 구분하여 판정한다고 하였다.

④ 인공 신경망 기술은 컴퓨터가 인간처럼 기억, 학습, 판단할 수 있도록 인간의 신경 조직을 수학적으로 모델링한 기술이라고 하였다.

21

정답 | ③

주어진 글은 행정 집행에 따른 권리 침해를 사전에 예방하기 위한 제도 중 청문과 민원 처리를 중심으로 설명하고 있다.

| 오답풀이 |

① 주어진 글에 행정 피해가 일어나는 까닭에 대해서는 서술되어 있지 않다.

② 청문의 대표적인 예로 공청회에 대해 서술되어 있으나, 행정 피해 발생을 예방하기 위해 언급된 두 가지 제도를 담지 못하므로 부제로 적절하지 않다.

④ 행정 피해를 구제받기 위한 제도는 이미 행정으로 인한 피해가 생긴 후 작동하는 제도로, 주어진 글은 해당 피해를 사전에 예방하는 제도에 대해 설명하고 있으므로 표제로 적절하지 않다.

⑤ 행정 피해를 구제받기 위한 제도는 이미 행정으로 피해가 생긴 후 작동하는 제도이다. 그리고 공청회는 행정 피해 발생을 예방하기 위해 언급된 두 가지 제도를 담지 못하므로 부제로 적절하지 않다.

22

정답 | ②

주어진 글은 미괄식 구성의 글로, 중심 내용을 글 마지막에서 확인할 수 있다. 글의 앞부분에서 역사학의 본질이 역사적 사실을 해석하는 데 있음을 밝힌 뒤, 뒷부분에서 역사적 사실을 올바르게 해석하기 위해서는 올바른 해석의 관점이 전제되어야 한다고 주장하고 있다. 따라서 이 글에서 가장 강조하는 것은 '역사를 바라보는 올바른 관점의 정립'이라고 볼 수 있다.

| 오답풀이 |

①과 ③은 역사학 성립을 위한 '기초 자료'이며, ④는 올바른 역사관의 정립을 통해 이루어지는 '결과'라고 볼 수 있다. ⑤는 주어진 글의 내용과 거리가 멀다.

유형 2 | 글 수정

연습 문제 P. 60

01	④	02	②	03	④

01

정답 | ④

생산량 증대를 통해 곡물 가격을 낮추는 것은 유전자 조작 작물의 긍정적인 측면에 해당하므로 삭제하거나 '본론 I'로 옮기는 것이 적절하다.

| 오답풀이 |

① ㉠은 유전자 조작 작물의 장점에 관한 내용이 아니고, 유전자 조작 작물에 대한 개괄적 내용에 해당하므로 서론에서 다루는 것이 적절하다.

② ㉡은 '본론 II－1', '본론 II－3'의 내용과 위상이 대등하지 않고, '본론 II－1'의 세부 내용에 해당하므로 '본론 II－1'의 내용에 포함시켜 서술하는 것이 적절하다.

③ '본론 III－1'이 유전자 조작 작물 개발의 규제에 대한 것이므로, 하위 항목의 내용을 고려하여 ㉢은 '유전자 조작 작물 개발의 규제와 대안'으로 수정하는 것이 적절하다.

⑤ 글의 주제가 유전자 조작 작물을 폐기하자는 것이 아니라 그것의 문제점을 극복하자는 것이므로 ㉤은 '무분별한 유전자 조작 작물 개발에 대한 경각심 환기'로 수정하는 것이 적절하다.

02

정답 | ②

㉡ 문장 바로 다음을 보면, 주로 행상에 나가는 것이 가난한 자들이었다는 설명을 하고 있다. 따라서 개성 주민 모두가 장사를 영위했던 것은 아니라는 점을 판단할 수 있으므로 ②의 내용과 같이 수정해야 한다.

| 오답풀이 |

① 장사를 하지 않을 수 없었던 이유는 토지 규모가 다른 지역보다 적었기 때문이므로 수정하지 않는 것이 타당하다.

③ 개성 지역과 다른 지역의 재정운영 방식의 차이점이 뒤이어 설명되고 있으므로 수정하지 않는 것이 타당하다.

④ 조선 왕조가 상업을 철저하게 억제하는 농본억말(農本抑末) 정책을 펼쳤음에도 개성 지역에서만큼은 상업이 번성할 수 있었다고 하였으므로 수정하지 않는 것이 타당하다.

⑤ 조선 전기와 후기를 구분하여 설명하고 있으므로, 전기에는 농기구류 등에 국한된 소규모 상인의 모습이었다는 설명은 수정하지 않는 것이 타당하다.

03

정답 | ④

'본론 2－(2)'는 '본론 1'의 기부가 활성화되지 않는 이유 중 의식적인 측면에 대응되는 내용에 해당한다. 따라서 '기부를 통한 기업의 이미지 개선'을 말하는 D를 '본론 2－(2)'에 활용하는 것은 적절하지 않다.

유형 3 | 문단배열

연습 문제 P. 65

01	①	02	②	03	⑤	04	④

01

정답 | ①

주어진 글은 어떤 경제 행위가 제3자에게 이익 또는 손해를 주는 외부성에 대해 설명하고 있다. 따라서 가장 먼저 나와야 하는 것은 외부성의 개념을 밝히고, 그 사례를 제시하는 [가]이다. 그러고 나서 외부성이 비효율성을 초래할 수 있다고 설명하는 [라]와, 외부성의 비효율성을 보여 주는 사례인 [마]가 순서대로 나와야 한다. 그다음에는 외부성의 비효율성을 제재하려는 정부의 개입에 대해 설명하는 [나]가 오고, 정부가 개입하였을 때의 부작용을 설명하는 [다]가 마지막으로 와야 한다. 따라서 [가]－[라]－[마]－[나]－[다] 순으로 와야 한다.

02

정답 | ②

주어진 글은 조선 시대 조의의 참석자와 그들의 자리 배치에 관해 설명하고 있다. 따라서 가장 먼저 와야 하는 것은 조의의 정의와 참석자를 소개하는 [나]이고, 국왕과 행례자의 자리를 크게 나누고 있다고 설명하는 [가]가 다음으로 와야 한다. 그다음으로 행례자 중 동·서반의 위치를 설명하고 있는 [마]가 온 다음, 동·서반의 위치가 그렇게 정해진 까닭을 이야기하는 [다]와 이를 정리해 주는 내용인 [라]가 순서대로 와야 한다. 따라서 [나]－[가]－[마]－[다]－[라] 순으로 와야 한다.

| 오답풀이 |

③ [가]가 네 번째 자리보다 두 번째 자리로 오는 것이 적절한 이유는 동·서반이 행례자에 포함되는 사람이므로, 행례자의 자리에 대해 먼저 설명하고 그 안에서 그들이 어떻게 배치되었는지 설명하는 것이 더 자연스럽기 때문이다.

03

정답 | ⑤

주어진 글은 배경 음악의 역사와 현대의 배경 음악의 특징을 설명하고 있다. [보기]의 문장은 배경 음악이 도시 공간의 폐쇄성과 교통의 혼잡으로 인한 기다림을 무료하지 않게 해준다고 설명하고 있으므로, 이 내용이 들어갈 위치로 가장 적절한 곳은 (마)이다.

| 오답풀이 |

① [보기]가 배경 음악에 대한 특징을 설명하고 있지만 '도시 공간의 폐쇄성, 교통 혼잡' 등의 용어를 통해 오늘날의 배경 음악의 특징에 대한 설명임을 알 수 있다. 따라서 배경 음악의 역사를 설명하고 있는 (가)에 들어가는 것은 적절하지 않다.

04

정답 | ④

각 문단을 요약하면 다음과 같다.

[가] 이민자를 선별하지 않고 받으면 여러 문제가 발생함을 말하고 있다.

[나] "~해야 한다."라는 서술어를 쓰며, 앞으로의 해결 방법에 대해 논하고 있다.

[다] 좋은 인력을 선별해서 입국하도록 하는 것, 사회통합에 주력해야 하는 것을 제시하고 있다.

[라] 새로 들어올 이민자 선별도 중요하지만, '이미 들어온 이민자'에 대한 지원도 이루어져야 함을 말하고 있다.

이때, [나]는 대책에 해당하므로 글의 맨 뒤에 와야 하므로 [나]가 가장 뒤에 있는 ④가 정답이다.

문제해결 TIP

글의 순서 바로잡기 유형의 문제를 풀기 위해서는 각 문단의 내용과 형식을 살펴봐야 한다. 우선 전체 글이 '문제+해결책, 주장+근거(사례, 상술, 부연), 전제+주장'인지를 살펴봐야 하고 다음으로는 각 문단의 형식인 접속어나 지시어를 살펴봐야 한다. 제시문의 길이가 길어 시간이 허비될 수 있는데, 위의 방법으로 문제를 풀면 시간을 절약할 수 있다

유형 4 | 추론

연습 문제 P. 70

01	④	02	②	03	⑤	04	④	05	②
06	③	07	⑤	08	⑤				

01

정답 | ④

상황과 목적에 맞게 시를 비평하기 위해서는 시의 내용, 형식, 표현 등을 꼼꼼히 음미하며 읽어야 한다.

| 오답풀이 |

① 시험을 잘 치르기 위해서는 내용을 꼼꼼히 알아야 하기 때문에 시험 범위에 해당하는 내용을 정독해야 한다.

② 소설의 줄거리를 알기 위해서는 앞뒤 맥락을 알아야 하기 때문에 전체적으로 읽어야 한다.

③ 도서관은 여러 사람이 공부를 하는 곳이므로 묵독을 해야 하며, 보고서에 필요한 자료인지 아닌지 확인하기 위해 중요 정보를 중심으로 빠르게 읽어야 한다.
⑤ 자투리 시간에 가볍게 읽을거리는 훑어 읽기가 적절하다.

02

정답 | ②

주어진 글의 글쓴이는 여가가 가진 자체의 의미에 주목하고 있다. 따라서 여가 시간을 노동 시간과 분리하여 새로운 삶의 의미를 발견하고자 하는 신 과장의 모습이 가장 글의 취지에 맞다고 할 수 있다.

| 오답풀이 |

①, ③, ⑤ 모두 노동 시간과 분리되지 않은 노동 중심적 관점에서 바라본 여가의 의미를 보여주고 있다.
④ 가족들과 동물원을 가는 것은 노동 중심적 사고에서 벗어나 삶의 의미를 발견하는 것은 맞지만, 마지막 문단에서 진정한 여가는 자유롭고 창조적인 자아 실현을 위해 사용되어야 한다고 했으므로 적절하지 않다.

03

정답 | ⑤

1문단에서 출산을 전혀 하지 않은 여성들에게서 난소암 발병 위험이 더 크다고 하였다. 즉 생리를 통한 배란 횟수가 비교적 꾸준하게 많은 여성들에게 난소암 발병 확률이 더 높다고 추론할 수 있다.

| 오답풀이 |

① 가족력이 있는 경우 난소암 발병 확률이 높아지지만, 실제 난소암 환자의 95% 이상이 가족력이 없는 경우이므로, 가족력은 가장 큰 난소암의 원인이 아니라고 볼 수 있다.
② 난소암은 모든 연령대에서 발생할 수 있는 암이라고 하였으므로 나이가 많지 않더라도 얼마든지 난소암에 걸릴 수 있음을 알 수 있다.
③ 암 덩어리를 완전히 제거해야 항암치료 효과가 더 크다고 설명한 것을 통해 항암치료의 목적이 난소의 암 덩어리 제거가 아닌, 향후 암 병변의 추가 발생을 억제하는 것이라고 판단할 수 있다.
④ 초기 자각 증상이 거의 없다고 하였으므로, 암이 상당히 진행된 채로 발견되는 경우가 많음을 추론할 수 있다.

04

정답 | ④

3문단에서 정의적 측면을 강조하여 유의미한 인간적 경험, 예를 들면 무엇을 배운 결과 삶의 보람을 느낀 것을 학습이라 보기도 한다고 하였으므로, 과학을 배워 보람을 느낀 경우는 지적 변화에 초점을 둔 학습 개념은 아니다.

| 오답풀이 |

① 1문단 전체에서 알 수 있다.
② 1문단에서 성숙에 의한 변화는 대체로 신체적, 성적 발달에 국한되는 경우가 많다고 하였다.
③, ⑤ 2문단의 내용을 통해 알 수 있다.

05

정답 | ②

경기가 좋을 경우에는 소비자가 가격 변화에 민감한 반응을 보이지 않을 확률이 높으므로 바겐세일을 많이 하지 않을 것이다. 바겐세일은 가격 변화에 민감한 반응을 보이는 소비자에게도 물건을 팔기 위한 전략이기 때문이다.

| 오답풀이 |

① 유행이나 계절에 민감한 상품의 경우 판매시기를 놓치면 재고가 쌓이게 되므로 바겐세일을 이용해서라도 가격의 변화에 민감한 사람들에게까지 물건을 팔아야 한다.
③ 생활에 꼭 필요한 생필품의 경우 가격이 더 오른다고 하여 수요량이 급격하게 줄지도 않고, 가격이 낮아져도 수요량이 크게 늘지도 않는다. 따라서 생필품은 바겐세일을 해도 이윤이 크게 늘어나지 않는다.
④ 세일 기간을 기다리게 하는 일종의 장애물을 활용하는 것이 바겐세일이다.
⑤ 글의 전체 맥락을 통해 알 수 있다.

06

정답 | ③

여러 대의 PC들이 하나의 주소를 공유할 때 프록시 방화벽을 활용할 수 있다는 내용은 주어진 글에 나와 있지 않으므로 추론할 수 없다.

| 오답풀이 |

① 패킷 분석형 방화벽은 헤더 주소만을 검사하여 미리 허용된 주소에 대해서는 차단하지 않고 예외적으로 방화벽을 통과하도록 허용하는 방식이다. 따라서 주소가 조작된다면 보안이 취약해진다.
② 패킷 분석형 방화벽은 벽에 일종의 구멍을 내는 것과 유사하기 때문에 한번 열린 포트는 계속해서 열리게 되는 단점이 있다. 즉, 포트가 한번 열리면 보안이 취약해진다.
④ 프록시 방화벽은 내부 사용자가 외부 네트워크에 접속하려고 할 때 프록시 방화벽이 중간에서 그 역할을 대신해 준다고 했다. 이는 집을 사고팔 때 공인 중개사의 중개와 역할이 비슷하다.
⑤ 프록시 방화벽은 내부 네트워크 사용자와 외부 네트워크 사이에서 서로의 요청과 응답을 대신 수행해 준다. 따라서 내부 네

트워크 사용자가 외부 네트워크에 직접 접속하는 것을 막아 준다.

07

정답 | ⑤

주어진 글을 보면 '강세'는 어떠한 형태일지라도 변함없이 효과적일 수는 없다는 것을 알 수 있다. 또한 주인공을 계속 강조하기 위해서는 강세를 지속적으로 되풀이하다가 그 강조가 절정에 달할 경우 이를 유지하려 하지 말고 뒤로 물렸다가 다시 강세를 부여하는 방식을 취해야 한다고 하였다.

| 오답풀이 |

① 연극의 관객들은 자발적 주의를 하는 경우가 드물다고 되어 있으므로 무의식적 주의에 의해 크게 영향을 받음을 알 수 있다.
② 희곡은 대사의 순서에 의해서만 주안점이 강조되므로 연극에 비해 평면적으로 이루어진다.
③ 주어진 글을 통해 연극에서 연출가는 무의식적 주의에 영향을 주는 강세를 어떻게 주는지에 크게 관여함을 알 수 있다. 이때, 관객은 무의식적 주의에 크게 영향을 받으므로 결국 연출가에 의해 연극 무대에 관한 관객의 평은 충분히 달라질 수 있다.
④ 연극에서 연출가가 해야 할 가장 중요한 일이 요소들의 중요성을 결정하고 거기에 적당한 강세를 주는 것이다. 즉, '강세'는 연출가의 계획에 의해 이루어진다.

08

정답 | ⑤

1문단의 첫머리에서 '인간이 집단을 떠나서 혼자의 힘만으로는 살 수 없다는 사실은, 생존의 욕구를 버리지 않는 한 집단 생활이 불가피하다는 결론을 뒷받침한다.'라고 하였으므로 개인은 사회를 떠나 혼자서 고립되어 인간적인 삶을 영위할 수 없다고 볼 수 있다. 따라서 개인이 사회를 떠나서도 생존의 욕구를 충족시킬 수 있다고 한 ⑤의 내용은 적절하지 않다.

| 오답풀이 |

① 2문단에서 '집단의 성원 각자는 평등한 자격으로 집단에 참여할 자유가 있다.'라고 하였다.
② 1문단에서 '개인은 기왕 속해 있는 집단을 떠나더라도 다른 집단으로 소속을 바꿈으로써 생존을 계속할 수 있다.'라고 하였다.
③ 3문단에서 개인은 자신이 선택한 집단의 바람직한 건설과 유지에 참여할 권리와 의무를 갖는다고 하였다.
④ 2문단에서 원하지 않는 예속을 강요할 수 있는 권리를 가진 사람은 아무도 없다고 하였다.

유형 5 | 빈칸 넣기

연습 문제 P. 80

01	③	02	③	03	③	04	④	05	①

01

정답 | ③

괄호 앞 문장에서 '~ 미미하게 흑자색이나 암청색 등의 다양한 색깔을 띠기도 한다.'라고 언급한 것을 보았을 때, 먹색을 한 색으로 규정할 수 없는 진귀한 것으로 표현한 내용이 이어질 것임을 알 수 있다.

| 오답풀이 |

①, ②, ④, ⑤ 글의 흐름을 파악할 때 관련이 적은 내용이다.

02

정답 | ③

주어진 글에 따르면 케인스 이전의 학자들은 생산과 소비는 언제나 균형을 이루고 있다고 주장했다. 만약 소비자가 저축을 한다고 할지라도 이 돈은 기업에 흘러 들어가므로 균형이 유지된다고 보았다. 하지만 케인스는 이와 다른 주장을 하였으며, 케인스 이전의 학자들의 의견과 반대되는 것을 골라야 하므로 빈칸에 들어갈 내용으로 가장 적절한 것은 ③이다.

| 오답풀이 |

①, ②, ④, ⑤ 모두 케인스 이전의 학자들의 주장이다.

03

정답 | ③

주어진 글을 통해 음향 기기의 발명이 보편적이고 상업적인 음악이 애호되는 계기를 마련했음을 알 수 있고, 음향 기기의 발명은 음반 산업을 발달시켰음을 알 수 있다. 음반 산업은 상업성을 추구하기 때문에 공통의 음악 언어로 되어 있고 성격상 보편적인 음악 면모를 갖추고 있는 고전과 낭만주의 음악을 선호했다. 이로 인해 피아노 연주를 할 때, 대부분의 레퍼토리를 고전과 낭만주의 음악으로 국한시키는 결과를 가져왔다. 따라서 빈칸에 들어갈 내용으로 가장 적절한 것은 ③이다.

04

정답 | ④

지도는 3차원의 공간을 2차원의 평면에 정확하게 표현하기 위해 축척, 도법, 기호를 사용하는데, 빈칸 앞부분을 보면 지도에서 3차원의 공간을 2차원의 평면에 정확하고 완벽하게 표현하는 것이 사실상 불가능하다고 되어 있다. 즉, 축척, 도법, 기호는 어쩔 수 없는 거짓말을 포함한 요소임을 알 수 있다.

| 오답풀이 |

① 축척과 도법, 기호가 지도를 왜곡하게 만드는 주요인이 될 수는 있지만, 이를 사용할수록 지도의 정확도가 떨어진다는 추론은 적절하지 않다. 게다가 해당 내용이 빈칸에 들어가는 것 또한 글의 흐름상 어색하다.
② 빈칸 앞부분의 내용과 상반되는 내용이다.
③ 축척과 도법, 기호는 2차원의 지도에서 3차원의 공간을 표현할 수 있게 해 주는 요소이지만, 빈칸 앞부분에서 지도는 정확하고 완벽하게 실제 지형을 표현할 수 없음을 언급하고 있으므로 빈칸에 들어가는 것은 글의 흐름상 어색하다.
⑤ 빈칸에는 주어진 내용을 함축적으로 요약하여 제시하여야 하는데, 일반적으로 통용되는 내용만을 제시하고 있어 글의 흐름상 어색하다.

05

정답 | ①

주어진 글은 고려청자와 중국 송나라 자기와의 차이점을 통해서 고려청자의 특징을 드러내고 있다. 송나라 자기는 기계로 만든 것 같이 세련되어 있지만, 고려청자는 그러한 균일성과 세련성이 없다고 하였다. 따라서 뒤에 이어질 내용은 고려청자가 자연스러운 아름다움을 지녔다는 내용이 와야 한다.

| 오답풀이 |

② 송나라 자기에도 만든 이의 기교가 담겨 있다.
③ 송나라 자기나 고려청자 모두 대량 생산을 하지 않았다.
④ 제시된 글만으로 알기 어려운 내용이다.
⑤ 주어진 내용과는 거리가 멀다.

유형 6 | 서술방식

연습 문제 P. 85

01	②	02	③	03	⑤	04	③	05	③

01

정답 | ②

이 글의 논의 대상은 '김치'이다. 이 글에서는 '김치'와 대조되는 대상은 제시하지 않았다. 즉, [보기]에서 적절하지 않은 것은 ㉢이다.

| 오답풀이 |

㉠ 이 글의 중심 대상이 '김치'라는 점이 명료하게 드러난다.
㉡ 글의 마지막을 보면 이 글 뒤에서 김치의 역사적 변천 과정이 서술될 것임을 안내하고 있다.
㉣ 김치에 대한 정보를 제공하여 우리 음식 문화에 대한 관심을 제고하고자 한다는 글의 목적이 언급되어 있다.

02

정답 | ③

주어진 글은 '비개념주의'라는 개념을 설명하고 있다. 이때 '비개념'에 대해서는 '사과'의 예를, 그리고 '변화맹'에 대해서는 '아내의 염색'을 예로 들고 있다. 이처럼 사례를 통해 다소 어려울 수 있는 개념을 쉽게 설명하고 있다.

| 오답풀이 |

① 개념이 가진 특징을 설명하고 있으나, 나열하여 제시하고 있지는 않다.
② 개념을 정의하고는 있지만, 용어가 가진 의미를 분석하여 구체화하고 있지는 않다.
④ 기준에 따라 나누어 설명하는 것은 '분류'이다. 주어진 글의 경우 분류의 방법으로 서술하고 있지 않다.
⑤ 개념을 설명하고 있지만, 두 가지 개념을 비교하며 설명하고 있지는 않다.

03

정답 | ⑤

주어진 글은 일반적인 돔의 모습과 지오데식 돔의 모습을 비교하면서 지오데식 구조물의 건축 방법 및 건축물의 특징을 설명하고 있다.

| 오답풀이 |

① 설명 대상이 만들어지게 된 과정은 설명되어 있지 않다.
② 설명 대상의 실제 사례가 나오려면 지오데식 돔이 실제로 적용된 건축물이 나와야 하는데 사례가 나와 있지 않다.
③ 설명 대상에 대하여 수학적 지식을 배경으로 한 지식을 전달하는 형태의 전개 방식을 보이지만, 전달하고자 하는 내용 자체가 수학적 지식은 아니다.
④ 설명 대상의 핵심 용어를 정의하고 있지만, 발전 양상에 대해서는 설명되어 있지 않다.

04

정답 | ③

주어진 글은 새로운 플라스틱의 개발 과정을 설명하고 있지만, 독자의 이해를 돕기 위해 권위자의 의견을 근거로 들고 있는 부분은 없다.

| 오답풀이 |

① 두 번째 문단에서 새로운 플라스틱의 개발 과정을 상세히 소개하고 있다.
② 두 번째 문단에서 일본 도쿄 기술 연구소의 실험에서 있었던

사례를 제시하며 객관성을 더해 신뢰성을 높이고 있다.
④ 두 번째 문단과 세 번째 문단에서 기존의 플라스틱 기술과의 비교를 통해 새로운 기술의 장점과 활용 가능성을 부각시키고 있다.
⑤ 세 번째 문단에서 새로운 플라스틱의 구체적인 활용 사례인 플라스틱 디스플레이, 투명 전자 제품, 전자파 차단 장치를 언급함으로써 새로운 기술의 실질적인 유용성을 설명하고 있다.

05

정답 | ③

㉠은 법률의 행사와 도덕의 영향력을 통해 서양 의술의 선택과 한의학적 조치가 공헌하는 바를 유추의 방식을 이용하여 설명하고 있다. ③의 내용 또한 유추의 방식으로 글이 전개되고 있다.

| 오답풀이 |

①은 과정, ②는 예시, ④와 ⑤는 대조에 의한 방식으로 설명하고 있다.

문제해결 TIP

글의 전개 방식을 파악하는 문제는 자주 출제된다. 먼저 각각의 전개 방식에 대한 개념을 명확히 이해해야 한다. 그리고 서사, 과정, 인과, 정의, 예시, 유추, 묘사, 비교, 대조, 분석, 분류, 구분 등으로 서술된 문장을 보고 구분할 수 있어야 한다.

유형 7 | 비판·반론								연습 문제	P. 91
01	④	02	②	03	④	04	①	05	①
06	⑤	07	③						

01

정답 | ④

정시의 공정성을 부각하여 주어진 글의 논지를 오히려 강화하고 있으므로 반론으로 적절하지 않다.

| 오답풀이 |

① 정시 비중이 확대됐을 때의 부작용을 들고 있으므로 적절한 반론이다.
②, ③ 주어진 글에선 공정성을 위해 정시를 확대해야 한다고 주장하고 있는데, 정시 또한 공정성에 문제가 있음을 지적하고 있으므로 적절한 반론이다.
⑤ 정시가 학생의 실력을 정확히 측정하여 공정한 선발을 가능케 한다는 글의 논거를 반박하고 있으므로 적절한 반론이다.

02

정답 | ②

해당 문제의 중점은 '사회보험 제도를 비판하는 사람들'의 의견에 대한 반론이므로 사회보험 제도의 필요성을 주장해야 한다. 하지만 보험료를 많이 내는 사람에게는 많은 혜택을, 적게 내는 사람에게는 적은 혜택을 주는 것은 민간보험에서 하는 것으로 공동체 구성원 사이의 사회적 연대라는 사회보험의 성격에 어긋난다. 따라서 적절한 반론이라고 볼 수 없다.

| 오답풀이 |

① 사회보험 제도의 강제성을 비판하는 사람에게 할 수 있는 적절한 반론이다.
③ 국민건강보험이나 국민연금은 국가에서 누구도 소외되어서는 안 되는 공익성을 가진 보험이다. 따라서 상업적 이익을 추구하는 민간보험 회사에 맡길 수는 없다는 반론은 적절하다.
④ 인간이 가지고 있는 욕구의 정도와 미래에 대한 낙관적인 기대는 위험에 대비하기 위해 저축을 하기보다는 현재의 욕구를 위해 소득의 대부분을 지출해 버리는 결과를 낳게 된다. 그리고 이러한 개인들이 위험에 직면하게 되면 대비책이 없어 무너지게 되고 이는 곧 사회적 문제가 된다. 그래서 국가는 사람들에게 전형적으로 나타나는 사회적 위험에 대비하도록 강제해야 한다.
⑤ 암이나 교통사고처럼 독립된 대상과 다르게 고용 상황은 다른 사람의 고용 및 실업 상황이 자신의 고용 및 실업 상황과 여러 면에서 연관되어 있다. 따라서 민간보험은 이러한 보험을 제공하려 하지 않는데, 이 또한 국민이 보호받아야 하는 것이므로 적절한 반론이다.

03

정답 | ④

이원 정부제에서 총리는 대내적 행정 업무의 실질적 총괄자이다. 이는 총리가 정치적 권한을 가진 만큼 책임도 지고 있음을 의미한다. 따라서 ④와 같은 비판은 적절하지 않다.

| 오답풀이 |

① 이원 정부제에서는 대통령은 국민들의 직접 선거에 의해 선출되지만 총리는 의회의 다수당이 선출한다. 그런데 대통령에게는 의회를 해산할 수 있는 권리가 있으므로 실질적으로 대통령에게 권력이 편중될 가능성이 있다. 따라서 총리의 행정 업무 권한이 제한될 수 있다는 것은 적절한 비판이다.
② 대통령은 의회 해산권을 통해 총리의 지지 기반인 의회를 견제할 수 있으나, 의회는 대통령을 견제할 수단이 존재하지 않는다. 따라서 대통령에 대한 의회의 견제 수단이 마련되어 있지 않다면 의회의 기능이 축소될 수 있다는 비판은 적절하다.
③ 대통령의 정당과 의회의 다수당이 동일한 경우 의회의 다수당에 의하여 선출되는 총리는 대통령의 국정 운영 의사에 따라 행정부를 총괄할 가능성이 커지므로 적절한 비판이다.

⑤ 대통령의 정당과 의회의 다수당이 서로 다를 경우 권력이 양분된 상태에서 정책을 추진하는 데 의견 마찰이 잦을 수밖에 없다.

04

정답 | ①

주어진 글은 조선의 근대화가 일제 강점기에 이루어졌다고 주장하는 식민지 근대화론에 대한 설명이다. 따라서 이를 반박하기 위해서는 한국의 자본주의가 일제 강점기 전부터 싹을 틔워 왔다는 것을 주장하거나, 식민지 근대화론을 주장하는 주장의 근거가 약하다고 지적해야 한다. 그런데 ①은 19세기에 정체되었던 경제가 일제 강점기에 성장했다는 근거로 쓰일 수 있으므로 적절한 반론이 될 수 없다.

05

정답 | ①

주어진 글에 따르면 창조 도시의 주된 동력을 창조 산업으로 볼 것인지, 창조 계층으로 볼 것인지 견해가 엇갈리고 있다고 하였다. 창조 도시를 개발한다면 창조 산업을 위한 도시를 개발할지, 창조 계층을 위한 도시를 개발할지 의견이 나뉠 수는 있지만, 이 동력이 무엇인지 확실하지 않다고 해서 창조 도시 개발이 필요 없는 것은 아니다. 따라서 근본 동력이 무엇이든 창조 도시 개발의 필요성과는 상관없다.

| 오답풀이 |

② 창조 도시는 하루아침에 인위적으로 만들어지는 것이 아니므로 정부가 나선다고 바로 만들어지는 것이 아니라는 비판은 적절하다.

③ 창조 산업의 산출물은 크게 성공할 수도 있지만 실패할 수도 있다. 이것에 대한 수요와 가치 평가의 예측이 어렵다는 것은 창조 도시 개발의 위험성으로 작용할 수 있다.

④ 창의력은 좋은 장소에 모아 둔다고 발동되는 능력이 아니므로, 창조 계층을 한 곳에 모아두고 인프라를 만들어 준다하더라도 좋은 창의력이 반드시 발생되는 것은 아니다.

⑤ 창조 산업이 주된 동력으로 형성된 창조 도시는 창조 계층에 의해 형성된 창조 도시에 비해 상대적으로 인적·사회적·문화적·경제적 다양성을 불어 넣을 수 있다. 그래서 도시의 재구조화를 가져오거나 부가가치 또는 고용 창출이 가능하다고 여긴다.

06

정답 | ⑤

주어진 글에 따르면 효소의 주성분인 단백질은 그대로 체내에 흡수되기 어려워 우리 몸의 소화 효소의 작용에 의해 아미노산으로 분해되어 단백질 합성 재료로 이용되거나 생명 활동에 필요한 에너지를 낸다. 이러한 이유로 발효 식품에 포함된 효소가 우리 몸에서 그대로 직접적으로 작용한다고 주장하는 것은 타당하지 않다고 서술되어 있다. 따라서 발효 식품의 효소가 우리 몸에서 작용한다는 ⑤에 대한 반박의 글로 보는 것이 적절하다.

| 오답풀이 |

①, ② 주어진 글의 내용이므로 '어떠한 주장'에 해당하지 않는다.

③ 주어진 내용과 관련이 없다.

④ 물질대사란 생명체 내에서 일어나는 모든 화학 반응을 말하는데, 발효 식품의 섭취가 물질대사를 위한 필수조건이라는 주장과 관련이 있는 내용은 제시되어 있지 않다.

07

정답 | ③

㉠ 예술 작품의 복제를 통해 여러 작품의 이미지를 미리 접한다면 작품을 실제로 접했을 때 더욱 잘 감상하고 평가할 수 있다. 따라서 예술 작품의 복제는 심미안의 형성에 유용하게 쓰일 수 있다.

㉢ 재생 목적 음악과 같은 예술 장르는 레코딩(소리, 음악 등을 기록)이라는 복제를 통해서만 감상이 가능하다. 따라서 예술의 복제를 반대하는 견해를 가진 글에 대한 반론으로 적절하다.

㉣ 복제 기술이 없다면 직접 전 세계를 여행하지 않는 이상 다양한 예술 작품을 볼 수 없을 것이다. 따라서 복제는 작품에 대한 접근을 용이하게 해 준다.

| 오답풀이 |

㉡ 주어진 글에서 예술 작품의 복제가 과거의 고답적인 예술관이 반영된 것이라 볼 근거는 없다. 오히려 복제는 형태가 변화하는 예술관이 반영된 행위이다.

CHAPTER 02 어휘

유형 1 | 단어관계

연습 문제 P. 104

01	②	02	⑤	03	④	04	⑤	05	③
06	③	07	①	08	②	09	①	10	①
11	①	12	②						

01

정답 | ②

'상당'은 '일정한 액수나 수치 따위에 해당함'이라는 뜻이고 '상응'은 '서로 응하거나 어울리다'라는 뜻으로 유의 관계에 있는 단어이다. 예를 들어 '시가 백만 원 상당의 시계' 또는 '시가 백만 원 가치에 상응하는 시계' 등으로 거의 동일한 뜻으로 사용되는 단어이다. 한편, '자취'는 '어떤 것이 남긴 표시나 자리'라는 뜻으로, '어떤 현상이나 실체가 없어졌거나 지나간 뒤에 남은 자국이나 자취'라는 뜻의 '흔적'과 유의 관계이다.

| 오답풀이 |

① '단서'는 '어떤 문제를 해결하는 방향으로 이끌어 가는 일의 첫 부분'이라는 뜻으로, 간혹 자취가 단서로 기능하는 경우가 있으나 일반적인 유의 관계로 보기는 어렵다.

⑤ '잔상'은 '지워지지 아니하는 지난날의 모습'이라는 뜻으로, 자취와 비슷해 보이지만 실물이 없는 상태이며 지워지지 않는다는 보다 협소한 뜻으로 사용되기에 유의 관계로 보기는 어렵다.

02

정답 | ⑤

'닥나무'는 '한지'를 만드는 재료이고, '갈대'는 '삿자리'를 만드는 재료이다. '삿자리'는 '갈대를 엮어서 만든 자리'를 말한다.

| 오답풀이 |

① 가래: 흙을 파헤치거나 떠서 던지는 기구

② 족자: 그림이나 글씨 따위를 벽에 걸거나 말아 둘 수 있도록 양 끝에 가름대를 대고 표구한 물건

03

정답 | ④

연필은 필기구라는 범주에 포함되는 관계이므로, 이 둘은 포함 관계임을 알 수 있다. 따라서 포유류라는 범주에 포함되는 동물을 골라야 하는데, 선택지 중 박쥐만 포유류에 해당한다.

| 오답풀이 |

펭귄은 조류, 도롱뇽은 양서류, 상어는 어류, 도마뱀은 파충류이다.

04

정답 | ⑤

'배우다'는 '새로운 지식이나 교양을 얻다.'이고 '사사하다'는 '스승으로 섬기다. 또는 스승으로 삼고 가르침을 받다.'라는 뜻으로, 두 단어의 관계는 유의관계이다. '완고하다'는 '융통성이 없이 올곧고 고집이 세다.'라는 뜻이므로 '보고 들은 것이 없어 마음가짐이나 하는 짓이 융통성이 없고 견문이 좁다'라는 뜻의 '고루하다'와 유의관계이다.

| 오답풀이 |

① 목도하다: 눈으로 직접 보다.

② 완곡하다: 말하는 투가, 듣는 사람의 감정이 상하지 않도록 모나지 않고 부드럽다.

③ 간과하다: 큰 관심 없이 대강 보아 넘기다.

④ 양지하다: 살피어 알다.

05

정답 | ③

빈칸이 두 개이므로 대입법으로 풀어야 한다. A에 가장 많이 보이는 것은 열도이므로 열도가 있는 ①과 ③부터 대입하도록 하자. ①을 대입해보면 [열도 : 줄 = 군도 : 다리]인데 연관성이 없다. ③을 대입해보면 [열도 : 줄 = 군도 : 무리]인데, 열도는 길게 줄을 지은 모양으로 늘어서 있는 여러 개의 섬을 말하며, 군도는 무리를 이루고 있는 크고 작은 섬들을 말하므로 다수의 섬을 지칭하는 단어와 그 특징이 연결된 것으로 볼 수 있다.

06

정답 | ③

'가멸다'는 '재산이나 자원 따위가 넉넉하고 많다.'는 뜻으로, '부유하다'와는 유의관계, '가난하다'와는 반의관계에 있는 단어이다. 따라서 A에 '부유하다'라는 단어가 오면 B에는 '메마르다'와 유의관계인 단어가 들어가야 한다. 그런데 ①, ②의 B에는 '메마르다'와 유의관계인 단어가 제시되어 있지 않다. A에 '가난하다'라는 단어가 오면 B에는 '메마르다'와 반의관계에 있는 단어가 들어가야 한다. '박악하다'나 '건조하다'는 '메마르다'와 유의관계에 있는 단어이고, '기름지다'는 반의관계이다.

07

정답 | ①

'해미'는 '바다 위에 낀 아주 짙은 안개'를 가리키는 말로, A에 '해미'가 들어가면 B에는 '상고대'의 상위어가 와야 한다. '나무나 풀에 내려 눈처럼 된 서리'를 뜻하는 '상고대'의 상위어는 '서리'이다.

| 오답풀이 |

② 된서리: 늦가을에 아주 되게 내리는 서리
③ 무서리: 늦가을에 처음 내리는 묽은 서리

08

정답 | ②

① 보은(은혜를 갚음)－배은(은혜를 저버림)
② 분장(일이나 임무를 나누어 맡아 처리함)－분담(나누어서 맡음)
③ 좌장(여럿이 모인 자리나 단체에서 그 자리를 주재하는 가장 어른이 되는 사람)－말단(조직에서 제일 아랫자리에 해당하는 부분)
④ 영전(전보다 더 좋은 자리나 직위로 옮김)－좌천(낮은 관직이나 지위로 떨어지거나 외직으로 전근됨을 이르는 말)
⑤ 해갈(목마름을 해소함)－고갈(물이 말라서 없어짐. 또는 어떤 일의 바탕이 되는 돈이나 물자, 소재, 인력 따위가 다하여 없어짐)

따라서 ②만 유의관계이고 나머지는 모두 반의관계이다.

09

정답 | ①

①을 제외한 나머지 모두가 서비스 공급자, 서비스 수요자, 서비스가 이루어지는 장소의 관계를 가지고 있다. 그런데 무대에서 관객에게 공연하는 것은 마술사이며, 마법사는 마력으로 불가사의한 일을 행하는 술법을 부리는 사람으로 무대에서 관객에게 공연하는 것과는 거리가 멀다.

10

정답 | ①

'돌다'는 나머지 단어들의 뜻을 모두 포함한다.

| 오답풀이 |

② 술이나 약의 기운이 몸속에 퍼지다.
　예 온몸에 술기운이 돌기 시작한다.
③ 어떤 기운이나 빛이 겉으로 나타나다.
　예 입가에 웃음이 돌다.
④ 돈이나 물자 따위가 유통되다.
　예 불경기로 돈이 안 돈다.
⑤ 기능이나 체제가 제대로 작용하다.
　예 공장이 무리 없이 잘 돌고 있다.

11

정답 | ①

'펴다'는 나머지 단어들의 뜻을 모두 포함한다.

| 오답풀이 |

② 접히거나 개킨 것을 젖히어 벌리다.
　예 우산을 펴다.
③ 어떤 것을 널리 공포하여 실시하거나 베풀다.
　예 전국에 계엄령을 펴다.
④ 세력이나 작전, 정책 따위를 벌이거나 그 범위를 넓히다.
　예 전국에 수사망을 펴다.
⑤ 생각, 감정, 기세 따위를 얽매임 없이 자유롭게 표현하거나 주장하다.
　예 꿈을 펴다.

12

정답 | ②

'오르다'는 나머지 단어들의 뜻을 모두 포함한다.

| 오답풀이 |

① 어떤 정도에 달하다.
　예 사업이 비로소 정상 궤도에 올랐다.
③ 길을 떠나다.
　예 다 잊어버리기 위해서 그는 여행길에 올랐다.
④ 식탁, 도마 따위에 놓이다.
　예 모처럼 저녁상에 갈비가 올랐다.
⑤ 병균이나 독 따위가 옮다.
　예 옴이 오르면 가려워 온몸을 긁게 된다.

유형 2 | 빈칸 넣기 연습 문제 P. 109

01	⑤	02	⑤						

01

정답 | ⑤

첫 번째 문장의 괄호 안에는 '적당하게 맞추어 나감'의 의미를 가진 '조절(調節)'이 들어가야 한다. 두 번째 문장의 괄호 안에는 '분위기나 정세 따위를 만듦'의 뜻을 가진 '조성(造成)'이 들어가야 하고, 세 번째 문장의 괄호 안에는 '어떤 일을 사실인 듯이 꾸며 만듦'의 뜻을 가진 '조작(造作)'이 들어가야 한다.

02

정답 | ⑤

㉠ 조치: 벌어지는 사태를 잘 살펴서 필요한 대책을 세워 행함. 또는 그 대책

㉡ 효과: 어떤 목적을 지닌 행위에 의하여 드러나는 보람이나 좋은 결과

㉢ 성과: 이루어 낸 결실

㉣ 명시: 분명하게 드러내 보임

㉤ 지지: 어떤 사람이나 단체 따위의 주의 · 정책 · 의견 따위에 찬동하여 이를 위하여 힘을 씀. 또는 그 원조

㉥ 규제: 규칙이나 규정에 의하여 일정한 한도를 정하거나 정한 한도를 넘지 못하게 막음

㉦ 판정: 판별하여 결정함

따라서 (A)－명시, (B)－판정, (C)－규제, (D)－효과 순으로 들어가야 가장 적절하다.

PART II 수리 영역

CHAPTER 01 응용수리

유형 1 | 거리·속력·시간

연습 문제 P. 127

01	③	02	③	03	④	04	①	05	③
06	④	07	①	08	④				

01 정답 | ③

집에서 회사까지의 거리를 $x$km라 하면 출근하는 데 걸리는 시간은 $\frac{x}{60}+\frac{5}{60}=\frac{x}{50}-\frac{5}{60}$이다.

$\therefore x=50$(km)

이에 따라 갑이 출근하는 데 걸리는 시간은 $\frac{55}{60}$(시간)이다. 따라서 갑이 출근 시각보다 15분 빨리 도착하기 위한 평균 속력을 $y$km/h라 하면 $\frac{55}{60}=\frac{50}{y}+\frac{15}{60}$의 식이 성립하므로 $y=75$(km/h)이다.

02 정답 | ③

K가 회사에서 현장까지 이동한 속력은 $25\div\frac{1}{2}=50$(km/h)이다. 현장 주변을 둘러볼 때는 이보다 10km/h 감속하였다고 했으므로 이때의 속력은 40km/h이다. 따라서 K가 현장에서 40km/h의 속력으로 16km를 이동하며 둘러보았으므로 이때 걸린 시간은 $16\div40=0.4$(시간)으로, 이는 즉 24분이다.

03 정답 | ④

길이가 1,400m인 터널을 완전히 통과했다는 것은 '(터널을 통과하는 데까지 걸린 시간)+(기차의 앞부분부터 시작해서 끝부분까지 모두 터널 밖으로 빠져나오는 데 걸린 시간)'이 걸린 것을 의미한다.

다시 말해서 터널 1,400m와 기차의 길이가 모두 통과하는 데 80초가 걸렸음을 의미하고, 600m인 철교를 완전히 지나는 상황도 철교 600m와 기차의 길이가 모두 지나가는 데 30초가 걸렸음을 의미한다.

이때 기차의 속력을 xm/s, 기차의 길이를 lm/s로 하면 다음과 같은 식이 성립한다.

$$\begin{cases}\frac{1,400+l}{x}=80\\ \frac{600+l}{x}=30\end{cases}$$

$\therefore x=16$

따라서 기차의 속력은 16m/s이다.

04 정답 | ①

'(거리)=(속도)×(시간)'이므로 30분 후에 만난다면 '(대한이의 이동 거리)+(민국이의 이동 거리)=(둘 사이의 거리)'이다. 또한 현재 속력이 초단위로 주어져 있으므로 분단위로 조정해주어야 한다. 이에 따라 대한이의 이동 거리는 $0.5\times60\times30=900$(m)이며, 민국이의 이동 거리는 $0.75\times60\times30=1,350$(m)이다. 따라서 둘 사이의 거리는 $900+1,350=2,250$(m)=2.25(km)이다.

05 정답 | ③

명규보다 성미가 더 빨리 걸으므로, 성미가 걸은 거리에서 명규가 걸은 거리를 빼면 연못의 둘레의 길이가 나와야 한다. 이에 따라 두 사람이 만나게 될 때까지의 걸린 시간을 t분이라고 하면 다음과 같은 식이 성립한다.

$80t-60t=1,500 \rightarrow 20t=1,500 \quad \therefore t=75$

따라서 명규와 성미 두 사람이 출발한 지 75분 후에 처음으로 만나게 된다.

> **문제해결 TIP**
> 두 사람이 동시에 같은 지점에서 같은 방향으로 이동하면 빠른 사람이 느린 사람을 처음 따라잡는 순간에 한 바퀴의 거리 차를 만들게 된다.

06 정답 | ④

갑과 을은 각각 1분에 공원 한 바퀴의 $\frac{1}{15}$과 $\frac{1}{21}$을 이동한다. 두 사람은 반대 방향으로 이동하므로 1분에 공원 한 바퀴의 $\frac{1}{15}+\frac{1}{21}=\frac{4}{35}$씩 둘 사이의 거리가 좁혀지게 된다.
따라서 두 사람이 처음 만나기까지 걸리는 시간은 $\frac{35}{4}$분이므로 네 번째로 만날 때는 출발한 지 $\frac{35}{4}\times4=35$(분) 후가 된다.

07

정답 | ①

진주의 속력은 $\frac{600}{4}=150$(m/분), 희진이의 속력은 $\frac{600}{3}=200$(m/분)이다. 희진이가 2분 먼저 출발하여 진주가 출발한 지 36분 뒤에 만났다면 희진이는 총 38분을 걸은 셈이고, 진주는 36분을 걸은 셈이다. 진주와 희진이가 걸은 거리의 합은 호수의 둘레의 길이와 같으므로 호수 둘레의 길이는 $(36\times150)+(38\times200)=13,000(m)=13$(km)이다.
이때 진주와 희진이가 동일한 지점에서 같은 방향으로 출발하여 2시간 30분(=150분) 동안 걷는다면 진주가 간 거리는 $150\times150=22,500$(m)$=22.5$(km)가 되고, 희진이가 간 거리는 $200\times150=30,000$(m)$=30$(km)가 된다. 즉, 희진이가 간 거리에서 진주가 간 거리를 빼면 7.5km이다. 그런데 호수의 둘레가 13km이고, 문제의 조건에서 가능한 짧은 거리를 측정한다고 하였으므로 두 사람의 거리 차는 $13-7.5=5.5$(km)이다.

문제해결 TIP
원형 트랙의 특성상 멀어졌다 가까워졌다를 반복하므로 진주는 희진이의 7.5km 뒤에 있다고 할 수도 있고, 진주가 희진이의 5.5km 앞에 있다고 할 수 있다.

08

정답 | ④

배의 속력을 $x$km/h, 한강의 유속을 $y$km/h라고 하면 강을 거슬러 올라갈 때 실제 배의 속력은 $(x-y)$km/h, 강을 따라 내려갈 때 실제 배의 속력은 $(x+y)$km/h이다.
중간에 배가 고장이 나 20분간 강물을 따라 떠내려간다면 20분$\left(=\frac{1}{3}\text{시간}\right)$ 동안은 한강의 유속 $y$km/h로 떠내려간다. 이때 떠내려간 거리는 $\frac{1}{3}y$km이다. 즉, 마포대교에서 올림픽대교까지 갈 때 20km에서 $\frac{1}{3}y$km만큼을 더 간 것이므로 총거리는 $\left(20+\frac{1}{3}y\right)$km이고, 떠내려간 20분을 제외하고, 마포대교에서 올림픽대교까지 가는 데 걸린 시간은 50분$\left(=\frac{5}{6}\text{시간}\right)$이다. 이를 토대로 다음과 같이 식을 세울 수 있다.
$20+\frac{1}{3}y=\frac{5}{6}(x-y)\rightarrow5x-7y=120\cdots$ ㉠
또한 저녁 9시 10분에 올림픽대교를 출발하여 마포대교로 갈 때 걸린 시간은 총 20분$\left(=\frac{1}{3}\text{시간}\right)$이고, 이때의 속력은 $(x+y)$km/h이다. 이를 토대로 다음과 같은 식을 세울 수 있다.
$\frac{1}{3}(x+y)=20\rightarrow x+y=60\cdots$ ㉡
㉠과 ㉡을 연립하면 $x=45$, $y=15$이다. 배가 정상 운행한다면 마포대교에서 올림픽대교까지 한강을 거슬러 올라갈 때 속력은 $45-15=30$(km/h)이고, 거리가 20km이므로 걸리는 시간은 $\frac{20}{30}=\frac{2}{3}$시간$=40$분이다. 따라서 저녁 8시에 출발한다면 저녁 8시 40분에 도착한다.

유형 2 | 농도와 비율 연습 문제 P. 136

01	④	02	①	03	②	04	③	05	⑤
06	①	07	①	08	③	09	④	10	②
11	④	12	③						

01

정답 | ④

처음 400g의 소금물에 들어 있는 소금의 양은 $400\times\frac{10}{100}=40$(g)이다. 이때 물을 가열하더라도 소금은 증발하지 않으므로 가열한 후에도 소금의 양은 변함없이 40g이다. 농도가 16%인 소금물의 양을 xg이라고 하면 다음과 같은 식을 세울 수 있다.
$\frac{40}{x}\times100=16 \quad \therefore x=250$
따라서 증발한 물의 양은 $400-250=150$(g)이다.

문제해결 TIP
물을 증발시키면 소금의 양은 변하지 않고 물의 양만 줄어들게 된다. 따라서 소금의 양을 기준으로 주어진 농도를 통해 증발한 물의 양을 구하면 된다.

02

정답 | ①

10%의 소금물의 양을 xg, 넣어준 물의 양을 yg이라고 하면 다음과 같은 두 식을 세울 수 있다.

$$\begin{cases} x+y=800 \cdots ㉠ \\ \frac{10}{100}\times x=\frac{4}{100}\times 800 \cdots ㉡ \end{cases}$$

위의 ㉠과 ㉡을 연립하면 $x=320$, $y=480$이다.
따라서 추가한 물의 양은 480g이다.

03

정답 | ②

12%의 소금물 A 500g에 들어 있는 소금의 양은 $0.12\times500=60$(g)이고, 9%의 소금물 B 400g에 들어 있는 소금의 양은 $0.09\times400=36$(g)이다. 12%의 소금물 A 500g에서 물을 100g 증발시키면 소금의 양은 60g 그대로이고, 소금물의 양만 400g으로 감소한다. 한편 9%의 소금물 B 400g에 물을 200g 추가하면 소금의 양은 36g 그대로이고, 소금물의 양만 600g으로 늘어난다.

따라서 소금물 A 400g의 $\frac{1}{4}$에 해당하는 100g 속엔 $60\times\frac{1}{4}=15$(g)의 소금이 들어 있고, 소금물 B 600g의 $\frac{1}{3}$에 해당하는 200g 속엔 $36\times\frac{1}{3}=12$(g)의 소금이 들어 있다. 이 둘을 섞은 소금물 C에는 $15+12=27$(g)의 소금이 들어 있고, 소금물의 양은 $100+200=300$(g)이므로 소금물 C의 농도는 $\frac{27}{300}\times100=9$(%)이다.

04

정답 | ③

소금물 A의 농도를 a%, 소금물 B의 농도를 b%라 하면 소금물 A를 200g, 소금물 B를 300g 넣었을 때 소금물의 농도는 $\frac{2a+3b}{500}\times100=5$(%)이다.

또한 소금물 A를 300g, 소금물 B를 200g, 물을 100g 넣었을 때 소금물의 농도는 $\frac{3a+2b}{600}\times100=5$(%)이다. 따라서 위의 두 식을 정리한 $2a+3b=25$, $3a+2b=30$을 연립하면 $a=8$(%)이므로, 소금물 A의 농도는 8%이다.

문제해결 TIP

a%인 소금물과 b%인 소금물을 2 : 3의 비율로 섞으면 소금물의 농도는 $\frac{2a+3b}{2+3}$이다.

a%인 소금물, b%인 소금물, 0%인 물을 3 : 2 : 1의 비율로 섞으면 소금물의 농도는 $\frac{3a+2b+0}{3+2+1}$이다.

05

정답 | ⑤

8% 포도당 용액과 물의 양을 1 : 1의 비율로 섞었다고 했으므로 각각 xg이라 하면, 14% 포도당 용액의 양은 $(500-2x)$g이다.

10% 포도당 용액 500g에는 포도당이 $500\times0.1=50$(g) 있고, 8% 포도당 용액 xg에는 포도당이 $0.08x$g, 14% 포도당 용액 $(500-2x)$g에는 포도당이 $0.14(500-2x)$g 있다. 즉, $0.08x+0.14(500-2x)=50$의 식이 성립하므로, 이를 계산하면 $x=100$(g)이다.

따라서 14% 포도당 용액은 $500-100-100=300$(g)을 섞었다.

06

정답 | ①

소금물 A 100g에 들어있는 소금의 양을 x, 소금물 B 100g에 들어있는 소금의 양을 y라고 하면, 두 소금물을 100g씩 섞었을 때 7%의 소금물을 식으로 나타내면 다음과 같다.

$$\frac{x+y}{100+100}\times100=7 \rightarrow x+y=14 \quad \cdots ㉠$$

또한 소금물 A 100g과 소금물 B 300g을 섞었을 때 5.5%의 소금물을 식으로 나타내면 다음과 같다.

$$\frac{x+3y}{100+300}\times100=5.5 \rightarrow x+3y=22 \quad \cdots ㉡$$

㉠, ㉡ 두 식을 정리하면 $x=10$, $y=4$
따라서 소금물 B의 농도는 4%이다.

문제해결 TIP

주어진 문제와 같은 상황에서는 식을 세울 때 소금의 양을 기준으로 하여 식을 세우도록 해야 한다. 소금의 양은 (소금물의 양)$\times\frac{(농도)}{100}$으로 구한다.

07

정답 | ①

반대표의 수를 구하는 것이므로 반대표를 x표라 하면 찬성표는 $(x+20)$표, 전체 투표수는 $x+20+x+4=2x+24$(표)이다. 찬성표가 전체 투표수의 60%를 차지하므로 $\frac{x+20}{2x+24}=\frac{3}{5} \rightarrow x=28$이다.
따라서 반대표의 수는 28표이다.

08

정답 | ③

올해 제품 B의 생산량이 1,890개이므로 작년 제품 B의 생산량은 $\frac{1,890}{1.05}=1,800$(개)이다. 이에 따라 작년 제품 A의 생산량은 $2,300-1,800=500$(개)이다.
따라서 올해 제품 A와 제품 B의 총 생산량은 $500\times1.1+1,890=550+1,890=2,440$(개)이므로, 작년과 올해의 총생산량 차이는 $2,440-2,300=140$(개)이다.

09

정답 | ④

처음 철수와 영희가 가지고 있던 귤의 개수를 각각 x개와 y개라고 하면, 다음과 같은 식을 세울 수 있다.
$x : y=3 : 1 \rightarrow x=3y$ ⋯ ㉠
$(x-6) : (y+6)=9 : 7 \rightarrow 7(x-6)=9(y+6)$
$\rightarrow 7x-9y=96$ ⋯ ㉡
위의 ㉠ 식을 ㉡ 식에 대입하면 $x=24$, $y=8$이다.
따라서 철수가 처음에 가지고 있던 귤은 24개이다.

10

정답 | ②

청동 A를 $a$kg, 청동 B를 $b$kg 녹인다고 하면 $a+b=120$이다. 청동 A에는 구리가 $\frac{4}{5}a$kg, 주석이 $\frac{1}{5}a$kg 있고, 청동 B에는 구리가 $\frac{1}{2}b$kg, 주석이 $\frac{1}{2}b$kg 있다. 그러므로 청동 C에는 구리가 $\left(\frac{4}{5}a+\frac{1}{2}b\right)$kg, 주석이 $\left(\frac{1}{5}a+\frac{1}{2}b\right)$kg 들어 있다. 청동 C 120kg 중 구리는 $120\times0.7=84$(kg) 들어있어야 하므로
$0.8a+0.5b=84 \rightarrow 8a+5b=840$이다.
또한 위에서 구한 바와 같이 $a+b=120$이므로 $b=120-a$를 $8a+5b=840$에 대입하면 $a=80$, $b=40$이다.
따라서 청동 A는 청동 B보다 40kg 더 많이 녹여야 한다.

11

정답 | ④

작년 신입사원 중 안경을 쓴 사람의 수를 a명, 쓰지 않은 사람의 수를 b명으로 두면 다음과 같은 식을 세울 수 있다.
$\begin{cases} a+b=45 & \cdots ㉠ \\ 1.2a+1.4b=59 & \cdots ㉡ \end{cases}$
위의 ㉠ 식과 ㉡ 식을 연립하여 a를 소거하면 $b=25$이다. $1.4b=35$이므로, 올해 안경을 쓰지 않은 신입사원은 작년보다 10명 더 많다.

12

정답 | ③

면접을 합격한 학생의 수가 75명이고 면접 합격자의 남자와 여자 비는 7 : 8이므로 면접에서 합격한 남자의 수는 $75\times\frac{7}{7+8}=35$(명), 면접에서 합격한 여자의 수는 $75\times\frac{8}{7+8}=40$(명)이다.
면접 불합격자의 남자와 여자 비가 5 : 4이므로 면접에 불합격한 남자의 수를 $5t$명, 여자를 $4t$명이라고 두면 1차 논술 시험에 합격하여 면접을 치른 남자의 수는 $(35+5t)$명, 여자의 수는 $(40+4t)$명이다. 이때 논술 시험에 합격한 남자와 여자 비는 8 : 7이므로 $(35+5t) : (40+4t)=8 : 7$이 성립하며, 이를 풀면 $t=25$이다.
이에 따라 1차 논술 시험에 합격한 학생의 수는 $35+5t+40+4t=75+9t=75+9\times25=300$(명)이다. 1차 논술 시험 합격자와 불합격자의 비가 5 : 6이므로, 수시 전형에 지원한 학생의 수를 x명이라 하면 $300=\frac{5}{11}x \rightarrow x=660$(명)이다.

문제해결 TIP

중간 과정이 어찌 되었든 최종적으로 계산하는 합격자와 불합격자의 비가 5 : 6이므로 사람의 수가 자연수임을 고려한다면 수시 전형에 지원한 사람의 수는 반드시 11의 배수이어야 한다. 주어진 선택지 중 11의 배수는 ③뿐이므로 빠르게 답을 고르고 넘어간다.

유형 3 I 일과 일률								연습 문제 P. 143	
01	②	02	⑤	03	②	04	②	05	④
06	④	07	①						

01

정답 | ②

일률 문제이므로 단위 시간당 한 일의 양으로 접근해 보면 A는 1시간 20분$\left(=\frac{4}{3}\text{시간}\right)$에 3개를 처리하므로 1시간 동안 $\frac{3}{4/3}=\frac{9}{4}$(개)를 처리할 수 있고, A, B가 함께 하면 3시간에 12개를 처리하여 1시간에는 4개를 처리할 수 있다. 즉, B 혼자 일하면 1시간에 $4-\frac{9}{4}=\frac{7}{4}$(개)를 처리할 수 있다. 따라서 B 혼자 7개를 처리하는 데 걸리는 시간을 묻고 있으므로 $7\times\frac{4}{7}=4$(시간)이 걸린다.

02

정답 | ⑤

A기계가 1시간 동안 생산할 수 있는 제품은 $56\times3=168$(개)이다. B기계가 1시간 동안 생산할 수 있는 제품의 개수를 x개라 하면, '(총 작업량)=(시간당 작업량)×(시간)'이므로, $(168+x)\times10=4{,}030 \rightarrow x=235$이다.
따라서 B기계가 1시간 동안 생산할 수 있는 제품은 235개이다.

03

정답 | ②

A가 1분에 x개를, B가 1분에 y개를 포장한다고 하자. A가 50분 동안 포장하고, B가 55분 동안 포장하여 360개를 포장해야 하므로 다음과 같은 식이 성립한다.

$50x+55y=360$ …… ㉠

A와 B가 함께 30분 동안 포장하고, 이후에 A 혼자 20분간 포장한 후 나머지를 k분 동안 B가 혼자 포장했으므로 다음과 같은 식이 성립한다.

$30(x+y)+20x+ky=360$

$\rightarrow 50x+(30+k)y=360$ …… ㉡

㉠−㉡을 하면 $(25-k)y=0$ $\quad\therefore k=25\ (\because y>0)$

따라서 B가 혼자서 나머지를 모두 포장하는 데 걸린 시간은 25분이다.

04

정답 | ②

수조 전체에 물을 채웠을 때를 100만큼이라고 한다면 A펌프는 18분 동안 75만큼의 물을 채울 수 있으므로, 1분 동안에는 $\frac{75}{18}=\frac{25}{6}$만큼의 물을 채울 수 있다.
즉, 15분 동안에는 $\left(\frac{25}{6}\times15\right)$의 물을 채울 수 있다.
15분 후 수조에 남은 공간은 $\left(100-\frac{25}{6}\times15\right)$이고, B펌프는 A펌프보다 2배 빠르게 물을 채울 수 있으므로 B펌프로 남은 수조를 채우는 데 걸리는 시간은 다음과 같다.

$$\frac{100-\frac{25}{6}\times15}{\frac{25}{6}\times2}=\frac{\frac{600-375}{6}}{\frac{50}{6}}=\frac{225}{50}=4.5(\text{분})$$

따라서 4분 30초가 걸린다.

문제해결 TIP

전체 수조의 용량이 주어져 있지 않으므로 전체를 1로 가정하여 생각할 수도 있다. 그러나 1로 가정하면 75%를 0.75로 표시해야 하므로 정수로 표시하기 위해 100으로 정하도록 한다. 기준이 되는 값은 항상 계산이 편하도록 정한다.

05

정답 | ④

물탱크의 용량을 1이라고 하면 수도관 A는 1시간에 물탱크의 $\frac{1}{5}$을 채울 수 있고, 수도관 B는 1시간에 물탱크의 $\frac{1}{4}-\frac{1}{5}=\frac{1}{20}$을 채울 수 있고, 수도관 C는 1시간에 물탱크의 $\frac{1}{3}-\frac{1}{5}=\frac{2}{15}$를 채울 수 있다.
수도관 B와 수도관 C로 5시간 동안 채운 양은 물탱크의 $\left(\frac{1}{20}+\frac{2}{15}\right)\times5=\frac{55}{60}$이고, 수도관 B만으로 물을 받은 시간을 x시간이라고 하면 다음과 같은 식이 성립한다.

$\frac{55}{60}+\frac{1}{20}\times x=1,\ \therefore x=\frac{5}{3}$

따라서 수도관 B만으로 물을 받은 시간은 $\frac{5}{3}$시간, 즉 100분이다.

06

정답 | ④

혼자 박스 1개의 작업을 끝마치는 데 걸리는 시간이 김 대리는 x분, 이 대리는 y분이라 하자. 박스 1개의 작업량을 1이라고 하면 김 대리와 이 대리가 1분에 처리하는 작업량은 각각 $\frac{1}{x}$, $\frac{1}{y}$이다.

첫 번째 박스는 김 대리 혼자 20분 동안, 이 대리 혼자 50분 동안 작업하여 끝마쳤으므로 $\frac{20}{x}+\frac{50}{y}=1$이다. 두 번째 박스는 김 대리와 이 대리가 모두 30분 동안 작업하여 끝마쳤으므로 $\frac{30}{x}+\frac{30}{y}=1$이다.

두 식의 양변에 xy를 곱한 후 연립하면 $20y+50x=30y+30x$이므로, $y=2x$이다.

따라서 $x=\frac{1}{2}y$를 $\frac{30}{x}+\frac{30}{y}=1$에 대입하면 $\frac{60}{y}+\frac{30}{y}=\frac{90}{y}=1$이므로 $y=90$이다.

문제해결 TIP

전체 작업량을 1로 하여 계산하면 분수 계산을 해야하므로 단위 시간당 작업량으로 기준을 정한다. 김 대리가 1분에 작업하는 양을 x, 이 대리가 1분에 작업하는 양을 y라 하면 첫 번째 박스를 작업할 때 김 대리의 작업량은 $20x$, 이 대리의 작업량은 $50y$이므로 박스 1개의 총 작업량은 $20x+50y$라고 할 수 있다. 또한 두 번째 박스를 작업할 때 김 대리와 이 대리의 작업량은 각각 $30x$, $30y$이므로 박스 1개의 총 작업량은 $30x+30y$라고도 할 수 있다. 그런데 3박스에 들어있는 카탈로그의 개수가 동일하므로 $20x+50y=30x+30y$가 성립하여 $x=2y$임을 알 수 있다. $x=2y$를 $30x+30y$에 대입하면 박스 1개의 작업량은 $60y+30y=90y$이므로 1분에 y만큼 작업하는 이 대리가 마지막 박스의 작업을 끝마치는 데 걸리는 시간은 90분이다.

07

정답 | ①

A회사 혼자서 생산하면 5시간이 걸리므로 A회사의 작업량은 1시간에 $\frac{1}{5}$이다. B회사의 작업량을 b라고 할 때, A회사와 B회사가 함께 생산하면 2시간이 걸리므로 $\frac{2}{5}+(2\times b)=1$, $b=\frac{3}{10}$이다. C회사의 작업량을 c라고 할 때, A회사와 C회사가 함께 생산하면 4시간이 걸리므로 $\frac{4}{5}+(4\times c)=1$, $c=\frac{1}{20}$이다.

이에 따라 세 회사가 동시에 작업을 한 시간을 t시간이라고 하면 다음과 같은 식이 성립한다.

$$\frac{1}{5}t+\frac{3}{10}\times(t+2)+\frac{1}{20}\times(t+2)=1 \rightarrow t=\frac{6}{11}$$

따라서 세 회사가 동시에 작업을 한 시간은 $\frac{6}{11}$시간이다.

유형 4 | 원가·정가·할인가

연습 문제 P. 148

01	①	02	②	03	⑤	04	②	05	⑤
06	①								

01

정답 | ①

마지막으로 남은 상품의 개당 가격을 x원이라고 하면 손해를 보지 않기 위해서는 다음과 같이 식을 세울 수 있다.

$(10\times7,000+40\times4,000+40x)-(90\times5,000)\geq0$

$\rightarrow 40x\geq220,000$

$\rightarrow x\geq5,500$

따라서 손해를 보지 않는 최저 가격은 5,500원이다.

문제해결 TIP

이윤의 기준은 원가 5천 원이므로 7천 원에 판 10개로 인한 이득은 $2,000\times10=20,000$(원)이고, 4천 원에 판 40개로 인한 손해는 $1,000\times40=40,000$(원)이다. 즉, 마지막으로 남은 상품을 팔기 전까지의 상황은 20,000원 손해이다. 손해 20,000원을 메우기 위한 개당 이득을 x원이라고 두면, 40개를 팔아야 하므로 $40x\geq20,000$을 만족하는 x의 최솟값을 찾으면 된다. $20,000\div40=500$이므로 손해를 메우기 위한 최소한의 개당 이득은 500원임을 알 수 있다. 즉, 최소한의 가격은 $5,000+500=5,500$(원)이다.

02

정답 | ②

정가는 원가에 이익을 더한 것이므로 상품의 정가는 $20,000\times(1+0.4)=28,000$(원)이다. 할인가로 1개 판매할 때마다 원가의 12% 이익이 생긴다고 하였으므로 상품의 할인율을 x%라고 하면 다음과 같이 식을 세울 수 있다.

$$28,000\times\left(1-\frac{x}{100}\right)=20,000\times(1+0.12)$$

양변을 1,000으로 나누고 식을 정리하면 다음과 같다.

$$28-\frac{28}{100}x=20+\frac{12}{5}$$

$$\frac{7}{25}x=\frac{28}{5} \qquad \therefore x=20$$

따라서 상품의 할인율은 20%이다.

03

정답 | ⑤

A제품의 이윤을 a원, B제품의 이윤을 b원이라 하면 5명의 손님이 A제품을 5개, B제품을 3개 구입하였을 때 이윤은 다음과 같다.

$5\times5a+5\times3b=25a+15b=20,450$(원)

$\rightarrow 5a+3b=4,090$(원)

또한 3명의 손님이 A제품을 2개, B제품을 4개 구입하였을 때 이윤은 다음과 같다.

$3\times2a+3\times4b=6a+12b=7,260$(원)

$\rightarrow a+2b=1,210$(원)

이 두 식을 연립하면 $10a+6b=8,180$(원), $3a+6b=3,630$(원)이므로 $7a=4,550 \rightarrow a=650$(원)이다.

즉, 원가가 5,000원이고, 이윤이 650원이다.

따라서 $\frac{650}{5,000}\times100=13(\%)$의 이윤을 붙여 정가를 정하였다.

04

정답 | ②

제품 A의 정가를 a원, 제품 B의 정가를 b원이라고 하면 다음과 같은 두 식이 성립한다.

$a+b=24,000$

$0.8a+(b-3,000)=19,000$

두 식을 연립하면 $a=10,000$, $b=14,000$이므로 실제 판매가는 제품 A가 8,000원, 제품 B가 11,000원이다.

따라서 총수입은 $100\times8,000+50\times11,000=1,350,000$(원)$=135$(만 원)이다.

05

정답 | ⑤

달걀 한 판의 원가를 x원이라 하면 달걀 한 판의 정가는 $1.4x$원이다. 유통 기한이 10일 남았을 때부터 기존 판매가(정가)의 20%를 할인하여 판매하였으므로 할인 판매가는 $0.8\times1.4x=1.12x$(원)이다.

달걀을 총 200판 구입하여 이 중 70%인 140판을 $1.4x$원에 판매하였고, 남은 60판 중 6판을 제외한 54판을 $1.12x$원에 판매하였으므로 총판매금액은 $140\times1.4x+54\times1.12x=641,200$(원)이다. 이를 계산하면 $256.48x=641,200 \rightarrow x=2,500$이다.

따라서 달걀 200판을 구입하였을 때 원가가 $200\times2,500=500,000$(원)이므로, 순이익은 $641,200-500,000=141,200$(원)이다.

06

정답 | ①

상인이 귤과 상자를 구입하는 데 사용한 전체 비용이 $20,000\times100+2,000\times100=2,200,000$(원)이므로 기존 10kg당 구입가에 $x\%$ 이익을 붙여 판매가를 정하면 다음과 같은 식이 성립한다.

$$20,000\left(1+\frac{x}{100}\right)\times(100-20)=2,200,000\times\left(1+\frac{20}{100}\right)$$

이 식을 정리하면 다음과 같다.

$$160\left(1+\frac{x}{100}\right)=220\times\frac{12}{10}$$

$$\frac{16}{10}x=104 \qquad \therefore x=65$$

따라서 판매가를 기존 10kg당 구입가에 65% 이익을 붙여 판매해야 한다.

유형 5 | 집합

연습 문제 P. 151

01	③	02	⑤						

01

정답 | ③

연구 윤리를 수강한 신입 연구원의 집합을 A, 연구실 안전을 수강한 신입 연구원의 집합을 B, 연구노트 작성을 수강한 신입 연구원의 집합을 C라고 하자. 이때 연구노트 작성만 수강한 신입 연구원의 수는 $n(A\cup B\cup C)$에서 $n(A\cup B)$를 뺀 값과 같다.

$n(A\cup B\cup C)$는 전체 50명 중 강의를 하나도 수강하지 않은 3명을 제외한 47명이고, $n(A\cup B)=n(A)+n(B)-n(A\cap B)=22+16-4=34$(명)이다.

따라서 연구노트 작성만 수강한 신입 연구원의 수는 $47-34=13$(명)이다.

문제해결 TIP

주어진 상황을 벤다이어그램으로 나타내면 다음과 같다.

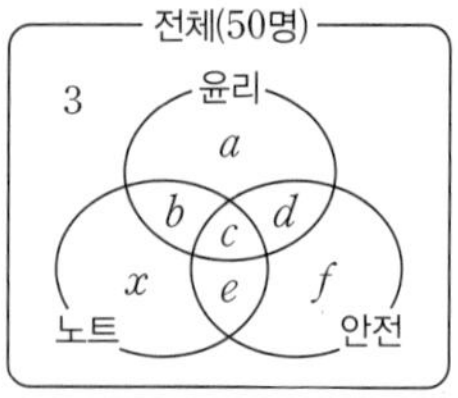

$a+b+c+d=22$, $c+d+e+f=16$, $c+d=4$이므로 $a+b+c+d+e+f=22+16-4=34$(명)이다. 따라서 $x=50-3-34=13$(명)이다.

02

정답 | ⑤

1번 문제를 맞힌 학생의 집합을 A라 하고 2번 문제를 맞힌 학생의 집합을 B라 하면 $n(A)=38$, $n(B)=54$이다. 1번과 2번 문제를 모두 틀린 학생이 15명이므로 이를 벤다이어그램으로 표현하면 다음과 같다.

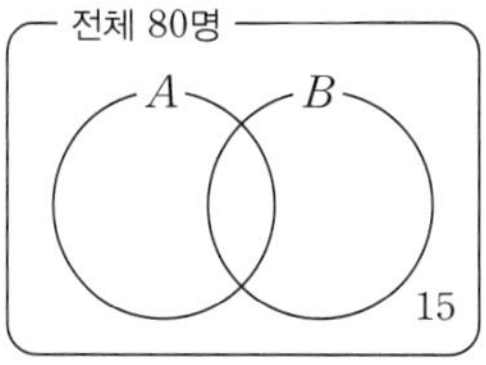

집합 A와 집합 B 영역에 해당하는 학생은 80명 중 15명을 제외한 65명이므로, 합의 공식을 일부 변형한 '$n(A\cap B)=n(A)+n(B)-n(A\cup B)$' 식에 대입하면 구할 수 있다.
따라서 두 문제를 모두 맞힌 학생은 $38+54-65=27$(명)이다.

유형 6 | 방정식과 부등식의 활용 연습 문제 P. 160

01	①	02	②	03	③	04	①	05	⑤
06	②	07	①	08	⑤	09	④	10	③

01

정답 | ①

연속하는 세 짝수를 각각 $(x-2)$, x, $(x+2)$라고 하면 세 짝수의 곱은 $x(x-2)(x+2)=x^3-4x$이고, 세 짝수의 합은 $3x$이다. 곱이 합의 4배이므로 $x^3-4x=12x$가 성립하고, 이를 정리하면 $x^3-16x=x(x-4)(x+4)=0$이므로 $x=-4$ 또는 0 또는 +4이다. 세 짝수는 모두 양수이므로 $x=4$만 가능하다. 따라서 세 짝수는 2, 4, 6이므로 세 짝수 중 가장 작은 수는 2이다.

02

정답 | ②

B톱니바퀴가 1바퀴 돌면(=B톱니바퀴의 톱니 20개가 돌아가면) A톱니바퀴의 톱니도 20개 돌고, C톱니바퀴의 톱니도 20개 돈다. 즉, A톱니바퀴는 이미 1바퀴를 지난 상태이고, C톱니바퀴는 아직 1바퀴에서 모자란 상태이다. 따라서 세 톱니바퀴가 각자 a바퀴, b바퀴, c바퀴씩 돈 후 톱니바퀴를 돌리기 전의 상태로 돌아오기 위해선 16, 20, 24의 최소공배수만큼의 톱니를 돌려야 한다. $16=2^4$, $20=2^2\times5$, $24=2^3\times3$의 최소공배수는 $2^4\times3\times5=240$이므로 세 톱니바퀴 모두 240개의 톱니를 돌려야 한다. 이때, A톱니바퀴는 $240\div16=15$(바퀴), B톱니바퀴는 $240\div20=12$(바퀴), C톱니바퀴는 $240\div24=10$(바퀴) 돌게 된다. 따라서 B톱니바퀴는 최소한 12바퀴를 돌려야 한다.

03

정답 | ③

동일한 간격으로 나무를 심으면서 네 모퉁이에도 반드시 나무를 심어야 하므로 나무와 나무 사이의 간격은 정원의 가로와 세로의 길이인 270, 234의 공약수가 되어야 한다. 또한 나무를 최소한으로 심으려고 하므로 공약수 중에서도 최대공약수만큼의 간격을 벌려야 한다.
$270=15\times18$, $234=13\times18$이므로 270과 234의 최대공약수는 18이다. 따라서 18m의 간격으로 나무를 심을 경우 가로는 15등분을 할 수 있고, 세로는 13등분을 할 수 있다. 즉, 가로 방향으로는 $15+1=16$(그루)의 나무를, 세로 방향으로는 $13+1=14$(그루)의 나무를 심을 수 있으므로 총 $(16+14)\times2=60$(그루)의 나무를 심어야 하는데, 이 경우 네 모퉁이마다 한 그루씩 중복되므로 $60-4=56$(그루)의 나무만 필요하다.

문제해결 TIP

$270=15\times18$, $234=13\times18$이므로 270과 234의 최대공약수는 18이다. 따라서 18m의 간격으로 나무를 심을 경우 가로는 15등분을 할 수 있고, 세로는 13등분을 할 수 있다. 등분한 조각의 한쪽 방향 끝에 나무를 심을 경우 아래 그림과 같이 나무를 심을 수 있다.

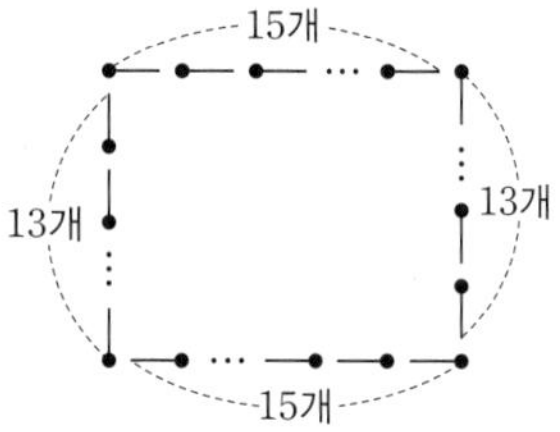

따라서 필요한 나무의 개수는 $(15+13)\times2=56$(그루)이다.

04

정답 | ①

경과된 시간을 t시간이라고 표시하면 t시간 후 세포 수는 2^t개이고 남은 세포배양액의 양은 $\frac{196}{t^2}$mL이다.
따라서 남은 세포배양액 대비 세포의 수는 $\frac{2^t}{196/t^2}=\frac{2^t\times t^2}{196}$이며, 남은 세포배양액 대비 세포의 수가 32개인 시점은 $\frac{2^t\times t^2}{196}=32$이다. 이를 정리하면 $2^t\times t^2=32\times196=2^5\times14^2=2^7\times7^2$이므로, $t=7$이다.

따라서 남은 세포 배양액 1mL 대비 세포의 수는 7시간 후에 32개가 된다.

05

정답 | ⑤

첫 번째, 두 번째, 네 번째 설명에 의하여 설명회에 참석한 사람은 최소 370명에서 최대 390명임을 알 수 있다. 참석자의 수는 자연수이므로 세 번째 설명에 의해 370~390명 사이에서 유일하게 17의 배수인 374명이 설명회에 참석했음을 알 수 있다. 정원이 37명인 장소에서 설명회에 참석한 인원수를 구해야 하므로 정원이 37명인 장소를 x개, 정원이 39명인 장소를 $(10-x)$개라고 하면, 전체 참석자의 수가 374명이므로 다음과 같이 식을 세울 수 있다.

$37x+39\times(10-x)=374$

$2x=16 \qquad \therefore x=8$

따라서 정원이 37명인 장소에서 설명회에 참석한 인원은 $37\times8=296$(명)이다.

06

정답 | ②

A, B, C가 투자한 금액을 각각 a, b, c라고 하면 $b=a+20$, $c=2a$가 성립한다. 또한 전체 투자 금액에서 A의 투자액 비중이 24%이므로 다음이 성립한다.

$\frac{a}{a+b+c}=\frac{a}{a+a+20+2a}=\frac{a}{4a+20}=0.24$

$\rightarrow \frac{a}{4a+20}=\frac{24}{100}=\frac{6}{25}$

$\rightarrow 25a=6(4a+20)=24a+120$

$\rightarrow a=120,\ b=140,\ c=240$

따라서 B의 투자액 비중은 $\frac{140}{120+140+240}\times100=28(\%)$이다.

07

정답 | ①

햄버거 1개의 가격을 x원, 콜라 1개의 가격을 y원, 감자튀김 1개의 가격을 z원이라 할 때, A세트의 원래 가격은 $3x+y+z-400=18{,}200 \rightarrow 3x+y+z=18{,}600$(원), B세트의 원래 가격은 $2x+2y+2z-800=18{,}000 \rightarrow 2x+2y+2z=18{,}800$(원), C세트의 원래 가격은 $4x+2y+3z-1{,}000=29{,}600 \rightarrow 4x+2y+3z=30{,}600$(원)이다.

B세트에서 $2x+2y+2z=18{,}800 \rightarrow x+y+z=9{,}400 \rightarrow y+z=9{,}400-x$이므로, 이 식을 $3x+y+z=18{,}600$에 대입하면 $2x+9{,}400=18{,}600 \rightarrow x=4{,}600$이다. $x+y+z=9{,}400$과 $4x+2y+3z=30{,}600$에 x를 다시 대입하면 $y+z=4{,}800$, $2y+3z=12{,}200$이다. 이 두 식을 연립하면 $y=2{,}200$(원), $z=2{,}600$(원)이다.

따라서 B세트에 햄버거와 감자튀김을 1개씩 추가 주문하면 $18{,}000+4{,}600+2{,}600=25{,}200$(원)을 지불해야 한다.

08

정답 | ⑤

삼각형은 두 변의 길이의 합이 가장 긴 변의 길이보다 작아야 하므로, 다음과 같이 두 경우로 살펴볼 수 있다.

- $x>15$인 경우 $x<10+15=25 \qquad \therefore x<25$
- $x<15$인 경우 $10+x>15 \qquad \therefore x>5$

위의 두 개의 부등식을 정리하면 $5<x<25$인데 세 변의 길이가 모두 자연수이므로 나머지 한 변의 길이의 최솟값은 6cm이고 최댓값은 24cm이다.

따라서 나머지 한 변의 길이의 최댓값과 최솟값의 합은 $24+6=30$이다.

09

정답 | ④

소풍을 온 학교의 학급 수를 x개라고 하면 한 학급당 38개씩 선물을 나눠줄 때 선물이 부족하다고 하였으므로 $38x>2{,}000 \qquad \therefore x>\frac{2{,}000}{38}=52.\times\times\cdots$

따라서 소풍을 온 학교는 적어도 53개의 학급으로 되어 있다.

10

정답 | ③

A부품을 실은 트럭의 수가 B부품을 실은 트럭 수의 5배이므로, B부품을 실은 트럭의 수를 x대라고 두면 A부품을 실은 트럭의 수는 $5x$대, C부품을 실은 트럭의 수는 $(25-6x)$대이다. 따라서 실을 수 있는 전체 부품 개수는 $10\times5x+20\times x+12(25-6x)=300-2x$(개)이다. 그런데 모든 부품은 최소 1대의 트럭에는 실려야 하므로 $x\geq1$이어야 한다. 따라서 $(300-2x)$의 최댓값은 $x=1$일 때인 298개이다.

문제해결 TIP

만약 A부품을 실은 트럭의 수가 B부품을 실은 트럭 수의 5배라는 조건이 없다면 트럭 1대에 20개씩 넣을 수 있는 B부품을 최대한 많이 실어야 전체 부품 개수가 최대가 될 것이다. 그런데 B부품을 실은 트럭 1대당 A부품을 실은 트럭 5대라는 조건이 있으므로 B부품에는 A부품이라는 패널티가 부여되는 구조다. 즉, (5A+1B)와 C 중에서 어느 쪽 효율이 더 높은지를 가늠해야 하는데, 효율을 비교하기 위해서는 동일한 트럭 수를 기준으로 따져봐야 한다. 즉, (5A+1B)와 6C에 실을 수 있는 부품 개수를 비교해야 하는데, 전자는 $5\times10+20=70$(개), 후자는 $12\times6=72$(개)로 C의 효율이 더 높다. 즉, C부품을 싣는 트럭 수를 극대화해야 하는데, 모든 부품은 최소 1대의 트럭에는 실려야 하므로 B부품 1대, A부품 5대를 제외한 나머지 19대에 모두 C부품을 실으면 된다. 따라서 전체 부품 개수의 최댓값은 $19\times12+5\times10+20=298$(개)이다.

유형 7 | 수열

연습 문제 P. 165

01	⑤	02	④					

01

정답 | ⑤

네 번째 팀의 인원수가 17명이고, 여섯 번째 팀의 인원수가 43명이므로 다섯 번째 팀의 인원수는 $43-17=26$(명)이다.
따라서 네 번째 팀의 인원수부터 여덟 번째 팀의 인원수를 차례대로 정리하면 17, 26, 43, 69, 112, …이므로, 여덟 번째 팀의 인원수는 112명이다.

02

정답 | ④

A의 계차를 구해보면 다음과 같다.

10 30 50 90 150 250 140
+20 +20 +40 +60 +100 +160

즉, A는 (20, 20)으로 시작하는 피보나치수열을 계차로 갖는 계차수열이다. 따라서 8주에는 $410+100+160=670$, 9주에는 $670+160+260=1{,}090$, 10주에는 $1{,}090+260+420=1{,}770$이다.
한편 B는 n주에 2^n인 수열이므로 10주에는 $2^{10}=1{,}024$이다.

유형 8 | 경우의 수

연습 문제 P. 170

01	③	02	②	03	④	04	①	05	①
06	⑤								

01

정답 | ③

n쌍의 부부이므로 남자도 n명, 여자도 n명이다. 여자들은 자신의 남편을 제외한 모든 참석자와 악수를 하였고, 남자들끼리는 서로 악수를 하지 않았으므로 (여자−여자)끼리 악수한 경우와 (여자−남자)가 악수한 경우로 나눌 수 있다.

- (여자−여자)인 경우: $\dfrac{n\times(n-1)}{2}$가지
- (여자−남자)인 경우: $n\times(n-1)$가지

참석한 사람들이 악수를 한 횟수가 총 315번이므로

$\dfrac{n\times(n-1)}{2}+n\times(n-1)=\dfrac{3n\times(n-1)}{2}=315$

$\rightarrow n(n-1)=210 \rightarrow n=15$

따라서 총 15쌍의 부부가 참석하였음을 알 수 있다.

02

정답 | ②

같은 팀끼리는 서로 이웃하여 앉으므로 각 팀을 한 묶음으로 보면, 결국 네 묶음이 원탁에 앉는 꼴이다. 네 묶음이 원탁에 앉는 경우의 수는 $(4-1)!=6$(가지), 여기서 각 팀 내부에서 자리를 바꿔 앉는 경우의 수는 $3!\times2!\times2!=24$(가지)이므로 같은 팀끼리 서로 이웃하여 앉는 경우의 수는 $6\times24=144$(가지)이다.
여기서 재무팀 부장과 홍보팀 부장끼리 서로 이웃하여 앉는 경우를 구해 보면, 이때는 재무팀 부장과 홍보팀 부장, 그리고 재무팀 차장과 대리 4명이 한 묶음으로 움직인다. 따라서 세 묶음이 원탁에 앉는 경우의 수 $(3-1)!=2$(가지), 영업팀과 개발팀 내부에서 자리를 바꿔 앉는 경우의 수 $2\times2=4$(가지), 재무팀 차장과 대리끼리 바꿔 앉는 경우의 수 2가지, 부장 2명과 재무팀 차장, 대리가 묶음 내에서 자리를 바꿔 앉는 경우의 수 2가지를 모두 곱하면 $2\times4\times2\times2=32$(가지)이다.
따라서 구하고자 하는 경우의 수는 $144-32=112$(가지)이다.

문제해결 TIP

사건 S가 일어나지 않는 경우의 수는 전체 경우의 수에서 사건 S가 일어나는 경우의 수를 빼서 구한다.

03
정답 | ④

사원 2명을 각각 A사원, B사원이라고 할 때, A사원이 선택하는 경우의 수는 Y프로젝트, Z프로젝트 2가지이고 B사원이 선택하는 경우의 수도 2가지이다. 따라서 사원이 선택하는 경우의 수는 $2\times2=4$(가지)이다.

마찬가지로 대리 3명이 선택하는 경우의 수는 $2\times2\times2=8$(가지)이다.

따라서 전체 경우의 수는 $4\times8=32$(가지)이다.

04
정답 | ①

철수가 뽑은 수의 합은 $1+4+5=10$이다. 우선 영희가 1을 반드시 뽑았을 때를 가정해보자. 남은 2장의 카드 중 하나는 그 다음으로 작은 수인 2라고 가정하면, 10보다 크기 위해선 나머지 1장의 카드는 8~9가 되어야 한다. 즉, 이때 가능한 경우의 수는 2가지이다. 여전히 1을 뽑았다고 가정하고 남은 2장의 카드 중 다음 카드가 3이라고 가정해보자.

이때 10보다 크기 위해선 나머지 1장의 카드는 7~9가 되어야 한다. 즉, 가능한 경우의 수는 3가지이다. 이런 식으로 1을 고정한 채 두 번째로 작은 카드 숫자에 따라 가능한 경우의 수를 따져보면 다음과 같다.

- 두 번째로 작은 숫자가 2: 2가지(8~9)
- 두 번째로 작은 숫자가 3: 3가지(7~9)
- 두 번째로 작은 숫자가 4: 4가지(6~9)
- 두 번째로 작은 숫자가 5: 4가지(6~9)
- 두 번째로 작은 숫자가 6: 3가지(7~9)
- 두 번째로 작은 숫자가 7: 2가지(8~9)
- 두 번째로 작은 숫자가 8: 1가지(9)

중복을 피하기 위해 두 번째 숫자보다 큰 숫자만 따져야 한다. 이때 가능한 경우의 수는 $2+3+4+4+3+2+1=19$(가지)이다.

이제 영희가 2를 반드시 뽑았을 때를 가정해 보자. 1을 뽑은 경우는 앞에서 모두 살펴봤으므로, 이제는 1을 제외한 2~9만 고려한다. 위와 마찬가지로 두 번째로 작은 카드 숫자에 따라 가능한 경우의 수를 따져보면 다음과 같다.

- 두 번째로 작은 숫자가 3: 4가지(6~9)
- 두 번째로 작은 숫자가 4: 5가지(5~9)
- 두 번째로 작은 숫자가 5: 4가지(6~9)
- 두 번째로 작은 숫자가 6: 3가지(7~9)
- 두 번째로 작은 숫자가 7: 2가지(8~9)
- 두 번째로 작은 숫자가 8: 1가지(9)

따라서 이때 가능한 경우의 수는 $4+5+4+3+2+1=19$(가지)이다. 이제 1, 2를 제외하고 3~9의 숫자만 생각해 보자. 3~9 중에서 3개를 뽑아 그 합이 최소가 되는 값은 $3+4+5=12$이다. 즉, 3~9 중에서는 아무 숫자나 3개를 뽑아도 모두 합이 10보다 크다는 조건을 만족한다.

따라서 가능한 경우의 수는 ${}_7C_3=\frac{7\times6\times5}{3\times2}=35$(가지)이고, 구하고자 하는 전체 경우의 수는 $19+19+35=73$(가지)이다.

문제해결 TIP

9장의 카드 중 3장을 뽑는 경우의 수는 ${}_9C_3=\frac{9\times8\times7}{3\times2}=84$(가지)이다. 전체 경우의 수가 선택지의 경우의 수들과 큰 차이가 없으므로, 여사건을 이용하면 보다 간편하게 문제를 해결할 수 있다.

10보다 큰 숫자를 뽑는 사건의 여사건은 10 이하의 숫자를 뽑는 사건이다. 카드 3장을 뽑아 그 합이 10 이하인 경우의 수는 다음과 같은 11가지이다.

(1, 2, 3), (1, 2, 4), (1, 2, 5), (1, 2, 6), (1, 2, 7), (1, 3, 4), (1, 3, 5), (1, 3, 6), (1, 4, 5), (2, 3, 4), (2, 3, 5)

따라서 구하고자 하는 경우의 수는 $84-11=73$(가지)이다.

05
정답 | ①

A부서의 직원 2명을 a와 b라고 했을 때 이 둘을 우선 4강에서 만나지 않도록 배치한다. B부서의 직원 2명을 c, d라고 했을 때 a와 4강에서 만나는 직원이 c인지 d인지 2가지 경우가 있으므로 경우의 수는 2가지이다.

06
정답 | ⑤

주어진 그림에서 P 지점을 반드시 지나야 하고, Q 지점을 반드시 지나지 않아야 하므로 주어진 경로를 다음과 같은 그림으로 생각할 수 있다.

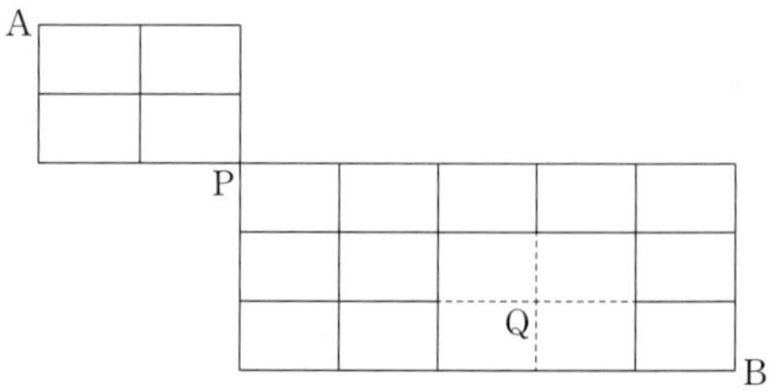

이때, [A → P → B]의 최단 경로에 대하여 각 지점

에 도착하는 경우의 수를 나타내면 다음과 같다.

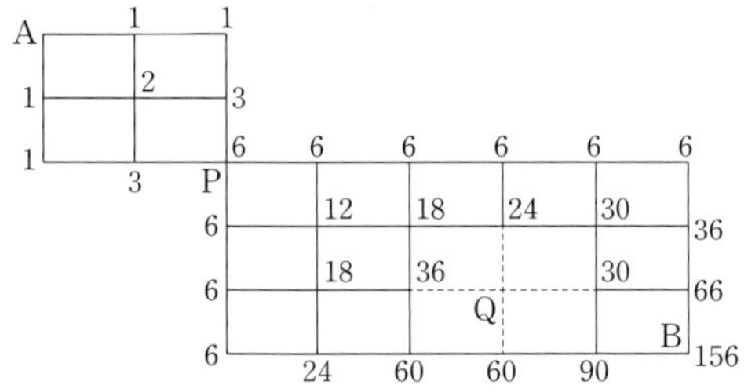

따라서 구하는 경우의 수는 156가지이다.

유형 9 ㅣ 확률									연습 문제 P. 176
01	①	02	①	03	⑤	04	②	05	③
06	②	07	③	08	⑤				

01

정답 | ①

사건 B가 일어났다는 가정하에서 사건 A가 일어났을 확률을 조건부확률 $P(A \mid B)$라 하고, $\frac{P(A \cap B)}{P(B)}$로 구한다. 3의 배수는 3, 6의 2개이므로 흰 공이 나왔는데, 하필이면 A주머니가 걸려 A주머니에서 흰 공이 나왔을 확률은 $\frac{\frac{1}{3}\times\frac{4}{5}}{\frac{1}{3}\times\frac{4}{5}+\frac{2}{3}\times\frac{3}{5}}=\frac{4}{10}=\frac{2}{5}$이다.

02

정답 | ①

경품을 받으면 다음 회차에 추첨 대상자에서 제외되므로 연속으로 두 번 당첨될 수 없다. 즉, 김 씨가 두 번 당첨되는 것은 1회−3회, 1회−4회, 2회−4회에 당첨되는 것을 의미한다.

- 1회차와 3회차에 당첨될 확률:
  $\frac{1}{8}\times1\times\frac{1}{7}\times1=\frac{1}{56}$
- 1회차와 4회차에 당첨될 확률:
  $\frac{1}{8}\times1\times\frac{6}{7}\times\frac{1}{7}=\frac{3}{196}$
- 2회차와 4회차에 당첨될 확률:
  $\frac{7}{8}\times\frac{1}{7}\times1\times\frac{1}{7}=\frac{1}{56}$

따라서 김 씨가 두 번 당첨될 확률은

$\frac{1}{56}+\frac{3}{196}+\frac{1}{56}=\frac{5}{98}$이다.

03

정답 | ⑤

A팀은 총 3번의 경기를 치르는데, 승점이 가장 높게 승리하는 경우를 기준으로 접근하면 편하다. 승점 7점 이상인 경우는 3번 모두 승리하여 승점 9점인 경우, 2번 승리하고 1번 비겨 승점 7점인 경우만 가능하다. 2번 승리하고 1번 패배하면 승점 5점이며, 1번 승리하거나 0번 승리한 경우에는 승점 7점 이상을 만들 수 없다. 승점 7점 이상인 각 경우가 일어날 확률은 다음과 같다.

- 3번 승리: $\left(\frac{2}{5}\right)^3$
- 2번 승리, 1번 비김: $\left(\frac{2}{5}\right)^2\times\frac{1}{5}\times3$

2번 승리, 1번 비김에서 마지막에 3을 곱해주는 이유는 다음과 같다. A를 제외한 나머지 팀을 B, C, D라고 했을 때, 1번 비기는 경우는 B와 비기거나 C와 비기거나 D와 비기는 3가지이다.
또한, B에게 비기고 C, D에게 이길 확률을 구해보면 $\left(\frac{2}{5}\right)^2\times\frac{1}{5}$인데, C에게 비기거나 D에게 비길 확률도 동일하므로 결국 2번 승리, 1번 비기는 전체 확률은 $\left(\frac{2}{5}\right)^2\times\frac{1}{5}$을 3번 더한 $\left(\frac{2}{5}\right)^2\times\frac{1}{5}\times3$이 되는 것이다.
따라서 구하고자 하는 확률은 $\left(\frac{2}{5}\right)^3+\left(\frac{2}{5}\right)^2\times\frac{3}{5}$

$=\frac{8+12}{5^3}=\frac{20}{5^3}=\frac{4}{25}=\frac{16}{100}=16(\%)$이다.

04

정답 | ②

임의로 택한 한 명이 여직원일 사건을 A, 운전면허를 소지한 직원일 사건을 B라고 하면 다음과 같다.

$P(A)=\frac{40}{40+25+20+15}=\frac{2}{5}$

$P(A\cap B)=\frac{25}{40+25+20+15}=\frac{1}{4}$

따라서 구하는 확률은 $P(B|A)=\frac{P(A\cap B)}{P(A)}=\frac{\frac{1}{4}}{\frac{2}{5}}$

$=\frac{5}{8}$이다.

05

정답 | ③

기계 A의 속도가 기계 B의 속도보다 빠르므로 기계 B에서 제품 P를 a개 생산하였다면 기계 A에서는 제품 P를 $1.5a$개 생산한다. 기계 A에서 제품 P를 $1.5a$개 생산하였을 때 불량품의 개수는 $1.5a\times0.04=0.06a$

(개)이고, 기계 B에서 제품 P를 a개 생산하였을 때 불량품의 개수는 $a\times0.03=0.03a$(개)이다. 따라서 불량품의 개수는 총 $0.09a$개이고, 이 중 $0.03a$개가 기계 B에서 생산되었으므로 구하고자 하는 확률은 $\frac{0.03a}{0.09a}=\frac{1}{3}$이다.

06

정답 | ②

실제로 잠이 부족했던 사람과 그렇지 않았던 사람을 올바른 판단을 한 경우와 잘못 판단한 경우로 나누어 다음과 같이 정리할 수 있다.

구분	수면 부족 판단	수면 부족하지 않음 판단
실제 수면 부족	495	5
실제 수면 부족 ×	50	450

1,000명 중 잠이 부족하다고 판단 받은 사람은 모두 545명이며, 잠이 부족하지 않다고 판단 받은 사람은 455명이다.

따라서 잠이 부족한 사람이라고 판단 받은 사람이 선택될 확률은 $\frac{545}{1,000}=54.5(\%)$이다.

07

정답 | ③

'적어도'라고 하였으므로 여확률을 이용해서 계산하면 편하다. O, X 퀴즈를 맞힐 확률은 $\frac{1}{2}$이고, 사지선다 퀴즈를 맞힐 확률은 $\frac{1}{4}$이다. 즉, O, X 퀴즈를 틀릴 확률은 $\frac{1}{2}$이고, 사지선다 퀴즈를 틀릴 확률은 $\frac{3}{4}$이다.

- 네 문제를 모두 틀릴 확률: $\left(\frac{1}{2}\right)^2\times\left(\frac{3}{4}\right)^2=\frac{9}{64}$
- O, X 퀴즈 중 두 문제 중 하나를 맞히고, 사지선다를 다 틀릴 확률: ${}_2C_1\times\frac{1}{2}\times\frac{1}{2}\times\left(\frac{3}{4}\right)^2=\frac{18}{64}$
- O, X 퀴즈를 모두 틀리고, 사지선다 중 하나를 맞힐 확률: $\left(\frac{1}{2}\right)^2\times{}_2C_1\times\frac{1}{4}\times\frac{3}{4}=\frac{6}{64}$

따라서 모두 틀리거나 하나만 맞힐 확률은 $\frac{9}{64}+\frac{18}{64}+\frac{6}{64}=\frac{33}{64}$이므로, 적어도 두 개 이상 맞힐 확률은 $1-\frac{33}{64}=\frac{31}{64}$이다.

08

정답 | ⑤

전기회로에 전기가 흐르려면 스위치 A는 닫혀있어야 하고, 스위치 B 또는 C가 닫혀있어야 한다. 이에 따라 세 가지 경우를 생각할 수 있고, 각각의 경우에 대한 확률은 다음과 같다.

- 스위치 A가 닫혀있고, 스위치 B만 닫혀있는 경우: $\frac{1}{3}\times\frac{1}{3}\times\left(1-\frac{2}{3}\right)=\frac{1}{27}$
- 스위치 A가 닫혀있고, 스위치 C만 닫혀있는 경우: $\frac{1}{3}\times\left(1-\frac{1}{3}\right)\times\frac{2}{3}=\frac{4}{27}$
- 세 스위치가 모두 닫혀있는 경우: $\frac{1}{3}\times\frac{1}{3}\times\frac{2}{3}=\frac{2}{27}$

따라서 전기회로에 전기가 흐를 확률은 $\frac{1}{27}+\frac{4}{27}+\frac{2}{27}=\frac{7}{27}$이다.

유형 10 | 통계 연습 문제 P. 181

01	⑤	02	④						

01

정답 | ⑤

기획팀의 팀원 5명의 총점은 $5\times80.2=401$(점)이고 3명의 점수의 합은 $86+80+75=241$(점)이다. 따라서 남은 2명의 점수의 합은 $401-241=160$(점)이며, 2명 중 점수가 높은 사람의 점수를 a점, 점수가 낮은 사람의 점수를 b점이라고 하면 $a+b=160$, $a<86$, $75<b$이다.

5명의 점수는 서로 다른 자연수이므로 가능한 경우는 $(a, b)=(84, 76), (83, 77), (82, 78), (81, 79)$이다.

따라서 남은 2명의 점수 차이로 가능한 수는 8점, 6점, 4점, 2점이다.

02

정답 | ④

A씨의 프로젝트 1에 대한 근무 평점을 a점이라고 하면 근무 평점에 대한 평균은 $(a+2)$점이다. 네 가지 항목에 대한 평균은 $\frac{76+80+a+68}{4}=a+2$

$\rightarrow a=72$이다.

네 가지 항목에 대한 평균은 $72+2=74$(점)이며 프로젝트 2에 대한 근무 평점을 b점이라고 하고, 다섯 가지 항목에 대한 근무 평점의 평균을 구하면

$$\frac{76+80+72+68+b}{5}=74-0.5=73.5$$

$\rightarrow b=71.5$이다.

따라서 A씨의 프로젝트 2에 대한 근무 평점은 71.5점이다.

CHAPTER 02 자료해석

유형 1 ǀ 단일형 자료해석								연습 문제 P. 194	
01	④	02	②	03	④	04	⑤	05	⑤
06	④	07	⑤	08	④				

01

정답 ǀ ④

2015년까지 순위가 일정하게 유지되다가 2016년에 LPG와 공동난방의 순위가 바뀐다.

ǀ 오답풀이 ǀ

① 연탄의 가구당 연료비는 2014년에 1,040원/월로 가장 높다.

② 2010~2019년 연탄의 비중은 다음과 같다.

2010년	2011년	2012년	2013년	2014년
0.44%	0.51%	0.58%	0.81%	1.00%
2015년	**2016년**	**2017년**	**2018년**	**2019년**
0.84%	0.71%	0.80%	0.53%	0.58%

따라서 매년 1% 이하이다.

③ 2010~2019년 전기료의 비중은 다음과 같다.

2010년	2011년	2012년	2013년	2014년
44.71%	46.69%	45.52%	44.46%	42.87%
2015년	**2016년**	**2017년**	**2018년**	**2019년**
41.77%	41.18%	41.48%	42.10%	44.04%

따라서 2011년에 가장 높다.

⑤ 2010~2019년 가구당 월 연료비 합계는 987,915원이므로, 평균은 98,791.5원이다. 따라서 10만 원 미만이다.

문제해결 TIP

② 모든 연도의 연탄 연료비에 100을 곱해도 합계보다 낮으므로 1% 이하임을 쉽게 알 수 있다.

③ 굉장히 많은 계산을 필요로 하므로 가장 마지막에 확인한다. 다른 선택지를 먼저 확인하여 정답이 나오면 바로 다음 문제로 넘어가고, 나머지 선택지를 모두 확인하여 정답이 없다는 것을 확인한다면 ③이 정답일 것이다.

④ 매년 순위를 기록하여 해결하면 많은 시간이 걸리므로 비슷한 사이즈를 가진 에너지원끼리 묶어서 비교한다. 전기－도시가스, LPG－공동난방끼리 서로 비교해보면 2016년에 LPG와 공동난방의 순위가 바뀐다는 것을 쉽게 알아낼 수 있다.

⑤ 10만 이상인 수치들에서 10만 초과분을 떼어내어 적절하게 다른 연도에 분배하는 방식으로 쉽게 확인할 수 있다. 예를 들어 2014년과 2015년의 10만 초과분은 합해서 11,500 정도이므로 이를 떼어내어 2012년의 대략 88,000에 합쳐도 10만을 넘기지 않는다. 마찬가지로

2016년의 12,700 정도 되는 초과분을 떼어내어 2010년의 대략 83,000에 합쳐도 10만을 넘기지 않으며, 2017년의 초과분 약 14,100은 2011년에, 2018년의 초과분 약 5,900은 2013년에 분배하면 모든 연도의 수치를 10만 아래로 만들 수 있다. 즉, 평균은 10만 원 미만이다.

02

정답 | ②

㉠ 회사이외법인과 비법인단체를 합친 사업체 수가 전체에서 차지하는 비중은 다음과 같다.

• 2017년: $\frac{124,197+132,217}{4,019,872}\times 100 \fallingdotseq 6.4(\%)$

• 2018년: $\frac{127,091+134,753}{4,102,540}\times 100 \fallingdotseq 6.4(\%)$

따라서 두 해 모두 전체의 5% 이상이다.

㉢ 2018년 1개 사업체당 종사자 수는 다음과 같다.

개인사업체	회사법인	회사이외법인	비법인단체
2.5명	16.7명	26.3명	4.9명

따라서 회사이외법인, 회사법인, 비법인단체, 개인사업체 순으로 많다.

| 오답풀이 |

㉡ 종사자 수의 전년 대비 2018년 증가율은 다음과 같다.

개인사업체	회사법인	회사이외법인	비법인단체
1.5%	2.9%	3.7%	8.2%

따라서 비법인단체가 가장 높다.

㉣ 사업체 수가 많이 증가한 조직 형태 순서는 개인사업체, 회사법인, 회사이외법인, 비법인단체지만, 종사자 수가 많이 증가한 조직 형태 순서는 회사법인, 개인사업체, 회사이외법인, 비법인단체이다.

문제해결 TIP

㉠ 회사이외법인과 비법인단체의 사업체 수를 더한 값이 대략 400~410만의 5%인 20~20.5만 이상인지만 확인하면 된다. 사업체 수를 더한 값이 2017년과 2018년 모두 25만 이상이므로 5% 이상임을 쉽게 알 수 있다.

㉡ 비법인단체의 2017년 종사자 수 607,460의 10%는 대략 6만이고, 5%는 대략 3만이다. 증가폭이 대략 49,000이므로 비법인단체의 증가율은 확실하게 5% 이상임을 알 수 있다. 반면 다른 조직 형태는 증가율이 5%를 넘기지 않으므로 비법인단체의 증가율이 가장 높다는 것을 쉽게 알 수 있다.

㉢ 1개 사업체당 종사자 수는 종사자 수가 사업체 수의 대략 몇 배인지를 확인하면 쉽게 알 수 있다. 개인사업체의 경우 대략 2~3배, 회사법인은 대략 15~20배, 회사이외법인은 대략 20~30배, 비법인단체는 대략 5배이므로 회사이외법인, 회사법인, 비법인단체, 개인사업체 순이라는 것을 쉽게 알 수 있다.

03

정답 | ④

바이오산업의 국내 판매 수익은 (생산)−(수출)이므로, 2017~2022년 A국가의 바이오산업 판매 수익은 순서대로 4.09조 원, 4.35조 원, 4.19조 원, 4.21조 원, 4.63조 원, 4.98조 원이다. 2019년 A국가의 판매 수익은 전년보다 감소하므로 판매 수익이 점점 늘어난다고 할 수 없다.

| 오답풀이 |

① 무역수지는 (수출)−(수입)이므로 2017~2022년 무역수지는 차례대로 1.62조 원, 1.77조 원, 2조 원, 2.88조 원, 3.17조 원, 3.5조 원이다. 따라서 무역수지 흑자 금액은 꾸준히 증가하였다.

② 2022년 A국가의 바이오산업 생산 규모는 10.13조 원이고, 수출 규모는 5.15조 원이다. 따라서 생산 규모 중 수출 비중은 $\frac{5.15}{10.13}\times 100 \fallingdotseq 50.8(\%)$이다.

③ 2020년 A국가의 바이오산업 공급 시장 규모는 8.50+1.41=9.91(조 원)이고, 그중 생산 규모는 8.5조 원이므로 공급 시장에서의 생산 규모 비중은 $\frac{8.5}{9.91}\times 100 \fallingdotseq 85.8(\%)$이다.

⑤ 2019년 이후 A국가의 바이오산업 생산 및 내수 규모는 각각 7.59 → 8.5 → 9.26 → 10.13조 원, 5.59 → 5.63 → 6.09 → 6.62조 원으로 지속해서 성장하였다.

04

정답 | ⑤

2016년 중·고등학생의 흡연율은 6.3%로, 10년 전인 12.8%의 절반인 6.4% 이하이다.

| 오답풀이 |

① 2006~2016년 중 흡연율이 음주율보다 항상 더 낮으므로 음주와 흡연을 동시에 하는 중·고등학생의 비율은 최대일 경우 흡연율과 동일하며(모든 흡연자가 동시에 음주를 하는 경우) 최소 0%이다.(모든 흡연자가 음주를 하지 않는 경우)

② 음주는 하지만 흡연은 하지 않는 비율은 음주율과 흡연율의 단순 차로 구할 수 없으며, 어느 해가 가장 높은지는 알 수 없다.

③ 2007년의 흡연율이 가장 높지만 각 해의 중·고등학생 수가 달라지므로 흡연자의 수도 2007년이 가장 많은지는 알 수 없다.

④ 2016년 중·고등학생의 음주율은 15%로, 10년 전의 28.6%에 비해 13.6%p 감소하였다. 15%p 이상 감소하지는 않았지만 28.6%의 15% 이상은 감소하였다.

05

정답 | ⑤

주민등록 인구수와 등록 외국인 수의 대소 관계가 서로 엇갈리는 지역 쌍을 1개라도 찾으면 된다. 그런데 ①에서 주민등록 인구수는 강원이 대전보다 많다는 것을 확인하였는데, 등록 외국인 수는 대전이 강원보다 1천 명 더 많다. 따라서 주민등록 인구수가 더 많은 지역이라도 등록 외국인의 수가 더 많은 것은 아닌 경우가 있다.

| 오답풀이 |

① 대전의 주민등록 인구수는 $\frac{17}{0.011}$≒1,545.5(천 명), 강원의 주민등록 인구수는 $\frac{16}{0.01}$=1,600(천 명)이므로 강원이 더 많다.

② 세종시의 주민등록 인구수는 $\frac{4}{0.015}$≒266.7(천 명)으로 30만 명 미만이다.

③ 서울과 경기의 등록 외국인 수는 273+374=647(천 명)으로 전체 1,160천 명의 절반 이상이다.

④ 제주는 외국인 비율이 가장 높지만 등록 외국인의 수가 가장 많지는 않다. 그 외에도 여러 반례가 존재한다.

문제해결 TIP

① 대소 비교이므로 간단하게 $\frac{17}{1.1}$과 $\frac{16}{1}$으로 계산하면 편하다.

③ 부산~세종의 외국인 수를 다 더해도 서울보다 적다는 것을 눈대중으로 알 수 있다(부산+인천이 대략 100, 대구+광주+대전+울산+세종이 대략 100). 또한 강원~제주의 외국인 수를 다 더해도 경기보다 적다는 것을 눈대중으로 알 수 있다(충북+충남이 대략 100, 전북+전남+경북이 대략 100, 경남+제주가 대략 100, 나머지 강원 16). 따라서 정확하게 계산하지 않아도 서울과 경기의 등록 외국인 수가 전국의 절반 이상이라는 것을 추론할 수 있다.

06

정답 | ④

첫 번째 [조건]에 따라 발생 건수가 매달 가장 많은 항목은 E이므로 A형 간염은 E이다.

A~D의 발생 건수가 가장 적은 달은 각각 7월 또는 9월, 5월, 5월, 5월이므로, 세 번째 [조건]에 따라 장출혈성 대장균감염증과 파라티푸스는 B, C, D 중 하나이다.

또한 발생 건수가 가장 많은 달은 B, C, D 각각 9월, 1월, 7월이고, B의 발생 건수가 가장 많은 달인 9월에 A의 발생 건수와 같으므로, 네 번째 [조건]에 따라 B가 파라티푸스, A가 장티푸스이다.

남은 C와 D의 1년간 발생 건수는 각각 191건, 121건이며, 두 번째 [조건]에 따라 장티푸스 발생 건수 213건과 50건 미만으로 차이 나는 경우는 C이다.

따라서 C가 세균성 이질, D가 장출혈성 대장균감염증이다.

07

정답 | ⑤

㉡ 주어진 자료에서 2017년과 2022년의 전체 인구수에 대한 정보는 주어져 있지 않다. 따라서 뇌혈관 질환 사망자 수와 심장 질환 사망자 수가 증가하였는지 감소하였는지 알 수 없다.

㉢ 2019년에는 자살로 인한 사망률이 증가하였다. 따라서 매년 감소하고 있다는 설명은 옳지 않다.

㉣ [표]의 주요 사망 원인별 사망률만 보면 고혈압성 질환으로 인한 사망자 수가 가장 적지만, 전체 사망자들 중 고혈압성 질환으로 인한 사망자 수가 가장 적은지는 알 수 없다.

| 오답풀이 |

㉠ 2022년 십만 명당 사망자 수는 악성 신생물, 심장 질환, 뇌혈관 질환 순이다. 2022년의 전체 인구수가 동일하므로 사망자 수 또한 악성 신생물, 심장 질환, 뇌혈관 질환 순임을 알 수 있다.

문제해결 TIP

자료해석 유형에서는 자료에서 주어진 내용이 무엇인지를 잘 확인해야 한다. 주어진 보기 중 자료와 다른 단위가 있거나 자료와는 상관없는 내용이 있는 보기부터 먼저 확인한다. 자료의 단위는 사망률(십만 명당 사망자 수)인데 ㉠, ㉡은 사망자 수에 관한 내용이다. ㉠의 경우 같은 해끼리는 사망률이 곧 사망자 수이므로 옳은 보기이고, ㉡의 경우 다른 해끼리는 사망률을 통해 사망자 수를 확인할 수 없으므로 틀린 보기이다. 따라서 ㉠은 옳고, ㉡은 틀리므로 정답은 ③, ⑤ 중 하나로 좁혀진다. ③과 ⑤ 모두 ㉢이 포함되어 있으므로 ㉢을 건너뛰고 ㉣을 해결한다. ㉣은 옳은 보기처럼 보일 수 있으나 주어진 자료는 주요 사망 원인에 관한 자료이므로 주요 사망 원인 중 고혈압성 질환의 사망률이 가장 낮긴 하지만, 전체 사망자들 중 가장 적다고는 할 수 없다. 따라서 정답을 ⑤로 선택할 수 있다.

08

정답 | ④

A: 여성 시각 장애인 수가 매년 증가하고 있으므로 102,042<A<102,642이다. 2018년 남성 시각

장애인 수는 2016년 대비 약 400명 감소하였고, 여성 시각 장애인 수는 600명 증가하였다. 이에 따라 2016년 전체 시각 장애인 수가 더 적으므로 150,364+A<150,752+102,042이고, A<102,430이다. 따라서 A의 범위는 102,042<A<102,430이다.

B: 여성 언어 장애인 5,509명의 2배 이상이므로 11,018≤B이다. 또한, 전체 언어 장애인 수가 남성 자폐성 장애인 수보다 적으므로 B+5,509<19,419 → B<13,910이다. 따라서 B의 범위는 11,018≤B<13,910이다.

C: 매년 남성 뇌병변 장애인은 남성 지적 장애인보다 많으므로 124,746<C이고, 여성 지적 장애인의 두 배 미만이므로 C<2×82,171이다. 따라서 C의 범위는 124,746<C<164,342이다.

이를 정리하면 A~C 모두 범위 내에 해당하는 경우는 ④이다.

유형 2 ❙ 연계형 자료해석								연습 문제 P. 210	
01	④	02	①	03	⑤	04	⑤	05	④
06	③	07	②	08	④				

01

정답 ❙ ④

2021년 대비 2022년 20대의 스마트폰 주 평균 이용 시간 증가율은 $\frac{22.8-21.0}{21.0}=\frac{1.8}{21}$이고, 동일한 시기의 10대 증가율은 $\frac{15.4-14.5}{14.5}=\frac{0.9}{14.5}$이다. 분자는 2배가 차이나지만 분모는 2배보다 적게 차이가 나므로 분자의 증가율이 더 크다. 따라서 $\frac{1.8}{21}$이 $\frac{0.9}{14.5}$보다 크므로 20대의 증가율이 더 높다.

❙ 오답풀이 ❙

① 반대로 20대가 10대보다 주 평균 6.1시간 스마트폰을 더 이용했다.

② [표2]에서 10대는 여가활동에 가장 많이 이용하지만, 20대는 자료 및 정보 획득에 더 많이 사용함을 알 수 있다.

③ 비율은 감소하고 있지만 매년 전체 10대의 수가 다를 수 있으므로 해당하는 10대의 수가 감소하고 있는지는 알 수 없다.

⑤ 2022년 홈페이지 등을 운영하는 용도와 함께 교육·학습 용도로도 스마트폰을 이용하는 20대의 비율은 최대 60.4%(교육·학습 용도로 스마트폰을 이용하는 인원 전체가 홈페이지 등 운영하는 용도로도 스마트폰을 이용하는 경우), 최소 74.7+60.4−100=35.1(%)이다. 따라서 직업·직장 용도를 위해 스마트폰을 이용하는 비율인 32.2%보다 높으며, 표본집단이 2022년 20대로 동일하므로 비율이 높으면 그 수도 많다.

02

정답 ❙ ①

2022년 자동차 세계 총 생산량 대비 한국의 생산량은 $\frac{4,115}{98,909}\times100≒4.16(\%)$이므로 4% 이상이다.

❙ 오답풀이 ❙

② 2018년의 자동차 무역수지는 747.0−112.2=634.8(억 불)이고, 2019년의 자동차 무역수지는 756.0−140.0=616.0(억 불)이다. 따라서 2018년에 자동차 무역수지가 최대이다.

③ 2015년 대비 2022년 자동차 수출액 증가량은 648.0−544.0=104.0(억 불), 자동차 수입액 증가량은 165.0−84.9=80.1(억 불)이다. 따라서 자동차 수출액 증가량은 수입액 증가량보다 많다.

④ 2014년 자동차 생산량 대비 내수량은 $\frac{1,394}{3,513}≒0.40$(천 대), 2020년 자동차 생산량 대비 내수량은 $\frac{1,589}{4,556}≒0.35$(천 대)이므로 2020년 자동차 생산량 대비 내수량은 2014년에 비해 감소하였다.

⑤ 2022년 일본의 자동차 생산량은 독일의 자동차 생산량에 비해 9,684−6,051=3,633(천 대) 더 많다.

03

정답 ❙ ⑤

㉠ [표1]의 전체를 보면 긍정적 답변 비율이 매년 50% 미만이다. 무응답 없이 '긍정적' 또는 '부정적' 2가지 답변만 가능하므로 긍정적으로 답변한 사람보다 부정적으로 답변한 사람이 매년 더 많다는 것을 알 수 있다.

㉡ 2018년 [표1] 질문에 긍정적으로 답변한 10대의 비율은 46.5%, [표2] 질문에 긍정적으로 답변한 10대의 비율은 54.1%이다. 54.1+46.5=100.6(%)인데, 두 질문 모두 같은 모집단을 대상으로 하였으므로 두 질문 모두 긍정적으로 답변한 10대가 적어도 0.6%는 존재할 수밖에 없다. 만약 0명이라면 0.6%라는 수치가 나올 수 없으므로 적어도 1명은 존재한다.

㉣ 2019년 [표2] 질문에 긍정적으로 답변한 10대, 20대, 30대 비율은 각각 46.9%, 47.2%, 40.2%로 모두 50% 미만이다. 따라서 이들을 모두 합하여도 긍정적으로 답변한 사람보다 부정적으로 답변한 사람이 많다는 것을 알 수 있다.

❙ 오답풀이 ❙

㉢ 긍정적인 답변이 더 많은 연령대는 10대, 30대, 40대 3개이

고, 부정적인 답변이 더 많은 연령대는 20대, 50대, 60세 이상이다. 따라서 서로 같다. 연령대 수를 헤아릴 때 '전체'는 제외해야 한다.

문제해결 TIP

ⓔ 수학적으로 접근하여 10대, 20대, 30대의 전체 숫자를 각각 a_1, a_2, a_3로 두고 긍정적으로 답변한 숫자를 각각 b_1, b_2, b_3라고 두면, 각 연령대에서 긍정적으로 답변한 사람보다 부정적으로 답변한 사람이 많으므로 다음이 성립한다.

$\frac{b_1}{a_1}<0.5$, $\frac{b_2}{a_2}<0.5$, $\frac{b_3}{a_3}<0.5$

→ $b_1<0.5a_1$, $b_2<0.5a_2$, $b_3<0.5a_3$

→ $b_1+b_2+b_3<0.5(a_1+a_2+a_3)$

→ $\frac{b_1+b_2+b_3}{a_1+a_2+a_3}<0.5$

04

정답 | ⑤

㉠ 3박 4일 이상을 계획하는 사람은 28.4+6.5+5.4=40.3(%)인데 1박 2일을 계획하는 사람들은 14.3%이므로 2배가 넘는다.

㉡ 50대 이상은 휴양지/리조트를 응답한 사람이 5.9%로 가장 적었다.

㉣ 바다라고 응답한 사람의 수는 다음과 같다.

구분	20대	30대	40대	50대 이상
응답자 수	143명	107명	80명	94명

따라서 20대의 수가 가장 많다.

| 오답풀이 |

㉢ 여름 휴가 장소 가운데 바다는 20대(61.8%)>30대(44.7%)>40대(35.1%)>50대 이상(31.1%)의 순으로 연령이 낮을수록 선호하는 비중이 높고, 산은 20대(15.5%)<30대(16.8%)<40대(22.7%)<50대 이상(34.3%)의 순으로 연령이 높을수록 선호하는 비중이 높다.

문제해결 TIP

㉠ 옳지 않으므로 선택지 구조상 ㉣만 확인하면 된다.

㉣ 20대는 대충 계산해도 200×0.6=120(명)을 크게 넘기지만, 50대 이상은 300×0.3=90(명)을 간신히 넘기므로 50대 이상이 가장 많은 것은 아니라고 단언할 수 있다.

05

정답 | ④

기업체 수, 종사자 수, 매출액 3개 지표에 있어 육상운송업과 항공운송업은 증가한 수치를 보이나, 수상운송업의 경우 종사자 수와 매출액은 전년보다 증가한 반면 기업체 수는 606개에서 583개로 감소하였다.

| 오답풀이 |

① 수상운송업의 기업체 수는 2017년 606개에서 2018년 583개로 감소하였다.

② 2018년 항공운송업의 1개 기업체당 평균 종사자 수는 $\frac{39,846}{41}$≒972(명)으로 2017년 항공운송업의 1개 기업체당 평균 종사자 수인 $\frac{38,440}{38}$≒1,012(명)보다 감소하였다.

③ 항공운송업의 기업체 수는 2017년 38개에서 2018년 41개로 증가하였다.

⑤ 수상운송업은 종사자 수가 2017년 23,682명에서 2018년 23,990명으로 증가하였다.

06

정답 | ③

항공여객의 기업체 수 구성비는 2017년의 경우 38개 중 29개이며, 2018년의 경우 41개 중 30개이다. $\frac{29}{38}\times100$≒76.3(%)>$\frac{30}{41}\times100$≒73.2(%)와 같이 정확한 계산을 통해 알 수 있으나, 구성비 산식을 생각해 보면 10% 가까이 증가한 분모에 비해 분자는 5%에도 못 미치게 증가한 것을 알 수 있으므로 구성비는 더 작아졌다는 것을 계산 없이 확인할 수 있다.

| 오답풀이 |

① $\frac{1,488-1,052}{1,052}\times100$≒41.4(%)<$\frac{309-205}{205}\times100$≒50.7(%)

② $\frac{300}{606}\times100$≒49.5(%)>$\frac{284}{583}\times100$≒48.7(%)

④ $\frac{30-29}{29}\times100$≒3.4(%)<$\frac{11-9}{9}\times100$≒22.2(%)

⑤ $\frac{41-38}{38}\times100$≒7.9(%)>$\frac{39,846-38,440}{38,440}\times100$≒3.7(%)

07

정답 | ②

2018년 기타운송의 1개 기업체당 평균 종사자 수는 $\frac{1,488}{202}$≒7.4(명)으로 2017년 $\frac{1,052}{197}$≒5.3(명)보다 증가하였다.

| 오답풀이 |

① 기업체 수는 152개에서 148개로 더 적어졌으나, 매출액은 25,375십억 원에서 26,467십억 원으로 증가하였다. 계산 없이도 1개 기업체당 평균 매출액이 더 많아진 것을 알 수 있다.

③ 철도운송의 1개 기업체당 평균 매출액은 2017년의 경우 $\frac{8,828}{18}$≒490(십억 원)이며, 2018년의 경우 $\frac{9,032}{18}$≒502(십억

원)이므로 100억 원 이상 증가하였다.

④ 철도운송의 기업체 수는 두 해가 18개로 동일하며 종사자 수는 전년보다 증가하였으므로 1개 기업체당 평균 종사자 수는 전년보다 증가하였다.

⑤ 철도운송, 도로화물, 기타운송은 모두 종사자 수와 매출액이 전년보다 증가하였으나, 육상여객은 매출액만 소폭 증가하였고 종사자 수는 감소한 것을 알 수 있다.

08

정답 | ④

조혼인율은 '$\frac{\text{(연간 혼인 건수)}}{\text{(총인구)}}\times 1{,}000$'이므로, 총인구수는 '(연간 혼인 건수)×1,000÷(조혼인율)'이다. 따라서 2018년 총인구수는 $\frac{257.6\times 1{,}000}{5}=5{,}152$(만 명)이다.

| 오답풀이 |

① 2019년 혼인 건수는 전년 대비 257,600−239,200=18,400(건) 감소하였다.

② 조이혼율의 단위는 %가 아닌 인구 1천 명당 건으로 단위가 달라 알 수 없다.

③ 남자 조혼인율은 제시되어 있지 않으므로 남자 조혼인율과 전체 혼인율을 비교할 수 없다.

⑤ 2019년 전체 혼인 건수 대비 전체 이혼 건수는 $\frac{110.8}{239.2}\fallingdotseq$ 0.46(건)이고, 2010년 전체 혼인 건수 대비 전체 이혼 건수는 $\frac{116.9}{326.1}\fallingdotseq 0.36$(건)이다. 따라서 0.46−0.36=0.1(건) 증가하였다.

유형 3 | 도표 작성 및 변환

연습 문제 P. 226

01	①	02	④	03	④

01

정답 | ①

2014~2018년 진학률과 취업률을 계산하면 다음과 같다.

구분	2014년	2015년	2016년	2017년	2018년
진학률	68.3%	71.2%	65.1%	65.9%	63.4%
취업률	56.5%	46.6%	50.0%	44.3%	53.8%

문제해결 TIP

'$\text{(취업률)}=\frac{\text{(취업자)}}{\text{(취업자)}+\text{(미상)}}\times 100$'을 이용하면 더 간단하게 계산 가능하다. 진학률을 구하기 위해서는 전체 계를 먼저 구해야 하므로 더 간단한 값인 취업률을 이용해서 계산해 본다. 취업률은 취업자+미상 중 취업자의 비율인데 매년 취업자가 미상과 비슷한 값을 보인다. 따라서 50%보다 훨씬 낮은 값을 가진 ⑤는 틀린 그래프이다. ①, ③, ④와 ②는 취업률이 전체적으로 다른 양상을 띠는데 가장 확인이 쉬운 값인 2018년을 비교해 보면 취업자가 미상보다 10명이나 더 많은데 ②는 2018년 취업률이 50% 이하이므로 옳지 않다. 따라서 답은 ①, ③, ④ 중 하나인데, 다른 값을 보이는 2014년 진학률을 계산해 보면 진학률이 68.3%이므로 답은 ①이다.

02

정답 | ④

각주에 제시된 수식에 따라 각 연도별 영향률인 '$\frac{\text{(수혜 근로자 수)}}{\text{(적용 대상 근로자 수)}}\times 100$'을 계산하면 다음과 같다.

2012년	2013년	2014년	2015년	2016년
13.7%	14.7%	14.5%	14.6%	18.2%
2017년	2018년	2019년	2020년	
17.4%	23.6%	25.0%	20.7%	

문제해결 TIP

[그래프]를 보았을 때 2012년 영향률이 13.7% 또는 15.7%이다. 2012년 영향률의 값만 계산해 보면 13.7%이므로 답은 ②, ③, ④ 중 하나이다. 세 선택지를 비교해 보면 2014년과 2016년의 값이 다르다는 것을 알 수 있다. 2014년과 2016년의 값을 계산해 보면 2014년 영향률은 14.5%이고 2016년 영향률은 18.2%이므로 정답은 ④이다.

03

정답 | ④

2015년 중국 관광객 응답자 수는 전년 대비 713명 증가하고, 2016년 중국 관광객 응답자 수는 전년 대비 72명이 감소하고, 2017년 중국 관광객 응답자 수는 전년 대비 1,435명 감소하였다. 따라서 2016년의 값이 음수로 표현되어야 한다.

| 오답풀이 |

① 응답자 수가 5월 → 6월 → 7월 → 4월 → 9월 → 11월 → 8월 → 12월 → 10월 → 1월 → 3월 → 2월 순으로 많아지므로 옳은 그래프이다.

② 2015년에 응답자 수가 가장 많고, 2017년, 2014년, 2016년 순이므로 옳은 그래프이다

③ 응답자 수가 많은 순서대로 중국 → 일본 → 대만 → 미국 → 홍콩 → 태국 순이므로 옳은 그래프이다.

⑤ 매년 사업/전문 활동 → 쇼핑 → 교육 → 종교/순례 순이고, 쇼핑은 매년 증가하는 양상, 사업/전문 활동은 2016년에 감소, 교육은 2017년에 증가하므로 옳은 그래프이다.

CHAPTER 01 명제

유형 1 | 삼단논법

연습 문제 P. 240

01	⑤	02	①	03	③	04	①	

01

정답 | ⑤

p: 영어, q: 중국어, r: 불어, s: 독일어, t: 일본어라 하고, 주어진 명제를 위의 알파벳으로 치환하여 간단히 나타내면 다음과 같다.

- 영어 사용이 가능한 로봇은 중국어를 사용할 수 없다. ($p \rightarrow \sim q \Leftrightarrow q \rightarrow \sim p$)
- 불어 사용이 가능한 로봇은 독일어를 사용할 수 없다. ($r \rightarrow \sim s \Leftrightarrow s \rightarrow \sim r$)
- 독일어 사용이 가능하지 않은 로봇은 중국어 사용이 가능하다. ($\sim s \rightarrow q \Leftrightarrow \sim q \rightarrow s$)
- 일본어 사용이 가능하지 않은 로봇은 불어 사용이 가능하다. ($\sim t \rightarrow r \Leftrightarrow \sim r \rightarrow t$)

즉, [$p \rightarrow \sim q \rightarrow s \rightarrow \sim r \rightarrow t$]의 관계를 확인할 수 있고, 이것의 대우는 [$\sim t \rightarrow r \rightarrow \sim s \rightarrow q \rightarrow \sim p$]이다. 따라서 중국어 사용이 가능하지 않은 로봇은 일본어를 사용할 수 있으므로($\sim q \rightarrow t$) 옳지 않다.

| 오답풀이 |

① $p \rightarrow t$의 관계로 항상 옳다.
② $\sim q \rightarrow \sim r$의 관계로 항상 옳다.
③ $r \rightarrow \sim p$의 관계로 항상 옳다.
④ $\sim s \rightarrow \sim p$의 관계로 항상 옳다.

02

정답 | ①

전제1과 전제2 모두 all 개념이므로 삼단논법을 사용하여 푼다면, 아이가 있는 집을 '아', 공기청정기가 있음을 '공', '환경에 관심 있음'을 '환'으로 표시하고 전제1과 전제2를 다시 써보면 다음과 같다.

- 전제1: 아 → 공
- 전제2: 공 → 환

전제1과 전제2에서 모두 '공'이 등장하므로 '공'은 전제1과 전제2를 연결하는 연결고리, 즉 매개념이다.

따라서 연결하면 '아 → 환'이라는 결론을 내릴 수 있고, 이에 대한 대우명제는 '~환 → ~아'이므로 정답은 ①이다.

문제해결 TIP

전제1과 전제2를 고려하면 다음과 같은 벤다이어그램을 그릴 수 있다.

'환경에 관심'이 '아이가 있는 집'을 포함하고 있으므로 '아이가 있는 집 → 환경에 관심'이 항상 성립하지만, 선택지에는 관련된 문장이 없으므로 대우명제인 '~환경에 관심 → ~아이가 있는 집'에 해당하는 ①이 정답이다. 전제1과 전제2 모두 '모든'이 없지만 some 개념의 수식어가 없으므로 all 개념으로 해석하도록 한다.

03

정답 | ③

전제1과 결론 모두 some 개념이 등장하지 않으므로 삼단논법을 사용하여 문제를 풀 수 있다. 고전 소설을 즐겨 읽는 사람을 '고', 베르테르를 읽은 사람을 '베', 뮤지컬을 좋아하는 사람을 '뮤'라고 표시하고 전제1과 결론을 다시 쓰면 다음과 같다.

- 전제1: 고 → 베
- 결론: ~뮤 → ~고

이때 결론의 대우명제는 '고 → 뮤'이며 '고'로 시작하여 '뮤'로 끝나고, 전제1이 '고'로 시작하므로 전제2는 '뮤'로 끝나야 할 것이다. 따라서 전제2를 '베 → 뮤'로 두면 전제1과 결합하여 '고 → 뮤'라는 결론의 대우명제를 얻을 수 있다. 그런데 선택지에는 '베 → 뮤'에 해당하는 문장이 없으므로 그 대우명제인 '~뮤 → ~베'에 해당하는 ③이 정답이다

문제해결 TIP

전제1과 결론의 대우명제의 벤다이어그램은 각각 [그림1], [그림2]와 같다.

[그림1]

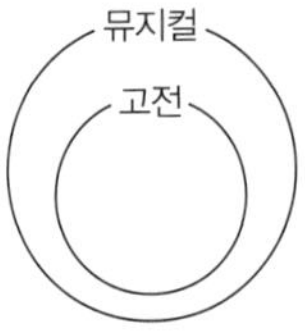

[그림2]

[그림1]의 상태에서 '뮤지컬'이 '베르테르'를 포함하고 있다면 자연스럽게 [그림2]처럼 '뮤지컬'이 '고전'을 포함할 것임을 알 수 있다. 따라서 전제2는 '뮤지컬'이 '베르테르'를 포함하고 있는 명제인 '베르테르 → 뮤지컬'이 되어야 하는데, 선택지에는 관련 문장이 없다. 따라서 대우명제인 '∼뮤지컬 → ∼베르테르'에 해당하는 ③이 정답이다.

04

정답 | ①

전제1과 전제2 모두 some 개념이 등장하지 않으므로 대우명제를 사용하여 문제를 풀 수 있다. 운이 좋은 날은 '운', 짜장면을 먹을 수 있는 날을 '짜', 머피를 만나는 날을 '머'라고 표시하고 전제1과 전제2를 다시 써 보면 다음과 같다.

- 전제1: ∼운 → ∼짜
- 전제2: 머 → ∼운

전제1과 전제2에 모두 '운'이 등장하므로 '운'이 매개념이다. 운을 매개로 전제1과 전제2를 연결하면 '머 → ∼짜'이라는 결론을 내릴 수 있다. '머 → ∼짜'을 문장으로 바꾸면 "머피를 만나는 날에는 짜장면을 먹을 수 없다."이므로 ①이 정답이다.

유형 2 | 벤다이어그램 연습 문제 P. 246

01	④	02	①	03	③	04	③	05	③

01

정답 | ④

주어진 명제들을 살펴 보면 을 지역은 갑 지역을 포함하고 있으며, 병 지역은 갑 지역과 교집합 관계를 갖지 않으면서 을 지역과 교집합 관계를 갖는다는 것을 알 수 있다. 이를 벤다이어그램으로 나타내면 다음과 같다.

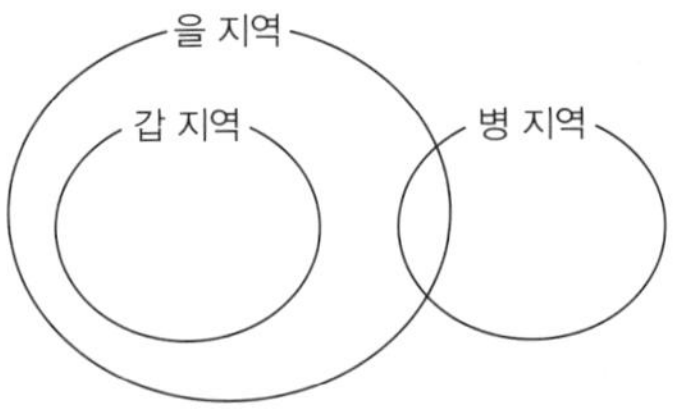

따라서 주어진 명제를 통해 도출할 수 있는 결론은 '어떤 을 지역은 갑 지역이 아니다.'이다.

02

정답 | ①

결론에 and 논리연산자가 있으므로 복합명제이며 벤다이어그램을 활용해야 한다. 냉혈동물을 '냉', 잡식하는 동물을 '잡', 공룡을 '공'이라고 표시하자. 전제1은 some 개념이므로 뚜렷한 포함관계는 존재하지 않고 냉과 잡 사이에 공통영역이 존재한다는 특성만 있다. 이를 벤다이어그램으로 표시하면 다음 3가지 경우가 가능하다.

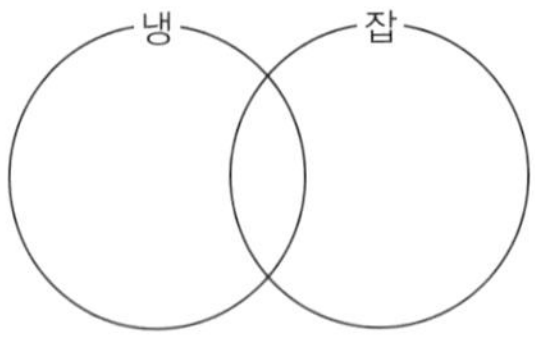

[그림1]

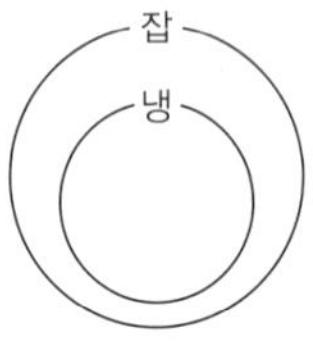

[그림2]

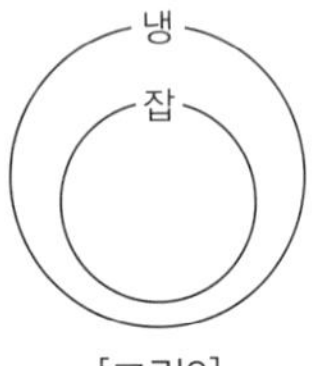

[그림3]

결론도 some 개념인데 and 논리연산자가 있으므로 냉과 잡의 공통영역에 반드시 공의 영역도 공통으로 존재해야 한다는 특성이 있다. 복합명제의 특성상 한 문장 안에 여러 개념이 나오므로 매개념을 찾아내어 상쇄시키기 어렵다. 따라서 공과 냉, 공과 잡의 관계에 모두 집중하며 결론의 특성을 성립시키는 관계를 찾아야 한다. 만약 공이 냉을 포함하고 있거나 공이 잡을 포함하고 있다면 자연스럽게 "냉과 잡의 공통영역에 반드시 공의 영역도 공통으로 존재해야 한다."는 결론의 특성을 성립시킬 수 있다.

따라서 "공이 잡을 포함한다."를 문장으로 바꾸면 "모든 잡식동물은 공룡이다."이므로 정답은 ①이다.

문제해결 TIP

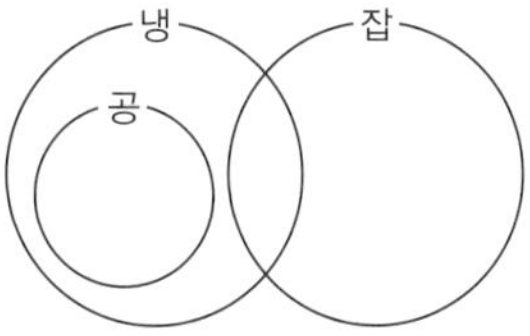

[그림4]

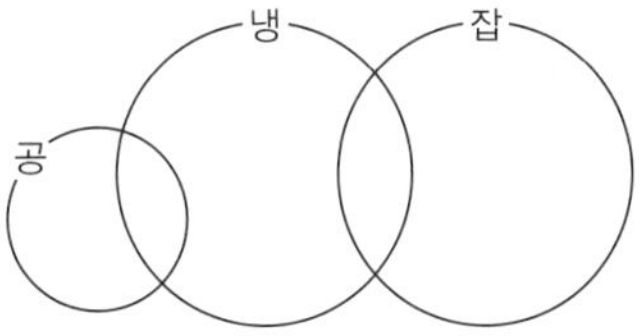

[그림5]

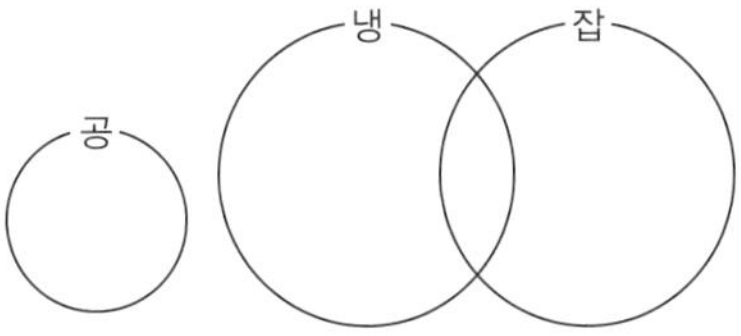

[그림6]

결론을 위배하는 경우의 벤다이어그램은 [그림4, 5, 6]과 [그림4, 5]에서 냉과 잡이 바뀐 두 가지 경우가 있으며, 그 외에도 [그림2, 3]에서 냉과 잡의 공통영역이 아닌 부분에 공이 있는 경우들이 있다. ②는 [그림5, 6], ③은 [그림4, 5], ④는 [그림2]에 공이 잡의 영역에만 걸치거나 아예 분리되어있는 경우, ⑤는 [그림4]를 포함할 수 있으므로 냉과 잡의 공통영역에 반드시 공의 영역도 공통으로 존재해야 한다는 결론을 도출하기 위한 전제로서 적절하지 않다.

03

정답 | ③

전제1과 전제2에 some 개념이 등장하지 않으므로 일단 대우명제를 사용하여 문제를 풀어보자. 전쟁 참전 용사를 '전', 연금을 받는 사람을 '연', 담배를 피우는 사람을 '담'이라고 표시하고 전제1과 전제2를 다시 써 보면 다음과 같다.

- 전제1: 전 → 연
- 전제2: 담 → ~전

전제1과 전제2에 모두 전이 나오므로 전이 매개념인데, 구조상 전을 매개로 전제1과 전제2를 서로 연결할 수 없다. 따라서 대우명제를 사용하여 문제를 해결할 수 없으므로 벤다이어그램을 그려 보면 다음과 같은 3가지 경우가 가능하다.

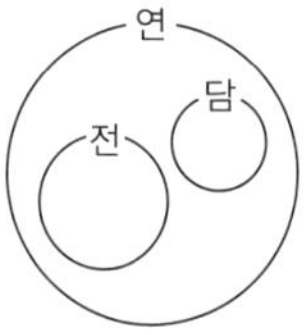

[그림1]

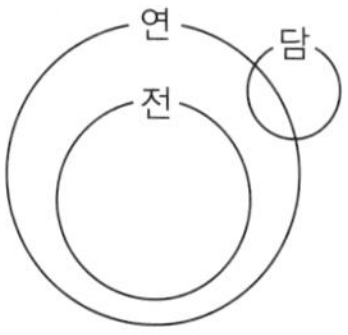

[그림2]

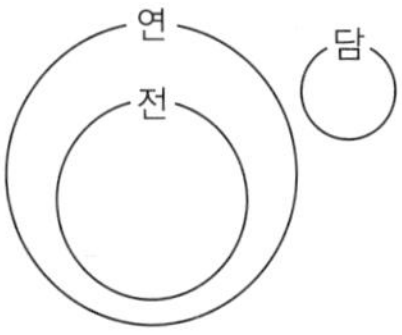

[그림3]

전은 매개념이므로 생각하지 않고, 연과 담의 관계만 보면 둘 사이에는 뚜렷한 포함관계 및 공통영역이 존재하지 않음을 알 수 있다. 따라서 ③이 정답이다.

| 오답풀이 |

①은 [그림3], ②는 [그림1, 2, 3], ④는 [그림1, 2], ⑤는 [그림3]을 반례로 들 수 있다.

04

정답 | ③

전제1을 만족하는 벤다이어그램은 [그림1]과 같다.

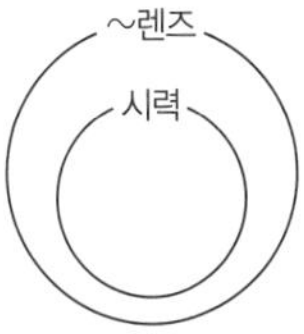

[그림1]

여기에 전제2를 덧붙인 기본적인 벤다이어그램은 [그림2]와 같이 나타낼 수 있으며, '시력'과 '안경'의 공통영역에 해당하는 색칠된 부분이 반드시 존재해야 한다.

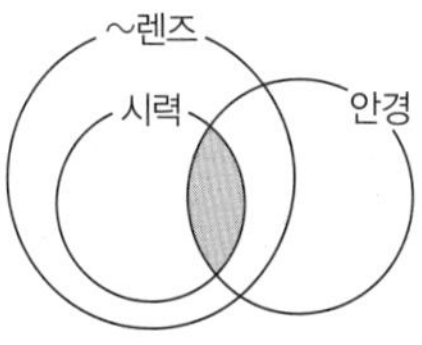

[그림2]

[그림2]에서 매개념 '시력'을 제외한 '~렌즈'와 '안경' 사이의 관계를 보면, 둘 사이에 뚜렷한 포함관계가 존재하지 않으나 최소한 색칠한 부분만큼은 공통으로 포함하고 있다는 것을 알 수 있다. 즉, '~렌즈'와 '안경' 사이엔 반드시 공통영역이 존재한다. 따라서 정답은 ③이다.

문제해결 TIP

전제2에 "~ 중에 ~이 있다."라는 some 개념이 있으므로 벤다이어그램을 활용한다. 시력이 좋은 사람을 '시', 렌즈를 끼는 사람을 '렌', 안경을 쓰는 사람을 '안'이라고 표시하자. some 개념이 없는 전제1부터 벤다이어그램으로 표현하면 [그림3]과 같다.

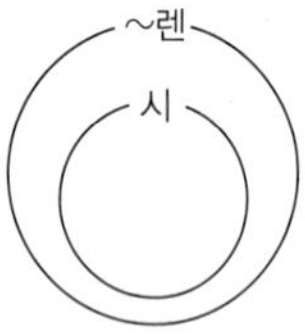

[그림3]

여기에 전제2를 덧붙인 기본적인 벤다이어그램은 [그림4]와 같이 나타낼 수 있으며, '시'와 '안'의 공통영역에 해당하는 색칠된 부분이 반드시 존재해야 한다.

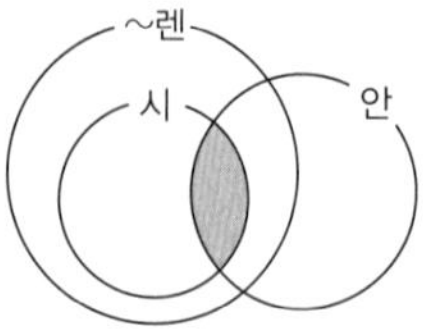

[그림4]

여기서 소거법을 사용하여 정답을 찾아보자. [그림4]를 보면 ②, ④는 옳지 않다는 것을 알 수 있다. 한편 [그림4]의 색칠된 부분이 존재하기만 하면 '안'의 범위를 [그림5]와 같이 더 늘리거나, [그림6]과 같이 더 줄일 수도 있다.

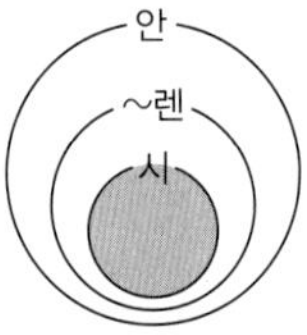

[그림5]

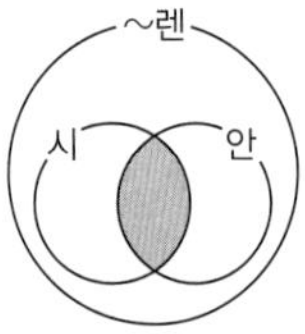

[그림6]

[그림5]의 경우 시력이 좋은 사람은 모두 안경을 쓰는 것이 되었지만, some 개념은 all 개념을 포함하므로 전제2를 위배하는 것은 아니다. [그림5]의 경우 ⑤가 옳지 않으며, [그림6]의 경우 ①이 옳지 않다는 것을 알 수 있다. 어떠한 경우에도 항상 참인 결론을 골라야 하므로 ①, ②, ④, ⑤는 정답이 될 수 없고 소거법에 의해 ③이 정답임을 알 수 있다.

05

정답 | ③

전제2를 만족하는 벤다이어그램은 [그림1]과 같다.

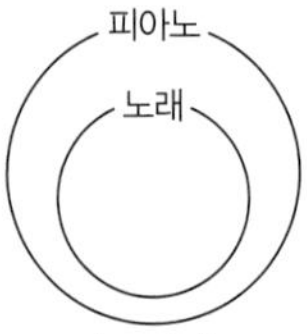

[그림1]

여기에 전제1을 덧붙인 기본적인 벤다이어그램은 [그림2]와 같이 나타낼 수 있으며, '노래'와 '클라리넷'의 공통영역에 해당하는 색칠된 부분이 반드시 존재해야 한다.

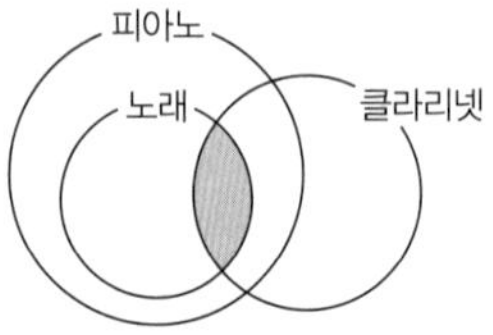

[그림2]

[그림2]에서 매개념 '노래'를 제외한 '피아노'와 '클라리넷' 사이의 관계를 보면, 둘 사이에 뚜렷한 포함관계가 존재하진 않으나 최소한 색칠한 부분만큼은 공통으로 포함하고 있다는 것을 알 수 있다. 즉, '피아노'와 '클라리넷' 사이엔 반드시 공통영역이 존재한다. 따라서 정답은 ③이다.

문제해결 TIP

전제1에 "어떤 ~는 ~이다."라는 some 개념이 있으므로 벤다이어그램을 활용한다. 클라리넷을 연주할 줄 아는 사람을 '클', 노래를 잘 부르는 사람을 '노', 피아노를 칠 줄 아는 사람을 '피'라고 표시하자. some 개념이 없는 전제2부터 벤다이어그램으로 표시하면 [그림3]과 같다.

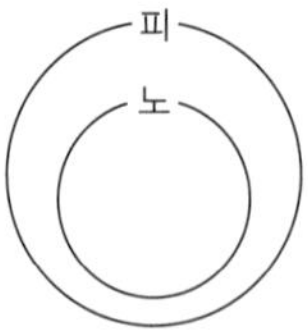

[그림3]

여기에 전제1을 덧붙인 기본적인 벤다이어그램은 [그림4]와 같이 나타낼 수 있으며, '노'와 '클'의 공통영역에 해당하는 색칠된 부분이 반드시 존재해야 한다.

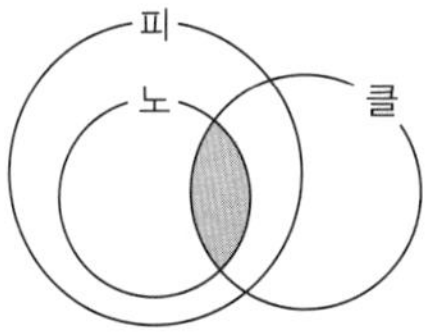

[그림4]

여기서 소거법을 사용하여 정답을 찾아보자. [그림4]를 보면 ①, ②는 옳지 않다는 것을 알 수 있다. 한편 [그림4]의 색칠된 부분이 존재하기만 하면 '클'의 범위를 [그림5]와 같이 더 늘리거나, [그림6]과 같이 더 줄일 수도 있다.

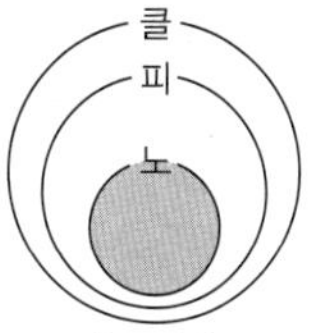

[그림5]

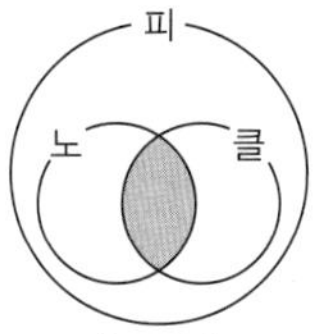

[그림6]

[그림5]를 보면 ⑤가 옳지 않으며, [그림6]을 보면 ④가 옳지 않다는 것을 알 수 있다. 어떠한 경우에도 항상 참인 결론을 골라야 하므로 ①, ②, ④, ⑤는 정답이 될 수 없고 소거법에 의해 ③이 정답임을 알 수 있다.

CHAPTER 02 논리추리

유형 1 | 조건추리

연습 문제 P. 264

01	⑤	02	⑤	03	④	04	③	05	④
06	②	07	①	08	③	09	②	10	①
11	④	12	②						

01

정답 | ⑤

원탁이 아닌 정육각형 모양의 탁자여도 직선을 활용하는 데는 지장이 없다. A와 C가 서로 마주 앉으므로 A를 12시 방향에 위치시켜 기준을 잡고 가능한 경우를 나타내면 다음과 같다.

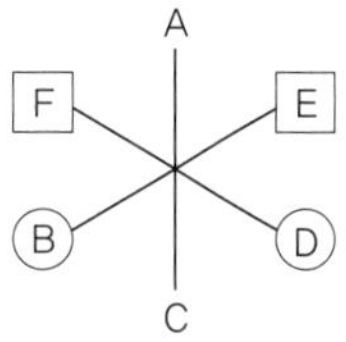

이때 네모가 쳐진 F와 E는 서로 위치를 바꿀 수 있고, 동그라미가 쳐진 B와 D는 서로 위치를 바꿀 수 있다는 것을 의미한다. 모든 경우에서 E와 F는 서로 마주 앉지 않으므로 정답은 ⑤이다. ①~④는 만족하지 않는 경우가 1가지 이상 있으므로 항상 옳다고 볼 수 없다.

02

정답 | ⑤

A는 글로벌을 선택하지 않았으므로 정보와 환경을 선택하였다. C는 A와 겹치는 프로그램이 1개뿐이므로 반드시 글로벌을 선택하였고, 다른 하나는 정보 또는 환경이다. 글로벌을 선택한 사람은 1명뿐인데 C가 선택했으므로 B, D는 모두 정보와 환경을 선택하였다. 이를 정리하면 다음과 같다.

글로벌	정보	환경
C	A, B, D	A, B, D

C

따라서 A와 D가 이수한 프로그램은 2개 모두 겹치므로 정답은 ⑤이다.

03

정답 | ④

당근케이크를 먹는 사람은 주스를 마신다고 하였으므

로 주스가 아닌 음료를 마시는 사람은 당근케이크를 먹지 않는다. 홍차를 마시는 사람은 케이크를 먹지 않는다고 하였고, 치즈케이크를 먹는 사람은 커피를 마시지 않는다고 하였으므로, 치즈케이크를 먹는 사람은 녹차 또는 밀크티를 마신다.
이는 커피를 마시므로 치즈케이크를 먹지 않고, 박과 같은 맛의 케이크를 먹는데 주스를 마시지 않은 사람은 당근케이크를 먹지 않으므로 초코케이크를 먹는다. 따라서 박도 초코케이크를 먹어야 한다.
초코케이크를 먹는 사람은 주스, 홍차를 마시지 않고, 밀크티도 마시지 않으므로 커피 또는 녹차를 마시는데, 이가 커피를 마시므로 박은 녹차를 마신다. 따라서 밀크티를 마시는 사람이 치즈케이크를 먹는다.
정은 홍차를 마시지 않고, 당근케이크를 먹지 않으므로 주스도 마시지 않는다. 커피는 이, 녹차는 박이 마시므로 정은 밀크티를 마신다. 따라서 정은 밀크티를 마시고, 치즈케이크를 먹는다.

04

정답 | ③

지영이는 짝수반이 아니고, 예지는 홀수반이다. 즉, 지영이와 예지는 모두 홀수반이고 안나가 5반이므로, 둘은 1반과 3반이다. 은별이는 복도를 기준으로 왼쪽에 있으며, 2반이 아니므로 4반이다. 즉, 다음과 같이 생각할 수 있다.

1반	2반	3반	4반	복도	5반	6반	7반
지영/예지		예지/지영	은별		안나		

한슬이는 가장 마지막 반이므로 7반이고, 수희는 한슬이와 옆 반이 아니므로 2반이다. 즉, 다래는 6반이고, 다음과 같이 빈칸을 채울 수 있다.

1반	2반	3반	4반	복도	5반	6반	7반
지영/예지	수희	예지/지영	은별		안나	다래	한슬

이때, 예지는 1반 또는 3반이므로 7반인 한슬이와 항상 옆 반이 아니다.

05

정답 | ④

양파를 구입하는 날은 수요일인데, 당근을 구입한 다음 날 양파를 구입한다고 하였으므로 당근은 화요일에 구입한다. 무와 당근은 연속으로 구입한다고 하였으므로 무는 월요일이나 수요일에 구입하여야 한다. 하지만 수요일에는 양파를 구입하므로 무는 월요일에 구입한다. 즉, 식자재를 다음과 같이 구입한다.

일요일	월요일	화요일	수요일	목요일	금요일	토요일
	무	당근	양파			

콩나물과 무는 연속으로 구입한다고 하였으므로 콩나물은 일요일이나 화요일에 구입하여야 한다. 하지만 화요일에는 당근을 구입하므로 콩나물은 일요일에 구입한다. 전체 요일 중 남아있는 요일은 목, 금, 토요일이다. 감자를 구입하고 2일 뒤에 호박을 구입한다고 하였으므로 [보기]의 조건을 만족하는 요일은 감자가 목요일, 호박이 토요일이다.

일요일	월요일	화요일	수요일	목요일	금요일	토요일
콩나물	무	당근	양파	감자	대파	호박

따라서 대파를 구입하는 요일은 금요일이다.

06

정답 | ②

확정적인 [조건]부터 살펴보자. B가 가장 낮은 점수이므로 80점이고, E가 B, C의 평균 점수이려면 E가 85점, C가 90점 또는 E가 90점, C가 100점이어야 한다.
만약 E가 85점, C가 90점이라면 A가 D보다 점수가 높아야 하므로 D가 95점, A가 100점이 된다. 그러면 A가 100점이 아니라는 [조건]을 위배한다.
만약 E가 90점, C가 100점이라면 D는 85점, A는 95점이 되고, 모순이 발생하지 않는다.
따라서 E의 점수는 90점이고 점수가 높은 순서대로 나열하면 C(100)−A(95)−E(90)−D(85)−B(80)이다.

07

정답 | ①

경제학과는 각 부서에 1명씩 배정되었으므로 경제학과는 3명이다. 기계공학과는 2명이므로 영문학과, 물리학과는 각각 1명이다. A와 B가 같은 전공인데 기계공학과라면 D도 같은 전공이므로 기계공학과가 3명이 되어 모순이 생긴다. 따라서 A와 B는 경제학과이다. D는 재무부가 아니고, 기계공학과는 해외사업부도 아니므로 개발부이다. 따라서 영문학과는 개발부일 수 없다. E는 개발부인데 물리학과가 아니고, 기계공학과, 영문학과도 아니므로 경제학과이다. 개발부는 3명이 모두 다른 전공이고, 영문학과가 될 수 없으므로 나머지 1명은 물리학과이다.

기계공학과는 2명인데 해외사업부가 아니고 한 명은 개발부이므로, 나머지 한 명은 재무부이다. 부서마다 2명 이상이 있고, 개발부에 3명이 있으므로 재무부와 해외사업부에는 2명이 있다. 영문학과는 기계공학과와 다른 부서에 배정받았으므로 해외사업부에 배정받았다. F는 경제학과가 아니므로 영문학과이다. G가 재무부인데 B와 같은 부서가 아니고 B는 개발부가 될 수 없으므로 B는 해외사업부이다. 따라서 A가 재무부이다.
그러므로 재무부는 A(경제학과), G(기계공학과), 해외사업부는 B(경제학과), F(영문학과), 개발부는 E(경제학과), D(기계공학과)이며, 남은 C가 물리학과이고 개발부이다.

08

정답 | ③

한 대리와 서 사원의 방은 복도를 사이에 두고 마주 보고 있다. 양 차장은 1102호를 사용하고, 유 부장과 조 과장은 각각 엘리베이터 옆, 계단 옆 방을 하나씩 사용한다. 따라서 한 대리와 서 사원의 방은 1103호와 1107호라 할 수 있다. 서 사원이 1103호를 사용한다고 가정하면, 서 사원의 옆 방을 사용하는 박 대리가 1104호를 사용해야 한다. 하지만 박 대리의 방은 계단 옆이 아니라고 했으므로 한 대리의 방은 1103호, 서 사원의 방은 1107호이며, 박 대리의 방은 1106호이다. 즉, 다음과 같다.

<table>
<tr><td rowspan="3">엘리베이터</td><td>1101호</td><td>1102호
양 차장</td><td>1103호
한 대리</td><td>1104호</td><td rowspan="3">계단</td></tr>
<tr><td colspan="4">복도</td></tr>
<tr><td>1105호</td><td>1106호
박 대리</td><td>1107호
서 사원</td><td>1108호</td></tr>
</table>

그런데 김 차장의 방 번호는 홀수이면서 3의 배수가 아니라고 하였다. 1101호는 3의 배수이므로 김 차장의 방은 1105호이다. 엘리베이터 옆 방은 1101호 하나가 남게 되므로 유 부장의 방은 1101호이다. 유 부장과 이 과장은 복도를 기준으로 같은 쪽에 있으므로 이 과장의 방은 1104호이고, 조 과장의 방은 1108호이다. 따라서 다음과 같이 채워진다.

<table>
<tr><td rowspan="3">엘리베이터</td><td>1101호
유 부장</td><td>1102호
양 차장</td><td>1103호
한 대리</td><td>1104호
이 과장</td><td rowspan="3">계단</td></tr>
<tr><td colspan="4">복도</td></tr>
<tr><td>1105호
김 차장</td><td>1106호
박 대리</td><td>1107호
서 사원</td><td>1108호
조 과장</td></tr>
</table>

09

정답 | ②

금요일에 C가 외근을 가고, E가 A, C와 함께 외근을 가므로 E도 금요일에 외근을 간다. G는 C가 외근한 전날 외근을 가므로 목요일에 외근을 간다. B는 G와 외근을 가지 않으므로 월요일, 화요일, 수요일 중 이틀 연속 외근을 간다. E는 A와 외근을 가므로 G와 함께 외근을 가지 않는다. 따라서 E는 목요일에 외근을 가지 않고, A가 수요일에도 외근을 가지 않으므로 A와 E는 월요일 또는 화요일에 외근을 간다.
이때 A와 E가 화요일에 외근을 가면 B가 이틀 연속으로 외근을 갈 수 없으므로 A, E가 월요일, B가 화요일과 수요일에 외근을 간다. G는 D, F, H 중 한 명과 외근을 가는데 F는 D보다 늦게 외근을 가므로, 가능한 경우는 다음과 같다.

월요일	화요일	수요일	목요일	금요일
A, E	B, D	B, F	G, H	C, E
A, E	B, D	B, H	F, G	C, E
A, E	B, H	B, D	F, G	C, E

따라서 H가 화요일에 외근을 가면 F는 목요일에 외근을 간다.

10

정답 | ①

A가 1번, B가 5번, D가 8번 자리에 앉고, E는 B의 맞은편에 앉으므로 7번 자리에 앉는다. H와 D는 서로 다른 탁자에 앉는데, H는 4번 자리에 앉지 않으므로 2번 또는 3번 자리에 앉는다. C는 2번 또는 3번 자리에 앉으므로 지금까지의 상황을 정리하면 다음과 같다.

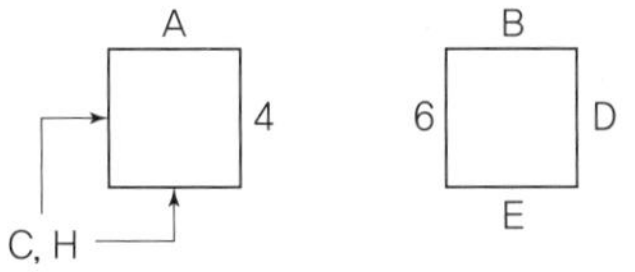

따라서 남은 F, G는 4번, 6번 자리에 앉으므로 서로 다른 탁자에 앉게 된다.

11

정답 | ④

확정적인 [조건]부터 살펴보자. B는 지하철을 타고 청바지를 샀으므로 A는 버스를 탔고, D는 청바지를 샀다. A는 셔츠를 사지 않았는데 셔츠를 산 사람이 1명 있으므로 셔츠를 산 사람은 남은 C이다. 따라서 C는 버스를 탔고, D 역시 버스를 탔다. 이를 정리하면 다음과 같다.

지하철	버스
B	A, C, D

모자	셔츠	청바지
	C	B, D

A

따라서 C는 버스를 타고 청바지를 샀다는 것만 항상 옳지 않다.

12

정답 | ②

마지막 조건이 확정적이므로 이를 기준으로 삼으면 인사팀은 A동 2층, 재무 1팀은 A동 3층에 위치한다. 세 번째 조건을 보면 재무 1팀과 기획 2팀은 한 동에 위치한다. 또한, 네 번째 조건을 보면 기획 1팀과 인사팀은 한 동에 있고 인접해 있다. 그러므로 A동에 들어갈 네 팀은 재무 1팀, 기획 1/2팀, 인사팀이다.
기획 1팀은 인사팀과 한 동 내에 인접해 있으므로 기획 1팀은 A동 1층에 배정된다. 마지막 한 자리 남은 A동 4층에는 기획 2팀이 위치한다.
다섯 번째 조건에서 재무 2팀은 3층에 위치한다고 하였으나 A동 3층에는 이미 재무 1팀이 위치하고 있다. 그러므로 재무 2팀은 B동 3층에 배정된다. 남은 B동 2층과 4층에는 각각 영업 1팀과 영업 2팀이 위치한다. 이를 정리하면 다음과 같다.

A동	B동
기획 2팀	영업 1/2팀
재무 1팀	재무 2팀
인사팀	영업 2/1팀
기획 1팀	식당

이때, 영업 1/2팀은 B동 2층과 4층에 모두 위치하여 서로 바뀔 수 있으므로 항상 참인 것은 아니다. 따라서 항상 참인 것은 재무 2팀이 B동 3층에 위치한다는 것만 항상 참이다.

유형 2 I 진실게임									연습 문제 P. 272
01	③	02	③	03	①	04	①	05	④
06	④	07	②	08	⑤	09	⑤	10	②
11	④	12	⑤						

01

정답 | ③

A와 C의 진술에 따르면 C가 오늘 생일이고, E의 진술에 따르면 A가 오늘 생일이다. 만약 E의 진술이 참이라면 거짓을 말하는 사람이 2명 생기므로 모순이다. 따라서 E의 진술은 거짓, A와 C의 진술이 참이므로 오늘 생일인 사람은 C이다.

02

정답 | ③

지민이의 발언이 참이면 지민이와 찬미는 기획부이고, 은영이와 혜린이는 영업부가 된다. 이때 은영이가 영업부라는 찬미의 발언이 참이므로 모순이 생긴다. 따라서 지민이의 발언은 거짓이며, 지민이의 발언이 거짓이라면 지민이는 기획부이고, 찬미는 영업부이다.
찬미의 발언이 참이라면 은영이는 영업부 주임이 되고, 혜린이는 기획부가 된다. 이때 혜린이에 대한 은영이의 발언이 거짓이므로 모순이 생기지 않으며, 지민이에 대한 혜린이의 발언이 참이므로 지민이는 기획부 대리가 된다. 따라서 찬미는 영업부 대리, 혜린이는 기획부 주임이다.
찬미의 발언이 거짓이라면 은영이는 기획부 대리가 되고, 찬미와 혜린이는 영업부가 된다. 이때 혜린이에 대한 은영이의 발언이 참이므로 모순이 생긴다.
그러므로 지민이는 기획부 대리, 찬미는 영업부 대리, 은영이는 영업부 주임, 혜린이는 기획부 주임이다.

| 오답풀이 |

① 지민이는 기획부 대리이다.
② 찬미는 영업부 대리이다.
④, ⑤ 혜린이는 기획부 주임이다.

03

정답 | ①

A가 산업 스파이일 때와 산업 스파이가 아닐 때의 경우로 나누어 생각해 본다.

1) A가 산업 스파이인 경우
   B의 두 번째 발언이 거짓이므로 첫 번째 발언이 참이다. 따라서 B는 산업 스파이가 아니다.

E의 두 번째 발언이 거짓이므로 첫 번째 발언이 참이다. 따라서 C는 산업 스파이이다.
B가 산업 스파이가 아니므로 C의 첫 번째 발언이 거짓이고, 두 번째 발언이 참이다. 따라서 E는 산업 스파이이다.
C가 산업 스파이이므로 F의 두 번째 발언이 거짓이고, 첫 번째 발언이 참이다. 따라서 F는 산업 스파이가 아니다.
F가 산업 스파이가 아니므로 A의 두 번째 발언이 참이고, 첫 번째 발언이 거짓이다. 따라서 D는 산업 스파이가 아니다.
A가 산업 스파이인 경우 A, C, E가 산업 스파이이고, B, D, F는 산업 스파이가 아니다. 이때 A, B, C, D, E, F의 발언 참, 거짓을 정리하면 다음과 같고, 각 직원들의 발언 모두 한 가지가 참, 한 가지가 거짓으로 나오므로 모순이 생기지 않는다.

구분	A	B	C	D	E	F
첫 번째 발언	×	○	×	○	○	○
두 번째 발언	○	×	○	×	×	×

2) A가 산업 스파이가 아닌 경우
B의 두 번째 발언이 참이므로 첫 번째 발언이 거짓이다. 따라서 B는 산업 스파이이다.
E의 두 번째 발언이 참이므로 첫 번째 발언이 거짓이다. 따라서 C는 산업 스파이가 아니다.
B가 산업 스파이이므로 C의 첫 번째 발언이 참이고, 두 번째 발언이 거짓이다. 따라서 E는 산업 스파이가 아니다.
C가 산업 스파이가 아니므로 F의 두 번째 발언이 참이고, 첫 번째 발언이 거짓이다. 따라서 F는 산업 스파이이다.
F가 산업 스파이이므로 A의 두 번째 발언이 거짓이고, 첫 번째 발언이 참이다. 따라서 D는 산업 스파이이다.
A가 산업 스파이가 아닌 경우 B, D, F가 산업 스파이이고, A, C, E가 산업 스파이가 아니다. 이때 A, B, C, D, E, F의 발언의 참, 거짓을 정리하면 다음과 같고, 각 직원들의 발언 모두 한 가지가 참, 한 가지가 거짓이 되므로 모순이 생기지 않는다.

구분	A	B	C	D	E	F
첫 번째 발언	○	×	○	×	×	×
두 번째 발언	×	○	×	○	○	○

따라서 A가 산업 스파이이면 B가 산업 스파이가 아니고, A가 산업 스파이가 아니면 B가 산업 스파이이다.

| 오답풀이 |

나머지 선택지의 경우 A, C, E는 모두 산업 스파이이거나 산업 스파이가 아니다. 또한 B, D, F는 모두 산업 스파이이거나 산업 스파이가 아니므로 답이 될 수 없다.

문제해결 TIP

헷갈릴 수 있으므로 한 사람을 기준으로 세운 뒤 각 발언에 ○, ×를 표시하면서 산업 스파이인 집단과 산업 스파이가 아닌 집단을 분류해서 적어 놓으면 된다. A가 산업 스파이라면 B: ○, ×, E: ○, ×가 되어야 한다. B, E의 발언에 따라 B는 산업 스파이가 아니고, C는 산업 스파이이며, C: ×, ○, F: ○, ×가 되어야 하므로, E는 산업 스파이이고, F는 산업 스파이가 아니며, A: ×, ○가 되어야 하고, D는 산업 스파이가 아니다. 마찬가지로 A가 산업 스파이가 아닌 경우에도 같은 방법으로 참, 거짓을 따질 수 있다.

04

정답 | ①

A는 자신이 주말 당직이 아니라고 하였고, E는 A가 주말 당직이라고 하였으므로 둘 중 한 명이 거짓이다.
만약 A가 거짓이라면 A가 주말 당직이고, E는 주말 당직이 아니다. E의 발언에 따라 D도 주말 당직이 아니고, D의 발언도 참이 되므로 B는 주말 당직이다. 이에 따라 C가 주말 당직이라고 한 B의 발언은 거짓이고, C의 발언도 참이므로 모순이 생기지 않는다.
만약 A가 참이라면 A가 주말 당직이 아니고, E가 거짓이므로 E가 주말 당직이다. 이에 따라 E가 주말 당직이 아니라고 한 D의 발언이 거짓이고, B는 주말 당직이 아니다. 또한 D가 주말 당직이 아니라고 한 C의 발언이 거짓이 된다. 이 경우 거짓말을 하는 사람이 3명 이상이 되므로 모순이다.
따라서 A, B의 발언이 거짓이고, 주말에 당직인 사람은 A, B이다.

05

정답 | ④

C가 D의 진술 진위 여부에 대해 말하고 있으므로 C의 진술을 기준으로 생각해본다.

㉠ C의 진술이 참인 경우

만약 C의 진술이 참이라면 D의 진술은 반드시 거짓이다. 따라서 E의 프로젝트는 통과되지 않았고, E의 진술은 거짓이다. 그러므로 A의 프로젝트도 통과되지 않았다.

참·거짓		통과 여부	
참(3)	거짓(2)	통과(2)	통과×(3)
C	D, E		A, E

A는 자신의 프로젝트가 통과되지 않았다고 하였으므로 참을 말하고 있다. 참을 말하는 사람은 3명이므로 남은 B의 진술도 참이다. 따라서 B와 D의 프로젝트는 통과되었다.

참·거짓		통과 여부	
참(3)	거짓(2)	통과(2)	통과×(3)
A, B, C	D, E	B, D	A, E

C의 프로젝트 통과 여부는 진술만으로는 추론할 수 없지만 이미 통과된 2개의 프로젝트가 모두 나왔으므로 C의 프로젝트는 통과되지 않았을 것이다. 지금까지 모순이 발생하지 않았으므로, 프로젝트가 통과되었고 거짓을 말하는 사람은 D이다.

㉡ C의 진술이 거짓인 경우

만약 C의 진술이 거짓이라면 D의 진술은 반드시 참이다. 따라서 E의 프로젝트는 통과되었고, E의 진술은 참이다. 그러므로 A의 프로젝트도 통과되었다.

참·거짓		통과 여부	
참(3)	거짓(2)	통과(2)	통과×(3)
D, E	C	A, E	

A는 자신의 프로젝트가 통과되지 않았다고 하였으므로 거짓을 말하고 있다. 참을 말하는 3명이므로 남은 B의 진술도 참인데, 이 경우 프로젝트가 통과된 사람이 A, B, D, E로 4명이므로 모순이 발생한다. 따라서 C의 진술은 거짓이 아니다.

따라서 ㉠의 경우에 따라 거짓을 말하는 사람은 D이다.

06

정답 | ④

아윤이와 정훈이의 진술이 서로 엇갈리므로 이 둘을 중심으로 살펴보자.

㉠ 아윤이가 참, 정훈이가 거짓인 경우

아윤이의 진술이 참이므로 아윤>정훈이다. 진희는 아윤이가 회장이라고 했는데, 수정이는 상민이가 아윤이보다 더 많이 득표했다고 하였으므로 둘 중 하나가 거짓말을 하고 있다. 진희가 진실, 수정이가 거짓이라면 아윤이가 회장일 것이다. 거짓을 말하는 2명이 모두 나왔으므로, 남은 상민이의 말은 진실이어야 한다. 그런데 상민이의 말에 따르면 정훈이가 회장이어야 하므로 모순이 발생한다. 즉, 진희가 진실, 수정이가 거짓이라는 가정이 잘못되었으므로 이번엔 진희가 거짓, 수정이가 진실이라고 가정해보자. 아윤, 수정이가 진실이라면 상민>아윤>정훈일 것이고, 상민이의 말은 여전히 진실이어야 한다. 그런데 상민>정훈이므로 상민이의 말도 거짓이 된다. 따라서 아윤이가 참, 정훈이가 거짓인 가정 자체가 잘못되었음을 알 수 있다.

㉡ 아윤이가 거짓, 정훈이가 참인 경우

정훈이가 참이므로 정훈이가 회장이다. 따라서 정답은 ④이다. 실전에서라면 여기서 다음 문제로 넘어가야 하지만, 만일을 위해 끝까지 모순이 발생하지 않는지 확인해보자. 여전히 진희와 수정이의 진술이 엇갈리는데, 정훈이가 회장이므로 진희의 진술이 거짓이다. 따라서 진실을 말하는 사람은 수정, 정훈, 상민이며, 이들의 진술을 종합하면 정훈>상민>아윤이며 정훈이가 회장, 상민이가 부회장이다. 모순이 발생하지 않았으므로 ㉡의 가정은 옳으며, 정훈이가 회장이다.

07

정답 | ②

오한을 느낀 사람은 고열이 있었고, 고열이 있었던 사람은 두통도 느꼈다. 즉, 오한과 고열이 있는 사람은 두통도 느끼므로 B는 오한, 고열, 두통이 없다. 유증상자이므로 B는 인후통을 겪었고, A는 인후통과 오한을 느끼지 않았으므로 고열과 두통만 느꼈다.

B는 두통을 느끼지 않았고, 두통을 느낀 사람은 3명이므로 A, C, D가 두통을 느꼈다. 오한을 느낀 사람은 1명이고, A는 오한을 느끼지 않았다. 만약 C가 오한을 느꼈다면 C는 오한, 고열, 두통을 느낀다. 이때

D는 두통만 느꼈을 수도 있고, 인후통과 두통을 느꼈을 수도 있다. 만약 D가 오한을 느꼈다면 D는 오한, 고열, 두통을 느낀다. 이때 C는 두통만 느꼈을 수도 있고, 인후통과 두통을 느꼈을 수도 있다. 이에 따라 가능한 경우는 다음과 같다.

가능한 경우	인후통	두통	오한	고열
1	B	A, C, D	C	A, C
2	B, D	A, C, D	C	A, C
3	B	A, C, D	D	A, D
4	B, C	A, C, D	D	A, D

따라서 D가 한 가지 증상을 겪은 경우는 D가 두통만 겪은 경우인 1번 경우만 해당한다.

| 오답풀이 |

① B가 인후통을 겪은 경우의 수는 4가지이다.
③ C가 오한 증상을 겪은 경우의 수는 2가지이다.
④ D가 고열을 겪어도 C가 인후통을 겪지 않는 경우가 있다.
⑤ A가 세 가지 증상을 겪은 경우의 수는 없다.

08

정답 | ⑤

가장 마지막에 출근한 사람에 대해 이야기하는 사람은 C, D, E이다. 이들 발언에 따르면 D 또는 E 또는 F가 가장 마지막에 출근했다. 그러나 마지막에 출근한 사람은 1명뿐이므로 C, D, E 중 2명은 거짓을 말하고 있는 셈이다.

㉠ C의 말이 진실인 경우
F가 가장 늦게 출근했으며, D와 E가 거짓을 말하고 있다. 나머지 A, B, C, F의 말은 모두 진실이 될 수 있으며 모순이 발생하지 않으므로 가장 늦게 출근한 사람은 F이다.

㉡ D의 말이 진실인 경우
D가 가장 늦게 출근했으며, C와 E가 거짓을 말하고 있다. 그런데 D가 가장 늦게 출근하였으므로 A의 말도 거짓이 되어 거짓을 말한 사람이 2명이라는 조건을 위배하게 된다. 따라서 D의 말은 진실일 수 없다.

㉢ E의 말이 진실인 경우
E가 가장 늦게 출근했으며, C와 D가 거짓을 말하고 있다. 이 경우 F의 진술도 거짓이 되어 거짓을 말한 사람이 2명이라는 조건을 위배하게 된다. 따라서 E의 말은 진실일 수 없다.

따라서 D, E가 거짓을 말하고 있으며, 가장 늦게 출근한 사람은 F이다.

문제해결 TIP

C의 말이 진실이라고 가정하여 끝까지 모순이 발생하지 않았다면 도출된 결과로 정답을 바로 찾으면 된다. 필요하지 않다면 굳이 나머지 경우를 따지지 않아도 무방하다.

09

정답 | ⑤

한 진술에 2개의 정보를 가진 진술은 우성, 영기, 웅희인데, 우성이와 웅희는 태석이를 언급하고 있다. 태석이는 자기자신을 언급하는 진술을 했으므로 진술의 확장성이 없다. 따라서 진술의 확장성이 있는 영기의 진술부터 시작한다.
만약 영기의 진술이 진실이라면 영기는 2반이다. 그러면 용희는 1반이고, 용희가 1반이므로 우성이도 1반이다. 우성이가 1반이면 우성이의 진술은 거짓이므로 태석이는 2반이며, 태석이가 2반인 상태에서는 모순이 발생하지 않는다. 현재까지의 상황을 표시하면 다음과 같다.

1반	2반
용희, 우성	영기, 태석

한편 범전이가 영기는 1반이라고 진술했는데 현재 영기가 2반이라고 가정했으므로 범전이는 1반이다. 또한 웅희는 범전이와 태석이가 같은 반이라고 진술했는데 범전이는 1반, 태석이가 2반이므로 웅희도 1반이다. 따라서 1반이 4명이 되어 모순이 발생했으므로, 제일 처음의 가정이 잘못되었다는 것을 알 수 있다.
영기의 진술이 거짓이라면 영기는 1반이다. 그러면 용희는 영기와 같은 반이므로 역시 1반이고, 용희가 1반이므로 우성이도 1반이다. 이 시점에서 1반 3명이 확정됐다. 영기의 진술이 참이라고 가정했을 때 모순이 발생했으므로, 이번엔 모순이 발생하지 않을 것이라는 것을 짐작할 수 있다.(만약 여기서도 모순이 발생한다면 정답은 존재하지 않는다.) 따라서 2반에 속한 사람은 영기, 용희, 우성을 제외한 태석, 웅희, 범전이다.

10

정답 | ②

C가 다른 사람이 거짓이라고 이야기하므로 C를 기준으로 살펴본다. C가 참이면 D는 거짓이고, C가 거짓이면 D는 참이 된다.

㉠ C가 참인 경우

D가 거짓이므로 F는 졸업 시험을 통과하였다. 따라서 F의 진술은 참이고, 졸업 시험을 통과하지 못한 학생은 D 1명이다. 따라서 D를 제외한 모두의 진술이 참이어야 하는데, E는 졸업 시험을 통과한 학생이 총 4명이라는 거짓을 말하고 있으므로 모순이 발생한다. 그러므로 C가 참이라는 가정이 잘못된 가정이라는 것을 알 수 있다.

㉡ C가 거짓인 경우

D가 참이므로 F는 졸업 시험을 통과하지 못했다. 따라서 F의 진술은 거짓이다. 만약 B의 진술이 거짓이라면 E의 진술도 거짓이 된다. 이 경우 거짓을 말하는 사람이 B, C, E, F가 되어, 6명 중 3명 이상이 졸업 시험을 통과하였다는 발문의 조건을 위배하게 된다. 따라서 B의 진술은 참이어야 하고, E의 진술도 참이 된다. E의 진술에 따르면 졸업 시험을 통과한 학생이 4명이어야 하므로 A도 졸업 시험에 통과하였다.

따라서 졸업 시험에 통과하지 못한 학생은 C와 F이다.

문제해결 TIP

진실과 거짓 유형에서는 한 사람이 참일 때 다른 사람은 반드시 거짓이 되는 경우에서부터 출발하는 것이 편하다. 이 경우에 들어맞는 것이 바로 C처럼 다른 사람이 거짓을 말하고 있다는 진술이다. 따라서 C에서부터 출발하는 것이 좋다.

한편 B는 다른 한 사람이 참이라고 이야기하여 B가 참이면 다른 사람도 참이므로 시작점으로는 그다지 적절하지 않다. E와 F의 경우 E가 참이면 F는 거짓이고, F가 참이면 E가 거짓이긴 하지만, 두 사람의 발언이 상대방을 제외한 특정인의 참과 거짓을 결정짓지 못하므로 역시 시작점으로 적절하지 않다. A같이 자기 자신을 긍정하는 경우가 특수한데, A가 참이라고 가정해도 모순이 없고, A가 거짓이라고 가정해도 모순이 없다. 따라서 이런 [조건]은 확장성이 전혀 없고 참, 거짓을 판별하기 위해선 외부의 [조건]이 추가적으로 필요하므로 출발점으로 좋지 않으며 가장 마지막에 고려해야 한다.

11

정답 | ④

만약 답변1이 거짓이라면 답변2, 3에 따라 이 수는 3과 5의 배수이고, 최소공배수가 15이므로 답변5에 따라 가능한 수는 15이다.

만약 답변2가 거짓이라면 답변1, 3에 따라 이 수는 2와 5의 배수이고, 최소공배수가 10이므로 답변5에 따라 가능한 수는 10 또는 20이다.

만약 답변1과 답변2가 참이라면 이 수는 반드시 6의 배수이므로 답변4가 거짓이다. 따라서 답변3과 답변5는 참이다. 답변1, 2, 3에 따라 이 수는 2, 3, 5의 배수이고, 2, 3, 5의 최소공배수는 30이므로 이 수는 30의 배수이다. 이때 30은 30보다 큰 수가 아니므로 가능한 수는 30이다. 따라서 정답이 될 수 없는 수는 24이다.

12

정답 | ⑤

항상 참인 것을 고르는 문제이므로 거짓의 상황을 제시할 수 있다면 잘못된 선택지이다. 선규가 시민이라면 선규의 말은 진실이므로 다래는 마피아다. 선규가 마피아라면 선규의 말은 거짓이므로 다래는 시민이다. 따라서 선규와 다래 중 한 명 이상은 마피아이다.

| 오답풀이 |

① 지영이가 마피아라면 지영이의 말은 거짓이다. 지영이는 다래와 본인이 시민이라고 하였는데, 지영이가 마피아이므로 지영이가 시민이라는 다래의 말이 거짓이 된다. 따라서 다래도 마피아이므로 항상 참이 아니다.

② 수희가 마피아라면 수희의 말은 거짓이다. 수희는 안나가 마피아라고 하고 있으므로 수희의 말이 거짓이라면 안나는 마피아가 아니다. 따라서 수희와 안나가 마피아라는 내용은 항상 참이 아니다.

③ 다래가 시민이라면 다래의 말은 진실이다. 다래는 지영이가 시민이라고 하였으므로 지영이는 시민이다. 하지만 다래의 말로 주옥이가 시민인지는 판단할 수 없다. 따라서 항상 참이 아니다.

④ 주옥이가 시민인지 마피아인지는 알 수 없다. 따라서 항상 참이 아니다.

유형 3 | 수추리 연습 문제 P. 283

01	④	02	③	03	④	04	③	05	①
06	①	07	①						

01

정답 | ④

주어진 수들은 ×2, ×3, ×4, …의 규칙으로 증가하고 있다. 따라서 빈칸에 들어갈 수는 840×6=5,040이다.

02

정답 | ③

주어진 수들은 다음과 같은 규칙으로 나열되었다.

7 → 17 → 38 → 81 → 168 → ( ) → 694

×2+3, ×2+4, ×2+5, ×2+6, ×2+7, ×2+8

따라서 빈칸에 들어갈 수는 168×2+7=343이다.

03

정답 | ④

숫자 간 규칙을 파악하기 위해 8개의 숫자가 모두 주어진 내부 동심원의 숫자들을 먼저 순서대로 나열해 보면 2, 8, 12, 6, 1, 3, 6, 4, 2이다. 외부 동심원에 주어진 숫자들을 참고하여 규칙을 파악하면 이 수열은 아래와 같은 규칙을 따른다.

2　8　12　6　1　3　6　4　2
×4　+4　÷2　−5　+2　+3　−2　÷2

위 규칙을 외부 동심원의 3, B, 16, 8, C, D, 8, A, 3의 수열에 적용하면 다음과 같다.

3　B　16　8　C　D　8　A　3
×4　+4　÷2　−5　+2　+3　−2　÷2

따라서 A는 8−2=6, B는 3×4=12, C는 8−5=3, D는 3+2=5이므로, A+B−C+D=6+12−3+5=20이다.

04

정답 | ③

시계 모양의 가운데 숫자 간 규칙을 파악하기 위해 해당 숫자를 나열해 보면 10, 6, 12, A, 16인데, 이 수열은 아래와 같은 규칙을 따른다.

10　6　12　A　16
−4　×2　−4　×2

따라서 A는 12−4=8이다.
다음으로 각 시계 모양 내부의 숫자 간 규칙을 파악하기 위해 (가운데, 시침, 분침) 순으로 해당 숫자를 나열해보면 다음과 같다.

- 첫 번째 시계: 10, 2, 4
- 두 번째 시계: 6, 4, 1
- 세 번째 시계: 12, 6, 3
- 네 번째 시계: A(=8), 2, B
- 다섯 번째 시계: 16, 4, 6

시계의 가운데, 시침, 분침 숫자는 아래와 같은 규칙을 따른다.
(2×가운데)−(2×시침)=(4×분침)
분침이 없는 시계를 제외하고 나열된 시계 모양 내부의 숫자들을 위 규칙에 적용하면 다음과 같다.

- 첫 번째 시계: (2×10)−(2×2)=16=(4×4)
- 두 번째 시계: (2×6)−(2×4)=4=(4×1)
- 세 번째 시계: (2×12)−(2×6)=12=(4×3)
- 다섯 번째 시계: (2×16)−(2×4)=24=(4×6)

이를 바탕으로 네 번째 시계에 위 규칙을 적용하면 (2×8)−(2×2)=(4×B)이므로 B=3이다.
따라서 A+B=8+3=11이다.

05

정답 | ①

톱니바퀴의 내톱니는 +6의 등차수열 형태의 규칙을 따른다. 천장의 외톱니는 서로 맞물리는 톱니바퀴의 내톱니 수에 4를 뺀 뒤 2를 곱한 것과 같다. 천장의 내톱니는 내톱니 기준 양 옆의 인접한 외톱니 수를 더한 다음 5를 뺀 것과 같다. A 왼쪽편의 외톱니와 맞물리는 부분의 숫자는 (−4−4)×2=−16이므로, A=−16−4−5=−25이다.
한편 톱니바퀴의 외톱니는 −3, +4, +11, +18, +25로 7씩 커지는 계차수열 형태의 규칙을 따른다. 바닥의 내톱니는 서로 맞물리는 톱니바퀴의 외톱니 수에 13을 뺀 것과 같다. 바닥의 외톱니는 외톱니 기준 양 옆의 내톱니 수의 차이와 같다. B의 왼쪽 내톱니 수를 구하기 위해 이와 맞물리는 부분의 숫자를 구해 보면 62+32=94이다. 따라서 B의 왼쪽 내톱니 수는 94−13=81이고, B=81−49=32이다. 그러므로 A+B=−25+32=7이다.

06

정답 | ①

주어진 전개도는 각 전개도마다 3개의 수가 주어진 전개도이다. 주어진 수를 바탕으로 규칙을 찾으면 아래 그림에서와 같이 $x^2-3y=z$가 성립한다.

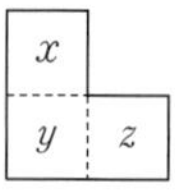

- 첫 번째 전개도: $5^2-(3\times6)=7$
- 두 번째 전개도: $4^2-(3\times2)=10$

이를 바탕으로 세 번째 전개도의 6, 8, A를 나타내면 $6^2-(3\times8)=A$의 식이 성립한다.
따라서 36−24=A이므로 A=12이다.

07

정답 | ①

숫자가 모두 주어진 2개의 전개도를 보면 마주보는 면에 쓰인 두 수의 차가 항상 5임을 확인할 수 있다. 따라서 마지막 전개도에서 $|a-12|=5$, $|b-13|=5$, $|c-6|=5$가 되어야 하는데, a, b, c가 각

각 10보다 작은 수라고 했으므로 $a=7$, $b=8$, $c=1$이다. 따라서 $a+b-c=7+8-1=14$이다.

유형 4 ❙ 문자추리

연습 문제 P. 287

01	②	02	④	03	⑤				

01

정답 ❙ ②

먼저 한글 자음을 순서대로 수에 대응시키면 다음과 같다.

ㄱ	ㄴ	ㄷ	ㄹ	ㅁ	ㅂ	ㅅ	ㅇ	ㅈ	ㅊ	ㅋ	ㅌ	ㅍ	ㅎ
1	2	3	4	5	6	7	8	9	10	11	12	13	14

[보기]에 제시된 문자들의 배열 규칙을 숫자로 변환하여 정리하면 다음과 같다.

ㅎ ㅍ ㅋ ㅇ ( )
14 13 11 8 4
−1 −2 −3 −4

따라서 빈칸에 들어갈 문자는 ㅇ(8)−4=4인 ㄹ이다.

02

정답 ❙ ④

[보기]에 제시된 한글과 알파벳을 수에 대응시키면 다음과 같다.

다 E 라 G 바 ( ) 자
3 5 4 7 6 10 9
+2 −1 +3 −1 +4 −1

따라서 빈칸에 들어갈 문자는 바(6)+4=10인 J이다.

03

정답 ❙ ⑤

4는 디지털 숫자를 이루는 막대 모양 4개로 되어 있으므로 4에 해당하는 알파벳 D이다.

5는 디지털 숫자를 이루는 막대 모양 5개로 되어 있으므로 5에 해당하는 알파벳 E이다.

마찬가지 방법으로 주어진 디지털 숫자들은 막대 모양의 개수에 따라 알파벳이 결정된다.

따라서 9는 디지털 숫자를 이루는 막대 모양 5개로 되어 있으므로 빈칸에 들어갈 문자는 5에 해당하는 알파벳 E이다.

유형 5 ❙ 도식추리

연습 문제 P. 305

01	②	02	④	03	①	04	②	05	④
06	④	07	④	08	②	09	④		

01

정답 ❙ ②

주어진 [예시]에는 다음과 같은 규칙이 적용되었다.

▽: IXFA → FIXA를 통해 첫 번째 문자를 두 번째 자리로, 두 번째 문자를 세 번째 자리로, 세 번째 문자를 첫 번째 자리로 이동시키는 순서 바꾸기 규칙임을 알 수 있다. 즉, ABCD → CABD의 규칙이다.

○: PYCT에 ▽를 역으로 적용하면 YCPT이므로, ○는 TCPY → YCPT으로 변환시키는 순서 바꾸기 규칙임을 알 수 있다. 즉, ABCD → DBCA의 규칙이다.

★: BXFJ에 ○을 적용하면 JXFB이므로 ★은 JXFB →IXFA으로 변환시키는 숫자연산 규칙임을 알 수 있다. 즉, (−1, 0, 0, −1)의 규칙이다.

따라서 6EM2 → ▽ → M6E2 → ○ → (26EM)이다.

02

정답 ❙ ④

위에서와 같이 변환규칙은 다음과 같다.

▽: ABCD → CABD

○: ABCD → DBCA

★: (−1, 0, 0, −1)

따라서 N3R9 → ▽ → RN39 → ★ → QN38 → ○ → (8N3Q)이다.

03

정답 ❙ ①

문자표를 먼저 적으면 다음과 같다.

A	B	C	D	E	F	G	H	I	J	K	L	M
N	O	P	Q	R	S	T	U	V	W	X	Y	Z

○: KF25가 ○ → ○를 거쳐 OD63이 됐는데, 구성성분이 완전히 바뀌었으므로 숫자연산 규칙일 가능성이 높다. K가 O로 바뀌었으므로 +4, F가 D로 바뀌었으므로 −2, 2가 6으로 바뀌었으므로 +4, 5가 3으로 바뀌었으므로 −2이다. 따라서 (+4, −2, +4, −2)인데, 이는 ○를 두 번 반복한 결과이므로 ○는 (+2, −1, +2, −1)의 규

칙이다.

△: LMRT가 ○를 거치면 NLTS가 되는데, 여기에 △를 적용시켰더니 LTNS가 되었다. 이는 구성 성분이 그대로이므로 순서바꾸기 규칙일 것이다. 즉, △는 ABCD → BCAD 규칙이다.

□: SXFT가 ○를 거치면 UWHS가 되는데, 여기에 □를 적용시켰더니 UHSW가 되었다. 이는 구성 성분이 그대로이므로 순서바꾸기 규칙일 것이다. 즉, □는 ABCD → ACDB 규칙이다.

◇: OD63이 ◇를 거치면 OF61이 되는데, 구성 성분의 일부가 바뀌었으므로 숫자연산 규칙일 가능성이 높다. O와 6은 그대로이고 D가 F, 3이 1로 바뀌었으므로 (0, +2, 0, −2) 규칙을 생각해 볼 수 있다. 이를 확인하기 위해 35PG를 변환시켜 보면, △를 거쳐 5P3G가 되고, □를 거쳐 53GP가 된다. 여기서 ◇의 예상 규칙인 (0, +2, 0, −2)를 적용시키면 55GN이 된다. 따라서 ◇는 (0, +2, 0, −2) 규칙임을 알 수 있다.

따라서 SUEF → □ → SEFU → △ → (EFSU)이다.

04 정답 | ②

위에서와 같이 변환규칙은 다음과 같다.

○: (+2, −1, +2, −1)

△: ABCD → BCAD

□: ABCD → ACDB

◇: (0, +2, 0, −2)

따라서 (65KV) → □ → 6KV5 → ◇ → 6MV3이다.

05 정답 | ④

다음과 같은 과정을 거친다.

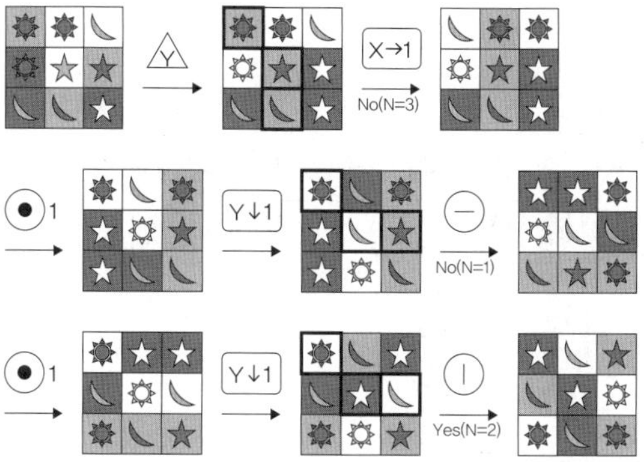

06 정답 | ④

다음과 같은 과정을 거친다.

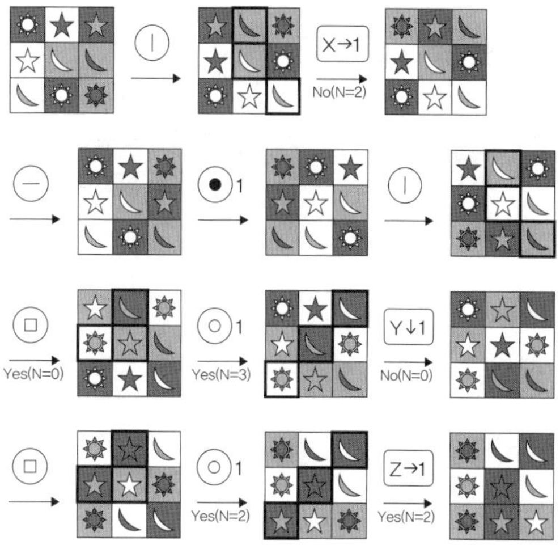

07 정답 | ④

다음과 같은 과정을 거친다.

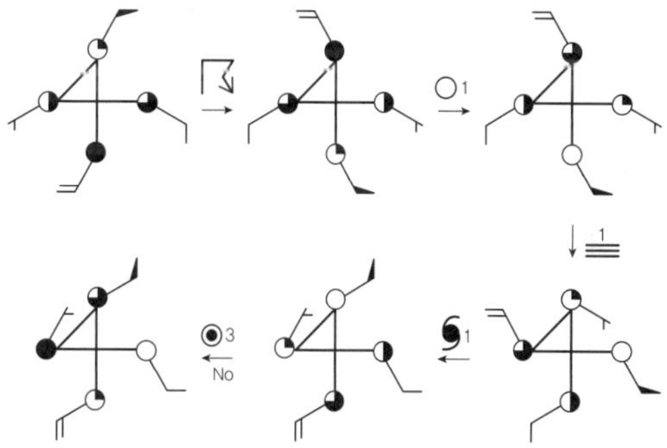

08 정답 | ②

주어진 [조건]의 화살표 규칙은 다음과 같다.

⇨: 끝까지 이동

➡: 일직선상에 있는 도형을 뛰어넘으면서 움직이는 도형의 내부·외부 색 교환

⇨: 일직선상에 있는 도형을 뛰어넘으면서 움직이는 도형의 내부 도형과 고정 도형의 내부 도형 모양 교환 & 도형 외부의 배경 색 교환

▯⇨: 일직선상의 도형을 끌어당김

⇨▯: 움직이는 도형이 고정 도형을 밀치면서 두 도형 외부의 배경 색 교환

이러한 화살표 규칙을 통해 다음과 같은 과정을 거친다.

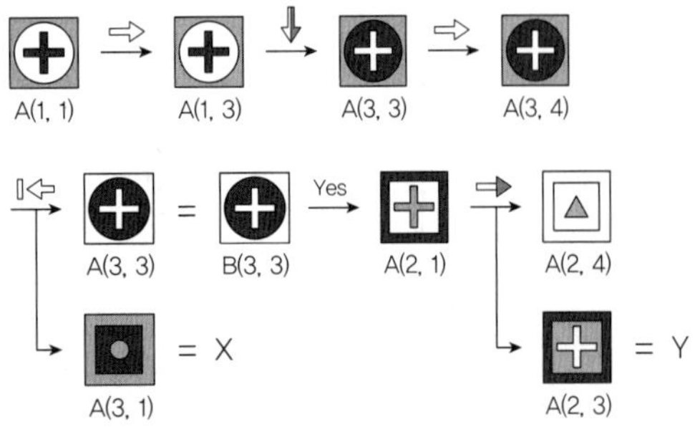

09

정답 | ④

다음과 같은 과정을 거친다.

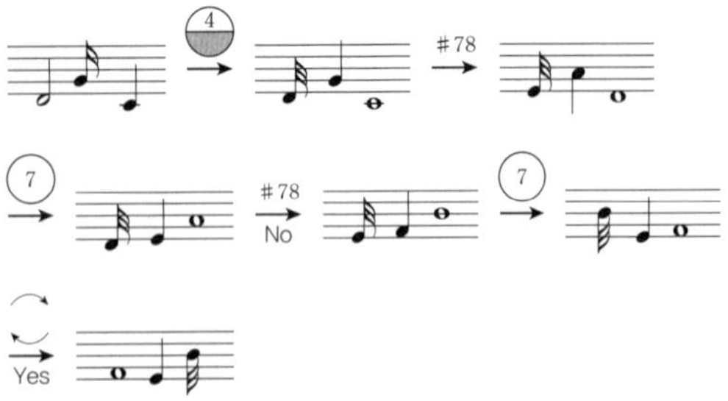

문제해결 TIP

계이름은 7개를 주기로 순환하므로 #78=#1과 같으며, 음표가 3개이므로 계이름 성분의 오른쪽 이동은 3개를 주기로 순환하여 ⑦=①과 같다.

유형 6 | 도형추리 연습 문제 P. 321

01	②	02	④	03	③	04	③	05	②
06	⑤	07	①	08	③				

01

정답 | ②

9개의 도형을 3개의 가로줄로 구분하여 살펴보면 다음과 같은 규칙을 따르고 있다.

- 오른쪽으로 한 칸씩 갈 때마다 내부도형은 반시계 방향으로 90° 회전한다.
- 오른쪽으로 한 칸씩 갈 때마다 외부도형은 색이 칠해진 칸이 시계 방향으로 한 칸씩 옮겨간다.

따라서 빈칸에는 ②의 도형이 들어가야 한다.

02

정답 | ④

9개의 도형을 3개의 가로줄로 구분하여 살펴보면, 1열 도형의 왼쪽 절반과 2열 도형의 오른쪽 절반을 합친 것이 3열 도형임을 알 수 있다. 따라서 빈칸에는 ④의 도형이 들어가야 한다.

03

정답 | ③

다음과 같은 규칙을 갖는다.

●: 도형 색 반전, 도형 상하 대칭, 도형 오른쪽 1칸 이동

◍: 도형 색 반전, 도형 반시계 방향 90° 회전, 도형 왼쪽 1칸 이동

○: 도형 색 반전, 도형 시계 방향 90° 회전, 배경 색 오른쪽 1칸 이동

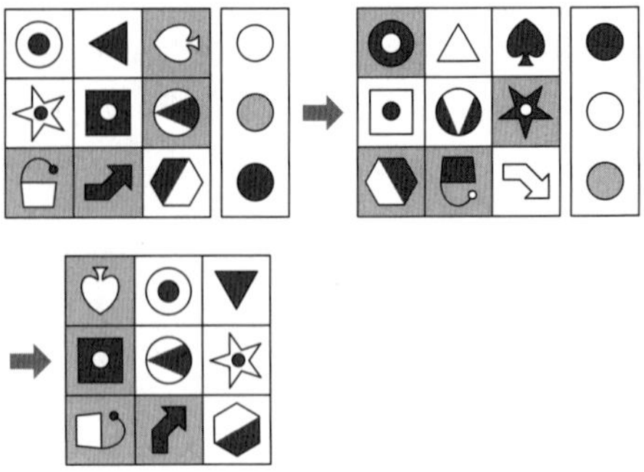

04

정답 | ③

다음과 같은 규칙을 갖는다.

○: 도형 좌우 대칭, 도형 반시계 방향 90° 회전, 배경 색 반전

◍: 도형 색 반전, 도형 상하 대칭, 도형 오른쪽 1칸 이동

●: 도형 시계 방향 90° 회전, 도형 왼쪽 1칸 이동, 배경 색 왼쪽 1칸 이동

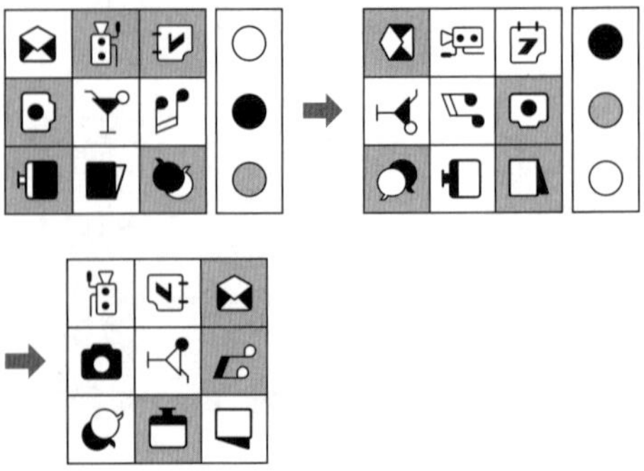

05

정답 | ②

다음과 같은 규칙을 갖는다.

- +: 반시계 방향 90° 회전
- ×: 상하 대칭
- =: 색 반전
- V: 시계 방향(반시계 방향) 180° 회전

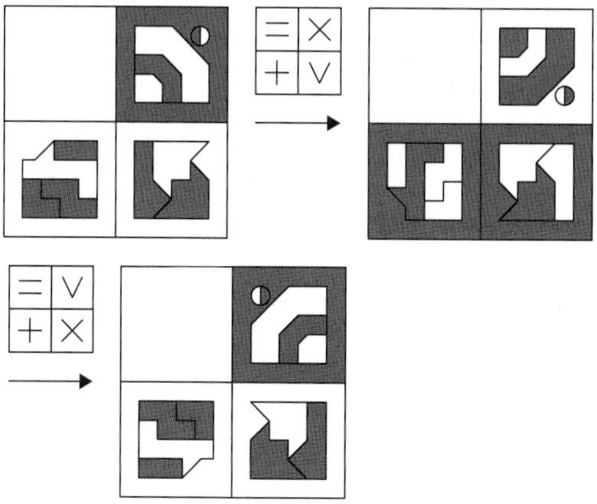

06

정답 | ⑤

다음과 같은 규칙을 갖는다

- +: 시계 방향(반시계 방향) 180° 회전
- ×: 반시계 방향 90° 회전
- =: 색 반전
- V: 상하 대칭

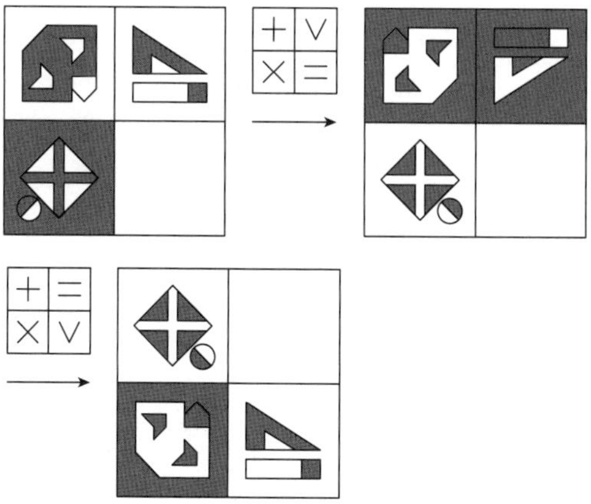

07

정답 | ①

다음과 같은 규칙을 갖는다.

- +: 시계 방향 90° 회전
- ×: 좌우 대칭
- =: 색 반전
- V: 반시계 방향 90° 회전

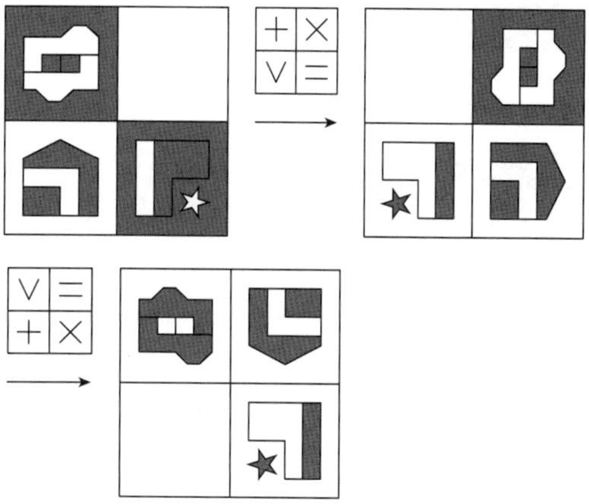

08

정답 | ③

다음과 같은 규칙을 갖는다.

- 공통규칙: 반시계 방향으로 회전/도형 색 변화[회색 → 검은색 → 흰색 → 회색]
- 개별규칙: 반시계 방향으로 회전(1열)

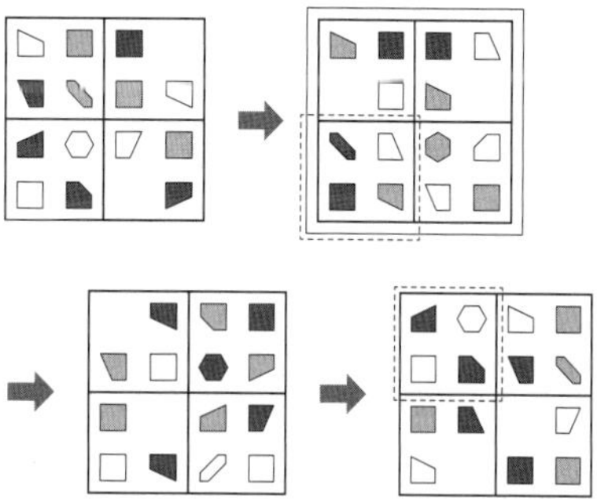

PART Ⅳ

공간지각 영역

CHAPTER 01 평면도형

유형 1 | 전개도 연습 문제 P. 335

01	④	02	⑤	03	①	04	④	05	②
06	①	07	⑤	08	②	09	①	10	④
11	③	12	③	13	②	14	③	15	⑤
16	①	17	③	18	⑤				

01

정답 | ④

④의 경우 전개도를 접었을 때 나올 수 없는 모양으로, 올바른 모양은 다음과 같다.

따라서 정답은 ④이다.

문제해결 TIP

다양한 입체도형의 전개도를 통해 그 본래의 모양을 고르는 문제이다. 특징이 되는 면을 선택해서 그 주변 위주로 조립하여 선택지와 비교하며 정답을 좁혀 가는 방법을 활용한다.

02

정답 | ⑤

⑤의 경우 전개도를 접었을 때 나올 수 없는 모양으로, 올바른 모양은 다음과 같다.

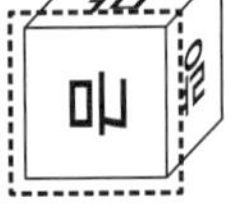

따라서 정답은 ⑤이다.

03

정답 | ①

①의 경우 전개도를 접었을 때 나올 수 없는 모양으로, 올바른 모양은 다음과 같다.

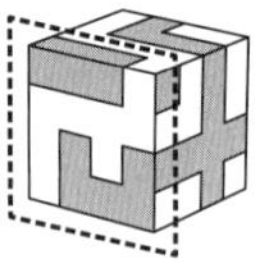

따라서 정답은 ①이다.

04

정답 | ④

④의 경우 전개도를 접었을 때 나올 수 없는 모양으로, 올바른 모양은 다음과 같다.

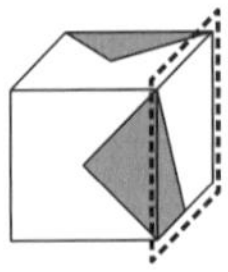

따라서 정답은 ④이다.

05

정답 | ②

②의 경우 전개도를 접었을 때 나올 수 없는 모양으로, 올바른 모양은 다음과 같다.

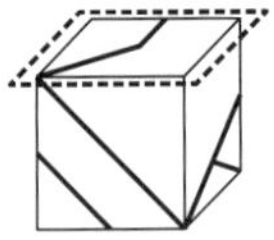

따라서 정답은 ②이다.

06

정답 | ①

①의 경우 전개도를 접었을 때 나올 수 없는 모양으로, 올바른 모양은 다음과 같다.

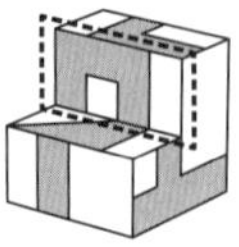

따라서 정답은 ①이다.

07

정답 | ⑤

⑤의 경우 전개도를 접었을 때 나올 수 없는 모양으로, 올바른 모양은 다음과 같다.

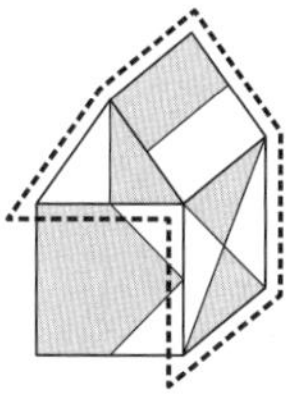

따라서 정답은 ⑤이다.

08

정답 | ②

②의 경우 전개도를 접었을 때 나올 수 없는 모양으로, 올바른 모양은 다음과 같다.

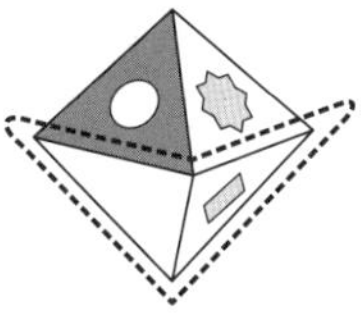

따라서 정답은 ②이다.

09

정답 | ①

①의 경우 전개도를 접었을 때 나올 수 없는 모양으로, 올바른 모양은 다음과 같다.

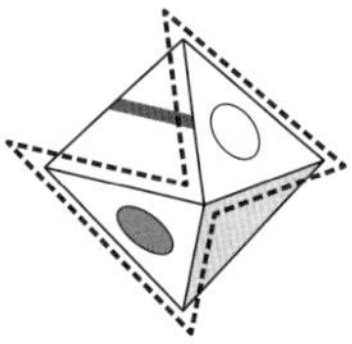

따라서 정답은 ①이다.

10

정답 | ④

④의 경우 전개도를 접었을 때 나올 수 없는 모양으로, 올바른 모양은 다음과 같다.

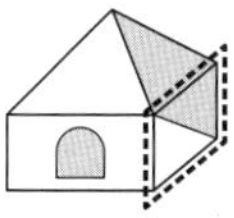

따라서 정답은 ④이다.

11

정답 | ③

③의 경우 전개도를 접었을 때 나올 수 없는 모양으로, 올바른 모양은 다음과 같다.

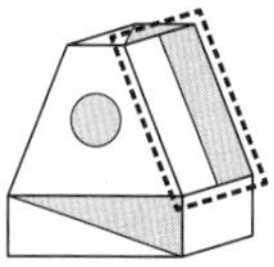

따라서 정답은 ③이다.

12

정답 | ③

③의 경우 전개도를 접었을 때 나올 수 없는 모양으로, 올바른 모양은 다음과 같다.

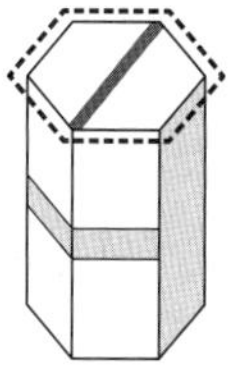

따라서 정답은 ③이다.

13

정답 | ②

나머지 전개도와 같은 모양이 되려면 ②의 전개도는 다음과 같이 바뀌어야 한다.

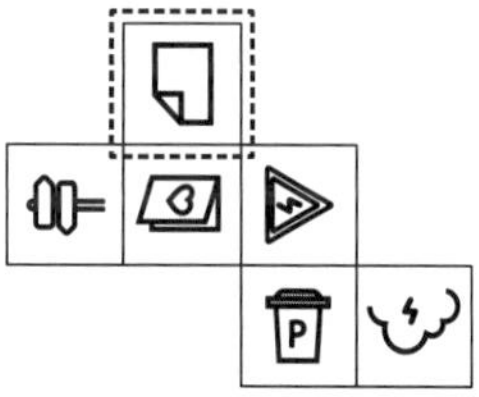

따라서 정답은 ②이다.

14

정답 | ③

나머지 전개도와 같은 모양이 되려면 ③의 전개도는 다음과 같이 바뀌어야 한다.

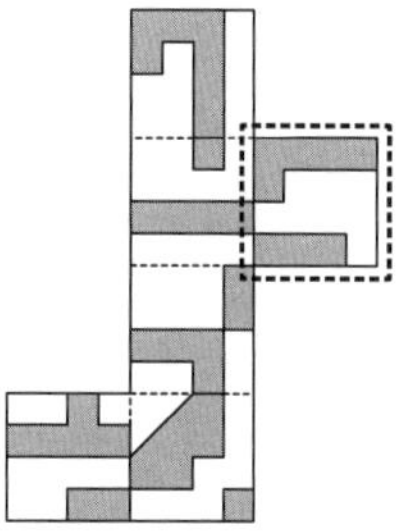

따라서 정답은 ③이다.

15

정답 | ⑤

나머지 전개도와 같은 모양이 되려면 ⑤의 전개도는 다음과 같이 바뀌어야 한다.

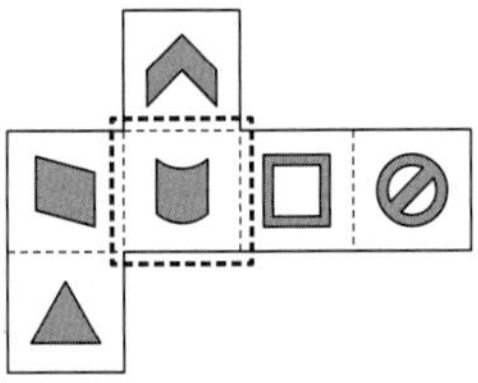

따라서 정답은 ⑤이다.

16

정답 | ①

나머지 전개도와 같은 모양이 되려면 ①의 전개도는 다음과 같이 바뀌어야 한다.

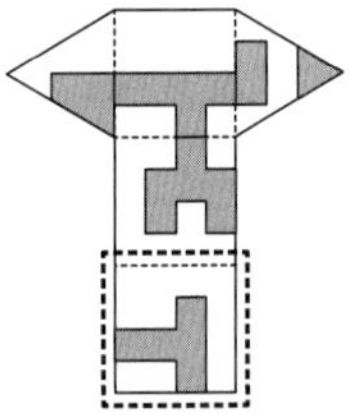

따라서 정답은 ①이다.

17

정답 | ③

나머지 전개도와 같은 모양이 되려면 ③의 전개도는 다음과 같이 바뀌어야 한다.

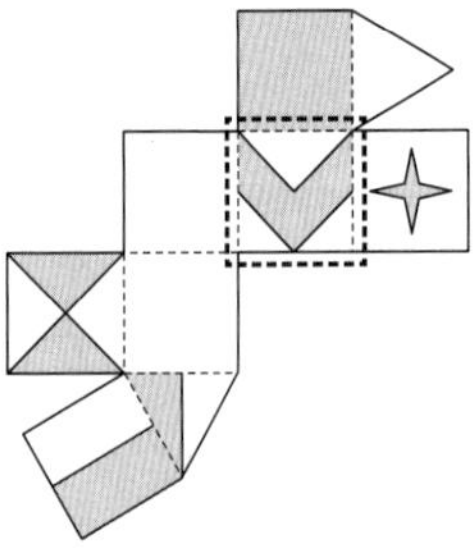

따라서 정답은 ③이다.

18

정답 | ⑤

나머지 전개도와 같은 모양이 되려면 ⑤의 전개도는 다음과 같이 바뀌어야 한다.

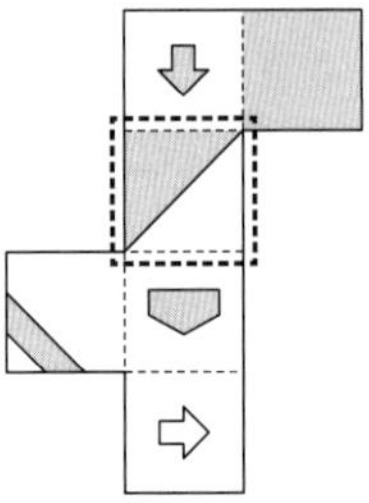

따라서 정답은 ⑤이다.

유형 2 | 종이접기 연습 문제 P. 349

01	①	02	②	03	①	04	①	05	①
06	④	07	③	08	①	09	④	10	④
11	①	12	④	13	③	14	⑤		

01

정답 | ①

접힌 부분을 펼쳐보면 다음과 같은 모양이 된다.

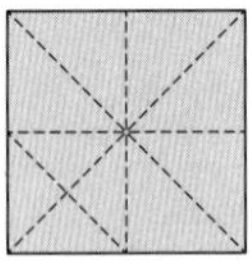

따라서 정답은 ①이다.

02

정답 | ②

접힌 부분을 하나씩 펼쳐보면 다음과 같은 모양이 된다.

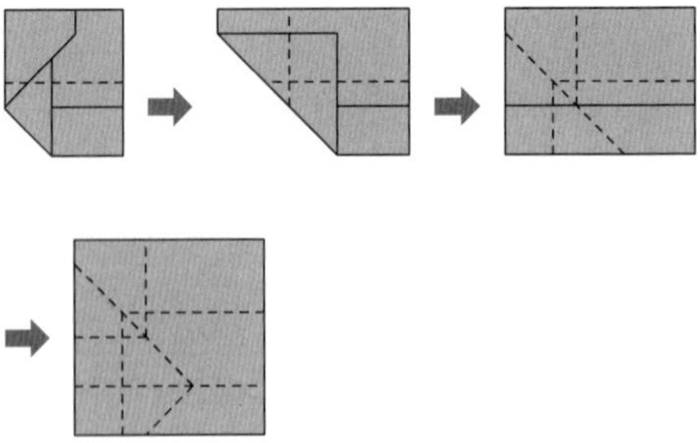

따라서 정답은 ②이다.

03

정답 | ①

마지막 단계에서부터 접는 선과 대칭이 되도록 새로운 구멍을 그려가며 종이를 펴면 다음과 같다.

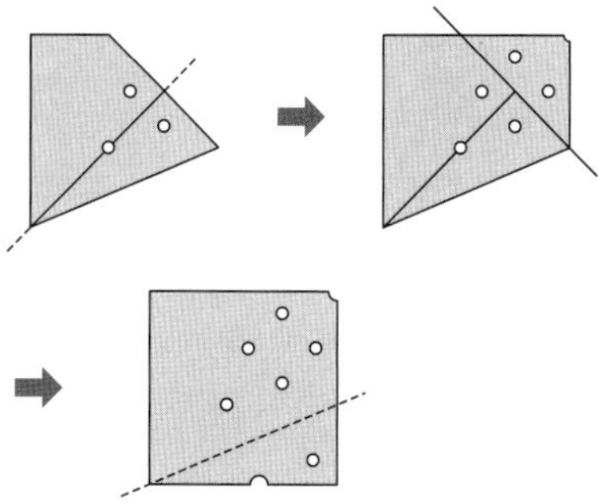

따라서 정답은 ①이다.

04

정답 | ①

마지막 단계에서부터 접는 선과 대칭이 되도록 새로운 구멍을 그려가며 종이를 펴면 다음과 같다.

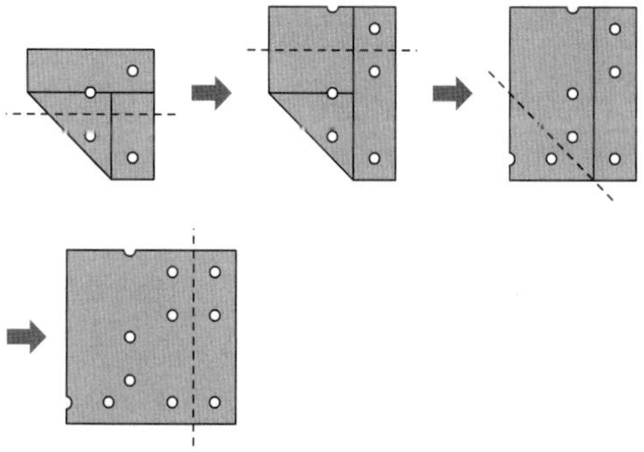

따라서 정답은 ①이다.

05

정답 | ①

마지막 단계에서부터 접는 선과 대칭이 되도록 새롭게 잘리는 부분을 그려가며 종이를 펴면 다음과 같다.

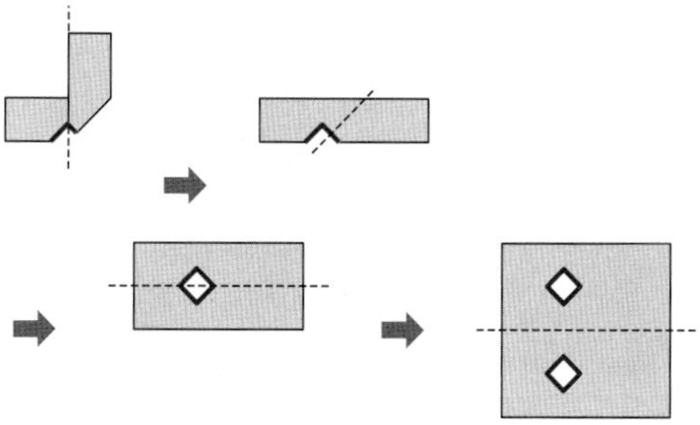

따라서 정답은 ①이다.

06

정답 | ④

마지막 단계에서부터 접는 선과 대칭이 되도록 새롭게 잘리는 부분을 그려가며 종이를 펴면 다음과 같다.

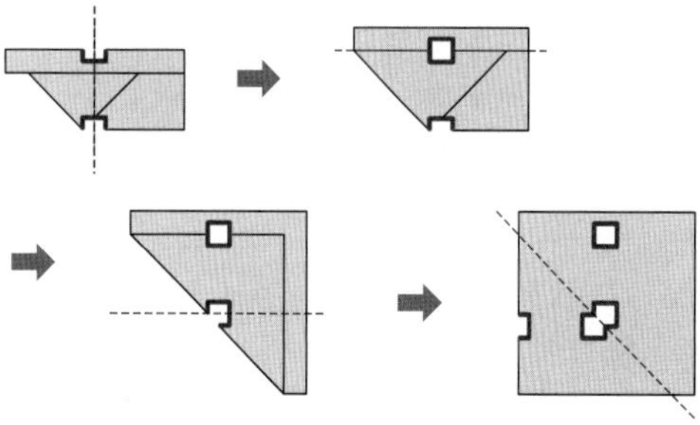

따라서 정답은 ④이다.

07

정답 | ③

구멍을 뚫은 후 접힌 부분을 펼치면 다음과 같은 모양이 된다.

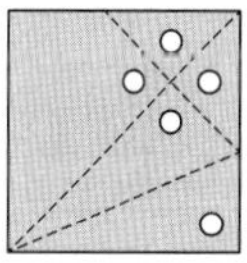

따라서 정답은 ③이다.

08

정답 | ①

구멍을 뚫은 후 접힌 부분을 펼치면 다음과 같은 모양이 된다.

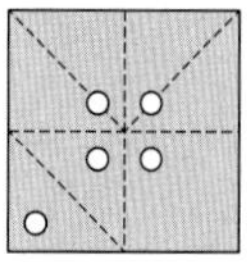

따라서 정답은 ①이다.

09

정답 | ④

마지막 단계에서부터 접는 선과 대칭이 되도록 새로운 구멍을 그려가며 종이를 펴면 다음과 같다.

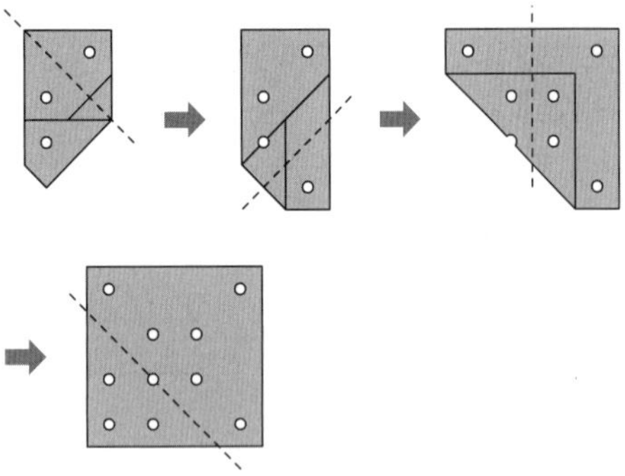

따라서 정답은 ④이다.

10

정답 | ④

가위로 자른 후 펼치면 접힌 부분을 다음과 같은 모양이 된다.

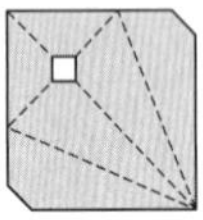

따라서 정답은 ④이다.

11

정답 | ①

가위로 자른 후 접힌 부분을 펼치면 다음과 같은 모양이 된다.

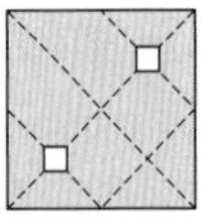

따라서 정답은 ①이다.

12

정답 | ④

종이를 접은 후 좌우로 뒤집으면 다음과 같은 모양이 된다.

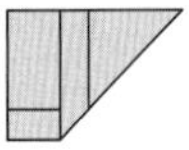

따라서 정답은 ④이다.

13

정답 | ③

종이를 접어감에 따라 뒷면은 다음과 같이 변한다.

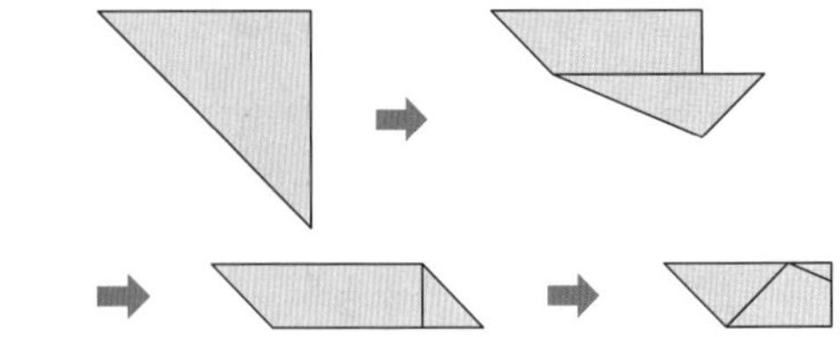

따라서 정답은 ③이다.

14

정답 | ⑤

종이를 접어감에 따라 뒷면은 다음과 같이 변한다.

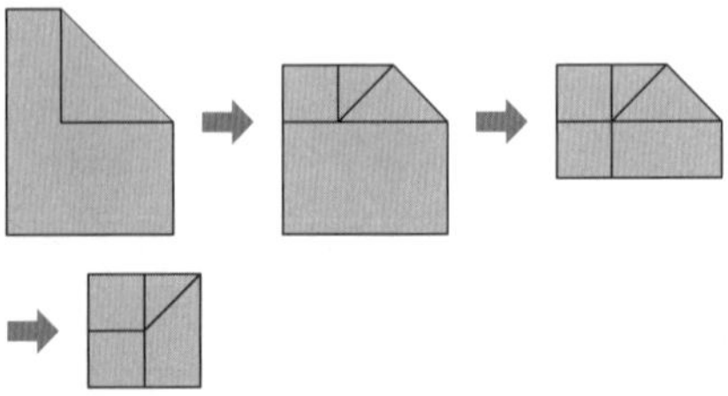

따라서 정답은 ⑤이다.

유형 3 | 조각 연습 문제 P. 358

01	⑤	02	④	03	⑤	04	②	05	③
06	③	07	②	08	②	09	①	10	③
11	④	12	④	13	①				

01

정답 | ⑤

선택지에 제시된 도형을 찾으면 다음과 같다.

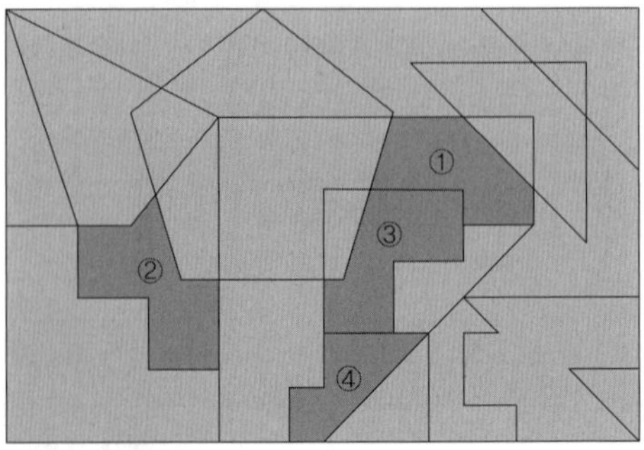

따라서 포함되지 않는 도형은 ⑤이다.

02

정답 | ④

선택지에 제시된 도형을 찾으면 다음과 같다.

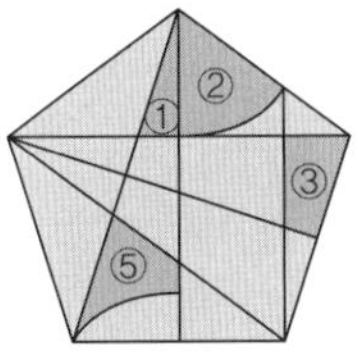

따라서 포함되지 않는 도형은 ④이다.

03

정답 | ⑤

선택지에 제시된 도형을 찾으면 다음과 같다.

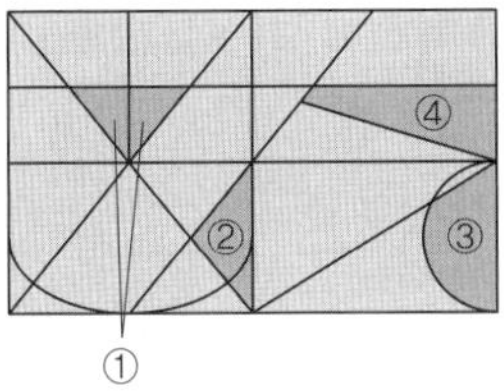

따라서 포함되지 않는 도형은 ⑤이다.

04

정답 | ②

선택지에 제시된 도형을 찾으면 다음과 같다.

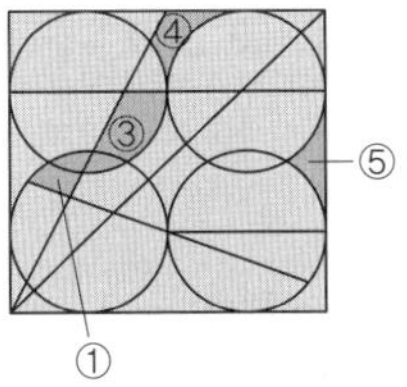

따라서 포함되지 않는 도형은 ②이다.

05

정답 | ③

선택지에 제시된 도형을 찾으면 다음과 같다.

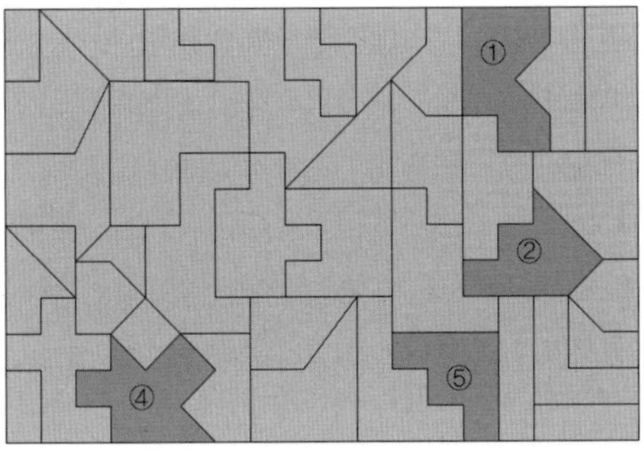

따라서 포함되지 않는 도형은 ③이다.

06

정답 | ③

선택지에 제시된 도형을 찾으면 다음과 같다.

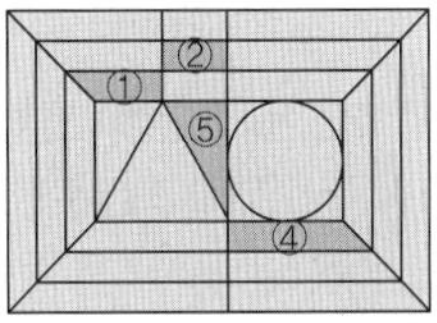

따라서 포함되지 않는 도형은 ③이다.

07

정답 | ②

주어진 도형 조각을 모두 한 번씩 사용하여 다음과 같이 만들 수 있지만 ②는 만들 수 없다.

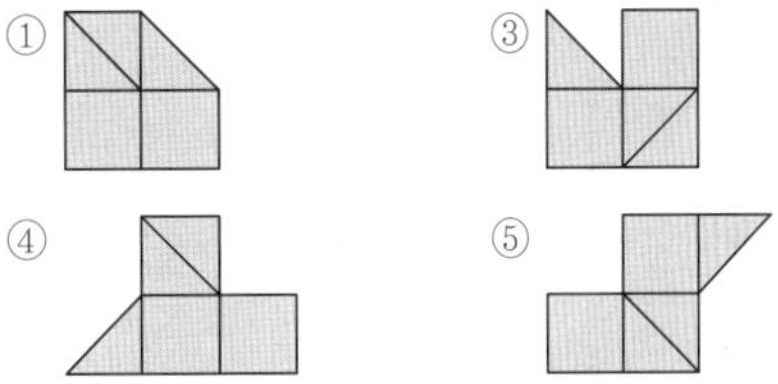

따라서 정답은 ②이다.

08

정답 | ②

주어진 도형 조각을 모두 한 번씩 사용하여 다음과 같이 만들 수 있지만 ②는 만들 수 없다.

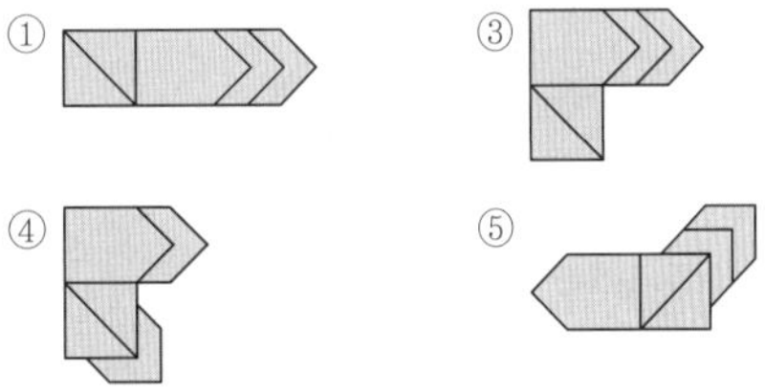

따라서 정답은 ②이다.

09

정답 | ①

주어진 도형 조각을 모두 한 번씩 사용하여 다음과 같이 만들 수 있지만 ①은 만들 수 없다.

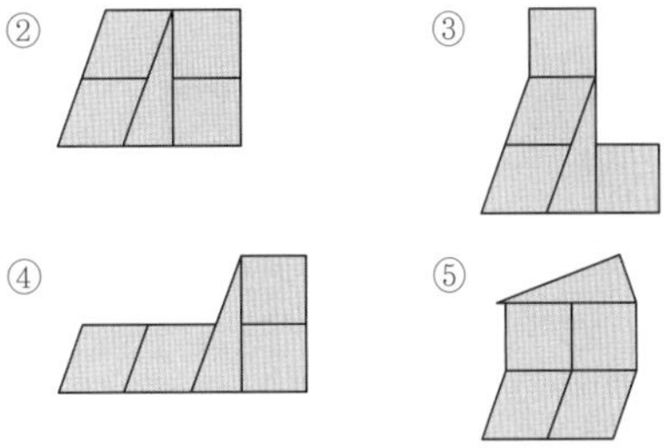

따라서 정답은 ①이다.

10

정답 | ③

주어진 도형 조각을 모두 한 번씩 사용하여 다음과 같이 만들 수 있지만 ③은 만들 수 없다.

①
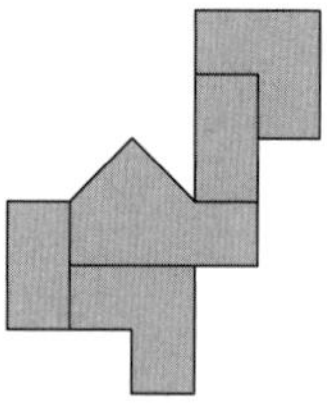
②

④
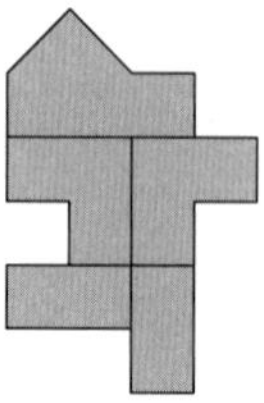
⑤

따라서 정답은 ③이다.

11

정답 | ④

주어진 도형 조각을 모두 한 번씩 사용하여 다음과 같이 만들 수 있지만 ④는 만들 수 없다.

①
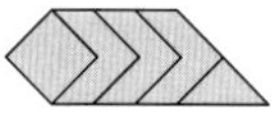
②
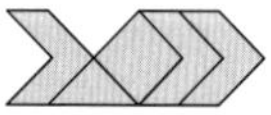
③
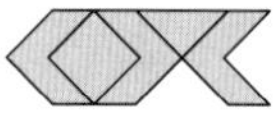
⑤
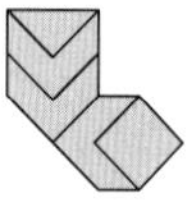

따라서 정답은 ④이다.

12

정답 | ④

주어진 도형 조각을 모두 한 번씩 사용하여 다음과 같이 만들 수 있지만 ④는 만들 수 없다.

①
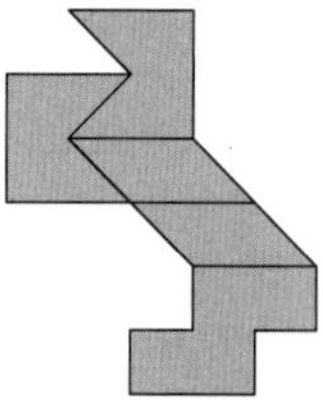
②

③
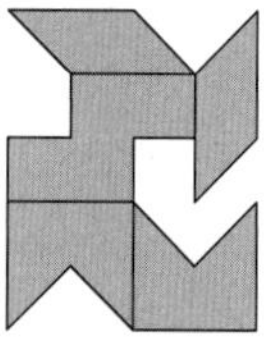
⑤
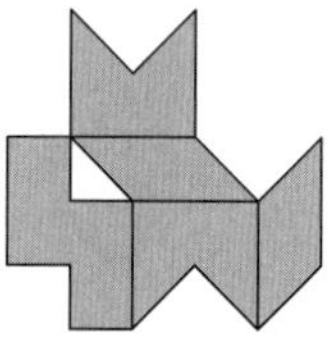

따라서 정답은 ④이다.

13

정답 | ①

주어진 도형 조각을 모두 한 번씩 사용하여 다음과 같이 만들 수 있지만 ①은 만들 수 없다.

②
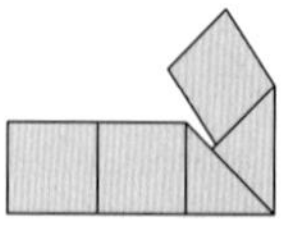
③
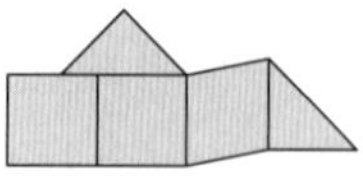
④

⑤
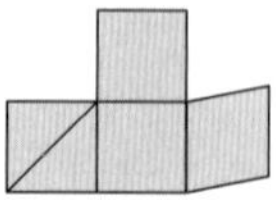

따라서 정답은 ①이다.

유형 4 I 다른 도형						연습 문제 P. 366			
01	⑤	02	③	03	⑤	04	②		

01

정답 | ⑤

①을 기준으로 시계 방향으로 90도 회전하면 ②, 180도 회전하면 ③, 270도 회전하면 ④가 된다.
따라서 정답은 ⑤이다.

02

정답 | ③

①을 기준으로 시계 방향으로 90도 회전하면 ⑤, 180도 회전하면 ④, 270도 회전하면 ②가 된다.
따라서 정답은 ③이다.

03

정답 | ⑤

①을 기준으로 시계 방향으로 90도 회전하면 ②, 180도 회전하면 ③, 270도 회전하면 ④가 된다.
따라서 정답은 ⑤이다.

04

정답 | ②

①을 기준으로 시계 방향으로 90도 회전하면 ③, 180도 회전하면 ⑤, 270도 회전하면 ④가 된다.
따라서 정답은 ②이다.

CHAPTER 02 입체도형

유형 1 | 블록 연습 문제 P. 373

01	④	02	③	03	⑤	04	⑤	05	④
06	④	07	①	08	④	09	②	10	④
11	⑤	12	②	13	①	14	⑤		

01

정답 | ④

선택지에 제시된 도형을 다음과 같이 두 개로 나눌 수 있지만 ④는 만들 수 없다.

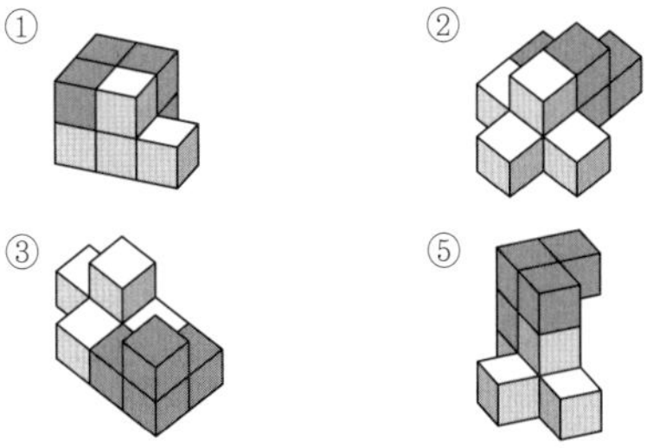

따라서 정답은 ④이다.

02

정답 | ③

선택지에 제시된 도형을 다음과 같이 두 개로 나눌 수 있지만 ③은 만들 수 없다.

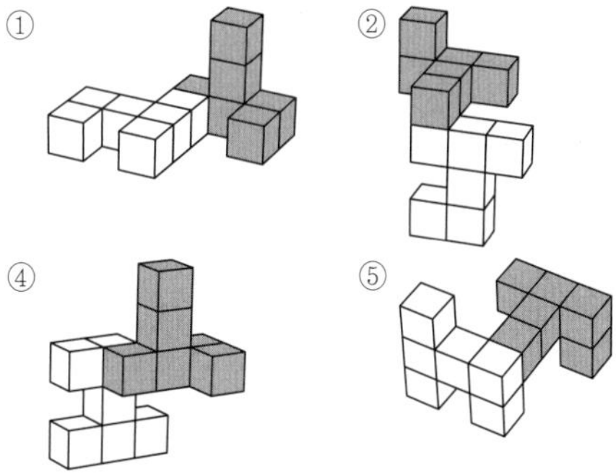

따라서 정답은 ③이다.

03

정답 | ⑤

선택지에 제시된 도형을 다음과 같이 두 개로 나눌 수 있지만 ⑤는 만들 수 없다.

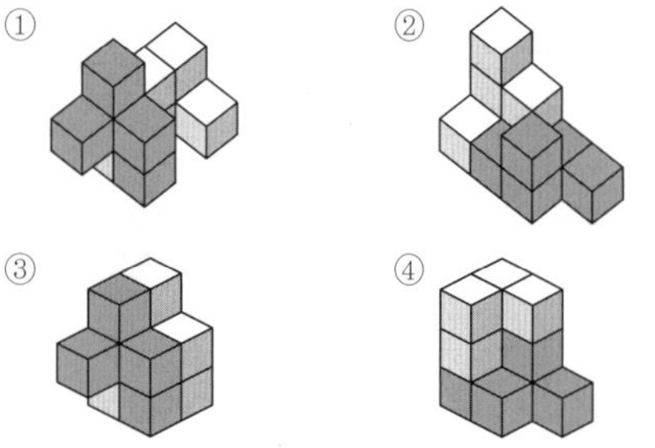

따라서 정답은 ⑤이다.

04

정답 | ⑤

선택지에 제시된 도형을 다음과 같이 두 개로 나눌 수 있지만 ⑤는 만들 수 없다.

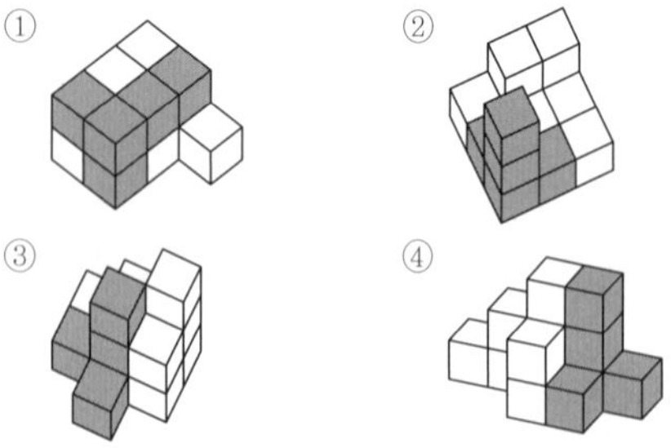

따라서 정답은 ⑤이다.

05

정답 | ④

두 입체도형을 합쳐 다음과 같이 ④의 도형을 만들 수 있으나, 나머지 선택지는 만들 수 없는 모양이다.

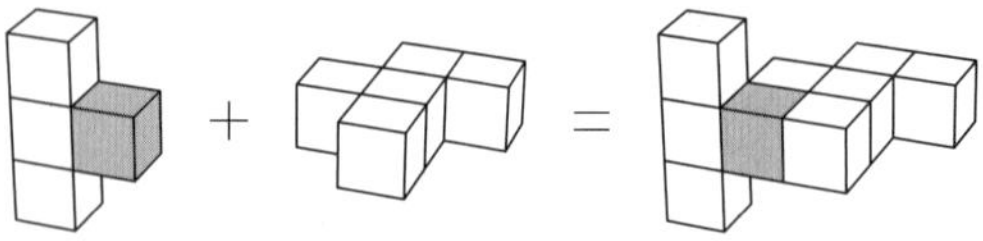

따라서 정답은 ④이다.

06

정답 | ④

두 입체도형을 합쳐 다음과 같이 ④의 도형을 만들 수 있으나, 나머지 선택지는 만들 수 없는 모양이다.

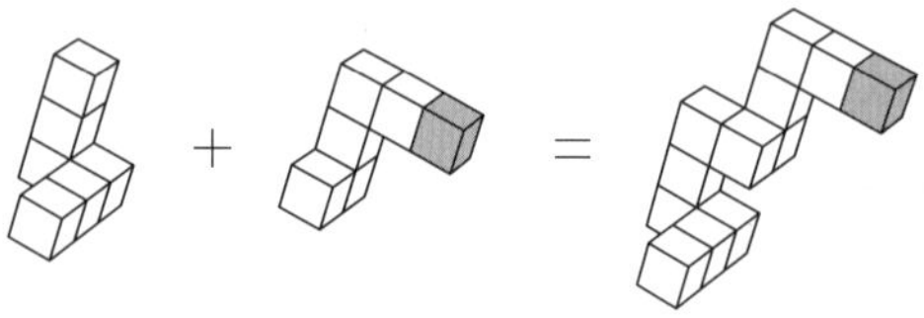

따라서 정답은 ④이다.

07

정답 | ①

두 입체도형을 합쳐 다음과 같이 ①의 도형을 만들 수 있으나, 나머지 선택지는 만들 수 없는 모양이다.

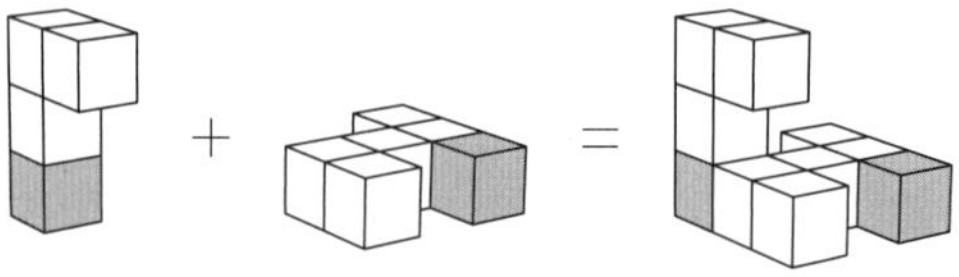

따라서 정답은 ①이다.

08

정답 | ④

두 입체도형을 합쳐 다음과 같이 ④의 도형을 만들 수 있으나, 나머지 선택지는 만들 수 없는 모양이다.

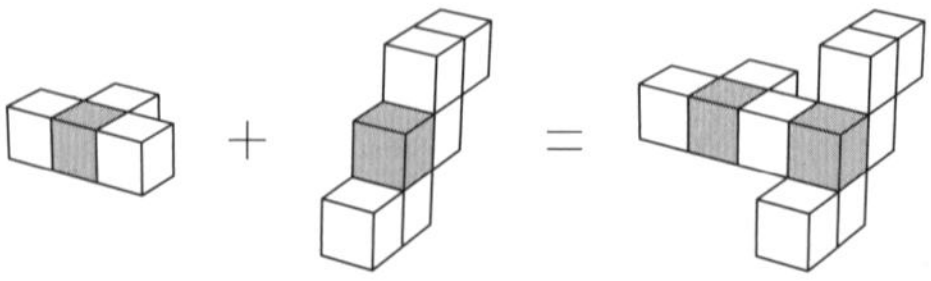

따라서 정답은 ④이다.

09

정답 | ②

주어진 직육면체 모양의 블록을 분리하면 다음과 같다.

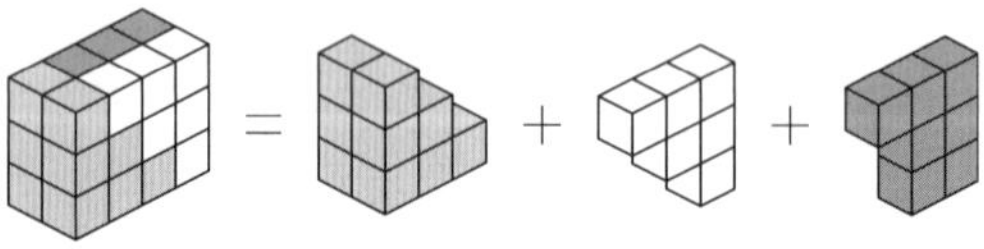

[직육면체] [블록1] [블록2] [블록3]

따라서 정답은 ②이다.

10

정답 | ④

주어진 직육면체 모양의 블록을 분리하면 다음과 같다.

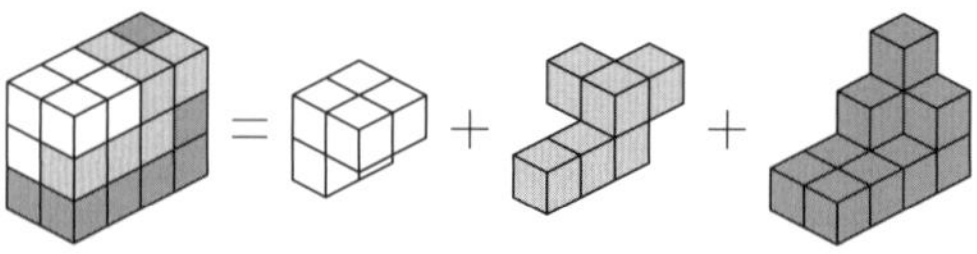

[직육면체] [블록2] [블록1] [블록3]

따라서 정답은 ④이다.

11

정답 | ⑤

주어진 직육면체 모양의 블록을 분리하면 다음과 같다.

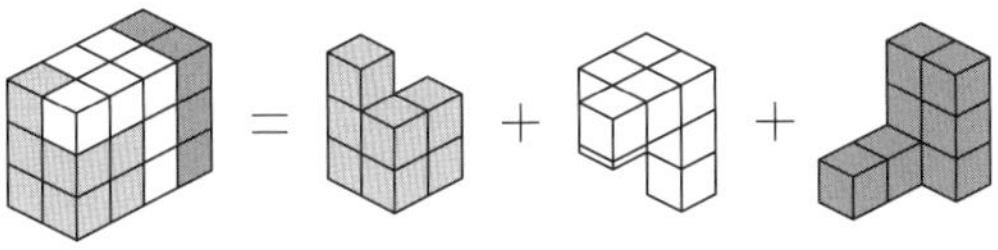

[직육면체] [블록1] [블록2] [블록3]

따라서 정답은 ⑤이다.

12

정답 | ②

주어진 직육면체 모양의 블록을 분리하면 다음과 같다.

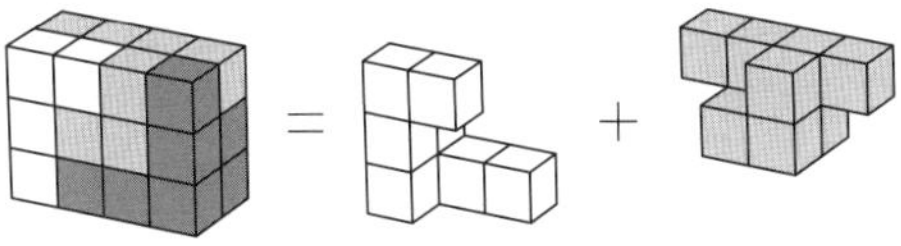

[직육면체] [블록 1] [블록 2]

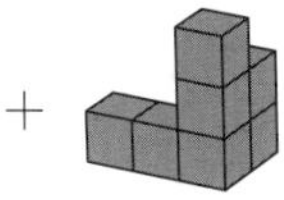

[블록 3]

따라서 정답은 ②이다.

13

정답 | ①

주어진 입체도형 모양의 블록을 분리하면 다음과 같다.

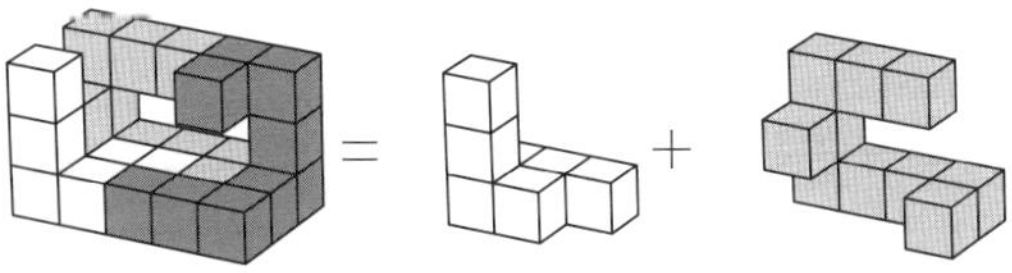

[입체도형] [블록 1] [블록 2]

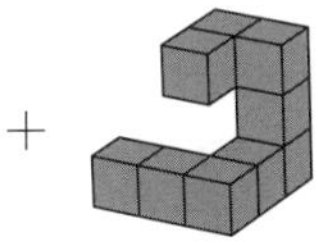

[블록 3]

따라서 정답은 ①이다.

14

정답 | ⑤

주어진 입체도형 모양의 블록을 분리하면 다음과 같다.

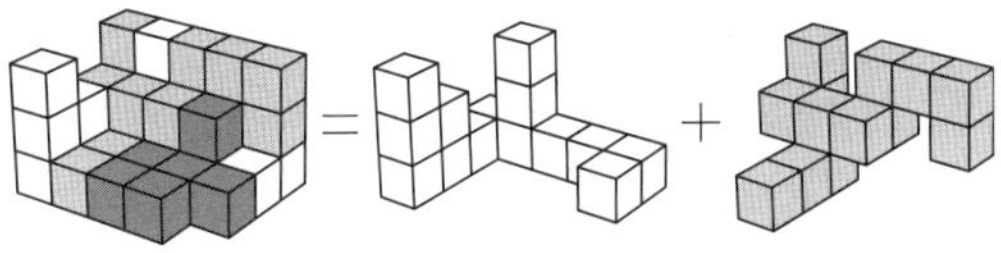

[입체도형] [블록1] [블록2]

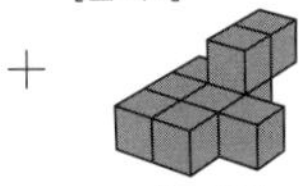

[블록3]

따라서 정답은 ⑤이다.

유형 2 | 투상도 연습 문제 P. 383

01	⑤	02	④	03	②	04	⑤	05	③
06	⑤	07	④	08	②	09	④		

01

정답 | ⑤

제시된 투상도는 ⑤를 [1], [2], [3] 방향에서 바라본 모습이다.

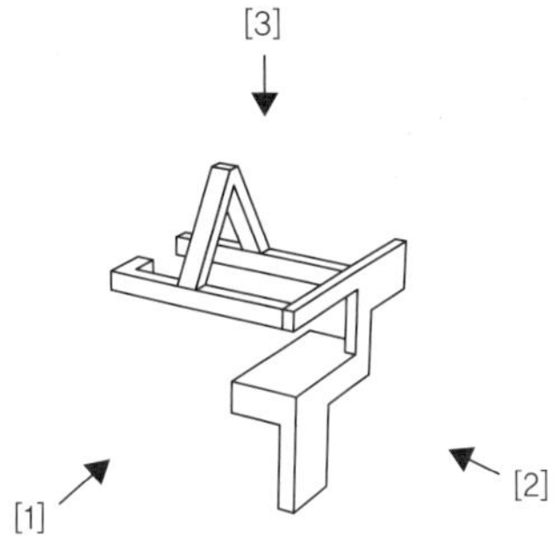

따라서 정답은 ⑤이다.

| 오답풀이 |

각 입체도형에서 투상도와 맞지 않는 부분은 다음과 같다.

①

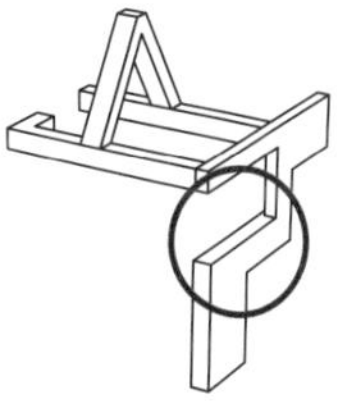

②

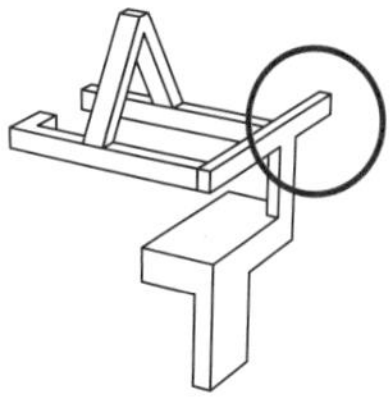

③

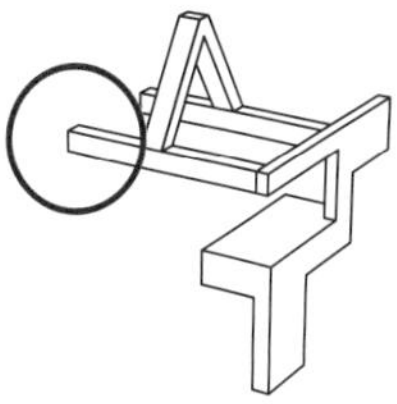

④

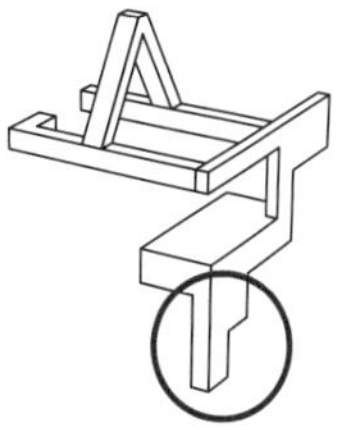

02

정답 | ④

제시된 투상도는 ④를 [1], [2], [3] 방향에서 바라본 모습이다.

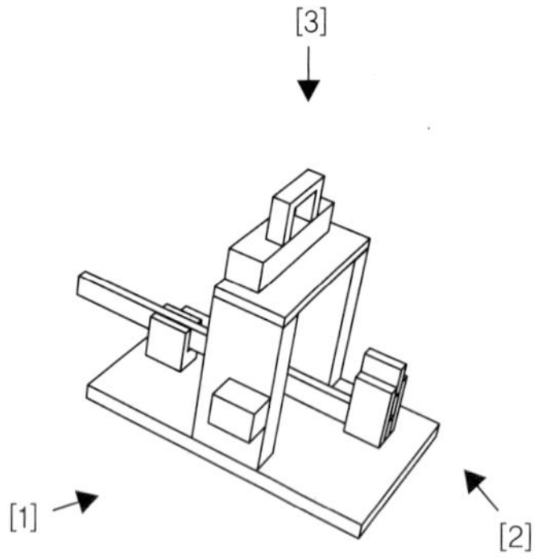

따라서 정답은 ④이다.

| 오답풀이 |

각 입체도형에서 투상도와 맞지 않는 부분은 다음과 같다.

①

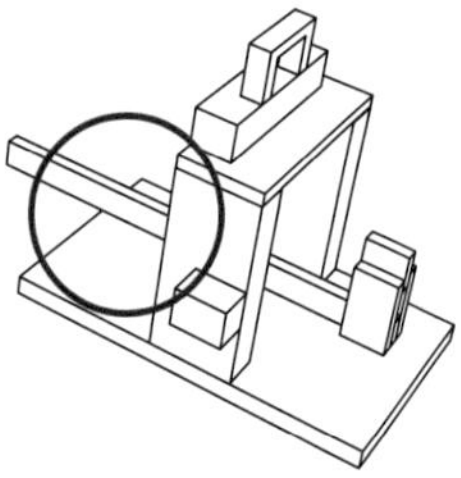

②

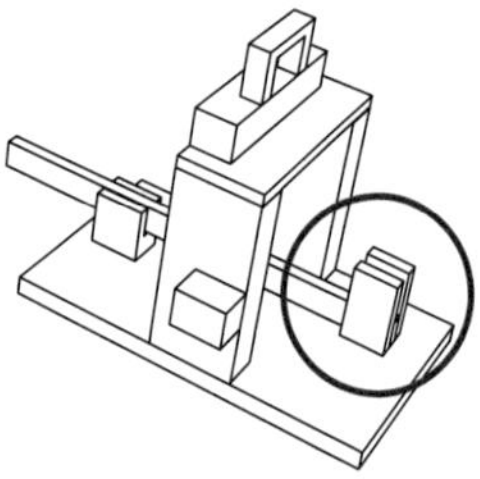

③

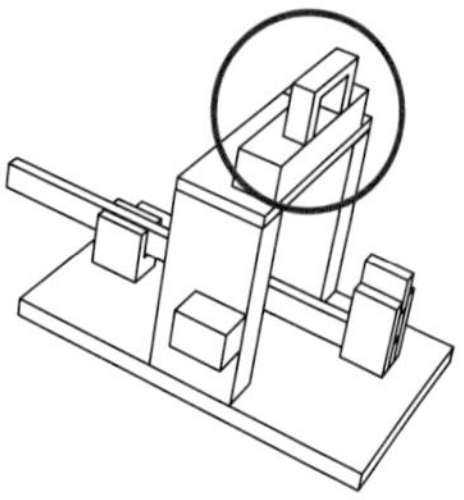

⑤

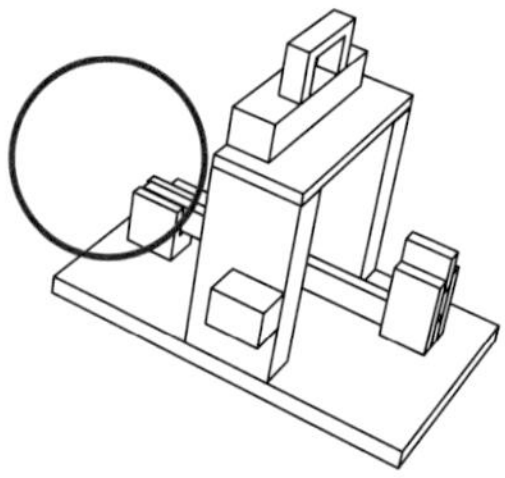

03

정답 | ②

제시된 투상도는 ②를 [1], [2], [3] 방향에서 바라본 모습이다.

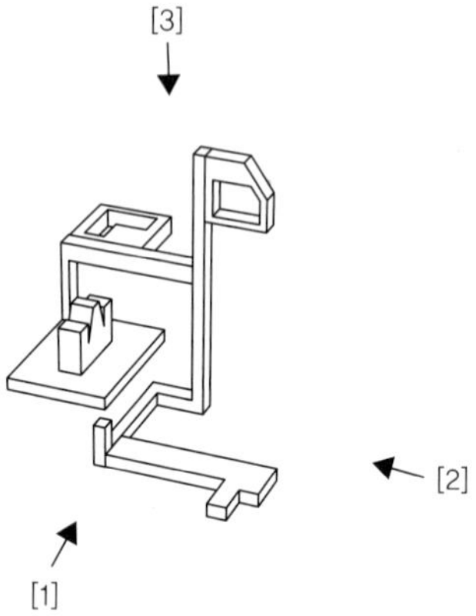

따라서 정답은 ②이다.

| 오답풀이 |

각 입체도형에서 투상도와 맞지 않는 부분은 다음과 같다.

①

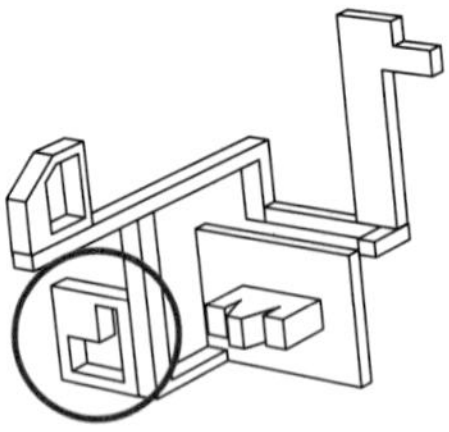

③

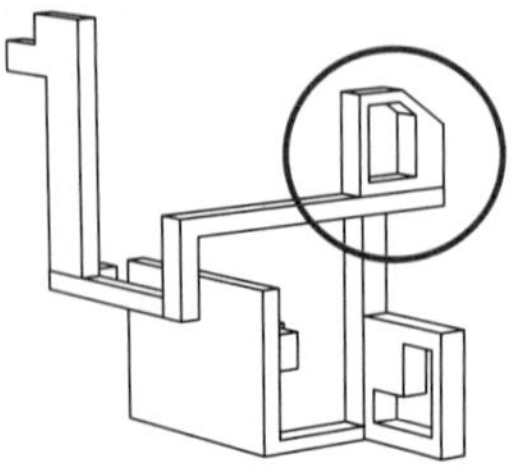

④

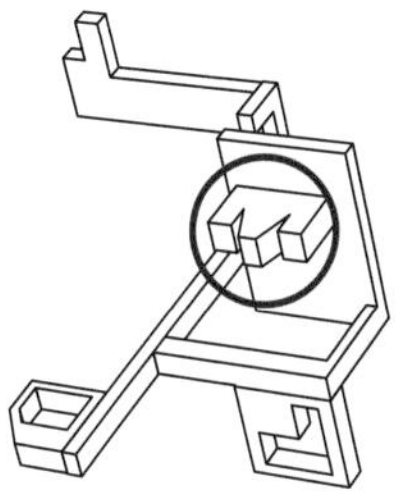

⑤

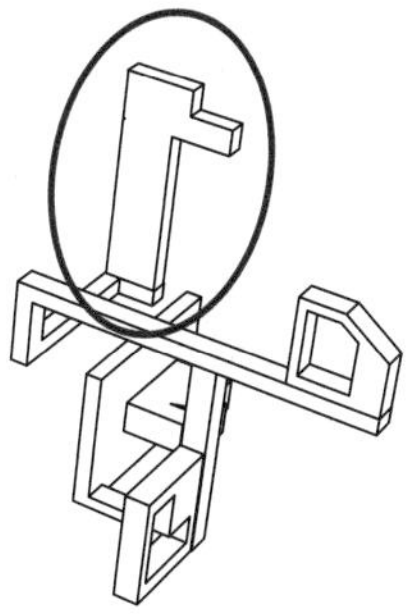

04

정답 | ⑤

제시된 투상도는 ⑤를 [1], [2], [3] 방향에서 바라본 모습이다.

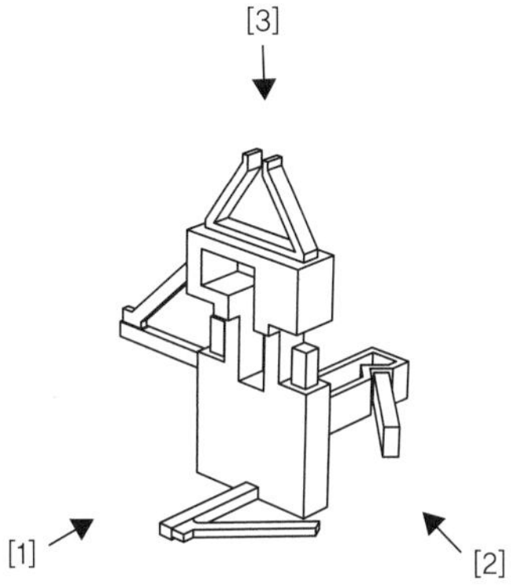

따라서 정답은 ⑤이다.

| 오답풀이 |

각 입체도형에서 투상도와 맞지 않는 부분은 다음과 같다.

①

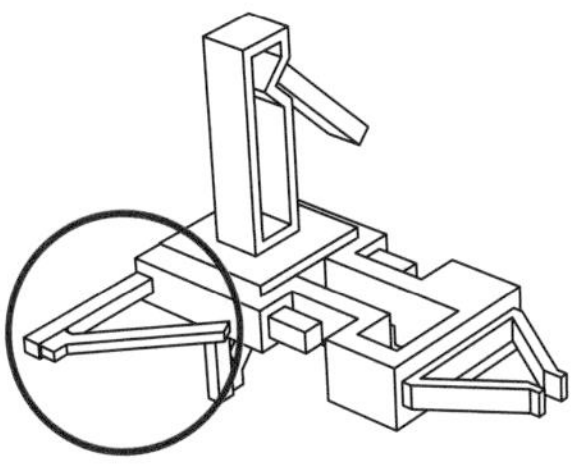

②

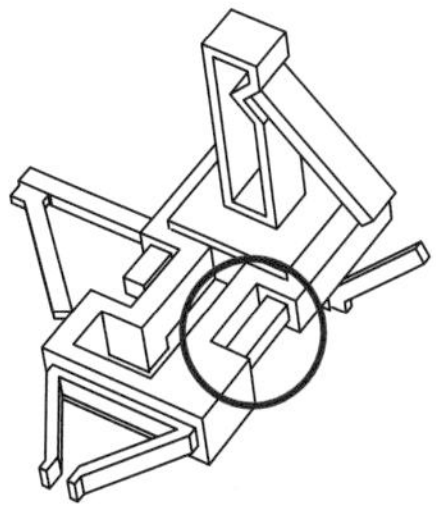

③

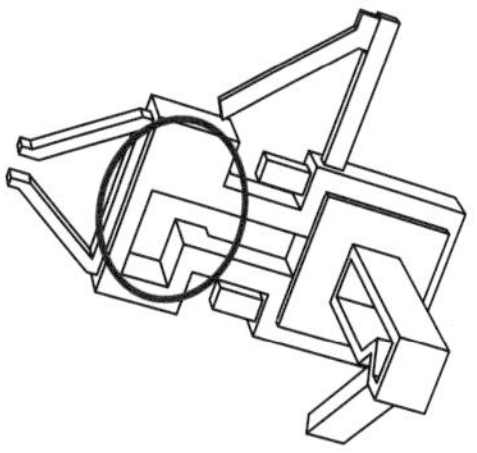

④

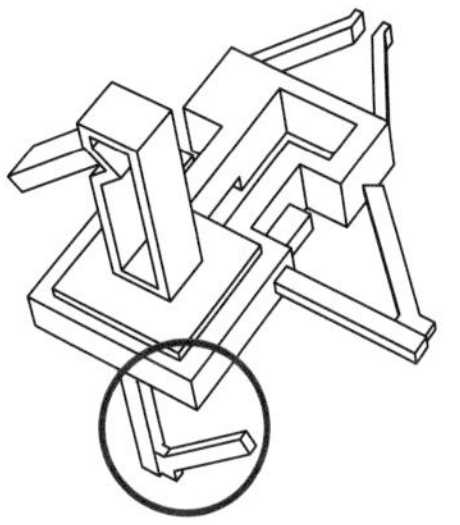

05

정답 | ③

제시된 투상도는 ③을 [1], [2], [3] 방향에서 바라본 모습이다.

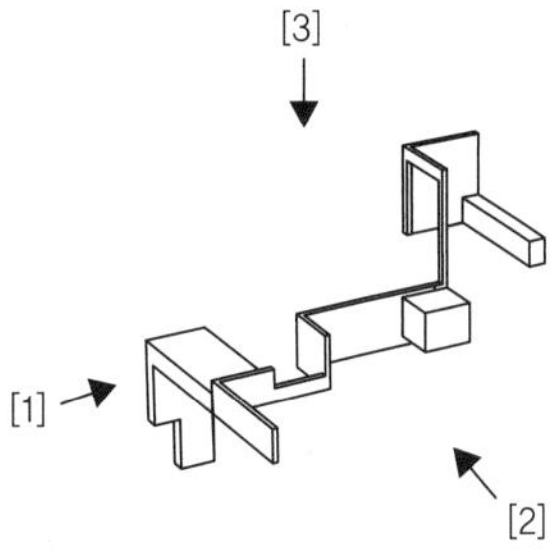

따라서 정답은 ③이다.

| 오답풀이 |

각 입체도형에서 투상도와 맞지 않는 부분은 다음과 같다.

①

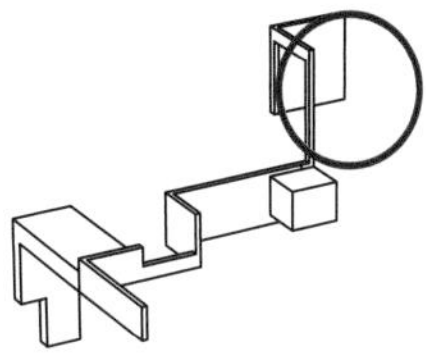

②

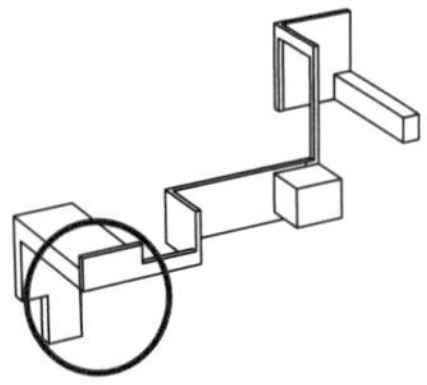

④

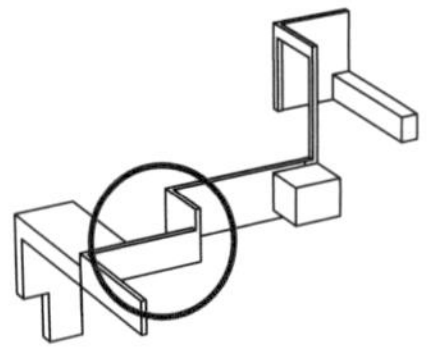

⑤

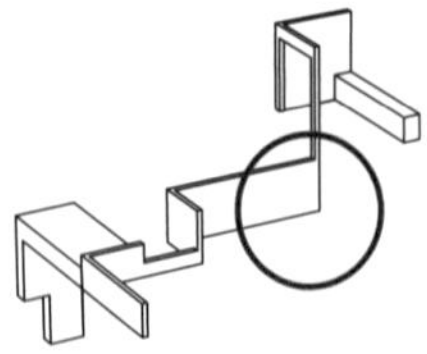

06

정답 | ⑤

선택지에 주어진 입체도형은 ⑤를 제외하고 모두 어느 한 방향에서 본 모습이 다르다. 제시된 세 방향에서 본 모습은 ⑤를 각각 다음과 같은 방향에서 본 모습과 같다.

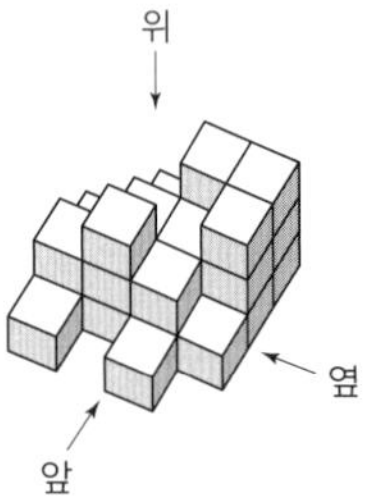

따라서 정답은 ⑤이다.

| 오답풀이 |

① 옆에서 본 모양이 불가능하다.
② 위에서 본 모양이 불가능하다.
③ 앞과 옆에서 본 모양이 불가능하다.
④ 앞과 옆에서 본 모양이 불가능하다.

07

정답 | ④

선택지에 주어진 입체도형은 ④를 제외하고 모두 어느 한 방향에서 본 모습이 다르다. 제시된 세 방향에서 본 모습은 ④를 각각 다음과 같은 방향에서 본 모습과 같다.

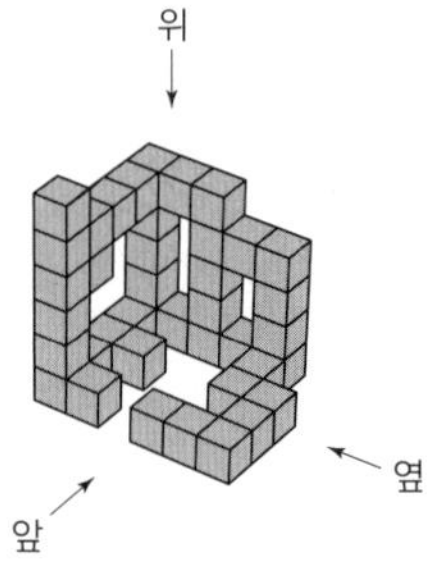

따라서 정답은 ④이다.

| 오답풀이 |

① 옆에서 본 모양이 불가능하다.
② 위에서 본 모양이 불가능하다.
③ 앞에서 본 모양이 불가능하다.
⑤ 위에서 본 모양이 불가능하다.

08

정답 | ②

선택지에 주어진 입체도형은 ②를 제외하고 모두 어느 한 방향에서 본 모습이 다르다. 제시된 세 방향에서 본 모습은 ②를 각각 ㉠, ㉡, ㉢ 방향에서 본 모습과 같다.

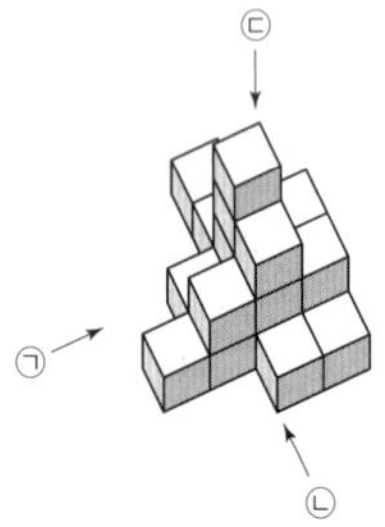

따라서 정답은 ②이다.

| 오답풀이 |

① ㉠이 불가능하다.
③ ㉢이 불가능하다.
④ ㉠, ㉢이 불가능하다.
⑤ ㉠, ㉢이 불가능하다.

09

정답 | ④

선택지에 주어진 입체도형은 ④를 제외하고 모두 어느 한 방향에서 본 모습이 다르다. 제시된 세 방향에서 본 모습은 ④를 각각 ㉠, ㉡, ㉢ 방향에서 본 모습과 같다.

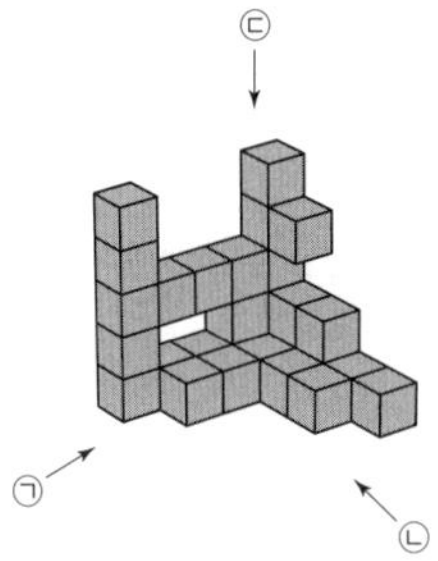

따라서 정답은 ④이다.

| 오답풀이 |

① ㉠에서 본 모양이 불가능하다.
② ㉢에서 본 모양이 불가능하다.
③ ㉡에서 본 모양이 불가능하다.
⑤ ㉡에서 본 모양이 불가능하다.

유형 3 | 다른 도형 연습 문제 P. 391

01	①	02	⑤	03	④	04	①	05	②
06	③	07	②	08	④	09	②		

01

정답 | ①

①은 표시된 부분의 방향이 나머지와 다르다. 나머지와 같아지기 위해선 다음과 같이 바뀌어야 한다.

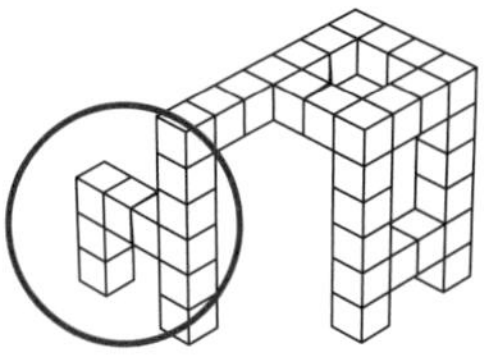

따라서 정답은 ①이다.

02

정답 | ⑤

⑤는 표시된 부분이 나머지와 다르게 비어 있다. 나머지와 같아지기 위해선 다음과 같이 바뀌어야 한다.

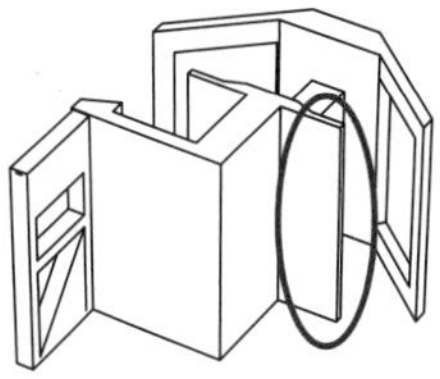

따라서 정답은 ⑤이다.

03

정답 | ④

④는 표시된 부분이 나머지와 다르게 채워져 있다. 나머지와 같아지기 위해선 다음과 같이 바뀌어야 한다.

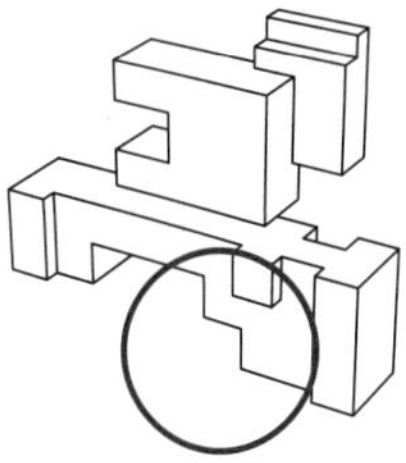

따라서 정답은 ④이다.

04

정답 | ①

①은 표시된 부분의 방향이 나머지와 다르다. 나머지와 같아지기 위해선 다음과 같이 바뀌어야 한다.

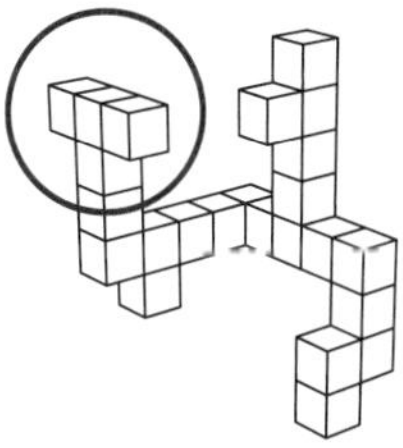

따라서 정답은 ①이다.

05

정답 | ②

②는 표시된 부분이 나머지와 다르게 채워져 있다. 나머지와 같아지기 위해선 다음과 같이 바뀌어야 한다.

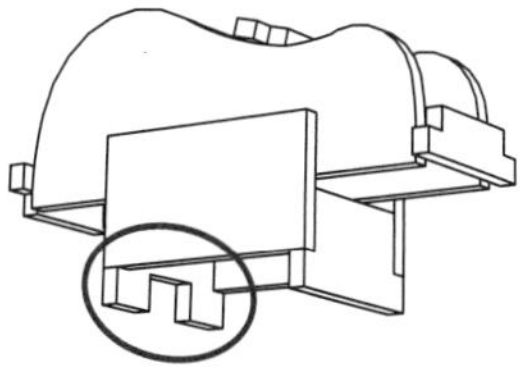

따라서 정답은 ②이다.

06

정답 | ③

③은 표시된 부분의 높이가 나머지와 다르다. 나머지와 같아지기 위해선 다음과 같이 바뀌어야 한다.

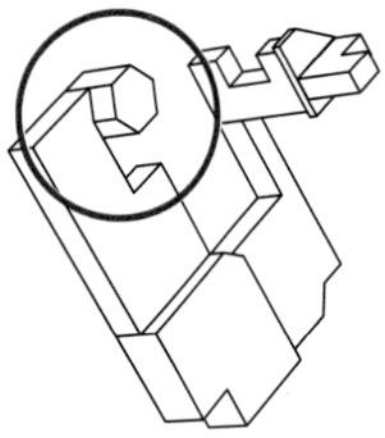

따라서 정답은 ③이다.

07

정답 | ②

②는 표시된 부분이 나머지와 다르게 채워져 있다. 나머지와 같아지기 위해선 다음과 같이 바뀌어야 한다.

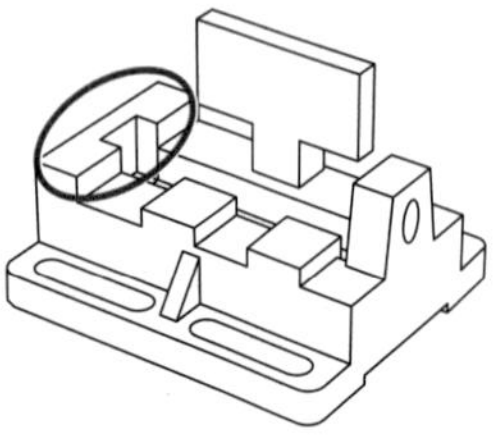

따라서 정답은 ②이다.

08

정답 | ④

④는 표시된 부분이 나머지와 다르게 비어 있다. 나머지와 같아지기 위해선 다음과 같이 바뀌어야 한다.

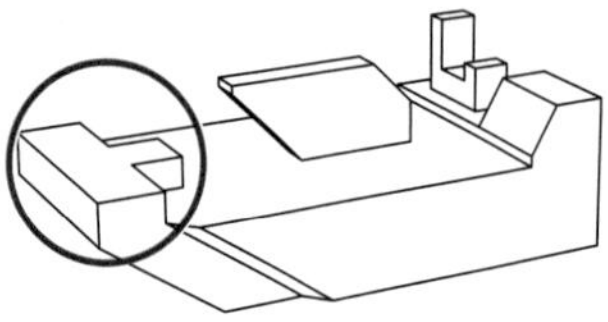

따라서 정답은 ④이다.

09

정답 | ②

②는 표시된 부분의 뾰족한 도형 위치가 나머지와 다르다. 나머지와 같아지기 위해선 다음과 같이 바뀌어야 한다.

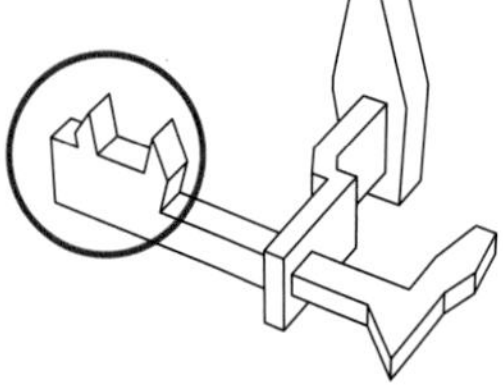

따라서 정답은 ②이다.

PART V 실전모의고사

CHAPTER 01 실전모의고사 1회

01 | 언어 영역 P. 399

01	④	02	⑤	03	③	04	③	05	②
06	④	07	①	08	⑤	09	①	10	④
11	⑤	12	④	13	①	14	②	15	②
16	⑤	17	②	18	③	19	②	20	④

01 #단어관계 정답 | ④

'숙환'은 '오래 묵은 병', '지병'은 '오랫동안 잘 낫지 아니하는 병'을 가리키는 말로, 두 단어는 유의관계이다. '처음과 끝을 아울러 이르는 말'이라는 뜻을 가진 단어 '시종'과 유의관계인 단어는 '일의 시작과 끝'을 가리키는 '수미'이다.

| 오답풀이 |

① 단초(端初): 일이나 사건을 풀어 나갈 수 있는 첫머리
② 시초(始初): 맨 처음
③ 말미(末尾): 어떤 사물의 맨 끄트머리
⑤ 압미(壓尾): 끝

02 #빈칸 넣기(어휘) 정답 | ⑤

선택지의 단어들은 다음과 같은 의미가 있다.
① 시승(試乘): 차나 배, 말 따위를 시험적으로 타 봄
② 시찰(視察): 두루 돌아다니며 실지의 사정을 살핌
③ 시계(視界): 시력이 미치는 범위
④ 시가(市價): 시장에서 상품이 매매되는 가격
⑤ 시주(施主): 자비심으로 조건 없이 절이나 승려에게 물건을 베풀어 주는 일

따라서 어울리는 단어를 찾아 문장을 완성하면 다음과 같다.

- 짙은 안개가 끼어 (시계)가 제한받고 있다.
- 자동차 구매 결정을 하기 전에 (시승)부터 해봐도 될까요?
- 어떤 녀석의 (　　)을/를 받고 이런 일을 벌였느냐?
- 돌돔은 (시가)에 따라 가격이 변동됩니다.
- 임원진의 공장 (시찰)이 있을 예정이므로 안전수칙에 유념하시길 바랍니다.

세 번째 문장에는 "남을 부추겨 좋지 않은 일을 시킴"이라는 뜻의 '사주(使嗾)'가 들어가야 적절하므로 정답은 ⑤이다.

> **문제해결 TIP**
> 보통 횟집에서는 발음을 그대로 적용해 '싯가'라고 적는 경우가 많지만, '시가'가 올바른 표현임에 주의해야 한다.

03 #글 수정 정답 | ③

공자와 순은 성스러움과 재주가 있어도 사물을 접한 다음에 일을 처리하는 것이 아니라, 언제나 유비무환의 정신으로 모든 일을 처리해 나갔다는 내용이다. 따라서 밑줄 친 부분은 '배움에 있어서 장소와 때를 가리지 말라'는 말로 대체할 수 있다.

04 #문단배열 정답 | ③

[보기] 내용의 '이와 같은'이라는 표지어를 참고할 때 [보기]의 내용이 들어가기에 적절한 위치는 서유럽 나라들의 육류 섭취 문화 다음인 ㉢이다.

05 #문단배열 정답 | ②

전체 글에서 다루고 있는 내용은 어린이집 급식의 의의와 함께 급식 관리의 중요성을 강조한 것으로 파악할 수 있다. 글의 문맥에 맞는 문단 배열을 파악하기 위해 가장 먼저 확인할 사항은 문단의 맨 앞에 앞 문단과의 연결을 의미하는 접속사의 유무를 살펴보는 것이다. 이에 따라 [가]와 [다] 문단은 맨 앞에 위치시킬 수 없고, [나] 문단을 가장 먼저 위치시켜야 함을 알 수 있다. [나] 문단에서는 다른 문단보다 어린이집 급식 관리에 대한 광범위하고 개괄적인 내용을 다루고 있어 가장 먼저 위치하기에 적절한 것을 확인할 수 있다. 나머지 문단 중 [다]와 [라]는 어린이집 급식의 장점을 언급하고 있으며, [가]에서 어린이집 급식의 의의와 올바른 관리의 방향을 설명하고 있으므로 [나] 뒤에 [가]가 위치하는 것이 적절하다. 이후 [다]와 [라]는 모두 어린이집 급식의 장점을 언급하고 있으

나, [라]에서 전반적인 장점을 네 가지로 요약하여 언급하였고, [다]에서는 이에 덧붙여 부모와 국가 입장에서의 장점을 언급하였으므로 [라]－[다]의 순서가 자연스러운 문맥의 흐름이다. 따라서 전체 문단은 [나]－[가]－[라]－[다]의 순서가 가장 자연스럽다.

06 #추론

정답 | ④

주어진 글을 보면, 혈액은 몸 전체의 세포와 조직에 산소를 공급하고 이들로부터 이산화탄소를 받은 후 우심방, 우심실을 거쳐 폐동맥을 통해 폐로 이동한다. 이후 폐에서 산소를 공급받은 혈액은 좌심방으로 되돌아와 좌심실을 거쳐 대동맥을 통해 몸 전체로 나가게 된다. 이 과정에서 우심실과 좌심실은 동시에 수축됨으로써 같은 양의 혈액을 폐나 몸 전체로 내보낸다고 서술되어 있다.

| 오답풀이 |

① 각 심방과 심실 사이에는 방실 판막이 있고, 우심실과 폐동맥 사이, 좌심실과 대동맥 사이에는 동맥 판막이 있다고 서술되어 있다. 즉, 좌심방과 좌심실 사이의 1개, 우심방과 우심실 사이의 1개, 우심실과 폐동맥 사이의 1개, 좌심실과 대동맥 사이의 1개로 심장의 판막은 총 4개가 있다.

② 폐에서 산소를 공급받은 혈액은 좌심방으로 되돌아와 좌심실을 거쳐 대동맥을 통해 몸 전체로 나가게 된다고 서술되어 있으며, 이러한 이유로 좌심실 벽이 우심실 벽보다 두껍다고 하였다.

③ 방실 판막은 심방에서 심실로만 열리는데, 심방의 압력이 심실의 압력보다 높을 경우에서만 열린다고 서술되어 있으므로, 심방의 압력이 심실의 압력보다 낮으면 방실 판막은 열리지 않는다.

⑤ 동맥 판막도 방실 판막과 마찬가지로 압력의 차이로 인해 심실에서 동맥으로만 열린다고 서술되어 있다.

07 #내용이해

정답 | ①

주어진 글은 해수의 담수화가 무엇인지 설명하고, 다국적 물 기업들이 해당 기술을 통해 물 부족 문제를 모두 해결할 수 있는 것처럼 말하지만, 실제로는 막대한 온실가스의 방출, 바다 생태계의 파괴, 독성 화합물의 배출 등 문제점이 많음을 밝히고 있다. 따라서 '해수 담수화의 문제점'이 제목으로 가장 적절하다.

08 #내용이해

정답 | ⑤

주어진 글에서는 '화석에 나타나는 한 종(種)의 동식물은 왜 시대를 달리해서 다시 나타나지 않는가?'에 대한 답을 찾을 수 없다. 단지 화석에 나타나는 한 종(種)의 동식물은 시대를 달리해서 다시 나타나지 않는다는 것을 바탕으로 화석을 통해 지질의 정보를 알아낼 뿐이다.

| 오답풀이 |

① 표준 화석이 되기 위한 조건은 동식물의 생존 기간이 짧고, 널리 분포하며, 개체 수가 많아야 한다고 하였다.

② 대표적인 표준 화석의 예로는 고생대 캄브리아기 삼엽충, 오르도비스기의 필석, 페름기의 방추충, 중생대의 암몬조개, 신생대의 유공충 등이 있다고 하였다.

③ 개체 수가 적으면 화석으로 보존될 확률이 낮으므로 표준 화석이 될 수 없다고 하였다.

④ '동물군 천이의 법칙'은 프랑스의 고생물학자 도비니의 연구에 의해 확립되었고, 특정한 시대에는 특정한 동식물군만 존재한다는 사실에 바탕을 두고 있다고 하였다.

09 #내용이해

정답 | ①

주어진 글은 좋은 컴퓨터를 구입하는 방법을 설명하고 있다. 좋은 컴퓨터를 구입하는 방법은 자신의 사용 목적을 정확히 알고, 전문가나 컴퓨터를 잘 아는 주위 사람들에게 그 목적을 정확하게 알려주어 자신의 목적에 맞게 구입하는 것이라고 말한다.

10 #내용이해

정답 | ④

두 번째 문단을 통해 유튜브의 정치 콘텐츠는 수용자들이 받아들이기 쉽게 정치 이슈를 잘게 쪼개어 주거나 지상파 방송에서 경험할 수 없었던 거친 말투나 욕설 등도 신선한 소재로 활용하는 특징이 있음을 알 수 있다. 그러나 유튜브가 제공하는 정치 콘텐츠가 일반 방송이 제공하는 정보보다 질이 좋다는 서술은 찾을 수 없다.

| 오답풀이 |

① 두 번째 문단의 "'유튜브의 회화'는 '복수 정서의 언어'로 읽힌다."를 통해 알 수 있다.

② 두 번째 문단의 "최근 50대 이상의 네티즌들이 유튜브 공간에 몰리는 큰 원인 중 하나는 '정치 콘텐츠'의 증가와 관련이 있다."를 통해 알 수 있다.

③ 첫 번째 문단의 "10~20대 젊은이들이 밤에 취침하기 전 가장 많이 하는 행동 중 하나가 모바일 기기로 유튜브를 시청하는 것"을 통해 알 수 있다.

⑤ 두 번째 문단의 두 번째 문장을 통해 알 수 있다.

11 #내용이해 정답 | ⑤

주어진 글은 게임 이론의 개념을 소개하고, 이를 적용할 때 고려해야 하는 여러 요인들과 그 한계까지를 설명하고 있다. 첫 번째 문단에서는 상호 작용적 상황에 적합한 분석 틀로서의 게임 이론을, 두 번째 문단에서는 게임 참가자들의 상호 작용을 이해하는 데 도움을 주는 게임 이론을 설명하고 있다. 세 번째 문단에서는 상호 작용적 상황 분석에 있어 상대방의 의도와 전략을 읽고 대응하는 것의 중요성을, 네 번째 문단에서는 게임 이론의 승률을 높이기 위해 상황 분석 시 고려해야 할 다른 중요한 요인들을 설명하고 있다. 마지막으로 다섯 번째 문단에서는 복잡한 현실 세계에서의 주어진 상황에 완전한 정답을 제시하지 못하는 게임 이론의 한계를 설명하고 있다. 따라서 글의 주제로 가장 적절한 것은 '게임 이론의 의미와 중요 요소 및 한계'이다.

12 #서술방식 정답 | ④

네 번째 문단을 보면 '투수와 타자의 게임'을 예로 들어 합리적 상황 분석에 대해 쉽게 설명하고 있다.

| 오답풀이 |

① 주어진 글의 어디에서도 전문가의 말을 인용하지 않고 있다.
② 상반적 견해가 나오지 않았으며, 절충적 대안을 제시하고 있는 것도 아니다.
③ 일반적인 통념을 비판하고 있지 않으며, 새로운 주장을 제기하고 있는 것도 아니다.
⑤ 게임 이론의 한계는 나오지만, 게임 이론의 장단점을 비교하고 있다고 보기는 어렵다.

13 #내용이해 정답 | ①

네 번째 문단을 보면, 합리적 상황 분석을 넘어 상대방의 의도와 행동에 숨어 있는 의도적, 비의도적, 비합리성까지 분석하고 이에 대응할 수 있다면 더욱 유리해진다고 서술되어 있다. 따라서 상대방의 비의도적, 비합리적 행동 역시 상황 분석의 관심 영역이라 볼 수 있다.

| 오답풀이 |

② 첫 번째 문단을 보면, 게임 이론은 참가자의 행동이 다른 참가자에게 영향을 주는 상호 작용적 상황에 적합한 분석 틀이다. 화투나 바둑처럼 경쟁 상황에 게임 이론을 많이 적용하는 것도 이러한 이유 때문이다.
③ 네 번째 문단을 보면, 투수가 상대팀 타자와 주자의 위치에서 나아가 상대팀의 사정과 전략에 대해서 더 정확한 정보가 있다면 유리하듯이 상황 분석이 체계적인 정보 수집과 판단으로 뒷받침되면 승률은 높아진다.
④ 다섯 번째 문단을 보면, 주어진 상황 즉, 현실 세계는 생각보다 복잡하기 때문에 합리적 의사 결정을 하기 힘들다. 게임 이론에서 얻은 직관력과 분석력이 더 좋은 의사 결정을 위한 길잡이만 될 뿐 주어진 상황에 가장 적절한 답을 제시할 수 있는 것은 아니다.
⑤ 두 번째 문단을 보면, 게임 이론은 참가자들이 상호작용하며 변화하는 과정을 이해하는 데 도움을 준다고 하였다. 그리고 어떻게 해야 이득을 취할 수 있는지 객관적으로 분석해준다고 하였다.

14 #내용이해 정답 | ②

주어진 글의 첫 번째 문단에서는 꿈에서 이상한 일이 벌어지는 것을 신경 생리학을 통해 설명하며, 꿈은 역설수면 중에 일어나는 일을 지각한 것이라고 서술되어 있다. 그리고 두 번째 문단에서는 역설수면 중의 뇌를 분석함으로써 전두엽의 기능 저하에 따른 꿈속에서의 비판 감각이 없어진다는 것이 서술되어 있다. 이를 통해 주어진 글은 '꿈에서는 왜 이상한 일이 벌어질까?'라는 질문의 답이라고 볼 수 있다.

15 #빈칸 넣기(독해) 정답 | ②

주어진 글은 결함이 없는 청바지에 제조업체가 결함이 있다고 거짓말까지 해가면서 가격을 낮춰 파는 마케팅 전략을 설명하고 있다. 제조업체는 비싼 가격을 주고 사는 소비자도, 싼 가격을 주고 사는 소비자도 모두 공략해야 가장 이득이다. 청바지를 계속 비싸게 팔면 서민들은 사려 하지 않을 것이고, 계속 싸게 팔면 명품족은 사려 하지 않을 것이다. 따라서 명품족에게는 정품 청바지로 비싸게 팔고, 서민에게는 이 청바지에 사소한 결함이 있는 척한 B품 청바지로 싸게 파는 것이다. 이렇게 되면 청바지를 입고 싶은 사람들에게는 저렴한 가격에 제공할 수 있고, 정가를 주고 산 사람들은 B품 청바지에 하자가 있으므로 저렴한 가격으로 판매하는 것에 대해 불만을 갖지 않게 된다. 즉, 청바지 제조업체는 한 가지 아이템으로 두 가지 상품을 만들어 낸 셈이 되는 것이고, 이때 B품 청바지의 결함 여부는 중요하지 않다. 따라서 빈칸에는 '고객들이 두 청바지가 서로 다른 제품이라고 인식하는 것이다.'라는 내용이 들어가야 적절하다.

16 #추론

정답 | ⑤

하나의 물질을 구성하는 입자들의 격렬함은 같은 온도 속에서도 일정하지 않기 때문에, 온도는 여러 방향으로 운동하는 여러 입자들이 가진 격렬함의 평균값이라고 할 수 있다.

| 오답풀이 |

① 주어진 글에서는 상황에 따라 사람이 온도를 다르게 느낄 수 있음을 서술하고 있을 뿐, 절대온도가 잘못된 개념이라는 것을 확인할 근거는 없다.

② 열을 내는 물체가 수분을 통해 에너지를 공급받는다는 내용을 추론할 근거는 없다.

③ 온도의 높고 낮음은 그 물질을 구성하는 입자의 개수와는 상관없다.

④ 45℃ 목욕물이 80℃ 이상 사우나보다 열의 유입량이 훨씬 많다고 추론할 수 있다.

17 #추론

정답 | ②

㉠의 '우려 섞인 목소리'는 식물 형질을 전환하는 과정에서 생길 수 있는 부정적인 측면을 고려한 견해이다. 그러나 ②는 병충해처럼 부정적인 요인을 식물 형질을 전환하는 과정에서 극복할 수 있음을 나타내는 견해이므로 ㉠의 사례에 해당하지 않는다.

문제해결 TIP

우선 ㉠을 먼저 보면 '우려 섞인 목소리'에 대한 사례로 적절하지 않은 것을 찾아야 하는 문제임을 알 수 있다. 무엇에 대한 우려인지는 ㉠의 바로 뒤를 보면 알 수 있는데, '식물 형질 전환법'에 대한 우려이다. 이것만 파악해도 선택지에서 어렵지 않게 정답을 골라낼 수 있다. 만일을 위해 지문을 읽는다 하더라도, 식물 형질 전환법에 대해 설명하는 두 번째 문단은 시간 절약을 위해 반드시 뛰어넘어야 한다.

18 #비판·반론

정답 | ③

역사적 단위를 축소시키려는 경향은 바로 미시사 연구를 의미하는데, 주어진 글에서는 미시사 연구가 정치적·이념적 이유에 더 큰 영향을 받았다는 내용은 나오지 않았으므로 이를 비판의 근거로 삼기는 어렵다.

| 오답풀이 |

① 미시사에서 대상으로 삼는 개인은 역사의 그늘 속으로 흔적 없이 사라져 갔던 인물들이다. 이들에 대한 사료는 많이 남아 있지 않거나 남아 있다 하더라도 왜곡되어 있을 가능성이 큰데, 역사 속 평범한 개인은 자신들의 입장에서 쓴 글을 거의 남기지 못했을 가능성이 크고 대부분 민담, 설화 등에서 파악해야 하기 때문이다. 따라서 구전 사료들은 질적으로 왜곡이 되어 있을 가능성이 크다.

② 주어진 글에 따르면 미시사가는 구체적이고 개인적인 수준의 사례들 자체가 역사라고 주장한다. 그리고 그들은 개인적 차원의 이야기를 통하여 과거의 세계관을 추적하는 방법을 지향한다고 하였으나 이는 전체적인 역사의 흐름과 맞지 않거나 오히려 정반대의 상황을 연출할 수도 있다는 비판이 나올 수 있다.

④ 개인의 기록은 모든 사람들에게 나타나는 것은 아니며, 그 개인만이 겪은 특이한 사건이거나 개인의 성격 또는 개성에 따라 다른 방향으로 나타날 수 있다. 따라서 이러한 기록을 바탕으로 집단이나 사회를 대표하기에는 어려움이 있을 수 있다.

⑤ 전기(傳記) 역시 한 인물의 출생부터 죽음에 이르기까지의 실제 인생을 다루며, 인물의 성격, 업적, 사상 등을 소개하여 읽는 이에게 감동을 준다. 또 전기가 사실을 표현하고 당대의 시대적 상황 역시 묘사한다는 점을 볼 때, 미시사와 전기가 다를 바 없다는 비판이 나올 수 있다.

19 #비판·반론

정답 | ②

공공 임대 주택을 공급한다고 해서 전체적으로 주택 가격이 상승되거나 임대료가 오른다는 근거는 제시되어 있지 않다.

| 오답풀이 |

①, ④, ⑤ 공급자 중심 주택 제도는 수요자의 입장을 고려하기보다 공급자의 편의대로 주택이 공급되기 때문에 공공 임대 주택의 환경이나 조건에 대해 불만이 제기될 수 있다. 이와 마찬가지의 이유로 국가가 공공 임대 주택을 특정 지역에 밀집하는 경향이 있어 이곳에 사는 사람들은 소외감이나 고립감을 느낄 수 있으며, 수요자들의 실질적 선택권이 보장되기 어려워지기도 한다.

③ 정부에서는 공공 임대 주택의 공급 물량이 일정한 수준으로 유지되도록 재원을 지속적으로 마련해야 한다고 언급하였다. 이에 따라 재정이 꾸준히 투입되는 상황에 의해 재정적 어려움이 생길 수 있다.

20 #비판·반론

정답 | ④

필자는 언어의 평등화 관점에서 논지를 전개하고 있다. 즉, 경어법은 유교적 봉건 사회의 체제 유지 때문에 발달했다는 것이다. 따라서 이에 대한 비판으로는 경어법이 유교 문화의 계급 의식만을 담고 있는 것이 아님을 밝히고, 평등과 상호 존중이 예의에 의해서 출발할 수 있음을 지적해야 한다.

| 오답풀이 |

① 선택지에 쓰인 예문은 언어 파괴를 보여 주는 예이므로 적절하지 않다.

② 모든 외국에서 경어를 사용하는 것도 아니고, 우리나라에서 사용하는 경어법을 유지하는 것에 대한 근거로 외국의 상황을 맹목적으로 받아들여야 한다는 것은 적절하지 않다.
③ 경어법에 대한 필자의 지나친 비약을 지적한 것은 좋으나, 그 근거로 외국 경어법의 사용 실태를 조사해야 한다는 것은 우리 사회의 언어 평등성에 대한 논제와는 거리가 멀다.
⑤ 경어법은 우리말의 절대적인 특징이라면서 경어법의 대폭적인 간소화를 대안으로 말하는 것은 논리가 약하며 필자의 주장과 연관된다고도 볼 수 없다.

02 | 수리 영역 P. 416

01	③	02	④	03	②	04	③	05	⑤
06	③	07	③	08	①	09	④	10	④
11	①	12	②	13	③	14	②	15	①
16	④	17	④	18	③	19	③	20	④

01 #방정식의 활용 정답 | ③

희수의 나이를 a세, 재현이의 나이를 b세라고 하면
$a:b=5:2 \quad \therefore 2a=5b$ ⋯ ㉠
15년 뒤에 두 사람 나이의 비가 10 : 7이므로
$(a+15):(b+15)=10:7$
식을 정리하면 $7a+105=10b+150$
$\therefore 7a-10b=45$ ⋯ ㉡
㉠을 ㉡에 대입하면 $7a-2\times 2a=45 \quad \therefore a=15$
따라서 희수의 나이는 15세이고 재현이의 나이는 6세이므로 4년 뒤 두 사람 나이의 합은 $(15+4)+(6+4)=29$(세)이다.

02 #방정식의 활용 정답 | ④

가로의 길이가 200m, 세로의 길이가 240m인 직사각형 모양의 땅 둘레에 일정한 간격으로 나무를 심어야 하는데, 이때 최소 그루로 심기 위해서는 최대 간격으로 심어야 한다. 따라서 나무를 심는 최대 간격은

$$\begin{array}{r|rr} 40 & 200 & 240 \\ \hline & 5 & 6 \end{array}$$

으로 40m이다.

따라서 가로에는 $200\div 40=5$로 6그루를 심을 수 있고, 세로에는 $240\div 40=6$으로 7그루를 심을 수 있다. 이때 가로에 2개, 세로에 2개, 4그루가 중복되므로 총 $12+14-4=22$(그루)를 심을 수 있다.

03 #확률 정답 | ②

여자가 x명이라고 할 때, 전체 경우의 수는 $16\times 15=240$(가지), 여자만 뽑는 경우의 수는 $x(x-1)$가지이므로 부장과 총무가 모두 여자일 확률은 $\frac{x(x-1)}{240}=\frac{3}{8} \rightarrow x(x-1)=90$이다. 1 차이 나는 두 수를 곱하여 90이 되는 경우는 $x=10$일 때이므로 여자는 총 10명이다.

04 #경우의 수 정답 | ③

2명씩 짝을 짓는 선에서 끝이 나므로 '분할'이다. 따라서 8명을 2명씩 4개의 조로 편성하는 경우의 수는
${}_8C_2\times{}_6C_2\times{}_4C_2\times{}_2C_2\times\frac{1}{4!}=105$(가지)이다.

05 #집합 정답 | ⑤

선호도 조사 대상자 100명을 전체집합 U라 하면 아래 그림에서 d에 해당하는 인원이 두 과목 A, B를 모두 선택하지 않은 직원 수이다.

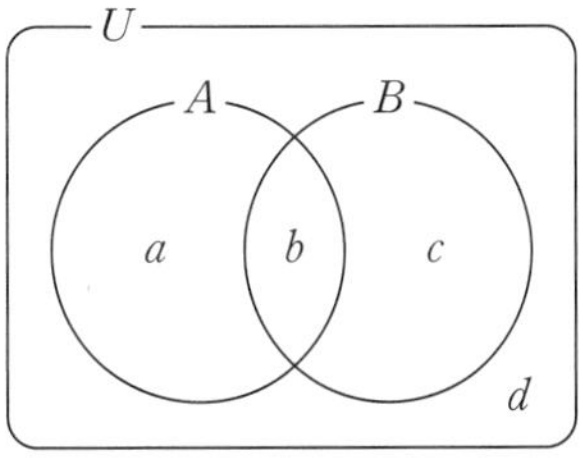

이때, d가 최대가 되려면 $n(A\cup B)$가 최소여야 한다. 즉, $B\subset A$여야 하므로 d의 최댓값은
$n(U)-n(A)=100-60=40$
그리고 d가 최소가 되려면 $n(A\cup B)$가 최대여야 한다. 즉, $n(A\cap B)=\varnothing$여야 하므로 d의 최솟값은
$n(U)-n(A)-n(B)=100-60-24=16$
따라서 두 과목 A, B를 모두 좋아하지 않는 직원 수의 최댓값과 최솟값의 합은 $40+16=56$이다.

06 #통계 정답 | ③

2학년 학생 수를 a명이라 하면 1학년 학생 수는 $0.9a$명, 3학년 학생 수는 $1.1a$명이므로 1학년 학생들 키의 합은 $156\times 0.9a$, 2학년 학생들 키의 합은 $160a$, 3학년 학생들 키의 합은 $169\times 1.1a$이다. 따라서 전교생의 평균 키는 $\frac{156\times 0.9a+160a+169\times 1.1a}{0.9a+a+1.1a}$

$=\frac{140.4+160+185.9}{3}=162.1$(cm)이다.

07 #비율

정답 | ③

처음에 예상했던 이익은 $1,000\times\frac{k}{100}=10k$(원)이다. 깨뜨리고 남은 그릇으로 새로 판매할 때의 그릇 한 개당 이익을 x%라고 하면, $940\times\frac{x}{100}=10k$(원)을 만족해야 한다.

따라서 $x=\frac{100}{94}k$이므로 처음 이익의 $\frac{6}{94}=0.0638\cdots$ $=6.38\cdots(\%)\fallingdotseq 6(\%)$ 만큼 늘리면 된다.

08 #방정식의 활용

정답 | ①

남자 직원 수를 x명, 여직원 수를 y명이라 하면

$x+y=65$ … ㉠

그리고 남자 직원 중 자가용을 가지고 있는 사람은 $\frac{7}{11}x$명, 여자 직원 중 자가용을 가지고 있는 사람은 $\frac{3}{4}y$명이다. 이때, 전체 직원 중 자가용을 가지고 있는 사람이 $65\times\frac{9}{13}=45$(명)이므로 $\frac{7}{11}x+\frac{3}{4}y=45$

양변에 44를 곱하고 식을 정리하면

$28x+33y=1,980$ … ㉡

㉡$-28\times$㉠을 하면 $5y=160$ $\quad\therefore y=32$

따라서 여자 직원 수는 32명이다.

문제해결 TIP

여자 직원의 $\frac{3}{4}$이 자가용을 가지고 있으므로 여자 직원의 수는 4의 배수이어야 한다. 이때, 주어진 선택지 중 4의 배수는 ①, ④, ⑤이므로 ②, ③은 소거한다. 그리고 마찬가지로 남자 직원의 수가 반드시 11의 배수이어야 하므로 전체 직원 수 65명에서 여직원 수를 뺀 값이 11배수인 선택지는 ①(65−32=33)뿐이다. 즉, 정답은 ①이다.

09 #일과 일률

정답 | ④

전체 작업의 양을 1이라고 할 때 사원 1명이 1분에 끝내는 작업의 양을 x, 대리 1명이 1분에 끝내는 작업의 양을 y라고 하면, 사원 3명과 대리 1명이 40분 동안 하는 일의 양은 $40(3x+y)=1$이고, 사원 4명과 대리 3명이 20분 동안 하는 일의 양은 $20(4x+3y)=1$이다. 즉, $3x+y=\frac{1}{40}$, $4x+3y=\frac{1}{20}$이므로 이 두 식을 연립하면 $x=\frac{1}{200}$, $y=\frac{1}{100}$이다. 만약 사원 5명이 일을 한다면 1분에 끝낼 수 있는 작업의 양은 $5\times\frac{1}{200}=\frac{1}{40}$이다.

따라서 사원 5명이 일을 끝내는 데 걸리는 시간은 40분이다.

10 #거리·속력·시간

정답 | ④

A가 이동한 거리는 $4\times\frac{18}{60}+36\times\frac{8}{60}=1.2+4.8=6$(km)이다. 이 거리를 B는 20분$\left(=\frac{1}{3}\text{시간}\right)$ 동안 쉬지 않고 달렸으므로 B의 속력은 $6\div\frac{1}{3}=6\times3=18$(km/h)이다.

11 #일과 일률

정답 | ①

인쇄기 A만으로 상자 1개 분량을 인쇄하는 데 걸리는 시간을 a분, 인쇄기 B만으로 상자 1개 분량을 인쇄하는 데 걸리는 시간을 b분이라고 하면 두 인쇄기 A, B가 1분 동안 인쇄할 수 있는 분량은 각각 $\frac{1}{a}$, $\frac{1}{b}$이다.

첫 번째 상자는 두 인쇄기로 4분, 인쇄기 A로만 6분 인쇄하여 끝마쳤으므로

$\left(\frac{1}{a}+\frac{1}{b}\right)\times4+\frac{1}{a}\times6=1$

식을 정리하면 $\frac{10}{a}+\frac{4}{b}=1$ … ㉠

두 번째 상자는 두 인쇄기로 5분, 인쇄기 B로만 3분 인쇄하여 끝마쳤으므로

$\left(\frac{1}{a}+\frac{1}{b}\right)\times5+\frac{1}{b}\times3=1$

식을 정리하면 $\frac{5}{a}+\frac{8}{b}=1$ … ㉡

$2\times$㉡$-$㉠을 하면 $\frac{12}{b}=1$ $\quad\therefore b=12$

따라서 인쇄기 B로만 남은 한 상자 분량을 인쇄할 때 걸리는 시간은 12분이다.

12 #단일형 자료해석

정답 | ②

학교급별로 교원 수를 확인해보면 다음과 같다.

- 초등학교: $150\times30\times1.3=5,850$(명)

• 중학교: $70 \times 36 \times 1.8 = 4,536$(명)
• 고등학교: $60 \times 33 \times 2.1 = 4,158$(명)

이때, $5,850 < 4,536 + 4,158 = 8,694$이므로 초등학교의 교원 수는 중·고등학교 교원 수의 합보다 2,844명이 적다.

| 오답풀이 |

① 학교급별로 총 학생 수를 확인해보면 다음과 같다.
• 초등학교: $150 \times 30 \times 32 = 144,000$(명)
• 중학교: $70 \times 36 \times 35 = 88,200$(명)
• 고등학교: $60 \times 33 \times 32 = 63,360$(명)
이때, $144,000 - 88,200 > 88,200 - 63,360$이므로 A시의 초등학생과 중학생 수의 차이는 중학생과 고등학생 수의 차이보다 크다.

③ 초등학교와 중학교의 주간 수업 시수의 합을 확인해보면
• 초등학교: $150 \times 30 \times 28 = 126,000$(시간)
• 중학교: $70 \times 36 \times 34 = 85,680$(시간)
이때, $126,000 > 85,680$이므로 초등학교의 주간 수업 시수의 합은 중학교의 주간 수업 시수의 합보다 크다.

④ 고등학교의 교원당 주간 수업 시수는 $35 \div 2.1 \fallingdotseq 16.7$(시간)이므로 17시간 이하이다.

⑤ 초등학교의 교원당 학생 수는 25명으로 가장 많다.

13 #단일형 자료해석 정답 | ③

[그래프]의 내용으로 보아 '전기'는 직전 시기를 의미하며, '전년 동기'는 이전 해의 같은 반기를 의미한다. 따라서 전기 대비 수입 증가율은 2017년 하반기부터 약 4.3% → 8.9% → −0.4%로, 증가 후 감소하였다.

| 오답풀이 |

① 무역수지는 '수출−수입'이므로 시기별로 449 → 503 → 310 → 430만 달러로 증감을 반복하고 있다.

② 전기 대비 수출 증가율은 수출액이 매년 증가하였으므로, 모두 양수(+)이다.

④ 전년 동기 대비 무역수지는 모두 감소하였으며, 증가율은 2018년 상반기에 약 −31%, 2018년 하반기에 약 −14.5%이므로 모두 음수(−)이다.

⑤ 전년 동기 대비 수입 증가율은 2018년 하반기가 $\frac{2,650-2,443}{2,443} \times 100 \fallingdotseq 8.5(\%)$로 $\frac{2,660-2,342}{2,342} \times 100 \fallingdotseq 13.6(\%)$인 상반기보다 더 작다.

14 #연계형 자료해석 정답 | ②

2012~2017년 1인당 관광 지출은 약 1,204 → 1,172 → 1,209 → 1,115 → 1,058 → 1,022달러로, 전년보다 증가한 해는 2014년 밖에 없다.

| 오답풀이 |

① [표1]과 [표2]를 통해 국민 해외 관광객과 관광 지출은 모두 매년 증가하였다는 것을 알 수 있다.

③ 2013년 방한 외래 관광객은 $\frac{14,525}{1,193} \fallingdotseq 12.2$(백만 명)으로, 2012년 방한 외래 관광객 $\frac{13,357}{1,199} \fallingdotseq 11.1$(백만 명)보다 증가하였다.

④ 주어진 산식에 의해 2017년 1인당 관광 지출은 $\frac{27,073}{26.5} \fallingdotseq 1,022$(달러)이나, 1인당 관광 수입은 999달러이므로 1인당 관광 지출이 1인당 관광 수입보다 더 많다.

⑤ 주어진 시기는 모두 관광 수입이 관광 지출보다 작아 관광 수지가 모두 적자이다. 그중 2014년 관광 수지는 $17,712 - 19,470 = -1,758$(백만 달러)로 2012~2017년 중 관광 수지 적자가 가장 작은 해이다.

문제해결 TIP

③ 방한 외래 관광객은 총 관광 수입을 1인당 관광 수입으로 나누어 계산할 수 있다. 2013년은 2012년보다 분모가 되는 1인당 관광 수입은 감소한 반면, 분자가 되는 총 관광 수입은 증가하였으므로 결괏값인 방한 외래 관광객은 더 증가하였다는 것을 계산하지 않고도 확인할 수 있다.

④ 1인당 관광 지출은 관광 지출을 국민 해외 관광객으로 나누어 계산할 수 있으나, 주어진 자료의 단위가 모두 백만 단위이므로 '달러/명'으로 주어진 수치 그대로 계산할 수 있다.

15 #연계형 자료해석 정답 | ①

2015년 대비 2020년 전체 고용률의 증감율은 $\frac{60.5-60.1}{60.5} \times 100 \fallingdotseq 0.7(\%)$이고, 전체 실업률의 증감율은 $\frac{4.0-3.6}{3.6} \times 100 \fallingdotseq 11.1(\%)$이다.

| 오답풀이 |

② 2015년 대비 2020년 여자 고용률은 0.6%p 증가하였으나 남자 고용률은 1.6%p 감소하였다.

③ 2020년 남자의 고용률은 69.8%로 제시된 기간 중 처음으로 70% 미만을 기록하였다.

④ 제시된 기간 중 전체 실업률과 남자 실업률이 최저인 해는 모두 2015년이다.

⑤ 제시된 기간 중 처음으로 여자의 실업률(4.0%)이 남자의 실업률(3.9%)을 2020년에 추월하였다.

16 #도표 작성 및 변환 정답 | ④

광주의 연도별 비율 수치는 각각 12.9%, 18.0%,

27.3%, 35.2%이다. 그러나 선택지 ④의 그래프에서는 2025년의 수치가 20%를 넘으며, 2035년의 수치는 25%보다 작다. 2045년의 수치 역시 35%를 넘지 않고 있으므로 옳지 않다.

문제해결 TIP

주어진 자료를 그래프로 변환하는 문제에서 선택지에 주어진 그래프에 수치가 표시되지 않는 경우, 대소 비교와 그래프의 형식 예컨대, 단위 표시나 눈금 표시, 범례 표시 등을 유심히 보아야 한다. 그래프에 수치가 표시된 문제일수록 계산 과정이 필요할 수 있는 복잡한 문제일 가능성이 높다.

17 #연계형 자료해석

정답 | ④

운수 및 창고업의 매출액에 대한 전년 대비 증가율은 2014년에 −0.1%를 기록한 이후 2018년까지 매년 (+)이다. 따라서 운수 및 창고업에 대한 매출액은 2015년부터 2018년까지 증가세를 보였다고 할 수 있다.

| 오답풀이 |

① 육상운송업의 매출액은 65,386−64,252=1,134(십억 원) 증가하였으나, 항공운송업의 매출액은 25,006−22,670=2,336(십억 원) 증가하여 운수 및 창고업 업종 중 가장 많이 증가하였다.

② 2017년 대비 2018년 항공운송업의 매출액 증가율은 $\frac{25,006-22,670}{22,670}\times 100 ≒ 10.3(\%)$로 10% 이상이다.

③ 2018년 수상운송업의 매출액은 전년 대비 28,329−27,416=913(십억 원) 증가하였다.

⑤ 주어진 자료에서는 운수 및 창고업 전체의 연도별 매출액과 증감률만 주어져 있으므로 2017년 이전의 하위 업종별 매출액은 알 수 없다.

문제해결 TIP

② 계산하지 않아도 2017년 대비 2018년의 증가분인 2,336십억 원은 2017년의 매출액인 22,670십억 원의 10%가 넘는다는 것을 바로 확인할 수 있다.

18 #연계형 자료해석

정답 | ③

ⓛ 2014년과 2015년 서울시의 초등학교 수는 598개로 동일하다.

ⓡ 2017년 돌봄교실 수는 1,443개로 전년 1,471개 대비 28개 감소하였다.

| 오답풀이 |

ⓖ [그래프]에서 서울시 초등학생 수가 해마다 꾸준히 감소함을 쉽게 알 수 있다.

ⓒ [표]를 통해 2013년부터 2017년까지 돌봄교실을 운영하는 초등학교 수는 [533 → 569 → 571 → 572 → 575]로 해마다 꾸준히 늘어났음을 알 수 있다.

ⓜ [표]를 통해 2013년부터 2017년까지 돌봄교실에 참여한 학생 수가 계속해서 증가하였음을 쉽게 알 수 있다.

19 #단일형 자료해석

정답 | ③

ⓒ 1970~2040년까지 전 연령 남녀 인구 비율의 수치는 1990년과 2000년, 2020년과 2030년이 동일하며, 나머지 시기에는 모두 격차가 줄어들었다. 따라서 전반적으로 줄어들었다고 할 수 있다.

ⓡ 1970년 대비 2060년 인구 비율은 65세 이상에서 남녀 모두 6.5%p씩 증가·감소하여 가장 큰 변화를 보인다.

| 오답풀이 |

ⓖ 65세 이상 인구의 남녀 비율 격차는 1970년 대비 1980년에는 격차가 더 벌어졌다가, 1990년 이후 남성은 지속적으로 증가, 여성은 지속적으로 감소하여 비율의 차이가 계속 줄어들었다.

ⓛ 15~64세 여성은 2050년에 47.8%로 가장 낮은 비율을 보인다.

20 #단일형 자료해석

정답 | ④

ⓖ 병원과 보건기관, 약국을 제외한 나머지 6곳의 요양 기관은 매년 인력이 증가하였다.

ⓛ 종합병원은 매년 500~800백 명대의 인력을 유지하며 모든 요양 기관 중 가장 많은 인력 현황을 나타낸다.

ⓡ 2011년 대비 2018년 치과의 인력 증가율은 $\frac{242-197}{197}\times 100 ≒ 22.8(\%)$이고, 한방의 인력 증가율은 $\frac{205-172}{172}\times 100 ≒ 19.2(\%)$로 치과가 더 높다.

| 오답풀이 |

ⓒ 매년 인력이 가장 많은 3개 요양 기관은 상급종합병원, 종합병원, 의원이며, 2011~2013년에는 종합병원−의원−상급종합병원의 순으로 인력이 많으나, 2014년부터는 종합병원−상급종합병원−의원의 순으로 인력이 많다.

03 | 추리 영역 P. 428

01	⑤	02	①	03	①	04	⑤	05	②
06	②	07	②	08	⑤	09	①	10	④
11	③	12	②	13	①	14	⑤	15	③
16	③	17	⑤	18	①	19	③	20	②

01 #벤다이어그램 정답 | ⑤

전제1과 전제2를 만족하는 기본적인 벤다이어그램의 형태는 [그림1]과 같다.

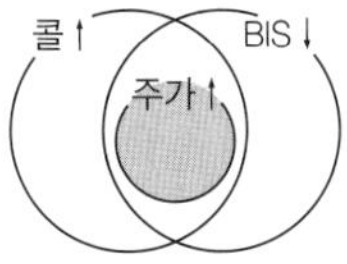

[그림1]

'콜↑'과 'BIS↓'는 모두 '주가↑'를 포함하고 있으므로 [그림1]의 색칠된 부분은 '콜↑'과 'BIS↓'가 항상 공통으로 포함하고 있는 영역이다. 즉, '콜↑'과 'BIS↓' 사이엔 반드시 공통영역이 존재한다. 따라서 정답은 ⑤이다.

문제해결 TIP

전제1과 전제2 모두 some 개념이 등장하지 않으므로 일단 삼단논법을 사용하여 문제를 풀어보자. 주가가 오르는 시기를 '주', 콜옵션 가격이 오르는 시기를 '콜', 은행의 BIS 비율이 낮아지는 시기를 'B'라고 표시하고 전제1과 전제2를 다시 써보면 다음과 같다.

- 전제1: 주 → 콜
- 전제2: 주 → B

전제1과 전제2에서 모두 '주'가 등장하므로 '주'가 전제1과 전제2를 연결하는 연결고리, 즉 매개념이다. 그런데 전제1과 전제2가 모두 '주'로 시작하므로 전제1과 전제2를 서로 연결할 수 없다. 이렇게 매개념이 매개의 역할을 하지 못할 경우에는 벤다이어그램을 그려야 한다. 이 경우 벤다이어그램의 기본적인 형태는 [그림2]와 같다.

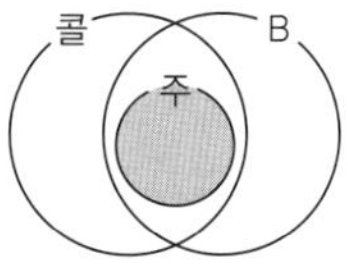

[그림2]

여기서 소거법을 사용하여 정답을 찾아보자. [그림2]를 보면 ①~③은 옳지 않다는 것을 알 수 있다. 한편 [그림2]의 색칠된 부분이 존재하기만 하면 'B'의 범위를 [그림3]과 같이 더 줄일 수도 있다.

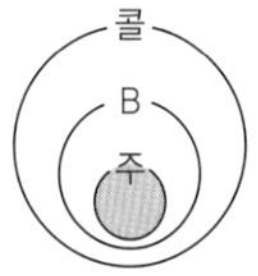

[그림3]

[그림3]의 경우 ④가 옳지 않다는 것을 알 수 있다. 어떠한 경우에도 항상 참인 결론을 골라야 하므로 ①~④는 정답이 될 수 없고 소거법에 의해 ⑤가 정답임을 알 수 있다. some 개념은 all 개념을 포함하므로 [그림3]과 같이 'B'가 '콜'에 포함되는 경우에도 ⑤가 적절한 결론이라고 볼 수 있다.

02 #삼단논법 정답 | ①

전제1과 결론의 벤다이어그램은 각각 [그림1], [그림2]와 같다.

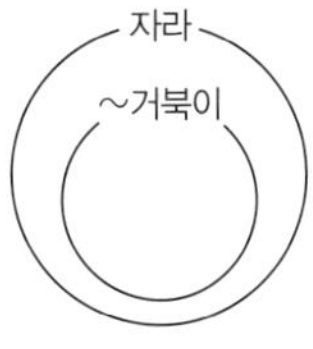

[그림1]

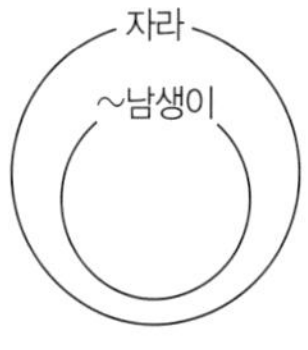

[그림2]

[그림1]의 상태에서 '~거북이'가 '~남생이'를 포함하고 있다면 자연스럽게 [그림2]처럼 '~남생이'가 '자라' 안에 포함될 것임을 알 수 있다. 따라서 전제2는 '~거북이'가 '~남생이'를 포함하고 있는 명제인 '~남생이 → ~거북이'가 되어야 하는데, 선택지에는 관련된 문장이 없다. 따라서 대우명제인 '거북이 → 남생이'에 해당하는 ①이 정답이다.

문제해결 TIP

전제1과 결론 모두 some 개념이 등장하지 않으므로 대우명제를 사용하여 문제를 풀 수 있다. 거북이를 좋아하는 사람을 '거', 자라를 좋아하는 사람을 '자', 남생이를 좋아하는 사람을 '남'이라고 표시하고 전제1과 결론을 다시 쓰면 다음과 같다.

- 전제1: ~거 → 자
- 결론: ~남 → 자

결론이 '~남'으로 시작하여 '자'로 끝나고, 전제1이 '자'로 끝나므로 전제2는 '~남'으로 시작해야 할 것이다. 따라서 전제2를 '~남 → ~거'로 하면 전제1과 결합하여 '~남 → 자'라는 결론을 얻을 수 있다. 그런데 선택지에는 '~남 → ~거'에 해당하는 문장이 없으므로 그 대우명제인 '거 → 남'에 해당하는 ①이 정답이다.

03 #수추리 정답 | ①

왼쪽 톱니바퀴의 외톱니는 피보나치수열이고, 내톱니는 양옆에 있는 두 수의 곱에 1을 더한 수이다. 즉, A=(13×21)+1=274이다.
오른쪽 톱니바퀴의 외톱니는 서로 맞물리는 왼쪽 톱니바퀴의 내톱니에 1을 더한 수이다. B와 맞물리는 수는 A이므로 B=274+1=275이다.
따라서 A−B=274−275=−1이다.

04 #수추리 정답 | ⑤

전체 그림을 반으로 나누는 세로 방향의 선을 기준으로 좌우측에 큰 반원과 작은 반원이 하나씩 생긴다. 좌측 큰 반원의 바깥쪽 세 개의 수를 더한 수(6+2+5=13)가 왼쪽 위의 네모 칸에, 좌측 작은 반원의 세 개의 수를 더한 수(3+7+6=16)가 왼쪽 아래의 네모 칸에 적혀 있다. 우측도 마찬가지의 규칙이 적용되므로 "?"가 있는 칸에 들어가야 하는 수는 2+5+6=13이다.

05 #문자추리 정답 | ②

알파벳 또는 한글 자음이 각각의 숫자와 대응하기 때문에 문자(알파벳 또는 한글 자음)를 숫자로 변환하면 다음과 같다.

+3 +3 +3 +3
2 5 8 11 14
B ㄴ E ㄹ H ㅇ K ㄴ N ( )
2 4 8 16 32
×2 ×2 ×2 ×2

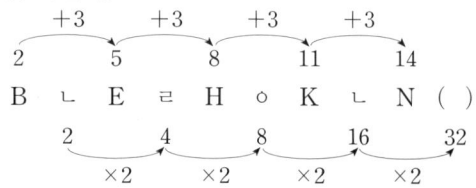

따라서 빈칸에 들어갈 알맞은 문자는 ㄴ(16)×2=32를 의미하는 한글 자음인 ㄹ(32)이 들어가야 한다.

문제해결 TIP

• 알파벳 추리: Z(26)를 초과 시 A(27)부터 순환한다.

A	B	C	D	E	F	G	H	I	J	K	L	M
1	2	3	4	5	6	7	8	9	10	11	12	13
N	O	P	Q	R	S	T	U	V	W	X	Y	Z
14	15	16	17	18	19	20	21	22	23	24	25	26

• 한글 자음 추리: ㅎ(14)을 초과 시 ㄱ(1)부터 순환한다.

ㄱ	ㄴ	ㄷ	ㄹ	ㅁ	ㅂ	ㅅ	ㅇ	ㅈ	ㅊ	ㅋ	ㅌ	ㅍ	ㅎ
1	2	3	4	5	6	7	8	9	10	11	12	13	14

06 #조건추리 정답 | ②

확정적인 조건부터 확인해보자. 가장 먼저 컴퓨터공학을 전공한 후보자가 면접을 보았고, 네 번째로 생명과학을 전공한 후보자가 면접을 보았으므로 다음과 같이 나타낼 수 있다.

순서	1	2	3	4	5
후보자					
전공	컴공			생명	

B가 국문학을 전공한 후보자보다 빨리 면접을 보았으므로 적어도 네 번째에는 면접을 보아야 하고, A는 가장 먼저 면접을 보지 않았으므로 두 번째 이후에 면접을 보아야 한다. 그리고 D는 A보다 늦게, B보다 빨리 면접을 보아야 하므로 다음과 같이 A는 두 번째, D는 세 번째, B는 네 번째로 면접을 보았다.

순서	1	2	3	4	5
후보자		A	D	B	
전공	컴공			생명	

그런데 B가 국문학을 전공한 후보자보다 빨리 면접을 보았으므로 국문학을 전공한 후보자가 가장 마지막이고, 남은 정치학 전공 후보자와 경영학 전공 후보자는 두 번째 또는 세 번째로 면접을 본다. C와 E의 순서에 관한 설명은 없으므로 C와 E가 첫 번째 또는 마지막에 면접을 본다. 이를 정리하면 다음과 같다.

순서	1	2	3	4	5
후보자	C/E	A	D	B	E/C
전공	컴공	정치/경영	경영/정치	생명	국문

따라서 B가 생명과학을 전공하였다는 것만 항상 옳다.

문제해결 TIP

순서	1	2	3	4	5
후보자		A	D	B	
전공	컴공			생명	

위의 단계에서 B의 전공이 확정되었으므로 바로 선택지로 눈을 돌려 B에 관한 내용을 찾아보면 ②가 정답임을 알 수 있다. 이때, 나머지 경우는 따져보지 않아도 무방하다.

07 #진실게임

정답 | ②

5명의 진술 중 D의 진술이 가장 명확하므로 D의 진술이 진실과 거짓인 경우로 나누어 생각해보면 다음과 같다.

1) D의 진술이 진실일 경우

A가 사과를 먹지 않았으므로 A의 진술은 거짓이 된다. A의 진술은 C와 E 중 적어도 1명은 사과를 먹었다는 것이므로 그것이 거짓이라면 둘 다 사과를 먹지 않은 것이 된다. 또한 C와 E가 사과를 먹지 않은 것이라면 B 역시 거짓을 말한 것이 된다. 지금까지의 진술의 진실과 거짓을 정리하면, A, B, C, E는 거짓이고 D의 진술만 진실이므로 A는 사과를 먹지 않았고, D는 사과를 먹은 것이 된다. C의 진술의 대우 명제는 "A가 사과를 먹지 않았으면, D는 사과를 먹었다."인데 위 내용을 통해 C의 진술은 진실이 된다. 따라서 해당 경우는 모순이 되며, 만약 C의 진술이 진실이면 E의 진술 역시 진실이 되므로, E와 A 중 적어도 1명은 사과를 먹었다는 B의 진술 역시 진실이 되어 해당 경우는 성립하지 않는다.

2) D의 진술이 거짓일 경우

A는 사과를 먹은 것이므로 A의 진술은 참이 되며, D의 진술은 거짓이므로 D는 사과를 먹지 않은 것이 된다. A가 사과를 먹었다면, B의 진술도 참이 되고, E의 진술도 참이 된다. 또한 D가 사과를 먹지 않았고 A가 사과를 먹었으므로 C의 진술도 진실이 된다. 이를 종합하면 사과를 먹은 사람은 A, B, C, E 4명이고, D만 사과를 먹지 않은 것이 된다.

따라서 2)의 경우에 따라 A가 사과를 먹었으면 E도 사과를 먹었다는 내용만 항상 옳다.

08 #조건추리

정답 | ⑤

과장은 서로 마주 보고 앉아 있고 A과장은 대리 사이에 앉아 있으므로, 이를 정리하면 다음과 같다.

이때 사원이 서로 이웃하려면 1번, 2번 또는 3번, 4번에 위치해야 한다. 다섯 번째 [조건]에서 G사원이 D대리의 바로 오른쪽에 앉아 있다고 하였는데 3번, 4번에 앉는 경우에는 주어진 [조건]을 만족시킬 수 없다. 따라서 1번에 G사원, 2번에 H사원이 앉고, 3번, 4번에 대리가 앉는다. C대리의 양 옆에 대리가 앉으므로 C대리가 4번에 앉는다. 그리고 F대리가 B과장과 이웃하지 않으므로 A과장의 옆에 F대리가 앉고, B과장의 옆에 E대리가 앉는다. 이를 정리하면 최종 위치는 다음과 같다.

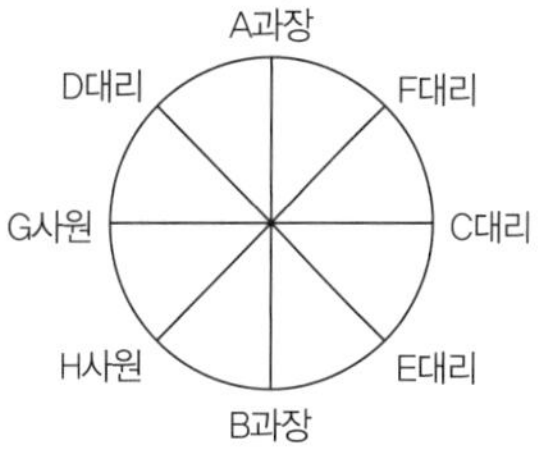

따라서 F대리의 맞은편에 앉은 사람은 H사원이다.

09 #진실게임

정답 | ①

범인은 지영 대리, 영자 주임, 진우 과장 중 한 명이므로 병의 진술은 무조건 참이어야 한다. 범인은 한 명인데 병의 진술이 거짓이기 위해서는 지영 대리와 진우 과장 모두가 범인일 때만 가능하기 때문이다. 갑이나 을의 진술 중 하나가 참이고 하나가 거짓이어야 문제의 조건을 만족하므로, 둘의 진술을 모두 거짓이나 참으로 만드는 상황이면 옳지 않은 것이다. 갑과 을의 진술 중 공통된 부분은 영자 주임이 범인인 경우이다. 영자 주임이 범인이면 갑과 을의 진술이 모두 참이 되므로 영자 주임은 결코 범인일 수가 없다. 따라서 영자 주임이 범인이라는 것은 항상 옳지 않다.

| 오답풀이 |

② 지영 대리가 범인일 경우: 병의 진술은 참, 갑의 진술은 참, 을의 진술은 거짓이다.

③ 진우 과장이 범인일 경우: 병의 진술은 참, 갑의 진술은 거짓, 을의 진술은 참이다.

④ 진우 과장이 범인이 아닐 경우: 병의 진술은 참, 갑의 진술은 참이다. 을의 진술은 참과 거짓을 확인할 수 없으나 지영 대리가 범인이 되는 경우 거짓이 될 수 있다.

⑤ 영자 주임이 범인이 아닐 경우: 병의 진술은 참, 갑과 을의 진술 중 어떤 것이 참인지 알 수 없으나 영자 주임은 범인이 아니기 때문에 지영 대리이나 진우 과장 중 한 명은 반드시 범인이어야 한다. 따라서 갑의 진술이 참이면 을의 진술은 거짓이며, 갑의 진술이 거짓이면 을의 진술은 참이 될 수 있다.

10 #조건추리

정답 | ④

금요일 오전에 302호가 방역하고, 3층의 사무실은 연달아 방역하므로 목요일 오후, 금요일 오전, 금요일 오후 또는 목요일 오전, 목요일 오후, 금요일 오전에 방역한다. 주어진 [조건]에 따르면 101호를 방역한 날 301호도 방역하는데 1층 사무실은 오전에만 방역하므로 목요일 오전, 목요일 오후, 금요일 오전에 3층 사무실을 방역하는 경우는 불가능하다. 따라서 목요일 오후, 금요일 오전, 금요일 오후에 3층 사무실을 방역하고, 301호를 목요일 오후, 303호를 금요일 오후에 방역한다. 301호를 목요일 오후에 방역하므로 101호는 목요일 오전에 방역한다.

203호와 103호는 화요일에 방역하므로 103호는 화요일 오전, 203호는 화요일 오후에 방역한다. 따라서 남은 요일은 월요일, 수요일인데 수요일 오후에는 방역하지 않는다. 주어진 [조건]에 따르면 202호는 201호와 다른 날 방역하고, 201호보다 빨리 방역한다. 따라서 202호는 월요일, 201호는 수요일 오전에 방역한다. 202호가 월요일 오전에 방역하면 102호를 방역할 수 없으므로 202호가 월요일 오후, 102호가 월요일 오전에 방역한다. 최종 방역 일정을 정리하면 다음과 같다.

구분	월요일	화요일	수요일	목요일	금요일
오전	102호	103호	201호	101호	302호
오후	202호	203호	×	301호	303호

따라서 202호는 월요일 오후에 방역한다는 내용만 옳다.

11 #진실게임

정답 | ③

세 명은 진실을 말하고 한 명은 거짓을 말한다고 했으므로, 같은 사실에 대해 어떤 진술이 상반되었다면 둘 중 하나는 거짓이고 하나는 참일 것이다. 동일한 상황에 대한 반대 진술은 A와 B에서 나타난다. A의 진술이 거짓이라면 나머지 세 명의 진술은 참이어야 한다. 이때 B와 C의 진술이 서로 모순되므로 A의 진술은 참이고, B의 진술이 거짓이어야 한다. 따라서 C의 진술에 의해 꽃병을 깨뜨린 학생 또한 B임을 알 수 있다.

문제해결 TIP

A와 B의 진술이 서로 동시에 참이거나, 거짓일 수 없으므로 거짓을 진술하고 있는 것은 둘 중 하나이다. 나머지 진술들은 참일 때 문제의 조건에 부합하므로 나머지 C와 D의 진술이 참이며, 이때 참인 진술을 통해 실마리를 풀어나갈 수 있다.

12 #조건추리

정답 | ②

이준이는 모두 흰색의 사은품을 받았으므로 흰색 이어폰, 흰색 휴대용 충전기, 흰색 무선 충전기를 받았다. 예리는 무선 충전기를 받지 않았으므로 이어폰, 휴대용 충전기, 거치대를 받았고, 주영이는 휴대용 충전기를 받지 않았으므로 이어폰, 무선 충전기, 거치대를 받았다. 윤아는 이어폰, 휴대용 충전기, 무선 충전기를 받았는데 모두 다른 색으로 받았다. 남은 휴대용 충전기는 검은색밖에 없으므로 이어폰은 분홍색, 무선 충전기는 흰색을 받았다. 이를 정리하면 다음과 같다.

구분	윤아	이준	예리	주영
사은품	이어폰 (분홍색) 휴대용 충전기 (검은색) 무선 충전기 (흰색)	이어폰 (흰색) 휴대용 충전기 (흰색) 무선 충전기 (흰색)	이어폰 휴대용 충전기 거치대	이어폰 무선 충전기 거치대

남은 사은품은 이어폰(검은색 2개), 휴대용 충전기(검은색), 무선 충전기(검은색), 거치대(은색, 분홍색)이다. 따라서 예리는 검은색 이어폰, 검은색 휴대용 충전기, 분홍색 거치대/은색 거치대를 받았고, 주영이는 검은색 이어폰, 검은색 무선 충전기, 은색 거치대/분홍색 거치대를 받았다. 나머지도 정리하면 다음과 같다.

구분	윤아	이준	예리	주영
사은품	이어폰 (분홍색) 휴대용 충전기 (검은색) 무선 충전기 (흰색)	이어폰 (흰색) 휴대용 충전기 (흰색) 무선 충전기 (흰색)	이어폰 (검은색) 휴대용 충전기 (검은색) 거치대 (분홍색/은색)	이어폰 (검은색) 무선 충전기 (검은색) 거치대 (은색/분홍색)

따라서 주영이는 흰색이 아닌 검은색 무선 충전기를 받았으므로 ㉡만 옳지 않다.

| 오답풀이 |

㉠ 윤아는 분홍색 이어폰을 받았으므로 옳다.
㉢ 예리는 분홍색 거치대를 받을 수도 있고, 은색 거치대를 받을 수도 있다.

13 #진실게임 정답 | ①

각 요일마다 회의했을 때 모순이 생기지 않는지 확인해보면 다음과 같다.

- 월요일에 회의한다면 B의 말이 거짓이고, 나머지의 말은 참이므로 1명의 발언은 거짓이라는 발문의 조건에 위배되지 않는다.
- 화요일에 회의한다면 모두 참석을 할 수 있으므로 거짓을 말하는 사람이 없다. 따라서 1명의 발언은 거짓이라는 발문의 조건에 위배된다.
- 수요일 또는 금요일에 회의한다면 C와 D의 말이 거짓이므로 1명의 발언은 거짓이라는 발문의 조건에 위배된다.
- 목요일에 회의한다면 A와 D의 말이 거짓이므로 1명의 발언은 거짓이라는 발문의 조건에 위배된다.

따라서 발문의 조건에 위배되지 않는 경우는 B의 발언이 거짓일 때이며, 이때 회의하는 요일은 월요일이다.

14 #도형추리 정답 | ⑤

다음과 같은 규칙을 갖는다.
+: 좌우 대칭
×: 시계 방향(반시계 방향) 180° 회전
=: 시계 방향 90° 회전
V: 색 반전

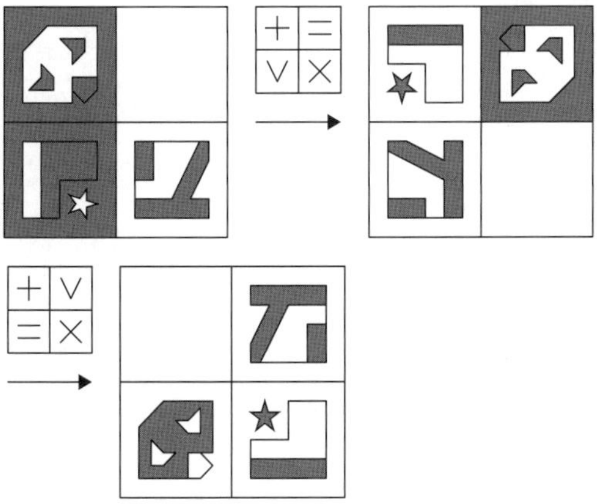

15 #도형추리 정답 | ③

다음과 같은 규칙을 갖는다.
+: 시계 방향 90° 회전
×: 색 반전
=: 반시계 방향 90° 회전
V: 상하 대칭

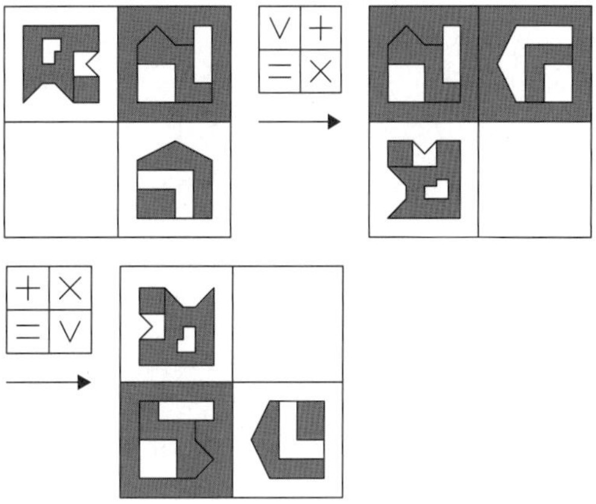

16 #도식추리 정답 | ③

다음과 같은 과정을 거친다.

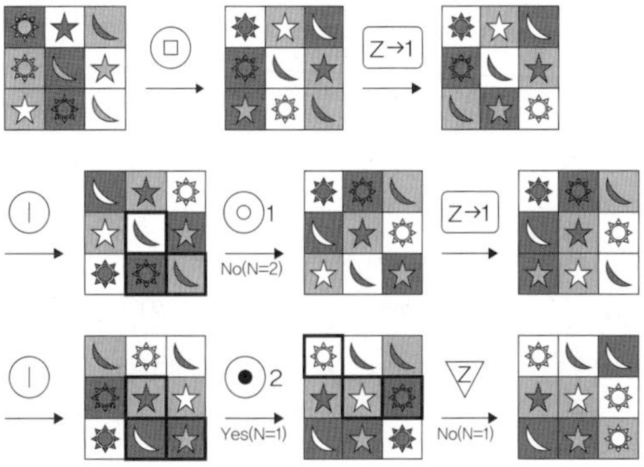

17 #도식추리 정답 | ⑤

다음과 같은 과정을 거친다.

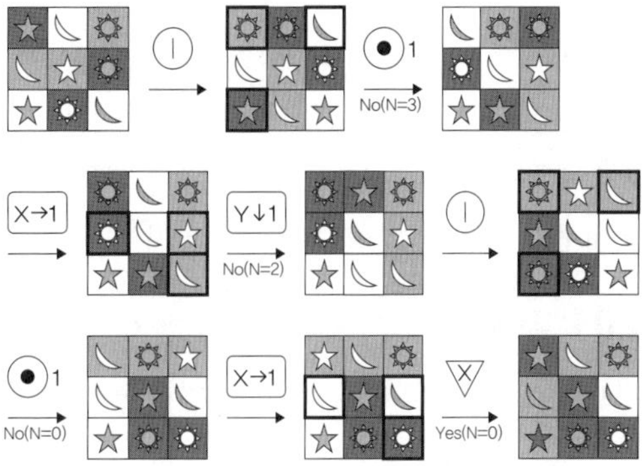

18 #도식추리

정답 | ①

다음과 같이 매칭표를 일단 적어 놓는다.

A	B	C	D	E	F	G	H	I	J	K	L	M
1	2	3	4	5	6	7	8	9	10	11	12	13

N	O	P	Q	R	S	T	U	V	W	X	Y	Z
14	15	16	17	18	19	20	21	22	23	24	25	26

우선 AUDX에서 UADX로 변환되는 과정은 ○ 하나만을 거치므로 ○를 쉽게 추론할 수 있다. AUDX와 UADX는 첫 번째와 두 번째 문자의 순서만 뒤바뀌어 있으므로 ○는 순서 바꾸기 규칙일 것으로 추측할 수 있으며, ABCD → BACD라는 규칙임을 알 수 있다.

이를 이용하면 □의 규칙도 추론할 수 있다. OJ57을 ○ 규칙 적용 전으로 되돌리면 JO57이므로, 75OJ가 □를 거쳐 JO57이 된다. 마찬가지로 순서만 뒤바뀌어 있으므로 □도 위치 변환 규칙일 것으로 추측할 수 있으며, ABCD → DCBA라는 규칙임을 알 수 있다.

마지막으로 △의 규칙을 추론하기 위해 FETS를 □ 규칙 적용 전으로 되돌리면 STEF이고, RSFG가 △를 거쳐 STEF가 된다. 이번에는 순서만 바뀐 것이 아니고, 문자가 숫자로 바뀌지도 않았으므로 숫자 연산 규칙일 가능성이 높다. 따라서 △는 (+1, +1, −1, −1) 연산 규칙일 가능성이 높다. 여기서 바로 문제를 풀어도 되지만, 최종 확인을 위해 4W8G를 변환시켜 보면 다음과 같다.

4W8G → ○ → W48G → △ → X57F → □ → F75X이므로 추측한 규칙이 옳다는 것을 확인할 수 있으며 기호의 규칙을 최종적으로 표시하면 다음과 같다.

기호	○	△	□
규칙	ABCD → BACD	(+1, +1, −1, −1)	ABCD → DCBA

따라서 WNBR → ○ → NWBR → △ → OXAQ이다.

19 #도식추리

정답 | ③

KORC → □ → CROK → △ → DSNJ

20 #도식추리

정답 | ②

SOUP → ○ → OSUP → □ → PUSO → △ → QVRN

04 | 공간지각 영역 P. 440

01	①	02	④	03	④	04	①	05	⑤
06	②	07	②	08	④	09	③	10	④
11	④	12	②	13	①	14	⑤	15	⑤
16	④	17	⑤	18	②	19	②	20	⑤

01 #전개도

정답 | ①

전개도를 접었을 때 만들 수 있는 올바른 도형은 다음과 같다.

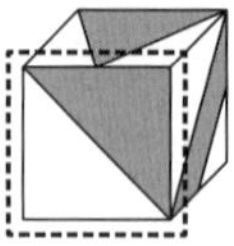

따라서 정답은 ①이다.

02 #전개도

정답 | ④

전개도를 접었을 때 만들 수 있는 올바른 도형은 다음과 같다.

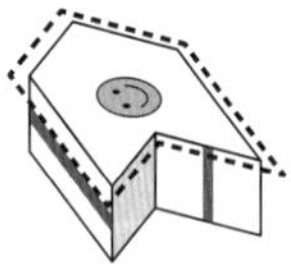

따라서 정답은 ④이다.

03 #전개도

정답 | ④

전개도를 접었을 때 만들 수 있는 올바른 도형은 다음과 같다.

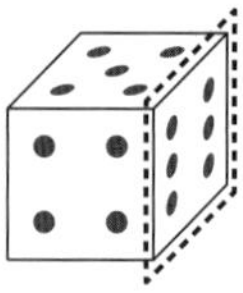

따라서 정답은 ④이다.

04 #전개도

정답 | ①

나머지 전개도와 같은 모양이 되려면 ①의 전개도는 다음과 같이 바뀌어야 한다.

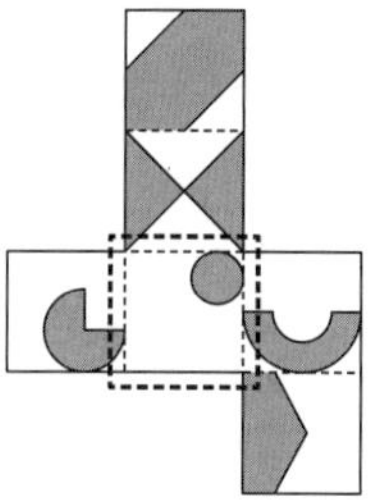

따라서 정답은 ①이다.

05 #종이접기

정답 | ⑤

종이를 접어감에 따라 뒷면은 다음과 같이 변한다.

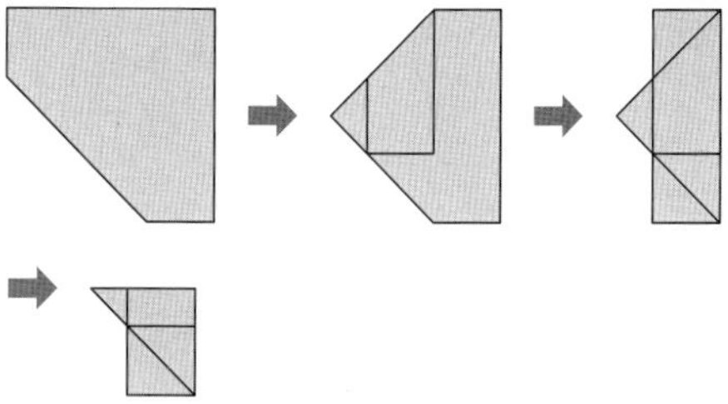

따라서 정답은 ⑤이다.

06 #종이접기

정답 | ②

펼치면 아래와 같은 모양이 된다.

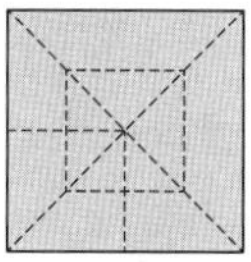

따라서 정답은 ②이다.

07 #종이접기

정답 | ②

마지막 단계에서부터 접는 선과 대칭이 되도록 새로운 구멍을 그려가며 종이를 펴면 다음과 같다.

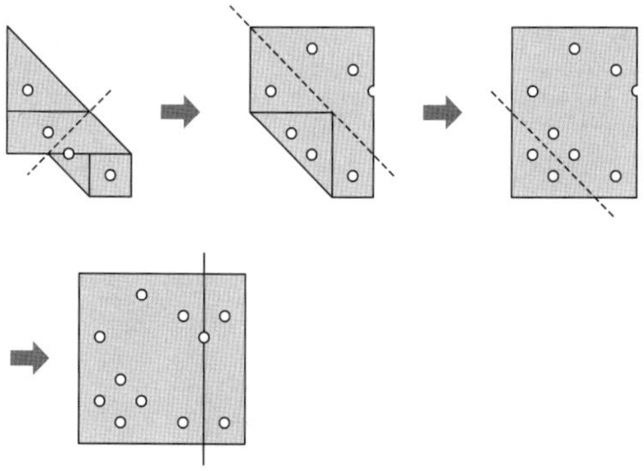

따라서 정답은 ②이다.

08 #종이접기

정답 | ④

마지막 단계에서부터 접는 선과 대칭이 되도록 새롭게 잘리는 부분을 그려가며 종이를 펴면 다음과 같다.

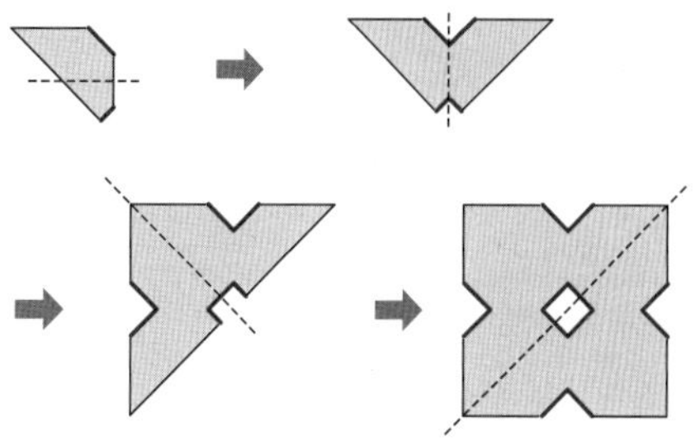

따라서 정답은 ④이다.

09 #조각

정답 | ③

선택지에 제시된 도형을 찾으면 다음과 같다.

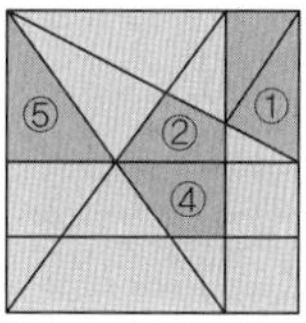

따라서 포함되지 않는 도형은 ③이다.

10 #조각

정답 | ④

선택지에 제시된 도형을 찾으면 다음과 같다.

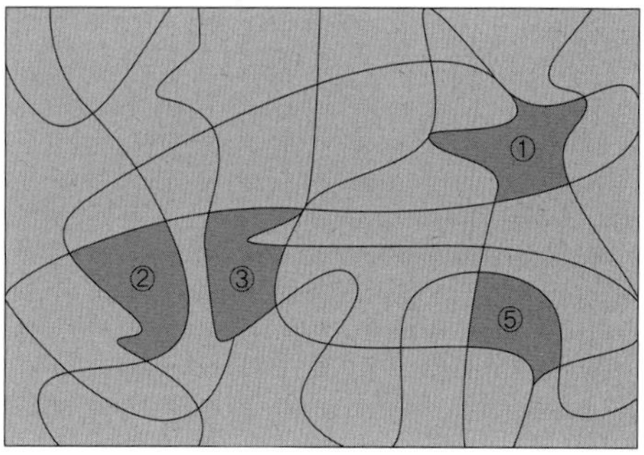

따라서 포함되지 않는 도형은 ④이다.

11 #조각

정답 | ④

①, ②, ③, ⑤를 조합하여 다음과 같이 주어진 도형을 만들 수 있다.

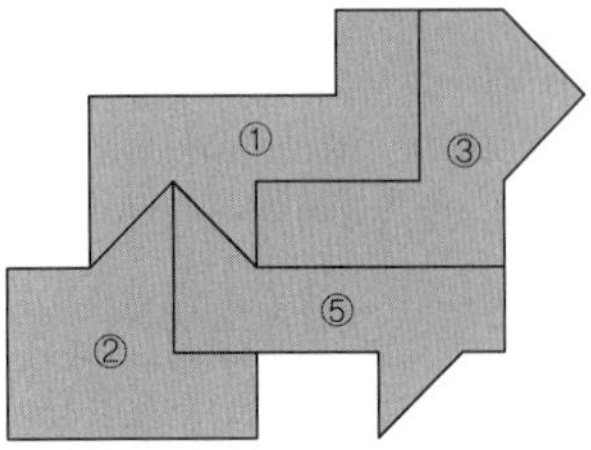

따라서 정답은 ④이다.

12 #다른 도형(평면) 정답 | ②

①을 기준으로 시계 방향으로 90도 회전하면 ⑤, 180도 회전하면 ④, 270도 회전하면 ③이 된다.
따라서 정답은 ②이다.

문제해결 TIP

특정 모양의 위치만 파악해도 쉽게 답을 찾을 수 있다.

①

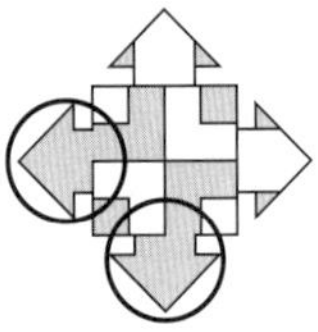

②

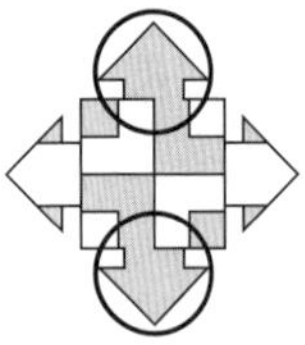

③

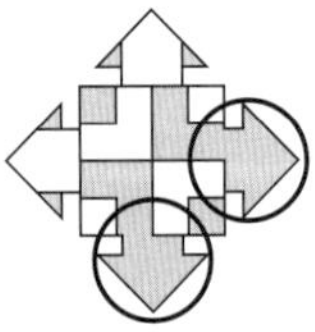

④

⑤

13 #블록 정답 | ①

주어진 도형을 두 조각으로 나누어 보면 다음과 같다.

②

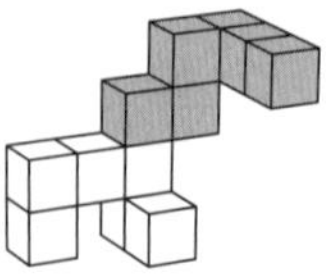

③

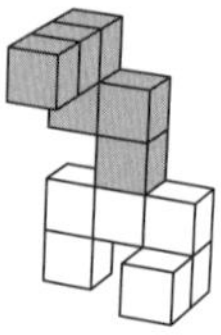

④

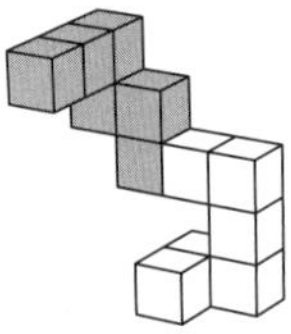

⑤

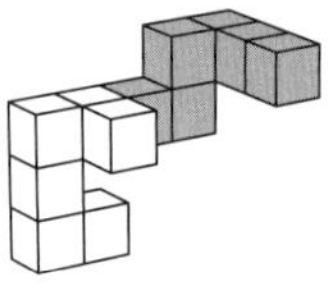

따라서 정답은 ①이다.

14 #블록 정답 | ⑤

주어진 도형을 두 조각으로 나누어 보면 다음과 같다.

①

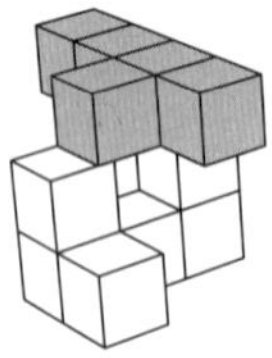

②

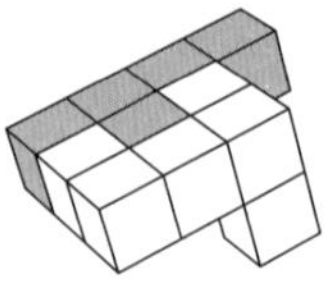

③

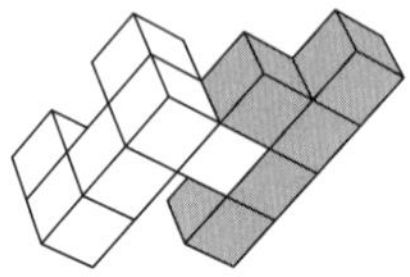

④

따라서 정답은 ⑤이다.

15 #블록 정답 | ⑤

주어진 직육면체 모양의 블록을 분리하면 다음과 같다.

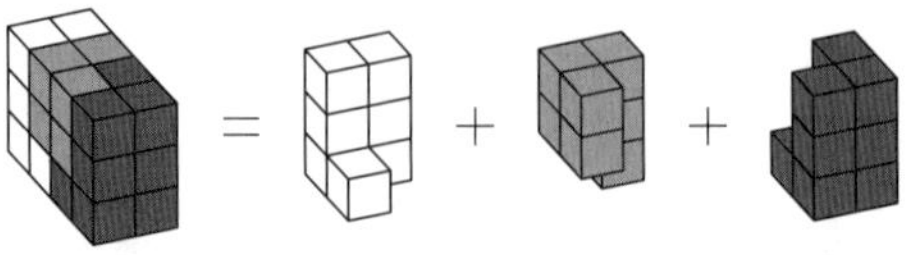

[입체도형] [블록3] [블록2] [블록1]

따라서 정답은 ⑤이다.

16 #블록 정답 | ④

주어진 직육면체 모양의 블록을 분리하면 다음과 같다.

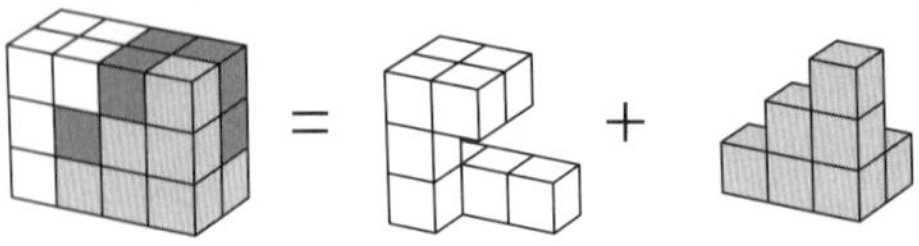

[입체도형] [블록1] [블록2]

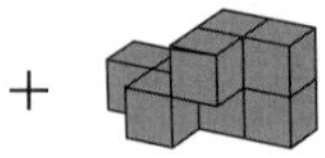

[블록3]

따라서 정답은 ④이다.

17 #투상도 정답 | ⑤

제시된 투상도는 ⑤를 [1], [2], [3] 방향에서 바라본 모습이다.

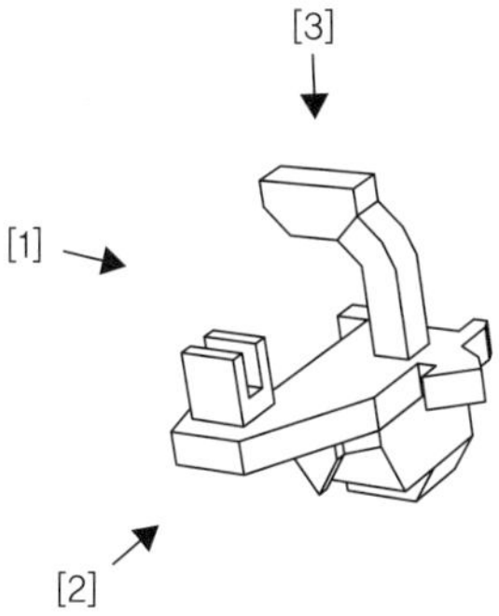

따라서 정답은 ⑤이다.

| 오답풀이 |

각 입체도형에서 투상도와 맞지 않는 부분은 다음과 같다.

①

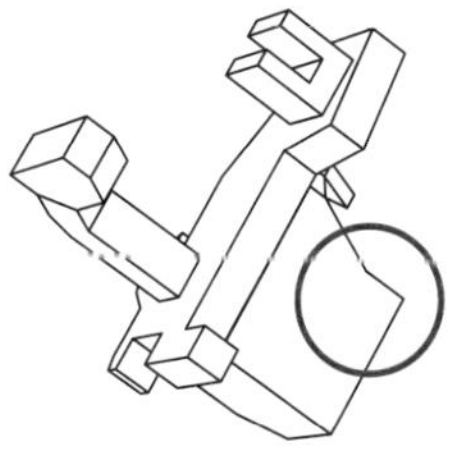

②

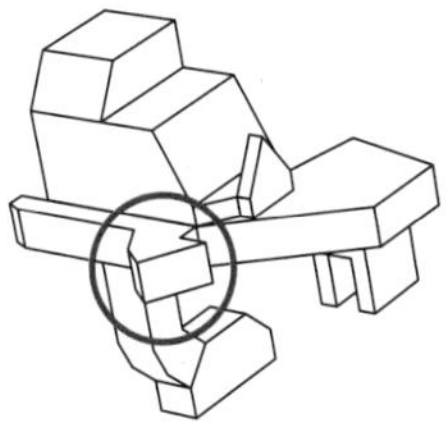

③

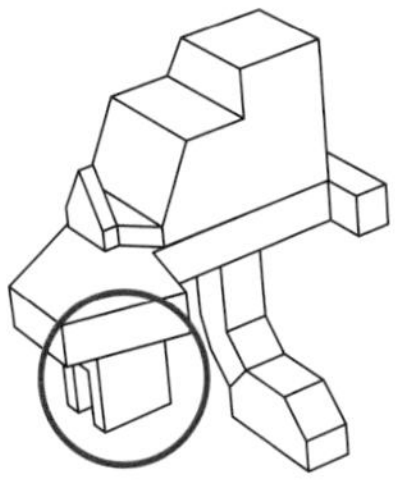

④

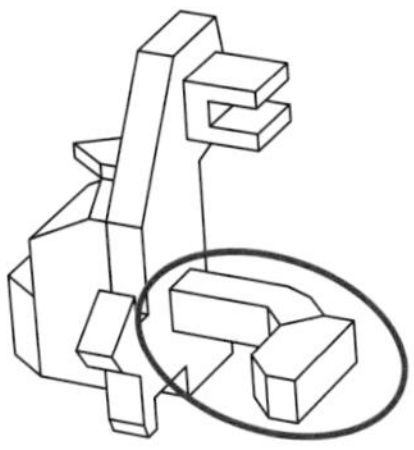

18 #투상도 정답 | ②

선택지에 주어진 입체도형은 ②를 제외하고 모두 어느 한 방향에서 본 모습이 다르다. 제시된 세 방향에서 본 모습은 ②를 각각 다음과 같은 방향으로 본 모습과 같다.

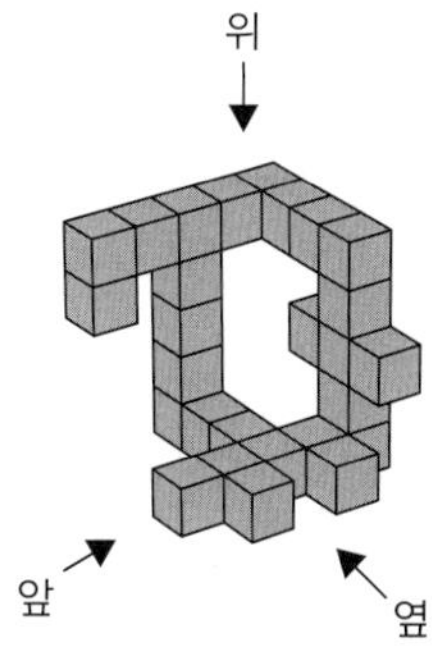

따라서 정답은 ②이다.

| 오답풀이 |

① 위에서 본 모양이 불가능하다.
③ 옆에서 본 모양이 불가능하다.
④ 앞에서 본 모양이 불가능하다.
⑤ 위에서 본 모양이 불가능하다.

19 #다른 도형(입체) 정답 | ②

표시된 부분이 나머지와 달라 네 개의 입체도형과 모양이 다른 입체도형은 ②이다.

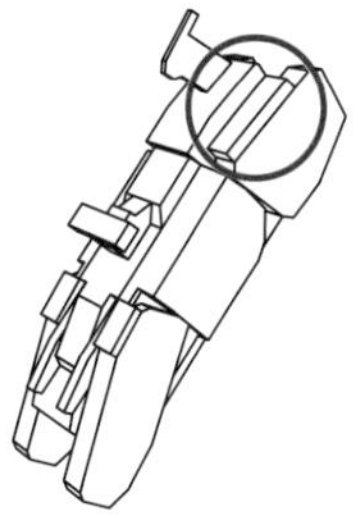

20 #다른 도형(입체) 정답 | ⑤

표시된 부분이 나머지와 달라 네 개의 입체도형과 모양이 다른 입체도형은 ⑤이다.

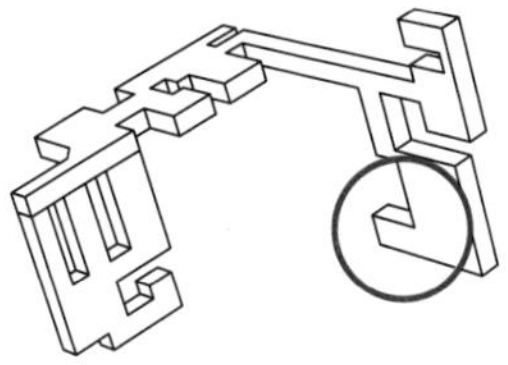

CHAPTER 02 실전모의고사 2회

01 | 언어 영역 P. 453

01	③	02	②	03	④	04	①	05	②
06	①	07	①	08	③	09	⑤	10	④
11	④	12	④	13	⑤	14	④	15	④
16	③	17	⑤	18	⑤	19	③	20	⑤

01 #단어관계 정답 | ③

'신명'은 '흥겨운 신이나 멋'을 의미하고, '감흥(感興)'은 '마음속 깊이 감동받아 일어나는 흥취'의 의미를 지닌 단어로 둘은 유의관계에 있다. '지병(持病)'은 '오랫동안 잘 낫지 아니하는 병'을 뜻하고, '고질(痼疾)'은 '오랫동안 앓고 있어 고치기 어려운 병'의 의미를 지니고 있으므로, 두 단어 역시 유의관계에 있다.

| 오답풀이 |

① 가명(假名): 실제의 자기 이름이 아닌 이름
본명(本名): 가명이나 별명이 아닌 본디 이름
→ 반의관계

② 염세(厭世): 세상을 괴롭고 귀찮은 것으로 여겨 비관함
낙천(樂天): 세상과 인생을 즐겁고 좋은 것으로 여김
→ 반의관계

④ 진보(進步): 1) 정도나 수준이 나아지거나 높아짐
2) 역사 발전의 합법칙성에 따라 사회의 변화나 발전을 추구함
보수(保守): 1) 보전하여 지킴
2) 새로운 것이나 변화를 적극적으로 받아들이기보다는 전통적인 것을 옹호하며 유지하려 함.
→ 반의관계

⑤ 사과(沙果): 사과나무의 열매
홍옥(紅玉): 사과 품종의 하나로, 겉껍질은 아주 붉고 속은 엷은 크림빛이며 신맛이 있다.
→ 상하관계

02 #빈칸 넣기(어휘) 정답 | ②

첫 번째 문장의 괄호 안에는 '신문이나 책자 따위를 널리 나누어 줌'의 의미를 가진 '배포(配布)'가 들어가야 한다. 두 번째 문장의 괄호 안에는 '물건을 가져다가 몫몫으로 나누어 돌림'의 뜻을 가진 '배달(配達)'이, 세 번째 문장의 괄호 안에는 '사람이나 물자 따위를 일정한 자리에 알맞게 나누어 둠'의 뜻을 가진 '배치(配置)'가 적절하다.

따라서 배포－배달－배치 순으로 들어가야 한다.

03 #글 수정 정답 | ④

'잊어버리다'는 '한번 알았던 것을 모두 기억하지 못하거나 전혀 기억하여 내지 못하다'를 의미한다. 해당 문장에는 '의식이나 감정 따위가 아주 사라지다'의 뜻을 가진 '잃어버리다'를 쓰는 것이 적절하다.

| 오답풀이 |

① '마찬가지다'라는 서술어에 어울리도록 '침묵하게 하는 것이 부당한 것과 마찬가지다'로 고쳐 써야 한다.
② 의견을 말할 수 있는 자유를 억압함으로써 생기는 이익에 대해서는 나와 있지 않기 때문에 '해악'으로 고쳐야 한다.
③ '오류를 추구하다'는 표현은 자연스럽지 않으므로 '오류를 인정하고'로 고쳐야 한다.
⑤ '개인의 의견은 침묵을 강요당할 수 없다'는 주장에 대한 근거가 뒤에 나오고 있으므로 '뒤따르는 것'을 뜻하는 '다음'을 써야 한다.

04 #문단 배열 정답 | ①

주어진 글은 16세기 유럽에서 자기와 다른 종교·종파·신앙을 가진 사람의 입장과 권리를 용인하는 개념으로 등장한 톨레랑스에 대해 설명하고 있다. [보기]는 톨레랑스를 정의한 내용이므로, 톨레랑스의 몇 가지 원리를 설명하기 전에 나오는 것이 가장 적절하다.
따라서 [보기]가 들어갈 가장 적절한 위치는 (가)이다.

05 #내용이해 정답 | ②

현대 경제에서 화폐의 가치는 국가가 강제적으로 부여한 통용력과 사용하는 사람들의 신뢰로 이루어진다. 금화나 은화는 그 자체로서 가치를 가지고 있는 실물 화폐이므로, 현대 경제에서 화폐는 금화나 은화와 가치가 다르다.

| 오답풀이 |

① 하이퍼인플레이션이 발생하면 사람들이 보유한 화폐를 던져 필사적으로 상품을 사들이거나 통용력이 없는 화폐를 사용하는 이유는 그 국가의 화폐가 실질적 가치가 없어졌기 때문이다.
③ 하이퍼플레이션이 일어난다면 국가가 통용력을 부여한 화폐가 더 이상 화폐의 역할을 못하므로 현대 경제의 화폐 가치는 국가의 통용력보다 국민의 신뢰가 더욱 중요하다.
④ 사람들이 화폐를 던져 상품을 사들이고, 통용력 없는 화폐 또는 미국의 달러를 사용하는 이유는 자국의 화폐에 대한 신뢰가 없기 때문이다.

⑤ 달러는 기축통화로 세계에서 가장 신뢰할 만한 화폐이기 때문에 하이퍼인플레이션이 일어난 상황에서 사람들은 달러를 쓰기도 한다.

06 #내용이해 정답 | ①

주어진 글은 집단 수준의 인과에 대한 서로 다른 견해를 객관적으로 소개하고 있다. 첫 번째 문단은 집단 수준의 인과에 대해 필연성으로 파악하는 견해를 다루고 있고, 두 번째 문단은 집단 수준의 인과에 대해 개연성으로 파악하는 견해를 다루고 있다. 따라서 두 견해를 모두 아우르는 ①이 정답이다.

| 오답풀이 |

② 주어진 글에선 "스트레스가 병의 원인이다."라는 집단 수준의 인과에 대한 하나의 예시만 등장하였으므로 다양한 사례를 소개하는 글이라고 볼 수 없다.
③, ④ 글 전체를 포괄하지 못한다.
⑤ 주어진 글의 내용과 관련이 없다.

문제해결 TIP

글이 두 문단으로 되어 있고 두 번째 문단이 '그런데'로 시작하므로 그 부분이 주요 포인트임을 알 수 있다. 해당 부분을 보면 첫 번째 문단에서는 집단 수준의 인과가 필연적이라는 주장이 있었음을 알 수 있고, 집단 수준의 인과를 개연적이라고 주장하는 내용이 뒤따르리라는 것도 눈치챌 수 있다. 이후의 내용은 크게 세 가지 양상을 띠게 된다. 첫 번째로 앞선 내용이 옳지 않고 뒤에 소개되는 내용이 옳다고 주장하며 글을 마무리 짓는 경우가 있다. 두 번째로 앞선 내용과 상반된 내용을 그저 소개만 하며 글을 마무리 짓는 경우도 있다. 마지막으로 두 견해를 서로 절충하며 타협안을 내놓는 경우가 있다. 글의 마지막 부분을 보면 두 번째 견해가 옳다고 주장하는 내용이나 두 견해를 절충하는 내용 없이 그저 두 번째 견해를 소개만 하고 끝을 맺고 있으므로 ①이 글의 제목으로 가장 적절하다.

07 #내용이해 정답 | ①

두 번째 문단을 보면, 자연법사상에 그 기초를 두고 있는 자연권사상은 고대에도 존재하였다고 나와 있으며, 홉스 이후의 자연권은 근대적인 자연권사상이다.

| 오답풀이 |

② 우리나라 헌법 제10조에서 자연권사상을 확인할 수 있다.
③ '자연권(自然權)'이란 인간이 태어날 때부터 자연적으로 가지는 천부(天賦)의 권리를 말한다.
④ 자연권사상은 17~18세기 영국·프랑스 등 시민 혁명의 사상적 지도 이념이 되었다고 하였고, 근대 입헌 민주주의 헌법상 기본적 인권 보장으로 성문화됐음을 확인할 수 있다.
⑤ 자연법론에서는 인간의 자연권을 법률 이전의 천부의 권리라고 보므로, 국가가 법률로도 이를 제한하거나 침해할 수 없다.

08 #내용이해 정답 | ③

'바람탑'의 기원은 주어진 글에 나와 있지 않다.

| 오답풀이 |

① '바람탑'은 집 안을 시원하게 하거나, 얼음을 보관하는 창고의 냉각 장치로 이용되면서 연기가 나오지 않는 오래된 굴뚝이다.
② '바람탑'은 건물 내부와 외부 공기의 온도 차와 관련된 대류 현상을 이용한 것이다.
④ '바람탑'은 집 안을 시원하게 하거나, 얼음을 보관하는 창고의 냉각 장치로도 이용된다.
⑤ '블루 이코노미'란 단순히 친환경적인 소재나 기술의 개발이 아닌 보다 능동적으로 자연 생태계의 순환 시스템을 모방한 방식이다.

09 #내용이해 정답 | ⑤

주어진 글은 화석 연료를 대체할 에너지로 주목받는 수소 에너지의 장점 및 현재의 연구 상황과 해결 과제를 토대로, 수소 에너지가 지닌 가능성과 21세기 사회에 미칠 영향력에 대한 내용이 서술되어 있다.

| 오답풀이 |

① 미래의 대체 에너지 개발 계획에 대한 내용은 주어진 글에 나와 있지 않다.
② 미래의 대체 에너지로 수소가 가지는 문제점과 한계는 주어진 글에 나와 있지 않다.
③ 미래의 대체 에너지로 수소가 가능한 까닭은 나와 있지만, 대체 에너지로 수소가 유일하다는 언급은 없다.
④ 미래의 대체 에너지로 주목받는 에너지원의 변천 과정은 주어진 글에 나와 있지 않다.

10 #서술방식 정답 | ④

주어진 글에서는 대상이 지닌 특징을 나열하여 대상의 장점을 드러내고 있을 뿐, 대상의 다양한 요소들을 분석하거나 그 구조적 특성을 밝히고 있는 것은 아니다.

| 오답풀이 |

① 수소가 우주 분자의 90%를 차지한다거나 태양 질량의 30%를 차지한다는 내용, 단위 질량당 에너지양이 가솔린의 4배라는 내용 등의 객관적 수치를 통해 글의 신뢰도를 높이고 있다.
② 네 번째 문단에서 자동차 분야의 연구 사례를 제시하여 수소 에너지의 활용 가능성을 밝히고 있다.

③ 두 번째 문단에서 석탄, 석유, 천연가스 등과 수소 원자당 탄소의 수를 비교하여 수소의 특성을 밝히고 있다.
⑤ 첫 번째 문단에서 소설가 쥘 베른과 와츠 회장의 말을 인용하여 중심 화제에 대한 독자의 흥미를 이끌어 내고 있다.

11 #내용이해

정답 | ④

세 번째 문단을 보면, '수소에는 탄소가 전혀 포함되지 않는다.'라고 서술되어 있다.

| 오답풀이 |

① 세 번째 문단을 보면, '수소는 독성이 없고 다른 물질과 반응을 일으키는 반응성이 좋아 단위 질량당 에너지양이 가솔린의 약 4배로 활용 가치가 높다.'고 서술되어 있다.
② 첫 번째 문단을 보면, '수소는 우주에서 가장 풍부한 원소로 우주 분자의 90%를 차지한다.'고 서술되어 있다.
③ 다섯 번째 문단을 보면, '에너지의 형태가 고체에서 액체로, 액체에서 다시 기체로 바뀌는 경우 에너지의 처리 속도는 빨라지고 효율은 높아진다.'고 서술되어 있다.
⑤ 세 번째 문단에 따르면 '수소가 미래의 중요 에너지원으로 등장한다는 것은 인류 역사를 오랫동안 지배해 온 탄화수소 에너지의 종말이나 마찬가지이다.'라고 서술되어 있다.

12 #내용이해

정답 | ④

주어진 글은 변성 작용에 영향을 주는 두 가지 요인으로 온도와 압력을 제시하고 이 요인들이 어떻게 변성암을 만드는지 설명하고 있다.

| 오답풀이 |

① 변성암의 특징이 나오기는 하지만, 주어진 글의 주된 내용은 변성암이 어떻게 생성되는지에 대한 것이다.
② 변성암에 줄무늬가 생기는 이유는 차등 응력 때문이라고 답할 수 있지만, 해당 질문이 주어진 글의 궁극적인 질문이라고 보기는 어렵다.
③ 주어진 글을 암석의 변성 작용이 무엇인가라는 질문에 대한 대답으로 보기는 어렵다.
⑤ 퇴적암에 대한 설명은 언급되지 않았다.

13 #추론

정답 | ⑤

중심지 기능이 최대한 미치는 공간 범위가 재화도달 범위이므로, 중심지 기능이 유지되기 위해서는 재화도달 범위가 최소요구치 범위와 같거나, 최소요구치 범위보다 커야 한다.

14 #추론

정답 | ④

글에서 하찮고 더러운 일을 하더라도 그 사람의 청렴한 인격에는 아무 손상을 가져오지 않았다고 하였다. 사람을 평가하고 판단함에 있어 그 사람이 하는 일보다는 언행, 성품, 태도를 먼저 고려해야 한다는 ④가 가장 적절한 견해이다.

15 #추론

정답 | ④

주어진 글에서 "하루 중에는 해가 동쪽으로 뜰 때 해그림자가 시반면의 서쪽 묘시(卯時) 시각선을 가리킨 이후, 서서히 오른쪽으로 이동해 동쪽의 유시(酉時) 시각선에서 해가 짐에 따라서 해그림자도 없어진다."라고 서술되어 있다. 즉, 해그림자가 하루의 시각 변화에 따라 동쪽에서 서쪽으로 이동한다는 것을 알 수 있다.

| 오답풀이 |

① 주어진 글에서 "반구의 정중앙에 위치한 시침의 끝부분이 만들어 내는 해그림자는 1년 중의 24절기에 따라 각각의 절기선을, 하루 낮 동안에는 시각선을 각각 가리키며 움직이게 된다."라고 서술되어 있다. 즉, 앙부일구는 1년 중의 절기와 하루의 시각을 동시에 잴 수 있다.
② 주어진 글에서 "현재 유물로 남아 있는 앙부일구에 새겨진 눈금은 모두 12시 96각법에 의한 것이다."라고 서술되어 있다. 시헌력을 1653년에 채택하면서 바뀐 것이므로 적절한 추론이다.
③ 주어진 글에서 "원래 전통 시법은 하루를 12시 100각으로 나누었는데, 세종 때의 역법을 담은 「칠정산내편」도 이것을 따르고 있다."라고 서술되어 있다. 따라서 세종 때 만들어진 앙부일구에 새겨진 시각의 눈금은 100각법에 따른 것이었음을 추론할 수 있다.
⑤ 앙부일구에서 반구의 정중앙에 위치한 시침의 끝부분이 만들어 내는 해그림자가 가리키는 절기선을 읽으면 그것이 바로 그날의 절기라고 하였으므로 적절한 추론이다.

16 #추론

정답 | ③

주어진 글의 내용만으로 퍼블리시티권이 유명인의 사후에도 존속되는지는 추론할 수 없다.

| 오답풀이 |

① 유명인의 성명을 무단으로 사용하게 되면 인격권 침해에 해당하거나 경제적 이익의 침해에 해당할 수 있다. 따라서 상황에 따라 그 처벌 수위가 달라질 수 있다.
② 퍼블리시티권은 성명이나 초상의 경제적 가치를 인정해 주는 권리이므로 퍼블리시티권으로 인해 사람들이 자신의 성명이나 초상의 경제적 가치를 높이기 위해 노력할 것이라는 추론은 적절하다.
④ 유명인의 성명이나 초상 등이 상품에 부착되거나 서비스업에

이용되면 상품 판매와 영업 활동을 촉진하는 효과를 주므로, 이들의 성명이나 초상 등에 경제적 이익을 인정하고 퍼블리시티권을 인정하는 것이다.

⑤ 퍼블리시티권은 유명인의 성명, 초상의 경제적 가치를 보호하는 것이다. 따라서 유명인의 성명, 초상이 잠재적인 경제적 가치를 지니면 실제 경제적 이익이 발생하지 않았어도 퍼블리시티권의 보호 대상이 된다는 추론은 적절하다.

17 #빈칸 넣기(독해) 정답 | ⑤

주어진 글은 만화의 칸에 대해 설명하고 있다. 빈칸 앞부분은 칸이 무엇인지 밝히고 있고, 빈칸 뒷부분은 칸이 만화에서 독립적인 부분으로 작용함을 설명하고 있다. 따라서 빈칸에 들어갈 내용으로 가장 적절한 것은 ⑤이다.

| 오답풀이 |

① 만화에서 칸은 작가 또는 독자에게 많은 의미를 지니는 것은 맞으나 빈칸에 들어가기에는 적절하지 않다. 칸을 이해하는 것이 만화를 이해하는 것이며, 분절된 칸들의 재구성이 만화 예술인 것과 칸이 지니는 다양한 의미는 큰 연관성이 없기 때문이다.

② 만화에서 칸이 독립적인 것은 맞지만, 여러 개를 별도로 분석한다고 해서 만화 예술의 본질을 파악할 수 있는 것은 아니다. 빈칸 뒷부분에도 분절된 칸들의 연속을 통해 재구성되는 것이 만화라고 설명하고 있다.

③ 만화에서 칸은 영화에서의 미장센과 완전히 동일하지도 않으며, 작품의 연출에 큰 영향을 주지 않는 것도 아니다.

④ 첫 번째 문단에서 만화의 칸에 대하여 설명하고, 빈칸 뒷부분에서는 만화의 칸이 독립적인 부분으로 작용함을 설명하고 있다. 그러나 만화의 칸이 만화에서 가장 중요한 역할을 하는지에 대한 내용은 글의 흐름과 거리가 멀다.

18 #빈칸 넣기(독해) 정답 | ⑤

㉠에는 앞선 문장을 통해 '합리적 기대 이론'의 한계점과 관련된 내용이 들어가야 함을 알 수 있다. 그런데 ⑤의 내용은 ㉠ 바로 뒤의 "증권 시장의 움직임을 설명하는 데에 합리적 기대 이론이 매우 효과적인 힘을 발휘하는 것은 사실이다."를 통해 '합리적 기대 이론'의 한계점으로 보기는 어렵다. 오히려 해당 이론이 가진 장점을 언급하는 것으로 파악할 수 있다.

19 #비판·반론 정답 | ③

컨스터블이 영국에서 국민 화가가 될 수 있었던 것은 19세기 영국 농촌의 아름다움을 사실적으로 묘사하였기 때문이라고 서술되어 있다. 그런데 19세기 전반 영국의 농촌은 산업 혁명에 따른 도시화로 인해 피폐해지고 있었다는 것을 고려할 때, 컨스터블의 그림이 과연 사실적인 묘사였는지 고려해 볼 필요가 있다. 따라서 컨스터블의 그림에 대해 비판한 것으로 가장 적절한 것은 ③이다.

| 오답풀이 |

① 후대의 작가들에게 작품이 반드시 패러디되어야 하는 것은 아니며, 그림이 정적이라고 해서 패러디가 될 수 없는 것도 아니다.

② 당시 유행하는 화풍은 도식적이고 이상화된 풍경이었는데, 컨스터블은 유행을 거부하고 사실적으로 그림을 그렸다고 사람들이 여겼기 때문에 그의 그림이 인기가 많았던 것이다. 따라서 사람에게 인기가 많았다는 것은 그만큼 유행에 민감했음을 의미한다는 비판은 적절하지 않다.

④ 컨스터블이 풍경화에 담긴 풍경과 실제로 자신의 눈의 풍경이 사진과 같이 동일해야만 한다고 생각했다는 내용은 없다.

⑤ 컨스터블이 대중적인 화가로 불린 것은 다수의 농민과 중산층을 대상으로 그림을 판매했기 때문이 아니라 농촌의 풍경을 사실인 것처럼 아름답게 그렸기 때문이다.

20 #비판·반론 정답 | ⑤

자신의 권리를 주장하는 민사 사건의 경우 권리가 있다고 주장하는 쪽이 권리가 없다라고 주장하는 쪽보다 입증하기가 더 쉽다. 따라서 권리를 주장하려는 자에게만 엄중한 부담감을 지우는 것이라 볼 수 없다.

| 오답풀이 |

① 공해 등의 환경 오염으로 피해를 받아 소송을 하는 경우 피해자에게 공해와 손해 발생 사이의 인과 관계를 하나하나의 연결 고리까지 자연 과학적으로 증명하도록 요구한다면, 사실상 사법적 구제를 거부하는 일이 될 수 있다.

②, ③ 대기업과 개인이 소송할 경우 또는 전문가와 비전문가가 소송할 경우 피해자가 가해자보다 가지고 있는 기술이나 지식이 적기 때문에 오히려 피해자에게 더 큰 부담이 지워지는 형상이 된다.

④ 성범죄의 경우 증거가 적고, 상대방이 거짓말을 하는 경우가 많은데, 여기서도 입증책임이 피해자에게만 주어지는 것은 합리적이지 않다.

02 I 수리 영역									P. 470
01	③	02	③	03	④	04	④	05	③
06	③	07	⑤	08	④	09	③	10	⑤
11	⑤	12	④	13	③	14	②	15	④
16	④	17	①	18	④	19	④	20	③

01 #방정식의 활용

정답 I ③

직사각형의 한 변의 길이를 $x$cm라 하고, 나머지 한 변의 길이를 $y$cm라 하면, 다음과 같이 두 방정식을 세울 수 있다.

$$\begin{cases} 2(x+y)=46 \\ xy=120 \end{cases}$$

$x^2-23x+120=0 \rightarrow (x-15)(x-8)=0$

$\therefore x=8$ 또는 15

따라서 직사각형의 한 변의 길이는 각각 15cm와 8cm인데, 가로가 세로보다 더 길다는 조건에 따라 가로의 길이는 15cm이다.

02 #방정식의 활용

정답 I ③

맞힌 문제의 개수를 x개, 틀린 문제의 개수를 y개라고 할 때, 정답을 맞히면 +5점, 틀리면 −4점이므로

$5x-4y=78$ … ㉠

정답을 맞힌 개수가 틀린 개수의 2배이므로

$x=2y$ … ㉡

위의 ㉡ 식을 ㉠ 식에 대입하면, $10y-4y=78$

$\therefore y=13,\ x=26$

따라서 지금까지 푼 문제의 개수는 26+13=39(개)이다.

03 #경우의 수

정답 I ④

- 1~3번째 자리에 영문자(A, B, C)를 나열할 때 동일한 영문자는 연이어 사용할 수 없다고 하였다. 첫 번째 자리에 가능한 영문자는 A, B, C 3가지이고, 두 번째와 세 번째 자리에 가능한 영문자는 바로 앞에 온 영문자를 제외한 각각 2가지이므로, 총 $3\times2\times2=12$(가지)이다.
- 4~6번째 자리에 숫자(1, 2, 3)를 나열할 때 숫자는 중복으로 사용할 수 있다고 하였다. 각각의 자리에 가능한 숫자는 1, 2, 3 총 3가지이므로, 총 $3\times3\times3=27$(가지)이다.

따라서 가능한 6자리 문자열을 만드는 방법의 수는 $12\times27=324$(가지)이다.

04 #부등식의 활용

정답 I ④

별다방에서 커피 원두를 사면 $(x+200)$g만큼의 양을 $70x$원에 구매할 수 있으므로 원두 1g의 가격은 $\frac{70x}{x+200}$원이 되고, 해다방에서 커피 원두를 사면 xg만큼의 양을 70원에서 12% 할인된 금액에 구매할 수 있으므로 원두 1g의 가격은 $70\times0.88=61.6$(원)이 된다.

이때, 커피 애호가 정 씨는 별다방 이벤트를 선택하여 같은 가격에 더 많은 원두를 얻었기 때문에, 별다방 커피 원두의 가격이 해다방 커피 원두의 가격보다 저렴해야 하므로, 다음과 같이 식을 세울 수 있다.

$\frac{70x}{x+200}<61.6$

$\rightarrow 700x<616(x+200)$

$\rightarrow 84x<123,200$

$\therefore x<1,466.66\cdots$

따라서 정 씨가 구매한 커피 원두가 최대 1,466g일 때까지 해다방에 비해 이득을 얻었다고 할 수 있다.

05 #집합

정답 I ③

A, B, C 3개의 자격증 중 어느 것도 갖지 않은 응시자는 30명 중 8명이다. 또한 A와 B 자격증을 갖지 않은 응시자는 9명이므로 이들은 C자격증만 가졌거나 아무 자격증도 갖지 않은 것이 된다. 따라서 아무 자격증도 갖지 않은 응시자가 8명이므로 C자격증만 가진 응시자는 9−8=1(명)이 된다.

이와 같은 방식으로 3개 자격증에 대한 영역을 벤다이어그램으로 나타내면 다음과 같이 모든 영역에 대한 응시자 수를 알 수 있다.

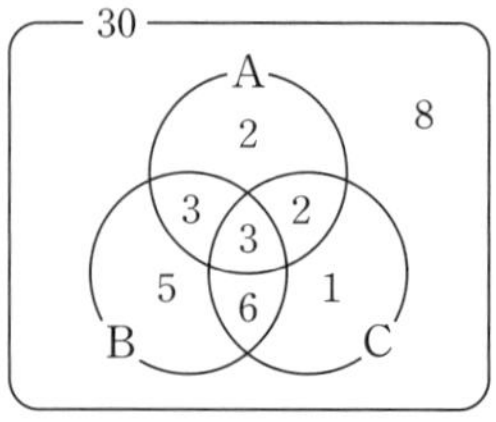

따라서 3개의 자격증을 모두 가진 응시자는 3명이다.

문제해결 TIP

벤다이어그램을 그려 어느 곳에도 포함되지 않는 8명을 먼저 표기한 후, 두 집합의 교집합인 3명, 2명, 6명을 차례대로 표기해 넣으면 남은 부분의 수치를 어렵지 않게 찾을 수 있다.

06 #원가·정가·할인가 정답 | ③

제품 A의 원가를 a원, 제품 B의 원가를 b원이라고 하면 각각 100개씩을 36만 원에 구입하였으므로

$100a+100b=360,000$

양변을 100으로 나누어 식을 정리하면

$a+b=3,600$ ⋯ ㉠

제품 A는 30%의 이익을 붙였으므로 정가가 $1.3a$원이고, 제품 B는 20%의 이익을 붙였으므로 정가가 $1.2b$원이다. 따라서 제품 A의 할인가는 $1.3a\times0.9=1.17a$(원), 제품 B의 할인가는 $(1.2b-200)$원이다. 제품 A는 정가에 20개, 할인가에 80개를 팔았고, 제품 B는 정가에 30개, 할인가에 70개를 팔았으므로 총매출액은 다음과 같다.

$1.3a\times20+1.17a\times80+1.2b\times30+(1.2b-200)\times70$

$=26a+93.6a+36b+84b-14,000$

$=119.6a+120b-14,000$

이 금액은 원가와 이익을 합한 금액이므로

$119.6a+120b-14,000=360,000+57,200$이 성립한다. 이를 정리하면

$119.6a+120b=431,200$ ⋯ ㉡

$120\times$㉠$-$㉡을 하면 $0.4a=800$

$\therefore a=2,000,\ b=1,600$

따라서 두 제품 A, B의 1개당 원가의 차는 $2,000-1,600=400$(원)이다.

07 #경우의 수 정답 | ⑤

6개의 사무실을 A, B, C, D, E, F라고 하고 그 앞에 놓인 화분을 각각 a, b, c, d, e, f라고 하자. A와 B 사무실 앞에 놓인 화분만 제대로 놓이고, 다른 화분은 잘못 놓이는 경우는 다음과 같다.

A	B	C	D	E	F
a	b	d	c	f	e
			e	f	c
			f	c	e
		e	c	f	d
			f	c	d
			f	d	c
		f	c	d	e
			e	c	d
			e	d	c

위와 같이 A와 B 사무실 앞에 놓인 화분만 제대로 놓은 경우는 총 9가지이다.

또한 화분이 제대로 놓이는 사무실 2개를 선택하는 경우의 수는 ${}_6C_2=\frac{6\times5}{2}=15$(가지)이므로, 모든 경우의 수는 $9\times15=135$(가지)이다.

08 #수열 정답 | ④

최종적으로 모두 1개씩만 남게 되므로 100개의 골프공을 어떻게 나누던지 그 횟수는 항상 일정하다. 따라서 n개의 골프공은 두 개의 상자에 나눠 포장하기를 반복하면, $(1,\ n-1)\rightarrow(1,\ 1,\ n-2)\rightarrow(1,\ 1,\ 1,\ n-3)\rightarrow\cdots\rightarrow(1,\ 1,\ 1,\ \cdots,\ 1)$이 된다.

나누어진 골프공의 개수의 곱은 $n-1$, $n-2$, $n-3$, ⋯, 1이고, $n=100$이므로 메모장에 적혀 있는 수들의 합은 1부터 99까지의 합이 된다.

따라서 $\frac{99\times(99+1)}{2}=4,950$이다.

09 #통계 정답 | ③

1부터 5까지의 숫자를 꺼낼 때 기대할 수 있는 당첨금 액수가 차례대로 1,000원, 2,000원, 3,000원, 4,000원, 5,000원이므로 공을 1번 꺼낼 때 기대할 수 있는 당첨금 액수는 $\frac{1}{5}(1,000+2,000+3,000+4,000+5,000)=3,000$(원)이다.

따라서 이벤트에 2번 참여하였을 때 기대할 수 있는 당첨금 액수는 $2\times3,000=6,000$(원)이다.

문제해결 TIP

기댓값을 구할 때, 공에 쓰인 숫자의 평균을 구해서 1,000(원)을 곱하면 더 간단한 계산으로 기댓값을 구할 수 있다. 즉, 1~5의 평균은 3이므로 3×1,000=3,000(원)이고, 2번 시행하므로 정답은 6,000원이다.

10 #부등식의 활용 정답 | ⑤

추가 통화 시간을 x분이라고 하면 각 요금제에 대한 이용 금액은 다음과 같다.

- A요금제: $(34,000+150x)$원
- B요금제: $(31,000+180x)$원

A요금제를 사용할 때의 이용 금액이 B요금제를 사용할 때보다 비싸지지 않으려면 다음을 만족해야 한다.

$34,000+150x \leq 31,000+180x$

$\rightarrow 30x \geq 3,000 \rightarrow x \geq 100$

즉, 최소 100분은 추가로 통화를 해야 A요금제의 요금이 B요금제를 사용할 때보다 비싸지지 않게 된다. 따라서 무료 통화 시간 160분을 포함하여 적어도 160+100=260(분)을 통화해야 한다.

11 #단일형 자료해석 정답 | ⑤

2000년 노인 인구수는 1,288+2,084=3,372(천 명)이고, 2016년 노인 인구수는 2,863+3,912=6,775(천 명)이다.

'(노인 인구 비율)$=\frac{\text{(노인 인구수)}}{\text{(전체 인구수)}}\times 100$'에 의해 '(전체 인구수)=(노인 인구수)÷(노인 인구 비율)×100'의 산식을 도출할 수 있다. 이에 따라 두 시기의 전체 인구수를 계산하면 다음과 같다.

- 2000년: 3,372÷0.073≒46,192(천 명)
- 2016년: 6,775÷0.136≒49,816(천 명)

따라서 2000년 대비 2016년에 증가한 전체 인구수는 49,816−46,192=3,624(천 명)=362만 4천 명이다.

12 #단일형 자료해석 정답 | ④

㉠ 2019년 개인 사업체의 종사자 수를 의미하므로 2015년 개인 사업체의 종사자 수에서 2015~2019년 동안 증가한 종사자 수를 더하면 된다. 따라서 6,900+758=7,658(천 명)이다.

㉡ 2010년 전체 종사자 수에서 2006~2010년 동안 증가한 전체 종사자 수를 빼면 되므로, 15,148−1,038=14,110(천 명)이다.

㉢ 2006~2019년 전체 기간 동안 증가한 비회사 법인의 종사자 수가 435천 명이므로 435−(−8)−147=296(천 명)이다.

따라서 ㉠은 7,658, ㉡은 14,110, ㉢은 296이다.

13 #단일형 자료해석 정답 | ③

㉡ 신고 건수와 환자 수 모두 전년 대비 [증가−감소−증가−감소]로 일치한다.

㉣ 2019년부터 2021년까지 환자 수가 7,466+5,981+7,162=20,609(명)이므로 3년간 환자 수는 평균 20,609÷3≒6,870(명)이다. 즉, 7,000명 미만이다.

| 오답풀이 |

㉠ 5년간 신고 건수는 235+349+330+399+336=1,649(건)이다.

㉢ 신고 건수가 가장 많은 해는 2021년(399건)이고, 이 해의 환자 수는 7,162명이다. 그런데 2019년 환자 수가 7,466명이므로 신고 건수가 가장 많은 해에 환자 수가 가장 많은 것은 아니다.

문제해결 TIP

㉠은 정확히 계산해야 하지만, ㉣의 경우는 정확하게 계산하지 않아도 된다는 것을 이용해서 문제풀이 시간을 단축할 수 있다. 주어진 [그래프]에서 2020년 환자 수가 6,000 미만이므로 7,000보다 1,000 이상 낮다. 그런데 2019년과 2021년 환자 수가 크게 잡더라도 7,000보다 각각 500, 200 더 높으므로 초과분을 더하더라도 700밖에 안 된다. 즉, 3년간 평균 환자 수는 7,000명 미만임을 알 수 있다.

14 #연계형 자료해석 정답 | ②

㉠ 2020년 음주율은 2014년 대비 69.8−67.4=2.4(%p) 낮아졌음을 알 수 있다.

㉣ [그래프1]에서 연도별로 자신의 건강에 대한 평가가 좋아지고 있음을 알 수 있고, [그래프2]에서 흡연율과 음주율 모두 전반적으로 감소하고 있다. 따라서 해당 자료를 통해 사람들은 자신의 건강 상태에 대하여 이전보다 조금씩 더 신경을 쓰고 있음을 알 수 있다.

| 오답풀이 |

㉡ [그래프2]는 2년 주기로 설문조사를 하였으므로 해마다 꾸준히 감소하였는지는 알 수 없다.

㉢ [그래프1]은 건강 평가에 관한 비율을 나타낸 자료이므로 사람 수가 꾸준히 증가하였는지는 알 수 없다.

15 #단일형 자료해석

정답 | ④

주어진 [그래프]는 시기마다 해당 연도의 전체 인구에서 차지하는 비율을 연령별로 나타낸 것이다. 2030년 65세 이상 인구수가 1990년에 비해 4배 이상 많은지는 1990년과 2030년의 전체 인구수를 알지 못하므로 확인할 수 없다.

| 오답풀이 |

① 65세 이상 인구가 총인구에서 차지하는 비율이 14% 이상일 때 고령 사회라고 하였으므로 우리나라 인구 구성비가 꾸준히 고령화 단계를 진행할 때, 2010년과 2020년 사이에 고령 사회가 도래한다.

② 65세 이상 인구가 총인구에서 차지하는 비율이 20% 이상일 때 초고령 사회라고 하였으므로 우리나라 인구 구성비가 꾸준히 고령화 단계를 진행할 때, 2020년과 2030년 사이에 초고령 사회가 도래할 것으로 예상된다.

③ 2000년 65세 이상 인구가 총인구에서 차지하는 비율이 7.2%이므로 2000년에 이미 고령화 사회였다.

⑤ 2030년 전체 인구에서 14세 이하가 차지하는 비율이 11.4%로 예상되므로 1990년의 25.6%에 비해 그 비율은 절반도 안 될 것으로 예상할 수 있다.

16 #연계형 자료해석

정답 | ④

외국인 관광객 중 중국 국적의 외국인이 차지하는 비중은 2013년부터 2016년까지 매년 70% 이상을 차지하고 있지만, 2017년에는 $\frac{747,315}{1,230,604}\times100≒60.7(\%)$로 70% 미만이다.

| 오답풀이 |

① 관광객 수가 매년 증가한 국적은 없다.

② 2014년 총 관광객 중 외국인의 비중은 $\frac{3,328,316}{12,273,917}\times100≒27.1(\%)$로, 30% 이하이다.

③ 5년간의 내국인 관광객 수는 총 5,400만 명 이상이지만, 외국인 관광객 수는 총 1,300만 명 수준이므로 4배가 넘는다.

⑤ 기타 국적을 제외하면, 다른 해에는 모두 중국－일본－말레이시아 국적이 외국인 관광객 수 상위 3개 국적이나, 2016년에만 중국－말레이시아－싱가포르 국적이 외국인 관광객 수 상위 3개 국적이다.

17 #연계형 자료해석

정답 | ①

①에 제시된 세부 자료는 연도별 내국인 관광객의 증가율이며, 연도별 총 관광객의 증가율을 옳게 계산하면 다음과 같다.

2014년	2015년	2016년	2017년
약 13.1%	약 11.3%	약 16.0%	약 −6.9%

| 오답풀이 |

④ 외국인 관광객 대비 내국인 관광객 비율은 외국인 관광객 1명당 내국인 관광객의 비율을 의미하므로 '$\frac{\text{내국인 관광객}}{\text{외국인 관광객}}$'으로 계산할 수 있다.

⑤ 2015년과 2017년은 중국, 일본, 말레이시아 국적의 관광객이 외국인 관광객 상위 3개 국적의 관광객이고, 2016년은 중국, 말레이시아, 싱가포르 국적의 관광객이 이에 해당된다.

18 #도표 작성 및 변환

정답 | ④

마지막 문단의 '서울은 초등학교에서 학급당 학생 수가 가장 많았으나, 중학교에서는 세종과 대구 다음으로 낮은 수치를 보였고'라는 설명을 통해, 서울이 세종, 대구보다는 낮지만 부산, 광주보다는 높은 학급당 학생 수를 나타내야 한다. 하지만 ④의 그래프는 서울의 수치가 세종과 대구보다도 높고, 광주보다는 낮으므로 적절하지 않다.

19 #단일형 자료해석

정답 | ④

가입 대상 근로자와 가입 근로자가 비례 관계를 보여야 한다. 그러나 5인 미만 규모의 사업장과 30~49인 규모의 사업장은 비례 관계가 성립하지 않는 것을 알 수 있다.

| 오답풀이 |

① 산식에 의해 2017년과 2018년 합계 가입률을 구해보면, 2017년은 절반에 못 미치는 수치이지만, 2018년은 절반을 넘는 수치인 것을 알 수 있다.

② 주어진 자료의 2017년과 2018년 가입 근로자의 수치를 비교하면 모든 지표에서 수치가 증가한 것을 알 수 있다.

③ 전체 가입 근로자가 가장 많이 증가한 규모의 사업장은 880천 명에서 941천 명으로 61천 명 증가한 10~29인 규모의 사업장이다.

⑤ 5인 미만 규모 사업장의 가입률은 2017년과 2018년 각각 $\frac{116}{969}\times100≒12.0(\%)$와 $\frac{126}{1,032}\times100≒12.2(\%)$이다. 따라서 두 해에 각각 약 65.6%와 66.6%의 가입률을 나타내고 있는 300인 이상 규모 사업장은 5인 미만 규모 사업장의 5배 이상인 것을 알 수 있다.

20 #단일형 자료해석

정답 | ③

가입 대상 근로자가 아닌 근로자 중 연금에 가입한 근

로자는 '(전체 가입 근로자)－(가입 근로자)'이므로, 이를 정리하면 다음과 같다.

(단위: 천 명)

구분	2017년	2018년
합계	341	361
5인 미만	23	24
5~9인	49	55
10~29인	92	101
30~49인	36	37
50~99인	42	41
100~299인	41	43
300인 이상	58	60

따라서 42천 명에서 41천 명으로 감소한 50~99인 규모의 사업장을 제외한 모든 규모의 사업장에서 전년보다 증가하였다는 것을 알 수 있다.

03 I 추리 영역 P. 484

01	④	02	②	03	⑤	04	④	05	⑤
06	④	07	①	08	①	09	②	10	③
11	④	12	⑤	13	⑤	14	①	15	③
16	①	17	⑤	18	④	19	①	20	④

01 #벤다이어그램 정답 I ④

전제1의 대우명제를 고려하면 다음과 같은 벤다이어그램을 그릴 수 있다. 이때 '있다'의 부정은 '없다', '없다'의 부정은 '있다'임을 이용하였다(모든 경우의 수가 '있다'와 '없다' 2개뿐이며 제3의 가능성은 없기에 가능).

'~혼밥'이 '대의'를 포함하고 있으므로 "대의를 외치는 사람은 혼자 밥을 먹지 않는다."가 항상 참이라는 것을 알 수 있다. 이 명제의 대우명제는 "혼자 밥을 먹는 사람은 대의를 외치지 않는다."이므로 정답은 ④이다. 문장에 '모든'이 없더라도 '어떤'과 같은 some 개념의 수식어가 없다면 all 개념으로 해석해야 하는 것에 유의해야 한다.

문제해결 TIP

전제1과 전제2 모두 some 개념이 등장하지 않으므로 대우명제를 사용하여 문제를 풀 수 있다. 사심이 있는 사람을 '사', 대의를 외치는 사람을 '대', 혼자 밥을 먹는 사람을 '혼'이라고 표시하고 전제1과 전제2를 다시 쓰면 다음과 같다.

- 전제1: ~사 → ~대
- 전제2: 사 → ~혼

전제1과 전제2 모두 '사'가 등장하므로 '사'가 매개념이다. '사'를 매개로 전제1과 전제2를 연결하기 위해 전제2의 대우명제를 구해보면 '혼 → ~사'이다. 따라서 '혼 → ~대'라는 결론을 내릴 수 있으므로 ④가 정답이다.

02 #벤다이어그램 정답 I ②

전제1을 만족하는 벤다이어그램은 [그림1]과 같다.

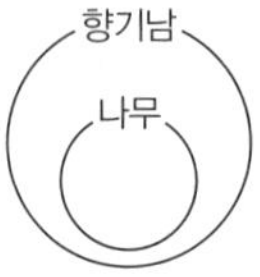

[그림1]

이 상태에서 '나무'와 '~나이테' 사이에 공통영역이 존재한다는 결론을 반드시 만족하기 위해선 [그림2]와 같이 '~나이테'가 '향기남'을 포함하면 된다.

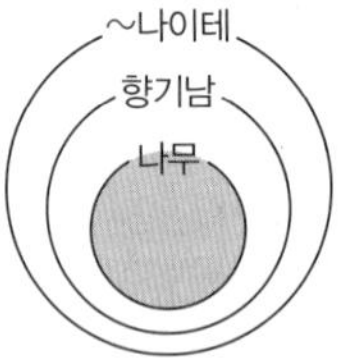

[그림2]

[그림2]의 경우 모든 나무가 나이테가 없게 되었지만, some 개념은 all 개념을 포함하므로 결론을 위배하는 것은 아니다. 따라서 정답은 ②이다.

문제해결 TIP

결론에 "어떤 ~는 ~이다."라는 some 개념이 있으므로 벤다이어그램을 활용한다. 나무를 '나', 향기가 나는 것을 '향', 나이테가 있는 것을 '테'라고 표시하자. 전제1을 벤다이어그램으로 표현하면 [그림3]과 같다.

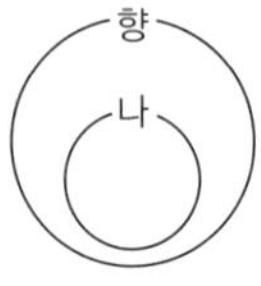

[그림3]

이 상태에서 ①을 만족하도록 '테'의 벤다이어그램을 그려보도록 하자. ①을 만족하기 위해선 '테'가 '향'을 포함하고 있어야 하므로 [그림4]와 같이 나타낼 수 있다.

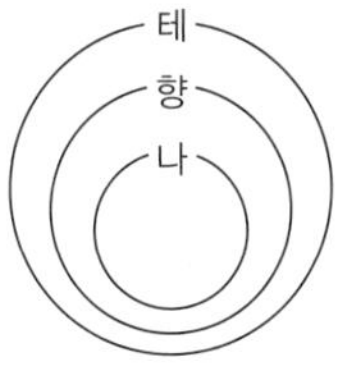

[그림4]

[그림4]에서는 모든 나무에 나이테가 있다. 즉, ①을 전제2로 세울 경우 결론이 도출되지 않으므로 ①은 전제2로 적절하지 않다.
이와 같은 방식으로 전제1과 ②~⑤를 만족하는 벤다이어그램을 각각 그렸을 때, 결론을 위배하는 반례가 하나라도 발생한다면 해당 선택지를 소거할 수 있다. ③~⑤는 [그림5]를 반례로 들 수 있으므로 정답이 될 수 없다.

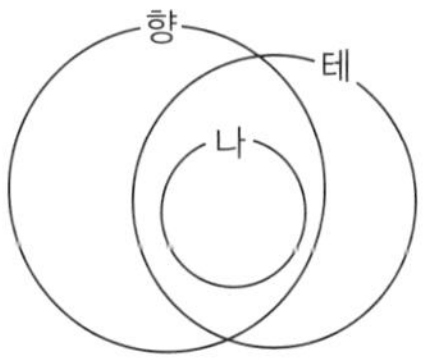

[그림5]

반면 ②를 전제2로 세우면 항상 결론을 만족하므로 정답은 ②이다.

03 #수추리 정답 | ⑤

주어진 전개도는 마주 보는 면의 숫자의 곱이 일정한 규칙을 가지고 있는 전개도이다.
첫 번째 전개도는 마주 보는 면의 숫자의 곱이 12로 같으며, 세 번째 전개도 역시 마주 보는 면의 숫자의 곱이 12로 같다. 첫 번째와 세 번째 전개도의 규칙을 바탕으로 두 번째 전개도에 적용해보면 다음과 같다.
$3\times4=12$, $2\times6=12$, $A\times1=12$
따라서 $A=12$이다.

04 #수추리 정답 | ④

제시된 값들은 연산기호 △ 앞의 수를 뒤의 수로 나누었을 때 몫과 나머지를 더하여 우변에 나타내고 있는 규칙을 따르고 있다. 예를 들어, 10△3에서 10을 3으로 나누면 몫이 3이고 나머지가 1이므로 우변은 $3+1=4$이다. 마찬가지 방법으로 하면 다음과 같다.
8△3=2(몫)+2(나머지)=4
17△5=3(몫)+2(나머지)=5
6△5=1(몫)+1(나머지)=2
11△6=1(몫)+5(나머지)=6
따라서 9△2에서 9를 2로 나누면 몫이 4이고 나머지는 1이므로 우변은 $4+1=5$이다.

05 #진실게임 정답 | ⑤

C가 부서 이동을 하지 않았다는 A와 자신과 A가 기획부라는, 즉, 부서를 옮겼다는 C의 말이 모순된다. 따라서 A와 C 둘 중 한 명이 거짓을 말하고 있다. 또한 자신이 영업부에 남았다는 D와 자신과 D가 부서 이동을 했다는 E의 말이 모순된다. 따라서 D와 E 둘 중 한 명이 거짓을 말하고 있으므로 B의 말은 항상 참이다.
B의 말에 따르면 E가 부서 이동을 하였으므로 E의 말도 참이다. 따라서 D와 E가 부서 이동을 하였으므로 자신이 영업부에 남았다고 한 D의 발언은 거짓이고, 자신과 A가 기획부라는 C의 말도 거짓이 된다. 따라서 C가 부서 이동을 하지 않았다는 A의 말은 참이 된다.
이를 정리하면, 거짓을 말하는 사람은 C와 D이고, 부서를 이동한 사람은 D와 E이므로 부서 이동을 한 사람 중 진실을 말한 사람은 E이다.

06 #삼단논법 정답 | ④

[p: 젤리를 사다, q: 과자를 사다, r: 초콜릿을 사다, s: 껌을 사다, t: 사탕을 사다]라고 하자.
주어진 내용을 위의 알파벳으로 치환하면 다음과 같다.

- 껌을 산 직원은 사탕을 사지 않았다.
  ⇨ [$s\rightarrow\sim t\Leftrightarrow t\rightarrow\sim s$]
- 과자를 사지 않은 직원은 초콜릿을 샀다.
  ⇨ [$\sim q\rightarrow r\Leftrightarrow\sim r\rightarrow q$]
- 초콜릿을 산 직원은 껌을 샀다.
  ⇨ [$r\rightarrow s\Leftrightarrow\sim s\rightarrow\sim r$]
- 젤리를 산 직원은 과자를 사지 않았다.
  ⇨ [$p\rightarrow\sim q\Leftrightarrow q\rightarrow\sim p$]

이때, $r\rightarrow s\rightarrow\sim t$의 관계를 따르므로 '초콜릿을 산 직원은 사탕을 사지 않았다($r\rightarrow\sim t$)'는 항상 참이다.

| 오답풀이 |

① $\sim q\rightarrow p$의 관계이다. q와 p는 $p\rightarrow\sim q$이므로 옳지 않다.

② p → t의 관계이다. p와 t는 p → ~t이므로 옳지 않다.
③ ~s → ~q의 관계이다. s와 q는 ~s → q이므로 옳지 않다.
⑤ p → ~s의 관계이다. p와 s는 p → s이므로 옳지 않다.

07 #진실게임

정답 | ①

소진이와 미소의 발언이 모순되므로 소진이의 발언이 참일 때와 거짓일 때로 나누어 생각해본다.
소진이의 발언이 참이면 미소의 발언이 거짓이다. 따라서 소진이는 축구를 하지 않았고, 다정이가 창문을 깼다. 미소의 발언이 거짓이므로 다정이는 축구를 하지 않았고, 다정이는 창문을 깨트렸는데 문제에서 축구를 하던 학생 중 한 명이 창문을 깨트렸다고 했으므로 모순이 생긴다. 따라서 소진이의 발언은 거짓이다.
소진이의 발언이 거짓이면 미소의 발언이 참이다. 따라서 소진이와 다정이는 축구를 하였고, 다정이는 창문을 깨트리지 않았다. 만약 주영이의 발언이 참인 경우 주영이는 축구를 하였고, 소진이는 범인이 아니다. 진희의 발언이 참이라면 주영, 진희, 소진, 다정이가 축구를 한 셈이 되므로 축구를 한 사람은 4명이다. 따라서 진희의 발언이 모순되므로 소진이의 발언이 거짓, 미소의 발언이 참, 주영이의 발언이 참인 경우 진희의 발언은 거짓이다. 따라서 다정이의 발언은 참이 되고, 이때 모순이 생기지 않으므로 주영이가 범인이다.
만약 소진이의 발언이 거짓이고, 주영이의 발언도 거짓이라면 소진이가 범인이다. 이때 진희, 다정이의 발언이 참이 되어야 하는데 다정이의 발언에 따르면 주영이가 범인이 되므로 모순이 생긴다.
따라서 진희와 소진이의 발언이 거짓이고, 주영, 미소, 다정이의 발언이 참일 때 모순이 생기지 않으며, 이때 창문을 깨트린 학생은 주영이다.

문제해결 TIP

모순되는 발언을 먼저 찾는다. 소진이와 미소의 발언이 서로 모순이 되며, 소진이와 다정이가 서로 다른 사람을 범인으로 지목하고 있으므로 둘 다 참이 될 수 없다. 미소보다 소진이에 대한 정보가 더 많으므로 소진이가 참일 때와 거짓일 때로 나누어 경우의 수를 따진다.

08 #조건추리

정답 | ①

C과장이 202호에 숙박하고 C과장의 바로 아래에는 △△기업 직원 중 아무도 숙박하지 않는다고 하였다. 또, B차장은 2층에 숙박하고 F사원은 B차장의 바로 아래에 숙박한다고 하였으므로 다음과 같이 두 가지 경우로 나타낼 수 있다.

301호	302호	303호
201호 B차장	202호 C과장	203호
101호 F사원	102호 ×	103호

[경우1]

301호	302호	303호
201호	202호 C과장	203호 B차장
101호	102호 ×	103호 F사원

[경우2]

이때, A부장이 3층에 숙박하는데, A부장 바로 아래에는 △△기업 직원 중 아무도 숙박하지 않는다고 하였다. 또, 각 층에 2명씩 다른 방에 숙박한다고 하였으므로 D대리는 1층에 숙박함을 알 수 있는데, D대리 바로 위에는 △△기업 직원 중 아무도 숙박하지 않는다고 하였으므로 다음과 같이 나타낼 수 있다.

301호	302호	303호 A부장
201호 B차장	202호 C과장	203호 ×
101호 F사원	102호 ×	103호 D대리

[경우1]

301호 A부장	302호	303호
201호 ×	202호 C과장	203호 B차장
101호 D대리	102호 ×	103호 F사원

[경우2]

한편, E주임은 3층에 숙박하는데, [경우1]에서는 301호 또는 302호에 숙박하고, [경우2]에서는 302호 또는 303호에 숙박한다.
따라서 A부장은 모든 경우에 대하여 301호 또는 303호에 숙박하므로 A부장이 302호에 숙박한다는 내용은 항상 옳지 않다.

| 오답풀이 |

② B차장은 201호 또는 203호에 숙박하므로 항상 옳지 않은 것은 아니다.
③ E주임의 숙박 위치에 따라 [경우1]에서 2가지가 있고, [경우2]에서도 2가지가 있으므로 총 4가지 경우가 있다. 즉, 항상 옳지 않은 것은 아니다.
④ 102호에는 △△기업 직원 중 아무도 숙박하지 않으므로 항상 옳다.
⑤ C과장 바로 위인 302호에는 아무도 숙박하지 않을 수 있으므로 항상 옳지 않은 것은 아니다.

09 #조건추리

정답 | ②

C는 당직을 세 번 서고, 평일에 당직을 선다. 또한 같은 직원이 이틀 연속 당직을 설 수 없으므로 C는 월요일, 수요일, 금요일에 당직을 선다. 수요일에는 당직을 1명이 서므로 수요일에 C만 당직을 선다. D는 화요일에 당직을 서지 않고, B와 함께 당직을 선다. 따라서 목요일, 토요일, 일요일 중 두 번 당직을 선다. 토요일과 일요일은 연달아 당직을 설 수 없으므로 목요일에 B와 D가 당직을 서고, 토요일 또는 일요일에 B와 D가 당직을 선다. 여기까지를 표로 나타내면 다음과 같다.

월	화	수	목	금	토	일
C		C	B, D	C		

F는 평일에만 당직을 서고, 이틀 연속 당직을 설 수 없으므로 월요일, 금요일 또는 화요일, 금요일에 당직을 선다. 이때 수요일, 목요일, 금요일의 당직 일정이 모두 정해졌고, E는 월요일, 화요일에 연속으로 당직을 설 수 없으므로 주말에 한 번 A와 함께 당직을 선다.
만약 F가 월요일, 금요일에 당직을 서는 경우 C와 F가 같이 당직을 서므로 남은 A와 E가 화요일과 토요일 또는 화요일과 일요일에 당직을 선다. 남은 요일에 B와 D가 당직을 선다.
만약 F가 화요일, 금요일에 당직을 서는 경우 A가 C와 월요일에 당직을 서고 E와 F가 화요일에 당직을 서거나, E가 C와 월요일에 당직을 서고 A와 F가 화요일에 당직을 선다. 토요일 또는 일요일에 B, D 또는 A, E가 당직을 선다. 따라서 가능한 모든 경우는 다음과 같다.

월	화	수	목	금	토	일
C, F	A, E	C	B, D	C, F	B, D	A, E
C, F	A, E	C	B, D	C, F	A, E	B, D
C, A	E, F	C	B, D	C, F	B, D	A, E
C, A	E, F	C	B, D	C, F	A, E	B, D
C, E	A, F	C	B, D	C, F	B, D	A, E
C, E	A, F	C	B, D	C, F	A, E	B, D

따라서 E가 금요일에 당직을 선다는 내용만 항상 옳지 않다.

10 #조건추리

정답 | ③

비밀번호를 ABCDE라고 하자. 각 조건을 식으로 나타내면 $A+B=2C$, $C+E=B$, $E=D+1$, $A+D=E$이다. 네 번째 식에서 $E=D+1$이고, $E=A+D$이므로 $A=1$이다.

i) $C=2$인 경우
첫 번째 식에서 만약 $C=2$라면 $B=3$이고 두 번째 식에 대입하면 $E=1$인데 $A=1$이므로 모순이다.

ii) $C=3$인 경우
첫 번째 식에서 만약 $C=3$이라면 $B=5$이고, 두 번째 식에 대입하면 $E=2$인데, 이를 세 번째 식에 대입하면 $D=1$이므로 모순이다.

iii) $C=4$인 경우
첫 번째 식에서 만약 $C=4$라면 $B=7$이다. 이를 두 번째 식에 대입하면 $E=3$이다. 이를 다시 세 번째 식에 대입하면 $D=2$이다. 이에 따라 17423이 가능하다.

iv) $C=5$인 경우
첫 번째 식에서 만약 $C=5$라면 $B=9$이다. 이를 두 번째 식에 대입하면 $E=4$이고, 이를 세 번째 식에 대입하면 $D=3$이다. 이에 따라 19534가 가능하다.

따라서 백의 자리 수는 만의 자리 수보다 3만큼 더 크거나 4만큼 더 크므로, 2만큼 크다고 한 내용만 항상 옳지 않다.

| 오답풀이 |

① 17423, 19534 모두 백의 자리 수는 일의 자리 수보다 1만큼 더 크다.
② 19534의 경우 천의 자리 수는 백의 자리 수보다 4만큼 더 크다.
④ 17423의 경우 십의 자리 수는 만의 자리 수보다 1만큼 더 크다.
⑤ 17423의 경우 십의 자리 수와 일의 자리 수를 합한 수는 만의 자리 수와 백의 자리 수를 합한 수와 같은 5이다.

11 #조건추리

정답 | ④

주어진 조건을 바탕으로 가능한 경우를 생각해본다. 라가 두 항목에서 최하점을 받았는데 다가 서비스 항목에서 4등을 하였으므로 라는 가격과 제품의 질 항목에서 4등을 하였다. 가는 가격 항목에서 3점을 받고, 나는 1점을 받았으므로 다는 2점을 받는다.

점수	가	나	다	라
가격	3	1	2	0
서비스			0	
제품의 질				0
총합				

다는 제품의 질 항목에서 1~3점을 받을 수 있다. 다가 1점을 받는 경우 총합이 3점이 되고, 다가 2점 또는 3점을 받는 경우 총합이 4점 또는 5점이 된다. 라는 최대 총합이 3점이므로 다는 제품의 질 항목에서 1점을 받고, 라는 서비스 항목에서 3점을 받아야 한다. 따라서 가, 나는 서비스에서 1점 또는 2점, 제품의 질에서 2점 또는 3점을 받는다.

점수	가	나	다	라
가격	3	1	2	0
서비스	1/2	2/1	0	3
제품의 질	2/3	3/2	1	0
총합			3	3

ⓛ 나가 제품의 질 항목에서 1등을 하고, 서비스 항목에서 2등을 하는 경우 가는 서비스에서 3등, 제품의 질에서 2등을 한다. 이때 가와 나의 총합이 모두 6점으로 동점이다. 이때 가격 점수가 더 높은 업체가 가이므로 가가 선정된다.

ⓒ 라는 서비스 항목에서 1등을 하여 3점을 받았다.

| 오답풀이 |

㉠ 다는 제품의 질 항목에서 3등을 하여 1점을 받았다.

12 #도형추리

정답 | ⑤

3열은 1열과 2열의 도형을 서로 겹친 후 좌우 반전시킨 모양이다.

13 #도형추리

정답 | ⑤

다음과 같은 규칙을 갖는다.

- 변환1: 도형 전체 반시계 방향 90° 회전/전체 색 반전
- 변환2: 작은 도형만 좌우 교환/전체 색 반전

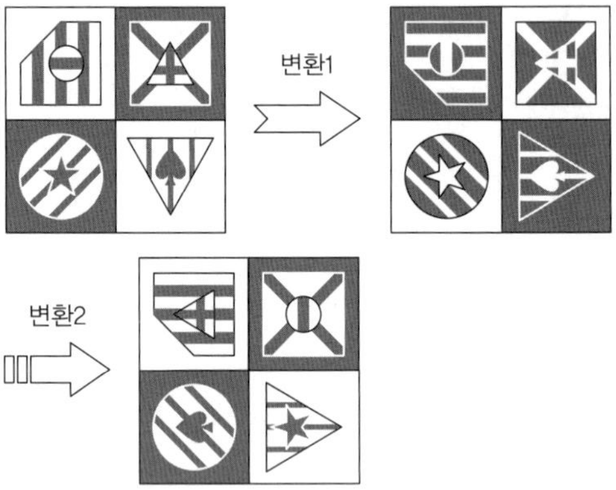

14 #도형추리

정답 | ①

다음과 같은 규칙을 갖는다.

- 공통규칙: 반시계 방향으로 이동/도형 색 변화[회색 → 검은색 → 흰색 → 회색]
- 개별규칙: 좌우 대칭(1행)

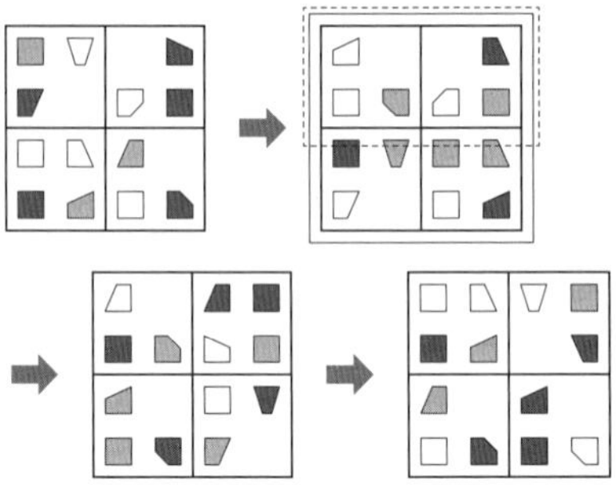

15 #도형추리

정답 | ③

- 오른쪽으로 한 칸씩 갈 때마다 n각형이 $(n+1)$각형으로 변한다.
- 1열과 2열의 숫자를 더한 숫자가 3열의 숫자다.

16 #도식추리

정답 | ①

주어진 기호의 규칙은 다음과 같다.

⊙: 첫 번째, 네 번째 문자(숫자)의 자리를 서로 바꾸고, 두 번째, 세 번째 문자(숫자)의 자리를 서로 바꾼다.

▨: 첫 번째 문자(숫자)를 세 번째 자리로, 두 번째 문자(숫자)를 첫 번째 자리로, 세 번째 문자(숫자)를 두 번째 자리로 이동시킨다.

♣: 알파벳과 숫자 순서에 따라 첫 번째, 세 번째 문자(숫자)는 바로 다음 순서에 오는 문자(숫자)로 변경하고, 두 번째, 네 번째 문자(숫자)는 바로 이

전 순서에 오는 문자(숫자)로 변경한다.
규칙에 의해 (?)에 들어갈 문자열은 다음과 같다.
N76Y → ▨ → 76NY → ⊙ → YN67

17 #도식추리

정답 | ⑤

UGPU → ♣ → VFQT → ⊙ → TQFV

18 #도식추리

정답 | ④

W8M7 → ⊙ → 7M8W → ▨ → M87W → ♣ → N78V

19 #도식추리

정답 | ①

다음과 같은 과정을 거친다.

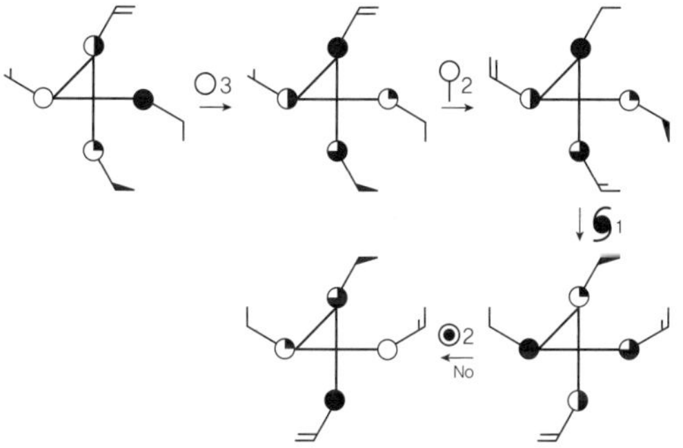

20 #도식추리

정답 | ④

다음과 같은 과정을 거친다.

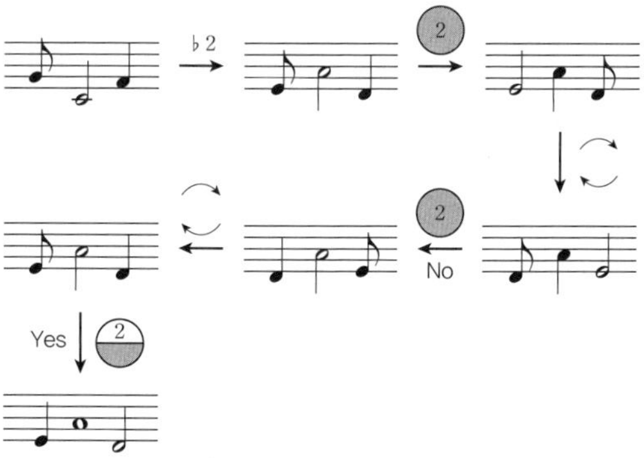

04 | 공간지각 영역

P. 500

01	③	02	①	03	①	04	④	05	②
06	②	07	②	08	②	09	⑤	10	②
11	④	12	②	13	⑤	14	②	15	⑤
16	③	17	①	18	④	19	⑤	20	③

01 #전개도

정답 | ③

전개도를 접었을 때 만들 수 있는 올바른 도형은 다음과 같다.

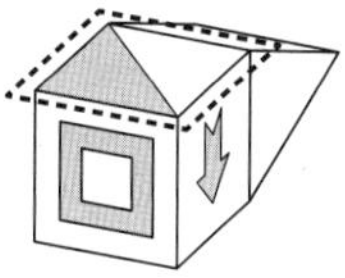

따라서 정답은 ③이다.

02 #전개도

정답 | ①

전개도를 접었을 때 만들 수 있는 올바른 도형은 다음과 같다.

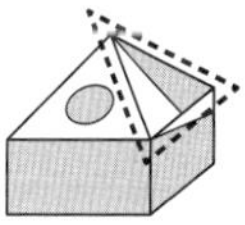

따라서 정답은 ①이다.

03 #전개도

정답 | ①

전개도를 접었을 때 만들 수 있는 올바른 도형은 다음과 같다.

따라서 정답은 ①이다.

04 #전개도

정답 | ④

나머지 전개도와 같은 모양이 되려면 ④의 전개도는 다음과 같이 바뀌어야 한다.

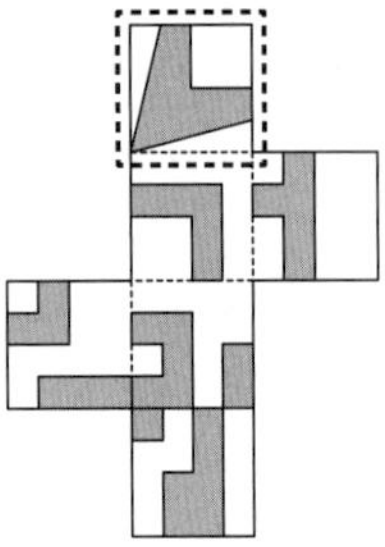

따라서 정답은 ④이다.

05 #종이접기

정답 | ②

종이를 접어감에 따라 뒷면은 다음과 같이 변한다.

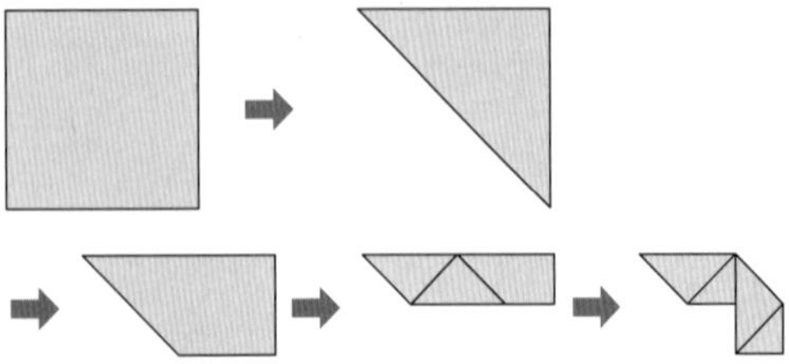

따라서 정답은 ②이다.

> **문제해결 TIP**
> 머릿속으로 종이를 접는 단계마다 그 뒷모양을 유추하며 접어야 한다. 머릿속으로 그리기가 복잡하다면 중간 단계를 종이에 그려서 연습하는 것도 좋은 방법 중 하나이다.

06 #종이접기

정답 | ②

마지막 단계에서부터 접는 선과 대칭이 되도록 새로운 구멍을 그려가며 종이를 펴면 다음과 같다.

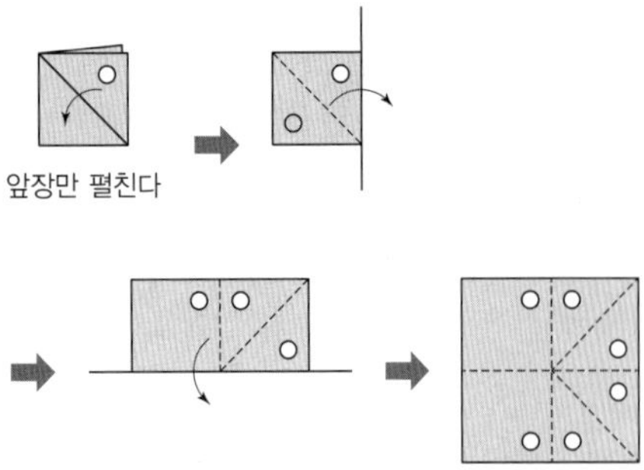

따라서 정답은 ②이다.

> **문제해결 TIP**
> 최종 모양이 처음 모양에 어느 부분인지 유추해 본다.

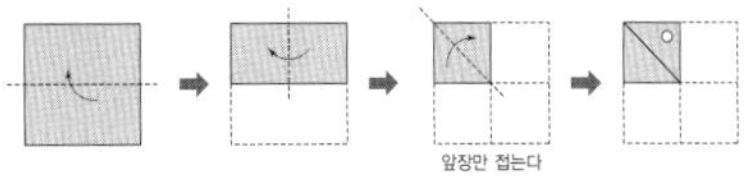

따라서 좌측 상단에 구멍이 없기 때문에 ①과 ⑤는 답이 될 수 없다. 이렇게 선택지를 줄여가며 문제를 해결한다.

07 #종이접기

정답 | ②

마지막 단계에서부터 접는 선과 대칭이 되도록 새로운 구멍을 그려가며 종이를 펴면 다음과 같다.

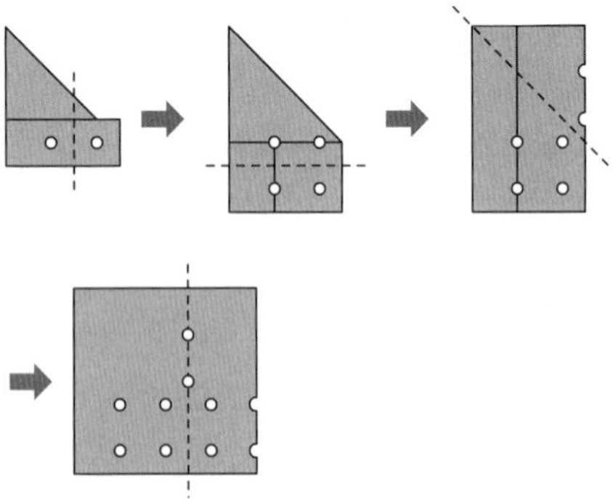

따라서 정답은 ②이다.

08 #종이접기

정답 | ②

마지막 단계에서부터 접는 선과 대칭이 되도록 새롭게 잘리는 부분을 그려가며 종이를 펴면 다음과 같다.

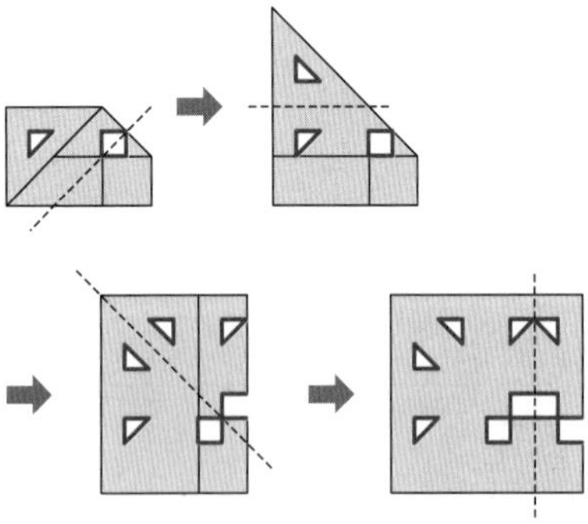

따라서 정답은 ②이다.

09 #조각

정답 | ⑤

주어진 도형 조각을 모두 한 번씩 사용하여 다음과 같은 모양을 만들 수 있다.

①
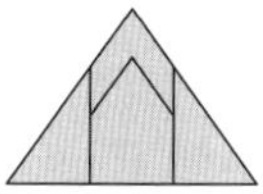
②
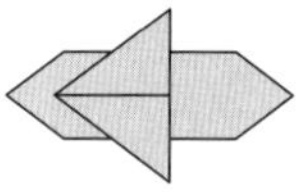
③
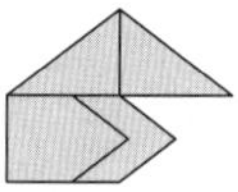
④
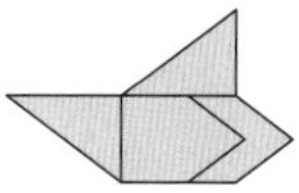
⑤
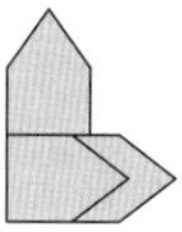

⑤의 경우, 삼각형 모양의 도형 조각을 사용하지 않았으므로 정답은 ⑤이다.

10 #조각

정답 | ②

제시된 도형과 ② 도형을 합치면 완성형 도형이 된다. 제시된 도형과 나머지 선택지의 도형을 합쳤을 경우 완성형 도형과 달라 소거할 수 있다.

| 오답풀이 |

①
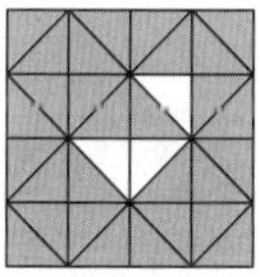
③
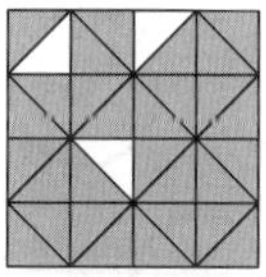
④
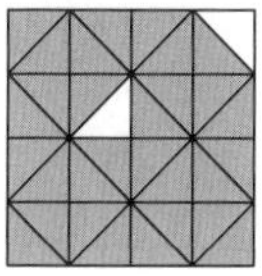
⑤
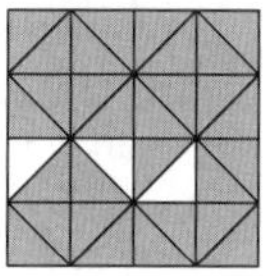

11 #조각

정답 | ④

제시된 도형과 ④ 도형을 합치면 완성형 도형이 된다. 제시된 도형과 나머지 선택지의 도형을 합쳤을 경우 완성형 도형과 달라 소거할 수 있다.

| 오답풀이 |

①
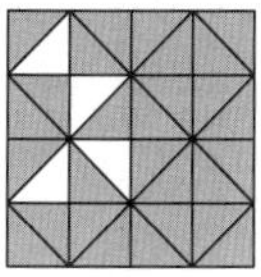
②
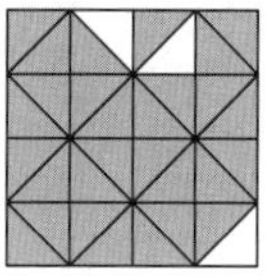
③
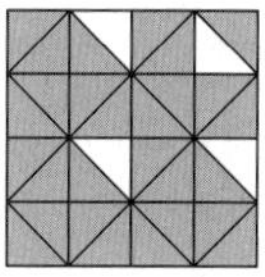
⑤
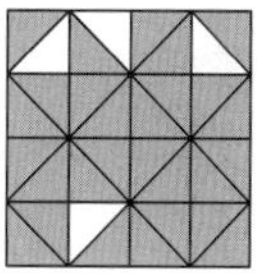

12 #다른 도형(평면)

정답 | ②

②를 제외한 도형은 회전했을 때 모두 같은 도형이지만 ②는 회전해도 나머지 도형과 같지 않다. ①을 기준으로 시계 방향으로 90도 회전하면 ③, 180도 회전하면 ④, 270도 회전하면 ⑤이다.
따라서 정답은 ②이다.

문제해결 TIP

도형의 전체를 보기보다는 부분적으로 쪼개어 보는 연습이 필요하다.

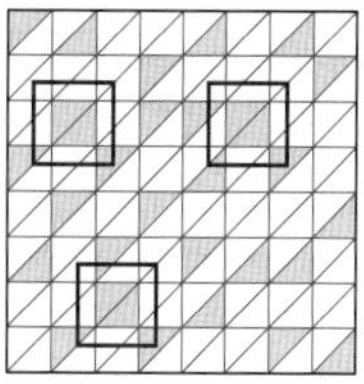

사각형 모양으로 칠해져 있는 모양은 ②가 유일하다.

13 #블록

정답 | ⑤

주어진 도형을 두 조각으로 나누어 보면 다음과 같다.

①
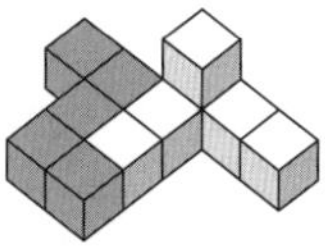
②

③

④
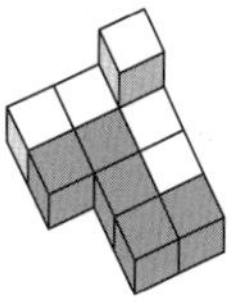

따라서 정답은 ⑤이다.

문제해결 TIP

문제에 제시된 두 개의 입체도형 중 하나를 고른 다음 선택지의 결합되어 있는 모양에서 그 모양을 찾아 분리하는 방법으로 하나씩 찾아서 문제를 해결한다.

14 #블록

정답 | ②

주어진 도형을 두 조각으로 나누어 보면 다음과 같다.

①

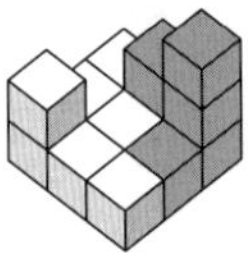

③

④

⑤

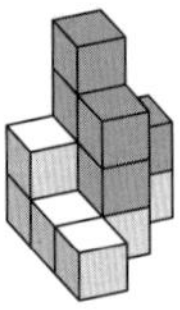

따라서 정답은 ②이다.

15 #블록

정답 | ⑤

두 입체도형을 합쳤을 때 ⑤의 도형을 만들 수 있으며, 나머지 선택지는 만들 수 없는 모양이다.

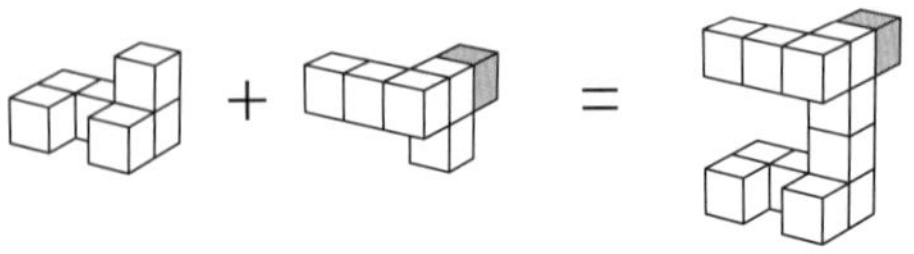

따라서 정답은 ⑤이다.

16 #블록

정답 | ③

주어진 입체도형 모양의 블록을 분리하면 다음과 같다.

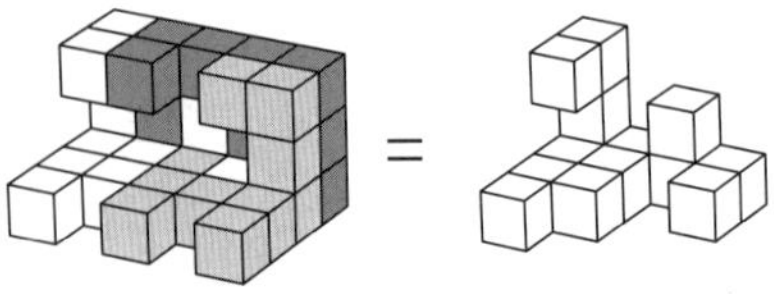

[입체도형] [블록1]

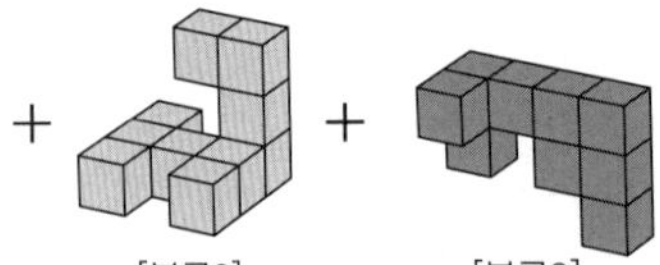

[블록2] [블록3]

따라서 정답은 ③이다.

17 #투상도

정답 | ①

제시된 투상도는 ①을 [1], [2], [3] 방향에서 바라본 모습이다.

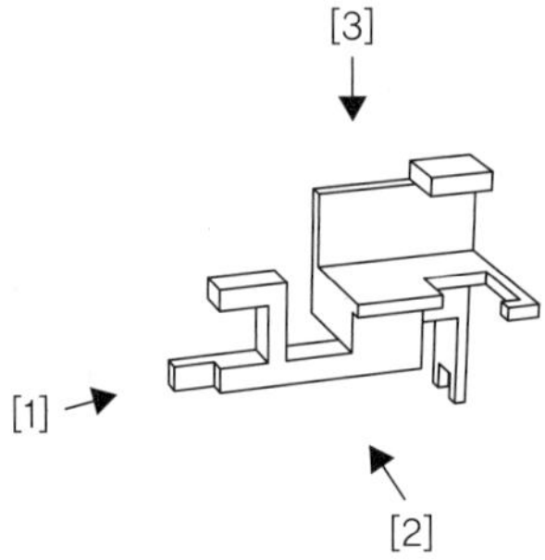

따라서 정답은 ①이다.

| 오답풀이 |

각 투상도에서 투상도와 맞지 않는 부분은 다음과 같다.

②

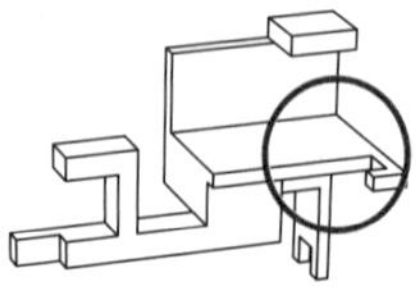

③

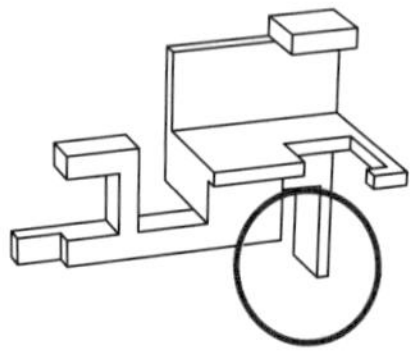

④

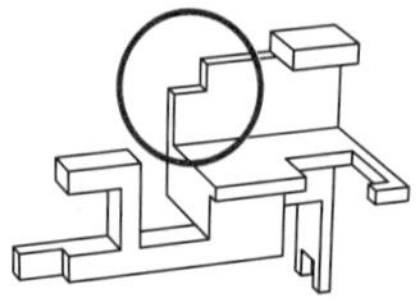

⑤

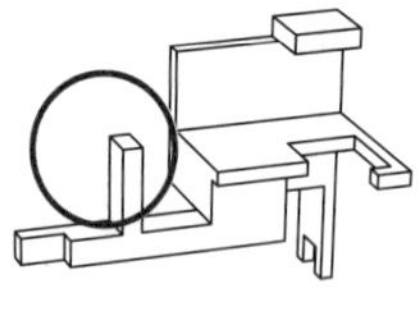

18 #투상도

정답 | ④

선택지에 주어진 입체도형은 ④를 제외하고 모두 어느 한 방향에서 본 모습이 다르다. 제시된 세 방향에서 본 모습은 ④를 각각 다음과 같은 방향으로 본 모습과 같다.

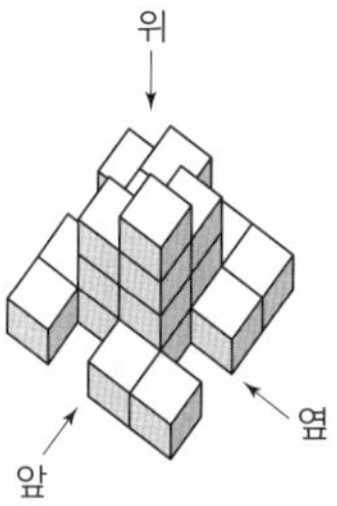

따라서 정답은 ④이다.

| 오답풀이 |

① 앞에서 본 모양이 불가능하다.
② 옆과 위에서 본 모양이 불가능하다.
③ 위에서 본 모양이 불가능하다.
⑤ 옆에서 본 모양이 불가능하다.

19 #다른 도형(입체) 정답 | ⑤

⑤는 표시된 부분의 방향이 다르다. 나머지와 같아지기 위해선 다음과 같이 바뀌어야 한다.

따라서 정답은 ⑤이다.

20 #다른 도형(입체) 정답 | ③

표시된 부분이 나머지와 달라 네 개의 입체도형과 모양이 다른 입체도형은 ③이다.

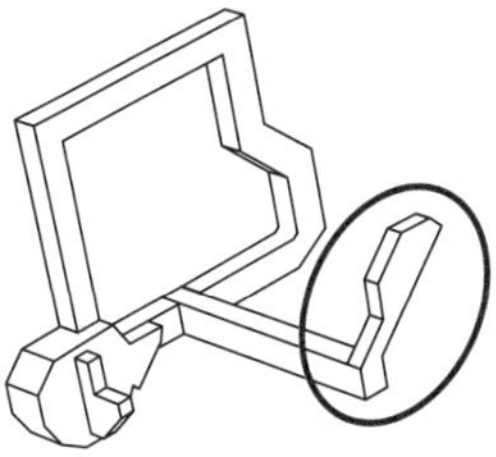

CHAPTER 03 실전모의고사 3회

01 | 언어 영역 P. 513

01	④	02	①	03	④	04	⑤	05	③
06	②	07	③	08	⑤	09	①	10	⑤
11	②	12	④	13	③	14	②	15	⑤

01 #내용이해 정답 | ④

2문단에서 수학에서는 매듭을 자르지 말고 하나의 매듭에서 다른 매듭 모양으로 바꿀 수 있으면 두 매듭은 같은 매듭이라 했다.

| 오답풀이 |

① 1문단에서 우리가 신고 다니는 신발의 끈, 넥타이, 그리고 배달 음식을 시켰을 때 음식을 담고 있는 비닐봉지의 매듭 등 매듭은 일상생활에 다양한 모습으로 존재한다고 하였다.
② 1문단에서 매듭 이론은 이러한 매듭(또는 고리)들을 연구하는 수학의 한 분야라고 하였다.
③ 2문단에서 수학에서 일반적으로 매듭이라 하면 우리가 생각하는 끈을 묶어 놓은 대상보다는 묶어 놓은 끈의 양 끝을 붙여 놓은 것이라고 하였다.
⑤ 2문단에서 일상생활에서 동그란 고무줄을 이용하여 무언가를 묶었을 때, 고무줄이 "묶여 있다"라고 할 수도 있지만 수학에서는 이 고무줄을 끊지 않고 사용하였기 때문에 사실 같은 매듭이라고 말한다고 하였으며, 우리 눈으로 봤을 때 얼핏 달라 보이는 모습을 가지고 있는 매듭이라도, 그 본질은 같은 매듭일 수 있다고 하였다.

02 #내용이해 정답 | ①

주어진 글에서 폴 세잔이 후기 인상주의를 대표하는 화가이며, 사물의 외형을 단순화시켜 본질에 가까운 형태로 표현한 그의 작품의 특징을 이야기하고 있다. 후기 인상주의가 한순간의 인상을 포착하는 인상주의와 다르게 본질을 지양하고 있으므로 이 글의 주제로 가장 적절한 것은 '폴 세잔 작품의 후기 인상주의적 특징'이다.

| 오답풀이 |

② 폴 세잔이 후기 인상주의 화가로 분류되는 것은 맞지만 그가 후기 인상주의에 어떤 영향을 주었는지는 나와 있지 않다.
③ 폴 세잔 작품이 당대에 인정받지 못했다는 내용은 나와 있지만 그 이유에 대해 짐작만 가능하며, 또한 이것이 주제가 되기에도 어렵다.
④ 인상주의자들과 후기 인상주의자들의 차이점이 나와 있지만

이를 주제로 볼 수는 없다.

⑤ 폴 세잔과 쇠라, 고갱, 고흐의 공통점과 차이점은 나와 있지 않다.

03 #글 수정 정답 | ④

'문제 발생의 원인'에 제시된 항목들은 모두 적절하게 열거되어 있어 삭제할 부분은 없다. 또한 본론에서 산업 기술 유출을 의식 및 제도 차원의 문제로 보고 해결 방안을 구성하고 있으므로 이러한 내용을 강조한 결론은 본론의 내용에 충실하므로 수정하지 않아도 된다. 따라서 ㉡, ㉤은 수정 방안으로 적절하지 못한 의견이다. 또한 ㉣ 역시 문제 발생 원인과 해결 방안이 긴밀하게 연결되어 있으므로 수정 방안으로 적절하지 못하다.

| 오답풀이 |

㉠ 주제문에서 '국가 자원'이라는 말은 범주가 명료하지 못하므로 '산업 기술 유출'로 고쳐야 한다.

㉢ '문제의 실태'는 현 상황을 제시하고 있는 것이므로 '서론'으로 옮긴다.

04 #글 수정 정답 | ⑤

㉤ '스트레스를 해소하기 위한 운동의 생활화'는 본론에서 언급되지 않은 새로운 사실이므로, 개요의 흐름으로 봤을 때 적절하지 않다. 오히려 본론에서 언급한 '직장인 스트레스 예방책'을 다시 강조하는 것이 논리적으로 일관성이 있다.

05 #문단배열 정답 | ③

주어진 글은 기증된 심장에 갑상선 호르몬을 토요하는 이유와 그 효과에 대해 설명하고 있다. 가장 먼저 와야 하는 문단은 뇌사자가 장기 기증을 해도 심장의 경우 그 50%만 사용이 가능하다는 [다]와 심장의 생존률을 높이기 위해 갑상선 호르몬을 투여한다는 내용인 [가]가 순서대로 와야 한다. 그러고 나서 이 갑상선 호르몬 투여가 효과가 없다고 주장한 연구인 [나]와, 이 연구의 방법과 결과가 설명된 [라]가 뒤이어 와야 한다. 마지막으로 이 결과를 통한 연구팀의 결론인 [마]가 오면 된다. 따라서 [다]−[가]−[나]−[라]−[마] 순으로 배열되어야 적절하다.

06 #문단배열 정답 | ②

[보기]의 내용은 도시와 자연의 유대관계를 이야기하는 부분이며, 뒤이어 도시와 자연의 공존에 대한 내용이 이어져야 하므로 문맥상 (나) 위치에 들어가야 적절하다.

07 #추론 정답 | ③

'유로파'는 달의 질량에 약 0.65배, '칼리스토'의 질량은 달의 1.5배라고 했다. 따라서 달은 '유로파'보다는 무겁고 '칼리스토'보다는 가볍다.

| 오답풀이 |

① 목성은 수많은 위성을 가지고 있다고 했다. 해당 지문에 나온 4개의 위성은 갈릴레오가 발견한 위성일 뿐이다.

② '이오'는 목성의 위성 중 네 번째로 큰 위성이 아니라 태양계에서 4번째로 큰 위성이라 했다. 목성이 태양계에서 가장 큰 위성 3개를 가지고 있는지는 해당 지문에서는 알 수가 없다.

④ '칼리스토'에 충돌구가 있는 것은 맞지만 이것이 지질학적 요인 때문인지 아니면 실제 충돌로 인한 것인지는 알 수 없다.

⑤ 갈릴레오가 '가니메데'를 가장 늦게 발견한 것은 맞지만 그 이유가 목성에서 가장 멀리 떨어져 있기 때문은 아니다. 목성에서 가장 멀리 떨어져 있는 위성은 '칼리스토'이다.

08 #추론 정답 | ⑤

개인정보 보호나 사생활 침해 문제는 드론 산업의 성장 과정에서 해결해야 할 과제지만, 그것이 곧바로 산업 전체의 침체로 이어진다고 추론할 수는 없으며 오히려 그것으로 인해 산업이 발전한다는 추론이 가능하다.

| 오답풀이 |

① 드론이 상용화되면 공중에서 이동하는 교통량이 증가할 가능성이 커지므로, 기존의 지상 교통 신호체계가 재배치되거나 수정될 필요가 있다. 새로운 교통 흐름을 효율적으로 관리하기 위해 교통 신호체계를 재조정하는 것은 자연스러운 추론이다.

② 드론을 활용한 무인 배송 시스템이 더 발전하면 빠른 속도로 이동할 수 있어 물류 혁신이 이루어질 수 있다는 것은 적절한 추론이다.

③ 드론 기술은 노동력을 대체할 수 있어 인건비를 절감할 수 있지만, 자동화로 인해 고용 감소 문제도 발생할 수 있고, 이로 인해 고용 문제에 대한 사회적 논의가 필요하다는 전망이다.

④ 효율성을 얻는 대신 기존 인력을 대체할 가능성도 커져 농촌 인구의 일자리 부족 문제가 발생할 수 있다. 이는 자동화의 일반적인 부작용으로 추론 가능하다.

09 #빈칸 넣기(독해) 정답 | ①

주어진 글에서는 전기차 배터리 생산 과정에서 발생하는 환경 문제를 해결하기 위한 주요 방안으로 재활용을 언급하고 있다. 따라서 빈칸에 들어갈 내용으로는 ①이 가장 적절하다.

| 오답풀이 |

② 배터리 생산의 부정적인 영향에 대한 내용보다는 문맥상 배터리 재활용의 발전과 같은 긍정적인 내용이 들어가는 것이 적절하다.
③ 배터리 재활용을 다루는 앞문장과 호응하지 않으며 내용상 적절하지 않다.
④ 배터리 재활용에 대한 내용에서 재활용 실패에 대한 내용은 지나친 흐름의 비약이며 적절하지 않다.
⑤ 전기차 배터리 사용에 따른 환경문제에 대한 글이므로 배터리 산업의 지속성에 대한 내용은 적절하지 않다.

10 #서술방식 정답 | ⑤

주어진 글은 유전자 재조합 백신으로 만드는 에볼라 백신에 대해 언급하고 있다. 여기서 에볼라 백신을 만드는 원리를 중심으로 백신을 만드는 과정을 자세하고 설명하고 있다.

| 오답풀이 |

① 실제 사례를 근거로 들고 있지 않다.
② 설명 대상이 문제가 되는 이유는 나와 있지 않다.
③ 설명 대상의 명칭에 대한 어원을 밝히고 있지 않다.
④ 대상의 원리는 나와 있지만 다른 대상에 빗대어 설명하고 있지는 않다.

11 #비판·반론 정답 | ②

주어진 글의 일본무역진흥기국(JETRO)이 발표한 보고서를 보면 서울은 도쿄보다 임대료, 주재원파견 비용, 현지 직원을 채용하는 비용이 모두 높고 4대 보험 등 사회보험료 및 국제학교 비용도 높음을 알 수 있다. 이 점을 고려하면 확실히 서울과 비교해 도쿄가 가격 경쟁력은 앞서있는 것이 맞다.

| 오답풀이 |

①, ⑤ 임대료와 직원 채용 비용이 높다는 것은 그만큼 수요가 많다는 것을 의미한다. 가격은 결과가 아니라 원인이기 때문이다. 따라서 선진국일수록 도심 임대료나 생활비 직원 채용이 높을 수밖에 없다. 그럼에도 불구하고 사람들이 도시로 몰리는 이유는 투자 비용보다 매출이 더 높기 때문이다. 주어진 글처럼 가격이 낮다고 글로벌 투자의 경쟁력이 높다면 뉴욕은 세계에서 가장 경쟁력이 낮은 도시이고 동남아의 작은 도시들이 경쟁력이 높을 것이다.
③ 도쿄의 임대료가 서울보다 낮아진 것은 엔화 가치가 떨어진 것도 한몫했다. 엔화가 원화보다 가치가 떨어지고 임대료 역시 하락하고 있다는 것은 오히려 일본의 경제가 침체되고 있음을 보여 주고 있는 것이다.
④ 미국 「글로벌파이낸스매거진」이 선정한 거주 환경 순위가 신빙성이 있는지도 만무한 데다 거주 환경 순위가 글로벌 기업의 유치에 어떠한 직접적 영향을 미치는지 알 수 없다.

12 #단어관계 정답 | ④

주어진 단어의 관계는 '뜻풀이 : 뜻풀이와 반의 관계인 한자어'인 단어이다. 따라서 '정도나 수준이 차츰 나아짐'을 이르는 말은 '진보(進步)'이며 반의 관계인 단어는 '퇴보(退步)'이다.

| 오답풀이 |

① 비범(非凡): 보통 수준보다 훨씬 뛰어남.
② 인출(引出): 끌어서 빼냄.
③ 이탈(離脫): 어떤 범위나 대열 따위에서 나오거나 떨어져 나감.
⑤ 전위(前衛): 전방의 호위(護衛). *호위(護衛): 따라다니며 곁에서 보호하고 지킴.

13 #단어관계 정답 | ③

'자르다'는 나머지 단어들의 뜻을 모두 포함한다.

| 오답풀이 |

① 직장에서 해고하다.
 – 근무 성적이 좋이 못한 직원을 잘랐다.
② 남의 요구를 야무지게 거절하다.
 그는 부당한 요구를 단호하게 잘랐다.
④ 말이나 일 따위를 길게 끌지 아니하고 적당한 곳에서 끊다.
 – 갑자기 위엄있는 목소리로 형수의 말을 자르고 나섰다.
⑤ 물체의 길이나 넓이, 부피 따위를 본디보다 작게 하다.
 – 바지 밑단을 잘라 동생에게 주었다.

14 #단어관계 정답 | ②

'긴장(緊張): 마음을 조이고 정신을 바짝 차림.'과 '이완(弛緩): 바짝 조였던 정신이 풀려 늦추어짐.'은 반의 관계이며 나머지는 유의 관계이다.

| 오답풀이 |

① 당면(當面): 바로 눈앞에 당함 – 봉착(逢着): 어떤 처지나 상태에 부닥침.
③ 매진(邁進): 어떤 일을 힘써 해 나감 – 정진(精進): 힘써 나아감.

④ 밀착(密着): 빈틈없이 단단히 붙다—접착(接着): 끈기 있게 붙음.
⑤ 조짐(兆朕): 좋거나 나쁜 일이 생길 기미—전조(前兆): 어떤 일이 생길 기미.

15 #빈칸 넣기(단어) 정답 | ⑤

• 방안(方案): 문제를 해결하기 위한 구체적인 방법이나 계획.
— 새로운 정책 방안을 논의했다.
• 방향(方向): 나아가는 쪽이나 목표로 하는 쪽을 의미.
— 우리 팀은 다른 방향으로 전환하기로 했다.
• 방문(訪問): 사람을 만나거나 어떤 곳에 가는 행위.
— 어제 친구 집을 방문했다.

02 I 수리 영역									P. 526
01	④	02	④	03	③	04	②	05	③
06	①	07	⑤	08	②	09	③	10	①
11	④	12	①	13	②	14	⑤	15	④

01 #거리·속력·시간 정답 | ④

A의 속도를 am/분이라고 하면 B의 속도는 $1.5a$m/분이다. A와 B가 동시에 출발하여 같은 방향으로 갔다면 속도가 더 빠른 B가 A보다 한 바퀴 더 돌아야 만날 수 있다. 즉, '(B가 간 거리)−(A가 간 거리)=(운동장 둘레의 길이)'이다. 따라서 80분 동안 갔을 때 B가 걸은 거리는 $(80\times1.5a)$m, A가 간 거리는 $(80\times a)$m이므로 운동장 둘레의 길이는 $(80\times1.5a)-(80\times a)=80\times0.5a=40a$(m)이다.
또한 반대 방향으로 갔을 때는 '(B가 간 거리)+(A가 간 거리)+(남은 거리)=(운동장 둘레의 길이)'이다. 15분 동안 갔을 때 두 사람의 남은 거리가 1.5km이므로 '(15분 동안 B가 간 거리)+(15분 동안 A가 간 거리)+1,500(m)=(운동장 둘레의 길이)'이다. 즉, $(15\times1.5a)+(15\times a)+1{,}500=37.5a+1{,}500$(m)이다.
따라서 $40a=37.5a+1{,}500$, $a=600$이므로, 운동장 둘레의 길이는 $40a=40\times600=24{,}000$(m)$=24$(km)이다.

02 #농도 정답 | ④

농도가 5%인 소금물의 양을 xg, 농도가 6%인 소금물의 양을 yg, 농도가 12%인 소금물의 양을 zg이라고 하면 $x+y+z=1{,}200$ …… ㉠
세 소금물을 모두 섞으면 농도가 7.5%라고 하였으므로 소금의 양을 확인하면

$$\frac{5}{100}x+\frac{6}{100}y+\frac{12}{100}z=(x+y+z)\times0.075$$
$$=1{,}200\times0.075\ (\because ㉠)$$

양변에 100을 곱하고 식을 정리하면
$5x+6y+12z=9{,}000$ …… ㉡
농도가 5%인 소금물과 12%인 소금물을 섞으면 농도가 8%라고 하였으므로 소금의 양을 확인하면

$$\frac{5}{100}x+\frac{12}{100}z=(x+z)\times0.08$$

양변에 100을 곱하고 식을 정리하면
$5x+12z=8x+8z\quad \therefore z=\frac{3}{4}x$
$z=\frac{3}{4}x$를 ㉠, ㉡에 대입하면
㉠에서 $x+y+\frac{3}{4}x=1{,}200$
$\therefore 7x+4y=4{,}800$ …… ㉢
㉡에서 $5x+6y+9x=9{,}000$
$\therefore 7x+3y=4{,}500$ …… ㉣
㉢−㉣을 하면 $y=300$
따라서 농도가 6%인 소금물의 양은 300g이다.

문제해결 TIP

주어진 문제와 같은 상황에서는 식을 세울 때 소금의 양을 기준으로 하여 식을 세우도록 해야 한다. 소금의 양은 (소금물의 양)$\times\frac{(농도)}{100}$으로 구한다.

03 #일과 일률 정답 | ③

하루에 자라는 상추의 양을 x, 한 사람이 하루에 따는 상추의 양을 y라 하면
$20y\times3=2x \rightarrow 60y=2x$ … ㉠
$10y\times9=8x \rightarrow 90y=8x$ … ㉡
위의 ㉠식과 ㉡식을 연립하면, $60y-2x=90y-8x$ $\rightarrow 6x=30y \rightarrow x=5y \rightarrow x-5y=0$이다.
즉 하루에 자라는 상추의 양은 한 사람이 하루에 따는 상추의 양의 5배이다. 다시 말해서 5명이 하루에 따는 상추의 양은 상추밭에서 하루에 자라는 상추의 양과 같다. 이 경우 항상 같은 양의 상추밭을 유지할 수 있다.

04 #비율 정답 | ②

A, B, C, D의 지분을 a, b, c, d라고 하면 수익이 40억 원일 때 B와 D가 가져가는 수익의 합이 22억 원이므로 $40b+40d=22$(억 원)이고, 나머지 18억 원은 A와 C가 가져가므로 $40a+40c=18$(억 원)이다.
수익이 60억 원일 때 B와 C가 가져가는 수익이 30억 원이므로 $60b+60c=30$(억 원)이고, 나머지 30억 원은 A와 D가 가져가므로 $60a+60d=30$(억 원)이다.
수익이 100억 원일 때 $100d-100a=20$(억 원)이므로, 위의 $60a+60d=30$와 연립하면 $a=0.15$, $d=0.35$이다. 또한 $40a+40c=18$(억 원)에서 $6+40c=18$이므로 $c=0.3$이다.
따라서 수익이 200억 원이라면 C가 가져가는 수익은 $200\times0.3=60$(억 원)이다.

05 #수열 정답 | ③

박테리아 A 개체 수의 전일 대비 증가량은 매일 10마리이므로 박테리아 A의 개체 수는 하루에 10마리씩 증가함을 알 수 있다. 박테리아 B 개체 수의 전일 대비 증가량은 20마리이므로 박테리아 B의 개체 수는 하루에 20마리씩 증가함을 알 수 있다.
이에 따라 5일 후부터 박테리아 A와 박테리아 B의 개체 수는 다음과 같다.

구분	5일 후	6일 후	7일 후	8일 후	9일 후	10일 후	11일 후
박테리아 A	550	560	570	580	590	600	610
박테리아 B	500	520	540	560	580	600	620

따라서 박테리아 B의 개체 수가 박테리아 A의 개체 수보다 처음으로 많아지는 시기는 11일 후이다.

문제해결 TIP

두 박테리아의 개체 수 변화를 살펴보면 각각이 등차수열임을 확인할 수 있다. 이에 첫 번째 항과 공차를 확인하여 수열의 일반항을 세워 문제를 해결할 수도 있다. 다만, 선택지에 제시된 날짜가 그리 멀지 않고, 등차수열 자체가 쉽게 제시되어 있으므로 주어진 [해설]과 같이 해결하는 것이 훨씬 효과적이다.

06 #경우의 수 정답 | ①

개발팀 직원 3명과 마케팅팀 직원 2명을 일렬로 세우는 경우의 수는 5!(가지)이다. 이때 5명이 원탁에 앉으면 원탁을 돌렸을 때 중복되는 경우가 5가지이므로 5명이 원탁에 일정한 간격으로 둘러앉는 경우의 수는 $\frac{5!}{5}=4!=4\times3\times2\times1=24$(가지)이다.
이때, 마케팅팀 직원이 이웃하여 앉는 경우의 수는 그 2명을 1명으로 간주하여 생각하는 것과 같으므로 $\frac{4!}{4}=3!=3\times2\times1=6$(가지)인데, 마케팅팀 직원 2명이 서로 자리를 바꿀 수 있으므로 그 2명이 이웃하여 앉는 경우의 수는 $6\times2=12$(가지)이다.
따라서 마케팅팀 직원 2명이 서로 이웃하지 않게 앉는 경우의 수는 $24-12=12$(가지)이다.

문제해결 TIP

- n명이 원탁에 일정한 간격으로 둘러앉을 수 있는 경우의 수는 $\frac{n!}{n}=(n-1)!$이다.
- 문제에서 제시된 경우를 모두 구하기 어려운 경우에는 위의 해설과 같이 여사건(전체 사건에서 구하고자 하는 사건을 제외한 사건)을 이용하면 문제를 쉽게 해결할 수 있다.

07 #단일형 자료해석 정답 | ⑤

유방암의 경우 2020년 5.3명에서 2021년 5.3명으로 인구 십만 명당 사망률은 유지되었으나 '암 사망자 수 $=\frac{\text{암 사망률}}{100,000}\times$총인구'이고 '총인구는 매년 증가한다'는 조건이 있다. 따라서 암 사망자 수는 증가한 것이므로, 2021년 유방암 사망자 수는 전년보다 많아졌음을 알 수 있다.

| 오답풀이 |

① 모든 암에 대한 사망률은 꾸준히 증가하고 있다.
② 2019년부터 2022년까지 모든 암에 대한 사망률은 대략 인구 십만 명당 160만 명에 분포한다. 따라서 160만 명 기준으로 30%는 48만 명가량인데, '간암 사망률+폐암 사망률'이 인구 십만 명당 약 56만 명으로 30% 이상이다.
③ 2022년 암사망률은 폐암(36.3명), 간암(19.9명), 대장암(17.9명), 위암(13.9명), 유방암(5.6명) 자궁암(2.5명) 순으로 높다.
④ 2019년 대비 2022년 사망률은 대장암의 경우 0.4명 증가, 폐암의 경우 0.1명 증가, 유방암의 경우 0.5명 증가하였다.

08 #단일형 자료해석 정답 | ②

ⓛ 공업용 건축물과 기타의 경우 경기, 인천, 서울 순으로 건축물 수가 많다.

㉣ 수도권 중 서울의 경우 건축물 수는 주거용, 상업용, 교육·사회용, 공업용 순으로 많다.

| 오답풀이 |

㉠ 건축물 수를 어림잡아 계산하면, 전국의 건축물 700만 동 중 주거용 건축물이 60% 이상을 차지한다면 420만 동 정도여야 한다. 대략 457만 동 정도이므로 주거용 건축물은 60% 이상임을 알 수 있다. 정확히 계산하면, $\frac{4,576,765}{7,391,084} \times 100 \fallingdotseq 62.0(\%)$의 비중을 차지한다.

㉢ 인천의 건축물 수를 일일이 계산하지 않고 어림잡아 계산하도록 한다. '상업용－기타'를, '공업용－교육, 사회용', '주거용' 크게 3가지로 구분해서 더하면 상업용－기타의 경우 6만 동, 공업용－교육의 경우 2만 동, 주거용 약 14만 동으로 22만 동 이상임을 알 수 있다.

09 #단일형 자료해석 정답 | ③

㉢ 2020년 출생아 수가 272,337명이고, 이는 전년 대비 10% 감소한 수치이므로 2019년 출생아 수는 (명)이다. 따라서 2019년 출생아 수는 30만 명 이상이다.

㉣ 2022년 1월 사망자 수는 103,363－29,189－44,487＝29,687(명)이므로 3만 명 미만이다.

| 오답풀이 |

㉠ 2022년 3월 출생아 수는 전년 동월 대비 4.2% 감소하였으므로 (명)이다. 즉, ㉮＜23,000이다.

㉡ 2022년 1~3월 출생아 수는 전년 동기 대비 $\frac{70,170-68,177}{70,170} \times 100 \fallingdotseq 2.8(\%)$ 감소하였으므로 ㉯＝－2.8이다.

10 #단일형 자료해석 정답 | ①

㉠ 보육 교직원 수는 2019년부터 2023년까지 [331,444 → 325,669 → 321,116 → 311,996 → 302,800]으로 꾸준히 감소하였다. 따라서 2020년부터 4년간 해마다 꾸준히 감소하였고, 2022년과 2023년에는 각각 전년 대비 321,116－311,996＝9,120(명), 311,996－302,800＝9,196(명)씩 감소하여 1만 명 가까이 감소하였다.

| 오답풀이 |

㉡ 2023년 원장 수는 전년 대비 $\frac{30,773-28,818}{30,773} \times 100 \fallingdotseq 6.4(\%)$ 감소하였으므로 7% 미만으로 감소하였다.

㉢ 2023년 보육교사 수는 전년 대비 231,304－226,134＝5,170(명) 감소하였으므로 5,200명 미만으로 감소하였다.

㉣ 2023년 보육 교직원 수는 4년 전 대비 331,444－302,800＝28,644(명) 감소하였으므로 3만 명 미만으로 감소하였다.

㉤ 2023년 원장 수는 4년 전 대비 37,168－28,818＝8,350(명) 감소하였으므로 8,500명 미만으로 감소하였다.

11 #연계형 자료해석 정답 | ④

2021년과 2022년 5개 제품의 총판매량은 다음과 같다.

- 2021년: 250＋420＋1,000＋200＋500＝2,370(백 개)
- 2022년: 200＋380＋800＋240＋640＝2,260(백 개)

따라서 5개 제품의 총판매량은 2022년보다 2021년이 2,370－2,260＝110(백 개), 즉 11,000개 더 많다.

| 오답풀이 |

① 2020년 매출액을 제품별로 확인해 보면 다음과 같다.
- 제품 A: 240×4,000＝960,000(백 원)
- 제품 B: 400×3,200＝128,000(백 원)
- 제품 C: 1,200×800＝960,000(백 원)
- 제품 D: 180×4,500＝810,000(백 원)
- 제품 E: 600×2,000＝1,200,000(백 원)

따라서 2020년 매출액이 가장 높은 제품은 E이다.

② 제품 B의 4년간 총판매량은 400＋420＋380＋350＝1,550(백 개)이므로 평균 판매량은 1,550÷4＝387.5(백 개), 즉 38,750개이다.

③ 제품 A의 4년간 총매출액은 (240＋250＋200＋180)×4,000＝3,480,000(백 원)이므로 평균 매출액은 3,480,000÷4＝870,000(백 원), 즉 8,700만 원이다.

⑤ 2021년부터 2023년까지 제품 D의 총매출액은 (200＋240＋150)×4,500＝2,655,000(백 원)이므로 2.5억 원 이상이다.

12 #연계형 자료해석 정답 | ①

㉠ 경찰 인력의 전년 대비 증가율이 2019년부터 2022년까지 (＋)였으므로 2018년 대비 2022년 경찰 인력은 증가했음을 알 수 있다. 실제로 계산하면, 2022년 경찰 인력은 12만 명×(1＋0.03)×(1＋0.025)×(1＋0.02)×(1＋0.015)이므로, 2018년 경찰 인력인 12만 명보다 크다.

| 오답풀이 |

㉡ 2019년 경찰 인력은 120,000명×1.03＝123,600(명)이다. 2014년 경찰 인력이 110,000명이므로 10% 이상 증가했음을 알 수 있다.

㉢ 경찰 인력은 2015~2017년에는 각각 전년 대비 2,000명 증가, 2018년에는 전년 대비 3,000명 증가했다.

㉣ 2020~2022년 경찰 인력의 전년 대비 증가율은 각각 2.5%, 2%, 1.5%로 모두 전년 대비 증가하였다.

문제해결 TIP

㉡ 110,000명의 10%는 11,000명이므로 10% 이상 증가했다면 경찰 인력은 121,000명 이상이라는 의미이다. 2019년 경찰 인력이 이보다 큰 123,600명이므로 10% 이상임을 알 수 있다.

13 #연계형 자료해석 정답 | ②

전체 학생 수가 180+120+55+70+45+80+50=600(명)이므로 운동선수 또는 공무원을 선호하는 학생 수는 전체의 $\frac{80+55}{600}\times100=22.5(\%)$이다.

| 오답풀이 |

① 전체 학생 수가 180+120+55+70+45+80+50=600(명)이므로 연예인을 선호하는 학생 수는 전체의 $\frac{120}{600}\times100=20(\%)$이다.

③ 유튜버 중 운동 관련 콘텐츠를 선호하는 학생 수는 180×0.25=45(명)이므로 학자를 선호하는 학생 수와 같다.

④ 유튜버 중 게임 관련 콘텐츠를 선호하는 학생 수는 180×0.3=54(명)이므로 운동선수를 선호하는 학생 수는 유튜버 중 게임 관련 콘텐츠를 선호하는 학생 수보다 80−54=26(명) 많다.

⑤ 전체 학생 수가 180+120+55+70+45+80+50=600(명)이므로 법조인 또는 학자를 선호하는 학생의 비율은 $\frac{70+45}{600}\times100=19.2(\%)$이다. 이는 유튜버 중 음식 관련 콘텐츠를 선호하는 학생의 비율인 20%보다 낮은 수치이다.

14 #도표 작성 및 변환 정답 | ⑤

㉠ 2021~2023년 연근해어업의 전년 대비 생산량 증감량을 구하면 다음과 같다.

- 2021년: 941−934=7(천 톤)
- 2022년: 889−941=−52(천 톤)
- 2023년: 956−889=67(천 톤)

따라서 그래프는 옳다.

㉡ 2020~2023년 총어업생산량 비중을 구하면 다음과 같다.

연근해어업	해면양식	원양어업	내수면어업
956−934 =22	2,269−2,308 =−39	410−437 =−27	43−34 =9

따라서 그래프는 옳다.

㉢ 2023년 총어업생산량은 3,678천 톤이므로, 2023년 종류별 어업생산량 비중을 구하면 다음과 같다.

연근해어업	해면양식	원양어업	내수면어업
$\frac{956}{3,678}\times100$ ≒26(%)	$\frac{2,269}{3,678}\times100$ ≒62(%)	$\frac{410}{3,678}\times100$ ≒11(%)	$\frac{43}{3,678}\times100$ ≒1(%)

따라서 그래프는 옳다.

㉣ 2021~2023년 어업생산량 전년 대비 증가율을 구하면 다음과 같다.

2021년	2022년	2023년
$\frac{3,820-3,713}{3,713}$ ×100≒3(%)	$\frac{3,603-3,820}{3,820}$ ×100≒−6(%)	$\frac{3,678-3,603}{3,603}$ ×100≒2(%)

따라서 그래프는 옳다.

15 #도표 작성 및 변환 정답 | ④

2018~2022년의 전년 대비 증가한 지상파방송 및 유선방송 서비스 시장 매출액을 구하면 다음과 같다.

구분	2019년	2020년	2021년	2022년
지상파방송 서비스	−300	100	400	160
유선방송 서비스	−80	−120	−40	−60

따라서 옳게 나타낸 그래프는 ④이다.

03 | 추리 영역 P. 538

01	①	02	②	03	⑤	04	②	05	⑤
06	①	07	⑤	08	③	09	③	10	④
11	③	12	①	13	⑤	14	②	15	④

01 #조건추리 정답 | ①

파란색 모자를 쓴 사람의 바로 뒤에 빨간색 모자를 쓴 사람이 서 있고, 초록색 모자를 쓴 사람은 맨 뒤에 서 있지 않으므로 파란색 모자를 쓴 사람의 위치에 따라 다음과 같이 생각할 수 있다.

i) 파란색 모자를 쓴 사람이 맨 앞인 경우

첫 번째	두 번째	세 번째	네 번째
파란색 모자	빨간색 모자	초록색 모자	빨간색 모자

ⅱ) 파란색 모자를 쓴 사람이 세 번째인 경우

첫 번째	두 번째	세 번째	네 번째
빨간색 모자 또는 초록색 모자	초록색 모자 또는 빨간색 모자	파란색 모자	빨간색 모자

따라서 파란색 모자를 쓴 사람은 두 번째에 서 있다고 한 내용만 항상 옳지 않다.

| 오답풀이 |

② 네 번째에는 빨간색 모자를 쓴 사람이 서 있으므로 항상 옳은 설명이다.

③ 4명의 모자 색 순서로 가능한 경우의 수는 3가지이므로 항상 옳은 설명이다.

④ 초록색 모자를 쓴 사람이 세 번째에 서 있을 때, 파란색 모자를 쓴 사람이 맨 앞에 서 있으므로 항상 옳은 설명이다.

⑤ 빨간색 모자를 쓴 사람이 맨 앞에 서 있을 때, 초록색 모자를 쓴 사람은 빨간색 모자를 쓴 사람 바로 뒤에 서 있으므로 항상 옳은 설명이다.

02 #벤다이어그램 정답 | ②

안경을 쓴 어떤 사람은 배우이고, 모든 배우는 의사소통을 잘한다고 하였으므로 잘생기고 의사소통을 잘하는 배우가 반드시 존재한다. 따라서 항상 참인 결론은 '안경을 쓴 어떤 사람은 의사소통을 잘한다'이다.

| 오답풀이 |

안경을 쓴 사람을 A, 배우인 사람을 B, 의사소통을 잘하는 사람을 C라고 하면 다음과 같이 벤다이어그램을 그릴 수 있다.

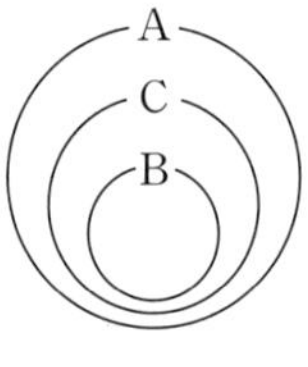

① 안경을 쓴 어떤 사람이 배우이고, 모든 배우가 의사소통을 잘한다면 안경을 쓴 어떤 사람은 의사소통을 잘하지 않을 수 있으므로 항상 참인 결론은 아니다.

③, ④ 안경을 쓴 어떤 사람이 배우라는 것은 모든 배우가 안경을 썼을 수 있다는 것이다. 그리고 모든 배우가 의사소통을 잘하면 의사소통을 잘하는 모든 사람이 안경을 썼거나 안경을 쓴 어떤 사람이 의사소통을 잘할 수 있으므로 항상 참인 결론은 아니다.

⑤ [전제1]에서 안경을 쓴 어떤 사람이 배우라는 것은 모든 배우가 안경을 썼다는 것이다. 그리고 [전제2]에서 모든 배우가 의사소통을 잘한다는 것은 의사소통을 잘하지 않는 모든 사람이 안경을 쓰지 않을 수 있다는 뜻이다. 즉, 항상 참인 결론은 아니다.

03 #벤다이어그램 정답 | ⑤

새벽에 자는 모든 사람이 게임을 좋아하고 스마트폰을 가진 어떤 사람이 게임을 좋아하지 않으면, 스마트폰을 갖고 있으면서 새벽에 자지 않는 사람이 반드시 존재하게 된다.
따라서 '스마트폰을 가진 어떤 사람은 게임을 좋아하지 않는다'가 타당한 전제이다.

| 오답풀이 |

새벽에 자는 사람을 A, 게임을 좋아하는 사람을 B, 스마트폰을 가진 사람을 C라고 하면

① 새벽에 자는 모든 사람이 게임을 좋아하고, 스마트폰을 가진 모든 사람이 게임을 좋아하면 스마트폰을 가진 모든 사람이 새벽에 잘 수도 있으므로 결론이 반드시 참이 되게 하는 전제가 아니다.

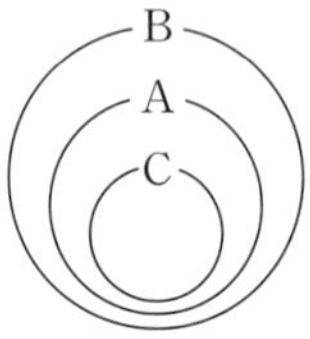

②, ③ 새벽에 자는 모든 사람이 게임을 좋아하고, 스마트폰을 갖고 있으면서 게임을 좋아하는 사람이 존재하면 스마트폰을 가진 모든 사람이 새벽에 잘 수도 있으므로 결론이 반드시 참이 되게 하는 전제가 아니다.

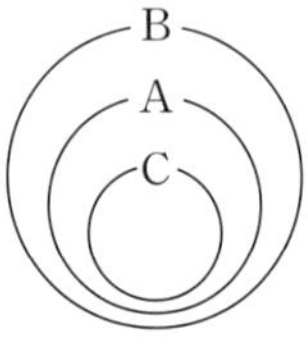

④ 새벽에 자면서 게임을 좋아하고, 스마트폰을 가진 사람이 존재하면 스마트폰을 가진 모든 사람이 새벽에 잘 수도 있으므로 결론이 반드시 참이 되게 하는 전제가 아니다.

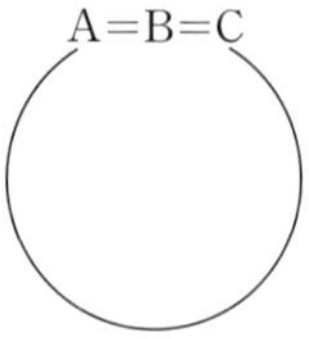

04 #조건추리 정답 | ②

이 주임이 7번 자리에 앉아 있고, 한 차장과 마주 보고 앉아 있다고 하였으므로 한 차장은 3번 자리에 앉아 있다. 그리고 직급이 차장인 두 사람이 서로 붙어 앉아 있다고 하였으므로 김 차장은 2번 또는 4번 자리에 앉아 있다. 마케팅팀 2명이 서로 붙어 앉아 있다

고 하였으므로 박 주임이 4번 또는 2번 자리에 앉아 있다. 이때, 신 대리의 왼쪽에 아무도 앉아 있지 않다고 하였는데, 그런 자리는 4번 또는 5번이다. 그런데 4번 자리에는 김 차장 또는 박 주임이 앉았으므로 신 대리는 5번 자리에 앉아 있고, 이에 따라 6번 자리에 강 과장이 앉아 있음을 알 수 있다.

1	2 김 차장 / 박 주임	3 한 차장	4 박 주임 / 김 차장
책상			
5 신 대리	6 강 과장	7 이 주임	8

여기서 제작팀 2명이 서로 마주 보고 앉아 있다고 하였으므로 김 차장이 2번 자리이고 박 주임은 4번 자리라는 것을 알 수 있고, 다음과 같이 나타낼 수 있다.

1 최 대리 / 오 과장	2 김 차장	3 한 차장	4 박 주임
책상			
5 신 대리	6 강 과장	7 이 주임	8 오 과장 / 최 대리

따라서 최 대리가 1번 또는 8번의 어느 자리에 앉더라도 오른쪽 옆에는 아무도 앉지 않았다는 내용만 항상 참이다.

| 오답풀이 |

① 신 대리의 자리는 5번이다.
③ 어느 경우라도 직급이 과장인 2명은 서로 붙어 앉아 있지 않다.
④ 오 과장이 1번 자리에 앉은 경우에는 맞은 편에 신 대리가 있으므로 항상 옳은 것은 아니다.
⑤ 강 과장의 오른쪽에 앉은 사람의 직급은 주임이다.

05 #조건추리 정답 | ⑤

1) A 부장이 국내 출장을 가게 되는 경우B 부장이 F 주임을 데리고 출장을 가고, 주임 2명이 같은 출장지로 간다고 하였으므로 B 부장, F 주임, G 주임이 해외 출장을 가게 된다. 이때, I 사원은 D 대리와 함께 해외 출장을 가게 되었다고 하였으므로 해외 출장을 가는 사람은 B 부장, D 대리, F 주임, G 주임, I 사원이다. 그러면 B 부장을 제외하고 해외 출장을 가는 사람이 4명이므로 나머지 직원은 A 부장을 따라 국내 출장을 가게 된다. 즉, 국내 출장을 가는 사람은 A 부장, C 과장, E 대리, H 사원이다.

2) A 부장이 해외 출장을 가게 되는 경우I 사원은 D 대리와 함께 해외 출장을 가게 되었다고 하였으므로 A 부장은 D 대리와 I 사원을 데리고 해외 출장을 가게 된다. 그리고 B 부장이 F 주임을 데리고 출장을 가고, 주임 2명이 같은 출장지로 간다고 하였으므로 B 부장, F 주임, G 주임이 국내 출장을 가게 된다. 이때, C 과장과 E 대리가 함께 출장을 간다고 하였으므로 가능한 경우는 다음과 같다.

구분	국내 출장	해외 출장
경우 1	B 부장, F 주임, G 주임+H 사원	A 부장, D 대리, I 사원+C 과장, E 대리
경우 2	B 부장, F 주임, G 주임+C 과장, E 대리	A 부장, D 대리, I 사원+H 사원

이때, E 대리가 해외 출장을 가는 경우는 A 부장이 해외 출장을 갈 때의 경우 1에 해당하므로 항상 옳지 않다.

| 오답풀이 |

① 1)의 경우 2에서 H 사원은 해외 출장을 가게 되므로 항상 옳지 않은 것은 아니다.
② 주임 2명은 1)에서 해외 출장을 가게 되고, 2)에서는 국내 출장을 가게 되므로 항상 옳지 않은 것은 아니다.
③ 1)에서 B 부장은 I 사원과 함께 출장을 가게 되므로 항상 옳지 않은 것은 아니다.
④ 1)에서 D 대리는 B 부장과 함께 해외 출장을 가게 되고, 2)에서 D 대리는 A 부장과 함께 해외 출장을 가게 되므로 항상 옳지 않은 것은 아니다.

06 #조건추리 정답 | ①

D와 E는 둘 다 햄버거를 점심으로 먹었고, E와 F는 둘 다 콜라를 마셨다고 하였다. 그런데 A가 F와 같은 음료를 마셨다고 하였으므로 A는 콜라를 마셨다. 그리고 B와 C가 같은 점심을 먹었다고 하였는데, 피자를 먹은 사람 수와 햄버거를 먹은 사람 수가 같으므로 B와 C는 피자를 먹었음을 알 수 있다. 이를 정리하여 표로 나타내면 다음과 같다.

구분	점심		음료		
	피자	햄버거	사이다	콜라	주스
A			×	○	×
B	○	×			
C	○	×			
D	×	○			

E	×	○	×	○	×
F			×	○	×

이때, B와 D가 같은 음료를 마셨는데, 두 사람이 콜라를 마셨다면 C가 사이다 또는 주스를 선택하더라도 어느 한 음료는 아무도 마시지 않는 것이므로 모순이다. 즉, B와 D는 콜라를 마시지 않았고, C 또한 콜라를 마시지 않아야 한다.

따라서 B와 D가 사이다를 마셨다면 C가 주스를 마셨고, B와 D가 주스를 마셨다면 C가 사이다를 마셨으므로 2가지 경우가 있다. 그리고 A와 F가 서로 다른 점심을 먹어야 하는 2가지 경우가 있으므로 6명이 점심과 음료를 선택할 수 있는 모든 경우의 수는 $2\times2=4$(가지)이다.

07 #조건추리

정답 | ⑤

B가 세 번째로 도착했으므로 3번 자리에 앉아 있다. C와 D가 서로 마주 보고 앉았다고 하였으므로 두 사람은 1−4번 또는 2−5번 자리에 앉고, 자리를 바꿀 수 있는 상황이다. 그러면 3개의 홀수 번 자리 중 2개가 정해졌으므로 나머지 하나의 홀수 번 자리에 F가 앉게 된다. 그리고 A가 E보다 늦게 도착했으므로 남은 두 자리에 차례대로 E−A의 순서로 앉히면 된다. 이 두 가지 상황을 그림으로 나타내면 다음과 같다.

ⅰ) C, D가 1−4번 자리에 앉는 경우

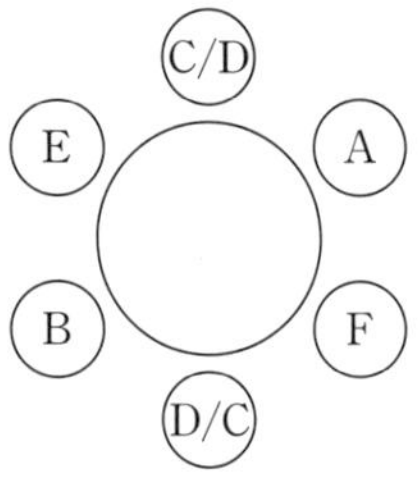

ⅱ) C, D가 2−5번 자리에 앉는 경우

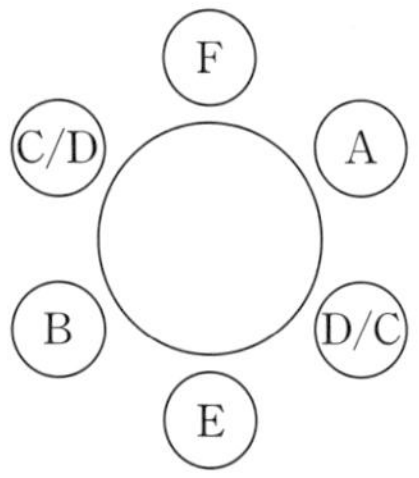

따라서 두 경우 모두 A와 B는 항상 마주 보고 앉아 있다.

| 오답풀이 |

① E와 F는 항상 마주 보고 앉아 있다.
② C와 F가 항상 붙어 앉아 있는 것은 아니다.
③ F가 항상 D의 왼쪽 자리에 앉아 있는 것은 아니다.
④ E가 항상 C의 오른쪽 자리에 앉아 있는 것은 아니다.

08 #진실게임

정답 | ③

A와 C의 진술이 모순 관계이므로 둘 중 한 명은 거짓말을 하는 중이고, 나머지 세 명은 참말을 하는 중이다. 즉, B에 의해 C와 D는 성과급을 받지 않았는데, E가 A 또는 D 중 한 명이 성과급을 받았다고 하였으므로 성과급을 받은 사람은 A이다. 따라서 A는 참말을 하였고 C는 거짓말을 하였다.

09 #수추리

정답 | ③

주어진 숫자들을 참고하여 규칙을 파악하면 해당 수열은 아래와 같은 규칙을 따른다.

$\frac{3}{7}$, $\frac{3}{7}(=\frac{6}{14})$, $\frac{9}{28}$, $\frac{3}{14}(=\frac{12}{56})$, $\frac{15}{112}$,

$\frac{9}{112}(=\frac{18}{224})$

따라서 분모는 7, 14, 28, 56, 112, 224, …이므로 2씩 곱하는 수열이고, 분자는 3, 6, 9, 12, 15, 18, …이므로 3씩 더하는 수열이다. 따라서 그다음에 오는 빈칸에 들어갈 숫자는 $\frac{18+3}{224\times2}=\frac{21}{448}=\frac{3}{64}$이다.

10 #수추리

정답 | ④

숫자 간 규칙을 파악하기 위해 주어진 외부 동심원의 숫자들과 내부 동심원의 숫자들을 순서대로 나열하면 다음과 같다.

[외부 동심원]

10 A 18 21 B 20 22 11 10

+3 +2 ÷2 −1

[내부 동심원]

3 6 4 7 2 6 C 4 3

×2 −2 +3 −5 +4 −1

외부 동심원과 내부 동심원의 숫자들이 시계 방향으로 모두 동일한 규칙이 적용되어 변화하므로, 규칙을 수열에 동일하게 적용하면 A, B, C는 다음과 같이 구할 수 있다.

- A: $10\times2=20$
- B: $21-5=16$
- C: $6+2=8$

따라서 $A-B+C=20-16+8=12$이다.

11 #수추리 정답 | ③

시계 모양의 가운데 숫자 간 규칙을 파악하기 위해 숫자를 나열하면, 8, A, 13, 17, 22이므로 해당 수열은 아래와 같은 규칙을 따른다.

8　A　13　17　22

+2　+3　+4　+5

+1　+1　+1

따라서 $A=8+2=10$이다. 그 다음으로 시계별 모양 내부의 숫자 간 규칙을 파악하기 위해 (가운데, 시침, 분침) 순으로 해당 숫자를 나열하면 다음과 같다.

- 첫 번째 시계: 8, 2, 5
- 두 번째 시계: 10, 6, 1
- 세 번째 시계: 13, 4, 7
- 네 번째 시계: 17, 10, 2
- 다섯 번째 시계: 22, 8, B

즉, 시계의 가운데, 시침, 분침 숫자는 (2×가운데)−(3×시침)=(2×분침)과 같은 규칙을 따른다.

- 첫 번째 시계: $(2\times8)-(3\times2)=(2\times5)$
- 두 번째 시계: $(2\times10)-(3\times6)=(2\times1)$
- 세 번째 시계: $(2\times13)-(3\times4)=(2\times7)$
- 네 번째 시계: $(2\times17)-(3\times10)=(2\times2)$
- 다섯 번째 시계: $(2\times22)-(3\times8)=(2\times B)$
  → $44-24=2B$

따라서 $B=10$이므로, $A+B=10+10=20$이다.

12 #수추리 정답 | ①

[보기] 속 그림의 원 안의 숫자를 왼쪽부터 순서대로 나열하면 3, 11, A, 8, 6, 20, 24, B, 12이다. 홀수 번째 숫자만 순서대로 나열해 보면, 3, A, 6, 24, 12이다. 이 수열은 ×4, ÷2가 반복되는 규칙을 따르므로 적용하면 $A=3\times4=12$이다. 두 줄로 이어진 원 안의 숫자는 한 줄로 이어진 두 숫자의 차이의 절댓값에 2를 더한 숫자로 $B=|24-12|+2=14$이다.

13 #수추리 정답 | ⑤

주어진 세 개의 전개도의 숫자들은 각각 숫자 3개가 적혀 있다. 첫 번째와 두 번째 전개도의 숫자를 살펴보면, 9, 6, 1과 7, 5, 2는 '대각선 방향에 놓인 2개의 숫자의 합−4=남은 면의 숫자'임을 알 수 있다. 정리하면, 첫 번째 전개도의 숫자는 $(9+1)-4=6$이 성립하고, 두 번째 전개도의 숫자는 $(7+2)-5=4$가 성립한다. 따라서 세 번째 전개도의 숫자들의 관계는 $(3+8)-4=A$가 성립하므로 $A=7$이다.

14 #도식추리 정답 | ②

문자표를 먼저 적으면 다음과 같다.

A	B	C	D	E	F	G	H	I	J	K	L	M
N	O	P	Q	R	S	T	U	V	W	X	Y	Z

도식에서 ◎, ▲, ●, ■ 순으로 규칙을 파악해야 한다.

- ◎: SJMX → RKNW로 추론할 수 있다. 숫자연산 규칙으로, (−1, +1, +1, −1)이다.
- ▲: N7E5에 ◎를 적용하면 M8F4이므로 ▲는 M8F4 → M48F로 추론할 수 있다. 순서 바꾸기 규칙으로, ABCD → ADBC이다.
- ●: N78T에 ▲를 역으로 적용하면 N8T7이므로, ●는 TN87 → N8T7로 추론할 수 있다. 순서 바꾸기 규칙으로, ABCD → BCAD이다.
- ■: 2636에 ▲를 적용하면 2663이고, 8753에 ●를 역으로 적용하면 5873이다. ■는 2663 → 5873으로 추론할 수 있다. 숫자연산 규칙으로, (+3, +2, +1, +0)이다.

따라서 B2P5 → ◎ → A3Q4 → ● → 3QA4이다.

15 #도형추리 정답 | ④

1열 도형의 아래쪽 절반과 2열 도형의 위쪽 절반을 합친 것이 3열 도형이다.

정답과 해설

최신판

에듀윌 취업
20대기업 온·오프라인 인적성
통합 기본서

고객의 꿈, 직원의 꿈, 지역사회의 꿈을 실현한다